2025 年版

共通テスト
過去問研究

英語
リーディング
リスニング

JN249179

教学社

受験勉強の5か条

受験勉強は過去問に始まり，過去問に終わる。
入試において，過去問は最大の手がかりであり，情報の宝庫です。
次の5か条を参考に，過去問をしっかり活用しましょう。

◆ **出題傾向を把握**
まずは「共通テスト対策講座」を読んでみましょう。

◆ **いったん試験1セット分を解いてみる**
最初は時間切れになっても，またすべて解けなくても構いません。

◆ **自分の実力を知り，目標を立てる**
答え合わせをして，得意・不得意を分析しておきましょう。

◆ **苦手も克服！**
分野や形式ごとに重点学習してみましょう。

◆ **とことん演習**
一度解いて終わりにせず，繰り返し取り組んでおくと効果アップ！
直前期には時間を計って本番形式のシミュレーションをしておくと万全です。

☑ 共通テストってどんな試験？

　大学入学共通テスト（以下，共通テスト）は，大学への入学志願者を対象に，高校の段階における基礎的な学習の達成の程度を判定し，入学教育を受けるために必要な能力について把握することを目的とする試験です。一般選抜で国公立大学を目指す場合は，原則的に，一次試験として共通テストを受験し，二次試験として各大学の個別試験を受験することになります。また，私立大学も9割近くが共通テストを利用します。そのことから，共通テストは50万人近くが受験する，大学入試最大の試験になっています。

☑ 新課程の共通テストの特徴は？

　2025年度から新課程入試が始まり，共通テストにおいては教科・科目が再編成され，新教科「情報」が導入されます。2022年に高校に進学した人が学んできた内容に即して出題されますが，重視されるのは，従来の共通テストと同様，「思考力」です。単に知識があるかどうかではなく，知識を使って考えることができるかどうかが問われます。新課程の問題作成方針を見ると，問題の構成や場面設定など，これまでの共通テストの出題傾向を引き継いでおり，作問の方向性は変わりません。

☑ どうやって対策すればいいの？

　共通テストで問われるのは，高校で学ぶべき内容をきちんと理解しているかどうかですから，まずは普段の授業を大切にし，教科書に載っている基本事項をしっかりと身につけておくことが重要です。そのうえで過去問を解いて共通テストで特徴的な出題に慣れておきましょう。共通テストは問題文の分量が多いので，必要とされるスピード感や難易度の振れ幅を事前に知っておくと安心です。過去問を解いて間違えた問題をチェックし，苦手分野の克服に役立てましょう。問題作成方針では「これまで良質な問題作成を行う中で蓄積した知見や，問題の評価・分析の結果を問題作成に生かす」とされており，過去問の研究は有用です。本書は，大学入試センターから公表された資料等を詳細に分析し，課程をまたいでも過去問を最大限に活用できるよう編集しています。

　本書が十分に活用され，志望校合格の一助になることを願ってやみません。

Contents

※1　実戦創作問題は，大学入試センターから公表された新課程試作問題等に基づいて独自に作成した，本書オリジナルの問題です。
※2　2021年度の共通テストは，新型コロナウイルス感染症の影響に伴う学業の遅れに対応する選択肢を確保するため，本試験が２日程で実施されました。
※3　試行調査は，センター試験から共通テストに移行するに先立って実施されました。

共通テストについてのお問い合わせは…
独立行政法人　大学入試センター
志願者問い合わせ専用（志願者本人がお問い合わせください）03-3465-8600
9：30〜17：00（土・日曜，祝日，12月29日〜1月3日を除く）
https://www.dnc.ac.jp/

共通テストの
基礎知識

共通テストのスケジュールは？

A 2025年度共通テストの本試験は，1月18日（土）・19日（日）に実施される予定です。

「受験案内」の配布開始時期や出願期間は未定ですが，共通テストのスケジュールは，例年，次のようになっています。1月なかばの試験実施日に対して出願が10月上旬とかなり早いので，十分注意しましょう。

9月初旬	「受験案内」配布開始
	志願票や検定料等の払込書等が添付されています。
10月上旬	出願 （現役生は在籍する高校経由で行います。）
1月なかば　共通テスト	2025年度本試験は1月18日（土）・19日（日）に実施される予定です。
	自己採点
1月下旬	国公立大学一般選抜の個別試験出願
	私立大学の出願時期は大学によってまちまちです。各人で必ず確認してください。

共通テストの出願書類はどうやって入手するの？

A 「受験案内」という試験の案内冊子を入手しましょう。

　「受験案内」には，志願票，検定料等の払込書，個人直接出願用封筒等が添付されており，出願の方法等も記載されています。主な入手経路は次のとおりです。

現役生	高校で一括入手するケースがほとんどです。出願も学校経由で行います。
過年度生	共通テストを利用する全国の各大学の入試担当窓口で入手できます。予備校に通っている場合は，そこで入手できる場合もあります。

 ## 個別試験への出願はいつすればいいの？

A 国公立大学一般選抜は「共通テスト後」の出願です。

　国公立大学一般選抜の個別試験（二次試験）の出願は共通テストの後になります。受験生は，共通テストの受験中に自分の解答を問題冊子に書きとめておいて持ち帰ることができますので，翌日，新聞や大学入試センターのウェブサイトで発表される正解と照らし合わせて自己採点し，その結果に基づいて，予備校などの合格判定資料を参考にしながら，出願大学を決定することができます。

　私立大学の共通テスト利用入試の場合は，出願時期が大学によってまちまちです。大学や試験の日程によっては出願の締め切りが共通テストより前ということもあります。志望大学の入試日程は早めに調べておくようにしましょう。

 ## 受験する科目の決め方は？　『情報Ⅰ』の受験も必要？

A 志望大学の入試に必要な教科・科目を受験します。

　次ページに掲載の7教科21科目のうちから，受験生は最大9科目を受験することができます。どの科目が課されるかは大学・学部・日程によって異なりますので，受験生は志望大学の入試に必要な科目を選択して受験することになります。

　すべての国立大学では，原則として『情報Ⅰ』を加えた6教科8科目が課されます。公立大学でも『情報Ⅰ』を課す大学が多くあります。

　共通テストの受験科目が足りないと，大学の個別試験に出願できなくなります。第一志望に限らず，出願する可能性のある大学の入試に必要な教科・科目は早めに調べておきましょう。

新科目の『情報Ⅰ』の対策は…　（新課程）攻略問題集　 詳しくはこちら…

● 2025 年度の共通テストの出題教科・科目

教　科	出題科目	出題方法（出題範囲・選択方法）	試験時間（配点）
国　語	『国語』	「現代の国語」及び「言語文化」を出題範囲とし，近代以降の文章及び古典（古文，漢文）を出題する。	90 分（200 点）＊1
地理歴史 公　民	**(b)** 『地理総合，地理探究』 『歴史総合，日本史探究』 『歴史総合，世界史探究』 『公共，倫理』 『公共，政治・経済』 **(a)** 『地理総合／歴史総合／公共』 (a)：必履修科目を組み合わせた出題科目 (b)：必履修科目と選択科目を組み合わせた出題科目	6 科目から最大 2 科目を選択解答（受験科目数は出願時に申請）。 2 科目を選択する場合，以下の組合せを選択することはできない。 **(b)のうちから 2 科目を選択する場合** 『公共，倫理』と『公共，政治・経済』の組合せを選択することはできない。 **(b)のうちから 1 科目及び(a)を選択する場合** (b)については，(a)で選択解答するものと同一名称を含む科目を選択することはできない。＊2 (a)の『地理総合／歴史総合／公共』は，「地理総合」，「歴史総合」及び「公共」の 3 つを出題範囲とし，そのうち 2 つを選択解答する（配点は各 50 点）。	1 科目選択 60 分（100 点） 2 科目選択＊3 解答時間 120 分（200 点）
数学 ①	『数学Ⅰ，数学A』 『数学Ⅰ』	2 科目から 1 科目を選択解答。 「数学A」は 2 項目（図形の性質，場合の数と確率）に対応した出題とし，全てを解答する。	70 分（100 点）
数学 ②	『数学Ⅱ，数学B，数学C』	「数学B」「数学C」は 4 項目（数列，統計的な推測，ベクトル，平面上の曲線と複素数平面）に対応した出題とし，そのうち 3 項目を選択解答する。	70 分（100 点）
理　科	『物理基礎／化学基礎／生物基礎／地学基礎』 『物理』 『化学』 『生物』 『地学』	5 科目から最大 2 科目を選択解答（受験科目数は出願時に申請）。 『物理基礎／化学基礎／生物基礎／地学基礎』は，「物理基礎」，「化学基礎」，「生物基礎」及び「地学基礎」の 4 つを出題範囲とし，そのうち 2 つを選択解答する（配点は各 50 点）。	1 科目選択 60 分（100 点） 2 科目選択＊3 解答時間 120 分（200 点）
外国語	『英語』 『ドイツ語』 『フランス語』 『中国語』 『韓国語』	5 科目から 1 科目を選択解答。 『英語』は，「英語コミュニケーションⅠ」，「英語コミュニケーションⅡ」及び「論理・表現Ⅰ」を出題範囲とし，【リーディング】及び【リスニング】を出題する。 受験者は，原則としてその両方を受験する。	『英語』 【リーディング】 80 分（100 点） 【リスニング】 解答時間 30 分＊4 （100 点） 『英語』以外 【筆記】 80 分（200 点）
情　報	『情報Ⅰ』		60 分（100 点）

＊1　『国語』の分野別の大問数及び配点は，近代以降の文章が 3 問 110 点，古典が 2 問 90 点（古文・漢文各 45 点）とする。

＊2　地理歴史及び公民で2科目を選択する受験者が，(b)のうちから1科目及び(a)を選択する場合において，選択可能な組合せは以下のとおり。　　　　　○：選択可能　×：選択不可

		(a)		
		「地理総合」「歴史総合」	「地理総合」「公共」	「歴史総合」「公共」
(b)	『地理総合，地理探究』	×	×	○
	『歴史総合，日本史探究』	×	○	×
	『歴史総合，世界史探究』	×	○	×
	『公共，倫理』	○	×	×
	『公共，政治・経済』	○	×	×

＊3　「地理歴史及び公民」と「理科」で2科目を選択する場合は，解答順に「第1解答科目」及び「第2解答科目」に区分し各60分間で解答を行うが，第1解答科目と第2解答科目の間に答案回収等を行うために必要な時間を加えた時間を試験時間（130分）とする。

＊4　リスニングは，音声問題を用い30分間で解答を行うが，解答開始前に受験者に配付したICプレーヤーの作動確認・音量調節を受験者本人が行うために必要な時間を加えた時間を試験時間（60分）とする。

科目選択によって有利不利はあるの？

A 得点調整の対象となった各科目間で，次のいずれかが生じ，これが試験問題の難易差に基づくものと認められる場合には，得点調整が行われます。

・20点以上の平均点差が生じた場合
・15点以上の平均点差が生じ，かつ，段階表示の区分点差が20点以上生じた場合

旧課程で学んだ過年度生のための経過措置はあるの？

A あります。

　2025年1月の共通テストは新教育課程での実施となるため，旧教育課程を履修した入学志願者など，新教育課程を履修していない入学志願者に対しては，出題する教科・科目の内容に応じて経過措置を講じることとされ，「地理歴史・公民」「数学」「情報」の3教科については旧課程科目で受験することもできます。

「受験案内」の配布時期や入手方法，出願期間，経過措置科目などの情報は，大学入試センターから公表される最新情報を，各人で必ず確認するようにしてください。

WEBもチェック！ 〔教学社 特設サイト〕

〈新課程〉の共通テストがわかる！ ➡

http://akahon.net/k-test_sk

試験データ

2021〜2024 年度の共通テストについて，志願者数や平均点の推移，科目別の受験状況などを掲載しています。

● 志願者数・受験者数等の推移

	2024 年度	2023 年度	2022 年度	2021 年度
志願者数	491,914 人	512,581 人	530,367 人	535,245 人
内，高等学校等卒業見込者	419,534 人	436,873 人	449,369 人	449,795 人
現役志願率	45.2%	45.1%	45.1%	44.3%
受験者数	457,608 人	474,051 人	488,384 人	484,114 人
本試験のみ	456,173 人	470,580 人	486,848 人	482,624 人
追試験のみ	1,085 人	2,737 人	915 人	1,021 人
再試験のみ	―	―	―	10 人
本試験＋追試験	344 人	707 人	438 人	407 人
本試験＋再試験	6 人	26 人	182 人	51 人
追試験＋再試験	―	1 人	―	―
本試験＋追試験＋再試験	―	―	1 人	―
受験率	93.03%	92.48%	92.08%	90.45%

- 2021 年度の受験者数は特例追試験（1 人）を含む。
- やむを得ない事情で受験できなかった人を対象に追試験が実施される。また，災害，試験上の事故などにより本試験が実施・完了できなかった場合に再試験が実施される。

● 志願者数の推移

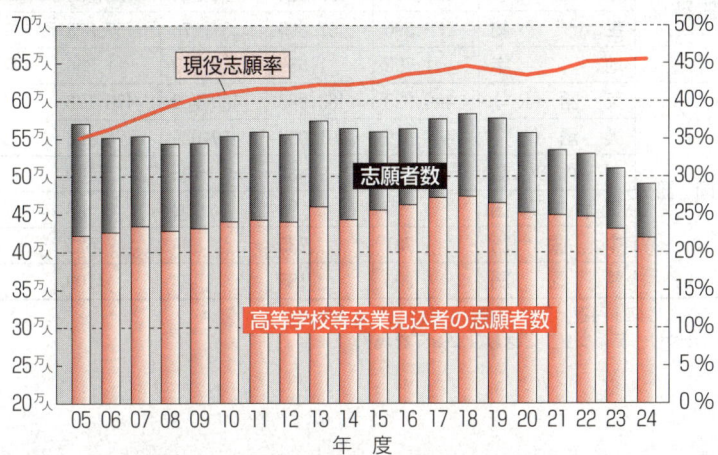

● 科目ごとの受験者数の推移（2021〜2024年度本試験） （人）

教　科		科　目	2024年度	2023年度	2022年度	2021年度①	2021年度②
国　　語		国　　語	433,173	445,358	460,967	457,304	1,587
地理歴史		世　界　史　A	1,214	1,271	1,408	1,544	14
		世　界　史　B	75,866	78,185	82,986	85,690	305
		日　本　史　A	2,452	2,411	2,173	2,363	16
		日　本　史　B	131,309	137,017	147,300	143,363	410
		地　　理　　A	2,070	2,062	2,187	1,952	16
		地　　理　　B	136,948	139,012	141,375	138,615	395
公　　民		現　代　社　会	71,988	64,676	63,604	68,983	215
		倫　　　　理	18,199	19,878	21,843	19,954	88
		政　治・経　済	39,482	44,707	45,722	45,324	118
		倫理, 政治・経済	43,839	45,578	43,831	42,948	221
数学	数学①	数　　学　　I	5,346	5,153	5,258	5,750	44
		数 学 I・A	339,152	346,628	357,357	356,492	1,354
	数学②	数　　学　　II	4,499	4,845	4,960	5,198	35
		数 学 II・B	312,255	316,728	321,691	319,697	1,238
		簿　記・会　計	1,323	1,408	1,434	1,298	4
		情報関係基礎	381	410	362	344	4
理科	理科①	物　理　基　礎	17,949	17,978	19,395	19,094	120
		化　学　基　礎	92,894	95,515	100,461	103,073	301
		生　物　基　礎	115,318	119,730	125,498	127,924	353
		地　学　基　礎	43,372	43,070	43,943	44,319	141
	理科②	物　　　　理	142,525	144,914	148,585	146,041	656
		化　　　　学	180,779	182,224	184,028	182,359	800
		生　　　　物	56,596	57,895	58,676	57,878	283
		地　　　　学	1,792	1,659	1,350	1,356	30
外　国　語		英　語（R※）	449,328	463,985	480,762	476,173	1,693
		英　語（L※）	447,519	461,993	479,039	474,483	1,682
		ド　イ　ツ　語	101	82	108	109	4
		フ　ラ　ン　ス　語	90	93	102	88	3
		中　　国　　語	781	735	599	625	14
		韓　　国　　語	206	185	123	109	3

・2021年度①は第1日程，2021年度②は第2日程を表す。
※英語のRはリーディング，Lはリスニングを表す。

● 科目ごとの平均点の推移（2021～2024年度本試験）　　（点）

教　科		科　目	2024年度	2023年度	2022年度	2021年度①	2021年度②
国　　語		国　　語	58.25	52.87	55.13	58.75	55.74
地 理 歴 史		世 界 史 A	42.16	36.32	48.10	46.14	43.07
		世 界 史 B	60.28	58.43	65.83	63.49	54.72
		日 本 史 A	42.04	45.38	40.97	49.57	45.56
		日 本 史 B	56.27	59.75	52.81	64.26	62.29
		地 　理 　A	55.75	55.19	51.62	59.98	61.75
		地 　理 　B	65.74	60.46	58.99	60.06	62.72
公　　民		現 代 社 会	55.94	59.46	60.84	58.40	58.81
		倫　　理	56.44	59.02	63.29	71.96	63.57
		政 治・経 済	44.35	50.96	56.77	57.03	52.80
		倫理, 政治・経済	61.26	60.59	69.73	69.26	61.02
数　学	数 学①	数 　学 　I	34.62	37.84	21.89	39.11	26.11
		数 学 I・A	51.38	55.65	37.96	57.68	39.62
	数 学②	数 　学 　II	35.43	37.65	34.41	39.51	24.63
		数 学 II・B	57.74	61.48	43.06	59.93	37.40
		簿 記・会 計	51.84	50.80	51.83	49.90	—
		情報関係基礎	59.11	60.68	57.61	61.19	—
理　科	理 科①	物 理 基 礎	57.44	56.38	60.80	75.10	49.82
		化 学 基 礎	54.62	58.84	55.46	49.30	47.24
		生 物 基 礎	63.14	49.32	47.80	58.34	45.94
		地 学 基 礎	71.12	70.06	70.94	67.04	60.78
	理 科②	物 　　理	62.97	63.39	60.72	62.36	53.51
		化 　　学	54.77	54.01	47.63	57.59	39.28
		生 　　物	54.82	48.46	48.81	72.64	48.66
		地 　　学	56.62	49.85	52.72	46.65	43.53
外 国 語		英 語（R※）	51.54	53.81	61.80	58.80	56.68
		英 語（L※）	67.24	62.35	59.45	56.16	55.01
		ド イ ツ 語	65.47	61.90	62.13	59.62	—
		フ ラ ン ス 語	62.68	65.86	56.87	64.84	—
		中 　国 　語	86.04	81.38	82.39	80.17	80.57
		韓 　国 　語	72.83	79.25	72.33	72.43	—

・各科目の平均点は100点満点に換算した点数。
・2023年度の「理科②」, 2021年度①の「公民」および「理科②」の科目の数値は, 得点調整後のものである。
　得点調整の詳細については大学入試センターのウェブサイトで確認のこと。
・2021年度②の「−」は, 受験者数が少ないため非公表。

● 地理歴史と公民の受験状況（2024 年度） (人)

受験科目数	地理歴史						公民				実受験者
	世界史A	世界史B	日本史A	日本史B	地理A	地理B	現代社会	倫理	政治・経済	倫理, 政経	
1科目	646	31,853	1,431	64,361	1,297	111,097	23,752	5,983	15,095	15,651	271,166
2科目	576	44,193	1,023	67,240	775	26,168	48,398	12,259	24,479	28,349	126,730
計	1,222	76,046	2,454	131,601	2,072	137,265	72,150	18,242	39,574	44,000	397,896

● 数学①と数学②の受験状況（2024 年度） (人)

受験科目数	数 学 ①		数 学 ②				実受験者
	数学I	数学I・数学A	数学II	数学II・数学B	簿記・会計	情報関係基礎	
1科目	2,778	24,392	85	401	547	69	28,272
2科目	2,583	315,744	4,430	312,807	777	313	318,327
計	5,361	340,136	4,515	313,208	1,324	382	346,599

● 理科①の受験状況（2024 年度）

区分	物理基礎	化学基礎	生物基礎	地学基礎	延受験者計
受験者数	18,019 人	93,102 人	115,563 人	43,481 人	270,165 人
科目選択率*	6.7%	34.5%	42.8%	16.1%	—

・2科目のうち一方の解答科目が特定できなかった場合も含む。
・科目選択率＝各科目受験者数／理科①延受験者計×100（＊端数切り上げ）

● 理科②の受験状況（2024 年度） (人)

受験科目数	物理	化学	生物	地学	実受験者
1科目	13,866	11,195	13,460	523	39,044
2科目	129,169	170,187	43,284	1,292	171,966
計	143,035	181,382	56,744	1,815	211,010

● 平均受験科目数（2024 年度） (人)

受験科目数	8科目	7科目	6科目	5科目	4科目	3科目	2科目	1科目
受験者数	6,008	266,837	19,804	20,781	38,789	91,129	12,312	1,948

平均受験科目数
5.67

・理科①（基礎の付された科目）は，2科目で1科目と数えている。

・上記の数値は本試験・追試験・再試験の総計。

共通テスト
対策講座
リーディング

ここでは，これまでに大学入試センターから公表されている資料と，実施された試験をもとに，リーディングテストについてわかりやすく解説し，具体的にどのような対策をすればよいか考えます。

武知 千津子　Takechi, Chizuko
岡山生まれ。大阪外国語大学（現・大阪大学）英語科卒。幼少時に英語のシンプルでシステマチックな仕組みに魅せられて以来，その「魔力」の虜。ひとりでも多くの受験生にその魔法をかけようと奮闘している。アイルランドの音楽と現代英文学，F1レースを愛する予備校講師。共通テスト対策講座なども担当。著書に『東大の英語リスニング20カ年』『阪大の英語20カ年』（ともに教学社）などがある。

山添 玉基　Yamazoe, Tamaki
河合塾英語科講師，能開センター講師，著述業。社会学修士。英文を「正しく読み，正しく考え，正しく解く」という〈あたりまえ〉のことを徹底する講義は，基礎レベルから最難関レベルまであらゆる学力層の生徒に支持されている。これまでに携わった書籍に，『共通テスト新課程攻略問題集』英語リーディング／英語リスニング（教学社），『大学入試 ぐんぐん読める英語長文』シリーズ（教学社），『真・英語力トレーナー』1〜3（河合出版／共著）がある。

共通テスト徹底分析

まず，2021〜2024 年度のリーディングテストの問題を詳しく分析してみましょう。

 出題形式

		共通テスト (2021〜2024 年度本試験)				
設問文	すべて英語					
解答形式	全問マーク式	解答数 (2024)	解答数 (2023)	解答数 (2022)	解答数 (2021)	配点
試験時間	80 分	49	49	48	47	100
第 1 問	短文の読解	5	5	5	5	10
第 2 問	資料・短文の読解	10	10	10	10	20
第 3 問	随筆的な文章の読解	8	8	8	8	15
第 4 問	説明的な文章・資料の読解	6	6	6	6	16
第 5 問	伝記的な文章やエッセイの読解	9	9	9	9	15
第 6 問	説明的な文章・資料の読解	11	11	10	9	24

特徴

✔ 設問文がすべて英語
✔ すべて読解問題

　共通テストのリーディングテストでは，上記のとおり，設問文はすべて英語です。日本語が混ざっている紙面に比べると，英語しかない紙面は「威圧感」がありますし，英語を読む量が増加します。**「目と頭が休まる暇のない問題冊子」**だということも覚えておきましょう。

 # 出題内容

		2024 年度本試験		2023 年度本試験	
		英文の内容	文章の種類	英文の内容	文章の種類
第 1 問	A	イベントの案内	イベントについてのチラシ	演劇の上演	公演に関するチラシ
	B	日帰り旅行の内容	ツアー情報	夏期英語集中合宿	ウェブサイト
第 2 問	A	戦略ゲームクラブへの入会の誘い	クラブメンバー募集のチラシ	靴の広告	ウェブサイト上の広告
	B	旅行保険の批評	保険のレビュー	通学時間の効果的な使い方	取り組みのレポート
第 3 問	A	フォトラリーについてのブログ	ブログ	快適なキャンプのための助言	ニュースレター
	B	英語デーの経験	学校新聞の記事	アドベンチャー・ルーム作成のヒント	ブログ
第 4 問		よい教室の条件	記事＋アンケート結果	効果的な学習法	2 つの記事
第 5 問		自分の才能に気づくことの大切さ	物語＋プレゼン用メモ	卓球から得た教訓	高校生が書いた話＋プレゼン用メモ
第 6 問	A	人間は時間をどう感じるのか	記事（説明的な文章）＋要約メモ	ものの収集	記事（説明的な文章）＋要約メモ
	B	トウガラシはなぜ愛されるのか	説明的な文章＋プレゼン用スライド	地上最強の生物	説明的な文章＋プレゼン用スライド

 # 問題設定・英文の種類

　リーディングテストの問題では，高校や大学での学生生活に関連した場面設定が多く見られます。英文の種類も，ブログやインターネット上のレビューなど，日常的なものが出題されています。2024 年度もこの傾向に変わりはありませんでした。**実生活で使える英語力**を試すのがねらいでしょう。

 問題の分量

　2021 年度の共通テストでは読む英語の分量がおよそ 5400 語程度でした。「リーディング」の名のとおり，すべて**一定量の文章を読む読解問題**で，設問文もすべて英語です。2022 年度は 500 語程度の増加が見られ，2023 年度は約 6000 語，2024 年度はさらに増加し，約 6300 語でした。6000 語程度は当たり前と思って準備しておきましょう。

 難易度

　前述したように共通テストでは読まなければならない**英語の分量が多く**，時間との戦いになるでしょう。

　個々の語句や文法事項を直接問う問題がないのは，そうした「暗記事項」は，文章を読みながら自然に運用できるくらいの習熟度が前提だからです。「日本語で読む」のに近いレベルで英語が読めることが求められますから，多様な英文に数多く触れておく必要があります。文章のレベルは標準的ですが，設問の立て方によっては難度が高まります。2024 年度は，第 5 問の物語の分量が多く，場面が現在から過去，過去から現在と，何度も行き来する描き方で，話の筋をたどるのがやや難しいものでした。英語の文章を読むことに慣れ親しみ，抵抗感をなくす努力をしておきましょう。

　なお，問題は CEFR の A1 から B1 に相当するレベルで出題されます。CEFR は，Common European Framework of Reference for Languages : Learning, teaching, assessment の略で，「外国語の学習・教授・評価のためのヨーロッパ共通参照枠」のことです。CEFR では，目標の目安とできるよう，「具体的に何ができるか」を基準に A1〜C2 までの 6 つのレベルが設定されています。各レベルでどのようなことが「できる」とされているのかはインターネットで調べられますので，一度目を通しておくとよいでしょう。

イギリス英語にも注目！

　学校の教材ではアメリカ英語が中心だと思います。共通テストでも基本的にはそうですが，一部イギリス英語で使われる語句やつづりが含まれています。2022年度第2問Aでは，建物の1階を the ground floor，2階以上を the first floor，the second floor …とするイギリス英語が使われていました。2023年度は，第2問Aに colour, personalise（アメリカ英語では color, personalize），2024年度は，第2問Aに analyse，第3問Bに learnt（アメリカ英語では analyze, learned）がありました。これらの知識がなくても問題に答えるのに特に支障はありませんが，ある程度違いを知っておくと安心でしょう。単語では「エレベーター」(elevator) がイギリス英語では lift，「路面電車」がアメリカ英語では streetcar，イギリス英語では tram(car) などの違いがあります。つづりでは，アメリカ英語の center, favor が，イギリス英語では centre, favour となります。日ごろの勉強でこうした違いに出会ったときには，その都度覚えていきましょう。

2025年度（新課程）の試験の注目点

　リーディングテストでは，新しい傾向の問題が出題される可能性があります（p. 28「新傾向に注意！」参照）。また，これまでにも細かい形式の変更はありましたので，「新傾向に注意！」に示す問題に限らず，前年度とは異なる形式の問題が出題される可能性を意識しておきましょう。また，全体の大問構成が変更される可能性もあります（「実戦創作問題」参照）。問題の形式や構成が変わっても，問われる力は変わりません。2025年度の試験についても，**まずは過去問演習が最善の対策**と言えます。2，3年前の出題形式が復活するということもありますので，**本書に掲載の過去問をすべて解き，形式に慣れておきましょう**。できなかった問題を繰り返し解いたり，音読をするなどして，過去問を最大限活用して英語力を底上げすることで，本番の試験で新しい形式の問題があったとしても，落ち着いて対処できるようになります。

どんな問題が出るの？

以下に，リーディングテストで押さえておくべきタイプの問題を示します。

1 文章と資料の両方を使って解く問題

　共通テストでは，文章の内容と添えられた資料をあわせて考える形式の問題が特徴的であると言えます。例年，第4問では文章と資料の両方を使って解く問題が出題されています。2024年度の第4問も2つの文章からなり，一方は記事，もう一方は関連する内容のアンケート結果で，資料が添えられていました。

例題（2022年度本試験 第4問 問3・問5）

You are a new student at Robinson University in the US. You are reading the blogs of two students, Len and Cindy, to find out where you can buy things for your apartment.

> **New to Robinson University?**
> Posted by Len at 4:51 p.m. on August 4, 2021
>
> ----
>
> Getting ready for college? Do you need some home appliances or electronics, but don't want to spend too much money? There's a great store close to the university called Second Hand. It sells used goods such as televisions, vacuum cleaners, and microwaves. A lot of students like to buy and sell their things at the store. Here are some items that are on sale now. Most of them are priced very reasonably, but stock is limited, so hurry!

Second Hand *Sale for New Students!*

Television 2016 model 50 in. $250

Rice Cooker 2018 model W 11 in. x D 14 in. x H 8 in. $40

Microwave 2019 model 1.1 cu. ft. 900 watts $85

Vacuum Cleaner 2017 model W 9 in. x L 14 in. x H 12 in. $30

Kettle 2018 model 1ℓ $5

https://secondhand.web

Purchasing used goods is eco-friendly. Plus, by buying from Second Hand you'll be supporting a local business. The owner is actually a graduate of Robinson University!

Welcome to Robinson University!
Posted by Cindy at 11:21 a.m. on August 5, 2021

Are you starting at Robinson University soon? You may be preparing to buy some household appliances or electronics for your new life.

You're going to be here for four years, so buy your goods new! In my first year, I bought all of my appliances at a shop selling used goods near the university because they were cheaper than brand-new ones. However, some of them stopped working after just one month, and they did not have warranties. I had to replace them quickly and could not shop around, so I just bought everything from one big chain store. I wish I had been able to compare the prices at two or more shops beforehand.

The website called save4unistu.com is very useful for comparing the prices of items from different stores before you go shopping. The following table compares current prices for the most popular new items from three big stores.

Item	Cut Price	Great Buy	Value Saver
Rice Cooker (W 11 in. x D 14 in. x H 8 in.)	$115	$120	$125
Television (50 in.)	$300	$295	$305
Kettle (1ℓ)	$15	$18	$20
Microwave (1.1 cu. ft. 900 watts)	$88	$90	$95
Vacuum Cleaner (W 9 in. x L 14 in. x H 12 in.)	$33	$35	$38

https://save4unistu.com

Note that warranties are available for all items. So, if anything stops working, replacing it will be straightforward. Value Saver provides one-year warranties on all household goods for free. If the item is over $300, the warranty is extended by four years. Great Buy provides one-year warranties on all household goods, and students with proof of enrollment at a school get 10 % off the prices listed on the table above. Warranties at Cut Price are not provided for free. You have to pay \$10 per item for a five-year warranty.

Things go fast! Don't wait or you'll miss out!

問 3 Both Len and Cindy recommend that you [26].

① buy from the store near your university
② buy your appliances as soon as you can
③ choose a shop offering a student discount
④ choose the items with warranties

問 5 You have decided to buy a microwave from [28] because it is the cheapest. You have also decided to buy a television from [29] because it is the cheapest with a five-year warranty. (Choose one for each box from options ①~④.)

① Cut Price
② Great Buy
③ Second Hand
④ Value Saver

　２つの文章に共通に述べられていること，２つの文章の内容と資料から正しい情報を把握するなど，細部にわたる事柄が問われます。**先に設問に目を通し，読み取るべきポイントを頭に入れておくとメリハリのある読み方ができます。**例題の問 3 は選択肢にもざっと目を通しておけば，読み返しを減らせますね。文章自体の表現や構造はそこまで複雑なものではありませんので，すばやく正確に読み取る力が求められます。

2 時系列問題

　起きた出来事を順序どおりに並べる問題も，毎年続けて出題されています。2022 年度は第３問Ｂで雑誌の記事で述べられている出来事の順序を問う問題，第５問でプレゼンテーション用のメモをまとめる形式が出題されました。2023 年度は第３問Ｂ

と第5問で2問出題され，いずれも筆者自身の経験を語る文章で，述べられている出来事の順序が問われました。2024年度も第3問Bと第5問で2問出題されています。第3問Bは2023年度と同様，筆者自身の経験を語る文章で，述べられている出来事の順序が問われ，第5問は物語で，プレゼンテーション用のメモをまとめるという2022年度第5問と同じ形式でしたが，描かれている場面が，現在と過去を頻繁に行き来し，文章も長いため，注意が必要でした。

　本文を読み始める前に設問を見て，時系列問題がないかどうか確かめておくと，読み返しを減らすことができます。

例題　（2022年度本試験 第3問B 問1）

You enjoy outdoor sports and have found an interesting story in a mountain climbing magazine.

Attempting the Three Peaks Challenge

By John Highland

Last September, a team of 12 of us, 10 climbers and two minibus drivers, participated in the Three Peaks Challenge, which is well known for its difficulty among climbers in Britain. The goal is to climb the highest mountain in Scotland (Ben Nevis), in England (Scafell Pike), and in Wales (Snowdon)

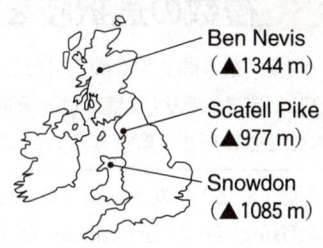

Ben Nevis (▲1344 m)

Scafell Pike (▲977 m)

Snowdon (▲1085 m)

within 24 hours, including approximately 10 hours of driving between the mountains. To prepare for this, we trained on and off for several months and planned the route carefully. Our challenge would start at the foot of Ben Nevis and finish at the foot of Snowdon.

We began our first climb at six o'clock on a beautiful autumn morning. Thanks to our training, we reached the summit in under three hours. On the way down, however, I realised I had dropped my phone. Fortunately, I found it with the help of the team, but we lost 15 minutes.

〜以下略〜

問1　Put the following events（①〜④）into the order they happened.

18 → 19 → 20 → 21

① All members reached the top of the highest mountain in Scotland.
② Some members gave up climbing Snowdon.
③ The group travelled by minibus to Wales.
④ The team members helped to find the writer's phone.

　地域名と山の名前，どこから始めてどこで終わるかが第1段にまとめて述べられていますから，それで3つの順序は判断できます。文章を読み進めながら，残る1つの出来事をどこに入れるかを探るのは，それほど困難ではありません。ただし，必ずしも文章に出てきた順序どおりに並べれば済むわけではないこともあります。年代などが示されている場合には注意しましょう。

　なお，時系列問題は，リスニングの第4問Aでも出題されています。出来事が起きた順に，その内容を表すイラストを並べる問題です。話の内容は具体的で思い描きやすく，解答しやすい問題でした。

3　複数の選択肢を選ぶ問題

　例年，第5問や第6問で「あてはまるものを2つ選べ」という形式の問題が出題されています。2024年度には第6問Bで出題されました。本文全体をしっかりと読まなくてはならず，解答するのに集中力が必要とされる形式になっています。

例題（2021年度本試験（第1日程）第5問 問4）

Using an international news report, you are going to take part in an English oral presentation contest. Read the following news story from France in preparation for your talk.

～前略～

　Soon after, Sabine was offered a pony. At first, she wasn't sure if she wanted to have him, but the memory of her horse was no longer painful, so she accepted the pony and named him Leon. She then decided to return to her old hobby and started training him for show jumping. Three-oh-nine, who she had renamed Aston, spent most of his time with Leon, and the two became really close friends. However, Sabine had not expected Aston to pay close attention to her training routine with Leon, nor had she expected Aston to pick up some tricks. The young bull quickly mastered walking, galloping, stopping, going backwards, and turning around on command. He responded to Sabine's voice just like a horse. And despite weighing 1,300 kg, it took him just 18 months to learn how to leap over one-meter-high horse

R

jumps with Sabine on his back. Aston might never have learned those things without having watched Leon. Moreover, Aston understood distance and could adjust his steps before a jump. He also noticed his faults and corrected them without any help from Sabine. That's something only the very best Olympic-standard horses can do.

〜以下略〜

Your Presentation Slides

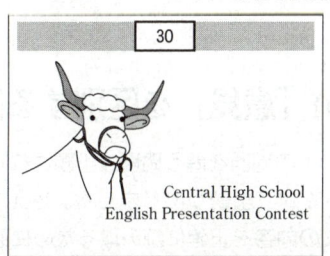

30

Central High School
English Presentation Contest

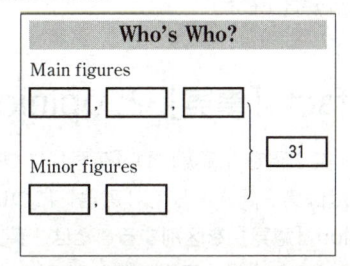

Who's Who?

Main figures

[   ] · [   ] · [   ]

Minor figures

[   ] · [   ]

31

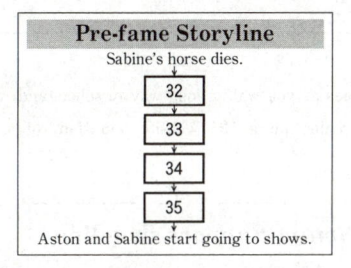

Pre-fame Storyline

Sabine's horse dies.
↓
32
↓
33
↓
34
↓
35
↓
Aston and Sabine start going to shows.

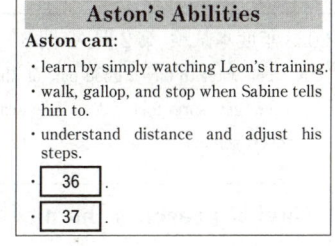

Aston's Abilities

Aston can:
- learn by simply watching Leon's training.
- walk, gallop, and stop when Sabine tells him to.
- understand distance and adjust his steps.
- 36 .
- 37 .

Aston Now

Aston today:
- is a show-jumping bull.
- travels to fairs and events with Sabine.
- 38 .

問4 Choose the two best items for the **Aston's Abilities** slide. (The order does not matter.) 36 · 37

① correct his mistakes by himself

② jump side-by-side with the pony

③ jump with a rider on his back

④ pick up tricks faster than a horse

⑤ pose for photographs

　前述のとおり，本文全体をていねいに読む必要はありますが，このような問題があることを見越して，本文を読み始める前に選択肢に目を通しておきましょう。読み取りポイントがわかり，読み返しをしなくて済みます。上記の**例題**では，選択肢に紛らわしいものはなく，本文に述べられている・いないの判断は容易です。

　なお，複数の解答を選ぶ問題の難度は試行調査のほうが高いですが，だからこそよい練習になります。しっかり活用しましょう。本書では，共通テストの試行調査の解説で，負荷が高めの「あてはまる選択肢をすべて選ぶ」タイプの問題に複マークを付けています。

4 fact「事実」と opinion「意見」を区別する問題

　例年，第2問で「事実」や「意見」についての判断を問う問題が出題されています。2024年度は第2問A・Bで「意見」について問う出題がありました。fact「事実」と opinion「意見」を区別することは，英文の内容を正確に読み取るために必要な力と言えますので，常に意識しておきましょう。

例題　（2023年度本試験 第2問A 問3）

A　You want to buy a good pair of shoes as you walk a long way to school and often get sore feet. You are searching on a UK website and find this advertisement.

Navi 55 presents the new *Smart Support* shoe line

Smart Support shoes are strong, long-lasting, and reasonably priced. They are available in three colours and styles.

nano-chip

Special Features

Smart Support shoes have a nano-chip which analyses the shape of your feet when connected to the *iSupport* application. Download the app onto your smartphone, PC, tablet, and/or smartwatch. Then, while wearing the shoes, let the chip collect the data about your feet. The inside of the shoe will automatically adjust to give correct, personalised foot support. As with other Navi 55 products, the shoes have our popular Route Memory function.

Advantages

Better Balance: Adjusting how you stand, the personalised support helps keep feet, legs, and back free from pain.

Promotes Exercise: As they are so comfortable, you will be willing to walk regularly.

Route Memory: The chip records your daily route, distance, and pace as you walk.

Route Options: View your live location on your device, have the directions play automatically in your earphones, or use your smartwatch to read directions.

Customers' Comments

● I like the choices for getting directions, and prefer using audio guidance to visual guidance.

● I lost 2 kg in a month!

● I love my pair now, but it took me several days to get used to them.

● As they don't slip in the rain, I wear mine all year round.

● They are so light and comfortable I even wear them when cycling.

● Easy to get around! I don't need to worry about getting lost.

● They look great. The app's basic features are easy to use, but I wouldn't pay for the optional advanced ones.

問3　One <u>opinion</u> stated by a customer is that ⏢ 8 ⏢.

① the app encourages fast walking
② the app's free functions are user-friendly
③ the shoes are good value for money
④ the shoes increase your cycling speed

　選択肢の内容を購入者のコメントと照合しましょう。①の「歩く速度」と③の「価格」に言及している購入者はいません。④に見られる「自転車に乗ること」は5番目のコメントに cycling の語はありますが、「軽くて快適なので自転車に乗るときにもはいている」とあり、④の「スピードが上がる」とは内容が異なります。残る②が最後のコメントと一致するのですが、注意が必要なのは、コメントに使われている語句と選択肢の語句が同じではないことです。②の user-friendly「使用者に優しい」が、コメントでは easy to use となっている点はわかりやすいですが、「アプリ」に関しては、②では the app's free functions「アプリの無料機能」、コ

メントでは The app's basic features「アプリの基本機能」となっています。広告の Special Features「特色」を見てみると、第2文で「アプリをダウンロードする」ことが述べられており、この靴に備わっている機能を活用するためのものだとわかります。つまり、追加料金の必要なオプションではなく、「無料」であり、「基本的特徴」です。このように、本文と選択肢で使われている語句が異なっていたり、この問題の「無料」のように、直接本文でその語句が使われていなかったりすることは、他の問題でも見られます。使われている単語の「見た目」だけで判断しないように気をつけましょう。

5　推測問題

　共通テストには本文で述べられていることからどんなことが導けるかを考えたり、起こりうる事態を推測するような問題も頻出です。

　過去には、本文で述べられていることから、今後起こると考えられることを判断する問題や、筆者の主張をさらに裏づけるのに有効な情報を選ぶ問題、筆者の話から得られる教訓（2つ）を選ぶ問題が出題されています。2024年度は、第6問で本文では明快に述べられてはいないものの、そこから妥当と思われる事柄を選ぶ問題が出題されました。

例題　（2021年度本試験（第1日程）第2問B　問5）

B　You've heard about a change in school policy at the school in the UK where you are now studying as an exchange student. You are reading the discussions about the policy in an online forum.

New School Policy 〈Posted on 21 September 2020〉
To：P. E. Berger　　From：K. Roberts

Dear Dr Berger,

〜中略〜

　I would like to express one concern about the change you are proposing to the after-school activity schedule. I realise that saving energy is important and from now it will be getting darker earlier. Is this why you have made the schedule an hour and a half shorter? Students at St Mark's School take both their studies and their after-school activities very seriously. A number of students have told me that they want to stay at school until 6.00 pm as they have always done. Therefore, I would like to ask you to think again about this sudden change in policy.

Regards,

Ken Roberts　　Head Student

Re : New School Policy　〈Posted on 22 September 2020〉

To : K. Roberts　　From : P. E. Berger

Dear Ken,

〜中略〜

The new policy has nothing to do with saving energy. The decision was made based on a 2019 police report. The report showed that our city has become less safe due to a 5 % increase in serious crimes. I would like to protect our students, so I would like them to return home before it gets dark.

Yours,

Dr P. E. Berger　　Head Teacher

問5　What would you research to help Ken oppose the new policy?　15

① The crime rate and its relation to the local area
② The energy budget and electricity costs of the school
③ The length of school activity time versus the budget
④ The study hours for students who do after-school activities

---

　ケンは，放課後の在校可能時間短縮の理由をエネルギーの節約だと考えていましたが，バージャー先生の回答には犯罪率が高まっていることが理由だと述べられています。新しい方針に反対するためには，市の犯罪率の上昇が学校がある地域にも影響を及ぼすかどうかを調べる必要があります。

　このように，どこか1カ所だけでは判断できないため，やり取りをていねいに読み，総合的に判断することが求められます。

新傾向に注意！

　ここでは，2022年11月に，大学入試センターより発表された英語（リーディング）の試作問題を紹介します。この問題形式は，2025年度以降の共通テストで出題される可能性があります。練習問題も用意していますので，以下で問題のねらいを理解し，攻略法を身につけておきましょう。

問題のねらいを理解する

　下記の試作問題は，2025年度共通テストにおいて，「文字や音声による試験の特徴を生かしながら，（中略）可能な限り総合的な英語力を評価する」（「試作問題『英語』の概要」より）ことを目標に作成された問題になります。

　第A問では，「自分の意見の理由や根拠を明確に示すために**複数の資料を活用したり，書こうとする文章のアウトラインを組み立てたりすること**」，第B問では「読み手に分かりやすいように，**文章の論理の構成や展開に配慮して文章を修正すること**」を問う，とされています。

　本番の試験では，試作問題と全く同じ形式で出題されるとは限りませんが，どんな問題が出題されるかの一番のヒントになりますので，しっかりと確認しておきましょう。

1　試作問題 第A問

　この問題は，複数の資料を参考にエッセイ（レポート）を書くという設定で，3つの［ステップ］から成り立っています。

　ステップ1：5人のさまざまな立場の人々の意見を読む
　ステップ2：自分の立場（意見）を決める
　ステップ3：2つの資料（文章・グラフ）を使って概略を決める

複数の資料に目を通しながら問題を解いていくには，解き方に慣れておく必要があります。ここでは，問題と一緒に解き方のポイントを提示しています。ポイントを見ながら一度解いてみて，練習しておきましょう。

 **問題** （配点：18点）

You are working on an essay about whether high school students should be allowed to use their smartphones in class. You will follow the steps below.

R

> Step 1：Read and understand various viewpoints about smartphone use.
>
> Step 2：Take a position on high school students' use of their smartphones in class.
>
> Step 3：Create an outline for an essay using additional sources.

 ［ステップ１］

　①５人それぞれの意見の概略を理解すること，②５人の意見を比較検討して分類することが求められています。特に問１では「２人の著者がともに言及していること」を答えることが求められており，単に何かに賛成／反対しているかだけではなく，その理由などの共通性を見抜くことが必要です。選択肢は巧妙に言い換えられていることが多いため，キーワードやその言い換えに注意しましょう。なお，［ステップ２］ではここで分類した情報が必要となるため，あらかじめ，［ステップ２］の"Your position"に目を通してから情報を分類しましょう。

POINT

[Step 1] Read various sources

Author A (Teacher)

My colleagues often question whether smartphones can help students develop life-long knowledge and skills. I believe that they can, as long as their use is carefully planned. Smartphones support various activities in class that can enhance learning. Some examples include making surveys for projects and sharing one's learning with others. Another advantage is that we do not have to provide students with devices; they can use their phones! Schools should take full advantage of students' powerful computing devices.

Author B (Psychologist)

It is a widespread opinion that smartphones can encourage student learning. Being believed by many, though, does not make an opinion correct. A recent study found that when high school students were allowed to use their smartphones in class, it was impossible for them to concentrate on learning. In fact, even if students were not using their own smartphones, seeing their classmates using smartphones was a distraction. It is clear that schools should make the classroom a place that is free from the interference of smartphones.

Author C (Parent)

I recently bought a smartphone for my son who is a high school student. This is because his school is located far from our town. He usually leaves home early and returns late. Now, he can contact me or access essential information if he has trouble. On the other hand, I sometimes see him walking while looking at his smartphone. If he is not careful, he could have an accident. Generally, I think that high school students are safer with smartphones, but parents still need to be aware of the risks. I also wonder how he is using it in class.

Author D (High school student)

At school, we are allowed to use our phones in class. It makes sense for our school to permit us to use them because most students have smartphones. During class, we make use of foreign language learning apps on our smartphones, which is really helpful to me. I am now more interested in learning than I used to be, and my test scores have improved. The other day, though, my teacher got mad at me when she caught me reading online comics in class. Occasionally these things happen, but overall, smartphones have improved my learning.

Author E (School principal)

Teachers at my school were initially skeptical of smartphones because they thought students would use them to socialize with friends during class. Thus, we banned them. As more educational apps became available, however, we started to think that smartphones could be utilized as learning aids in the classroom. Last year, we decided to allow smartphone use in class. Unfortunately, we did not have the results we wanted. We found that smartphones distracted students unless rules for their use were in place and students followed them. This was easier said than done, though.

問1　Both Authors A and D mention that ☐ 1 ☐ .

① apps for learning on smartphones can help students perform better on exams

② one reason to use smartphones as an educational tool is that most students possess one

③ smartphones can be used to support activities for learning both at school and at home

④ smartphones make it possible for students to share their ideas with classmates

問2　Author B implies that ☐ 2 ☐.

① having time away from digital devices interferes with students' motivation to learn

② sometimes commonly held beliefs can be different from the facts that research reveals

③ students who do not have smartphones are likely to consider themselves better learners

④ the classroom should be a place where students can learn without the interference of teachers

 ［ステップ2］

　［ステップ2］では「あなたの立場」に沿った主張を［ステップ1］の5人の著者から2人選ぶため，"Your position" の内容を理解したうえで，［ステップ1］で分類した情報を活用することが求められています。ここでも，「理由などの共通性」と「キーワードとその言い換え」を見抜くことが必要になります。

[Step 2] Take a position

問3　Now that you understand the various viewpoints, you have taken a position on high school students' use of their smartphones in class, and have written it out as below. Choose the best options to complete ☐ 3 ☐, ☐ 4 ☐, and ☐ 5 ☐.

Your position : High school students should not be allowed to use their smartphones in class.

- Authors ☐ 3 ☐ and ☐ 4 ☐ support your position.
- The main argument of the two authors : ☐ 5 ☐.

Options for ☐ 3 ☐ and ☐ 4 ☐ (The order does not matter.)
①　A　　②　B　　③　C　　④　D　　⑤　E

Options for ☐ 5 ☐
①　Making practical rules for smartphone use in class is difficult for

    school teachers

②   Smartphones may distract learning because the educational apps are difficult to use

③   Smartphones were designed for communication and not for classroom learning

④   Students cannot focus on studying as long as they have access to smartphones in class

---

✔ ［ステップ3］

　［ステップ3］では，［ステップ2］の2つの設問の内容を踏まえて，その内容に見合った情報を2つの資料Ａ・Ｂから抜き出すことが求められています。この問題では［ステップ2］の「授業中にスマートフォンを利用できると，高校生は勉強に集中できない」という理由に基づき，「高校生は授業中にスマートフォンの使用を許可されるべきではない」という主張をしていることになりますので，その内容を支持する情報を探しながら資料を読みましょう。

POINT

［Step 3］Create an outline using Sources A and B

Outline of your essay:

Using smartphones in class is not a good idea

Introduction

    Smartphones have become essential for modern life, but students should be prohibited from using their phones during class.

Body

    Reason 1: [From Step 2]

    Reason 2: [Based on Source A]   ·········　| 6 |

    Reason 3: [Based on Source B]   ·········　| 7 |

Conclusion

    High schools should not allow students to use their smartphones in class.

Source A

Mobile devices offer advantages for learning. For example, one study showed that university students learned psychology better when using their interactive mobile apps compared with their digital textbooks. Although the information was the same, extra features in the apps, such as 3D images, enhanced students' learning. It is important to note, however, that digital devices are not all equally effective. Another study found that students understand content better using their laptop computers rather than their smartphones because of the larger screen size. Schools must select the type of digital device that will maximize students' learning, and there is a strong argument for schools to provide computers or tablets rather than to have students use their smartphones. If all students are provided with computers or tablets with the same apps installed, there will be fewer technical problems and it will be easier for teachers to conduct class. This also enables students without their own smartphones to participate in all class activities.

Source B

A study conducted in the U.S. found that numerous teenagers are addicted to their smartphones. The study surveyed about 1,000 students between the ages of 13 and 18. The graph below shows the percentages of students who agreed with the statements about their smartphone use.

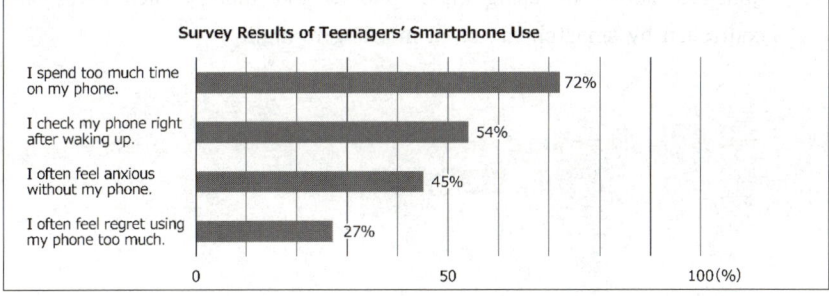

問4　Based on Source A, which of the following is the most appropriate for Reason 2? ☐ 6 ☐

① Apps that display 3D images are essential for learning, but not all students have these apps on their smartphones.

② Certain kinds of digital devices can enhance educational effectiveness, but smartphones are not the best.

③ Students should obtain digital skills not only on smartphones but also on other devices to prepare for university.

④ We should stick to textbooks because psychology studies have not shown the positive effects of digital devices on learning.

問5 For Reason 3, you have decided to write, "Young students are facing the danger of smartphone addiction." Based on Source B, which option best supports this statement? [7]

① Although more than half of teenagers reported using their smartphones too much, less than a quarter actually feel regret about it. This may indicate unawareness of a dependency problem.

② Close to three in four teenagers spend too much time on their phones. In fact, over 50 % check their phones immediately after waking. Many teenagers cannot resist using their phones.

③ Over 70 % of teenagers think they spend too much time on their phones, and more than half feel anxious without them. This kind of dependence can negatively impact their daily lives.

④ Teenagers are always using smartphones. In fact, more than three-quarters admit to using their phones too much. Their lives are controlled by smartphones from morning to night.

✔️ 解答・解説

訳　《高校生とスマートフォン》

　あなたは，高校生が授業中にスマートフォンを使用することを許可すべきかどうかについてのエッセイに取り組んでいます。以下のステップを踏んでください。

　　ステップ１：スマートフォンの使用に関するさまざまな観点を読み，理解する。

　　ステップ２：高校生が授業中に自分たちのスマートフォンを使用することについて，一つの立場をとる。

　　ステップ３：追加資料を用いて，エッセイのアウトラインを作成する。

［ステップ１］さまざまな資料を読む

著者A（教師）

私の同僚は，生徒が生涯にわたる知識やスキルを向上させるのにスマートフォンが役立つのかどうか，しばしば疑問に思っています。私は，その使い方が慎重に計画される限り，スマートフォンは役立つと信じています。スマートフォンは，授業中，学びを増進するさまざまな活動を支援することができます。その例の中には，プロジェクトのための調査をしたり，自分の学びを他の人と共有したりすることが含まれます。また，もう一つの利点は，生徒たちにデバイスを与える必要がなく，彼らが自分のスマートフォンを使えるということです！　学校は，生徒の強力なコンピューティングデバイスをフルに活用すべきなのです。

著者B（心理学者）

スマートフォンが生徒の学習を促すというのは，広く知られている意見です。しかし，多くの人に信じられているからと言って，ある意見が正しいとは限りません。最近の研究では，高校生が授業中にスマートフォンを使うことを許されると，学習に集中できなくなることがわかりました。実際，生徒は自分のスマートフォンを使っていなくても，クラスメートがスマートフォンを使っているのを見て気が散ってしまうのです。明らかなのは，学校が教室をスマートフォンの干渉から逃れられる場所にすべきであるということです。

著者C（保護者）

最近，私は高校生の息子にスマートフォンを買い与えました。というのも，息子の学校は私たちの町から離れたところにあるためです。息子はいつも朝早くに家を出て，夕方遅くに帰ってきます。今は，困ったことがあれば，私に連絡したり，必要な情報にアクセスしたりすることができています。その一方で，私は息子がスマートフォンを見ながら歩いている姿を時々見かけます。息子は気をつけない

と事故にあいかねません。一般的に，高校生はスマートフォンがあればより安全だと思いますが，やはり親がリスクを認識する必要があります。また，息子が授業中にスマートフォンをどのように使っているのかも気になります。

著者D（高校生）

学校では，私たちは授業中に自分のスマートフォンを使うことが許されています。ほとんどの生徒がスマートフォンを持っているので，学校が私たちにその使用を許可するのは理にかなっています。授業中には，スマートフォンの外国語学習アプリを活用していますが，これが私には本当に役に立っています。私は以前より勉強に興味を持つようになり，テストの点数も上がりました。ただ，先日，私が授業中にオンラインのマンガを読んでいるのを先生が見つけて，私は先生に怒られました。たまにこういうこともありますが，全体的にスマートフォンのおかげで私の学習は向上しました。

著者E（学校長）

私の学校では，教師は当初，スマートフォンに懐疑的でした。というのも，生徒が授業中に友人と交流するためにスマートフォンを使うと彼らは考えていたためです。そのため，私たちはスマートフォンを禁止していました。しかし，より多くの教育用アプリが利用できるようになると，私たちはスマートフォンを教室で学習の補助として活用できるのではないかと考えるようになりました。昨年，私たちは授業でのスマートフォンの利用を認めることにしました。しかし，残念ながら私たちが望むような結果は得られませんでした。スマートフォンの使用ルールを決め，生徒がそれを守らない限り，スマートフォンは生徒の気を散らしてしまうとわかったのです。しかし，これを言うは易く，行うは難しでした。

問1　　1　　正解は②

「著者AもDもともに　1　と言及している」

著者Aの第5文（Another advantage is …）「もう一つの利点は，生徒たちにデバイスを与える必要がなく，彼らが自分のスマートフォンを使えるということです」と，著者Dの第2文（It makes sense …）「学校が私たちにスマートフォンを使うことを許可するのは理にかなっています。というのも大半の生徒たちはスマートフォンを持っているからです」から，ほとんどの生徒はスマートフォンを持っていると考えられる。よって，②「スマートフォンを教育用ツールとして用いる一つの理由は，ほとんどの生徒が持っていることである」が正しい。

① 「スマートフォンの学習用アプリは，生徒が試験でより良い成績を収めるのに役立つ」

③「学校でも家庭でも，学習のための活動を支援するのにスマートフォンを使うことができる」

④「スマートフォンがあれば，生徒はクラスメートと自分の考えを共有できる」

問2　　2　　正解は②

「著者Bは　2　ということを含意している」

著者Bの第1・2文（It is a …）に「スマートフォンが生徒の学習を促すというのは広く知られている意見です。だが，多くの人に信じられているからと言って，ある意見が正しいとは限りません」とあり，第3文（A recent …）では最近の研究結果を踏まえて実情を述べている。スマートフォンは生徒の学習を促すと広く言われているものの，実際にはそうではないという論旨になっていることから判断する。よって，②「時に，一般的に信じられていることが，調査によって明らかにされた事実と異なることがある」が正しい。

①「デジタル機器から離れる時間があると，生徒の学習意欲が低下する」

③「スマートフォンを持っていない生徒は，自分のことを，学ぶのがより上手な人だと考える可能性が高い」

④「教室は，生徒が教師の干渉を受けずに学習できる場であるべきだ」

訳　［ステップ2］一つの立場をとる

問3　さて，あなたはさまざまな考え方を理解して，授業での高校生のスマートフォン使用についての立場を決め，それを以下のように書き出しました。　3　　4　　5　を埋めるのに最も適切な選択肢を選んでください。

あなたの立場：高校生は授業中にスマートフォンの使用を許可されるべきではない。

●著者　3　と　4　はあなたの立場を支持する。

●2人の著者の主な主張：　5　。

問3　　3　　4　　正解は②，⑤（順不同）

「著者　3　と　4　はあなたの立場を支持する」

「高校生は授業中にスマートフォンを使うことを許されるべきではない」という意見に合致するのはBとEである。Bは最終文（It is clear …）で「明らかなのは，学校が教室をスマートフォンの干渉から逃れられる場所にすべきであるということです」と述べ，Eは第6文（We found that …）で「スマートフォンの使用ルールを決め，生徒がそれを守らない限り，スマートフォンは生徒の気を散らしてしまうとわかったのです」と述べていることから判断する。

問3　　5　　正解は④

「2人の著者の主な主張：　5　」

　Bの第4文（In fact, …）に「実際，生徒は自分のスマートフォンを使っていなくても，クラスメートがスマートフォンを使っているのを見て気が散ってしまうのです」とあり，Eの第6文（We found that …）でもスマートフォンが生徒の気を散らすことに言及していることから判断する。よって，④「授業中にスマートフォンを利用できると，生徒は勉強に集中できない」が正しい。

①「授業中のスマートフォンの利用のための現実的なルールを決めるのは学校の教師には難しい」

②「スマートフォンは教育アプリが使いにくいため，学習を妨げる可能性がある」

③「スマートフォンはコミュニケーションのために作られたものであり，教室での学習のためのものではない」

訳　[ステップ3] 資料A，Bを使ってアウトラインを作成する

エッセイのアウトライン：

> ### 授業中にスマートフォンを使うのはいい考えではない
>
> **導入**
> スマートフォンは現代の必需品になったが，生徒は授業中のスマートフォンの使用を禁止されるべきだ。
>
> **本文**
> 理由1：[ステップ2より]
> 理由2：[資料Aに基づく]　………　6
> 理由3：[資料Bに基づく]　………　7
>
> **結論**
> 高校は，生徒に対して授業中のスマートフォンの使用を許可するべきではない。

資料A

モバイルデバイスは，学習に有利な点を提供してくれる。たとえば，ある研究が示したところによると，大学生がインタラクティブなモバイルアプリを使用した場合，デジタル教科書を使用した場合と比較して，心理学をよりよく学習できたとされる。情報は同じでも，3D 画像などのアプリの追加的な特徴が，学生の学習を高めたのだ。しかし，デジタル機器が必ずしもすべて同じように効果的だとは限らないことに留意することが重要である。別のある研究では，スマートフォンよりもラップトップコンピュータを使ったほうが，画面サイズが大きいため，生徒はよりうまく内容を理解するということがわかった。学校は，生徒の学習を最大化するような種類のデジタル機器を選択しなければならず，学校は生徒に自分のスマートフォンを使わせるのではなく，パソコンやタブレットを提供すべきだという強い主張もある。もし，同じアプリがインストールされたパソコンやタブレットがすべての生徒に提供されれば，技術的な問題が少なくなり，教師も授業を行いやすくなるであろう。また，これによって，スマートフォンを持っていない生徒も，すべての授業活動に参加することができる。

資料B

米国で行われたある調査によると，多くのティーンエイジャーがスマートフォン中毒になっていることが判明した。この調査は，13 歳から 18 歳までの約 1,000 人の生徒を対象に行われた。以下のグラフは，スマートフォンの使用に関する記述に同意した生徒の割合を示している。

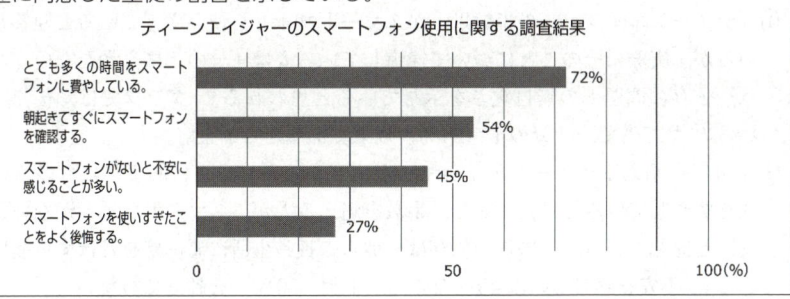

ティーンエイジャーのスマートフォン使用に関する調査結果

問4　　6　　正解は②

「資料Aに基づくと，理由2として最も適切なものは以下のうちどれか」

資料Aの第4・5文（It is important …）「しかし，デジタル機器が必ずしもすべて同じように効果的だとは限らないことに留意することが重要である。別のある研究では，スマートフォンよりもラップトップコンピュータを使ったほうが，画面サ

イズが大きいため，生徒はよりうまく内容を理解するということがわかった」から判断する。デジタル機器は効果的だが，スマートフォンよりもラップトップコンピュータのほうが優れていたという内容である。「**ある種のデジタル機器は教育効果を高めるが，スマートフォンは最善とは言えない**」と述べる②が正解。

①「3D画像を表示するアプリは学習に欠かせないが，すべての生徒がスマートフォンにそのようなアプリを入れているわけではない」

③「生徒はスマートフォンだけでなく，他のデバイスでもデジタルスキルを身につけ，大学進学に備えるべきだ」

④「心理学の研究ではデジタルデバイスが学習に良い影響を与えることは示されていないので，教科書にこだわるべきだ」

問5　　7　　正解は②

「理由3に，あなたは『若い生徒はスマートフォン中毒の危険に直面している』と書くことに決めた。資料Bに基づくと，この意見を最もよく支持する選択肢はどれか」

資料Bのグラフによると，スマートフォンに時間を費やしすぎると感じる割合が72％，起床後すぐにスマートフォンを確認する割合が54％とあることから判断する。よって，②「**ティーンエイジャーの4人のうち3人近くがスマートフォンに時間をあまりにも多く費やしている。実際，50％を超える人が起床後すぐに自分のスマートフォンをチェックしている。多くのティーンエイジャーが，スマートフォンを使うことにあらがえないのだ**」が正解。

①「ティーンエイジャーの半数以上がスマートフォンを使いすぎていると回答しているが，実際にそのことについて後悔している人は4分の1にも満たない。これは，依存の問題への無自覚さを示していると思われる」　グラフでは，後悔しているのは27％で，4分の1（25％）以上であるから不正解。

③「70％を超えるティーンエイジャーが，スマートフォンにあまりにも多くの時間を費やしていると考えており，半数を超える人が，スマートフォンがないと不安だと感じている。この種の依存は，彼らの日常生活に悪影響を及ぼす可能性がある」　不安を感じるのは45％なので，半数（50％）を超えていない。

④「ティーンエイジャーは常にスマートフォンを使っている。実際，4分の3を超える人が自分のスマートフォンを使いすぎていると認めている。彼らの暮らしは朝から晩までスマートフォンに支配されている」　使いすぎているという回答をしたのは前述のとおり，72％であるから，4分の3（75％）を超えていない。

2 試作問題 第B問

この問題は，生徒が書いた作文と，それに対する教師からの添削コメントをもとに，英文を書き換える設定になっています。**問1と問2で文と文のつながりについての理解**が問われ，**問3と問4で段落のまとまりについての理解**が問われています。

> 問1・2については，因果関係，逆接，具体化／抽象化といった「つながり」を意識しながら英文を読むことが必要です。また，「つながり」を表すディスコース・マーカーの知識も重要になります。問3・4については，各段落のキーワードとその言い換えに注意しながら，段落単位で情報をまとめることが必要です。

✅ 問題 (配点：12点)

In English class you are writing an essay on a social issue you are interested in. This is your most recent draft. You are now working on revisions based on comments from your teacher.

Eco-friendly Action with Fashion	Comments
Many people love fashion. Clothes are important for self-expression, but fashion can be harmful to the environment. In Japan, about 480,000 tons of clothes are said to be thrown away every year. This is equal to about 130 large trucks a day. We need to change our "throw-away" behavior. This essay will highlight three ways to be more sustainable.	
First, when shopping, avoid making unplanned purchases. According to a government survey, approximately 64% of shoppers do not think about what is already in their closet. $^{(1)}\wedge$ So, try to plan your choices carefully when you are shopping.	*(1) You are missing something here. Add more information between the two sentences to connect them.*
In addition, purchase high-quality clothes which usually last longer. Even though the price might be higher, it is good value when an item can be worn for several years. $^{(2)}\wedge$ Cheaper fabrics can lose their color or start to look old quickly, so they need to be thrown away sooner.	*(2) Insert a connecting expression here.*

Finally, *(3)* <u>think about your clothes</u>. For example, sell them to used clothing stores. That way other people can enjoy wearing them. You could also donate clothes to a charity for people who need them. Another way is to find a new purpose for them. There are many ways to transform outfits into useful items such as quilts or bags.

(3) This topic sentence doesn't really match this paragraph. Rewrite it.

In conclusion, it is time for a lifestyle change. From now on, check your closet before you go shopping, *(4)* <u>select better things</u>, and lastly, give your clothes a second life. In this way, we can all become more sustainable with fashion.

(4) The underlined phrase doesn't summarize your essay content enough. Change it.

Overall Comment:
Your essay is getting better. Keep up the good work. (Have you checked your own closet? I have checked mine! ☺)

問1 Based on comment (1), which is the best sentence to add?

① As a result, people buy many similar items they do not need.
② Because of this, customers cannot enjoy clothes shopping.
③ Due to this, shop clerks want to know what customers need.
④ In this situation, consumers tend to avoid going shopping.

問2 Based on comment (2), which is the best expression to add?

① for instance　② in contrast　③ nevertheless　④ therefore

問3 Based on comment (3), which is the most appropriate way to rewrite the topic sentence?

① buy fewer new clothes　　② dispose of old clothes
③ find ways to reuse clothes　④ give unwanted clothes away

問4 Based on comment (4), which is the best replacement?

① buy items that maintain their condition
② choose inexpensive fashionable clothes
③ pick items that can be transformed
④ purchase clothes that are second-hand

✅ 解答・解説

|訳|　《エコフレンドリーなファッション》

　英語の授業で，あなたは自分が興味を持っている社会問題についてエッセイを書いています。これはあなたの最新の下書きです。あなたは今，先生からのコメントをもとに修正に取り組んでいます。

ファッションにエコフレンドリーなアクションを

コメント

［第1段］　多くの人がファッションを愛しています。服は自己表現のために重要ですが，ファッションは環境に害を与える可能性があります。日本では，毎年，約48万トンの服が捨てられていると言われています。これは，1日に大型トラック約130台分に相当します。私たちは，「捨てる」行動を改める必要があります。このエッセイでは，より持続可能であるための3つの方法を紹介します。

［第2段］　まず，買い物をするときは，無計画な買い物を避けましょう。政府のある調査によると，約64％の買い物客が，すでに自分のクローゼットにあるものについて考えないとされています。⁽¹⁾∧ですから，買い物をするときは，自分の選択を慎重に計画するようにしましょう。

(1) ここに何か抜けています。2つの文の間にさらに情報を追加して，2つの文をつなげましょう。

［第3段］　また，普通に使えばより長持ちするような高品質の服を購入しましょう。値段は高いかもしれませんが，数年着られるとすればお得です。⁽²⁾∧安い生地は，すぐに色が落ちたり，古く見え始めたりするので，早く捨てる必要があります。

(2) ここに接続表現を入れましょう。

［第4段］　最後に，⁽³⁾<u>服のことを考えましょう</u>。たとえば，古着屋さんに売りましょう。そうすれば，他の人がそれを着て楽しむことができます。また，服を必要としている人のために，服をチャリティーに寄付することもできるでしょう。もうひとつの方法は，服の新しい用途を見つけることです。キルトやバッグなどの便利なアイテムに服を変身させる方法はたくさんあります。

(3) このトピックセンテンスは，このパラグラフとあまりマッチしていません。書き換えてください。

［第5段］　結論として，ライフスタイルを変えるときが来たのです。これからは，買い物に行く前にクローゼットをチェックし，⁽⁴⁾よりよいものを選び，最後に，服に第二の人生を与えてください。このようにすれば，私たちは皆，ファッションに関してより持続可能になれるのです。

(4) 下線部のフレーズは，あなたのエッセイの内容を十分に要約していません。変えてください。

総評：
あなたのエッセイは良くなってきています。この調子で頑張ってください。（自分のクローゼットはチェックしましたか？　私は自分のクローゼットをチェックしましたよ！☺）

問1　正解は①
「コメント(1)を踏まえて，付け加えるべき文章として最も適切なものはどれか」
(1)の前は「約64％の買い物客が，すでに自分のクローゼットにあるものについて考えないとされています」，後は「ですから，買い物をするときは，自分の選択を慎重に計画するようにしましょう」という内容である。前の内容から導かれる結果を考えて①「その結果，人々は必要のない，似たようなものをたくさん買ってしまいます」が正解。
②「このため，顧客は服の買い物を楽しめません」
③「このせいで，店員は顧客が何を必要としているかを知りたがるのです」
④「このような状況では，消費者は買い物に行くのを避ける傾向にあります」

問2　正解は②
「コメント(2)を踏まえて，付け加えるべき表現として最も適切なものはどれか」
(2)の前は「値段は高いかもしれませんが，数年着られるとすればお得です」，後は「安い生地は，すぐに色が落ちたり，古く見え始めたりするので，早く捨てる必要があります」という内容なので，「高価な品物」と「安い品物」の特徴を対比的に述べていると考えられる。このような対照を表すのは in contrast である。②「対照的に」が正解。
①「たとえば」
③「それにもかかわらず」
④「したがって」

問3　正解は③

「コメント⑶を踏まえると，トピックセンテンスを書き換えるために最も適切な方法はどれか」

コメントのある第4段では，服を古着店に売ったり，チャリティーに寄付したり，古着を活用して別の品物にするといった内容が述べられている。これらは服の再利用に関することである。トピックセンテンスは，その段落で述べる内容を端的に示したものにすべきなので，reuse「再利用」とある③「**服を再利用する方法をみつけましょう**」が正解。

① 「新しい服を買うのを減らしましょう」
② 「古い服を処分しましょう」
④ 「不要になった服を手放しましょう」

問4　正解は①

「コメント⑷を踏まえると，どれが最もよい代わりの表現か」

下線部⑷は第3段の内容を要約したものになるので，「長持ちする高品質な服を買う」という内容に沿った選択肢を選ぶ。①「**状態を維持できるものを購入しましょう**」が正解。

② 「安価でファッション性の高い服を選びましょう」
③ 「変えられるものを選びましょう」
④ 「中古の服を購入しましょう」

　次ページに，試作問題と同形式の練習問題（本書オリジナル）を用意しました。試作問題の POINT を参考に解いてみましょう。

 練習してみよう

1 創作問題 第A問

You are working on an essay about whether or not generative AI is a beneficial technology for education. You will follow the steps below.

Step 1 : Read and understand various viewpoints on the use of AI in education.

Step 2 : Take a position on the effects of AI on education.

Step 3 : Create an outline for an essay using additional sources.

[Step 1] Read various sources

Author A (Teacher)

As a high school teacher, I have mixed feelings about AI. It is not only my job to teach students how to research and write effectively, but also to evaluate their skills. AI can, in many cases, do all of the research and the writing for the students. I cannot be sure whether the students have done their homework themselves, or used AI. It makes their homework grades meaningless, and I cannot use their written assignments for their scores.

Author B (Psychologist)

Some companies claim AI can provide valuable tools for checking students' emotional well-being and learning needs through natural language processing and face reading. I find that hard to believe, but I might be wrong. I also have read a study that showed that people who have worked with generative AI tend to show other humans less respect. This could be very dangerous in the classroom.

Author C (Parent)

I cannot imagine how AI will help my daughter learn at school. I worry that she will only learn to depend on AI rather than build any real skills herself. Nevertheless, AI is part of our lives now. She has to learn to use it. Perhaps more importantly, she has to find a career that won't be taken over by AI in the future.

Author D (High school student)

AI has not affected me much, yet. I tried to use it to do my homework assignment, but it was not useful. I had to work hard to tell it how to write the report. Then I had to spend a long time checking that it did not make up any information. It didn't save me much time or effort, and I don't think I even learned as much. One of my friends used AI to do his homework and the teacher got mad because she found some imaginary information.

Author E (School principal)

The teachers at my school were against using AI, because of its reliability problems. However, it has become clear that AI will not go away. It is being used in business, and it will cause some jobs not to exist. We must teach students to use it, and perhaps it will make teachers' lives easier, too. I think it would be great if AI could be used to check tests and calculate students' scores.

問1　Both Authors A and D mention that 　1　.

　① AI will only be valuable when it can save time and effort
　② it is important to give students accurate evaluations of their work
　③ it is more important to teach students how to write than what to write
　④ there is a chance that students will rely too heavily on AI

問2　Author B implies that 　2　.

　① people do not respect the capabilities of AI in learning environments
　② software that can read people's faces will help teachers identify students properly
　③ students need to improve their language processing skills to properly use AI
　④ there are arguments for and against the psychological effects of AI on humans

[Step 2] Take a position

問3 Now that you understand the various viewpoints, you have taken a position on the value of AI in education, and have written it out as below. Choose the best options to complete ☐ 3 ☐, ☐ 4 ☐, and ☐ 5 ☐.

<u>Your position</u>: Despite its problems, AI is indispensable for our future.

- ●Authors ☐ 3 ☐ and ☐ 4 ☐ support your position.
- ●The main argument of the two authors: ☐ 5 ☐.

Options for ☐ 3 ☐ and ☐ 4 ☐ (The order does not matter.)
① A
② B
③ C
④ D
⑤ E

Options for ☐ 5 ☐
① AI will affect whether or not some jobs remain when students graduate
② Businesses depend on AI to find the best people to fill jobs
③ Students' work will be evaluated by AI, so they must know how it works
④ Students who use AI at school will learn faster than those who do not

[Step 3] Create an outline using Sources A and B

Outline of your essay:

We should better understand AI before using it in the classroom.

Introduction
AI is a useful technology that is already being used in education. However, school management, teachers, and students should be properly prepared to use it.

Body
Reason 1: [From Step 2]

Reason 2: [Based on Source A] ········· 6

Reason 3: [Based on Source B] ········ 7

Conclusion
It is crucial for educators to understand the strengths and limitations of AI as a tool for teaching.

Source A

Generally speaking, students benefit from good feedback from teachers. Unfortunately, teachers cannot always give enough time to each student. Therefore, a technology such as generative AI, which can give immediate personal feedback, is a great advancement.

Nevertheless, we need to understand its weaknesses before we try to use it in the classroom. These weaknesses include a tendency to provide inaccurate information, the risk that students will rely on it too much, the fact that it does not have access to the very latest information, and AI's lack of emotional understanding. More than anything, students need to be able to trust the information they are being given.

Before educators try to bring AI into the classroom, they need to have a set of policies and guidelines that limit how AI can be used in education. At the moment, AI is too poorly understood by teachers and students for it to be trusted in education.

Source B

A survey of college students in the USA was conducted to better understand their attitudes to AI in education. The graph below shows how many of them agreed with the statements about AI in their education and their future careers.

Students' Beliefs About AI

Agree	No opinion	Disagree

	Agree	No opinion	Disagree
AI is influencing my decisions about university.	15%	22%	63%
I am worried about AI's effect on my education.	27%	27%	46%
The use of AI by students goes against the purpose of education.	40%	28%	32%
My teachers are against the use of AI tools.	40%	41%	19%

問4 Based on Source A, which of the following is the most appropriate for Reason 2? ☐ 6 ☐

① AI could be helpful in education, but we cannot move forward without standards to tell us how to use it.

② AI will reduce teachers' workload, giving them more time to focus on the needs of individual students.

③ It is necessary to improve AI's emotional understanding before allowing students to use it.

④ Students need to learn about the value of AI and trust the information it provides us.

問5 For Reason 3, you have decided to write, "Students themselves are uncomfortable with AI's effect on education." Based on Source B, which option best supports this statement? ☐ 7 ☐

① Almost half of students believe that using AI is harmful to their education. This matches the number of students who are worried about AI's effects on their education.

② Just over a quarter of students worry about AI's effects on their learning, and roughly another quarter do not have an opinion. This means that around half lack confidence in AI.

③ Only 15% of students feel that AI is influencing their decisions about what to study at university. However, over a quarter are unsure. Career choices must be unclear these days.

④ Only 20% of students know that their teachers are against AI in the classroom while 40% don't know their teacher's opinions. This may mean that teachers need better guidelines.

✅ 解答・解説

訳 《教育における生成 AI》

　あなたは，生成 AI が教育にとって有益な技術であるかどうかについてのエッセイに取り組んでいます。以下の手順に従ってください。

　ステップ１：教育における AI の利用に関するさまざまな見解を読み，理解する。

　ステップ２：AI が教育に与える影響について，一つの立場を決める。

　ステップ３：追加資料を用いて，エッセイのアウトラインを作成する。

[ステップ１] さまざまな資料を読む

著者Ａ（教師）

高校教師として，AI には複雑な思いがあります。生徒たちに効果的な調べ方や書き方を教えるだけでなく，彼らのスキルを評価することも私の仕事です。AI は，多くの場合，生徒のためにすべての調べものと執筆を行うことができます。私には，生徒が宿題を自分でやったのか，AI を使ったのかどうかがわかりません。そのため，宿題の成績は無意味になり，私は生徒が書いた課題を彼らの成績に使うことができません。

著者Ｂ（心理学者）

一部の企業は，AI は自然言語処理や顔の読み取りを通じて，生徒の情緒面での健康状態や学習ニーズをチェックするための貴重なツールを提供できると主張しています。私はそれを信じがたいと思いますが，ひょっとしたら私が間違っているのかもしれません。また，生成 AI を使って働いたことのある人は他の人間に敬意をあまり払わない傾向があると示す研究も読んだことがあります。これは教室では非常に危険かもしれません。

著者C（保護者）

AIが娘の学校での学習をどう手助けするのか，私には想像がつきません。私が心配しているのは，娘が自ら本当のスキルを身につけるのではなく，AIに依存するようになるだけなのではないかということです。とはいえ，AIは今や私たちの生活の一部です。彼女はそれを使うようにならなければなりません。おそらくもっと重要なのは，彼女が，将来AIに乗っ取られないような職業を見つけねばならないということです。

著者D（高校生）

AIはまだ，私にあまり影響を与えていません。宿題をやるためにAIを使おうとしましたが，役に立ちませんでした。私はAIにレポートの書き方を伝えるのに苦労しなければなりませんでした。それから，AIがいかなる情報もでっち上げてはいないということをチェックするのに長い時間を費やさなければなりませんでした。AIは時間や労力の節約にはなりませんでしたし，私は大して勉強にすらならなかったと思います。私の友人の一人はAIを使って宿題をしていましたが，先生は，架空の情報を見つけたので怒りました。

著者E（学校長）

私の学校の教師は，AIの信頼性の問題が原因で，AIを使うことに反対でした。しかし，AIがなくならないことははっきりしてきました。AIはビジネスで活用されつつありますし，AIのせいで存在しなくなる仕事も出てくるでしょう。私たちは生徒たちにAIを使うことを教えなければなりませんし，AIのおかげで教師たちの生活も楽になるでしょう。テストをチェックしたり，生徒の成績を計算したりするのにAIが使われるようになれば，素晴らしいだろうと思います。

問1　□ 1 □　正解は④

「著者Aと著者Dが両方とも述べているのは□ 1 □ということだ」

著者Aの第4文（I cannot be sure whether …）で「私には，生徒が宿題を自分でやったのか，AIを使ったのかどうかがわかりません」と述べていることと，著者Dの最終文（One of my friends …）で「私の友人の一人はAIを使って宿題をしていましたが，先生は，架空の情報を見つけたので怒りました」と述べていることから，生徒がAIに頼りすぎて自分の力で宿題をしなくなる危惧が共通していると考えられる。したがって，④「**生徒がAIに頼りすぎる可能性がある**」が正解。

① 「AIは時間や手間を省けるときにのみ価値がある」

② 「生徒に彼らの勉強の正確な評価を与えることが重要である」

③ 「何を書くべきかよりも，どのように書くべきかを生徒に教えるほうが重要である」

問2　　2　　正解は④

「著者Bが含意しているのは　2　ということだ」

著者Bの第1文（Some companies claim …）では「一部の企業は，AI は自然言語処理や顔の読み取りを通じて，生徒の情緒面での健康状態や学習ニーズをチェックするための貴重なツールを提供できると主張しています」と述べ，AI が教育において持っている肯定的な面について言及している。一方で，第3文（I also have read …）では「また，生成 AI を使って働いたことのある人は他の人間に敬意をあまり払わない傾向があると示す研究も読んだことがあります」と述べ，続く最終文では「これは教室では非常に危険かもしれません」と否定的な面について言及している。したがって，④「AI が人間に与える心理的影響には賛否両論ある」が正解。

① 「人々は学習環境における AI の能力を尊重していない」

② 「人の顔を読み取ることができるソフトウェアは，教師が生徒を適切に識別するのに役立つ」

③ 「AI を適切に利用するためには，生徒が自らの言語処理能力を向上させる必要がある」

訳　［ステップ2］一つの立場を決める

問3　さまざまな視点を理解したので，あなたは教育における AI の価値についての立場を決め，以下のように書き出しました。　3　，　4　，　5　を埋めるのに，最も適切な選択肢を選んでください。

あなたの立場：問題はあるが，私たちの未来に AI は欠かせない。

● 著者　3　と　4　はあなたの立場を支持する。

● 2人の著者の主な主張：　5　。

問3　　3　　4　　正解は③，⑤（順不同）

Your position（あなたの立場）は「問題はあるが，私たちの未来に AI は欠かせない」という内容なので，未来について言及されており，AI の否定的な面にも言及しつつ，AI が必要であるという内容の発言をしている著者を選ぶ。著者 C は第2文（I worry that …）で「私が心配しているのは，娘が自ら本当のスキルを身につけるのではなく，AI に依存するようになるだけなのではないかということです」と否定的な側面について言及したうえで，続く第3・4文（Nevertheless, AI is …）で「とはいえ，AI は今や私たちの生活の一部です。彼女はそれを使うようにならなければなりません」と述べている。

R

新傾向に注意！

著者Eは第1文（The teachers at …）で「私の学校の教師は，AIの信頼性の問題が原因で，AIを使うことに反対でした」と否定的な見解について言及したうえで，第2文（However, it has …）で「しかし，AIがなくならないことははっきりしてきました」と述べ，第4文（We must teach …）で「生徒たちにAIを使うことを教えなければなりません」としている。

問3 　5　 正解は①

著者Cの最終文（Perhaps more importantly, …）では「おそらくもっと重要なのは，彼女が，将来AIに乗っ取られないような職業を見つけねばならないということです」と述べており，著者Eの第3文（It is being …）では「AIはビジネスで活用されつつありますし，AIのせいで存在しなくなる仕事も出てくるでしょう」と述べている。したがって，① 「AIは，生徒が卒業するときに一部の仕事が残っているかどうかに影響を与えるであろう」が正解。

② 「企業はAIに頼って，仕事に就いてもらうのに最も適した人材を探す」

③ 「生徒の勉強はAIによって評価されるであろうから，生徒はAIの仕組みを知っておく必要がある」

④ 「学校でAIを使う生徒は，使わない生徒よりも速く学ぶだろう」

訳 ［ステップ3］資料A，Bを使ってアウトラインを作成する

エッセイのアウトライン：

> **私たちは，AIをもっとよく理解してから教室で使用すべきだ。**
>
> **導入**
> AIは便利な技術であり，教育の場でもすでに使用されている。しかし，学校の運営者，教師，生徒はAIを使う準備を適切にすべきだ。
>
> **本文**
> 理由1：［ステップ2より］
> 理由2：［資料Aに基づく］……… 　6　
> 理由3：［資料Bに基づく］……… 　7　
>
> **結論**
> 教育者が教える道具としてのAIの強みと限界を理解することが大切だ。

資料A

一般的に言って，生徒は教師からの良いフィードバックから恩恵を受ける。しかし残念ながら，教師は生徒一人ひとりに十分な時間を割くことができるとは限らない。したがって，即座に個人的なフィードバックを与えることができる生成AIのような技術は，大きな進歩である。

とはいえ，我々は教室でそれを使おうとする前に，その弱点を理解する必要がある。その弱点には，不正確な情報を提供する傾向があること，生徒がAIに依存しすぎる危険性があること，AIが最新の情報にアクセスしていないこと，AIが感情理解に欠けることが挙げられる。何よりも，生徒は与えられる情報を信頼できなければならないのである。

教育者はAIを教室に持ち込もうとする前に，教育においてAIをどのように使えるかを制限する一連の方針とガイドラインを持つ必要がある。現時点では，教師も生徒もAIをあまりに理解していないため，教育現場でAIが信頼されるには至っていない。

資料B

アメリカの大学生を対象に，教育におけるAIに対する彼らの態度をよりよく理解するために調査が行われた。下のグラフは，自分の教育と将来のキャリアにおけるAIに関する記述にどれだけの人が同意したかを示している。

AIについての学生の意見

	同意する	意見なし	同意しない
AIは大学についての私の決断に影響している。	15%	22%	63%
私はAIが私の教育にもたらす影響について心配している。	27%	27%	46%
学生がAIを使うことは教育の目的に反する。	40%	28%	32%
私の教師たちはAIツールを使うことに反対している。	40%	41%	19%

問4　　6　　正解は①

「資料Aに基づくと，理由2として最も適切なものは以下のうちどれか」

資料Aの第1段第1文と最終文（Therefore, a technology …）に，フィードバックを即座に与えられる生成AIが生徒にとって有益であることが述べられている一方で，第3段第1文（Before educators try …）で「教育者はAIを教室に持ち込もうとする前に，教育においてAIをどのように使えるかを制限する一連の方針とガイドラインを持つ必要がある」と述べられている。したがって，①「AIは教育に役立ちうるが，その使い方を教えてくれる基準がなければ私たちは前進できない」が正解。

②「AIは教師の仕事量を減らし，個々の生徒のニーズに集中するためのより多くの時間を与える」

③「生徒に使わせる前に，AIの感情理解を改善する必要がある」

④「生徒はAIの価値について学び，AIが提供してくれる情報を信頼する必要がある」

問5　　7　　正解は②

「理由3について，あなたは『生徒自身はAIが教育に与える影響に不安を感じている』と書くことに決めた。資料Bに基づくと，この意見を最も支持するのはどの選択肢か」

グラフの2つ目の項目（I am worried …）によると，27％の大学生が「私はAIが私の教育にもたらす影響について心配している」という意見について同意しており，「意見なし」に同意した学生も27％となっている。したがって，②「4分の1強の学生が，AIが学習に与える影響を心配しており，約4分の1の学生は意見をもっていない。これは，約半数がAIを信頼できていないことを意味する」が正解。

①「ほぼ半分の学生が，AIの利用は教育に悪影響を及ぼすと考えている。これは，AIが教育に与える影響を不安視している学生の数と一致する」

③「AIが大学で何を学ぶべきかの決定に影響を及ぼしていると感じている学生は15％に過ぎない。しかし，4分の1以上は迷っている。最近は進路選択が曖昧になっているに違いない」

④「教師が教室でのAIに反対していることを知っている学生はわずか20％で，40％は教師の意見を知らない。これは，教師がより良いガイドラインを必要としていることを意味しているのかもしれない」

2　創作問題 第Ｂ問

In English class you are writing an essay on a social issue you are interested in. This is your most recent draft. You are now working on revisions based on comments from your teacher.

R

新傾向に注意！

Photography and Social Change	Comments
In the digital age, photography has become a tool to make social change. Thanks to smartphones and social media, ordinary people can now instantly share images that inspire people to take action, shape public opinion, and to promote positive change. These changes can be very local or in response to events happening on the other side of the world. *(1)*∧ It is important to use photography carefully while fully understanding its dangers.	*(1) Insert a connecting expression here.*
Some people argue that sharing photographs on social media is too easy. People often share images with little or no meaning. In contrast, too many uncomfortable scenes or shocking images on social media can make people insensitive. People may stop feeling any emotion and learn not to react to anything.	
Additionally, moral concerns arise due to people sharing sensitive images without obtaining permission. *(2)*∧ So, look carefully at the photograph and think about who it may affect.	*(2) You're missing something here. Add more information between the two sentences to connect them.*
Finally, *(3)*<u>do not confuse your audience</u>. There is a risk of something called "selective framing." People change images to suit the message they want to give, even when that message is not completely honest. We must think about the influence our photograph will have on public understanding. It is also important to try to preserve accuracy and fairness. We can do this by providing context and information along with the image.	*(3) This topic sentence doesn't really match this paragraph. Rewrite it.*
In conclusion, photography in the modern age can be a tool for social change. From now on, *(4)*<u>post fewer photographs</u>, always get permission before photographing people, and do not create misleading information. The effect of our photography should improve society rather than worsen it.	*(4) The underlined phrase doesn't summarize your essay content enough. Change it.*

Overall Comment :
I think this topic is especially important for young social media users. I might check my post history tonight. ☺

問1 Based on comment (1), which is the best expression to add?

① For instance
② However
③ By chance
④ Similarly

問2 Based on comment (2), which is the best sentence to add?

① A photograph may contain some hidden information.
② Protect innocent people's privacy while sharing important news.
③ We cannot use photographs from people's private phones.
④ You should purchase photographs from a reliable photographer.

問3 Based on comment (3), what is the best way to rewrite the topic sentence?

① be completely truthful
② find relevant pictures
③ photos must be clear
④ never edit photographs

問4 Based on comment (4), which is the best replacement?

① avoid sharing too many upsetting images
② avoid wasting people's time with photographs of the same thing
③ use social media apps that suit the kind of image you are sharing
④ post only the most emotional photographs to make sure people see them

✅ 解答・解説

訳 《写真とソーシャルメディア》

　英語の授業で，あなたは関心のある社会問題についてエッセイを書いています。これはあなたの最新の下書きです。現在，先生からのコメントをもとに修正中です。

写真と社会変革	コメント
[第1段]　デジタルの時代において，写真は社会を変えるツールとなってきた。スマートフォンとソーシャルメディアのおかげで，今では普通の人々が瞬時に画像を共有できるようになり，その画像が人々の行動を促し，世論を形成し，前向きな変化を促進する。こうした変化は，非常にローカルなものであることもあれば，地球の裏側で起きている出来事に呼応するものである場合もある。⁽¹⁾∧写真の危険性を十分に理解しながら，慎重に利用することが重要である。	*(1)* ここに接続表現を入れましょう。
[第2段]　ソーシャルメディアで写真を共有するのが簡単すぎると主張する人もいる。人々は，ほとんどあるいはまったく意味のない画像を共有することが多い。また一方で，ソーシャルメディアに不快なシーンやショッキングな画像が多すぎると，人々は鈍感になるおそれもある。人々はどんな感情も感じなくなり，どんなことに対しても反応しないようになるかもしれない。	
[第3段]　さらに，許可を得ずにセンシティブな画像を人々が共有するために，道徳的な懸念も生じる。⁽²⁾∧だから，写真を注意深く見て，それが誰に影響を与える可能性があるかを考えよう。	*(2)* ここに何かが欠けています。2つの文の間にさらに情報を追加してつなげましょう。
[第4段]　最後に，⁽³⁾観客を混乱させてはいけない。「選択的フレーミング」と呼ばれるものの危険性が存在している。人は，たとえそのメッセージが完全に正直なものでなくても，自分が伝えたいメッセージに合うように画像を変えるものだ。私たちは，自分たちの写真が人々の理解に与えるであろう影響について考えなければならない。また，正確さと公平さを保とうとすることも重要である。画像とともに文脈や情報を提供することで，これを行うことができる。	*(3)* このトピックセンテンスは，この段落に合っていません。書き直しましょう。

［第5段］ 結論として，現代における写真は，社会を変えるツールになり得る。これからは，⁽⁴⁾投稿する写真の枚数を減らし，人物を撮影する前に必ず許可を得て，誤解を招くような情報を作ってはならない。私たちの写真がもたらす影響は，社会を悪化させるのではなく，むしろ社会を向上させるべきなのだ。

> (4) 下線部のフレーズはエッセイの内容を十分に要約していません。変更しましょう。

総評：
このトピックは，若いソーシャルメディアユーザーにとって特に重要だと思います。私も今夜，自分の投稿履歴をチェックするかもしれません☺

問1　正解は②
「コメント⑴を踏まえて，付け加えるべき表現として最も適切なものはどれか」
⑴の前は，写真が前向きな変化を促進するという肯定的な内容であるが，⑴の後では「写真の危険性を十分に理解しながら，慎重に利用することが重要である」と，写真が何らかのリスクをともなうという否定的な内容が述べられている。したがって，②「しかしながら」が正解となる。
① 「たとえば」
③ 「たまたま」
④ 「同様に」

問2　正解は②
「コメント⑵を踏まえて，付け加えるべき文章として最も適切なものはどれか」
⑵の前ではトピックセンテンスとして「許可を得ずにセンシティブな画像を人々が共有するために，道徳的な懸念も生じる」とあり，⑵の後では，「それが誰に影響を与える可能性があるかを考えよう」とあることから，写真における個人のプライバシーや，その保護に関する内容を入れる。したがって，②「重要なニュースを伝えると同時に，罪のない人々のプライバシーを守りなさい」が正解となる。
① 「写真は隠された情報を含むかもしれない」
③ 「個人の携帯電話の写真を使うことはできない」
④ 「写真は信頼できるカメラマンから購入しなさい」

問3　正解は①
「コメント⑶を踏まえて，トピックセンテンスを書き換えるのに最もよい方法は何か」
下線部⑶のある第4段では，第2文（There is a risk …）と第3文（People

change images…）で「『選択的フレーミング』と呼ばれるものの危険性が存在している。人は，たとえそのメッセージが完全に正直なものでなくても，自分が伝えたいメッセージに合うように画像を変えるものだ」と述べられている。これは，自分の主張に都合がいいように写真の内容を切り取ることで，真実が歪曲されてしまう危険性を指摘していると考えられる。また，同段第5文（It is also important…）では「正確さと公平さを保とうとすることも重要である」と述べられている。これらから，「写真に写った事実を歪めてはならない。写真は正確であるべきだ」というのが第4段全体の内容だとわかる。したがって，①「完全に真実を語るものでありなさい」が正解となる。

② 「関連した写真を探しなさい」

③ 「写真は鮮明でなければならない」

④ 「写真を決して編集してはならない」

問4　正解は①

「コメント(4)を踏まえると，どれが最もよい代わりの表現か」

下線部(4)は第2段の内容を要約した英文でなくてはならない。第2段第3・4文（In contrast, too…）で「ソーシャルメディアに不快なシーンやショッキングな画像が多すぎると，人々は鈍感になるおそれもある。人々はどんな感情も感じなくなり，どんなことに対しても反応しないようになるかもしれない」と述べられていることから，①「あまりに多くの動揺させるような画像を共有することを避けなさい」が正解となる。

② 「同じものの写真で人々の時間を無駄にしてはならない」

③ 「共有する画像の種類に合ったソーシャルメディアアプリを使いなさい」

④ 「最も感動的な写真だけを投稿し，確実に人々に見てもらいなさい」

リーディング力のアップ

すばやく正確に読む力を伸ばすのにはどうすればよいのか，多くの受験生のみなさんが頭を悩ませていることでしょう。語彙力・文法の理解という基礎をしっかりと固め，多くの文章を読むという，王道の対策以外にも，何か有効な方法はあるでしょうか。

言語学習は「音」が要

黙読で意味が取れないとき，声に出して読んでみるということをしたことがありませんか？　ここで思い出してほしいのは，**言語は「音声が基本」**だということです。人は，黙読しているとき，頭の中で音声に変換しながら理解しているものです。日本語で書かれたものを読むのが英語より容易なのは，「目から入る文字の音への変換」→「その音と意味との結びつけ」→「内容の理解」というプロセスが，日本語でのほうがすばやくできるからです。母語である日本語は生まれてからずっと聞き続けているのですから当然ですね。

音読の効果

すらすら読めない文章をすらすら理解するのは難しいと思いませんか？　上記のとおり，文字→音→意味のプロセスがうまくいかないからです。英語の文章の音読は，単独で意味がわかりやすい名詞，動詞，形容詞といった「目立つ語」だけでなく，**前置詞や冠詞などの機能語**と呼ばれる「目立たない語」もすべてチェックしていくことになります。また，「目立つ語」でも，それが a dog なのか the dogs なのか，is studying なのか is studied なのか has studied なのか，音読すれば自ずと意識することになります。実は文章の内容を理解するのには，単語集レベルのばらばらな語の意味だけではなく，それがどのような形をしているのかということ，また，単語集には載らない機能語がどのように使われているかということを，きちんと拾い出す力が必要です。音読をすることで，目立たないかもしれないけれども重要な細部にしっかり意識が向くようになります。たくさんの音声を聞き，いろいろな英文を自分でも声に出して読むことを日ごろから重ねておけば，必ずや読む速度が速くなるでしょう。

「同時通訳」読みのススメ

　すらすら読めるということは，「切れ目」がつかめている，つまり，目の前の1語だけでなく，もう少し先の語句まで目配りし，「まとまり」を意識できるようになっているということです。試しに，下記の英文を「まとまり」ごとに日本語に直してみましょう。次の文を，スラッシュごとに声に出して日本語に訳してみてください。

Vending machines are / so common / in Japan / that you can find / one / almost anywhere / you go.　（2020年度 本試験 第6問）

いかがですか？　たとえば次のような日本語訳（A）だと少々不安です。

A.「自動販売機／とても普通／日本／あなたは見つけられる／ひとつ／ほとんどどこでも／あなたは行く」

問題点は大きく言えば2つあります。
① 「てにをは」が出ていない
　たとえば「自動販売機<u>は</u>」などの助詞を明確にしないと，頭の中は単語の羅列になってしまいます。日本語は助詞で各語句の関係を表します。それが不明確だと文として意味をなしません。しっかり「てにをは」を言いましょう。もし言えないとしたら，文中での役割が見えていない，文意を意識できていないということです。
② 前の情報を繰り込めていない
　so common のところにきた時点で that を予測する，あるいは that が見えた時点で so … that ～「とても…なので～」の構文だという「計算」ができるような読み方をする必要があります。また代名詞 one を「ひとつ」と訳すこと自体は間違っていないのですが，a vending machine を表していることが繰り込めているかいないかでは大きな差になります。

次のような読み方（B）ができていれば，内容をつかめていることになります。

B.「自動販売機<u>は</u>／とても普通<u>だ</u>／日本<u>では</u>／<u>だから</u>あなたは見つけられる／<u>自動販売機を</u>／ほとんどどこでも／あなたが行く<u>ところどこでも</u>」

　「速読」とは，目を戻さずに前へ前へと読んでいけることですが，その際Aのような読み方では──1文では大差ないかもしれませんが──文章が長くなるほど頭の

R

リーディング力のアップ

中はばらばらな単語が渦巻いているだけになってしまいます。ぜひ，「てにをは」を**はっきりさせる，前の情報と後の情報を有機的に結びつける**という 2 点を意識して，まず声に出して訳を言ってみましょう。初めはゆっくりで構いません。日本語とは異なる語順のまま，述べられている内容が思い描けているか確認しながら進んでください。「てにをは」が言えない，前とのつながりがわからない，と思ったら，そこが未消化部分です。**語法・文型・構文などを再確認しましょう**。慣れてくれば，声に出さなくても細部まで見逃さない正しい把握ができるようになるはずです。

リーディング対策として，リスニングテストも活用！

　共通テストでは，リスニングテストの比重も高いです。日ごろから音声を意識して学習しておくことは，リスニング対策にもリーディング対策にもなり，一石二鳥です。

　目を戻さずにどんどん先へ先へと読んでいけるようになることが，すばやい読解には欠かせません！　リスニングテストにおいては，まさしく話はどんどん先に進んでいきますね。どんどん進んでいく内容を，耳で追いかける訓練，すなわち聞くと同時に理解する訓練を積むことは，リーディングテストのためのトレーニングにもなっていると言えるでしょう。

　リスニング力が，リーディング力を土台から押し上げるはずです。今まで音声教材をあまり使っていなかったという人は，日常の勉強にぜひ**「聞く時間」**と**「音読する時間」**を取り入れ，耳と口をフル活用した英語学習を心がけてください。

✅ 目指せ 130 wpm ！

　限られた時間で総語数 6000 語の英文を読み，選択肢を検討するためには，どのくらいのスピードで読めばよいのでしょうか？　**英文を読む速度**を表すのには，wpm（words per minute）という単位を使います。これは，1分間に読める語数を表します。高校生の平均は 75wpm（＝1分間に 75語）程度です。しかし，このスピードでは，英文を読むだけで試験時間の大半を使うことになってしまいます。解く時間・見直しの時間まで考えると，少なくとも **120 wpm**，欲を言えば **130 wpm** が必要です。これは，共通テストのリスニングの音声と同じくらいのスピードです。120～130 wpm を体感するために，リスニングのスクリプトを，音声と同じスピードで読んでみましょう。もちろん，最初は速く読めなくて当たり前です。まずは 0.8 倍速の練習から始めてみてください！

 本書に掲載のリスニングテストの音声は，すべて WEB にて配信しております。英語学習にお役立てください！

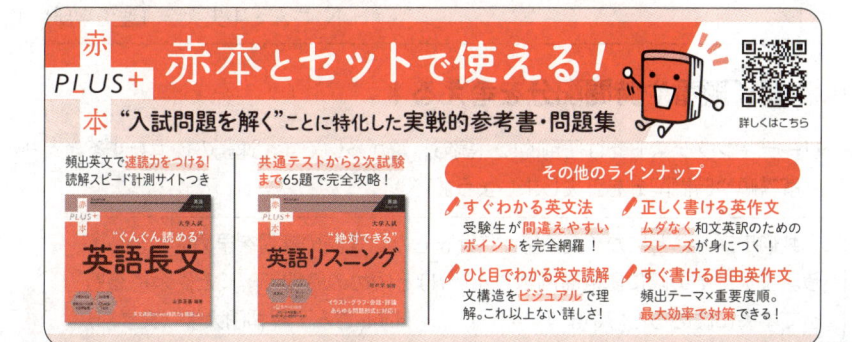

攻略アドバイス

先輩方が共通テスト攻略のために編み出した「秘訣」があります。これらのセンパイ受験生の声をヒントに，あなたも攻略ポイントを見つけ出してください！

✔ まずは基本の単語・文法力！

英語学習の基本は，やはり単語や文法を覚えることです。リーディングテストでは語彙・文法問題が単独では出題されなくなったとはいえ，読解において単語・文法の知識は必要不可欠です。決しておろそかにせず，まずは基礎・基本を固めましょう。

共通テストはすべて長文問題なので，とにかく単語力が大切になります。問題演習をしていてわからない単語が出てきたときはマークして，あとからノートにまとめましょう。それを何回も復習することで単語力がつきました。
H. N. さん・茨城大学（教育学部）

知っている英単語の量を増やすことが大事だと思います。共通テストは長文の量も多いうえに，問題文もすべて英語なので，訳せない単語をなくすことが大切になってきます。
H. U. さん・東京都立大学（システムデザイン学部）

意味をすぐに取れない単語があると，読むスピードが落ちてしまいます。あまり解答時間に余裕がない共通テストでは，単語力は必須です。直前期まで単語のインプットは続けたほうがよいでしょう。
H. N. さん・中央大学（理工学部）

✔ 解く順番や時間配分を考える！

リーディングテストでは圧倒的に「読む」量が多いです。速読の練習をするとともに，解答順や時間配分を工夫しましょう。

共通テストはとにかく文章量が増えました。速読の練習を早めにしましょう。また，その際に試験時間より 10 分ほど短めの時間で解くと，余裕をもって本番に臨めると思います。　　H. N. さん・早稲田大学（文学部）

速読力が重要になってくるので，毎日英語にふれておくとよいです。前半の大問で時間を節約できれば，後半の大問を解くときに余裕がもてるので，意識して解いてみてください。　　　　　　　　　　R. F. さん・鹿児島大学（工学部）

　自分なりの時間配分を決めるとよいです。問題演習をする際に，各大問にかかった時間をメモして，丸付けの時に時間配分が適切かも確認しておくと，自分にとって最適な順番を見つけやすいです。
　　　　　　　　　　　　　　　　　　　　I. M. さん・富山大学（薬学部）

R
攻略アドバイス

 ## 解き方のヒント

　効率よく正解にたどり着くためには，速読だけではなく，いろいろなアプローチも必要です。なかなか点数が伸びないときには，センパイ受験生の意見を参考にして，解き方を工夫してみましょう。

　読まなければならない文章は非常に多いですが，先に設問を読んでおけばどこを重点的に読めばいいかが見えてきます。これが速読につながってきます。設問で問われていない部分と問われている部分をいかに区別して読めるかが，高得点のカギになります。
　　　　　　　　　　　　T. N. さん・慶應義塾大学（総合政策学部）

　試験時間を 10 分短く設定し 70 分で解ききれるように訓練しました。問題には「引っ掛かりやすい選択肢」も潜んでいるので，解く際には「解答の根拠」を見つけることを徹底しました。　　　Y. H. さん・筑波大学（医学群）

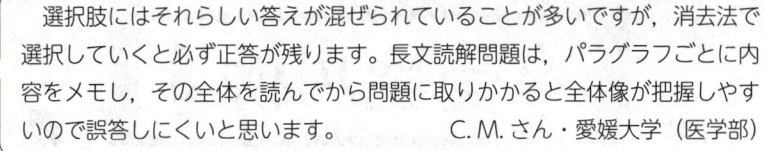
　選択肢にはそれらしい答えが混ぜられていることが多いですが，消去法で選択していくと必ず正答が残ります。長文読解問題は，パラグラフごとに内容をメモし，その全体を読んでから問題に取りかかると全体像が把握しやすいので誤答しにくいと思います。　　　　　C. M. さん・愛媛大学（医学部）

✅ 独特の出題形式に慣れよう！

リーディングテストの問題は，メールやインターネットの記事や広告に加えてプレゼンテーション用のメモなど，いろいろな題材が用いられています。加えて，イラストや図表の読み取りも必要になってきます。試験本番で戸惑わないように，問題演習を通じて出題形式にしっかり慣れておきましょう。

　特徴的な問題を素早く解くことに加えて，80分間英文を読み続ける体力と集中力が必要だと思いました。大問毎に解く練習で問題の癖に慣れておき，すべての問題をセットで解く練習で，どんな問題が出てきても対応できる体力をつけておきましょう。　　　　　　　　S. N. さん・順天堂大学（医学部）

　問題に簡単な計算が絡んできたり，図や表が出ることがあるので，問題の形式に慣れることが大切です。点数が取れない場合は，大問を解く順番を変えるとよいかもしれません。　　　　　　　S. A. さん・中央大学（経済学部）

　普通の長文問題と違い，グラフやポスターを利用して問題を解かなければならないものもあるというのが特徴だと思います。独特な形式の問題に慣れるために，過去問や予想問題で演習を重ねるのは効果的です。

S. S. さん・自治医科大学（医学部）

受験にまつわるさまざまなエピソードを川柳形式で募集しています。

楽しくユニークな作品や，世相を反映した作品，
心温まる作品など，受験の思い出がぎゅっと詰まっています。
受験勉強の息抜きに，家族のだんらんに，ぜひ。

詳細は
akahon.net
でチェック

共通テスト
対策講座
リスニング

ここでは，これまでに大学入試センターから公表されている資料と，実施された試験をもとに，リスニングテストについてわかりやすく解説し，具体的にどのような対策をすればよいか考えます。

鎌倉　友未 Kamakura, Tomomi
広島県福山市生まれ，福山市在住。関西外国語大学外国語学部英米語学科卒。AIC鷗州グループ 鷗州塾で高校生の英語の授業を担当する傍ら，赤本（教学社）を執筆している。英文の日本語訳をしているときがしんどいけど幸せ。好きなものは，演劇・ミュージカル，ドラマ，府中焼き，シューマン，旅行，ドライブ。ボローニャ大学への留学経験があるので，イタリア語をかじっている。

共通テスト徹底分析

共通テストでは，どんな問題が出題されているのでしょう？　まず，2021〜2024 年度のリスニングテストの問題を詳しく分析してみましょう。

出題形式

解答形式		共通テスト (2021〜2024 年度本試験)			
解答形式	全問マーク式	解答数	配点	放送回数	
解答時間	30 分	37	100		
第 1 問	短い発話	7	25	2	
第 2 問	短い対話	4	16	2	
第 3 問	短い対話	6	18	1	
第 4 問	モノローグ	9	12	1	
第 5 問	長めのモノローグ	7	15	1	
第 6 問	長めの対話・議論	4	14	1	

特徴
✔ 全問マーク式
✔ 第 3 問以降は放送回数が 1 回
✔ イギリス英語や，英語を母語としない話者による読み上げを含む

　2024 年度のリスニングテストは，大問数・形式ともに 2021〜2023 年度と変わりなく出題されています。上記のとおり**過去 4 年間の出題形式は安定**していますが，細かい点では，第 4 問 A（問 18〜21）が，「グラフを完成させる問題」（2021・2023 年度）のときと，「イラストを時系列に並べる問題」（2022・2024 年度）のときがあったり，第 5 問 問 33 の設定が，「講義の続きを聞く」から「グループの発表を聞く」（2023 年度）に変わったこともありました。今後もこの程度の変更は起こりうるものとして，しっかり準備をしておきましょう。

 出題内容

		詳細	放送英文の内容 (2024 年度本試験)	放送英文の内容 (2023 年度本試験)
第1問	A	短い発話を聞いて同意文を選ぶ		
	B	短い発話を聞いて内容に合うイラストを選ぶ		
第2問		短い対話と問いを聞いてイラストを選ぶ		
第3問		短い対話を聞いて問いに答える		
第4問	A	モノローグを聞いて図表を完成させる	遊園地での 1 日, 夏季講座のスケジュール	仕事選びの基準となる項目, コンテストの結果と賞品
	B	複数の情報を聞いて条件に合うものを選ぶ	文化祭での出し物	生徒会会長選挙の候補者の演説
第5問		講義の内容と図表の情報を使って問いに答える	ガラスの特徴とガラス技術に関する講義,ガラス製の容器を選ぶ理由	アジアゾウを取り巻く問題,人間とゾウの死亡に関するスリランカの現状
第6問	A	対話を聞いて要点を把握する	旅行中の移動手段	一人ハイキング
	B	複数の意見（会話や議論）を聞いて問いに答える	運動を始めることについて	就職後はどこに住むか

2025 年度（新課程）の試験の注目点

　リスニングテストでは，第 5 問の後半の問題が変更される可能性があります（p. 085「新傾向に注意！」参照）。また，前ページで示したとおり，これまでにも細かい形式の変更はありましたので，第 5 問に限らず，前年度とは異なる形式の問題が出題される可能性もあります。しかし，**リスニングについては，大学入試センターから大幅な変更は予告されていない**ため，2025 年度の試験についても，**まずは過去問演習が最善の対策**と言えます。2，3 年前の出題形式が復活するということもありますので，**本書に掲載の過去問をすべて解き，形式に慣れておきましょう**。できなかった問題を繰り返し解いたり，音読をするなどして，過去問を最大限活用して英語力を底上げすることで，本番の試験で新しい形式の問題があったとしても，落ち着いて対処できるようになります。

問題設定・英文の種類

　共通テストでは，大学進学後の生活や講義などの学生生活に関連した場面設定が多く見られます。イラストや表，グラフを伴う問題は共通テストの前身であるセンター試験の時代にもありましたが，数が多くなっています。また，「放送を聞きながらメモをとり，内容を比較して解答する」，「放送内容で直接述べられていないが関連する資料を選ぶ」など視覚情報の使われ方がより高度になっていると言えます。会話問題では，登場する人物が最大で4人となります。いずれの変化も，**受験生が実際に経験しそうな場面，実生活に近い状況を設定したもの**と考えられます。実用的な英語が身についているかどうかが問われていると言えます。

 ## 問題の分量

　解答時間は30分です。2021～2024年度は**設問数・聞き取る英文の量もほぼ同じ**です。「出題形式」の項（→p. 070）に挙げた表にあるとおり，長めの英文の放送が1回だということには，引き続き注意が必要です。

 ## 難易度

　聞き取る英文の総量が多く，Questionが問題冊子に書かれておらず放送で聞き取る問題や，1回の放送で必要な情報を聞き取らなければならない問題が含まれていることから，難しいと感じる人もいるでしょう。また，聞く，メモをとる，内容を比較・判断するという，複数の作業を同時に行うことも求められます。

　2024年度では，**全体的に解答しやすい状況設定・設問で，昨年度と同程度の難易度**でした。例年通り，第5問はやや専門的な内容でしたが，大学の講義では，聞いたことのない事柄に触れるのはごく自然です。

　日常会話に繰り返しはなく，話はどんどん進んでいきます。講義でも繰り返しはなく，先生の話を聞きながらノートをとり，授業内容を理解するという複数の作業が必要です。「実用的な英語の力」が求められるということが，内容面だけでなくこうした出題形式にも表れている，つまり，日本語で日ごろ行っていることが，英語でも求められているのです。

どんな問題が出るの？

以下に，リスニングテストで押さえておくべき問題のタイプを示します。

1 同意文を選ぶ問題

　聞こえてくる短い英文から，発話している人物やその英文に登場する人物がしていること・したこと，あるいは発話の意図や主旨をつかむことが求められます。聞く量が少ないため一見簡単そうに思えますが，会話ではないので前後関係から推測することはできません。聞こえてきたそばから正確に内容をつかめる力と，その内容を端的に表す選択肢を見抜く力が必要です。耳についた単語だけで推測するのでは正しく理解するのは困難です。ただ，英文は2回読まれますので，あわてず集中して細部まで聞き取りましょう。

例題 （2021年度本試験（第1日程）第1問A 問4）

　英語を聞き，それぞれの内容と最もよく合っているものを，四つの選択肢（①〜④）のうちから一つ選びなさい。

① David gave the speaker ice cream today.
② David got ice cream from the speaker today.
③ David will get ice cream from the speaker today.
④ David will give the speaker ice cream today.

放送内容

I won't give David any more ice cream today. I gave him some after lunch.

　出だしの won't を want と聞き間違えてしまうと，まったく逆の内容と受け取ってしまいます。このあと any more や gave と言っていることに気づけば修正が可能かもしれませんが，そもそも want だと思っていると more しか印象に残らず，gave にもあまり注意が向かないかもしれません。

　一連の文の内容を正確にとらえるには，**単語の発音の細かい違い**（won't [wóunt] と want [wánt / wɔ́ːnt]）をしっかり聞き分けられるようにしておく必要があります。音声は一瞬で流れていきますから，日ごろからまず1語レベルでの正しい発音を意識し，文の中で他の語と連なった音の中で出てきても，小さな違いに気づけるようにしておきましょう。

2 発話の内容に合うイラストを選ぶ問題

　短い英文を聞き，その内容を適切に表しているイラストを選ぶ問題です。**1**と同程度の短い文ですが，その中で**前置詞，代名詞，否定，比較，時制**といったさまざまな**文法単元の理解**が求められます。英文は2回読まれます。

例題　（2022 年度追試験　第1問B　問5）

　英語を聞き，その内容と最もよく合っている絵を，四つの選択肢（①〜④）のうちから一つ選びなさい。

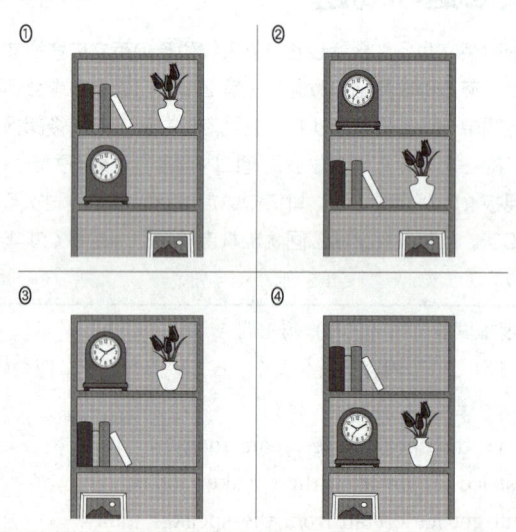

放送内容

The books are next to the flowers, below the clock.

　なるべく事前にイラストに目を通して，「違い」を確認しておきましょう。この例題の場合，棚に置いてある本，花瓶，時計，絵の配置がそれぞれ異なるため，それぞれの物の位置関係が問われる問題であることが予測できます。

　The books are next to the flowers の books と flowers が耳に残りますが，この2つの物の位置関係を表すのは next to 「〜の隣に」です。さらに，below the clock 「時計の下に」も The books の位置を指します。

　このタイプの問題では，正解のイラストを示す特徴を音声から正確に聞き取り，すばやく反応できるようになることと同時に，前置詞や代名詞，単数・複数の区別などの**文法単元に関する基本知識の定着**が求められます。

3 Question の聞き取りも必要な問題

　短い対話を聞き，そのあとに流れる Question にしたがって適切なイラストを選ぶ問題です。質問が何なのかはあらかじめわかりませんが，対話の場面の説明とイラストが問題冊子にありますから，聞き取るべき項目はある程度推測できます。話が進むごとに新しい情報が述べられますから，それらを積み重ねると最終的にどうなるのか，対話の展開をたどる力が求められます。英文は 2 回読まれます。

例題　（2022 年度本試験 第 2 問 問 9）

　対話の場面が日本語で書かれています。対話とそれについての問いを聞き，その答えとして最も適切なものを，四つの選択肢（①〜④）のうちから一つ選びなさい。

　店員が，客から注文を受けています。

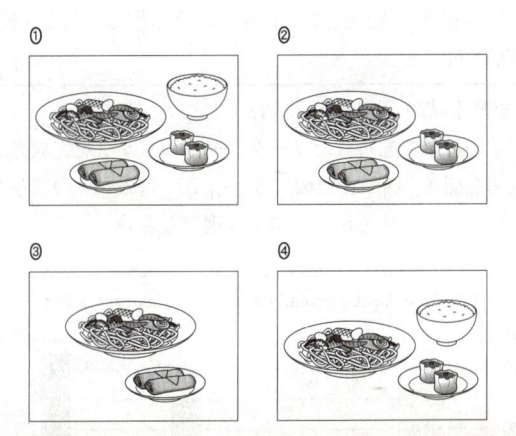

放送内容

W : Are you ready to order, sir?

M : Yes, I'd like the fried noodle set.

W : Certainly. Would you like rice with that?

M : Well.... It comes with two side dishes, so that's enough.

Question : What did the man order?

> 　Question の聞き取りについては，事前にできるだけ問題冊子の情報（対話の場面とイラスト）に目を通しておくことがポイントです。この例題の場合はすべてのイラストに「焼きそば」はありますから，ご飯と副菜がどうなるかに集中しましょう。対話中には Would you like rice with that? という問いかけに対して，two side dishes / that's enough と出てきます。それらとイラストを照らし合わせな

がら，注文した料理を特定しましょう。話についていくには基本的な語句の知識があれば十分でしょう。

　放送は2回ありますが，1回目の放送で，会話の展開を追うだけでなく，Questionまでしっかり聞き取れるように訓練しておくとよいでしょう。

4　モノローグを聞いて図表を完成させる問題

　1人の人物による説明を聞き，グラフや表の空欄に合う項目・数値を入れる問題です。**必要な情報を聞き取り，分類や並べ替えをしたりすることで，話し手の意図を把握すること**が求められています。英文は1回しか読まれませんが，事前に問題文と図表を読む時間と，次の問題に移る前に解答時間が設けられています。

　例年，2つの問題が出題されており，1つ目は，グラフを完成させる問題か，イラストを時系列に並べる問題が出題されています。2つ目は，表の空欄に適切な項目や数値を入れる問題です。

例題1　（2023年度本試験 第4問A　問18〜21）

　あなたは，大学の授業で配られたワークシートのグラフを完成させようとしています。先生の説明を聞き，四つの空欄 18 〜 21 に入れるのに最も適切なものを，四つの選択肢（①〜④）のうちから一つずつ選びなさい。

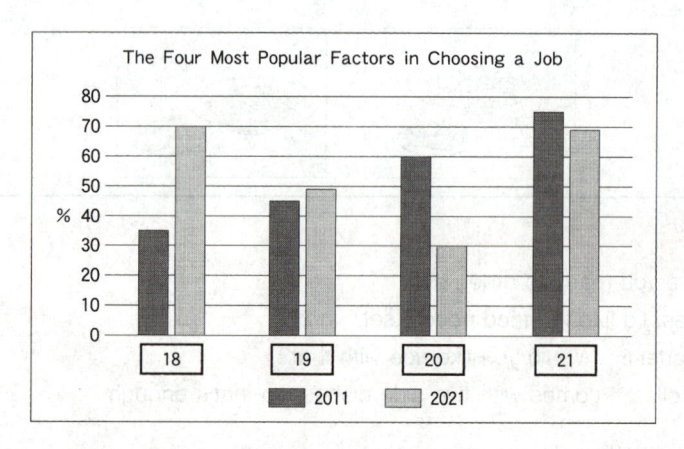

① Content of work 　　② Income
③ Location 　　④ Working hours

放送内容

　Each year we survey our graduating students on why they chose their future jobs. 〜中略〜 The graph shows that "content of work" increased the most. (①→ 18) "Income" decreased a little in 2021 compared with 2011. (②→ 21) Although "location" was the second most chosen answer in 2011, it dropped significantly in 2021. (③→ 20) Finally, "working hours" was chosen slightly more by graduates in 2021. (④→ 19)

　この**例題**の場合，事前に問題文と図表を読む時間が約 10 秒間，解答時間が約 15 秒間設けられています。放送でグラフの各項目（＝選択肢）に関する説明が始まったら，**各選択肢の隣に特徴や数値，増減をメモ**したり，**グラフに目印**を付けたりしていきましょう。この**例題**の場合，上記の下線部より，それぞれ正解がわかります。このように，解答の根拠となる部分が連続して一気に読まれるため，集中して取り組む必要性があります。また，**例題**では，各項目は選択肢の順に登場しますが，そうでない場合もあるので，注意が必要です。

　放送の途中で，グラフと選択肢を見比べてすぐに解答を出そうとしたり，マークシートにマークをしたりしていると，次の英文を聞き逃して他の空欄に解答できなくなる恐れがあります。したがって，**まずは各選択肢の特徴をメモだけ**しておき，解答の精査とマークは放送後の解答時間で行うようにしましょう。また，**例題**のような「最も〜」などのように，グラフを特定しやすい情報が聞こえたときには，その時点でグラフの空欄に当てはまる選択肢の番号を書き込んでおくと，後でマークする際に混乱が少ないでしょう。

　グラフ問題に関しては，**比較表現**（increased the most／the second most chosen など）や**変化を表す動詞**（increased／dropped など），**程度を表す副詞**（slightly／significantly など）に関する知識が求められます。

　複合的な作業が求められる問題であり，かつすべての空欄を正解したときしか点が与えられないため，**正答率は低め**になっています。しっかり練習をしておきましょう。

例題2 （2022年度本試験 第4問A 問22〜25）

あなたは，留学先で，集めた衣類などを整理して福祉施設に送るボランティア活動に参加しています。話を聞き，次の表の四つの空欄 22 〜 25 に入れるのに最も適切なものを，五つの選択肢（①〜⑤）のうちから一つずつ選びなさい。選択肢は2回以上使ってもかまいません。

Collected Items

Item number	Category	Item	Box number
0001	Men's	down jacket	22
0002	Men's	belt	23
0003	Women's	ski wear	24
0004	Boys'	ski wear	25
0005	Girls'	coat	
0006	Men's	cotton sweater	

① Box 1　② Box 2　③ Box 3　④ Box 4　⑤ Box 5

放送内容

Here are all the items that were donated last week. Please help me sort them into the proper boxes. First, summer clothes go into Box 1, whether they are for men or for women.（①→夏・男女） In the same way, all winter clothes for men and women go into Box 2.（②→冬・男女） Box 3 is for children's clothes, regardless of the season they're worn in.（③→子ども・全部） 〜以下略〜

　この**例題**は，事前に問題文と図表を読む時間が約20秒間，解答時間が約40秒間設けられています。図表を読む時間に，問題文からは「状況」を，表の項目と選択肢からは「何を問われているか」を把握します。この例題の場合，選択肢は箱の番号のみですが，表のItem が衣類の品目，Category が「男性用」「女性用」「男の子用」といった衣類を使用する対象であることから，「衣類の品目」と「使用対象」によって，箱ごとに衣類を分類していく問題であるということがわかります。

　このタイプの問題は，英文を聞きながら正解を見つけていくのではなく，選択肢や表中の語句を利用しつつ放送英文から必要な条件をメモしておき，次の問題に移るまでの解答時間でそれぞれの空欄に入る選択肢を考えるようにしましょう。この**例題**では，上記の下線部の情報から「①→夏・男女」「②→冬・男女」などのよう

にメモをしておきます。それから，解答時間に，[22]なら「Men's・down jacket」から「大人の男性用・冬服」と判断して，②を選びます。

　なお，読まれる語彙と表中の表現が必ずしも一致しているわけではありません。「down jacket＝冬服」「Boy's＝子ども服」のように与えられている条件に当てはまる形に自分で落とし込む力も必要です。

5 複数の情報を聞いて条件に合うものを選ぶ問題

　設定された状況に対する候補が4つ放送され，与えられた3つの条件に合う候補を選ぶ問題です。条件に合うかどうかを書き込む表が与えられています。英文は1回しか読まれませんが，事前に状況と条件を読む時間が約15秒間設けられています。

例題　（2022年度本試験 第4問B 問26）

状況
　あなたは，来月の読書会で読む本を一冊決めるために，四人のメンバーが推薦する本の説明を聞いています。

あなたが考えている条件
　A．長さが250ページを超えないこと
　B．過去1年以内に出版されていること
　C．ノンフィクションで，実在の人物を扱っていること

	Book titles	Condition A	Condition B	Condition C
①	*Exploring Space and Beyond*			
②	*Farming as a Family*			
③	*My Life as a Pop Star*			
④	*Winning at the Olympics*			

[26] is the book you are most likely to choose.

① *Exploring Space and Beyond*　　② *Farming as a Family*
③ *My Life as a Pop Star*　　④ *Winning at the Olympics*

放送内容

1. There are so many books to choose from, but one I think would be good is a science fiction novel, *Exploring Space and Beyond*, that was published last month. It can be read in one sitting because it's just 150 pages long.

2. I read a review online about a book that was <u>published earlier this year</u>, (条件B) titled *Farming as a Family*. It's <u>a true story</u> (条件C) about a man who decided to move with his family to the countryside to farm. It's an easy read... <u>around 200 pages</u>. (条件A)

〜 3・4 は省略 〜

　放送が始まる前に与えられる約 15 秒の間に，表に条件内容を簡単にメモしましょう。表には「Condition A」「Condition B」「Condition C」とあるだけで，条件内容が書かれていませんし，放送で聞こえてくる発話も A，B，C の順で述べられるわけではないからです。どこに〇，×を書き込めばよいかすぐわかるようにしておくと，あわてずに取り組めます。この**例題**の場合，正解の**②**は published earlier this year「今年の早い時期に出版された」，a true story「実話」，around 200 pages「200 ページくらい」と，条件 B→C→A の順で情報が出てきます。たとえば，Condition A の欄に「250p まで」，B に「1 年以内」，C に「ほんと」などとメモしておくとわかりやすいですね。状況と条件を読むのに与えられる時間はあまり長くありませんし，自分にわかりさえすればよいのですから，ぱっと見てすぐ照合できるキーワードをメモしておきましょう。

6　講義の問題

　大学の授業を想定した講義が読まれます。2021〜2024 年度は，問題が 2 つのパートに分かれており，前半が 6 問，後半が 1 問という構成でした。前半は講義を聞きながら，講義内容をまとめた「ワークシート」を完成させ，講義の全般的な内容に関する質問に答える問題です。後半は，年度によってやや形式が異なるものの，問題冊子に示された図やグラフから読み取れる情報と講義全体の内容からどのようなことが言えるかを選ぶ問題という点は共通です。

　英文は 1 回しか読まれませんが，事前に状況や問いを読む時間が約 60 秒間設けられています。

例題 （2024 年度本試験 第 5 問 問 27）

状況

あなたは大学で，ガラスに関する講義を，ワークシートにメモを取りながら聞いています。

ワークシート

Glass: An Amazing Material

● Glass does **NOT**....

◆ release dangerous chemicals

◆ 27

◆ break down in nature

● Glass:

Production	28 shapes	29 windows
Uses of Current Technology	30 rooms	31 roads

ワークシートの空欄 27 に入れるのに最も適切なものを，四つの選択肢（①〜④）のうちから一つ選びなさい。

① allow for repeated recycling　　② have unique recycling qualities

③ keep bacteria out of medicine　　④ permit bacteria to go through

放送内容

This afternoon, we're going to talk about the unique characteristics of glass and recent innovations in glass technology. Glass does not release any dangerous chemicals and bacteria cannot pass through it, which makes it suitable for storing food, drinks, and medicine. Glass can also be cleaned easily, reused many times, and recycled repeatedly, making it friendly to the environment. A surprising characteristic of glass is that it doesn't break down in nature. 〜以下略〜

放送が始まる前に与えられている約 60 秒間で「状況」を読み，何に関する講義なのかを把握し，「ワークシート」にできるだけ目を通しておきましょう。ワークシートにあらかじめ目を通しておくことで何を聞き取るべきなのかがわかります。

この**例題**の場合，ワークシートの情報から，「ガラスの特徴（ガラスがしないこ

と)」を聞き取る必要があるとわかります。さらに，1つ目の特徴（◆ release dangerous chemicals）と3つ目の特徴（◆ break down in nature）に目を通しておけば，第2文（Glass does not release any dangerous chemicals）が「1つ目の特徴」のことだと気づくことができ，この続きに 27 に入る「2つ目の特徴」が出てくるはずと思いながら聞くことができます（もちろん，ワークシートに書かれている順番通りに放送が読まれるとは限らないため，注意は必要です）。

　さらに，**選択肢まで見ておくと，正解の候補を絞れる**ことがあります。たとえば，この**例題**の各選択肢をワークシートの NOT の意味を反映して訳すと，① 「繰り返しリサイクルできない」② 「独自のリサイクル特性がない」③ 「細菌が薬品に入るのを防がない」④ 「バクテリアを通さない」となります。ワークシートに記載の2つの特徴（「危険な化学物質を放出しない」・「自然の中で分解しない」）と併記されそうなもので，かつ一般的に知られているガラスの特徴を考えると，④が正しそうという予測ができます。

　同様に，表の 28 ～ 31 についても，選択肢を見ておくと，入りそうな語句の候補を絞ることができます。選択肢①～⑥のうち，候補になるものをワークシート内に（日本語でもよいので）書き込んでおいて，放送中にワークシート内で選ぶだけ，という状態にしておくことも有効でしょう。

　メモの取り方には注意が必要です。メモを取っている間に，次の文を聞き逃してしまったり，メモを取った部分が解答と関係ない部分であったり，ということも起こり得ます。こういった危険を回避する方法の1つとして，選択肢の語句を利用してメモを取っておく方法があります。

> 例：① allow for repeated recycling →できる
> ② have unique recycling qualities
> ③ keep bacteria out of medicine
> ④ permit bacteria to go through
> ＞通さない，保存によい

　講義を聞きつつ選択肢も読みながら解く，というのはかなりハードだと思いますので，選択肢に並ぶキーワードを元にメモを取っておいて，前半の講義が終わった後，後半が始まるまでの約60秒間で選択肢と自分のメモを見合わせて解答を選ぶとよいでしょう。

7 複数人の意見を聞く問題

　あるテーマについての四人の発言を聞き，だれがどういった意見（賛成・反対など）を述べているのかを把握することが求められる問題です。細かい形式については，2021・2022年度は，あることに賛成（反対）した人数を答える問題でしたが，2023・2024年度はある結論を出した人がだれかを答える問題でした。英文は1回だけ読まれます。

例題　（2021年度本試験（第1日程）第6問B 問36）

> **状況**
> 　四人の学生（Yasuko, Kate, Luke, Michael）が，店でもらうレシートについて意見交換をしています。

　会話が終わった時点で，レシートの電子化に<u>賛成した人</u>は四人のうち何人でしたか。四つの選択肢（①〜④）のうちから一つ選びなさい。

① 1人　　　　② 2人　　　　③ 3人　　　　④ 4人

`放送内容`　　　　　　　　　　〜前略〜

Yasuko : I recently heard one city in the US might ban paper receipts by 2022.

Luke : Really, Yasuko? But how would that work? I need paper receipts as proof of purchase.

Michael : Right. I agree. What if I want to return something for a refund?

Yasuko : If this becomes law, Michael, <u>shops will issue digital receipts via email</u> instead of paper ones.

Kate : <u>Great</u>.

Michael : Really? Are you OK with giving your private email address to strangers?

Kate : Well ... yes.

Luke : Anyway, <u>paper receipts are safer</u>, and <u>more people would rather have them</u>.

Yasuko : <u>I don't know what to think</u>, Luke. You could request a paper receipt, I guess.

Kate : No way! <u>There should be NO paper option</u>.

Michael : <u>Luke's right. I still prefer paper receipts</u>.

　比較的長い会話が続く中で，それぞれの発言者の立場・意見を聞き取っていく必要があります。人数が多いので，だれが話しているのかをつかむのが困難です。女性のあとに女性，男性のあとに男性が発言している場合は比較的わかりやすいですが，女性のあとに男性（あるいはその逆）の場合，どちらの男性（女性）だったか混乱しがちです。ほとんどの場合，次の発言者が名前を呼んでいることから判断できるので，話されている内容をメモしたあとで，だれの発言か確認するという聞き方が必要です。発言者が変わったときには「だれ？」に気をとられすぎず，まずは発言内容に集中しましょう。

　内容は日常会話程度のこともありますが，ある程度専門性・社会性のあるテーマについての会話が多いです。会話の音声教材は，討論になっているものがあれば積極的に活用し，1回聞くだけで発言内容をつかめるように練習しましょう。講義の問題にも言えることですが，最初は1回で聞き取るのが難しいと感じる人は多いと思います。聞き取れなかった部分を何度も聞き，自分でもネイティブの音声をまねて音読するようにして，細部まで聞き取れる「耳」を鍛えましょう。

新傾向に注意！

音声はこちら➡

　ここでは，2022 年 11 月に，大学入試センターより発表された英語（リスニング）の試作問題を紹介します。この問題形式は，2025 年度以降の共通テストで出題される可能性があります。練習問題も用意していますので，以下で設問のねらいを理解し，攻略法を身につけておきましょう。

🔍 問題のねらいを理解する

　次ページの試作問題は，2021 年度本試験（第 1 日程）第 5 問をもとに作成され，「『聞くこと』，『読むこと』，『話すこと［やり取り］・［発表］』，『書くこと』の複数の領域を統合した言語活動をより意識した問題となるよう，再構築したもの」（「試作問題『英語』の概要」より）とされています。

　また，各設問では，① 「講義を聞いて概要・要点を把握する力」，② 「聴き取った情報を他者と共有したり，話し合ったりする力」，③ 「聴き取った情報と問題文中に示されたグラフ資料を統合的に処理する力」等を問うとありました。

　本番の試験では，試作問題と全く同じ形式で出題されるとは限りませんが，どんな問題が出題されるかの一番のヒントになりますので，しっかりと確認しておきましょう。

1 試作問題 第Ｃ問 （配点　15）

　注目すべきは問 6・7 です。これらは新傾向の問題となっており，特に上記の②「聴き取った情報を他者と共有したり，話し合ったりする力」を意識した設問になっていると考えられます。しかし，解答するには当然①や③の力も必要であり，これらの力は過去問でも問われてきたものです。今後の試験において，問題の見た目が変わることは十分にあり得ることですが，求められている力は，これまでとそう大きな変化はないはずです。

　どんな問題でも，状況，ワークシート，問い・図表等の「問題文の先読み」を怠らず，メモを取りながら落ち着いて放送を聴き取りましょう。問題の解き方の詳しい手順は，「解答・解説」の冒頭にある POINT に記載しています。

音声は1回流れます。

最初に講義を聞き，問1から問5に答えなさい。次に問6と問7の音声を聞き，問いに答えなさい。状況，ワークシート，問い及び図表を読む時間が与えられた後，音声が流れます。

状況

あなたはアメリカの大学で，幸福観についての講義を，ワークシートにメモを取りながら聞いています。

ワークシート

○ **World Happiness Report**
- Purpose : To promote _____1_____ happiness and well-being
- Scandinavian countries: Consistently happiest in the world (since 2012)
  Why? ⇒ "**Hygge**" lifestyle in Denmark

  ⬇ spread around the world in 2016

○ **Interpretations of Hygge**

	Popular Image of Hygge	Real Hygge in Denmark
What	2	3
Where	4	5
How	special	ordinary

問1 ワークシートの空欄 1 に入れるのに最も適切なものを，四つの選択肢（①〜④）のうちから一つ選びなさい。

① a sustainable development goal beyond
② a sustainable economy supporting
③ a sustainable natural environment for
④ a sustainable society challenging

問2〜5　ワークシートの空欄 2 〜 5 に入れるのに最も適切なものを，六
つの選択肢（①〜⑥）のうちから一つずつ選びなさい。選択肢は2回以上使って
もかまいません。

①　goods　　　　　②　relationships　　　③　tasks

④　everywhere　　⑤　indoors　　　　　⑥　outdoors

問6　講義後に，あなたは要約を書くために，グループのメンバーA，Bと，講義内
容を口頭で確認しています。それぞれの発言が講義の内容と一致するかどうかに
ついて，最も適切なものを四つの選択肢（①〜④）のうちから一つ選びなさい。
 6

①　Aの発言のみ一致する

②　Bの発言のみ一致する

③　どちらの発言も一致する

④　どちらの発言も一致しない

問7 講義の後で，Joe と May が下の図表を見ながらディスカッションをしていま
す。ディスカッションの内容及び講義の内容からどのようなことが言えるか，最
も適切なものを，四つの選択肢（①〜④）のうちから一つ選びなさい。　7

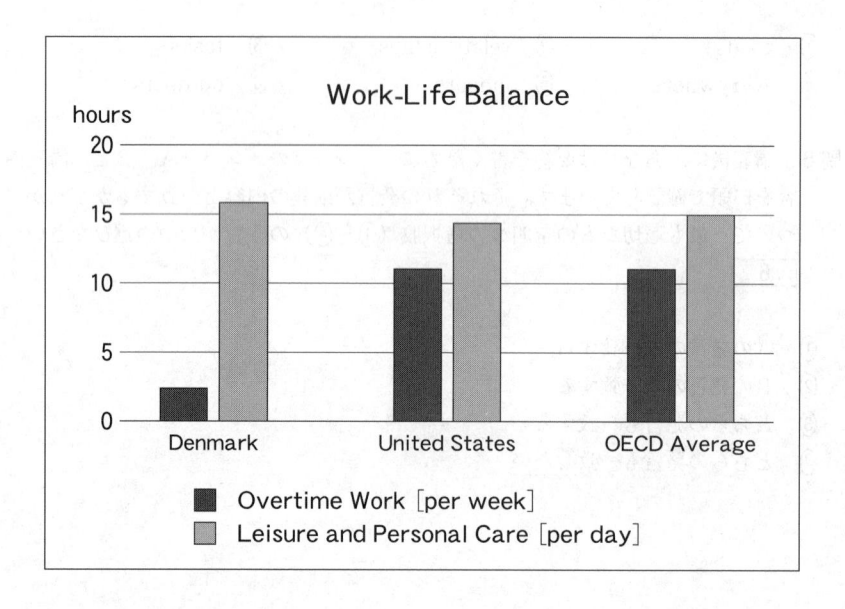

① People in Denmark do less overtime work while maintaining their
productivity.

② People in Denmark enjoy working more, even though their income is
guaranteed.

③ People in OECD countries are more productive because they work
more overtime.

④ People in the US have an expensive lifestyle but the most time for
leisure.

L

✔ 解答・解説

問題番号 （配点）	設　問	解答番号	正　解	配　点	チェック
第C問 （15）	問1	1	②	3	
	問2	2	①	2*	
	問3	3	②		
	問4	4	⑤	2*	
	問5	5	④		
	問6	6	③	4	
	問7	7	①	4	

（注）　＊は，全部正解の
　　　　場合のみ点を与える。

① 状況とワークシートを読んで講義の概略を把握し，空所にどんな情報を埋めなければならないかをチェックする。その後，できれば問7のグラフまで把握する。

✔ 問1：World Happiness Report の目的（「何を推進するため」か）を聞き取る。

✔ 問2～5：Hygge の一般的イメージとリアルの違いについて説明されると予測できる。さらに，What には①～③，Where には④～⑥が入りそう。

② 音声を聞きながらワークシートを埋める。聞き取ったキーワードを簡単にメモして，後で選択肢と照合する。

✔ ワークシートは，放送内容の3分の2程度の要約で，問6は残りの3分の1の情報から問われる可能性が高い。よって，残りの3分の1についてもメモを取っておく。

✔ ワークシートや選択肢は巧妙に言い換えられているため，放送内容を抽象化したり，推測したり，消去法で解答したりする。たとえば，問4では，candlelit rooms and cozy bedrooms という情報を，indoors「屋内で」とまとめることができるかどうかが問われている。

③ 解答時間が余れば，問7のグラフや選択肢に目を通しておく。

✔ 問7：デンマーク・US・OECD 諸国の人々のワークライフバランスについて。グラフの特徴（デンマークは他に比べて残業が少なく，余暇が多い）を読み取る。

✔ 問7は，グラフと選択肢の情報だけでも選択肢を絞ることができる場合が多い。たとえば，④はグラフに不一致なので除外できる。

POINT

ワークシート

○　世界幸福度報告
- 目的：幸福と健康〔　1　〕　を推進すること
- スカンジナビア諸国：一貫して世界で最も幸福（2012 年以降）
  なぜ？　⇒　デンマークの「**ヒュッゲ**」という生活様式

　　⬇　2016 年世界中に広まる

○　ヒュッゲの解釈

	ヒュッゲの一般的イメージ	デンマークの本当のヒュッゲ
何を	2	3
どこで	4	5
どのような	特別な	日常的な

放送内容　《デンマークの幸せな暮らし方》

What is happiness? Can we be happy and promote sustainable development? Since 2012, the *World Happiness Report* has been issued by a United Nations organization to develop new approaches to economic sustainability for the sake of happiness and well-being. The reports show that Scandinavian countries are consistently ranked as the happiest societies on earth. But what makes them so happy? In Denmark, for example, leisure time is often spent with others. That kind of environment makes Danish people happy thanks to a tradition called "hygge," spelled H-Y-G-G-E. Hygge means coziness or comfort and describes the feeling of being loved.

This word became well-known worldwide in 2016 as an interpretation of mindfulness or wellness. Now, hygge is at risk of being commercialized. But hygge is not about the material things we see in popular images like candlelit rooms and cozy bedrooms with hand-knit blankets. Real hygge happens anywhere—in public or in private, indoors or outdoors, with or without candles. The main point of hygge is to live a life connected with loved ones while making ordinary essential tasks meaningful and joyful.

L
新傾向に注意!

Perhaps Danish people are better at appreciating the small, "hygge" things in life because they have no worries about basic necessities. Danish people willingly pay from 30 to 50 percent of their income in tax. These high taxes pay for a good welfare system that provides free healthcare and education. Once basic needs are met, more money doesn't guarantee more happiness. While money and material goods seem to be highly valued in some countries like the US, people in Denmark place more value on socializing. Nevertheless, Denmark has above-average productivity according to the OECD.

訳　幸福とは何でしょうか？　幸せでありながら持続可能な発展を進めていけるのでしょうか？　2012年以降、幸福と健康のための経済的持続可能性に対する新しい取り組みを考えるために、ある国連機関から「世界幸福度報告」が発表されています。その報告は、スカンジナビア諸国が一貫して、世界で最も幸福な社会に位置づけられていることを示しています。しかし、何が彼らをそんなに幸せにしているのでしょうか？　たとえば、デンマークでは、よく人と一緒に余暇を過ごします。そのような環境がデンマークの人たちを幸せにしているのですが、これは「ヒュッゲ」と呼ばれる伝統のおかげです。つづりはH-Y-G-G-Eです。ヒュッゲは居心地のよさや快適さを意味し、愛されているという気持ちを表します。

　この言葉は、精神的な充実や心身の健康を説明するものとして、2016年に世界中で知られるようになりました。現在、ヒュッゲには商業化されるという危険性があります。しかし、ヒュッゲは、ロウソクで照らされた部屋や手編みのブランケットのある心地よい寝室といった、よくあるイメージに見られるような物質的なものに関することではありません。本当のヒュッゲは、公的な場でも私的な場でも、屋内でも屋外でも、ロウソクがあろうとなかろうと、どこでも起こります。ヒュッゲの要点は、日々の欠かせない仕事を意味があり楽しいものにしながら、愛する人たちとつながった暮らしを送ることです。

　おそらく、デンマークの人たちがちょっとした「ヒュッゲ」的なものを生活の中できちんと見出すのがより上手なのは、基本的必需品のことで何も心配がないからでしょう。デンマークの人々は、収入の30パーセントから50パーセントを喜んで税金に払います。こうした高い税金には、無料の医療や教育を与えてくれる十分な福祉システムという見返りがあるのです。いったん基本的な必要が満たされれば、より多くのお金がより幸福であることを保証することにはなりません。お金や物質的な品物は、アメリカ合衆国のような国で高く評価されるようですが、デンマークの人々は、人と交流することのほうにもっと価値を置いています。それでも、OECDによるとデンマークは平均的な生産性を上回っているのです。

◇ sustainable「持続可能な」　◇ for the sake of ～「～（の利益）のために」
◇ pay for ～「～という報い〔報酬〕を受ける」

問1　1　正解は②

① （幸福と健康）を上回る持続可能な発展目標
② （幸福と健康）を支える持続可能な経済
③ （幸福と健康）のための持続可能な自然環境
④ （幸福と健康）に挑む持続可能な社会

空所は「世界幸福度報告」の「目的」にあたる箇所。第1段第3文（Since 2012, …）に「幸福と健康のための経済的持続可能性に対する新しい取り組みを考えるために…『世界幸福度報告』が発表されている」とある。②が適切。なお，放送英文では，for the sake of happiness and well-being「幸福と健康<u>のための</u>」と説明されているが，選択肢では <u>supporting</u> happiness and well-being「幸福と健康を<u>支える</u>」と言い換えられている点に注意。

問2～5

① 品物　　　　　　② 人間関係　　　　　③ 任務
④ いたるところで　⑤ 屋内で　　　　　　⑥ 屋外で

2　正解は①　　3　正解は②

空所は，ヒュッゲが何に関するものなのか，よくあるイメージとデンマークでの本当のヒュッゲの違いをまとめた箇所。第2段第3文（But hygge is not …）に「（ヒュッゲは）よくあるイメージに見られるような物質的なものに関することではない」とあるので，2には①が当てはまる。第2段最終文（The main point …）に「ヒュッゲの要点は…愛する人たちとつながった暮らしを送ること」，第3段第5文（While money and …）後半に「デンマークの人々は，人と交流することのほうにもっと価値を置いている」とあることから，3には②が適切。

4　正解は⑤　　5　正解は④

空所は，ヒュッゲがどこで生まれるか，よくあるイメージとデンマークでの本当のヒュッゲの違いをまとめた箇所。第2段第3文（But hygge is not …）に「ロウソクで照らされた部屋や手編みのブランケットのある心地よい寝室といった，よくあるイメージ」とあることから，4には⑤が適切。第2段第4文（Real hygge happens …）に「本当のヒュッゲはどこでも起こる」とあるので，5は④が正解。

○　世界幸福度報告
- 目的：幸福と健康〔②を支える持続可能な経済〕を推進すること
- スカンジナビア諸国：一貫して世界で最も幸福（2012 年以降）
  なぜ？　⇒　デンマークの「ヒュッゲ」という生活様式

　　⬇　　2016 年世界中に広まる

○　ヒュッゲの解釈

	ヒュッゲの一般的イメージ	デンマークの本当のヒュッゲ
何を	①品物	②人間関係
どこで	⑤屋内で	④いたるところで
どのような	特別な	日常的な

問6　　6　　正解は③

放送内容　《デンマークの人々の価値観》

Student A : Danish people accept high taxes which provide basic needs.
Student B : Danish people value spending time with friends more than pursuing money.

訳　学生Ａ：デンマークの人々は基本的必需品を提供する高い税金を受け入れている。
　　　学生Ｂ：デンマークの人々はお金を追い求めるより，友人と一緒に時間を過ごすことに価値を置く。

学生Ａの発言は第３段第２・３文（Danish people willingly pay …）の「デンマークの人々は，収入の 30 パーセントから 50 パーセントを喜んで税金に払います。こうした高い税金には，無料の医療や教育を与えてくれる十分な福祉システムという見返りがあるのです」という内容に一致する。

学生Ｂの発言は第３段第５文（While money and material …）「お金や物質的な品物は，アメリカ合衆国のような国で高く評価されるようですが，デンマークの人々は，人と交流することのほうにもっと価値を置いています」という内容に一致している。よって，③の「どちらの発言も一致する」が正解となる。

問7 ☐7 正解は①

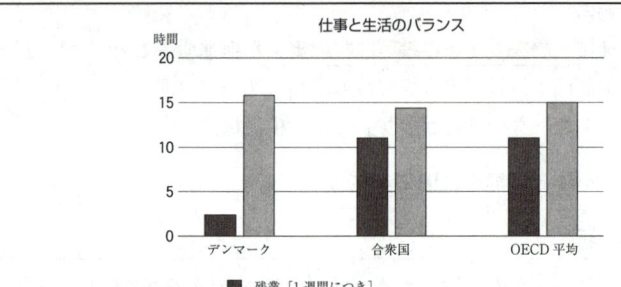

① デンマークの人々は，生産性を維持しながらも残業はより少ない。

② デンマークの人々は，収入が保証されているにもかかわらず，より多く働くことを楽しむ。

③ OECD 諸国の人々は，より多く残業するので，生産性がより高い。

④ 合衆国の人々は，お金のかかる生活様式をしているが，余暇の時間は最も多い。

放送内容 《仕事と生活のバランス》

Joe : Look at this graph, May. People in Denmark value private life over work. How can they be so productive?

May : Well, based on my research, studies show that <u>working too much overtime leads to lower productivity</u>.

Joe : So, <u>working too long isn't efficient</u>. That's interesting.

訳 ジョー：このグラフを見てよ，メイ。デンマークの人々は仕事よりも個人の生活を重視しているよ。彼らはどうやってそんなに生産的になれるんだろう？

メイ：私の調べたところでは，複数の研究によって，**あまりにも残業をしすぎると生産性の低下につながる**って示されているわ。

ジョー：それじゃあ，**あまり長時間働きすぎるのは効率的ではない**んだね。それは面白いね。

◇ value *A* over *B*「*B* よりも *A* を重視する」

グラフから，デンマークの人々の残業時間が合衆国や OECD 平均よりはるかに少ないことがわかる。先の講義の最終文（Nevertheless, Denmark has …）にデンマークの生産性が平均以上であることが述べられており，ジョーとメイのディスカッションでは，メイが「あまりにも残業をしすぎると生産性の低下につながる」と指摘し，

さらに最後のジョーの発言では「あまり長時間働きすぎるのは効率的ではないんだね」と述べている。これらのことから，デンマークの人々は「残業時間は少ないものの生産性を維持している」と考えられる。よって，①が正解。

※編集部注：問1～5の音声は，2021年度本試験（第1日程）の第5問の音声を使用しています。
問6・問7の音声は大学入試センターより公表されていないため，小社が独自に作成しています。

　次ページに，試作問題と同形式の練習問題（本書オリジナル）を用意しました。試作問題の POINT を参考に解いてみましょう。

L

新傾向に注意！

🔍 練習してみよう

2 創作問題 第C問 （配点 15）

音声は1回流れます。

　最初に講義を聞き，問1から問5に答えなさい。次に問6と問7の音声を聞き，問いに答えなさい。状況，ワークシート，問い及び図表を読む時間が与えられた後，音声が流れます。

状況

　あなたは大学で，経済学の講義を，ワークシートにメモを取りながら聞いています。

ワークシート

○ **UNESCO Science Report**
- One purpose: To report on countries' becoming digital societies ［ 1 ］ their sustainable development goals.
- More foreign companies have been conducting research and development in India.

  Why? ⇒ **"Jugaad"** spirit in India

  ⬇ admired around the world

○ **Interpretations of Jugaad**

	Common misunderstandings	The true meaning of Jugaad
Purpose	To find 2 ways	To find 3 ways
Situation	Unorganized	Restricted
Quality	4	5

問1　ワークシートの空欄 1 に入れるのに最も適切なものを，四つの選択肢（①〜④）のうちから一つ選びなさい。

① at the cost of
② by making updates to
③ instead of achieving
④ while they work toward

問2〜5　ワークシートの空欄 2 〜 5 に入れるのに最も適切なものを，六つの選択肢（①〜⑥）のうちから一つずつ選びなさい。選択肢は2回以上使ってもかまいません。

① high　　　　　② low　　　　　③ permanent
④ simple　　　　⑤ substitute　　⑥ various

問6　講義後に，あなたは要約を書くために，グループのメンバーA，Bと，講義内容を口頭で確認しています。それぞれの発言が講義の内容と一致するかどうかについて，最も適切なものを四つの選択肢（①〜④）のうちから一つ選びなさい。 6

① Aの発言のみ一致する
② Bの発言のみ一致する
③ どちらの発言も一致する
④ どちらの発言も一致しない

問7 講義の後で，Rob と Amy が下の図表を見ながらディスカッションをしていま
す。ディスカッションの内容及び講義の内容からどのようなことが言えるか，最
も適切なものを，四つの選択肢（①〜④）のうちから一つ選びなさい。 7

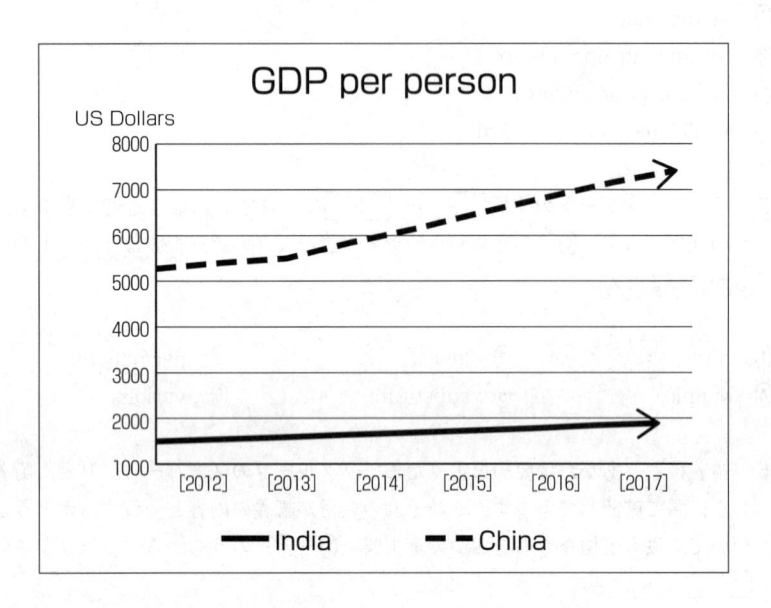

① China has spent less on research, but it has seen bigger improvements
in its economy.

② China spends more than India on research and development, and its
economy is growing faster.

③ India is spending money on research and development in China to
improve its economy.

④ India's economy has grown more slowly since China started adopting
Jugaad.

✓ 解答・解説

問題番号 （配点）	設　問	解答番号	正　解	配　点	チェック
第C問 (15)	問1	1	④	3	
	問2	2	④	2*	
	問3	3	⑤		
	問4	4	②	2*	
	問5	5	⑥		
	問6	6	②	4	
	問7	7	②	4	

（注）　＊は，全部正解の場合のみ点を与える。

ワークシート

○　**ユネスコ・サイエンス・レポート**

• 1つの目的：各国が持続可能な開発目標〔　1　〕　デジタル社会
になっていく様子について報告すること。

• インドで研究・開発を行う海外企業が増えている。

なぜ？　⇒　インドの「**ジュガール**」という精神

⬇　　世界中で称賛されている

○　**ジュガールとは**

	よくある 誤解	ジュガールの 本当の意味
目的	2 方法を見出すこと	3 方法を見出すこと
状況	無秩序	制約がある
質	4	5

放送内容 《新製品研究・開発分野でのインドの成長の理由》

Every five years, the UNESCO Science Report is published. One of its goals is to monitor the progress of nations transitioning into digital societies as they work to achieve their sustainable development goals.

In 2021, the UNESCO Science Report mentioned India's growing popularity as a place to research and develop new products. The reason is very interesting. Because India isn't a financially rich country, Indian people and companies have had to find inexpensive ways of doing things. A local tradition called "Jugaad" has made this possible. Jugaad, spelled J-U-G-A-A-D, is a word for finding a clever solution through adapting and thinking creatively.

Although the concept of Jugaad is admired around the world, it is often misinterpreted. People think that Jugaad is used to find an easy way, or a basic way to do something in an unorganized situation, and many people think that the quality must be poor. This isn't true at all. The purpose of Jugaad is to find alternative ways of doing things within the limitations of the situation. It's about overcoming challenges. The quality of Jugaad solutions can vary greatly, but an idea is not considered Jugaad unless it works.

It's also important to note that Jugaad is not only about physical things. Indian people rely on Jugaad principles to find new business strategies, overcome social challenges, and meet other kinds of needs when they don't have enough time, money, people, or other resources. I'll give you an example of this kind of Jugaad. Paper companies offer lower prices for big orders. Sometimes, several small businesses in a building order paper together to get a discount. When the paper arrives, the small businesses divide the order up.

訳　5年ごとにユネスコ・サイエンス・レポートが発表されています。その目的の1つに，さまざまな国が持続可能な開発目標の達成に向けて取り組む中で，デジタル社会へと移行する各国の進捗状況を追跡することがあります。

2021年，ユネスコ・サイエンス・レポートでは，新製品を研究・開発する場所としてインドの人気が高まりつつある点について触れています。その理由は大変興味深いものです。インドは経済的に豊かな国ではないため，インドの人々や企業は物事を進めるにあたり安価な方法を見つけなければなりませんでした。ジュガールと呼ばれる現地の慣習によって，これが実践されてきたのです。ジュガ

ールは，J-U-G-A-A-D という綴りで，状況に合わせて適応し，独創的な考え方で，良い解決策を見出すことを指す言葉です。

　ジュガールの概念は世界中で称賛されているにもかかわらず，誤解されることがよくあります。**ジュガールは**，秩序のない状況で何かを行う**簡単な方法や基本的な方法を見つけるために用いられる概念**で，**その質は悪いに違いない**と考える人が多くいます。**これは全くもって違います。ジュガールの目的は**，目の前にある状況において制約のある中で**物事を行う別のやり方を見つけることです**。その本質はさまざまな課題を乗り越えるところにあるのです。**ジュガールによる解決策の質には，大きなばらつきがある可能性もあります**が，きちんと機能しない限りはそれがジュガールであるとみなされません。

　ジュガールの本質は物質的な物事だけにあるわけではない，ということに留意することもまた重要です。**インドの人々は時間や資金，人材，その他の資源が十分でない場合にジュガールの原則を取り入れ，新たな事業戦略を考案したり，社会的な課題を乗り越えたり，その他のニーズに応えたりしているのです**。この手のジュガールの例を１つ挙げてみましょう。製紙会社はまとまった注文に対してより低い価格を提示します。時折，１つのビルに入っている複数の小さな会社が割引を受けるために，一緒に紙を注文することがあります。紙が届くと，それらの小さな会社は注文した商品を分けるのです。

◇ monitor「〜を追跡する」　◇ progress「進展，進捗」　◇ transition「移行する」
◇ sustainable「持続可能な」　◇ popularity「人気」　◇ adapt「適応する」
◇ creatively「独創的に」　◇ misinterpret「〜を誤解する」
◇ unorganized「組織化されていない，きちんとしていない」
◇ alternative「代替の」　◇ limitation「制限，制約」
◇ S is about 〜「S の本質（目的）は〜にある」　◇ vary「異なる」
◇ unless「〜でない限りは」　◇ note「〜に注意する」　◇ physical「物質的な」
◇ rely on 〜「〜に依拠する」　◇ principle「原理，原則」　◇ strategy「戦略」
◇ resource「資源」　◇ divide 〜 up「〜を分ける」

問 1　　1　　正解は④

① （持続可能な開発目標）を犠牲にして
② （持続可能な開発目標）を更新することによって
③ （持続可能な開発目標）を達成しないで
④ （持続可能な開発目標）に向けて努力しつつ

第 1 段第 2 文前半の <u>One of its goals</u> is to monitor the progress of <u>nations</u> <u>transitioning into digital societies</u> の下線部がそれぞれ，ワークシートの空所前の

One purpose と countries' becoming digital societies にあたることに気づければ，続く as they work to achieve their sustainable development goals「それら（＝さまざまな国）が持続可能な開発目標の達成に向けて取り組む中で」の下線部が空所部にあたるとわかる。as they work to achieve に近い意味となる④が正解。選択肢の中で使用されている表現（at the cost of ～「～を犠牲にして」，make updates to ～「～を更新する」，instead of *doing*「～する代わりに，～しないで」，work toward ～「～に向けて取り組む」）にも注意しよう。

問2〜5

① 高い	② 低い	③ 恒久的な
④ 簡素な	⑤ 代替の	⑥ さまざまな

ワークシートの表から，ジュガールの概念についての Common misunderstandings「よくある誤解」と The true meaning「本当の意味」の対比であることが前もって把握できる。また，第3段第1文 Although the concept of Jugaad is admired around the world, it is often misinterpreted. の下線部と同じ文言が表の⬇の右にあることから，この文以降が表の内容についての説明になっていると考えられる。

2 正解は④　**3** 正解は⑤

第3段第2文の People think that Jugaad is used to find an easy way, or a basic way to do something in an unorganized situation「ジュガールは，秩序のない状況で何かを行う簡単な方法や基本的な方法を見つけるために用いられる概念」は，続く第3文 This isn't true at all. より，表の Common misunderstandings にあたると判断できる。上記の下線部が，ジュガールの概念を取り入れる（誤解された）目的であるため，**2** には easy や basic に近い意味となる④を入れるのが適切である。また，People think that SV～が一般論を提示するのに使われる表現であることからも，第2文が「よくある誤解」であると判断することもできる。

3 については，第3段第4文 The purpose of Jugaad is to find alternative ways of doing things「ジュガールの目的は，（目の前にある状況において制約のある中で）物事を行う別のやり方を見つけることです」の下線部がジュガールの本当の目的である。よって，alternative「代わりの」に近い意味となる⑤を選ぶ。

4 正解は②　**5** 正解は⑥

ジュガールの概念に対する誤解は第3段第2文（People think that …）。該当文後半の many people think that the quality must be poor より，**4** には poor「悪い」に近い意味となる②を入れる。

　　5　　は第3段第6文 The quality of Jugaad solutions can vary greatly「ジュガールによる解決策の質には大きなばらつきがある可能性がある」より，vary greatly に近い意味となる⑥が正解である。

○　ユネスコ・サイエンス・レポート
- 1つの目的：各国が持続可能な開発目標〔④に向けて努力しつつ〕デジタル社会になっていく様子について報告すること。
- インドで研究・開発を行う海外企業が増えている。
  なぜ？　⇒　インドの「ジュガール」という精神

  ⬇　　世界中で称賛されている

○　ジュガールとは

	よくある 誤解	ジュガールの 本当の意味
目的	④簡素な方法を見出すこと	⑤代替の方法を 見出すこと
状況	無秩序	制約がある
質	②低い	⑥さまざま

問6　　6　　正解は②

放送内容

Student A：Jugaad is only important in countries with weak economies.
Student B：Jugaad can be used to solve problems such as a lack of staff.

訳　学生A：ジュガールは経済的に弱い国でしか重大な影響力をもたない。
　　学生B：ジュガールはスタッフ不足などの問題を解決するために用いることができる。

Aの発言：第2段第3・4文（Because India isn't … this possible.）「インドは経済的に豊かな国ではないため，インドの人々や企業は物事を進めるにあたり安価な方法を見つけなければなりませんでした。ジュガールと呼ばれる現地の慣習によって，これが実践されてきたのです」で，ジュガールの精神はインドの慣習に起源があると

説明されており，そのインドが経済的に豊かな国ではないということも述べられてはいるが，この概念が経済的に弱い国でしか役に立たないといった内容は，講義中に含まれていない。よって，学生Aの発言は一致しない。

Bの発言：第4段第2文のIndian people rely on Jugaad principles … when they don't have enough time, money, people, or other resources.「インドの人々は時間や資金，人材，その他の資源が十分でない場合に…ジュガールの原則を取り入れている」に一致する。よって②が正解となる。

問7 　7　　正解は②

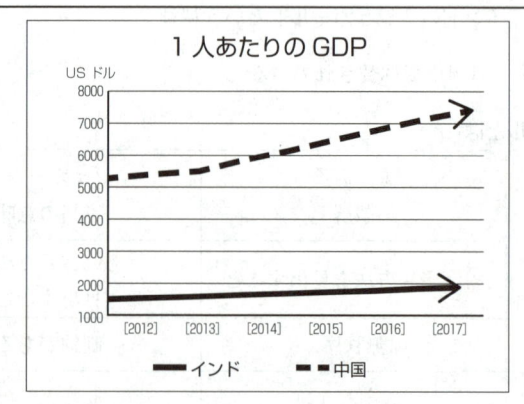

① 中国は，研究にあまり多くの資金を投じていないが，経済面では比較的大きな向上が見られている。

② 中国は，インドよりも研究と開発に多くの資金を投じており，中国経済はより急速に成長している。

③ インドは，経済状況を向上させるために，中国での研究と開発に資金を投じている。

④ 中国がジュガールを採り入れて以降，インド経済の成長は，比較的ゆっくりになった。

放送内容 《インドと中国の経済成長率の比較》

Rob : Look at this graph, Amy. It compares the growth of India's economy with that of China. China's economy is growing much faster.

Amy : Wow. I heard that China spends a lot more money on research and development than India does.

Rob : That's true. Perhaps India is relying too much on Jugaad.

訳　ロブ：このグラフを見て，エイミー。これはインドと中国の経済成長を比べたものなんだ。<u>中国経済の成長の方がはるかに速いね。</u>

エイミー：まぁ。<u>中国は，インドよりもずっと多くの資金を研究や開発に投じている</u>そうよ。

ロブ：その通りだよ。たぶん，インドはジュガールの精神を当てにしすぎているんだろうね。

◇ compare *A* with *B*「*A* と *B* を比較する」　◇ growth「成長（率）」
◇ economy「経済（状況）」　◇ development「開発」

グラフより，インドと中国の1人あたりの GDP は毎年上がっているものの，グラフの傾斜に注目すると，中国の方がインドよりも1人あたりの GDP の成長率が高いと言える。また，このグラフを見ながらのロブの1つ目の発言第3文 China's economy is growing much faster.「中国経済の成長の方がはるかに速い」の faster の比較対象はインド経済である。さらに，エイミーの発言第2文の China spends a lot more money on research and development than India does「中国は，インドよりもずっと多くの資金を研究や開発に投じている」より，②が正解である。

①は，China has spent less on research「中国は研究にあまり多くの資金を投じていない」が，エイミーの発言第2文の China spends a lot more money on research … than India does「中国はインドよりもずっと多くの資金を研究…に投じている」に一致しない。

③は，講義およびディスカッションの中で，インドが中国での研究・開発に資金を投じているという内容は言及されていないため，不適。ワークシートの UNESCO Science Report の2つ目の項目 More foreign companies have been conducting research and development in India.「インドで研究・開発を行う海外企業が増えている」および，講義の第2段第1文の India's growing popularity as a place to research and develop new products「新製品を研究・開発する場所としてインドの人気が高まりつつある」からも，不適であるとわかる。

④は，インド経済の成長スピードが比較的ゆっくりである点はグラフに一致しているが，後半の「中国がジュガールを採り入れて以降」の部分がグラフからは読み取れない。また，講義およびディスカッションの中でも，このような内容には言及されていないため，不適。

リスニング力のアップ

どんな問題にあたる場合でもまず基本的な「聞き取る力」が必要です。リスニング力を身につけるためのポイントと，具体的な学習方法を見ていきましょう。

ナチュラルスピードに慣れる

与えられる音声は，自然なスピード（ナチュラルスピード）になっています。特にゆっくりしゃべったり，間を取ったりはしていません。したがって，普段リスニング練習に使う素材は，あくまでナチュラルスピードで話されているものを選択しましょう。本書の音声専用サイトでは，**音声のスピードを0.8倍・1.0倍・1.2倍・1.5倍の4段階で調整**することができます。1.0倍のスピードで聞き取れない場合は，0.8倍で練習を始めてください。すでに1.0倍で聞き取れる場合には，1.2倍や1.5倍のスピードで耳を慣らしておくと，本番では音声がゆっくりと聞こえてきます。

✅「ナチュラル」とは？

「ナチュラルスピード」というと「早口である」と思いがちですが，実際には，単にしゃべる速さの問題ではありません。発音における特徴が重要なのです。たとえば got it on の発音は，「ガッティットン」と言うとナチュラルに聞こえます。以下にネイティブの発音の特徴をまとめました。「字面」とは違うことに留意しておきましょう。

①**つながる**＝2つ（以上）の単語がひと連なりに発音される

◇ an umbrella は「アン・アンブレラ」ではなく「アナンブレラ」

②**消える**＝ある単語の末尾の音が次の単語にいわば「飲み込まれて」しまう

◇ first store は「ファースト・ストア」ではなく「ファーストア」

③**変音する（その1）**＝なめらかに発音していると字面とは違う音になる

◇ have to は「ハヴ・トゥ」ではなく「ハフタ」

④**変音する（その2）**＝ t の音が r 化したり n 化したりする　※アメリカ英語

◇ water は「ウォーター」ではなく「ワラー」（t が r 化）

📖 多様な英語に慣れる

　読み上げ音声は，プロの方が録音に携わっていると思われますが，それでも人それぞれのしゃべり癖（音の連なりが強い，特定の子音が強いあるいは弱いなど）はあります。さらに，共通テストでは，アメリカ英語だけでなく，イギリス英語や，英語を母語としない話者によって読まれる場合もあります。こういった多様な英語の出題は，実際の学生生活や社会生活を想定してのことだと思われます。できれば複数の音源を活用して，ナレーターの国籍や個人差で戸惑わないようにしておきましょう。

📖 「1回読み」に慣れる

　かつてのセンター試験では，すべての問題が2回読まれていましたが，共通テストでは，1回読みの問題が含まれます。放送1回で必要な情報を聞き取る訓練をしておきましょう。英検などの資格検定試験では，1回読みで出題されていますので，練習素材として活用することができます。

📖 さまざまな教材を活用する

☑ 対話問題の素材

　対話問題の練習用素材は，NHKのラジオ講座が最も手軽です（インターネットでも聞けます）。テキストとしては『ラジオ英会話』（NHK出版）などが適当でしょう。また，教学社から刊行されている『大学入試　絶対できる英語リスニング』も，大学入試レベルの問題が多く収載されています。

　純粋に耳だけでとらえる練習をする必要がありますので，テレビよりも，ラジオやCDなどの音声のみのもののほうがお勧めです。市販のCDまたは音声配信付きの英会話本にも利用できるものがありますが，完全なナチュラルスピードの音声は，試験問題を前提としていない，一般人のそのままの発話であるため，スピードが速すぎたり，語彙が大学受験で必要なレベルを超えていたりするので注意が必要です。

※ラジオ番組に関しては，番組の改編による変更の可能性があります。

モノローグ問題の素材

　モノローグ問題の練習用素材は，『速読英単語 必修編』（Ｚ会）などを利用するとよいでしょう。また，出題されるモノローグは，基本的に「**起⇒承⇒転⇒結**」あるいは「**序論⇒本論⇒結論**」という文章展開の構造をもっています。リーディングの学習で文章の論旨を追う練習をしておくことも大切です。

 ### 3人以上の会話・討論問題の素材

　TOEIC のリスニングテストでは3人の会話が使われているものの，数多くの音声素材を見つけるのは難しいかもしれません。しかし，各発言者の主張をそれぞれしっかり聞き取る訓練を積んでおけば対応できますから，2人の対話の練習用素材でも十分に役立ちます。

　なお，『東大の英語リスニング 20 カ年』（教学社）は，収録されている内容が討論・講演・3人以上の会話です。やや分量は多いですが，少しずつ分けて聞き，耳を慣らすのに活用できると思います。設問に答えることより，聞いて内容がわかるかどうかを試すのに使うとよいでしょう。

 ## 聞くだけでなく声に出す

　「リスニング」というと，とにかく「聞くこと」が重要だと思ってしまいがちですが，実は，「**自ら発音すること**」がリスニング力アップに不可欠です。というのも，自分が発音したことのない言葉は，なかなか聞き取れないものだからです。

　「聞き取ること」と「発音すること」は，表裏一体と考えることができます。発音を身体で覚えている段階までくると，音声を聞いたときの理解が飛躍的に増します。

リスニングのトレーニング方法

では，実際にトレーニングをしていきましょう。徐々にステップアップしていきます。

ステップ①
音声を聞いてからテキストを音読する

　テキストを見ながら音声を聞き，音声を止めて自分で同じように発音します。最初は1文ずつの短い単位で行いましょう。テキストを読むというより，聞いた音声をそのまま発声，つまり「ネイティブの真似」をします。文全体の「緩急のリズム」に慣れることが目標です。なめらかに1文が言えるまで繰り返しましょう。

ステップ②
音声を聞きながら同時に音読する

　あとについて音読するのではなく，テキストを見ながら同時に音読します。**ナチュラルスピード**についていけるようになることが目標です。ここでは内容理解はできなくても構いません。大切なのは音読しながら耳を働かせておくことです。読むことに一生懸命になって音声を無視しないようにしましょう。内容が理解できない箇所があったらあとで訳を見て，音と意味とを結びつけておきましょう。

ステップ③
テキストを見ずに，音声に続いて発音する

　テキストは見ずに，流れる音声に続いて発音していきます。耳に入った音をすぐ再現することになります。これもまずは音に集中して，内容が理解できない箇所はあとで調べます。対話では，どちらか1人の発言だけを再現することから始めてもいいでしょう。途中で詰まってもあと戻りはせず，次に耳に入ったところから再現していってください。

ステップ④
聞くことだけに集中する

　ここまでくれば，すでに音声を聞きながら内容理解もほとんど同時にできるようになっているはずです。モノローグに関しては，ポイントとなる箇所を**メモする練習**をしましょう。

ステップ⑤
語彙を増やす

　リスニングもリーディングと同様，まずは語彙が豊富であることが前提となります。リスニングの場合は，特に，**発音・アクセント**を正確に覚えておかなければ役に立ちません。日ごろから単語を覚える際に，発音・アクセントを正確に身につけていくことが重要な基礎力となります。また，読解問題などを解いたあとに，英文をもう一度**音読**するようにしましょう。

　上記のトレーニング法のステップ③はいわゆるシャドーイングにあたります。『決定版 英語シャドーイング』（コスモピア）など，シャドーイングの教材は数多く市販されています。具体的な練習材料として活用してみてください。

☑ 英語のリズムをつかもう！

　人が何か発言する際には「伝えたいこと」が強調されるものです。伝えたい言葉は他に比べて「ゆっくり」「強く」発音される傾向にあるのです。たとえば，2021年度本試験第1日程第3問の問13（食料品の片付けに関する会話）では，boxes / in the back / cans in front of them という，品物と位置関係が解答するのに欠かせない情報（キーワード）ですが，どれも**「ゆっくり」「強く」**発音されています。こうした英語のリズムに慣れておくと，細部が聞き取りにくくてもポイントとなる箇所が「浮き上がって」聞こえるようになってきます。結局，「聞き取れる」というのは，「1語たりとも聞き逃さない」というのではなく，このリズムに乗って**「ポイントとなる語を拾っていく」**ということなのです。

攻略アドバイス

　先輩方が共通テスト攻略のために編み出した「秘訣」があります。これらのセンパイ受験生の声をヒントに，あなたも攻略ポイントを見つけ出してください！

✅ 英語に耳を慣らす！

　当然のことながら，リスニング力は実際に「聞く」ことで培われます。しかも，英語に耳が慣れてくるまでには長い時間が必要です。本書の音声専用サイトなどを利用して，早めの対策を心がけましょう。

> 　リスニングとリーディングは相互作用で成績が向上するため，どちらかの対策をすれば，自ずともう片方の成績も伸びます。隙間時間で構わないので，毎日英文を聞いていれば，成績は伸びると思います。僕は YouTube にあったものを利用していました。　　　S. S. さん・自治医科大学（医学部）

> 　共通テスト対策の赤本を入手して，リスニングのサイトで音声をインストールして毎日塾の帰りに聞いていました。この時，倍速にすると，模試や本番の時にゆっくりと聞こえて楽なのでおすすめです。
> 　　　　　　　　　Y. I. さん・立命館アジア太平洋大学（アジア太平洋学部）

✅ 正しい発音を覚える！

　リーディングとしては簡単な単語も，その発音を知らなければ聞き取れず，何を言っているのかがわからなくなります。単語を覚える際には発音もチェックしておきましょう。

> 　正確な発音を無視して英単語を覚えている方は，今日から英単語を暗記する際は，必ず正確な発音で覚えるようにしてください。なぜなら，正確な発音を理解していない単語は絶対に聞き取れないからです。英語には発音と綴りの規則性が当てはまらない単語が数多く存在し，そのような単語ほどリスニング試験では聞き取れずに苦労しますので注意してください。
> 　　　　　　　　　　　　　　　　　　T. K. さん・新潟大学（医学部）

✓ 実際に自分で発音してみる！

　リスニングテストといえば聞くほうばかりに注意がいってしまいがちですが，自分の口で発音するというのも実はとても効果があります。自分が発音できない音は聞き取ることもまた難しいからです。

> 　とにかく音読することです。自分が読める速さ以上の英語は聞き取れないと思うので，なるべく速く，なめらかに音読できるように練習しました。自分で音読していてもなかなか上達しないので，まずはシャドーイングなどから始めて徐々に英語に慣れていくとよいと思います。
> A. M. さん・京都大学（工学部）

> 　シャドーイングをすると，音のつながりや音が消えるところがわかるようになって，聞き取る能力が高くなります。過去問の音源でやるのも良いと思います。
> H. S. さん・弘前大学（理工学部）

> 　毎日欠かさず，何らかの英語を聞いて（ラジオ英会話など），また音読やシャドーイングをすること。このときに，頭の中で日本語に訳しながら発音することがポイントです。
> N. K. さん・大阪公立大学（工学部）

✓ 問題を解くうえでのテクニック

　あらかじめ出題形式を把握し，それに沿った対策を立てておくことも重要です。リスニングテストならではのテクニックも存在します。

> 　リスニングの2回読みの部分は，出来るだけ1回で聴き取って，2回目の音声が流れている時には，次の問題に目を通しておくと落ち着いて問題に立ち向かえます。
> S. Y. さん・東京外国語大学（言語文化学部）

> 　問題の先読みが大事だと思います。後半の問題は情報量が多く，与えられた時間だけでは間に合わないこともあるので，前半の2回読みの問題を1回目で答えられたときには，後半の問題を見ておくとよいです。
> K. M. さん・大阪大学（外国語学部）

> 　英文がうまく聞き取れなくても，次の問題が読まれたら切り替え，とにかく英文が読まれている間はそれを聞くのに集中することが大切だと思います。
> M. H. さん・京都大学（文学部）

聞くことと解くことを分けることが大事だと思います。音声が流れていないときは，問題と選択肢を読む。音声が流れているときは音声に全集中する。これをするだけで実力が最大限発揮できると思います。

T. K. さん・大阪大学（工学部）

✅ 平常心で試験を受けるためのコツ

　試験当日は，自習室や自宅での学習とは環境が違うため，戸惑うこともあるかもしれません。一度は試験当日を想定した練習をしておくと，落ち着いて試験に臨めるようです。

　本番では周りの人のページをめくる音に気がそれてしまったので，多少雑音がある環境でリスニングの演習をしたらよいと思います。

Y. S. さん・金沢大学（医薬保健学域）

　自分はリスニングが苦手だったので音声教材を毎日 10 分聴き，週に 2 回はシャドーイングもした。また，本番はイヤホンで聴くので，普段の演習でもイヤホンを使うと良い。　　　　K. M. さん・東北大学（医学部）

✅ 過去問を最大限に活用しよう！

　実力がついてきたら，試験本番と同じように問題を解き，演習を重ねていきましょう。ただ，問題を解くだけではなく，音声を何度も聞く，音読する，間違えた問題を分析するなどして，過去問を最大限に活用すると，リスニング力 UP につながります。

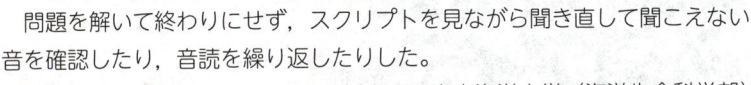
　会話形式，長文形式など，苦手としやすいものは早めに対策するとともに，自分が主にどこで点を落とすのかを分析しておこう。できれば点数記録をつけておくとわかりやすい。　　M. F. さん・東京外国語大学（国際社会学部）

　問題を解いて終わりにせず，スクリプトを見ながら聞き直して聞こえない音を確認したり，音読を繰り返したりした。

H. T. さん・東京海洋大学（海洋生命科学部）

共通テスト 実戦創作問題

独自の分析に基づき，新課程入試に対応できる本書オリジナル模試を作成しました。試験時間・解答時間を意識した演習に役立ててください。共通テストでは，文脈把握力や資料を読み取る力など総合的な英語の力が試されます。出題形式に多少の変化があっても落ち着いて取り組める実戦力をつけておきましょう。

問題作成	Ross Tulloch
解説執筆	山添 玉基, 山中 英樹, 鎌倉 友未
検証・校閲	長島 恵理, Oliver Dammacco, 岡﨑 友泰
音声作成	一般財団法人 英語教育協議会（ELEC）
イラスト	山本 篤

※英語リーディングの実戦創作問題は，新課程に向けての検証のため，大学入試センターにより実施された「モニター調査」に基づいて構成しています。

なお，モニター調査の問題構成は必ずしも 2025 年度以降の共通テスト本番で採用されるとは限りません。

....

◆モニター調査
実施日
2022 年 12 月 2 日（金）

実施内容
・2022 年度大学入学者選抜に係る大学入学共通テストの追試験『英語（リーディング）』の問題と試作問題『英語（リーディング）』を組み合わせた以下の試験問題セットにより実施。

問題構成

第 1 問	2022 年度追試験『英語（リーディング）』第 1 問 B
第 2 問	2022 年度追試験『英語（リーディング）』第 2 問 B
第 3 問	2022 年度追試験『英語（リーディング）』第 3 問 B
第 4 問	試作問題『英語（リーディング）』第 B 問
第 5 問	2022 年度追試験『英語（リーディング）』第 4 問
第 6 問	試作問題『英語（リーディング）』第 A 問
第 7 問	2022 年度追試験『英語（リーディング）』第 5 問
第 8 問	2022 年度追試験『英語（リーディング）』第 6 問 B

大学入試センター公表「令和 7 年度大学入学者選抜に係る大学入学共通テストに関する検討状況について（令和 5 年 3 月 31 日更新）【別添 6】令和 7 年度大学入学共通テスト　試作問題モニター調査の実施概況について」より抜粋

....

共通テスト

実戦創作問題

リーディング

> 解答時間 80 分
> 配点 100 点

英　　語（リーディング）

$$\left(\text{解答番号}\boxed{\ 1\ }\sim\boxed{\ 43\ }\right)$$

第1問 （配点　6）

You were looking at the website of your local music store and found the following information in English.

International Music Festival:
Music, Peace, and Love

Murakami Music Store has agreed to help the city organize an international music festival. The festival, which has never been held here before, will take place from October 23 to October 25. At the moment, we are looking for local volunteers to help us prepare for the festival and let others know about it. Volunteers will need to attend the following meetings.

Meeting Schedule

June 3	First Meeting. ● Self-introduction from Murakami Music Store president Jun Murakami. ● Information about what is needed to hold the festival and the budget for the organizing committee.
June 10	Talk about where to build the main stage.
June 17	Talk about which schools, parks, and local stadiums we can ask to lend us space for mini concerts.
June 24	Discussions of how to attract musicians from around the world and what kinds of music we will include.
July 1	Planning of advertising. We want to bring people from near and far.
July 8	Report on results of our efforts. Discussion of changes to plans.
July 15	Party to thank volunteers for their help.

●Everyone who helps us prepare will be given a Murakami Music Store members' card, which they can use to get 20% off the price on everything in our store.

●We are very sorry, but our meeting space only has room for 25 people. If more than 25 people offer to help, we may have to say no to some of them.

問1 The purpose of this notice is [1].

① to bring shoppers to a local music store
② to find people to help organize a new event
③ to make more people interested in music
④ to recommend that people support local musicians

問2 At some meetings on the schedule, people are going to [2].

① discuss possible places for performances
② interview musicians about their music
③ play music from different cultures
④ suggest ways to collect money for an event

問3 People who attend the meetings will [3].

① be able to save money when they shop at Murakami Music Store
② be paid to work at the events during the festival
③ get to perform with some famous musicians from other places
④ wear special shirts to make people interested in the festival

第2問 （配点 10）

Your English teacher gave you an article to help you prepare for a debate in the next class. A part of this article with one of the comments is shown below.

No Homework on Weekends for Quezon City Students

By Rod Park, Manila

6 November 2019

A new rule has been suggested for schools in the town of Quezon City, Philippines. The rule will make it illegal for teachers to give students in kindergarten, elementary school, junior high school, and high school homework on the weekends.

It does not seem fair to claim that well-meaning teachers are doing something wrong. After all, they probably just want their students to succeed. However, there are some very good reasons why the rule has been suggested.

Some research in South Africa has shown that homework is making students and their parents too busy. It is affecting their family time. When it comes to homework, you may not get what you expect. The study also found that it actually makes students less interested in learning. The people in favor of the rule also pointed out Finland's success. In Finland, students have no homework, yet they are currently rated number six in the world in math and science. Silke Jasso, a writer for the news website *Rare*, writes that it is unusual for teachers to assign homework on the weekends, and the ones who do are not very nice people.

The rule will also stop students in kindergartens and elementary schools from taking textbooks home. This means that schools will have to provide special lockers for the students to keep their books in.

21 Comments

Newest

Freda Sanchez 12 November 2019・8:13 PM

The argument about family time is very important. I think that we should do something to protect family time. Perhaps a restriction on the amount of homework rather than a complete ban would be better. I don't understand why they only compare Quezon City to Finland. Why not compare Quezon City to Japan? Japanese students get a lot of homework and yet they are ranked fourth. In Singapore, students get even more homework than Japanese students, and they are ranked first.

問1　According to the rule described in the article, ☐ 4 ☐.

① elementary schools in Quezon City will have to give students lockers

② high schools in Quezon City will not be allowed to give students homework on weekdays

③ some students will be allowed to move to schools that suit them better

④ teachers must stay at school in the afternoons to help students with their homework

問2　Your team will support the debate topic, "Teachers should limit the amount of homework." In the article, one **opinion** (not a fact) helpful for your team is that ☐ 5 ☐.

① many students take part in different clubs after school these days

② parents do not know enough to help their children with homework

③ students can choose for themselves whether or not to do homework

④ teachers who give students homework to do on weekends are unkind

問3 The other team will oppose the debate topic. In the article, one **opinion** (not a fact) helpful for that team is that ⬚ 6 ⬚.

① by doing homework students learn to answer questions more quickly

② homework may teach us other things such as responsibility

③ students can remember better if they practice what they learn after school

④ teachers who give homework are likely to just want their students to learn more

問4 In the 3rd paragraph of the article, "you may not get what you expect" means that ⬚ 7 ⬚.

① people are all different, so we cannot all follow the same rules

② people should be realistic when they make plans

③ the effect of some actions may be the opposite of what you imagine

④ we should be grateful for whatever people do for us

問5 According to her comment, Freda Sanchez ⬚ 8 ⬚ the rule stated in the article.

① has no particular opinion about

② partly agrees with

③ strongly agrees with

④ strongly disagrees with

第3問 （配点 9）

You found the following report written by a girl who has been studying in Australia for one year.

Which seat should I take?
Akari Nakashima (Exchange Student)

Before coming to Australia, I was worried that my English would not be good enough. It was my first trip abroad, and when we arrived at the airport, I started to think about turning around and going home on the next plane.

In the bus on the way to meet our host families, I was almost panicking. However, as soon as I met my host family, I knew everything would be OK. They were so kind and helpful. They spoke slowly and waited patiently while I tried to speak English. I felt much better. I was surprised when they told me that I would have to spend an hour in the car each morning because their home was so far from the school.

The next day was Monday, so I got in the car to go to school. I sat in the back seat, and I noticed that my host mother, who was driving, looked annoyed. I didn't understand at all. During the trip, we started talking and I thought everything was fine. But, after school, when I got in the back seat to go home, she looked annoyed again. She asked, "Why did you get in the back of the car? Do you think I'm your driver?" I didn't know what to say. In Japan, we usually ride in the back when we get in someone's car. I explained that and she smiled and said, "Even in Japan, I'm sure you ride beside family members." I was so happy that I cried. Not only did she accept me as a family member, but she was also not really angry at me. It was just a cultural difference. I learned that Australian people usually ride in the front, even in taxis.

Now, we ride in the front of the car together every morning. Thanks to our long talks in the car, my English is getting better and better.

問1　According to the story, Akari's feelings changed in the following order : concerned → 　9　.

① confused → nervous → pleased → surprised → relieved
② confused → surprised → nervous → relieved → pleased
③ nervous → relieved → pleased → surprised → confused
④ nervous → relieved → surprised → confused → pleased
⑤ relieved → pleased → nervous → surprised → confused
⑥ surprised → nervous → relieved → pleased → confused

問2　Akari's host mother was annoyed because 　10　.

① Akari forgot to thank her for taking her to school in the morning
② Akari had not prepared well enough for her stay in Australia
③ she did not think Akari was trying hard enough to understand Australian culture
④ she thought that Akari was treating her like a driver rather than a family member

問3　From this story, you learned that 　11　.

① Akari's English has improved because of her long rides to school each morning
② Akari's school wanted her to stay with a very friendly family because her English was poor
③ Akari was given the wrong information before she left Japan for Australia
④ Akari was the first Japanese exchange student to visit the Australian school

第4問 （配点 12）

In English class, you are writing an essay on a social issue you are interested in. This is your most recent draft. You are now working on revisions based on comments from your teacher.

Nature and Well-being	Comments
Green spaces, such as parks, forests, and gardens, have long been cherished for their ability to provide an escape from urban life. These natural settings promote mental and physical well-being. This essay explores this connection and looks at how we can make the most of nature's healing powers for ourselves and the wider community.	
Considering the value of public parks and gardens, communities should pressure governments to provide more such areas and to create eco-friendly infrastructure like bicycle paths, which help us depend less on transportation like cars and buses. [(1)]∧Not only do they enhance well-being by providing easy access to green spaces, but they also promote healthier lifestyles.	*(1)You are missing something here. Add more information between the two sentences to connect them.*
There are several other practical things that we as private citizens can do. Simply using our parks, nature reserves, and bicycle paths shows the government that they are important. This will lead to larger amounts of money being spent on their care and improvement. One way to do this is to arrange events. [(2)]∧ You could hold picnics, fun runs, outdoor concerts, group cycling trips, and cultural celebrations.	*(2) Insert a connecting expression here.*
Finally, we need to [(3)]give up our time. Spending weekends with a group of friends, collecting garbage, cutting down overgrown grass, and planting trees can be a lot of fun and provide personal satisfaction. There are probably already volunteer groups in your area taking part in these kinds of activities.	*(3) This topic sentence doesn't really match this paragraph. Rewrite it.*
In conclusion, it is up to us. We must [(4)]show our feelings, work together to improve green spaces, and make use of the green spaces as much as we can.	*(4) The underlined phrase doesn't summarize your essay content enough. Change it.*

> **Overall Comment：**
> *It's an interesting essay. Well done! (I saw you on the bicycle path this morning!)*

問1 Based on comment (1), which is the best sentence to add? | 12 |

① Here is how you can do that easily.
② The money we save can be spent on parks.
③ There are reasons why it has been difficult.
④ These kinds of projects serve two purposes.

問2 Based on comment (2), which is the best word or phrase to add?
| 13 |

① For instance,
② In contrast,
③ Nevertheless,
④ Similarly,

問3 Based on comment (3), what is the best way to rewrite the topic sentence? | 14 |

① contribute to their maintenance
② plan our actions in advance
③ try not to work too hard
④ understand what is possible

問4 Based on comment (4), which is the best replacement? | 15 |

① contribute our own money to the creation of parks
② learn to love trees and nature to receive their benefits
③ let the government know our opinions about green spaces
④ use green spaces for events where people can express emotions

第5問 （配点 15）

You are doing research on films. You found an article and a letter.

Who tells us what to watch ?　　　by Haydn Wypych　　July, 2018

These days, more and more people rely on online reviews to decide what products they will purchase, what services they will order, and even what films they will watch. These reviews are written by other customers, so we tend to trust them more. There is a lot of evidence that shows that online reviews are influencing what we buy, and therefore, what manufacturers make. If a product gets positive reviews and sells well, other manufacturers will create similar products.

This may also be true for film and television. A recent study of online film reviews showed that about 80 percent of online movie reviews are written by men. This imbalance is a problem because men tend to prefer science fiction and horror films, while women enjoy romance and musicals. Naturally, men will have a lower opinion of films that they are not interested in. As a result, some films' ratings may look worse.

Some women may mistakenly believe that films in their favorite genre are of poor quality even though they are quite good. The graph below shows how some genres are becoming less popular while others are becoming more popular.

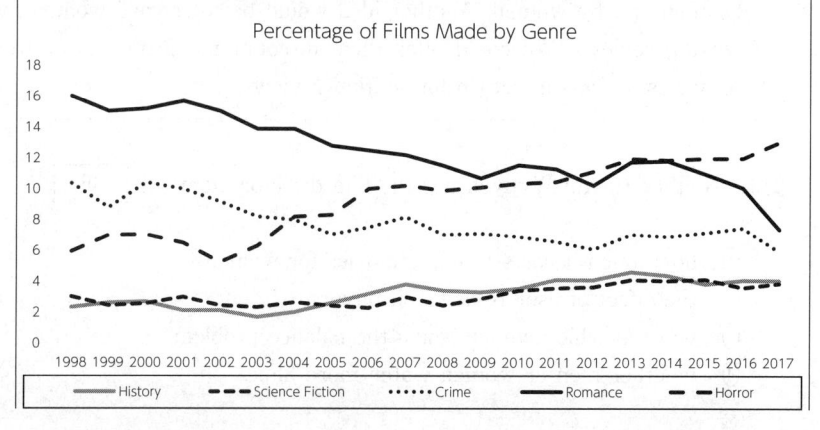

Percentage of Films Made by Genre

We and the people in the movie business have to recognize that this trend is based on false data. We also have to find a way to make movie reviews represent the opinions of women more. Otherwise, we may see some genres disappear completely. It would be sad for filmmakers and the general public if this were ever to happen.

Opinion on "Who tells us what to watch?" by M. J.
August, 2018

I would like to thank Mr. Wypych for drawing attention to a problem that exists in the movie industry. I am a film writer and director and I have been finding it very difficult to make my movie. The production companies do not want to pay for my film because it is in one of the genres declining in popularity. Sadly for me, it is the one with the most rapid rate of decline. In truth, more women watch films than men do. However, because women don't write reviews, their favorite genres are getting made less than other genres.

The film companies are businesses, so I don't think they care why some genres are becoming less popular. They probably only care about how much money they can make from a film. I understand this, and I am not trying to fight against it. Indeed, my career depends on getting as many people as possible to see my movies.

I only wish that Mr. Wypych had come up with a suggestion to fix this problem. Perhaps we should ask the websites that publish reviews of films to make sure they use an equal number of reviews by men and by women. Another idea would be to reward women for writing reviews. We could offer them discount movie tickets or free previews of films in return for writing reviews.

問1 Neither Haydn Wypych nor the film director mentions ⬚16⬚ .

① how much it costs to make movies for women
② the effect of user reviews on buyers
③ ways in which we can solve the balance problem
④ whether men or women watch more films

問2　The film the director wants to make is in the ☐17☐ .

① crime genre
② horror genre
③ romance genre
④ science fiction genre

問3　According to the article and letter, women ☐18☐ .

① are less interested in science fiction films than men are
② do not enjoy watching films as much as men do
③ only write reviews of films that they like
④ tend to write as many reviews as men

問4　Mr. Wypych states that ☐19☐ , and the film director states that ☐20☐ . (Choose a different option for each box.)

① film companies are only concerned about financial matters
② it is cheaper to produce films for women than for men
③ manufacturers are influenced by online reviews of products
④ the quality of modern films is getting worse and worse
⑤ women do not read online reviews before choosing what to watch

問5　Based on the information from both the article and the letter, you are going to write a report for homework. The best title for your report would be ☐21☐ .

① More Balanced Movie Reviews Could Save Some Genres
② Support the Film Industry: See Films at the Cinema
③ We Need More Female Directors in the Movie Business
④ Why Women Like to Watch Musicals

第6問 （配点 18）

You are working on an essay about whether schools should start lessons later in the day. You will follow the steps below.

Step 1：Read and understand various viewpoints on school start times.
Step 2：Take a position on school start times.
Step 3：Create an outline for an essay using additional sources.

[Step 1] **Read various sources**

Author A（Teacher）
As a teacher, I firmly believe in preserving traditional school start times. Early starts prepare students for the realities of the working world, teaching discipline and responsibility. While sleep is necessary, learning to adhere to schedules and adapt to challenges is equally important for their future. We should focus on creating a school environment that meets society's expectations by balancing the development of academic skills and life skills.

Author B（Psychologist）
As a psychologist, I strongly believe that later school start times would be beneficial. The research is clear that teenagers' biological clocks are set for later sleep patterns. Early start times can harm their learning, health, and overall well-being. Allowing students to start their day later will provide them with a better chance for success, improved focus, and overall academic performance.

Author C（Parent）
I understand the value of adapting school start times to better suit teenagers' needs. It's very important to balance their well-being with our daily routines and responsibilities. Changing start times could certainly benefit my daughter; There have been times when she has gone to school without brushing her teeth. However, I also worry about the impact on my work schedule and the needs of her younger brothers and sisters. We must balance our children's health and the practical necessities of family life.

Author D (High school student)

I'm a high school student and I struggle to learn in early morning classes. I live quite far from school and waking up before the sun rises is tough. There have been days when I didn't have time to eat breakfast. Starting school a bit later would mean better focus, improved grades, and a happier school environment. It's about finding that balance between our sleep needs and the demands of school life.

Author E (School principal)

In my role as a high school principal, my priority is practicality. While I recognize the importance of considering students' well-being, it's essential to balance that with the operational aspects of running a school efficiently. A shift to later start times would cause transportation issues for students and parents. We should carefully evaluate all the difficulties and costs involved in making such schedule changes while keeping the students' welfare in mind.

問1　Author A implies that ⬚22⬚ .

① life skills and academic skills can only be balanced when students get enough sleep
② part of preparing young people for adult life is making them accustomed to early starts
③ society expects students to be flexible in their start times from a young age
④ traditional school start times are fine as long as students go to bed early enough

問2　Both Authors C and D mention that ⬚23⬚ .

① a later start time is only one way to reduce the demands of school life
② sleep needs could be met by giving students time to nap during the day
③ students have skipped parts of their morning routine to get to school on time
④ the routines of the entire family must be considered when making a change

[Step 2] Take a position

問3　Now that you understand the various viewpoints, you have taken a position on starting school later in the day, and have written it out as below. Choose the best options to complete 24 , 25 , and 26 .

<u>Your position</u>: Schools should start 30 minutes later.
・Authors 24 and 25 support your position.
・The main argument of the two authors： 26 .

Options for 24 and 25 (The order does not matter.)

① A
② B
③ C
④ D
⑤ E

Options for 26

① Starting early is unfair to students who live far from school
② Students will find it easier to study and do better academically
③ The need for enough sleep is more important than academic scores
④ Waking up before the sun rises is unnatural for humans

[Step 3] Create an outline using Sources A and B

Outline of your essay：

School start times need to be changed

Introduction
It is normal for schools to start as early as 8:00 a.m., but this is not designed to benefit the students.

Body
Reason 1：[From Step 2]
Reason 2：[Based on Source A] ········ | 27 |
Reason 3：[Based on Source B] ········ | 28 |

Conclusion
High schools should all start at 8:30 a.m. or later.

Source A

Starting school later in the morning, around 9:00 a.m., offers numerous advantages for students. One of the most evident benefits is improved academic performance. Research shows that teenagers' biological clocks naturally tell them when to go to bed and when to wake up. A later start time makes them more alert and better at thinking, leading to better grades and overall understanding.

More importantly, a later start time has positive impacts on mental health. Teenagers are particularly sensitive to stress, and a later start time will reduce stress and anxiety. These are often made worse by early morning rush hours.

Moreover, starting school later benefits traffic safety, as fewer sleepy students are riding bicycles during morning travel hours. It also makes students more likely to have other hobbies and take care of their physical fitness, as well-rested students have more energy for sports and other activities after school.

One way to make later start times possible might be to provide more online lessons and use creative time management strategies.

Source B

A study conducted in the U.S. found that there were various benefits associated with later school start times. The graph below shows how different aspects of students' lives are improved when schools started at 8:30 instead of 8:00.

Survey of Students' Experiences with Later Starts

I feel sleepy during the day.	8:00 a.m. start	49%
	8:30 a.m. start	20%
I don't have enough energy.	8:00 a.m. start	90%
	8:30 a.m. start	66%
I am unhappy.	8:00 a.m. start	66%
	8:30 a.m. start	45%
I sleep for eight hours.	8:00 a.m. start	16%
	8:30 a.m. start	55%

問4　Based on Source A, which of the following is the most appropriate for Reason 2? 　27

① A switch to online lessons will enable students to study whenever they want to and should make them more creative.

② Physical safety is more important than grades or convenience, and keeping sleepy students off the road will help reduce accidents.

③ Teenagers are less affected by stress than adults, but early start times do lead to greater stress levels.

④ The stress caused by trying to get to school on time is having a bad effect on students' academic progress.

問5　For Reason 3, you have decided to write, "We should look beyond just academic and physical benefits." Based on Source B, which option best supports this statement? 　28

① A thirty-minute later start time helped almost half the students get eight hours of sleep, which is slightly higher than it was when schools started at 8:00 a.m.

② About a quarter of students claimed that they had more energy when school started at 8:30. This is surprising because few admitted that they were tired before.

③ The benefits of a later start time seemed to last all day. When they started school at 8:00, more than half of the students claimed to be sleepy during the daytime.

④ Unhappiness dropped by just over 20%. What makes this extra surprising is that before the start time was changed, more than half of the students were unhappy.

第7問 （配点 15）

Your group is preparing a poster presentation entitled "Hero Maker" using information from the magazine article below.

In recent years, there have been a large number of successful movies about superheroes. Among them, the ones produced by Marvel Entertainment have been the most popular. Well-known heroes such as Spider-Man, the Hulk, Thor, Captain America, and the X-Men all came from Marvel Comics — a company owned by Marvel Entertainment. The team of writers at Marvel Comics was led by a man named Stan Lee, and he was partly responsible for the creation of all these characters.

He was born in New York City in 1922. His original name was Stanley Martin Lieber. In his youth, he had many jobs, but his dream was always to become a writer. When he was 15 years old, Lee entered an essay competition sponsored by a major newspaper. He won the competition for three weeks in a row. The newspaper suggested that he take up writing professionally and Lee claims that that suggestion probably changed his life.

In 1939, when he was just 17 years old, he got a job at Timely Comics. The company was owned by his cousin's husband. Lee's job was to bring the writers ink, deliver their lunch, and erase the pencil marks from their drawings. Two years later, the comic book's editor, Joe Simon, quit the company, and Lee was asked to replace him. Despite his young age, he was embarrassed to be involved with writing comic books at first. He didn't want his name to be connected with them, so he used the name Stan Lee rather than his real name.

The Second World War started and Lee had to join the army. It made it impossible for him to come to the Timely office every day. However, he continued to work on the comics and communicated with the staff by mail.

He eventually returned from the war and worked as the editor at Timely until 1972, when he took over as the publisher. During this period, Timely Comics changed its name to Marvel Comics and became the second most successful comic book publisher in the world behind its main rival DC Comics.

One reason for the success of Marvel Comics was the kind of heroes it featured. Generally, comic book heroes were all perfect. However, Lee's heroes had weaknesses. All of his heroes had to overcome their emotional weaknesses and personal problems while fighting crime.

Another thing that probably helped them find more readers was that the stories contained situations based on events that were actually happening around the world. For example, Iron Man was attacked by soldiers in Vietnam. This made them meaningful to college students and adults.

In the 1990s, Lee left the management of Marvel Comics to his former assistant. However, he continued to work as a representative. In 2010, he started an organization to help improve people's creative skills, including reading, comprehension and storytelling. He also spent time building his own company called POW! entertainment. From 1998 to 2018, Stan Lee took very small acting jobs in over 40 films and television shows based on Marvel characters. He died in 2018 at the age of 95.

Hero Maker

■ **The life of Stan Lee**

Period	Events
1922	Lee was born in New York City, New York
1930s and beyond	[29] → [30] → [31] → [32] →A new manager took over from Lee

The reason he used the name Stan Lee is that he [33].

Stan Lee

■ **About Marvel**

▶ Marvel heroes were different from those in other comics in that [34] and [35]

▶ Marvel became the second most successful comic book publisher in the world.

▶ Older readers liked Marvel Comics because : [36]

■ **Stan Lee's later years**

▶ He continued to represent Marvel.

▶ He [37]

問1 Choose four out of the five options (①〜⑤) and rearrange them in the order they happened. | 29 | → | 30 | → | 31 | → | 32 |

① Lee became the editor of Timely Comics
② Lee established an organization to support creative people
③ Lee joined the army
④ Lee won several writing contests
⑤ Timely Comics changed its name to Marvel Comics

問2 Choose the best option for | 33 |.

① put the highest value on his privacy
② thought the name was suitable for an editor-in-chief
③ wanted to hide his involvement with comics
④ wished to give himself a strong-looking name

問3 Choose the best two options for | 34 | and | 35 |. (The order does not matter.)

① they had difficulties in their personal lives.
② they showed concern for the natural environment.
③ they solved problems using their intelligence.
④ they were all created by one person.
⑤ they were always less than perfect.

問4 Choose the best option for | 36 |.

① The characters had been used for many years.
② The stories featured real political situations.
③ They included some romantic scenes between characters.
④ They were longer and more complicated than other comics.

問5 Choose the best option for | 37 |.

① advised business leaders in the entertainment industry.
② appeared in films based on the characters he created.
③ spent time with members of his family.
④ spoke to college students about career planning.

第 8 問 （配点 15）

You are in a student group preparing a presentation on an environmental issue. You have been using the following passage about Norway's relationship with oil to create the poster.

Norway has been among the top ten oil producers in the world, so it is surprising that it has a larger percentage of electric vehicles than any other country. In 2019, about 48 percent of the new cars sold in Norway were electric vehicles. This is almost double the number of electric vehicles sold there in 2018.

The increase is simply a result of a government policy. Norway started taxing vehicles powered by gasoline and diesel. At the same time, it announced that electric cars would not be taxed. Furthermore, drivers of electric cars have been receiving discounts on the fees charged to use certain highways and ferries. The government has set a goal of ending the sale of gasoline engines by around 2025, so the percentage of electric vehicles is about to increase even more.

As a result, car brands such as Tesla, Nissan, Hyundai, and BMW, which all sell fully electric vehicles, have experienced a big improvement in sales. On the other hand, companies that only offer cars with traditional or hybrid engines, have seen a significant drop in sales. Hybrid vehicles do not satisfy the government requirement because they require a gasoline engine as well as an electric engine to move. Of course, manufacturers whose sales have dropped are now planning to release electric vehicles in Norway.

Meanwhile, Norway's four main cities have been working to reduce the number of cars on the roads. They have been encouraging people to walk and cycle instead. To achieve this, the city of Oslo has removed over 4,000 parking spots since 2016. It has also created special bike lanes, widened its sidewalks, and redirected traffic to stop cars and trucks from driving through the city center. These efforts have had remarkable success. In 2019, not a single pedestrian or cyclist was killed in a crash. Making it easier for people to afford electric vehicles conflicts with these traffic reduction efforts. Furthermore, the money spent on encouraging the use of electric vehicles has taken funding away from public transportation.

Norway earns a lot of money from selling oil and gas. The sale of these resources has made Norwegians, on average, some of the richest people in the world. So, even though the population of Norway is relatively small, it is an important market for luxury brand cars such as Tesla. Norway's very progressive attitude is affecting large companies and will probably inspire other nations to promote policies aimed at protecting the environment. Indeed, Norway is already pushing Indonesia and Brazil to protect their rainforests.

Some critics point out that Norway's environmental policies regarding electric vehicles do not match up with their export policies. In 2019, the country increased its investment in oil mining by 13 percent. Furthermore, they are digging wells in 53 new locations in the Norwegian Sea. They plan to reach close to their highest ever level of oil production by 2023. Critics argue that if Norway was truly concerned about the environment, it would find other ways to support its economy.

The Norwegian government is proud that 98 percent of the nation's electricity comes from sources such as hydropower and wind power, rather than from burning fuels in power generators. While that is true, they are still contributing to global warming by making a profit from the sale of oil. Whether that oil is burned in Norway or other parts of the world is not important. Pollution does not recognize national borders.

Your presentation poster draft :

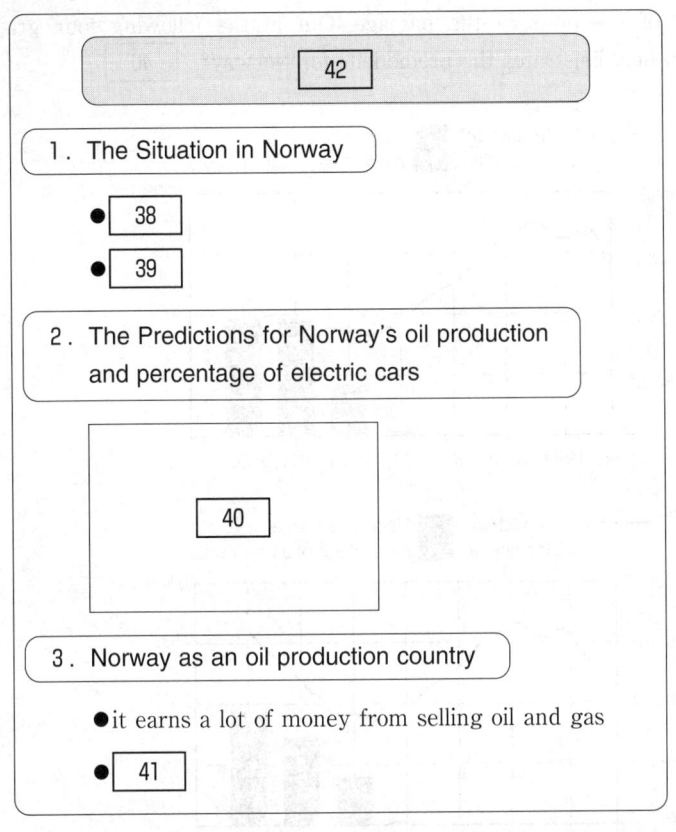

問1　Under the first poster heading, your group wants to introduce the situation in Norway. According to the article, which two of the following are appropriate? (The order does not matter.)

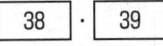

① Manufacturers of gasoline-powered cars are leaving Norway.

② More people are relying on public transportation than before.

③ The Norwegian government has an influence on people's choice of car.

④ Norwegian people are wealthy by world standards.

⑤ Sales of hybrid vehicles have been increasing.

問2 Under the second poster heading, you want a graphic to visualize some of the units in the passage. Out of the following four graphs, which best illustrates the predictions for Norway? | 40 |

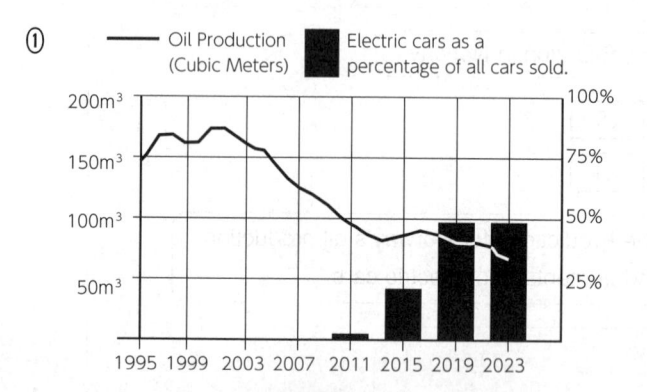

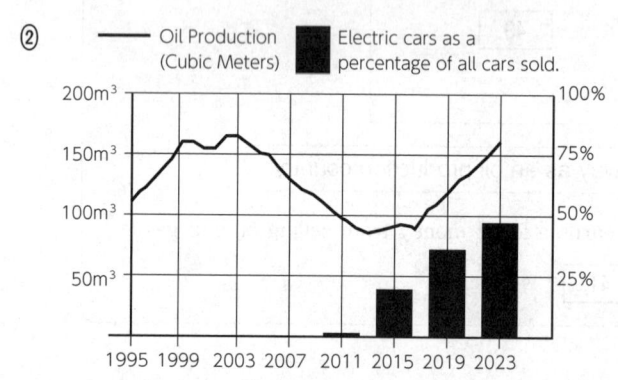

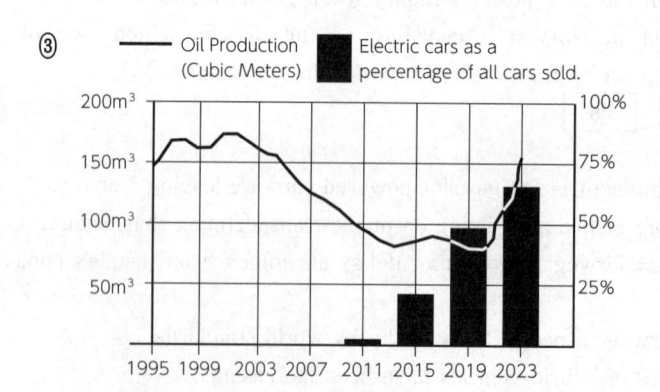

④

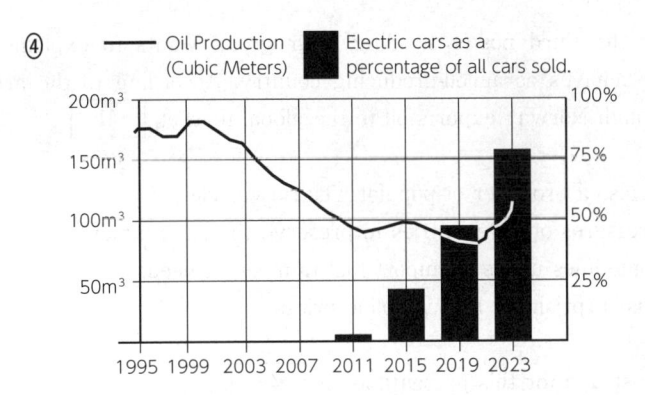

Oil Production (Cubic Meters) — Electric cars as a percentage of all cars sold.

問3 Under the third poster heading, your group wants to explain how Norway behaves as an oil-producing country. According to the article, even though Norway exports oil to the global market, ⬚41⬚.

① it is also a producer of popular electric vehicles

② it pressures other countries to preserve the environment

③ it sometimes needs to import fuel to meet its needs

④ it has surprisingly high gasoline prices

問4 The best title for this presentation is ⬚42⬚.

① Norway's Profits from Investment in the Manufacturing Industry

② Norway Urges Neighbors to Buy More Electric Vehicles

③ The Conflict between Norway's Environmental Goals and Economic Needs.

④ The Plans to End Oil Production and Promote Clean Energy in Norway.

問5 What can be inferred about encouraging people to buy electric cars? ⬚43⬚

① It could have had a negative impact on public transport in terms of budget.

② It has already saved the lives of many cyclists and walkers in Oslo.

③ It would further contribute to the transportation policies of the four major cities.

④ The City of Oslo will not need to add more parking spaces.

共通テスト 実戦創作問題：英語（リーディング）

問題番号（配点）	設　問	解答番号	正解	配点	チェック
第1問（6）	問1	1	②	2	
	問2	2	①	2	
	問3	3	①	2	
第2問（10）	問1	4	①	2	
	問2	5	④	2	
	問3	6	④	2	
	問4	7	③	2	
	問5	8	②	2	
第3問（9）	問1	9	④	3	
	問2	10	④	3	
	問3	11	①	3	
第4問（12）	問1	12	④	3	
	問2	13	①	3	
	問3	14	①	3	
	問4	15	③	3	
第5問（15）	問1	16	①	3	
	問2	17	③	3	
	問3	18	①	3	
	問4	19	③	3 *1	
		20	①		
	問5	21	①	3	

問題番号（配点）	設　問	解答番号	正解	配点	チェック
第6問（18）	問1	22	②	3	
	問2	23	③	3	
	問3	24 – 25	② – ④	3 *1	
		26	②	3	
	問4	27	②	3	
	問5	28	④	3	
第7問（15）	問1	29	④	3 *1	
		30	①		
		31	③		
		32	⑤		
	問2	33	③	3	
	問3	34 – 35	① – ⑤	3 *1	
	問4	36	②	3	
	問5	37	②	3	
第8問（15）	問1	38 – 39	③ – ④	3 *1	
	問2	40	③	3	
	問3	41	②	3	
	問4	42	③	3	
	問5	43	①	3	

（注）
1　＊1は，全部正解の場合のみ点を与える。
2　－（ハイフン）でつながれた正解は，順序を問わない。

自己採点欄
／100点

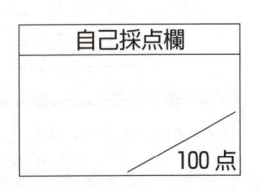

第1問

ウェブサイトの読み取り

> 訳 《国際音楽祭ボランティアの募集》
> あなたは地元の楽器店のウェブサイトを見ていて，英語で書かれた以下の情報を見つけました。
>
> ---
>
> ### 国際音楽祭：
> ### 音楽・平和・愛
> ムラカミ楽器店は，市が国際音楽祭を企画運営するのを支援することになりました。この街での音楽祭の開催は初めてとなり，10月23〜25日に開催されます。現在，音楽祭の準備および告知を支援してくれる地元のボランティアを探しています。ボランティアの方々には以下のミーティングに出席していただくことになります。
>
> ### ミーティングスケジュール
>
> | | |
> |---|---|
> | 6月 3日 | 第1回目のミーティング
・ムラカミ楽器店社長のムラカミ ジュン氏の挨拶
・音楽祭の開催に必要なものと，組織委員会の予算に関する報告 |
> | 6月10日 | メインステージの設営場所についての話し合い |
> | 6月17日 | どの学校，公園，地元の競技場にミニコンサートの会場を借りる要請ができるのかについての話し合い |
> | 6月24日 | 世界中のミュージシャンたちをどのようにして招致し，どのようなジャンルの音楽にするのかについての話し合い |
> | 7月 1日 | 宣伝計画。近隣および遠方から人々に来てもらえるように |
> | 7月 8日 | 取り組みの結果についての報告。計画の変更点についての話し合い |
> | 7月15日 | 支援してくれたボランティアの方々への感謝のパーティー |
>
> ・準備を手伝っていただいた全ての方に，店の全ての商品が20パーセント割引となるムラカミ楽器店のメンバーズカードが配られます。
> ・申し訳ありませんが，会議室の広さが25名までのスペースとなっています。25名を超える申し込みがあった場合，お断りしなければならないことがあります。

語句・構文

▶ organize「（行事など）を準備する」

▶ budget「予算」

▶ committee「委員会」

▶ attract「〜を呼び寄せる」

問1 ☐1☐ 正解は②

「この掲示の目的は☐☐である」

第3文（At the moment, …）で，音楽祭の準備を支援してくれるボランティアを探していると述べられている。また，第2文（The festival, which …）に「この街での音楽祭の開催は初めて」と述べられているので，②**「新しいイベントの準備を手伝ってくれる人を見つけること」**が正解。

① 「買い物客を地元の楽器店に連れて来ること」

③ 「より多くの人々に音楽に興味を持ってもらうこと」

④ 「地元のミュージシャンを支援するよう人々に勧めること」

問2 ☐2☐ 正解は①

「スケジュールにあるいくつかのミーティングでは，☐☐予定である」

6月10日のミーティングではメインステージの設営場所，6月17日のミーティングではミニコンサートの会場について話し合う予定となっているので，①**「演奏が可能な場所について話し合う」**が正解。

② 「ミュージシャンたちに彼らの音楽についてインタビューする」

③ 「様々な文化の音楽を演奏する」

④ 「あるイベントのためのお金を集める方法を提案する」

問3 ☐3☐ 正解は①

「ミーティングに出席する人たちは☐☐」

ミーティングスケジュールの下の注意書きに，音楽祭の準備を手伝った人たちには，ムラカミ楽器店の商品が20パーセント割引となるメンバーズカードが配られるとあるので，①**「ムラカミ楽器店で買い物をするとき，お金を節約することができる」**が正解。

② 「音楽祭の期間中のイベントでの作業に対してお金が支払われる」

③ 「他の地域の有名なミュージシャンたちと演奏することができる」

④ 「人々に音楽祭への興味を持ってもらうために特別なシャツを着る」

第2問

記事とコメントの読み取り

> 訳 《週末の宿題禁止の記事》
>
> 　あなたの英語の先生が次の授業での討論の準備の参考になるように，ある記事を
> あなたにくれました。この記事の一部分とそれに対するコメントの一つが以下に示
> されています。
>
> ---
>
> ### ケソン市の生徒の週末の宿題がなくなる
>
> マニラのロッド=パークより
2019 年 11 月 6 日
>
> ［第1段］　フィリピンのケソン市という街の学校で新たなルールが提案された。そ
> のルールでは，教師が幼稚園，小学校，中学校，高校の生徒たちに週末に宿題を出
> すことが違法となるのだ。
>
> ［第2段］　善意ある教師が間違ったことをしていると断言するのは公平であるよう
> には思われない。結局のところ，おそらく教師たちは生徒たちに成果を上げてほし
> いと思っているだけなのだ。しかし，このルールが提案されたもっともな理由もい
> くつかあるのだ。
>
> ［第3段］　南アフリカのある調査では，宿題のせいで生徒やその親があまりにも忙
> しくなっていることがわかっている。宿題が家族の時間に影響を及ぼしているのだ。
> 宿題に関して言えば，期待していることが得られないかもしれない。その調査では，
> 実際に，宿題のせいで，学ぶことに対する生徒たちの興味が薄れていることもわか
> っている。このルールに賛成している人々はフィンランドの成功も指摘している。
> フィンランドでは，生徒たちに宿題は出されないが，現在，数学と科学で世界6位
> にランキング入りしている。ニュースウェブサイト Rare のライターであるシルケ
> =ジャッソは，教師が週末に宿題を出すのは普通ではなく，そのようなことをして
> いる教師はあまり人柄がよい人物とは言えないと記している。
>
> ［第4段］　またこのルールでは，幼稚園と小学校の生徒は，教科書を家に持って帰
> ってはいけないことになっている。これにより，学校は生徒たちが教科書を入れて
> おく専用のロッカーを設置しなければならなくなる。

21 件のコメント

最新

フリーダ=サンチェス 2019 年 11 月 12 日・午後 8 時 13 分
家族の時間についての主張は非常に重要だと思います。私たちは家族の時間を守るために
何かしなければなりません。おそらく，宿題の量を制限する方が完全に禁止するよりも良
いでしょう。ケソン市とフィンランドだけを比較している理由が理解できません。なぜケ
ソン市と日本の比較はないのでしょうか？　日本の生徒たちには多くの宿題が出されます
が，4 位にランクインしています。シンガポールの生徒には，日本の生徒よりもさらに多
くの宿題が出され，彼らは 1 位に輝いています。

語句・構文

［第 1 段］▶ illegal「違法な」
［第 2 段］▶ well-meaning「善意の」
［第 3 段］▶ when it comes to ～「(話題が)～のことになると」
　　　　　▶ in favor of ～「～に賛成して」
　　　　　▶ be rated ～「ランクインする」
　　　　　▶ assign「(宿題など) を課す，割り当てる」
［第 4 段］▶ stop *A* from *doing*「*A* に～させない」
［コメント］▶ compare *A* to *B*「*A* を *B* と比較する」

問 1　　4　　正解は①
　「この記事で説明されているルールによると，　　　」
　第 4 段（The rule will …）に，ケソン市の新たなルールでは，幼稚園と小学校の
生徒は教科書を家に持って帰ってはいけないので，学校は生徒たちが教科書を入れ
ておくロッカーを設置しなければならないとある。したがって，① 「ケソン市の小
学校は生徒たちにロッカーを与えなければならなくなるだろう」 が正解。
　② 「ケソン市の高校では，平日に生徒たちに宿題を出すことは許されない」「平日
　　に」が間違い。
　③ 「一部の生徒たちは，より自分に合った学校へ移ることが許される」
　④ 「教師は生徒の宿題を手伝うため午後は学校にいなければならない」

問2 ⑤ 正解は④

「あなたのチームは『教師は宿題の量を制限すべきである』という討論の議題を支持する予定である。記事の中で，あなたのチームにとって役に立つ**意見**（事実ではない）は□ということである」

第3段最終文（Silke Jasso, a …）では，教師が週末に宿題を出すのは普通ではなく，そのようなことをする教師はあまり人柄がよい人物とは言えないというあるライターの見解が紹介されている。したがって，④**「週末に生徒がやらなければならない宿題を出す教師は思いやりがない」**が正解となる。

① 「最近，多くの生徒が放課後に様々な部活に参加している」 事実に当たるが，本文では述べられていない。

② 「親に子供の宿題を手伝うだけの十分な知識がない」 事実に当たるが，本文で述べられていない。

③ 「宿題をするかしないかは生徒が自分自身で選ぶことができる」 事実に当たるが，本文で述べられていない。

問3 ⑥ 正解は④

「他方のチームは討論の議題に反対する予定である。記事の中で，このチームにとって役に立つ**意見**（事実ではない）は□ということである」

第2段第1・2文（It does not …）では，週末の宿題が禁止となる新しいルールが提案されている中，善意ある教師が間違っていることをしていると断言するのは不公平で，おそらく彼らは生徒たちに成果を上げてほしいと思っているだけかもしれないと述べられている。したがって，④**「宿題を出す教師は，生徒たちにより多くのことを学んでほしいだけなのだろう」**が正解となる。

① 「宿題をすることで，生徒たちは問題を解くスピードが速くなる」 事実に当たるが，本文で述べられていない。

② 「宿題によって責任感のような他のことを教えられるかもしれない」 意見と言えるが，本文で述べられていない。

③ 「放課後に学んだことを実践すれば，生徒はよりしっかりと記憶できる」 意見と言えるが，本文で述べられていない。

問4 ⬚7⬚ 正解は③

「記事の第3段において，『期待していることが得られないかもしれない』は⬚⬚ ということを意味している」

該当箇所は宿題に関する説明部分で，関係代名詞の what が名詞節を形成し，get の目的語になっている。直後の第3段第4文（The study also …）では，宿題の せいで学ぶことに対する生徒たちの興味が薄れているとあり，本来学習にプラスの 効果があるべき宿題がマイナスの効果を及ぼしていることを示唆している。よって ③「一部の活動の効果は，想像していたものの反対になるかもしれない」が正解。

① 「人は皆違うので，皆が同じルールに従うことはできない」
② 「計画を立てるときには，現実的であるべきだ」
④ 「人々がしてくれるどのようなことにも感謝すべきである」

問5 ⬚8⬚ 正解は②

「フリーダ=サンチェスのコメントによれば，彼女は記事で述べられているルール ⬚⬚」

フリーダ=サンチェスのコメントの第3文（Perhaps a restriction …）より，家族 の時間を守るため宿題の量を減らすことには賛成だが，完全な禁止には反対してい るので，②「〜に部分的に賛成している」が正解となる。

① 「〜について特に意見はない」
③ 「〜に強く同意している」
④ 「〜に強く反対している」

第3問

レポートの読み取り

> 訳　《車の中でどこに座るかという異文化体験》
>
> 　あなたはオーストラリアで一年間学んでいる女子によって書かれた以下のレポートを見つけました。

どの席に座るべきか？
ナカシマ　アカリ（交換留学生）
［第1段］　オーストラリアに来る前，私は自分の英語が十分なレベルに達していないのではないかと心配していました。初めての海外で，空港に着いたときには，Uターンして，次の飛行機で家に帰ろうかと考え始めていました。
［第2段］　ホストファミリーに会いに行く途中のバスの中では，ほとんどパニック状態になっていました。しかし，ホストファミリーに会うと，すぐに何一つ問題ないとわかりました。彼らはとてもやさしく，私を助けてくれました。ゆっくり話をしてくれて，私が英語を話そうとしているときには，我慢強く待ってくれました。気分がだいぶ楽になりました。ホストファミリーの家は学校からとても離れた所にあるので，毎朝車で1時間かかると伝えられたときには驚きました。
［第3段］　次の日は月曜日だったので，学校へ行くため私は車に乗りました。私は後部座席に座ったのですが，車を運転するホストマザーがムッとしているように見えました。理由は全くわかりませんでした。移動中，私たちは話し始めたので，私は何も問題ないと思っていました。しかし，放課後，家に帰る際に後部座席に乗ったとき，彼女がまたムッとした表情をしました。「なぜ車の後ろの席に座るの？」と彼女は尋ねました。「私のことを運転手だと思っているのかしら？」私は何と言っていいのかわかりませんでした。日本では，誰かの車に乗るときは，普通，後ろの席に乗車します。私がそのことを彼女に説明すると，彼女は微笑んで「たとえ日本でも，あなたは家族の隣に座ると思うけど」と言いました。私は嬉しくて泣いてしまいました。彼女は私を家族の一員として受け入れてくれただけでなく，私に本当に腹を立てているわけでもありませんでした。この出来事はただの文化的な違いでした。オーストラリアの人は，タクシーであっても，普通は前の席に乗車するということを学びました。
［第4段］　今では，毎朝，一緒に前の席に乗っています。車の中で長時間，話をしているので，私の英語はどんどん上達しています。

語句・構文

［第3段］▶ annoyed「ムッとして，腹を立てて」

問1　🔲9🔲　正解は④

「本文によると，アカリの感情は次の順番で変化した：心配→🔲」

第1段ではオーストラリアに来る前，アカリは自分の英語が十分なレベルに達していないのではないかと心配していたと述べられている（concerned：心配）。第2段では，ホストファミリーに会いに行く途中，ほとんどパニック状態（nervous：緊張，動揺）だったとあるが，実際に会うと安心した様子が読み取れる（relieved：安心した）。しかしその後，学校までは車で1時間かかると聞いて驚いた様子が述べられている（surprised：驚き）。続く第3段前半では，学校へ行く際，アカリが車の後部座席に乗ったとき，ホストマザーがムッとした表情をしたが，理由が全くわからなかったとあり（confused：困惑），第3段後半では，誤解が解けた後のホストマザーの言葉を聞いてアカリはとても嬉しかった（pleased：喜び）ので，正解は④。

問2　🔲10🔲　正解は④

「アカリのホストマザーはムッとしていた，なぜなら🔲からである」

ホストマザーがムッとしている様子は第3段で述べられている。同段第6・7文（She asked, "Why …）では，ホストマザーが，後部座席に座るアカリに対して自分のことを運転手だと思っているのかと聞いているので，**④「彼女はアカリが自分のことを家族の一員ではなく，運転手のように扱っていると思った」**が正解となる。

① 「朝，学校へ送ってもらったことに対してアカリがホストマザーにお礼を言うのを忘れた」

② 「アカリがオーストラリアに滞在する準備を十分にしていなかった」

③ 「アカリがオーストラリアの文化を理解しようと十分に努力しているとは思えなかった」

問3　🔲11🔲　正解は①

「この話から，🔲ということがわかった」

第4段第2文（Thanks to our …）で，毎朝学校に行く車の中で，長時間話をしているので，アカリの英語は上達していると述べられている。よって，**①「学校まで毎朝，車で長時間移動していたので，アカリの英語力は向上した」**が正解。

② 「アカリは英語が下手なので，アカリの学校は，彼女には優しい家庭に滞在してほしかった」

③ 「アカリはオーストラリアに向けて日本を出発する前，間違った情報を与えられていた」

④ 「アカリは，そのオーストラリアの学校を訪れた最初の日本人の交換留学生だった」

第4問

原稿の完成

訳　《自然と幸福について》

　英語の授業で，あなたは関心のある社会問題についてエッセイを書いています。これはあなたの一番最近の草稿です。現在，先生からのコメントをもとに修正中です。

自然と幸福	コメント
［第1段］　公園，森林，庭園といった緑地は，都市生活からの逃避の場を提供できるその能力ゆえに，長い間大切にされてきた。こうした自然の環境は，心身の幸福を促進する。このエッセイでは，この関連性を探り，私たち自身とより広いコミュニティのために，私たちが自然の癒しの力を最大限に活用する方法を考察する。	
［第2段］　公共の公園や庭園の価値を考えれば，地域社会は政府に対して，そのような場所をもっと提供するように，また，自動車やバスといった交通機関への依存を減らす手助けになる自転車道のような環境にやさしいインフラを整備するように圧力をかけるべきである。(1)∧それらは緑地へのアクセスを容易にすることで幸福感を高めるだけでなく，より健康的なライフスタイルを促進する。	*(1)* ここに何かが欠けています。2つの文を関連づけるように，文の間に情報を追加しましょう。
［第3段］　その他にも，私たち民間人にできる実際的なことはいくつかある。公園や自然保護区，自転車道を利用するだけで，政府に対してそれらが重要であると示すことができる。こうすることで，それらの整備や改善に多くのお金が使われるようになる。このための一つの方法は，イベントを企画することだ。(2)∧ピクニック，ファンラン，野外コンサート，グループでのサイクリング旅行，文化祭などを開催することができるであろう。	*(2)* ここに接続表現を入れましょう。

［第4段］　最後に，私たちは ⁽³⁾<u>自分の時間をあきらめる必要がある</u>。週末を友人たちと一緒に，ゴミを集めたり，生い茂った草を刈ったり，木を植えたりして過ごすことは，とても楽しく，個人的な満足感を与えてくれる。おそらく，あなたの住んでいる地域にも，このような活動に参加しているボランティア・グループが既にあるはずだ。	**(3) このトピック・センテンスはこの段落に合っていません。書き直しましょう。**
［第5段］　結論として，それは私たち次第である。私たちは ⁽⁴⁾<u>自分たちの気持ちを示し</u>，協力して緑地を改善し，できる限り緑地を活用しなければならない。	**(4) 下線部のフレーズはエッセイの内容を十分に要約していません。変更しましょう。**

全体的なコメント

興味深いエッセイです。お見事！（今朝，自転車道で見かけました！）

語句・構文

［第1段］▶ cherish「〜を大切にする」

［第2段］▶ pressure *A* to *do*「*A* に〜するよう圧力をかける」

［第3段］▶ nature reserve「自然保護区」

［第4段］▶ overgrown「生い茂った，成長しすぎた」

問1　　12　　正解は④

「コメント(1)に基づいて，書き加えるのに最もよい文はどれか」

(1)の前では，地域社会が政府に圧力をかけて緑地をもっと提供することと環境にやさしいインフラの整備を求める必要があると述べられている。そして(1)の後では not only *A* but also *B* の表現を用いて，それらによって可能となる2つのことが書かれている。また，代名詞 they が用いられているので，they がさす内容に相当する表現が(1)に入ることもわかる。したがって，④「**これらの種類のプロジェクトは2つの目的にかなう**」が正解となる。

① 「それを容易に行う方法を紹介しよう」

② 「私たちが節約するお金は公園に使われる」

③ 「それが難しかったのには理由がある」

問2　　13　　正解は①

「コメント(2)に基づいて，書き加えるのに最も適した単語または表現はどれか」

(2)の前では「それらの整備や改善に多くのお金が使われるようになる。このため

の一つの方法は，イベントを企画することだ」と述べられており，(2)の後では「ピクニック，ファンラン，野外コンサート，グループでのサイクリング旅行，文化祭などを開催することができるであろう」と述べられている。これらはイベントの具体例だと考えられるため，① **「例えば」** が正解となる。

② 「これに対して」

③ 「とはいえ」

④ 「同様に」

問3　　14　　正解は①

「コメント(3)に基づいて，トピック・センテンスを書き直すのに最もよい方法は何か」

この段落では，第2文（Spending weekends …）と第3文（There are …）で，「週末を友人たちと一緒に，ゴミを集めたり，生い茂った草を刈ったり，木を植えたりして過ごすことは，とても楽しく，個人的な満足感を与えてくれる。おそらく，あなたの住んでいる地域にも，このような活動に参加しているボランティア・グループが既にあるはずだ」と述べられており，環境を維持する活動に参加するよう奨励されている。したがって，① **「それらの維持に貢献する」** が正解となる。

② 「事前に行動計画を立てる」

③ 「あまり一生懸命働きすぎないようにする」

④ 「可能性を理解する」

問4　　15　　正解は③

「コメント(4)に基づいて，最もよい変更案はどれか」

下線部(4)の後の work together … が第4段，make use of … が第3段の内容なので，下線部(4)は第2段の内容をまとめたものになると考えられる。同段第1文（Considering the value …）では，政府に対する働きかけの重要性が述べられている。したがって，③ **「緑地についての意見を行政に伝える」** が正解となる。

① 「私財を投じて公園を作る」

② 「その恩恵を受けるため，木や自然を愛することを学ぶ」

④ 「緑地を人が感情を表現できるイベントに利用する」

第5問

説明的な文章・グラフの読み取り

訳 《レビューと映画制作の関係》

　あなたは映画について調べています。あなたはある記事と手紙を見つけました。

何を見るべきかを伝えているのは誰なのか？　　ハイドン＝ヴィブィフ　2018年7月

［第1段］　近頃，どの製品を購入するのか，どのようなサービスを注文するのか，さらにはどの映画を見るのかを決める際にも，オンライン上の批評を頼りにする人たちが増えてきている。それらの批評は他の客によって書かれているので，私たちはそれらをより信用する傾向がある。オンライン上の批評は，私たちが購入するものに対して影響を及ぼし，そして，それゆえに，メーカーが作るものにも影響を及ぼしていることを示す多くの証拠がある。ある製品がよい批評を得て，よく売れれば，他のメーカーも似たような製品を作ることになるのだ。

［第2段］　これは映画やテレビにもあてはまるかもしれない。オンライン上の映画批評に関する，最近のある調査では，オンライン上の映画批評の約80パーセントが男性によって書かれたものであった。女性は恋愛映画やミュージカルを楽しむが，男性はSF映画やホラー映画を好む傾向があるので，このバランスの悪さは問題である。必然的に，男性は自分たちが興味のない映画には低い評価の意見を持つことになる。結果として，一部の映画の評価がより悪く見えてしまう可能性があるのだ。

［第3段］　自分の好きなジャンルの映画が非常に優れていても，それらがよくない出来だと誤解してしまう女性もいるかもしれない。以下のグラフは，どのように，一部のジャンルの人気がなくなる一方で，その他のジャンルが人気を得ているかを示している。

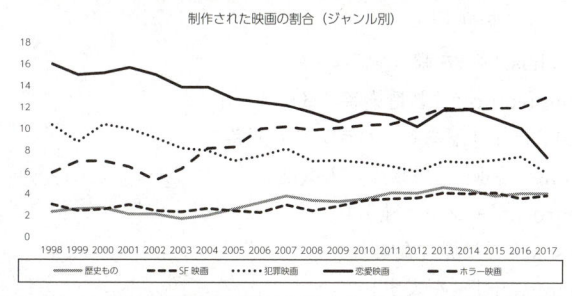

制作された映画の割合（ジャンル別）

凡例：歴史もの　SF映画　犯罪映画　恋愛映画　ホラー映画

［第4段］　私たち，さらに映画業界の人々は，この傾向が誤ったデータに基づくものだということを認識しなければならない。また，映画の批評がもっと女性の意見を代弁したものになるような方法を考えなければならない。そうでなければ，一部

のジャンルが完全になくなってしまう可能性もある。もしそのようなことが起これば，映画制作者や一般の人々にとって悲しいこととなるだろう。

「何を見るべきかを伝えているのは誰なのか？」についての意見　　　　M. J.
2018 年 8 月

[第5段]　映画業界に存在する問題に関心を向けていただき，ヴィプィフさんには感謝いたします。私は映画の脚本家兼監督ですが，自分の映画を作るのが非常に難しくなっていると感じています。私の映画は人気がなくなってきているジャンルの一つなので，制作会社は私の映画にお金を出したくないと考えています。残念なことに，私の映画は最も急激に人気が下がっているジャンルのものなのです。実際のところ，男性よりも女性のほうが映画を多く見ています。しかし，女性は批評を書かないので，彼女たちの好きなジャンルは，他のジャンルよりも減らされているのです。

[第6段]　映画会社は企業なので，一部のジャンルの人気が落ちている理由に興味を持っているとは思えません。おそらく彼らはある映画でどれくらい収益が得られるのかだけ気にかけているのでしょう。このことは理解できますし，それに関して言い争うつもりもありません。実際，私の仕事はできるだけ多くの人々に自分の映画を見てもらうことにかかっています。

[第7段]　ただ，私はヴィプィフさんがこの問題を解決する提案をしてくれていたらよかったと思います。映画の批評を掲載するウェブサイトには，必ず男性と女性の批評の数が同じになるよう依頼したほうがいいでしょう。もう一つのアイデアとしては，批評を書くことに対して，女性に謝礼を与えることでしょう。批評を書いてもらったことに対する見返りとして，映画のチケットの割引をしたり，無料で映画の試写会に招待したりすることもできるでしょう。

語句・構文

[第1段] ▶ review「批評」
　　　　▶ purchase「～を購入する」
　　　　▶ manufacturer「製造業者，メーカー」
[第2段] ▶ imbalance「不均衡，バランスの悪さ」
　　　　▶ rating「評価，（番組の）人気度」
[第3段] ▶ genre「ジャンル，種類」
[第4段] ▶ business「業界，企業」
　　　　▶ represent「～を表す」
[第5段] ▶ draw attention to ～「～に関心を向ける，～に注目する」
　　　　▶ director「（映画などの）監督」

> ▶ rate of decline「減少率」

[第7段] ▶ come up with ～「～を提案する，～を思いつく」

> ▶ fix「(問題など)を解決する，改善する」

> ▶ publish「～を掲載する」

> ▶ make sure ～「必ず～するようにする」

> ▶ preview「試写会」

> ▶ in return「お返しに，お礼に」

問1 16 正解は①

「ハイドン=ヴィプィフも映画監督も□□□については言及していない」

両者ともに，女性向けの映画の制作費について述べている部分はないので，① **「女性向けの映画を制作するのにどのくらいの費用がかかるのか」** が正解となる。

② 「購入者に対する，利用者の批評の影響」 第1段でハイドン=ヴィプィフは，他の客によるオンライン上の批評が私たちの購入するものに影響を及ぼしているという内容を述べている。

③ 「バランスの問題を解決する方法」 第7段第2文（Perhaps we should …）以降で映画監督が解決法を提案している。

④ 「男性と女性のどちらがより多くの映画を見るか」 第5段第5文（In truth, more …）で，映画監督が男性よりも女性のほうが映画を見ていると述べている。

問2 17 正解は③

「この監督が作りたい映画は□□□である」

第5段第3・4文（The production companies …）では，この監督の映画は人気が落ちているジャンルの一つで，最も急激に人気が下がっているジャンルであると述べられている。グラフから，最も急激に人気が下がっているのは恋愛映画であると読み取れるので，③ **「恋愛のジャンル」** が正解。

① 「犯罪のジャンル」

② 「ホラーのジャンル」

④ 「SF のジャンル」

問3 18 正解は①

「この記事と手紙によると，女性は□□□」

第2段第3文（This imbalance is …）では，女性は恋愛映画やミュージカルを楽しむが，男性は SF 映画やホラー映画を好む傾向があると述べられているので，① **「男性ほど SF 映画に興味がない」** が正解。

② 「男性ほど映画を見るのを楽しんでいない」

③「自分が好きな映画の批評を書くだけである」

④「男性と同じくらい多くの批評を書く傾向がある」

問4 `19` `20` 正解は③，①

「ヴィブィフさんは `19` と述べ，そして映画監督は `20` と述べている（それぞれの空所には異なる選択肢を選びなさい）」

第1段第3文（There is a …）では，オンライン上の批評が私たちの購入するものに影響を及ぼしており，それゆえに，メーカーが作るものにも影響を与えている証拠が数多くあると述べられている。したがって `19` は③**「メーカーは製品に関するオンライン上の批評に影響される」**が適切。また，第6段第2文（They probably only …）では，映画会社はある映画でどれくらい収益が得られるのかだけ気にかけているという内容が述べられているので，`20` は①**「映画会社は金銭的な問題に関心があるだけである」**が正解となる。

②「男性向けの映画を作るよりも，女性向けの映画を作ったほうが，費用がかからない」

④「現代の映画の質はますます悪くなっている」

⑤「女性は何を見るか選ぶ前に，オンライン上の批評を読まない」

問5 `21` 正解は①

「記事と手紙両方からの情報に基づいて，あなたは宿題のレポートを書くつもりだ。あなたのレポートに最適な題名は ___ だろう」

両者とも，オンライン上の映画批評は男性によって書かれたものが多いと，そのバランスの悪さを指摘している。また，女性による批評が少ないため，女性の好きなジャンルの映画が減ってきていることを懸念しているので，①**「よりバランスのとれた映画批評が一部のジャンルを救うだろう」**が最も適切。

②「映画業界への支援：映画館で映画を見よう」

③「映画業界には，より多くの女性監督が必要だ」

④「なぜ女性はミュージカルを見るのが好きなのか」

第6問

意見やグラフの読み取り・エッセイの作成

訳 《始業時間を遅くするべきか》

　あなたは，学校がもっと遅い時間から授業を始めるべきかどうかについてのエッセイに取り組んでいる。あなたは以下の手順に従う。

　ステップ1：学校の始業時間に関する様々な見解を読み，理解する。

　ステップ2：学校の始業時間について，自分の立場を決める。

　ステップ3：追加の資料を使ってエッセイのアウトラインを作成する。

[ステップ1] 様々な資料を読む

筆者A（教師）

教師として，私は伝統的な学校の始業時間を守るべきだと固く信じています。早い始業時間は，生徒を働く世界の現実に備えさせ，規律と責任を教えます。睡眠は必要ですが，スケジュールを守り，困難に適応するようになることは，生徒の将来にとって同じくらい重要です。学力と生活力の育成をバランスよく行うことで，社会の期待に応えられるような学校環境づくりに注力すべきなのです。

筆者B（心理学者）

心理学者として，学校の始業時間を遅くすることは有益であると強く思います。ティーンエイジャーの体内時計は遅い睡眠パターンに設定されている，という研究結果は明らかです。早い始業時間は，学習，健康，全体的な幸福に害を及ぼす可能性があります。生徒が一日を遅く始められるようにすることで，彼らは，成功，集中力の向上，全体的な学業成績の向上のチャンスを得ることができます。

筆者C（保護者）

私は，学校の始業時間をティーンエイジャーのニーズをもっと満たすように変えることの価値を理解しています。彼らの幸福と私たちの日課や責任のバランスをとることはとても重要です。始業時間を変更することは，娘にとって確かに有益かもしれません。彼女が歯を磨かずに登校したことは何度もありました。しかし，私の仕事のスケジュールや，娘の弟や妹たちのニーズへの影響も心配です。私たちは，子どもの健康と家庭生活に実際的に必要なことのバランスをとらなければならないのです。

> **筆者D（高校生）**
>
> 私は高校生ですが，早朝の授業で勉強するのに苦労しています。私は学校からかなり遠いところに住んでいて，朝日が昇る前に起きるのは大変です。朝食を食べる時間がない日もありました。学校の始業時間をもう少し遅くすれば，集中力が高まり，成績も向上し，学校環境もより楽しくなります。それは，私たちの睡眠のニーズと学校生活の要求のバランスを見つけることなのです。

> **筆者E（校長）**
>
> 高校の校長として，私が優先しているのは実用性です。生徒の幸福を考えることの重要性は認識していますが，そのことを効率的な学校運営の側面と釣り合わせることが必要不可欠です。始業時間を遅くすることは，生徒や保護者にとって交通の問題を引き起こすでしょう。私たちは，生徒の幸福を念頭に置きながら，そのようなスケジュール変更を行うことに伴うすべての困難とコストを慎重に評価すべきです。

語句・構文

［筆者A］▶ adhere to ～「～を固守する」

［筆者D］▶ struggle to *do*「～しようと苦心する」

［筆者E］▶ evaluate「～の価値を検討する，評価する」

問1 ☐22☐ 正解は②

「筆者Aが含意しているのは☐☐ということだ」

Aの第2文（Early starts …）で「早い始業時間は，生徒を働く世界の現実に備えさせる」と述べられている。したがって，②「**若者を大人の生活に備えさせることの一部は，早い始業時間に慣れさせることである**」が正解。

① 「生徒が十分な睡眠をとってこそ，生活力と学力のバランスがとれる」

③ 「社会は生徒が幼い頃から始業時間に柔軟に対応することを期待している」

④ 「生徒が十分に早く寝るのであれば，従来の始業時間でも構わない」

問2 ☐23☐ 正解は③

「筆者Cと筆者Dが両方とも述べているのは☐☐ということだ」

Cの第3文のセミコロン以下（There have been times …）で「彼女が歯を磨かずに登校したことは何度もあった」と述べられていることと，Dの第3文（There have been days …）で「朝食を食べる時間がない日もありました」と述べられていることから，③「**時間通りに登校するために，生徒は朝の習慣の一部をとばしたことがある**」が正解。

① 「始業時刻を遅くすることは，学校生活の要求を軽減する方法のひとつにすぎない」
② 「日中に昼寝の時間を設けることで，睡眠のニーズを満たすことができるであろう」
④ 「変更の際には，家族全体の習慣を考慮しなければならない」

訳　**[ステップ2] 立場を決める**

問3　さまざまな視点を理解したので，あなたは学校の始業時間を遅くすることについて立場を決め，以下のように書き出した。 24 ， 25 ， 26 について，最も適切な選択肢を選びなさい。
あなたの立場：学校は30分遅く始まるべきである。
• 筆者 24 と 25 はあなたの立場を支持する。
• 2人の筆者の主な主張： 26

問3　 24 25 　正解は②，④（順不同）

Your position（あなたの立場）は，「学校は30分遅く始まるべきである」というものなので，その趣旨に沿った発言をしている筆者を選ぶ。Bは第1文（As a psychologist, …）で「学校の始業時間を遅くすることは有益であると強く思います」と述べている。一方，Dは第4文（Starting school …）で「学校の始業時間をもう少し遅くすれば，集中力が高まり，成績も向上し，学校環境もより楽しくなります」と述べている。

A，Eはいずれも始業時間を遅くすることに否定的である。Cには始業時間を遅らせることを肯定する部分もあるが，最後の2文が否定的な見解になっている。

問3　 26 　正解は②

Bは最終文（Allowing students …）で「生徒が一日を遅く始められるようにすることで，彼らは，成功，集中力の向上，全体的な学業成績の向上のチャンスを得ることができます」と述べており，Dは第4文（Starting school …）で「学校の始業時間をもう少し遅くすれば，集中力が高まり，成績も向上し，学校環境もより楽しくなります」と述べている。したがって，②「**生徒は勉強しやすくなり，学業成績も上がる**」が正解。
① 「始業時間が早いことは，学校から遠くに住む生徒にとって不公平である」
③ 「十分な睡眠の必要性は学業成績よりも重要である」
④ 「太陽が昇る前に起きるのは人間にとって不自然である」

訳 **［ステップ3］資料Aと資料Bを使ってアウトラインを作成する。**

エッセイのアウトライン

学校の始業時間は変更される必要がある

導入

学校は朝8時という早い時間に始まるのが普通だが，これは生徒のためになるように設定されてはいない。

本文

理由1：［ステップ2より］
理由2：［資料Aに基づく］… 27
理由3：［資料Bに基づく］… 28

結論

高校はいずれも8時30分かそれ以降に始業すべきである。

資料A

［第1段］　朝の始業時間を9時前後に遅らせることは，生徒にとって多くの利点がある。最も明らかな利点のひとつは，学業成績の向上である。研究によると，ティーンエイジャーの体内時計は，寝る時間と起きる時間を自然と教えてくれる。始業時間が遅いと，注意力が増し，思考力が向上するため，成績の向上や全体的な理解力につながる。

［第2段］　さらに重要なことは，始業時間を遅くすることで，精神的な健康にも良い影響があるということだ。ティーンエイジャーは特にストレスに敏感であり，また始業時間を遅くすることはストレスと不安を軽減するのに役立つ。それはしばしば早朝のラッシュアワーによって悪化する。

［第3段］　さらに，始業時間が遅くなれば，交通安全にもプラスになる。朝の移動時間帯に眠たそうに自転車に乗る生徒が減るからだ。また，よく休んだ生徒は放課後にスポーツやその他の活動をする活力が増すため，生徒が他の趣味を持ったり，体調管理をしたりする可能性も高くなる。

［第4段］　始業時間を遅らせることを可能にする方法のひとつは，より多くのオンライン授業を提供し，工夫を凝らした時間管理戦略を用いることかもしれない。

資料B

米国で行われた調査によると、始業時間を遅くすることにはさまざまな利点があることがわかった。下のグラフは、学校が8：00ではなく8：30に始まると、生徒の生活のさまざまな側面がどのように改善されるかを示している。

遅い始業時間における生徒たちの経験についてのアンケート調査

項目	開始時間	割合
日中眠気を感じる	午前8:00開始	49%
	午前8:30開始	20%
十分なエネルギーがない	午前8:00開始	90%
	午前8:30開始	66%
私は不幸だ	午前8:00開始	66%
	午前8:30開始	45%
8時間睡眠をとる	午前8:00開始	16%
	午前8:30開始	55%

語句・構文

[第1段] ▶ numerous [たくさんの、数多くの]

[第4段] ▶ strategy [戦略]

問4　27　正解は②

「資料Aに基づくと、理由2として最も適切なものはどれか」

資料Aの第3段第1文（Moreover, starting school…）に「始業時間が遅くなれば、交通安全にもプラスになる。朝の移動時間常に眠たそうに乗る生徒が減るからだ」と述べられている。したがって、②「成績や利便性よりも身体の安全が重要であり、眠い生徒を道路から遠ざけることで事故を減らすことができる」が正解となる。

① 「オンライン授業に切り替えることで、生徒は好きなときに勉強することができ、より創造的になるはずである」

③ 「ティーンエイジャーの場合、大人よりもストレスの影響を受けにくいが、始業時間が早いと確実にストレスが大きくなる」

④ 「学校に時間通りに行こうとするとこによるストレスが、生徒の学力向上に悪い影響を及ぼしている」

問5　28　正解は④

「理由3について、あなたは、『学業や身体的な利益だけにとどまらないことに目を向けるべきだ』と書くことに決めた。資料Bに基づくと、この意見を最も支持する選択肢はどれか」

資料Bのグラフでは，I am unhappy.「私は不幸だ」と回答した割合が，始業時間を30分遅らせたことで66％から45％に低下している。したがって，④「不幸感は20％強低下した。これを特に驚くべきことにしているのは，始業時間が変更される前は，半数以上の生徒が不幸であったという事実である」が正解となる。

① 「始業時間を30分遅くすることで，ほぼ半数の生徒が8時間の睡眠をとることができるようになったが，これは始業時間が8：00であったときよりも若干多くなっている」

② 「約4分の1の生徒が，8：30の始業時間の時に，より多くのエネルギーがあると主張した。これは，以前は疲れていると認める生徒がほとんどいなかったから驚くべきことである」

③ 「始業時間を遅くすることの利点は，一日中続くようである。8：00始業の時は，半数以上の生徒が日中眠いと訴えた」

第7問

伝記的な文章の読み取り・要約

[訳] 《ポスター発表のための準備》

　あなたのグループは，以下の雑誌の記事の情報を利用し，「ヒーロー・メーカー」というタイトルのポスター発表をする準備をしている。

[第1段]　近年，スーパーヒーローたちが登場する映画が数多くヒットしている。その中でも，マーベル・エンターテインメントによって製作された映画は最も人気を集めてきた。スパイダーマン，超人ハルク，マイティ・ソー，キャプテン・アメリカ，X-メンといった，よく知られたヒーローたちは，全てマーベル・コミック──マーベル・エンターテインメントの子会社──から誕生した。マーベル・コミックの作家たちのチームはスタン=リーという名の人物が率いており，これら全てのキャラクター制作における責任の一端を彼が担っていた。

[第2段]　彼は 1922 年，ニューヨーク市で生まれた。彼の本名はスタンリー=マーティン=リーバー。若い頃，彼は数多くの仕事を経験したが，彼の夢はずっと作家になることだった。15 歳のとき，リーは大手新聞社がスポンサーを務める作文コンテストに応募した。そのコンテストで彼は 3 週連続の優勝を果たした。新聞社は彼にプロとして執筆することを勧め，リーはこの提案がおそらく彼の人生を変えたと断言している。

[第3段]　1939 年，彼がちょうど 17 歳のとき，タイムリー・コミックスでの仕事に就いた。その会社は彼のいとこの夫が所有していた。リーの仕事は作家たちにインクを持って行ったり，昼食を運んだり，漫画の原稿に残った鉛筆の跡を消すことだった。2 年後，漫画本の編集長のジョー=サイモンが会社を辞めたため，リーが彼の後を引き継ぐよう言われた。彼は若かったが，漫画本を書くことに関わるのが最初は恥ずかしかった。彼は自分の名前を漫画と結びつけられるのが嫌だったので，本名ではなく，スタン=リーという名前を使ったのである。

[第4段]　第二次世界大戦が始まり，リーも従軍しなければならなくなった。それによって，タイムリーの職場に毎日来ることができなくなった。しかし，彼は郵便でスタッフたちと連絡を取り，漫画の仕事を続けた。

[第5段]　やがて戦争から戻り，発行責任者に就任する 1972 年まで彼はタイムリーの編集長として働いた。この間，タイムリー・コミックスは名称をマーベル・コミックに変更し，主なライバル会社である DC コミックスに次いで，世界で 2 番目に大きな漫画の出版社となった。

［第6段］ マーベル・コミックが成功した理由の一つは，登場するヒーローたちの性質であった。一般的に漫画のヒーローたちは皆，欠点を持たない。しかし，リーが生み出すヒーローたちは弱さを持ち合わせている。彼の生み出したヒーローたちは皆，犯罪と戦いながら，自分たちの感情面の弱さや個人的な問題を克服しなければならなかった。

［第7段］ マーベル・コミックのヒーローたちが多くの読者を獲得する手助けとなったもう一つの理由はおそらく，実際に世界中で起こっていた出来事に基づく状況がストーリーに盛り込まれていたという点である。例えば，アイアンマンはベトナムで兵士たちに襲われている。そのおかげで，大学生や大人たちにとって，そういったストーリーが意味深長なものになっていたのである。

［第8段］ 1990年代，リーはかつての補佐役にマーベル・コミックの経営を任せた。しかし，彼はマーベル・コミックの代表として仕事を続けていた。2010年，彼は人々の読解力，理解力，物語る力といった創造に関わる技術の向上を手助けするための団体を立ち上げた。彼はまた POW! エンターテインメントという自身の会社を築き上げることにも時間を費やしていた。1998年から2018年まで，スタン=リーはマーベルのキャラクターたちを基にした40本を超える映画やテレビ番組で非常に目立たない役を演じていた。彼は2018年，95歳で亡くなった。

ヒーロー・メーカー

■ スタン=リーの生涯

時期	出来事
1922年	リーがニューヨーク州ニューヨーク市で生まれた
1930年代以降	29 → 30 → 31 → 32 →新たな経営者がリーの後を引き継いだ

スタン=リー

彼がスタン=リーの名前を使った理由は，彼が 33 から。

■ マーベルについて

▶マーベルのヒーローは他の漫画のヒーローと 34 35 という点で異なっていた。

▶マーベルは世界で第2位の漫画の出版社となった。

▶年齢層の高い読者は，以下の理由からマーベル・コミックが好きだった：
36

■ スタン=リーの晩年

▶彼はマーベルの代表を続けていた。

▶彼は，　37

語句・構文

[第1段]▶ creation「創作」

[第2段]▶ essay competition「作文コンテスト」

　　　　▶ sponsor「～のスポンサーを務める」

　　　　▶ in a row「連続して」

　　　　▶ take up ～「～を始める」

[第3段]▶ erase「～を消す」

　　　　▶ drawing「スケッチ，線画」

　　　　▶ editor「編集長，編集者」

　　　　▶ replace「～の跡を継ぐ」

　　　　▶ embarrassed「恥ずかしい思いをした，照れくさい，きまり悪い」

　　　　▶ be involved with ～「～に関係する」

[第4段]▶ work on ～「～に取り組む」

[第5段]▶ eventually「結局，ついに」

　　　　▶ take over (as)「（～として）引き継ぐ」

　　　　▶ publisher「出版社，発行責任者」

[第6段]▶ feature「～を特色にする，～を特集する」

[第7段]▶ meaningful「意味深長な，重要な」

[第8段]▶ leave A to B「A を B に任せる」

　　　　▶ former「前の，かつての」

　　　　▶ representative「代表者」

　　　　▶ organization「団体，組織」

　　　　▶ acting job「俳優業」

問1　　29　　30　　31　　32　　正解は④，①，③，⑤

「5つの選択肢（①～⑤）の中から4つを選び，それらが起きた順番に並べ替えなさい」

第2段第4・5文（When he was …）で，リーが15歳のとき，大手新聞社がスポンサーを務める作文コンテストで3週連続優勝したと述べられているので，　29　は④「リーは作文コンテストで数回優勝した」が適切。また，第3段第4文（Two years later, …）では，タイムリー・コミックスの仕事に就いて2年後，

当時の編集長が会社を辞めたため，リーがその後を引き継ぐように言われたとあるので，30 は①「リーがタイムリー・コミックスの編集長になった」が正解。さらに第4段第1文（The Second World …）では，第二次世界大戦が始まり，リーも従軍しなければならなくなったとあるので，31 は③「リーが陸軍に入隊した」が正解となる。第5段第2文（During this period, …）には，リーが戦争から戻った後，タイムリー・コミックスという名称がマーベル・コミックに変わったという内容が述べられているので，32 は⑤「タイムリー・コミックスはその名称をマーベル・コミックに変更した」が適切。②「リーは創造的な人々をサポートするためにある組織を設立した」は，最終段第3文（In 2010, he …）の内容に相当するが，これは空所 32 の後にある「新たな経営者がリーの後を引き継いだ」という内容よりも後の出来事なので，この4つの空所には入らない。

問2 33 正解は③

「□□□に最も適切な選択肢を選びなさい」

スタン=リーという名前を使った理由を選ぶ問題。第3段第5・6文（Despite his young …）で，「彼は若かったが，漫画本を書くことに関わるのが最初は恥ずかしかった。彼は自分の名前を漫画と結びつけられるのが嫌だったので，本名ではなく，スタン=リーという名前を使ったのである」とあるので，③「漫画とのかかわりを隠したかった」が正解となる。

①「自分のプライバシーを最も重視した」

②「その名前が編集長にふさわしいと思った」

④「自分が強そうに見える名前を付けたかった」

問3 34 35 正解は①，⑤（順不同）

「34 と 35 に最も適した2つの選択肢を選びなさい（順序は問わない）」

マーベル・コミックのヒーローたちが他の漫画のヒーローたちと異なる点を選ぶ問題。

① 「彼らは私生活において困難な問題を抱えていた」 第6段最終文（All of his …）で，マーベル・コミックのヒーローたちは自分の個人的な問題を克服しなければならなかったと説明されているので正解。

② 「彼らは自然環境への懸念を示していた」 本文中にない。

③ 「彼らは自分たちの知能で問題を解決していた」 本文中にない。

④ 「彼らは全てある一人の人物によって生み出されていた」 第1段最終文（The team of …）では，全てのキャラクター制作における責任の一端をリーが担っていたとは述べられているが，彼一人で全てのキャラクターを生み出していたわけではないので不適。

⑤「彼らは常に完全ではなかった」 第6段第2・3文（Generally, comic book …）で一般的な漫画のヒーローには欠点がないが，マーベル・コミックのヒーローたちは弱さを持ち合わせていると述べられているので正解。less than＋形容詞「まったく〜ではない」

問4　36　正解は②

「□□□に最も適する選択肢を選びなさい」

マーベル・コミックが年齢層の高い読者に好まれた理由を選ぶ問題。第7段第1文（Another thing that …）では，マーベル・コミックのヒーローが多くの読者を獲得した理由として，実際に世界で起こった出来事に基づく状況がストーリーに盛り込まれていたことが挙げられ，同段第2文（For example, …）では，アイアンマンがベトナムで兵士に襲われることが書かれている。さらに同段最終文（This made them …）では，そのことがストーリーを大学生や大人たちにとって意味深長なものにしたという内容が述べられているので，②「そのストーリーが実際の政治情勢を取り上げていた」が最も適切。アイアンマンの例はベトナム戦争のことで，政治情勢を示している。

① 「そのキャラクターたちが長年使われていた」

③ 「登場人物同士の恋愛のシーンが含まれていた」

④ 「他の漫画よりも話が長くて複雑だった」

問5　37　正解は②

「□□□に最も適する選択肢を選びなさい」

リーが人生の晩年をどのように過ごしたのかを選ぶ問題。

① 「エンターテインメント業界のビジネスリーダーたちにアドバイスをした」 本文中にこのような内容が述べられている部分はない。

② 「自分が作ったキャラクターを基にした映画に登場した」 最終段第5文（From 1998 to …）で，マーベルのキャラクターを基にした映画やテレビ番組で，リーが目立たない役を演じていたとあるので正解。

③ 「家族の人たちと一緒に過ごした」 リーの晩年における家族との時間については，本文で言及されていないので判断できない。

④ 「キャリアプランについて大学生に話をした」 本文中にこのような内容が述べられている部分はない。

第8問

説明的な文章の読み取り・グラフの選択

> 訳 《ノルウェーの葛藤》
>
> 　あなたは学生グループで環境問題に関するプレゼンテーションの準備をしている。あなたは，ポスターを作成するために，ノルウェーと石油の関係についての以下の文章を使用している。

[第1段]　ノルウェーは世界のトップ10カ国に入る石油産出国であり続けてきたので，この国が他のどの国よりも電気自動車の普及率が高いのは驚きである。2019年のノルウェーにおける新車販売の約48パーセントが電気自動車であった。これは2018年の電気自動車の販売数の約2倍である。

[第2段]　この増加は単純に政府の政策のおかげである。ノルウェーはガソリン車およびディーゼル車に課税するようになった。同時に，電気自動車には課税しないことを発表した。さらに，電気自動車のドライバーは，特定の道路やフェリーを使用する際にかかる料金の割引を受けている。政府は2025年頃までには，ガソリン車の販売を終了させるという目標を掲げているため，電気自動車の割合はより一層増加していくだろう。

[第3段]　結果として，完全電気自動車を販売するテスラ，日産，ヒュンダイ，BMWといった自動車ブランドが，販売数を大きく伸ばしてきた。一方，従来のエンジンやハイブリッドエンジンを搭載した車だけを売っている会社は，売り上げを大きく落とした。ハイブリッド車は動力として電気エンジンだけでなく，ガソリンエンジンも必要なため，政府が定めた必要条件を満たしていないのである。もちろん，売り上げが落ちたメーカーは，現在ノルウェーで電気自動車を発売する計画を立てている。

[第4段]　一方，ノルウェーの主要4都市は，道路を走る車の数を減らす努力をしてきた。車の代わりに人々に歩いたり自転車に乗ったりすることを奨励している。これを実現するために，オスロ市は2016年以降，4,000台以上の駐車場を撤去した。また，自転車専用レーンを設け，歩道を広げ，市中心部を自動車やトラックが通らないように交通の方向を変えた。こうした取り組みは目覚ましい成果を上げてきた。2019年には，歩行者や自転車利用者の衝突事故死は1件もなかった。人々が電気自動車を購入しやすくすることは，こうした交通削減の取り組みと相反する。さらに，電気自動車の使用を奨励するために費やされる資金は，公共交通機関から資金を奪ってしまった。

[第5段]　ノルウェーは石油と天然ガスの売り上げで巨額のお金を稼いでいる。それらの資源を売ることで，平均するとノルウェーの人々は世界で最も豊かな人々の仲間入りをした。したがって，ノルウェーの人口は比較的少ないにもかかわらず，テスラのような高級ブランド車にとって，ノルウェーは重要な市場となっているのである。ノルウェーの非常に先進的な考え方は大企業に影響を与えており，おそらく他の国々に対しても環境保護を目的とする政策の推進を喚起することになるだろう。実際，すでにノルウェーはインドネシアやブラジルに熱帯雨林を保護するよう働きかけている。

[第6段]　一部の批評家は電気自動車に関するノルウェーの環境政策は，自らの輸出政策と矛盾していると指摘している。2019 年，ノルウェーは石油採掘への投資を 13 パーセント増やした。さらに，彼らはノルウェー海で，53 の新たな場所に油井を掘っている。2023 年までには，史上最高レベルに迫る石油生産量に達すると計画している。批評家たちはノルウェーが真に環境について懸念しているのであれば，自国の経済を支える他の方法を見つけているだろうと主張している。

[第7段]　ノルウェー政府は自国の電力の 98 パーセントが，燃料を燃やすことによる発電ではなく，水力発電や風力発電に拠るものであることを誇りにしている。それが真実であるとしても，やはり彼らは石油を売ることで利益を得て，地球温暖化に貢献している。その石油がノルウェーで燃やされるのか，世界の他の地域で燃やされるのかは重要ではない。汚染が国境を識別することはないのである。

あなたのプレゼンテーション用のポスターの草稿：

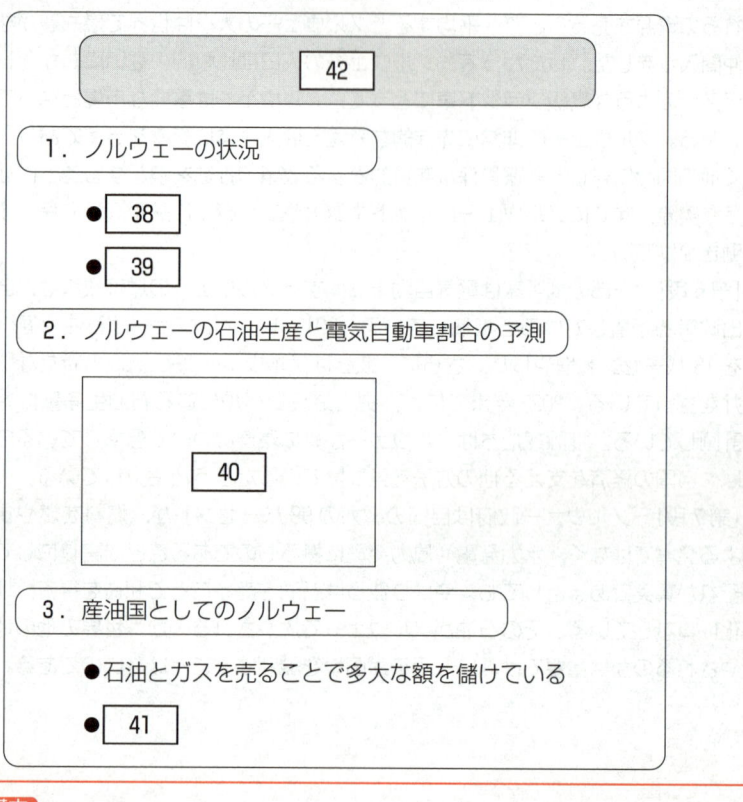

語句・構文

［第1段］▶ double「〜の2倍の」

［第2段］▶ announce「〜と発表する」
　　　　　▶ be about to *do*「まさに〜しようとする」

［第3段］▶ hybrid vehicle「ハイブリッド車」
　　　　　▶ requirement「必要条件」
　　　　　▶ manufacturer「メーカー，製造業者」

［第4段］▶ encourage *A* to *do*「*A* に〜するよう奨励する」
　　　　　▶ redirect「〜の方向を変える」
　　　　　▶ stop *A* from *doing*「*A* に〜させないようにする」

［第5段］▶ on average「概して，平均して」
　　　　　▶ relatively「比較的」
　　　　　▶ luxury「豪華な」
　　　　　▶ inspire *A* to *do*「*A* を促して〜させる」

▶ push *A* to *do*「*A* に強いて〜させる」

[第6段] ▶ critic「批評家」

▶ regarding「〜に関する」

▶ match up with 〜「〜と一致して」

▶ investment「投資」

▶ oil mining「石油採掘」

▶ dig「〜を掘る」

▶ well「油井（石油採取のための井戸）」

[第7段] ▶ hydropower「水力電気」

▶ power generator「発電機」

▶ contribute to 〜「〜に貢献する，〜の一因となる」

▶ national border「国境」

問1 　38 　39 　正解は③，④（順不同）

「ポスターの最初の見出しで，あなたのグループはノルウェーの状況を紹介したいと考えている。記事によると，次のどの2つが適切か（順序は問わない）」

第2段第1文（The increase is …）では，ノルウェーで電気自動車の販売が伸びているのは単純に政府の政策のおかげだと述べられている。同段第2〜4文（Norway started taxing …）では，その政策の説明として，税制の変更などの具体例を挙げ，人々が電気自動車を選びやすくなっている状況が説明されているので，③「ノルウェー政府は人々の車の選択に影響を与えている」が適切。また，第5段第2文（The sale of …）では，石油と天然ガスのおかげで，平均するとノルウェーの人々は世界で最も豊かな人々であると述べられているので，④「世界基準で見て，ノルウェーの人々は裕福である」も正解となる。

① 「ガソリン車を製造するメーカーはノルウェーから撤退しつつある」

② 「以前よりも多くの人が公共交通機関に頼るようになっている」

⑤ 「ハイブリッド車の売り上げが伸びている」

いずれも本文中にこのような内容が述べられている部分はない。

問2 　40 　正解は③

「ポスターの2つ目の見出しで，あなたは文章中のいくつかのユニットを視覚化する図が欲しい。次の4つのグラフのうち，ノルウェーの予測を最もよく表しているのはどれか」

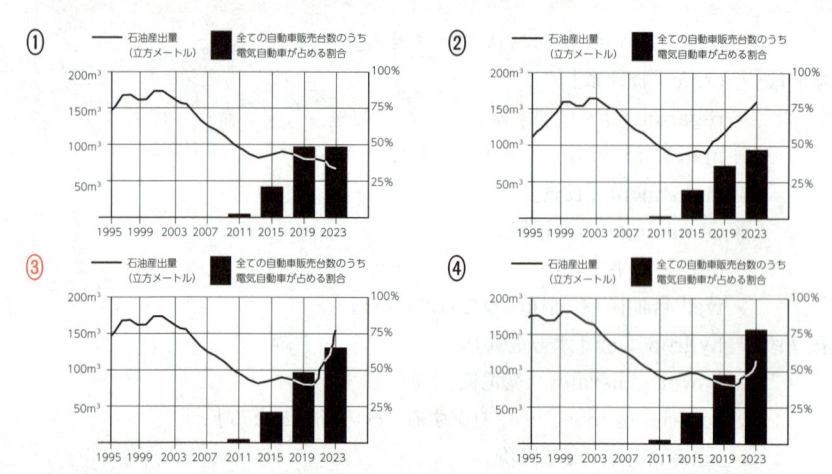

第1段第2文（In 2019, …）では，2019年にノルウェーで売れた新車の48パーセントが電気自動車だったとあるので，②のグラフの2019年の電気自動車の割合は不適。第2段最終文（The government has …）のso以下では，電気自動車の割合は一層増加していくとあるので，2019年から2023年にかけて電気自動車の割合が伸びていない①も不適。さらに第6段第4文（They plan to …）では，ノルウェーが2023年までに史上最高レベルに迫る石油生産量に達することを計画していると述べられているので③のグラフが正解となる。

問3　 41 　正解は②

「ポスターの3つ目の見出しで，あなたのグループはノルウェーが産油国としてどのように行動しているかを説明したいと考えている。記事によると，ノルウェーは世界市場に石油を輸出しているにもかかわらず，　　　」

第5段最終文（Indeed, Norway is …）で，ノルウェーがインドネシアやブラジルに熱帯雨林を保護するよう働きかけているとあるので，②「**ノルウェーは他の国に環境を保護するよう迫っている**」が正解。

①「ノルウェーは人気のある電気自動車の生産国でもある」

③「ノルウェーは自国の需要を満たすため，時々，燃料を輸入する必要がある」

④「ノルウェーでは驚くほどガソリンの価格が高い」

問4　 42 　正解は③

「このプレゼンテーションの最も適切なタイトルは　　　」

一方では環境にやさしい電気自動車を促進し，自国の電力は燃料ではなく，水力発電や風力発電から調達しているノルウェーだが，他方では自国の経済を支えるために石油生産量を増やし，結果的には地球温暖化を引き起こしているという内容が本

文では述べられている。したがって③「ノルウェーの環境目標と経済的ニーズとの間の葛藤」が最も適切。

① 「製造業への投資によるノルウェーの利益」

② 「近隣諸国に電気自動車をもっと購入するよう促すノルウェー」

④ 「ノルウェーにおける，石油生産を終わらせ，クリーンエネルギーの利用を促進する計画」

問5　**43**　正解は①

「電気自動車を買うように人々に奨励することについて，どのようなことが推測できるか」

第4段最終文（Furthermore, the money …）に「さらに，電気自動車の使用を奨励するために費やされる資金は，公共交通機関から資金を奪ってしまった」とあるので，①「予算の点において，公共交通機関に悪影響を及ぼした可能性がある」が正解。

② 「それは既にオスロで多くの自転車利用者と歩行者の命を救った」　第4段第6文（In 2019, not …）の内容に関連しているが，これは自動車を制限したことの結果であって，電気自動車の使用の奨励とは無関係である。

③ 「それはさらに4大都市の交通政策にも貢献するだろう」　第4段第7文（Making it easier …）の「人々が電気自動車を購入しやすくすることは，こうした交通削減の取り組みと相反する」という内容に矛盾する。

④ 「オスロ市は駐車場をさらに増やすことを必要としないだろう」　第4段第3文（To achieve this, …）でオスロ市が過去に駐車場を撤去した話は述べられているが，電気自動車が奨励されることと今後の駐車場の増加については本文では述べられておらず，推測もできない。

共通テスト　実戦創作問題
リスニング

解答時間 30分　配点 100点

◎音声は下記の音声専用サイトで配信しています。

● 音声専用サイトはこちら
akahon.net/kte/

実戦創作問題

英　語（リスニング）

$$\left(解答番号 \boxed{1} \sim \boxed{37}\right)$$

第1問 （配点 25） 音声は2回流れます。

第1問はAとBの二つの部分に分かれています。

A 　第1問Aは問1から問4までの4問です。英語を聞き，それぞれの内容と最もよく合っているものを，四つの選択肢（①〜④）のうちから一つずつ選びなさい。

問1 　　1

① The speaker came by bus.
② The speaker came by bus and taxi.
③ The speaker didn't take a bus or a taxi.
④ The speaker took a taxi.

問2 　　2

① The speaker cannot clean her room today.
② The speaker cannot meet her friends today.
③ The speaker's friends will come to her room.
④ The speaker will clean her room today.

問3 　3

① Akemi bought a new bicycle.
② Akemi didn't go to school today.
③ Akemi rode her bicycle home.
④ Akemi went home by car.

問4 　4

① The speaker is a doctor.
② The speaker's father is a firefighter.
③ The speaker's father wants him to be a doctor.
④ The speaker wants to be a firefighter.

これで第１問Ａは終わりです。

B　第1問Bは問5から問7までの3問です。英語を聞き，それぞれの内容と最もよく合っている絵を，四つの選択肢（①〜④）のうちから一つずつ選びなさい。

問5　| 5 |

①

②

③

④

問6　6

①

②

③

④

問7　　7

これで第１問Ｂは終わりです。

第2問 （配点 16） **音声は2回流れます。**

第2問は問8から問11までの4問です。それぞれの問いについて，対話の場面が日本語で書かれています。対話とそれについての問いを聞き，その答えとして最も適切なものを，四つの選択肢（①～④）のうちから一つずつ選びなさい。

問8 配達物を置く場所について話をしています。 8

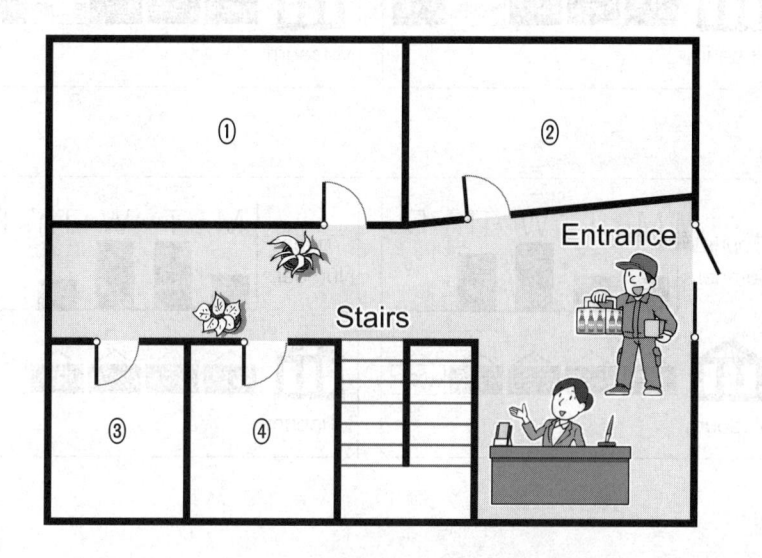

問9　博物館に行く日について相談をしています。　9

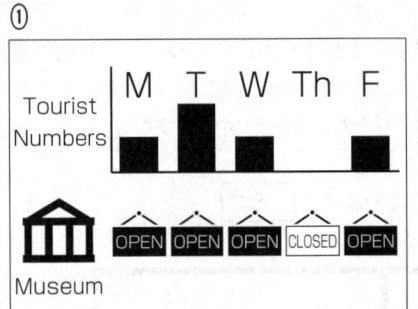

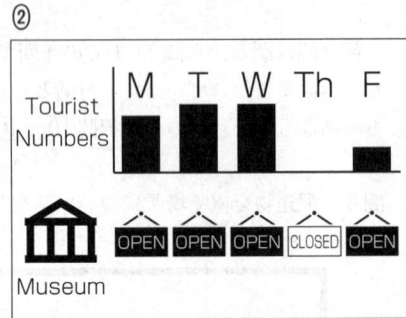

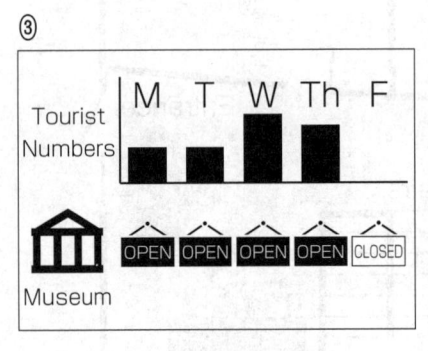

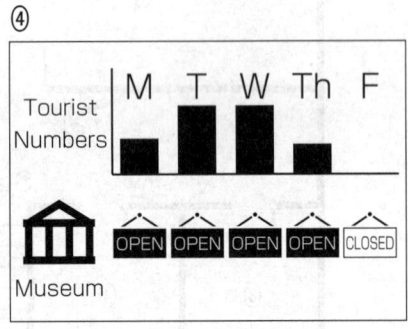

問10　自転車屋さんでどの自転車を買うか話をしています。　10

①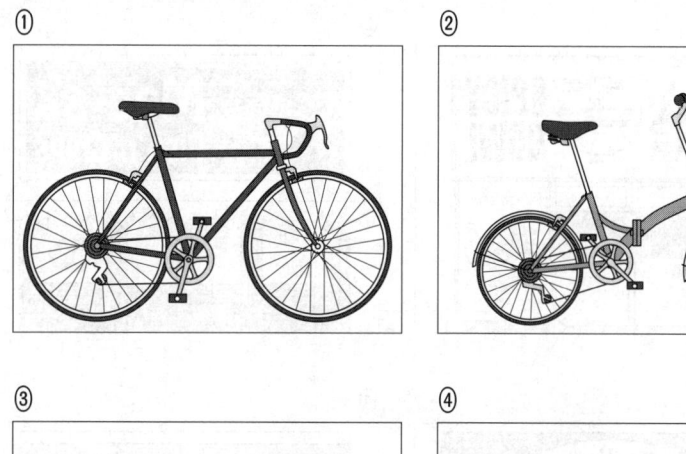

②

③

④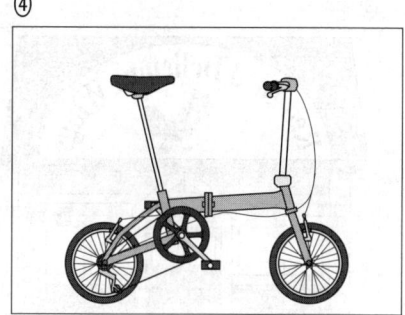

問11　どのレストランで食事をするかについて話をしています。　11

①

②

③

④

これで第2問は終わりです。

第3問 （配点 18） **音声は1回流れます。**

　第3問は問12から問17までの6問です。それぞれの問いについて，対話の場面が日本語で書かれています。対話を聞き，問いの答えとして最も適切なものを，四つの選択肢 $\left(\text{①}\sim\text{④}\right)$ のうちから一つずつ選びなさい。（問いの英文は書かれています。）

問12　夫婦が映画について話をしています。

What is the couple going to see?   〔 12 〕

① *Future Force* at 1:00 PM
② *Future Force* at 2:00 PM
③ *Max's Adventure* at 1:00 PM
④ *Max's Adventure* at 2:00 PM

問13　男性が診療所で受付の女性に話しかけています。

What will the man do?   〔 13 〕

① Drive to a shopping center.
② Sit in a waiting room.
③ Wait in his car.
④ Walk around the shopping center.

問14　女性が通行人に話しかけています。

What will the woman do?   〔 14 〕

① Follow the man.
② Look for a bridge.
③ Take a train.
④ Walk to a bookstore.

問15 友人同士が自分たちの先生について話をしています。

What do the two friends agree about ? 15

① Last month's lessons were fun.
② Their teacher is very interesting.
③ They are looking forward to next month.
④ They enjoy history more now.

問16 レストランの従業員が新しいメニューについて話し合っています。

What does the man say about the menu ? 16

① It has some interesting items.
② It is very popular.
③ It should be updated.
④ It was created at a staff meeting.

問17 カップルが今日の予定について話をしています。

What are the speakers going to do this morning ? 17

① Visit a cinema and a furniture store.
② Visit a furniture store and a restaurant.
③ Visit a library and a cinema.
④ Visit a restaurant and a bookstore.

これで第3問は終わりです。

第4問 （配点 12） <u>音声は1回流れます</u>。

第4問はAとBの二つの部分に分かれています。

A 第4問Aは問18から問25までの8問です。話を聞き，それぞれの問いの答えとして最も適切なものを，選択肢から選びなさい。<u>問題文と図表を読む時間が与えられた後，音声が流れます</u>。

問18〜21 あなたは，大学の授業で配られた資料のグラフを完成させようとしています。先生の説明を聞き，四つの空欄 **18** 〜 **21** に入れるのに最も適切なものを，四つの選択肢（①〜④）のうちから一つずつ選びなさい。

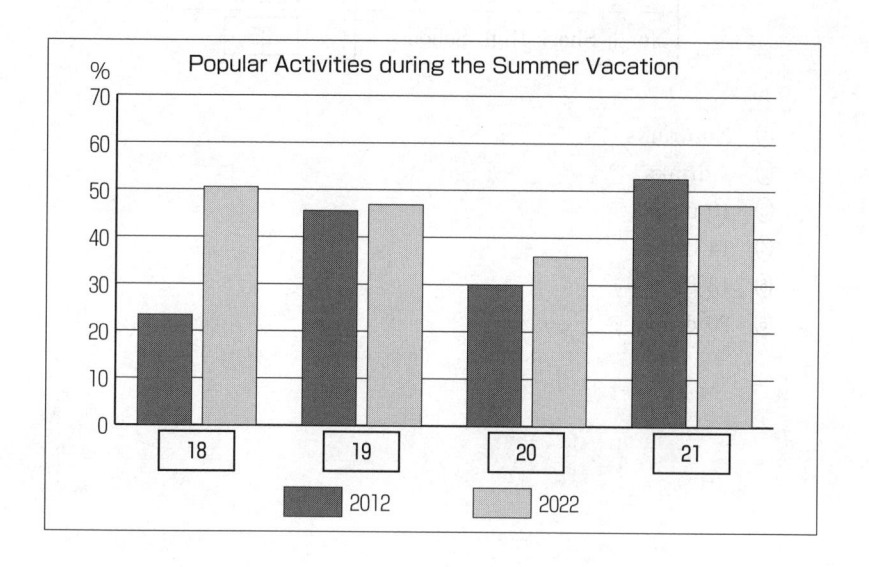

① Playing video games
② Studying at home
③ Traveling with friends
④ Working to save money

問22～25　あなたは，学校で開催される卓球大会の運営を手伝っています。準備する飲み物の数についての説明を聞き，次の表の四つの空欄 22 ～ 25 に入れるのに最も適切なものを，六つの選択肢 (①～⑥) のうちから一つずつ選びなさい。選択肢は2回以上使ってもかまいません。

High School	Drinks needed
South High School	22
East Village High School	23
Greene Hill High School	
City Central High School	24
North Shore High School	25

① No drinks
② 2 drinks
③ 10 drinks
④ 14 drinks
⑤ 18 drinks
⑥ 20 drinks

これで第4問Aは終わりです。

B 　第4問Bは問26の1問です。話を聞き，示された条件に最も合うものを，四つの選択肢 $\left(①\sim④\right)$ のうちから一つ選びなさい。後の表を参考にしてメモを取ってもかまいません。<u>状況と条件を読む時間が与えられた後，音声が流れます</u>。

状況

　あなたは大学（グリーンデール大学）入学後のアルバイトを探しています。アルバイトを選ぶにあたり，四つのアルバイト先の候補の採用担当者から話を聞いています。

あなたが考えている条件
　A．時給が最低賃金よりも高い。
　B．大学と自宅の近くである。
　C．時間の融通が利く。

	Workplaces	Condition A	Condition B	Condition C
①	Joe's Burgers			
②	Pancake King			
③	Style Girlz			
④	XBC Manufacturing			

問26 　| 26 |　is the workplace you are most likely to choose.

- ① Joe's Burgers
- ② Pancake King
- ③ Style Girlz
- ④ XBC Manufacturing

これで第4問Bは終わりです。

第5問 （配点 15） **音声は1回流れます。**

第5問は問27から問33までの7問です。

最初に講義を聞き，問27から問31に答えなさい。次に問32と問33の音声を聞き，問いに答えなさい。<u>状況，ワークシート，問い及び図表を読む時間が与えられた後，音声が流れます。</u>

状況

あなたはアメリカの大学で，大学の教科書の価格について，ワークシートにメモを取りながら，講義を聞いています。

ワークシート

Textbook Options for University Students

● The cost of traditional textbooks 　27　 student wages.

● A comparison of three textbook options

	Buying	Selling
New textbooks	expensive	easy
Used textbooks	28	29
eBooks	30	31

問27　ワークシートの空欄 27 に入れるのに最も適切なものを，四つの選択肢 (①〜④) のうちから一つ選びなさい。

① has decreased to match
② has increased to match
③ is decreasing faster than
④ is increasing faster than

問28〜31　ワークシートの空欄 28 〜 31 に入れるのに最も適切なものを，六つの選択肢 (①〜⑥) のうちから一つずつ選びなさい。選択肢は2回以上使ってもかまいません。

① cheap　　　② easy　　　③ expensive
④ hard　　　⑤ illegal　　　⑥ impossible

問32　講義後に，あなたは要約を書くためにグループのメンバーA，Bと，講義内容を口頭で確認しています。それぞれの発言が講義の内容と一致するかどうかについて最も適切なものを，四つの選択肢 (①〜④) のうちから一つ選びなさい。 32

① Aの発言のみ一致する
② Bの発言のみ一致する
③ どちらの発言も一致する
④ どちらの発言も一致しない

第5問はさらに続きます。

問33 講義の後で，Anne と Zack が下の図表を見ながらディスカッションをしています。ディスカッションの内容及び講義の内容からどのようなことが言えるか，最も適切なものを，四つの選択肢 $\left(①\sim④\right)$ のうちから一つ選びなさい。 33

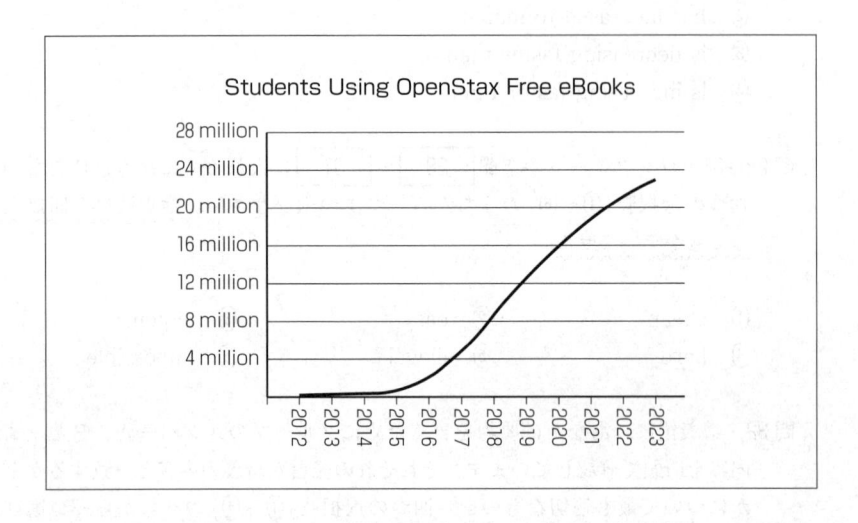

① Digital books are likely to completely replace printed books in the future.

② Free eBook publishers have started selling printed versions of their books.

③ Students have different preferences when it comes to printed and digital books.

④ Traditional publishers are offering free digital versions of their books.

これで第5問は終わりです。

第6問 （配点 14） 音声は1回流れます。

第6問はAとBの二つの部分に分かれています。

A 　第6問Aは問34・問35の2問です。二人の対話を聞き，それぞれの問いの答えとして最も適切なものを，四つの選択肢 $(①〜④)$ のうちから一つずつ選びなさい。（問いの英文は書かれています。）状況と問いを読む時間が与えられた後，音声が流れます。

> 状況
> 　二人の高校生が，卒業後の予定について話しています。

問34　Which statement best describes Jack's opinion?　| 34 |

① Becoming an architect is an easy career option.
② It is important to choose a career carefully.
③ Students should spend a year traveling before entering university.
④ Universities should offer more volunteer opportunities.

問35　Which of the following statements would both speakers agree with?
| 35 |

① Companies prefer to hire students as soon as they graduate.
② It is a waste of time to work at a company you don't like.
③ The university entrance exam is getting harder each year.
④ Volunteer experience is valued by many businesses.

これで第6問Aは終わりです。

B　第6問Bは問36・問37の2問です。会話を聞き，それぞれの問いの答えとして最も適切なものを，選択肢のうちから一つずつ選びなさい。後の表を参考にしてメモを取ってもかまいません。<u>状況と問いを読む時間が与えられた後，音声が流れます</u>。

状況

四人の学生（Dennis, Pete, Risa, Lucy）が，あるロックバンド（Rockadelica）のコンサートについて話し合っています。

Dennis	
Pete	
Risa	
Lucy	

問36　会話が終わった時点で，<u>Rockadelica のコンサートに行くことに決めた人</u>を，四つの選択肢（①〜④）のうちから一つ選びなさい。　| 36 |

① Dennis
② Pete, Lucy
③ Dennis, Risa
④ Dennis, Risa, and Pete

問37 会話を踏まえて，Lucy の考えの根拠となる図表を，四つの選択肢（①～④）のうちから一つ選びなさい。 37

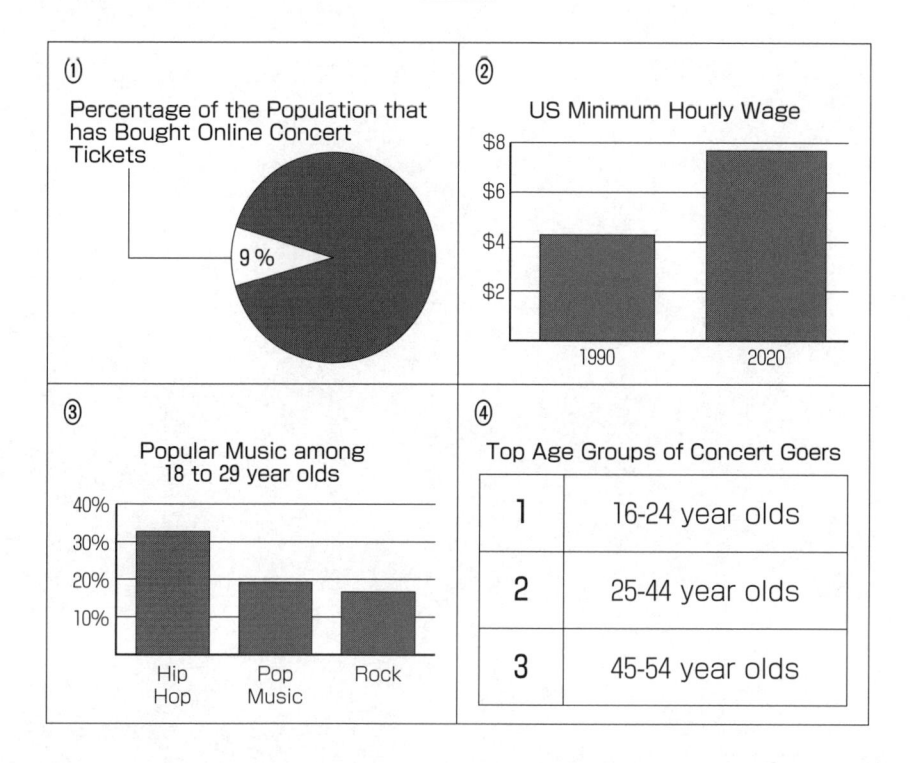

これで第６問Ｂは終わりです。

共通テスト　実戦創作問題：英語（リスニング）

問題番号 （配点）	設　問	解答番号	正　解	配　点	チェック
第1問 (25)	A　問1	1	④	4	
	A　問2	2	④	4	
	A　問3	3	④	4	
	A　問4	4	④	4	
	B　問5	5	①	3	
	B　問6	6	④	3	
	B　問7	7	①	3	
第2問 (16)	問8	8	②	4	
	問9	9	②	4	
	問10	10	③	4	
	問11	11	③	4	
第3問 (18)	問12	12	③	3	
	問13	13	③	3	
	問14	14	③	3	
	問15	15	④	3	
	問16	16	②	3	
	問17	17	③	3	

（注）　＊は，全部正解の場合のみ点を与える。

問題番号 （配点）	設　問	解答番号	正　解	配　点	チェック
第4問 (12)	A　問18	18	①	4*	
	A　問19	19	④		
	A　問20	20	③		
	A　問21	21	②		
	A　問22	22	③	1	
	A　問23	23	③	1	
	A　問24	24	③	1	
	A　問25	25	⑥	1	
	B　問26	26	④	4	
第5問 (15)	問27	27	④	3	
	問28	28	③	2*	
	問29	29	④		
	問30	30	①	2*	
	問31	31	⑥		
	問32	32	②	4	
	問33	33	③	4	
第6問 (14)	A　問34	34	②	3	
	A　問35	35	④	3	
	B　問36	36	④	4	
	B　問37	37	③	4	

リスニング

実戦創作問題

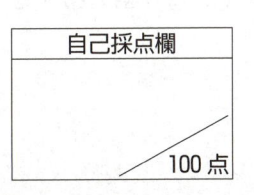

自己採点欄

100 点

> **放送内容** 《試験の説明》
>
> これからリスニングテストを始めます。
> この試験では，聞き取る英語が２回流れる問題と１回流れる問題があります。第１問と第２問は２回，第３問から第６問は１回です。なお，選択肢は音声ではなく，すべて問題冊子に印刷されています。
> では，始めます。

第1問 A　短い発話を聞いて同意文を選ぶ問題

> **放送内容** 《第１問Aの説明》
>
> 　第１問A　第１問Aは問１から問４までの４問です。英語を聞き，それぞれの内容と最もよく合っているものを，四つの選択肢（①〜④）のうちから一つずつ選びなさい。

問1　　1　　正解は④

① 話者はバスでやってきた。
② 話者はバスとタクシーでやってきた。
③ 話者はバスにもタクシーにも乗らなかった。
④ 話者はタクシーに乗った。

> **放送内容** 《目的地までの交通手段》
>
> I missed the bus, so I had to take a taxi to get here.

> **訳**　私はバスに乗り遅れたため，ここに来るのにタクシーに乗らなければならなかった。

後半の I had to take a taxi to get here「ここに来るのにタクシーに乗らなければならなかった」より，話者がタクシーに乗ったことがわかるため，④が正解。had to の部分は文字通りの「ハド・トゥ」ではなく「ハットゥ」と聞こえるため，わかりづらいかもしれない。また，前半の I missed the bus「バスに乗り遅れた」より①，②の選択肢が不適であることから解答を絞ることができる。

問2　　2　　正解は④

① 話者は今日，部屋の掃除ができない。
② 話者は今日，友人たちに会うことができない。
③ 話者の友人たちが部屋に来るだろう。
④ 話者は今日，部屋を掃除するつもりだ。

放送内容 《今日の予定》

I need to clean my room today, but I will do it after I go out with my friends.

訳　私は今日，部屋を掃除する必要があるが，友人たちと一緒に出かけた後にそうするつもりだ。

前半の I need to clean my room today「今日，部屋の掃除をする必要がある」と，後半の I will do it「そうするつもりだ」より④が正解。do it は動詞句 clean my room の代用である。後半の but I will do it は聞き取りづらいかもしれない。しかし，after が主節との区切りではっきりと読まれており，after I go out with my friends「友人たちと出かけた後に」は聞き取りやすい。ここから②，③が不適であることがわかるので，④の掃除をするか，①の掃除をしないかの2択に解答を絞れる。

問3　　3　　正解は④

① アケミは新しい自転車を買った。
② アケミは今日，学校に行かなかった。
③ アケミは家まで自転車に乗って帰った。
④ アケミは車で帰宅した。

放送内容 《自転車の故障》

Akemi's bicycle broke on the way to school. Her mother picked her up in the car after school.

訳　アケミの自転車は，学校に行く途中，壊れてしまった。放課後，母が車で彼女を迎えに行った。

◇ pick *A* up「*A* を迎えに行く」

第2文の Her mother picked her up in the car「母が車で彼女を迎えに行った」より，自転車を使えなくなったアケミが母親の車で迎えに来てもらったことがわかる。よって④が正解。放送英文の in the car が選択肢では by car となっていることに注意。交通手段は〈by＋乗り物〉で表すが，乗り物に冠詞 the や所有格が付く場合は

〈in＋the/所有格＋乗り物〉となる。第1文の on the way to school「学校に行く途中」に引っ張られると，④の went home「帰宅した」が内容にそぐわないように思えるかもしれないが，第2文の文末の after school「放課後」がかなりはっきりと聞こえるので，ここから母の車に乗って帰宅したと判断できる。

問4 ☐4 正解は④

① 話者は医者である。
② 話者の父親は消防士である。
③ 話者の父親は彼に医者になってほしいと思っている。
④ 話者は消防士になりたがっている。

放送内容 《将来の夢》

My father is a doctor at a big hospital, but I would like to be a firefighter when I leave school.

訳　僕の父は大病院の医者だが，僕は学校を卒業したら消防士になりたいと思っている。

選択肢の主語がそれぞれ The speaker と The speaker's father であること，各選択肢に職業（a doctor と a firefighter）が含まれていることから，2人の人物とそれぞれの職業の関係を中心に聞き取る必要がある。前半の My father is a doctor「僕の父は医者だ」より②は不適。話者に関しては後半で I would like to be a firefighter「僕は消防士になりたいと思っている」と述べているため，①は不適，同時に④が正解となる。③については，父親が息子に医者になってほしがっているという内容はないため，不適となる。

第1問B 短い発話を聞いて内容に合うイラストを選ぶ問題

《第1問Bの説明》

　第1問B　第1問Bは問5から問7までの3問です。英語を聞き，それぞれの内容と最もよく合っている絵を，四つの選択肢（①〜④）のうちから一つずつ選びなさい。

　では，始めます。

問5　　5　　正解は①

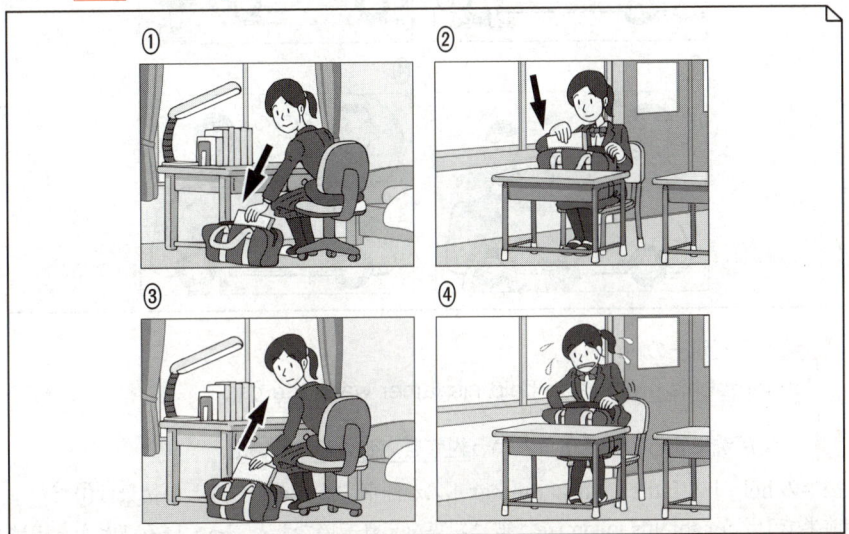

《教科書の所在》

She put her textbook in her bag before she left for school in the morning.

訳　　彼女は朝，学校へ向かう前にかばんに教科書を入れた。

イラストから，女の子が教科書またはノートをどうしたかに注意して聞き取る必要があると予測できる。また，女の子の部屋でのことか，教室内でのことかにも注意して聞き取ろう。前半の She put her textbook in her bag より，教科書をかばんに入れている状況である①，②に絞る。後半の before she left for school「学校へ向かう前に」より自宅での出来事であると判断し，①が正解。実際には，前半の「入れる」を表す put 〜 in の in が聞き取りづらく，①か③かで判断に迷う人もいるだろう。

③のように物を取り出す場合は take *A* out of *B*「*B* から *A* を取り出す」という形を用いるので，その知識から答えを絞ることもできる。

問6　　6　　正解は④

放送内容　《親子の約束》

He forgot his promise to help his father wash the car.

訳　　父が洗車するのを手伝うという約束を，彼は忘れていた。

後半の help his father wash the car「父が洗車するのを手伝う」の情景は①だが，前半で He forgot his promise「彼は約束を忘れていた」と言っていることから①は不適。主語の He と his father の関係を考えれば，He は息子である。約束を忘れていたのは息子なので，車の近くに息子の姿のない④が正解となる。放送英文は息子を主体にした表現となっているが，正解のイラストは父親を主体にした描写になっていることに注意。

問7 　7　　正解は①

放送内容 《飛行機への搭乗》

She got to the airport in time for her flight.

訳　彼女は搭乗予定の飛行機に間に合うように空港に到着した。

◇ in time for ～「～に間に合って」

She got to the airport「彼女は空港に到着した」より，女性が空港にいる情景となっている①，②に絞られる。続く in time for her flight「搭乗予定の飛行機に間に合って」から，腕時計を見ながら笑顔で空港の前にいる①が適切であると考える。

第2問　短い対話と問いを聞いてイラストを選ぶ問題

放送内容　《第2問の説明》
　第2問　第2問は問8から問11までの4問です。それぞれの問いについて，対話の場面が日本語で書かれています。対話とそれについての問いを聞き，その答えとして最も適切なものを，四つの選択肢（①〜④）のうちから一つずつ選びなさい。では，始めます。

問8　　8　　正解は②

放送内容　《配達物の置き場所》

M : I've brought some drinks for the party. Where should I leave them?

W : Can you put them in <u>the room in front of the stairs</u>? That's where we'll have the party.

M : Um ... . <u>The room with a plant by the door</u>?

W : <u>No</u>, sorry. <u>The other one</u>.

Question : Where should the man put the drinks?

訳　男性：パーティー用の飲み物をお持ちしました。どこに置きましょうか？
　　女性：<u>階段の前の部屋</u>に置いてもらえますか？　そこがパーティー会場なんです。
　　男性：えぇと…。<u>ドアのそばに植物がある部屋</u>ですか？
　　女性：<u>いいえ</u>，ごめんなさい。<u>もう一方の部屋です</u>。

　　質問：男性は飲み物をどこに置いたらよいですか。

イラストの選択肢がすべて部屋を指しているため，どの部屋の話をしているか，場所を表す語に注意して聞き取るとよい。女性の1つ目の発言 Can you put them in the room in front of the stairs? 「階段の前の部屋に置いてもらえますか？」から①，②に絞る。続く男性の2つ目の発言 The room with a plant by the door? 「ドアのそばに植物がある部屋ですか？」は①の部屋を指すが，この質問に対し，女性が2つ目の発言で No と答えていることから②が正解。続く The other one. の one は room を指し，「もう一方の部屋です」という意味である。

問9　　9　　正解は②

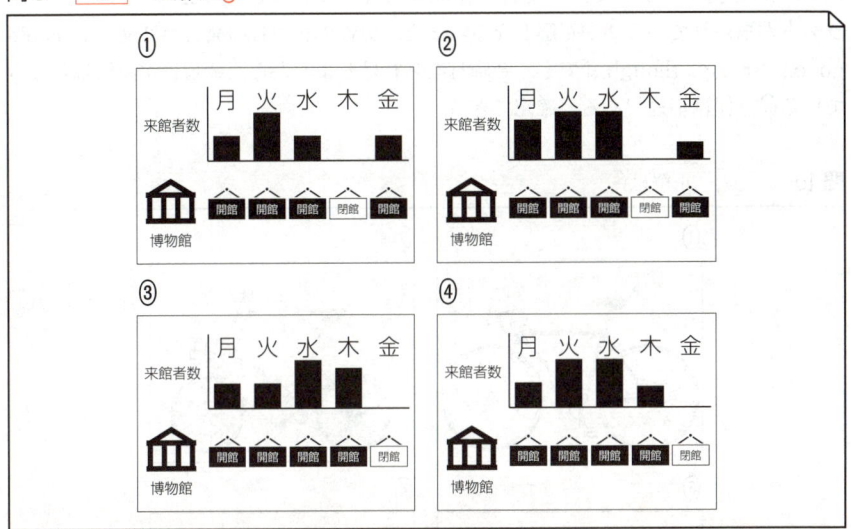

放送内容　《博物館を訪問する日》

W : When should we go to the museum?

M : There will be many tourists tomorrow and Wednesday. We should avoid those days.

W : How about Thursday?

M : It's closed on Thursdays. We could go on Friday, though.

Question : Which graph shows the correct situation?

訳　女性：博物館にはいつ行くべきかしら？

　　男性：明日と水曜日は観光客が多いだろうね。これらの曜日は避けたほうがいいよ。

　　女性：木曜日はどうかしら？

> 男性：**木曜日は閉館日なんだ**。でも，金曜日なら行けるよ。

> 質問：どの図表が状況を正しく表していますか。

イラスト上部の棒グラフが来館者の人数を，下部が博物館の開館状況を表している。まず，男性の1つ目の発言 There will be many tourists tomorrow and Wednesday.「明日と水曜日は観光客が多いだろうね」より，明日がどの曜日かは不明だが，水曜日は来館者が多いとわかる。この情報から①は不適。次に，男性の2つ目の発言 It's closed on Thursdays.「木曜日は閉まっている」の It は話題の中心である the museum を指す。よって，木曜日を意味する Th の下に CLOSED のプレートのイラストが描かれている②が正解となる。また，男性の2つ目の発言第2文 We could go on Friday, though.「でも，金曜日なら行けるよ」から，金曜日が閉館日となっている③，④は不適であると確認できる。

問10　　10　　正解は③

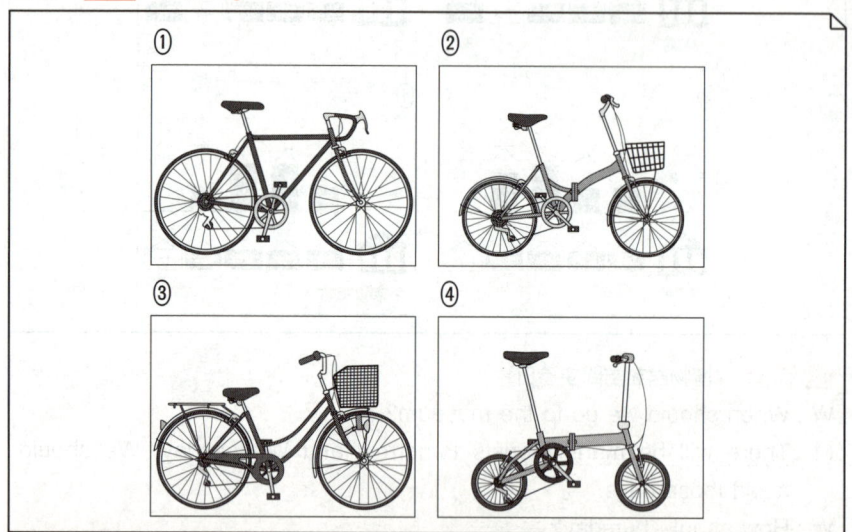

放送内容　《自転車選び》

M：We looked at some different bicycles today. Which one do you want?

W：I liked the one with a basket on the front.

M：The one with the small wheels?

W：No, the one with large wheels.

Question：Which bicycle does the girl want?

訳 男性：今日はいろんな自転車を見たね。どの自転車がほしい？

女性：<u>前にカゴの付いたもの</u>が気に入ったわ。

男性：<u>タイヤが小さいやつ</u>？

女性：<u>いいえ，タイヤが大きいやつよ。</u>

質問：女の子はどの自転車をほしがっていますか。

女の子の1つ目の発言 I liked the one with a basket on the front. の one は bicycle を指す。「前にカゴの付いたものが気に入ったわ」よりカゴが付いている自転車である②，③に絞る。イラストより②，③の違いはタイヤの大きさ。男性の2つ目の発言 The one with the small wheels?「タイヤが小さいやつ？」が指すのは②。しかし，女の子はこれに対して2つ目の発言で No と答えているため③が正解。続く the one with large wheels「タイヤが大きいやつよ」で確認できる。

問11 　11 　正解は③

放送内容 《外食先》

W : How about this place? It looks delicious.

M : <u>I don't like noodles very much</u>.

W : I see. Then, this place might be good.

M : No, I'm afraid <u>I don't like seafood, either</u>.

Question : Which is the best restaurant for the people to visit?

訳 女性：このお店はどう？　おいしそうよ。

男性：**僕は麺類があまり好きじゃないんだよね。**

女性：わかったわ。じゃあ，この店がいいかもしれないわね。

男性：いや，残念だけど<u>シーフードも苦手なんだ</u>。

質問：2人が訪れるのに最適なレストランはどれですか。

◇ I'm afraid（that）S V「残念ながら…」　◇ not ~ either「~もまたない」

レストランの看板から，2人の食べ物の好みについてしっかり聞き取ることが必要だと推測できる。また，この問題では「この店がいい」という意見は出てこないため，消去法で考える。女性の1つ目の発言 How about this place?「このお店はどう？」の this place は続く男性の1つ目の発言 I don't like noodles very much.「僕は麺類があまり好きじゃないんだよね」より，麺類を提供する店，つまり①を指すとわかる。さらに女性の2つ目の発言 Then, this place might be good.「じゃあ，この店がいいかもしれないわね」の this place は続く男性の2つ目の発言 No, I'm afraid I don't like seafood, either.「いや，残念だけどシーフードも苦手なんだ」より，シーフードを含む料理を提供する店である②，④のどちらかとわかる。質問は2人が行くのに最適なレストランであるため，男性の苦手な料理を出す①，②，④は不適となり，③が正解となる。

第3問 短い対話を聞いて問いに答える問題

放送内容 《第3問の説明》
　第3問　第3問は問12から問17までの6問です。それぞれの問いについて，対話の場面が日本語で書かれています。対話を聞き，問いの答えとして最も適切なものを，四つの選択肢（①〜④）のうちから一つずつ選びなさい。
　では，始めます。

問12　12　正解は③

問　夫婦は何を見るつもりですか。
① 午後1時からの『フューチャーフォース』
② 午後2時からの『フューチャーフォース』
③ 午後1時からの『マックスの冒険』
④ 午後2時からの『マックスの冒険』

放送内容 《映画鑑賞》

W : Which movie do you want to see, *Max's Adventure* or *Future Force*?

M : I don't know, but I don't want to stay out late. Let's choose one that starts at one o'clock or two o'clock at the latest.

W : Well, we can see *Max's Adventure* at one or *Future Force* at two.

M : *Future Force* sounds like a science fiction movie. I'd prefer to watch the other one.

訳　女性：『マックスの冒険』と『フューチャーフォース』だったら，あなたはどちらの映画を見たい？

男性：わからないけど，遅い時間帯まで外出していたくはないな。遅くとも1時か2時に始まるやつにしようよ。

女性：そうねぇ，1時の『マックスの冒険』か，2時の『フューチャーフォース』なら見られるわよ。

男性：『フューチャーフォース』はSF映画のようだね。僕はもう一つのほうを見たいな。

◇ stay out「外出中である」　◇ at the latest「どんなに遅くとも」

女性の1つ目の発言 Which movie do you want to see, *Max's Adventure* or *Future Force*? より，選択肢の *Future Force* と *Max's Adventure* は映画の題名であるとわかる。また，時間が選択肢に含まれているので，時間の表現に注意して聞き

取る。女性の2つ目の発言 we can see *Max's Adventure* at one or *Future Force* at two「1時の『マックスの冒険』か，2時の『フューチャーフォース』なら見られるわよ」より，②と③に絞られる。男性の2つ目の発言 *Future Force* sounds like a science fiction movie. I'd prefer to watch the other one.「『フューチャーフォース』は SF 映画のようだね。僕はもう一つのほうを見たいな」の第2文にある the other one が，これから2人が見る映画である。よって，*Future Force* ではないほう，すなわち③が正解。

問 13　13　正解は③

> 問　男性はこれからどうするつもりですか。
> ①　ショッピングセンターまで車で行く。
> ②　待合室で座って待つ。
> ③　車の中で待つ。
> ④　ショッピングセンターを歩いて回る。

放送内容　《待ち時間のつぶし方》

M : My appointment is at 1:00 PM. Should I sit in the waiting room?

W : It's a bit crowded, so you don't have to. I can call your mobile phone when it's time for your appointment. You can walk around the shopping center. Some people like to listen to the radio in their cars.

M : I see. Well, I'm a bit tired, so I'll do that.

訳　男性：午後1時に予約しているのですが。待合室で座って待っていたほうがいいですか？

女性：少し混みあっていますので，待合室にいなくても結構です。ご予約の時間になりましたら，お客様の携帯電話に私からお電話差し上げます。ショッピングセンターを歩いて回ってもよろしいですよ。お車の中でラジオを聞いてお待ちいただいている方もいます。

男性：わかりました。では，少し疲れているので，そうさせてもらいます。

男性の1つ目の発言第2文 Should I sit in the waiting room?「待合室で座って待っていたほうがいいですか？」という質問に対し，女性は発言の第1文で you don't have to と答えている。don't have to の後ろには sit in the waiting room が省略されているため，「待合室で待つ必要はない」の意。ここで②は除外できそうである（ただし，最終判断は会話を最後まで聞いてからにすること）。さらに女性の発言の第3・4文 You can walk around the shopping center. Some people like to listen to the radio in their cars.「ショッピングセンターを歩いて回ってもよろしいです

よ。お車の中でラジオを聞いてお待ちいただいている方もいます」で，男性が待ち時間をつぶす方法として③，④の選択肢が登場している。男性の2つ目の発言第2文で I'm a bit tired, so I'll do that「少し疲れているので，そうさせてもらいます」と答えているので，この do that にあたる選択肢を選ぶ。女性が最後に提案したのは listen to the radio in their cars であるため，③が正解。男性の I'm a bit tired, so「少し疲れているので」もまた④を不適とするヒントとなる。

問14　　14　　正解は③

> 問　**女性はこれからどうするつもりですか。**
> ①　男性についていく。　　　　　②　橋を探す。
> ③　電車に乗る。　　　　　　　　④　書店まで歩いていく。

放送内容　《書店までの道案内》

W : I'm looking for Bernie's Rare Book Store. Is it around here?
M : Well, it's not far, but it's too far to walk. <u>You should take a train</u>.
W : Really? It looks close on this map. I thought I could walk.
M : I see what you mean. It's far because you have to walk all the way to this bridge.
W : Oh! The bookstore is on the other side of the river. <u>I'd better take your advice</u>.

訳　女性：バーニーズ古書店を探しているんですが。この辺りですか？
男性：うーん，遠くはないのですが，徒歩で行くには遠すぎます。<u>電車に乗ったほうがいいですよ。</u>
女性：本当ですか？　この地図では近そうに見えるんですが。歩いていけると思っていました。
男性：あなたの言いたいことはわかりますよ。この橋までずっと歩いていかなければならないので，遠いんですよ。
女性：あぁ！　書店はこの川の対岸にあるんですね。<u>あなたのアドバイス通りにしたほうがよさそうですね。</u>

◇ close「近い」　◇ all the way to ～「～までずっと，はるばる～まで」
◇ the other side of ～「～の反対側」　◇ take *one's* advice「～の忠告に従う」
道を尋ねる女性に対し，男性は1つ目の発言第2文で You should take a train.「電車に乗ったほうがいいですよ」とアドバイスしている。女性は最後の発言最終文で I'd better take your advice.「あなたのアドバイスに従ったほうがよさそうですね」と述べていることから，女性が次に取る行動は③となる。

take your advice「あなたの忠告に従う」から，「〜に従う」の意味を持つ①を選ばないように注意。follow *one's* advice なら「（人）の忠告に従う」の意味になるが，①のように〈follow＋人〉の場合は「（人）の後についていく，（人）を尾行する」といった意味になる。

④は男性の1つ目の発言第1文後半の it's too far to walk「歩いていくには遠すぎる」より不適。too 〜 to *do* 構文は不定詞句の部分を否定的に取る。また，女性の2つ目の発言最終文 I thought I could walk.「歩いていけると思っていた」に walk とあるが，これに対して男性は It's far「遠いですよ」，walk all the way to …「…までずっと歩いていかなければならない」と，書店までの道のりの遠さをさらに説明している。④はあてはまらない。

問15　15　正解は④

> 問　友人2人が同意している点はどこですか。
> ①　先月の授業はおもしろかった。
> ②　彼らの先生は大変おもしろい。
> ③　彼らは来月を楽しみにしている。
> ④　彼らは現在，歴史が前よりも楽しいと思っている。

放送内容　《歴史の先生に対する生徒の評価》

M : Our teacher, Mr. Harper, is really interesting. I'm starting to like history more.

W : Do you think it's because of Mr. Harper?

M : Yeah, his stories are a lot of fun.

W : I disagree. I didn't think he was interesting last month. I think the history we are studying now is interesting. I'm enjoying it more now, too.

M : We'll know next week, when the topic changes.

訳　男性：僕たちの担当のハーパー先生は本当におもしろいね。歴史がもっと好きになり始めているよ。

女性：ハーパー先生のおかげだとあなたは思っているの？

男性：あぁ，彼の話はとても楽しいよ。

女性：私はそうは思わないわ。先月，彼のこと，おもしろくないと思ったもの。今私たちが勉強している歴史の分野がおもしろいんだと思うわ。私も今は前よりも歴史が楽しいと思っているもの。

男性：来週にはわかるよ，授業のテーマが変わるからね。

男性の1つ目の発言第2文 I'm starting to like history more.「歴史がもっと好きになり始めているよ」に対し，女性はハーパー先生がおもしろいという男性の意見は支持できないとしているものの，2つ目の発言最終文で I'm enjoying it more now, too.「私も今は前よりそれ（歴史）が楽しいと思っている」と同意を表す too を用いて述べていることから，④が正解。

①は女性の2つ目の発言第2文 I didn't think he was interesting last month.「先月，彼のことをおもしろくないと思った」より不適。

②は男性の1つ目の発言第1文 Our teacher, Mr. Harper, is really interesting.「僕たちの担当のハーパー先生は本当におもしろいね」にはあてはまるが，これに対し，女性は2つ目の発言第1・2文で I disagree. I didn't think he was interesting last month.「私はそうは思わないわ。先月，彼のこと，おもしろくないと思ったもの」と反論をしているため，2人は同意していない。

③の next month「来月」という語は会話中に登場しない。

問16　16　正解は②

> 問　男性はメニューについてどう言っていますか。
> ①　おもしろい品が載っている。　②　とても人気がある。
> ③　最新のものにすべきである。　④　スタッフ会議で作成された。

放送内容　《レストランスタッフの会話》

W : We've had a lot more people in the restaurant since we introduced the new menu.

M : Yes, a lot of people have been saying great things about it.

W : We might need to get some more tables for the dining room if this continues.

M : I know. We should suggest that at the next staff meeting.

W : I'll put it on the agenda.

訳　女性：新メニューを導入して以来，レストランのお客さんが以前よりずっと増えたわ。

男性：あぁ，多くの人が新メニューを褒めてくれているよ。

女性：この状況が続くようなら，食堂用にテーブルをいくつか買い足す必要があるかもしれないわね。

男性：そうだね。次のスタッフ会議で提案したほうがいいね。

女性：私はそれを議題に載せるつもりよ。

◇ a lot＋比較級「ずっと〜な」　a lot は比較級の強調。

◇ say great things about ～「～を褒める，～のことを良く言う」
◇ the〔an〕agenda「議題」　◇ put *A* on the agenda「*A* を議題に載せる」
女性が1つ目の発言で We've had a lot more people in the restaurant since we introduced the new menu.「新メニューを導入して以来，レストランのお客さんが以前よりずっと増えたわ」と述べたのに対して，男性は Yes と同意し，続けて a lot of people have been saying great things about it「多くの人がそれ（＝the new menu）を褒めてくれているよ」と述べている。よって，say great things about it（＝the new menu）が popular に言い換えられている②が正解である。

問 17　　17　　正解は③

> 問　話者らは今日の午前中に何をするつもりですか。
> ① 映画館と家具店に行く。　　　② 家具店とレストランに行く。
> ③ 図書館と映画館に行く。　　　④ レストランと書店に行く。

放送内容　《2人の午前の予定》
W : I'd like to go to the furniture store this morning to choose a new sofa.
M : Can we do that tomorrow? I have nothing to read, so I'd like to borrow a book this morning.
W : OK. Well, how about seeing a movie after you choose a book?
M : That sounds good. Where should we have lunch?

訳　女性：今日の午前中，新しいソファを選びに家具店に行きたいわ。
　　男性：それは明日にできないかな？　読むものが何もないから，今日の午前中は本を借りに行きたいんだ。
　　女性：わかったわ。じゃあ，あなたが本を選んだ後に映画を見るのはどう？
　　男性：それがいいね。どこで昼食をとろうか？

選択肢がすべて行く場所になっていることに注目しておく。女性の1つ目の発言 I'd like to go to the furniture store this morning「今日の午前中に家具店に行きたい」に対し，男性はまず Can we do that tomorrow?「それは明日にできないかな？」と提案し，次に I'd like to borrow a book this morning「今日の午前中は本を借りに行きたい」と述べている。女性はこれに対して OK. と承諾していることから，家具店へは明日行くことと，行き先の1つが本を借りる場所の a library「図書館」だとわかる。また，女性の2つ目の発言第2文の Well, how about seeing a movie after you choose a book?「じゃあ，あなたが本を選んだ後に映画を見るのはどう？」という提案に，男性は That sounds good. と同意しており，もう1つの行き先は a cinema「映画館」となる。よって③が正解。

第4問A モノローグを聞いて図表を完成させる問題

《第4問Aの説明》

　第4問A　第4問Aは問18から問25の8問です。話を聞き，それぞれの問いの答えとして最も適切なものを，選択肢から選びなさい。問18から問21の問題文と図を，今，読みなさい。
　では，始めます。

問18〜21　[18]　[19]　[20]　[21]　正解は①，④，③，②

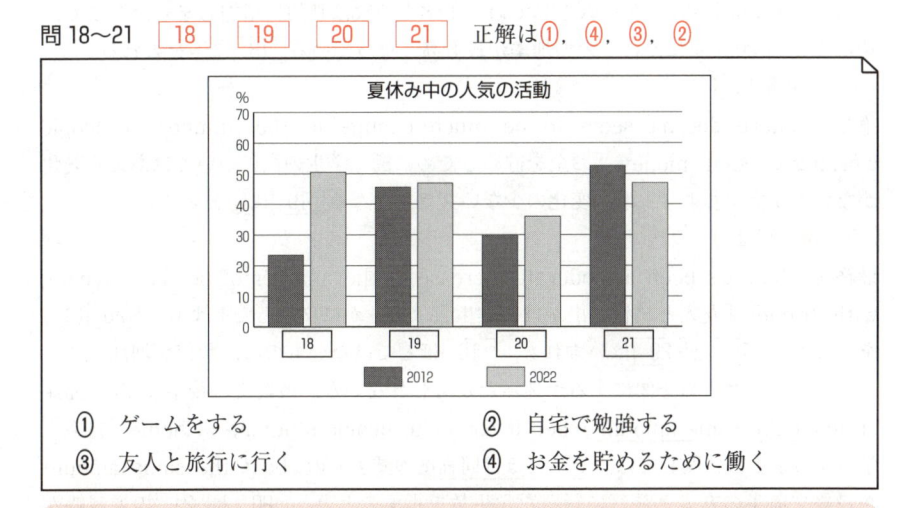

① ゲームをする　　　　　　　　② 自宅で勉強する
③ 友人と旅行に行く　　　　　　④ お金を貯めるために働く

放送内容 《学生の夏休み中の活動を比較する》

　Every year since 2012, we've taken a survey of our second-year students to learn what they did during the summer vacation. Now that ten years have passed, we want to see what's changed. There doesn't seem to be much change in the number of people working to save money. Unsurprisingly, the number of people spending their time playing video games has grown dramatically. There's been a moderate increase in the number of people traveling with friends and a decrease of about the same amount when it comes to people studying at home.

訳　　私たちは2012年以降，毎年，2年生を対象に夏休み中に何をしたかを知るために，調査を行ってきました。10年が経ったため，その変化に注目していきたいと思います。お金を貯めるために働く学生の数についてはあまり変化がないようです。当然ながら，ゲームをして過ごす学生の数は劇的に増加しました。友人

と旅行に出かける学生数は緩やかに増加し，自宅で学習する学生数に関しては，それとほぼ同程度の減少が見られました。

◇ now that S V「今はもう〜なので」　◇ unsurprisingly「当然ながら」
◇ dramatically「劇的に」　◇ moderate「穏やかな，適度な」
◇ when it comes to 〜「〜のことになると，〜に関して言えば」

18 正解は①

第4文 the number of people spending their time playing video games has grown dramatically「ゲームをして過ごす学生の数は劇的に増加しました」より，2012年から2022年にかけての増加率が最も高くなっている 18 に①を入れる。

19 正解は④

第3文 There doesn't seem to be much change in the number of people working to save money.「お金を貯めるために働く学生の数についてはあまり変化がないようです」より，最も変化の少ないグラフとなる 19 に④を入れる。

20 正解は③

最終文の There's been a moderate increase in the number of people traveling with friends「友人と旅行に出かける学生数は緩やかに増加した」より， 20 に③を入れる。 19 と 20 はいずれも， 18 ほどではないものの，数値が増加していることから，どちらを③にするか迷ったかもしれないが，最終文の後半 a decrease of about the same amount when it comes to people studying at home「自宅で学習する学生数に関しては，それとほぼ同程度の減少」の about the same amount が最終文前半の友人と旅行に行った学生数を指すことと， 20 と 21 の増減幅が似ていることから， 20 に③が入ると特定できる。

21 正解は②

最終文後半の a decrease of about the same amount when it comes to people studying at home「自宅で学習する学生数に関しては，それ（＝友人と旅行に行った学生数の増加分）とほぼ同程度の減少」より， 21 に②が入るとわかる。

問22から問25の問題文と表を，今，読みなさい。
では，始めます。

問22〜25 | 22 | 23 | 24 | 25 | 正解は③．③．①．⑥

高校	必要な飲み物の数
サウスハイスクール	22
イーストビレッジハイスクール	23
グリーンヒルハイスクール	
シティセントラルハイスクール	24
ノースショアハイスクール	25

① なし　　　　② 2本　　　　③ 10本
④ 14本　　　　⑤ 18本　　　　⑥ 20本

放送内容 《卓球大会で配付する飲み物の準備》

We have to supply drinks for teams that will come for the tournament. Can you complete this order form? Remember, we need two drinks for each team member. OK, South High School is only sending five players. And ... East Village High School has the same number. Greene Hill High School will send seven players. City Central said that they're not sending a team this year. North Shore High School has a big team. They're sending nine people. Oh, just a minute. Add one more to that. Their manager is coming with them.

訳　大会に参加予定のチームに飲み物を提供しなければなりません。この注文書に記入してもらえますか？　**チームのメンバー1人につき飲み物が2本必要**ですので，注意してください。それでは，**サウスハイスクールから派遣予定の選手は5人のみ**です。そして…**イーストビレッジハイスクールも同じ人数**です。グリーンヒルハイスクールからは7人の選手が来ます。**シティセントラルは，今年はチームを派遣しないそうです。ノースショアハイスクールは**大人数のチームで，**9人来る予定**です。あぁ，ちょっと待ってください。**それにもう1人加えてください。**監督も同行予定です。

◇ supply「〜を供給する，〜を提供する」　◇ tournament「大会」

◇ complete「〜を完成させる」　◇ order form「注文書」
◇ Remember, S V.「〜ということに注意してください」
◇ send「〜を派遣する」　◇ just a minute「少し待って」
◇ add *A* to *B*「*A* を *B* に加える」

| 22 | 正解は③ |

South High School については第 4 文 South High School is only sending five players「サウスハイスクールから派遣予定の選手は 5 人のみ」より参加者数は 5 人だが，第 3 文 we need two drinks for each team member「チームのメンバー 1 人につき飲み物が 2 本必要」より 5 人× 2 本＝ 10 本となり，③が正解となる。

| 23 | 正解は③ |

East Village High School については，第 5 文 East Village High School has the same number「イーストビレッジハイスクールも同じ人数」とある。直前の第 4 文の South High School の人数を受けてのものなので，同じ数となる 10 本が正解。よって③を選ぶ。East Village High School に続く第 6 文では seven players と聞こえるが，これは主語が Greene Hill High School であるため，数字だけを聞いて④を選ばないように注意。

| 24 | 正解は① |

City Central High School については第 7 文 City Central said that they're not sending a team this year.「シティセントラルは，今年はチームを派遣しないそうです」より参加者はゼロとなるため，①が正解。

| 25 | 正解は⑥ |

North Shore High School については，第 9 文 They're sending nine people.「9 人来る予定」までだと 9 人× 2 本＝ 18 本で⑤となるが，最終 2 文で Add one more to that. Their manager is coming with them.「それにもう 1 人加えてください。監督も同行予定です」と述べられているため，参加人数は 10 人となり，10 人× 2 本＝ 20 本で⑥が正解。

第4問B 複数の情報を聞いて条件に合うものを選ぶ問題

《第4問Bの説明》

第4問B　第4問Bは問26の1問です。話を聞き，示された条件に最も合うものを，四つの選択肢（①～④）のうちから一つ選びなさい。状況と条件を，今，読みなさい。

では，始めます。

問26　[26]　正解は④

| 問 [　] が，あなたが選ぶ可能性の最も高いアルバイト先である。 |

アルバイト先	条件A	条件B	条件C
① ジョーズバーガー			
② パンケーキキング			
③ スタイルガールズ			
④ XBC製作所			

《アルバイト先の候補》

1. A lot of students from Greendale University work here at Joe's Burgers. It's very convenient for them. I know that you live nearby, too. We understand students' schedules change, so you can take time off work when you need to. <u>We pay the minimum for someone your age.</u>

2. Pancake King is a great place to work. We pay three dollars more than the minimum, and we give you a uniform. You can usually work at whatever time suits you. <u>I see you live in Greendale.</u> <u>That's pretty far</u>, but we'll pay for your bus fare.

3. At Style Girlz, we only have a few staff members, so <u>it'll be difficult for you to take time off.</u> If you're going to come from your home in Greendale, <u>it might take a long time to get to work unless you have a car.</u> We pay well — four dollars over the minimum.

4. I think you'll like XBC Manufacturing. It's a hard job. On the other hand, <u>you can generally work hours that suit you.</u> We're right near Greendale University and your home, so that'll be convenient. Um... <u>the pay is better than at most other places.</u> We offer <u>three dollars over the minimum.</u>

訳　1．ここ，ジョーズバーガーでは，グリーンデール大学の学生が多く働いています。学生にとって大変便利なのです。しかも，あなたは近くに住んでいるんですよね。学生の予定は変わるものだと思っていますので，必要なときは休みを取ることができますよ。**あなたの年齢であれば，最低賃金を支払っています。**

2．パンケーキキングは仕事をするにはとびきりの場所です。バイト代は最低賃金より3ドル多く支払いますし，制服も支給します。通常は，いつでもあなたの都合に合う時間帯で働けます。**グリーンデールにお住まいのようですね。距離的にはかなり遠いですが，**バス代をお出ししますよ。

3．スタイルガールズには，数名のスタッフしかいないので，**休みを取るのは難しくなるでしょう。**グリーンデールにある**自宅から通うのであれば，車を持っていないと職場に来るのにかなり時間がかかるかもしれません。**お給料はいいですよ。最低賃金に加えて4ドルです。

4．あなたにはきっとXBC製作所を気に入ってもらえると思います。大変な仕事ではあります。一方，**たいていはあなたの予定に合う時間で働くことができます。うちの製作所はグリーンデール大学とあなたの家からすぐ近いところ**にありますので，便利ですよ。うーん，**お給料は他のほとんどの職場よりもいいです。最低賃金より3ドル多い額**を支給しています。

◇ convenient「便利な」　◇ nearby「近くに」
◇ take time off (work)「休みを取る」　◇ minimum「最低額」　◇ uniform「制服」
◇ suit「〈物・事が〉（人）に好都合である，〜に合う」　◇ pretty「かなり」
◇ fare「運賃」　◇ unless「もし〜でなければ」　◇ on the other hand「一方」
◇ generally「ほとんどの場合は」　◇ right「ちょうど，すぐ」
◇ offer「〜を提示する，〜を与える」

条件A「時給」に関しては，聞き取りに際して金銭関連の表現（pay, dollars, minimum など）に注意する。
条件B「大学と自宅の近く」については，場所に関連する語（university, home, far, near, 地名など）や通勤手段に関する表現に注意する。
条件C「時間の融通が利く」については，勤務時間に関する表現（time suits you や work hours that suit you）と，休みを表すフレーズ（take time off）に注意して聞き取るとよい。
①は，1の最終文 We pay the minimum「最低賃金を支払っています」より条件A（時給が最低賃金よりも高い）にあてはまらない。
②は，2の最終2文 I see you live in Greendale. That's pretty far, …「グリーン

デールにお住まいのようですね。距離的にはかなり遠いです…」より，条件B（大学と自宅の近くである）に合わない。条件に関する情報が登場する順番が条件A→条件C→条件Bとなっており，条件Cにあたる第3文（You can usually …）が聞き取りづらくなってはいるものの，不正解の根拠となる条件Bに関する事柄が最後にはっきりと読まれている。第3文が聞き取れなくてもあわてないこと。

③は，3の第1文後半の it'll be difficult for you to take time off「休みを取るのは難しくなるでしょう」より，条件C（時間の融通が利く）に合わない。また，第2文 If you're going to come from your home …, it might take a long time to get to work unless you have a car.「…自宅から通うのであれば，車を持っていないと職場に来るのにかなり時間がかかるかもしれません」も，条件B（大学と自宅の近くである）にあてはまらない。

④は，4の第3文後半の you can generally work hours that suit you「たいていはあなたの予定に合う時間で働くことができます」より，条件C（時間の融通が利く）にあてはまる。また，第4文 We're right near Greendale University and your home, so that'll be convenient.「うちの製作所はグリーンデール大学とあなたの家からすぐ近いところにありますので，便利です」より，条件B（大学と自宅の近くである）を満たしている。最終文の We offer three dollars over the minimum.「最低賃金より3ドル多い額を支給しています」より，条件A（時給が最低賃金よりも高い）も満たしている。よって，**④**が正解。

	アルバイト先	条件A	条件B	条件C
①	ジョーズバーガー	×	○	○
②	パンケーキキング	○	×	○
③	スタイルガールズ	○	×	×
④	XBC 製作所	○	○	○

第5問 講義の内容と図表の情報を使って問いに答える問題

《第5問の説明》

第5問 第5問は問27から問33の7問です。最初に講義を聞き，問27から問31に答えなさい。次に問32と問33の音声を聞き，問いに答えなさい。状況，ワークシート，問い及び図表を，今，読みなさい。

では，始めます。

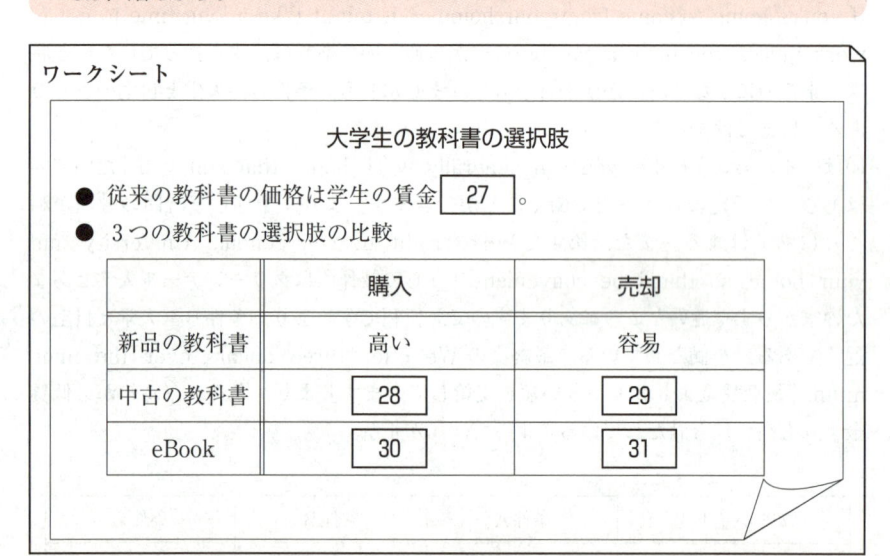

ワークシート

大学生の教科書の選択肢

● 従来の教科書の価格は学生の賃金 27 。
● 3つの教科書の選択肢の比較

	購入	売却
新品の教科書	高い	容易
中古の教科書	28	29
eBook	30	31

《高額な大学の教科書を入手する方法》

Today, I'm going to talk about the cost of university textbooks. The average cost of textbooks for one class at university is about $150. Of course, there's often an option to purchase an electronic version of the book. I'll call them eBooks from now on. EBooks can cost as little as $15. That's a big difference. You should note that the cost of traditional textbooks has increased by about 80 percent in the last 10 years. This is a big problem when we consider that students' incomes aren't increasing at the same rate.

Of course, you have options when buying a textbook. If you buy one from the college bookstore, it'll be new and, therefore, very expensive. However, because it was recently published, you'll be able to sell it easily next year. So, you can get some of your money back. In that case, you'll only own the book for a short time. Few people choose to keep their textbooks, anyway.

You can also choose a used book. Sometimes they can be half the price of a new book, but that still isn't cheap. Unfortunately, however, you cannot always sell them. Publishers usually update books every couple of years, so it will probably be out of date. This means you'll have to keep the book unless you decide to throw it away, so you are unlikely to save much money buying a used book.

The third option is eBooks. They're a fairly cheap alternative. The publishers usually only let you use them for a year. After a year has passed, they're automatically erased from your device, so selling them isn't an option.

訳　今日は，大学の教科書の価格について話をします。大学の授業1講座に必要な教科書の平均価格は約150ドルです。もちろん，その教科書の電子版を購入するという選択肢もあります。今からその電子版の教科書のことをeBook（電子書籍）と呼びますね。**eBookの価格はたった15ドルほどです。**かなりの差があります。ここで留意すべきなのが，従来の教科書の価格は過去10年で約80パーセント値上がりしているという点です。学生の収入が同じペースで増えているわけではないということを考慮に入れると，これは大きな問題なのです。

　もちろん，教科書を購入する際には選択肢があります。大学の書店で教科書を購入すると，新品なので大変高価になります。しかしながら，最近出版されたものなので，来年になればその本を容易に売りに出すことができます。そのため，いくらかはお金が戻ってきます。その場合，その教科書を短期間だけ所有するということになります。いずれにしろ，教科書を自分の手元にとっておくという選択をする人はあまりいません。

　古本を選択することもできます。古本は新品の半額になることもありますが，**それでもまだ安くはありません。**それにもかかわらず，残念なことに，**古本を売ることは必ずしも可能であるとは限りません。**たいてい数年ごとに出版社が本を改訂するため，古本だとおそらく内容が古くなってしまうこともあるでしょう。ということは，捨てると決めない限りはその古本を手元に置いておかなければならないので，古本を買っても，おそらくはあまりお金の節約にならないということです。

　3つ目の選択肢が**eBook**です。**eBookはかなり安価な代用品です。**普通，出版社はeBookの閲覧可能期間を1年間のみとしています。1年が過ぎると，自動的に端末から消去されるため，これらを売るという選択肢はありません。

（第1段）◇ option「選択肢」　◇ purchase「～を購入する」

◇electronic version「電子版」　◇from now on「今から」
◇as little as＋数詞「たった～」
◇note that S V「～ということに留意する，注意する」
◇at the same rate「同じペースで，同じ割合で」
（第2段）◇get A back「A を取り戻す」　◇in that case「その場合」
◇own「～を所有している」
（第3段）◇not always「必ずしも～するとは限らない」
◇every＋複数名詞「～ごとに」　◇out of date「時代遅れの，旧式の」
（第4段）◇fairly「かなり」　◇alternative「代用品，選択肢」
◇pass「（時間）が過ぎる」　◇erase「～を消去する」

問27　　27　　正解は④

①	に釣り合うよう下がった	②	に釣り合うよう上がった
③	よりも急速に下がっている	④	よりも急速に上がっている

選択肢に並ぶ動詞の decrease / increase と主語の The cost of traditional textbooks「従来の教科書の価格」より，まず従来の教科書の価格が「上がっているか，下がっているか」を注意して聞き取る。また，空所後の student wages「学生の賃金」および選択肢の match「～に合う」，faster than「～より急速に」から，従来の教科書の価格と学生の賃金の関連性も問われているということを事前に把握しておきたい。

第1段第7文（You should note …）の the cost of traditional textbooks has increased by about 80 percent in the last 10 years「従来の教科書の価格は過去10年で約80パーセント値上がりしている」から，increase を含む②，④に絞る。続く第8文の This is a big problem「これは大きな問題である」，および後半の students' incomes aren't increasing at the same rate「学生の収入は同じペースで増えているわけではない」から，教科書の価格の上昇が学生の収入の上がり具合に合っていないことを問題視しているとわかる。よって，④が正解。

問28～31

①	安い	②	容易	③	高い
④	困難	⑤	違法	⑥	不可能

　28　　正解は③　　29　　正解は④

第3段第1文 You can also choose a used book.「古本を選択することもできます」より，　28　と　29　はこれ以降に解答の根拠があるとわかる。a used book が聞き

取りのきっかけになる。続く第2文後半で that still isn't cheap「(古本は) それでもまだ安くはありません」と述べられているため　28　は③が正解。同段最終文(This means …) 後半 you are unlikely to save much money buying a used book「古本を買ってもおそらくあまりお金の節約にはならないということです」も③を選ぶヒントとなる。

本の売却については，第3段第3文後半 you cannot always sell them「古本を売ることは必ずしも可能であるとは限りません」より，古本は再度古本として売ることが難しいとわかるため，　29　は④が正解。not always は部分否定で「必ずしも～というわけではない」の意。「いつも～ない」という全体否定と間違って解釈して⑥ impossible を選ばないよう注意しよう。また，この部分が聞き取れなかったとしても，続く第4文 Publishers usually update books every couple of years, so it will probably be out of date.「たいてい数年ごとに出版社が本を改訂するため，古本だとおそらく内容が古くなってしまうこともあるでしょう」からも，売却が難しいと判断できる。

　30　正解は①　　31　正解は⑥

eBook については，第1段第5文 EBooks can cost as little as \$15.「eBook の価格はたった15ドルほどです」や第4段第2文 They're a fairly cheap alternative.「eBook はかなり安価な代用品です」より，　30　は①が正解。

売却については，第4段最終文後半 selling them isn't an option「これら (= eBook) を売るという選択肢はありません」から，売却はできないとわかる。よって，　31　には⑥が入る。また，その直前となる第4段最終文前半 After a year has passed, they're automatically erased from your device「1年が過ぎると，自動的に端末から消去されます」からも，eBook を売ることはできないと判断することができる。

大学生の教科書の選択肢

● 従来の教科書の価格は学生の賃金④よりも急速に上がっている。
● 3つの教科書の選択肢の比較

	購入	売却
新品の教科書	高い	容易
中古の教科書	③高い	④困難
eBook	①安い	⑥不可能

問32 32 正解は②

Student A : College bookstores offer big discounts for students.
Student B : Publishers limit the length of time readers can use eBooks.

訳 学生A：大学の書店は学生のために大幅な値引きをしている。
学生B：出版社は読者がeBookを使用できる期間に制限をかけている。

Student A：College bookstores「大学の書店」をキーワードに聞き取ると，第2段第2文（If you buy one from the college bookstore, …）に the college bookstore が登場するが，それ以降に big discounts「大幅な値引き」に関する情報は含まれていない。

Student B：第4段第3文 The publishers usually only let you use them for a year.「普通，出版社は eBook の閲覧可能期間を1年間のみとしています」，および最終文前半 After a year has passed, they're automatically erased from your device「1年が過ぎると，自動的に端末から消去されます」に一致している。

よって，②が正解となる。

問33 33 正解は③

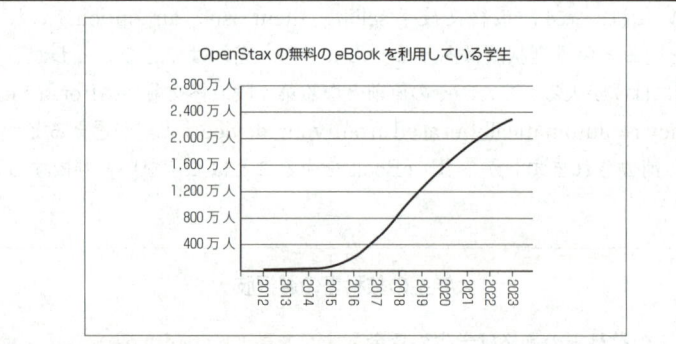

OpenStax の無料の eBook を利用している学生

① 将来的に，電子書籍が紙の書籍に完全に取って代わる可能性がある。
② 無料の eBook の出版社は，自社の本の印刷版を販売するようになっている。
③ 学生は，紙の書籍と電子書籍となると，好みが分かれる。
④ 従来の出版社は，自社の書籍の電子版を無料で提供している。

放送内容 《紙の書籍と電子書籍》

Anne：Look at this graph. A publisher of free eBooks now has almost 24 million readers! How will traditional publishers make money?
Zack：Some people don't like reading eBooks, and free eBooks

publishers don't offer printed versions of their books. Many traditional publishers sell both versions.

Anne：I see. <u>Traditional publishers are still popular because students can buy the same book in printed form or eBook form</u>.

訳

アン：このグラフを見て。無料の eBook を出版している会社は今では約 2,400 万人の読者を抱えているのよ！　従来の出版社は今後，どうやって収益を上げていくのかしら？

ザック：<u>eBook を読むのが好きではない人もいる</u>し，無料の eBook 出版社は自社の本の印刷版を提供してはいないんだよ。多くの従来の出版社は，（印刷版も電子版も）どちらのバージョンも販売しているけどね。

アン：なるほどね。<u>従来の出版社が依然として人気があるのは，学生が同じ本を印刷版でも eBook の形でも購入できるからなのね</u>。

◇ publisher「出版社」　◇ printed version「印刷版」　◇ form「形，形式」

グラフから無料の eBook 利用者の数が激増していることが読み取れ，それを見たアンの 1 つ目の発言最終文 How will traditional publishers make money?「従来の出版社は今後，どうやって収益を上げていくのかしら？」からは，電子書籍が優勢になっていくという話題に思えるが，ザックの発言 Some people don't like reading eBooks「eBook を読むのが好きではない人もいる」，およびアンの最終発言第 2 文 Traditional publishers are still … eBook form.「学生が同じ本を印刷版でも eBook の形でも購入できるから，従来の出版社は依然として人気がある」を踏まえると，紙の書籍と電子書籍のどちらを選択するかは個人の好みによる，という話題だと言える。よって，③ が正解。

① については上記のディスカッション内容から，「電子書籍が紙の書籍に完全に取って代わる」という結論に至ってはいないため，不適。

② はザックの発言 free eBooks publishers don't offer printed versions of their books「無料の eBook 出版社は自社の本の印刷版を提供してはいない」に一致しない。

④ は，ザックの発言後半（Many traditional publishers …）「多くの従来の出版社は，どちらのバージョンも販売している」や，アンの最終発言第 2 文（Traditional publishers are …）「従来の出版社が依然として人気があるのは，学生が同じ本を印刷版でも eBook の形でも購入できるから」より，従来の出版社が本を印刷版でも電子版でも出しているということがわかるが，電子版が無料であるという情報は講義・ディスカッションのいずれの内容でも言及されていないため，不適。

第6問A　対話を聞いて要点を把握する問題

放送内容　《第6問Aの説明》

　第6問A　第6問Aは問34と問35の2問です。二人の対話を聞き，それぞれの問いの答えとして最も適切なものを，四つの選択肢（①〜④）のうちから一つずつ選びなさい。状況と問いを，今，読みなさい。

　では，始めます。

放送内容　《大学進学前にボランティア活動へ参加することに対する賛否》

Kaede：Jack, I heard you're planning on spending a year volunteering before going to university.

　Jack：That's right, Kaede. <u>I need some time to decide what I want to study</u>.

Kaede：It sounds like you're just killing time.

　Jack：That's not true. By killing time, you mean wasting time. <u>I think studying something I'm not interested in at university and working in a field I dislike would be a waste of time.</u>

Kaede：I thought you wanted to be an architect.

　Jack：Well, I'm not sure. <u>I'm going to try volunteering in different fields to see which one I like.</u>

Kaede：I think you're looking for an easier option. You can't volunteer to be an architect, so you'll never know whether you like it or not.

　Jack：The experiences will be useful. Besides, <u>a lot of companies like to hire people with volunteer experience</u>.

Kaede：<u>True</u>, but it'll be hard to pass the university entrance exam after you stop studying for a year.

訳　　カエデ：ジャック，あなた，大学に進学する前に1年間，ボランティア活動をして過ごすつもりだそうね。

　　ジャック：その通りだよ，カエデ。<u>自分が勉強したいことを決めるのに少し時間が必要なんだ。</u>

　　　カエデ：ただ暇つぶしをしているだけのように聞こえるわ。

　　ジャック：それは違うよ。暇つぶしって，時間を無駄にしてるってことだよね。<u>僕は関心のないことを大学で学んで，好きでもない分野で仕事をすることこそ時間の無駄だって思うよ。</u>

カエデ：あなたは建築家になりたがっていると私は思ってたわ。

ジャック：うーん，よくわからないんだよ。**僕は様々な分野でボランティア活動をしてみて，どの分野が自分の好みなのかを確かめるつもりなんだよ。**

カエデ：**あなたは，より楽な選択肢を探しているんだと思うわ。**ボランティア活動をして建築家になることはできないんだから，それが好きか否かを知ることは決してできないわよ。

ジャック：ボランティアの経験はきっと役に立つよ。それに，**ボランティア経験のある人を雇用したいという企業はたくさんあるんだよ。**

カエデ：**確かにそうだけど，**１年間勉強するのをやめた後に大学の入学試験に受かるのは難しいわよ。

◇ kill time「暇つぶしをする」　◇ waste「〜を無駄にする」　◇ field「分野」
◇ dislike「〜を嫌う」　◇ architect「建築家」　◇ I'm not sure.「よくわからない」
◇ option「選択肢」　◇ whether 〜 or not「〜か否か」
◇ besides「さらに，その上」　◇ hire「〜を雇う」

問 34　　34　　正解は②

> 問　ジャックの意見を最もよく表している文はどれか。
> ① 建築家になることは楽な進路である。
> ② 進路を慎重に選ぶことは大切である。
> ③ 学生は，大学に入る前に１年間，旅をして過ごすべきである。
> ④ 大学は，ボランティア活動をする機会をもっと多く提供すべきである。

ジャックの１つ目の発言第２文 I need some time to decide what I want to study.「自分が勉強したいことを決めるのに少し時間が必要なんだ」や２つ目の発言第３文 I think studying something I'm not interested in at university and working in a field I dislike would be a waste of time.「僕は関心のないことを学んで，好きでもない分野で仕事をすることこそ時間の無駄だと思うよ」，３つ目の発言第２文 I'm going to try volunteering in different fields to see which one I like.「僕は様々な分野でボランティア活動をしてみて，どの分野が自分の好みなのかを確かめるつもりなんだよ」から，自分が本当にやりたいことを見つけ，その先で進路や仕事を慎重に決めようとしているジャックの姿勢がわかる。よって，②が正解。

問35　35　正解は④

> 問　次の文のうち，話し手の2人がどちらも同意しそうなものはどれか。
> ①　企業は，学生が卒業したらすぐに雇用したほうが良いと考えている。
> ②　自分が好きではない会社で働くことは，時間の無駄である。
> ③　大学の入学試験は年々難しくなっている。
> ④　ボランティアの経験は，多くの企業に評価されている。

ジャックの4つ目の発言第2文 a lot of companies like to hire people with volunteer experience「ボランティア経験のある人を雇用したいという企業はたくさんある」に対して，カエデは True と同意していることから，④が正解。

①については，企業が大学を出たばかりの学生を雇用したいかどうかに関する言及がないため不適。

②は，ジャックの2つ目の発言第3文（I think studying …）の working in a field I dislike would be a waste of time「好きでもない分野で仕事をすることこそ時間の無駄だと思う」には一致するが，カエデがこの意見を支持する様子はない。

③は，カエデは最終発言で it'll be hard to pass the university entrance exam after you stop studying for a year「1年間勉強するのをやめた後に大学の入学試験に受かるのは難しいわよ」と言っているが，これは，大学入学前の1年間をボランティアに費やすというジャックに対する発言であり，大学入試自体が毎年難しくなっているという意味ではない。

第6問B　複数の意見（会話や議論）を聞いて問いに答える問題

放送内容　《第6問Bの説明》
　第6問B　第6問Bは問36と問37の2問です。会話を聞き，それぞれの問いの答えとして最も適切なものを，選択肢のうちから一つずつ選びなさい。状況と問いを，今，読みなさい。
　では，始めます。

放送内容　《ロックコンサートへの参加》

Dennis : Hey guys. I heard that Rockadelica will have a concert here next month.

Pete : I know, Dennis. They're playing at Langdon Hall. I want to go, but I can't pay $130 for a ticket. How about you, Risa?

Risa : Well... Attending rock concerts is an important experience for young people, but I know what you mean, Pete.

Pete : My father told me that tickets used to be about $20 when he was a student. His hourly wage was $7, so he had to work three hours to attend a concert. Now it's completely different!

Risa : Yeah, I know, Pete. I've been saving money to buy a ticket for this for weeks.

Dennis : Oh Risa, I'm glad to hear you say that. I thought I'd have to go alone!

Risa : No way, Dennis. I'm not missing this!

Pete : Well, if you two are going, I have to go, too. I might have to sell my guitar to get enough money.

Risa : I thought you might change your mind, Pete. How about you, Lucy?

Lucy : Not for Rockadelica! You three are the only people in our class that get excited about rock bands. All of my other friends prefer pop and hip-hop.

Pete : I know. I really should listen to different types of music. Can you recommend some bands for me to listen to?

Lucy : Sure thing, Pete. Why don't you come to my house tonight? I'm going to watch a digital concert. Online events are becoming more and more popular.

Pete : I'm sure tickets for them are much cheaper, too.

訳

デニス：ねぇ，みんな。ロッカデリカが来月ここでコンサートを開催するんだって。

ピート：知ってるよ，デニス。ラングダンホールで演奏するんだよね。行きたいけど，チケットに 130 ドルは払えないな。君はどうするの，リサ？

リサ：そうね…ロックのコンサートに行くのって若者にとっては大切な経験なんだけど，あなたの言いたいことはわかるわよ，ピート。

ピート：うちのお父さんの学生時代は，チケットが 20 ドルくらいだったって言ってたよ。当時のお父さんのバイトの時給が 7 ドルだから，コンサートに行くには 3 時間働かないといけなかったんだ。今とは全く違うね！

リサ：えぇ，そうよね，ピート。私，このコンサートのチケットを 1 枚買うために何週間もお金を貯めているのよ。

デニス：あぁ，リサ，君がそう言ってくれてよかったよ。僕，1 人で行かないといけないのかと思ってた！

リサ：そんなわけないでしょ，デニス。この機会を逃すわけないじゃない！

ピート：そうか，君たち 2 人が行くなら，僕も行かないといけないな。お金をかき集めるのにギターを売らないといけないかもしれないけど。

リサ：気が変わるかもと思っていたわ，ピート。あなたはどうするの，ルーシー？

ルーシー：ロッカデリカには行かないわ！　うちのクラスで，ロックバンドで心躍らせているのはあなたたち 3 人だけよ。他の友人はみんなポップスやヒップホップのほうが好きだわ。

ピート：わかってるよ。他の音楽も聴いてみないといけないとは本当に思ってる。聴いたほうが良いバンドをいくつか僕におすすめしてくれない？

ルーシー：もちろんよ，ピート。今夜，うちに来ない？　私，コンサートの配信を見る予定なの。オンラインイベントがどんどん人気になってるのよ。

ピート：そのほうが，チケットもきっとはるかに安いんだろうね。

◇ attend「〜に参加する」　◇ used to *do* 〜「(昔は)〜だった」
◇ hourly「時間ごとの」　◇ wage「賃金」　◇ completely「完全に」
◇ no way「まさか，そんなことありえない」　◇ miss「〜を(見)逃す」
◇ excited「興奮した」　◇ recommend「〜を勧める」
◇ Sure thing「もちろん，そうだね」　◇ Why don't you 〜?「〜するのはどう？」

問 36　`36`　正解は④

①	デニス	②	ピートとルーシー
③	デニスとリサ	④	デニスとリサとピート

リサは 2 つ目の発言第 2 文 I've been saving money to buy a ticket for this for weeks. で，チケット購入のためにお金を貯めていると述べていることから，コンサートに行くとわかる。その直後で，これを聞いたデニスが I thought I'd have to go alone! と，「（リサが行かないなら）1 人で行かないといけないところだった」と述べていることから，デニスもコンサートに行く。リサについては，3 つ目の発言 I'm not missing this! からもコンサートに行くのは明白である。

ピートは 1 つ目の発言第 3 文で I want to go, but I can't pay \$130 for a ticket. と述べているため，コンサートに行かないのかと思いきや，リサとデニスがコンサートに行くと知るや否や，3 つ目の発言で Well, if you two are going, I have to go, too. と述べていることから，ピートもコンサートに行く。

ルーシーは 1 つ目の発言 Not for Rockadelica! より，コンサートには行かないとわかる。よって，④が正解。

問 37　`37`　正解は③

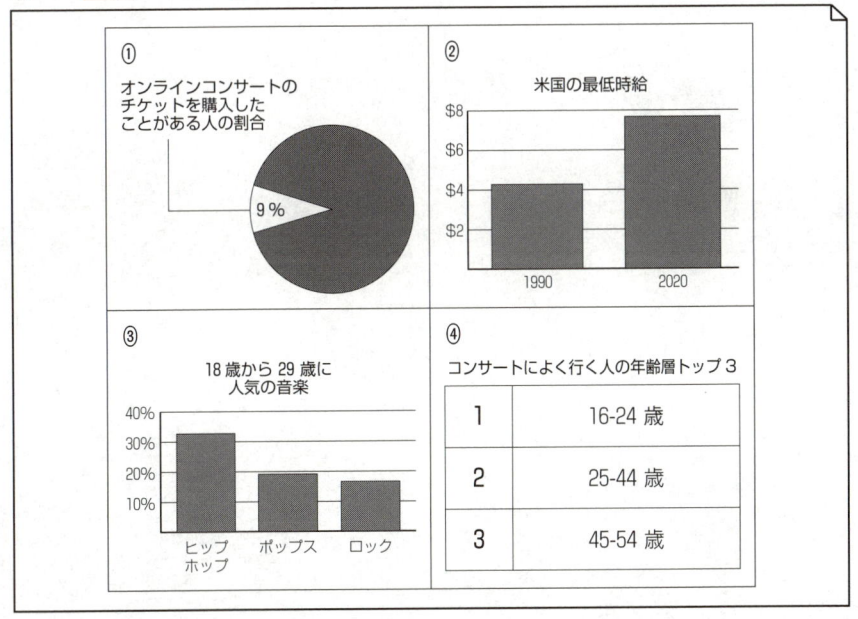

ルーシーは1つ目の発言第2・3文 You three are the only people in our class that get excited about rock bands. All of my other friends prefer pop and hip-hop. で，クラス全体では音楽の好みが「ポップス・ヒップホップ＞ロック」であると述べている。この意見の根拠となる図表としては，若者の間ではロックよりもポップスやヒップホップのほうが人気であることを示すグラフ③が適切である。

①は，確かにルーシーは2つ目の発言第3文でオンラインのコンサートに言及しており，続く第4文 Online events are becoming more and more popular. では，オンラインイベントの人気が高まっていると述べている。しかし，この図表では，チケットを買ったことがある人の割合はわずか9％である。配信コンサートのチケットを買った人の割合がもっと多いグラフであればルーシーの「人気が高まっている」という意見の根拠となるが，9％では無理がある。よって，①は不適である。

②の時給に関する話題はピートが2つ目の発言第2文（His hourly wage …）で父親の若いころの時給について話しているが，ルーシーはこの話題については何も発言していない。

④は，ルーシーの発言の中にコンサートに行く人の年齢に関する情報は含まれていないため，不適。

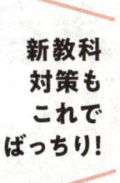
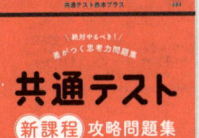
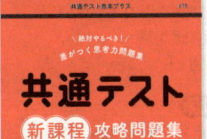
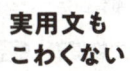

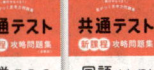

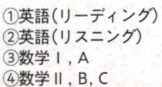

 NOTE

解答・解説編

Keys & Answers

解答・解説編

英語（リーディング）／ 英語（リスニング）（各9回　計18回分）

- 2024年度　本試験
- 2023年度　本試験
- 2023年度　追試験
- 2022年度　本試験
- 2022年度　追試験
- 2021年度　本試験（第1日程）
- 2021年度　本試験（第2日程）
- 第2回試行調査
- 第1回試行調査

リスニングの音声は下記の音声専用サイトから

赤本ウェブサイト
akahon.net/kte/
⇨詳細は問題編を参照

✅ **解答・配点に関する注意**

　本書に掲載している正解および配点は，大学入試センターから公表されたものをそのまま掲載しています。

英語（リーディング）　本試験

問題番号 （配点）	設　問	解答番号	正解	配点	チェック
第1問 (10)	A 問1	1	④	2	
	A 問2	2	①	2	
	B 問1	3	④	2	
	B 問2	4	③	2	
	B 問3	5	①	2	
第2問 (20)	A 問1	6	①	2	
	A 問2	7	②	2	
	A 問3	8	①	2	
	A 問4	9	④	2	
	A 問5	10	②	2	
	B 問1	11	①	2	
	B 問2	12	①	2	
	B 問3	13	①	2	
	B 問4	14	③	2	
	B 問5	15	②	2	
第3問 (15)	A 問1	16	②	3	
	A 問2	17	②	3	
	B 問1	18	①	3*	
		19	②		
		20	③		
		21	④		
	B 問2	22	③	3	
	B 問3	23	②	3	

問題番号 （配点）	設　問	解答番号	正解	配点	チェック
第4問 (16)	問1	24	③	3	
	問2	25	④	3	
	問3	26	④	3	
	問4	27	⑤	2	
		28	④	2	
	問5	29	③	3	
第5問 (15)	問1	30	④	3*	
		31	⑤		
		32	①		
		33	③		
	問2	34	②	3	
	問3	35	③	3*	
		36	②		
	問4	37	③	3	
	問5	38	③	3	
第6問 (24)	A 問1	39	⑥	3*	
		40	②		
	A 問2	41	①	3	
	A 問3	42	③	3	
	A 問4	43	①	3	
	B 問1	44	④	2	
	B 問2	45	④	2	
	B 問3	46 – 47	②－③	3*	
	B 問4	48	③	3	
	B 問5	49	⑤	2	

（注）
1　＊は，全部正解の場合のみ点を与える。
2　－（ハイフン）でつながれた正解は，順序を問わない。

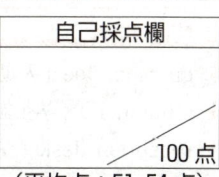

自己採点欄	
	／100 点

（平均点：51.54 点）

第1問

A　チラシの読み取り

> 訳　《イベントの案内》
>
> 　あなたはアメリカの語学学校で英語を勉強している。その学校がイベントを計画中である。あなたは参加したいと思っているので，このチラシを読んでいる。

ソープ英語学校
国際夜の集い
5月24日金曜日　午後5時〜午後8時
入場料：5ドル

ソープ英語学校（TELS）は国際交流イベントを計画中です。TELSの学生は入場料を払う必要はありません。学生ロビーの受付で学生証を提示してください。

● **世界のさまざまな地域の料理をお楽しみください**
　　中東のフムスを食べたことがありますか？　メキシコのタコスはどうでしょう？　北アフリカのクスクスは？　全部試してみてください！

● **さまざまな言語や，今まで知らなかった意思疎通の方法を経験してみましょう**
　　「こんにちは」や「ありがとう」といった基本的な表現を，アラビア語，イタリア語，日本語，スペイン語で書きましょう。こうした文化圏の人々が，意思疎通するのに，顔の表情や手をどのように使うか学んでみましょう。

● **ダンスの実演をご覧ください**
　　午後7時からは，舞台で行われるフラメンコ，フラ，サンバのダンスショーを見ましょう！　それぞれのダンスの後で，ダンサーが基本的なステップをいくつか教えてくれます。ご参加ください。

会場には，写真，旗，地図，織物，工芸品，ゲームが多数展示されます。もしご自身の母国の写真や品物で，このイベントに展示できるものが何かありましたら，5月17日までに，学校のスタッフにお知らせください！

語句・構文

▶ entrance fee「入場料」
▶ student ID「学生証」
▶ reception desk「受付（係）」

問1　　1　　正解は④

「無料でこのイベントに参加するには，　　　　しなければならない」

チラシ本文第2・3文（TELS students don't …）に「TELS の学生は入場料を払う必要はない。受付で学生証を提示すること」とある。④「**自分が TELS の学生であるという証拠を示す**」が正解。

①「自分の母国の写真を持参する」

②「展示についてスタッフに相談する」

③「学生ロビーで用紙に記入する」

問2　　2　　正解は①

「イベントでは　　　　ことができる」

イベント内容の2つめの項目 Experience … の第2文（Learn how people …）に「こうした文化圏の人々が，意思疎通するのに，顔の表情や手をどのように使うか学ぼう」とある。①「**さまざまな文化圏の身ぶり手ぶりについて学ぶ**」が正解。

②「ダンスコンテストに参加する」

③「複数の外国語で短編小説を読む」

④「世界各国の料理を作ってみる」

B 資料の読み取り

> 訳 《日帰り旅行の内容》
>
> あなたはアメリカに来ている交換留学生であり，来週あなたのクラスは日帰り旅行に出かける。先生が情報をいくらか提供してくれた。

イェントンビルのツアー
イェントンビル観光案内所では3つの市内観光を提供しています。

歴史ツアー
1800年代半ばに同市が設立されたときに建設されたセント=パトリック教会への訪問で，一日が始まります。教会の向かいには，20世紀初頭の市長公舎があります。公舎とその美しい庭園を見て回ります。最後に，公営バスで同市を横断し，平和公園を訪れます。第二次世界大戦直後に開園し，1960年代には多くのデモが行われた場所です。

芸術ツアー
 午前中はイェントンビル芸術地区で過ごします。まず，ヨーロッパや米国の絵画が数多くある美術館から始めます。昼食後は，通りの向かいにあるブルトン・コンサートホールでコンサートを楽しみ，そのあと芸術家通りまで少し歩きます。芸術地区のこの区域は，数年前新しい芸術家たちのアトリエや近くの彫刻公園が作られたときに整備されました。アトリエで作品制作中の芸術家たちを見て，そのあと木々の間に立つ彫刻を見つけながら，公園を散策します。

スポーツツアー
午前中にまず，フットボールチームのイェントンビル・ライオンズが郊外の屋外施設で練習しているのを見ることができます。午後には，昨年の秋に完成したイェントンビル・ホッケーアリーナまで地下鉄で移動します。しばらくの時間，そこの展示場で過ごし，このアリーナの独特な設計について学びます。最後に，同アリーナで行われるプロのホッケーの試合をお楽しみください。

イェントンビル観光案内所　2024年1月

語句・構文

▶ begin with ～「（催しなどが）～で始まる」
▶ studio「アトリエ」
▶ in the suburbs「郊外の〔に〕」

問1 ☐3☐　正解は④

「イェントンビルには☐☐☐がある」

The Arts Tour「芸術ツアー」第1～3文に「午前中はイェントンビル芸術地区で過ごし…まず美術館から始め…昼食後は，通りの向かいにあるブルトン・コンサートホールでコンサートを楽しむ」とある。④**「美術館もコンサートホールもある芸術地区」**が正解。

① 「250年前，同市が建設されたときに建てられた教会」The History Tour「歴史ツアー」第1文より，市と教会が建設されたのは1800年代半ばなので，約170年前である。

② 「市の中心部の，独特なフットボール訓練施設」The Sports Tour「スポーツツアー」第1文より，施設は郊外にある。また，第3文（Spend some …）より，独特な設計なのはアリーナである。

③ 「訪問者が独自の芸術作品を作れるアトリエ」

問2 ☐4☐　正解は③

「3つのツアーすべてで，☐☐☐」

The History Tour「歴史ツアー」第3・4文（There will be …）に「市長公舎とその美しい庭園を見て回り…最後に…平和公園を訪れる」，「芸術ツアー」第2文（We will begin …）に「まず…美術館から始める」，最終文（Watch artists …）に「アトリエで作品制作中の芸術家たちを見て，その後…公園を散策する」，The Sports Tour「スポーツツアー」第1文に「午前中にまず，フットボールチーム…が郊外の屋外施設で練習しているのを見る」，最終文（Finally, enjoy …）に「アリーナ（屋内競技場）で行われるプロのホッケーの試合を楽しむ」とある。③**「屋内と屋外の両方で時間を過ごす」**が正解。

① 「同市の歴史的な出来事について学ぶ」

② 「人々が自分の技能を実際に示すのを見る」

④ 「移動するのに公共交通機関を使う」

問3 ☐5☐　正解は①

「これらのツアーで訪問できるもののうち，イェントンビルで最も新しい場所はどれか」

「スポーツツアー」第2文（In the afternoon, …）に「昨年の秋に完成したイェントンビル・ホッケーアリーナ」とある。① **「ホッケーアリーナ」** が正解。

② 「市長公舎」

「歴史ツアー」第2文（Opposite the church …）に「20世紀初頭」とある。

③ 「平和公園」

「歴史ツアー」最終文（Opened soon after …）に「第二次世界大戦直後」とある。

④ 「彫刻公園」

「芸術ツアー」第4文（This part of …）に「数年前…彫刻公園が作られた」とある。

第2問

A　チラシの読み取り

訳　《戦略ゲームクラブへの入会の誘い》

あなたは英国の高校の交換留学生で，このチラシを見つける。

 ### 戦略ゲームクラブへのお誘い

チェス，将棋，囲碁といった戦略ゲームを習いたいと思ったことはありますか？　こうしたゲームは，実は単なるゲーム以上のものです。気を散らすことなく，論理的に深く考えるといった技能を身につけることができます。それに加えて，こうしたゲームは本当に楽しいです！　当クラブは，本学のすべての生徒に開かれています。技能のレベルに関係なく，自由に参加できます。一緒に戦略ゲームをし，そして…

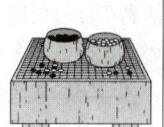

- ● 会員による実演から，駒の基本的な動かし方を覚えます
- ● オンラインでクラブの仲間と対戦します
- ● クラブのウェブサイトで秘訣を共有します
- ● それぞれのゲームの歴史や作法を学びます
- ● コンピュータのソフトウェアを使ってゲームを分析します
- ● 地区大会，全国大会に参加します

定例会：水曜日午後　学生センター 301 号室

メンバーのコメント

- ‐ 頭が前よりはっきりして落ち着いていて，授業でより集中できています。
- ‐ いくつかのゲームにどのように共通点があるかを知るのは面白いです。
- ‐ 大会で，他の参加者たちと戦略を議論するのが好きです。
- ‐ 会員はチェスの実際的な戦略を説明するインターネット動画をシェアしています。
- ‐ 囲碁に関するよい助言をしてくれる友達がいるのがいいです。
- ‐ 入会したときはまったくの初心者でしたが，何も問題はありませんでした！

語句・構文

▶ distraction「気を散らすこと，注意散漫」

▶ be welcome to *do*「自由に～してよい」

▶ tip「秘訣」

問1　[6]　正解は①

「チラシによると，このクラブに関して正しいのはどれか」

本文第6文（Regardless of …）に「技能のレベルに関係なく，自由に参加できる」とある。また Member Comments「メンバーのコメント」の最後（I waas a …）に「入会したときはまったくの初心者だったが，何も問題はなかった」ともある。①「完全な初心者も歓迎される」が正解。

②「会員はコンピュータプログラムを編集する」

③「プロのプレーヤーが公式の実演をする」

④「他の学校の生徒も参加できる」

問2　[7]　正解は②

「クラブの活動として述べられて**いない**のは次のどれか」

①「非会員とゲームをすること」

活動項目の最後（participate in …）に「地区大会，全国大会に参加する」とあるので，そこでクラブ会員以外の人とゲームをすると考えられる。一致する。

②「コンピュータと対戦すること」

チラシのどこにもコンピュータとの対戦は述べられていない。これが正解。

③「インターネット上で，ゲームをする上でのアイデアを共有すること」

活動項目の3つめ（share tips on …）に「クラブのウェブサイトで秘訣を共有する」とあることと一致する。

④「戦略ゲームの背景を研究すること」

活動項目の4つめ（learn the history …）に「それぞれのゲームの歴史や作法を学ぶ」とあることと一致する。

問3　[8]　正解は①

「会員が述べている**意見**の一つは[　　　]ということである」

「メンバーのコメント」の2つめ（It's cool to …）に「いくつかのゲームにどのように共通点があるかを知るのは面白い」とあり，これは個人の意見である。①「**異なるゲームを比較するのは興味深い**」が同様の内容であり，これが正解。

②「囲碁に関する多くの動画が役に立つ」

③「会員はさまざまな大会で秘訣を学ぶ」

④「定例会は学外で行われている」

問4　9　正解は④

「入会の誘いもメンバーのコメントもどちらも□□□ということに言及している」

本文第3文（You can learn …）に「気を散らすことなく，論理的に深く考えるといった技能を身につけることができる」，「メンバーのコメント」の1つめ（My mind is …）に「頭が前よりはっきりして落ち着いていて，授業でより集中できている」とある。④「戦略ゲームは集中力を向上させるのに役立つ」がこれらの内容と一致する。これが正解。

① 「新しい会員は経験を示さなくてはならない」

② 「オンラインでの支援はよいプレーヤーであるために必要である」

③ 「将棋は論理的で刺激的なゲームである」

問5　10　正解は②

「このクラブは，□□□ことを望んでいる生徒に最も適している」

本文第5・6文（This club is open …）に「当クラブは，本学のすべての生徒に開かれている。技能のレベルに関係なく，自由に参加できる」とあり，現在の自分の腕前を気にせずに参加できる。活動項目の1つめ（learn basic …）に「会員による実演から，駒の基本的な動かし方を覚える」，2つめ（play online …）に「オンラインでクラブの仲間と対戦する」，3つめ（share tips …）に「クラブのウェブサイトで秘訣を共有する」，5つめ（analyse games …）に「コンピュータのソフトウェアを使ってゲームを分析する」，6つめ（participate in …）に「地区大会，全国大会に参加する」とあるように，ゲームのやり方を教わったり，実際にゲームを行い，分析したりする機会が豊富に設けられている。②「戦略ゲームを行う自分の技能レベルを向上させる」が正解。

① 「自分独自のコンピュータ戦略ゲームを作る」

③ 「戦略ゲームを行うことを通じて，適切な英国式の作法を学ぶ」

④ 「週末を部室で戦略ゲームをして過ごす」

B　レビューの読み取り

> 訳　《旅行保険の批評》
>
>　　あなたはアメリカに留学しようとしている大学生で旅行保険が必要である。あなたは，アメリカに 6 カ月留学していた女子留学生が書いた保険プランに関するこの論評を見つける。

［第 1 段］　海外旅行の前には考えなくてはならないことがたくさんあります。適切な衣類を詰め，旅費を準備し，（もし必要なら）薬も忘れてはいけません。また，旅行保険にも入っておくべきです。

［第 2 段］　私がカリフォルニアにあるフェアビル大学に留学したときは，トラブセイファー・インターナショナルの旅行保険に入りました。オンラインで 15 分もしないうちに契約でき，すぐに保険が有効になりました。どんな支払い形式でも受け付けてくれて，通常は月払いです。プランは 3 つあります。すべてのプランに 1 回の健康診断が含まれています。

［第 3 段］　プレミアムプランは月額 100 ドルです。このプランはスマートフォンのアプリと電話サービスで 24 時間体制の医療サポートをしてくれます。入院が必要な場合は，すぐに財政的な支援が与えられます。

［第 4 段］　スタンダードプランが，私にはいちばんよかったです。24 時間体制の電話サポートがあり，外国で健康でいるためのヒントを載せた週 1 回のメールも含まれていました。このプランは安くはありませんでした。月額 75 ドルです。でも，6 カ月適用分の前払いをしたので，オプションの 15 パーセント割引をしてもらえたのがよかったです。

［第 5 段］　もし予算に限りがあるなら，月額 25 ドルのエコノミープランが選べます。他のプランと同様に 24 時間体制の電話サポートがありますが，緊急診療にしか保険は適用されません。また，サポートセンターが必要だと判断すれば，病院に行くタクシーを割引料金で手配してくれることもあります。

［第 6 段］　私は一度も病気になったりけがをしたことがなかったので，保険に入るのはお金の無駄だと思いました。ところが，ブラジルから来ていた私の友達が，サッカーをしているときに足を骨折し，数日入院しなくてはならないということがありました。彼はプレミアムプランを選んでいて，それですべてまかなえました！保険がどんなに大切かわかりました。困ったときに助けてもらえるということです。

語句・構文

［第1段］ ▶ medication「薬物，薬」
　　　　　▶ purchase insurance「保険をかける，保険に入る」
［第2段］ ▶ sign up「契約する」
　　　　　▶ be covered「保険に入っている，保険が適用されている」
［第3段］ ▶ be authorized「認定される，権限が与えられている」
［第4段］ ▶ in advance「前もって，事前に」
［第5段］ ▶ emergency care「緊急診療」

問1　　11　　正解は①

「この論評によると，次のどれが正しいか」

第3段第2文（The plan provides …）に「このプランはスマートフォンのアプリと電話サービスで24時間体制の医療サポートをしてくれる」とあり，同段は月額100ドルの最も高額なプレミアムプランのことを述べている。① **「最も高いプランでは，昼夜の医療サポートが利用できる」** が正解。

② 「最も安いプランには，理由にかかわらない無料の入院が含まれている」

③ 「中間のプランには，1回の健康診断は含まれていない」

④ 「筆者の選んだプランは，毎月100ドル以上かかった」

問2　　12　　正解は①

「最も安いプランに含まれて**いない**のはどれか」

最も安いエコノミープランについては第5段で述べられている。同段第2文（It has the 24-hour …）に「24時間体制の電話サポートがあるが，緊急診療にしか保険は適用されない」とある。② 「緊急診療」，③ 「電話サポート受付」は含まれていることがわかる。同段第3文（Also, they can …）に「病院に行くタクシーを割引料金で手配してくれることもある」とあり，④ 「交通支援」も含まれている。① **「メールでのサポート」** は言及されていない。これが正解。

問3　　13　　正解は①

「トラブセイファー・インターナショナルを説明している最も適切な組み合わせは次のどれか」

A：「月払いを認めている」

B：「学生のための奨学金プランを企画している」

C：「薬のことを思い出す手助けをしている」

D：「インターネットでの登録システムを提供している」

E：「申し込み用紙を処理するのに数日かかる」

第2段第3文（They accept any form …）に「どんな支払い形式でも受け付けてくれて，通常は月払いである」とある。Aがこの内容と一致する。同段第2文（I signed up …）に「オンラインで15分もしないうちに契約した」とある。Dがこの内容と一致する。① 「AとD」が正解。BとCは本文中に言及がない。Eは，前述の第2段第2文の内容と一致しない。

問4 14 正解は③

「自分が選んだプランに関する筆者の**意見**は□□□ということだ」

第4段最終文（However, it was nice …）に「6カ月適用分の前払いをしたので，オプションの15パーセント割引をしてもらえたのがよかった」とある。③ **「料金割引のオプションが魅力的だった」**が正解。

① 「健康を意識することを妨げた」
② 「電話サポートには満足しなかった」
④ 「足の骨折の治療費をまかなってくれた」

問5 15 正解は②

「筆者の気持ちを最もよく表しているのは次のうちのどれか」

第1段第1文に「海外旅行の前には考えなくてはならないことがたくさんある」として，同段第2文（Also, you should …）には「旅行保険にも入っておくべきだ」と述べている。第6段最終文（I realized how …）には「保険がどんなに大切かわかった。困ったときに助けてもらえるということだ」と締めくくっている。② **「旅行の準備は大切だと思っている」**が正解。

① 「スマートフォンのアプリは役に立つと考えている」
③ 「アメリカの医療システムは世界でも独特だと感じている」
④ 「友人には別の病院のほうがよかったと思っている」

第3問

A ブログの読み取り

> 訳 《フォトラリーについてのブログ》
> あなたの英語指導助手の妹のスーザンが，先月あなたのクラスを訪問した。彼女はイギリスにもどって，自分が参加したイベントについてブログに書いた。

こんにちは！

私は友人たちと外国人旅行者向けのフォトラリーに参加しました。ルールは右を見てください。フォトラリーの初心者だったので，私たちはチェックポイントのうち5つだけを目指すことにしました。3分で最初の目標である市立博物館に到着しました。第2，第3，第4の目標も次々と達成しました。万事スムーズに進んでいたのです！　ところが，最後の目標である，この町出身の有名な侍の銅像に向かう途中で，私たちは道に迷ってしまいました。時間はどんどんなくなっていき，2時間以上も歩き続けたので足が痛くなっていました。ペットのサルを連れた男性を呼び止めて助けを求めましたが，私

さくら市フォトラリーのルール

- 各グループは**カメラ**と**紙の地図**だけが使用できます。どちらも当方から提供します
- **25のチェックポイント**（観光スポットに指定されている）の写真をできるだけたくさん撮ってください
- 制限時間は**3時間**です
- 写真には**3人のチームメンバー全員**が入っていなくてはなりません
- メンバー全員が**一緒に移動**しなくてはなりません
- 携帯電話は**使用禁止**
- 交通機関は**使用禁止**

たちの日本語も，彼の英語も十分に上手ではありませんでした。彼が身振り手振りで道を説明してくれた後，そこにたどり着くのに十分な時間がなく，あきらめなくてはならないことがわかりました。私たちは彼と一緒に写真を撮って，別れました。さくら市役所にもどったとき，優勝チームは19のチェックポイントを完了したと聞いてびっくりしました。私たちの撮った写真の1枚は，イベントのウェブサイトに掲載するのに選ばれました（<u>ここ</u>をクリック）。その写真は，あの男性の優しさと親切さを思い出させてくれます。私たち自身の「金メダル」です。

語句・構文

▶ in quick succession「矢継ぎ早に，次々と」
▶ run out「（時間などが）なくなる，尽きる」

▶ remind *A* of *B*「*A* に *B* を思い出させる」

問1 ┃ 16 ┃ 正解は②

「ブログのリンクをクリックする。どの写真が出てくるか」

第10文（We took a photo …）に「私たちは彼と一緒に写真を撮った」とあるが，「彼」とは第8文（We stopped a man …）にある「ペットのサルを連れた男性」のこと。最終2文（One of our …）より，サルを連れたこの男性と撮った写真が出てくるとわかる。候補は②と③だが，写真を撮ったのは道に迷っているときなので，「ゴール」とある③ではありえない。よって②が正解である。

問2 ┃ 17 ┃ 正解は②

「あなたはスーザンのブログにコメントを求められる。彼女に対する適切なコメントはどれか」

第11文（When we got back …）に「優勝チームは19のチェックポイントを完了したと聞いてびっくりした」とあることから，スーザンは優勝していない。よって，①「金メダルをかけたあなたの写真が見たいです！」と③「3時間で19のチェックポイントにたどり着いたんですか？　本当に？　すごい!!」は，優勝していないスーザンへのコメントとして適切ではない。また，本文最後に出てくる「金メダル」は写真を表す比喩で，金メダルそのものが優勝者に与えられるかも不明である。④「あなたの写真はすてきですね！　（携帯）電話をアップグレードしたのですか？」は，ルールの最後から2つめに「携帯電話は使用禁止」とあるから不適切。携帯で撮った写真ではない。残る②**「最善を尽くしましたね。日本にもどってきて，またチャレンジしてください！」**が正解。

B 記事の読み取り

> 訳 《**英語デーの経験**》
>
> 　あなたは英語デーに参加するつもりである。準備として，昨年参加したユズの書いた学校新聞の記事を読んでいる。

南洋の島へのバーチャル現地調査旅行

［**第1段**］　今年は，英語デーで，私たちはバーチャル科学ツアーに参加した。冬の天気はずっとひどかったので，私たちはスクリーンに映し出される火山島の南国の風景を見てわくわくした。

［**第2段**］　まず，私たちはルートを見るためのナビゲーションソフトを使って，島の地理を学ぶために「車の旅をした」。私たちは「車に乗り込み」，私たちの教師であるリーチ先生は，私たちが窓の外を見て雨林の様子をよりよく感じられるように，ときどきその車を止めてくれた。後で，私たちは自分たちが見たものについてリーチ先生に質問した。

［**第3段**］　その後，私たちは「海に飛び込んで」，海洋生物の多様性について学んだ。私たちは，ライブカメラでサンゴ礁を観察した。リーチ先生は，生物の数を数えられるか，私たちに聞いたが，あまりにも多かった！　それから，先生は私たちに10年前の海の写真を見せてくれた。私たちがカメラで見たサンゴ礁も活気があったが，写真の中のサンゴ礁はいっそう活気にあふれていた。ほんの10年後で非常に違っているように見えた！　リーチ先生は，人間の活動が海に影響を及ぼしていて，今行動を起こさなければ海は完全にだめになってしまうかもしれないと私たちに言った。

［**第4段**］　夕方には，私たちは「完璧な星空」のもとで天文学の勉強をした。体育館にテントを張り，プロジェクターを使って仮のプラネタリウムを天井に作った。星座，流れ星，天の川で埋め尽くされた空に魅了された。誰かが，最も明るく輝く光の一つを指し示して，それは

地球に近い惑星である金星かとリーチ先生に尋ねた。先生はうなずき，人間があまりにも多くの人工光を生み出したので，私たちの町の夜空にはほとんど何も見えないと説明した。

［**第5段**］　放課後，家に帰る途中，天気はよくなっており，空にはもう雲はなかった。私は月のない空を見上げ，リーチ先生が私たちに言ったことは本当だとわかった。

語句・構文

［第1段］▶ project「〜を映写する」

［第2段］▶ road trip「車やバスの（長）旅」

　　　　 ▶ so (that) S can 〜「Sが〜できるように」

　　　　 ▶ get a better sense of 〜「〜をよりよく感じ取る，わかる」

［第3段］▶ learnt「学んだ」イギリス英語でのlearnの過去・過去分詞形。

　　　　 ▶ via「〜によって，〜を使って」

　　　　 ▶ full of life「活気にあふれている」

［第4段］▶ constellation「星座」

問1 　18　　19　　20　　21　　正解は①，②，③，④

　「ユズの記事には，バーチャルツアーの出来事を述べた生徒たちのコメント（①〜④）も含まれていた。コメントを出来事の起きた順に並べよ」

> ①
> 私はその島がどれほど危険なのだろうと思っていました。ジャングルには美しい鳥たちや大きなヘビも1匹見えました。
>
> ②
> 以前にはもっとずっと多くの生物がいたことは本当にショックでした。私たちの美しい海を守るべきです！
>
> ③
> 体育館にキャンプサイトを作るのは少し変だったけれど，とても楽しかった！　外よりよかった。だって，虫にさされなかったからね！
>
> ④
> 宇宙ショーの間，言葉を失いました。そして，物事はそこにあるのに，それに気づいていないことは多いのだとわかりました。

①第2段第2文（We "got into …）に「リーチ先生は，私たちが窓の外を見て雨林の様子をよりよく感じられるように，ときどきその車を止めてくれた」とある。jungle「ジャングル」はrainforest「（熱帯）雨林」の言い換えである。よって，このコメントは，最初に行われた「車の旅」での出来事であり，1番目にあたる。

②第3段第4文（Then he showed us …）から第6文（It looked so …）に「先生は私たちに10年前の海の写真を見せてくれた。私たちがカメラで見たサンゴ礁も活気があったが，写真の中のサンゴ礁はいっそう活気にあふれていた。ほんの10年後で非常に違っているように見えた」とある。コメントはこのことを述べている。「海の中」を見たのは「車の旅」の次なので，2番目にあたる。

③第4段第2文（We put up tents …）に「体育館にテントを張り，プロジェク
　ターを使って仮のプラネタリウムを天井に作った」とある出来事について述べた
　コメントである。これは「海の中」を見た後のものなので，3番目にあたる。

④コメントの前半は第4段第3文（We were fascinated …）の「星座，流れ星，
　天の川で埋め尽くされた空に魅了された」に関するものであり，後半は同段最終
　文（He nodded and …）の「先生は…人間があまりにも多くの人工光を生み出
　したので，私たちの町の夜空にはほとんど何も見えないと説明した」，第5段第
　2文（I looked up …）の「私は月のない空を見上げ，リーチ先生が私たちに言
　ったことは本当だとわかった」に関するものである。これが最後にあたる。

したがって，①→②→③→④が正解。

問2　　22　　正解は③

「このツアーから，ユズは南洋の島の□□□□については学ば**なかった**」

第2段第2・3文（We "got into …）に「リーチ先生は，私たちが窓の外を見て
雨林の様子をよりよく感じられるように，ときどきその車を止めてくれた。後で，
私たちは自分たちが見たものについてリーチ先生に質問した」とあり，④「木々や
植物」について学んだと考えられる。第3段第1文（Later, we "dived into …）
に「海洋生物の多様性について学んだ」とあり，①「海の生態系」も学習している。
第4段第1文（In the evening, …）に「私たちは『完璧な星空』のもとで天文学
の勉強をした」とあり，②「夜空」も勉強している。③「季節ごとの天候」には言
及がない。これが正解。

問3　　23　　正解は②

「帰宅途中で，ユズは上を見て，夜空に□□□□を見た可能性が最も高い」

第5段第2文（I looked up …）に「私は月のない空を見上げ，リーチ先生が私た
ちに言ったことは本当だとわかった」とある。「先生が言ったこと」とは，第4段
最終文（He nodded and …）にある「人間があまりにも多くの人工光を生み出し
たので，私たちの町の夜空にはほとんど何も見えない」ということである。②「ほ
んの2，3個の星」が正解。

①「流れ星」

③「満月」

④「天の川」

第4問

記事の読み取り

《よい教室の条件》

　あなたの大学の英語クラブの部室にはいくつかの問題があり，あなたは設計しなおしたいと思っている。次の記事と部員へのアンケート結果に基づいて，あなたはグループ討論のための資料を作る。

よい教室の条件とは？

ダイアナ=バッシュワース『トレンズ・イン・エデュケーション』執筆者

[第1段]　多くの学校が教室の改善に取り組んでいるので，設計の決定をするための考えがあることは重要だ。SIN とは，「刺激」，「個人化」，「自然さ」を表しているが，これは教室の設計をするときに考慮すると役立つであろう枠組みである。

[第2段]　第一の「刺激」には，2つの側面がある。色と複雑さである。これは天井，床，壁，室内備品に関するものだ。たとえば，色のない教室は面白みがないかもしれない。他方で，あまりにも派手すぎるのもよくない。鮮やかな色は壁の一つ，床，窓の遮光物，家具に使えるだろう。加えて，壁にあまりにも多くのものが展示されていると視覚的に気が散ることになりかねない。壁の 20〜30 パーセントは，何もないままにしておくことが推奨される。

[第3段]　枠組みの次の項目は「個人化」である。これには考慮すべきことが2つある。所有権と柔軟性である。所有権とは，教室に自分のものであるという感じがあるかどうかを言っている。この例には，学生の体格や年齢に合った椅子や机があること，収納スペースや学生の作品や研究を張り出す場所が提供されていることが含まれる。柔軟性は，異なる種類の活動を考慮に入れた教室であることに関するものである。

[第4段]　「自然さ」とは，自然光と人工光の両方の質と量，そして教室の温度に関連する。あまりにも自然光が入りすぎると，スクリーンや板書が見えづらくなるかもしれない。光が足りないと，学生たちは読んだり書いたりするのに苦労するかもしれない。加えて，暑い夏の教室は効果的な学習を促進しない。学校は，光と温度の両方を調節することのできるシステムを備えつけるべきである。

[第5段]　「自然さ」は比較的私たちになじみがあり，したがって最優先事項と考えられることが多いが，他の項目も同様に重要である。これらのアイデアによってあなたの計画が成功裏に終わることを願っている。

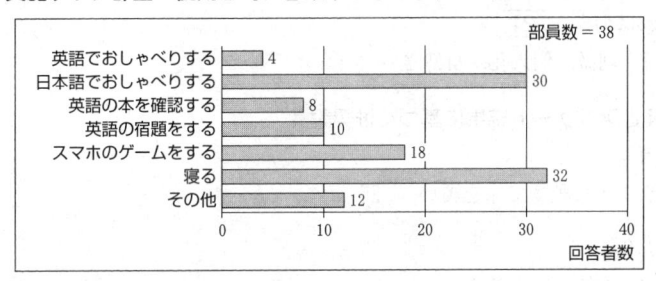

アンケート結果

質問1：英語クラブ部室の使用目的に合致するものをすべて選んでください。

部員数＝38

- 英語でおしゃべりする：4
- 日本語でおしゃべりする：30
- 英語の本を確認する：8
- 英語の宿題をする：10
- スマホのゲームをする：18
- 寝る：32
- その他：12

（横軸：回答者数 0〜40）

質問2：現在の英語クラブ部室についてどう思いますか？

主なコメント：

学生1（S1）：晴れた日にはプロジェクターのスクリーンやホワイトボードがよく見えません。また，温度を調節する方法がありません。

S2：窓のそばでは，太陽光のせいで読みづらいです。部屋の反対側では十分な光が得られません。また，書籍がぐちゃぐちゃで，壁はポスターで埋め尽くされています。そのせいで居心地が悪く感じます。

S3：椅子が私にはあまり合っていませんし，小グループで活動するときに机が動かしにくいです。また，英語クラブなのに，多くの部員が日本語で話しています。

S4：壁に貼ってある外国の写真を見ると，英語を話したくなります。みんなソファが気に入っています。とても座り心地がよくて，寝るのに部室を使うことがよくあります！

S5：部室はとても遠いので，そこに行くことはめったにありません！ 使える部屋は他にないのですか？

S6：部屋にグレーが多すぎます。私は好きではありません。でも壁に日常的な英語表現がたくさんあるのはいいです！

あなたの討論用資料：

部室改善計画

■ SIN の枠組み
- それは何か： 24
- SIN ＝ 刺激，個人化，自然さ

■ SIN とアンケート結果に基づく推奨設計
- 刺激：

  カラフルな敷物で床を覆い， 25 。

- 個人化：

  部室の家具を取り換える。

  （キャスター付きのテーブル→移動しやすい）

- 自然さ：

  26

  A．窓にブラインドを取り付ける。

  B．温度調節ができるようにする。

  C．プロジェクターのスクリーンを窓から離れたところに移動する。

  D．ソファを壁のそばに置く。

  E．薄暗い隅にフロアランプを置く。

■討論すべき他の問題点
- 28 のコメントに述べられているように，部員の大半は部室 27 。これ
  はどのように解決できるか。
- グラフと 29 のコメントの両方に基づくと，部員が英語をもっと話す気
  になるような，部室での言語規則を設定すべきだろうか。
- 学生5は部室の場所が好きではないが，部屋を変更することはできないの
  で，部員がもっと頻繁に部室に来るように促す方法について考えよう。

語句・構文

［第1段］▶ stand for ～「～を表す，象徴する」

［第2段］▶ have to do with ～「～と関係がある」

［第3段］▶ allow for ～「～を考慮に入れる，～の余裕を備えている」

［第4段］▶ have difficulty *doing*「～するのに苦労する」

［第5段］▶ hopefully「願わくば，できれば」

［アンケート結果］ ▶ hardly ever「めったに～ない」＝ rarely / seldom
［資料］ ▶ motivate *A* to *do*「*A* に～する動機を与える」

問1 ［ 24 ］ 正解は③

「［ 24 ］に最も適する選択肢を選べ」

空所は「SIN の枠組み」とは何かを述べている箇所。記事の第1段第2文（SIN, which stands for …）に「SIN とは…教室の設計をするときに考慮すると役立つであろう枠組みである」とある。③**「教室環境を計画するときに倣うべき手本」**が正解。

① 「どの色が教室で使うのに適切かを示す手引き」
② 「教室における学生と教師の需要に優先順位をつける方法」
④ 「教室が学生の成績にどのように影響を及ぼすかを理解する仕組み」

問2 ［ 25 ］ 正解は④

「［ 25 ］に最も適する選択肢を選べ」

空所は「刺激」の項にあり，記事でそれに相当する第2段第6文（In addition, it can …）に「壁にあまりにも多くのものが展示されていると視覚的に気が散ることになりかねない」とある。また，「アンケート結果」のS2のコメント第3文（Also, the books …）に「壁はポスターで埋め尽くされている」とある。④**「掲示されているものを減らす」**が正解。

① 「スクリーンをもっとよい場所に移す」
② 「壁をそれぞれ異なる色に塗る」
③ 「書籍を棚に置く」

問3 ［ 26 ］ 正解は④

「あなたは討論用資料を入念に読んでいる。あなたは『自然さ』の推奨項目の中に，一つ間違いがあるのに気づく。次のどれを<u>削除</u>すべきか」

記事の第4段第1・2文（Naturalness relates to …）に「『自然さ』とは，自然光と人工光の両方の質と量，そして教室の温度に関連する。あまりにも自然光が入りすぎると，スクリーンや板書が見えづらくなるかもしれない」とある。「アンケート結果」のS1のコメントには「晴れた日にはプロジェクターのスクリーンやホワイトボードがよく見えない」とある。D.「ソファを壁のそばに置く」はこうしたことと無関係である。④**「D」**が正解。

問4　　27　　正解は⑤　　　28　　正解は④

「　27　と　28　に最も適する選択肢を選べ」

　27　の前に「大半の部員が」とある。「アンケート結果」のコメントでこれに相当する言葉が含まれているのは，Ｓ３の第２文（Also, lots of …）「多くの部員が日本語で話している」とＳ４の第２文（Everyone likes …）「みんなソファが気に入っている。とても座り心地がよくて，寝るのに部室を使うことがよくある」の２つ。　27　の選択肢中⑤「（部室）で昼寝をしている」が，　28　の選択肢中④「Ｓ４」のコメントと一致する。

　27

①「（部室）から本を借りている」

②「（部室）に簡単に行けない」

③「（部室）で日本語を使わない」

④「（部室）で落ち着かない」

問5　　29　　正解は③

「　29　に最も適する選択肢を選べ」

　空所のある文は「グラフと　　　　のコメントの両方に基づくと，部員が英語をもっと話す気になるような，部室での言語規則を設定すべきだろうか」となっている。部室で何語を話しているかに言及しているコメントはＳ３で，その第２文（Also, lots of …）に「英語クラブなのに，多くの部員が日本語で話している」とある。使用目的のグラフでも，「日本語でおしゃべりする」は「寝る」に続いて第２位である。③「Ｓ３」が正解。

第5問

物語の読み取り

訳 《自分の才能に気づくことの大切さ》

あなたは英語討論グループに所属しており，あなたの順番がきて何か小説を紹介する。あなたは日本の英語雑誌で，ある物語を見つけた。あなたは発表のためのメモを準備している。

マキズ・キッチン

［第1段］「いらっしゃいませ」，2人の客が彼女のレストラン，マキズ・キッチンに入ってきたとき，マキは言った。マキは，父親が病気になったとき，19歳で家業に入った。父親が回復した後も，マキは仕事を続けることにした。結局，マキの両親が引退して彼女が店主になった。マキには，ただおいしい料理を求めてだけではなく，カウンターに座って彼女と話をするためにもやってくる常連がたくさんいた。彼女の仕事はとても順調に進んでいたが，マキはときどき何かほかのことをするのを夢想していた。

［第2段］「カウンターに座ってもいいですか？」という声が聞こえた。それは彼女の旧友，タクヤとカスミだった。数週間前，カスミがタクヤに電話をかけ，それでマキを訪ねてびっくりさせようという考えが浮かんだのだった。

◆◆◆◆◆

［第3段］タクヤの電話がブルブルし，彼はなつかしい名前，カスミとあるのを見た。

「カスミか！」

「もしもし，タクヤ，新聞であなたを見たわよ。おめでとう！」

「ありがとう。なあ，先月の高校の20回目の同窓会に来てなかったよね」

「うん，都合がつかなかったのよ。卒業してから20年なんて信じられない。実はね，最近マキに会ったか聞こうと思って電話したの」

◆◆◆◆◆

［第4段］タクヤの家族は，彼が高校に入る少し前にカワナカ町に引っ越してきた。彼は演劇部に入り，そこでマキとカスミに出会った。3人は離れがたい仲になった。卒業後，タクヤは俳優になるためにカワナカを離れ，一方マキとカスミは残った。マキは大学で勉強したいと思い，予備校に入学していた。他方カスミは，仕事に就いた。タクヤはさまざまな役柄のオーディションを受けたが，いつも不合格だった。結局彼は俳優を辞めた。

[第5段]　卒業からちょうど1年後，タクヤは夢破れてカワナカにもどってきた。彼はマキに電話をかけ，マキは同情を示してくれた。彼は，マキが家族のレストランを経営しなくてはならないために，大学に行くという計画をあきらめたと聞いて驚いた。彼が電話をしたのが彼女の仕事の初日だった。なんだか，タクヤはマキにアドバイスをしないではいられなかった。

　「マキ，ずっと思っていたんだけれど，君のところのレストラン，出すコーヒーを変えたほうがいいよ。カワナカの人たちは，もっとはっきりした風味をほしがっていると思うよ。違うブランドを喜んで推薦するけど」と，彼は言った。

　「タクヤ，コーヒーのことがよくわかっているのね。ねえ，カフェ・カワナカの横を歩いていて求人広告を見たわ。応募しなさいよ！」と，マキは答えた。

[第6段]　タクヤはカフェ・カワナカで仕事を得て，コーヒーを作る技術に魅了された。彼が就職した1年目の記念日に，タクヤはマキに彼女のレストランで話をした。

　「マキ」と彼は言った。「僕の夢が何かわかる？」

　「何かコーヒーと関係あるわよね」

　「正解！　僕の夢は，僕自身のコーヒー事業をすることだよ」

　「あなた以上にそれに向いている人なんて思い浮かばないわ。ぐずぐずしないですぐやりなさいよ」

[第7段]　マキの励ましでタクヤは奮起した。彼は仕事を辞めて，コーヒー豆の焙煎機を購入し，豆の焙煎を始めた。マキは自分のレストランに「私どもは，自信をもってタクヤのコーヒーをお出ししています」という張り紙をし，この宣伝でタクヤのコーヒーはカワナカで人気を博した。タクヤは自分の豆を売って，かなりのお金を稼ぎ始めた。最終的には，彼は自分のカフェを開き，事業主として成功した。

[第8段]　カスミが新聞を読んでいると，こんな見出しが目に入った。「タクヤのカフェ　観光客をカワナカ町に呼び込む」「タクヤがこんなに成功するなんて誰が思ったかしら」と，過去を振り返りながらカスミは思った。

[第9段]　高校の演劇部で，カスミの役割は俳優のメイクをすることだった。彼女より上手にできる人はいなかった。マキはこのことに気づいていて，ビューテラという化粧品会社が販売員の求人広告を出しているのを見た。彼女はカスミに応募するように勧め，卒業後，彼女はビューテラの社員になった。

[第10段]　仕事はきつかった。カスミは一軒一軒訪ねて化粧品を売った。うまくいかなかった日には，彼女はマキに電話をかけ，マキは彼女を元気づけたものだった。ある日，マキにはある考えが浮かんだ。「ビューテラはメイクアップ講習会をしていないの？　あなたはそっちのほうが向いていると思うの。化粧品をどう使えばいいか，あなたなら人に教えられるわ。お化粧した顔が気に入って，たくさん化

粧品を買ってくれるわよ！」

[第11段] カスミの会社は，彼女が講習会を開くことを認めてくれ，講習会は大成功だった！　カスミの売上はとてもよかったので，高校を卒業して8カ月後には，彼女は昇進しており，大都市のイシジマに引っ越した。それ以降，彼女は着実に会社の役職の階段を上り，ついに今年，ビューテラの副社長に任命されたのだった。

　「マキがいなかったら，今私は副社長なんかになっていないわ」と，彼女は思った。「私がもがいているとき彼女は私を助けてくれたのに，私はイシジマでの自分の仕事に夢中になりすぎて，彼女が予備校をやめなくてはならなかったときに彼女を支えてあげられなかった」　新聞記事をちらりと見返して，彼女はタクヤに電話することにした。

[第12段] 「マキは同窓会に来ていなかったよ。ずいぶん長いこと，彼女には会っていない」と，タクヤは言った。

　「私もよ。残念なことよね。彼女がいなかったら，私たちどうなっていた？」と，カスミは尋ねた。

　会話は途切れ，彼らは，無言で自分たちの後ろめたい気持ちを伝えあった。そして，カスミはあることを思いついた。

[第13段] 友達3人がおしゃべりし，笑いあっているときに，マキが尋ねた。「ところで，2人に会えて本当に嬉しいんだけど，なんでここに来たの？」

　「お返しだよ」と，タクヤが言った。

　「私，何か悪いことした？」と，マキが尋ねた。

　「いいや。その逆だよ。君は信じられないくらい人のことがよくわかっている。他の人たちの強みをつきとめて，それをどう使えばいいか示せる。僕たちがその証拠さ。君は僕たちに自分の才能に気づかせてくれたんだ」と，タクヤが言った。

　「皮肉なのは，あなたが同じことを自分にはできていなかったってことよ」と，カスミが付け加えた。

　「イシジマ大学は君には理想的だと思うよ。あの大学には，仕事を持っている人を対象にした，カウンセリングの学位コースがあるからね」と，タクヤは言った。

　「月に何度か大学に行かないといけないけれど，うちに泊まればいいわ。それに，タクヤは，あなたのレストランのスタッフを見つける手助けができるし」とカスミが言った。

[第14段] マキは目を閉じて，カワナカに「マキズ・キッチン」と「マキズ・カウンセリング」の両方があることを想像した。彼女はその考えが気に入った。

あなたのノート：

マキズ・キッチン

物語のあらすじ

マキ，タクヤ，カスミは高校を卒業する。

| 30 |
| 31 |
| 32 |
| 33 |

マキはセカンドキャリアについて考え始める。

マキについて

- 年齢： 34
- 職業：レストランのオーナー
- 彼女がどのように友達を支えたか：
    タクヤに励ましを与え，そして 35 。
    カスミ　　　　〃　　　　そして 36 。

カギとなる機会の解釈

- カスミとタクヤが電話で気まずい沈黙を味わうのは，彼らが 37 からである。
- 最後の場面で，カスミはマキについて「皮肉」という言葉を使う。その<u>皮肉</u>とはマキが 38 ないことである。

語句・構文

[第1段] ▶ regular customer「常連」
[第3段] ▶ make it「なんとか出席する」
[第4段] ▶ try out for ~「~のオーディションを受ける」
[第5段] ▶ bold「はっきりした，際立った」
[第6段] ▶ have something to do with ~「~と何か関係がある」
　　　　　▶ What are you waiting for?「何を待っているの，さっさとやりなさい」
[第7段] ▶ make good money「かなりの金をもうける」
[第9段] ▶ advertise for ~「~の求人広告を出す」
[第10段] ▶ lift *one's* spirit「~を元気づける」
[第11段] ▶ vice-president「副社長」
　　　　　▶ I wouldn't be vice-president now without Maki「マキがいなかったら今頃私は副社長ではないだろう」　仮定法過去。

［第12段］ ▶ in ages「かなり長い間」

［第13段］ ▶ make use of ～「～を生かす，活用する」

問1　　30　　31　　32　　33　　正解は④，⑤，①，②

「5つの出来事（①〜⑤）から**4つ**を選んで，起こった順に並べよ」

①「カスミは自分の会社の副社長になった」

第11段第3文（Since then, …）に「ついに今年，ビューテラの副社長に任命された」とある。第3段（Takuya's phone …）の電話での会話より，高校卒業から20年後のことと考えられる。

②「カスミはタクヤに連絡をとる」

第11段最終文（Glancing back to …）に「新聞記事をちらりと見返して，彼女はタクヤに電話することにした」とある。新聞記事は第8段第1文（Kasumi was reading …）にある「タクヤのカフェ　観光客をカワナカ町に呼び込む」という見出しのあるもの。この新聞を読みながらカスミが思っていたことのひとつが，第11段第4文（"I wouldn't be …）の「マキがいなかったら，今私は副社長なんかになっていない」である。電話は副社長になった後なので，①→②の前後関係になる。

③「マキは大学の学位を得る」

第5段第3文（He was surprised …）に「マキは…大学に行くという計画をあきらめた」とあり，大学には行っていない。この選択肢は除外できる。

④「マキは家業で働き始める」

第1段第2文（Maki had joined …）に「マキは…19歳で家業に入った」とあり，高校卒業から日が経っていない時期のことだとわかる。

⑤「タクヤは，自分の事業を始めようという気になる」

第6段第2文（On the one-year anniversary …）から第7段第2文（He quit his job, …）に「彼が就職した1年目の記念日に，タクヤはマキに彼女のレストランで話をし，そこで自分の夢を語るとマキにすぐ始めるよう促され，「マキの励ましでタクヤは奮起し…コーヒー豆の焙煎機を購入し，豆の焙煎を始めた」とある。タクヤの就職のきっかけは第5段（Exactly one year …）に述べられており，卒業からちょうど1年後に地元にもどってきたタクヤがマキに電話をかけたが，「彼が電話をしたのが彼女の仕事の初日だった」（同段第4文（Her first day …））とあり，その電話でマキがカフェの求人広告のことをタクヤに話して，応募するように勧めている。つまり⑤の出来事は，④より後の，高校卒業から2年ほど経ったときと考えられる。

したがって，全体で④→⑤→①→②となる。

問2 34 正解は②

「 34 に最も適する選択肢を選べ」

空所はマキの年齢を示している箇所。タクヤとカスミの電話での会話を描写している第3段第6文（Hey, you weren't at …）のタクヤの発言に「君は先月の高校の20回目の同窓会に来てなかった」とある。続くカスミの返答の2番目の文（I can't believe …）に「卒業してから20年なんて信じられない」とある。高校卒業の年には18歳か19歳になるので，同級生のマキも含めて彼らは38歳か39歳である。②「30代後半」が正解。

① 「30代前半」　③ 「40代前半」　④ 「40代後半」

問3 35 36 正解は①，②

「 35 と 36 に最も適する選択肢を選べ」

空所は「彼女（マキ）がどのように友達を支えたか」の項にある。 35 はタクヤに関することである。第7段第3文（Maki had a sign …）に「マキは自分のレストランに『私どもは，自信をもってタクヤのコーヒーをお出ししています』という張り紙をし，この宣伝でタクヤのコーヒーはカワナカで人気を博した」とある。①「製品が人々に知られるようにした」が当てはまる。

36 はカスミに関することである。第10段第3～最終文（One day, Maki had …）に，仕事でうまくいかないカスミと電話で話したとき，マキが「あなたは訪問販売よりメイクアップ講習のほうが向いていると思う」と提案したことが述べられており，続く第11段第1文（Kasumi's company agreed …）で，会社から講習会の許可が出て「講習会は大成功だった」とある。②「成功する仕事の着想を提案した」が当てはまる。

③ 「仕事のための設備を購入した」

④ 「もっと大きな都市へ引っ越すことを提案した」

⑤ 「成功に必要な技能を教えた」

問4 37 正解は③

「 37 に最も適する選択肢を選べ」

空所は「カスミとタクヤが電話で気まずい沈黙を味わう」という，第12段（"Maki wasn't at …）の場面の理由。同段第2文（I haven't seen her …）のタクヤの言葉「ずいぶん長いこと，彼女には会っていない」に続けて，カスミが「私もよ。残念なことよね。彼女がいなかったら，私たちはどうなっていただろう」と述べている。2人はともに，マキの助言をきっかけに仕事で成功している。それにもかかわらず，長くマキに会いに行っていない。③「友達にもっと感謝しなかったことを後悔している」が適切。

① 「自分たちの成功について話し合いたくない」

② 「長い間しゃべらなかった」

④ 「マキが彼らの業績をうらやんでいると思っている」

問5　　38　　正解は②

「　38　に最も適する選択肢を選べ」

　空所は第13段第10文（"The irony is…）にある irony「皮肉」という言葉の内容を説明する箇所で，マキがしていないことが当てはまる。同文は「皮肉なのは，あなたが同じことを自分にはできていなかったということだ」となっている。「同じこと」とは，この直前のタクヤの言葉にある「他の人たちの強みをつきとめて，それをどう使えばいいか示せる。…君は僕たちに自分の才能に気づかせた」のと同じことである。②「自分自身の才能を認識する」が正解。

① 「さまざまなことに挑戦するのを好む」

③ 「彼女に欠けている能力を理解する」

④ 「自分の夢を追求したい」

第6問

A　説明的な文章の読み取り・メモの完成

> 訳　《人間は時間をどう感じるのか》
> 　あなたの英語の先生がこの記事をあなたに課題として割り当てた。あなたは短い話をするのにメモを準備する必要がある。

時間の認識

［第1段］　「時間」という言葉を聞くと，即座に頭に浮かぶのは，おそらく何時間，何分，何秒ということだろう。しかし，19世紀後半，哲学者アンリ=ベルクソンは，人々が通常，時計で計られる（**時計時間**）とおりには時間を経験していない様子を説明した。人間は，時計時間を計ると知られているような生物学的仕組みを持ってはいないため，代わりに心理過程を使っている。これは**心理的時間**と呼ばれており，それぞれの人が違ったふうに感じるものである。

［第2段］　宿題を終えるのにどれだけの時間がかかったか尋ねられたら，おそらく正確にはわからないだろう。振り返って推測することだろう。1975年のある実験では，被験者は単純な図形と複雑な図形のどちらかを一定の時間見せられ，それを覚えるように求められた。その後，彼らはその図形をどのくらいの間見たか尋ねられた。回答するために，彼らは心理過程を使ったが，これは**回想的計時**と呼ばれ，記憶から回収した情報をもとに時間を見積もるものである。複雑な図形を見せられた被験者は時間をより長く感じ，一方単純な図形を見せられた人たちはその逆の感じがした。

［第3段］　心理的時間を計るもう一つの過程は**予想的計時**と呼ばれる。これは，何かをしながら積極的に時間の経過を見失わないようにするときに使う。思い出された情報の量を使う代わりに，その活動をしながら時間に向けられた注意のレベルを使うのである。いくつかの研究で，被験者は完了するのに必要な時間を見積もりながら作業を行った。時間よりも作業のほうに多くの注意を向けなくてはならない，より骨の折れる知的活動をしている人には，時間は比較的短く思われた。もっと単純な作業をした被験者には時間はより長く感じられ，ただ待っている，つまり何もしていなかった被験者には最も長く感じられた。

［第4段］　心情状態も時間の認識に影響を及ぼすことがある。たとえば，コンサートをおおいに楽しんでいて時間を忘れることがある。後になって，瞬く間と思えた時間に何時間も過ぎていたことに驚くのである。このことを説明するのに，私たちはしばしば「楽しいときには時間は飛ぶように過ぎる」と言う。退屈しているとき

には逆のことが起こる。何らかの活動に集中するのではなく，時間を気にするのだ。退屈さが終わるのが待ち遠しく，時間は非常にゆっくり過ぎるように思える。恐怖も私たちの時間認識に影響を及ぼす。2006年のある研究で，60人以上の人たちが初めてスカイダイビングを経験した。不快な感情のレベルが高かった被験者は，スカイダイビングにかかった時間を，実際よりもずっと長いと感じた。

［第5段］　心理的時間は，人生の各段階で異なった動きをするようにも思える。子どもは絶えず新しい情報に出くわし，新しい経験をするため，1日1日が記憶すべきものであり，思い返したときには比較的長く感じられる。また，誕生日や旅行といったこれからやってくる出来事を期待していると，子どもには時間がゆっくりと近づいてくる。たいていの大人にとっては，未知の情報に出会うことはまれで，新しい経験は子どもほど頻繁にはないため，必要な精神的集中はより少なく，日々はそれほど記憶すべきものではなくなる。しかし，これがいつも実情だとは限らない。転職したり，新しい都市に転居したりするといった，激しい変化が起きると，毎日の決まりきったことがかき回される。そのような場合，その人たちには，時間の経過は子どもが味わうのと似たようなものになる。しかし，一般的に言って，年齢が上がるにつれて時間は加速するように思われる。

［第6段］　心理的時間について知っていると，日常生活の助けになりうる。退屈に対処する手助けになるかもしれないからである。精神的に集中しておらず，時間のことばかり考えていると時間はゆっくりと過ぎるので，読書するなど，もっと魅力的な活動のほうに切りかえることは，退屈さを緩和し，時間の速度を上げる手助けになるだろう。今度「楽しいときには時間が飛ぶように過ぎる」という言葉を聞いたら，このことを思い出すだろう。

あなたのノート：

時間の認識

段落ごとの概要

1. 　39

2. 回想的計時

3. 予想的計時

4. 　40

　▶スカイダイビング

5. 年齢の影響

　▶年齢が上がるにつれ時間は加速するが， 41 。

6. 実際的な助言

聴衆の理解の手助けになる私独自の例

A. 回想的計時

　例： 42

B. 予想的計時

　例： 43

語句・構文

［第1段］ ▶ it is probably hours … that immediately come to mind「すぐに頭に浮かぶのはおそらく何時間…だろう」 it is … that ～「～なのは…だ」は強調構文。

　　　　　▶ instead「その代わりに」

［第2段］ ▶ make an estimate「見積もる」

［第3段］ ▶ keep track of ～「～を把握しておく，見失わないでいる」

［第4段］ ▶ cannot wait for ～「～が待ち遠しい，～を待ちきれない」

［第5段］ ▶ creep by「ゆっくりと過ぎる」

　　　　　▶ be the case「実情〔実態，真実〕である」

　　　　　▶ relocate「転居する」

［第6段］ ▶ engaging「魅力的な」

問1 　39 　正解は⑥ 　40 　正解は②

「 39 と 40 に最も適する選択肢を選べ」

いずれも「段落ごとの概要」の項目。 39 は第1段の概要。同段第2～最終文（In the late …）に「人々は通常，時計で計られる（時計時間）とおりには時間を経験

しておらず…代わりに心理過程を使っている。これは心理的時間と呼ばれる」とある。時計時間と心理的時間，2つの時間について述べているので，⑥「**時間の種類**」が適切。

40 は第4段の概要。同段第1文（Your emotional state …）に「心情状態も時間の認識に影響を及ぼすことがある」とあり，楽しいコンサートでは時間は短く，退屈なときや怖いスカイダイビングでは長く感じられるという例が述べられている。②「**感情の影響**」が適切。

① 「生物学的仕組み」

③ 「記憶の種類」

④ 「人生の諸段階」

⑤ 「進行中の研究」

問2 41 　正解は①

「 41 に最も適する選択肢を選べ」

空所は「段落ごとの概要」の第5段のメモであり，「年齢が上がるにつれ時間は加速するが」に続く部分。同段第6・7文（Daily routines are …）に「転職したり，新しい都市に転居したりすると…時間の経過は子どもが味わうのと似たようなものになる」とある。同段第2文（Children constantly …）に「子どもは…1日1日が記憶すべきものであり…比較的長く感じられる」とある。①「**どの年齢であれ生活様式の大きな変化は，おそらく時間の進み方を遅くする**」が適切。

② 「年齢にかかわらず生活様式の大きな変化は，おそらく時間の進み方を速くする」

③ 「大人にとっての生活様式の小さな変化は，おそらく時間の進み方を遅くする」

④ 「子どもにとっての生活様式の小さな変化は，おそらく時間の進み方を速くする」

問3 42 　正解は③

「 42 に最も適する選択肢を選べ」

空所は「回想的計時」の例。回想的計時とは，第2段第5文（To answer, they …）に「回想的計時とは…記憶から回収した情報をもとに時間を見積もるものである」とある。③「**今日何時間働いたか振り返ること**」が適切。

① 「クラスメートからのメッセージを期待すること」

② 「母親の携帯電話の番号を暗記すること」

④ 「明日会合があるのを思い出すこと」

問4 43 正解は①

「 43 に最も適する選択肢を選べ」

空所は「予想的計時」の例。予想的計時とは，第3段第2文（It is used …）に「予想的計時…は，何かをしながら積極的に時間の経過を見失わないようにするときに使う」とある。①「ここまでどれだけの時間ジョギングしてきたか推測すること」が適切。

②「バスケットボールチームの夏合宿のスケジュールを作成すること」

③「鉄道の駅でテニスのコーチに偶然会うこと」

④「前回の休暇に家族で温泉へ行ったときのことを考えること」

B 説明的な文章の読み取り・プレゼンテーション用のスライドの完成

⟮訳⟯ 《トウガラシはなぜ愛されるのか》
　あなたは，科学系のウェブサイトの以下の文章を使って，科学部でのプレゼンテーションの準備をしている。

トウガラシ：生活のスパイス

[第1段]　チリチキンに入っているごく小さな赤いスパイスのかけらは，ちょっとした色合いを添えてくれるが，ほんの小さなかけらでもそれをかむと，火がついたかのように口が熱く感じられることもある。これが大好きな人もいる一方で，痛みの感覚を避けたいと思う人もいる。しかし同時に，彼らはワサビのついた刺身は食べることができる。ここから，人はスパイシーさとは本当のところ何なのだろうと思ったり，トウガラシとワサビの違いはどこから生まれるのだろうと問うたりするかもしれない。

[第2段]　甘味，塩味，酸味とちがって，スパイシーさというのは味ではない。実は，スパイシーな食べ物を食べるとき，私たちは辛さ，つまりスパイシーさの味を実際に感じているのではない。トウガラシやワサビを食べることで感じる辛さは，異なる種類の化合物に由来する。トウガラシは，比較的重い油のような，カプサイシンと呼ばれる成分から辛さを得ている。カプサイシンがなかなか消えない火のような感覚を口の中に残すのは，それが TRPV1 と呼ばれる受容体を作動させるからである。TRPV1 はストレスを誘発し，何か焼けるようなものが口の中にあると私たちに告げる。興味深いことに，トウガラシの種類次第で辛さの幅は広く，辛さのレベルは含まれるカプサイシンの量による。これはスコビル辛味単位（SHU）とも呼ばれるスコビル値を使って測定する。SHU には，50〜200SHU の，甘味がありまろやかなシシトウから，220万 SHU にまで達することもあるキャロライナ・リーパーまである。

[第3段]　ワサビはトウガラシではなく根菜とみなされており，カプサイシンは含んでいない。したがって，ワサビはスコビル値で等級付けはされていない。しかし，ワサビの辛味のレベルは，およそ 1000SHU のトウガラシに相当するとされており，これは値の下端のほうになる。トウガラシの辛味には耐えられないのにワサビで風味づけした食べ物は食べられる人がいる理由は，ワサビに含まれる辛味の化合物は濃度が低いということである。ワサビに含まれる化合物はすぐに気化し，食べたときに鼻にスパイシーさの一撃を発する。

[第4段]　トウガラシを摂取することは，健康によい影響を与えることがあり，カプサイシンのもたらす恩恵について多くの研究が行われてきた。カプサイシンが体

内の受容体 TRPV１を活性化すると，それはストレスやケガからくる痛みを経験しているときに起こることと似ている。奇妙なことに，カプサイシンは痛みを消し去ることもできる。科学者たちは，長い間トウガラシにさらされた後では，TRPV１が興奮するのをやめてしまい，一時的に痛みの感覚を和らげることを発見した。したがって，カプサイシンを含んでいるスキンクリームは，筋肉痛になっている人に有用かもしれない。

［第5段］　トウガラシを食べるもう一つの恩恵は，新陳代謝を高めてくれることである。ある研究者のグループは，カプサイシンと体重に関する 90 の研究を分析し，スパイシーな食べ物を食べると，食欲が落ちることを発見した。これは，スパイシーな食べ物は心拍数を上げ，筋肉により多くのエネルギーを送り，脂肪をエネルギーに変えるからである。最近，ワイオミング大学の科学者たちは，カプサイシンを主成分とした減量薬を作った。

［第6段］　トウガラシは食品の安全性に関連し，より健康な生活につながるかもしれないとも考えられている。食品が冷蔵環境の外に放置されていると，微生物がその上で繁殖し，食べると吐き気を引き起こすこともある。さまざまな研究が，カプサイシンやトウガラシに含まれているのがわかっている化学物質が，微生物の増殖速度を遅くしたり，止めたりさえすることができる抗菌性の特性を持っていることを示している。その結果，食品は長持ちし，食品由来の病気は少なくなる。暑い気候に暮らす人たちがより多くトウガラシを使う傾向，そして繰り返しトウガラシを食べるためによりスパイシーな食べ物に耐えられる傾向があることは，これで説明できるかもしれない。また，昔，冷蔵庫が登場する前には，そうした人たちは，比較的冷涼な気候で暮らす人たちよりも食中毒になることが少なかった。

［第7段］　トウガラシは健康によいように思えるが，何か健康に悪い可能性もあるのだろうか。スコビル値が高いトウガラシは，大量に食べると身体的な不快を引き起こす可能性がある。世界で最も辛いトウガラシのいくつかを短時間に食べたことのある人たちは，胃の不調，下痢，手のしびれ，心臓発作に似た症状を経験したことを報告している。100 万 SHU を含んでいるブート・ジョロキアは，触ると人の皮膚にやけどをおわせることさえある。

［第8段］　さいわい，スパイシーな食べ物を食べた後に一部の人が感じる不快さは，すぐに，通常は数時間以内に消えるものだ。いくつかよくない副作用があるにもかかわらず，スパイシーな食べ物は世界中で人気を保ち続けており，食卓にちょっとした風味を添えてくれる。スパイシーな食べ物を食べるのは安全だが，自分の食べる料理に加えるトウガラシの量には注意したほうがよいかもしれないということを覚えておこう。

プレゼンテーション用のスライド：

トウガラシ： **生活のスパイス** 1	**特徴** トウガラシ　　　ワサビ ・油のような成分　・ 44 ・TRPV 1 の活性化　・気化 ・長引く感覚　　　・スパイシーさの 　　　　　　　　　　急激な広がり 2
よい効果 カプサイシンができるのは…　 45 　A．痛みを緩和する。 　B．より多くのエネルギーを与える。 　C．新陳代謝を上げる。 　D．ストレスを減らす。 　E．食中毒を減らす。 3	**悪い効果** 短時間で強烈なトウガラシをたくさん食べると， ・ 46 ・ 47 4
スパイスへの耐性 48 5	**結びの言葉** 49 6

語句・構文

［第1段］▶ a touch of 〜「ちょっとした〜」

［第2段］▶ bite「(ぴりっとした) 辛さ」

　　　　▶ compound「化合物」

　　　　▶ lingering「長引く，なかなか消えない」

　　　　▶ trigger「〜を作動させる」

　　　　▶ induce「〜を誘発する」

　　　　▶ scale「基準，尺度」 Scoville Scale で「スコビル値」。

［第3段］▶ compare *A* to *B*「*A* を *B* になぞらえる，*A* を *B* と同等とみなす」

　　　　　▶ density「濃度」
　　　　　▶ vaporize「気化する」
　　　　　▶ a blast of ～「～が一気に吹き抜けること」
［第5段］▶ metabolism「新陳代謝」
［第6段］▶ antibacterial「抗菌性の」
　　　　　▶ -borne「～に由来する，～で運ばれる」
［第7段］▶ upset「不調」
　　　　　▶ numb「しびれた」
　　　　　▶ symptom「症状」
［第8段］▶ side effect「副作用」
［スライド］▶ rush「（気体・液体などが）勢いよく流れること」
　　　　　▶ closing remark「結びの言葉」

問1　　44　　正解は④
「スライド2にある，ワサビの第一の特徴は何か」
第3段第3・4文（However, people have …）に「ワサビの辛味のレベルは…値
の下端のほうになる。…ワサビに含まれる辛味の化合物は濃度が低い」とある。④
「化合物の量の少なさ」が正解。
① 「焼けるような味覚」
② 「火のような感覚」
③ 「なかなか消えない感覚」

問2　　45　　正解は④
「スライド3に見つかる**間違い**はどれか」
スライド3はトウガラシに含まれる辛味成分であるカプサイシンのよい効果をまと
めたもの。
A.「痛みを緩和する」
第4段第3文（Strangely, capsaicin can …）の「カプサイシンは痛みを消し去る
こともできる」と一致する。
B.「より多くのエネルギーを与える」
第5段第3文（This is because …）の「スパイシーな食べ物は心拍数を上げ，筋
肉により多くのエネルギーを送り，脂肪をエネルギーに変える」と一致する。
C.「新陳代謝を上げる」
第5段第1文（Another benefit of …）の「トウガラシを食べるもう一つの恩恵は，
新陳代謝を高めてくれることである」と一致する。
D.「ストレスを減らす」

第2段第5・6文（Capsaicin leaves …）に「カプサイシンが…TRPV1と呼ばれる受容体を作動させ…TRPV1はストレスを誘発する」とあることと一致しない。したがって，④「D」が正解。

E．「食中毒を減らす」

第6段第3・4文（Studies have shown …）の「カプサイシン…が，微生物の増殖速度を遅くしたり，止めたりさえすることができ…その結果，食品は長持ちし，食品由来の病気は少なくなる」と一致する。

問3　46　47　正解は②，③（順不同）

「スライド4に合う選択肢を2つ選べ（順序は問わない）」

スライド4はトウガラシを短時間で大量に摂取したときの悪影響をまとめたもの。第7段第3文（People who have eaten …）に「世界で最も辛いトウガラシのいくつかを短時間に食べたことのある人たちは，胃の不調，下痢，手のしびれ，心臓発作に似た症状を経験したことを報告している」とある。②「胃痛を味わうかもしれない」，③「手の感覚を失うかもしれない」が，それぞれ「胃の不調」，「手のしびれ」に相当する。この2つが正解。

①「有害なバクテリアを活性化するかもしれない」

④「指に火がついているように感じるかもしれない」

⑤「鼻が痛み始めるかもしれない」

問4　48　正解は③

「スライド5に当てはまる，スパイスへの耐性について推論できることは何か」

第4段第4文（Scientists found that …）に「長い間トウガラシにさらされた後では，TRPV1が興奮するのをやめてしまい」とあり，また第6段第5文（This may explain …）には「暑い気候に暮らす人たちは，…繰り返しトウガラシを食べるためによりスパイシーな食べ物に耐えられる傾向がある」とある。これらより，繰り返しトウガラシを摂ることで，人はその辛味に慣れると推測されるので，③「トウガラシへの耐性が低い人も，その辛味に慣れることができる〔慣れることがある〕」が正解。

①「トウガラシに対する耐性が高い人たちは，自分の食べるものに使われるスパイスに注意を払う」

②「ワサビに対する耐性が高い人たちは，トウガラシの悪い効果を怖がる」

④「ワサビに対する耐性が低い人たちは，高いレベルのSHUに耐えられない」

問5 〔49〕 正解は⑤

「スライド6に最も適する所見を選べ」

第8段（Luckily the discomfort …）に「スパイシーな食べ物を食べた後に一部の人が感じる不快さは…通常は数時間以内に消える。…スパイシーな食べ物は世界中で人気を保ち続けており…スパイシーな食べ物を食べるのは安全だ」とあり，第4〜6段には，トウガラシを摂取することによる健康への恩恵が述べられている。

⑤「誰かが何かスパイシーな食べ物を出してくれたら，それにはいくつかの恩恵があることを思い出そう」が正解。

①「怖がってはいけない。スパイシーな食べ物は自信を高めてくれる」

②「今度チリチキンを食べるときは，その効果はほんの一瞬続くだけであることを思い出そう」

③「スパイスの好みには個人の性格が大きな役割を果たしているので，心配はない」

④「残念ながら，ワサビへの耐性の低さを治す方法はない」

英語(リスニング) 本試験

リスニング

2024
年度

問題番号 (配点)	設 問		解答番号	正 解	配点	チェック
第1問 (25)	A	問1	1	③	4	
		問2	2	③	4	
		問3	3	④	4	
		問4	4	①	4	
	B	問5	5	②	3	
		問6	6	③	3	
		問7	7	④	3	
第2問 (16)		問8	8	②	4	
		問9	9	④	4	
		問10	10	①	4	
		問11	11	④	4	
第3問 (18)		問12	12	②	3	
		問13	13	②	3	
		問14	14	③	3	
		問15	15	④	3	
		問16	16	③	3	
		問17	17	①	3	

(注) ＊は，全部正解の場合のみ点を与える。

問題番号 (配点)	設 問		解答番号	正 解	配点	チェック
第4問 (12)	A	問18	18	②		
		問19	19	①	4＊	
		問20	20	④		
		問21	21	③		
		問22	22	⑤	1	
		問23	23	⑥	1	
		問24	24	①	1	
		問25	25	②	1	
	B	問26	26	①	4	
第5問 (15)		問27	27	④	3	
		問28	28	③		
		問29	29	⑥	2＊	
		問30	30	①		
		問31	31	④	2＊	
		問32	32	①	4	
		問33	33	④	4	
第6問 (14)	A	問34	34	②	3	
		問35	35	④	3	
	B	問36	36	①	4	
		問37	37	②	4	

自己採点欄

100 点

(平均点：67.24 点)

◎解答時間は30分ですが，解答開始前にIC プレーヤーの作動確認・音量調節の時間がありますので，試験時間は60分となります。「音量調整用音声」は音声専用サイトで確認できます。

放送内容 《音声確認》

これから音量を調節します。

英語の音声を約 30 秒間流します。その間にあなたが聞きやすい音量に調節してください。

この英語は，問題そのものではありませんので，内容を把握する必要はありません。

音声の最後でイヤホンを外すよう指示します。指示があったら，すぐに外し，机の上に置いてください。

それでは音量の調節を始めます。

M : We're almost at the top of the mountain.

W : Whew! I hope there's a nice view.

M : There's a view of the valley and a small lake. It's beautiful.

W : Great! I want to get a good picture.

M : It's such a nice morning. I'm sure the view will be clear.

W : Ah, here we are. Oh, no! Where's the valley?

M : There's too much fog. We can't see anything.

W : Well, let's have some lunch first. Maybe the fog will clear later.

M : OK. Let's do that.

W : What did you bring for lunch?

M : Oh, I thought you brought our lunch.

これで音量の調節は終わりです。

この後，監督者の指示で試験を始めますが，音量は，試験の最中，いつでも調節できます。

なお，次の再生ボタンも，「作動中ランプ」が光るまで長く押し続けるボタンですから注意してください。

では，イヤホンを耳から外し，静かに机の上に置いてください。

男性：もう少しで山の頂上だ。

女性：ふう！　眺めがいいといいわね。

男性：谷間と小さな湖が見える。すばらしいよ。

女性：最高ね！　いい写真を撮りたいわ。

男性：こんなにいい朝なんだ。視界がクリアなのは間違いないさ。

女性：ああ，着いたわ。えっ，なんてこと！　谷間はどこなの？

男性：霧が多すぎる。何も見えないな。

女性：そうね，まずは昼食にしましょうか。もしかしたら後になって霧が晴れるかもしれないわ。

男性：そうだね。そうしよう。

女性：昼食には何を持ってきたの？

男性：ああ，僕は君が僕たちの昼食を持ってくると思っていたよ。

《試験の説明》

これからリスニングテストを始めます。

この試験では，聞き取る英語が2回流れる問題と1回流れる問題があります。第1問と第2問は2回，第3問から第6問は1回です。なお，選択肢は音声ではなく，すべて問題冊子に印刷されています。

では，始めます。4ページを開いてください。

第1問A 短い発話を聞いて同意文を選ぶ問題

放送内容 《第1問Aの説明》

第1問A 第1問Aは問1から問4までの4問です。英語を聞き，それぞれの内容と最もよく合っているものを，四つの選択肢（①〜④）のうちから一つずつ選びなさい。

問1 　1　 正解は③

① 話者は鉛筆を持ってきた。
② 話者はノートを忘れた。
③ 話者は鉛筆を必要としている。
④ 話者はノートを欲しがっている。

放送内容 《忘れ物》

I have my notebook, but I forgot my pencil. Can I borrow yours?

訳 ノートはあるけど，鉛筆を忘れたわ。あなたのものを借りてもいい？

I forgot my pencil. とあるので，Can I borrow yours? の yours は your pencil のこと。鉛筆を忘れて相手に借りようとしているため，③が正解。

問2 　2　 正解は③

① ケンは昼食をおごろうとしている。
② ケンはすでにチケットの代金を支払った。
③ 話者はチケットをおごろうとしている。
④ 話者は昨日，昼食の代金を支払った。

> 放送内容　《昨日の昼食のお礼》
> You bought me lunch yesterday, Ken. So, <u>shall I buy our movie tickets tonight?</u>

> 訳　　昨日，あなたは私に昼食をおごってくれたわよね，ケン。だから，**今夜の映画のチケットは私が買いましょうか？**

選択肢の主語が①，②はケン，③，④は話者である点に注目しておく。Shall I ～? は「（私が）～しましょうか？」と相手に何かを申し出る表現。shall I buy our movie tickets tonight? より，話者がチケット購入を申し出ていると判断できるため，③が正解。

問3　[3]　正解は④

① 話者は古い市役所の場所を知らない。
② 話者は新しい市役所に一度しか行ったことがない。
③ 話者は以前に古い市役所に行ったことがない。
④ 話者は新しい市役所までの道のりを知りたい。

> 放送内容　《市役所への行き方》
> <u>Do you know how to get to the new city hall?</u> I've only been to the old one.

> 訳　　**新しい市役所への行き方，知ってる？**　私，古い方にしか行ったことないのよ。

Do you know how to get to the new city hall? で，新しい市役所への行き方を尋ねているため，④が正解。I've <u>only</u> been to the old one.「古い方（の市役所）に<u>しか行ったことがない</u>」が，新しい市役所には行ったことがない，という意味でもある。

問4　[4]　正解は①

① 話者は十分な量の食事を作っていなかった。
② 話者は十分な量のサンドイッチを作った。
③ 話者はパスタをもっとたくさん出すつもりだ。
④ 話者はこれ以上料理を作るつもりはない。

> 放送内容　《料理の量》
> This pasta I made <u>isn't enough</u> for five people. <u>So, I'll make sandwiches and salad, too.</u>

> **訳**　私が作ったこのパスタ，5人分にしては<u>足りないの</u>。だから，<u>サンドイッチと</u>
> <u>サラダも作るわ</u>。

This pasta I made isn't enough より，話者が作ったパスタの量が十分でないとわかるため，①が正解。続く So, I'll make sandwiches and salad, too. から足りない分を補うために他の料理も作ろうとしていることがわかるので，③，④は不適。

第1問B　　短い発話を聞いて内容に合うイラストを選ぶ問題

> **放送内容**　《第1問Bの説明》
> 　第1問B　第1問Bは問5から問7までの3問です。英語を聞き，それぞれの内容と最もよく合っている絵を，四つの選択肢（①～④）のうちから一つずつ選びなさい。
> 　では，始めます。

問5　　5　　正解は②

> **放送内容**　《季節の変わり目の木の様子》
> The season's changing. See, <u>the leaves are falling</u>.

> **訳**　季節が変わりつつあるわ。ほら，<u>木の葉が舞ってる</u>。

the leaves are falling の leaves は leaf「葉」の複数形。are falling は現在進行形で

あるため，葉がひらひらと落ちていく様子を描写している②が正解。③のように，葉が落ちてしまっている状態を表すには，現在進行形（are falling）ではなく，完了形（have fallen）が使用されるため，注意。

問6　6　正解は③

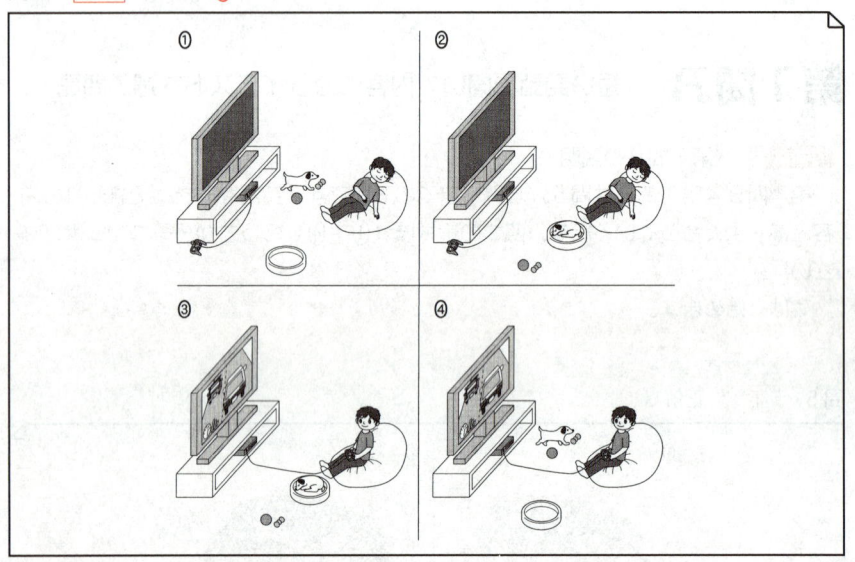

放送内容　《うちの犬の日常》

Our dog always sleeps by my brother while he plays video games. It's so cute.

訳　うちの犬は弟がゲームをしている間，いつも弟のそばで寝ているの。とてもかわいいのよ。

Our dog always sleeps by my brother から，犬が弟のそばで寝ている様子を表す②，③に絞る。while he plays video games の he は my brother を指す。よって，弟がゲームをしている③が正解。

問7　　7　　正解は④

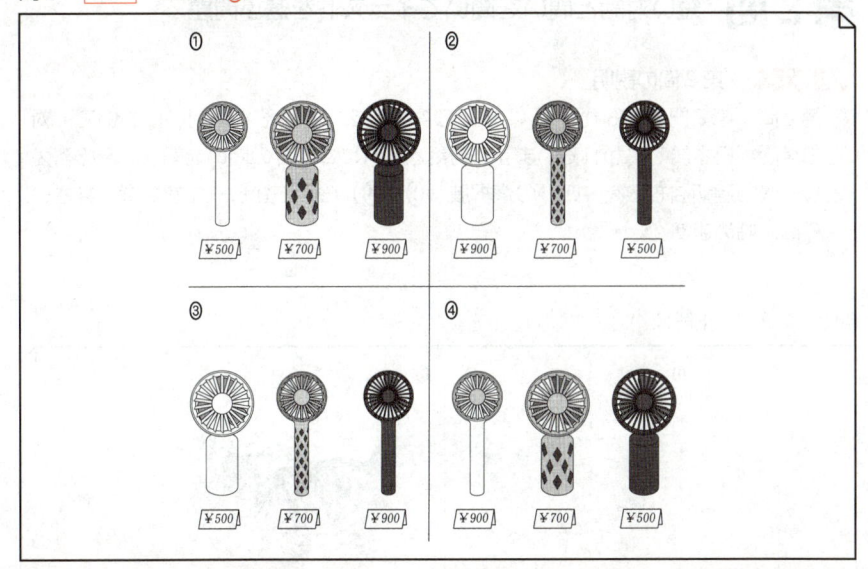

　《扇風機の購入》

The white fan is the slimmest, but the black one is the cheapest. Hmm.... Which to choose?

訳　　白の扇風機は一番ほっそりしてるけど，黒いやつが一番安いわ。うーん…。どちらを選んだらいいかしら？

The white fan is the slimmest より，白い扇風機で全体が一番スリムな①，④に絞る。the black one is the cheapest より，3つの扇風機の中で黒が最安値の¥500となっている④を選ぶ。

第2問　短い対話と問いを聞いてイラストを選ぶ問題

放送内容　《第2問の説明》

　第2問　第2問は問8から問11までの4問です。それぞれの問いについて，対話の場面が日本語で書かれています。対話とそれについての問いを聞き，その答えとして最も適切なものを，四つの選択肢（①〜④）のうちから一つずつ選びなさい。では，始めます。

問8　　8　　正解は②

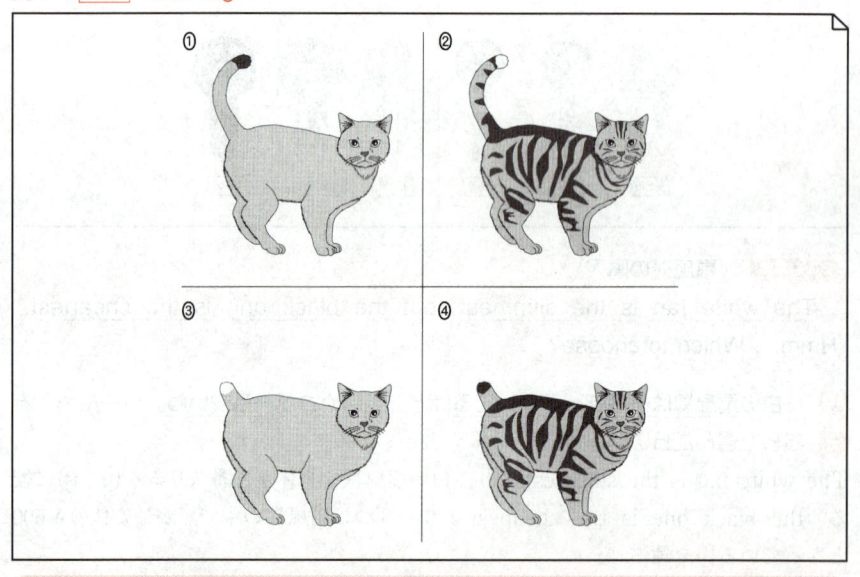

放送内容　《猫の特徴》

W : So, what does your cat look like?

M : He's gray with black stripes.

W : Could you describe him in more detail?

M : He has a long tail. Oh, and its tip is white.

Question : Which is the man's cat?

訳　女性：それで，あなたの猫はどんな見た目なの？

　　男性：灰色で黒い縞模様が入ってるんだ。

　　女性：もっと詳しく説明してくれない？

男性：<u>しっぽが長いよ</u>。ああ，それと，しっぽの先っぽが白だね。

質問：男性の猫はどれか。

He's gray with black stripes. より，黒い縞模様の入った②，④に絞る。He has a long tail. からしっぽの長い方の②を選ぶ。its tip「その先っぽ」の its は tail を指す。

問9　　9　　正解は④

〔放送内容〕　《女性の子ども時代の写真》

M：The girl holding the book looks like you.

W：Actually, that's my best friend. <u>I'm in the front</u>.

M：Ah, <u>you're the one with the hat</u>!

W：<u>That's right</u>!

Question：Which girl in the photo is the woman?

〔訳〕男性：本を持ってる女の子が君みたいに見えるけど。

女性：実は，それは私の親友なのよ。<u>私は前にいるわよ</u>。

男性：ああ，<u>帽子をかぶってる子だね</u>！

女性：<u>その通り</u>！

質問：女性は写真の中のどの女の子か。

女性の1つ目の発言第2文 I'm in the front. は「前列にいる」ということ。男性の2つ目の発言の you're the one with the hat! に対し，女性は That's right! と答えているため，④が正解。

問10 　10　　正解は①

放送内容 《探し物》

W : Can you look on my desk for a white envelope?

M : Is it the large one?

W : No, it's smaller. Can you check under the computer?

M : Yes, here it is.

Question : Which envelope does the woman want?

訳 女性：私の机の上で白い封筒を探してくれない？
男性：大きいやつ？
女性：いいえ，小さめよ。パソコンの下を確認してくれない？
男性：よし，あったよ。

質問：女性が探しているのはどの封筒か。

女性の1つ目の発言 Can you look on my desk for a white envelope? より，机の上にある白い封筒にあたる①，②に絞る。また，女性の2つ目の発言第1文の it's smaller より，①が正解となる。

問 11　11　正解は④

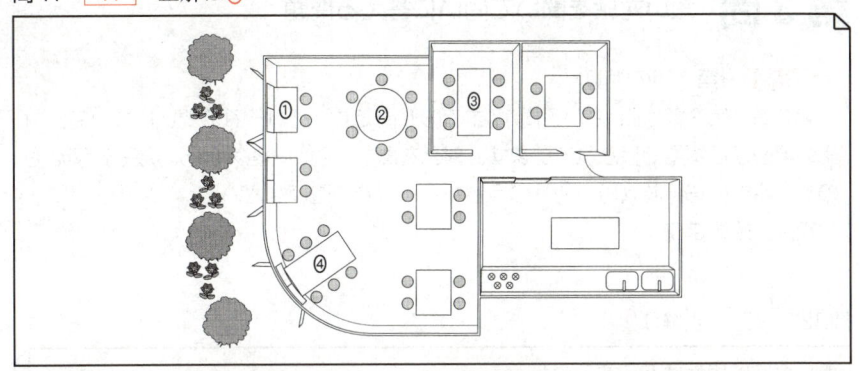

放送内容 《レストランの予約》

W : Can I reserve a private room for six people tonight?

M : Sorry, it's already booked. But we do have two tables available in the main dining room.

W : Do you have a window table?

M : We sure do.

Question : Which table will the woman probably reserve?

訳　女性：今夜，6人用の個室を予約できますか？

男性：申し訳ございませんが，そこはすでに予約で埋まっています。けれど，メイン・ダイニングならご利用いただけるお席が2つございます。

女性：窓際の席はありますか？

男性：もちろん，ございます。

質問：女性が予約する可能性が高いのはどの席か。

女性の1つ目の発言 Can I reserve a private room for six people tonight? に対し，男性が it's already booked と答えているため，個室の③は予約不可。男性の1つ目の発言第2文 we do have two tables available in the main dining room で示しているのは，6人用の②，④である。女性は2つ目の発言 Do you have a window table? で窓際の席を希望し，男性が We sure do. と答えているため，④が正解となる。

第3問　短い対話を聞いて問いに答える問題

放送内容　《第3問の説明》
　第3問　第3問は問12から問17までの6問です。それぞれの問いについて，対話の場面が日本語で書かれています。対話を聞き，問いの答えとして最も適切なものを，四つの選択肢（①〜④）のうちから一つずつ選びなさい。
　では，始めます。

問12　12　正解は②

問　今回，男性はどうするのか。
① 割引を求める　　　　　　② 正規の値段を支払う
③ 新しいカップを買う　　　④ マイカップを使う

放送内容　《カフェでの注文》
M : I'll have a large cup of hot tea.
W : Certainly. That'll be ¥400, but you can get a ¥30 discount if you have your own cup.
M : Really? I didn't know that! I don't have one today, but I'll bring one next time.
W : OK, great. Anything else?
M : No, thank you.

訳　男性：Lサイズの温かい紅茶をください。
　　女性：かしこまりました。400円になりますが，マイカップをお持ちなら，30円割引になりますよ。
　　男性：そうなの？　知らなかったな！　今日は持ってないけど，次回は持ってくるよ。
　　女性：そうですね，ぜひお願いします。他にご注文は？
　　男性：いや，結構です。

◇ certainly「確かに，かしこまりました」　◇ ask for a discount「値切る」
女性の1つ目の発言第2文の you can get a ¥30 discount if you have your own cup「マイカップがあれば30円割引」という情報に，男性は2つ目の発言第2・3文で I didn't know that! I don't have one today と反応している。one は「マイカップ」を指すことから，今回，男性は割引を受けることはできないと判断できる。よって，②が正解。

問 13 　13 　正解は②

| 問 | これから男性はどうするつもりか。 |

① 　ピアノのレッスンを受講し始める
② 　電子キーボードを購入する
③ 　ピアノをもう１台購入することを検討する
④ 　キーボード用のヘッドフォンを取り換える

放送内容　《楽器の相談》

M : I'm thinking about buying a piano. I've really been enjoying my piano
　　lessons.
W : That's great!
M : But I don't want to disturb my neighbors when I practice at home.
W : <u>How about getting an electronic keyboard</u>? You can control the
　　volume of the music or even use headphones.
M : <u>That's a good idea! I'll get that instead!</u>

訳　男性：ピアノを買おうと思っているんだ。ピアノのレッスンが本当に楽しいんだ。
　　女性：それはいいわね！
　　男性：でも，家で練習するときに，近所に迷惑をかけたくないんだ。
　　女性：**電子キーボードを買うのはどうかしら？**　音量を調節したり，ヘッドフォ
　　　　　ンを使ったりすることもできるわよ。
　　男性：**それはいいアイデアだね！**　**代わりにそれを買うよ！**

◇ disturb「〜に迷惑をかける」

女性が How about getting an electronic keyboard? と電子キーボードの購入を提
案したのに対して，男性は That's a good idea! I'll get that instead! と答えている。
that は an electronic keyboard を指すため，②が正解。

問 14 　14 　正解は②

| 問 | 女性は何をするか。 |

① 　行きつけの店で上着を買う
② 　今日古着屋に行く
③ 　来週古着を買いに行く
④ 　友人をバーゲンセールに連れていく

放送内容 《買い物》

W : I'd like to buy a jacket this afternoon.

M : Have you ever been to <u>a second-hand shop</u>?

W : No ...

M : I went to one last week. You have to look around, but you can find some good bargains.

W : That sounds like an adventure! <u>Can you take me now</u>?

M : <u>Sure, let's go!</u>

訳 女性：今日の午後，上着を買いに行きたいわ。

男性：<u>古着屋</u>に行ったことある？

女性：ないわ。

男性：僕，先週行ってみたんだ。見て回らないといけないけど，お買い得品が見つかるよ。

女性：それって冒険みたいね！　今から連れていってくれる？

男性：もちろん，行こう！

◇ bargain「お買い得品」　◇ adventure「冒険」

女性の3つ目の発言第2文 Can you take me now? は，男性の1つ目・2つ目の発言を受けてのもの。男性は a second-hand shop について話していたため，行き先は古着屋である。男性は Sure, let's go! と答えていることから，彼らはこの日のうちに古着屋に買い物に行くはずである。よって，②が正解。

問15　□15□　正解は④

問 **女性は今，何をしているのか。**

① 寝室で準備をしている

② 男性が寝室の荷造りを終わらせるのを手伝っている

③ すべてのものをリビングに移動させている

④ リビングにあるすべてのものの荷造りをしている

放送内容 《引っ越し準備》

W : The moving company is coming soon.

M : I thought that was later this afternoon.

W : No, they'll be here in an hour. <u>I'm putting everything here in the living room into boxes</u>. Can you help me?

M : OK, I'll just finish packing up the bedroom first.

W : All right, <u>I'll keep working in here</u> then.

訳 女性：引っ越し業者がもうすぐ来るわよ。

男性：今日の午後，もっと遅くに来ると思ってた。

女性：いいえ，あと1時間後にはここに到着してるわ。<u>私はこのリビングにあるものをすべて箱に詰めてるの。</u>あなたも手伝ってくれない？

男性：わかった，僕は先に寝室にあるものの荷造りを終えてしまうね。

女性：了解，じゃあ<u>私はここで作業を続けるわ。</u>

◇ moving company「引っ越し業者」　◇ put *A* into *B*「*A* を *B* に入れる」

◇ pack up ～「～を荷造りする，片付ける」

女性の2つ目の発言第2文 I'm putting everything here in the living room into boxes.「私はこのリビングにあるものをすべて箱に詰めている」，および，3つ目の発言の I'll keep working in here「ここで作業を続ける」から④を選ぶ。here はいずれもリビングを指す。

問16　 16 　正解は③

問	男性は明日，何をするのか。		
①	牧場の馬に乗る方法を学ぶ	②	友人と一緒に馬に乗る
③	友人の写真を撮る	④	彼の祖父の農場を訪れる

放送内容 《明日の予定》

M : What will you do tomorrow?

W : <u>I'll visit my grandfather's horse farm.</u> <u>I'll go riding and then take a hike. Would you like to come?</u>

M : <u>Sure, but I'll just take photos of you riding.</u> I'm afraid of horses.

W : Well, OK. After that, we can go hiking together.

M : That sounds nice!

訳 男性：君は明日，何をする予定なの？

女性：<u>祖父の牧場に行くの。乗馬に出かけてから，ハイキングに行くつもり。あなたも来たい</u>？

男性：<u>もちろん，でも僕は，君が乗馬している写真を撮るだけでいいよ。</u>馬が苦手なんだ。

女性：なるほど，わかったわ。その後，ハイキングには一緒に行けるわ。

男性：それならよさそうだ！

◇ horse farm「牧場」

問いの主語が the man なので，男性が明日やることを注意して聞き取る。明日は祖父の牧場で乗馬とハイキングをするという女性が，1つ目の発言第3文で男性に

Would you like to come? と誘っている。男性は Sure と誘いを受けているが，but I'll just take photos of you riding「でも僕は，君が乗馬している写真を撮るだけでいい」と言っているため，③が正解。

問17 　17　**正解は①**

> 問 男の子は何をしたのか。
> ① 彼は理科のレポートを書き終えた。
> ② 彼は理科のレポートを書くのを先延ばしにした。
> ③ 彼は教科書を2ページ読んだ。
> ④ 彼は教科書を読むのに長い時間を費やした。

放送内容 《理科の宿題》

W : Did you finish your homework?

M : Yes. It took so long.

W : Why? We just had to read two pages from the textbook.

M : What? I thought the assignment was to write a report on our experiments.

W : No, we were only told to read those pages for homework.

M : Oh, I didn't do that.

訳 女性：宿題，終わった？
男性：うん。すっごく時間がかかったよ。
女性：なんで？　教科書を2ページ読まないといけないだけだったじゃない。
男性：え？　宿題は実験についてのレポートを書くことだって思ってた。
女性：いいえ，宿題としてそれらのページを読むよう言われただけよ。
男性：あちゃー，僕，それはやってないな。

理科の宿題について，男性の2つ目の発言第2文（I thought the …）「宿題は僕たちがやった実験についてのレポートを書くことだって思ってた」に対し，女性は No, we were only told to read those pages for homework. と教科書を読むのが宿題だったと訂正しているが，男性はこれに対し，Oh, I didn't do that. と答えている。that は教科書を読む宿題を指すため，男性は教科書を読む宿題をやらず，実験についてのレポートを書いてしまっていたのである。よって，①が正解。

第4問A モノローグを聞いて図表を完成させる問題

放送内容 《第4問Aの説明》

　第4問A　第4問Aは問18から問25の8問です。話を聞き，それぞれの問いの答えとして最も適切なものを，選択肢から選びなさい。問18から問21の問題文と図を，今，読みなさい。

　では，始めます。

問18〜21　[18]　[19]　[20]　[21]　正解は②，①，④，③

放送内容 《遊園地での1日》

　We went to Midori Mountain Amusement Park yesterday. To start off, we purchased some limited-edition souvenirs and put them into lockers. Then we dashed to the recently reopened roller coaster, but the line was too long so we decided to eat lunch instead. After lunch, we saw a parade marching by, and we enjoyed watching that. Finally, we rode the roller coaster before we left the park.

訳　僕たちは昨日，ミドリヤマ遊園地に行った。まず，限定版のお土産を買って，それらをロッカーにしまった。それから，最近再稼働したジェットコースターまで大急ぎで行ったが，列が長すぎたので，代わりに昼食をとることにした。昼食後，パレードが行進しながら通り過ぎていくのを見かけて，それを見物して楽しんだ。最後に，遊園地を出る前にジェットコースターに乗った。

◇ limited-edition「限定版の」　◇ reopen「〜を再開する」
◇ roller coaster「ジェットコースター」　◇ line「列」
◇ march by「行進して行く」

18　正解は②
第2文（To start off, …）「まず，限定版のお土産を買って，それらをロッカーにしまった」より，土産物らしきものをロッカーに入れている様子の②が正解。

19　正解は①
第3文（Then we dashed …）「それから，最近再稼働したジェットコースターに大急ぎで行ったが，列が長すぎたので，代わりに昼食をとることにした」より，ジェットコースターの③ではなく，昼食をとっている①が正解。

20　正解は④
第4文（After lunch, we …）「昼食後，パレードが行進しながら通り過ぎていくのを見かけて，それを見物して楽しんだ」から，パレード見物をしている④が正解。

21　正解は③
最終文（Finally, we rode …）「最後に，遊園地を出る前にジェットコースターに乗った」から，③が正解。

放送内容　《第4問A，問22〜25の説明》
　問22から問25の問題文と表を，今，読みなさい。
　では，始めます。

問22〜25　**22**　**23**　**24**　**25**　正解は⑤，⑥，④，②

夏季講座のスケジュール					
	月曜日	火曜日	水曜日	木曜日	金曜日
1時限目	社会福祉学	23	生物学	社会福祉学	世界史
2時限目	22	経営学	環境学	24	25

① 生物学　　② 経営学　　③ 環境学
④ 語学　　⑤ 数学　　⑥ 世界史

> **放送内容**　《夏季講座のスケジュール》
> 　Here's your schedule for this year's summer classes. Monday and Thursday will begin with Social Welfare classes. <u>Immediately after the Monday Social Welfare class, you'll have Math class.</u> <u>On Tuesday and Friday, you'll hear lectures about ancient Egypt and the Roman Empire during first period.</u> <u>These lectures will be followed by Business Studies on both days.</u> On Wednesday, you'll have Biology first period, and second period will be Environmental Studies. Finally, <u>after Social Welfare on Thursday, you'll have your French or Spanish class.</u>

訳　こちらが今年の夏季講座のスケジュールです。月曜日と木曜日は社会福祉学の講座から始まります。<u>月曜日の社会福祉学の講座のすぐ後に，数学の講座があります。</u><u>火曜日と金曜日は，１時限目に古代エジプトとローマ帝国についての講義を聞きます。</u><u>どちらの曜日も，これらの講義の後に経営学が続きます。</u>水曜日は，生物学が１時限目にあり，２時限目は環境学となります。最後に，<u>木曜日の社会福祉学の後に，フランス語かスペイン語の講座があります。</u>

◇ social welfare「社会福祉（学）」　◇ immediately「すぐに」　◇ empire「帝国」
◇ period「（授業の）時間，時限」　◇ be followed by ～「（Sの）後に～が続く」

22　正解は⑤
第３文（Immediately after the …）「月曜日の社会福祉学の講座のすぐ後に，数学の講座があります」より，⑤が正解。

23　正解は⑥
第４文 <u>On Tuesday</u> and Friday, you'll hear lectures about ancient Egypt and the Roman Empire <u>during first period</u>. には「火曜日」と「１時限目」が含まれているが，lectures about ancient Egypt and the Roman Empire という講座は選択肢にない。表の金曜日１時限目の World History より，この講座で古代エジプトとローマ帝国についての講義を聞くものだと判断する。よって，⑥が正解。

24　正解は④
最終文（Finally, after Social …）から，「フランス語やスペイン語の講座」＝「語学」と解釈し，④を選ぶ。

25　正解は②
金曜日については，第４文（On Tuesday and …）で１時限目の World History を確認後，続く第５文（These lectures will …）に「どちらの曜日（＝火曜日と金曜日）もこれらの講義（＝世界史）の後に経営学が続きます」とあるため，②を補う。火曜日の２時限目に Business Studies がすでに入っていることもヒントになる。

第4問B 複数の情報を聞いて条件に合うものを選ぶ問題

放送内容 《第4問Bの説明》

第4問B 第4問Bは問26の1問です。話を聞き，示された条件に最も合うものを，四つの選択肢（①〜④）のうちから一つ選びなさい。状況と条件を，今，読みなさい。

では，始めます。

問26 **26** 正解は①

問 □□ が，あなたが選ぶ可能性の最も高いものである。

アイデア	条件A	条件B	条件C
① ボウリングゲーム			
② フェイスペインティング			
③ ファッションショー			
④ お茶会			

放送内容 《文化祭での出し物》

1. It would be fun to have a bowling game as our group's activity. Everybody loves bowling, and we can prepare the game using free recycled materials! We'll only need 8 people working at one time, and games can finish within 15 minutes!

2. How about doing a face painting activity this year? I think we can finish painting each person's face in about 30 minutes, and the theater club already has face paint we can use. It will take all 20 of us to run the whole event.

3. Let's have a fashion show for our activity! We can do it for free by using our own clothes to create matching looks for couples. Visitors can be the models and 12 of us will work during the show. The show will be less than 20 minutes.

4. I think having visitors experience a tea ceremony would be fun. Each ceremony will take about 10 to 15 minutes and we only need 7 people to work each shift. We will just need to buy the tea and Japanese sweets.

訳　1．僕らのグループの出し物にはボウリングゲームをすると楽しいと思う。誰でもボウリングは大好きだし，<u>無料の再生材料を利用してゲームの準備をすることができるよ！</u>　<u>運営するのに一度に 8 人しか必要ないし，</u><u>ゲームは 15 分以内に終えられるよ！</u>

　　2．今年はフェイスペインティングの出し物をしてはどうかしら？　<u>30 分くらいで 1 人の顔に絵を描き終えられる</u>と思うわ。それに，<u>演劇部に私たちが使えるフェイスペインティング用の絵の具がすでにあるの。</u><u>このイベント全体を運営するには私たち 20 人全員が関わらないといけないでしょうね。</u>

　　3．僕らの出し物はファッションショーにしようよ！　<u>自分たちの服を使えば無料でできて，</u>カップル向けのお似合いのスタイルを作れるよ。来てくれた人がモデルになることができて，<u>ショーの間は僕らのうち 12 人が運営するんだ。</u><u>ショーの時間は 20 分未満になるだろうね。</u>

　　4．来てくれた人たちにお茶会を体験してもらうのがおもしろいと思うわ。<u>お茶会はそれぞれ 10 分から 15 分くらいだし，</u><u>それぞれの回を運営するのに 7 人しかいらないわ。</u>お茶と和菓子だけは買う必要があるでしょうけどね。

◇ material「材料，素材」　◇ run「～を運営する」　◇ whole「全体の」
◇ matching「似合う，そろいの」　◇ look「ファッション，スタイル」

①は第 2 文の we can prepare … free recycled materials「無料の再生材料を利用してゲームの準備をすることができる」が条件 C，第 3 文前半の We'll only need … at one time「運営するのに一度に 8 人しか必要ない」が条件 B，同文後半の games can finish within 15 minutes「ゲームは 15 分以内に終えられる」が条件 A にそれぞれ合う。よって，①が正解。

②は第 2 文後半の the theater club … we can use「演劇部に私たちが使えるフェイスペインティング用の絵の具がすでにある」は条件 C に当てはまるが，同文前半の we can finish … about 30 minutes「30 分くらいで 1 人の顔に絵を描き終えられる」が条件 A，第 3 文（It will take …）「このイベント全体を運営するには私たち 20 人全員が関わることになる」が条件 B に当てはまらないため，不適。

③は第 2 文の We can do … our own clothes「自分たちの服を使えば無料でできる」が条件 C に，第 4 文（The show will…）「ショーの時間は 20 分未満になる」が条件 A に当てはまるが，第 3 文の 12 of us will work during the show「ショーの間は僕らのうち 12 人が運営する」が条件 B に当てはまらないため，不適。

④は第 2 文前半の Each ceremony will … to 15 minutes「お茶会はそれぞれ 10 分から 15 分くらいかかる」が条件 A，同文後半の we only need … work each shift「それぞれの回を運営するのに 7 人しか必要でない」が条件 B に当てはまるが，第 3 文（We will just …）「お茶と和菓子だけは買う必要がある」が条件 C に当てはまらないため，不適。

アイデア	条件 A	条件 B	条件 C
① ボウリングゲーム	○	○	○
② フェイスペインティング	×	×	○
③ ファッションショー	○	×	○
④ お茶会	○	○	×

第5問 講義の内容と図表の情報を使って問いに答える問題

放送内容 《第5問の説明》

　第5問　第5問は問27から問33の7問です。最初に講義を聞き，問27から問32に答えなさい。次に続きを聞き，問33に答えなさい。状況，ワークシート，問い及び図表を，今，読みなさい。

　では，始めます。

ワークシート

ガラス：驚くべき素材

●ガラスは…しない

- ◆ 危険な化学物質を放出しない

- ◆ 　27　

- ◆ 自然の中で分解しない

● ガラス：

製造	28　 形	29　 窓

最新技術の 使用	部屋 　30	道路 　31

放送内容 《ガラスの特徴とガラス技術に関する講義》

This afternoon, we're going to talk about the unique characteristics of glass and recent innovations in glass technology. Glass does not release any dangerous chemicals and <u>bacteria cannot pass through it</u>, which makes it suitable for storing food, drinks, and medicine. <u>Glass can also be cleaned easily, reused many times, and recycled repeatedly, making it friendly to the environment</u>. A surprising characteristic of glass is that it doesn't break down in nature. This is why we can still see many examples of ancient glass work at museums.

<u>Glass-making began in Mesopotamia roughly 4,500 years ago.</u> Beads and bottles were some of the first glass items made by hand. As glass-making became more common, different ways of <u>shaping glass</u> developed. <u>One ancient technique uses a long metal tube to blow air into hot glass.</u> This technique allows the glassblower to form round shapes which are used for drinking glasses or flower vases. <u>Spreading hot glass onto a sheet of hot metal is the technique used to produce large flat pieces of window glass.</u>

<u>Today, new technology allows glass to be used in exciting ways.</u> 3 D printers that can make lenses for eyeglasses have been developed. Smart glass can be used to adjust the amount of light that passes through airplane windows. <u>Other types of glass can help control sound levels in recording studios or homes.</u> Moreover, <u>tiny pieces of glass in road paint reflect light, making it easier to see the road at night.</u>

Due to these characteristics, glass can be found everywhere we go. Our first group investigated the use of glass in some European countries. Group 1, go ahead.

訳　今日の午後，私たちはガラスのユニークな特徴と近年のガラス技術の革新について議論することになっています。ガラスは危険な化学物質を放出せず，**細菌を通しません**。そのため，食料や飲料，薬品の保管に適しています。**ガラスは簡単に洗ったり，何度も再利用したり，繰り返しリサイクルしたりすることもできるため，環境にやさしいのです**。ガラスの驚くべき特徴は，自然の中で分解しないという点です。だから，私たちはいまだに博物館で古代のガラス製品の例をたくさん目にすることができるのです。

　　ガラスの製造はおよそ 4500 年前にメソポタミアで始まりました。手作りされた最古のガラス製品にはビーズや瓶があります。ガラスの製造が普及するにつれ，

ガラスを成形するさまざまな方法が編み出されました。ある古代の技術では，金属でできた長い管を使い，熱したガラスの中に空気を吹き込みます。この技術のおかげで，吹きガラス職人はコップや花瓶に使われている丸い形を成形することができているのです。熱したガラスを熱い金属板の上に広げるというのは，平たく大きな窓ガラスを作るのに使用されている技術です。

今日，ガラスは新しい技術によってさまざまな面白い使われ方をしています。眼鏡のレンズを作ることのできる 3D プリンターが開発されました。スマートガラスは，飛行機の窓から入ってくる光の量を調節するのに使用できます。録音スタジオや住宅内の音量を調整するのに役立つタイプのガラスもあります。さらに，路面に使用される塗料に含まれるごく小さなガラス片は光を反射し，そのおかげで夜間に道路が見えやすくなるのです。

これらの特徴のおかげで，私たちが行く先々でガラスを目にすることができます。最初のグループは，一部ヨーロッパ諸国におけるガラスの使用について調査しました。それではグループ 1 のみなさん，どうぞ。

◇ characteristic「特徴」 ◇ innovation「革新」 ◇ chemical「化学物質」
◇ pass through ～「～を通り抜ける」 ◇ store「～を保存する」
◇ break down「分解する」 ◇ This is why ～「それゆえ」
◇ roughly「およそ」 ◇ bead「ビーズ，数珠玉」 ◇ shape「～を形成する」
◇ blow *A* into *B*「*A* を *B* の中に吹き込む」 ◇ glassblower「吹きガラス職人」
◇ form「～を形成する」 ◇ adjust「～を調整する」 ◇ reflect「～を反射する」

問 27 　27　 正解は④

① 繰り返しリサイクルできない		② 独自のリサイクル特性がない
③ 細菌が薬品に入るのを防がない		④ 細菌を通さない

※上記はワークシートの dose **NOT** の意味を反映した訳です。

第 1 段第 2 文（Glass does not…）の bacteria cannot pass through it「細菌はそれ（ガラス）を通り抜けることができない」より，④が正解。「ガラスの特徴」とだけ考えて聞いていると，続く which makes it suitable for storing food, drinks, and medicine「そのため（ガラスは）食料や飲料，薬品の保管に適しています」は③「細菌が薬品に入るのを防ぐ」，同段第 3 文（Glass can also…）「ガラスは繰り返しリサイクルできるため，環境にやさしい」は①「繰り返しリサイクルできる」，②「独自のリサイクル特性がある」にあてはまるように思えたかもしれないが，空所上部に「● Glass does **NOT** ….」と否定語 NOT がついているため，①，②，③を入れるとそれらを否定することになり，上記の囲みの中の訳となるため不適。

問 28〜31

①	～の中で音を調整する	②	～の中に配置される
③	（息を）吹き込まれて～になる	④	～の安全性を向上させる
⑤	～の眺めを映す	⑥	広げられて～になる

28 　正解は③　　29 　正解は⑥

28 は，直後の shapes より，shaping glass という表現が聞こえる第 2 段第 3 文（As glass-making became…）以降をしっかり聞き取りたい。同段第 4・5 文（One ancient technique…）「ある古代の技術では，金属でできた長い管を使い，熱したガラスの中に空気を吹き込みます。この技術のおかげで，吹きガラス職人は…丸い形を成形することができているのです」より，ガラスに息が吹き込まれ，成形されることがわかるため，③が正解。

29 は，第 2 段最終文（Spreading hot glass…）「熱したガラスを熱い金属板の上に広げるというのは，平たく大きな窓ガラスを作るのに使用されている技術です」より，⑥が正解。

30 　正解は①　　31 　正解は④

第 3 段第 1 文の Today, new technology … より， 30 と 31 の左の Uses of Current Technology の話が始まることに気づきたい。

30 は，同段第 4 文 Other types of glass can help control sound levels in recording studios or homes.「録音スタジオや住宅内の音量を調整するのに役立つタイプのガラスもあります」の下線部が rooms の言い換えであることから，control sound levels に近い意味となる①が正解である。

31 は，同段最終文（Moreover, tiny pieces …）の tiny pieces of glass in road paint reflect light「路面に使用される塗料に含まれるごく小さなガラス片は光を反射する」から，道路とガラスの関係の話だとわかり，続く making it easier to see the road at night は「夜間に道路が見えやすくなる」＝「安全性が向上する」と考えられるため，④を補う。

問 32　 32 　正解は①

①	ガラスは現代の生活のために，科学技術によって多くの点で改良されてきた。
②	ガラスは建物において，新しい安価な材料に取って代わられている。
③	ガラスは重量，脆弱性，費用により，使用が制限されている材料である。
④	ガラスは日常生活の多くの側面で必要な近代の発明である。

第 3 段第 1 文（Today, new technology…）「今日，ガラスは新しい技術によってさまざまな面白い使われ方をしています」以降，眼鏡のレンズを作れる 3 D プリンタ

ーや窓から入る光の量を調節できるスマートガラスなど，現代の科学技術を用いてガラスが進化してきた例が複数示されている。この点が①に一致している。

②ガラスが他の素材に取って代わられているという言及はない。

③ガラスが使用を制限されている材料であるという言及はない。

④第2段第1文（Glass-making began in…）より，ガラスは近代の発明ではないとわかるため，不適。

ガラス：驚くべき素材

● ガラスは…しない

◆ 危険な化学物質を放出しない

◆ ④細菌を通さない

◆ 自然の中で分解しない

● ガラス：

製造	③（息を）吹き込まれて形になる	⑥広げられて窓になる
最新技術の使用	①部屋の中で音を調整する	④道路の安全性を向上させる

問33 33 正解は④

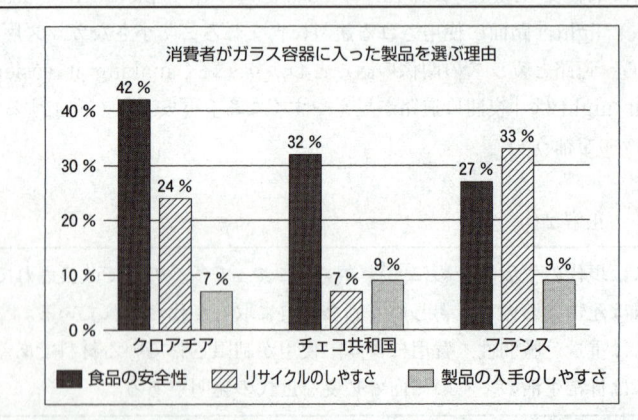

① ガラスは繰り返しリサイクルできるが，チェコ共和国とクロアチアでは「リサイクルのしやすさ」が最も少ない理由である。

② ガラスは環境に悪いが，チェコ共和国とクロアチアでは「食品の安全性」が最

も多い理由である。

③　ガラス製品はヨーロッパの人々の半数に支持されており，フランスとクロアチアでは「リサイクルのしやすさ」が最も多い理由である。

④　ガラス製品は古代の技術を利用して作ることができ，フランスとクロアチアでは「製品の入手のしやすさ」が最も少ない理由である。

放送内容　《ガラス製の容器を選ぶ理由》

　Given a choice of buying a product in a glass container or a different kind of container, <u>approximately 40% of Europeans choose glass</u>. Our group researched why: reasons include food safety, ease of recycling, and availability of products. We focused on the following three countries: Croatia, the Czech Republic, and France. Let's look at the information in detail.

訳　　ガラス製の容器かそうでない容器に入った製品かを買うという選択肢を提示された場合，<u>ヨーロッパの人々のおよそ40%がガラスを選びます</u>。私たちのグループは，その理由を調査しました。その理由には，食品の安全性，リサイクルのしやすさ，製品の入手のしやすさがありました。私たちは次の3カ国，クロアチア，チェコ共和国，フランスに焦点を当てました。その情報を詳しく見てみましょう。

◇ approximately「およそ」　◇ availability「(入手の) 可能性，有用性」

講義の第2段第4・5文（One ancient technique …）「ある古代の技術では，金属でできた長い管を使い，熱したガラスの中に空気を吹き込みます。この技術のおかげで，吹きガラス職人はコップや花瓶に使われている丸い形を成形することができているのです」から，ガラス製品が古代の技術を用いて作られているということがわかる。また，グラフのフランスとクロアチアの Availability of Products の数値はいずれも，調査対象の3つの理由の中で最も少なくなっているため，④が正解。

①グラフで，クロアチアの Ease of Recycling を理由として挙げた人の割合は24%で，調査対象の3つの理由のうち最低値にはなっていないため，不適。

②Glass is harmful to the environment「ガラスは環境に悪い」の部分が，講義の第1段第3文（Glass can also …）「ガラスは簡単に洗ったり，何度も再利用したり，繰り返しリサイクルしたりすることもできるため，環境にやさしい」に一致しない。

③Glass products are preferred by half of Europeans「ガラス製品はヨーロッパの人々の半数に支持されている」の部分が，グループ発表の第1文（Given a choice …）にある approximately 40% of Europeans choose glass「ヨーロッパの人々のおよそ40%がガラスを選びます」に一致しない。また，グラフでクロアチアを確認すると，ガラス製品を選ぶ理由として最も多かったのは Food Safety であり，Ease of Recycling ではない点も不一致。

第6問A　対話を聞いて要点を把握する問題

《第6問Aの説明》

　第6問A　第6問Aは問34と問35の2問です。二人の対話を聞き，それぞれの問いの答えとして最も適切なものを，四つの選択肢（①〜④）のうちから一つずつ選びなさい。状況と問いを，今，読みなさい。

　では，始めます。

《旅行中の移動方法》

Michelle : Jack, did you know that there's a ferry from England to France? I've always wanted to see the English coast from the ferry. I imagine it would be so beautiful.

Jack : Hmm, but I thought we should go by train. It'd be much easier.

Michelle : Come on. We can also smell the sea air and feel the wind.

Jack : That's true. But actually, I get seasick whenever I travel by boat.

Michelle : Oh, I didn't know that. Have you tried taking medicine for it?

Jack : Yeah, I've tried, but it never works for me. I know you want to take the ferry, but ...

Michelle : It's OK. I understand. Well, I suppose it is faster to take the train, isn't it?

Jack : Yes. And it's much more convenient because the train takes us directly to the center of the city. Also, the station is close to the hotel we've booked.

Michelle : I see. It does sound like the better option.

Jack : Great. Let's check the schedule.

訳　ミシェル：ジャック，イギリスからフランスに向けてフェリーが出てるって知ってた？　私，フェリーからイギリスの沿岸を見てみたいってずっと思っていたの。きっととても美しいと思うわ。

　　ジャック：うーん，でも，僕は電車で行くべきだと思ってた。その方がずっと楽だよ。

　　ミシェル：えー，いいじゃない。潮の香りもするし，風も感じられるわ。

　　ジャック：そうだね。でも，実は僕，船で移動するといつも船酔いするんだ。

　　ミシェル：まあ，知らなかったわ。酔い止めの薬を飲んでみたことある？

　ジャック：うん，あるけど，効いた試しがないんだ。君がフェリーに乗りたがっ
　　　　　　ているのはわかっているんだけど…。
　ミシェル：<u>いいのよ。わかったわ。ほら，電車に乗った方が速いだろうし，ね？</u>
　ジャック：うん。それに，その方がずっと便利だよ。だって，電車なら街の中心
　　　　　　部まで直接行けるからね。しかも，駅が予約したホテルに近いんだ。
　ミシェル：そうなのね。<u>確かにそっちの方がいい選択肢のようね。</u>
　ジャック：よし。スケジュールを確認しよう。

◇ coast「海岸，沿岸」　◇ get seasick「船酔いする」

問 34　[34]　正解は②

┌───┐
│ 問　会話中，ミシェルはどの意見を述べているか。
│　①　眺めのよいホテルの部屋を予約することは理にかなっているだろう。
│　②　フェリーから景色を見ることはすばらしいだろう。
│　③　フェリーに乗って潮の香りをかぐことは不快だろう。
│　④　フェリーに乗った方が電車に乗るよりも速いだろう。
└───┘

ミシェルの1つ目の発言第2・3文 I've always wanted to see the English coast from the ferry. I imagine it would be so beautiful.「私，フェリーからイギリスの沿岸を見てみたいってずっと思っていたの。きっと<u>それ</u>はとても美しいと思うわ」の it は，フェリーから見たイギリス沿岸の眺めである。よって，②が正解。①は a hotel room with a view「眺めのよいホテルの部屋」についての言及がない。③はミシェルが2つ目の発言第2文 We <u>can</u> also <u>smell</u> the sea air で潮の香りをかぐことを肯定的にとらえているため，不適。④はミシェルの4つ目の発言第3文（Well, I suppose …）「電車に乗った方が速いと思う」に一致しない。

問 35　[35]　正解は④

┌───┐
│ 問　会話の終わりまでに，彼らはどうすることに決めたか。
│　①　薬を買う　　　　　　　　　②　ホテルの部屋を変える
│　③　フェリーのスケジュールを確認する　　④　フランスまで電車で移動する
└───┘

ミシェルの最終発言第2文 <u>It</u> does sound like the better option.「確かに<u>そっち</u>の方がいい選択肢のようね」の It は，直前でジャックが電車の利点を説明していることから，電車移動を指す。よって，④が正解である。ジャックが船酔いするタイプで薬も効かないことが発覚した直後，フェリーに乗りたがっていたミシェルが「いいのよ。わかったわ。ほら，電車に乗った方が速いだろうし，ね？」とジャックに理解を示して電車の利点を挙げ始めた時点から，電車移動で2人が納得する方向に話が進んでいた点に気づきたい。

第6問B 複数の意見（会話や議論）を聞いて問いに答える問題

放送内容 《第6問Bの説明》

第6問B　第6問Bは問36と問37の2問です。会話を聞き，それぞれの問いの答えとして最も適切なものを，選択肢のうちから一つずつ選びなさい。状況と問いを，今，読みなさい。

では，始めます。

放送内容 《運動を始めることについて》

Chris : For my new year's resolution, I've decided to start doing something healthy. Do you have any good suggestions, Amy?

Amy : Good for you, Chris! It's important to find something that you won't give up easily. I also want to do something, like walking, for instance. Chris, why don't we walk in the morning together?

Chris : That sounds good. Haruki, do you want to join us?

Haruki : Sorry. I started running last year. It's tough, but refreshing. Linda, you exercise a lot, don't you?

Linda : Yeah, recently I've been trying "super-short workouts." One workout takes only 10 minutes.

Haruki : Ten minutes? Linda, is that enough? I need at least an hour to feel satisfied.

Linda : Yes. Super-short workouts are really efficient. You just need to push yourself extremely hard for a short time. Why don't you try them too, Chris?

Chris : Yeah, now that I think about it, walking takes too long. But I could easily spare 10 minutes for a workout. That way, I'm definitely not going to quit. Amy, would you like to try the super-short workouts, too?

Amy : It sounds interesting, but I prefer more moderate exercise. So, I'm going to start walking to the station every day. It's only about 30 minutes, which is fine for me.

Chris : OK. So Linda, can we work out together?

Linda : Sure. How about this Saturday? It'll be fun!

> **訳**　クリス：新年の抱負として，僕は何か健康にいいことを始めることにしたよ。なにかいい案はないかな，エイミー？
>
> エイミー：それはいいことね，クリス！　すぐに投げ出さないようなことを見つけることが大切よ。**私も何かしたいと思ってるのよね，例えばウォーキングとか**。クリス，朝一緒にウォーキングしない？
>
> クリス：いいね。ハルキ，君も一緒にどう？
>
> ハルキ：ごめん。僕は去年，ランニングを始めたんだ。大変だけど，気分がすっきりするよ。リンダ，君はたくさん運動をしているよね？
>
> リンダ：ええ，私は最近，「超短時間トレーニング」をやってみてるの。1回のトレーニングがたった10分しかかからないのよ。
>
> ハルキ：10分？　リンダ，そんなので足りるの？　僕は満足感を得るのに少なくとも1時間は必要だよ。
>
> リンダ：足りるわよ。**超短時間トレーニングは実に効率的なの。短時間，自分を極端に追い込むだけでいいのよ。**あなたもやってみない，クリス？
>
> クリス：そうだね，考えてみると，ウォーキングは時間がかかりすぎるよね。でも，トレーニングに10分なら簡単に時間を割けそうだ。それなら絶対に途中でやめたりしないよ。エイミー，君も超短時間トレーニングをやってみるのはどう？
>
> エイミー：面白そうだけど，私はもっと緩めの運動の方がいいわ。だから，**私は毎日駅までのウォーキングを始めることにするわ**。ほんの30分くらいだし，私にとってはそれでいいのよ。
>
> クリス：わかった。じゃあリンダ，一緒にトレーニングしてくれる？
>
> リンダ：もちろんよ。今週の土曜日はどう？　きっと楽しいわよ！

◇ new year's resolution「新年の抱負」　◇ suggestion「提案」
◇ Good for you「よかったね，いいことだね」　◇ efficient「効率のよい」
◇ push *oneself* hard「懸命に努力する，自分を追い込む」　◇ extremely「極端に」
◇ now that S think about it「考えてみると」　◇ spare「（時間）を割く」
◇ that way＝in that way　◇ definitely「間違いなく」　◇ moderate「極端でない」

問36　36　正解は①

① エイミー	② ハルキ	③ エイミー，クリス	④ クリス，リンダ

エイミーは1つ目の発言第3文（I also want …）で，やってみたい運動の例としてウォーキングを挙げ，2つ目の発言第2文（So, I'm going …）で，ウォーキングをすることに決めている。ハルキは1つ目の発言第1・2文で Sorry. I started running last year. と，すでにランニングを始めているためウォーキングを断ってい

る。リンダは1つ目の発言第1文の recently I've been trying "super-short workouts" で「超短時間トレーニング」を始めたと言っている。クリスは，エイミーに1つ目の発言第4文で Chris, why don't we walk in the morning together? とウォーキングに誘われ，That sounds good. と乗り気になっていたが，リンダの超短時間トレーニングの話を聞いた直後の3つ目の発言第1・2文（Yeah, now that …）で，ウォーキングに対して否定的な意見を述べた上，短時間なら頑張れる！と心変わりし，最終発言第2文（So Linda, can …）でリンダと一緒に運動する流れになっている。クリスは超短時間トレーニングをすることになるため，①が正解。

問2　　37　　正解は②

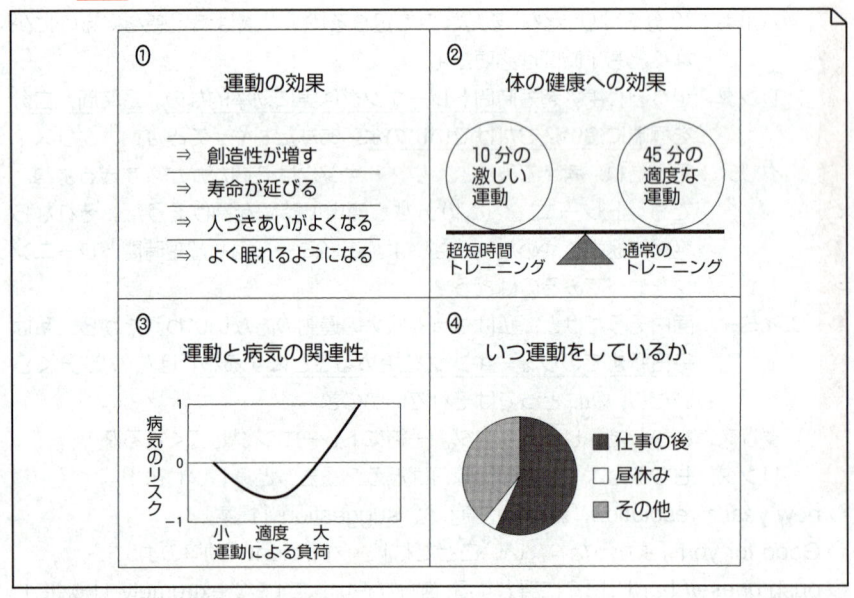

リンダは1つ目の発言第1文（Yeah, recently I've …）で「私は最近，『超短時間トレーニング』をやってみてるの」と言っており，このトレーニングを始めた理由として，2つ目の発言第2・3文（Super-short workouts are …）で「超短時間トレーニングは実に効率的で，短時間，自分を極端に追い込むだけでいい」と述べている。激しい運動10分（＝超短時間トレーニング）と適度な運動45分ではどちらも体の健康に及ぼす効果が同じである，すなわち，短時間で同じ効果を得られる（＝効率がよい）super-short workouts のよさを示している②が正解となる。①の運動がもたらす効果や④の運動する時間帯については，リンダは言及していないため，不適。③は，super-short workouts のような体に大きな負荷のかかる運動に関するデータ（横軸：Exercise Workload の High）を含んでいるものの，負荷が大きければ大きいほど病気のリスクが高くなるという否定的なデータであるため，不適である。

英語（リーディング） 本試験

問題番号（配点）	設 問		解答番号	正解	配点	チェック
第1問 (10)	A	問1	1	①	2	
	A	問2	2	④	2	
	B	問1	3	③	2	
	B	問2	4	④	2	
	B	問3	5	③	2	
第2問 (20)	A	問1	6	②	2	
	A	問2	7	②	2	
	A	問3	8	②	2	
	A	問4	9	④	2	
	A	問5	10	①	2	
	B	問1	11	④	2	
	B	問2	12	①	2	
	B	問3	13	①	2	
	B	問4	14	①	2	
	B	問5	15	②	2	
第3問 (15)	A	問1	16	②	3	
	A	問2	17	③	3	
	B	問1	18	③	3*	
			19	④		
			20	②		
			21	①		
	B	問2	22	③	3	
	B	問3	23	②	3	

問題番号（配点）	設 問		解答番号	正解	配点	チェック
第4問 (16)		問1	24	①	3	
		問2	25	①	3	
		問3	26	②	2	
			27	⑤	2	
		問4	28	①	3	
		問5	29	②	3	
第5問 (15)		問1	30	④	3	
		問2	31	③	3	
		問3	32	②	3*	
			33	④		
			34	⑤		
			35	③		
		問4	36	③	3	
		問5	37 – 38	① - ⑤	3*	
第6問 (24)	A	問1	39	③	3	
	A	問2	40	④	3	
	A	問3	41 – 42	④ - ⑥	3*	
	A	問4	43	①	3	
	B	問1	44	④	2	
	B	問2	45 – 46	① - ⑤	3*	
	B	問3	47	③	2	
	B	問4	48	④	2	
	B	問5	49	④	3	

（注）
1 ＊は，全部正解の場合のみ点を与える。
2 －（ハイフン）でつながれた正解は，順序を問わない。

自己採点欄

100 点

（平均点：53.81 点）

第1問

A　チラシの読み取り

訳　《演劇の上演》

　あなたはアメリカ合衆国で勉強しており，午後の活動として2つの上演のうちのひとつを選んで見に行く必要がある。先生がこのチラシをくれる。

金曜日の上演

パレス劇場 どこでもともに	グランド劇場 ギター・クイーン
笑えて泣ける恋愛劇	きらびやかな衣装が呼び物のロックミュージカル
▶ 午後2時より（休憩なしで上演時間は1時間45分） ▶ 上演後，ロビーで俳優と話すことが可能 ▶ 飲食不可 ▶ 5人の幸運な人に無料のTシャツ	▶ 午後1時より（途中2回の15分休憩を含めて3時間） ▶ 劇が始まる前に，衣装を身につけた出演者を迎える機会あり ▶ 軽い飲食物（スナックと飲み物），オリジナルTシャツ，その他のグッズをロビーで販売

指示：どちらの上演を見たいですか？　下の用紙に書き込み，本日中に担当教師に提出すること。

✂ --

一つ選びなさい（✓）：どこでもともに　□　　ギター・クイーン　□

名前：＿＿＿＿＿＿＿＿＿＿＿＿＿＿＿＿＿＿＿＿＿

語句・構文

▶ handout「配布資料，チラシ」
▶ available「会うことができる，入手できる，利用できる」　日本語にするとかなり幅広い訳になる語。辞書の用例を見ておきたい。
▶ hand in *A* to *B*「*A* を *B* に提出する」　*A* が代名詞の場合は hand *A* in の語順。

問1　1　正解は①

「このチラシを読んだあと，何をするように言われているか」

囲みの下の Instructions「指示」部分に「下の用紙に書き込み，本日中に担当教師に提出すること」とある。①「**下の部分に記入し，提出する**」が正解。

②「上演についてもっと調べる」

③「自分の決定について先生に話す」

④「自分の名前を書き，自分の選択について説明する」

問2　2　正解は④

「両方の上演について当てはまるのはどれか」

Together Wherever『どこでもともに』の説明の2つ目に「ロビーで俳優と話すことが可能」，*The Guitar Queen*『ギター・クイーン』の説明の2つ目に「出演者を迎える機会あり」とある。④「**劇場で役者に会える**」が正解。

①「劇の前に飲み物を買うことはできない」

②「プレゼントとして何枚かのTシャツがもらえる」

③「どちらも同じ時間に終わる」

B　ウェブサイトの読み取り

> 訳　《夏期英語集中合宿》
>
> 　あなたは夏休みの間に自分の英語を向上させることに関心のある高校生である。あなたは，あるインターナショナルスクールが運営する夏期英語集中合宿のウェブサイトを見つける。

GIS

夏期英語集中合宿

ギャリー・インターナショナル・スクール（GIS）は，1989年から日本の高校生向けの夏期英語集中合宿を開いてきました。完全に英語に囲まれた環境で2週間過ごしましょう！

日付：2023年8月1日〜14日
場所：山梨県　河口湖ユースロッジ
費用：12万円　食事と宿泊費を含む（カヤックやカヌーなど，オプションの活動には追加料金）

提供されるコース

◆**フォレスト**：基本的な文法構造を習得し，簡単な話題についての短いスピーチを行い，発音についての助言を得られます。担当教師は20年以上にわたって，さまざまな国で英語を教えてきました。合宿の最終日には，他のすべての受講者が耳を傾ける中，スピーチコンテストに参加します。

◆**マウンテン**：グループで英語の寸劇を書き，演じます。このコースの教師は，ニューヨーク，ロンドン，シドニーの演劇学校で仕事をしてきました。8月14日に，他のすべての受講者が楽しめるように，寸劇を上演します。

◆**スカイ**：このコースではディベートの技術と批判的思考を学びます。担当教師は，ディベートチームを指導しに多くの国へ行ったことがあり，中にはこのテーマに関するベストセラーを出した人もいます。最終日に，他のすべての受講者の前で短いディベートを行います。（注：上級レベルの英語を身につけている人だけが受講できます）

▲**申し込み**
ステップ1：2023年5月20日までに，<u>ここ</u>のオンライン申込用紙に記入してください。
ステップ2：あなたの英語能力を評価し，ご希望のコースについて質問する面接を設けるために，こちらからご連絡差し上げます。
ステップ3：コースの割り当てがされます。

語句・構文

▶ accommodation「宿泊設備」

▶ tip「秘訣，助言」

▶ skit「寸劇」

問1　3　正解は③

「GIS の教師は全員＿＿＿＿」

FOREST の説明第2文（Your instructors …）に「担当教師は20年以上にわたって，さまざまな国で英語を教えてきた」，MOUNTAIN の説明第2文（Instructors for …）に「このコースの教師は，ニューヨーク，ロンドン，シドニーの演劇学校で仕事をしてきた」，SKY の説明第2文（Your instructors …）に「担当教師は，ディベートチームを指導しに多くの国へ行ったことがある」とある。③「他の国で仕事をしたことがある」が正解。

① 「1989年からずっと日本にいる」

② 「国際コンテストで優勝したことがある」

④ 「人気のある本を何冊か書いたことがある」

問2　4　正解は④

「合宿の最終日に，受講者は＿＿＿＿」

FOREST の説明最終文（On the final …）に「合宿の最終日には，他のすべての受講者が耳を傾ける中，スピーチコンテストに参加する」，MOUNTAIN の説明最終文（You'll perform …）に「8月14日（合宿最終日）に，他のすべての受講者が楽しめるように，寸劇を上演する」，SKY の説明最終文（You'll do …）に「最終日に，他のすべての受講者の前で短いディベートを行う」とある。④「合宿で学んだことを見せる」が正解。

① 「互いの出来栄えについて評価する」

② 「最優秀賞を受けるために競う」

③ 「将来についてのプレゼンテーションを行う」

問3　5　正解は③

「合宿の申し込みを提出したあと，何が起こるか」

Application「申し込み」の STEP 2 に「あなたの英語能力を評価…するための面接を設ける」とある。③「あなたの英語のレベルが調べられる」が正解。

① 「あなたは英語教師に電話をかける」

② 「あなたは英語の筆記テストを受ける」

④ 「あなたの英語のスピーチのテーマが送られてくる」

第2問

A　ウェブサイトの読み取り

> 訳　《靴の広告》
>
> 　あなたは学校まで長い距離を歩いてよく足が痛くなるので，良い靴を買いたいと思っている。英国のウェブサイトを探していて，この広告を見つける。

ナビ55が新しいスマートサポートシューズ製品を提案します

スマートサポートシューズは，丈夫で長持ちし，お値段もお手頃です。色と型は3種類から選べます。

ナノチップ

特色

スマートサポートシューズには，アイサポート=アプリとの接続時にあなたの足の形を分析するナノチップがついています。あなたのスマートフォン，パソコン，タブレット，そして／あるいはスマートウォッチにアプリをダウンロードしてください。そして，靴をはいているときにあなたの足のデータをチップに収集させましょう。正しい，あなたに合った足のサポートができるように，靴の内部が自動的に調整されます。ナビ55の他の製品と同様に，この靴には人気のあるルート記憶機能がついています。

利点

より良いバランス：個人に合わせたサポートが，あなたの立ち方を調節し，足，脚，腰が痛まないようにするのに役立ちます。

運動を促進：とても快適なので，習慣的に歩きたいと思うようになります。

ルート記憶：歩いているときに，チップがあなたの日常的なルート，距離，歩行速度を記録します。

ルートオプション：自分の現在地を端末で見て，イヤホンで自動的に方向指示を流すか，方向指示を読むのにスマートウォッチを使ってください。

購入者のコメント

- 方向指示の選択肢が気に入っていて，目で見る案内より耳で聞く案内のほうが好きです。
- 1カ月で体重が2キロ減りました！
- 今ではこの靴が大好きですが，慣れるのに数日かかりました。
- 雨のときでも滑らないので，1年中はいています。

● とても軽くて快適なので，自転車に乗るときでもはいています。
● あちこちに行くのがとても楽です！　迷子になる心配がありません。
● かっこいいです。アプリの基本機能は使いやすいですが，私は高度なオプションにお金を出さないでしょうね。

語句・構文

▶ sore「ずきずきする，痛む」
▶ personalise「個人の好みに〜を合わせる」　イギリス英語のつづり。アメリカ英語ではpersonalizeとつづる。
▶ be willing to *do*「〜するのをいとわない，進んで〜する」
▶ all (the) year (a)round「1年中」
▶ get around「（あちこち）動き回る，歩き回る」

問1　　6　　正解は②

「メーカーの言うところによると，新しい靴を最もよく説明しているのはどれか」
Special Features「特色」の箇所に書かれているのは，新しい靴に搭載されているナノチップによる便利な機能の説明である。またAdvantages「利点」のPromotes Exercise「運動を促進」には「習慣的に歩きたいと思うようになる」，Route Memory「ルート記憶」には「歩いているときに，チップがあなたの日常的なルート，距離，歩行速度を記録する」と，日常的に歩くときにはくことを前提とした記述がある。②「ハイテクの日常的な靴」が正解。
① 「安価な夏用の靴」
③ 「軽量で快適なスポーツ靴」
④ 「おしゃれでカラフルなサイクリング靴」

問2　　7　　正解は②

「この靴で得られる利点のうち，あなたにとって最も魅力的である可能性が高いのはどれか」
リード文の第1文（You want to…）に「あなたは学校まで長い距離を歩いてよく足が痛くなるので，良い靴を買いたいと思っている」とあり，Advantages「利点」のBetter Balance「より良いバランス」に「個人に合わせたサポートが，あなたの立ち方を調節し，足…が痛まないようにするのに役立つ」とある。②「個人に合わせた足のサポートがあること」が正解。
① 「もっと習慣的に運動すること」
③ 「自分がどれほどの速度で歩いているか知ること」
④ 「それをはいてかっこよく見えること」

問3 8 正解は②

「購入者の一人が述べている**意見**は□□□ことである」

購入者の最後のコメント第2文（The app's basic …）に「アプリの基本機能は使いやすいが，高度なオプションにお金を出さない」とある。基本機能は無料と考えられる。②「**アプリの無料機能は使用者に優しい**」が正解。

① 「アプリは速く歩くことを促してくれる」

③ 「この靴には値段の価値が十分ある」

④ 「この靴は自転車をこぐスピードを上げてくれる」

問4 9 正解は④

「購入者の一人のコメントは，聴覚機器を使うことに言及している。このコメントはどの利点に基づいているか」

質問文の benefit は，本文の Advantage(s) の言い換えである。本文のAdvantages「利点」の中で「聴覚」に関する記述があるのは，Route Options「ルートオプション」の「自分の現在地を端末で見て，イヤホンで自動的に方向指示を流す」のみ。④「**ルートオプション**」が正解。

① 「より良いバランス」

② 「運動を促進」

③ 「ルート記憶」

問5 10 正解は①

「ある購入者の意見によると，□□□が推奨されている」

購入者の3番目のコメントに「慣れるのに数日かかった」とある。①「**靴をはいていることに慣れるのには時間にまかせること**」が正解。

② 「体重を減らす手助けになるように時計を買うこと」

③ 「靴をはく前にアプリに接続すること」

④ 「アイサポートの高機能にお金を払うこと」

B　レポートの読み取り

> 訳 《通学時間の効果的な使い方》
>
> 　あなたは生徒会役員の一人である。役員たちは，生徒が自分の時間を効率的に使う手助けになるプロジェクトについて話し合ってきた。着想を得るために，あなたは学校でのチャレンジに関するレポートを読んでいる。レポートは，日本の別の学校で勉強していた交換留学生によって書かれたものである。

通学チャレンジ

　私の学校に通っている生徒のほとんどはバスか電車で通学しています。私は，多くの生徒たちが携帯電話でゲームをしたり，おしゃべりをしたりしているのをよく見かけます。ですが，この時間を読書や宿題をするのにも使えるのではないでしょうか。私たちは，生徒が通学時間をもっと効果的に使う手助けになるように，この活動を始めました。生徒は1月17日から2月17日までの通学活動表に記入しなくてはなりませんでした。合計300人の生徒が参加しました。その3分の2以上は2年生でした。およそ4分の1が3年生で，1年生の参加はわずか15人でした。なぜ1年生の参加がそんなに少なかったのでしょう。フィードバック（下に挙げてあります）によると，この疑問に対する答えがあるようです。

参加者からのフィードバック

HS：このプロジェクトのおかげで，英単語テストでこれまでの最高点が取れました。通学中に達成できる小さな目標を立てるのは簡単でした。

KF：私の友達は参加できなくて残念がっていました。彼女は近いところに住んでいて，歩いて学校に通っています。参加できる他の方法もあるとよかったです。

SS：私が乗る電車はいつも混んでいて，立っていなければなりませんから，本やタブレットを開く余地がありません。私は聴覚教材だけ使いましたが，全然十分なものがありませんでした。

JH：私は勉強日誌をつけましたが，おかげで自分がどのように時間を使っているかわかりました。どういうわけか，私の1年生のクラスメートのほとんどは，このチャレンジのことを知らなかったようです。

MN：私は，バスに乗っている時間のほとんどをビデオを見るのに使い，それが授業をもっとよく理解するのに役立ちました。時間がとても早く過ぎるように感じました。

語句・構文

▶ student council「生徒（自治）会」

▶ How come S V ?「なぜSはVするのか」 疑問文だが平叙文と同じ語順である。
▶ not nearly「決して〜ではない」

問1 ☐11☐ 正解は④
「通学チャレンジの目的は，生徒たちが☐☐☐ための手助けをすることだった」
「通学チャレンジ」のレポート第4文（We started this activity …）に「生徒が通学時間をもっと効果的に使う手助けになるように，この活動を始めた」とある。
④**「彼らの時間をより良く使う」**が正解。
①「もっとすばやく通学する」
②「テストの点を上げる」
③「英語の授業にもっと上手に取り組む」

問2 ☐12☐ 正解は①
「通学チャレンジに関する一つの**事実**は☐☐☐ことである」
「通学チャレンジ」のレポート第6文（A total of 300 students …）に「合計300人の生徒が参加し…1年生の参加はわずか15人だった」とある。①**「参加者の10パーセント未満が1年生だった」**が正解。
②「冬の間の2カ月間行われた」
③「生徒たちは持ち運び可能な機器をバスで使わなくてはならなかった」
④「参加者の大半は電車で通学していた」

問3 ☐13☐ 正解は①
「フィードバックから判断すると，☐☐☐が参加者によって報告された活動だった」
A：「勉強記録をつけること」
B：「語学学習をすること」
C：「タブレットでノートをとること」
D：「携帯電話で授業のノートを読むこと」
フィードバックのJH第1文に「勉強日誌をつけた」とあり，これがAに相当する。HSの第1文に「このプロジェクトのおかげで，英単語テストでこれまでの最高点が取れた」とあり，これがBに相当する。正解は①**「AとB」**。
②「AとC」
③「AとD」
④「BとC」
⑤「BとD」
⑥「CとD」

問4 ☐14 正解は①

「通学チャレンジに関する参加者の意見の一つは，☐☐☐ことである」

フィードバックの KF に「私の友達は歩いて学校に通っていて参加できなかった。参加できる他の方法もあったほうがよかった」という旨のコメントがある。①「歩**いて通学する生徒を含めることもできたかもしれない**」が正解。could have *done* は「〜することもできただろうに，実際にはそうではなかった」の意。

② 「電車は本を読むのに良い場所だった」

③ 「勉強するのに十分な聴覚教材があった」

④ 「楽しみのためにビデオを見ることで時間が早く過ぎた」

問5 ☐15 正解は②

「筆者の疑問に対しては☐☐☐によって答えが与えられている」

「筆者の疑問」とは，「通学チャレンジ」のレポート第7文（How come so few …）にある「なぜ1年生の参加がそんなに少なかったのだろう」のこと。フィードバックの JH の第2文（For some reason …）に「どういうわけか，私の1年生のクラスメートのほとんどは，このチャレンジのことを知らなかったようだ」とある。②**「JH」**が正解。

① 「HS」

③ 「KF」

④ 「MN」

⑤ 「SS」

第3問

A　記事の読み取り

> 訳 《快適なキャンプのための助言》
>
> あなたはシドニーにあるカンバーフォード大学で勉強している。あなたはクラスのキャンプ旅行に行こうとしており，準備をするためにキャンプ部のニュースレターを読んでいる。

キャンプに行こうとしていますか？　これを読んでください！！！

[第1段]　こんにちは，私はケイトリンです。最近，私のクラブの旅行で学んだ実際的なキャンプの教訓を2つシェアしたいと思います。第一は，バックパックを3つの主要な部分に分けて，バランスをとるために一番重い物を真ん中の部分に入れることです。次に，より頻繁に使う日用必需品は一番上の部分に入れましょう。それは，寝袋を底に，食料，調理器具，テントが真ん中，衣類を一番上に入れるということです。いいバックパックにはたいてい，小さな取り出しやすいものを入れておく「頭」（追加のポーチ）がついています。

[第2段]　昨年，夜に，私たちは屋外で料理をし，食事をするのを楽しみました。キャンプファイアの近くにずっと座っていたのですが，テントにもどる時間になるころには凍えていました。寝る前に服を追加で重ね着しましたが，それでも寒かったです。すると，私の友達が，重ね着の上のほうの服を脱いで，寝袋のすき間を埋めるのにそれを詰め込むように言ってくれました。この詰め込む方法は私には初めてでしたが，驚いたことに一晩中暖かかったです！

[第3段]　私のアドバイスが，あなたが暖かく快適にしていられる手助けになりますように。キャンプ旅行を楽しんでくださいね！

語句・構文

[第1段] ▶ daily necessities「日用必需品」
　　　　 ▶ cookware「調理器具」
[第2段] ▶ stuff A into B「A を B に詰め込む」

問1　　16　　正解は②

「ケイトリンの助言に従うとしたら，バックパックはどのように詰めるべきか」

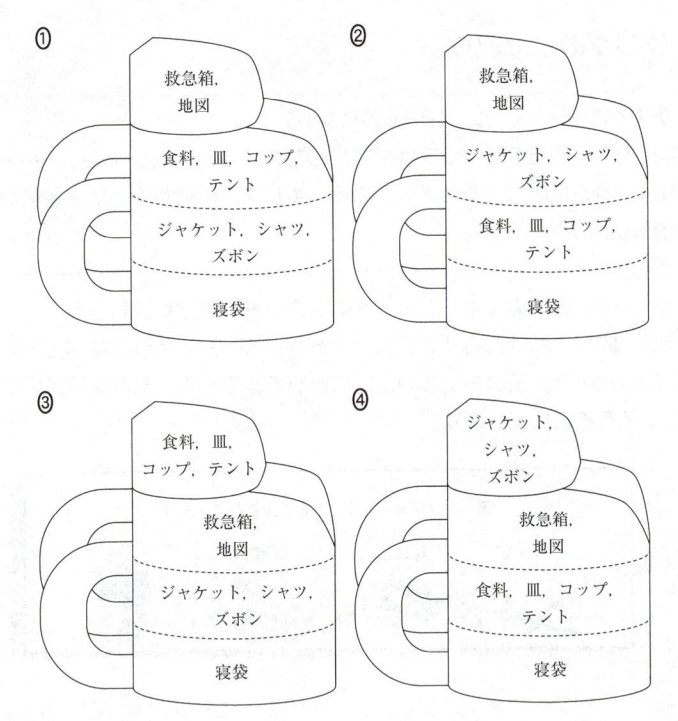

　第1段第5文（That means putting …）に「寝袋を一番底に，食料，調理器具，テントが真ん中，衣類を一番上に入れる」とある。同段最終文（Most good backpacks …）には「小さな取り出しやすいものを入れておく『頭』（追加のポーチ）」とあり，図によるとこれはバックパックの一番上に載っている部分である。これらの説明に合致するのは，上から順に「救急箱，地図」，「ジャケット，シャツ，ズボン」，「食料，皿，コップ，テント」，「寝袋」となっている②である。

問2　　17　　正解は③

「ケイトリンによると，　　が一晩中暖かくしているのに最もよい方法である」

第2段第4・5文（Then, my friend told me …）に，「私の友達が寝袋のすき間を埋めるのに服を詰め込むように言ってくれて…一晩中暖かかった」とある。

③「寝袋のすき間を埋めること」が正解。

①「テントの外に出るのを避けること」

②「キャンプファイアのそばで温かい食事を食べること」

④「予備の服を全部着ること」

B　ブログの読み取り

> 訳　《アドベンチャー・ルーム作成のヒント》
> 　あなたの所属する英語クラブは学園祭のために「アドベンチャー・ルーム」を作る。着想を得るために，あなたは，あるイギリス人男性が作った部屋についてのブログを読んでいる。

独自の「ホーム・アドベンチャー」を作りましょう

[第1段]　昨年，私はある「アドベンチャー・ルーム」体験に参加しました。とても楽しかったので，子どもたちのために作ってみました。あなた独自のものを作るアドバイスをここに示します。

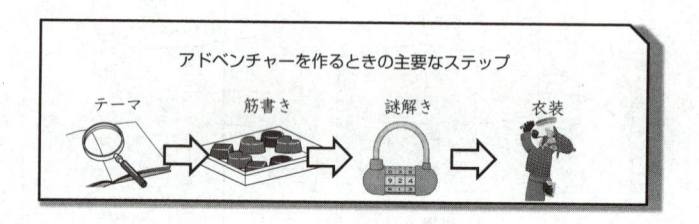

アドベンチャーを作るときの主要なステップ

テーマ　　　筋書き　　　謎解き　　　衣装

[第2段]　まずテーマを選びましょう。私の息子たちはシャーロック=ホームズの大ファンなので，探偵が推理するお話にしました。居間の家具の配置を変えて，場面をしつらえるのに，持っている古い絵やランプを加えました。

[第3段]　次に筋書きを作ります。私たちの筋書きは，『失われたチョコレート事件』でした。子どもたちは，なくなったお菓子の在りかを突き止める手がかりを探す「探偵」になるのです。

[第4段]　第3のステップは，謎と課題を設定することです。役に立つ考え方は，解決からさかのぼって考えることです。もし任務が3ケタの南京錠で鍵のかかった箱を開けることだとしたら，3ケタの番号を隠す方法を考えるのです。古い本は，中にメッセージを隠すのにうってつけのものです。謎の文を作るのに，異なるページに載っている単語に下線を入れるのはとても楽しかったです。最終的な目標に近づくにつれて徐々に謎が難しくなるようにすることを忘れないでください。それから，雰囲気を出すために，子どもたちには衣装を着せました。長男は，私が虫眼鏡を手渡すと興奮して，すぐにシャーロック=ホームズのように振る舞い始めました。その後，子どもたちは最初の手がかりを探し始めました。

［第5段］　この「アドベンチャー・ルーム」は，特に私の家族向けに考えられたものなので，課題のいくつかを個人的なものにしました。最後の任務には，私は小さなカップをいくつか取り出してきて，それぞれの中にプラスチックのステッカーを貼り，ヨーグルトを盛りました。「探偵たち」は手がかりを明らかにするためには底まで食べていかなくてはなりませんでした。子どもたちは2人ともヨーグルトをどうしても食べようとしなかったので，これは本当に彼らにとってはきつかったでしょう。冒険の間，子どもたちは完全に集中しており，とても楽しんだので，私たちは来月またやろうと思っています。

語句・構文

［第2段］　▶ huge fan「大ファン」

［第4段］　▶ padlock「南京錠」

　　　　　▶ progressively「次第に」

　　　　　▶ get into the spirit「雰囲気に溶け込む」

［第5段］　▶ specifically「特に，他とは異なって」

　　　　　▶ eat *one's* way to 〜「食べながら〜へと進む」　動詞＋*one's* way＋前置詞句「〜しながら進む」には，さまざまな表現がある。

　　　　　　　例：elbow *one's* way through the crowd「人ごみを押し分けて進む」

　　　　　　　　　work *one's* way through college「働きながら大学を出る」

問1　　18　　19　　20　　21　　正解は③，④，②，①

「次の出来事（①〜④）を起きた順に並べよ」

第2段最終文（I rearranged …）に「居間の家具の配置を変えて，場面をしつらえるのに，持っている古い絵やランプを加えた」とあるのが，③「父親は家の居間を飾り付けた」にあたる。第4段第7文（To get into …）に「雰囲気を出すために，子どもたちに衣装を着せた」とあるのが，④「父親は息子たちに着る服を与えた」にあたる。第4段最終文（After that, …）に「その後，子どもたちは最初の手がかりを探し始めた」とあるのが，②「子どもたちはお菓子の探索を開始した」にあたる。残る①「子どもたちは好きではない食べ物を食べた」が，第5段第2〜4文（For the final task …）に「私は小さなカップ…にヨーグルトを盛り…『探偵たち』は手がかりを明らかにするためには底まで食べていかなくてはならなかった。子どもたちは2人ともヨーグルトをどうしても食べようとしないので，これは本当に彼らにとってはきつかった」と述べられていることを表している。

以上から③→④→②→①の順となる。

問2 　22 　正解は③

「もしこの父親のアドバイスに従って自分独自の『アドベンチャー・ルーム』を作るとすると，□□□べきだ」

第4段第6文（Remember that …）に「最終的な目標に近づくにつれて徐々に謎が難しくなるようにすることを忘れないでください」とある。③「課題を徐々に難しくする」が正解。

① 「3文字の語に注意を注ぐ」

② 「ランプの下に秘密のメッセージを置いておく」

④ 「シャーロック=ホームズのように振る舞う練習をする」

問3 　23 　正解は②

「この記事から，父親が□□□ことがわかる」

第1段第2文（I really enjoyed …）に「子どもたちのために作った」，第5段第1文（This "adventure room" was …）に「この『アドベンチャー・ルーム』は，特に私の家族向けに考えられた」とある。②「この体験を特に自分の子どもたちのために作った」が正解。

① 「お菓子を探すことに集中するようになった」

③ 「アドベンチャー・ゲームを用意するのにいくらか苦労した」

④ 「部屋を飾り付けるのに多くのお金を使った」

第4問

記事の読み取り

> 訳 《効果的な学習法》
>
> 　あなたの先生が，効果的な勉強法に関する2つの記事を読むようにあなたに言った。あなたは，学んだことを次の授業で論じることになっている。

効果的な学習法：文脈学習！

ティム=オクスフォード

ストーンシティ中学校理科教師

［第1段］　理科の教師として，私は学ぼうと努力している生徒たちをどのように手助けするか，いつも気にかけています。最近，彼らの主な学習法が，新しい情報を，それが全部思い出せるようになるまで繰り返し勉強することだとわかりました。たとえば，試験勉強をするとき，彼らは下の例のような学習練習帳を使って，「黒曜石は火成で黒くてガラス質，黒曜石は火成で黒くてガラス質…」などと，空所に当てはまる言葉を繰り返し言うということをしていました。こうした生徒たちは，その情報を覚えたかのように感じるものですが，すぐに忘れてテストの点は低くなりました。また，この種の反復学習は退屈でやる気が出ません。

［第2段］　彼らの学習を手助けするために，私は「文脈学習」を使ってみました。この種の学習では，新しい知識は，生徒自身の経験によって形成されます。私の理科の授業では，生徒たちは異なる種類の岩の特性を学びました。学習練習帳から用語を生徒に暗記させるのではなく，さまざまな岩の入った大きな箱を授業に持っていきました。生徒たちは，岩を調べて，彼らが観察した特徴に基づいて岩の名前を特定しました。

［第3段］　この経験のおかげで，この生徒たちはいつでも，彼らが勉強した岩の特性を説明できるだろうと思います。ですが，一つの問題は，いつでも文脈学習ができる時間があるわけではないということです。ですから，生徒たちは，やはり反復練習をして勉強することになるでしょう。これが最良のやり方だとは思いません。私もまだ彼らの学習を向上させる方法を探っています。

岩の名前	黒曜石
岩の種類	火成
色	黒
質感	ガラス質
イメージ	

反復学習を効果的にする方法
チェン=リー
ストーンシティ大学教授

［第4段］　文脈学習に関するオクスフォード先生の考えは洞察に満ちたものでした。それが有益でありうることでは同じ意見です。でも，反復もうまく機能しうるものです。ただし，彼が論じていた反復学習法は「集中学習」と呼ばれるもので，これは効果的ではありません。「間隔学習」と呼ばれる別の種類の反復学習があり，ここでは生徒たちは新しい情報を覚え，それから比較的長い間隔を空けてそれを復習します。

［第5段］　学習間の間隔が重要な違いです。オクスフォード先生の例では，彼の生徒さんたちはおそらく，短い期間での勉強に学習練習帳を使ったのでしょう。この場合，彼らは見直しを続けるうちに，内容に対して払う注意が減少していったかもしれません。この理由は，内容がもはや新しいものではなく，簡単に無視できてしまうからです。対照的に，学習間の間隔がもっと長いと，内容に関する生徒の記憶は弱まります。そのため，彼らはもっと注意を払います。以前に学んだことを思い出すのにより努力しなくてはならないからです。たとえば，もし生徒が学習練習帳で勉強し，3日待って，それからまた勉強すれば，その資料をもっとよく覚える可能性が高いのです。

［第6段］　以前に行われた調査が間隔学習の利点の証拠となっています。ある実験では，グループAとグループBの生徒たちが，50種類の動物の名前を暗記しようと試みました。どちらのグループも学習は4回でしたが，グループAは1日の間隔，グループBは1週間の間隔で勉強しました。右の図が示すように，最後の学習機会から28日後にテストで思い出せた名前の平均割合は，間隔学習のグループのほうが高かったのです。

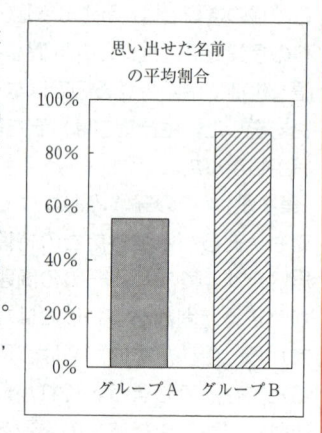

思い出せた名前
の平均割合

［第7段］　生徒が短期間で多くの情報を覚える必要があることが多いのはわかっていますし，勉強の間隔が長いのは実際的ではないかもしれません。ですが，集中学習は長期にわたって思い出すには，良いことではないかもしれないと理解するべきでしょう。

語句・構文

［第1段］▶ be concerned about ～「～を気にかける」

［第2段］▶ try *doing*「試しに～してみる」　try to *do*「～しようと（努力）する」
との区別が必要。
▶ properties「特性，特質」

［第3段］▶ drill「反復練習」

［第4段］▶ insightful「洞察に満ちた，本質をついた」

問1　24　正解は①

「オクスフォードは　　と考えている」

第1段最終文（Also, this sort of …）に「この種の反復学習は退屈である」とある。ここで述べられている「反復学習」は，同段第3文（For example, …）に「学習練習帳を使って，『黒曜石は火成で黒くてガラス質，黒曜石は火成で黒くてガラス質…』などと，空所に当てはまる言葉を繰り返し言う」という例が挙げられているように，ずっと続けて同じことを繰り返す学習法である。①「連続した反復練習は退屈である」が正解。

②「用語の説明を読むことは手助けになる」

③「生徒たちは理科に興味を持っていない」

④「学習練習帳で勉強することは成功につながる」

問2　25　正解は①

「リーによって論じられている研究では，生徒たちは最後の勉強の　　後にテストを受けた」

第6段最終文（As the figure to the right …）に「最後の学習機会から28日後にテスト」とある。①「4週間」が正解。

②「すぐ」

③「1日」

④「1週間」

問3　26　正解は②　27　正解は⑤

「リーは間隔学習を紹介しているが，この学習には　26　間隔を置いて勉強することが含まれており，これはオクスフォードが論じた　27　学習の欠点を克服するためである（選択肢①～⑥から各空所に最も適したものを選べ）」

第4段最終文（There is another kind of …）に「『間隔学習』と呼ばれる別の種類の反復学習があり，ここでは生徒たちは新しい情報を覚え，それから比較的長い間隔を空けてそれを復習する」とある。　26　には②「長期の」が当てはまる。同

段第4文（However, the repetitive learning strategy …）には「彼（＝オクスフォード）が論じていた反復学習法は『集中学習』(massed learning)と呼ばれるが，これは効果的ではない」とある。 27 には⑤「集中的な」が当てはまる。

① 「文脈的な」

③ 「固定した」

④ 「不規則な」

⑥ 「実際的な」

問4　 28 　正解は①

「どちらの筆者も□□□は新しい情報を記憶するのに役立つことに同意している」

第2段第1・2文（To help them learn, …）に「生徒の学習を手助けするために，私（＝オクスフォード）は『文脈学習』を使ってみた。この種の学習では，新しい知識は生徒自身の経験によって形成される」，第3段第1文（Thanks to this experience, …）に「この経験のおかげで，この生徒たちはいつでも，彼らが勉強した岩の特性を説明できるだろうと思う」とある。また，第4段第1・2文（Mr. Oxford's thoughts …）に「文脈学習に関するオクスフォード先生の考えは洞察に満ちたもので…それが有益でありうることでは私（＝リー）も同じ意見だ」とある。文脈学習とは経験的な学習のことであり，2人はその方法が有益だと考えている。よって，①「経験的学習」が正解。

② 「適切な休憩をとること」

③ 「長期にわたる注意」

④ 「学習練習帳で勉強すること」

問5　 29 　正解は②

「間隔学習に対するリーの主張をさらに裏づけるのに最もよい追加の情報はどれか」

第6段（Previous research has …）で述べられている実験から，「間隔学習」が効果のある方法だということはわかっている。この実験では，同段第3・4文（Both groups studied …）にあるように，1週間の間隔をおいて勉強したグループのほうがテスト結果は良かった。しかし，これは1日の間隔を空けたグループとの比較でしかなく，他の間隔とは比較されていないので，1週間が最良かは不明である。したがって，②「間隔学習にとって最も効果的な間隔」が正解。

① 「理科の授業を魅力的にする主な要素」

③ 「生徒の学習練習帳に視覚教材が含まれているかどうか」

④ 「なぜオクスフォードの生徒たちが情報をうまく記憶できなかったか」

第5問

エッセイの読み取り・プレゼンテーション用のメモの完成

> 訳　《卓球から得た教訓》
> 　あなたの英語の先生はクラスの全員に，やる気を起こすような話を見つけて，メモを使いながら，討論グループにプレゼンテーションを行うように言った。あなたは英国の高校生が書いた話を見つけた。

卓球から得た教訓

ベン＝カーター

［第1段］　ボールが電光石火の速さで僕のバックハンドに飛んできた。まったくの予想外で反応する時間はなかった。僕はそのポイントを失い，試合に負けた。敗北… まただ！　僕が卓球をし始めた最初の数カ月はこんな状態だった。がっかりするような状況だったが，いまでは，このスポーツが単により上手い選手になる方法以上のことを教えてくれたとわかっている。

［第2段］　中等学校では，僕はサッカーが大好きだった。僕は最もよく得点する選手の一人だったが，チームメートとうまくやっていけなかった。コーチは，もっとチームプレーできるようにならなくてはいけないとよく言っていた。その問題に取り組むべきだとわかっていたが，コミュニケーションをとることは，まったく僕の強みではなかったのである。

［第3段］　家族が別の町に引っ越すときに，僕はサッカークラブをやめなくてはならなかった。動揺しなかったのは，いずれにしても，もうサッカーをするのはやめようと決めていたからだ。新しく通うようになった学校には，体育教師トレント先生がコーチを務める卓球部があり，僕はそこに入部した。正直に言うと，僕が卓球を選んだのは，個人でプレーするほうが自分には楽だろうと思ったからだ。

［第4段］　初めは，勝つより負けることのほうが多かった。がっかりして，練習のあとは，だれとも口をきかずにまっすぐ家に帰ることがよくあった。しかし，ある日，トレント先生が僕に「君は良い選手になれるよ，ベン。でも自分の試合のことをもっと考える必要があるね。何をすればいいと思う？」と言った。「わかりません。もっとボールに注意を向けることですか？」と僕は答えた。トレント先生は「そうだね」と言い，こう続けた。「でも対戦相手の動きを探って，それに合わせて自分のプレーを調整する必要もあるよ。覚えておくといい，君が対戦しているのは人間であって，ボールじゃない」　この言葉は僕に深い印象を与えた。

［第5段］　僕は，対戦相手の動きにもっと注意を払い，意識して自分のプレースタ

イルを修正した。簡単ではなかったし，かなりの集中力が必要だった。しかし，努力は報われ，僕のプレーは向上した。僕の自信は増し，練習後にさらに居残るようになった。僕はだんだんとスター選手に変わっていき，クラスメートは以前よりも僕に話しかけてきた。自分は人気が出てきたなと思ったが，僕たちの会話は実際に始まる前に終わっているように思えた。僕のプレーは良くなったかもしれないが，僕のコミュニケーション技術がそうなってはいないのは明らかだった。

［第6段］　兄のパトリックは，僕がうまく話せるわずかな人たちの一人だった。ある日，僕はコミュニケーションに関する自分の問題を彼に説明しようとしたのだが，わかってもらえなかった。僕たちは話を卓球のことに変えた。「実際のところ，卓球の何がおもしろいと思っているの？」と，彼は興味ありげに聞いてきた。僕は，対戦相手の動きを分析して，次の動きを即座に決めるのが大好きだと言った。パトリックは考え込んでいるようだった。「それって，僕たちがコミュニケーションをとっているときに使っている技術と似ているように思えるね」と彼は言った。

［第7段］　そのときには，僕は理解できなかったが，この会話のすぐあとに，僕は卓球のトーナメントで銀メダルを取った。クラスメートたちは本当に喜んでくれているようだった。その一人であるジョージが，走ってやってきた。「おい，ベン！」と彼は言った。「お祝いにパーティーをしようよ！」　考えもせずに僕はこう答えてしまった。「無理だよ。練習がある」　彼はちょっと不機嫌な顔を見せて，他には何も言わずに立ち去った。

［第8段］　なぜ彼は腹を立てたのだろう？　僕は長いこと，この出来事について考えた。なぜ彼はパーティーを提案したのだろう？　僕は何か別のことを言うべきだったのだろうか？　多くの疑問が頭に浮かんだが，ふと彼はただ優しさを示していただけだったのだと気づいた。もし，僕が「良い考えだね。ありがとう！　トレント先生に話して，練習を少し休んでいいか確かめてみるね」と言っていたら，おそらく結果はより良いものになっていただろう。そのとき，パトリックの言葉の意味がわかった。人の意図を把握しようとしなければ，どう反応すべきかなど，わからないのだ。

［第9段］　まだ，僕は世界で一番コミュニケーションが上手な人間というわけではないが，いまは以前に比べると自分のコミュニケーション技術にもっと自信を感じているのは間違いない。来年は，友人たちと僕とで他校との卓球リーグを調整するつもりだ。

あなたのメモ:

卓球から得た教訓

筆者について（ベン＝カーター）
・中等学校でサッカーをしていた。
・新しい学校で卓球をし始めたのは彼が 　30　 からだった。

他の重要人物
・トレント先生：ベンの卓球のコーチで，彼のプレー向上の手助けをした。
・パトリック：ベンの兄で， 　31　 。
・ジョージ：ベンのクラスメートで，彼の勝利を祝いたいと思った。

ベンがコミュニケーションが上手になっていく推移に影響を与えた出来事
卓球をし始める → 　32　 → 　33　 → 　34　 → 　35　

ジョージとの会話のあとにベンが気づいたこと
彼は 　36　 べきだった。

この話から私たちが学べること
・ 　37　
・ 　38　

語句・構文

[第1段] ▶ at lightning speed「電光石火の速さで，またたく間に」
　　　　 ▶ This is how it was「事態はこのようだった」 it は漠然と状況を表す。
[第2段] ▶ get along with ~「（人）と仲良くやっていく」
　　　　 ▶ work on ~「（問題など）に取り組む」
[第3段] ▶ to be honest「正直に言って」
[第4段] ▶ at first「初め（のうち）は」 のちに状況が変わることを表す。「最初に」の意ではないので注意。
　　　　 ▶ What do you think you need to do?「あなたは自分が何をする必要があると思うか」 疑問詞＋do you think (S) V ? 相手の意見を問うときには，疑問詞のあとに do you think が挿入される。

［第5段］ ▶ pay off「(努力が) 報われる，成果を上げる」
［第6段］ ▶ switch to 〜「〜に切り換える，変更する」
［第8段］ ▶ make sense「意味がわかる」
［第9段］ ▶ co-ordinate「(活動・組織など) の調整をはかる」
［プレゼン用メモ］ ▶ journey to 〜「〜への推移，進展」

問1 　30　 正解は④
「　30　に最も適する選択肢を選べ」
　第3段最終文 (To be honest, …) に「僕が卓球を選んだのは，個人でプレーするほうが自分には楽だろうと思ったからだ」とある。④「**チームスポーツをするのを避けたかった**」が正解。
①「卓球は自分がコミュニケーションをとる手助けになると思った」
②「学校で人気者になりたかった」
③「試合に簡単に勝てると思った」

問2 　31　 正解は③
「　31　に最も適する選択肢を選べ」
　第6段第4文 ("What do you actually …) 〜最終文にベンとパトリックのやり取りが述べられている。「卓球で何が楽しいか」というパトリックの質問に対して，ベンが「対戦相手の動きを分析して，次の動きを即座に決めること」と答えると，パトリックは「それは，コミュニケーションをとっているときに使っている技術と似ている」と述べている。第7段で，ベンはその意味がすぐにはわからず，クラスメートとのコミュニケーションに失敗する出来事が起こる。いろいろと考えた末，第8段最終2文 (At that moment …) で「そのとき，パトリックの言葉の意味がわかった。人の意図を把握しようとしなければ，どう反応すべきかわからない」と悟っている。③「**彼が必要としている人づきあいの技術を学ぶ手助けをした**」が正解。
①「彼にコミュニケーションで何が楽しいか尋ねた」
②「もっと自信を持つように励ました」
④「彼の学校の友達にどう言うべきだったかを語った」

問3 　32　　33　　34　　35　 正解は②，④，⑤，③
「5つの選択肢 (①〜⑤) から**4つ**を選び，起きた順に並べよ」
　第4段第3文 (One day, however, …) 〜最終文で，ベンと卓球のコーチであるトレント先生が，もっとうまくプレーするために必要なことを話し合っている。②「**先生とうまくプレーする方法について論じた**」がこれにあたる。その中の第6文

（"Yes," Mr. Trent continued, …）に「対戦相手の動きを探って，それに合わせて自分のプレーを調整する必要もある」というトレント先生の助言があり，第5段第1文（I deliberately modified …）で「僕は，対戦相手の動きにもっと注意を払い，意識して自分のプレースタイルを修正した」と述べられており，これが④「対戦相手を研究し始めた」にあたる。続く第6段では，第2文（One day, I tried …）以降，兄のパトリックとの話のことが述べられており，第3文（We switched to …）に「僕たちは話を卓球のことに変えた」とある。⑤「卓球のことで兄と話した」がこれにあたる。第7段第4〜6文（"Hey, Ben!" he said, …）では，クラスメートのジョージが「お祝いにパーティーをしよう」と言ってきたことに対して，ベンは考えもせずに「無理だよ。練習がある」と答えてしまったと述べられている。これが③「彼を祝うパーティーを拒否した」にあたる。

以上から②→④→⑤→③の順となる。

① 「卓球の優勝者になった」は本文にこれにあたる記述がない。第7段第1文（At that time, …）には「卓球のトーナメントで銀メダルを取った」とあり，優勝ではなく2位だった。

問4　| 36 |　正解は③

「| 36 | に最も適する選択肢を選べ」

第8段最終文（Without attempting to …）に「人の意図を把握しようとしなければ，どう反応すべきかわからない」とある。③「適切に振る舞うために，友達の視点を理解しようとする」が正解。

① 「友達に，彼の動機をもっと明らかにするために質問する」

② 「感謝の念を示すために，トレント先生や他のクラスメートをパーティーに招く」

④ 「うまくコミュニケーションをとるために，より良いチームプレーヤーになる努力を懸命に行う」

問5　| 37 |　| 38 |　正解は①，⑤（順不同）

「| 37 | と | 38 | に最も適する選択肢を2つ選べ（順序は問わない）」

第4段第3文（One day, however, …）〜最終文で，筆者は卓球のコーチからうまくプレーするにはどうしたらよいか助言をもらっており，第5段第1文（I deliberately modified …）では，それに従ってプレーの仕方を変えたことが述べられている。その結果，同段第3文（My efforts paid off, …）にあるように「努力は報われ，僕のプレーは向上した」とある。①「周りにいる人たちからの助言は私たちが変わる手助けになりうる」がこの内容と一致する。第6段第4文（"What do you actually …）〜最終文で，筆者は兄のパトリックと卓球の話をしており，

第5文 (I said I loved …) で「対戦相手の動きを分析して, 次の動きを即座に決めるのが大好きだ」と言う筆者に対し, パトリックは最終文 ("That sounds like …) で「それは, 僕たちがコミュニケーションをとっているときに使っている技術と似ているように思える」と述べている。このとき筆者は兄の言葉の意味が理解できなかったが, その後, 第8段最終2文 (At that moment …) で「そのとき, パトリックの言葉の意味がわかった。人の意図を把握しようとしなければ, どう反応すべきかわからないのだ」とあるとおり, 卓球で対戦するときと同じことが, 人とのコミュニケーションにも当てはまることに気づいている。⑤「あることから学んだことを別のことに応用できる」が, この内容にふさわしい。

②「コミュニケーションが上手な人であるためには自信が重要である」

③「友人に対して自分の意図をはっきり示すことが重要である」

④「チームメートが互いに与える支援は役に立つ」

第6問

A 説明的な文章の読み取り・要約メモの完成

> 訳 《ものの収集》
> あなたは学校の討論グループに入っている。あなたは次の記事を要約するように頼まれた。メモだけを使いながら，それについて話すことになっている。

ものを収集すること

［第1段］ ものを収集することは，昔から，文化や年齢層にかかわらず，社会のどの階層でも行われてきた。博物館は，ものが収集・保存され，未来の世代に手渡されてきたことの証拠である。収集が始まるのにはさまざまな理由がある。たとえば，Ａさんは子どもたちと一緒に毎週土曜日の朝にヤードセールに行くのを楽しんでいる。ヤードセールでは，人々は要らなくなったものを家の前で売る。ある日，アンティークのお皿を探しているときに，珍しい絵が目にとまり，彼女はそれをほんの数ドルで買った。長年にわたって，彼女にとって印象的な，似たようなものを見つけて，今では工芸品のちょっとしたコレクションになっており，中には彼女が払った額を超える価値があるかもしれないものもある。ある人のゴミは他の人の宝物になりうるのだ。だれかのコレクションがどのようにして始まったかに関係なく，ものを集めるのは人間の性質なのだ。

［第2段］ 1988年，研究者であるブレンダ=ダネットとタマル=カトリエルは，10歳未満の子どもたちに関する80年に及ぶ研究を分析し，およそ90パーセントが何かを収集していたとわかった。これは，人々は幼いころから，ものを集めるのが好きだということを示している。大人になってからでも，人々はものを集め続ける。この分野の研究者たちは一般に，大人のおよそ3分の1がこの習慣を保っているということで意見が一致している。なぜこうなのだろうか？ 主な説明は感情に関連する。友人や家族からもらったグリーティングカード，特別な出来事のときのドライフラワー，海辺で過ごしたある日に拾った貝殻，古い写真などをとっておく人たちがいる。また別の人たちにとっては，収集したものが自分の若いころとのつながりとなっている。そういう人たちは，幼いころからずっと持っているベースボールカード，漫画本，人形，ミニカーを持っているかもしれない。また，ある人たちは歴史に愛着を感じている。彼らは歴史文書や，有名人の署名のある手紙やサインなどを探して，売らずに手元に置いている。

［第3段］ 一部の個人にとっては，社会的な理由がある。たとえばバッジのようなものを集めて，共有したり見せたり交換したりさえして，このようにして新しい友

達を作っている。他の，ギネス世界記録保持者のような人たちは，自分の独特なコレクションで受けている名声を大事に思っている。カード，ステッカー，切手，コイン，玩具は「普通の」コレクションのリストの上位を占めているが，中にはもっと予想外のものに傾く収集家もいる。2014年の9月に，ギネス世界記録は，ドイツのハリー=シュペールが，3,724点という世界で最大のハンバーガー関連のコレクションを持っていることを認定した。その品物はTシャツから枕，犬のおもちゃまでさまざまで，シュペールの部屋は「ハンバーガー」にまつわるものであふれている。同様に，中国のリュウ=フーチャンはトランプの収集家である。彼は11,087組の異なるトランプを持っている。

［**第4段**］　たぶん，理解するのが最も簡単な動機は楽しさだろう。一部の人たちは純粋な楽しみのために収集を始める。そういう人は，頻繁に眺めるためだけに絵画を購入して飾ったり，好きな音楽を聞いて楽しむために録音や昔のレコードを集めたりするかもしれない。このタイプの収集家は，自分にとって大切な音楽の金銭的な価値にはたいして関心はないだろうが，一方で特に投資としてものを集める人もいる。ある種の昔のゲームを無料でダウンロードすることも可能である一方で，同じゲームのもともとのパッケージを未開封で，つまり「新品」で持っていると，そのゲームは大きな価値を持つかもしれない。さまざまな価値ある「コレクター好みの品物」を所有していることは，いくらか財政的な安全を保証してくれるかもしれない。

［**第5段**］　ものを集めるという振る舞いは，遠い将来にもきっと続くだろう。人がものをとっておく理由はおそらく同じままだろうが，技術の進歩は収集物に影響を及ぼすだろう。技術は物理的な制約を取り除けるので，30年前には想像もできなかったような，音楽や芸術の膨大なデジタル的所蔵を個人が持つことも今では可能である。ただし，技術が収集に対して，他にどのような影響を与えるかははっきりとはわからない。次世代の収集物がどのような形式や規模になるか想像できるだろうか。

あなたのメモ：

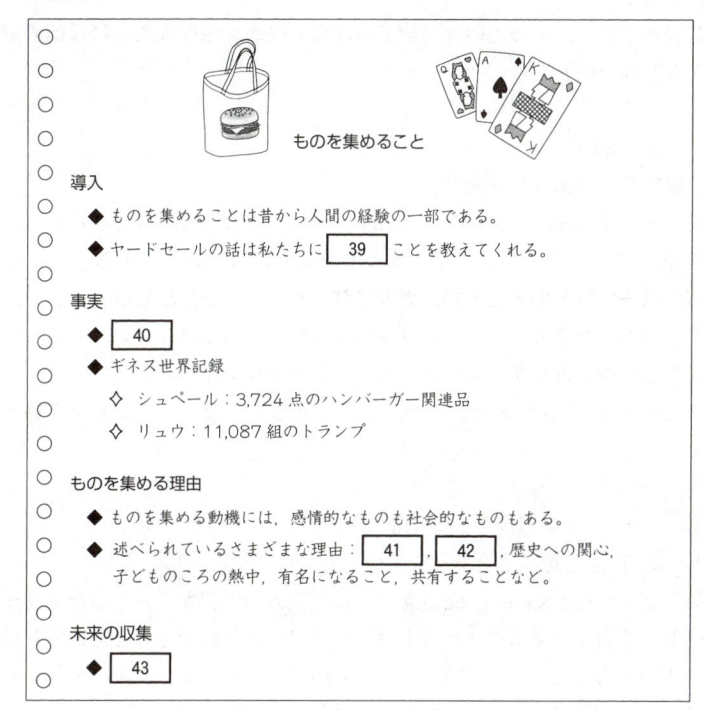

ものを集めること

導入

◆ ものを集めることは昔から人間の経験の一部である。

◆ ヤードセールの話は私たちに [39] ことを教えてくれる。

事実

◆ [40]

◆ ギネス世界記録

◇ シュペール：3,724 点のハンバーガー関連品

◇ リュウ：11,087 組のトランプ

ものを集める理由

◆ ものを集める動機には，感情的なものも社会的なものもある。

◆ 述べられているさまざまな理由：[41]，[42]，歴史への関心，子どものころの熱中，有名になること，共有することなど。

未来の収集

◆ [43]

語句・構文

［第1段］▶ catch *one's* eye「〜の目にとまる」

［第2段］▶ stuff「もの」 thing と異なり，不可算名詞なので注意。

▶ hold onto 〜「〜を手放さない，売らずにおく」

［第3段］▶ lean toward 〜「〜に傾く」

［第4段］▶ mint condition「新品の状態」

［第5段］▶ constraint「制限，制約」

問1 [39] 正解は③

「[39] に最も適する選択肢を選べ」

第1段第7・8文（Over time, she found …）に「工芸品のちょっとしたコレクション…の中には彼女が払った額を超える価値があるかもしれないものもある。ある人のゴミは他の人の宝物になりうる」とある。③「**ある人にとって重要ではないものが，他のだれかには価値があるかもしれない**」が正解。

① 「収集家に高額でものを売るのに良い場所はヤードセールである」

② 「人はものに間違った評価をし，ガラクタに多くのお金を払ってしまう結果にな

ることがある」

④「以前収集されて，他の人の庭に捨てられたものが，他の人たちには価値がある
ものかもしれない」

問2　|　40　|　正解は④

「|　40　|に最も適する選択肢を選べ」

第2段第3・4文（Even after becoming …）に「大人になってからでも，人々
はものを集め続け…大人のおよそ3分の1がこの習慣を保っている」とある。④
「およそ30パーセントの人たちが，大人になってもものを集め続けている」が正解。

①「子どものおよそ3分の2は，ありふれたものを集めてはいない」

②「大人の3分の1近くが，楽しみのためにものを集め始める」

③「子どものおよそ10パーセントが，友達と同じようなコレクションを持ってい
る」

問3　|　41　|　|　42　|　正解は④，⑥（順不同）

「|　41　|と|　42　|に最も適する選択肢を選べ（順序は問わない）」

第2段第7文（Some save greeting …）に「友人や家族からもらったグリーティ
ングカード，特別な出来事のときのドライフラワー，海辺で過ごしたある日に拾っ
た貝殻，古い写真などをとっておく人たちがいる」とある。これにあたるのが④
「大事な出来事を思い出させてくれるもの」である。第4段第4文（This type of
collector …）後半に「特に投資としてものを集める人もいる」，同段最終文
（Owning various valuable …）に「さまざまな価値ある『コレクター好みの品
物』を所有していることは，いくらか財政的な安全を保証してくれるかもしれな
い」とある。これらにあたるのが⑥「何らかの利益を求めること」である。

①「技術を進歩させたいという願望」

②「予想外の機会を逃すという恐れ」

③「空虚感を満たすこと」

⑤「将来のためにものを再利用すること」

問4　|　43　|　正解は①

「|　43　|に最も適する選択肢を選べ」

第5段第2文（Although the reasons why …）に「人がものをとっておく理由は
おそらく同じままだろうが，技術の進歩は収集物に影響を及ぼすだろう」とあり，
続く第3文（As technology can …）で「技術は物理的な制約を取り除くので，
30年前には想像もできなかったような，音楽や芸術の膨大なデジタル的所蔵を個
人が持つことも今では可能である」と，すでに収集物の形態や量が変化しているこ

とが述べられている。最終文（Can you even imagine …）にも「次世代の収集物がどのような形式や規模になるか想像できるだろうか」とある。①「**収集物はおそらく規模や形態が変化し続けるだろう**」が正解。

② 「新品の状態のゲームの収集家は，それらのデジタルコピーをもっと多く持つようになるだろう」

③ 「ものを集めることに情熱を失った人たちがまた集め始めるだろう」

④ 「ものを集める理由が技術の進歩のせいで変わるだろう」

B 説明的な文章の読み取り・プレゼンテーション用のスライドの完成

[訳] 《地上最強の生物》

　あなたは国際科学プレゼンテーションコンテストの準備をしている学生グループに参加している。あなたは次の文章を使って，驚くべき生物に関するプレゼンテーションのあなたの受け持ち部分を作ろうとしている。

［第1段］　だれかに世界最強の動物を挙げてみてくれと言うと，相手は，摂氏50度の気温でも生き延びられるからフタコブラクダだとか，氷点下58度より低い気温でも生き延びられるホッキョクギツネだとか言うかもしれない。しかし，どちらの答えも間違いだろう。クマムシが地上最強の生物だと広く考えられているからである。

［第2段］　クマムシは，緩歩動物としても知られており，体長0.1ミリから1.5ミリの極めて小さな生物である。クマムシは，標高6,000メートルの山々から水深4,600メートルのところまで，ほぼどこにでも生息している。厚い氷の下や温泉の中にさえも見つかる。ほとんどは水中で暮らしているが，中には地球上で最も乾燥した地域で見つかるものもいる。ある研究者は，25年にわたって降雨がまったく記録されていない砂漠の岩の下でクマムシが生きているのを見つけたと報告している。彼らに必要なのは，ほんの数滴の水，あるいは生息するための薄い水の層だけである。その水が乾ききると，クマムシも乾ききる。彼らは，体の水分を3パーセント以外はすべて失い，新陳代謝は通常の0.01パーセントの速度にまで落ちる。乾ききったクマムシは，「樽」と呼ばれる，一種の深い眠りの状態に入る。再び水分を吸うまではこの状態が続く。そして，スポンジのように水を吸い，再び何事もなかったかのように，息を吹き返すのである。クマムシが樽の状態にあるのが1週間なのか，それとも10年間なのかは大した問題ではない。水にさらされた瞬間，生き返るのだ。樽の状態にあるとクマムシはたいへんタフで，温度が氷点下272度の低さでも，151度の高さでも生き延びることができる。正確にどのようにして，クマムシがこのようなことを成し遂げているのかはまだ完全にはわかっていない。

［第3段］　おそらく，地球上で生き延びる彼らの能力――クマムシはおよそ5億4000万年前から地球上に存在している――よりもさらに驚くべきことは，彼らが宇宙で生き延びる力があるということだろう。2007年，ヨーロッパの研究者チームが，多数の生きたクマムシを10日間，ロケットの外部に乗せて宇宙に送り出した。地上に戻ってきたとき，その68パーセントがまだ生きていることを知って，研究者たちは驚いた。これは，10日の間，クマムシのほとんどが，この地上の千倍も強いX線と紫外線の放射の中を生き延びられたことを意味している。のちの

2019年に，イスラエルの宇宙船が月面に衝突し，樽の状態の何千ものクマムシが月面にばらまかれた。だれも回収に行っていないため，これらがまだ生きているのかどうかは不明である。残念なことだ。

[第4段]　クマムシは短いキュウリのような形をしている。体の両側に短い脚が4本ずつある。それぞれの脚の先端に粘性のパッドを持つ種もいれば，かぎ爪を持っている種もいる。かぎ爪の種類は16種あることが知られており，種をかぎ爪で特定するのに役立つ。クマムシにはすべて目の場所があるが，すべてが目を持っているわけではない。彼らの目は原始的なもので，合計5個しか細胞がない。そのうちの1個だけが光を感知する。

[第5段]　基本的に，クマムシは植物を食べるものと，他の生物を食べるものに分けられる。植物を食べるものは腹側口を持っている。これはサメのように，頭部の下側に位置する口である。他の生物を食べるタイプのものは，末端口を持っており，これはマグロのように，頭部の一番前に口があるということである。クマムシの口には歯がない。しかし，吻針と呼ばれる2つの鋭い針があり，中身を吸いだせるように，植物の細胞や自分より小さな生物の体に穴を空けるのに使う。

[第6段]　どちらのタイプのクマムシも，かなり単純な消化系を持っている。口は咽頭（喉）につながっており，そこで消化液と食物が混ぜ合わされる。咽頭の上部に位置するのは唾液腺である。これが，口に流れ込み消化を助ける液を作る。咽頭のあとには食物を消化器官へ送る管がある。この管は食道と呼ばれる。中間消化器官は，胃と腸にあたる単純な器官で，食物を消化し栄養を吸収する。その後，残りものは，最後には肛門まで移動していく。

あなたのプレゼンテーション用のスライド：

語句・構文

［第2段］ ▶ When the water dries up, so do they. 「水が渇ききると，クマムシも乾ききる」 so＋疑問文の語順の倒置で「～もまたそうだ」の意。

▶ all but ～「～以外はすべて」

▶ spring back to life「突然息を吹き返す」

［第3段］ ▶ spill「～をばらまく」

［第4段］ ▶ claw「かぎ爪」

［第5段］ ▶ … so（that）S can V「SがVできるように…」 目的構文。that が省

略されることがある。

［第 6 段］ ▶ digestive「消化の」

    ▶ gut「消化器官」

    ▶ intestine「腸」

［プレゼン用スライド］ ▶ habitat「生息地」

       ▶ extreme「極端な，極限の」

問 1   44   正解は④

「次のどれを 44 に含めるべきでは**ない**か」

44 があるのは Basic Infornation「基本情報」のスライドで，クマムシの特徴をまとめているもの。①「短い 8 本の脚」は，第 4 段第 2 文（They have four …）「体の両側に短い脚が 4 本ずつある」と一致する。②「目が見えないものと見えるものがいる」は，第 4 段第 5 文（All tardigrades have …）「クマムシにはすべて目の場所があるが，すべてが目を持っているわけではない」と一致する。③「植物を食べるものと生物を食べるものがいる」は，第 5 段第 1 文（Basically, tardigrades …）「クマムシは植物を食べるものと，他の生物を食べるものに分けられる」と一致する。④**「16 の異なる種類の足」**は，第 4 段第 4 文（There are 16 known …）「かぎ爪の種類は 16 種あることが知られている」と一致しない。同段第 3 文（Some species have …）より，脚に粘性パッドを持つものと，かぎ爪（これが 16 種）を持つものがいるので，足の種類は 16 より多い。⑤「歯というより 2 本の吻針」は，第 5 段最終 2 文（The mouths of …）「クマムシの口には歯がない。しかし，吻針と呼ばれる 2 つの鋭い針がある」と一致する。

問 2   45   46   正解は①，⑤（順不同）

「**生き残りの秘密**のスライドに，クマムシが生き延びるのを最もよく助ける 2 つの特徴を選べ（順序は問わない）」

①「**乾燥した状態では，クマムシの新陳代謝は通常の 1 パーセント未満にまで落ちる**」

第 2 段第 8 文（They lose all but …）「彼らは，体の水分を 3 パーセント以外はすべて失い，新陳代謝は通常の 0.01 パーセントの速度にまで落ちる」と一致する。これが正解の一つ。

②「樽の状態のクマムシは，摂氏 151 度を超える温度の中でも生き延びられる」

第 2 段後ろから 2 文目（When tardigrades are in a state …）「樽の状態にあるとクマムシはたいへんタフで，温度が氷点下 272 度の低さでも，151 度の高さでも生き延びることができる」とあるが，151 度を超えるわけではないから一致しない。

③「樽の状態は，クマムシの体内の水分が 0.01 パーセントを超えると終わる」

本文にこのような記述はない。

④「サメのような口のおかげで，クマムシは他の生物をより簡単に食べることができる」

第5段第2文（Those that eat vegetation …）「植物を食べるものは腹側口を持っている。これはサメのように，頭部の下側に位置する口である」と一致しない。サメのような口を持つものは植物を食べる。

⑤「クマムシには，極端なレベルの放射線に耐える力がある」

第3段第4文（This means that …）「クマムシのほとんどが，この地上の千倍も強いX線と紫外線の放射の中を生き延びられた」と一致する。これが正解の一つ。

問3　　47　　正解は③

「消化系のスライドのクマムシのイラストにある，欠けているラベルを完成せよ」
イラストの(A)〜(E)が，前から順になってはいないことに注意。第6段第2文（The mouth leads …）に「口は咽頭pharynx（喉）につながっている」とある。イラストで口に続く管は(E)であり，(E)がPharynxになっている③と④に絞れる。同段第5・6文（After the pharynx, …）に「咽頭のあとには食物を消化器官へ送る管がある。この管は食道esophagusと呼ばれる」とある。イラストで(E)のあとにある管は(B)であり，(B)がEsophagusになっている③が正解。③のその他の部分も確認すると，(A)はSalivary gland「唾液腺」であり，同段第3文（Located above …）「咽頭の上部に位置するのは唾液腺である」と一致する。(D)はStylets「吻針」であり，第5段第4・5文（The mouths of …）に「クマムシの口には歯がない。しかし，吻針と呼ばれる…鋭い針がある」という「針」と図の形が一致する。(C)のMiddle gutについては，位置に関する記述はないが，第6段第7文（The middle gut, …）に「中間消化器官は胃と腸にあたる単純な器官」とあり，イラストの大きな膨らみがそのまま肛門につながっていることから，胃と腸にあたるものと考えられる。

① (A)「食道」(B)「咽頭」(C)「中間消化器官」(D)「吻針」(E)「唾液腺」
② (A)「咽頭」(B)「吻針」(C)「唾液腺」(D)「食道」(E)「中間消化器官」
④ (A)「唾液腺」(B)「中間消化器官」(C)「吻針」(D)「食道」(E)「咽頭」
⑤ (A)「吻針」(B)「唾液腺」(C)「咽頭」(D)「中間消化器官」(E)「食道」

問4　　48　　正解は④

「最後のスライドに最適な陳述はどれか」
① 「何千年にもわたって，クマムシは地球と宇宙の最も厳しい条件のいくつかを生き延びてきた。クマムシは人類よりも長く生きていくだろう」

第3段第1文（Perhaps even more …）に「クマムシはおよそ5億4000万年前

から地球上に存在している」とあることと「何千年にもわたって」が一致しておらず，「宇宙で何千年も生き延びてきた」という記述も本文にはない。

② 「クマムシは宇宙から来たのであり，ホッキョクギツネやフタコブラクダの限界を超える気温でも生きられるので，きっと人間よりも強いだろう」

「クマムシが宇宙から来た」という記述は本文にはない。

③ 「クマムシは，間違いなく，地球上で最もタフな生物である。彼らは山の頂上でも，海の底でも，温泉の湯の中でも生き延びていける。また，彼らは月でも繁栄できる」

第3段最終2文（Later, in 2019, …）に「2019年に，イスラエルの宇宙船が月面に衝突し，樽の状態の何千ものクマムシが月面にばらまかれた。だれも回収に行っていないため，これらがまだ生きているのかどうかは不明である」とあることと「月でも繁栄できる」が一致しない。

④ 「クマムシは，地球上の最も厳しい条件のいくつかと，少なくとも一度の宇宙旅行を生き延びてきた。この驚くべき生き物は，人類よりも長く生存するかもしれない」

第2段第2～4文（They live almost …）の「クマムシは，標高6,000メートルの山々から水深4,600メートルのところまで，ほぼどこにでも生息している。厚い氷の下や温泉の中にさえも見つかる…中には地球上で最も乾燥した地域で見つかるものもいる」，第3段第2・3文（In 2007, a team …）の「2007年…多数の生きたクマムシを10日間，ロケットの外部に乗せて宇宙に送り出した。地上に戻ってきたとき，その68パーセントがまだ生きていた」と一致する。これが正解。

問5 | 49 | 正解は④

「クマムシを宇宙に送ることについて推測できることは何か」

① 「クマムシが宇宙で生き延びられるかどうかはっきりさせることが重要だと考えられたことはまったくなかった」

第3段第2・3文（In 2007, a team …）に「2007年，ヨーロッパの研究者チームが，多数の生きたクマムシを10日間，ロケットの外部に乗せて宇宙に送り出した。地上に戻ってきたとき，その68パーセントがまだ生きていることを知って，研究者たちは驚いた」とあり，クマムシが宇宙で生き延びられるか試したと考えられる。また，同段第5文（Later, in 2019, …）に「2019年に，イスラエルの宇宙船が月面に衝突し，樽の状態の何千ものクマムシが月面にばらまかれた」とあることからも，研究者たちが宇宙でクマムシについて何かを調べようとしたことがわかる。よって，この選択肢は不適切。

② 「クマムシは，地球上で何百万年も生存してきた他の生物とともに，X線や紫外線の放射に耐えられる」

第3段第4文（This means that …）に「10日の間，クマムシのほとんどが，この地上の千倍も強いX線と紫外線の放射の中を生き延びられた」とあるが，他の生物については記述がない。よって，この選択肢は不適切。

③ 「イスラエルの研究者たちは，そんなにも多くのクマムシが宇宙の厳しい環境を生き延びられるとは思っていなかった」

第3段第2・3文（In 2007, a team of …）にあるように，クマムシが生き延びたことに驚いたのはヨーロッパの研究者たちであり，イスラエルの研究者たちではない。よって，この選択肢は不適切。

④ 「月面でクマムシが生き延びられるかだれも見に行っていない理由が，筆者の注意を引いた」

第3段最終文（Whether these are still …）に「だれも回収に行っていないため，これら（＝月面にばらまかれたクマムシ）がまだ生きているのかどうかは不明である。残念なことだ」とある。「残念だ」と感想をもらしていることから，「どうしてだれも確かめないのだろう」と思ったと考えられる。この選択肢が正解。

英語（リスニング）　本試験

問題番号 （配点）	設　問		解答番号	正　解	配　点	チェック
第1問 （25）	A	問1	1	①	4	
		問2	2	①	4	
		問3	3	①	4	
		問4	4	④	4	
	B	問5	5	③	3	
		問6	6	①	3	
		問7	7	②	3	
第2問 （16）		問8	8	④	4	
		問9	9	④	4	
		問10	10	③	4	
		問11	11	②	4	
第3問 （18）		問12	12	②	3	
		問13	13	④	3	
		問14	14	④	3	
		問15	15	④	3	
		問16	16	①	3	
		問17	17	①	3	

（注）　＊は，全部正解の場合のみ点を与える。

問題番号 （配点）	設　問		解答番号	正　解	配　点	チェック
第4問 （12）	A	問18	18	①	4*	
		問19	19	④		
		問20	20	③		
		問21	21	②		
		問22	22	①	1	
		問23	23	⑥	1	
		問24	24	②	1	
		問25	25	①	1	
	B	問26	26	④	4	
第5問 （15）		問27	27	②	3	
		問28	28	②	2*	
		問29	29	⑥		
		問30	30	⑤	2*	
		問31	31	③		
		問32	32	③	4	
		問33	33	④	4	
第6問 （14）	A	問34	34	③	3	
		問35	35	①	3	
	B	問36	36	①	4	
		問37	37	②	4	

リスニング　2023年度

自己採点欄

100点

（平均点：62.35点）

◎解答時間は 30 分ですが，解答開始前に IC プレーヤーの作動確認・音量調節の時間がありますので，試験時間は 60 分となります。「音量調整用音声」は音声専用サイトで確認できます。

放送内容 《試験の説明》

これからリスニングテストを始めます。

この試験では，聞き取る英語が2回流れる問題と1回流れる問題があります。第1問と第2問は2回，第3問から第6問は1回です。なお，選択肢は音声ではなく，すべて問題冊子に印刷されています。

では，始めます。4ページを開いてください。

第1問A　短い発話を聞いて同意文を選ぶ問題

放送内容 《第1問Aの説明》

第1問A　第1問Aは問1から問4までの4問です。英語を聞き，それぞれの内容と最もよく合っているものを，四つの選択肢（①〜④）のうちから一つずつ選びなさい。

問1　| 1 |　正解は①

① 話者はサムにドアを閉めるように頼んでいる。
② 話者はサムにテレビをつけるように頼んでいる。
③ 話者はまさに今ドアを開けようとしている。
④ 話者は仕事をしながらテレビをみようとしている。

放送内容 《仕事の妨げになるテレビの音》

Sam, the TV is too loud. I'm working. <u>Can you close the door?</u>

訳 サム，テレビの音が大きすぎるわ。今仕事をしているの。<u>ドアを閉めてくれる</u>？

◇ Can you 〜?「〜してくれますか？」 文脈によっては依頼を表す。

最後に「ドアを閉めてくれますか？」とあるので，①が正解。

問2　| 2 |　正解は①

① 話者はボウルを洗い終えた。
② 話者はなべを洗い終えた。
③ 話者は今なべを洗っている。
④ 話者は今ボウルを洗っている。

放送内容　《洗い物の状況》
　I've already washed the bowl, but I haven't started cleaning the pan.

訳　ボウルはもう洗ったけれど，まだなべは洗い始めていません。
「ボウルはすでに洗った」とあるので，①が正解。

問3　　3　　正解は①

① 話者はおじからハガキを受け取った。
② 話者はカナダにいるおじにハガキを送った。
③ 話者のおじはハガキを送るのを忘れた。
④ 話者のおじはカナダからのハガキを受け取った。

放送内容　《おじからのハガキ》
　Look at this postcard my uncle sent me from Canada.

訳　おじさんがカナダから私に送ってくれたこのハガキを見て。
「おじが私に送ってくれたこのハガキ」とあるので，①が正解。

問4　　4　　正解は④

① 今，教室には 20 人足らずの学生がいる。
② 今，教室には 22 人の学生がいる。
③ このあと，ちょうど 18 人の学生が教室にいることになる。
④ このあと，20 人を超える学生が教室にいることになる。

放送内容　《学生の人数》
　There are twenty students in the classroom, and two more will come after lunch.

訳　教室には 20 人の学生がいて，昼食後にもう 2 人来ます。
◇ two more「(今の数に加えて) もう 2 人」　more than two「2 より多い (3 以上)」と区別すること。
現在 20 人で，もう 2 人来ると言っているので，④が正解。

第1問B　短い発話を聞いて内容に近いイラストを選ぶ問題

放送内容 《第1問Bの説明》

　第1問B　第1問Bは問5から問7までの3問です。英語を聞き，それぞれの内容と最もよく合っている絵を，四つの選択肢（①〜④）のうちから一つずつ選びなさい。

　では，始めます。

問5　　5　　正解は③

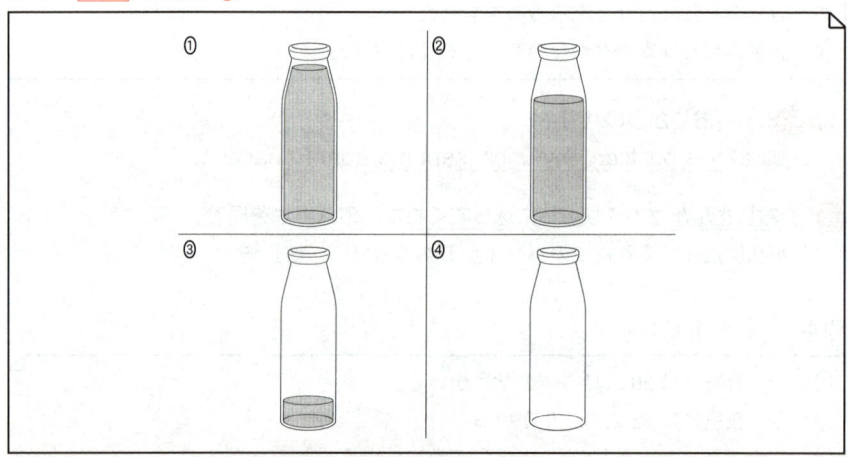

放送内容 《お茶の量》

There's <u>not much</u> tea <u>left</u> in the bottle.

訳　　びんには，お茶は**あまりたくさん残っていません**。

「あまりない」と言っているので，③が正解。

問6 　6 　正解は①

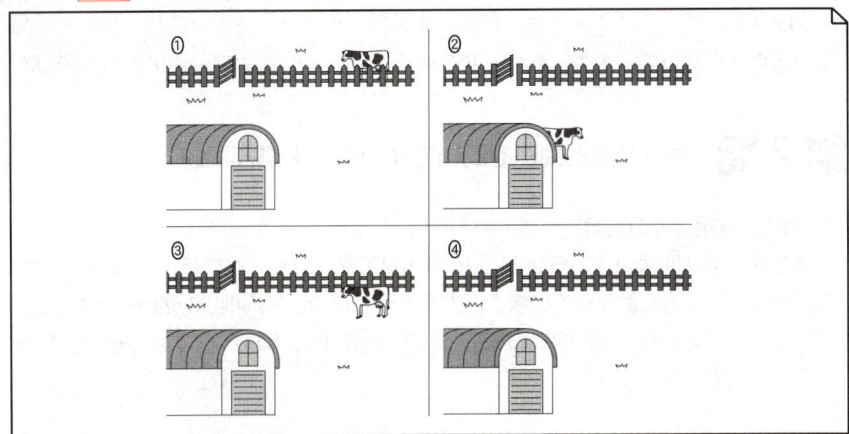

《牛の位置》

I can't see any cows. Oh, I see <u>one behind the fence</u>.

訳　　牛が1頭もいないわね。あら，<u>柵のうしろに1頭いる</u>わ。

「柵のうしろに1頭」と言っているので，①が正解。

問7 　7 　正解は②

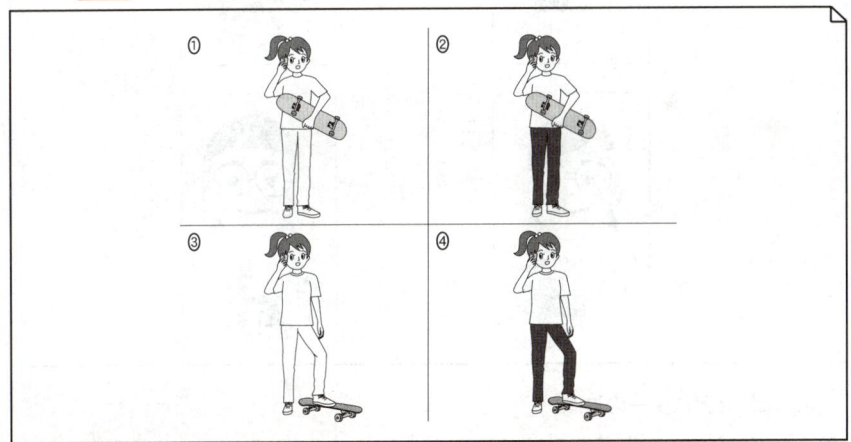

《話者の様子》

I'm over here. I'm <u>wearing black pants and holding a skateboard</u>.

訳　　私はここよ。<u>黒のズボンをはいて，スケートボードを抱えている</u>わ。

◇over here「こちらに」 離れている相手に対して，自分のいる場所や自分の近くのものを示す。

「黒のズボンをはいて，スケートボードを抱えている」と言っているので，②が正解。

第2問 短い対話と問いを聞いてイラストを選ぶ問題

放送内容 《第2問の説明》

　第2問　第2問は問8から問11までの4問です。それぞれの問いについて，対話の場面が日本語で書かれています。対話とそれについての問いを聞き，その答えとして最も適切なものを，四つの選択肢（①～④）のうちから一つずつ選びなさい。では，始めます。

問8　 8 　正解は④

放送内容 《アバターの推測》

M : This avatar with the glasses must be you!

W : Why, because I'm holding my favorite drink?

M : Of course! And you always have your computer with you.

W : You're right!

Question：Which avatar is the woman's?

> 訳　男性：この**眼鏡をかけている**アバターが君に違いないな！
> 　　女性：あら，私が**大好きな飲み物を持っている**から？
> 　　男性：もちろんそうだよ！　で，君はいつも**コンピューターを持っている**からね。
> 　　女性：そのとおりよ！
>
> 　　質問：どのアバターがその女性のものか。

◇ Why, …「あら，おや，まあ…」「なぜ？」と聞いているのではなく，相手の発言が意外であることを表す間投詞。

「眼鏡をかけている」「飲み物を持っている」「コンピューターを持っている」とあるので，④が正解。

問9　　**9**　　正解は④

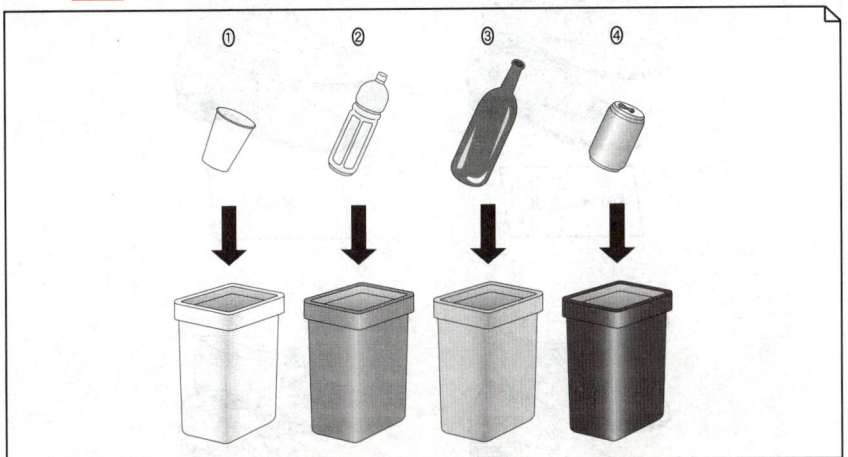

> 放送内容　《ゴミの分別》
> M：Plastic bottles go in here, and paper cups here.
> W：How about this, then? Should I put this in here?
> M：No, that one is for glass. Put it over here.
> W：OK.
>
> Question：Which item is the woman holding?

訳 男性：**プラスチックボトルはここに入れて，紙コップはここにね。**
女性：**じゃあ，これは？ これはここに入れるの？**
男性：**いや，それはガラス用だね。**こっちに入れて。
女性：わかったわ。

質問：**どれを女性は手に持っているか。**

男性の最初の発言「プラスチックボトルはここ，紙コップはここ」のあと，女性は「ではこれは？」と尋ねているので，①・②は除外できる。女性が「ここ？」と尋ねたのに対して男性が「違う，それはガラス用」と答えているので，③も除外できる。残る④が正解。

問10　　10　　正解は③

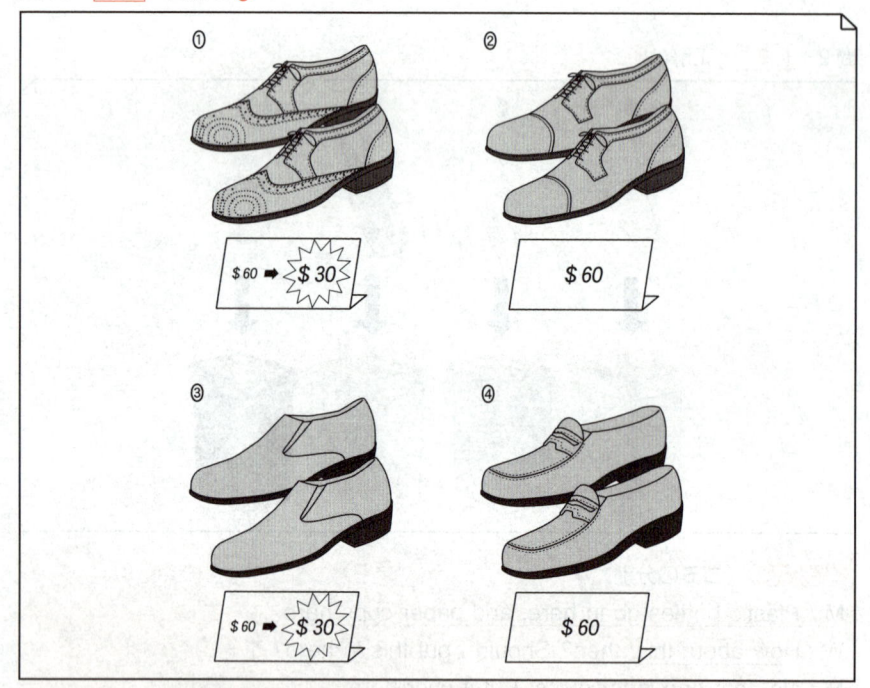

放送内容　《靴選び》

W : How about this pair?
M : No, tying shoelaces takes too much time.
W : Well, this other style is popular. These are 50% off, too.
M : Nice! I'll take them.

Question：Which pair of shoes will the man buy?

訳　女性：こちらはどうでしょうか？

男性：いや，**靴ひもを結ぶのに時間がかかりすぎますし**。

女性：では，このもう一つのスタイルも人気がありますよ。こちらも **50パーセント引き**になっています。

男性：いいですね！　**それをいただきます**。

質問：男性はどの靴を買うことになるか。

◇ this pair「この１足」 this pair of shoes を表す。　◇ shoelace「靴ひも」

最初に女性が勧めたものに対して，男性は「靴ひもを結ぶのに時間がかかりすぎる」と断っているので，①・②は除外できる。女性が「50パーセント引き」と言っており，男性は「それをもらう」と応じているので，③が正解。

問11　　11　　正解は②

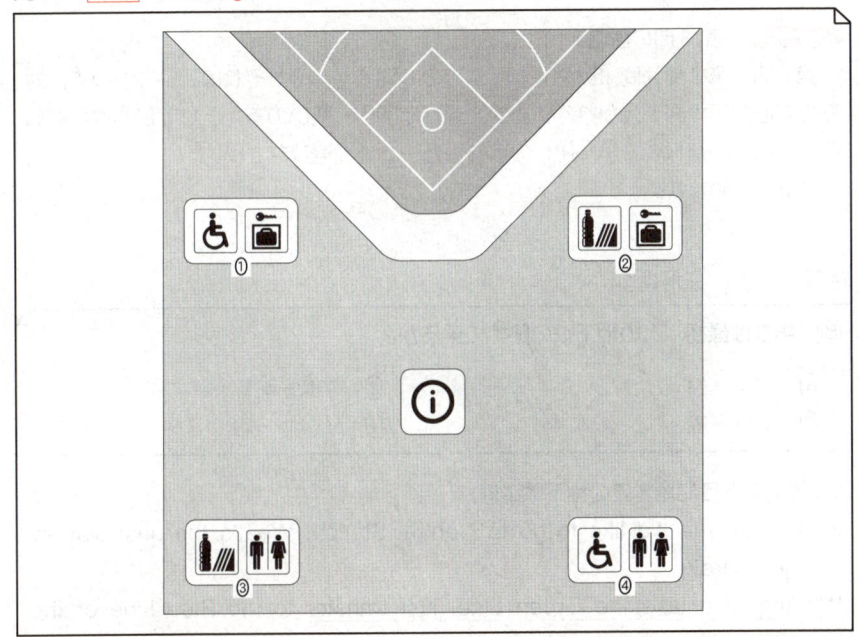

放送内容　《待ち合わせ場所》

W：Where shall we meet?

M：Well, I want to get some food before the game.

W：And I need to use a locker.

M : Then, let's meet there.

Question : Where will they meet up before the game?

訳 女性：どこで待ち合わせる？
男性：そうだな，**試合の前に何か食べ物を買って**おきたいな。
女性：それと私は**ロッカーを使う**必要があるの。
男性：じゃあ，そこで落ち合おう。

質問：彼らは試合の前にどこで落ち合うか。

男性は「試合前に食べ物を買う」，女性は「ロッカーを使う」と言っているので，② が正解。

第3問 短い対話を聞いて問いに答える問題

放送内容 《第3問の説明》

　第3問　第3問は問12から問17までの6問です。それぞれの問いについて，対話の場面が日本語で書かれています。対話を聞き，問いの答えとして最も適切なものを，四つの選択肢（①〜④）のうちから一つずつ選びなさい。
　では，始めます。

問12　12　正解は②

問　男性は最初，どの地下鉄の路線に乗るか。

① ブルー線　　　　② グリーン線
③ レッド線　　　　④ イエロー線

放送内容 《目的地までの地下鉄路線》

M : Excuse me. I'd like to go to Central Station. What's the best way to get there?

W : After you take the Green Line, just transfer to the Blue Line or the Yellow Line at Riverside Station.

M : Can I also take the Red Line first?

W : Usually that's faster, but it's closed for maintenance.

訳　男性：すみません。セントラル駅に行きたいのですが，行くのに一番良い方法は何ですか？

女性：**グリーン線にお乗りいただいたあと，**リバーサイド駅でブルー線かイエロー線に**お乗り換えいただくだけ**でいいですよ。

男性：**最初にレッド線に乗っても大丈夫ですか？**

女性：通常はそのほうが速いのですが，**レッド線は点検のために運休しています。**

女性が「グリーン線に乗ったあと，乗り換えをする」と言ったのに対し，男性が「最初にレッド線に乗ってもよいか」と質問したが，返事は「その線は運休中」だった。よって，②が正解。

問 13　　13　　正解は④

> 問　彼らは何をするか。
> ①　より安いレストランを選ぶ
> ②　レストランで一緒に食事をする
> ③　インド料理を配達してもらう
> ④　家でインド料理を作る

放送内容　《夕食の選択》

M : Would you like to go out for dinner?

W : Well, I'm not sure.

M : What about an Indian restaurant?

W : You know, I like Indian food, but we shouldn't spend too much money this week.

M : Then, why don't we just cook it ourselves, instead?

W : That's a better idea!

訳　男性：夜は外食したい？

女性：うーん，どうかしら。

男性：インド料理のレストランはどう？

女性：まあ，**インド料理は好きだけれど，今週はあまりお金を使わないほうがいいでしょう。**

男性：じゃあ，**代わりに僕たちで作らない？**

女性：**そのほうがいいわね！**

女性が「インド料理は好きだが，今週はお金をあまり使うべきではない」と言ったのに対して，男性は「代わりにそれ（＝インド料理）を僕たちで作らない？」と提案し

ている。女性もそれに同意しているので，④が正解。

問 14　　14　　正解は④

> 問　男の子は何をしたか。
> ①　彼は授業で辞書を調べた。
> ②　彼はバックパックを自宅に置いてきた。
> ③　彼はバックパックを事務所に持って行った。
> ④　彼はバスに乗っているときに辞書を使った。

放送内容　《辞書の行方》

M : I can't find my dictionary!

W : When did you use it last? In class?

M : No, but I took it out of my backpack this morning in the bus to check my homework.

W : You must have left it there. The driver will take it to the office.

M : Oh, I'll call the office, then.

訳　男性：辞書がない！
　　　女性：最後にどこで使ったの？　授業中？
　　　男性：いいや，でも今朝，宿題について確認するのにバスの中でバックパックから取り出したな。
　　　女性：バスの中に忘れたに違いないわ。運転手さんが事務所に持って行ってくれてるわよ。
　　　男性：ああ，じゃあ事務所に電話するよ。

◇ must have *done*「～したに違いない」　過去の出来事に関する推測を表す。

「辞書がない」と言う男性に，女性が最後に使った場所を尋ねている。それに対して男性は「バスの中で宿題について確認するのにそれ（＝辞書）を取り出した」と言っている。④が正解。

問 15　　15　　正解は④

> 問　新入生に関して正しいことは何か。
> ①　彼はイングランドで育った。
> ②　彼はちょっとロンドンを訪れているだけである。
> ③　彼はドイツで勉強している。
> ④　彼は英国で生まれた。

放送内容 《新入生のプロフィール》

W : How was your first week of classes?

M : Good! I'm enjoying university here.

W : So, <u>are you originally from here? I mean, London</u>?

M : <u>Yes</u>, but my family moved to Germany after I was born.

W : Then, you must be fluent in German.

M : Yes. That's right.

訳 女性：授業の第 1 週はどうだった？

男性：良かったです！　ここで大学を楽しんでいますよ。

女性：で，**もともとこちらの出身**？　つまり，ロンドン？

男性：**ええ**，でもうちの家族は，僕が生まれたあとドイツに引っ越したんです。

女性：じゃあ，きっとドイツ語もぺらぺらね。

男性：ええ，そうです。

女性が「もともとこちら，ロンドンの出身か？」と尋ねたのに対して，男性は「そうだ」と答えている。④が正解。

問 16　　16　　正解は①

圕　**男性は何をするか。**
　①　薬局で薬を買う
　②　家に帰る途中で病院に立ち寄る
　③　仕事を続け，薬を飲む
　④　すでに持っているアレルギー薬を飲む

放送内容 《花粉症》

W : How are you?

M : Well, I have a runny nose. I always suffer from allergies in the spring.

W : Do you have some medicine?

M : No, but <u>I'll drop by the drugstore on my way home to get my regular allergy pills</u>.

W : You should leave the office early.

M : Yes, I think I'll leave now.

訳 女性：具合はどう？

男性：うーん，鼻水が出るんだ。春はいつもアレルギーに悩まされるよ。

女性：薬は持っているの？

> 男性：いいや，でも**帰る途中に薬局に寄って，いつものアレルギー薬を買うよ**。
> 女性：早めに帰ったほうがいいわね。
> 男性：うん，もう帰ろうと思う。

◇ drop by 〜「〜に立ち寄る」　◇ pill「錠剤」

男性は「帰宅途中に薬局に寄ってアレルギー薬を買う」と言っている。①が正解。

問 17　　17　　正解は①

問　男性は何をするつもりか。	
①　猫を引き取る	②　犬を引き取る
③　猫を買う	④　犬を買う

放送内容　《ペットを飼う計画》

M : What a cute dog!

W : Thanks. Do you have a pet?

M : I'm planning to get a cat.

W : Do you want to adopt or buy one?

M : What do you mean by 'adopt'?

W : Instead of buying one at a petshop, you could give a new home to a rescued pet.

M : That's a good idea. I'll do that!

訳　男性：本当にかわいい犬だね！
　　　女性：ありがとう。ペットは飼っているの？
　　　男性：**猫を飼おうかと計画しているところだよ**。
　　　女性：引き取るか買うか，どちらにしたい？
　　　男性：**「引き取る」ってどういう意味？**
　　　女性：**ペットショップで買うんじゃなくて，保護されたペットに新しい家を与えることができるってことよ**。
　　　男性：**それは良い考えだね。そうするよ！**

男性が「猫を飼う計画を立てている」と言うと，女性は「ペットショップで買うのではなく，保護されたペットに新しい家を与える（引き取る）ことができる」と言っている。これに対して男性は「良い考えだ。そうする」と答えているので，①が正解。

第4問A　モノローグを聞いて図表を完成させる問題

放送内容　《第4問Aの説明》

　第4問A　第4問Aは問18から問25の8問です。話を聞き，それぞれの問いの答えとして最も適切なものを，選択肢から選びなさい。問18から問21の問題文と図を，今，読みなさい。

　では，始めます。

問18〜21　　18　　19　　20　　21　　正解は①，④，③，②

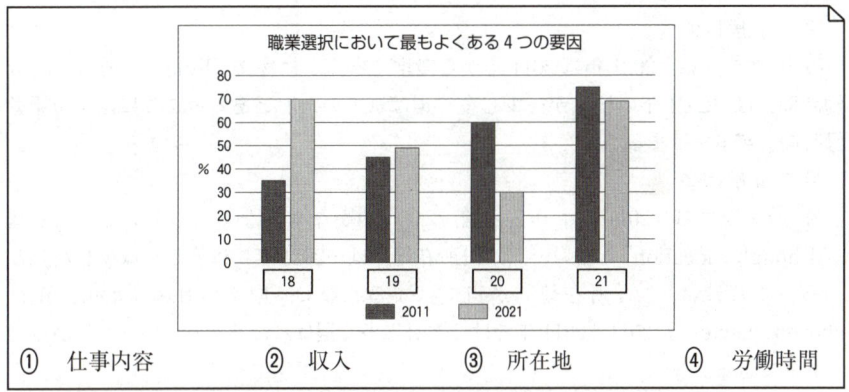

職業選択において最もよくある4つの要因

① 仕事内容　　　② 収入　　　③ 所在地　　　④ 労働時間

放送内容　《仕事選びの基準となる項目》

Each year we survey our graduating students on why they chose their future jobs. We compared the results for 2011 and 2021. The four most popular factors were "content of work," "income," "location," and "working hours." The graph shows that "content of work" increased the most. "Income" decreased a little in 2021 compared with 2011. Although "location" was the second most chosen answer in 2011, it dropped significantly in 2021. Finally, "working hours" was chosen slightly more by graduates in 2021.

訳　　私たちは毎年，将来の自分の仕事を選ぶ理由について卒業する学生に調査を行っている。2011年と2021年の結果を比較してみた。最もよくある4つの要因は，「仕事内容」，「収入」，「所在地」，「労働時間」だった。グラフは，「仕事内容」が最も増加したことを示している。「収入」は，2011年に比べると2021年にはわずかに減少した。「所在地」は2011年には2番目に多く選ばれた答えだったが，

▌2021年には著しく減少した。最後に，「労働時間」は，2021年のほうが卒業生に 少し多く選ばれていた。

◇ significantly「相当に，かなり」

◇ graduate「卒業生」 発音は［grǽdʒuit］。 動詞「卒業する」は［grǽdʒuèit］ である。

□18□ 正解は①

□18□のグラフは，2011年に比べると2021年で大幅に増加している。第4文（The graph shows …）に「『仕事内容』が最も増加した」とある。ここには，①「仕事内容」が当てはまる。

□19□ 正解は④

□19□のグラフは，2021年は2011年から微増である。最終文（Finally, …）に「『労働時間』は，2021年のほうが…少し多く選ばれていた」とある。ここには，④「労働時間」が当てはまる。

□20□ 正解は③

□20□のグラフは，2011年より2021年のほうがかなり少なくなっている。第6文（Although "location" was …）に「『所在地』は…2021年には著しく減少した」とある。ここには，③「所在地」が当てはまる。なお，同文の the second most chosen answer in 2011「2011年では2番目に多く選ばれた答え」という情報からでも判断できる。

□21□ 正解は②

□21□のグラフは，2011年より2021年のほうがわずかに少なくなっている。第5文（"Income" decreased …）に「『収入』は2021年にはわずかに減少した」とある。ここには，②「収入」が当てはまる。

《第4問A，問22～25の説明》
問22から問25の問題文と表を，今，読みなさい。
では，始めます。

問22～25　22　23　24　25　正解は①，⑥，②，①

| 国際ゲームコンテスト：結果のまとめ |||||
チーム	ステージA	ステージB	最終順位	賞品
ダーク・ドラゴンズ	3位	3位	4位	22
エレガント・イーグルズ	1位	2位	1位	23
ショッキング・シャークス	4位	1位	2位	24
ウォリアー・ウルブズ	2位	4位	3位	25

① ゲーム　　　　　　② メダル　　　　　　③ トロフィー
④ ゲーム，メダル　　⑤ ゲーム，トロフィー　⑥ メダル，トロフィー

《コンテストの結果と賞品》

We are delighted to announce the prizes! Please look at the summary of the results on your screen. First, the top team in Stage A will be awarded medals. The top team in Stage B will also receive medals. Next, the team that got the highest final rank will win the champion's trophies. Team members not winning any medals or trophies will receive a game from our online store. The prizes will be sent to everyone next week.

訳　賞を発表するのを嬉しく思います！　どうぞ，画面上にある結果のまとめをご覧ください。まず，**ステージAのトップチームにはメダルが授与されます**。**ステージBのトップチームもメダルを獲得します**。次に，**最終順位で最高位になったチームはチャンピオントロフィーを獲得します**。**メダルもトロフィーも勝ち取れなかったチームのメンバーも**，私共のオンラインストアから**ゲームを1点もらえますよ**。賞品は来週，全員に送ります。

22　正解は①

「ダーク・ドラゴンズ」はどのカテゴリーでも1位になっていない。第6文（Team members not …）に「メダルもトロフィーも勝ち取れなかったチームのメンバーは…ゲームをもらえる」とあるので，①「ゲーム」が正解。

23 正解は⑥

「エレガント・イーグルズ」はステージAと最終順位で1位になっている。第3文（First, the top team …）に「ステージAのトップチームにはメダルが授与される」，第5文（Next, the team that …）に「最終順位で最高位になったチームはチャンピオントロフィーを獲得する」とあるので，メダルとトロフィーをもらえる。⑥「メダル，トロフィー」が正解。

24 正解は②

「ショッキング・シャークス」はステージBで1位になっている。第4文（The top team in …）に「ステージBのトップチームもメダルを獲得する」とあるので，②「メダル」が正解。

25 正解は①

「ウォリアー・ウルブズ」はどのカテゴリーでも1位になっていない。22と同様なので，①「ゲーム」が正解。

第4問B　複数の情報を聞いて条件に合うものを選ぶ問題

放送内容　《第4問Bの説明》

　第4問B　第4問Bは問26の1問です。話を聞き，示された条件に最も合うものを，四つの選択肢（①～④）のうちから一つ選びなさい。状況と条件を，今，読みなさい。

　では，始めます。

問26　26　正解は④

問　[　　]が，あなたが選ぶ可能性の最も高い候補者である。

候補者	条件A	条件B	条件C
① チャーリー			
② ジュン			
③ ナンシー			
④ フィリップ			

放送内容　《生徒会会長選挙の候補者の演説》

1．Hi there! Charlie, here. I'll work to increase the opening hours of the computer room. Also, <u>there should be more events for all students</u>. Finally, our student athletes need energy! So <u>I'll push for more meat options in the cafeteria</u>.

2．Hello! I'm Jun. <u>I think school meals would be healthier if our cafeteria increased vegetarian choices</u>. <u>The computer lab should also be open longer</u>, especially in the afternoons. Finally, <u>our school should have fewer events</u>. We should concentrate on homework and club activities!

3．Hi guys! I'm Nancy. <u>I support the school giving all students computers</u>; then we wouldn't need the lab! I also think <u>the cafeteria should bring back our favorite fried chicken</u>. And <u>school events need expanding</u>. It's important for all students to get together!

4．Hey everybody! I'm Philip. First, <u>I don't think there are enough events for students</u>. We should do more together! Next, <u>we should be able to use the computer lab at the weekends, too</u>. Also, <u>vegans like me need more vegetable-only meals in our cafeteria</u>.

訳　1．やあ，こんにちは！　チャーリーです。**僕はコンピューター室の開室時間を延ばすために努力します。**また，**全校生徒のための行事がもっとたくさんあるべきだと思っています。**最後に，運動をしている生徒にはエネルギーが必要です！　ですから，**食堂にもっと肉料理の数が増えるように強く要求します。**

2．こんにちは！　ジュンです。**私は，食堂にベジタリアンが選べる料理が増えれば，学校の食事がもっと健康的になると思っています。コンピューター室も，**特に午後は，**もっと長く開いているべきだと思います。**最後に，**私たちの学校は行事をもっと少なくすべきです。**私たちは宿題や部活動に集中すべきです！

3．みなさん，こんにちは！　私はナンシーです。**私は，学校がすべての生徒にコンピューターを与えることを支持します。そうすれば，コンピューター室は必要なくなるでしょう！**　また，**食堂には私たちの大好きなフライドチキンを復活させるべきだと思います。**そして，**学校行事を増やす必要があります。**全生徒が集うのは大切なことです！

4．やあ，みなさん！　僕はフィリップです。まず，**僕は学生のための行事が十分ではないと思っています。**もっといっしょに多くのことをすべきです！次に，**週末にもコンピューター室が使えるようになるべきです。**また，**僕のようなビーガンの場合，食堂に野菜だけの料理がもっと必要です。**

◇ push for 〜「〜を強く要求する」　◇ need *doing*「（Sは）〜される必要がある」
◇ get together「集まる」
◇ vegan「ビーガン，完全菜食主義者」　牛乳，乳製品，卵なども含め，動物性たん
　ぱく質をまったく摂らない菜食主義の人のこと。

①は，「全校生徒のための行事がもっとたくさんあるべきだと思っている」とあるの
で条件Aは○。「食堂にもっと肉料理の数が増えるように強く要求する」とあるので
条件Bは×。「コンピューター室の開室時間を延ばすために努力する」とあるので条
件Cは○。
②は，「学校は行事をもっと少なくすべきだ」とあるので条件Aは×。「ベジタリアン
が選べる料理が増えれば，学校の食事がもっと健康的になる」とあるので条件Bは○。
「コンピューター室も…もっと長く開いているべきだと思う」とあるので条件Cは○。
③は，「学校行事を増やす必要がある」とあるので条件Aは○。「食堂には私たちの大
好きなフライドチキンを復活させるべきだ」とあるので条件Bは×。条件Cについて
は「学校がすべての生徒にコンピューターを与えれば，コンピューター室は必要なく
なる」とあり，条件の「コンピューター室を使える時間を増やす」目的が，コンピュ
ーターをいつでも使えることだとすると，条件Cに合うので○と判断できるが，文字
通りにとらえる場合には，条件Cは×。よってここは？としておく。
④は，「学生のための行事が十分ではない」とあるので条件Aは○。「僕のようなビ
ーガンには，食堂に野菜だけの料理がもっと必要だ」とあるので条件Bは○。「週末
にもコンピューター室が使えるようになるべきだ」とあるので条件Cは○。
以上を表にまとめると以下のようになる。条件のすべてが合っている④が正解。

候補者	条件A	条件B	条件C
① チャーリー	○	×	○
② ジュン	×	○	○
③ ナンシー	○	×	？
④ フィリップ	○	○	○

第5問 講義の内容と図表の情報を使って問いに答える問題

放送内容 《第5問の説明》

第5問　第5問は問27から問33の7問です。最初に講義を聞き，問27から問32に答えなさい。次に続きを聞き，問33に答えなさい。状況，ワークシート，問い及び図表を，今，読みなさい。

では，始めます。

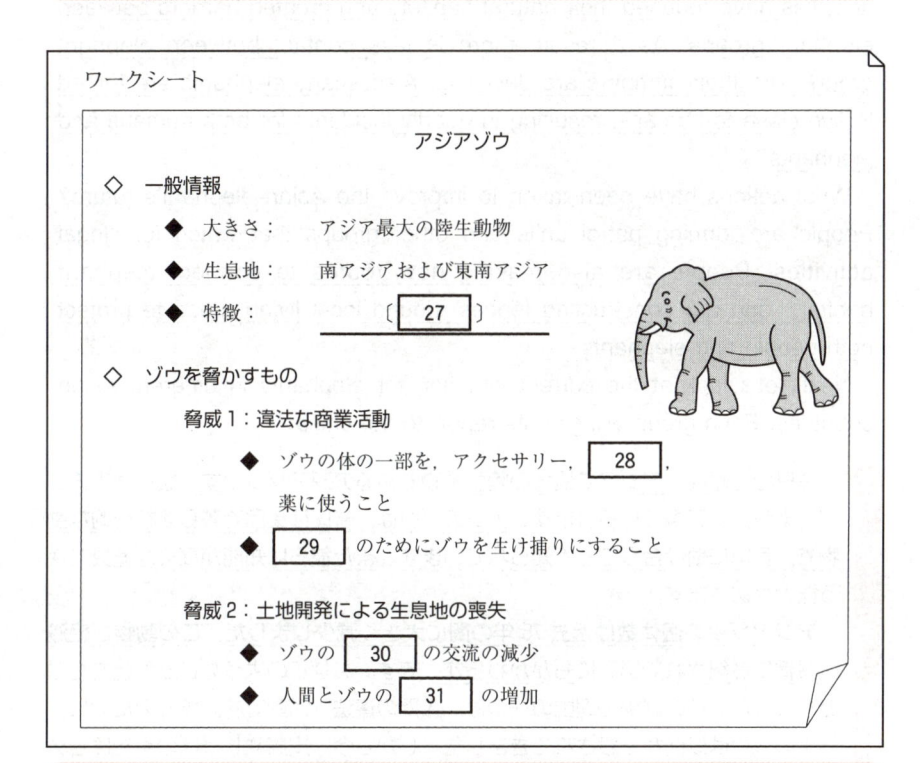

ワークシート

アジアゾウ

◇　一般情報

◆　大きさ：　　アジア最大の陸生動物

◆　生息地：　　南アジアおよび東南アジア

◆　特徴：　　〔 27 〕

◇　ゾウを脅かすもの

脅威1：違法な商業活動

◆　ゾウの体の一部を，アクセサリー，28，薬に使うこと

◆　29 のためにゾウを生け捕りにすること

脅威2：土地開発による生息地の喪失

◆　ゾウの 30 の交流の減少

◆　人間とゾウの 31 の増加

放送内容 《アジアゾウを取り巻く問題》

　　Today, our topic is the Asian elephant, the largest land animal in Asia. They are found across South and Southeast Asia. Asian elephants are sociable animals that usually live in groups and are known for helping each other. They are also intelligent and have the ability to use tools.

　　The Asian elephant's population has dropped greatly over the last 75 years, even though this animal is listed as endangered. Why has this happened? One reason for this decline is illegal human activities. Wild elephants have long been killed for ivory. But now, there is a developing market for other body parts, including skin and tail hair. <u>These body parts are used for accessories, skin care products, and even medicine</u>. Also, <u>the number of wild elephants caught illegally is increasing because performing elephants are popular as tourist attractions</u>.

<u>Housing developments and farming create other problems for elephants</u>. Asian elephants need large areas to live in, but <u>these human activities have reduced their natural habitats and created barriers between elephant groups</u>. As a result, <u>there is less contact between elephant groups and their numbers are declining</u>. Also, <u>many elephants are forced to live close to humans, resulting in deadly incidents for both humans and elephants</u>.

What actions have been taken to improve the Asian elephant's future? People are forming patrol units and other groups that watch for illegal activities. <u>People are also making new routes to connect elephant habitats, and are constructing fences around local living areas to protect both people and elephants</u>.

Next, let's look at the current situation for elephants in different Asian countries. Each group will give its report to the class.

訳 今日の話題は，アジアで最大の陸生動物であるアジアゾウです。彼らは南アジア，東南アジア中で見られます。アジアゾウは，普段は集団で暮らす社交的な動物で，互いに助け合うことで知られています。また彼らは知能が高く，道具を使う能力があります。

　アジアゾウの個体数は過去75年の間に大きく減少しました。この動物が絶滅危惧種に登録されているにもかかわらず，です。なぜこのようなことが起きたのでしょうか。この減少の理由の一つは，人間の違法な活動です。象牙のために，野生のゾウは以前から殺されてきました。しかし今，皮膚やしっぽの毛をはじめとする，他の体の一部を求める市場が拡大しつつあります。こうした体の一部は，アクセサリー，スキンケア商品，そして薬品にさえ使われているのです。また，違法に捕獲される野生のゾウの数が増加しているのは，芸をするゾウが，観光客向けのアトラクションとして人気だからです。

　宅地造成と農業がゾウにとって別の問題を生み出します。アジアゾウは生きていくのに広大な土地が必要ですが，こうした人間の活動は，彼らの自然の生息地を減らし，ゾウの集団間に障壁を築きました。その結果，ゾウの集団間の接触が減り，数が減少しているのです。また，多くのゾウが人間の近くで暮らさざるを

得なくなっており，それが人間にとってもゾウにとっても致命的な事故につながっています。

　アジアゾウの未来をよりよいものにするためにどのような対策がとられているでしょうか。人々は，違法な活動を監視するパトロールチームやその他のグループを作っています。また，人々は，ゾウの生息地をつなぐ新しい経路を作ったり，人間とゾウの両者を守るために地元の居住地の周辺にフェンスを築いたりしています。

　次に，アジアのさまざまな国におけるゾウの現状を見ましょう。各グループがクラスのみなさんに報告をします。

◇ be known for 〜「〜で知られている」　◇ housing development「宅地造成」
◇ be forced to *do*「〜することを強いられる，余儀なくされる」
◇ result in 〜「〜という結果になる」　◇ take actions「対策をとる，講じる」
◇ watch for 〜「〜を監視する，見張る」

問27　　27　　正解は②

①	攻撃的で強い
②	協力的で賢い
③	友好的でおとなしい
④	独立心が強く知能が高い

第1段第3・4文（Asian elephants are …）に「アジアゾウは…社交的な動物で，互いに助け合うことで知られている…知能が高い」とある。②が正解。

問28〜31

①	衣類	②	化粧品	③	死亡
④	友情	⑤	集団	⑥	芸

　28　　正解は②　　29　　正解は⑥

第2段第6文（These body parts …）に「体の一部は，アクセサリー，スキンケア商品，そして薬品にさえ使われている」とある。　28　には②「化粧品」が当てはまる。同段最終文（Also, the number of …）に「違法に捕獲される野生のゾウの数が増加しているのは，芸をするゾウが観光客向けのアトラクションとして人気だからだ」とある。　29　には⑥「芸」が当てはまる。

30 正解は⑤　　31 正解は③

第3段第3文（As a result, …）に「ゾウの集団間の接触が減り，数が減少している」とある。30 には⑤「集団」が当てはまる。同段最終文（Also, many elephants …）に「多くのゾウが人間の近くで暮らさざるを得なくなって…人間にとってもゾウにとっても致命的な事故につながっている」とある。31 には③「死亡」が当てはまる。

問32　32 正解は③

① 違法な活動を止める努力は，人間が自らの住宅地を広げることができるようにするのに効果的である。
② 異なるゾウの集団間の出会いが，農業開発の縮小の原因である。
③ 人間とアジアゾウが共生する手助けをすることが，ゾウの命と生息地を守るカギである。
④ アジアゾウを絶滅危惧種に登録することが環境問題を解決する方法である。

第3段（Housing developments…）では，人間の活動によってゾウの生息地が狭まっていることと，人間の近くで生息せざるを得なくなっていることが述べられており，第4段最終文（People are also …）には「また，人々は，ゾウの生息地をつなぐ新しい経路を作ったり，人間とゾウの両者を守るために地元の居住地の周辺にフェンスを築いたりしている」とある。農地や住宅地開発によって彼らの生息地が分断されれば，新しい経路を作って生存を助け，生息地が人間と近くなれば，フェンスを作ってゾウと地元の住民の両方を守るのが大事だと考えられる。③が正解。
①は，第3段第1・2文（Housing developments …）に「宅地造成…がゾウにとって別の問題…彼らの自然の生息地を減らしている」とあるものの，違法な活動を止めることと，住宅地を広げることとは無関係である。
②は，第3段第1・2文（Housing developments …）に「農業が…彼らの自然の生息地を減らし，ゾウの集団間に障壁を築いている」とあることと一致しない。
④は，第2段第1文（The Asian elephant's population …）に「アジアゾウは絶滅危惧種に登録されているにもかかわらず，個体数が過去75年の間に大きく減少した」とあるが，絶滅危惧種への登録と環境問題の関連については言及されていない。

ワークシート

アジアゾウ

◇　一般情報

　　◆　大きさ：　　アジア最大の陸生動物

　　◆　生息地：　　南アジアおよび東南アジア

　　◆　特徴：　　　②協力的で賢い

◇　ゾウを脅かすもの

　　脅威１：違法な商業活動

　　　◆　ゾウの体の一部を，アクセサリー，②化粧品，

　　　　薬に使うこと

　　　◆　⑥芸 のためにゾウを生け捕りにすること

　　脅威２：土地開発による生息地の喪失

　　　◆　ゾウの ⑤集団 の交流の減少

　　　◆　人間とゾウの ③死亡 の増加

問33　　33　　正解は④

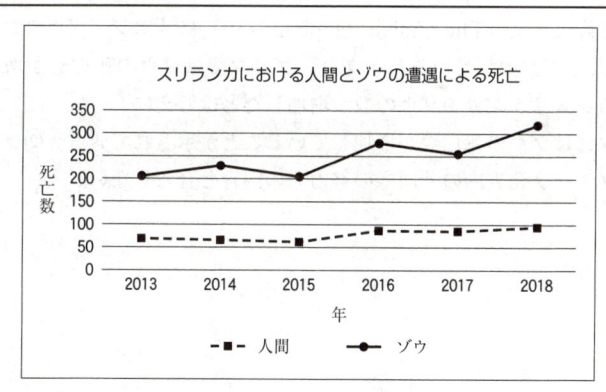

グラフ：スリランカにおける人間とゾウの遭遇による死亡

① 絶滅危惧動物を保護する努力は，スリランカのゾウの数を増やした。

② スリランカでは，違法活動を監視することが，ゾウの死亡を根絶するのに効果をあげてきた。

③ スリランカでは，人間とゾウが遭遇することによって死亡するゾウの数の増加は見られていない。

④ ゾウを保護するためにとられている対策は，スリランカではまだ望ましい結果を生んでいない。

放送内容 《人間とゾウの死亡に関するスリランカの現状》

Our group studied <u>deadly encounters between humans and elephants in Sri Lanka</u>. In other countries, like India, many more people than elephants die in these encounters. By contrast, <u>similar efforts in Sri Lanka</u> show <u>a different trend</u>. Let's take a look at the graph and the data we found.

訳 私たちのグループは，**スリランカにおける，人間とゾウの致命的な遭遇**について調べました。インドのような他の国々では，ゾウよりもずっと多くの人がこうした遭遇で命を落としています。対照的に，**スリランカでの同様の努力**は，**異なる傾向**を示しています。私たちが見つけたグラフとデータを見てみましょう。

講義の第4段第1文（What actions have been …）に「アジアゾウの未来をよりよいものにするためにどのような対策がとられているのだろうか」とあり，同段最終文（People are also …）では，人とゾウを守るために，地元居住地周辺にフェンスを作ると述べられている。グラフが「スリランカにおける人間とゾウの遭遇による死亡」であることから，グループ発表の第3文（By contrast, …）にある「スリランカにおける同様の努力」とは，フェンスを作るなどの対策であり，ゾウと人が遭遇することから生じる死亡事故を減らすための努力と考えられる。しかしグラフを見ると，スリランカでのゾウの死亡数は全体として増加傾向にあることがわかる。④が適切。

①講義の第2段第1文（The Asian elephant's …）に「アジアゾウの個体数は過去75年の間に大きく減少している」とあり，グラフではゾウの死亡数が増加していることがわかる。スリランカのゾウの数が増加したとは考えにくい。

②・③グラフにはゾウの死亡数が増加していることが示されている。②は「違法活動の監視」もグループ発表内の「同様の努力」の内容と合致しない。

第6問A 対話を聞いて要点を把握する問題

放送内容 《第6問 A の説明》
　第6問A　第6問Aは問34と問35の2問です。二人の対話を聞き，それぞれの問いの答えとして最も適切なものを，四つの選択肢（①〜④）のうちから一つずつ選びなさい。状況と問いを，今，読みなさい。
　では，始めます。

放送内容 《一人ハイキング》

David : Hey, Mom! Let's go to Mt. Taka tomorrow. We've always wanted to go there.

Sue : Well, I'm tired from work. I want to stay home tomorrow.

David : Oh, too bad. Can I go by myself, then?

Sue : What? People always say you should never go hiking alone. What if you get lost?

David : Yeah, I thought that way too, until I read a magazine article on solo hiking.

Sue : Huh. What does the article say about it?

David : It says it takes more time and effort to prepare for solo hiking than group hiking.

Sue : OK.

David : But you can select a date that's convenient for you and walk at your own pace. And imagine the sense of achievement once you're done, Mom!

Sue : That's a good point.

David : So, can I hike up Mt. Taka by myself tomorrow?

Sue : David, do you really have time to prepare for it?

David : Well, I guess not.

Sue : Why not wait until next weekend when you're ready? Then you can go on your own.

David : OK, Mom.

訳　デイビッド：ねえ，お母さん！　明日，タカ山に行こうよ。ずっと行きたいって言ってきたよね。
　　　　スー：うーん，私は仕事で疲れているの。明日は家にいたいわ。

デイビッド：ああ，それは残念。じゃあ，僕一人で行ってもいい？

スー：えー？　世間じゃ，一人でハイキングなんか絶対行っちゃダメっていつも言っているじゃない。道に迷ったらどうするの？

デイビッド：うん，僕もそう思っていたんだ。雑誌の一人ハイキングの記事を読むまではね。

スー：ふーん。一人ハイキングのこと，その記事では何て言っているの？

デイビッド：一人ハイキングは，グループハイキングよりも準備に時間と手間がかかるって書いてある。

スー：そうね。

デイビッド：でも，自分に都合のいい日が選べるし，自分のペースで歩ける。それに，やり終えたときの達成感を想像してみてよ，お母さん！

スー：それは，一理あるわね。

デイビッド：じゃあ，明日一人でタカ山にハイキングに行ってもいい？

スー：デイビッド，その準備をする時間は本当にあるの？

デイビッド：うーん，なさそうだな。

スー：準備できる来週の週末まで待ったらどう？　それなら一人で行ってもいいわよ。

デイビッド：わかったよ，お母さん。

◇ by *oneself*「一人で，単独で」

◇ What if S V ?「S が V したらどうなるのか，どうするのか」

◇ get lost「道に迷う」

◇ that way「そのように」　副詞句。前置詞 in はつけないことが多い。

◇ an article on 〜「〜に関する記事」　◇ once S V「いったん S が V したら」

◇ be done（with〜）「（〜を）終える，済ます」　◇ Why not 〜?「〜してはどうか」

◇ on *one's* own「一人で，自力で」

問 34　　34　　正解は③

> 問　**デイビッドが最も同意するであろう意見はどれか。**
> ①　楽しいハイキングには，長い距離を歩くことが必要だ。
> ②　グループハイキングは達成感を与えてくれる。
> ③　一人でハイキングすることは，いつ行くか選べるので都合がよい。
> ④　ハイキングは，誰も助けてくれないので難しいことがよくある。

デイビッドの5番目の発言第1文（But you can select …）に「自分に都合のいい日が選べる」とある。③が正解。

問35　35　正解は①

> 問　会話の最後での，一人ハイキングに関するスーの意見を最もよく表している文はどれか。
> ①　受け入れられる。 　　　②　創造的である。
> ③　すばらしい。 　　　④　ばかげている。

スーの最後の発言（Why not wait …）に「準備できる来週の週末まで待ってはどうか？　それなら一人で行ってもいい」とある。準備をしっかりする条件で許可を出しているので，①が正解。

第6問B　複数の意見（会話や議論）を聞いて問いに答える問題

放送内容　《第6問Bの説明》

　第6問B　第6問Bは問36と問37の2問です。会話を聞き，それぞれの問いの答えとして最も適切なものを，選択肢のうちから一つずつ選びなさい。状況と問いを，今，読みなさい。
　では，始めます。

放送内容　《就職後はどこに住むか》

Mary：Yay! We all got jobs downtown! I'm so relieved and excited.

Jimmy：You said it, Mary! So, are you going to get a place near your office or in the suburbs?

Mary：Oh, definitely close to the company. I'm not a morning person, so I need to be near the office. You should live near me, Lisa!

Lisa：Sorry, Mary. The rent is too expensive. I want to save money. How about you, Kota?

Kota：I'm with you, Lisa. I don't mind waking up early and commuting to work by train. You know, while commuting I can listen to music.

Jimmy：Oh, come on, you guys. We should enjoy the city life while we're young. There are so many things to do downtown.

Mary：Jimmy's right. Also, I want to get a dog. If I live near the office, I can get home earlier and take it for longer walks.

Lisa：Mary, don't you think your dog would be happier in the suburbs, where there's a lot more space?

Mary : Yeah, you may be right, Lisa. Hmm, now I have to think again.
Kota : Well, I want space for my training equipment. I wouldn't have that space in a tiny downtown apartment.
Jimmy : That might be true for you, Kota. For me, a small apartment downtown is just fine. In fact, I've already found a good one.
Lisa : Great! When can we come over?

訳　メアリー：やったー！　私たちみんな，都心部で仕事が見つかったわね！　私，とてもほっとしてるし，わくわくしてる。

ジミー：そのとおりだね，メアリー！　で，君は会社の近くに住むの？　それとも郊外？

メアリー：あら，絶対会社の近くよ。朝型じゃないから，会社の近くに住む必要があるの。私の近くに住みなさいよ，リサ！

リサ：ごめんね，メアリー。家賃が高すぎるわよ。お金を節約したいの。あなたはどうなの，コータ。

コータ：君と同じだよ，リサ。僕は早起きして電車で通勤するのは平気だ。わかると思うけど，通勤中に音楽が聞けるしね。

ジミー：おいおい，みんな。若いうちに都会での生活を楽しむべきだよ。街にはすることがたくさんあるよ。

メアリー：ジミーの言うとおりよ。それに私は犬を飼いたいの。会社の近くに住んでいるほうが早く家に帰って，散歩も長くしてやれるわ。

リサ：メアリー，犬は郊外にいるほうが幸せだと思わない？　郊外のほうがずっと広いでしょう？

メアリー：ああ，そうかもしれないわね，リサ。うーん，ちょっと考え直さないといけないわね。

コータ：えーっと，僕はトレーニング器具を置く場所がほしいんだ。都会の小さなアパートメントじゃ，その場所がないだろうな。

ジミー：それは君には当てはまるかもしれないね，コータ。僕としては，都会の小さなアパートメントで十分だ。実は，もういいのを見つけてあるんだよ。

リサ：すごーい！　私たちいつ寄れる？

◇ downtown「都心部で〔に，へ〕」　◇ You said it.「そのとおりだ」
◇ morning person「朝型の人」　◇ be with you「あなたと同じ意見だ」
◇ Come on.「ちょっと待ってよ，あきれたね」　状況や言い方によって，励ましや，「さあ来い」と挑む表現にもなる。
◇ true for ～「～に当てはまる」　◇ come over「（ふらっと）立ち寄る」

問36　`36`　正解は①

① ジミー	② リサ
③ ジミー，メアリー	④ コータ，メアリー

メアリーの最初の発言第2文（We all got …）に「私たちはみんな都心部で仕事が見つかった」とあり，「会社の近くに住むのか，郊外に住むのか」というジミーの質問に対して，メアリーは2番目の発言第1文（Oh, definitely …）で「絶対に会社の近くだ」，つまり都心部に住むと言っている。しかし，3番目の発言第2文（Also, I want to …）で「犬を飼いたい」と言うと，リサが続く2番目の発言で「犬はずっと広い空間のある郊外のほうが幸せではないか」と言っている。メアリーはそれを聞いて4番目の発言（Yeah, you may …）で「そうかもしれない。考え直さなくてはならない」と答えている。したがって，メアリーは会話が終わった時点では都心に住むことを保留している。

ジミーは3番目の発言第2・3文（For me, …）で「僕は都会の小さなアパートメントで十分だ。実はすでにいいのを見つけてある」と述べており，都心部に住むことに決めている。

リサは，会社の近くに住むと言ったメアリーに「私の近くに住みなさいよ」と誘われて，最初の発言第1・2文（Sorry, Mary. …）で「ごめんなさい，メアリー。家賃が高すぎる」と答えており，都心部に住むつもりはないことがわかる。

コータは，最初の発言第1文（I'm with you …）で「僕はリサと同じ意見だ」，2番目の発言第2文（I wouldn't have that space …）で「都会の小さなアパートメントでは，その場所（＝トレーニング器具を置くための場所）がないだろう」と述べているので，都心部に住むつもりはないとわかる。

以上から，会話が終わった時点で街の中心部に住むことに決めているのはジミーのみなので，正解は①。誰の発言かを把握するには，呼びかけられた名前に注意を払う必要がある。

問 37　　37　　正解は ②

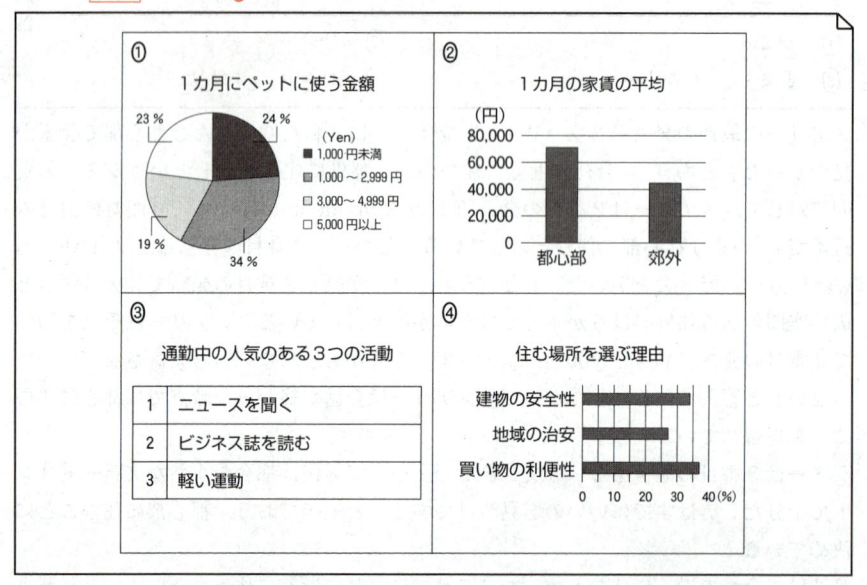

都心部に住みたいと言うメアリーが，2 番目の発言最終文（You should …）で「私の近くに住みなさいよ，リサ！」と誘ったのに対して，リサは最初の発言第 1・2 文（Sorry, Mary. …）で「ごめんなさい，メアリー。家賃が高すぎるわ」と答えている。都心部のほうが郊外よりも家賃が高いことを示している ② が正解。

英語（リーディング）　追試験

問題番号 （配点）	設　問		解答番号	正　解	配　点	チェック
第1問 （10）	A	問1	1	①	2	
		問2	2	②	2	
	B	問1	3	①	2	
		問2	4	①	2	
		問3	5	①	2	
第2問 （20）	A	問1	6	④	2	
		問2	7	①	2	
		問3	8	②	2	
		問4	9	②	2	
		問5	10	②	2	
	B	問1	11	①	2	
		問2	12	②	2	
		問3	13	①	2	
		問4	14	①	2	
		問5	15	②	2	
第3問 （15）	A	問1	16	③	3	
		問2	17	④	3	
	B	問1	18	②	3*	
			19	④		
			20	①		
			21	③		
		問2	22	④	3	
		問3	23	①	3	

問題番号 （配点）	設　問		解答番号	正　解	配　点	チェック
第4問 （16）		問1	24	②	3	
		問2	25	③	3	
		問3	26	②	2	
			27	①	2	
		問4	28	①	3	
		問5	29	②	3	
第5問 （15）		問1	30	①	3	
		問2	31	④	3*	
			32	⑤		
			33	①		
			34	③		
		問3	35 - 36	① - ③	3*	
		問4	37	④	3	
		問5	38	①	3	
第6問 （24）	A	問1	39	③	3	
		問2	40	⑤	3*	
			41	③		
		問3	42	④	3	
		問4	43	④	3	
	B	問1	44	③	2	
		問2	45	①	2	
		問3	46 - 47	① - ④	3*	
		問4	48	②	2	
		問5	49	③	3	

（注）
1　＊は，全部正解の場合のみ点を与える。
2　－（ハイフン）でつながれた正解は，順序を問わない。

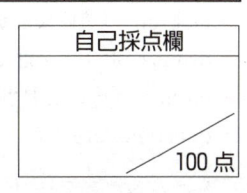

自己採点欄

100点

第1問

A 説明書の読み取り

> 訳 《音声ガイドテストへの協力》
>
> あなたは，あるお城の徒歩ツアーの列に並んで待っており，新しい機器をテストしてみるように求められている。あなたはスタッフから以下の使用説明書を受け取る。
>
> ---
>
> ### ウェストビル城徒歩ツアーの 音声ガイドのテスト
>
> 新しい音声ガイドのテストにご協力いただきましてありがとうございます。ここウェストビル城での体験を楽しんでいただければ幸いです。
>
> #### 使用方法
>
> 機器を耳に装着していただきますと，電源が入ります。城内を歩き回る際，各部屋に入ると同時に自動で詳しい説明が流れます。説明を一時停止したい場合は，イヤホンのボタンを1回軽く叩いてください。機器は部屋についての質問に答えるようにプログラムされています。質問したくなられましたら，ボタンを2回軽く叩き，小声で話してください。マイクがあなたの声を拾い，答えが聞こえます。
>
>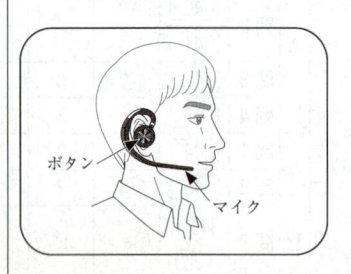
> ボタン　マイク
>
> #### お帰りになられる前に
>
> 出口左手の回収デスクに機器を返却し，短いアンケートに記入してスタッフにお渡しください。お礼として，城の土産物店でお使いいただけるクーポンをお受け取りください。

語句・構文

▶ pick up 「（装置などが）信号などをとらえる」

▶ drop *A* off「*A* を返却する，置いていく」

▶ fill in 〜「〜に必要事項を記入する」

▶ questionnaire「アンケート」 発音注意。[kwèstʃənéər]

問1　　1　　正解は①

「この機器は□□□についての質問に答えることができる可能性が最も高い」

How to use「使用方法」の第4文（The device is …）に「機器は部屋についての質問に答えるようにプログラムされている」とあることから，①**「城の内装」**が正解。

② 「徒歩ツアーの長さ」

③ 「機器の仕組み」

④ 「土産物店での（品物の）値段」

問2　　2　　正解は②

「クーポンをもらうためには，あなたは□□□なければならない」

Before you leave「お帰りになられる前に」に「短いアンケートに記入してスタッフにお渡しください。お礼として…クーポンをお受け取りください」とあることから，②**「機器について何らかのフィードバック（感想・意見）を提供し」**が正解。

① 「スタッフに機器について質問し」

③ 「左手の出口から出」

④ 「完了した音声ガイドテストを提出し」

B チラシの読み取り

訳 《映画祭の案内》

　あなたの英語の先生が，市の国際短編映画祭のチラシをくれた。あなたは映画祭に参加したいと思っている。

スター国際短編映画祭 2023
2月10日（金）〜12日（日）

映画祭開催10年を記念して，合計50作の短編映画を上映できることをうれしく思います。以下は，大賞にノミネートされた4本の映画です。最終選考に残った各映画の初回上映のあと，その映画の監督による特別講演をお楽しみください。

大賞の最終選考映画

『私のペットの豚』アメリカ（27分）
このドラマは，ある一家とそのペットたちの心温まる物語を伝えます。

▸ 金曜日午後7時と土曜日午後2時
▸ シネマ・パラダイス，スクリーン2にて

『塔への追跡』フランス（28分）
警察の追跡は，エッフェル塔でのスリル満点のアクションで終わります。

▸ 金曜日午後5時と日曜日午後7時
▸ シネマ・パラダイス，スクリーン1にて

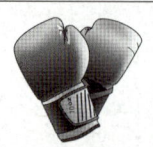

『金メダル少女』中国（25分）
このドキュメンタリーは，驚くべきスポーツ選手の人生に焦点を当てます。

▸ 土曜日と日曜日の午後3時
▸ ムービー・ハウス，メインスクリーンにて

『洞窟の中で』イラン（18分）
このホラー映画では，ハイカーのグループが恐ろしい冒険をします。

▸ 金曜日午後3時と土曜日午後8時
▸ ムービー・ハウス，スクリーン1にて

映画祭パス	
タイプ	価格（円）
3日券	4,000
2日券	3,000
1日券	2,000

▸ 映画祭パスは各劇場で購入できます。劇場では，各上映前に 500 円で 1 回券も販売します。
▸ 映画祭パスをお持ちの方は，2 月 12 日（日）午後 8 時，シネマ・パラダイスのロビーで行われる特別レセプションにお招きいたします。

映画祭期間中の短編映画上映の全スケジュールは，ウェブサイトをご覧ください。

語句・構文

▶ flyer「チラシ，ビラ」
▶ screen「（映画）を上映する」
▶ finalist「決勝進出者」

問1　[3]　正解は①

「日曜日の夕方に時間があるとしたら，最終選考映画のどれを見ることができるか？」
Grand Prize Finalist Films「大賞の最終選考映画」の説明で，日曜日に上映されるのは『塔への追跡』の午後 7 時と『金メダル少女』の午後 3 時の 2 つ。「夕方」に相当するのは午後 7 時なので，①**『塔への追跡』**が正解。
②『金メダル少女』
③『洞窟の中で』
④『私のペットの豚』

問2　[4]　正解は①

「映画祭の最終日の夜，シネマ・パラダイスでは何が起こるか？」
チラシ上部に映画祭の開催期間が 2 月 10 日から 12 日であることが記されており，2 月 12 日が最終日だとわかる。Festival Passes「映画祭パス」の表の右側，2 項目目に「2 月 12 日（日）午後 8 時，シネマ・パラダイスのロビーで行われる特別レセプション」とある。①**「映画祭を祝うイベントが行われる」**が正解。
②「大賞へのノミネートが行われる」
③「『塔への追跡』について監督の一人が講演を行う」
④「映画『私のペットの豚』が上映される」

問3 　5　 正解は①

「短編映画祭について正しいのはどれか？」

チラシのタイトルの下にある，あいさつ文最終文（Enjoy a special …）に「最終選考に残った各映画の初回上映のあと，その映画の監督による特別講演をお楽しみください」とある。最終選考に残っている映画は4本であり，①「**映画監督による4つの講演が行われる**」が正解。

② 「パスはウェブサイトを通じて購入できる」

③ 「1回券には予約が必要である」

④ 「最終選考映画は同じ日に見られる」

第2問

A メッセージの読み取り

> 訳 《新聞記事の提案》
>
> あなたは学校の新聞部の部員で，アメリカからの交換留学生であるポールからメッセージを受け取る。

次号について提案があります。先日，自分用の新しい財布を探していて，カードと数枚の紙幣が収納できるようにデザインされた小さくて薄い財布を売っているウェブサイトを見つけました。重さはたったの60グラムで，見た目もかっこいいです。僕は主に電子マネーを使うので，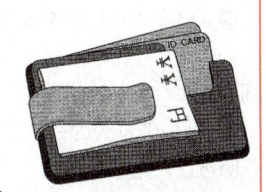
このタイプの財布が便利なように思えました。友人たちとリンクを共有して，彼らがどう思うか尋ねました。これが彼らのコメントです。

- 今，同じような財布を使っていて，カードをしっかり挟んでくれるよ。
- 私はよく歩くから，こういう財布は私には完璧に見えるし，持ち運びやすそう。
- 家の近所の店で電子マネーが使えるなら，絶対使うんだけれど。
- カードはほとんど場所をとらない。キャッシュレス決済のほうがポイントを貯めやすいよね。
- 僕は電子マネーも現金も使っている。硬貨はどうしたらいいの？
- 面白いね！　カードは6枚まで入れるけれど，僕にとって，それはカードホルダーであって，財布じゃないな。
- 私はレシートのようなものを財布に入れておくのが好きです。でも弟に聞いたら，彼はそういうのが欲しいと言っていました！
- とてもコンパクトだから，なくしても気づきさえしないかもしれない。

彼らと話をしたとき，こういうタイプの財布が好みではない人でも，カードや電子マネーを使うメリットをいくつか指摘してくれました。このことで，僕はなぜ多くの学生がまだ紙幣や硬貨を使っているのだろうと思い，これは僕たちの新聞の良い話題になるかもしれないと思いました。どう思いますか？

語句・構文

▶ issue「（新聞，雑誌などの）号」

▶ take up ～「（場所など）をとる，占める」

▶ do with ～「～を扱う，処理する」

問1 ⬜6⬜ **正解は④**

「おそらくポールはどの質問を友人たちにしたか？」

メッセージの第2・3文（The other day, …）で，ウェブサイトで財布を見つけたことと，その財布の特徴が述べられている。第5文（I shared the link …）に「友人たちとリンクを共有して，彼らがどう思うか尋ねた」とある。④「こういう財布についてどう思いますか？」が正解。

①「財布を持ち歩いていますか？」

②「電子マネーを使いますか？」

③「財布の中に何を入れていますか？」

問2 ⬜7⬜ **正解は①**

「ポールの友人の一人が述べている，薄い財布についての事実は，それは⬜⬜ということだ」

6番目のコメントに「カードは6枚まで入る」とある。①「半ダース（＝6枚）のカードが挟める」が正解。

②「ポケットから簡単に滑り落ちてしまう可能性がある」 誰も言及していない。

③「歩く人には理想的である」 2番目のコメントに「よく歩くから私には完璧に見える」とあるが，これは「事実」ではなく「意見・感想」である。

④「80グラムより軽い」 重さが60グラムだと述べているのはポールである。

問3 ⬜8⬜ **正解は②**

「返答の一つはポールの友人の一人が⬜⬜ことを示している」

7番目のコメントに「レシートのようなものを財布に入れておくのが好きだ」とある。②「普通の財布の容量のほうが好きである」が正解。

①「薄い財布はかっこいいと思うが，使いたくはない」

③「薄い財布は将来，人気がなくなるだろうと思っている」

④「硬貨用の別の財布と一緒に薄い財布を使っている」

問4 ⬜9⬜ **正解は②**

「ポールの友人によると，この財布に電子マネーを入れて使うと，⬜⬜ことが簡単になる」

4番目のコメントに「カードはほとんど場所をとらない。キャッシュレス決済のほうがポイントを貯めやすい」とある。②「特典を受ける」が正解。

①「安全に持ち運ぶ」

③「レシートを記録する」

④「どんな店でも使う」

問5 10 正解は②

「ポールは□□□□についてもっと知りたいと思っている」

コメントのあとの第2文（This made me wonder …）に「僕はなぜ多くの学生がまだ紙幣や硬貨を使っているのだろうと思った」とある。②「**学生たちが現金を使う理由**」が正解。

① 「さまざまな種類の電子マネー」
③ 「若者にとっての薄い財布の利点」
④ 「小さな財布と大きな財布の違い」

B 記事の読み取り

> **訳** 《英国滞在の体験記》
> あなたは留学に興味があるので，次の記事を読んでいる。
>
> ### 英国での夏
>
> スズキチアキ
> 2022年11月
>
> ［第1段］ 今年，私は2週間英語を勉強して過ごしました。パントンという美しい街に滞在することを選び，そこで素晴らしい時を過ごしました。やることがたくさんあって，わくわくしました。退屈することはまったくありませんでした。高額になる場合もありますが，学生証を見せると学生割引が得られるのがよかったです。また，ウィンドウショッピングをしたり，地元の図書館を利用したりするのもよかったです。そこには異なる文化的背景を持つ人たちがたくさん住んでいたので，世界中のさまざまな食べ物も食べました。仲良くなった友達のほとんどは，私が通っていた英語学校の人たちだったので，地元の人たちと英語で話す練習は，期待していたほどにはしませんでした。一方で，多くのいろいろな国から来た人たちと友達になりました。最後に，私は公共交通機関を使ったのですが，頻繁に来るので便利で使いやすいと思いました。
>
> ［第2段］ でも，田舎に滞在していたら，英国の生活の異なる面を見たことでしょう。田舎に滞在した私の友達は，素敵なのんびりできる体験をしました。彼女は，農家の人たちは作物を直売していると言っていました。また，地元の劇場，バンド，アートや工芸品の展示会，レストラン，それにストリームジャンプのような珍しいアクティビティもあります。でも，あちこち移動するのはそれほど簡単ではないので，忙しく過ごすのは街より難しいです。バスや電車に乗るには，かなりの距離を歩く必要があり，バスや電車はそれほど頻繁には来ません。実際，彼女は時刻表の

コピーをずっと持っていなくてはなりませんでした。もし私が田舎にいたら，おそらく歩き回って，地元の人たちとおしゃべりをしたことでしょう。

［第3段］　私は豊かな文化的体験をしたので，また英国に行きたいです。でも，今度は英国の人たちともっと接したり，英国の伝統料理をもっと食べたりしたいです。

語句・構文

［第2段］　▶ produce「農作物」
　　　　　▶ get around「あちこち歩き回る，あちこちに行く」
　　　　　▶ some distance「かなりの距離」

問1　　11　　正解は①
「記事によると，チアキは　　　　」
第1段第7文（I ate a variety …）に「世界中のさまざまな食べ物も食べた」とある。①「さまざまな国の食べ物を食べた」が正解。
②「望んでいたとおりに英語が上達した」
③「文化的な経験についてメモをした」
④「地元の店で働いた」

問2　　12　　正解は②
「学生証で，チアキは　　　　ことができた」
第1段第5文（It can get expensive, …）に「学生証を見せると学生割引が得られるのがよかった」とある。②「割引価格にしてもらう」が正解。
①「地元の図書館に入る」
③「地元の学生バンドに加わる」
④「無料で公共交通機関を利用する」

問3　　13　　正解は①
「チアキはパントンでは　　　　と思っている」
第1段第7文（I ate a variety …）に「そこには異なる文化的背景を持つ人たちがたくさん住んでいたので，世界中のさまざまな食べ物も食べた」，同段第9文（On the other hand, …）に「多くのいろいろな国から来た人たちと友達になった」，第3段第1文（I had a rich …）に「私は豊かな文化的体験をした」とある。①「さまざまな文化を体験しやすい」が正解。
②「地元の人々と友達になりやすい」
③「英国の料理を出す店がたくさんある」
④「珍しい地元の催し物がたくさんある」

問4　14　正解は②

「田舎に滞在することについて，チアキが聞いた一つの事実は□□□ことである」

第2段第3文（She said farmers …）に「彼女は，農家の人たちが作物を直売している と言っていた」とある。②**「人々は農場から食べ物を買う」** が正解。

① 「地元の人たちはバスの時刻表を持ち歩いている」

③ 「娯楽の費用が高い」

④ 「するべき面白いことが（街）より少ない」

問5　15　正解は④

「英国での時間についてチアキが抱いた印象を最もよく表しているのは次のどれか？」

第1段第8文（Most of the friends …）に「地元の人たちと英語で話す練習を期待していたほどにはしなかった」とある。④**「経験のいくつかは予想外だった」** が正解。

① 「工芸品の展示会に対する関心が増した」

② 「地元の友達をたくさん作るのを楽しんだ」

③ 「田舎は美しいと思った」

第3問

A　記事の読み取り

> 訳　《コイの飼育》
>
> 　あなたの学校の交換留学生はコイを飼っている。あなたは『魚の若い飼い主たち』という雑誌に彼が書いた記事を読んでいる。

私の最初の魚

トム=ペスカトーレ

[第1段]　私は13歳のときにニューマンズ・コイクラブに入会し，クラブの伝統の一環として，私の最初の魚を買うのに，会長が一緒に行ってくれました。誕生日にもらったお金を使って，体長15cmのゴーストコイの稚魚を買いました。このコイは今，他の会員の魚と一緒にクラブハウスの水槽で暮らしています。

[第2段]　私は自分の魚が大好きで，今でもゴーストに関して読めるものはすべて読んでいます。日本ではあまり知られていませんが，ゴーストは1980年代に英国のコイ飼育者に広く飼われるようになりました。ゴーストは交配種の魚です。私のゴーストの父親は日本の黄金コイで，母親は野生の鏡ゴイでした。ゴーストは成長が速く，2，3年のうちに体長85cm，体重12kgになっていました。ゴーストは病気になりにくく，40年以上生きることもあります。私のゴーストは，今や華麗な4歳の成魚で，白金色のゴーストコイになっています。

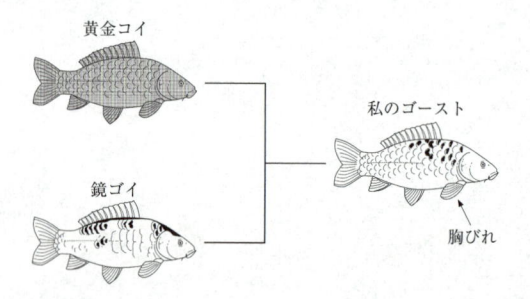

[第3段]　ゴーストは，日本産の有名な「純血種の」近縁種ほど価値があるとは見なされていないので，通常はそれほど高価ではありません。このおかげで，13歳の子どもが誕生日プレゼントのお小遣いで買うことができるのです。私のゴーストの最もきわだった部分は，日光できらきらする，金属のような光沢のある頭部と派手な胸びれです。「ゴーストコイ」という名前が示すとおり，この魚は泳いでいる

とき，姿が次第に現れたり消えたりすることがあります。とてもかっこいい魚なので，ゴーストから始めてみてはどうでしょうか？

語句・構文

[第1段]　▶ as part of ～「～の一環として」

　　　　　▶ purchase「～を購入する」

[第2段]　▶ hybrid「交配種の」

[第3段]　▶ pure-bred「純血種の」

　　　　　▶ affordable「購入しやすい，購入できる」

問1　|16|　正解は③

「この記事から，トムの魚は□□□ないとわかる」

第2段第3文（Ghosts are …）に「ゴーストは交配種の魚である」とある。③「純血種で」が正解。

①「成魚で」　　　②「安価で」　　　④「丈夫で」

問2　|17|　正解は④

「その種が『ゴーストコイ』と名付けられたのは□□□からである」

第3段第4文（As the name …）に「『ゴーストコイ』という名前が示すとおり，この魚は泳いでいるとき，姿が次第に現れたり消えたりすることがある」とある。④「水の中で神秘的に姿を消すように見える」が正解。

①「見た目がとても恐ろしい」

②「泳ぐときに影のようなひれがきらきらする」

③「長期間隠れて生きることができる」

B　エッセイの読み取り

訳　《弱点の克服》

　あなたは英語のスピーチコンテストへの参加を申し込んでおり，プレゼンテーション技術を高めるためにあるエッセイを読んでいる。

度胸をつけること

リック＝ハルストン

[第1段]　大学での最終学期に，私は最後の研究発表で賞を取りました。人前で話すのは必ずしも得意だったわけではありません。実は，私が最も怖いことの一つは，スピーチをすることでした。小学校時代から，私の恥ずかしがりの性格は人前で話

すことには決して理想的ではなかったのです。大学の初日から，私は毎月行われる授業でのプレゼンテーションを特に恐れていました。何時間も続けて練習したものです。それは，多少役に立ちましたが，それでも私の声は緊張したり困惑したりしているように聞こえていました。

［第2段］　大きな変化は，私の最も重要なプレゼンテーションの前，大好きな歌手の新しくリリースされたアルバムのミュージックビデオを見たときに訪れました。私は，それが彼女の以前の作品とまったく違って聞こえるのに気づきました。彼女は，ソフトロックからクラシックジャズに転換しており，衣装のスタイルも変わっていたのです。私は彼女がプロとして大きなリスクを冒していると思いましたが，彼女は自分の新しいスタイルにとても自信を見せていたので，私は奮起しました。私も自分の声と外見を変えようとしました。声をより力強く，また落ち着いたものにするようにたゆまぬ努力をしました。シャツの上にスーツのジャケットを着て，練習するごとに自信が増すのを感じました。

［第3段］　最終プレゼンテーションを始めたときは，当然のことながら緊張していましたが，徐々に落ち着きが体中に満ちてきました。私は明快に話し，続いて行われる質疑にも言葉につまることなく答えることができました。その瞬間，本当に自信が湧きました。まさにそのとき，私たちは，不安に自分を支配させてしまうことも，不安を克服する新しい方法を見つけることもできるのだとわかりました。自信をもってプレゼンテーションできる人になる唯一の明快な方法はありませんが，あの歌手のおかげで，私たちは自分自身の勇気を掘り起こしてそれを伸ばす必要があると，私は実感しました。

語句・構文

［第1段］ ▶ on end「連続して」
［第2段］ ▶ tirelessly「たゆみなく」
［第3段］ ▶ with clarity「明快に，はっきりと」
　　　　　▶ follow-up「続いて行われる」
　　　　　▶ trip over *one's* words「言葉につまる，言葉を間違える」
　　　　　▶ can either … or 〜「…することも〜することもできる」　both … and 〜 とは違って，両方ともいっぺんに，ということではなく，どちらの可能性もあるが，いずれか一方だけが起こることを表す。
　　　　　▶ uncover「〜を発掘する，〜のふた・覆いを取る」

問1　18　19　20　21　正解は②，④，①，③

「次の出来事（①～④）を起きた順に並べよ」

第1段第4文（From my first …）に「大学の初日から，私は毎月行われる授業でのプレゼンテーションを特に恐れていた」とあり，②「彼は定期的に短いプレゼンテーションを行っていた」がこれに相当する。大学に入ったときからのことなのでこれが最初。第2段第4・5文（I thought she was …）に「彼女（＝筆者のお気に入りの歌手）はプロとして大きなリスクを冒してい…たが，彼女は自分の新しいスタイルにとても自信を見せていたので，私は奮起し…私も自分の声と外見を変えようとした」とある。④「彼はリスクを冒し，もっと自信をもって振る舞おうという気になった」がこれに相当し，2番目になる。①「彼は最終プレゼンテーションの初めは緊張していた」は，第3段第1文（When I started …）「最終プレゼンテーションを始めたときは，当然のことながら緊張していた」に当たり，3番目である。③「彼はプレゼンテーションで賞をもらった」は，最終プレゼンテーションのあとに起きた出来事であり，これが最後である。

よって，②→④→①→③の順になる。

問2　22　正解は④

「リックは自分の大好きな歌手に感動し，　　　」

第2段第4・5文（I thought she was …）に「彼女はプロとして大きなリスクを冒してい…たが，彼女は自分の新しいスタイルにとても自信を見せていたので，私は奮起し…私も自分の声と外見を変えようとした」とある。④**「彼女の劇的な変化から学んだ」**が正解。

①「自分の恥ずかしがりの性格を受け入れた」

②「彼女の次のコンサートに行くことに決めた」

③「クラスに行く新しい方法を見つけた」

問3　23　正解は①

「このエッセイから，あなたはリックが　　　ことを知った」

第3段第2・3文（I was able to …）に「私は明快に話し，続いて行われる質疑にも言葉につまることなく答えることができた。その瞬間，本当に自信が湧いた」，続く第4文（Right then, …）に「まさにそのとき，私たちは，不安に自分を支配させてしまうことも，不安を克服する新しい方法を見つけることもできるのだとわかった」とある。①**「自分の不安に対処し始めた」**が正解。

②「職業を変えようと決心した」

③「質問する技能を向上させた」

④「自分の歌う才能を発掘した」

第4問

メールの読み取り

> 訳　《農園の栽培計画》
>
> 　あなたと2人の友達は，初めて市民農園の1区画を借りた。友人たちは，その農園で野菜を育てるためのアイデアについてメールを書いた。彼らのアイデアをもとにして，あなたは菜園計画の最終決定をするために返信をする。

_ ⤢ ×

2023年3月23日

私たちの菜園計画

[第1段]　やあ！　ダニエルです！　図書館から借りた園芸の本によい植え付け表があったので，スキャンしました。黒い丸は，種を直接土にまく時期を表しています。黒い四角は苗，つまり植物の赤ちゃんみたいなものだけど，それを植える時期を表しています。星印は野菜を収穫する時期です。

植え付けスケジュール

	3月	4月	5月	6月	7月	8月	9月	10月	11月
マメ		● ● ●			☆ ☆				
キャベツ	● ●				☆ ☆	■ ■		☆ ☆	☆
ニンジン	● ●				☆ ☆				
タマネギ			☆	☆ ☆			● ●		
ジャガイモ	● ●			☆ ☆		●			☆ ☆
トマト		● ■ ■			☆ ☆	☆			

[第2段]　もう3月下旬なので，今ジャガイモを植えるのがいいと思います。6月に収穫して，それからまたジャガイモを8月に植えることができますね。それに，ジャガイモと同時にニンジンを植えて，翌月にキャベツを植えたいです。7月にそれらを収穫したあと，タマネギを植えるのと同時にキャベツの苗を植えることができます。来年までタマネギは食べられませんね！　トマトの苗は買ってありますが，植え付けする前にもう少し育てる時間をとりたいです。4月の終わりごろにはマメを，翌月にはトマトを植えましょう。

［第3段］　菜園のレイアウトについて話し合いましょう。6×6メートルの面積があり，南北に2等分できます。マメ，キャベツ，トマトは地表に育つので，一緒に育てましょう。南側ではどうでしょう？　ニンジン，ジャガイモ，タマネギは全部地下で育つので一緒に育てられますね。これらは北側になります。

— ↗ ×

2023年3月24日

Re: 私たちの菜園計画

ありがとう，ダニエル！

［第4段］　レイチェルです。あなたの計画は素晴らしいですが，菜園のレイアウトを少し変更したいです。6種類の野菜があるので，菜園を6つの区画に分けてはどうでしょう？

［第5段］　どの野菜を隣同士に植えるかについては，注意しなくてはいけません。私たちが育てる野菜について，園芸の本でちょっと調べてみました。それらの中には一緒にするとよく育つ野菜があって，「友達」と呼ばれています。そうではないものもあって，それらは「敵」と呼ばれています。レイアウトでは，このことをよく考えなくてはいけません。

［第6段］　まず，トマトは菜園の南側に植えるべきです。トマトとキャベツは敵なので，分けなくてはいけません。キャベツは南西の角に植えましょう。タマネギは，トマトともキャベツとも友達なので，真ん中に植えられます。

［第7段］　次に，菜園の北側について考えましょう。マメは西の角に植えましょう。マメとキャベツは友達だからです。ニンジンはトマトと友達なので，東の角に植えるほうがいいですね。ジャガイモは真ん中に植えられます。ジャガイモはマメと友達で，タマネギとは中立です。

［第8段］　さて，このレイアウトについてどう思いますか？

_ ⤢ ×

2023 年 3 月 25 日

Re: Re: 私たちの菜園計画

こんにちは！

［第9段］　私です！　素晴らしいアイデアをありがとう！　下に示したのは，2日前にダニエルが提案してくれた植え付けのスケジュールです。まず，私たちは，今後2カ月間に植えられるように， 24 種類の種をすぐに買う必要があります！

25

3月	4月初旬	4月下旬	5月	8月	9月
-［A］	-［B］	-［C］	-［D］	-ジャガイモ	-タマネギ
-ジャガイモ					-キャベツ

［第10段］　レイチェルのアイデアを使って，この菜園のレイアウトを作りました。

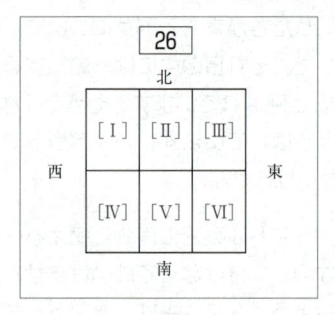

［第11段］　ダニエルのものに似ています。北半分，南半分の野菜はほとんど同じです。 27 だけが違う区画になります。

［第12段］　レイチェルは友達と敵をよく考えてくれました。参考のために，表を作りました。

28

［第13段］　まだ， 29 について話し合っていませんが，そうすべきだと思います。

語句・構文

[第1段] ▶ scan「～をスキャナーで読み取る，～を細かく調べる」
　　　　　▶ seedling「苗（木）」
[第2段] ▶ put in「（苗など）を植える」
[第3段] ▶ How about ～?「～はどうですか？」　提案を表す。
[第5段] ▶ Others don't「そうではないものもある」　前文の Some of our vegetables grow well together と対比されており，Others（of our vegetables）don't（grow well together）の意。
[第7段] ▶ neutral「中立の」
[第12段] ▶ reference「参考」

問1　　24　　正解は②

「　24　に入れるのに最も適切な選択肢を選べ」

第2段第1文（It's already …）に「もう3月下旬」とあるため，空所後の「今後2カ月間」は3月下旬から5月上旬となる。ダニエルの提案については，同文からジャガイモを3月下旬に植えるとわかる。同段第3文（Also, I'd like …）からニンジンは3月下旬に，キャベツ（種）は4月に植えるとわかる。また，同段最終文（Let's plant …）からマメを4月下旬に植えるとわかる。以上より，すぐに購入する種は4種類である。なお，同段第6文（I have bought …）に「トマトの苗は買ってある」とあるので，トマトの種を買う必要はない。②「4」が正解。

問2　　25　　正解は③

「あなたのメールの植え付けスケジュールを完成せよ。　25　に最も適切な選択肢を選べ」

第9段第3文（Below is the planting …）に「下に示したのは，2日前にダニエルが提案してくれた植え付けのスケジュールである」とあるので，ダニエルの計画が述べられている第2段を参照する。同段第1文（It's already …）に「もう3月下旬なのでジャガイモを植えるべきだ」，同段第3文（Also, I'd like …）に「ジャガイモと同時にニンジンを植えて」とあるので，［A］が「ニンジン」。同文後半に「翌月にキャベツを植えたい」，同段最終文（Let's plant …）に「4月の終わりごろにはマメを，翌月（5月）にはトマトを植えよう」とあるので，［B］がキャベツ，［C］がマメ，［D］がトマトとなる。③が正解。

問3 26 正解は② 27 正解は①

「あなたのメールの菜園レイアウトの情報を完成せよ」

「 26 に最も適切な選択肢を選べ」

26 の上に「レイチェルのアイデアを使って，この菜園のレイアウトを作った」とあるので，レイチェルのメールを参照する。第6段第1～3文（First, the tomatoes …）に「トマトは菜園の南側に植えるべき。トマトとキャベツは敵なので，分けなくてはならない。キャベツは南西の角に植えよう」とあり，[Ⅳ] が「キャベツ」，[Ⅵ] が「トマト」である。同段最終文（The onions can …）に「タマネギは，トマトともキャベツとも友達なので，真ん中に植えることができる」とあるので，[Ⅴ] が「タマネギ」である。

第7段第2文（Let's put the beans …）に「マメとキャベツは友達だから，マメは西の角に植えよう」とあるので，[Ⅰ] が「マメ」。同段第3文（Carrots are friends …）に「ニンジンはトマトと友達なので，東の角に植えるほうがよい」とあり，[Ⅲ] が「ニンジン」，同段第4・5文（Potatoes can go …）に「ジャガイモは真ん中に植えることができる。ジャガイモはマメと友達で，タマネギとは中立である」とあり，[Ⅱ] が「ジャガイモ」になる。選択肢中で，当てはまるのは②である。

「 27 に最も適切な選択肢を選べ」

27 については，第11段第1文（It is similar …）に「ダニエルのものに似ている」とあるので，第3段の内容を検討する。第3段第3・4文（Beans, cabbages, …）に「マメ，キャベツ，トマトは地表に育つので，一緒に育てよう。南側ではどうだろう？」とあり，レイチェルの案では，南側は「キャベツ，タマネギ，トマト」なので，「マメ」と「タマネギ」が南北で入れ替わっている。①「**マメとタマネギ**」が正解。

問4　28　正解は①

「28　に入るべき図はどれか？」

（◎：友達，×：敵）

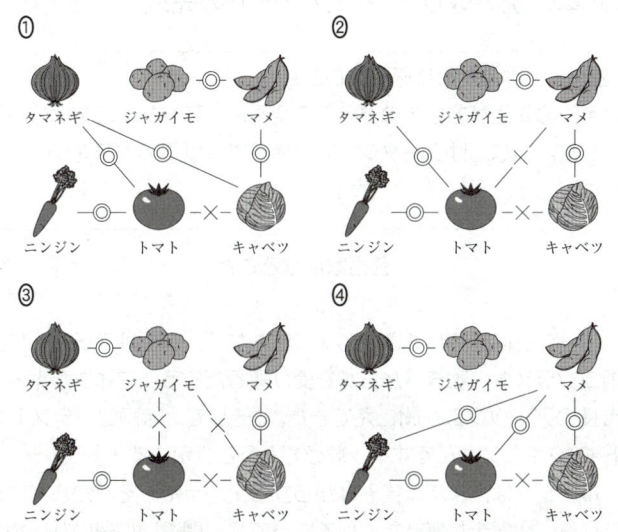

第12段（Rachel did …）に「レイチェルは友達と敵をよく考えてくれた。参考のために表を作った」とあるので，レイチェルのメールを参照する。第6段第2文（Tomatoes and cabbages are …）に「トマトとキャベツは敵」，同段最終文（The onions can …）に「タマネギは，トマトともキャベツとも友達」，第7段第2文（Let's put …）に「マメとキャベツは友達」，続く第3文（Carrots are friends …）に「ニンジンはトマトと友達」，同段最終文（They are friends …）に「ジャガイモはマメと友達」とある。これらの記述に当てはまるのは①である。

問5　29　正解は②

「29　に最も適切な選択肢を選べ」

話し合われていないことを選ぶ設問である。

① 「種と苗の違い」　第1段第5文（The black squares …）に「苗，つまり植物の赤ちゃんみたいなもの」と，「苗」の説明がある。

② **「菜園の世話をする責任」**　誰が世話をするかということは誰のメールにも述べられていない。これが正解。

③ 「作物を収穫する時期」　第1段の「植え付けスケジュール」や第2段で，何がいつ収穫できるか示されている。

④ 「一緒に植えるべき野菜」　第3段でダニエルが言及し，第6・7段でレイチェルが詳細に説明している。

第5問

伝記的な文章の読み取り・ワークシートの完成

> 訳 《真の表現者になるために必要なこと》
>
> あなたの英語の先生があなたのクラスの全員に，読むための英語の短編小説を選ぶように言った。あなたはワークシートを使って，以下の物語をクラスメートに紹介するつもりである。

芸術家になること

[第1段] ルーシーは期待して微笑んだ。まもなく，彼女はステージに上がって，市長と絵画コンテストの審査員から賞を受け取るだろう。マイクがキーンと高い音を立て，市長のアナウンスが聞こえてきた。「そして，絵画コンテストの受賞者は…ロバート=マクギニスさんです！　おめでとうございます！」

[第2段] ルーシーは，まだ微笑みながら立ち上がった。それから恥ずかしさで顔が真っ赤になり，突然また座った。何ですって？　間違いに違いないわ！　しかし，ロバート=マクギニスという名の少年はすでにステージに上がっていて，市長と握手をし，賞を受け取っていた。彼女は両親をちらっと見たが，彼女の目には失望の涙があふれていた。両親は彼女がよい結果を出すと期待していた。とりわけ父親はそうだった。「ああ，お父さん，賞が取れなくてごめんなさい」と，彼女は小さな声で言った。

[第3段] ルーシーは幼いころから絵を描くのを楽しんでいた。幼稚園のときに，初めて父親の絵を描いた。それは単なる子どもの絵だったが，父親にとても似ていた。父親は喜び，その日からルーシーはママとパパにあげる絵を描いて，何時間も楽しく過ごした。

[第4段] 彼女が大きくなっていく間も，両親は彼女を励まし続けた。母親は忙しく働く翻訳家だったが，娘が何か創造的なことをしているのが嬉しかった。父親は彼女に美術書をいろいろと買ってやった。自分自身はまったく芸術家ではなかったが，ときどき彼女に助言をし，自分が描いているものをとても注意深く見て，できるだけ正確に写し取るように提案した。ルーシーは，自分の技術を磨いて父親を喜ばせたいと思って，懸命にがんばった。

[第5段] 町の絵画コンテストに応募するのはルーシーの考えだった。もし受賞したら，彼女の芸術的才能が認められると思ったのだ。学校が終わると毎晩練習した。また，週末はずっと静かに絵に取り組んで過ごし，題材をできるだけ注意深く写し

取った。

[第6段]　結果が出せなかったことは大きなショックだった。彼女は本当に一生懸命努力してきたし，両親もとても協力的だった。しかし，父親は困惑していた。なぜルーシーはコンテストの終わりに謝ったのだろう？　そんなことをする必要などなかったのに。あとになって，ルーシーはなぜコンテストで勝てなかったのか父親に尋ねた。彼は気持ちを察して，「私にはお前の絵は完璧だったよ」と答えた。それから微笑んで，「でも，たぶんお母さんと話してみるべきだね。お母さんのほうが私より芸術のことをよく理解しているからね」と付け加えた。

[第7段]　母親は考え込んだ。ルーシーの自尊心を傷つけずに娘に助言したかった。「あなたの絵はよかったわ」と彼女は娘に言った。「でも，何かが欠けていたと思うの。あなたは目に見えるものを描いているだけだったと思うわ。私が小説を翻訳するとき，意味だけではなくて，原書の精神をとらえる必要があるの。そのためには，言葉の背後にある意味を考えなくてはいけないのよ。たぶん絵も同じじゃないかしら。表に見えているものの下にあるものを見る必要があるのよ」

[第8段]　ルーシーは絵を描き続けたが，自分の描いたものには満足がいかないままだった。彼女は母親が言いたかったことが理解できなかった。目に見えるものを描くことの何がいけないのだろう？　他に何ができるというのだろう？

[第9段]　そのころ，ルーシーはキャシーという女の子と友達になった。彼女らは親友になり，ルーシーは，彼女の優しさやユーモアのある性格から，彼女の良さがわかるようになっていた。キャシーは，冗談を言ったり，ばかなことを言ったり，おかしな顔をしたりして，よくルーシーを笑わせた。ある日の午後，キャシーがとてもおかしな表情をしていたので，ルーシーはそれを描かなくてはと感じた。「その顔のままでいて！」と，彼女は笑いながらキャシーに言った。彼女は素早く絵を描いたが，友達の表情をとても面白がっていたので，自分がしていることについてあまり考えていなかった。

[第10段]　3年後，ルーシーが美術大学に入学したとき，彼女はまだそのスケッチを持っていた。それはキャシーそのもの，つまり彼女のおかしな表情だけでなく，その友達の優しさやユーモアのセンスもとらえていた。それこそが表に見えているものの下に見つかるものなのである。

あなたのワークシート：

１．物語のタイトル
「芸術家になること」

２．登場人物
ルーシー：絵を描くのが大好きである。

ルーシーの父：彼は 30 。

ルーシーの母：翻訳家で、ルーシーを支える。

キャシー：ルーシーの親友になる。

３．何についての物語なのか
ルーシーの芸術家としての成長：

↓ 31
  32
  33
  34

彼女の絵が 35 と 36 のおかげで上達する。

４．物語の中で私の好きな箇所
コンテストの結果が発表されたとき、ルーシーは「ああ、お父さん、賞が取れなくてごめんなさい」と言う。

これはルーシーが 37 ことを表している。

５．なぜこの物語を選んだのか
私は声優になりたいと思っており、この物語は私が演じる登場人物をよりリアルにするために、 38 （する）ように努力する大切さを教えてくれた。

語句・構文

[第1段] ▶ in a moment「まもなく」
　　　　▶ screech「キーと高い音を立てる」

[第2段] ▶ her face blazing red with embarrassment「恥ずかしさで顔が真っ赤になり」　付帯状況を表す独立分詞構文。

[第4段] ▶ suggesting that she look very carefully …「とても注意深く見るように提案し」　suggesting は分詞構文。「提案する」の意で，目的語 that 節内の動詞は should do か仮定法現在（＝原形）になる。本文は仮定法現在である。

[第6段] ▶ Her failure to do well「彼女がうまくやれなかったこと」　She failed

to do well の名詞化。fail to *do*「（能力・努力不足で）〜できない，〜しない」の意。

［第7段］▶ self-esteem「自尊心」

［ワークシート］▶ thanks to〜「〜のおかげで」

問1　　30　　正解は①

「　30　に最も適切な選択肢を選べ」

第4段第4文（He was no artist …）に「父親自身はまったく芸術家ではなかったが，ときどき彼女に助言をし」とある。①「ルーシーに絵を描くための助言をいくつかする」が正解。

②「ルーシーによく自分の絵を描かせる」

③「週末をルーシーと一緒に絵を描いて過ごす」

④「ルーシーに芸術家として働いてほしいと思っている」

問2　　31　　32　　33　　34　　正解は④，⑤，①，③

「5つの記述（①〜⑤）から4つ選び，起きた順に並べよ」

第3段最終文（He was delighted, …）に「ルーシーはママとパパにあげる絵を描いて，何時間も楽しく過ごした」とあり，同段第2文（She did her first …）から，これが幼稚園のころのことだとわかる。これが④「贈り物としての絵を描くのを楽しむ」に相当し，最初になる。

第5段第1・2文（It had been …）に「町の絵画コンテストに…受賞したら，彼女の芸術的才能が認められると思った」，続く第3・4文（She practiced …）に「学校が終わると毎晩練習し…週末はずっと静かに絵に取り組んで過ごし…た」とあり，これが⑤「自分の絵の才能を証明するために懸命に努力する」にあたり，2番目になる。

このあとコンテストがあり，第1・2段で述べられているとおり，ルーシーは受賞を逃す。第8段第1文（Lucy continued to draw, …）に「ルーシーは絵を描き続けたが，自分の描いたものには満足がいかないままだった」とあり，①「彼女は自分の絵に不満を感じるようになる」がこれに相当し，3番目になる。

第10段（When Lucy entered …）では，ルーシーが友達を描いたスケッチのことに言及しており，同段第2文（It had caught …）に「そのスケッチはキャシーそのもの，つまり彼女のおかしな表情だけでなく，友達の優しさやユーモアのセンスもとらえていた。それこそが表に見えているものの下に見つかるものなのだ」とあり，③「目だけでなく感情も使って描く」がこれに相当する。

よって，④→⑤→①→③となる。

②「自分の絵を誰にも見せないと決心する」にあたる描写は物語中にはない。

問3　| 35 |　| 36 |　正解は①, ③（順不同）

「| 35 |と| 36 |に最も適切な選択肢を２つ選べ（順序は問わない）」

第７段最終文（Perhaps drawing is …）に「たぶん絵も（翻訳と）同じではない
か。表に見えているものの下にあるものを見る必要がある」という母親の助言が述
べられている。ルーシーはその意味がすぐにはわからなかったが，絵は描き続けて
いた。第９段第４文（One afternoon, …）に「ある日の午後，キャシーがとても
おかしな表情をしていたので，ルーシーはそれを描かなくてはと感じた」とあり，
このときのスケッチについて第10段第２文（It had caught …）に「それはキャ
シーそのもの，つまり彼女のおかしな表情だけでなく，友達の優しさやユーモアの
センスもとらえていた。それこそが表に見えているものの下に見つかるものなの
だ」と述べられている。母親からのアドバイスと，そのアドバイスの意味を理解す
るきっかけになった友達キャシーのおかげで，絵が上達したのである。したがって，
①「彼女がスケッチしないではいられなかった友達」，③「彼女が母親から受けた
助言」の２つが当てはまる。

②「彼女がある小説から得たメッセージ」

④「ある友達を笑わせようという彼女の試み」

⑤「室内で絵を描いて週末を過ごすこと」

問4　| 37 |　正解は④

「| 37 |に最も適切な選択肢を選べ」

第２段第６・７文（She glanced at …）に，受賞を逃したあとのルーシーの様子
が述べられており，「彼女は両親をちらっと見たが，彼女の目には失望の涙があふ
れていた。両親は彼女がよい結果を出すと期待していた。とりわけ父親はそうだっ
た」とある。これにワークシートのセリフ「ああ，お父さん，賞が取れなくてごめ
んなさい」が続くのだから，④「父親をがっかりさせたのではないかと思った」が
正解。

①「父親が期待していたほど練習しなかった」

②「彼女がコンテストに応募するのが父親は気に入らなかったことを知っていた」

③「父親の助言に従っておくべきだったと思った」

問5　| 38 |　正解は①

「| 38 |に最も適切な選択肢を選べ」

第７段最終文（Perhaps drawing is …）に母親の助言として「表に見えているも
のの下にあるものを見る必要がある」とある。第９段第２文（They became
close friends …）に「彼女らは親友になり，ルーシーはキャシーの優しさやユー
モアのある性格から，彼女の良さがわかるようになっていた」とあり，このキャシ

ーのユーモラスな表情を描いたスケッチについて，第10段第2文（It had caught …）で「それはキャシーそのもの，つまり彼女のおかしな表情だけでなく，友達の優しさやユーモアのセンスもとらえていた。それこそが表に見えているものの下に見つかるものなのだ」と述べられている。これは母親の言っていたことを具現した絵であり，キャシーの内面をとらえた絵である。この内容を表すものとしては，① 「人々をよりよく理解する」が正解。

② 「私自身の気持ちをより深く分析する」

③ 「私の周りで起きていることを正確に描写する」

④ 「状況に応じて異なる技術を使う」

第6問

A 説明的な文章の読み取り・要約メモとクイズの完成

あなたは英語の討論グループに所属している。毎週，メンバーは記事を一つ読み，要約を作成して，共有するための難しいクイズ問題を作る。次のミーティングのために，あなたは次の記事を読む。

水生生物と知り合いになること

[第1段] 紺碧の海のさまざまな神秘は，何千年にもわたって海を見る人たちを魅了してきた。しかし，水中で暮らす生物は，容易には私たちのところまで来ることができない。私たちが彼らのところへ行くとしたらどうだろうか？ あなたが予想するかもしれないことに反して，ある種の海の生き物はあなたのところまでまっすぐ近づいてくる。ハワイに拠点を置く水中調査カメラマンであるダン=マクスウィーニーが，興味深い話を語っている。水中でクジラの調査をしていたとき，1頭が彼めがけて突進してきた。クジラは巨大なので，彼は不安になった。そのクジラは止まり，口を開けてマグロをいくらか彼のほうに「よこした」のである。彼はその贈り物を受け取った。マクスウィーニーは，彼のタンクから出る気泡のために，クジラが彼を自分と同じような動物だと認識して，「サシミ」を差し出してくれたのだと思っている。その後，そのクジラが戻ってきて，マクスウィーニーはその食べ物を返した。

[第2段] イルカやクジラとの友好的な交流は可能だが，タコはどうだろうか？ SFでは，宇宙人をタコのような見た目に描くことがあるので，「頭と足」を意味する「セファロポッド（頭足類）」というこの生物群は，人類からは遠く離れた生き物と考えられているかもしれない。しかし，彼らについてもっとよく知れば，交流の可能性があることを確信するかもしれない。タコは柔らかく丸みを帯びた体から伸びる長い触手（腕／脚）を持っている。接触と動きだけでなく，触手はにおいや味を感じ，物をつかんだり操ったりする「サッカー」と呼ばれる吸盤もついている。目は，2つの独立したカメラのように80度動いて，同時に2つの異なるものに焦点を合わせることができる。カリフォルニア大学バークレー校の研究者であるアレクサンダー=スタッブスは，タコは人間とは違ったやり方で光と色を感知するが，確かに色の変化を認識することを確認している。こうした特徴は，彼らが私たちと交流できるほど十分に知能が高いことを示しているかもしれない。実際，『エ

ブリデイ・ミステリーズ』のある記事は，次のように始まっている。「質問です。タコはあなたと知り合いになれるでしょうか？　答えは『はい』です」

［第3段］　タコは，あなたが彼らを見ると「見つめ返す」ことが知られている。彼らはあなたのことを覚えてさえいるかもしれない。この考えは，ローランド C. アンダーソンと彼の共同研究者によって検証されたが，彼らは同じ制服を着た，見た目の似ている2人で実験を行った。タコにエサをやり，彼らと交流した友好的な人は，そうしなかったもう一方の人とはまったく異なる反応をこの頭足類から受けた。

［第4段］　自然の生息地から引き離されると，タコは悪さをすることがあるので気をつけなくてはならない。水槽のふたを押しのけて逃げ，散歩に出かける。科学者たちは不意の訪問を受けることがある。1959 年に書かれた，ナポリ動物学研究所のある論文では，エサを取るためにレバーを下げることを3匹のタコに教えようとしたことが述べられている。そのうちの2匹，アルバートとバートラムはその実験に協力したが，賢い頭足類であるチャールズはそうすることを拒否した。彼は科学者たちに水を吹きかけ，装置を壊して実験を終わらせた。

［第5段］　もし，彼らの自然な行動や交流を見ることに関心があるなら，海に入って彼らにあなたのところへ来てもらうようにするほうがうまくいくかもしれない。彼らは触手を上げて手招きさえしてくれるかもしれない。2007 年ごろ，ハーバード大学で教鞭を取る哲学教授のピーター・ゴドフリー＝スミスは，休暇で故郷であるオーストラリアのシドニーにいた。海中を探検していると，彼は巨大な頭足類に遭遇した。ゴドフリー＝スミスは目撃した行動にたいへん感銘を受けたので，自分の観察をもとにして哲学理論を展開し始めた。頭足類から，人間は何を学ぶことができるかを明らかにしようと決心して，ゴドフリー＝スミスは彼らに自分を案内させた。海へのある旅のときには，別の頭足類がゴドフリー＝スミスの共同研究者の手を取り，そのタコの巣を 10 分間案内したが，それは「あたかも，とても小さな8本足の子どもに海底を案内されているかのようだった！」。

［第6段］　もし泳げなかったら，どのようにして海の生き物に自分のところへ来てもらうことができるだろうか？　カーン一家はイスラエルのエイラートにある「コーラル・ワールド」でこれを解決した。その建物の一番低い階は，実際には紅海の中に建設されており，「人間の展示」をしている。多くの水族館で行われている海生生物のパフォーマンスではなく，あなた自身が「人間の水槽」に入っていて，好奇心旺盛な魚や海の生き物が海中を自由に泳ぎながら，あなたを見にやってくるのである。よい印象を与えるために，あなたは素敵な服を着たいと思うかもしれない。

あなたの要約：

水生生物と知り合いになること

一般情報

筆者は主に 39 と言いたいと思っている。

人間とタコの交流

アンダーソンの実験は，タコが 40 ことがあり得ると示唆している。

ナポリ動物学研究所の実験は，タコが 41 ことがあり得ると示唆している。

ゴドフリー＝スミスの話は，タコが友好的であり得ると示唆している。

カーン一家

42 という考えでコーラル・ワールドを設立した。

あなたのクイズ問題：

この記事の話やエピソードを表していないのは次のどれか？

A

B

C

D

答え 43

語句・構文

[第1段] ▶ aquatic「水生の，水中にすむ」

▶ What if S V?「S が V したらどうなるだろうか？」

▶ charge at 〜「〜めがけて突進する」

[第2段] ▶ besides「〜の他に，〜だけでなく」

▶ manipulate「〜を操る，操作する」

▶ at once「同時に」

▶ confirm「〜を確認〔確証〕する」

[第3段] ▶ conduct「（実験，調査など）を行う」

［第4段］▶ habitat「生息地」
　　　　　▶ lid「ふた」

［第5段］▶ have *A do*「*A* に～させる，してもらう」
　　　　　▶ motion *A* over「*A* にこちらへ来るように合図する，*A* を手招きする」
　　　　　▶ come across ～「～に偶然出会う」
　　　　　▶ take *A* by the hand「*A* の手を取る」

［第6段］▶ get *A* to *do*「*A* に～させる，してもらう」
　　　　　▶ rather than ～「～というよりむしろ，～ではなくて」

［クイズ］▶ represent「～を表す，描く」

問1　39　正解は③

「39 に最も適切な選択肢を選べ」

第1段第2～4文（Aquatic beings, …）に「水中で暮らす生物は，容易には私たちのところまで来ることができない。私たちが彼らのところへ行くとしたらどうだろうか？　ある種の海の生き物はまさにあなたのところまで来てくれる」とあり，海中へ行けば，人間のほうからだけでなく，海の生き物のほうからも人間にアプローチしてくると述べられている。第3段最終文（The friendly person, …）の関係代名詞節や第4段第4文（A paper from …）には，人間からの働きかけについて述べられている。第1段第8文（The whale stopped, …）には，クジラが人にマグロを分けてくれたこと，第3段第1文（Octopuses are known …）にはタコが人を見つめ返すこと，第5段最終文（On one ocean trip, …）ではタコが人間の手を取り自分の巣を案内したことなど，海の生き物からの働きかけが述べられている。③「**海の生き物との交流は，どちらの側からでも始まり得る**」が正解。

①「人々がタコと交流するのによい場所は海である」

②「視線を合わせることが，異なる種の間での友情の重要な合図である」

④「人々は，海の生き物と友達になるために，それらを家で飼うべきである」

問2　40　正解は⑤　　41　正解は③

「40 と 41 に最も適切な選択肢を選べ」

40 については，第3段に述べられている。同段第2文（They may even …）に「彼ら（＝タコ）はあなたのことを覚えてさえいるかもしれない」とあり，第3・4文（This notion was …）で「ローランド C. アンダーソンと彼の共同研究者…は同じ制服を着た見た目の似ている2人で実験を行った。タコにエサをやり彼らと交流した友好的な人は，そうしなかったもう一人とはまったく異なる反応をこの頭足類から受けた」とある。⑤「**彼らが以前に会ったことのある人が親切だと認識する**」が正解。

41 については，第4段に述べられている。実験は第4文（A paper from …）に述べられているように「エサを取るためにレバーを下げることを3匹のタコに教える」というもの。続く第5・6文（Two of them, …）には「そのうちの2匹…はその実験に協力したが，もう1匹はそうすることを拒否し…科学者たちに水を吹きかけ，装置を壊して実験を終わらせた」とある。③「**実験室という環境では，人間に非協力的である**」が正解。

① 「哲学的理論を作るのによい源になる」

② 「泳いでいる人が彼らの巣に近づくと怖がる」

④ 「ほうびをもらえるチャンスがあると他のタコと競う」

⑥ 「人間のように，触れ，においをかぎ，味がわかり，光と色を感じる」

問3 42 **正解は④**

「 42 に最も適切な選択肢を選べ」

カーン一家のことは，第6段に述べられている。同段第3・4文（The lowest floor …）に「その建物の一番低い階は実際には紅海の中に建設されており，『人間の展示』をして…あなた自身が『人間の水槽』に入っていて，好奇心旺盛な魚や海の生き物が海中を自由に泳ぎながら，あなたを見にやってくる」とある。④「**人と海の生き物の役割を反対にする**」が正解。

① 「ユニークな水族館でもっと多くの人を引きつける」

② 「海の生き物と一緒に泳ぐための便利な場所を作る」

③ 「もっと知能が高く協力的なタコを育てる」

問4 43 **正解は④**

「あなたのクイズ問題の答えは 43 である」

Aは，第1段第8・9文（The whale stopped, …）の「そのクジラは止まり，口を開けてマグロをいくらか彼のほうに『よこした』のである。彼はその贈り物を受け取った」というマクスウィーニーの話を表している。Bは第5段最終文（On one ocean trip, …）に「海へのある旅のときには，別の頭足類がゴドフリー=スミスの共同研究者の手を取り，そのタコの巣を10分間案内した」とあるエピソードを表している。Cは第3段第1文（Octopuses are known …）に「タコは，あなたが彼らを見ると『見つめ返す』ことが知られている」とある話を表している。Dは水族館の水槽の中にいる人に魚が集まる様子を，客が見ている様子を描いていると考えられるが，このような話は本文にはない。よって④「**D**」が正解。

B　説明的な文章の読み取り・ポスターの完成

> 訳　《驚くべき特性を持つ素材》
>
> 　あなたは，次の記事を使って，科学的発見に関する校内プレゼンテーションのポスターを準備している。

[第1段]　これを読みながら，あなたはおそらく手に鉛筆を持っているだろう。すべての鉛筆の中心に，「芯」と呼ばれるものがある。この濃い灰色の素材は，実は鉛（Pb）ではなく，それとは異なる物質，グラファイト（＝黒鉛）である。グラファイトは長年にわたって，主要な研究分野となっている。グラファイトは簡単に分離できる，炭素の薄い層でできている。実際，鉛筆を書けるものにしているのは，この分離のしやすさなのである。鉛筆が紙とこすれると，炭素の薄い層が鉛筆の芯からはがれ，紙の上に線や文字として残される。

[第2段]　2004年，英国のマンチェスター大学で，アンドレ=ガイムとコンスタンチン=ノボセロフという2人の科学者が，グラファイトの研究をしていた。彼らは，研究のための，非常に薄いグラファイト箔を得ることができるかどうか調べようとしていた。彼らの目標は，10層から100層の厚みの炭素箔を手に入れることだった。彼らの大学の研究室には最新の科学機器があったにもかかわらず，彼らはほんの1巻きの安価な粘着テープで信じられないほどの大発見をし，それはのちにノーベル賞を受賞する発見となるものだった。

[第3段]　BBCニュースのインタビューで，ガイム教授は彼らの技術を説明した。彼は，第1段階はグラファイト片に粘着テープを貼ることだと言った。それから，テープを引っ張って取ると，グラファイトの薄片がはがれてテープに残る。次に，テープを半分にたたんで，その薄片をテープの反対側に貼り付ける。そして，テープを引っ張って外して，薄片を分離する。これで，前のおよそ半分の厚さの2枚の薄片ができる。薄片同士が触れ合うのを避けるために，少し違う位置でもう一度テープをたたむ。再度テープを引っ張って外すと，今度は前より薄い4枚の薄片ができる。この手順を10回から20回繰り返すと，テープに貼り付いた，非常に薄い多くの薄片が手元に残る。最後に，化学薬品を使ってテープを溶かすと，すべてが溶液の中に入る。

[第4段]　それから，ガイムとノボセロフはその溶液を見て，薄片が平らで，丸まっていないことがわかって驚いた。そして，薄片が，グラファイトのわずか10層分の薄さであることにさらに驚いた。グラファイトは電気を通すので，彼らはほんの数週間後には，この薄いシートがコンピュータチップに使えるかどうか調べていた。2005年までには，彼らはグラファイトを1層だけ分離するのに成功していた。

これは自然界には存在しないものなので，この新素材にはグラフェンという新しい名前がつけられた。グラフェンはわずか原子１個分の厚さで，おそらくこの世で最も薄い素材である。それは知られている数少ない２次元（２D）素材の一つであり，六角形で，ハチの巣状の構造を形成している。それに加えて，グラフェンは，地球上で知られている中で最も軽く頑丈な物質である。それはまた電気を通すことにも優れている。実際，実験室の温度（20〜25℃）で，グラフェンは知られているどの物質よりも速く電気を通す。このことで，製造業者はさらなる研究に投資することになった。というのも，グラフェンを基にした電池は，リチウムイオン電池より３倍長持ちし，５倍速く充電できる可能性があるからだ。

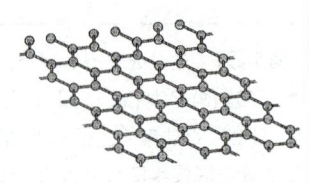

図1. グラフェンの構造

[第５段] 　グラフェンはその驚くべき特性から，スーパーマテリアルと呼ばれている。紙の1,000倍軽く，完全な透明に近い。光の98パーセントを通しながら，同時に非常に密度が高いのでヘリウムガスの１個の分子さえ通ることができない。光を電気に変換することもできる。同じ重量で鋼鉄の200倍強い。実際に，非常に頑丈なので，１平方メートルのグラフェンのシートを作ることができたとして，人の髪の毛１本分より軽く，ネコの体重を支えるのに十分な強度があるだろう。簡単に言えば，鉛筆の芯の中に見つかるこの素材は，コンピュータチップや充電可能な電池，そして頑丈で軽量な素材の開発に革命を起こす可能性を秘めているのである。

あなたのプレゼンテーション用のポスターの草稿：

グラフェン

基礎情報　 44

　グラフェンは…

 A．２次元素材である。

 B．グラファイトの分離した層である。

 C．極めて薄い金属のシートである。

 D．自然には生じない物質である。

 E．金網のシートのように見える。

 F．先進機器を使わずに分離された。

ガイムとノボセロフはどのようにグラファイトを分離したのか（5ステップ）

ステップ1．グラファイトに粘着テープを押しつけ
　　　　　　てはがす。
ステップ2．⎫
ステップ3．⎬　45
ステップ4．⎭
ステップ5．化学溶液の中でテープを溶かし，薄片を集める。

グラフェンの性質
　　46
　　47

将来の利用
　　48

語句・構文

[第1段] ▶ lead「（鉛筆の）芯，鉛」発音は [léd]。
　　　　▶ it is this ease of separation that enables ～「～を可能にしているのはこの分離の容易さである」 it is … that ～ は強調構文。

[第2段] ▶ latest「最新の」
　　　　▶ breakthrough「大発見，躍進の突破口」

[第3段] ▶ fold「～を折りたたむ」
　　　　▶ dissolve「～を溶かす」
　　　　▶ solution「溶液」

[第4段] ▶ conduct「（電気・熱など）を伝導する，通す」
　　　　▶ honeycomb「ハチの巣（状のもの）」
　　　　▶ This has led to manufacturers investing ～「これは製造業者が～に投資することにつながった」 investing は動名詞で前置詞 to の目的語，manufacturers は動名詞の意味上の主語である。

[第5段] ▶ property「特性」 この意味ではしばしば properties と複数形で使う。
　　　　▶ convert A into B「A を B に変換する」
　　　　▶ by weight「目方で」

問1 44 正解は③

「あなたはポスターをチェックしている。基礎情報の部分に間違いを見つけた。次のどれを取り除くべきか？」

① A.「２次元素材である」 第４段第６文（It is one of…）に「それは知られている数少ない２次元（２D）素材の一つである」とあることと一致する。

② B.「グラファイトの分離した層である」 第４段第３・４文（By 2005, they had…）に「彼らはグラファイトを１層だけ分離するのに成功し…これは自然界には存在しないものなので…グラフェンという新しい名前がつけられた」とあることと一致する。

③ C.「極めて薄い金属のシートである」 第１段第５文（It is made up…）に「グラファイトは簡単に分離できる炭素の薄い層でできている」，第４段第３・４文（By 2005, they had…）に「彼らはグラファイトを１層だけ分離するのに成功し…これは…グラフェンという新しい名前がつけられた」とある。これらより，グラフェンは炭素で金属ではないので一致しない。よってこれが正解。

④ D.「自然には生じない物質である」は，第４段第４文（As this does not…）に「自然界には存在しないものなので，この新素材にはグラフェンという新しい名前がつけられた」とあることと一致する。

⑤ E.「金網のシートのように見える」は，図１と一致する。

⑥ F.「先進機器を使わずに分離された」は，第２段最終文（Even though their…）に「大学の研究室には最新の科学機器があったにもかかわらず，彼らはほんの１巻きの安価な粘着テープで信じられないほどの大発見をした」とあることと一致する。

問2 45 正解は①

「あなたはグラファイトの層を分離するのに使われた５段階の工程を要約しようとしている。その工程を完成するのに最も適切な段階の組み合わせを選べ」

A.「この工程を何度も繰り返し行う」

B.「テープの別の部分がグラファイトに触れるように，もう一度テープを二つ折りにする」

C.「テープを二つ折りにして，はがす」

D.「テープをより薄い薄片の上に置き，はがす」

E.「グラファイトの薄片を粘着テープから引きはがす」

グラファイト分離の手順は第３段に述べられている。同段第２・３文（He said that…）に「第１段階はグラファイト片に粘着テープを貼り…それから，テープを引っ張って取る」とあり，これがステップ１にあたる。続く第４・５文（Next, fold the tape…）に「次に，テープを半分にたたんで，その薄片をテープの反対

側に貼り付け…テープを引っ張って外して，薄片を分離する」とあり，Cがこれに相当する。同段第7文（Fold the tape …）に「薄片同士が触れ合うのを避けるために，少し違う位置でもう一度テープをたたむ」とあり，Bがこれに相当する。同段第9文（Repeat this procedure …）に「この手順を10回から20回繰り返す」とあり，これがAに相当する。

C→B→Aの順になるので，①が正解。

問3　46　47　正解は①，④（順不同）

「下のリストから，グラフェンの特性を最もよく表しているものを2つ選べ（順序は問わない）」

第4段第9文（In fact, at laboratory …）に「実験室の温度（20～25℃）で，グラフェンは知られているどの物質よりも速く電気を通す」とあり，①「平均的な室温において，電気を通すのに世界で最も効率のよい素材である」がこれに相当する。また，第5段第3文（It allows 98 ％ …）に「光の98パーセントを通す」とあり，④「ほとんどすべての光がその構造を通り抜けることが可能である」がこれに相当する。よって正解は①と④。

② 「グラムあたりでは，グラフェンはより頑丈で，電気に対して抵抗がある〔電気を通しにくい〕」　上記の第4段第9文に，グラフェンは電気をよく通すとあることと一致しない。

③ 「1平方センチメートルあたりで，グラフェンはグラファイトよりわずかに重い」　グラフェンとグラファイトとの重さの比較は本文にはない。またグラフェンがグラファイトの薄片であることを考えると，より重いとは考えにくい。

⑤ 「その六角形のハチの巣状の構造は，気体の粒子が一方の側から別の側へ通過できるようにする」　第5段第3文（It allows 98％ …）に「非常に密度が高いのでヘリウムガスの1個の分子さえ通ることができない」とあることと一致しない。

問4　48　正解は②

「この文章から，グラフェンは将来，次のどれに使われる可能性があるか？」

第5段最終文（Quite simply, …）に「この素材は，コンピュータチップ…の開発に革命を起こす可能性を秘めている」，同段第4文（It can also …）に「光を電気に変換することもできる」とあることから，②「光に敏感に反応するチップの開発」が正解。

① 「大きな気体の分子から小さな気体の分子をろ過する素材」

③ 「電気を通しにくい素材」

④ 「電池の重量と強度を増すこと」

問5 ☐49☐ 正解は③

「この文章から，筆者が☐☐☐と推測できる」

第1段第2・3文（In the center of …）に「鉛筆の中心に，『芯』と呼ばれるものがあるが，この素材は実は鉛ではなく，それとは異なる物質，グラファイト（＝黒鉛）である」と，鉛筆に絡めて文章を始め，第5段最終文（Quite simply, …）では「鉛筆の芯の中に見つかるこの素材は，コンピュータチップや充電可能な電池，そして頑丈で軽量な素材の開発に革命を起こす可能性を秘めている」と締めくくっている。鉛筆という身近な当たり前のものと，驚くべき特性と可能性を備えた素材，グラフェンとが結びついていることを読者に印象づけている。③「**ガイムとノボセロフによって明らかにされるまで，グラフェンとそのあらゆる特性がすべての鉛筆の跡の中に隠れていたという事実に感銘を受けた**」が正解。

① 「ノーベル賞を受賞した多くの偉大な発見が低価格の機器で成し遂げられたと考えた」

② 「充電可能な電池の生産コストと充電時間を減らすグラフェンの可能性を知っていた」

④ 「ガイムとノボセロフがグラフェンの薄いシートをコンピュータチップに使う可能性に気づくのにどれほど長くかかったかということに驚いた」

英語（リスニング）　追試験

問題番号（配点）	設問		解答番号	正解	配点	チェック
第1問（25）	A	問1	1	①	4	
		問2	2	④	4	
		問3	3	②	4	
		問4	4	④	4	
	B	問5	5	④	3	
		問6	6	①	3	
		問7	7	③	3	
第2問（16）		問8	8	③	4	
		問9	9	①	4	
		問10	10	②	4	
		問11	11	③	4	
第3問（18）		問12	12	①	3	
		問13	13	③	3	
		問14	14	①	3	
		問15	15	③	3	
		問16	16	②	3	
		問17	17	②	3	

（注）　＊は，全部正解の場合のみ点を与える。

問題番号（配点）	設問		解答番号	正解	配点	チェック
第4問（12）	A	問18	18	③		
		問19	19	④	4＊	
		問20	20	①		
		問21	21	②		
		問22	22	⑤	1	
		問23	23	⑥	1	
		問24	24	①	1	
		問25	25	②	1	
	B	問26	26	③	4	
第5問（15）		問27	27	①	3	
		問28	28	⑥	2＊	
		問29	29	④		
		問30	30	③	2＊	
		問31	31	②		
		問32	32	②	4	
		問33	33	②	4	
第6問（14）	A	問34	34	①	3	
		問35	35	③	3	
	B	問36	36	①	4	
		問37	37	②	4	

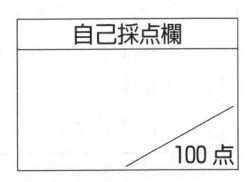

自己採点欄
／100点

◎解答時間は 30 分ですが，解答開始前に IC プレーヤーの作動確認・音量調節の時間がありますので，試験時間は 60 分となります。「音量調整用音声」は音声専用サイトで確認できます。

放送内容　《試験の説明》

これからリスニングテストを始めます。

この試験では，聞き取る英語が2回流れる問題と1回流れる問題があります。第1問と第2問は2回，第3問から第6問は1回です。なお，選択肢は音声ではなく，すべて問題冊子に印刷されています。

では，始めます。4ページを開いてください。

第1問A　短い発話を聞いて同意文を選ぶ問題

放送内容　《第1問Aの説明》

第1問A　第1問Aは問1から問4までの4問です。英語を聞き，それぞれの内容と最もよく合っているものを，四つの選択肢（①〜④）のうちから一つずつ選びなさい。

問1　　1　　正解は①

① 話者はジェニファーのセーターを褒めている。
② 話者はセーターについて尋ねている。
③ 話者はセーターを探している。
④ 話者はジェニファーのセーターを見たがっている。

放送内容　《ジェニファーのセーター》

What a beautiful sweater! It looks really nice on you, Jennifer.

訳　なんて美しいセーターなんだ！　君によく似合ってるよ，ジェニファー。

What a beautiful sweater! は感嘆文で，セーターの美しさを褒めている。It looks nice on you「君に似合うね」も，相手のセーターを褒める表現であるため，①が正解。

問2　　2　　正解は④

① 話者はテニスをするのを楽しんでいない。
② 話者は今，どのスポーツもやりたくない。
③ 話者はバドミントンが最も楽しいと思っている。
④ 話者はボウリングよりもテニスのほうがよいと思っている。

【放送内容】 《好きなスポーツ》

<u>Bowling is more fun than badminton</u>, but <u>tennis is the best</u>. Let's play that.

【訳】 <u>ボウリングはバドミントンよりも楽しい</u>けど，<u>テニスが一番だ</u>よ。一緒にそれをやろう。

Bowling is more fun than badminton より，話者の好きなスポーツは「ボウリング＞バドミントン」だとわかるため，③は不適。さらに，tennis is the best から「テニス＞ボウリング＞バドミントン」であると判断できる。よって，④が正解。

問3 ┃3┃ 正解は②

① 話者はステーキを食べたくない。	② 話者はまだ夕食を食べていない。
③ 話者は今ステーキを食べている。	④ 話者は夕食を一人で食べたい。

【放送内容】 《外食への誘い》

<u>We should go somewhere to eat dinner</u>. <u>How about</u> a steak restaurant?

【訳】 <u>どこかに夕食を食べに行こうよ</u>。ステーキレストラン<u>はどう</u>？

We should go somewhere to eat dinner.「どこかに夕食を食べに行くべき」と，How about～?「～はどう？」とレストランを提案する表現から，話者はまだ夕食を食べていない状況だと判断できる。②が正解。

問4 ┃4┃ 正解は④

① 話者は歯科医に話しかけている。
② 話者はダイアナに時間を伝えている。
③ 話者はダイアナに電話をしたい。
④ 話者は歯医者に行きたい。

【放送内容】 《歯科医院の開院時間》

Diana, do you know what time the dentist will open? <u>My tooth really hurts</u>.

【訳】 ダイアナ，歯医者が何時に開くか知ってる？ <u>歯がすごく痛いんだ</u>。

My tooth really hurts. と，話者は歯の痛みを訴えていることから，歯医者に行きたがっていることがわかる。④が正解。

第1問B　短い発話を聞いて内容に近いイラストを選ぶ問題

> **放送内容**　《第1問Bの説明》
>
> 　第1問B　第1問Bは問5から問7までの3問です。英語を聞き，それぞれの内容と最もよく合っている絵を，四つの選択肢（①〜④）のうちから一つずつ選びなさい。
>
> 　では，始めます。

問5　　5　　正解は④

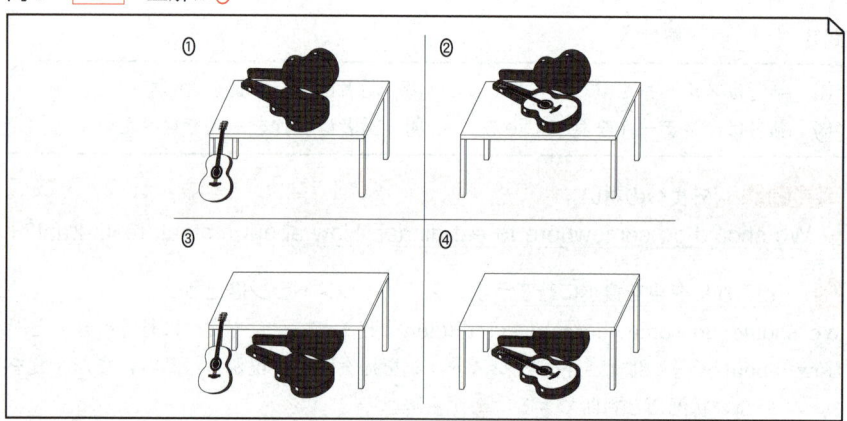

> **放送内容**　《ギターがある場所》
>
> The guitar is <u>inside the case under the table</u>.

訳　　ギターは<u>テーブルの下のケースの中に入っている</u>よ。

inside the case よりギターがケース内にある②，④に絞り，under the table よりテーブルの下にある④を選ぶ。

問6　　6　　正解は①

放送内容　《スプーンの状態》

These spoons are dirty, but there's another in the drawer.

訳　これらのスプーンは汚れているが，引き出しの中にもう1本別のものがある。

These spoons are dirty の These と are より，複数のスプーンが汚い状況，つまりシンクの中に2本のスプーンがある①，②に絞り，there's another in the drawer で引き出しの中に another「もう1本（のスプーン）」が入っている①を選ぶ。

問7　　7　　正解は③

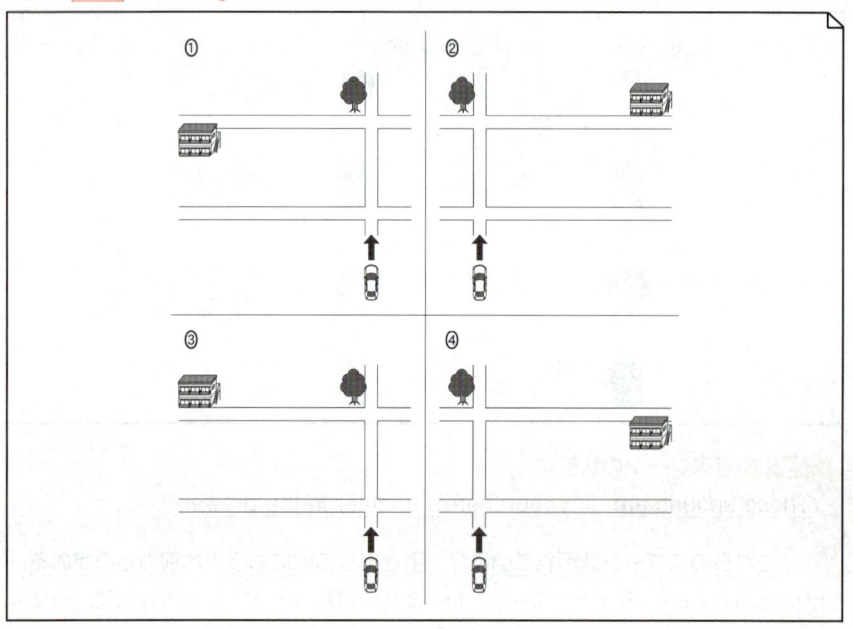

《道案内》

　Turn left at the tree and go straight. The apartment building will be on the right.

訳　　木のところで左に曲がってまっすぐ行ってください。そのアパートは右手にありますよ。

Turn left at the tree and go straight. より，木のところで左に曲がった先の地図が描かれていない②，④は不適。The apartment building will be on the right. の on the right より，右手に建物のある③を選ぶ。

第2問　短い対話と問いを聞いてイラストを選ぶ問題

放送内容　《第2問の説明》

　第2問　第2問は問8から問11までの4問です。それぞれの問いについて，対話の場面が日本語で書かれています。対話とそれについての問いを聞き，その答えとして最も適切なものを，四つの選択肢（①〜④）のうちから一つずつ選びなさい。では，始めます。

問8　　8　　正解は③

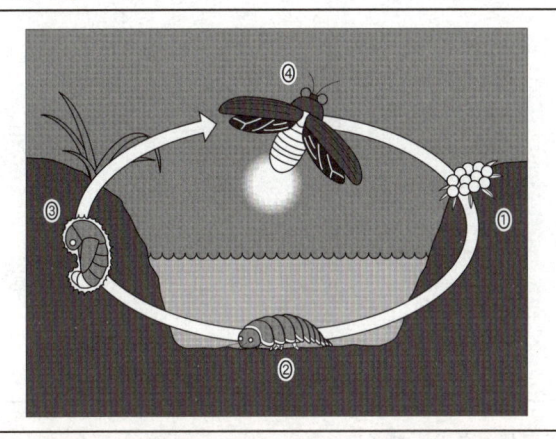

放送内容　《ゲンジボタルの成長》

W : Fireflies hatch from eggs. And in the next stage, they live underwater.
M : I know that. But then, they continue developing underground?
W : Yes. Didn't you know that?
M : No. Aren't fireflies amazing?

Question : Which stage has the man just learned about?

訳　女性：ホタルは卵からふ化するのよ。それから，次の段階では水中で暮らすの。
　　男性：それは知ってるよ。でも，その後は地中で成長し続けるの？
　　女性：そうよ。知らなかった？
　　男性：知らなかったな。ホタルってすごくない？

　　質問：男性はどの段階について知ったばかりか。

◇ firefly「ホタル」　◇ hatch「ふ化する」　◇ amazing「驚くべき，すごい」

①にあたる hatch from eggs と，②にあたる live underwater については，男性は
1つ目の発言でI know that.「知っている」と言っているが，③にあたる continue
developing underground については，女性に Didn't you know that? と問われ，
男性は，No. と答えている。この No. の後ろには No(, I didn't know that). が省略
されている。つまり，男性が知ったばかりなのは③である。

問9　9　正解は①

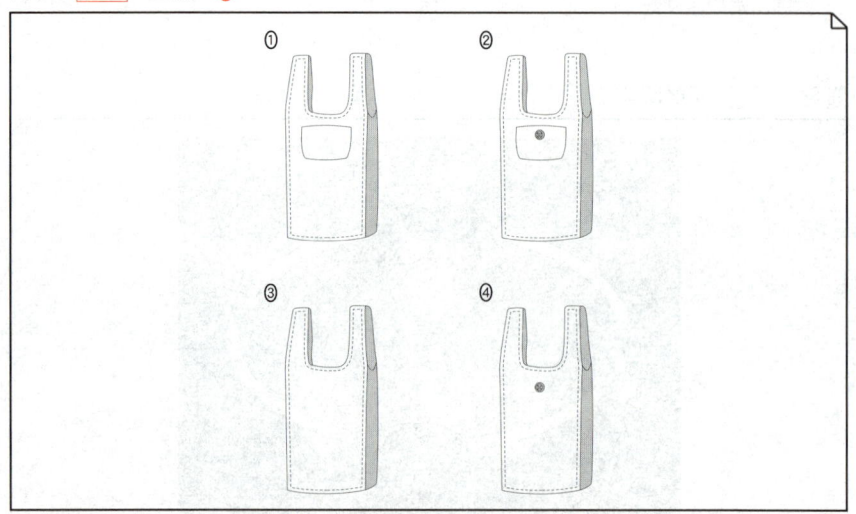

放送内容　《エコバッグのデザイン》

M : We need to make twenty eco-friendly bags, so a simple design is
　　best.

W : Is a pocket necessary?

M : Definitely, but we don't have enough time to add buttons.

W : So, this design!

Question : Which eco-friendly bag will they make?

訳　男性：僕らはエコバッグを 20 個作る必要があるから，シンプルなデザインが一
　　　　　番だね。

　　女性：ポケットは必要かしら？

　　男性：絶対に必要だよ。だけど，ボタンを付ける時間はないね。

　　女性：じゃあ，このデザインね！

　　質問：彼らはどのエコバッグを作るか。

◇ eco-friendly「環境にやさしい」　◇ definitely「間違いなく，もちろんだ」

女性の Is a pocket necessary? に対する男性の Definitely という返答は，会話文では同意（Yes）を示す表現であるため，ポケット付きの①，②に絞る。さらに，we don't have enough time to add buttons で，ボタンを付ける時間がないと言っているため，①が正解。

問 10　　10　　正解は②

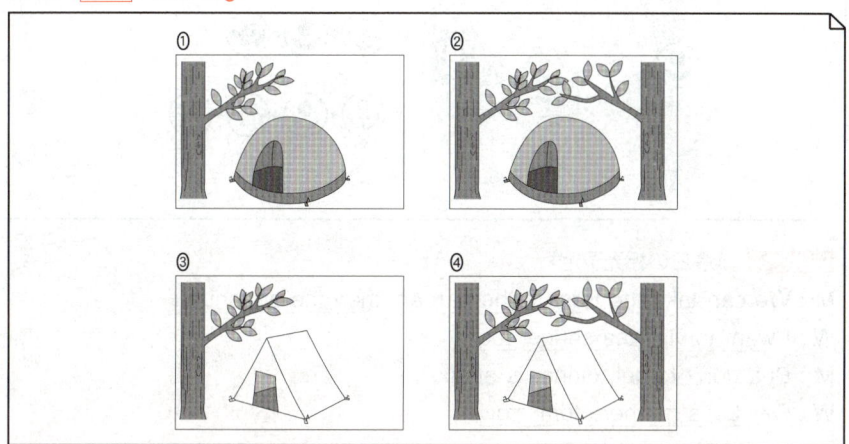

《兄のテント》

W : I'm here. Wow, there are so many different tents. Which one's yours?
M : <u>Mine's round</u>. Can't you see it?
W : No. Where is it?
M : <u>It's between the trees</u>.

Question : Which one is the brother's tent?

訳　女性：着いたわ。わあ，いろんなテントがたくさんある。あなたのテントはどれ？
　　男性：<u>僕のは丸いやつだよ</u>。見えない？
　　女性：見当たらないわ。どこ？
　　男性：<u>木と木の間だよ</u>。

　　質問：兄のテントはどれか。

イラストでは，テントの形と木の本数に違いがあるため，形や木を描写する表現に注意して聞き取る。男性の発言 Mine's round. より，丸いテントの①，②に絞り，It's between the trees. より，２本の木の間にある②を選ぶ。

問 11　　11　　正解は③

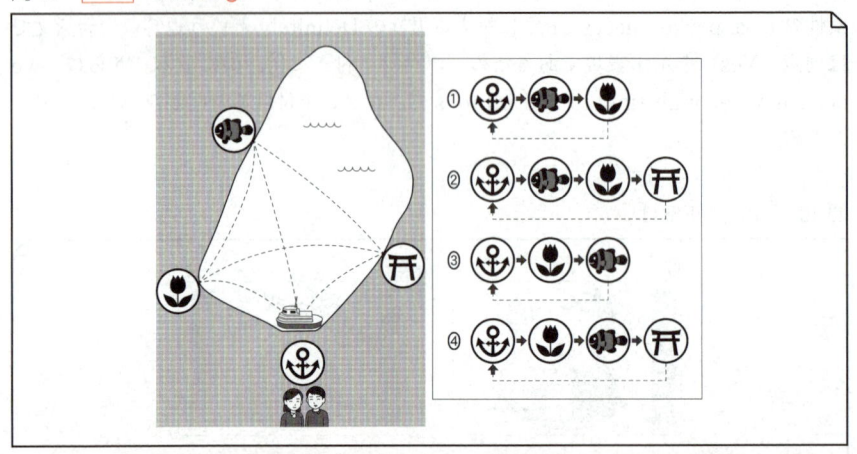

放送内容　《今日の観光予定》

M : We can take the ferry to the garden, then the aquarium.

W : I want to visit the shrine, too.

M : But, don't forget, dinner is at six.

W : OK. Let's go there tomorrow.

Question : Which route will they take today?

訳　男性：庭園までフェリーに乗って行って，それから，水族館にしよう。

女性：私は神社にも行きたいわ。

男性：でも，忘れないで，夕食は6時だよ。

女性：わかったわ。そこに行くのは明日にしましょう。

質問：今日，彼らはどのルートをとるか。

◇ aquarium「水族館」　◇ shrine「神社」

男性が1つ目の発言で take the ferry to the garden, then the aquarium と「フェリー→庭園→水族館」の③の案を提示したのに対し，女性は I want to visit the shrine, too. と神社も旅程に含む④の案を出したが，男性の dinner is at six という発言を受けて，Let's go there tomorrow.「そこ（＝神社）に行くのは明日にしましょう」と言っている。よって，最終的には男性が提示した③の案で決定したことになる。

第3問　短い対話を聞いて問いに答える問題

放送内容　《第3問の説明》

　第3問　第3問は問12から問17までの6問です。それぞれの問いについて，対話の場面が日本語で書かれています。対話を聞き，問いの答えとして最も適切なものを，四つの選択肢（①〜④）のうちから一つずつ選びなさい。

　では，始めます。

問12　12　正解は①

> 問　なぜ男性は車で行きたいのか。
> ①　彼はどこでも好きな場所に立ち寄れるほうを好む。
> ②　彼は海岸に直接行きたい。
> ③　電車は途中までしか行かない。
> ④　電車のほうがずっと融通が利く。

放送内容　《旅の移動手段》

W : Are you going somewhere this summer?

M : Yes, I'm going to drive to the coast.

W : That's quite far. Why don't you take the train, instead?

M : If I drive, I can park and go sightseeing anywhere along the way.

W : Isn't driving more expensive?

M : Well, maybe, but I like the flexibility.

訳　女性：今年の夏，どこかに行くつもり？

　　男性：うん，車で海岸に行こうと思ってるんだ。

　　女性：それはかなり遠いわね。代わりに，電車で行ったらどう？

　　男性：車なら，途中でどこででも駐車して観光できるよ。

　　女性：車で行くほうが高くつかない？

　　男性：うーん，たぶんそうだろうけど，僕は車の融通が利くところが好きなんだ。

◇ coast「海岸」　◇ quite「かなり」

◇ Why don't you 〜?「〜するのはどうですか？」（提案）　◇ sightseeing「観光」

◇ anywhere「どこででも」　◇ along the way「途中で」

◇ flexibility「融通が利くこと」　◇ go part of the way「途中まで行く」

男性は2つ目の発言で，車の旅を好む理由としてI can park and go sightseeing anywhere along the way「途中でどこででも車を駐車して観光できる」点を挙げ，

最終発言で I like the flexibility「融通が利くところが好き」と言い換えている。これらに一致するのは①である。

問13　13　正解は③

> 問　**女性はどうするか。**
> ①　安いほうの郵便料金を支払う　　②　金曜日以降に手紙を投函する
> ③　高いほうの郵便料金を支払う　　④　普通郵便で手紙を送る

> 放送内容　**《郵便窓口でのやりとり》**
> W : How much does it cost to send this letter to London?
> M : Hmm. Let me check. That's about £2 for standard delivery, or about £8 for special delivery. Which do you prefer?
> W : I really want it to arrive by Friday.
> M : With special delivery, it will.
> W : I'll do that then.

> 訳　女性：この手紙をロンドンに送るのにいくらかかりますか？
> 男性：うーん。確認させてくださいね。普通郵便なら約2ポンド，速達なら約8ポンドです。どちらにいたしましょうか？
> 女性：絶対に金曜日までに届いてほしいんです。
> 男性：速達なら届きますよ。
> 女性：ではそうします。

◇£「ポンド（イギリスの通貨単位）」　◇ special delivery「特別配達，速達」
◇ postage「郵便料金」

女性の2つ目の発言 I really want it to arrive by Friday.「絶対にそれ（＝手紙）が金曜日までに届いてほしい」を受け，男性は With special delivery, it will. と答えている。it will の後ろには it will（arrive by Friday）が省略されている。女性はこれに対し，I'll do that then. と答え，special delivery を選んでいる。速達の郵便料金は男性の1つ目の発言 That's … about £8 for special delivery. にあり，その料金はより高いとわかる。③が正解となる。

問14　14　正解は①

> 問　**彼らはどうすることにしたか。**
> ①　来週，映画を選ぶ　　　　　②　今日，コメディ映画を観に行く
> ③　今週，映画を選ぶ　　　　　④　今夜，ホラー映画を観る

放送内容 《映画鑑賞の予定》

M : Would you like to see a movie next week?

W : Sure, but what kind of movie?

M : I'd like to watch a horror movie.

W : Well, I don't see one scheduled, but there's a comedy currently showing.

M : I really don't like comedies. Maybe we can check the schedule again next week.

W : Sure, let's do that.

訳 男性：来週，映画を観に行かない?

女性：もちろん，でもどんな映画?

男性：僕はホラー映画を観たいな。

女性：うーん，ホラー映画の上映予定は見当たらないわ。だけど，コメディなら今上映されているものがあるわ。

男性：コメディはあまり好きじゃないんだよね。来週もう一度，上映予定を確認してみよう。

女性：わかったわ，そうしましょう。

◇ Would you like to ~?「~するのはどうですか?」 ◇ scheduled「予定された」
◇ currently「現在」 ◇ show「上映される」

会話冒頭では，男性と女性は来週映画を観に行くつもりだったが，最終的に，男性がMaybe we can check the schedule again next week.「来週もう一度，上映予定を確認してみよう」と言ったのに対し，女性は Sure と同意しているため，①が正解。

問 15 　15　 正解は③

問 彼女は誰と昼食を食べたのか。
① 彼女の兄と姉 　　　　　② 家族全員
③ 彼女の兄と姉の子どもたち 　④ 彼女の2人の姪と2人の甥

放送内容 《家族の集まり》

M : What did you do last weekend?

W : I took all my nieces and nephews to lunch.

M : Really? How many do you have?

W : Well, my sister has two boys, and my brother has three girls.

M : That sounds like a nice family gathering.

W : Yes, we had a really good time together.

訳　男性：先週末は何をしたの？

女性：<u>姪と甥を全員，ランチに連れて行ったのよ。</u>

男性：本当？　何人いるの？

女性：ええと，姉には<u>男の子が2人</u>いて，兄には<u>女の子が3人</u>いるわ。

男性：素敵な家族の集まりみたいだね。

女性：ええ，一緒に過ごせて本当に楽しかったわ。

◇ niece「姪」　◇ nephew「甥」　◇ gathering「集まり」

女性の1つ目の発言 I took all my nieces and nephews to lunch. より，姪と甥全員を連れてランチに行ったとわかるため，③が正解。その内訳は女性の2つ目の発言の two boys と three girls より，甥が2人，姪が3人であるため，④は不適。

問16　16　正解は②

問　会話によると，どれが正しいか。

① 男性は魚とパイを注文する。

② 男性はパスタとケーキを注文する。

③ 女性は魚とケーキを注文する。

④ 女性はパスタとパイを注文する。

放送内容　《料理の注文》

M : <u>I think I'll have the pasta.</u>

W : <u>The fish looks nice. I'll order that.</u>

M : What about for dessert?

W : Both the pie and the cake look delicious.

M : Well, why don't we each order different ones? Then we can share.

W : OK, <u>I'll order the pie and you can order the cake.</u>

M : Sure, that's fine.

訳　男性：<u>僕はパスタにしようかな。</u>

女性：<u>魚がおいしそうだわ。私はそれを注文するわ。</u>

男性：デザートはどうする？

女性：パイもケーキもどちらもおいしそうね。

男性：じゃあ，それぞれ違うものを注文するのはどうかな？　そうすれば，2人で分けられるよ。

女性：わかったわ，<u>私はパイを注文するから，あなたはケーキを注文してね。</u>

男性：了解，そうしよう。

◇ Why don't we ～?「～するのはどう？」(提案)　◇ share「共有する，分け合う」
選択肢の主語と注文内容（料理とデザート）に注目しておく。男性の I think I'll have the pasta. と，女性の The fish looks nice. I'll order that. より，主語と料理の組み合わせが正しいのは②，③である。さらに，女性の3つ目の発言 I'll order the pie and you can order the cake. より，「男性がケーキ」になっている②が正解。

問17　<u>17</u>　正解は②

> 問　男性は何をするのか。
> ① 女性と一緒に地下鉄まで行く
> ② 女性のかばんの1つを運ぶのを手伝う
> ③ 女性のためにかばんを家に持っていく
> ④ バス停まで女性と一緒に歩く

放送内容　《行きがけの手伝い》

M : Hi, Monica, <u>would you like some help?</u>

W : Ah, thank you. <u>Could you take one of these bags?</u>

M : <u>Sure</u>, are you going to the subway?

W : No, I'm going to take them home in my car. I've parked just around the corner.

M : That's fine. Actually, it's on my way. That's just before my bus stop.

訳　男性：やあ，モニカ，<u>何か手伝おうか？</u>
　　　女性：まあ，ありがとう。<u>これらのかばんのうち1つを持ってくれない？</u>
　　　男性：<u>いいよ</u>，地下鉄まで行くの？
　　　女性：いいえ，車で家に持って帰ろうと思ってて。すぐそこの角を曲がったところに停めてるのよ。
　　　男性：それならよかった。実は，僕も同じ方向に向かってるところだったんだ。僕が使うバス停のすぐ手前だよ。

◇ Would you like ～?「～は必要ですか？」
◇ just around the corner「ちょうど角を曲がったところに」
◇ on *one's* way「（目的地まで行く）途中で」

男性の would you like some help?「何か手伝おうか？」という打診に対し，女性は Could you take one of these bags?「これらのかばんのうち1つを持ってくれない？」とお願いし，男性は Sure と了承しているため，②が正解。

第4問A　モノローグを聞いて図表を完成させる問題

《第4問Aの説明》

　第4問A　第4問Aは問18から問25の8問です。話を聞き，それぞれの問いの答えとして最も適切なものを，選択肢から選びなさい。問18から問21の問題文と図を，今，読みなさい。

　では，始めます。

問18〜21　18 , 19 , 20 , 21 　正解は③，④，①，②

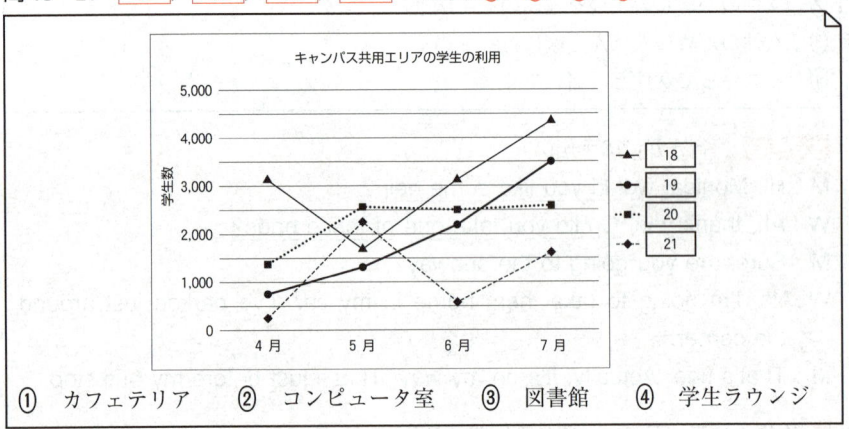

① カフェテリア　　② コンピュータ室　　③ 図書館　　④ 学生ラウンジ

放送内容 《キャンパス共用エリアの利用者数の推移》

To understand our campus services, we researched the number of students who used the cafeteria, computer room, library, and student lounge over the last semester. As you can see, the student lounge had a continuous rise in users over all four months. The use of the computer room, however, was the least consistent, with some increase and some decrease. Library usage dropped in May but grew each month after that. Finally, cafeteria use rose in May, and then the numbers became stable.

訳　キャンパスサービスを理解するために，私たちはカフェテリア，コンピュータ室，図書館，学生ラウンジを先学期に利用した学生数を調査しました。ご覧の通り，学生ラウンジの利用者数は4カ月を通して連続で増加しました。しかし，コンピュータ室の利用は最も一貫性がなく，多少の増減がありました。図書館の利用は5月に落ち込みましたが，それ以降は毎月増加しました。最後に，カフェテリアの利用は5月に増え，その後，利用者数は安定しました。

◇ the number of 〜「〜の数」　◇ lounge「ラウンジ，休憩室」
◇ semester「学期」　◇ continuous「連続した」　◇ rise「上昇」
◇ least：little の最上級。「最も〜ない」　◇ consistent「一貫した」
◇ drop「(数量などが) 落ち込む」　◇ stable「安定した」

18　正解は③

第 4 文 Library usage dropped in May but grew each month after that. 「図書館の利用は 5 月に落ち込みましたが，それ以降は毎月増加しました」から，5 月にのみ折れ線が凹み，それ以降右肩上がりになっている 18 に③を入れる。

19　正解は④

第 2 文 の the student lounge had a continuous rise in users over all four months「学生ラウンジの利用者数は 4 カ月を通して連続で増加しました」より，4 月から 7 月にかけてずっと右肩上がりの 19 に④を入れる。

20　正解は①

最終文の cafeteria use rose in May, and then the numbers became stable「カフェテリアの利用は 5 月に増え，その後，利用者数は安定しました」より，5 月以降のグラフが水平に安定した形になっている 20 に①を入れる。

21　正解は②

第 3 文 The use of the computer room, … was the least consistent, with some increase and some decrease.「コンピュータ室の利用は最も一貫性がなく，多少の増減がありました」より，折れ線に最も凸凹が見られる 21 に②が入るとわかる。

> 放送内容 《第4問A，問22〜25の説明》
> 問22から問25の問題文と表を，今，読みなさい。
> では，始めます。

問22〜25 `22`，`23`，`24`，`25` 正解は⑤，⑥，①，②

クラブ会員プランと月会費

会員プラン	全エリア	プールのみ	タオルサービス
正会員	¥8,000	`23`	`24`
デイタイム会員	¥5,000	¥3,000	`25`
学生会員	`22`	¥2,000	¥1,000

① ¥0　　　　② ¥1,000　　　　③ ¥2,500

④ ¥3,000　　⑤ ¥4,000　　　　⑥ ¥6,000

> 放送内容 《フィットネスクラブの料金プラン》
> Let me explain our monthly membership plans. A regular membership with 24-hour access to all areas is ¥8,000. Daytime members can access all areas for ¥5,000. Students with a valid ID get half-off our regular membership fee. We also offer pool-only options for ¥2,000 off the price of our regular, daytime, and student memberships. Oh, and our towel service is included in our regular membership with no extra charge but is available to daytime and student members for an additional ¥1,000.

> 訳　　私どもの月額会員プランについてご説明します。24時間すべてのエリアをご利用いただける正会員は8,000円です。デイタイム会員は，5,000円ですべてのエリアをご利用いただけます。有効な身分証明書をお持ちの学生は，正会員の会費の半額となります。プール利用のみというオプションもあり，こちらは正会員，デイタイム会員，学生会員の料金の2,000円引きとなります。ああ，それからタオルサービスは，正会員のサービスに含まれており，追加料金なしでご利用になれますが，デイタイム会員と学生会員は1,000円の追加料金でご利用いただけます。

◇ monthly「毎月の」　◇ membership「会員であること」

◇ access to 〜「〜を利用できる（権利）」　◇ daytime「日中の」

◇ valid「有効な」　◇ half-off「半額の」　◇ fee「料金」　◇ offer「〜を提供する」

◇ include「〜を含む」　◇ extra「余分の，追加の」　◇ charge「料金」

◇ available「利用可能な」　◇ additional「追加の」

22 正解は⑤

第4文 Students … get half-off our regular membership fee.「学生は正会員の会費の半額となります」から，表の **22** の2行上（Regular / All areas）の¥8,000を2で割って¥4,000となる。よって，⑤が正解。

23 正解は⑥

Pool only の説明は第5文（We also offer …）にある。pool-only options for ¥2,000 off the price of our regular, daytime, and student memberships「プール利用のみ…は正会員，デイタイム会員，学生会員の料金の2,000円引きとなります」より，**23** の左（Regular / All areas）の¥8,000から¥2,000を引いた¥6,000となる。⑥が正解。

24 正解は① **25** 正解は②

最終文の our towel service is included in our regular membership with no extra charge「タオルサービスは正会員のサービスに含まれており，追加料金なしでご利用になれます」より，**24** は①が正解。続く is available to daytime and student members for an additional ¥1,000「デイタイム会員と学生会員の場合は1,000円の追加料金でご利用いただけます」より，**25** は②が正解。

第4問B 複数の情報を聞いて条件に合うものを選ぶ問題

放送内容 《第4問Bの説明》

　第4問B　第4問Bは問26の1問です。話を聞き，示された条件に最も合うものを，四つの選択肢（①～④）のうちから一つ選びなさい。状況と条件を，今，読みなさい。

　では，始めます。

問26 **26** 正解は③

問　　　が，あなたが選ぶ可能性の最も高い場所である。			
場所	条件A	条件B	条件C
① アシュフォードセンター			
② ファウンダーズホテル			
③ マウンテンテラス			
④ ヴァレイホール			

放送内容　《国際会議の会場選び》

① I suggest the Ashford Center. It has twenty rooms we can use for sessions that hold up to forty people each and a conference room for meetings. It's recently been updated with Wi-Fi available everywhere, and it has an excellent food court.

② I recommend the Founders' Hotel. It's modern with Wi-Fi in all rooms, and many great restaurants are available just a five-minute walk from the building. They have plenty of space for lectures with eight large rooms that accommodate seventy people each.

③ I like Mountain Terrace. Of course, there are several restaurants inside for people to choose from, and Wi-Fi is available throughout the hotel. They have ten rooms that can hold sixty people each, but unfortunately they don't have a printing service.

④ Valley Hall is great! They have lots of space with five huge rooms that fit up to 200 people each. There's a restaurant on the top floor with a fantastic view of the mountains. If you need Wi-Fi, it's available in the lobby.

訳
① 私はアシュフォードセンターをお勧めします。ここには各室最大40人収容可能な，会議に使える部屋が20室と，会合用の会議室が1つあります。最近，Wi-Fiがどこでも利用できるようになり，すばらしいフードコートがあります。

② 私はファウンダーズホテルをお勧めします。すべての部屋にWi-Fiが完備された現代的な建物で，そこからたった徒歩5分のところでたくさんのおいしいレストランを利用できます。講義用の場所が十分にあり，それぞれ70名を収容できる大きな部屋が8つあります。

③ 私はマウンテンテラスがいいと思います。もちろん，ホテル内にいくつかレストランがあり選べますし，館内全域でWi-Fi利用が可能です。それぞれ60人を収容できる部屋が10室ありますが，残念ながら印刷サービスはありません。

④ ヴァレイホールがすばらしいですよ！　とても広く，それぞれ最大200人まで収容できる大部屋が5つあります。すばらしい山の眺めを見渡せるレストランが最上階にあります。Wi-Fiが必要な場合はロビーで利用できます。

◇ session「会議，会合」　◇ hold「〜を収容できる」　◇ up to 〜「〜まで」
◇ conference「会議，協議会」　◇ update「〜を更新する，最新の状態にする」
◇ available「利用可能な」　◇ recommend「〜を勧める」

◇plenty of ～「たくさんの～」 ◇accommodate「～を収容できる」
◇throughout「～のいたるところで」 ◇printing「印刷」
◇fit「～を収容できる」 ◇floor「階」

①は，最終文の Wi-Fi available everywhere が条件 B，同文の it has an excellent food court が条件 C に当てはまるものの，第 2 文の It has twenty rooms … that hold up to forty people each and a conference room「各室最大 40 人収容可能…な部屋が 20 室と会議室が 1 室」が条件 A を満たさないため，不適。

②は，最終文の eight large rooms that accommodate seventy people each「それぞれ 70 名を収容できる大きな部屋が 8 つあります」が条件 A に合うが，第 2 文の many great restaurants are available just a five-minute walk from the building「そこからたった徒歩 5 分のところでたくさんのおいしいレストランを利用できます」が条件 C を満たしていないため，不適。なお，第 2 文の Wi-Fi in all rooms は条件 B を満たしていそうだが，all rooms が「(ロビーなどを含む) 施設内全体」にあたるかは微妙であるため「？」としておく。

③は，第 2 文の there are several restaurants inside が条件 C，同文の Wi-Fi is available throughout the hotel が条件 B，最終文の They have ten rooms that can hold sixty people each「それぞれ 60 人を収容できる部屋が 10 室あります」が条件 A をそれぞれ満たしている。**③が正解。**

④は，第 3 文の There's a restaurant on the top floor は条件 C を満たすが，第 2 文の with five huge rooms that fit up to 200 people each「最大 200 人まで収容できる大部屋が 5 つ」が条件 A，最終文 If you need Wi-Fi, it's available in the lobby. が条件 B にそれぞれ当てはまらないため，不適。

場所	条件A	条件B	条件C
① アシュフォードセンター	×	○	○
② ファウンダーズホテル	○	？	×
③ マウンテンテラス	○	○	○
④ ヴァレイホール	×	×	○

第5問 講義の内容と図表の情報を使って問いに答える問題

《第5問の説明》

　第5問　第5問は問27から問33の7問です。最初に講義を聞き，問27から問32に答えなさい。次に続きを聞き，問33に答えなさい。状況・ワークシート，問い及び図表を，今，読みなさい。

　では，始めます。

ワークシート

デジタル時代におけるアート

○デジタル技術が美術館に及ぼす影響

　デジタル美術館は人々の芸術との関わり方を変化させている。なぜなら美術館は [27] からである。

○デジタル美術館の顕著な特徴

美術館にとってのメリット	来館者にとってのメリット
◆来館者が増加する可能性	◆利用のしやすさ ◆融通の利く [28] ◆詳しい [29]

美術館の課題
必要なもの： 　◆熱心な [30] 　◆デジタルの専門家 　◆ [31] の増加

《美術館のデジタル化》

　Today, we're going to focus on art in the digital age. With advances in technology, how people view art is changing. In recent years, some art collections have been put online to create "digital art museums." Why are art museums moving to digital spaces?

　One reason has to do with visitor access. In digital museums, visitors can experience art without the limitation of physical spaces. If museums are online, more people can make virtual visits to them. Also, as online museums never close, visitors can stay for as long as they like! Another reason is related to how collections are displayed. Online exhibits enable visitors to watch videos, see the artwork from various angles, and use interactive features. This gives visitors much more specific information about each collection.

Putting collections online takes extra effort, time, and money. First, museum directors must be eager to try this new format. Then, they have to take the time to hire specialists and raise the money to buy the necessary technology. Of course, many people might still want to see the actual pieces themselves. These factors are some reasons why not all museums are adding an online format.

Many art museums have been offering digital versions of their museums for free, but this system might change in the future. Museums will probably need to depend on income from a hybrid style of both in-person and online visitors. This kind of income could enable them to remain financially sustainable for future generations. Now, let's do our presentations. Group 1, start when you are ready.

訳　今日は，デジタル時代におけるアートに焦点を当てていきます。技術の進歩に伴い，人々が芸術を鑑賞する方法が変わりつつあります。近年では，一部の美術品のコレクションがインターネット上で公開され，「デジタル美術館」となっています。なぜ美術館はデジタル空間へと移行しているのでしょうか。

一つの理由は来館者の利便性に関係しています。デジタル美術館では，来館者は物理的な空間に制限されることなく芸術に触れることができます。美術館がインターネット上にあれば，もっと多くの人がバーチャルで美術館を訪れることができます。また，インターネット上の美術館は閉館することがないため，来館者らは好きなだけ美術館にいることができます！　もう一つの理由は，コレクションの展示の仕方に関連したものです。インターネット上の展示会では，来館者が動画を見たり，さまざまな角度から芸術作品を鑑賞したり，インタラクティブな機能を使ったりすることができます。これにより，来館者らはコレクション一つ一つに関するさらに詳しい情報を得られるのです。

インターネット上にコレクションを掲載するには，通常の運営とは別途の取り組みや時間，経費を要します。第一に，美術館の館長は，積極的にこの新しい形式を取り入れようとしなければなりません。次に，専門家を雇うのに時間を割き，必要な技術を購入する資金を調達しなければなりません。もちろん，実物を自分

の目で見たいという人が依然として多くいる可能性もあります。これらの要因が，すべての美術館がオンライン形式を取り入れているわけではない理由の一部なのです。

多くの美術館が自分たちの美術館のデジタル版を無料で提供していますが，このシステムは今後，変わるかもしれません。**美術館はおそらく，実際に美術館へ来る来館者とオンラインでの来館者の両方を融合した形からの収入に頼っていく必要があるでしょう。**この種の収入によって，美術館は次世代のために財政面で持続可能であり続けることができるのです。それではプレゼンテーションを始めましょう。グループ1のみなさん，準備ができたら始めてください。

◇ age「時代」　◇ view「〜を見る」　◇ move to 〜「〜に移行する」
◇ have to do with 〜「〜と関係がある」　◇ limitation「制限」
◇ physical「物理的な」　◇ virtual「仮想の」　◇ exhibit(s)「展示会，展示品」
◇ enable *A* to *do*「*A* が〜するのを可能にする」　◇ artwork「芸術作品」
◇ angle「角度」　◇ interactive「インタラクティブな，双方向の」
◇ feature「特徴，機能」　◇ specific「具体的な，詳しい」
◇ effort「取り組み，努力」　◇ director「館長」　◇ eager「熱心な」
◇ format「形式」　◇ take the time to *do*「時間を取って〜する」
◇ hire「〜を雇う」　◇ raise money「資金を集める」
◇ not all S 〜「すべての S が〜というわけではない」　◇ income「収入」
◇ hybrid「混合の」
◇ in-person「直接会う」（本文では「実際に美術館に行く」の意味）
◇ sustainable「持続可能な」

問 27　 **27** 　正解は ①

① もはや物理的な場所に制限されない
② 今ではインターネット上で新しい芸術作品を購入できる
③ 生み出されるアートの種類を制限しなくてもよい
④ 焦点を建物内での展示に移す必要がある

第1段第2・3文（With advances in … "digital art museums."）「技術の進歩に伴い，人々が芸術を鑑賞する方法が変わりつつあります。近年では，一部の美術品のコレクションがインターネット上で公開され，『デジタル美術館』となっています」がワークシートの空所前の Digital art museums are changing how people interact with art にあたる。続く最終文 Why are art museums moving to digital spaces? が，その理由を問う疑問文となっているため，これ以降を注意して聞き取る。第2段第2文（In digital museums, …）「デジタル美術館では，来館者は物理的な

空間に制限されることなく芸術に触れることができます」より，①が正解。②の buy new pieces of artwork online, ③の the types of art created については述べられていない。④は第1段最終文 Why are art museums moving to digital spaces? の下線部に一致しないため，不適。

問 28〜31

① 芸術家	② 予算	③ 館長
④ 情報	⑤ 絵画の実物	⑥ 訪問時間

28 正解は⑥　**29** 正解は④

28 の前の flexible は「柔軟な，融通の利く」の意。第2段第4文（Also, as online museums …）「また，インターネット上の美術館は閉館することがないため，来館者らは好きなだけ美術館にいることができます！」より，訪問時間の点で融通が利くとわかるため，**28** には⑥を入れる。

29 の前の detailed は「詳しい」の意。第2段第6・最終文（Online exhibits enable…about each collection.）「インターネット上の展示会では，来館者が動画を見たり，さまざまな角度から芸術作品を鑑賞したり，インタラクティブな機能を使ったりすることができます。これにより，来館者らはコレクション一つ一つに関するさらに詳しい情報を得られるのです」の much more specific information の specific「詳しい」が detailed に近い意味である。よって，**29** は④が適切。

30 正解は③　**31** 正解は②

30 の前の enthusiastic「熱心な」は人の性質を表す形容詞であることから，空所には①artists か③directors が入ると予測をつける。来館者にとっての利点に続き，第3段第1文（Putting collections online …）から美術館側の負担に関する話題に切り替わっている，つまり，ワークシートの Challenges for museums の説明に入ると気づきたい。第3段第2文 First, museum directors must be eager to try this new format.「第一に，美術館の館長は積極的にこの新しい形式を取り入れようとしなければなりません」の eager「熱心な」が enthusiastic に近い意味である。主語の museum directors から，**30** には③を入れる。

第3段第3文 Then, they have to take the time to hire specialists and raise the money to buy the necessary technology.「次に，専門家を雇うのに時間を割き，必要な技術を購入する資金を調達しなければなりません」の specialists が **31** の上の digital specialists にあたることから，raise the money to buy the necessary technology が **31** にあたると判断する。増えるのは money の言い換えとなる②である。

問32　32　正解は②

① より多くの美術館が，定期パスを持っている来館者向けの館内サービスの無料提供を計画している。
② 美術館は将来的に成功していくために，従来のスペースとインターネット上のスペースの両方を維持する必要があるのかもしれない。
③ 美術館の目標の一つは，若い世代に，展示品を直接見ることに興味を持たせることである。
④ 持続可能な芸術作品の制作は，デジタル美術館が拡大するきっかけを与えるだろう。

最終段第2文 Museums will probably need to depend on income from a hybrid style of both in-person and online visitors. 「美術館はおそらく，実際に美術館へ来る来館者とオンラインでの来館者の両方を融合した形からの収入に頼っていく必要があるでしょう」より，②が正解。both in-person and online visitors が both traditional and online spaces と言い換えられている。

①seasonal pass「定期パス」を所有する来館者へのサービスに関しては本文中で触れられていないため，不適。on site は「現地で，現場で，施設内で」の意。

③美術館の展示品への若者の関心を高める，という内容は本文中に含まれていないため，不適。

④sustainable「持続可能な」という語は，最終段第3文 This kind of income could enable them to remain financially sustainable for future generations. に含まれるが，この them は museums を指し，美術館を今後財政的に持続可能なものにする，という意味の文である。持続可能な芸術作品に関する言及はないため，不適。

ワークシート

デジタル時代におけるアート

○**デジタル技術が美術館に及ぼす影響**

　デジタル美術館は人々の芸術との関わり方を変化させている。なぜなら美術館は①もはや物理的な場所に制限されないからである。

○**デジタル美術館の顕著な特徴**

美術館にとってのメリット	来館者にとってのメリット
◆来館者が増加する可能性	◆利用のしやすさ ◆融通の利く⑥訪問時間 ◆詳しい④情報

美術館の課題
必要なもの： 　◆熱心な③館長 　◆デジタルの専門家 　◆②予算の増加

問33　33　正解は②

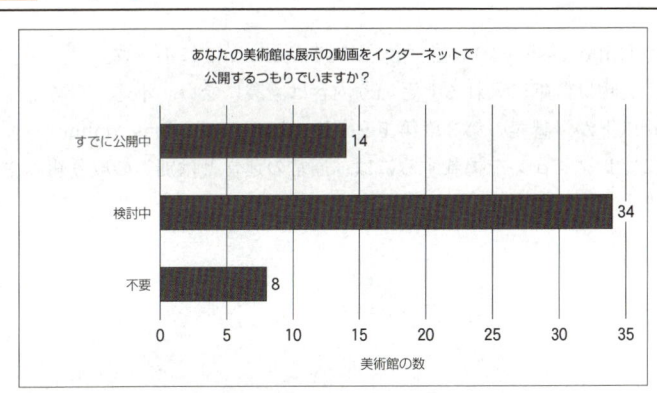

① 　来館者らは芸術作品を自分の目で直に鑑賞したがっているため，14の美術館が展示の動画をインターネットで公開することは不要だと判断した。

② 　資金とスタッフを見つける上で問題があるにもかかわらず，10以上の美術館がすでに展示の動画をインターネット上に公開している。

③ 　8つの美術館はインターネット上に展示の動画を公開しており，コレクションの実物は倉庫に入れるであろう。

④ 56の美術館のほとんどがインターネット上で展示の動画を公開したいと考えている。手間がほとんどかからず，費用が低いからだ。

放送内容 《美術館のデジタル化への取り組み状況》

Our group looked at a survey of 56 art museums conducted in the fall of 2020. Many art museums are currently thinking about how to go digital. This survey specifically asked if art museums were putting their exhibition videos on the internet. Here are those survey results.

訳 私たちのグループは，2020年秋に行われた，56の美術館を対象とした調査に注目しました。現在，多くの美術館がデジタル化する方法について検討しています。この調査では特に，美術館がインターネット上に展示の動画を公開しているかどうかが尋ねられました。こちらがその調査結果です。

◇ conduct「～を実施する」 ◇ currently「現在」 ◇ go digital「デジタルになる」
◇ specifically「特に，具体的に」 ◇ exhibition「展示（物・会）」

グラフの Already Online の数値（14）が，②の more than 10 museums have already put their exhibition videos online に一致。また，講義の第3段第3文 Then, they have to take the time to hire specialists and raise the money…「次に，専門家を雇うのに時間を割き，…資金を調達しなければなりません」より，美術館のデジタル化には人材と資金の面で課題があることがうかがえるため，②の Despite problems in finding money and staff に一致すると言える。よって，②が正解。

①グラフの Unnecessary の数値（8）が 14 museums に不一致。

③後半の「実物は倉庫に入れる」という内容は講義にない。不適。

④because 以下が，講義の第3段第1文（Putting collections online…）「インターネット上にコレクションを掲載するには，通常の運営とは別途の取り組みや時間，経費を要します」に一致しない。

第6問A 対話を聞いて要点を把握する問題

《第6問Aの説明》

第6問A 第6問Aは問34と問35の2問です。二人の対話を聞き，それぞれの問いの答えとして最も適切なものを，四つの選択肢（①〜④）のうちから一つずつ選びなさい。状況と問いを，今，読みなさい。

では，始めます。

《旅行の準備》

Raymond : Our trip is getting close, Mana!

Mana : Yes, <u>I need to buy a new bag to protect my camera and lenses</u>.

Raymond : Aren't they heavy? I'm just going to use my smartphone to take pictures. With smartphone software you can edit your photos quickly and easily.

Mana : Yeah, I guess so.

Raymond : Then, why do you want to bring your camera and lenses?

Mana : Because I'm planning to take pictures at the wildlife park. <u>I want my equipment to capture detailed images of the animals there</u>.

Raymond : I see. Then, I'll take pictures of us having a good time, and you photograph the animals.

Mana : Sure! I have three lenses for different purposes.

Raymond : That's going to be a lot of stuff. <u>I hate carrying heavy luggage</u>.

Mana : <u>I do, too</u>, but since <u>I need my camera and lenses</u>, I have no choice. I think it'll be worth it, though.

Raymond : I'm sure it will. I'm looking forward to seeing your pictures!

Mana : Thanks.

訳 レイモンド：僕たちの旅行が迫ってきてるね，マナ！

　　　マナ：そうね，**カメラとレンズを守るための新しいカバンを買わないと**。

レイモンド：重くない？　僕は，写真を撮るのにスマートフォンしか使わないつもりだよ。スマートフォンのソフトウェアを使えば，写真をすばやく簡単に編集できるんだよ。

　　　マナ：ええ，そうでしょうね。

レイモンド：じゃあ，なんで君はカメラとレンズを持っていきたがってるんだい？

マナ：野生動物公園で写真を撮ろうと思ってるからよ。**私は自分の機材を使って，そこにいる動物たちの克明な画像を撮りたいのよ。**

レイモンド：そうなんだね。じゃあ，僕たちが楽しんでいる写真は僕が撮って，君は動物の写真を撮るってことで。

マナ：そうね！　私，目的別のレンズを3つ持っているの。

レイモンド：それは荷物がすごい量になりそうだね。**僕は重い荷物を運ぶのは嫌だな。**

マナ：**私も嫌だけど，カメラとレンズは必要なものだから，**仕方ないわ。でも，それだけの価値はあると思うわ。

レイモンド：きっとそうなると思うよ。君の写真を見るのを楽しみにしているよ！

マナ：ありがとう。

◇ get close「近づく」　◇ edit「〜を編集する」　◇ wildlife「野生生物」
◇ equipment「機器，機材」　◇ capture「〜を（写真などに）記録する」
◇ detailed「詳細な，きめ細かい」　◇ purpose「目的」　◇ stuff「物」
◇ have no choice「選択の余地がない，仕方がない」　◇ worth「〜の価値がある」

問34　　34　　正解は①

> 問　どの記述がマナの意見を最もよく表しているか。
> ①　カメラとレンズを旅行に持っていくことは必要である。
> ②　最新のスマートフォンを手に入れることは有益である。
> ③　海外旅行のための荷造りには時間がかかる。
> ④　携帯電話のソフトウェアを更新することは厄介である。

マナの1つ目の発言のI need to buy a new bag to protect my camera and lenses「カメラとレンズを守るための新しいカバンを買わないと」，5つ目の発言のI need my camera and lenses「カメラとレンズは必要なものだ」より，マナが一貫して自分のカメラ機材を持っていきたいと主張していることがわかる。よって①が正解。また，マナの3つ目の発言第2文I want my equipment to capture detailed images of the animals there.「私は自分の機材を使って，そこにいる動物たちの克明な画像を撮りたい」のequipment「機材」はマナのカメラとレンズを指している。

問35　35　正解は③

> 問　次の記述のうち，話し手の二人がどちらも同意しそうなものはどれか。
> ① 故障したスマートフォンを修理するには高い費用がかかる。
> ② 走っている動物の写真を撮ることは不可能である。
> ③ 重い荷物を持ち歩くのは嫌である。
> ④ 彼らのどちらにとっても，カメラとレンズを購入することが極めて重要である。

レイモンドの5つ目の発言第2文 I hate carrying heavy luggage.「僕は重い荷物を運ぶのは嫌だな」と，直後でマナが I do, too「私も嫌だ」と言っていることから，③が正解。I do, too の do は hate carrying heavy luggage を指す。

第6問B　複数の意見（会話や議論）を聞いて問いに答える問題

放送内容　《第6問Bの説明》

　第6問B　第6問Bは問36と問37の2問です。会話を聞き，それぞれの問いの答えとして最も適切なものを，選択肢のうちから一つずつ選びなさい。状況と問いを，今，読みなさい。
　では，始めます。

放送内容　《卒業研究》

Jeff : So, Sally, we have to start thinking about graduation research.

Sally : I know, Jeff.

Jeff : And we can choose to work together as a group or do it individually. I'm leaning towards the group project. What do you think, Matt?

Matt : Well, Jeff, I'm attracted to the idea of doing it on my own. I've never attempted anything like that before. I want to try it. How about you, Sally?

Sally : Same for me, Matt. I want to really deepen my understanding of the research topic. Besides, I can get one-on-one help from a professor. Which do you prefer, Aki?

Aki : I prefer group work because I'd like to develop my communication skills in order to be a good leader in the future.

Jeff : Cool. Coming from Japan, you can bring a great perspective to a group project. I'd love to work with you, Aki. <u>Matt, don't you think it'd be better to collaborate?</u>

Matt：<u>Yes</u>, it does sound fun, Jeff. Come to think of it, I can learn from other students if I'm in a group. <u>We can work on it together.</u> <u>Would you like to join us, Sally?</u>

Sally：<u>Sorry.</u> It's better if I do my own research because I'm interested in graduate school.

Aki：Oh, too bad. Well, for our group project, what shall we do first?

Jeff：Let's choose the group leader. Any volunteers?

Aki：I'll do it!

Matt：Fantastic, Aki!

訳　ジェフ：さて，サリー，僕らは卒業研究について考え始めないといけないね。

サリー：わかってるわ，ジェフ。

ジェフ：それと，グループで一緒に研究するか，それとも個人でやるかを選ぶことができる。**僕はグループ研究に気持ちが傾いてる**んだけど。君はどう思う，マット？

マット：そうだね，ジェフ，**僕は自分１人でやるっていう考えに惹かれてる**んだ。僕はこれまでにそんな風にやってみたことが一度もなくて。それに挑戦してみたいんだ。**君はどう，サリー**？

サリー：**私も同じよ**，マット。私は研究テーマについて自分の理解を本当に深めたいの。それに，教授から一対一で助言をもらえるし。あなたはどっちがいいの，アキ？

アキ：**私はグループ研究のほうがいいわ**。だって，将来，優秀なリーダーになれるよう，コミュニケーション力を伸ばしたいもの。

ジェフ：それはいいね。君は日本出身だから，グループ研究にすばらしい視点をもたらしてくれるだろうね。僕は君と一緒にやりたいな，アキ。**マット，共同して取り組むほうがいいと思わないかい**？

マット：**うん**，確かに楽しそうだね，ジェフ。考えてみれば，グループに入っていれば，他の学生から学ぶことができるね。**一緒にやろう。君も僕らに加わらないかい，サリー**？

サリー：**ごめん**。私は大学院に興味があるから，自分一人の研究をするほうがいいわ。

アキ：あら，残念だわ。じゃあ，私たちのグループ研究については，最初に何をしたらいいのかしら？

ジェフ：グループのリーダーを選ぼう。誰かやりたい人はいる？

アキ：私がやるわ！

マット：すばらしい，アキ！

◇ **individually**「個人で」　◇ **lean toward(s)** 〜「〜に傾く」

◇ **be attracted to** 〜「〜に惹かれている」　◇ **attempt**「〜を試してみる」

◇ **deepen**「〜を深める」　◇ **one-on-one**「一対一の」

◇ **perspective**「見方，視点」　◇ **collaborate**「共同して取り組む」

◇ **does sound**「確かに〜そうだ」（dose は動詞を強調）

◇ **come to think of it**「考えてみると，そういえば」　◇ **graduate school**「大学院」

問36 　36 　正解は①

① 1人	② 2人	③ 3人	④ 4人

ジェフは2つ目の発言 I'm leaning towards the group project. で，グループ研究に気持ちが傾いており，マットは1つ目の発言 I'm attracted to the idea of doing it on my own より，単独での研究に惹かれているとわかる。サリーはこのマットの発言を受け，Same for me と答えていることから，サリーも単独での研究を希望しているとわかる。アキは1つ目の発言で I prefer group work と述べているため，グループ研究派である。ここまでなら単独での研究を選んでいるのはマットとサリーの2人となるが，ジェフの3つ目の発言 Matt, don't you think it'd be better to collaborate?「マット，共同して取り組むほうがいいと思わないかい？」に対し，マットは Yes と答えている。否定疑問文に対する Yes の返答は，Yes（, I think it'd be better to collaborate）と考える。マットはここでグループ研究のほうがよいという意見に変わっている。その後の We can work on it together. からも，マットがグループ研究に参加するとわかる。マットは続けて Would you like to join us, Sally? とサリーをグループ研究に誘うが，サリーは Sorry. と断り，会話中で一貫して単独での研究を希望している。よって，単独での研究を行うのはサリー1人である。①が正解。

問37　　37　　正解は②

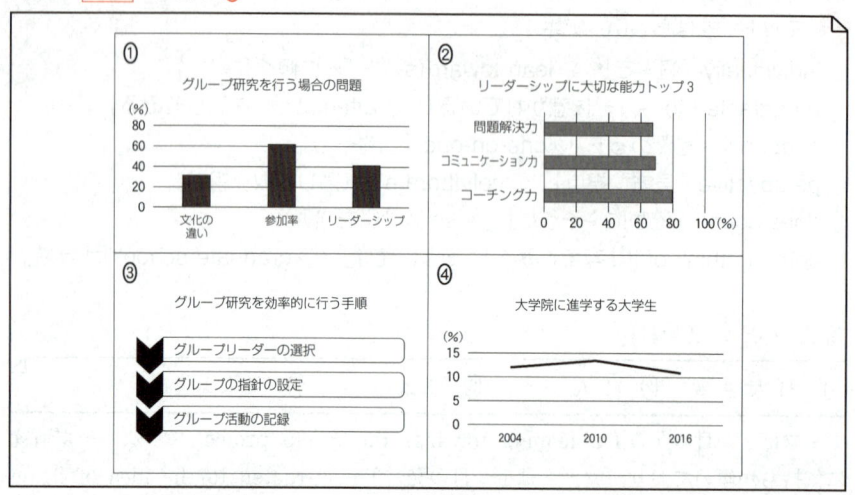

設問に「Aki の考えの根拠となる図表」とあるため，アキの発言内容を注意して聞き取る。アキの1つ目の発言の I'd like to develop my communication skills in order to be a good leader in the future「将来，優秀なリーダーになれるよう，コミュニケーション力を伸ばしたい」より，Top Three Important Leadership Skills「リーダーシップに大切な能力トップ3」として，コミュニケーション力が2位であることを示すグラフの②が正解となる。①の Problems When Working in a Group「グループ研究を行う場合の問題」は，会話中で言及されていない。③の1つ目の項目 Selecting a group leader に，leader という，アキの発言に関係のある語は含まれているものの，グループ研究を行う手順として，まずグループのリーダーを決定しようと提案したのはジェフ（最終発言 Let's choose the group leader.）である。残り2つの項目も，アキの考えの根拠とは無関係のため不適。④は，大学院進学に関する発言はアキではなく，サリーの最終発言（I'm interested in graduate school）であるため，不適。

英語(リーディング) 本試験

2022
年度

リーディング

問題番号 (配点)	設　問		解答番号	正解	配点	チェック
第1問 (10)	A	問1	1	①	2	
		問2	2	③	2	
	B	問1	3	②	2	
		問2	4	②	2	
		問3	5	①	2	
第2問 (20)	A	問1	6	⑤	2	
		問2	7	③	2	
		問3	8	①	2	
		問4	9	③	2	
		問5	10	①	2	
	B	問1	11	②	2	
		問2	12	④	2	
		問3	13	①	2	
		問4	14	①	2	
		問5	15	①	2	
第3問 (15)	A	問1	16	①	3	
		問2	17	①	3	
	B	問1	18	①	3*	
			19	④		
			20	③		
			21	②		
		問2	22	②	3	
		問3	23	②	3	

問題番号 (配点)	設　問		解答番号	正解	配点	チェック
第4問 (16)		問1	24	③	3	
		問2	25	③	3	
		問3	26	②	3	
		問4	27	①	3	
		問5	28	②	2	
			29	④	2	
第5問 (15)		問1	30	①	3	
		問2	31 – 32	④ – ⑤	3*	
		問3	33	②	3*	
			34	⑤		
			35	④		
			36	①		
		問4	37	③	3	
		問5	38	③	3	
第6問 (24)	A	問1	39	③	3	
		問2	40	③	3	
		問3	41	①	3	
		問4	42	⑥	3*	
			43	③		
	B	問1	44	②	3	
		問2	45	②	3	
			46	①	3	
		問3	47 – 48	③ – ④	3*	

(注)
1　＊は，全部正解の場合のみ点を与える。
2　－(ハイフン)でつながれた正解は，順序を
　問わない。

自己採点欄

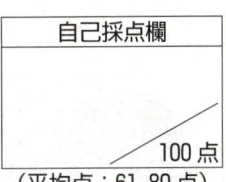

100 点
(平均点：61.80 点)

第1問

A　資料の読み取り

（訳）《デザートに使う果物》

　あなたは高校の国際クラブでブラジルについて研究している。先生はあなたにブラジルの食べ物について調べるように求めた。あなたはブラジル料理の本を見つけ，デザートを作るのに使われる果物について読む。

人気のあるブラジルのフルーツ	
クプアス	**ジャボチカバ**
・チョコレートのような香りと味がする ・ケーキや，ヨーグルトとともに食べるなど，デザートにうってつけ ・ブラジル人は，この果物のチョコレート風味のジュースが大好き。	・見た目はブドウのよう ・甘い風味を楽しむには，収穫から3日以内に食べるべし。 ・酸味が増したあとは，ジャム，ゼリー，ケーキを作るのに使う。
ピタンガ	**ブリチー**
・赤と緑の2種類がある ・甘い赤のものはケーキに使う。 ・酸味のある緑のものはジャムとゼリーにのみ使用する。	・中がオレンジ色で，モモやマンゴーに似ている ・とても甘く，口の中でとろける ・アイスクリーム，ケーキ，ジャムに使うのが最適

語句・構文

▶ within *A* of *B*「*B*から*A*以内に」　この前置詞 of は「〜（根源・出どころ）から」の意味。距離にも使える。

▶ come in *A*「（品物などが）*A*（大きさ・色など）で売られている，入手できる」

問1　　1　　正解は①

「クプアスもブリチーも□□□を作るのに使える」

クプアスの説明2番目と3番目に「ケーキや，ヨーグルト」「ジュース」と，ブリチーの説明3番目に「アイスクリーム，ケーキ，ジャム」と，向いているデザートが挙げられている。共通するのは「ケーキ」。① **「ケーキ」** が正解。

② 「チョコレート」

③ 「アイスクリーム」

④ 「ヨーグルト」

問2　　2　　正解は③

「酸味のあるケーキを作りたいなら，使うのに最適な果物は□□□である」

sour「酸味のある，すっぱい」という記述があるのは，ジャボチカバと緑のピタンガだが，向いているデザートとしてケーキが挙がっているのはジャボチカバのほうである。③ **「ジャボチカバ」** が正解。

① 「ブリチー」

② 「クプアス」

④ 「ピタンガ」

B　ウェブサイトの読み取り

訳　《赤ちゃんキリンの名前の公募》

　あなたはカナダのトロントにある市立動物園のウェブサイトを見ており，興味深いコンテストの告知を見つける。あなたはコンテストに参加することを検討している。

コンテスト開催！

キリンの赤ちゃんに名前をつけてください

市立動物園の一番新しい仲間を歓迎しましょう！

元気なキリンの赤ちゃんが5月26日，市立動物園で誕生しました。
もう歩き回ったり走り回ったりしています！
体重は66キロ，身長は180センチです。
みなさんの任務は，この子の両親，ビリーとノエルが赤ちゃんの名前を選ぶお手伝いです。

参加方法

◆　ここのリンクをクリックして，あなたの考えた赤ちゃんの名前を送り，指示に従ってください。　　　　　　　　　　　　　　　　　　　　→　ここから参加
◆　名前は，6月1日午前0時から6月7日午後11時59分まで受け付けます。
◆　アイデアのヒントに，ライブのウェブカメラでキリンの赤ちゃんをご覧ください。
　　　　　　　　　　　　　　　　　　　　→　ライブ・ウェブカメラ
◆　応募1件につき5ドルです。お金はすべて成長するキリンの赤ちゃんのエサ代になります。

コンテストのスケジュール	
6月8日	動物園の職員が，すべての応募の中から最終候補を5つ選びます。これらの名前は，午後5時までに当園のウェブサイトに掲示します。
6月9日	赤ちゃんの両親は優勝の名前をどのように決めるのでしょうか？午前11時から正午の間にライブストリームのリンクをクリックしてくれたらわかります！　　　→　ライブストリーム 選ばれた名前を見るには，正午以降に当園のウェブサイトを確認してください。

賞品

最終候補の5名様は全員，7月末まで有効な動物園1日フリーパスを受け取れます。
優勝の名前を送ってくださった方は，貸し切りナイトサファリ・ツアーに加えて，
キリンの赤ちゃんとその家族が写った特別な写真ももらえます！

語句・構文

▶ submit「～を提出する」

▶ valid「有効な」

問1　3　正解は②

「このコンテストには，□□□□の間に参加できる」

「参加方法」の2つ目の項目に「名前は，6月1日午前0時から6月7日午後11時59分まで受け付ける」とある。②**「6月1日から6月7日」**が正解。

① 「5月26日から5月31日」

③ 「6月8日から6月9日」

④ 「6月10日から7月31日」

問2　4　正解は②

「考えたキリンの赤ちゃんの名前を送るとき，□□□□しなければならない」

「参加方法」の最後の項目に「応募1件につき5ドル」とある。②**「応募料を払う」**が正解。

① 「1日パスを買う」

③ 「市立動物園で5ドル使う」

④ 「ウェブサイトでそのキリンを見る」

問3　5　正解は①

「もしあなたの提出した名前が最終候補5つの中に含まれていれば，あなたは□□□□」

「賞品」の最初の文に「最終候補の5名様は全員，7月末まで有効な動物園1日パスを受け取れる」とある。①**「動物園に1日無料で入れる」**が正解。

② 「ライブ・ウェブサイトに無料でアクセスできる」

③ 「キリンの赤ちゃんに会い，エサをやれる」

④ 「キリンの家族と一緒に写真を撮れる」

第2問

A　情報の読み取り

訳　《図書館利用案内》

　あなたは英国のある大学のキャンパスで行われている「未来のリーダー」という夏期講習に参加している。あなたは，講習の課題ができるように，図書館に関する情報を読んでいる。

アバーマス大学図書館
午前8時から午後9時まで開館
2022年度資料

図書館利用カード：学生の身分証がそのまま図書館利用カードとコピー利用カードになります。身分証は受講生用の資料一式の中に入っています。

本を借りる

一度に8冊まで7日間借りることができます。本を借り出すには，2階にある受付に行ってください。決められた日までに本が返却されない場合，本が返却された日から3日間は，再び図書館の本を借りることは許されません。

コンピュータを使う

インターネット接続されたコンピュータは，2階の正面入口のそばにあるコンピュータ・ワークステーションにあります。学生は自分のラップトップコンピュータやタブレットを図書館に持ち込んでも構いませんが，3階の自習室だけでしか使えません。学生は静かに作業し，友達のための席取りをしないようにも求められています。

図書館オリエンテーション

毎週火曜日午前10時から，20分間の図書館オリエンテーションが4階の閲覧室で行われています。詳細は受付のスタッフにお声がけください。

以前の学生のコメント

- 図書館オリエンテーションはとても良かったです。資料も素晴らしかった！
- 自習室はとても混雑することがあります。席を取るにはできるだけ早く行くこと！
- 図書館内のWi-Fiはとても遅いですが，隣の喫茶店のものは良好です。ちなみに，図書館に飲み物を持ち込むことはできませんよ。
- 受付のスタッフは，私の質問すべてに答えてくれました。何か手助けが必要なら受付へ行きましょう！
- 1階には図書館のビデオを見るためのテレビが数台あります。ビデオを見るときには，自分のイヤホンかヘッドホンを使う必要があります。テレビの隣にコピー機があります。

語句・構文

▶ the due date「（返却・提出の）期日」

▶ the ground floor「（英国で）１階」　したがって the first〔second／third〕floor はそれぞれ「２階，３階，４階」を表す。

問１　　6　　正解は⑤

「￣￣￣はあなたが図書館でできる２つのことである」

「図書館利用カード」の説明に「学生の身分証がそのまま…コピー利用カードになる」とあり，これが D の「コピーを取るのに身分証を使う」に相当する。「コンピュータを使う」の項の第２文（Students may …）に「学生は自分のラップトップコンピュータ…を図書館に持ち込んでも構わないが，３階の自習室だけでしか使えない」とあり，これが E の「自分のラップトップを自習室で使う」に相当する。⑤「**D と E**」が正解。

A「喫茶店からコーヒーを持ち込む」は「コメント」の３つ目第２文（By the way, …），B「自習室の席を他の人のために取っておく」は「コンピュータを使う」の項の最終文（Students are …），C「３階にあるコピー機を使う」は「コメント」の最後の内容（コピー機は１階にある）とそれぞれ一致しない。

問２　　7　　正解は③

「あなたは図書館の正面入口におり，図書館オリエンテーションに行きたいと思っている。あなたは￣￣￣必要がある」

「コンピュータを使う」の項の第１文（Computers with …）に「２階の正面入口」，「図書館オリエンテーション」の項の第１文（On Tuesdays …）に「図書館オリエンテーションが４階の閲覧室で行われる」とある。③「**２階上に上がる**」が正解。

① 「１階下に下りる」

② 「１階上に上がる」

④ 「同じ階にとどまる」

問３　　8　　正解は①

「￣￣￣は図書館の正面入口の近くにある」

「コンピュータを使う」の項の第１文（Computers with …）に「正面入口のそばにあるコンピュータ・ワークステーション」とある。①「**コンピュータ・ワークステーション**」が正解。

② 「閲覧室」

③ 「自習室」

④ 「テレビ」

問4 　9　 正解は③

「8月2日に3冊の本を借り，8月10日に返却したとすると，あなたは□□□」

「本を借りる」の項の第1文（You can borrow …）に「7日間借りることができる」，同項最終文（If books are …）に「決められた日までに本が返却されない場合，本が返却された日から3日間は，再び図書館の本を借りることは許されない」とある。2日に借りて10日に返すと8日間経っているため，期限を過ぎての返却であり，8月10日から3日間は借り出しができない。③**「8月13日までさらに本を借りることはできない」**が正解。

①「8月10日にさらに8冊借りることができる」

②「8月10日にさらに7冊借りることができる」

④「8月17日までさらに本を借りることはできない」

問5 　10　 正解は①

「以前の学生が述べている**事実**の一つは□□□ことだ」

「コメント」の最後のものの第2文（When watching videos, …）に「ビデオを見るときには，自分のイヤホンかヘッドホンを使う必要がある」とある。①**「ビデオを見るときにはヘッドホンかイヤホンが必要である」**が正解。

②「図書館は午後9時まで開いている」　学生のコメントではない。

③「図書館オリエンテーションの資料は素晴らしい」「素晴らしい」は学生の感想であり，意見。

④「自習室は空いていることが多い」「コメント」の2つ目の内容と一致しない。

B 新聞記事の読み取り

> **訳** **《ペットは私たちに何を与えるのか》**
> 　あなたは学校英字新聞の編集者である。英国からの交換留学生のデイヴィッドが，その新聞のための記事を書いた。

[第1段] 動物は好きですか？　英国は動物好きの国として知られており，5軒中2軒の家庭がペットを飼っています。これは半数以上の家庭でペットを飼っている米国より低いです。しかし，オーストラリアが，ペットのいる家庭の割合は最も高いのです！

これはなぜなのでしょうか？　オーストラリアで行われたある調査の結果が，いくつかの答えを教えてくれます。

> **[第2段]** 　ペットの飼い主たちが，ペットと暮らすことの良さを次のように述べています。
> - ペットが与えてくれる愛情，幸福，友情（90パーセント）
> - もう一人家族がいる感覚（犬と猫の飼い主の60パーセント以上）
> - ペットがもたらす幸せな時間。ほとんどの飼い主は自分の「もふもふの赤ちゃん」と，毎日3～4時間過ごしており，犬と猫の飼い主の約半数は，犬・猫と一緒に寝ている！
>
> 困ることの一つは，飼い主が留守をするときにペットの面倒を見てもらわなくてはならないことです。世話を手配するのが難しいこともあります。飼い主の25パーセントは，休暇や自動車旅行にペットを連れて行きます。

[第3段] 　こうした結果は，ペットを飼うのは良いことだと示唆しています。一方で，日本に来てから，私は飼育スペース，時間，費用といった他の問題も見てきました。それでも，小さなアパートの部屋でペットと一緒に暮らすことに満足している日本の人たちを知っています。最近，日本では小型の豚をペットとして飼うことが流行になってきていると聞きました。中には自分の豚を散歩に連れて行く人もいて，それは楽しいことに違いないですが，屋内で豚を飼うことがどれほど簡単なのかは疑問に思います。

語句・構文

[第1段] ▶ be known as ～「～として知られている，有名である」
[第2段 (調査結果)] ▶ organise「～を手配する」 イギリス英語のつづり。アメリカ英語では organize とつづる。
[第3段] ▶ still「それでも，それにもかかわらず」 接続詞的な使い方で，この意味になる。

問1　11　正解は②
「ペットのいる家庭の割合に関して，最も高いものから最も低いものの順で，国のランキングを示すものはどれか」
第1段第2～最終文（The UK … with pets!）に「英国は5軒中2軒，これは半数を超える米国より低いが，一番割合が高いのはオーストラリアだ」とある。割合の高いものから並べるとオーストラリア，米国，英国となる。正解は②。

問2　12　正解は④
「デイヴィッドの報告によると，ペットを飼うことの良さの一つは　　　ことだ」
「調査結果」の利点の最後に「ペットがもたらす幸せな時間」とある。④「生活がより楽しくなりうる」が正解。
①「お金を節約できる」
②「長く眠れる」
③「人気が出る」

問3　13　正解は②
「調査からわかったことの一つを最もよく反映している発言は　　　である」
「調査結果」の利点の最後，第2文（Most owners …）に「ほとんどの飼い主が毎日3～4時間，もふもふの赤ちゃん（＝ペット）と過ごしている」とある。②「私は毎日ペットと3時間ほど過ごしている」が正解。
①「私はうちの猫と一緒にテレビを見ていると落ち着かない」
③「ほとんどのペットは自動車旅行に行くのが好きだ」
④「ペットには自分の部屋が必要だ」

問4　14　正解は④
「日本でペットを飼うことに関するデイヴィッドの意見を最もよく要約しているのはどれか」
第3段第3文（Still, I know …）に「それでも（＝いくつか問題はあっても），小さなアパートの部屋でペットと一緒に暮らすことに満足している日本の人たちを知

っている」とある。④「家の中でペットを飼って幸せな人もいる」が正解。
① 「ペットを飼うことは面倒ではない」
② 「人々はペットを飼うのをやめるかもしれない」
③ 「ペットの飼い主は，家族の数がより多い」

問5 　15　 正解は②

「この記事に最も適した表題はどれか」

第1段で，ペットを飼っている割合の高い国に言及したあと「なぜそうなのだろう」と問い，その答えとしてオーストラリアで行われた調査結果を第2段で挙げている。そこには，ペットを飼うことの良い点と困る点の両方が述べられている。第3段では，日本でデイヴィッドが気づいたこととして，調査結果で挙げられた以外の問題点と，それでもペットを飼うことに満足している人たちがいることを述べている。全体の論調としてはペットを飼うことに肯定的である。②「ペットを飼うことは私たちに何を与えるのか」が適切。
① 「あなたのペットはあなたのベッドで眠るか」
③ 「どんなペットを飼っているか」
④ 「ペットの豚を飼ってはどうか」

第3問

A　ブログの読み取り

> 訳　《外国人の見た日本文化》
> 　あなたは，日本の文化が他の国ではどのように言われているのかに関心を持っている。あなたは，ある若い英国人ブロガーの記事を読んでいる。

エミリー=サンプソン
7月5日　月曜日　午後8時

［第1段］　毎年7月第1・第2日曜日に，ウィンスフィールドで「日本の一面」という異文化イベントがあります。昨日その催しに行く機会がありました。本当に行ってみる価値があります！　「屋台」と呼ばれる本場の食べ物の売場がたくさんあり，参加型アクティビティやいくつかの素晴らしいパフォーマンスもありました。屋台では抹茶アイスクリーム，たこ焼き，焼き鳥を出していました。私は抹茶アイスクリームとたこ焼きを食べてみました。たこ焼きは特においしかったです。食べてみてください！

［第2段］　パフォーマンスは3つ見ました。その一つは，英語で行われた「落語」という笑い話です。笑っている人たちもいましたが，よくわからないけれど，私には面白いと思えませんでした。私が日本文化についてあまり知らないせいかもしれません。私には，他の2つ，「太鼓」と「琴」が目玉でした。太鼓は力強く，琴には癒されました。

［第3段］　ワークショップと文化体験に一つずつ参加しましたが，どちらも楽しかったです。ワークショップでは，「おにぎり」の作り方を教わりました。私が作ったものは形が少し変でしたが，味はよかったです。「流しそうめん」体験はとても興味深いものでした！　ゆでた麺が竹のウォータースライドを流れ落ちてくるのをお箸ですくうようにすることが体験の中にありました。麺をすくうのはとても難しかったです。

［第4段］　もし日本の一面を体験してみたければ，この催しはうってつけです！チラシの写真を撮りました。見てみてください。

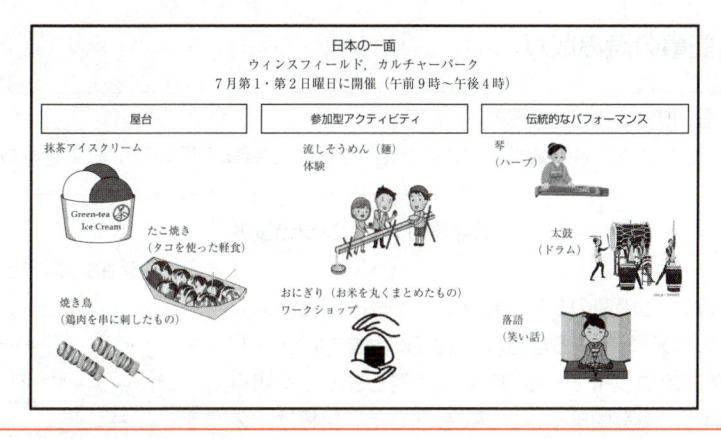

［第1段］ ▶ a slice of ～「～の一面，一部分」

　　　　 ▶ authentic「真正の，本物の」

　　　　 ▶ hands-on「直接参加できる，実際に体験できる」

［第2段］ ▶ highlight「呼び物，目玉商品」

［第3段］ ▶ workshop「講習会，勉強会」

［第4段］ ▶ flyer「チラシ，ビラ」 flier ともつづる。

［チラシ］ ▶ skewer「焼き串」

問1 　16　 正解は①

「エミリーのブログでは，彼女が　　　ことが読める」

　第2段第5文（For me, the other two, …）に「私には，他の2つ，『太鼓』と『琴』が目玉だった」とある。①「日本の伝統的な音楽を楽しんだ」が正解。

② 「日本の太鼓の叩き方を教わった」

③ 「竹からウォータースライドを作った」

④ 「屋台の食べ物をすべて食べてみることができた」 焼き鳥は食べていない。

問2 　17　 正解は①

「落語を聞いていたとき，エミリーは　　　いた可能性が最も高い」

　第2段第3文（Some people were …）に「私には面白いと思えなかった」とある。チラシには comic「滑稽な」とあるのに面白くなかったので，「困惑した」と考えられる。①「困惑して」が正解。

② 「確信して」

③ 「興奮して」

④ 「くつろいで」

B　記事の読み取り

訳　《登山チャレンジの経験》

　あなたはアウトドアスポーツが好きで，ある登山雑誌で興味深い記事を見つけた。

三峰登山チャレンジの試み

ジョン=ハイランド

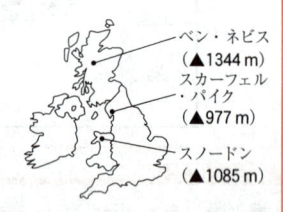

ベン・ネビス
（▲1344 m）
スカーフェル
・パイク
（▲977 m）
スノードン
（▲1085 m）

［第1段］　この前の9月，10人のクライマーと2人のミニバスの運転手からなる総勢12名の私たちのチームは，英国のクライマーの間ではその難しさでよく知られている三峰登山チャレンジに参加した。目標は，スコットランド（ベン・ネビス），イングランド（スカーフェル・パイク），ウェールズ（スノードン）という各地方の最高峰に24時間以内に登ることだが，この24時間には山から山へ車で移動するのにかかるおよそ10時間も含まれている。このための準備に，私たちは数カ月にわたって折々にトレーニングをし，登山ルートを慎重に計画した。私たちのチャレンジはベン・ネビスのふもとから始まり，スノードンのふもとで終わることになっていた。

［第2段］　私たちは最初の登山を，快晴の秋の朝，6時に開始した。トレーニングのおかげで頂上には3時間足らずで到着した。ところが，下山途中で私は自分の携帯電話を落としたことに気づいた。幸い，チームの助けで見つかったが，私たちは15分無駄にしてしまった。

［第3段］　次の目的地スカーフェル・パイクにはその夕方早くに到達した。ミニバスの中で6時間休息したあと，私たちは2番目の登山を元気いっぱいで開始した。しかし，暗くなってきたため，速度を落とさなくてはならなかった。スカーフェル・パイクの攻略には4時間半かかった。またしても，計画より長くかかってしまい，時間がなくなりつつあった。だが，道が空いていたので，最後の登山を始めたときには，ちょうどスケジュール通りになっていた。このため，私たちは制限時間内にチャレンジを完了できるという自信が増した。

［第4段］　運の悪いことに，最後の登山を開始したすぐあとに，激しい雨が降り始め，私たちは再び速度を落とさなくてはならなかった。足元は滑りやすく，視界は非常に悪かった。午前4時30分，もう24時間以内に終了することはできないとわかった。それでも，私たちは最後の山を登る決意でいた。雨はますます激しくなり，チームのクライマーのうちの2人はミニバスに戻ることにした。疲れ切って気持ちも沈み，残りの者も下りる気持ちになっていたが，そのとき空が晴れ上がり，自分

たちが山の頂上までもう少しのところにいるのがわかった。突然，疲れがどこかへ行ってしまった。時間のチャレンジには成功しなかったものの，私たちは山に登るというチャレンジには成功したのだ。やり切ったのだ。なんとよい気分だったことか！

語句・構文

［第1段］▶ on and off「ときどき，折々に」
［第2段］▶ on a beautiful autumn morning「ある快晴の秋の朝に」「午前中に，朝に」は in the morning だが，なんらかの修飾語句（節）がつくと前置詞は on になる。afternoon, evening も同様。
［第3段］▶ run out「（時間・食料などが）なくなる，尽きる」
　　　　　▶ on schedule「予定通りに」
［第4段］▶ no longer「もう〜ない」
　　　　　▶ be determined to *do*「〜することを堅く決意している」

問1　18　19　20　21　正解は①，④，③，②
「次の出来事（①〜④）を起きた順に並べよ」
第1段最終文（Our challenge would start …）に「私たちのチャレンジはベン・ネビスのふもとから始まり，スノードンのふもとで終わることになっていた」とある。第1段第2文（The goal is to climb …）や地図からも，回る山の順番は，ベン・ネビス（スコットランド），スカーフェル・パイク（イングランド），スノードン（ウェールズ）である。①「メンバー全員がスコットランドの最高峰の頂上に到達した」，②「メンバーの一部がスノードンに登るのをあきらめた」，③「グループはミニバスでウェールズまで行った」については，それぞれの地名や山の名前から，①→③→②の順となる。④「チームのメンバーが筆者の電話を探す手助けをした」は，第2段最終文（Fortunately, I found it …）に述べられており，これは最初のスコットランドの山を登り終えて下山する途中のことである。よって，①のあとの出来事である。
全体で①→④→③→②となる。

問2　22　正解は②
「スカーフェル・パイクを攻略したときに予定より遅れた理由は何だったか」
第3段第3文（As it got darker, …）に「暗くなってきたため，速度を落とさなくてはならなかった」とある。②「暗闇の中でどんどん進むのが難しかった」が正解。
①「ベン・ネビスの頂上に到達するのに，計画よりも長くかかった」

③「活力を節約するために，クライマーたちは休息を取った」

④「チームは状況が改善するまで待たなくてはならなかった」

問3 　23 　正解は②

「この記事から，筆者は□□□□ことがわかる」

第4段第8文（Even though we weren't …）に「時間のチャレンジには成功しなかったものの，私たちは山に登るというチャレンジには成功した」とある。②「3つの山すべての頂上に到達した」が正解。

①「満足感は感じなかった」

③「時間のチャレンジを成功裏に完了した」

④「ミニバスの控えの運転手だった」

第4問

ブログの読み取り

> 訳 《新入生向け家電購入のヒント》
>
>   あなたは米国のロビンソン大学の新入生である。あなたは自分の部屋のための物をどこで買えるか探すために，2人の学生，レンとシンディのブログを読んでいる。
>
> **ロビンソン大学の新入生ですか？**
> レン，2021年8月4日午後4時51分投稿
>
> ［第1段］　大学の準備をしていますか？　家電製品や電子機器がいくらか必要だけれど，そんなにお金は使いたくないと思っていますか？　大学の近くにセカンド・ハンドといういい店があります。テレビ，掃除機，電子レンジといった品物を中古で売っています。多くの学生が，その店で自分の物を買ったり売ったりするのが好きです。今売り出されている品物の一部をここで紹介します。それらのほとんどはとてもお手頃な価格になっていますが，在庫は限られているので急いで！
>
>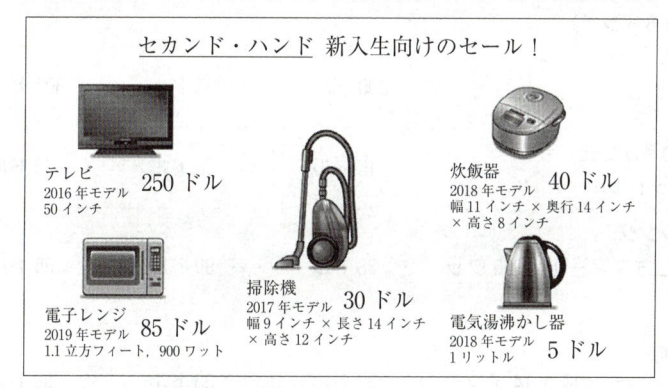
>
> セカンド・ハンド　新入生向けのセール！
>
> テレビ　2016年モデル　50インチ　250ドル
> 電子レンジ　2019年モデル　1.1立方フィート，900ワット　85ドル
> 掃除機　2017年モデル　幅9インチ×長さ14インチ×高さ12インチ　30ドル
> 炊飯器　2018年モデル　幅11インチ×奥行14インチ×高さ8インチ　40ドル
> 電気湯沸かし器　2018年モデル　1リットル　5ドル
>
> https://secondhand.web
>
> ［第2段］　中古品を買うことは環境に優しいことです。それに加えて，セカンド・ハンドで購入することによって，地元のビジネスを支えることになります。店主は実は，ロビンソン大学の卒業生なんですよ！
>
> **ロビンソン大学へようこそ！**
> シンディ，2021年8月5日午前11時21分投稿

[第3段]　もうすぐロビンソン大学での生活が始まろうとしていますか？　新生活のための家電製品や電子機器を買う準備をしているかもしれませんね。

[第4段]　ここに4年間いることになるのですから，いろんな物を新しく買いましょう！　私が1年生のときには，新品よりも安かったので，家電製品は全部，大学の近くの中古品を売っている店で買いました。でも，買ってほんの1カ月で動かなくなったものもありましたし，保証書もありませんでした。すぐに買い換えなくてはならなかったので店をいろいろ見て回ることができませんでした。だから一つの大手チェーン店で全部買うしかありませんでした。2つ以上の店で，あらかじめ値段を比較できたらよかったのになあと思います。

[第5段]　save4unistu.com というウェブサイトは，違う店の品物の値段を購入前に比較するのにとても便利です。下の表は，3つの大手の店の最も人気のある新商品の現在の価格を比較したものです。

アイテム	カット・プライス	グレイト・バイ	バリュー・セイバー
電気炊飯器 （幅11インチ×奥行14インチ×高さ8インチ）	115 ドル	120 ドル	125 ドル
テレビ （50インチ）	300 ドル	295 ドル	305 ドル
電気湯沸かし器 （1リットル）	15 ドル	18 ドル	20 ドル
電子レンジ （1.1 立方フィート，900 ワット）	88 ドル	90 ドル	95 ドル
掃除機 （幅9インチ×長さ14インチ×高さ12インチ）	33 ドル	35 ドル	38 ドル

https://save4unistu.com

[第6段]　すべての品物には保証書がつけられることを言っておきますね。だから，何かが動かなくなっても，取り替えは簡単です。バリュー・セイバーは，すべての家電製品に1年間の無料保証がつきます。もし品物が300ドルを超えるものなら，保証は4年延長されます。グレイト・バイは家電製品全部に1年の保証がつき，学校の在籍証明がある学生は，上の表に載っている価格から10パーセントの割引が

受けられます。カット・プライスの保証は無料ではつきません。品物ごとに 5 年間保証に 10 ドル払わなくてはなりません。

[第7段]　品物はどんどん売れてしまいます！　ぐずぐずしていると買いそびれますよ！

語句・構文

[第1段] ▶ home appliances「家電製品」
[一覧図] ▶ in.＝inch「インチ」
　　　　 ▶ cu.＝cubic「立方の，体積の」
　　　　 ▶ W＝width「幅」　D＝depth「奥行」　H＝hight「高さ」　L＝length「長さ」
[第2段] ▶ you'll be supporting ～「～を支援することになる」　未来進行形は「もっともな理由があって，将来的に当然～することになる」の意で使われることがある。
[第4段] ▶ warranty「保証書，保証」
　　　　 ▶ shop around「(良い買い物をするために値段を) 見て回る」
[第6段] ▶ straightforward「簡単な，単純な」
　　　　 ▶ be extended by four years「4 年延長される」　by は受動態の動作主ではなく，「差の数」を表すもの。例：He is older than I by three years.「彼は私より 3 歳年上である」　本来の保証期間は 1 年だが，高額商品はそれよりさらに 4 年長い保証期間になることを表す。

問1　　24　　正解は③
「レンが中古品を買うことを勧めるのは□□□からである」
　第1段第2文（Do you need …）に「そんなにお金は使いたくないと思っていますか」，同段最終文（Most of them …）に「ほとんどはとてもお手頃な価格になっています」とあるように，レンは値段の安さに言及しながら店の紹介をしている。③「中古品は学生が購入しやすい」が適切。affordable には「手頃な価格」の意味がある。
①「中古品の購入は大学を支援することになる」
②「中古品のほとんどは環境に良い」　第2段第1文（Purchasing used goods …）の「中古品を買うことは環境に優しい」は，まだ使えるものを廃棄しない点について述べたものであり，製品自体が環境に優しいということではない。
④「急ぎ必要なものを見つけることができる」

問2 25 正解は③

「シンディは□□買うことを提案している」

シンディは第4段第2文（In my first year, …）～第4文で，初めは新品よりも安かったので中古品を買ったが，すぐに壊れたものもあり，保証書がないため新しいものを買い直す必要があったと述べている。③「取り替えの保証がある新品を（買う）」が適切。

① 「時間の節約になるので，一つの大手チェーン店で（買う）」

② 「一番良い値段を示してくれるので，ウェブサイトで（買う）」

④ 「新品よりずっと安いので，中古品を（買う）」

問3 26 正解は②

「レンもシンディも□□ことを勧めている」

レンは第1段最終文（Most of them …）で「在庫は限られているので急いで！」と述べていて，シンディは第7段（Things go …）で「品物はどんどん売れてしまいます！　ぐずぐずしていると買いそびれますよ！」と述べている。②「できるだけ早く家電製品を買う」が正解。

① 「大学の近くの店で買う」

③ 「学生割引をしてくれる店を選ぶ」

④ 「保証書のついた品物を選ぶ」

問4 27 正解は①

「新品の家電製品をできるだけ良い値段で買いたいなら，□□すべきである」

レンが紹介しているのは中古品なので除外する。シンディは第5段第1文（The website called …）で「save4unistu.com というウェブサイトは，違う店の品物の値段を購入前に比較するのにとても便利」として，その一部を表で紹介している。① 「シンディの投稿にあるアドレスにアクセスする」が正解。

② 「レンの投稿にあるアドレスにアクセスする」

③ 「一つの大手チェーン店に連絡を取る」

④ 「キャンパスの近くにある店に連絡を取る」

問5 28 正解は② 29 正解は④

「一番安いので，あなたは 28 で電子レンジを買うことにした。また，5年の保証があり一番安いので， 29 でテレビを買うことにした。（各空所に選択肢①～④から一つずつ選べ。）」

シンディは第6段第5文（Great Buy provides …）後半で「グレイト・バイは…

在籍証明書がある学生は 10 パーセント割引がある」と述べている。シンディのブログの表にあるグレイト・バイの 90 ドルの電子レンジは 81 ドルになり，これがレンの紹介している中古品店も含めて最安値である。 28 には② 「グレイト・バイ」 が当てはまる。

保証書がついているのはシンディが紹介している店なので，中古品を扱っている③ 「セカンド・ハンド」 は除外できる。シンディは第 6 段第 3 文（Value Saver …）・第 4 文で「バリュー・セイバーは，すべての品物には 1 年の無料保証があり，300 ドルを超える品は保証期間が 4 年延長される」と述べている。よって，バリュー・セイバーのテレビは 5 年間保証つきで 305 ドルである。第 6 段第 5 文（Great Buy …） によると「グレイト・バイ」は保証期間が 1 年としか述べられていないので，該当しない。続く第 6 文（Warranties at Cut Price …）・最終文に「カット・プライスでは無料保証はなく，5 年保証には 10 ドルを払わなくてはならない」とある。表からカット・プライスのテレビの値段は 300 ドル，これに 5 年保証料を加えると 310 ドルになり，バリュー・セイバーの 305 ドルより高くなる。① 「カット・プライス」 は当てはまらない。 29 は④ 「バリュー・セイバー」 が正解。

第5問

伝記的な文章の読み取り・プレゼンテーション用のメモの完成

> 訳　《テレビの発明者に関する調査》
> 　英語の授業で，あなたはある偉大な発明家についてプレゼンテーションをすることになっている。あなたは次の記事を見つけ，プレゼンテーションのためのメモを準備した。

[第1段]　だれがテレビを発明したのだろうか？　それは簡単に答えられる問いではない。20世紀の初期，機械式テレビシステムと呼ばれるものはあったが，成功はしていなかった。発明家たちはまた，のちに今日のテレビの基礎となる，電子式テレビシステムを開発するために競い合ってもいた。アメリカでは，電子式テレビシステムの特許を巡る争いがあったが，これは一人の若者と巨大企業との争いであったため，

ファーンズワース，1939年

人々の注目を集めた。この特許は，そのシステムの開発，使用，販売ができる唯一の人物である公式の権利を発明者に与えることになるものだった。

[第2段]　フィロ＝テイラー＝ファーンズワースは，1906年にユタ州の丸太小屋で生まれた。彼の家庭には，彼が12歳になるまで電気がなく，新しい家に引っ越したとき，電気を生み出す機械である発電機を見つけて，彼は興奮した。彼は機械技術や電気技術に非常に関心を持ち，これらの分野に関して見つけられるどんな情報にも目を通した。彼はよくその古い発電機を修理し，母親の手動の洗濯機を電動に変えさえした。

[第3段]　ある日，父親のジャガイモ畑で働いているとき，彼はふり返って自分が作ったまっすぐに平行して並ぶ一面の土の畝を見た。突然，この畑の畝とちょうど同じような平行線を使って，電子画像を画面上に作り出すことができるかもしれないという考えが浮かんだ。1922年，高校1年生の春学期に，彼はこの考えを自分の化学の教師であるジャスティン＝トルマンに話し，自分の電子式テレビシステムという発想についての助言を求めた。黒板に略図と図表を描いて，彼は先生にそれがどのようにして成し遂げられるかを示した。するとトルマンはその考えを発展させなさいと彼を励ました。

[第4段]　1927年9月7日，ファーンズワースは最初の電子画像を送信することに成功した。その後の数年，彼は実況映像をうまく放送できるように，このシステムをさらに改善した。1930年，合衆国政府は彼にこのシステムの特許権を与えた。

［**第5段**］　しかし，このようなシステムに取り組んでいたのは，ファーンズワースだけではなかった。巨大企業 RCA（アメリカ・ラジオ会社）もテレビの明るい未来を見て取り，この機会を逃したくないと思っていたのだ。RCA はすでに電子式テレビシステムに取り組み，早くも 1923 年に特許を取得していたウラジミール=ツヴォルキンを雇い入れた。それでも，1931 年に，RCA はファーンズワースのシステムのほうがツヴォルキンのよりも優れていたので，彼の特許を売ってくれるように，ファーンズワースに多額のお金を払うと申し出た。彼はこの申し出を拒否したため，ファーンズワースと RCA の特許戦争が始まったのである。

［**第6段**］　RCA はファーンズワースに対して訴訟を起こし，ツヴォルキンのシステムはまったく実用化されていなかったにせよ，彼の 1923 年の特許が優先権を持っていると主張した。ファーンズワースは裁判の二審までは敗訴した。しかし，終審では，ファーンズワースが黒板に描いた絵を写していた教師が，ツヴォルキンの特許が発行される少なくとも 1 年前にファーンズワースは電子式テレビシステムの着想を得ていたと証言した。1934 年，判事はファーンズワースの高校の恩師トルマンが作っていた手書きのメモに基づいて，ファーンズワースの特許権請求を認めた。

［**第7段**］　ファーンズワースは，1971 年に 64 歳で亡くなった。彼は合衆国と海外を合わせておよそ 300 の特許を持っていたが，そのほとんどはラジオとテレビに関するものだった。そして，1999 年，『タイム』誌は『タイム 100：20 世紀最も重要な人物 100 人』の一人にファーンズワースを選んだ。彼の死後のインタビューで，ファーンズワースの妻ペムは，ニール=アームストロングの月面着陸が放送された思い出を語った。彼女と一緒にテレビを見ながら，ファーンズワースは「ペム，おかげで，これまでやってきたことがすべて報われたよ」と言った。彼の物語は，今後ずっと，空中で動画を送るという 10 代のころの夢と，高校の黒板に描いた例の図と結びつけて語られることだろう。

あなたのプレゼンテーション用のメモ：

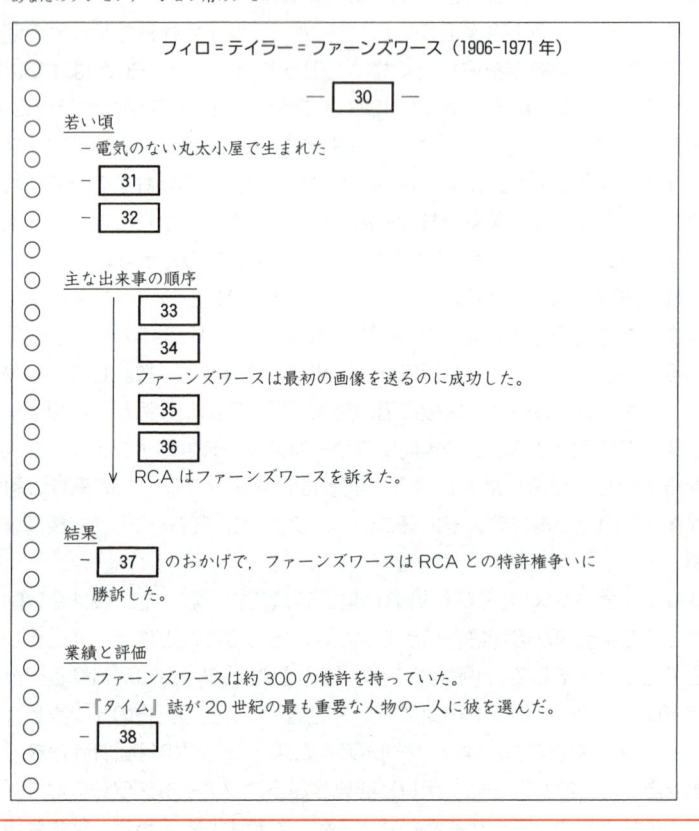

<hr>

語句・構文

[第1段] ▶ patent「特許（権）」

[第2段] ▶ log cabin「丸太小屋，掘っ立て小屋」

[第3段] ▶ it occurs to *A* that ～「*A*（人）に～という考えが浮かぶ」

　　　　 ▶ diagram「図表，図解」

[第4段] ▶ … so that S can V「SがVできるように」　目的を表す。

[第5段] ▶ recruit「～を新しく（組織に）入れる，勧誘する」

[第6段] ▶ priority「優先権」

　　　　 ▶ working「実用的な」

　　　　 ▶ give evidence「証言する」

　　　　 ▶ on the strength of ～「～に基づいて」

[プレゼン用メモ] ▶ take *A* to court「*A* を訴える」

　　　　　　　　 ▶ figure「人物」

問1 　30　 正解は①

「あなたのプレゼンテーションに最も適した副題はどれか」

　記事の第1段第1文（Who invented …）に「だれがテレビを発明したのか」とある。記事全体にわたってファーンズワースの功績を述べているが，「テレビの発明」という点では，大企業との裁判沙汰があり，それにファーンズワースが勝利したことで，この発明が彼の功績とされるに至ったことがわかる。①「**若き発明家対巨大企業**」が適切。

②「高校教師から成功した発明家へ」

③「発電への終わりのない情熱」

④「電子式テレビの未来」

問2 　31　 　32　 正解は④，⑤（順不同）

「　31　と　32　に最も適切な選択肢を2つ選んで，若い頃を完成せよ（順序は問わない）」

　第2段最終文（He would often …）に「彼はよくその古い発電機を修理し，母親の手動の洗濯機を電動に変えさえした」とある。これは，④「**家族のために家庭の機器を修理したり改良したりした**」にあたる。次に，第3段第2文（Suddenly, it occurred …）に「突然，この畑の畝とちょうど同じような平行線を使って，電子画像を画面上に作り出すことができるかもしれないという考えが浮かんだ」とある。これは⑤「**畑で働いているときに，電子式テレビシステムの着想を得た**」にあたる。④・⑤が正解。

①「家族に電気を供給するために発電機を買った」

②「父親の手助けで，電気のある丸太小屋を建てた」

③「学校ですべての科目に関する本を読むのを楽しんだ」

問3 　33　 　34　 　35　 　36　 正解は②，⑤，④，①

「5つの出来事（①～⑤）からそれが起きた順に4つを選び，主な出来事の順序を完成せよ」

　主な出来事の順序のメモで3つ目の「ファーンズワースは最初の画像を送るのに成功した」が第4段第1文（On September 7, …）の「1927年9月7日，ファーンズワースは最初の電子画像を送信することに成功した」にあたるので，前半の　33　・　34　にはまず第3段の内容が入ると考えられる。第3段第3文（In 1922, …）に「1922年，…彼はこの考えを自分の化学の教師であるジャスティン＝トルマンに話した」とあり，②「ファーンズワースは自分の考えを自分の高校の先生に話した」がこれにあたる。このあと，同段の最後までこの教師とのやりとりなので，他の箇所に1922年から1927年の間の出来事を探す。すると，第5段第3文

(They recruited …) に「すでに電子式テレビシステムに取り組み，…1923年に特許を取得していたウラジミール=ツヴォルキン」とあり，⑤「ツヴォルキンは彼のテレビシステムで特許を与えられた」がこれにあたる。したがって，33 に②，34 に⑤が入る。次に，主な出来事の順序のメモの最後が「RCAはファーンズワースを訴えた」で，これは第6段第1文（The company took legal action …）にあたるので，35・36 には主に第4・5段の内容が入ると考えられる。第4段最終文（The US government …）に「1930年，合衆国政府は彼にこのシステムの特許権を与えた」とあり，④「合衆国政府は，ファーンズワースに特許権を与えた」がこれにあたる。また第5段第4文（Yet, in 1931, …）～最終文に，1931年にRCAが特許権を買い取るためにファーンズワースに多額のお金を払うことを申し出たが，ファーンズワースが拒否したことが述べられている。①「ファーンズワースはRCAの申し出を拒否した」がこれにあたる。したがって，35 に④，36 に①があてはまることがわかる。
③「RCAは争いの最初の段階に勝利した」　これは裁判が始まってからの話である。

問4　37　正解は③
「37 に最も適する選択肢を選んで，結果を完成せよ」
空所のある文は「　　　のおかげで，ファーンズワースはRCAとの特許権争いに勝訴した」となっている。第6段最終文（In 1934, a judge …）に「1934年，判事はファーンズワースの高校の恩師トルマンが作っていた手書きのメモに基づいて，ファーンズワースの特許権請求を認めた」とある。③「彼の先生が長年取っておいた略図」が正解。
①「係争相手が技術的に劣っているのが認められたこと」
②「トルマンが提供した財政的援助」
④「RCAが訴訟を取り下げたこと」

問5　38　正解は③
「38 に最も適する選択肢を選んで，業績と評価を完成せよ」
第7段第3文（In an interview …）・第4文に，妻のペムの思い出話として，ファーンズワースが人類初の月面着陸のテレビ放送を見ながら，これまでのことがこれで報われたと言ったことが述べられている。③「彼の発明のおかげで，私たちは歴史的出来事を生中継で見ることができた」が適切。
①「彼と彼の妻は，RCAと一緒に行った取り組みで賞を授与された」
②「彼は，アームストロングの初めての月面着陸が放送されているときにテレビに出た」
④「多くの10代の若者が，彼をテレビで見たあと，彼らの夢を追った」

第6問

A　説明的な文章の読み取り・要約メモの完成

訳　《1日の時間がどのように人に影響するか》

あなたの研究グループは，「1日の時間がどのように人に影響するか」について学んでいる。あなたは他の人たちと共有したいと思う記事を見つけた。次のミーティングのための要約メモを完成せよ。

あなたの1日はいつ始まるか？

［第1段］　「あなたは朝型ですか？」と問われたとき，「いいえ，私は夜のフクロウ（＝夜型）です」と答える人もいる。そのような人たちは，夜に集中したり創造したりできる。その対極にあるのが，よく知られたことわざが主張する「早起き鳥は虫を捕まえる（＝早起きは三文の得）」で，これは，早起きすることは食べ物を手に入れ，ご褒美をもらい，目標に到達するための方法だということを意味する。ヒバリは朝にさえずる鳥なので，「フクロウ」の反対である早起き鳥は「ヒバリ」ということになる。昼間に活動的な生き物は「昼行性」で，夜に姿を見せる生き物は「夜行性」である。

［第2段］　さらにもう一つのことわざは「早く床に就き，早く起きることは，人を健康で，裕福で，賢明にする」と述べている。「ヒバリ」はベッドからとび出て，たっぷりの朝食で朝を迎えるかもしれないが，一方「フクロウ」は目覚まし時計の一時停止ボタンを押し，ぎりぎりの時間で出かける準備をし，たいてい朝食はとらない。「フクロウ」は食事の回数は少ないかもしれないが，1日の遅い時間に食べる。食後に運動をしないことは体重増加を引き起こす可能性がある。おそらく，「ヒバリ」のほうが健康だろう。「フクロウ」は「ヒバリ」のスケジュールで仕事をしたり勉強したりしなくてはならない。たいていの学校教育は午後4時以前に行われるので，若い「ヒバリ」は一定の作業をよりうまく行えるかもしれない。1日の早い時間帯に行われる商取引のおかげで，より裕福になる「ヒバリ」もいるかもしれない。

［第3段］　何がある人を「ヒバリ」にし，別の人を「フクロウ」にするのだろうか？　ある理論は，昼あるいは夜を好むのは，生まれた時刻と関係があると示唆している。2010年，クリーブランド州立大学の研究者たちは，人の体内時計は誕生の瞬間に動き出すだけではなく，夜に生まれた人たちは昼間の時間帯に活動するという難題を生涯にわたって抱えもするという証拠を発見した。通常，夜に生まれた人たちのこの世界の経験は暗闇で始まる。伝統的な勉強の時間や会社の仕事は日中

のことなので，私たちは1日が朝始まると思っている。眠っている人たちは，先頭には立てず，機会を逸するかもしれない。

[**第4段**] すべての人が朝に1日を始めるという仕組みに従っているのだろうか？ およそ6000年の歴史がある宗教集団であるユダヤ教の人々は，1日は日没から翌日の日没まで──夕方から夕方まで──で区切られると考えている。キリスト教徒はこの伝統をクリスマス・イブに関して継続している。中国人は，12の動物のシステム（十二支）を年の印付けだけでなく，1日の2時間ごとの区切りにも使っている。ネズミの刻が最初の時間で，午後11時から午前1時にあたる。中国文化もまた，1日を夜に始める。言い換えると，古代の習慣は「フクロウ」の時間の見方を支持しているということだ。

[**第5段**] 研究は，「フクロウ」のほうが，頭が良く創造的であることを示している。したがって，ひょっとすると「ヒバリ」のほうが必ずしも賢いわけではないかもしれない！ つまり，「ヒバリ」は頑張って「健康」になり，ときには「裕福さ」を勝ち取るが，「賢さ」では負けるかもしれないということだ。初期の報告で，リチャード=D.ロバーツとパトリック=C.キュッロネンは，「『フクロウ』のほうが知能は高い傾向にある」と述べている。後に，ロバーツが共同研究者の一人として加わっている，フランチス=プレクルの包括的な研究も同じ結論に至った。しかし，「フクロウ」にとって良い知らせばかりというわけではない。学業が難題になりうるというだけでなく，「フクロウ」は昼間の職業への就職機会を逸するかもしれず，「ヒバリ」が眠る夜に遊ぶ「夜の娯楽」という良くない習慣を楽しんでしまう可能性がより高いのだ。夜の娯楽はお金がかかりがちだ。バルセロナ大学の研究は，「ヒバリ」がきちょうめんで，完璧を求め，ストレスをほとんど感じないことを示唆している。「フクロウ」は，新しい冒険や心躍る余暇の活動を求めるが，くつろぐのには苦労することが多い。

[**第6段**] 人は変われるのだろうか？ 結果をすべてまとめたのではないが，10代後半の若者たちに関する調査では，答えは「ノー」のようであり，私たちは生まれつき行動様式が決まっているのだ。したがって，若い人たちが成長してより多くの自由を手に入れるにつれて，自分の「ヒバリ」の性質，あるいは「フクロウ」の性質に結局戻ってしまうのである。しかし，この分類は万人にあてはまるわけではないかもしれないという懸念が生じる。誕生の時刻が一つの指標である可能性があるのに加えて，『ネイチャー=コミュニケーションズ』誌に発表されたある報告では，DNAも時間に関する私たちの習慣に影響を及ぼすかもしれないと示唆している。他の研究は，老化や病気のせいで一部の人に起こる変化に焦点を当てている。この分野の新しい研究は絶えず出ている。ロシアの大学生に関するある調査は，タイプが6つあることを示しており，存在する鳥は「フクロウ」と「ヒバリ」だけではないかもしれない！

あなたの要約メモ：

○
○　　　　　　　　　**あなたにとって１日はいつ始まるか？**
○
○　**語彙**
○
○　　　diurnal の定義：｜ **39** ｜
○
○　　　　⇔ 反意語：nocturnal
○
○　**要点**
○
○　● 私たちがみんな，昼間を中心とした一般的なスケジュールに簡単に合うわけ
○　　ではないが，とりわけ子どものときには，それに従わざるを得ない。
○
○　● 私たちのそれぞれにとって最も活動的な時間は，生まれ持った性質の一部だ
○　　と示す研究もある。
○
○　● 基本的に，｜ **40** ｜。
○
○　● 新しい研究とともに，見方は変わり続けている。
○
○　**興味深い詳細**
○
○　● 中国の時間分割だけでなく，ユダヤ教やキリスト教が，｜ **41** ｜するために
○　　記事の中で言及されている。
○
○　● 一部の研究は，｜ **42** ｜が人の体内時計をセットし，知能や｜ **43** ｜の違
○　　いを説明することになるかもしれないと示している。
○

語句・構文

[第１段] ▶ night owl「宵っ張りの人」

　　　　 ▶ at the other end of the clock「その対極に」　通常は at the other
　　　　　 end of the scale というが，この文章が活動時間について述べたものな
　　　　　 ので，しゃれで clock としていると考えられる。

[第２段] ▶ yet another「さらにもう一つ別の」

　　　　 ▶ at the last minute「土壇場で，ぎりぎりで」

[第３段] ▶ have to do with ～「～と関係がある」

　　　　 ▶ be first in line「列の先頭にいる」

[第４段] ▶ measure「～を区画する」

[第５段] ▶ win＋形容詞「努力して～になる」

[第６段] ▶ hard-wired「（行動が）固有で変わりにくい，生得の」

　　　　 ▶ end up *doing*「結局～することになる」

[要約メモ] ▶ be forced to *do*「～することを強いられる，～せざるを得ない」

問1 　39　 正解は③

「　39　に最も適切な選択肢を選べ」

空所は「昼行性の定義」にあたる。第1段最終文（Creatures active …）に「昼間に活動的な生き物は『昼行性』である」とある。③「日中に活発である」が正解。

① 「すばやく目標を達成する」

② 「ペットの鳥を飼うのが好きである」

④ 「食べ物を見つけるのが上手である」

問2 　40　 正解は③

「　40　に最も適切な選択肢を選べ」

第6段第1文（Can people change?）～第3文に「人は変われるのだろうか？…10代後半の若者たちに関する調査では，答えは『ノー』のようであり，私たちは生まれつき行動様式が決まっているのだ。したがって，若い人たちが成長してより多くの自由を手に入れるにつれて，自分の『ヒバリ』の性質，あるいは『フクロウ』の性質に結局戻ってしまうのである」とあるのが，③「1日のどの時間に最もよく活動するかを私たちが変えるのは難しいかもしれない」と一致する。これが正解。

① 「より柔軟な時間や活動のスケジュールが今後考えられていくだろう」

② 「午前中に社会的活動を楽しむことは，年をとるにつれてより重要になる」

④ 「『フクロウ』のスケジュールで暮らすことは，最終的には社会的，財政的な利益につながるだろう」

問3 　41　 正解は①

「　41　に最も適した選択肢を選べ」

空所のある文は「中国の時間分割だけでなく，ユダヤ教やキリスト教が，　　　するために，記事の中で言及されている」となっている。ユダヤ教の人々やキリスト教徒，中国人の話は第4段に述べられている。その第1文（Does everyone follow …）は「すべての人が朝に1日を始めるという仕組みに従っているのだろうか」という問いになっており，同段ではユダヤ教の人々，キリスト教徒の習慣，中国人が1日の始まりを夜と考えていることが示されている。①「ある社会では，昔から1日が夜に始まると考えていることを説明する」が正解。

② 「夜型の人は過去においてはより宗教的だったことを示す」

③ 「人々は昔から朝に怠惰であるせいで機会を逸すると考えてきたと言う」

④ 「『フクロウ』は『ヒバリ』のスケジュールで仕事や学校に行かなくてはならないという考えを裏づける」

問 4 42 正解は⑥　43 正解は③

「 42 と 43 に最も適切な選択肢を選べ」

空所のある文は「一部の研究は， 42 が人の体内時計をセットし，知能や 43 の違いを説明することになるかもしれないと示している」となっている。「体内時計」については第 3 段第 3 文（In 2010, …）に「人の体内時計は誕生の瞬間に動き出す」と述べられている。 42 には⑥「誕生の時間」が当てはまる。「知能」と並んで，違いが見られるとされているのは，たとえば，第 2 段第 2 文（Larks may jump …）に「『ヒバリ』はベッドからとび出て，たっぷりの朝食で朝を迎えるかもしれないが，一方『フクロウ』は目覚まし時計の一時停止ボタンを押し，ぎりぎりの時間で出かける準備をし，たいてい朝食はとらない」とあるように，人の行動様式である。 43 には③「ふるまい」が適切。①，②，⑤は取り上げられておらず，④は問 3 のようにフクロウ型の文化もあるというだけである。

① 「睡眠の量」
② 「外見」
④ 「文化的背景」
⑤ 「宗教心」

B 説明的な文章の読み取り・ポスターの草稿の完成

訳 《環境を保護するために私たちが知っておくべきこと》

　あなたは「環境を保護するために私たちが知っておくべきこと」というテーマの科学に関するプレゼンテーション・コンテストのためのポスターを準備している学生グループに入っている。そのポスターを作るために次の文章を使っている。

プラスチックのリサイクル
——知っておく必要のあること——

[第1段]　世界はさまざまな種類のプラスチックであふれている。周りを見回せば、何十ものプラスチック製品が目に入るだろう。よく見れば、それらにリサイクルのマークがついているのに気づく。日本では、下の図1にある最初のマークを見たことがあるかもしれないが、欧米ではもっと細かい分類がある。これらのリサイクル・マークは、ぐるりと前を追いかける矢印で描かれた三角形か、時には単純な三角形の形で、中に1から7までの数字が書かれたもののように見える。この仕組みは合衆国のプラスチック産業協会が1988年に始めたものだが、2008年からは国際規格制定団体である、ASTM（米国材料試験協会）インターナショナルが管理している。リサイクル・マークは、使われているプラスチックの化学組成や再生利用可能性について重要なデータを教えてくれる。しかし、何かにプラスチック・リサイクル・マークがついているからといって、必ずしもその品物が再生利用できるとは限らない。マークは、その品物がどのような種類のプラスチックでできているかということと、リサイクルできるかもしれないということを示しているにすぎない。

　　図1　プラスチックのリサイクル・マーク

[第2段]　では、これらの数字は何を意味しているのだろうか？　一つのグループ（2，4，5）は人体に無害であるとみなされているが、もう一つのグループ（1，3，6，7）は特定の状況では問題があるかもしれない。まず、安全なほうのグループを見てみよう。

[第3段]　高密度ポリエチレンはリサイクルタイプ2のプラスチックで、一般にHDPEと呼ばれている。これに毒性はなく、心臓の弁や人工関節として人体に使用できる。丈夫で、下はマイナス40℃、上は100℃の温度でも使える。HDPEは何の害もなく再利用でき、ビール瓶を入れるケース、ミルク用の容器、椅子、おも

ちゃにも適している。タイプ2の製品は数回再利用できる。タイプ4の製品は，低密度ポリエチレン（LDPE）から作られる。安全に使用でき，しなやかである。LDPEはスクイズボトルやパンの包装材に使われている。現在のところ，再利用されているタイプ4のプラスチックは非常に少ない。タイプ5の素材であるポリプロピレン（PP）は，世界で2番目に広く製造されているプラスチックである。これは軽くて伸縮性はなく，衝撃や熱，凍結に高い耐性を持っている。家具，食品の容器，そしてオーストラリアドルのようなポリマー紙幣に適している。タイプ5のうち再利用されているのはわずか3パーセントである。

[第4段]　今度は2番目のグループ，タイプ1，3，6，7を見てみよう。これらのほうがより難しいのは，それらが含んでいる化学物質やそれらを再利用する際の困難さのせいである。リサイクルタイプ1のプラスチックは，通常PETE（ポリエチレンテレフタレート）として知られており，主に食品や飲み物の容器に使われている。PETE容器──あるいは日本でしばしば使われている表記ではPET──は，完全に洗浄することが難しいので，1回限りの使用にとどめるべきである。また，容器によっては柔らかくなって変形するため，70℃以上に熱するべきではない。汚染されていないPETEは再利用が簡単で，新しい容器や，衣類，カーペットにできるが，もしPETEがポリ塩化ビニル（PVC）で汚染されていると，再利用できないこともある。PVCはタイプ3で，知られている中では，再利用可能性が最も低いものの一つだと考えられている。専門家しか処理すべきではなく，決して家庭や庭で燃やしてはならない。タイプ3のプラスチックは，シャワーカーテン，パイプ，床材に使われている。タイプ6はスチロール樹脂（PS）で，よく呼ばれている名前では発泡スチロールで，再利用は難しく，簡単に火がつく。しかし，安く生産でき軽量である。使い捨ての飲料用カップやインスタント麺の容器，その他の食品パッケージに使われている。タイプ7のプラスチック（アクリル，ナイロン，ポリカーボネート）は再利用が難しい。タイプ7のプラスチックは，座席やダッシュボード，バンパーなどの自動車部品の製造に使われることが多い。

[第5段]　現在のところ，プラスチックの20パーセントほどしか再利用されておらず，およそ55パーセントは結局，埋立てゴミになっている。したがって，さまざまな種類のプラスチックについて知っていることは，廃棄物を減らすのに役立ち，環境への意識を高める一因となるだろう。

あなたのプレゼンテーション用のポスターの草稿：

プラスチックのリサイクル・マークはご存知ですか？

プラスチックのリサイクル・マークとは？

44

プラスチックの種類と再利用の情報

種類	マーク	説明	製品
1	♳ PETE (PET)	このタイプのプラスチックはよく見られるもので，一般に再利用が簡単です。	飲み物のボトル，食べ物の容器など
2	♴ HDPE	このタイプのプラスチックは再利用が簡単で 45 。	心臓の弁，人工関節，椅子，おもちゃなど
3	♵ PVC	このタイプのプラスチックは 46 。	シャワーカーテン，パイプ，床材など
4	♶		

共通の特性を持つプラスチック

47

48

語句・構文

[第1段] ▶ dozens of ～「何十もの～」
　　　　▶ administer「～を管理する，司る」

[第2段] ▶ problematic「問題のある，扱いにくい」

[第3段] ▶ artificial joint「人工関節」

[第4段] ▶ challenging「挑戦的な，難しい」　　▶ chemical「化学物質」
　　　　▶ thoroughly「完全に」　発音 [θɜ́:rouli] に注意。
　　　　▶ be made into ～「～に作（り変え）られる」
　　　　▶ dispose of ～「～を処理する，処分する」
　　　　▶ set fire to ～「～に火をつける」
　　　　▶ disposable「使い捨ての」

[第5段] ▶ landfill「埋立て（ゴミ）」

[ポスターの草稿] ▶ property「（物の）特性，性質」

問1 44 正解は②

「ポスターの最初の見出しの下に，あなたのグループは文章で説明されているプラスチックのリサイクル・マークを紹介したいと思っている。次のどれが最も適切か」
リサイクル・マークの意味は第1段第7文（Recycling symbols provide …）〜最終文に述べられている。第7文に「リサイクル・マークは，使われているプラスチックの化学組成や再生利用可能性について重要なデータを教えてくれる」，最終文に「マークは，その品物がどのような種類のプラスチックでできているかということと，リサイクルできるかもしれないということを示している」とある。②「**それらは，プラスチックの化学組成や再利用の選択肢に関する情報を与えている**」が正解。

①「それらは，プラスチックの再利用可能性や他の関連する問題をランク付けする印である」

③「それらは，どの規格制定団体がそれらに一般使用の証明を出したかを，使用者に教えている」

④「それらは ASTM によって導入され，プラスチック産業協会が発展させた」

問2 45 正解は② 46 正解は①

「あなたはタイプ2とタイプ3のプラスチックの説明を書くように頼まれた。
45 と 46 に最も適切な選択肢を選べ」

45 について，タイプ2の特徴は第3段第1文（High-density Polyethylene …）〜第5文に述べられている。「毒性はなく，心臓の弁や人工関節として人体に使用できる」（第2文），「丈夫で，マイナス40℃から100℃の温度で使える」（第3文），「何の害もなく再利用でき，ビール瓶を入れるケース，ミルク用の容器，椅子，おもちゃにも適している」（第4文），「タイプ2の製品は数回再利用できる」（第5文）とあり，第3文の内容と②「**そして，幅広い温度で使用される**」が一致する。

①「そして，一般に使い捨てのプラスチックとして知られている」

③「しかし，人間には有害である」

④「しかし，飲み物の容器には不向きである」

46 について，タイプ3の特徴は第4段第7文（PVC, Type 3, is …）・第8文に述べられている。「PVC はタイプ3で，知られている中では，再利用可能性が最も低いものの一つだと考えられている」（第7文），「専門家しか処理すべきではなく，決して家庭や庭で燃やしてはならない」（第8文）の内容と①「**再利用が難しく，庭で燃やすべきではない**」が一致する。

②「燃えやすい。しかし，柔らかく，製造するのに費用がかからない」

③「無害な製品であることが知られている」

④「簡単に再利用できることでよく知られている」

問3 **47** **48** 正解は③，④（順不同）

「共通の特性を持つプラスチックについての報告を作成している。記事にしたがうと，次のどの２つが適切か（順序は問わない）」

① 「熱湯（100℃）はタイプ１，タイプ６のプラスチック容器で供することができる」

第４段第５文（Also, they should not …）に「容器によっては柔らかくなって変形するため，それら（＝タイプ１の容器）は70℃以上に熱するべきではない」とあることと一致しない。

② 「タイプ１，２，３のロゴのついた製品を再利用するのは簡単である」

第４段第７文（PVC, Type 3, is …）・第８文の「PVCはタイプ３で，知られている中では，再利用可能性が最も低いものの一つだと考えられている。専門家しか処理すべきではなく，決して家庭や庭で燃やしてはならない」と一致しない。

③ 「１，２，４，５，６のマークのついた製品は，食べ物や飲み物の容器に適している」

第４段第３文（Recycle-type 1 plastic is …）に「リサイクルタイプ１のプラスチックは…主に食品や飲み物の容器で使われている」，第３段第４文（HDPE can be reused …）に「HDPE（＝タイプ２）は…ミルク用の容器…にも適している」，第３段第８文（LDPE is used …）に「LDPE（＝タイプ４）はスクイズボトルやパンの包装材に使われている」，第３段第12文（It is suitable …）に「それ（＝タイプ５）は，…食品の容器…に適している」，第４段第12文（It is used for disposable …）に「それ（＝タイプ６）は，使い捨ての飲料用カップやインスタント麺の容器，その他の食品パッケージに使われている」とある。これが正解の一つ。

④ 「タイプ５とタイプ６のマークのついた製品は，重さが軽い」

第３段第11文（It is light, …）に「それ（＝タイプ５）は軽くて伸縮性はない」，第４段第11文（However, it is …）に「しかし，それ（＝タイプ６）は，安く生産でき軽量である」とある。この選択肢が正解の一つ。

⑤ 「タイプ４と５のプラスチックは耐熱性があり，広く再利用されている」

第３段第９文（Currently, very little …）に「現在のところ，再利用されているタイプ４のプラスチックは非常に少ない」とあることと一致しない。

⑥ 「タイプ６とタイプ７のプラスチックは再利用が簡単で，環境に優しい」

第４段第10文（Type 6, Polystyrene (PS) …）に「タイプ６はスチロール樹脂（PS）で，…再利用は難しく」とあることと一致しない。また，同段第13文（Type 7 plastics …）にも「タイプ７のプラスチック…は再利用が難しい」とある。

英語（リスニング）　本試験

問題番号 （配点）	設　問		解答番号	正解	配点	チェック
第1問 (25)	A	問1	1	③	4	
		問2	2	②	4	
		問3	3	②	4	
		問4	4	①	4	
	B	問5	5	④	3	
		問6	6	④	3	
		問7	7	①	3	
第2問 (16)		問8	8	③	4	
		問9	9	②	4	
		問10	10	④	4	
		問11	11	③	4	
第3問 (18)		問12	12	①	3	
		問13	13	③	3	
		問14	14	④	3	
		問15	15	①	3	
		問16	16	④	3	
		問17	17	①	3	

（注）　＊は，全部正解の場合のみ点を与える。

問題番号 （配点）	設　問		解答番号	正解	配点	チェック
第4問 (12)	A	問18	18	②	4*	
		問19	19	④		
		問20	20	①		
		問21	21	③		
		問22	22	②	1	
		問23	23	⑤	1	
		問24	24	②	1	
		問25	25	③	1	
	B	問26	26	②	4	
第5問 (15)		問27	27	③	3	
		問28	28	③	2*	
		問29	29	②		
		問30	30	⑤	2*	
		問31	31	④		
		問32	32	④	4	
		問33	33	④	4	
第6問 (14)	A	問34	34	②	3	
		問35	35	④	3	
	B	問36	36	②	4	
		問37	37	②	4	

リスニング

2022
年度

自己採点欄

100点

（平均点：59.45点）

◎解答時間は 30 分ですが，解答開始前に IC プレーヤーの作動確
　認・音量調節の時間がありますので，試験時間は 60 分となります。
　「音量調整用音声」は音声専用サイトで確認できます。

放送内容 《試験の説明》

これからリスニングテストを始めます。

この試験では，聞き取る英語が 2 回流れる問題と 1 回流れる問題があります。第 1 問と第 2 問は 2 回，第 3 問から第 6 問は 1 回です。なお，選択肢は音声ではなく，すべて問題冊子に印刷されています。

では，始めます。4 ページを開いてください。

第1問A 短い発話を聞いて同意文を選ぶ問題

放送内容 《第 1 問 A の説明》

第 1 問 A　第 1 問 A は問 1 から問 4 までの 4 問です。英語を聞き，それぞれの内容と最もよく合っているものを，四つの選択肢 (①～④) のうちから一つずつ選びなさい。

問 1　　1　　正解は③

① 話者はバスで座席を見つけることができなかった。
② 話者はバスで誰の姿も見なかった。
③ 話者はバスで座れた。
④ 話者はバスで多くの人を見た。

放送内容 《バス内の様子》

There weren't very many people on the bus, so I sat down.

訳　バスにはそれほど多くの人がいなかったので，私は座った。

not very many で「それほど多くはない」の意。最後に I sat down「座った」とあるので，③が正解。

問 2　　2　　正解は②

① 話者はスーザンに戻ってくるように頼むだろう。
② 話者は自分の電話を取りに行くだろう。
③ 話者は自分の電話を置いていくだろう。
④ 話者はスーザンを待つだろう。

放送内容 《忘れ物》

Susan, <u>I left my phone at home</u>. Wait here. <u>I'll be back</u>.

訳 スーザン，<u>僕，電話を家に置いてきたよ</u>。ここで待っていて。<u>行って戻って来るから</u>。

「電話を家に置いてきた」，最後に「（行って）戻って来る」とあるので，②が正解。

問3　　3　　正解は②

① 話者はロンドンで自分のスーッケースを見つけた。
② 話者はロンドンの地図を持っている。
③ 話者はロンドンで自分のスーッケースをなくした。
④ 話者はロンドンの地図を買う必要がある。

放送内容 《地図の行方》

I <u>didn't lose my map</u> of London. I've just <u>found it in my suitcase</u>.

訳 ロンドンの<u>地図をなくしてはいなかったよ</u>。見たら<u>スーッケースの中にあった</u>。

「地図をなくしていなかった」「スーッケースの中に見つけた」とあるので，②が正解。

問4　　4　　正解は①

① クレアは今週の金曜日には，昼食でトーマスに会えない。
② クレアは金曜日にトーマスと一緒に昼食をとることはほとんどない。
③ クレアは通例，金曜日にトーマスと会うことはない。
④ クレアは今週の金曜日にトーマスと一緒に昼食をとる。

放送内容 《今週の予定》

Claire usually meets Thomas for lunch on Fridays, but <u>she's too busy this week</u>.

訳 クレアは普段は金曜日に昼食でトーマスと会うけれど，<u>今週，彼女は忙しすぎる</u>。

「今週は忙しすぎる」とあるので，①が正解。前半と後半が but「しかし」でつながれている展開に注意。

第1問B　短い発話を聞いて内容に近いイラストを選ぶ問題

《第1問Bの説明》

　第1問B　第1問Bは問5から問7までの3問です。英語を聞き，それぞれの内容と最もよく合っている絵を，四つの選択肢（①〜④）のうちから一つずつ選びなさい。

　では，始めます。

問5　5　正解は④

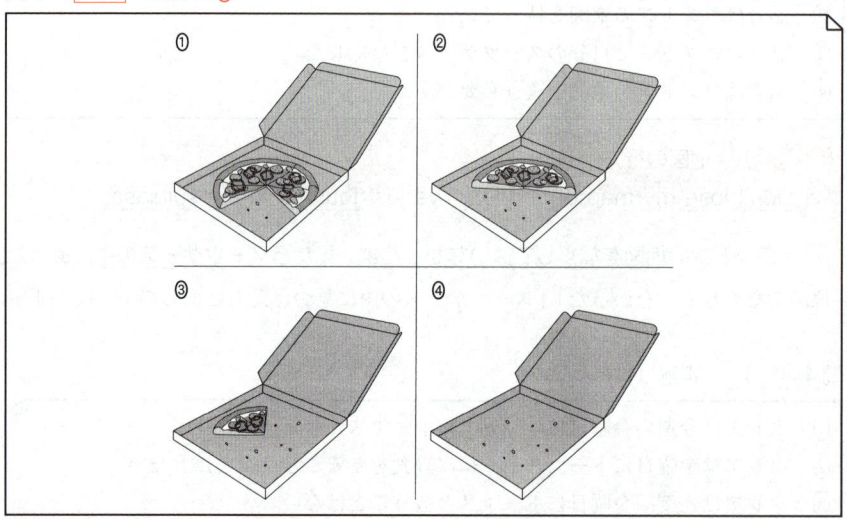

放送内容 《残りのピザ》

Kathy ate two pieces, and Jon ate everything else. So, nothing's left.

訳　キャシーが2切れ食べ，ジョンが他を全部食べた。だから何も残っていない。

「他を全部食べた」「何も残っていない」とあるので，④が正解。

問6　　6　　正解は④

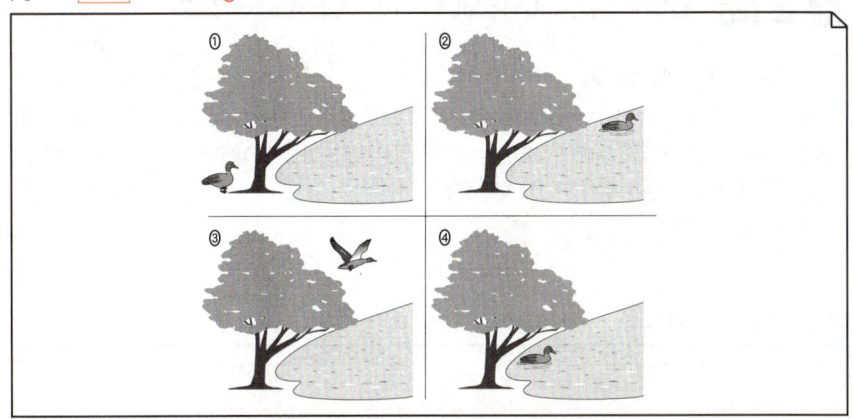

放送内容　《鳥のいる場所》

Look at that <u>bird on the lake</u>. It's <u>under the tree</u>.

訳　　あの<u>湖に浮かんでいる鳥</u>を見て。<u>木の下</u>にいるよ。

「湖の上にいる」＝「湖に浮かんでいる」，「木の下にいる」とあるので，④が正解。

問7　　7　　正解は①

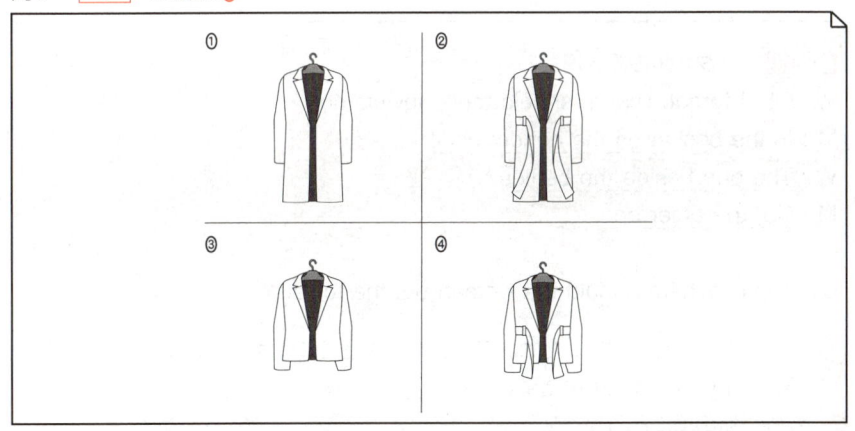

放送内容　《好みのコート》

I prefer this one. There's <u>no belt</u>, and it's <u>longer</u>.

訳　　こっちのほうがいいな。<u>ベルトがなくて丈が長い</u>から。

◇ prefer *A* (to *B*)「（*B* よりも）*A* のほうが好きである」

「ベルトがない」「丈がより長い」とあるので，①が正解。

第2問　短い対話と問いを聞いてイラストを選ぶ問題

放送内容　《第2問の説明》

　第2問　第2問は問8から問11までの4問です。それぞれの問いについて，対話の場面が日本語で書かれています。対話とそれについての問いを聞き，その答えとして最も適切なものを，四つの選択肢（①～④）のうちから一つずつ選びなさい。

　では，始めます。

問8　　8　　正解は③

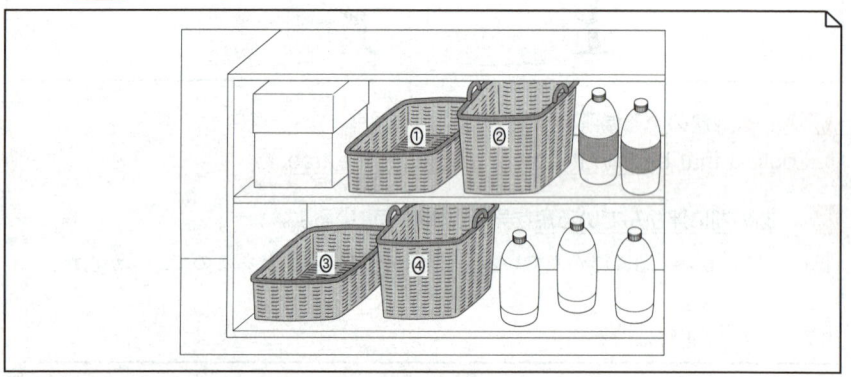

放送内容　《タオルの置き場》

W : Oh, I forgot. Where should these towels go?

M : In the basket on the bottom shelf.

W : The one beside the bottles?

M : No, the other one.

Question : Where should the woman put the towels?

訳　女性：あら，忘れちゃったわ。このタオルはどこに置けばいいの？

　　男性：下の棚のかごの中だよ。

　　女性：瓶の横にあるかご？

　　男性：いや，もう一つのほう。

　　質問：女性はタオルをどこに置くべきか。

「下の棚」「瓶の隣にあるのではないほう」とあるので，③が正解。

問9　　9　　正解は②

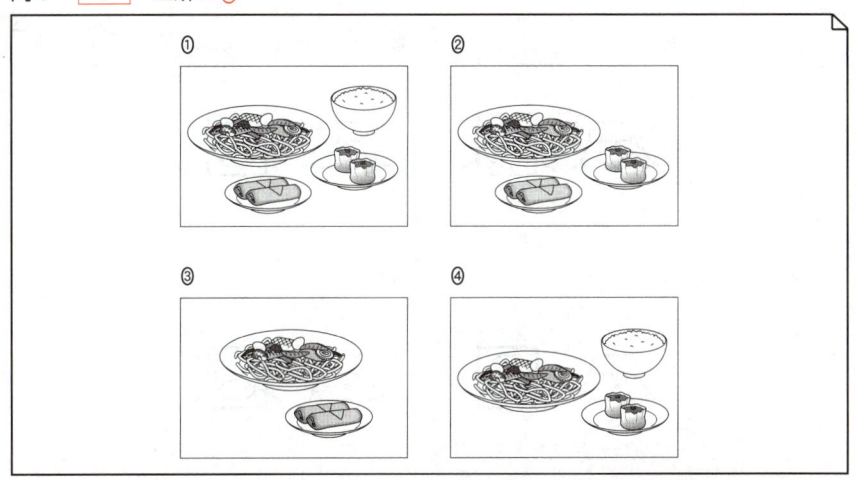

放送内容　《料理の注文》

W：Are you ready to order, sir?

M：Yes, I'd like the fried noodle set.

W：Certainly. Would you like rice with that?

M：Well.... It comes with two side dishes, so that's enough.

Question：What did the man order?

訳　女性：ご注文はお決まりでしょうか？

男性：はい。焼きそばのセットをお願いします。

女性：かしこまりました。ご飯はおつけしますか？

男性：えーっと…。小皿の料理が2つついていますよね。それで十分です。

質問：男性が注文したのは何か。

「ご飯をつけるか」という問いに対して，「小皿の料理が2つあるので，それで十分だ」と答えているので，②が正解。

問 10　10　正解は④

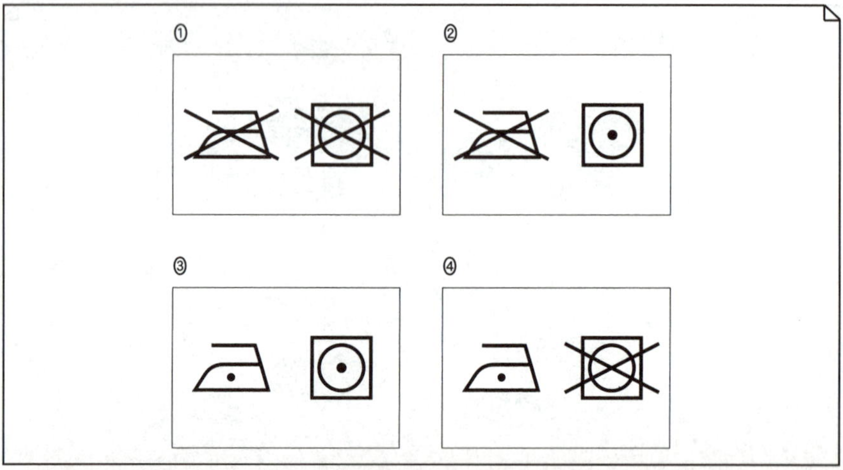

放送内容 《衣類の取り扱い表示》

M：Can I put this shirt in the dryer?

W：No, look at the square symbol. It's crossed out.

M：Do I have to iron it?

W：Well, this symbol shows that you can.

Question：Which picture shows what they are looking at?

訳 男性：このシャツは乾燥機に入れてもいいのかな？

女性：だめよ。四角いマークを見て。バツがついているでしょう。

男性：アイロンはかけないとだめなの？

女性：えーっと，このマークがあるからかけても大丈夫ね。

質問：彼らが見ているのはどの絵か。

◇cross out ～「線を引いて～を消す」

「四角いマークにバツがついている」，また「アイロンをかけなくてはならないか」という問いに対して「このマークが『できる』と示している」，つまり「アイロンをかけることができる」と答えているので，④が正解。

問 11　11　正解は ③

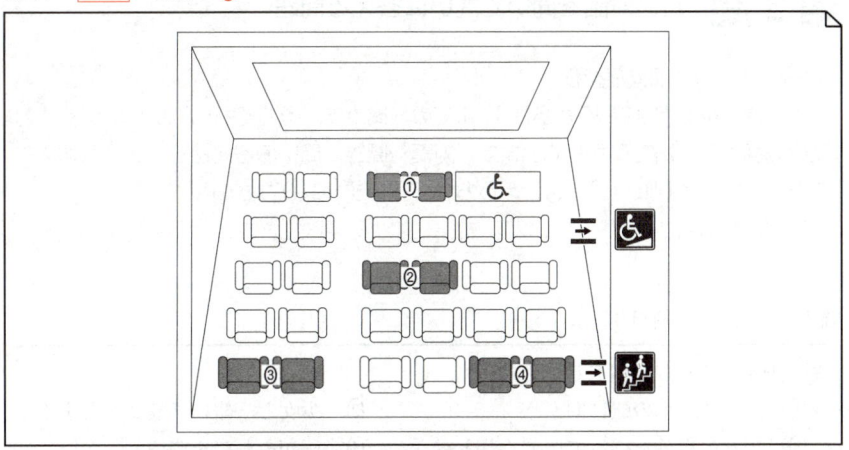

放送内容　《座席の選択》

W : I'd rather not sit near the exit.

M : But not too near the screen, either.

W : Isn't the sound better at the back?

M : Do you think so? Let's sit there, then.

Question : Which seats will the speakers choose?

訳　女性：出口の近くには座りたくないわ。

男性：でも，スクリーンに近すぎるのもね。

女性：うしろのほうが音はいいんじゃない？

男性：そう思う？　じゃあ，そこに座ろう。

質問：話者たちはどの席を選ぶか。

◇ would rather not *do*「どちらかというと〜したくない」

「出口の近くはいやだ」「うしろのほうが音はいい」とあるので，③が正解。

第3問　短い対話を聞いて問いに答える問題

放送内容　《第3問の説明》
　第3問　第3問は問12から問17までの6問です。それぞれの問いについて，対話の場面が日本語で書かれています。対話を聞き，問いの答えとして最も適切なものを，四つの選択肢（①〜④）のうちから一つずつ選びなさい。
　では，始めます。

問12　│12│　正解は①

問	少年はこれから何をしそうか。
① 急いで電車の駅に向かう	② 少女と一緒に学校にとどまる
③ 少女に自分を待っていてくれと言う	④ 雨がやむのを待つ

放送内容　《あやしい雲行き》

W : It's just about to rain.

M : Then I'm leaving right now, so I won't get wet.

W : You can't get to the train station before it starts raining.

M : I think I can.

W : Well, the rain won't last long anyway. I'm waiting here.

M : Once it starts, I don't think it'll stop that soon.

訳　女性：雨が降り出しそうね。

　　男性：じゃあ，僕はすぐに出るよ。そうしたら濡れずに済むし。

　　女性：駅に着く前に降り出すわよ。

　　男性：大丈夫だと思うな。

　　女性：ねえ，どっちみちそんなに長く降り続かないわよ。私はここで待つわ。

　　男性：いったん降り出したら，そんなにすぐにやまないと思うよ。

◇ once S V「いったん S が V すると」

「雨が降り出しそう」と言われて，少年は「すぐに出る」と言っている。その後も，「降り出す前に電車の駅に着ける」「いったん降り出したらすぐにはやまない」と言っていることから，①が正解。

問13　13　正解は③

> 問　どの日に男性は医者に診てもらうか。
> ①　3月1日　　　　　　　　②　3月2日
> ③　3月3日　　　　　　　　④　3月4日

放送内容　《診察の予約》

M : The doctor says I need to come back in two weeks.
W : The first available appointment is March 2nd at 5. How's that?
M : I'm afraid that's no good. How about the next day?
W : There are openings at 11：30 and 4. Which is better?
M : Hmm, I guess I'll come in the morning.

訳　男性：先生は2週間後にまた来るようにとおっしゃっています。
　　女性：いちばん近い日で予約可能なのは，3月2日の5時です。どうですか？
　　男性：それはちょっと都合が悪いです。その翌日はどうですか？
　　女性：11時30分と4時に空きがあります。どちらがよろしいでしょうか？
　　男性：うーん，午前中に来られると思います。

◇ How about 〜?「〜はどうか」　提案や勧誘を表したり，状況を尋ねたりする表現。
3月2日は都合が悪く，翌日の3月3日の空き時間を示されて，「午前中に来る」と
答えているので③が正解。

問14　14　正解は④

> 問　男性は何をしそうか。
> ①　彼の妹と一緒にショルダーバッグを買う
> ②　彼の叔母に誕生日の贈り物を選ぶ
> ③　彼の母親と一緒に店を見つける
> ④　彼の母親のためにハンドバッグを買う

放送内容　《バッグの購入》

M : That's a nice handbag! Where did you get it?
W : At the new department store.
M : I want to buy one just like that for my mother's birthday.
W : Actually, I'm going there with my sister tomorrow to find a shoulder
　　 bag for my aunt.
M : Can I go with you?
W : Of course.

訳　男性：素敵なハンドバッグだね！　どこで買ったの？
　　女性：新しくできたデパートよ。
　　男性：**お母さんの誕生日にちょうどそういうのを買いたいと思っているんだ。**
　　女性：実は，叔母さんのショルダーバッグを探しに，妹と一緒に**明日そこに行く**ことにしているのよ。
　　男性：**一緒に行ってもいいかな**？
　　女性：もちろん。

男性の２番目の発言で「母親のためにハンドバッグを買いたいと思っている」とあり，女性の２番目の発言の「明日そこ（＝新しいデパート）に行く」に対して，男性は３番目の発言で「一緒に行ってよいか」と尋ねている。デパートに行って母親へのプレゼント用にハンドバッグを買う可能性が高い。④が正解。

問15　15　正解は①

問　女性はなぜがっかりしているのか。
①　アメリカ芸術は展示されていない。
②　今日はアジア芸術が展示されていない。
③　その博物館は現在，完全に閉鎖されている。
④　ウェブサイトが一時的に機能していない。

放送内容　《博物館の展示》

W : How do I get to the museum?
M : You mean the new city museum?
W : Yeah, the one featuring American art.
M : That museum displays works from Asia, not from America.
W : Really? I saw American art on their website once.
M : That was a temporary exhibit, on loan from another museum.
W : Too bad.

訳　女性：博物館にはどのようにして行けばいいですか？
　　男性：新しい市立博物館のことですか？
　　女性：ええ，**アメリカ芸術を呼び物にしている博物館**です。
　　男性：**あの博物館はアメリカのではなく，アジアの芸術を展示しているのですよ。**
　　女性：本当ですか？　前にウェブサイトでアメリカ芸術を見たんですが。
　　男性：あれは，他の博物館からの貸し出しで，一時展示だったんです。
　　女性：まあ，残念だわ。

◇ feature「～を呼び物にする，特集する」

女性の2番目の発言に「アメリカ芸術を呼び物にしている博物館」とあり，女性はこれに興味を持っていることがわかる。男性の2番目の発言に「アメリカではなくアジアの芸術が展示されている」とあり，女性はあてが外れたことになる。①が正解。

問16 16 正解は④

> 圕 なぜ少年は困っているのか。
> ① ユーザー名を入力しなかった。
> ② 正しいパスワードを使わなかった。
> ③ 自分のパスワードを忘れた。
> ④ ユーザー名を打ち間違えた。

放送内容 《ログインの方法》

M : Hey, I can't log in.
W : Did you put in the right password?
M : Yes, I did. I retyped it several times.
W : And is your username correct?
M : I think so.... It's my student number, isn't it?
W : Yes. But is that your student number?
M : Uh-oh, I entered two zeros instead of one.

訳 男性：ねえ，ログインできないんだけれど。
女性：正しいパスワードは入れたの？
男性：うん。何回か打ち直したよ。
女性：それとユーザー名は正しい？
男性：そう思うけど…。それって，学生番号だよね？
女性：そうよ。でも，それあなたの学生番号なの？
男性：うわっ，ゼロ1個じゃなくて，2個入力してたよ。

女性が2番目の発言で「ユーザー名は正しいか」と尋ねており，男性は最後の発言でゼロを一つ多く入力していたことに気づいている。④が正解。

問17 17 正解は①

> 圕 男性はコンサートについてどう思っているか。
> ① もっと長く続くべきだった。
> ② 彼が思っていたとおりの長さだった。

> ③　演奏はかなり下手だった。
> ④　料金はもっと高くてもよかった。

放送内容　《コンサートの感想》

W : How was the concert yesterday?

M : Well, I enjoyed the performance a lot, but <u>the concert only lasted an hour</u>.

W : Oh, that's kind of short. How much did you pay?

M : About 10,000 yen.

W : Wow, that's a lot! <u>Do you think it was worth that much?</u>

M : <u>No, not really.</u>

訳　女性：昨日のコンサートはどうだった？

男性：うん，演奏はとてもよかったよ。でも**コンサートはたったの１時間だったんだ**。

女性：あら，ちょっと短いわね。いくら払ったの？

男性：１万円くらい。

女性：うわぁ，それは高いわね！　それだけの価値があったと思う？

男性：**いやー，あんまり。**

◇ kind of「いくぶん，かなり，どちらかというと」　口語で，形容詞・動詞を修飾する。

男性の最初の発言「コンサートはたったの１時間だった」から，公演時間に不満があることがうかがえる。女性の最後の発言の「それだけ（＝１万円のチケット代）の価値があったと思うか」という問いに対して，男性の最後の発言に「あまりそうは思わない」とあることで，公演が短かったことに不満があるとはっきりする。①が正解。

第４問A　モノローグを聞いて図表を完成させる問題

放送内容　《第４問Aの説明》

　第４問A　第４問Aは問18から問25の８問です。話を聞き，それぞれの問いの答えとして最も適切なものを，選択肢から選びなさい。問18から問21の問題文と図を，今，読みなさい。

　では，始めます。

問18〜21　　18 → 19 → 20 → 21　　正解は②→④→①→③

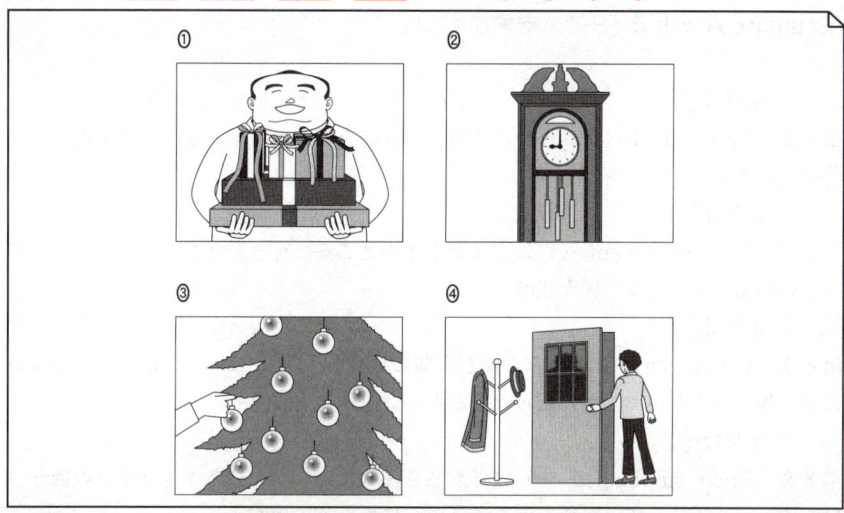

放送内容　《楽しい思い出》

　I always enjoy the holidays. One of my happiest memories is about a snowy night just before Christmas. As the hall clock struck nine, there was a loud knock at the door. "Who could it be?" we wondered. My father went to the door, and in a surprised voice we heard, "Oh, my... look who's here!" We all ran to the hall, and there was my favorite uncle with his arms full of gifts. He surprised us with a visit. Then, he helped us decorate our Christmas tree. We had so much fun.

訳　休暇はいつでも楽しい。最も楽しかった思い出の一つは，クリスマス直前の雪の降る夜のものだ。**玄関の時計が9時を打った**とき，ドアに大きなノックの音がした。「いったい誰だろう」と私たちは思った。**父がドアのところに行き**，それから私たちが聞いたのは，「いやあ，びっくりした…誰が来たか見てごらん！」という驚きの声だった。私たちがみんな玄関のほうに走っていくと，**そこにいたのは両腕いっぱいに贈り物を抱えた，私の大好きなおじさんだった**。おじさんは私たちをびっくりさせに来たのだ。それから，**おじさんは私たちがクリスマスツリーの飾りつけをするのを手伝ってくれた**。とても楽しかった。

◇ strike＋数字「（時計が）〜時を打つ」

◇ Who could it be?「いったい（戸口にいるのは）誰だろう」　could は怪しむ気持ちを表す。

◇ with his arms full of gifts「両腕が贈り物でいっぱいの状態で」が直訳。with O

C 「OがCの状態で」の付帯状況の表現。
◇ surprise *A* with *B* 「*B* で *A* を驚かせる」

18 正解は②

第3文（As the hall clock …）に「時計が9時を打った」とあり，これを表すのは
②の絵である。②が正解。

19 正解は④

第5文（My father went …）に「父がドアのところに行き」とあり，これを表して
いるのが④の絵である。④が正解。

20 正解は①

第6文（We all ran …）で，みんなが玄関に行くと，「そこにいたのは両腕いっぱい
に贈り物を抱えた…おじさんだった」とある。①が正解。

21 正解は③

第8文（Then, he helped …）に「おじさんは私たちがクリスマスツリーの飾りつ
けをするのを手伝ってくれた」とある。これにあたるのは③。

放送内容 《第4問A，問22〜25 の説明》
　問22 から問25 の問題文と表を，今，読みなさい。
　では，始めます。

問 22〜25 　22 　23 　24 　25 　正解は②，⑤，②，③

集めた品物

品番	カテゴリー	品目	箱の番号
0001	男性用	ダウンジャケット	22
0002	男性用	ベルト	23
0003	女性用	スキーウェア	24
0004	男児用	スキーウェア	25
0005	女児用	コート	
0006	男性用	コットンセーター	

① 箱1　　② 箱2　　③ 箱3　　④ 箱4　　⑤ 箱5

放送内容 《寄付品の分類》

Here are all the items that were donated last week. Please help me sort them into the proper boxes. First, <u>summer clothes go into Box 1, whether they are for men or for women</u>. In the same way, <u>all winter clothes for men and women go into Box 2</u>. <u>Box 3 is for children's clothes</u>, regardless of the season they're worn in. <u>Shoes and bags should be put into Box 4</u>. <u>All other items go into Box 5</u>.

訳 　ここにあるのが，先週寄付された品物全部です。分類して適切な箱に入れるのを手伝ってください。まず，**男物でも女物でも，夏服は箱1に入れます**。同様に，**男性用と女性用の冬服は箱2です**。**箱3は，着る季節に関係なく，子ども服です**。**靴とカバンは箱4に入れてください**。**他の物はすべて箱5です**。

◇ donate「～を寄付する」　◇ sort「～を分類する」

◇ regardless of ～「～に関係なく」

◇ the season they're worn in「それらが着られる季節」　They are worn in the season.「それらはその季節に着られる」がもとになっているため，in がある。

22 　正解は②

「男性用のダウンジャケット」は冬物。第4文（In the same way, …）に「男性用と女性用の冬服は箱2」とあるので，②が正解。

23 　正解は⑤

「男性用のベルト」は服ではなく，靴・カバンにも含まれない。最終文（All other items …）に「他の物はすべて箱5」とあるので，⑤が正解。

24 　正解は②

「女性用のスキーウェア」は「冬物」。第4文（In the same way, …）に「男性用と女性用の冬服は箱2」とあるので，②が正解。

25 　正解は③

「男児用のスキーウェア」は「子ども服」。第5文（Box 3 is for …）に「箱3は，着る季節に関係なく，子ども服」とあるので，③が正解。

第4問B 複数の情報を聞いて条件に合うものを選ぶ問題

放送内容 《第4問Bの説明》

　第4問B　第4問Bは問26の1問です。話を聞き，示された条件に最も合うものを，四つの選択肢（①～④）のうちから一つ選びなさい。状況と条件を，今，読みなさい。

　では，始めます。

問26　　26　正解は②

| 問 | □ | が，あなたが選ぶ可能性の最も高い本である。 |

	本のタイトル	条件A	条件B	条件C
①	宇宙とその向こうの探索			
②	家族で農業			
③	ポップ・スターとしての私の人生			
④	オリンピックでの勝利			

放送内容 《書籍の説明》

1. There are so many books to choose from, but one I think would be good is a science fiction novel, *Exploring Space and Beyond*, that was published last month. It can be read in one sitting because it's just 150 pages long.

2. I read a review online about a book that was published earlier this year, titled *Farming as a Family*. It's a true story about a man who decided to move with his family to the countryside to farm. It's an easy read... around 200 pages.

3. I know a really good autobiography called *My Life as a Pop Star*. It's 300 pages in length. I think it would be an interesting discussion topic for our group. I learned a lot when I read it several years ago.

4. I heard about a new book, *Winning at the Olympics*. It features Olympic athletes who won medals. It has so many interesting photographs and some really amazing true-life stories. It's 275 pages long.

訳 1. 選択の対象になる書籍はたくさんありますが，私が良いと思うものは，<u>先月出版された SF 小説</u>の『宇宙とその向こうの探索』です。長さは<u>ほんの 150 ページ</u>なので，一気に読めます。

2. <u>今年の早い時期に出版された</u>『家族で農業』という書名の本について，オンラインで書評を読みました。農業をするために家族とともに田舎へ引っ越すことにした男性に関する<u>実話</u>です。読みやすい本で…<u>200 ページくらい</u>です。

3. 私は『ポップ・スターとしての私の人生』というとても良い<u>自伝</u>を知っています。長さは <u>300 ページ</u>です。私たちの読書会にとって興味深い討論のトピックになると思います。<u>数年前に読んだとき</u>，私は多くのことを学びました。

4. 私は『オリンピックでの勝利』という<u>新刊本</u>のことを聞きました。その本はメダルを獲得したオリンピック選手たちのことを取り上げています。興味深い多くの写真と，本当に驚くべき<u>実話</u>がいくつか載っています。長さは <u>275 ページ</u>です。

◇ in one sitting「一気に」　直訳は「1 回座っている間に」
◇ review「書評」　◇ an easy read「簡単な読み物」　◇ autobiography「自伝」
◇ feature「～を呼び物にする，取り上げる」　◇ true-life「事実に基づく」

①は「150 ページ」なので，条件Aは○。「先月出版された」ので，条件Bも○。「SF 小説」なので，条件Cは×。
②は「200 ページほど」なので，条件Aは○。「今年の早い時期に出版された」ので，条件Bも○。「実話」なので，条件Cも○。
③は「300 ページ」なので，条件Aは×。「数年前に読んだ」とあるので，条件Bも×。「自伝」なので，条件Cは○。
④は「275 ページ」なので，条件Aは×。「新刊本」なので，条件Bは○。「実話」なので，条件Cも○。
以上を表にまとめると以下のようになる。条件のすべてが合っている②が正解。

本のタイトル	条件A	条件B	条件C
①　宇宙とその向こうの探索	○	○	×
②　家族で農業	○	○	○
③　ポップ・スターとしての私の人生	×	×	○
④　オリンピックでの勝利	×	○	○

第5問 講義の内容と図表の情報を使って問いに答える問題

《第5問の説明》

　第5問　第5問は問27から問33の7問です。最初に講義を聞き，問27から問32に答えなさい。次に続きを聞き，問33に答えなさい。状況，ワークシート，問い及び図表を，今，読みなさい。

　では，始めます。

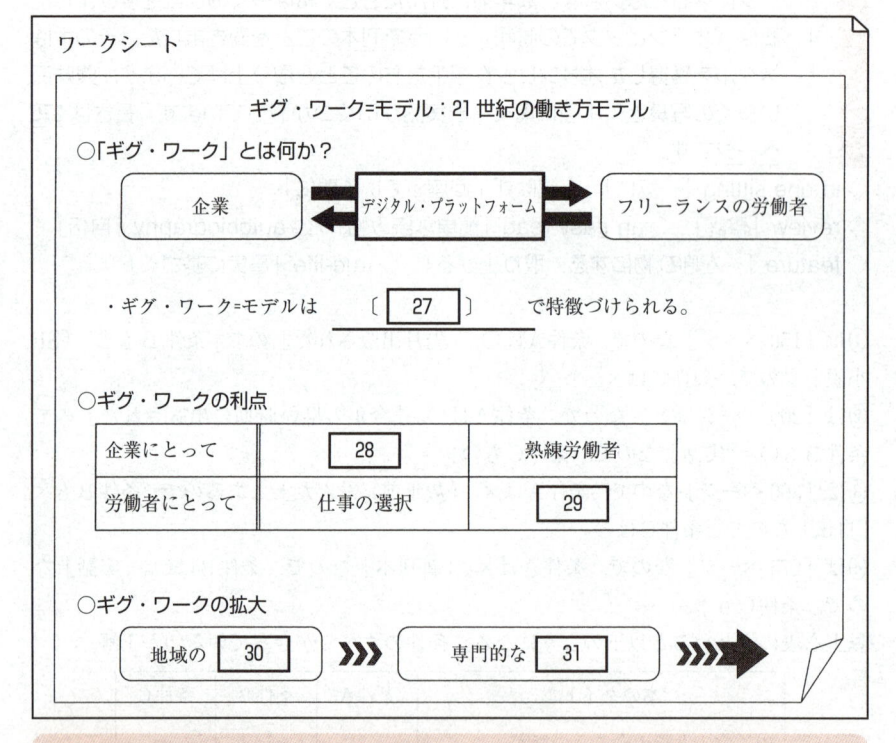

《新しい働き方に関する講義》

　Today I'll introduce a recent work model based on "gig work." Do you know this term? This model utilizes the spread of smartphones and the internet. It enables <u>businesses to connect with and hire freelance workers</u> through digital platforms. <u>These workers are called gig workers, who do individual jobs, or gigs, on short-term contracts.</u>

　Let's look at some benefits of the gig work model. <u>This model is attrac-</u>

tive to companies because they can save on operating costs, and they can easily hire a more skilled workforce through digital platforms. The workers have the opportunity to control the numbers and types of projects according to their preferences, with the freedom to choose their schedule and workload. However, their income can be unstable because it is based on individual payments instead of a regular salary.

The gig work model is expanding to include various types of work. It has become common for local service jobs such as taxi and delivery drivers. There is now increasing demand for highly specialized project work, not only domestically but also internationally. For example, a company that needs help with its advertising can hire international consultants who work remotely in different countries. In fact, a large number of U.S. companies are already taking advantage of digital platforms to employ an international workforce.

The gig work model is challenging us to rethink the concepts of permanent employment, and full-time and part-time work. Working on a contract basis for multiple companies may give gig workers additional income while maintaining their work-life balance. As more and more people enter the gig job market, this work model will undoubtedly expand as a work model for future generations.

訳　今日は「ギグ・ワーク」を基にした，最近の働き方のモデルを紹介します。みなさんはこの言葉を知っていますか？　このモデルは，スマートフォンやインターネットの普及を活用したものです。そのおかげで，企業はデジタル・プラットフォームを通じてフリーランスの労働者と連絡をとり，雇うことができます。このような労働者は，個々の仕事，つまりギグを短期契約で行う，ギグ・ワーカーと呼ばれています。

　ギグ・ワーク=モデルの利点をいくつか見てみましょう。このモデルが企業にとって魅力的なのは，運営経費を節約でき，デジタル・プラットフォームを通じてより熟練した労働力を簡単に雇えるからです。労働者にはスケジュールと仕事量を選択する自由があるので，自分の好みに合わせて仕事の数と種類を調整する機会があります。しかし，彼らの収入は不安定です。定給ではなく一つ一つの仕事に対しての支払いが基本だからです。

　ギグ・ワーク=モデルはさまざまな業種を含むように拡大しています。タクシーや配達員といった地域のサービス業では当たり前になりました。現在，国内だけでなく国際的にも，高度に専門化したプロジェクト業務に対する需要が増して

います。たとえば，広告に関して手助けが必要な企業は，別の国々に住み，離れて仕事をしている国際的なコンサルタントを雇うことができます。実際，アメリカの多数の企業がすでに，国際的な労働力を採用するのに，デジタル・プラットフォームを利用しています。

ギグ・ワーク＝モデルは，私たちに終身雇用，正規労働，パート労働という考えを再考するように促しています。契約に基づいてさまざまな企業で働くことで，ギグ・ワーカーは仕事と生活のバランスを維持しながら副収入を得られるかもしれません。ますます多くの人たちがギグ・ジョブ市場に参入するにつれて，この労働モデルは将来の世代の労働モデルとして，間違いなく拡大していくでしょう。

◇ utilize「〜を利用する」 ◇ business「企業」 ◇ freelance「自由契約の」
◇ contract「契約」 ◇ operating costs「運営経費」 ◇ workload「仕事量」
◇ domestically「国内で」
◇ take advantage of 〜「〜（の良いところ）を利用する」
◇ challenge *A* to *do*「*A* に〜するように促す」 ◇ on a … basis「…に基づいて」
◇ multiple「多様な」 ◇ additional income「副収入」

問27 　27　 正解は③

①	定給で完遂されなくてはならない個々の仕事
②	デジタル・プラットフォームの開発者に開かれた仕事の機会
③	独立した労働者によって行われる短期的仕事
④	契約期間に縛られない働き方

第1段第4文（It enables businesses …）に「企業は…フリーランスの労働者…を雇う」，続く最終文（These workers are …）に「このような労働者は，個々の仕事，つまりギグを短期契約で行う，ギグ・ワーカーと呼ばれている」とある。ギグ・ワークの特徴としては，③「独立した労働者によって行われる短期的仕事」が適切。

問28〜31

①	広告	②	融通の利く労働時間
③	より少ない経費	④	プロジェクト業務
⑤	サービス業	⑥	安定した収入

　28　 正解は③ 　29　 正解は②

第2段第2文（This model is attractive …）に「このモデルが企業にとって魅力的なのは，運営経費を節約でき…るからだ」とある。　28　 には③が当てはまる。同段

第3文（The workers have …）に「労働者にはスケジュール…を選択する自由がある」とあることから，[29] には②が当てはまる。

[30] 正解は⑤　　[31] 正解は④

第3段第2文（It has become common …）に「タクシーや配達員といった地域のサービス業では当たり前になった」とある。[30] には⑤が適切。同段第3文（There is now …）に「現在…高度に専門化したプロジェクト業務に対する需要が増している」とあることから，[31] には④が当てはまる。

問32 [32] 正解は④

---

① 企業は，終身雇用によって熟練度のより高い労働者を育てることができる。
② ギグ・ワーカーは，副収入を確保するために，仕事と生活のバランスを犠牲にしている。
③ 契約がないことが，企業と労働者を結びつけるのには主な障害である。
④ ギグ・ワーク＝モデルは，社会が労働をどのように見るかに関する新しい議論を押し進めている。

第4段第1文（The gig work model is …）に「ギグ・ワーク＝モデルは，私たちに終身雇用，正規労働，パート労働という考えを再考するように促している」とある。この内容に相当するのが④である。

①は，これに相当する事柄は述べられていない。

②・③は，第4段第2文（Working on a contract …）に「契約に基づいてさまざまな企業で働くことで，ギグ・ワーカーは仕事と生活のバランスを維持しながら副収入を得られるかもしれない」とあることに反する。少なくとも，それぞれをはっきり裏づける内容は述べられていない。

ワークシート

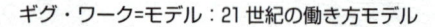
ギグ・ワーク=モデル：21世紀の働き方モデル

○「ギグ・ワーク」とは何か？

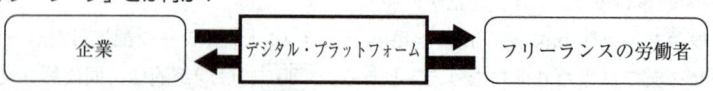

| 企業 | デジタル・プラットフォーム | フリーランスの労働者 |

・ギグ・ワーク=モデルは〔**⑧独立した労働者によって行われる短期的仕事**〕で特徴づけられる。

○ギグ・ワークの利点

企業にとって	**⑨より少ない経費**	熟練労働者
労働者にとって	仕事の選択	**②融通の利く労働時間**

○ギグ・ワークの拡大

| 地域の**⑤サービス業** | | 専門的な**④プロジェクト業務** |  |

問33　　33　　正解は④

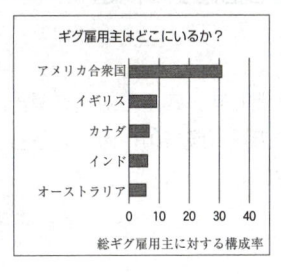 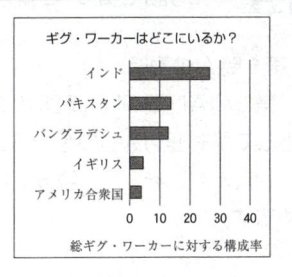

① 　南アジア諸国のギグ・ワーカーの大半は，専門度が高い。
② 　カナダとアメリカ合衆国は，オンライン・プラットフォームのサービスに関して競争している。
③ 　ギグ・ワークの世界的な需要は，働ける労働者の数よりも大きい。
④ 　国境を越えて労働者を容易に雇えることは，ギグ・ワークの利点である。

放送内容　《ギグ・ワークに関する上位国の比較》

　The growing effects of gig work on employment and markets differ regionally. Look at the two graphs containing data from the major English-language online labor platforms. They show the top five countries in terms of percentages of all gig employers and gig employees. What trend can we see here?

訳　　ギグ・ワークの雇用と市場への影響は増大していますが，それは地域によって異なります。主要な英語のオンライン労働プラットフォームからのデータを含む2つのグラフを見てください。グラフはギグ雇用主とギグ労働者全体に対する割合の上位5カ国を示しています。どのような傾向が見て取れるでしょうか。

◇ regionally「地域的に」　◇ in terms of 〜「〜という観点で（の），〜に関して」
雇用主の上位3カ国はアメリカ合衆国，イギリス，カナダと西洋諸国である。それに対し，労働者の上位3カ国はインド，パキスタン，バングラデシュとアジアの新興国や途上国である。ギグワークでは，雇用主と労働者の居住地が異なるとわかる。また，講義前半第3段第4文（For example, a company …）に「手助けが必要な企業は，別の国々に住み，離れて仕事をしている国際的なコンサルタントを雇うことができる」とある。これらから言えることとしては，④が正解。
雇用主と労働者について，それぞれどの国にいる割合が高いかを示すグラフだけでは，労働者の質（①），国同士の競争（②），需要と供給のバランス（③）はわからない。

第6問A 対話を聞いて要点を把握する問題

放送内容 《第6問Aの説明》
　第6問A　第6問Aは問34と問35の2問です。二人の対話を聞き，それぞれの問いの答えとして最も適切なものを，四つの選択肢（①〜④）のうちから一つずつ選びなさい。状況と問いを，今，読みなさい。
　では，始めます。

放送内容 《料理への取り組み方》
Julia : Oh, no. I'm out of butter.
Tom : What are you making, Julia?
Julia : I was going to make an omelet.
Tom : How about using olive oil instead?
Julia : But, Tom, the recipe says to use butter.
Tom : Why don't you just change the recipe?
Julia : I don't like cooking that way.
Tom : I just throw together whatever is in the refrigerator. <u>For me, cooking is a creative act</u>.
Julia : Not for me. <u>I need to follow a recipe</u>.
Tom : <u>I like to think about how the ingredients will combine</u>.
Julia : I don't have to think about it if I follow a recipe precisely. <u>I use measuring spoons, a measuring cup, and a step-by-step recipe</u>. You like my food, don't you?
Tom : Absolutely. Your beef stew is especially delicious.
Julia : See? <u>There is something to be said for sticking to a plan</u>. And without butter I cannot make an omelet.
Tom : OK. So, what are you going to do with those eggs?
Julia : How about boiled eggs? Where's the recipe?

訳　ジュリア：あら，いけない。バターがないわ。
　　　　トム：何を作っているの，ジュリア？
　ジュリア：オムレツを作るつもりだったのよ。
　　　　トム：代わりにオリーブオイルを使ったら？
　ジュリア：でもトム，レシピにはバターを使えってあるの。
　　　　トム：レシピを変えればいいんじゃないの？

ジュリア：そんなふうに料理をするのは好きじゃないわ。

　　トム：僕は何でも冷蔵庫にあるものを全部放り込んじゃうけれどね。**僕にとっては，料理は創造的行為だから。**

ジュリア：私はそうじゃないのよ。**私はレシピどおりにする必要があるの。**

　　トム：**僕は材料がどんなふうに組み合わさるか考えるのが好きだな。**

ジュリア：レシピに正確に従えば，そういうことを考える必要がないでしょ。**私は計量スプーン，計量カップ，レシピの手順を使うわ。**私の作る料理は好きでしょう？

　　トム：大好きだよ。君のビーフシチューは特においしいよね。

ジュリア：でしょ？　**計画どおりにやることには一理あるのよ。**だから，バターがないとオムレツは作れないの。

　　トム：わかったよ。それで，その卵はどうするつもり？

ジュリア：ゆで卵はどうかしら？　レシピはどこ？

◇ be out of ～「（一時的に）～がなくなっている，切らしている」

◇ How about *A*〔*doing*〕？「*A*〔～するの〕はどうですか」

◇ Why don't you ～?「～してはどうですか」

◇ ingredient「（料理などの）材料」　◇ combine「結びつく」

◇ step-by-step「段階ごとの」

◇ There is something to be said for ～.「～には取柄がある，一理ある」

◇ stick to ～「（約束・規則など）を守る」

問34　[34]　正解は②

> 〔問〕　トムの言いたいことの要点は何か。
> ① ある種の料理は作るのが難しい。
> ② 想像力は料理の重要な部分だ。
> ③ 材料の中には風味に欠かせないものがある。
> ④ うまくいくレシピには手順がたくさんある。

トムの4番目の発言第2文（For me, …）に「僕にとっては，料理は創造的行為だ」，5番目の発言に「僕は材料がどんなふうに組み合わさるか考えるのが好きだ」とある。②が正解。

問35　35　正解は④

> 問　ジュリアは料理についてどのように考えているか。
> ①　創造的に料理することは，レシピに従うより楽しい。
> ②　心をこめて料理することが最優先事項だ。
> ③　計量では簡単に間違いをしてしまうものだ。
> ④　食べ物を調理することには，はっきりとした指示が必要だ。

ジュリアの5番目の発言第2文（I need to …）に「私はレシピどおりにする必要がある」，6番目の発言第2文（I use measuring spoons, …）に「私は計量スプーン，計量カップ，レシピの手順を使う」，7番目の発言第2文（There is something …）に「計画どおりにやることには一理ある」とある。④が正解。

第6問B　複数の意見（会話や議論）を聞いて問いに答える問題

放送内容《第6問Bの説明》

　第6問B　第6問Bは問36と問37の2問です。会話を聞き，それぞれの問いの答えとして最も適切なものを，選択肢のうちから一つずつ選びなさい。状況と問いを，今，読みなさい。
　では，始めます。

放送内容《環境保護と地元の経済》

Anne：Hey, Brian. Look at that beautiful red coral necklace. Ooh... expensive.

Brian：Anne, red coral is endangered. They shouldn't be selling that.

Anne：So, how are they going to make money?

Brian：There're lots of ways to do that if we consider ecotourism.

Anne：Yeah... ecotourism.... What do you think, Donna?

Donna：Well, Anne, ecotourism supports the local economy in a good way while protecting the environment.

Brian：Right. So, we shouldn't buy coral; it'll become extinct.

Anne：Oh, come on, Brian. How about the people relying on the coral reefs?

Brian：But, Anne, those coral reefs take millions of years to regrow. We should support more sustainable ways to make money.

Donna : Hey Hiro, didn't you buy some photos of coral reefs?

Hiro : Yeah, taken by a local photographer. They are beautiful.

Donna : That's ecotourism. <u>We shouldn't impact the environment so much</u>.

Hiro : But that's not enough to support people relying on coral reefs for income.

Brian : Hiro has a point. They should find other ways to make money while still preserving the reefs.

Anne : I'm not sure if we are in a position to tell them how they should make their money.

Hiro : Anne's right. Selling coral is their local tradition. We should respect that.

Donna : But, at the expense of the environment, Hiro?

Hiro : <u>The environment is important, but if we protect it, I don't think the economy is supported</u>.

Brian : Anyway, we're on vacation. It's a nice day.

Donna : Let's hit the beach!

訳

アン：ねえ，ブライアン。あのきれいなアカサンゴのネックレスを見て。うわ…高い。

ブライアン：アン，**アカサンゴは絶滅の危機にさらされているんだよ**。あんなの売るべきじゃないな。

アン：じゃあ，どうやってお金を稼げばいいの？

ブライアン：**エコツーリズムを考えたら，その方法はたくさんあるよ。**

アン：あー…エコツーリズムね…。あなたはどう思う，ドナ？

ドナ：そうねえ，アン，**エコツーリズムは，環境を保護しながら地元の経済を支える良い方法よ**。

ブライアン：そのとおり。だからサンゴは買うべきじゃない。**絶滅しちゃうよ**。

アン：ちょっと，ブライアン。**サンゴ礁に頼っている人たちはどうなの**？

ブライアン：でもね，アン，サンゴ礁が再生するのには何百万年もかかるんだ。もっと持続可能な収入の手段を支援すべきじゃないかな。

ドナ：ねぇ，ヒロ，サンゴ礁の写真を買ったんじゃなかった？

ヒロ：買ったよ。地元のカメラマンが撮ったやつ。きれいでしょ。

ドナ：それはエコツーリズムね。**環境にあまり影響を与えるべきじゃないものね**。

ヒロ：でも，収入をサンゴ礁に頼っている人を支援するには，それじゃ足

　　　　　りないよね。

ブライアン：ヒロの言っていることには一理あるね。彼らは，サンゴ礁を保存し
　　　　　ながらお金を稼ぐ他の方法を見つけなくちゃいけないな。

　　アン：私たち，彼らがお金をどうやって稼ぐべきか言える立場なのかしら。

　　ヒロ：アンの言うとおりだよ。サンゴを売るのは，地元の伝統だ。僕たち
　　　　　はそれを尊重すべきだよね。

　　ドナ：でも，環境を犠牲にして，よ，ヒロ？

　　ヒロ：**環境は大事だけれど，環境を保護したら，経済を支えられないと思
　　　　　うな。**

ブライアン：いずれにしても，僕たちは休暇中だよね。いい天気だし。

　　ドナ：海辺に行きましょう！

◇ extinct「絶滅した」

◇ Come on.「ちょっと，ねえ」 状況と言い方で，相手に対する不満や励ましなど，
　 さまざまな意味で使われる。

◇ coral reef「サンゴ礁」　◇ regrow「再生する」　◇ have a point「一理ある」

◇ still「まだ，今までどおり」　◇ preserve「〜を保護する」

◇ at the expense of 〜「〜を犠牲にして」　◇ hit「〜に着く」

問36　36　正解は②

① 1人	② 2人	③ 3人	④ 4人

ブライアンの2番目の発言（There're lots of …）に「エコツーリズムを考えたら，
その方法（お金を稼ぐ方法）はたくさんある」，ドナの最初の発言（Well, Anne,
ecotourism …）に「エコツーリズムは，環境を保護しながら地元の経済を支える良
い方法だ」，同3番目の発言第2文（We shouldn't …）に「環境にあまり影響を与
えるべきではない」とある。一方，アンの4番目の発言第2文（How about …）に
「（サンゴを採れないなら）サンゴ礁に頼っている人たちはどうなのか」，ヒロの4番
目の発言（The environment is …）に「環境は大事だけれど，環境を保護したら，
経済を支えられないと思う」とある。ブライアンとドナはエコツーリズムに賛成して
いるが，アンとヒロはその効果に疑いを持っていることがわかる。正解は②。

問37　　37　　正解は②

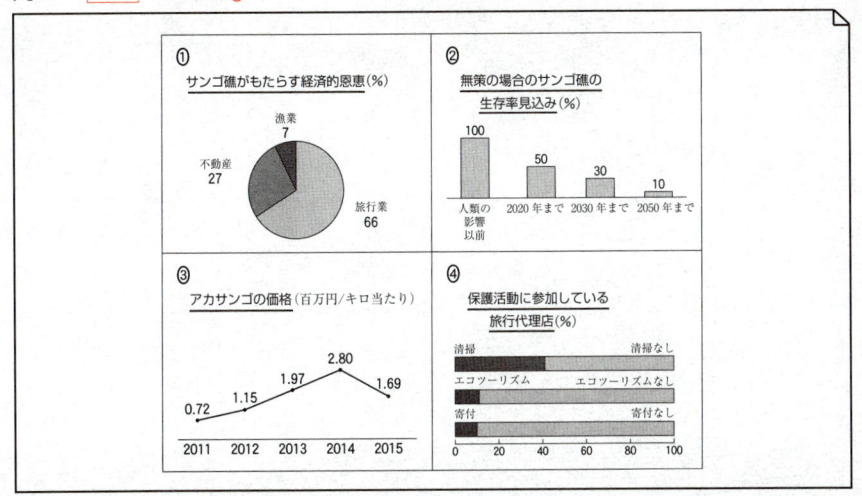

ブライアンの最初の発言第1文（Anne, red coral is …）に「アカサンゴは絶滅の危機にさらされている」，3番目の発言第2文（So, we shouldn't …）に「サンゴが絶滅してしまうだろう」とあり，このままではサンゴが絶滅してしまうことに言及している。②が正解。

英語(リーディング) 追試験

問題番号 (配点)	設 問		解答番号	正 解	配 点	チェック
第1問 (10)	**A**	問1	1	①	2	
		問2	2	③	2	
	B	問1	3	③	2	
		問2	4	②	2	
		問3	5	②	2	
第2問 (20)	**A**	問1	6	③	2	
		問2	7	②	2	
		問3	8	①	2	
		問4	9	②	2	
		問5	10	④	2	
	B	問1	11	④	2	
		問2	12	③	2	
		問3	13	②	2	
		問4	14	②	2	
		問5	15	①	2	
第3問 (15)	**A**	問1	16	④	3	
		問2	17	③	3	
	B	問1	18	①	3*	
			19	②		
			20	④		
			21	③		
		問2	22	①	3	
		問3	23	④	3	

問題番号 (配点)	設 問		解答番号	正 解	配 点	チェック
第4問 (16)		問1	24	③	3	
		問2	25	④	3	
		問3	26	②	3	
		問4	27 – 28	① - ④	4 (各2)	
		問5	29	②	3	
第5問 (15)		問1	30	④	3	
		問2	31	②	3	
		問3	32	②	3*	
			33	⑤		
			34	①		
			35	④		
		問4	36	④	3	
		問5	37 – 38	② - ④	3*	
第6問 (24)	**A**	問1	39	②	3	
		問2	40	④	3	
		問3	41 – 42	③ - ⑤	3*	
		問4	43	③	3	
	B	問1	44	③	3	
		問2	45 – 46	② - ⑤	3*	
		問3	47	②	3	
		問4	48	①	3	

(注)
1 ＊は，全部正解の場合のみ点を与える。
2 －（ハイフン）でつながれた正解は，順序を問わない。

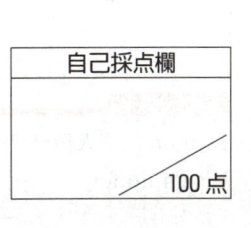

自己採点欄

100 点

第1問

A 会話の読み取り

> 訳 《放課後の活動の選択》
>
> あなたはカナダのアルバータにある高校で勉強している。クラスメートのボブが今学期の放課後の活動に関するメッセージを送ってきている。
>
> やあ！ 元気？
>
> ああ，ボブ。元気だよ！
>
> これ，聞いた？ 今学期の放課後の活動を選ばなくちゃいけないんだって。
>
> 聞いたよ！ ボランティアプログラムに参加して，小学校で教えるつもり。
>
> 何を教えるの？
>
> 個人指導が必要な学年や科目はいろいろあるよ。僕は小学生の子どもたちが日本語の勉強をする手伝いをしたいんだ。君は？ このプログラムに申し込むの？
>
> うん，僕もボランティアプログラムにとても興味があるんだ。
>
> 君は地理と歴史が得意だよね。高校1年生に教えるのはどう？
>
> 高校で教えたくはないな。小学校か幼稚園でボランティアしようかなと思っていたんだけど，中学校でボランティアしたことのある生徒は多くないんだよね。だから中学校で教えようかと思ってる。
>
> 本当に？ 中学校で教えるのは難しそうだなあ。中学校で何を教えたいの？
>
> 中学校のとき，僕には数学が本当に難しかったんだ。数学は生徒たちにとって難しいと思うから，数学を教えたいな。
>
> わあ，それは良い考えだね！

語句・構文

▶ tutor「（個人指導で）教える」

▶ sign up for ~「~への参加登録をする」

問1　　1　　正解は①

「ボブはボランティアとしてどこで手助けする計画か」

ボブの5番目のメッセージ第2・3文（I was thinking …）に「中学校でボランティアしたことのある生徒は多くない…から中学校で教えようかと思っている」とある。①「中学校で」が正解。

②「幼稚園で」

③「高校で」

④「小学校で」

問2　　2　　正解は③

「ボブの最後のメッセージに対する最も適切な返事は何か」

ボブの最後のメッセージでは，自分が中学校のときに数学を難しいと思っていたという理由で，中学生に数学を教えるボランティアをしたいと述べられている。これと話がつながるのは③「わあ，それは良い考えだね！」のみ。

①「僕の大好きな科目も数学だったよ」

②「じゃあ，僕たちは同じ学校で教えることになるね」

④「わあ，君は本当に日本語が好きなんだね！」

B　ウェブサイトの読み取り

〔訳〕《オンライン説明会の広告》

　あなたは高校生で，留学を考えている。アメリカで勉強したり仕事をしたりすることについて学ぶことができるオンラインのイベントの広告を見つける。

留学と職業情報オンライン説明会 2022
アメリカ学生ネットワークは 3 つのバーチャル説明会を計画しています。

説明会 日付／時間*	詳細
学ぶ：高校（中学生・高校生向け）	
バーチャル説明会 1 7 月 31 日 午後 3 時〜午後 5 時	アメリカの高校で学ぶのはどんな感じ？ ➢　授業，宿題，成績 ➢　放課後の活動とスポーツ ☆　アメリカ全土の学生から話を聞きます。質問する機会を生かしましょう！
学ぶ：大学（高校生向け）	
バーチャル説明会 2 8 月 8 日 午前 9 時〜午後 0 時	アメリカの大学で学ぶ間に期待できることは？ ➢　授業で成功するためのアドバイス ➢　大学生活と学生協会 ☆　著名な教授の話をライブで聞きましょう。遠慮なく質問してください！
働く：職業（高校生・大学生向け）	
バーチャル説明会 3 8 月 12 日 午後 1 時〜午後 4 時	アメリカでの仕事の見つけ方は？ ➢　就職活動と履歴書の書き方 ➢　客室乗務員，シェフ，俳優，その他多数の幅広い職業の人たちに会いましょう！ ☆　彼らの仕事や就労用ビザについて質問してください。

*米国中部標準時（CST）

登録は 2022 年 7 月 29 日までにここをクリック。→**説明会登録**

あなたの氏名，生年月日，メールアドレス，学校名を入力し，興味のあるバーチャル説明会（複数可）を示してください。

語句・構文

▶ session「特定の活動の集まり，機会，期間」 ここでは内容上「説明会」とした。

▶ feel free to *do*「自由に〔遠慮なく〕～する」

▶ job hunting「就職〔求職〕活動」

▶ résumé「履歴書」 もとはフランス語で，フランス語特有の記号（アクサン）がついている。

問1 ☐3☐ 正解は③

「講義を聞くことができるのはどの日か」

広告の中に lecture「講義」という言葉はないが，バーチャル説明会 2 の☆（Listen to a …）に「著名な教授の話をライブで聞こう」とあるので，これが，講義のあるセッションと考えられる。③**「8月8日」**が正解。

① 「7月29日」

② 「7月31日」

④ 「8月12日」

問2 ☐4☐ 正解は②

「☐☐☐ためには説明会 1 と 2 に参加すべきである」

説明会 1 と 2 はいずれも「学ぶ」というテーマで，それぞれ高校と大学で学ぶことに関するものである。②**「アメリカで学ぶことに関する情報を得る」**が正解。

① 「申し込み手続きについて知る」

③ 「自分の留学経験を共有する」

④ 「さまざまな職業の人たちと話す」

問3 ☐5☐ 正解は②

「これらのバーチャル説明会のどれであれ登録するには，☐☐☐を提供する必要がある」

広告の最後（Please provide your …）に「あなたの氏名，生年月日，メールアドレス，学校名を入力し，興味のあるバーチャル説明会（複数可）を示してください」とある。②**「あなたの生年月日」**が正解。

① 「あなたが抱えている質問」

③ 「あなたが選択する職業」

④ 「あなたの家の住所」

第2問

A 情報の読み取り

《旅行先の情報》

　あなたは英国に来ている交換留学生である。あなたのホストファミリーは，文化を経験できるように，週末にあなたをハンベリーに連れて行ってくれる。あなたは滞在するホテルの近くでできることに関する資料と，そのホテルのレビューを見ている。

ホワイトホースホテル
ハンベリー広場内

ホテル周辺ですべきこと・見るべきもの：

◆　ハンベリー教会：徒歩でわずか10分。

◆　ファーマーズマーケット：毎月第1週・第3週の週末に広場で催されます。

◆　キングズアームズ：ハンベリーで最古の建物でランチをご賞味ください（ホテルの真向かい）。

◆　イースト通り：あらゆるお土産をそこでお求めになれます（ホテルから徒歩15分）。

◆　スチームハウス：駅のそばのハンベリー鉄道博物館の隣にあります。

◆　ウォーキングツアー（90分）：毎週火曜日と土曜日の午前11時に広場から出発します。

◆　ストーンサークル：毎週火曜日の昼食時に生演奏があります（教会のすぐ裏）。

◆　古城（入場料：5ポンド）：毎週土曜日の夜に行われる劇『ロミオとジュリエット』をご覧ください。（駅の向かいの城門でチケットをお求めください。15ポンドです。）

ホワイトホースホテルの会員*になって手に入れましょう：

◆　鉄道博物館の無料チケット

◆　お一人様につき，わずか9ポンドの劇のチケット

◆　メモリー写真館の割引クーポン（ビクトリア朝の伝統的な衣装を着て写真を撮ってもらいましょう）。毎日午前9時から午後5時30分まで営業。

*ご宿泊のお客様は会費無料です。

最も人気のあるレビュー：

また来ます

町の中心部にある素敵なホテルで，朝食が素晴らしいです。お店は限られていますが，町はきれいで，美しい教会まで歩いてたった5分です。スチームハウスのお茶とケーキはマストです。
サリー

素敵な町

私たちが泊まった部屋はとても快適で，スタッフは親切でした。オーストラリアから訪れたのですが，お城での劇は素晴らしいと思いましたし，ウォーキングツアーはとてもおもしろかったです。ストーンサークルもお勧めです（丘を10分歩いて登っても大丈夫なら）。
ベン

語句・構文

▶ gift「土産物」 souvenir は「自分の思い出のためのもの」の意で使うことが多い。
▶ admission「入場料」
▶ a must「外せないもの，不可欠のもの」

問1　6　正解は③

「　　　がホワイトホースホテルに最も近い」
「ホテル周辺ですべきこと・見るべきもの」で，選択肢それぞれの説明を見ると，③「キングズアームズ」が「ホテルの真向かい」で最も近い。
① 「イースト通り」 ホテルから徒歩15分。
② 「ハンベリー教会」 ホテルから徒歩10分。
④ 「ストーンサークル」「教会のすぐ裏」とあり，教会はホテルから徒歩10分。

問2　7　正解は②

「　　　は，第3土曜日にハンベリーを訪れた場合にできる活動の組み合わせである」
「ホテル周辺ですべきこと・見るべきもの」の説明を見ると，C「生演奏を聞く」は「ストーンサークルで毎週火曜日に行われる」ことがわかる。したがって，Cを含む選択肢①，③，④が除外される。正解は②。
A. 「ウォーキングツアーに行く」 ツアーは毎週火曜日と土曜日に行われる。
B. 「写真を撮ってもらう」「ホワイトホースホテルの会員になって手に入れましょう」の3つ目（a discount coupon …）に写真館の割引クーポンについて書いてあり，写真館は毎日営業しているとある。
D. 「ファーマーズマーケットで買い物をする」 マーケットは毎月第1週・第3週の週末に開かれる。

問3 ☐8☐ 正解は①

「あなたは『ロミオとジュリエット』のより安価なチケットを手に入れたいと思っている。あなたは☐☐☐だろう」

「ホテル周辺ですべきこと・見るべきもの」の最後にある，「古城」の項目より，チケットは，普通に買えば15ポンドである。「ホワイトホースホテルの会員になって手に入れましょう」の2つ目（tickets to the …）に「9ポンドの劇のチケット」がある。①「ホテルの会員になる」が正解。

② 「お城でチケットを買う」

③ 「ホテルから無料チケットをもらう」

④ 「ビクトリア朝の伝統的な衣装を着る」

問4 ☐9☐ 正解は②

「レビューが言及して<u>いない</u>ホテルの良い点は☐☐☐である」

サリーのレビュー第1文（It's a nice …）に「朝食が素晴らしい」とあり，③「食事」に言及している。ベンのレビュー第1文（Our room was …）に「部屋はとても快適で，スタッフは親切だった」とあり，これが①「快適さ」と④「サービス」にあたる。言及されていないのは②「割引」。

問5 ☐10☐ 正解は④

「レビューを書いた人たちの意見を最もよく反映しているのは次のどれか」

サリーのレビュー第1文（It's a nice …）の「町の中心部にある素敵なホテル」が立地の良さを，第2文（Though the shops …）の「町はきれいで，美しい教会まで歩いてたった5分」は観光と立地の良さの両方を述べていると言える。ベンのレビュー第2・3文（Coming from …）に「ウォーキングツアーはとてもおもしろかった。ストーンサークルもお勧め」とあることは，観光のおもしろさを述べている。④「観光がおもしろくて，ホテルは立地が良かった」が正解。

① 「活動はおもしろくて，店が良かった」 サリーのレビュー第2文（Though the shops …）に「店は限られていた」とあることと一致しない。

② 「ホテルの部屋はきれいで，写真館は素晴らしかった」 サリーもベンも「写真館」には言及していない。

③ 「音楽が良く，活動はおもしろかった」 サリーもベンも「音楽」には言及していない。

B　記事の読み取り

> 訳　《**学校の昼休みをいつとるべきか**》
>
> 　あなたの英語の先生が，授業でのディベートの準備をするのに読んでおくべき次の記事をあなたに与えた。
>
> ---
>
> 　小学生のとき，私が学校で好きだった時間は，昼食後の長い休憩時間である昼休みの間に，友達と話したり走り回ったりする時間だった。最近，アメリカの小学校の中には昼休みの時間を昼食前に変えたところもあることを知った。2001 年には，昼食前に昼休みをとるのは小学校の 5 パーセント足らずだった。2012 年までには，小学校の 3 分の 1 以上がこの新しい仕組みに変更していた。この変更についてさらに調べるために調査が行われた。以下がその結果である。
>
> 昼食前に昼休みをとるのが良い理由：
> ● 　その方が生徒たちはお腹が空いて，食欲が増す。
> ● 　生徒たちは昼食後に外で遊ぼうとして食事を大急ぎで済ませない。
> ● 　その方が生徒たちは午後に落ち着いて集中力も高まる。
> ● 　無駄になる食材が減る。
> ● 　頭痛や腹痛を訴える生徒が少なくなる。
> ● 　保健室に行く生徒が少なくなる。
>
> しかし，昼食前に昼休みをとることには課題もある：
> ● 　生徒たちは昼食前に手を洗うのを忘れるかもしれない。
> ● 　昼食時間が遅いので，生徒たちはお腹が空きすぎるかもしれない。
> ● 　学校は時間割を変更しなくてはならないだろう。
> ● 　教師や職員はスケジュールを変更しなくてはならないだろう。
>
> 　これは興味深い考えで，もっと多くの学校がそれを検討する必要がある。子どものとき，私は昼食前にとてもお腹が空いていたことを覚えている。昼食を遅くとるのは実際的ではないとあなたは言うかもしれない。しかし，学校がちょっとした健康的な朝の軽食を提供できると言う人もいる。食べる回数を増やすことは，生徒の健康にも良い。手を洗うことについてはどうだろうか？　さて，それをスケジュールに入れてはどうだろう？

語句・構文

▶ conduct「（業務・調査など）を行う」
▶ rush「～を急いでやる」

▶ challenge「課題，難問」

▶ What about ～?「～についてはどうしようか」

▶ Why not ～?「～してはどうか」

問1　11　正解は④

「あなたがディベートで論じるのはどの問題か　学校では□□べきか」

記事の書き出しから第2文（Recently, I learned …）に「アメリカの小学校の中には昼休みの時間を昼食前に変えたところもある」とあり，以降では，それに関する調査結果が示されている。記事全体としては，昼休みを昼食前にとるのか昼食後にとるのかについて述べられている。④**「昼休みのスケジュールを変える」**が正解。

① 「休憩を短くする」

② 「食材の無駄を減らす」

③ 「昼食をより健康的なものにする」

問2　12　正解は③

「昼休みを昼食前にとる利点の一つは，生徒たちが□□ことである」

「昼食前に昼休みをとるのが良い理由」（It's good to …）の3番目に「その方が生徒たちは午後に落ち着いて集中力も高まる」とあり，これが③**「より落ち着いて勉強する」**に相当する。

① 「朝の軽食を必要としない」

② 「より長い休憩がとれる」

④ 「もっとよく手を洗う」

問3　13　正解は②

「昼食前に昼休みをとることに関する懸念の一つは□□ことである」

「しかし，昼食前に昼休みをとることには課題もある」（However, there are …）の3番目に「学校は時間割を変更しなくてはならないだろう」とある。これが②**「学校は新しいスケジュールを作成する必要があるかもしれない」**に相当する。

① 「学校に，もっと多くの養護教諭が必要になるかもしれない」

③ 「生徒たちは屋内で過ごす時間が増えるかもしれない」

④ 「生徒たちはもっと多くの食材を無駄にするかもしれない」

問4　14　正解は③

「筆者の提案で解決するかもしれない問題は次のどれか」

調査結果のあとの部分の最終2文（What about …）に「手を洗うことについてはどうだろうか？　さて，それをスケジュールに入れてはどうだろう？」とある。こ

れは③「生徒たちは手を洗う可能性が低くなるだろう」に関する提案である。よって，解決される問題は③が正解。

① 「学校のスケジュールは変更を必要とするだろう」

② 「学校の職員は食事をとるのを遅くしなくてはならないだろう」

④ 「生徒たちは昼食を食べ残すだろう」

問5　15　正解は①

「筆者の意見では，もっと多くの学校が，生徒が□□□のを手助けすべきである」

調査結果のあとの部分の第1文（This is an …）に「これ（＝昼休みを昼食前にとること）は興味深い考えで，もっと多くの学校がそれを検討する必要がある」とある。これに対して考えられる懸念として，第3文（You might …）に「昼食を遅くとるのは実際的ではないとあなたは言うかもしれない」を挙げているが，続く第4文（However, some say …）で「しかし，学校がちょっとした健康的な朝の軽食を提供できると言う人もいる」とあり，さらに第5文（Having food more …）で「食べる回数を増やすことは，生徒の健康にも良い」としている。つまり，筆者は昼休みを昼食前にとることに賛成しており，昼休みの時間を考えることで，生徒がいつどのように食べるかを学校がより良いものにできると考えていると言える。①「より良い食習慣を身につける」が正解。

② 「昼食をもっと早い時間に食べることを楽しむ」

③ 「養護教諭のところへ行かない」

④ 「時間割の変更を気にしない」

第3問

A ブログの読み取り

訳 《博覧会に関する情報》

　英国から来ているあなたの英語の先生は，生徒たちのためにブログを書いている。彼女はあなたの街で開かれている博覧会についてちょうど書いたところで，あなたはそれに興味を抱いている。

 トレイシー=パン
8月10日　月曜日　午後11時58分

［第1段］　先週末，私はコンベンション=センターで開催されている国際地球保護博覧会に行ってきました。私たちが家庭で試すことのできる創造的なアイデアがたくさんありました。非常に多くの人たちが参加していたのも当然です。

［第2段］　家庭用品のリメイクに関する展示は特に刺激的でした。私たちがふつう捨ててしまうものが，どんなふうに便利でかっこうのよい品物に作り変えられるのかを見るのは驚きでした。リメイクされたものは，もともとの品物とはまったく違って見えました。ワークショップも素晴らしかったです。英語で行われている活動もあり，私にはぴったりでした（あなたたちにも，ですね）！　そのうちの一つに参加して，卵の容器から宝石箱を作りました。まず基本になる色を選び，それから装飾用の素材を決めました。何か使えるようなものが作れるか自信がなかったのですが，作ってみたら素敵なものになりました。

［第3段］　もし興味があるのなら，博覧会は8月22日まで開催しています。でも週末の混雑は避けることを強くお勧めします。下のカレンダーで，博覧会とワークショップの日程がわかります。

国際地球保護博覧会（8月4日〜22日）						
日曜日	月曜日	火曜日	水曜日	木曜日	金曜日	土曜日
						1
2	3	4	5　W★	6	7	8　W★
9　W	10　W★	11	12　W	13	14	15　W
16　W	17　W	18	19　W★	20	21	22　W★
23	24	25	26	27	28	29
30	31					

W＝ワークショップ（★英語で）

語句・構文

[第1段] ▶ No wonder ～「～するのも当然だ，不思議ではない」 もとは It is no wonder that ～の形式主語の文。

[第2段] ▶ carton「(運送用の) 箱」

▶ turn out ～「(結果的に) ～だとわかる，～になる」

[第3段] ▶ be on「(会などが) 開催中である，進行中である」

問1 16 正解は④

「トレイシーは□□□について学ぶためにワークショップに参加した」

第2段第1文 (The exhibition on …) に「家庭用品のリメイクに関する展示は特に刺激的だった」，第4文 (The workshops …) に「ワークショップも素晴らしかった」とあり，第6文 (I joined …) で「卵の容器から宝石箱を作った」と述べられている。④「日用品を作り変えること」が正解。

① 「色を創造的に組み合わせること」

② 「家庭での食品の無駄を減らすこと」

③ 「家の部屋を改装すること」

問2 17 正解は③

「トレイシーの勧めに基づくと，あなたが英語でのワークショップに参加するのに最適な日は□□□である」

カレンダーで「英語でのワークショップ」はW★のマークで表されているので，Wだけの①「8月12日」，②「8月16日」は除外できる。第3段第2文 (I strongly suggest …) に「週末の混雑は避けることを強く勧める」とあるので，土曜日にあたる④「8月22日」は適さない。水曜日でW★のマークがある③「8月19日」が正解。

B 記事の読み取り

> 訳 《犬の保護施設への訪問記》
> あなたの英国人の友達が，英国の犬に関する興味深い記事を見せてくれる。

愛犬家の楽園

［第1段］ もしあなたが，犬の保護施設は犬が過密な状況に押し込められていることの多いところだと思っているなら，グリーンフィールズにあるロバート=グレイの犬の救済保護施設を訪れると驚くことだろう。この前の夏，この雑誌のための写真を撮るためにそこを訪れるように依頼されたとき，私はその機会に飛びついた。あれほど多くの健康で幸せな犬たちが野原を自由に駆け回っているのを見るのが，どれほど素晴らしかったか，私は決して忘れないだろう。

［第2段］ 私が訪問したときには，およそ70匹の犬がそこで暮らしていた。それ以降，犬の数は100匹以上に増えている。この犬たちにとってこの保護施設は，放置されていた過去の生活とはかけ離れた安全な場所である。オーナーのロバート=グレイは，2008年にメルチェスターの街路から，家のない犬たちを引き取り始めた。当時，街にはびこる犬たちの問題が深刻化していた。ロバートは自宅の裏庭で保護施設を始めたが，犬の数が日ごとに増えていき，すぐに20匹に達した。そのため，2009年の夏に，保護施設をグリーンフィールズにあるおじの農場に移した。

［第3段］ 私がグリーンフィールズで見たものは，犬にとっての楽園のように見えたが，ロバートは保護施設を運営するのに多くの困難に直面してきたと私に語った。メルチェスターでの最初期のころからずっと，犬にエサや治療を与える費用は問題の一つである。もう一つの問題は，犬のふるまいに関するものだ。近所の農家の人の中には，犬が自分の土地に入り込んできたり，大きな声で吠えたりすることが気に入らない人たちもいる。農場の動物たちが怖がってしまうのだ。もっとも，実際にはほとんどの犬がとても人なつこい。

［第4段］ 犬の数は増え続けており，ロバートは，訪問者が自分の好きな犬を見つけて，その犬にずっと暮らせる家を与えてくれることを望んでいる。マトレーとい

う名前のとてもかわいい１匹の犬が，どこへでも私のあとをついてきた。私はすっかり心を奪われた！　私はマトレーに，すぐにまた戻って来て，一緒に家に連れて帰るからねと約束した。

マイク=デイビス（2022 年 1 月）

語句・構文

[第1段] ▶ shelter「避難所，保護施設」

[第2段] ▶ neglect「無視，放置」

▶ run wild「はびこる」 wild は形容詞なので，run は「〜（ここでは wild）になる」の意（第 2 文型）。「荒々しい状態になる，野生化する」ことを表す。run wildly「荒々しく走る」（wildly は副詞）ではないので要注意。

[第3段] ▶ wander onto 〜「〜にふらふらと入って来る」

問1 　18　19　20　21　正解は①，②，④，③

「次の出来事（①〜④）を起きた順に並べよ」

① 「その犬の保護施設は財政的な問題を抱え始めた」

② 「その犬の保護施設は新しい場所に移転した」

③ 「犬の数が 100 匹に達した」

④ 「筆者はグリーンフィールズにある犬の保護施設を訪れた」

第 2 段第 1・2 文（At the time of …）に「私が訪問したときには，およそ 70 匹の犬がそこで暮らしていた。それ以降，犬の数は 100 匹以上に増えている」とあるので，④→③の順になる。第 3 段第 2 文（Since the very early …）に「メルチェスターでの最初期のころからずっと…費用は問題の一つである」，第 2 段第 4 文（The owner, …）に「ロバート=グレイは，2008 年にメルチェスターの街路から，家のない犬たちを引き取り始めた」とあるので，財政問題は保護を開始した当初からあることがわかる。①が最初になると考えられる。第 2 段最終文（So, in the summer …）に「2009 年の夏に，保護施設をグリーンフィールズに…移した」とあり，筆者が訪れたのは移転後の施設なので，②→④の順になる。ちなみに，記事の最後に「2022 年」とあることと第 1 段第 2 文（When I was …）の last summer から，④の時期は 2021 年と判断できる。

全体で①→②→④→③の順になる。

問2 　22　正解は①

「この犬の保護施設が始まったのは□□□□からだった」

第 2 段第 4 文（The owner, …）に「ロバート=グレイは，2008 年にメルチェスタ

ーの街路から，家のない犬たちを引き取り始めた。当時，街にはびこる犬たちの問題が深刻化していた」とある。① 「メルチェスターでは，飼い主のいない多くの犬がいた」が正解。

② 「人々が，犬が通りを自由に走り回るのを見たがっていた」

③ 「グリーンフィールズの農家の人たちが，自分の犬たちのことで悩んでいた」

④ 「人々が犬を引き取れる場所が必要だった」

問3　　23　　正解は④

「この記事から，あなたは　　ことがわかった」

第4段最終文に（I promised Muttley …）「私はマトレーに，すぐにまた戻って来て，一緒に家に連れて帰るからねと約束した」とある。④ 「筆者は1匹の犬を引き取ることを考えている」が正解。

① 「ロバートのおじは 2008 年に犬を救済し始めた」

② 「保護施設の犬たちは静かでお行儀がよい」

③ 「その保護施設は，これ以上の犬を受け入れるのをやめた」

第4問

メールの読み取り

> 訳 《ホームステイ中のスケジュール》
> 　あなたの家にホームステイするトムのスケジュールを作成するために，あなたは，あなたの家族と彼の間でやり取りされているメールを読んでいる。

こんにちは，トム。

［第1段］　あなたの到着ももうすぐですね。それで，細かいことをいくつか確認するためにこのメールを書いています。まず，アスカ国際空港に到着するのは何時ですか？　到着エリアで出迎えたいと思っています。

［第2段］　あなたが私たちの家に滞在している間，いっしょに食事をすることになります。平日はふつう，朝食は午前7時30分，夕食は午後7時に食べています。それでいいですか？　それとも別の時間のほうが，都合がよいでしょうか？

［第3段］　私たちは，あなたにアスカを案内して回りたいと思っています。あなたの到着の翌日の正午から午後4時まで，地域のお祭りがあります。あなたは，「みこし」と呼ばれる，持ち運び可能な社を担ぐグループの一つに参加できます。お祭りのあと，午後8時に川のそばで花火大会があり，午後9時まで行われます。

［第4段］　また，どこかの夜に，レストランにあなたを連れて行きたいと思います。添付してあるのは，私たちのお気に入りの場所に関する情報です。あなたの好みがわからないので，どれがあなたには一番よさそうか教えてください。

レストラン	コメント	備考
アスカステーキ	地元の肉好きに人気の場所	火曜日休業
カグララーメン	チキンラーメンで有名	無休
寿司本番	新鮮でおいしい海鮮	月曜日休業
天ぷらいろは	とてもおいしい！	水曜日休業

［第5段］　最後に，あなたのプロフィールによると，あなたは侍のフィギュアを集めているのですね。私たちの町の大通りである中央通りには，それらを売っている店がたくさんあります。食べ物や服，コンピュータゲーム，文房具を売っている店などもあります。そこに行けば楽しいと思いますよ。どう思いますか？　そこに行きたいですか？

では，またすぐに。

あなたのホストファミリーより

次のメールはあなたの家族へのトムの返信である。

ホストファミリーのみなさん。

[第6段]　メールをありがとうございます。日本を訪れるのが本当に楽しみです。空港に来てくださる必要はありません。ヒノデ大学が，私たちのために，キャンパスまでの移動の手はずを整えてくれています。記念館で午後7時まで歓迎会があります。歓迎会のあと，記念館の入口で待っています。それでいいですか？

[第7段]　飛行機の旅疲れから回復するのに半日必要だと思うので，翌日はゆっくり起きて午後はのんびりしたいかなと思います。夜の花火は楽しそうですね。

[第8段]　月曜日から始まる語学の授業は午前8時からなので，朝食は30分早くいただけますか？　午後の活動は午後5時に終わります。午後7時の夕食はちょうどいいです。

[第9段]　コメント付きのレストランのリストをありがとうございます。実を言うと，海鮮は好みではありませんし，赤肉（牛や羊，鹿などの肉）は食べません。10日は午後の活動がないので，その日に食事に出かけるのはどうでしょうか？

[第10段]　買い物に関しては，中央通りはとてもよさそうなところですね。そこにいる間に，僕の家族に日本のお菓子も買いたいです。12日は，語学の授業が正午に終わるので，その日の午後に買い物に行きませんか？

お目にかかるのが待ち遠しいです！

トム

[トムのスケジュールのためのあなたのメモ]

日付	家族と	学校
6日（土）	到着，　24　にお迎え	歓迎会
7日（日）	25	
8日（月）		・語学の授業
9日（火）		午前8時～午後3時
10日（水）	26 で夕食	（金曜日は正午まで）
11日（木）		・午後5時まで午後の活動
12日（金）	27 と 28 の買い物	（水曜日と金曜日以外）
13日（土）	出発	

＊月曜日から金曜日　　朝食　29　　夕食　午後7時

語句・構文

[第1段] ▶ just around the corner「(距離・時間的に) すぐそこに」

[第2段] ▶ stay with 〜「(人) の家に泊まる」

[第3段] ▶ show + 人 + around + 場所「人に場所を案内する」

[第4段] ▶ attached is some information about 〜「添付しているのは〜に関する情報である」　本来の語順は some information about 〜 is attached であるが，ここでは倒置になっている。

[第6段] ▶ banquet「宴会」

[第10段] ▶ as for 〜「〜に関して言うと」

問1　24　正解は③

「あなたの家族はどこでトムを出迎えるか」

第6段第3文 (You don't have to …) に「空港に来る必要はない」，同段第6文 (After the banquet, …) に「歓迎会のあと，記念館の入口で待っている」とある。the building は前文の Memorial Hall を指す。③「記念館の入り口」が正解。

①「アスカ国際空港」

②「宴会場」

④「ヒノデ大学の正門」

問2　25　正解は④

「日曜日にトムがすることを選べ」

スケジュールのメモを見ると，日曜日は到着の翌日にあたる。第7段 (I think I need …) に「飛行機の旅疲れから回復するのに…翌日はゆっくり起きて午後はのんびりしたい。夜の花火は楽しそうだ」とある。④「花火を見る」が正解。第3段第2・3文 (There will be …) より，②と③は日曜日の午後のことである。のんびりしたいトムは参加しない。

①「歓迎会に出席する」

②「みこしを担ぐ」

③「お祭りに行く」

問3　26　正解は②

「あなたの家族がトムを連れて行くレストランを選べ」

第9段第2文 (To tell you …) に「海鮮は好きではなく，赤肉は食べない」とあるので，①「アスカステーキ」と③「寿司本番」は除外できる。red meat「赤肉」は牛や鹿など，濃い赤色の肉のことで，肉の種類を指す。脂の多さは関係ない。同段最終文に「10日に食事に出かけよう」とあり，スケジュールのメモから10日が

水曜日だとわかるので，水曜日が休業の④「天ぷらいろは」は当てはまらない。残る②「カグララーメン」が正解。chicken「鶏肉」は white meat なので，トムも食べられる。

問4　┃ 27 ┃ 28 ┃　正解は①，④（順不同）

「トムが買いに行くものを選べ（順序は問わない）」

第5段第1・2文（Finally, according to …）から，トムが侍のフィギュアを集めており，中央通りにそれらを売っている店があることが述べられている。第10段第2文（While we're there …）に「日本のお菓子も自分の家族のために買いたい」とある。①「アクションフィギュア」と④「食べ物」が正解。

②「服」

③「コンピュータゲーム」

⑤「文房具」

問5　┃ 29 ┃　正解は②

「あなたたちはトムといっしょに朝食を┃　　┃に食べる」

第2段第2文（We usually …）に「平日はふつう，朝食は午前7時30分に食べる」，第8段第1文（Starting Monday, …）に「授業が午前8時からなので，朝食を30分早くしてもらえるか」とある。②「午前7時」が正解。

①「午前6時30分」

③「午前7時30分」

④「午前8時」

第5問

伝記的な文章の読み取り・プレゼンテーションスライドの完成

訳 **ジャック=クストーの生涯**

　あなたは国際的な夏期講座に参加するための奨学金を申請しているところである。申請手続きの一部として，外国の著名人についてのプレゼンテーションをする必要がある。下の記事をもとに，プレゼンテーション用のスライドを完成せよ。

[第1段]　87年の生涯で，ジャック=クストーは，波の上でも下でも偉大なことをたくさん成し遂げた。彼はフランス海軍の将校で，探検家，環境保護論者，映画監督，科学者，文筆家，そしてあらゆる種類の水生生物を調べた研究者であった。

[第2段]　1910年にフランスで生まれ，パリの学校に通い，その後1930年にフランス海軍兵学校に入学した。1933年に卒業したあと，パイロットになる訓練をしていたとき，彼は自動車事故に巻き込まれ，重傷を負った。これで彼のパイロットとしてのキャリアは終わってしまった。ケガからの回復を促進するために，クストーは地中海で泳ぎ始めたが，これで彼の水生生物への関心が高まったのだ。このころ，彼は初めての水中調査を行った。もうパイロットになるという夢を追いかけることはできなかったが，クストーは1949年まで海軍に残っていた。

[第3段]　1940年代に，クストーは同じ村に暮らしていたマルセル=イシャックと友達になった。2人は，未知の，たどり着くのが難しい場所を探検したいという気持ちを分かち合っていた。イシャックにとっては，これは山の頂上であり，クストーにとっては海中の神秘的な世界だった。1943年，この2人の隣人たちは，フランスで初めての水中ドキュメンタリーで賞をとって広く知られるようになった。

[第4段]　彼らのドキュメンタリー『水深18メートル』は，前年に呼吸装置なしで撮影された。この成功後，彼らはアクアラングとして知られている，まさに初めての水中呼吸装置の一つを使って，さらにもう一つの映画『難破船』を制作した。『難破船』を撮影中，クストーは水中で呼吸できる時間に満足できず，その呼吸装置の設計に改良を施した。改良した装置のおかげで，彼は1948年にローマ時代の難破船「マーディア号」を探検することができた。

[第5段]　クストーは，初めて泳ぎ方を覚えた4歳のときからすでに，ずっと海を観察していた。1953年に出版された彼の著書『沈黙の世界』では，イルカの一群が彼のボートについてくる様子を描写している。彼はずっと，イルカが反響定位（音波を使って航行すること）を使っているのではないかと思っていたので，実験をしてみることにした。クストーは，水中地図にしたがって，数度方向を変更して，

ボートが最適なコースをたどらないようにした。イルカたちは，数分間あとをついてきたが，それから，もとのコースに戻って行った。これを見て，人間が反響定位を使うことさえまだ比較的新しいことではあったが，クストーはイルカの能力に関する自分の予測が正しいことを確認した。

［第6段］　生涯を通じて，クストーの活動は国際的に認められ続けた。彼は海面下の世界の美しさをカメラでとらえる能力があり，その画像を，多くの出版物で一般の人たちに分け与えてくれた。このことで，彼は 1961 年に『ナショナルジオグラフィック』誌から特別金賞を授与された。のちに，生涯にわたる環境活動への彼の情熱が，海と水生生物を保護する必要性を人々に教える手助けとなった。このことで，彼は 1977 年に国連環境賞を贈られた。

［第7段］　ジャック=クストーの生涯は，作家，映画制作者，そして音楽家にさえ刺激を与えた。2010 年，ブラッド=マトスンは『ジャック=クストー：海の王』を出版した。これに続くのが 2016 年の映画『オデッセイ』で，クストーが調査船「カリプソ号」の船長だった時代を描いている。クストーがキャリアの頂点にいた時期には，アメリカの音楽家，ジョン=デンバーが，自分のアルバム『ウィンドソング』の中の 1 曲のタイトルに，この調査船の名前を使った。

［第8段］　クスト─自身は，50 を超える書籍と 120 を超えるテレビドキュメンタリーを生み出した。彼の最初のドキュメンタリーシリーズ『ジャック=クストーの海中世界』は 10 年も続いた。彼の紹介の形式は，こうした番組をとても人気のあるものにし，もう一つのドキュメンタリーシリーズ『クストーのオデッセイ』は，もう 5 年放送された。ジャック=クストーの人生と業績のおかげで，私たちは波の下で何が起きているのかをよりよく理解できるのである。

あなたのプレゼンテーション用のスライド：

ジャック=クストー
— 30 —

国際夏期講座
プレゼンテーション　1

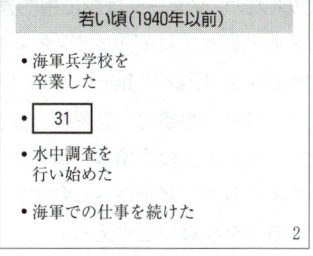

若い頃（1940年以前）
- 海軍兵学校を
  卒業した
- 31
- 水中調査を
  行い始めた
- 海軍での仕事を続けた　2

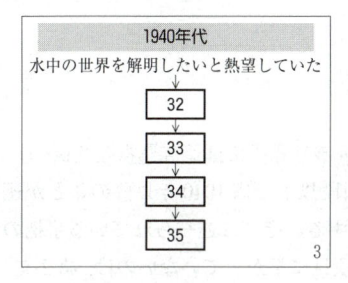

1940年代
水中の世界を解明したいと熱望していた
- 32
- 33
- 34
- 35　3

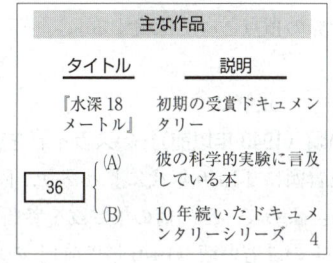

主な作品

タイトル		説明
『水深18メートル』		初期の受賞ドキュメンタリー
36	(A)	彼の科学的実験に言及している本
	(B)	10年続いたドキュメンタリーシリーズ

4

業績
- ダイビングの装備を改良した
- イルカが反響定位を使っていることを確認した
- 水中生物に関する魅力的なドキュメンタリーを制作した
- 37
- 38　5

語句・構文

［第1段］　▶ life「生涯，（集合的に）生物」

［第2段］　▶ put an end to ～「～を終わらせる」

［第4段］　▶ go on to *do*「続けて～する」

［第5段］　▶ confirm「～を確認する」

［第6段］　▶ aquatic「水生の，水中にすむ」
　　　　　 ▶ honor A with B for ～「～のことで A に B の栄誉を授ける」

［第7段］　▶ A is followed by B「A のあとに B が続く」

［第8段］　▶ a second ～「もう一つの～」　another とほぼ同意。

問1　30　正解は④

「あなたのプレゼンテーションに最も適したサブタイトルはどれか」

プレゼンテーションはジャック゠クストーの生涯を扱ったもので，クストーの情熱は第3段第3文（For Ichac …）に「クストーにとって，それ（探検で目指すべき場所）は，海中の神秘的な世界だった」とあるとおり，海に向けられていた。それ以降でも，クストーの業績は，海の世界を広く人々に知らせる映画やドキュメンタリー，書籍であることが述べられている。④「未知の海中世界を知らせる」が正解。

① 「自然の美を写真でとらえる」
② 「知的生物の謎を解明する」
③ 「世界の頂点と底を探検する」

問2　31　正解は②

「『若い頃（1940年以前）』のスライドを完成するのに最適な選択肢を選べ」

第3段冒頭に「1940年代に」とあり，同段以下では1940年以降のことが述べられている。よって，その前の第2段を参照する。そこに述べられている事柄のうち，スライドの「若い頃（1940年以前）」の項目に挙がっていないのは，第2文（After graduating in 1933, …）の「自動車事故に巻き込まれて重傷を負った」という出来事。続く第3文（This put an …）に「これで彼のパイロットとしてのキャリアは終わった」とあるので，②「パイロットになるという夢をあきらめざるをえなかった」が正解。

① 「水中で呼吸する装置を改良した」
③ 「関心の焦点を海から空へと移した」
④ 「海に潜っている間に重傷を負った」

問3　32　33　34　35　正解は②，⑤，①，④

「『1940年代』のスライドを完成するために，5つの出来事（①～⑤）から起きた順に4つを選べ」

第3段最終文（In 1943, …）に「1943年に，フランス初の水中ドキュメンタリーで受賞し，広く知られるようになった」とある。⑤「賞を受賞し有名になった」のは1943年のことである。また，第4段第1文（Their documentary, …）に「そのドキュメンタリーは前年に呼吸装置なしで撮影された」とあるので，②「呼吸装置なしでドキュメンタリーを撮影した」のは，1943年の前年で，1942年である。②→⑤の順になる。これに続いて，第4段最終文（His improved equipment …）に「改良した装置で，1948年にローマ時代の難破船『マーディア号』を探検できた」とあり，これが①「改良された装置を使って『マーディア号』まで潜った」に相当する。第2段最終文（Cousteau remained …）には「クストーは1949年まで

海軍に残っていた」とあり，④「フランス海軍を離れた」がこれに対応する。①は1948年，④が1949年である。

全体で，②→⑤→①→④の順になる。

③「隣人の一人が高所を探検するのを手助けした」についての言及はない。

問4　[36]　正解は④

「『主な作品』のスライドを完成するのに最適な組み合わせを選べ」

(A)の「説明」は「彼の科学的実験に言及している本」となっている。第5段第3文 (He had long suspected …) に「イルカに関して実験をしてみることにした」とあり，同段第2文 (In his book, …) より，イルカのことは『沈黙の世界』で述べられていることがわかる。(B)の「説明」は「10年続いたドキュメンタリーシリーズ」となっている。第8段第2文 (His first documentary …) に「彼の最初のドキュメンタリーシリーズである『ジャック=クストーの海中世界』は10年続いた」とある。④「(A)『沈黙の世界』，(B)『ジャック=クストーの海中世界』」が正解。

① 「(A)『難破船』，(B)『クストーのオデッセイ』」
② 「(A)『難破船』，(B)『ジャック=クストーの海中世界』」
③ 「(A)『沈黙の世界』，(B)『クストーのオデッセイ』」

問5　[37]　[38]　正解は②，④（順不同）

「『業績』のスライドを完成するのに，2つの業績を選べ（順序は問わない）」

第6段第2文 (He had the ability …) に「彼は海面下の世界の美しさをカメラでとらえる能力があり，その画像を多くの出版物で一般の人たちに分け与えてくれた」とあり，これが④「海中世界の美しい画像をたくさん生み出した」に相当する。第6段第4文 (Later, his lifelong passion …) に「生涯にわたる環境活動への彼の情熱が，海と水生生物を保護する必要性を人々に教える手助けとなった」とあり，これが②「人々が海洋環境を保護するように促した」に相当する。

① 「海洋生物に関するドキュメンタリーを放送するためにテレビ局を作った」
③ 「革新的な水中映画撮影に栄誉を与える賞を設立した」
⑤ 「フランス海軍でパイロットと研究者を訓練した」

第6問

A　説明的な文章の読み取り・要約メモの完成

訳　《記憶の不確かさ》

　あなたの研究グループは，「虚偽記憶」について勉強している。グループのメンバーの一人が，部分的なメモを作った。この記事を読んで，次の研究会のためのメモを完成せよ。

虚偽記憶

[第1段]　記憶とは何だろうか？　ほとんどの人は，記憶とは出来事のビデオ録画のようなもので，頭の中にあると思っている。大事にしている愛情の記憶であれ，恐れている失敗のようなものであれ，私たちのほとんどは，自分の記憶は起きたことの永久の記録だと信じている。時間が経つにつれて思い出すのが難しくなることは認めるかもしれないが，私たちは自分が真実を記憶していると思っている。心理学者たちは現在，これが事実ではないと言っている。私たちの記憶は変わりうるし，変えられさえすることがあるのだ。記憶は，少し不正確という程度から完全な間違いまで，どこにでも動いてしまうのである！　有名な研究者であるエリザベス=ロフタスによると，完全で正確な不変の記録というより，「記憶はもうちょっとウィキペディアのページのように機能する」のだ。原著者も含めて，だれでも情報を編集できるのである。

[第2段]　「虚偽記憶」を調査する本格的な研究は，比較的最近のものである。学者のハイマンとビリングズは大学生のグループとともに研究を行った。この実験では，まず学生たちの親が，自分の子どもの幼いときの重大なエピソードを面接官に送った。この家族の情報を使って，面接官は学生一人一人に2回面接を行った。その人の子ども時代の実際のエピソードのいくつかに面接官は言及したが，実験のために，いろいろなことが起きた結婚式に関する作り話を付け加え，学生に偽の結婚式が実際に起きたと信じるように仕向けた。次の2つの欄は，一人の学生の面接における，実際の会話を載せたものである。欠けている言葉は「…」で，著者のコメントは「（　）」で示されている。

面接官：I　学生：S

面接1回目

I：…いろいろなことのあった結婚式のようですね…あなたは5歳で，他の子どもたちと遊んでいて…

（面接官は，学生の親からもらった情報であるかのように偽の出来事に言及し，続いて友達と遊んでいるときにその学生が不測の事態を引き起こして，花嫁の両親がずぶぬれになったと言う）

S：覚えていません…変ですね…

I：…それはちょっと重大な事のように思えますが…

S：…結婚式ですよね。だれの結婚式だろう…披露宴ですよね？　自分が他の子どもたちと走り回っている様子がはっきりと思い浮かびますが…

I：自分がそうしているのを思い浮かべられますか？

S：…テーブルにぶつかっているとかですか？　ああ，そうだ，そんなことをしたでしょうね…おそらく結婚式ではなくて…大きなピクニックのような…

（学生は，テーブルにぶつかったことが身に覚えのあることのようだと信じ始めている。面接が終わったとき，学生は，次の面接までに今回した会話についてよく考えるように求められる）

面接2回目

（面接官は，学生の子ども時代の実際の出来事のいくつかについて尋ねたところであり，再び前回の面接で話し合った結婚式のことに戻る）

I：次の話題は，5歳のときの重大な事のあった結婚披露宴です。

S：ええ，このことについて考えてみました…

（学生は，自分がずぶぬれにしてしまった人たちについての説明に入る）

S：…彼がダークスーツを着ていて…背が高くて大柄で…角ばった顔…だったのが思い浮かびます…彼女は明るい色のドレスを着ていて…

（学生は頭の中で新しいイメージを浮かべていて，実際の記憶であるかのようにこの話を語ることができる）

S：…木の近くで…飲み物がテーブルの上にあって…私はグラスか何かにぶつかって…

（この学生はその後，夫婦の服装に関するさらなる情報を提供する）

［第3段］　この実験に参加した学生たちは，面接官が植えつけた偽の経験を完全に本当だと信じるようになった。2回目の面接までに，前回話し合ったすべてのことは，現実の出来事に関する自分の親からの情報に基づいていると考えるようになった学生もいた。これは，記憶について話すとき，言葉の選択が反応に大きな違いを生むということを示唆している。特定の言葉のせいで，私たちはある状況を違ったふうに思い出すようになる。面接官が「重大な事のあった」結婚式に何度も言及したために，学生はこの結婚式について偽の記憶を持ち始めたのである。

［第4段］「現代心理学の父」と呼ばれるジグムント=フロイトの時代から，精神療法では，自分の抱える問題を理解するために，子ども時代を思い出すことを求めてきた。20世紀後半には，昔の記憶を呼び覚ますことが，心を癒す良い方法だと人々が信じていたため，患者が，家族の昔のさまざまな状況を想像することを促す訓練や面接の技術があった。私たちの記憶は多くの要因に影響されるため，今では，そのような活動は虚偽記憶につながるかもしれないとわかっている。それは，単に私たちが何を思い出すかだけでなく，いつ思い出すか，思い出すときどこにいるか，だれが質問しているか，そして相手がどのように質問しているかということもだ。したがって，私たちは自分の想像から生じることを本当に真実だと信じているかもしれないのである。おそらく，専門家は「本当の記憶」といったものがあるのかどうか研究し始めるべきなのだろう。

要約メモ：

○
○
○　　　　　　　　　　　　　**虚偽記憶**
○
○　　**導入**
○
○　　● 「記憶はもうちょっとウィキペディアのページのように機能する」と言うとき，
○　　　　エリザベス=ロフタスは，記憶は　39　ということを意味している。
○
○　　**ハイマンとピリングズによる研究**
○
○　　● 1回目の面接は，その学生が　40　ことを示している。
○　　● 彼らの研究の結果は　41　と　42　ということを示唆している。
○
○　　**結論**
○　　人々は，記憶は正確なものだと信じているが，私たちの記憶は多くのことに影響
○　　される。昔の出来事に注目することは，心を癒すために採用された技術だったが，
○　　私たちは　43　ことを考慮しなくてはならない。
○

語句・構文

［第1段］▶ the case「（基本的に be 動詞の補語で）事実，真相」
［第2段］▶ eventful「波乱に富む，重大な（結果をもたらす）」
　　　　　▶ made-up story「作り話」
［第3段］▶ make a difference in ～「～に違いを生む，影響を及ぼす」
［第4段］▶ think back to ～「～を思い出す」

問1 39 正解は②

「記述 39 を完成するのに最もよい選択肢を選べ」

取り上げてあるエリザベス=ロフタスの言葉は第1段第8文（According to …）にあり，続く同段最終文（Anyone, including …）に「原著者も含めて，だれでも情報を編集できる」とある。これが「ウィキペディアのようだ」ということの意味である。②「自分自身や他の人たちによって修正されうる」が正解。

① 「人の本当の経験の報告である」

③ 「時間が経つにつれて思い出すのが難しくなっていくかもしれない」

④ 「他の人たちと自由に共有されるべきだ」

問2 40 正解は④

「記述 40 を完成するのに最もよい選択肢を選べ」

1回目の面接での学生の発言には「覚えていません」，「変ですね」，「だれの結婚式だろう」，「おそらく結婚式ではなくて，大きなピクニックのような」など，面接官が言う結婚式のことについて，あいまいな返事が多く見られる。④「面接官が言ったことについて確信がなかった」が正解。

① 「その結婚式の詳細をすべて面接官に説明した」

② 「子ども時代の結婚式での不測の事態について知っていた」

③ 「結婚式に関する偽の話を作るように求められた」

問3 41 42 正解は③，⑤（順不同）

「 41 と 42 に最もよい2つの記述を選べ（順序は問わない）」

第3段第1文（The students participating …）に「この実験に参加した学生たちは，面接官が植えつけた偽の経験を完全に本当だと信じるようになった」とあり，これが③「人々は，自分の身にまったく起きなかったことを思い出すように見えることがある」に相当する。同段第4文（Certain words …）に「特定の言葉のせいで，私たちはある状況を違ったふうに思い出すようになる」とあり，これが⑤「記憶について質問するのに使われる言い回しが人の反応に影響を及ぼす」に相当する。

① 「偽の出来事は，幼い子どもの記憶に簡単に植えつけることができる」

② 「私たちの自信の程度は，私たちの記憶の信頼性と関係するに違いない」

④ 「偽の記憶を植えつけることは，研究者たちからしばしば批判されている」

⑥ 「子どもが重大な状況を経験すると，安定した記憶を形成する」

問 4　　43　　正解は③

「『結論』を完成するのに　43　に最もよい選択肢を選べ」

空所のある文の前半は「昔の出来事に注目することは，心を癒すために採用された技術だったが」となっている。これは，第 4 段第 2 文（In the late 20th century, …）に「20 世紀後半には，昔の記憶を呼び覚ますことは，心を癒す良い方法だと人々が信じていたため，患者が，家族の昔のさまざまな状況を想像することを促す訓練や面接の技術があった」とあることに対応している。続く第 3 文（Now, we realize …）には，「今では，そのような活動は虚偽記憶につながるかもしれないとわかっている」とある。虚偽記憶が生まれる可能性があるとすれば，この治療法は有益なものとは言えなくなるので，③の「この精神療法の手法は思ったほど役に立たないかもしれない」が正解。

① 「記憶について問うことは，より明快に思い出すのに役立つだろう」

② 「その技術は，だれが，何を，いつ，どこで，どのように，ということに注目する」

④ 「私たちは，出来事をより正確に思い出す能力に取り組まなくてはならない」

B 説明的な文章の読み取り・ポスターの完成

訳 《コンテストのポスター作成》
　あなたはプレゼンテーションコンテストのポスターを準備している学生グループに加わっている。あなたはポスターを作成するために，次の文章を使っている。

長さの単位の小史

[第1段]　古代から，人々は物を測定してきた。測定は，人が，ある物がどれほどの長さか，距離か，大きさか，重さかをある種の正確さをもって知る手助けとなる。重さや体積は食料の交換に重要ではあるが，最も有用な測定の一つは長さだと言える。というのも，長さは面積を計算するのに必要であり，面積の計算は地所の交換，保護，課税に役立つからだ。

[第2段]　測定の方法は，人間の身体を基にしたり，それに関連したりしていることが多かった。知られている測定法の最も初期のものの一つはキュービットで，紀元前3千年紀ごろ，エジプトとメソポタミアで作られた。1キュービットは，人のひじから中指の先までの前腕の長さで，ある王室の標準によると，524ミリメートル（mm）だった。加えて，古代ローマの1フィート（296mm）はおそらくエジプト人由来で，人間の足を基にしていた。

[第3段]　ヤードとして知られている測定単位は，おそらくローマ帝国の支配後の英国が起源であり，キュービットの2倍を基にしていると言われている。その起源が何であれ，さまざまに異なるヤードが英国では使用されていた。ヘンリー1世の鼻から伸ばした腕の親指までの長さに標準化された12世紀まで，ヤードはそれぞれ異なる長さだった。しかし，公式の文書が1ヤードは3等分されるものであり，それは3フィートに相当し，1フィートは12インチからなると記述したのは，14世紀のことだった。この記述はインチとフィートを標準化するのに役立ったが，ヘンリー7世がフィートとヤードの公式の金属見本を配布した15世紀後半になってやっと，人々はそれらの本当の長さを確かに知るようになったのである。長年にわたって数多くの小さな調整が行われ，ついに1959年の国際ヤード=ポンド協定が標準インチ，フィート，ヤードをそれぞれ25.4mm，304.8mm，914.4mmと定義した。

[第4段]　測定法を作り出す基準として人体を使うことは，西洋文化に特有のものではなかった。「チ」と呼ばれる伝統的な中国の長さの単位は，今では3分の1メートルだが，もとは親指の先から広げた中指の先までの長さで定義されており，およそ200mmだった。しかし，年月を経てその長さは増し，中国のフィートとして知られるようになった。興味深いことに，日本の「尺」は「チ」を基にしたものだ

ったが，標準の1フィートとほぼ同じである。ほんの1.8mm短いだけなのだ。

［第5段］　人体と測定法の関連は，航海術にも見られる。ファゾム（6フィート）は，英語圏で海の深さを測るものとして最もよく知られた単位だが，歴史的には古代ギリシャの測定単位だった。それは，水夫が両腕の間に広げることのできたロープの長さに基づいていたので，それほど正確な測定法ではなかった。それは，他の多くの英米の単位と同様に，1959年に標準化された。

［第6段］　メートル法は1668年に初めて記述され，1799年にフランス政府に公式に採用されたが，今では世界的に優勢な測定法になっている。この測定法は，標準的な測定法として，あるいは伝統的な測定法に代わるものとして，徐々に多くの国に採用されるようになっている。メートル法は，主に科学，医学，産業の専門職で使われているが，伝統的な商業活動は，まだ地域の伝統的な測定法を使い続けている。たとえば，日本では窓の幅は「間（けん）」（6尺）で測定されている。

［第7段］　かつては，異なる測定単位の関係を理解することは，商人や税吏だけが知っている必要のあるものだった。しかし，今や国際的なオンラインショッピングが世界中に広がっているので，自分がどのくらいの量を買おうとしているのかがわかるように，私たち全員が他の国々の測定法を少しは知っておく必要がある。

あなたのプレゼンテーション用のポスターの草稿：

> ### さまざまな文化，さまざまな測定法
>
> **1．共通単位の目的**
>
> > 標準単位は以下の目的で使われる：
> > A．人々が払うべき税の額を計算すること
> > B．商業的な目的
> > C．人体のさまざまな部分を比較すること
> > D．食料の量を測定すること
> > E．個人の地所を保護すること
>
> **2．長さの単位の起源と歴史**
>
> > 45
> > 46
>
> **3．長さの単位の比較**
>
> > 図1．長さの主な単位の比較
> > 47
>
> **4．現代の単位**
>
> > 48

語句・構文

[第1段] ▶ property「地所」　財産一般を表す語でもあるが，本文では面積の計算に言及しており，この文章では所有する土地の意と考えられる。

[第2段] ▶ would often ～「よく～したものだ，～することが多かった」　過去の習慣的行為を表す。

[第3段] ▶ it was not until ～ that …「～になって初めて〔やっと〕…した」
▶ respectively「(列挙されたものを指して，順に) それぞれ」

[第4段] ▶ a standard from which to develop ～「～を作り出すための基準」

形容詞用法の不定詞において，修飾されるもの（ここでは standard）が不定詞の動詞に伴う前置詞の目的語でもある場合，前置詞の役割を明快にするために関係代名詞を使って〈前置詞＋which〔whom〕to *do*〉の形をとることがある。本文の場合，develop ～ from the standard「その基準から～を作り出す」の関係であることを表す。

[第5段] ▶ open arm「広げた腕」

[第6段] ▶ an alternative to ～「～の代わりをするもの，代替」

[第7段] ▶ now that S V「今やSはVするので」

問1 | 44 | 正解は③

「ポスターの最初の見出しの下にある記述を確認していたとき，グループの全員が，提案の一つがうまく当てはまっていないことで意見が一致した。次のうちのどれを含むべきでは**ない**か」

第1段最終文（While weight …）に「重さや体積は食料の交換に重要である」とあり，D「食料の量を測定すること」がこれに相当する。同文後半に「長さは面積を計算するのに必要であり，面積の計算は地所の交換，保護，課税に役立つ」とあり，これにA「人々が払うべき税の額を計算すること」，E「個人の地所を保護すること」が含まれる。また，上記では，「食料」と「地所」の「交換に重要である〔役に立つ〕」とあり，これはB「商業的な目的」と考えられる。残るC「人体のさまざまな部分を比較すること」は本文に該当する内容がない。よって，③が正解。

問2 | 45 | 46 | 正解は②，⑤（順不同）

「ポスターの2番目の見出しの下に，長さの単位に関する記述をする必要がある。次のうち最も的確なものを2つ選べ（順序は問わない）」

①「インチとメートルは，1959年の国際ヤード＝ポンド協定で定義された」

第3段最終文（Over the years, …）に「1959年の国際ヤード＝ポンド協定が標準インチ，フィート，ヤードを…定義した」とある。メートルは含まれない。

②「『チ』は手に関連する単位として始まり，時を経て徐々に長くなった」

第4段第2・3文（The traditional Chinese unit …）に「『チ』と呼ばれる伝統的な中国の長さの単位は…もとは親指の先から広げた中指の先までの長さで定義されており…年月を経てその長さは増し（た）」とある。これが正解の一つ。

③「キュービットは，人の足の長さを基にした最古の単位の一つである」

第2段第2・3文（One of the earliest known …）に「知られている測定法の最も初期のものの一つはキュービットで…1キュービットは人のひじから中指の先までの前腕の長さ（だった）」とある。足の長さではない。

④「現在の標準ヤードの長さはヘンリー7世によって標準化された」

第3段第5文（While this description …）に「ヘンリー7世がフィートとヤードの公式の金属見本を配布した15世紀後半になってやっと，人々はそれら（＝フィートとヤード）の本当の長さを確かに知るようになった」とあるが，続く最終文（Over the years, …）に「長年にわたって数多くの小さな調整が行われ，ついに1959年の国際ヤード＝ポンド協定が標準インチ，フィート，ヤードを…定義した」とある。現在のヤードはこのときに定義され，標準化されたものである。

⑤「ファゾムの起源は人の開いた両腕の間の長さに由来した」

第5段第3文（It was not a very accurate …）に「それ（＝ファゾム）は，水夫が両腕の間に広げることのできたロープの長さに基づいていた」とある。これが正解の一つ。

⑥「ローマのフィートの起源は，大ブリテン島にさかのぼることができる」

第2段最終文（In addition, …）に「古代ローマの1フィート（296mm）はおそらくエジプト人由来で（あった）」とある。

問3 〔47〕 正解は②

「ポスターの3番目の見出しの下に，文章中の単位のいくつかを視覚化する説明図がほしいと思っている。短いもの（上部）から長いもの（下部）まで，異なる単位の長さを最もよく表しているグラフはどれか」

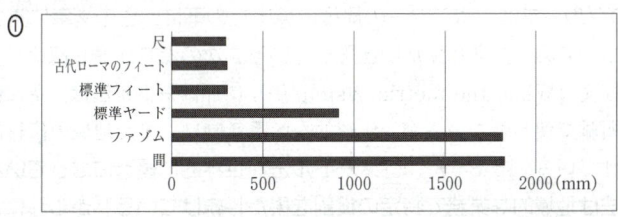

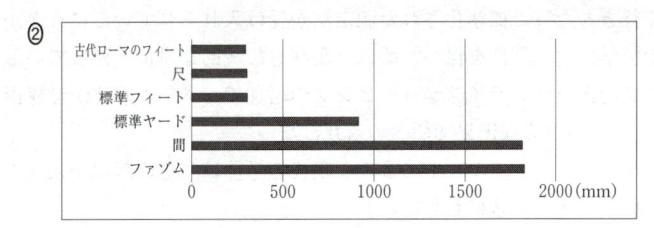

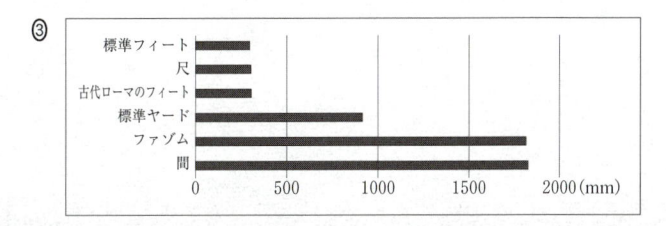

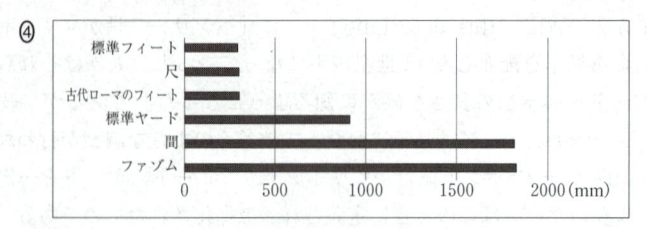

第2段最終文（In addition, …）に「古代ローマの1フィート（296mm）」，第3段最終文（Over the years, …）に「標準…フィート，ヤードをそれぞれ…304.8mm，914.4mmと定義」，第4段最終2文（Interestingly, …）に「日本の『尺』は…標準の1フィートとほぼ同じである。ほんの1.8mm短いだけ」つまり304.8−1.8＝303mm，第5段第2文（The fathom …）に「ファゾム（6フィート）」つまり，304.8×6＝1,828.8mm，第6段最終文（For example, in Japan …）に「『間（けん）』（6尺）」つまり303×6＝1,818mmとある。短い順に並べると，「古代ローマの1フィート」296mm，「尺」303mm，「標準フィート」304.8mm，「標準ヤード」914.4mm，「間」1,818mm，「ファゾム」1,828.8mmとなる。②が正解。

問4 48 正解は①

「あなたのグループは，ポスターの最後の見出しの下に，この文章に基づいた現代の単位についての1文を加えたいと思っている。次のどれが最も適切か」

第6段第3文（While the metric system …）に「メートル法は，主に科学，医学，産業の専門職で使われているが，伝統的な商業活動は，まだ地域の伝統的な測定法を使い続けている」とあり，①「メートル法が世界的に優勢になっているが，伝統的な測定法は地域的な業務で特定の役割を果たし続けている」がこれに相当する。

②「広く行きわたった標準化された測定法が受け入れられているにもかかわらず，科学や医学では一貫性を保つために，現在も伝統的な単位を使っている」

③「国境を越えたオンラインショッピングの増加で，メートル法が世界標準になっている」 このような因果関係への言及はない。

④「インチ，フィート，ヤードのような現代の単位は，その起源が人体の部分に関連している『チ』を基にしている」

英語(リスニング) 追試験

問題番号 (配点)	設　問	解答番号	正　解	配　点	チェック
第1問 (25)	A 問1	1	②	4	
	問2	2	④	4	
	問3	3	④	4	
	問4	4	④	4	
	B 問5	5	②	3	
	問6	6	③	3	
	問7	7	①	3	
第2問 (16)	問8	8	④	4	
	問9	9	②	4	
	問10	10	③	4	
	問11	11	③	4	
第3問 (18)	問12	12	③	3	
	問13	13	③	3	
	問14	14	③	3	
	問15	15	②	3	
	問16	16	②	3	
	問17	17	①	3	

(注)　＊は，全部正解の場合のみ点を与える。

問題番号 (配点)	設　問	解答番号	正　解	配　点	チェック
第4問 (12)	A 問18	18	③	4 ＊	
	問19	19	②		
	問20	20	④		
	問21	21	①		
	問22	22	③	1	
	問23	23	⑥	1	
	問24	24	②	1	
	問25	25	⑤	1	
	B 問26	26	②	4	
第5問 (15)	問27	27	④	3	
	問28	28	①	2 ＊	
	問29	29	⑥		
	問30	30	②	2 ＊	
	問31	31	⑤		
	問32	32	④	4	
	問33	33	④	4	
第6問 (14)	A 問34	34	①	3	
	問35	35	②	3	
	B 問36	36	②	4	
	問37	37	③	4	

リスニング

2022
年度

◎解答時間は 30 分ですが，解答開始前に IC プレーヤーの作動確
　認・音量調節の時間がありますので，試験時間は 60 分となります。
　「音量調整用音声」は音声専用サイトで確認できます。

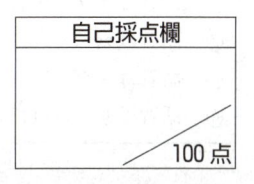

自己採点欄
100 点

放送内容 《試験の説明》

これからリスニングテストを始めます。

この試験では，聞き取る英語が２回流れる問題と１回流れる問題があります。第１問と第２問は２回，第３問から第６問は１回です。なお，選択肢は音声ではなく，すべて問題冊子に印刷されています。

では，始めます。４ページを開いてください。

第1問A　短い発話を聞いて同意文を選ぶ問題

放送内容 《第１問Aの説明》

第１問A　第１問Aは問１から問４までの４問です。英語を聞き，それぞれの内容と最もよく合っているものを，四つの選択肢（①〜④）のうちから一つずつ選びなさい。

問1　 1 　正解は②

① 話者は宿題をするのを忘れた。
② 話者は宿題を終えた。
③ 話者は今，宿題をやっている。
④ 話者は後で宿題をするだろう。

放送内容 《宿題の経過》

Have you finished your homework? I've already done mine.

訳　　君は宿題，終わった？　僕はもう終わったよ。

選択肢すべてに The speaker と his homework が含まれるため，話者と話者の宿題との関係を聞き取る。I've already done mine. の mine は my homework のこと。I've already done より，すでに宿題が完了しているとわかるため，②が正解。

問2　 2 　正解は④

① 話者はメグに家に帰ってほしくない。
② 話者は家に帰りたくない。
③ 話者はメグに家に帰ってほしい。
④ 話者は家に帰りたい。

放送内容　《メグへの打診》
I'm tired, Meg. Do you mind if I go home?

訳　僕は疲れたよ，メグ。家に帰ってもいい？

Do you mind if SV? は「～してもいいですか？」と相手に許可を求める表現。I go home より，帰宅したがっているのは話者だと判断できるため，④ が正解。

問3　3　正解は④

① 話者は今，駅から遠く離れた場所にいる。
② 話者は今，電車の中でジルと一緒にいる。
③ 話者はジルに伝言を残すだろう。
④ 話者は電話で話すのをやめるだろう。

放送内容　《電話対応》
Hello? Oh, Jill. Can I call you back? I have to get on the train right now.

訳　もしもし？　あぁ，ジルか。かけ直してもいい？　今から電車に乗らないといけないんだ。

かかってきたばかりの電話に対し，話者は Can I call you back?「かけ直してもいい？」と言っていることから，電話をすぐに切ろうとしているとわかる。よって，④ が正解。また，I have to get on the train right now. からも，話者が今まさに電車に乗ろうとしており，電話で話し続けることができない状況であるとわかる。

問4　4　正解は④

① 話者にはパンも牛乳もまったくない。
② 話者は卵を1つも欲しがっていない。
③ 話者はパンと牛乳を買うだろう。
④ 話者は卵を買うだろう。

放送内容　《食料の補充》
We have some bread and milk, but there aren't any eggs. I'll go and buy some.

訳　パンと牛乳はあるけど，卵が1つもないね。僕が買いに行くよ。

I'll go and buy some. の some の後ろには，直前で aren't any「1つも～ない」と言っている eggs が省略されている。よって，④ が正解。

第1問B　短い発話を聞いて内容に近いイラストを選ぶ問題

放送内容　《第1問Bの説明》

　第1問B　第1問Bは問5から問7までの3問です。英語を聞き，それぞれの内容と最もよく合っている絵を，四つの選択肢（①〜④）のうちから一つずつ選びなさい。

　では，始めます。

問5　　5　　正解は②

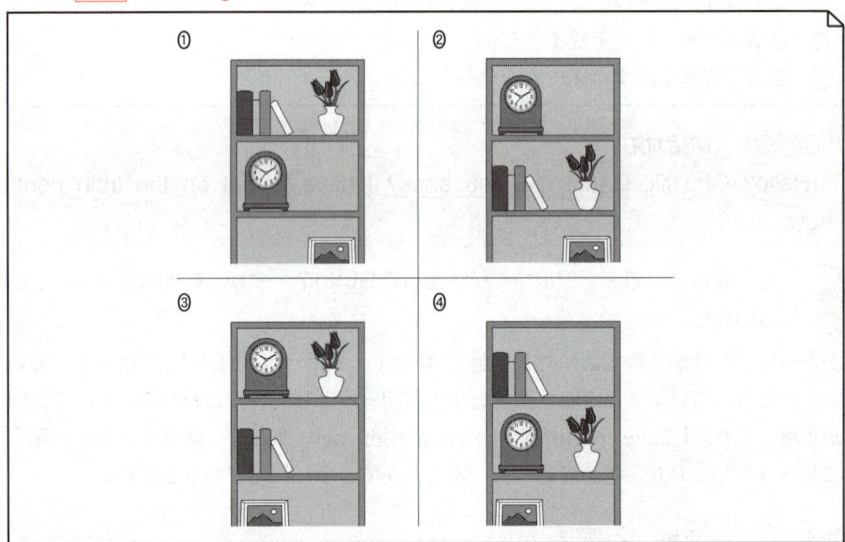

放送内容　《棚のレイアウト》

The books are next to the flowers, below the clock.

訳　本は花のとなり，時計の下にある。

主語 The books の位置を聞き取る。next to the flowers で①，②に絞り，below the clock で②が正解となる。below「〜の下に」は前置詞のため，below the clock は「時計の下に」の意。「下に時計がある」と誤って解釈して①を選ばないように注意しよう。

問6　6　正解は ③

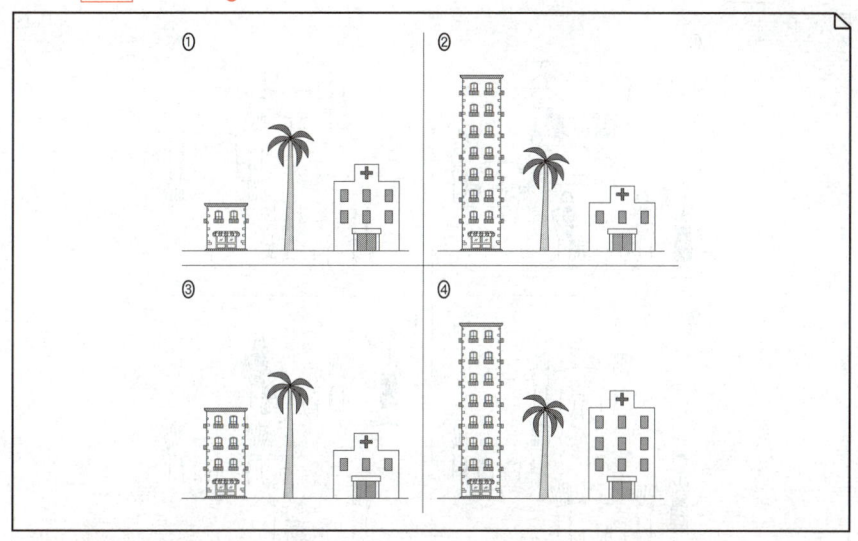

放送内容 《木と建物の高さの関係》
The hotel is taller than the hospital, but the tree is the tallest.

訳　ホテルは病院よりも高いが，木が最も高い。

イラストより，2つの建物と木の高さに注目しておく。The hotel is taller than the hospital より，①は不適。the tree is the tallest より，③を選ぶ。

問7　　7　　正解は①

放送内容 《レストランの空席状況》

Oh, we can't get a table. <u>They're full.</u>

訳　　あぁ，席を取れないね。<u>いっぱいだ。</u>

get a table は「席を確保する」の意。They're full. より，満席となっている①が正解。

第2問 短い対話と問いを聞いてイラストを選ぶ問題

放送内容 《第2問の説明》

　第2問　第2問は問8から問11までの4問です。それぞれの問いについて，対話の場面が日本語で書かれています。対話とそれについての問いを聞き，その答えとして最も適切なものを，四つの選択肢（①～④）のうちから一つずつ選びなさい。では，始めます。

問8　| 8 |　正解は④

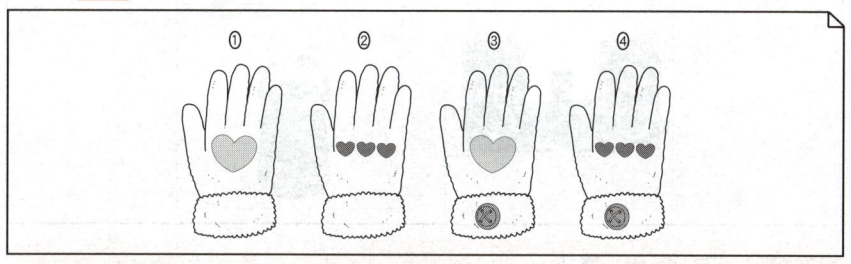

放送内容 《落とし物》

W : Well, the glove I lost is white.
M : Can you describe it more?
W : There's a heart, oh... no, three of them, and a button.
M : It's here. Please come and get it.

Question : Which one is her lost glove?

訳 女性：えぇっと，私がなくした手袋は白いものです。
男性：もっと詳しく教えていただけますか？
女性：ハートが1つ，あぁ，いや，ハートが3つと，ボタンが1つついています。
男性：こちらにありますよ。取りにお越しください。

質問：彼女がなくした手袋はどれか。

There's a heart, oh... no, three of them, and a button. の them は heart を指す。よって，ハートの数は3つで，ボタンが1つ付いた④が正解。

問9　**9**　正解は②

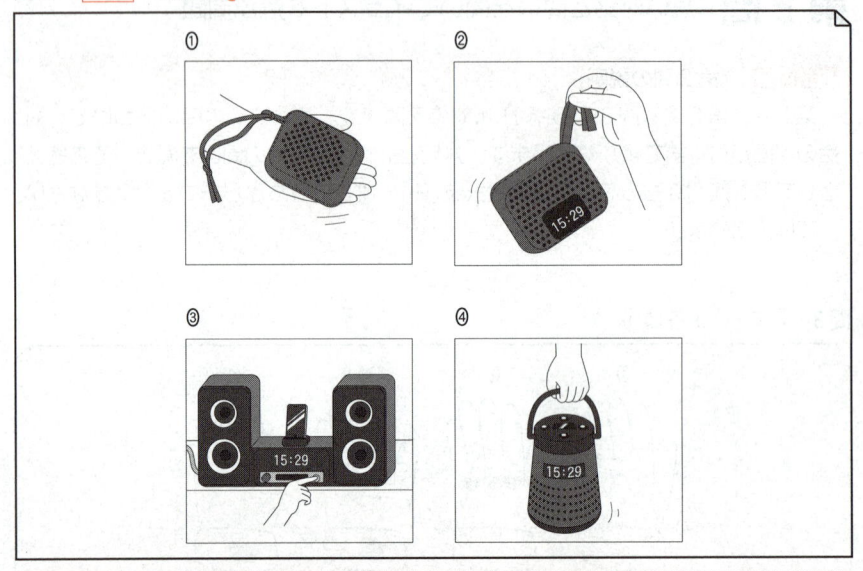

放送内容　《スピーカー選び》

M : Will you just use it in your room?

W : No, sometimes I'll take it outside.

M : So, how about this square one?

W : Cool. And it tells the time, too.

Question : Which one will the woman buy?

訳　男性：自室のみでのご利用ですか？

女性：いいえ，**外に持ち出すこともあると思うわ。**

男性：それでは，**この四角いものはいかがですか？**

女性：**いいわね。**それに，**時間もわかるのね。**

質問：女性が購入するのはどれか。

スピーカーについて，女性の1つ目の発言の sometimes I'll take it outside「外に持ち出すこともある」より，持ち運べるタイプではない③は不適。男性に how about this square one? と四角いものを勧められ，女性は Cool. と答えているため，④は不適。女性の最後の発言の it tells the time, too から，時間のわかる②が正解。

問 10 　10　正解は③

放送内容 《姉の外出時の服装》

M : Nice coat.

W : Thanks. It's new and goes well with these boots.

M : But it's so warm today.

W : OK, I'll wear these instead. But I'll keep this on. Bye.

Question : How is the sister dressed when she goes out?

訳　男性：素敵な**コート**だね。

　　　女性：ありがとう。新品で，**このブーツによく合う**の。

　　　男性：でも，今日は結構暖かいよ。

　　　女性：わかった，**代わりにこれを履くけど**，**これは着ておく**わ。行ってきます。

　　　質問：姉は出かけるとき，どんな服装をしているか。

◇ go well with ～「～とよく合う」　◇ keep *A* on「*A* を着用したままでいる」

弟の 1 つ目の発言 Nice coat. と姉の 1 つ目の発言 It … goes well with these boots. より，この時点の姉の服装はコートとブーツを着用している①である。しかし，弟に今日は暖かいと聞いた後で，姉は I'll wear <u>these</u> instead. But I'll keep <u>this</u> on.「こ<u>れらを代わりに着用するが</u>，<u>これは着用したままでいる</u>」と発言している。these に

ついては，複数形であることと instead「代わりに」から，複数形の boots を他の靴（these）に履き替える，という意味で使われている。また，But I'll keep this on. の this は単数形の coat を指す。よって，ブーツではない，他の靴を履き，コートを着たままでいる③が正解となる。

問11　11　正解は③

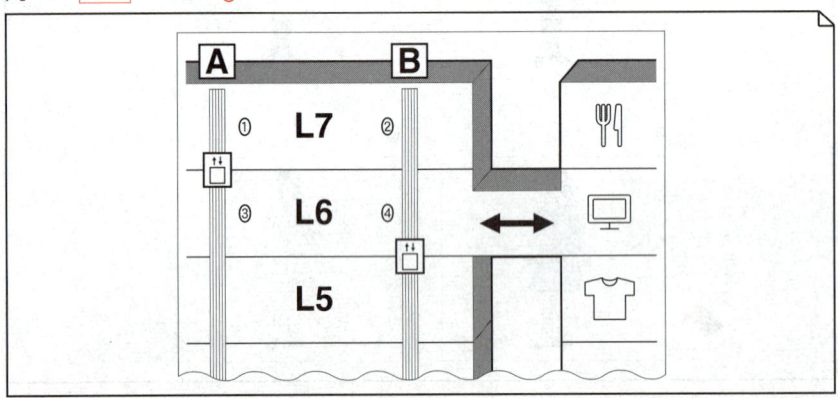

放送内容　《車を停めた場所》

M : Didn't we park the car on Level 6?
W : Not 7? No! You're right.
M : It was next to Elevator A.
W : Yeah, we walked directly across the bridge into the store.

Question : Where did they park their car?

訳　男性：車，6階に停めなかったっけ？
　　女性：7階じゃない？　いえ，ちがうわ！　あなたが正しいわ。
　　男性：エレベーターAのとなりだったよ。
　　女性：そうね，私たちはそのまま橋を渡って店に入ったものね。

　　質問：彼らはどこに車を停めたのか。

◇level「（建物の）階」　◇directly「直接，そのまま」

Didn't we park the car on Level 6?「車，6階に停めなかったっけ？」という男性の問いに，女性は Not 7? と7階の可能性を示唆するも，すぐに No! You're right. と男性の言っていることが正しいと述べている。よって，③，④に絞れる。さらに，男性の2つ目の発言 It was next to Elevator A. より Elevator A のとなりにあたる③が正解。

第3問 短い対話を聞いて問いに答える問題

《第3問の説明》

第3問　第3問は問12から問17までの6問です。それぞれの問いについて，対話の場面が日本語で書かれています。対話を聞き，問いの答えとして最も適切なものを，四つの選択肢（①〜④）のうちから一つずつ選びなさい。

では，始めます。

問12　12　正解は③

問	対話によると，どれが正しいか。
	① 男性にはよい研究テーマがない。
	② 男性はストレスを解消したい。
	③ 女性にはインタビューを受ける時間がない。
	④ 女性は，男性が大変忙しいと思っている。

放送内容 《街頭インタビュー》

M : Excuse me. Do you have time for a short interview?

W : What's it about?

M : We're doing research on how people deal with stress.

W : That's interesting! I'm really busy, but I can spare a couple of minutes. How long will it take?

M : It should take about 10 minutes.

W : Oh, sorry.

訳　男性：すみません。簡単なインタビューをさせていただくお時間はありますか？

女性：何についてかしら？

男性：我々は，人々のストレス対処法に関する調査を行っております。

女性：それはおもしろいわね！　とても忙しいけど，2〜3分ならいいわ。どのくらい時間がかかりそう？

男性：10分ほどかかるはずです。

女性：あら，ごめんなさい。

◇ deal with 〜「〜に対処する」　◇ spare「（時間）を割く」

◇ get rid of 〜「〜を取り除く」

インタビューを申し込まれた女性は，2つ目の発言の第2文 I'm really busy, but I can spare a couple of minutes. で，2〜3分なら時間が取れると述べているが，男

性は It should take about 10 minutes. で約10分かかると言っており，この時点で女性がインタビューに答えるのは難しいとわかる。また，女性の最後の発言の sorry からも，インタビューを断っていると判断できる。よって，③が正解。

問13 | 13 | 正解は③

> 問　女性は次の週末に，おそらく何をする予定か。
> ① 土曜日に弟と父に会う　　② 日曜日に弟と母に会う
> ③ 土曜日に母と父に会う　　④ 日曜日に母と父に会う

放送内容 《家族の集まりの日程調整》

W : Let's all get together next weekend.
M : Sure! I'm busy on Saturday, but Sunday would be fine. How about
　　Mom and Dad?
W : Mom says either day is OK, but Dad is only free on Saturday.
M : I see ... . Why don't you go ahead without me? I'll come next time!
W : Oh well, OK.

訳　女性：次の週末，みんなで集まりましょうよ。
　　男性：もちろん！　僕は，土曜日は忙しいけど，日曜日なら大丈夫だよ。お母さ
　　　　　んとお父さんはどうかな？
　　女性：お母さんはどちらの日でもいいって言ってるけど，お父さんは土曜日しか
　　　　　空いてないのよね。
　　男性：そっか…。僕抜きで会うのはどうかな？　僕は次回，参加するよ！
　　女性：仕方ないわね，わかったわ。

◇ get together「集まる」　◇ either ～「どちらの～も」
◇ go ahead「先へ進む，行う」

選択肢の brother, father, mother, Saturday, Sunday より，弟，父，母の土日の都合を聞き取る。弟の1つ目の発言 I'm busy on Saturday, but Sunday would be fine. および，姉の2つ目の発言 Mom says either day is OK, but Dad is only free on Saturday. より，弟は日曜，父は土曜しか都合がつかないとわかる。ただし，弟は2つ目の発言 Why don't you go ahead without me? で，自分抜きで集まることを提案し，姉はそれを承諾しているため，弟を含む①，②は不適，父が参加できる土曜を含む③が正解となる。go ahead の意味が取りづらかったかもしれないが，相手への提案を表す Why don't you ~?「～してはどうですか？」と，without me, I'll come next time! という表現から，弟は今回の集まりに参加しないつもりだと推察できる。

問 14 　14 　正解は③

> 問 女性は週に何日，働いているのか。
> ① 　2 日 　　　　　　　② 　3 日
> ③ 　5 日 　　　　　　　④ 　7 日

放送内容 《アルバイトのスケジュール》

M : I didn't know you were working at the convenience store.
W : Yes, I used to work there every day, but now just three times a week, on weekdays.
M : Are you working anywhere else besides that?
W : Yes, at the café near the station, two days, every weekend.
M : Wow! You're working a lot!

訳 男性：君がコンビニで働いているなんて知らなかったよ。
女性：えぇ，以前は毎日そこで働いていたんだけど，今は平日，週に 3 日だけよ。
男性：それ以外にどこか他の場所で働いてるの？
女性：えぇ，駅の近くにあるカフェで毎週末，2 日働いているわ。
男性：わぁ！　たくさん働いているんだね！

◇ used to *do*「（昔は）〜したものだった」　◇ besides「〜に加えて，〜の他に」
女性の 1 つ目の発言の now just three times a week, on weekdays と 2 つ目の発言の two days, every weekend より，平日 3 日＋週末 2 日＝5 日働いているとわかる。③が正解。

問 15 　15 　正解は②

> 問 男の子は何をしたのか。
> ① 　彼はすぐに公園を離れた。　　② 　彼は公園で姉を探した。
> ③ 　彼は電話で姉と話した。　　　④ 　彼は姉と一緒に帰宅した。

放送内容 《はぐれた姉弟》

W : What happened? Where did you go?
M : I got lost and ended up in the rose garden.
W : So, you decided to come straight home then?
M : Well, no. First, I tried to find you.
W : Why didn't you call me?
M : I didn't have my phone. But I was OK. The flowers were nice.

訳　女性：<u>何があったの？</u>　<u>あなた，どこに行ってたのよ？</u>

　　男性：<u>道に迷って</u>，バラ園に行き着いたんだ。

　　女性：それで，その時点で，まっすぐ家に帰って来ることにしたわけ？

　　男性：うーん，違うよ。<u>最初はお姉ちゃんを見つけようとしたんだ。</u>

　　女性：なんで電話してこなかったの？

　　男性：自分の電話を持ってなかったんだ。でも，僕は大丈夫だったよ。花はきれいだったし。

◇ get lost「道に迷う」　◇ end up in ～「最後には～に行き着く」

◇ immediately「すぐに」

姉の1つ目の発言 What happened? Where did you go? と弟の返答 I got lost より，弟が姉とはぐれたことを察したい。さらに，弟の2つ目の発言 First, I tried to find you. より，弟が姉を探そうとしたことがわかる。よって，②が正解。

問16　16　正解は②

問　男性と女性はどうすることにしたか。

① 駅から離れる　　　　　　　② イタリア料理を食べに出かける

③ 近くで和食を食べる　　　　④ 職場の近くにいる

放送内容　《外食先》

M : Do you want to eat dinner after work?

W : I guess so, but where? <u>The sushi place across from the office?</u>

M : <u>Not there again! Let's get away from the office.</u>

W : <u>OK</u> ... what about the Italian restaurant near the station, then?

M : That's far!

W : Is it? It's on your way home!

M : <u>Yeah, OK</u>.

訳　男性：仕事が終わったら，夕食を食べない？

　　女性：そうしたいけど，どこにする？　<u>会社の向かいの寿司屋はどう？</u>

　　男性：<u>もうそこはいいよ！</u>　<u>職場から離れたところに行こうよ。</u>

　　女性：<u>わかったわ</u>…じゃあ，駅の近くのイタリア料理店はどう？

　　男性：それは遠いよ！

　　女性：そう？　あなたの帰り道にあるでしょ！

　　男性：<u>そうだね，わかったよ。</u>

◇ Not ～ again!「また～か！」(Not again! で「勘弁してよ，またかよ」の意味)

◇ get away from ～「～から離れる」

外食先について，女性は1つ目の発言で The sushi place across from the office? と職場近くの寿司屋を提案するも，男性は Not there again!「またそこか！」と拒否しているため，③は不適。男性は，Let's get away from the office. と職場から離れた場所に行くことを提案し，女性は OK と答えているため，④も不適。女性の2つ目の提案 what about the Italian restaurant near the station, then? に対し，男性は遠いと文句はつけるものの，最終的には OK と答えているため，②が正解となる。

問17　[17]　正解は①

> 問　少女についてあてはまるものはどれか。
> ①　彼女は少年と同じ電車に乗った。
> ②　彼女は駅で少年が一人でいるのを見た。
> ③　彼女は電車で少年に話しかけた。
> ④　彼女は駅まで少年を連れて行った。

放送内容　《見間違い》

W : You took the 7：30 train this morning, right?
M : Yes. Did you see me at the station?
W : No, I saw you on the train. I took that train, too.
M : Why didn't you say hello?
W : Weren't you talking with somebody?
M : No, I was alone.
W : Really? That must've been someone else, then.

訳　女性：あなた，今朝7時30分の電車に乗ってたでしょ？
　　男性：うん。駅で僕のこと，見かけたの？
　　女性：いいえ，電車で見たのよ。私もあの電車に乗っていたの。
　　男性：なんで声をかけてくれなかったの？
　　女性：あなた，誰かと話してなかった？
　　男性：いいや，一人だったよ。
　　女性：本当？　じゃあ，誰か他の人だったに違いないわ。

少女の1つ目の発言 You took the 7：30 train this morning, right? に対し，少年は Yes. と答えている。また，少女は，2つ目の発言の第2文で I took that train, too. と言っており，2人が同じ電車に乗っていたとわかるため，①が正解。結局，少女が見たのはこの少年ではない人物であったが，同じ電車に乗っていたという事実は変わらない。

第4問A モノローグを聞いて図表を完成させる問題

> 放送内容 《第4問Aの説明》
>
> 第4問A 第4問Aは問18から問25の8問です。話を聞き，それぞれの問いの答えとして最も適切なものを，選択肢から選びなさい。問18から問21の問題文と図を，今，読みなさい。
>
> では，始めます。

問18〜21 18 → 19 → 20 → 21 正解は③→②→④→①

> 放送内容 《保護者向けイベントの流れ》
>
> Let's review the schedule for Parents' Day. The event will open with a performance by the chorus club. Next, we had originally planned for the school principal to make a welcome speech. But he prefers that the president of the student council make the speech, so she will do that. Instead, the principal will make the closing address just after the live performance by the dance team. Finally, a small welcome reception for parents will be held following the closing address. I think we're all set for the big day.

> 訳 ペアレンツデーのスケジュールを再確認しましょう。このイベントはコーラス部の合唱で始まります。次に，当初は校長先生が歓迎のスピーチを行う予定でし

> た<u>が，校長先生は生徒会長がスピーチをした方がよいとお考えですので，生徒会</u>
> <u>長が歓迎のスピーチを行います。</u>その代わりに，<u>校長先生はダンスチームによる</u>
> <u>演技のすぐ後に，閉会の辞を述べる予定です。</u>最後に，閉会の辞に続いて，保護
> 者の方に向けたささやかな歓迎会が開かれます。この特別な日への準備は万端に
> 整っていると思います。

◇ review「〜を見直す」 ◇ principal「校長」 ◇ student council「生徒会」
◇ closing address「閉会の辞」（address「（正式な）挨拶」）
◇ reception「歓迎会」 ◇ following 〜「〜に続いて」
◇ be all set for 〜「〜の準備がすっかり整っている」

18 正解は③
第2文 The event will open with a performance by the chorus club. より，③が
正解。

19 正解は②
第3・4文 Next, we had <u>originally</u> planned for the school principal to make a
welcome speech. <u>But</u> …が，当初の予定（①の校長のスピーチ）の変更をうかがわ
せる表現のため，①以外の選択肢に目を向けたい。続く <u>he</u> prefers that the
president of the student council make the speech, so <u>she</u> will do that「彼（＝
校長）は生徒会長がスピーチをした方がよいとお考えですので，彼女（＝生徒会長）
が歓迎のスピーチを行う」より，②が正解。イラストの演台と he や she が手がかり
となる。

20 正解は④ **21** 正解は①
第5文 the principal will make the closing address <u>just after</u> the live
performance by the dance team「校長はダンスチームによる演技の<u>すぐ後に</u>，閉
会の辞を述べる」より，④→①の順となる。

放送内容 《第4問A，問22〜25の説明》
　問22から問25の問題文と表を，今，読みなさい。
では，始めます。

問22〜25　[22] [23] [24] [25]　　正解は③，⑥，②，⑤

買いたい物		売り場
カナダのメープルキャンディ	—	[22]
ギリシャチーズ	—	[23]
インドネシアの即席ラーメン	—	[24]
ケニアの瓶詰コーヒー	—	[25]

① AとB　② B　③ C　④ CとF　⑤ D　⑥ EとF

放送内容 《世界の食品フェアの売り場案内》
　The receptionist said the products are grouped by the type of food, like a supermarket. Sweets are available in Section C. Dairy or milk-based products are in Section E. We can get noodles in Section B. That's next to Section A, where the fruits are located. Drinks are sold in Section D. Oh, and Section F features a different country each day. Today, items from Greece are there as well as in their usual sections.

訳　受付の人によると，商品はスーパーマーケットのように食品の種類によって分類されているそうだよ。菓子類はC売り場で手に入る。乳製品はE売り場にある。麺類はB売り場で買える。そこはA売り場のとなりで，A売り場には果物がある。飲み物はD売り場で販売されてるよ。あぁ，それからF売り場では毎日，日替わりで違う国を特集しているんだ。今日は，ギリシャの商品が常設の売り場にもそこにもあるんだよ。

◇ receptionist「受付係」　◇ available「入手可能な」　◇ section「部門，売り場」
◇ dairy「乳製品の」　◇ locate「〜を置く，設置する」　◇ feature「〜を特集する」
◇ A as well as B「Bだけでなく Aも」

第1文の the products are grouped by the type of food, like a supermarket より，食品の種類別に商品がまとまっていることがわかる。A〜Fの売り場にどの種類の食品があるのかを聞き取ってメモし，後から Things to buy の商品名に照らし合わせるとよい。

22　正解は③

Canadian maple candy の candy は菓子類にあたる。第2文 Sweets are available in Section C.「菓子類はC売り場で手に入る」より，③が正解。

23　正解は⑥

Greek cheese の cheese は乳製品にあたる。第3文 Dairy or milk-based products are in Section E.「乳製品はE売り場にある」より，選択肢で唯一Eを含む⑥が正解だと考えられる。また，ギリシャ関連のワードを含む最終文 Today, items from Greece are <u>there</u> as well as in their usual sections.「今日は，ギリシャの商品が常設の売り場にも<u>そこ</u>にもあるんだよ」の there は Section F を指す。これらから，EとFにあるとわかるので，やはり⑥が正解と言える。

24　正解は②

Indonesian instant ramen の ramen は麺類にあたる。第4文 We can get noodles in Section B.「麺類はB売り場で買える」より，②が正解。

25　正解は⑤

Kenyan bottled coffee の coffee は飲料にあたる。第6文 Drinks are sold in Section D.「飲み物はD売り場で販売されている」より，⑤が正解。

第4問B　複数の情報を聞いて条件に合うものを選ぶ問題

放送内容　《第4問Bの説明》

　第4問B　第4問Bは問26の1問です。話を聞き，示された条件に最も合うものを，四つの選択肢（①〜④）のうちから一つ選びなさい。状況と条件を，今，読みなさい。

　では，始めます。

問26　26　正解は②

問　[　　]が，あなたが選ぶ可能性が最も高いツアーである。

ツアー	条件A	条件B	条件C
①　ツアー1			
②　ツアー2			
③　ツアー3			
④　ツアー4			

放送内容 《美術館の館内ツアーの説明》

1．Tour No. 1 allows you to experience a variety of contemporary works that well-known artists have produced between the years 2010 and 2020. It includes both sculptures and paintings. It's self-guided, so you can go along at your own pace, using a detailed guidebook.

2．Tour No. 2, which is available only this week, focuses on great works of art of the 21st century. The tour guide, who is an art professor at a local university, will personally guide you through the painting and sculpture exhibits.

3．Tour No. 3 allows you to use a smartphone to listen to a recorded explanation by an art expert. The guide will first cover the painting galleries and then, later, proceed to the ancient sculpture exhibit outdoors. This is great for the independent tourist.

4．In Tour No. 4, the guide, who is a local volunteer, will accompany you through a series of exhibits that focus on paintings from various art periods. It covers works from the 17th century to contemporary times. The sculpture exhibits are not included in this tour.

訳 1．ツアー1では，著名な作家が2010年から2020年に制作したさまざまな現代作品を体験できます。彫刻と絵画の両方を扱います。ガイドはついておりませんので，詳しい案内書を見ながら自分のペースで見て回ることができます。

2．今週のみ利用できるツアー2は，21世紀の偉大な美術作品に注目します。ツアーガイドは，地元大学の美術が専門の教授で，絵画と彫刻の展示を対面でご案内します。

3．ツアー3では，スマートフォンを使い，美術の専門家が録音した解説を聞くことができます。ガイドはまず，絵画ギャラリーの解説をし，その後，屋外にある古代彫刻の展示へと進みます。このツアーは個人旅行者に最適です。

4．ツアー4では，ガイドは地元の有志が行い，美術史のさまざまな時期の絵画に焦点を当てた，一連の展示に同行します。この展示は17世紀から現代までの作品を網羅しております。このツアーには彫刻の展示は含まれておりません。

◇ contemporary「現代の」　◇ sculpture「彫刻」
◇ self-guided「ガイドのつかない」　◇ go along「進む」　◇ detailed「詳しい」
◇ available「利用可能な」　◇ personally「直接に，個人的に」　◇ exhibit「展示」
◇ cover「～を取り扱う」　◇ proceed「進む」　◇ independent「独立した」

◇ accompany「～に同行する」

①は第1文の allows you to experience a variety of <u>contemporary works that</u> … <u>between the years 2010 and 2020</u> より，条件Aは○。第2文の It includes both <u>sculptures and paintings.</u> で条件Bも○。最終文の It's self-guided で条件C が×。self-guided がわからずとも，同文後半 so you can go along <u>at your own pace, using a detailed guidebook</u> から，ガイドなしとわかる。

②は第1文の focuses on great <u>works of art of the 21st century</u> が条件A，第2 文の The <u>tour guide</u>, …, <u>will personally guide you</u> through the <u>painting and sculpture</u> exhibits. が条件B・Cを満たす。よって，これが正解。

③は第1文の <u>use a smartphone to listen to a recorded explanation</u> by an art expert より，条件Cが×。第2文の cover the <u>painting</u> galleries and then, later, proceed to the <u>ancient sculpture</u> exhibit より，条件Bは○。条件Aに関しては，絵画については年代への言及はないが，第2文の ancient より，彫刻については条件 に反するとわかるので，×とする。

④は第1文の the <u>guide</u>, …, <u>will accompany you</u> through a series of exhibits で，条件Cは○。第2文 It covers <u>works</u> from the 17th century to <u>contemporary times</u>. で，条件Aも○。最終文 The sculpture exhibits are not included in this tour. より，条件Bが×。

ツアー	条件A	条件B	条件C
① ツアー1	○	○	×
② ツアー2	○	○	○
③ ツアー3	×	○	×
④ ツアー4	○	×	○

第5問　講義の内容と図表の情報を使って問いに答える問題

放送内容　《第5問の説明》

　第5問　第5問は問27から問33の7問です。最初に講義を聞き，問27から問32に答えなさい。次に続きを聞き，問33に答えなさい。状況，ワークシート，問い及び図表を，今，読みなさい。

　では，始めます。

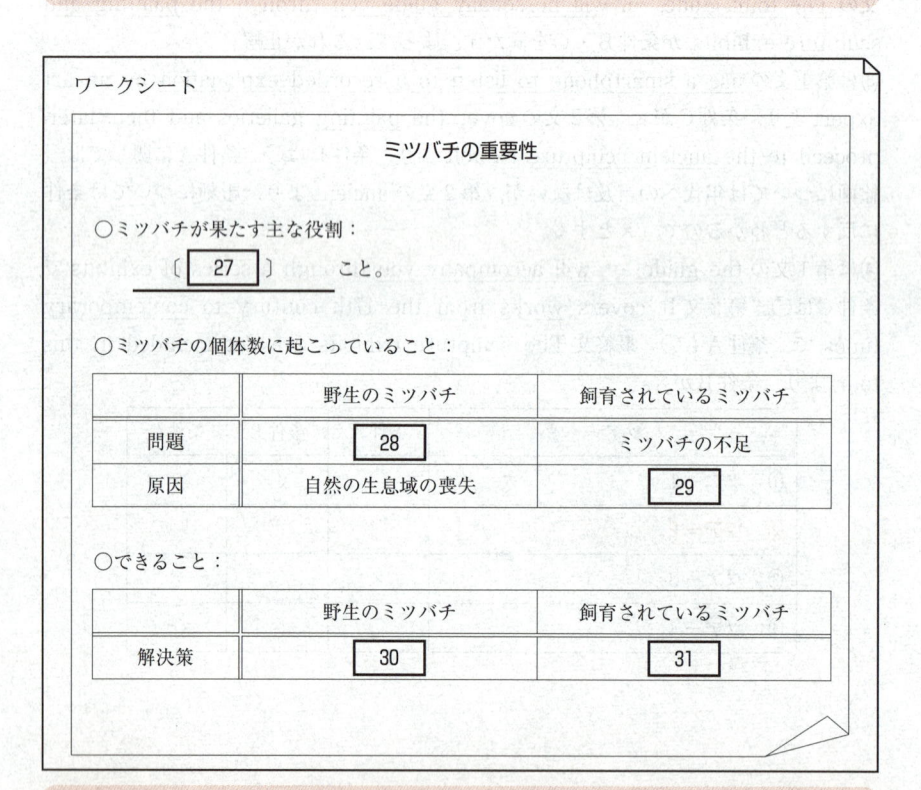

ワークシート

ミツバチの重要性

○ミツバチが果たす主な役割：

　　　〔　27　〕　こと。

○ミツバチの個体数に起こっていること：

	野生のミツバチ	飼育されているミツバチ
問題	28	ミツバチの不足
原因	自然の生息域の喪失	29

○できること：

	野生のミツバチ	飼育されているミツバチ
解決策	30	31

放送内容　《ミツバチの存続とその重要性》

　Our focus today is on a tiny animal, the honeybee. Have you ever thought about how important they are? By flying from one plant to another, honeybees pollinate flowers and plants, which is an essential part of agricultural crop production worldwide. In fact, almost 35% of our global food production relies on honeybees, both wild and domesticated. To emphasize the importance of bees, in 2020, the United Nations designated May 20th as "World Bee Day." Although honeybees are necessary for human life, they are facing serious challenges.

Wild honeybees have been at increasing risk of extinction. These honeybees and native flowering plants depend on each other for survival, but the natural habitats of wild honeybees are being destroyed. Factors such as climate change and land development are responsible for this loss, leaving these wild honeybees without their natural environments.

Domesticated honeybees are kept and managed by farmers called beekeepers for the production of honey. In recent years, the number of domesticated honeybees has been on the decline in many countries. Issues including infectious diseases and natural enemies are making it very difficult to sustain beekeeping. How to deal with these issues has been a concern for beekeepers around the world.

What can be done to maintain these honeybee populations? For wild honeybees, we can grow a variety of bee-friendly plants that bloom in different seasons in order to provide them with healthy habitats. For domesticated honeybees, beekeepers can make use of technological advances to create safer environments that will protect their bees. By improving natural habitats and managing honeybees properly, we can ensure the survival of not only our important friend, the honeybee, but ourselves as well.

訳　　本日，焦点を当てるのは，小さな動物であるミツバチです。ミツバチがいかに重要な存在か，考えたことはありますか？　植物から植物へと飛び回ることでミツバチは花や植物に授粉しますが，これは世界中の農作物の生産にとって不可欠なものです。事実，世界の食料生産のほぼ 35 パーセントが，野生のミツバチと飼育されているミツバチの両方に頼っています。ハチの重要性を強調するために，2020 年，国連は 5 月 20 日を「世界ミツバチの日」に指定しました。ミツバチは人間の生活にとって必要な存在ですが，彼らは今，深刻な課題に直面しています。

野生のミツバチは，絶滅する危険性が高まっています。この類のミツバチと土着の顕花植物は，存続していくために互いに依存し合っているのですが，野生のミツバチの自然の生息域は破壊されつつあります。気候変動や土地開発などの要因がこの喪失の原因で，野生のミツバチから自然環境を奪っているのです。

飼育されているミツバチは，はちみつの生産のために，養蜂家と呼ばれる農家により飼育，管理されています。近年，飼育されているミツバチの数は多くの国で減少しています。感染症や天敵などの問題で，養蜂の維持が大変困難になって

いるのです。この問題への対応が，世界中の養蜂家にとっての関心事となっています。

　ミツバチの個体数を維持するために，何ができるでしょうか？　**野生のミツバチに対しては**，彼らに健全な生息域を提供できるよう，さまざまな季節に開花する，**ミツバチに優しい多様な植物の栽培ができます。飼育されているミツバチには，養蜂家らが科学技術の進歩を利用して**，ミツバチを守る，より安全な環境を作ることができます。**自然の生息域を改善し，ミツバチを適切に管理することで，私たちは大切な友達であるミツバチだけでなく，私たち自身の存続をも確実なものにできるのです。**

◇ pollinate「〜に授粉する」　◇ essential「必要不可欠な」
◇ agricultural crop「農作物」　◇ domesticated「家畜化された」
◇ emphasize「〜を強調する」　◇ designate *A* as *B*「*A*を*B*に指定する」
◇ challenge「課題，難問」　◇ be at risk「危険にさらされて」
◇ native「天然の，土着の」　◇ habitat「生息地」
◇ be responsible for 〜「(Sが) 〜の原因となる」　◇ beekeeper「養蜂家」
◇ be on the decline「低下傾向にある」　◇ issue「問題」
◇ infectious「感染性の」　◇ natural enemy「天敵」　◇ sustain「〜を維持する」
◇ deal with 〜「〜に対処する」　◇ concern「関心事，懸念事項」
◇ bee-friendly「ハチに優しい」　◇ bloom「開花する」
◇ provide *A* with *B*「*A*に*B*を提供する」　◇ advance「進歩」
◇ properly「適切に」　◇ ensure「〜を確実にする」　◇〜 as well「〜もまた」

問27　27　正解は④

① 小さな動物を重要視することに寄与する
② 人間が農作業を簡素化するのに役立つ
③ 野生の植物に迫りくる深刻な課題を乗り越える
④ 私たちに食糧供給の極めて重要な要素をもたらす

第1段第2文 Have you ever thought about how important they are? の問いかけに対し，続く第3文でミツバチの重要性が説明されている。この内容が，空所の「ミツバチが果たす主な役割」にあたる。第3文 By flying from one plant to another, honeybees pollinate flowers and plants, which is an essential part of agricultural crop production worldwide.「植物から植物へと飛び回ることでミツバチは花や植物に授粉しますが，これは世界中の農作物の生産にとって不可欠なものです」より，ミツバチによる授粉が農作物の生産に必須であるとわかる。この授粉が，④の a vital part of our food supply「食糧供給の極めて重要な要素」であるため，

④が正解。essential が vital に，agricultural crop production が our food supply にそれぞれ言い換えられている。第4文（In fact, almost …）「世界の食糧生産のほぼ35パーセントが…ミツバチに頼っている」からも，人間の食糧生産に多大な影響を及ぼすとわかる。

問 28〜31

① 個体数の減少	② 植物の多様性
③ はちみつの生産量の増加	④ 土地開発の欠如
⑤ 新しい科学技術	⑥ 健康への脅威

28　正解は①

野生のミツバチの個体数に起こっている問題と原因になり得そうな①，②，⑥に絞っておきたい。第1段最終文 Although honeybees are necessary for human life, they are facing serious challenges. 「ミツバチは人間の生活にとって必要な存在だが，深刻な課題に直面している」の下線部「深刻な課題」が表の Problems にあたり，続く第2段第1文 Wild honeybees have been at increasing risk of extinction. 「野生のミツバチは絶滅する危険性が高まっている」が個体数の減少を示す。よって，①が正解。

29　正解は⑥

第3段第2文 In recent years, the number of domesticated honeybees has been on the decline in many countries. が表の Problems：Shortage of honeybees にあたるため，これ以降を注意して聞く。同段第3文 Issues including infectious diseases and natural enemies are making it very difficult to sustain beekeeping. 「感染症や天敵などの問題で，養蜂の維持が大変困難になっている」の下線部「感染症などの問題」を言い換えた⑥が正解。

30　正解は②　　**31**　正解は⑤

最終段第1文 What can be done to maintain these honeybee populations? がワークシートの○ What can be done: にあたる。**30** は，続く第2文 For wild honeybees, we can grow a variety of bee-friendly plants の「野生のミツバチに対しては，多様な植物を育てる」を Diversity of plants「植物の多様性」とまとめた②が正解。**31** は，最終段第3文 For domesticated honeybees, beekeepers can make use of technological advances「飼育されているミツバチには，科学技術の進歩を利用する」より，⑤が正解。

問 32　32　正解は③

① 養蜂家が自然の環境を利用できるようにすることは，十分な量のはちみつを確実に生産するのに役立つ。

② 世界の食糧供給を発展させることが，近年の養蜂家らの主な焦点である。

③ ミツバチの状況を改善することが，ミツバチだけでなく人間のためにもなる。

④ 野生のミツバチの個体数を増やせば，飼育されているミツバチの数が減るだろう。

最終段最終文 By improving natural habitats and managing honeybees properly, we can ensure the survival of not only our important friend, the honeybee, but ourselves as well. 「自然の生息域を改善し，ミツバチを適切に管理することで，私たちは大切な友達であるミツバチだけでなく，私たち自身の生存をも確実なものにできる」が③に一致。上記下線部1つ目が③の Improving conditions for honeybees に，上記下線部2つ目が③の humans as well as honeybees に言い換えられている。③の of benefit は〈of＋抽象名詞＝形容詞〉で beneficial「ためになる」と解釈する。

①養蜂家による自然環境の利用とはちみつの生産量の増産に関する言及はない。

②世界中の養蜂家の関心事については，第3段最終文 How to deal with these issues （＝infectious diseases and natural enemies） has been a concern for beekeepers around the world. で述べられているが，a concern「関心事」にあたるのは同文の主語である「こういった問題（＝感染症や天敵）への対応」なので，不適。

④野生のミツバチと飼育されているミツバチの個体数の増減が相互に関連しているという情報は，本文に含まれていない。

ワークシート

ミツバチの重要性

○ミツバチが果たす主な役割：

〔④ 私たちに食糧供給の極めて重要な要素をもたらす〕こと。

○ミツバチの個体数に起こっていること：

	野生のミツバチ	飼育されているミツバチ
問題	① 個体数の減少	ミツバチの不足
原因	自然の生息域の喪失	⑥ 健康への脅威

○できること：

	野生のミツバチ	飼育されているミツバチ
解決策	② 植物の多様性	⑤ 新しい科学技術

問33 33 正解は④

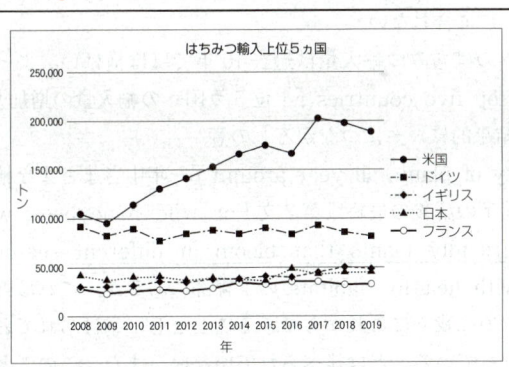

① 野生のミツバチが絶滅する危険性が高まっていることにより，過去10年の米国へのはちみつ輸入量が限られた。

② 2009年以降，はちみつの需要が米国で高まったことが，上位5カ国への輸入量の増加につながっている。

③ 米国のはちみつ輸入量の増加は，一年中さまざまな植物を栽培する養蜂家の努

力によるものである。

④　飼育されているミツバチの数が世界中で減少しているにもかかわらず，米国は他の国々から，はちみつをうまく輸入している。

放送内容　《はちみつの輸入量の推移》

　Now let's focus on honey production. The demand for honey has been growing worldwide, and the United States is one example. Please take a look at the graph that shows the top five countries with the highest honey imports between 2008 and 2019. What does this imply?

訳　それでは，はちみつの生産量に注目してみましょう。はちみつの需要は世界中で高まっており，米国がその一例です。2008年から2019年に，はちみつの輸入量が最も大きかった上位5カ国を示すグラフを見てみましょう。これは何を示唆しているのでしょうか？

◇ demand「需要」　◇ import(s)「輸入高，輸入額」　◇ imply「〜をほのめかす」

グラフから，米国のはちみつ輸入量が約10年間で特に増加したことが読み取れる。また，前半の講義の第2段以降，はちみつを生産するミツバチの個体数が自然界・養蜂業のいずれにおいても減少傾向，と論じられていたことをあわせて考えると，④が正解である。

①has limited the amount of honey imports to the U.S. over the last decade「過去10年の米国へのはちみつの輸入量が限られた」が，米国による輸入量の推移（グラフで右肩上がり）に合わない。

②米国以外の国々のはちみつ輸入量は過去10年でほぼ横ばい。よって，growth in imports to the top five countries「上位5カ国への輸入量の増加」が不適。result in 〜 は「Sが（結果的に）〜につながる」の意。

③grow a variety of plants all year around「一年中さまざまな植物を栽培する」に近い情報は，前半の講義の最終段第2文 For wild honeybees, we can grow a variety of bee-friendly plants that bloom in different seasons in order to provide them with healthy habitats. の下線部にあるが，これは野生のミツバチの生息域を増やすために我々にこれからできることとして挙げられており，養蜂家がこのような活動を行っている，とは述べられていない。また，このことが米国のはちみつ輸入量の増加の原因になっている，という情報もない。

第6問A 対話を聞いて要点を把握する問題

放送内容 《第6問Aの説明》

　第6問A　第6問Aは問34と問35の2問です。二人の対話を聞き，それぞれの問いの答えとして最も適切なものを，四つの選択肢（①〜④）のうちから一つずつ選びなさい。状況と問いを，今，読みなさい。

　では，始めます。

放送内容 《息子へのプレゼントについての議論》

Mike : How about getting Timmy a violin for his birthday?

Pam : Oh, do you want him to play in an orchestra?

Mike : I hope he does, eventually.

Pam : Hmm... how about a saxophone? It's more fun than the violin.

Mike : But I want to get him a violin while he's still young.

Pam : Of course age is important for both instruments. Still, I was hoping that Timmy could play jazz someday. But with the violin, he's stuck with classical music.

Mike : What's wrong with classical music?

Pam : Nothing. But what's better about jazz is that you can change the melody as you play. There's more freedom. It's more fun.

Mike : More freedom is all very good, but you need to learn to read music first. And classical music is the best for that.

Pam : Well, Timmy can learn to read music while playing jazz on the saxophone.

Mike : Couldn't he learn the saxophone later if he wants?

Pam : Why don't we let him choose? What's important is that he enjoy it.

訳　マイク：ティミーの誕生日にバイオリンを買ってあげるのはどうかな？

　　パム：あら，あなた，彼にオーケストラで演奏してもらいたいの？

マイク：そうなってくれればいいな，とは思っているよ，いつかはね。

　　パム：うーん…サックスはどう？　バイオリンよりも楽しいわよ。

マイク：でも僕は，彼がまだ小さいうちに，バイオリンを買ってあげたいんだ。

　　パム：もちろん，どちらの楽器にとっても年齢は大切よ。それでも私は，ティミーにはいつかジャズを演奏できるようになってほしいって思っていたのよ。でも，バイオリンじゃ，クラシック音楽しかできないわ。

マイク：<u>クラシック音楽の何が悪いんだよ？</u>

　パム：何も。でも，ジャズの方が優れているところは，演奏しながらメロディ
　　　　を変えてもいいってとこよ。<u>自由度が高いわ。その方が楽しいわよ。</u>

マイク：自由度が高いってのはとても結構なことだけど，まずは楽譜を読めるよ
　　　　うになる必要があるよ。<u>それにはクラシック音楽が最適さ。</u>

　パム：いやー，ティミーならサックスでジャズを演奏しながら楽譜を読めるよ
　　　　うになるわ。

マイク：本人が希望するようなら，後からサックスを習えばいいんじゃないの？

　パム：彼に選ばせたらどうかしら？　大切なのは，彼が楽しめるってことよ。

◇ eventually「最終的に，いつかは」　◇ saxophone「サクソフォーン，サックス」
◇ instrument「楽器」　◇ still「それでも（やはり）」（パムの3つ目の発言第2文）
◇ be stuck with ～「～に行き詰まった，～から離れられない」
◇ all very good「～はとても結構なことだ」　◇ read music「楽譜を読む」

問34　34　正解は①

| 問 | パムがサックスを勧める主な理由は何か。 |

①　ジャズはクラシック音楽よりも楽しい。
②　アドリブで演奏することは楽譜を読むのと同じくらいおもしろい。
③　オーケストラでサックスを演奏することにはやりがいがある。
④　サックスの方がバイオリンよりも演奏しやすい。

パムは3つ目の発言第2文 I was hoping that Timmy could play jazz someday.
で，息子にジャズを演奏してほしいという意思を示し，ジャズについては4つ目の発
言最終2文で There's <u>more</u> freedom. It's <u>more</u> fun. と述べている。more ～ の比
較対象は，マイクが勧めているクラシック音楽であるため，ジャズ＞クラシック音楽
となる①が正解。

問35　35　正解は②

| 問 | 次の文章のうち，マイクが同意するであろうものはどれか。 |

①　ジャズの演奏家はクラシックの演奏家よりも音楽を学ぶ期間が長い。
②　バイオリンを習うことはクラシック音楽を演奏する良い機会を与えてくれ
　　る。
③　サックスよりもバイオリンの方がずっと多くの方法で演奏できる。
④　若い学習者は年長の学習者ほどには才能がない。

パムの1つ目の発言の do you want him to play in an orchestra? に対するマイク

の返答 I hope he does, eventually. から，マイクが息子にはバイオリンを習い，オーケストラでクラシック音楽を奏でてもらいたいと考えているとわかる。また，パムの3つ目の発言最終文の with the violin, he's stuck with classical music「バイオリンじゃ，クラシック音楽しかできないわ」に対して，マイクは What's wrong with classical music? と反論し，5つ目の発言第2文でも，譜読みについて classical music is the best for that と，クラシック音楽をかなり推していることから，バイオリンを通してクラシック音楽を学ぶことを良しとする意味に最も近い②が正解となる。③もサックス（ジャズ）＜バイオリン（クラシック）と解釈できるが，演奏法の数の違いについては対話中で触れられていないため，不適。学ぶ期間の長さについては対話中で触れられていないため，①は不適。④の年長者と若者の才能の比較についても，対話中で触れられていないため，不適である。

第6問B　複数の意見（会話や議論）を聞いて問いに答える問題

放送内容　《第6問Bの説明》
　第6問B　第6問Bは問36と問37の2問です。会話を聞き，それぞれの問いの答えとして最も適切なものを，選択肢のうちから一つずつ選びなさい。状況と問いを，今，読みなさい。
では，始めます。

放送内容　《紙の本と電子書籍》
Joe：Wow, Saki. Look at all your books.
Saki：Yeah, maybe too many, Joe. I bet you read a lot.
Joe：Yeah, but I only read ebooks. They're more portable.
Saki：Portable?
Joe：Well, for example, on long trips, you don't have to carry a bunch of books with you, right, Keith?
Keith：That's right, Joe. And not only that, but ebooks are usually a lot cheaper than paper books.
Saki：Hmm... ebooks do sound appealing, but... what do you think, Beth? Do you read ebooks?
Beth：No. I like looking at the books I collect on my shelf.
Keith：Yeah, Saki's bookcase does look pretty cool. Those books must've cost a lot, though. I save money by buying ebooks.

Beth : That's so economical, Keith.

Joe : So, how many books do you actually have, Saki?

Saki : Too many. <u>Storage is an issue for me.</u>

Joe : <u>Not for me. I've got thousands in my tablet, and it's still not full.</u>

Keith : I know, Joe. And they probably didn't cost very much, right?

Joe : No, they didn't.

Saki : <u>Even with my storage problem, I still prefer paper books because of the way they feel.</u>

Beth : Me, too. Besides, they're easier to study with.

Keith : In what way, Beth?

Beth : I feel like I remember more with paper books.

Joe : And I remember that we have a test tomorrow. I'd better charge up my tablet.

訳

ジョー：わぁ，サキ。君の本，すごい量だね。

サキ：えぇ，でもたぶん多すぎよね，ジョー。あなたはたくさん読書をすると思うけど。

ジョー：うん，でも僕は電子書籍しか読まないよ。<u>その方が持ち運びやすいからね。</u>

サキ：持ち運びやすいって？

ジョー：うん，例えば，長旅で大量に本を持ち運ばなくてもいいんだよ。そうだよね，キース？

キース：その通りだよ，ジョー。それだけじゃなくて，<u>電子書籍の方がふつう，紙の本よりもはるかに安いんだよ。</u>

サキ：なるほどね…電子書籍って本当に魅力的なのね。でも…あなたはどう思う，ベス？　電子書籍，読んでる？

ベス：<u>いいえ。私は自分の本棚に集めてる本を眺めるのが好きなのよ。</u>

キース：そうだね，サキの本棚はたしかに見た感じ，すごくかっこいいよ。本には間違いなくかなりのお金がかかっただろうけど，<u>僕は電子書籍を買ってお金を節約しているんだ。</u>

ベス：それはとても経済的ね，キース。

ジョー：それで，実際，何冊の本を持ってるの，サキ？

サキ：数えきれないほどよ。<u>私にとっては保管場所が問題なのよ。</u>

ジョー：<u>僕は問題ないよ。タブレットにものすごい数の本が入ってるけど，それでもまだいっぱいにならないんだ。</u>

キース：わかるよ，ジョー。それに，たぶんお金もあまりかからなかっただろ？

> ジョー：うん，かからなかったよ。
> サキ：<u>保管場所に問題はあるけど，それでも私は紙の本の感触が好きだから，そっちの方がいいわ。</u>
> ベス：私もよ。それに，紙の本の方が勉強に使いやすいもの。
> キース：どんなふうに使いやすいの，ベス？
> ベス：紙の本の方が覚えられる量が多いような気がするのよ。
> ジョー：そして僕は明日テストがあることを思い出したよ。タブレットを充電しないと。

◇ I bet SV「きっと〜だと思う，〜だと確信している」　◇ portable「携帯できる」
◇ a bunch of 〜「大量の〜」　◇ a lot＋比較級：比較級強調「はるかに〜」
◇ appealing「魅力的な」　◇ economical「経済的な」　◇ storage「保管場所」
◇ thousands「ものすごい数」　◇ the way S feel「S の感触，手触り」
◇ besides「さらに」　◇ charge up 〜「〜を充電する」

問36　　36　正解は②

① 1人	② 2人	③ 3人	④ 4人

ジョーの1つ目の発言 Wow, Saki. Look at all your books. から，サキが本を大量に持っているとわかるが，サキはこれに対して Yeah, maybe too many と答えており，所有する本の冊数が多すぎることが悩みになっている様子である。しかし，サキは最後の発言 Even with my storage problem, I still prefer paper books because of the way they feel.「保管場所に問題はあるけど，それでも私は紙の本の感触が好きだから，そっちの方がいい」で，結局は紙の本を支持している。ジョーは2つ目の発言第1文 I only read ebooks より，電子書籍支持派である。キースは1つ目の発言第2文で ebooks are usually a lot cheaper than paper books と電子書籍の利点を挙げており，2つ目の発言最終文 I save money by buying ebooks. からも，電子書籍支持派だとわかる。ベスについては，1つ目の発言の際に，電子書籍を読むかと問われて No. と答えており，続く I like looking at the books I collect on my shelf. からも，紙の本支持派だと判断できる。よって，電子書籍を支持しているのはジョーとキースの2人となるため，②が正解である。

問37 　37　正解は③

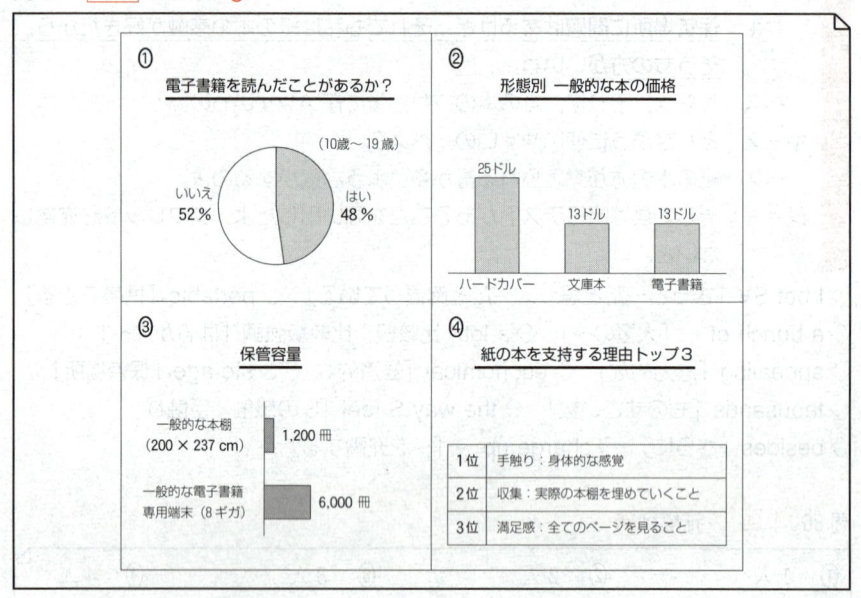

②，③は電子書籍，④は紙の本のそれぞれ利点を示す図表となっていることに注目しておく。ジョーの２つ目の発言 I only read ebooks. They're more portable. より，ジョーは電子書籍派で，運びやすさを利点として考えている。②は値段面，③は容量面での利点を示しているが，運びやすさに関連しそうなのは容量面の③である。また，サキの４つ目の発言第２文 Storage is an issue for me.「私にとっては保管場所が問題なのよ」に対し，ジョーは Not for me. と答えており，これは（Storage is）not（an issue）for me.「保管場所で僕は困っていない」という意味である。続く I've got thousands in my tablet, and it's still not full. からも，ジョーが容量の多さを電子書籍の利点としていることがわかる。以上より，③が正解だと判断できる。

英語（リーディング）

本試験
（第1日程）

2021
年度

リーディング

問題番号（配点）	設 問		解答番号	正解	配点	チェック
第1問（10）	A	問1	1	①	2	
		問2	2	②	2	
	B	問1	3	④	2	
		問2	4	④	2	
		問3	5	③	2	
第2問（20）	A	問1	6	②	2	
		問2	7	②	2	
		問3	8	①	2	
		問4	9	③	2	
		問5	10	⑤	2	
	B	問1	11	①	2	
		問2	12	④	2	
		問3	13	②	2	
		問4	14	①	2	
		問5	15	①	2	
第3問（15）	A	問1	16	③	3	
		問2	17	②	3	
	B	問1	18	④	3*	
			19	②		
			20	①		
			21	③		
		問2	22	②	3	
		問3	23	②	3	

問題番号（配点）	設 問		解答番号	正解	配点	チェック
第4問（16）	問1		24	①	2	
			25	⑤	2	
	問2		26	②	3	
	問3		27	②	3	
	問4		28	②	3	
	問5		29	④	3	
第5問（15）	問1		30	③	3	
	問2		31	④	3	
	問3		32	④	3*	
			33	③		
			34	⑤		
			35	①		
	問4		36 – 37	① – ③	3*	
	問5		38	①	3	
第6問（24）	A	問1	39	④	3	
		問2	40	③	3	
		問3	41	④	3	
		問4	42	②	3	
	B	問1	43	③	3	
		問2	44	③	3	
		問3	45 – 46	③ – ⑤	3*	
		問4	47	④	3	

（注）
1 ＊は，全部正解の場合のみ点を与える。
2 －（ハイフン）でつながれた正解は，順序を問わない。

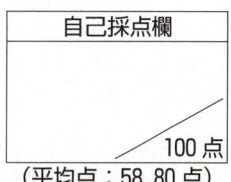

自己採点欄
100 点

（平均点：58.80 点）

第1問

A　メッセージの読み取り

> 訳　《忘れもの》
>
> 　あなたの寮のルームメイトのジュリーが，あなたの携帯電話に依頼のメッセージを送ってきた。

助けて！！！
昨日の晩，歴史の宿題を USB メモリに保存したの。今日の午後，大学の図書館で印刷するつもりだったんだけど，USB を持ってくるのを忘れちゃった。今日の午後4時までに先生にコピーを提出する必要があるの。私の USB を図書館まで持ってきてくれる？　机の上の歴史の本の上にあると思うわ。本はいりません。USB だけね。♡

ごめん，ジュリー，見つからなかったわ。歴史の本はあったんだけれど，USB はなかった。机の下まで全部捜したのよ。手元にないのはまちがいない？　念のために，あなたのラップトップを持っていくわね。

あなたの言う通りだったわ！　持ってた。カバンの底にありました。ほっとしたわ！
ともかく，ありがとう。☺

語句・構文

▶ bring *A* with *B*（人）「*A* を *B*（人）が携えていく」　with＋人は「手元にある」ことを明示するもの。have it with you も同様。

▶ a copy「写し，コピー」　同時に「（印刷したものの）1部」の意でもある。

▶ just in case「念のため」

問1　　1　　正解は①

「ジュリーの依頼は何だったか」

ジュリーの最初のメッセージ第5文（Can you bring …）に「私の USB を図書館まで持ってきてくれる？」とある。①**「彼女の USB を持ってくること」**が正解。

② 「彼女の歴史の宿題を提出すること」

③ 「彼女に USB を貸すこと」

④ 「彼女の歴史の宿題を印刷すること」

問2　　2　　正解は②

「ジュリーの2番目のメッセージにどのように返事をするか」

「あなた」のメッセージ第1文（Sorry Julie, …）に，頼まれた USB が見つからなかったことが述べられている。しかし，ジュリーの2番目のメッセージ第2文（I did have it.）で，ジュリーが持っていることがわかった。問題は解決したので，②**「それを聞いて本当によかった」**が適切。

① 「心配しないで。見つかるわ」

③ 「もう一回カバンの中を見て」

④ 「がっかりしているに違いないわ」

B ウェブサイトの読み取り

訳 《ファンクラブの入会案内》

あなたの大好きなミュージシャンが日本でコンサートツアーを行うことになり，あなたはファンクラブに入ろうと考えている。あなたはファンクラブの公式サイトにアクセスする。

タイラー=クイック　ファンクラブ

　タイラー=クイック（TQ） ファンクラブの会員だととても楽しいですよ！最新ニュースがいつもわかりますし，わくわくする多くのファンクラブ会員向けイベントに参加できます。新規会員は全員，新規会員パックがもらえます。それには会員証，無料のサイン入りポスター，**TQ** のサードアルバム「**スピーディングアップ**」が入っています。新規会員パックはご自宅に配達され，ファンクラブ入会後約 1 週間で届きます。

　TQ は世界中で愛されています。どの国からでも加入でき，会員証は 1 年間有効です。**TQ** ファンクラブには，ペーサー会員，スピーダー会員，ズーマー会員の 3 種類があります。

　以下の会員オプションから選んでください。

特　典 **(♫)**	会員オプション		
	ペーサー （20 ドル）	スピーダー （40 ドル）	ズーマー （60 ドル）
定期メールとオンラインマガジンのパスワード	♫	♫	♫
コンサートツアー日程の先行情報	♫	♫	♫
毎週の TQ のビデオメッセージ	♫	♫	♫
毎月の絵ハガキ		♫	♫
TQ ファンクラブカレンダー		♫	♫
特別サイン会へのご招待			♫
コンサートチケットの 20 パーセント割引			♫

注目！

❖ 5 月 10 日より前に入会して，会費の 10 ドル割引を受け取りましょう！
❖ 新規会員パックの郵送には 1 つ 4 ドルの送料がかかります。
❖ 入会後，最初の 1 年の終わりには，50 パーセント割引で更新か格上げができます。

ペーサーでもスピーダーでもズーマーでも，**TQ** ファンクラブの会員であることが気に入るでしょう。さらなる情報，あるいは入会は<u>ここ</u>をクリック。

語句・構文

▶ keep up with 〜「〜に遅れずについていく」

▶ take part in 〜「〜に参加する」

問1　3　正解は④

「新規会員パックは　　　」

ファンクラブ紹介の第 1 段最終文（The New Member's Pack will …）に「ファンクラブ入会後約 1 週間で届く」とある。④「**届くのに約 7 日かかる**」が正解。

① 「TQ のファーストアルバムが含まれている」

② 「5 月 10 日に配達される」

③ 「10 ドルの配送料がかかる」

問2　4　正解は④

「新しくペーサー会員になると何が得られるか」

特典（What you get）の表の項目 1 つ目に「オンラインマガジンのパスワード」とあり，これでオンラインマガジンが読めることがわかる。また，項目 3 つ目に「ビデオメッセージ」があるので，④「**ビデオメッセージとオンラインマガジンの利用**」が正解。

① 「割引のコンサートチケットとカレンダー」

② 「定期的なメールとサイン会への招待」

③ 「ツアー情報と毎月のハガキ」

問3　5　正解は③

「会員になって 1 年後，　　　ことができる」

「注目！（Check it out!）」の項目の 3 つ目に「50 パーセント割引で更新か格上げができる」とある。③「**半額で会員の立場を更新する**」が正解。

① 「手数料 50 ドルでズーマーになる」

② 「4 ドルで新規会員パックを手に入れる」

④ 「無料で格上の会員になる」

第2問

A　情報の読み取り

訳 《学園祭バンドコンクールの審査》

　ある英国の学園祭バンドコンクールを運営する学生として，あなたはランク付けを理解し説明するために，3人の審査員のつけた点数とコメントをすべて検討しているところである。

審査員たちの最終的な平均スコア				
クオリティー／バンド名	演奏 (5.0点)	歌唱 (5.0点)	曲の独創性 (5.0点)	合計 (15.0点)
グリーンフォレスト	3.9	4.6	5.0	13.5
サイレントヒル	4.9	4.4	4.2	13.5
マウンテンペア	3.9	4.9	4.7	13.5
サウザンドアンツ	（演奏せず）			

審査員たちの個別のコメント	
ホッブズさん	サイレントヒルは優れた演奏者たちで，本当に聴衆とつながっているように思えました。マウンテンペアの歌唱はとてもよかったです。グリーンフォレストのオリジナルの曲はとても気に入りました。素晴らしかったです！
リーさん	サイレントヒルは素晴らしい演奏をしました。聴衆が彼らの音楽に応える様子は驚くべきものでした。サイレントヒルは今後人気が出るだろうと本当に思います！　マウンテンペアは声がよかったですが，ステージ上では刺激的ではありませんでした。グリーンフォレストは素晴らしい新曲を演奏しましたが，もっと練習が必要だと思います。
ウェルズさん	グリーンフォレストには新曲があります。とても気に入りました！　大ヒットする可能性があると思います！

審査員たちの共有された評価（ホッブズさんによって要約されたもの）

　それぞれのバンドの合計点は同じですが，各々は非常に異なっています。リーさんと私は，バンドにとっては演奏が最も重要なクオリティーだということで意見が一致しました。ウェルズさんも賛成でした。したがって，1位は簡単に決まります。

　2位と3位を決するために，ウェルズさんは曲の独創性が歌唱のうまさよりも重要ではないかと提案しました。リーさんと私はこの意見に同意しました。

▍**語句・構文**

▶ incredible「信じられない（ほど素晴らしい）」
▶ first place「1位」（the がつかないことがよくある）

問1 ☐6☐ 正解は②

「審査員たちの最終的な平均スコア（Judges' final average scores）に基づくと，最も歌が上手だったバンドはどれか」

「審査員たちの最終的な平均スコア」の「歌唱」の欄を見ると，グリーンフォレストは4.6点，サイレントヒルは4.4点，マウンテンペアは4.9点で，サウザンドアンツは演奏をしていない。②「**マウンテンペア**」が正解。

①「グリーンフォレスト」　③「サイレントヒル」　④「サウザンドアンツ」

問2 ☐7☐ 正解は②

「肯定的なコメントも批判的なコメントもしているのはどの審査員か」

リーさんのコメントの最後の2文（Mountain Pear have … to practice more.）に「マウンテンペアは声がよかったが，ステージ上では刺激的ではなかった。グリーンフォレストは素晴らしい新曲を演奏したが，もっと練習が必要だと思う」とある。よって②「**リーさん**」が正解。

①「ホッブズさん」　③「ウェルズさん」　④「誰でもない」

問3 ☐8☐ 正解は①

「審査員たちの個別のコメントから読み取れる一つの**事実は**☐☐ことである」

ホッブズさんのコメント第3文（I loved …）に「グリーンフォレストのオリジナルの曲はとても気に入った」，リーさんのコメント最終文（Green Forest …）に「グリーンフォレストは素晴らしい新曲を演奏した」，ウェルズさんのコメント第1・2文（Green Forest … loved it!）に「グリーンフォレストには新曲がある。とても気に入った」とある。①「**審査員全員が，グリーンフォレストの曲をほめた**」が正解。他の選択肢は，各審査員の個人的な意見。

② 「グリーンフォレストはもっと練習する必要がある」
③ 「マウンテンペアは非常にうまく歌える」
④ 「サイレントヒルは将来有望である」

問4　**9**　正解は③

「審査員たちのコメントと共有された評価から読み取れる一つの意見は□□□ことである」

ホッブズさんのコメント第1文（Silent Hill are …）に「サイレントヒルは優れた演奏者たちで，本当に聴衆とつながっているように思えた」とある。これはホッブズさん個人が受けた印象であり，③「サイレントヒルは聴衆と本当につながっていた」が正解。他の選択肢は意見とは言えない。
① 「評価を受けた個々のバンドは同じ合計点をもらった」
② 「独創性に関するウェルズさんの提案は，同意をもらった」
④ 「審査員たちのコメントが順位を決定した」

問5　**10**　正解は⑤

「審査員たちの共有された評価に基づく最終的な順位は次のどれか」

「審査員たちの共有された評価」第1段第2文〜最終文（Ms Leigh and I … is easily determined.）に「リーさんと私は，バンドにとっては演奏が最も重要なクオリティーだということで意見が一致し，ウェルズさんも賛成した」とある。平均スコアの表で，「演奏」の得点が4.9で最も高いのはサイレントヒル。したがって1位はサイレントヒルである。「共有された評価」第2段では「ウェルズさんは曲の独創性が歌唱のうまさよりも重要ではないかと提案し，リーさんと私はこの意見に同意した」とある。「平均スコア」の表の「曲の独創性」で，グリーンフォレストは5.0点，マウンテンペアは4.7点なので，2位がグリーンフォレスト，3位がマウンテンペアとなる。⑤が正解。

	1位	2位	3位
①	「グリーンフォレスト	マウンテンペア	サイレントヒル」
②	「グリーンフォレスト	サイレントヒル	マウンテンペア」
③	「マウンテンペア	グリーンフォレスト	サイレントヒル」
④	「マウンテンペア	サイレントヒル	グリーンフォレスト」
⑤	「サイレントヒル	グリーンフォレスト	マウンテンペア」
⑥	「サイレントヒル	マウンテンペア	グリーンフォレスト」

B　オンライン記事の読み取り

訳　《放課後の活動時間短縮についてのオンライン公開討論》

　あなたは，現在交換留学生として勉強している英国の学校で，学校の方針の変更について聞いた。その方針に関する議論をオンライン公開討論で読んでいるところである。

− □ ×

学校の新しい方針＜2020年9月21日掲示＞

P.E. バージャーへ

K. ロバーツより

バージャー先生へ

[第1段]　全生徒を代表して，セントマークス校へようこそ。私たちは，先生が実業のご経験のある初めての校長だとお聞きしました。そのご経験が私たちの学校の助けになることを望んでいます。

[第2段]　先生が放課後の活動の時間についてご提案されている変更について，一つの懸念を表明したく思います。エネルギーの節約は大切であり，これから暗くなるのが早くなることはわかっています。先生が時間を1時間半短くすることにしたのはこれが理由でしょうか？　セントマークス校の生徒は勉強も放課後の活動も非常に真剣に考えています。多くの生徒が，これまでずっとそうだったように，午後6時まで学校にいたいと私に言ってきました。それで，先生には，この突然の方針変更について，再考をお願いしたいと思います。

敬具

ケン＝ロバーツ

生徒代表

Re：学校の新しい方針＜2020年9月22日掲示＞
K. ロバーツへ
P.E.バージャーより

ケンへ
［第3段］　心のこもった投稿を本当にありがとう。重要な懸念，とりわけエネルギー経費のこと，学校での活動に関する生徒たちの意見について，表明してくれましたね。
［第4段］　新しい方針は，エネルギー節約とは無関係です。この決定は，2019年の警察の報告書に基づいてなされました。その報告書は，重大な犯罪が5パーセント増加したために，私たちの市が以前ほど安全ではなくなったことを示していました。私はこの学校の生徒たちを守りたいと思っています。それで，生徒には暗くなる前に帰宅してほしいのです。

草々
P.E.バージャー博士
校長

語句・構文

［第1段］ ▶ on behalf of ～「～を代表して」
［第2段］ ▶ take *A* seriously「*A* を真剣に考える，受け止める」
　　　　　▶ a number of ～「(数) 多くの～」
［第4段］ ▶ have nothing to do with ～「～とは何の関係もない，無関係である」
　　　　　▶ due to ～「～のせいで，～が原因で」

問1　　11　　正解は④
「ケンは新しい方針が　　　と考えている」
　第2段第3文（Is this why …）に「先生が時間を1時間半短くすることにしたのはこれが理由でしょうか」とある。④「放課後の活動の時間を減らす」が正解。
①「生徒たちをもっと勉強させる可能性がある」
②「学校の安全を向上させるかもしれない」
③「ただちに導入されるべきだ」

問2 12 正解は④

「ケンの討論への投稿で述べられている一つの**事実**は◻︎ということである」

第2段第5文（A number of students …）に「多くの生徒が，これまでずっとそうだったように，午後6時まで学校にいたいと私に言ってきた」とある。④「**新しい方針を歓迎しない生徒がいる**」が正解。①は「必要だ」，③は「べきだ」から，事実ではなく意見であることは明らか。②は第1段最終文後半（so we hope …）に「先生のご経験が私たちの学校の助けになることを望んでいる」とあるが，これはケンの希望であり，「改善しつつある」かどうか判断できないので，事実とは言えない。

① 「その方針についてはもっと議論が必要だ」

② 「校長の経験が学校を改善しつつある」

③ 「学校は生徒たちの活動について考えるべきだ」

問3 13 正解は②

「方針の目的がエネルギーを節約することだと考えているのは誰か」

第2段第2・3文（I realise that … a half shorter?）でケンは「エネルギーの節約は大切であり，これから暗くなるのが早くなることはわかっている。先生が時間を1時間半短くすることにしたのはこれが理由か」と述べている。一方，第4段第1文（The new policy …）で，バージャー博士は「新しい方針は，エネルギー節約とは無関係だ」と述べている。よって，②「**ケン**」が正解。

① 「バージャー博士」

③ 「市」

④ 「警察」

問4 14 正解は②

「バージャー博士は，彼の新しい方針の根拠を◻︎という**事実**に置いている」

第4段最終2文（The report showed … it gets dark.）に「重大な犯罪が5パーセント増加したために，私たちの市が以前ほど安全ではなくなった…生徒には暗くなる前に帰宅してほしい」とある。②「**市の安全が低下した**」が正解。①は同じ箇所から読み取れる内容であるものの，彼の意見であり事実とは言えない。

① 「早く帰宅することが重要だ」

③ 「学校は電気を節約しなくてはならない」

④ 「生徒は保護を必要としている」

問5 15 正解は①

「ケンが新しい方針に反対する手助けになるように，あなたは何を調べるか」

問4で検討したように，新しい方針は市の安全が低下したことを理由にしている。この根拠が崩れるなら，新しい方針を覆すことができる。①「犯罪率とそれの地元地域との関連」が正解。

② 「学校のエネルギー予算と電気の経費」

③ 「学校の活動時間の長さ対予算」

④ 「放課後の活動をしている生徒の勉強時間」

第3問

A　ウェブサイトの読み取り

訳 《英国のホテルの検討》

　あなたは英国のあるホテルに泊まろうと計画している。旅の助言サイトの Q&A コーナーで有益な情報を見つけた。

私は 2021 年 3 月に，キャッスルトンのホーリーツリーホテルに泊まろうと考えています。このホテルを推薦しますか？　また，バクストン空港からそこへ行くのは簡単でしょうか？　　　　　　　　　　　　　　　　　　　　（リズ）

- -

回答

はい，ホーリーツリーを強くお勧めします。僕はそこに二度泊まったことがあります。料金は高くありませんし，サービスは素晴らしいです！　おいしい無料の朝食もついています。（アクセス情報は<u>ここ</u>をクリック。）

ホテルまで行ったときの私自身の経験をお話しさせてください。

最初の訪問のときには，地下鉄を使いました。料金が安くて便利です。電車は 5 分おきに運行しています。空港からレッド線でモスフィールド駅まで行きました。ビクトリア駅に行くのにオレンジ線に乗り換えるのは通常 7 分ほどかかるはずですが，道順がよくわからなくて，僕は 5 分余分にかかってしまいました。ビクトリア駅からは，ホテルまでバスで 10 分でした。

二度目は，ビクトリア駅まで急行バスに乗ったので，乗り換えの心配はありませんでした。ビクトリア駅で，2021 年の夏まで，道路補修工事があるという掲示を見つけました。今は，市バスでホテルまで行くのには，通常の 3 倍の時間がかかります。もっとも，バスは 10 分おきに出ています。歩くこともできますが，天気が悪かったので，僕はバスに乗りました。

滞在を楽しんでください！　　　　　　　　　　　　　　　　　（アレックス）

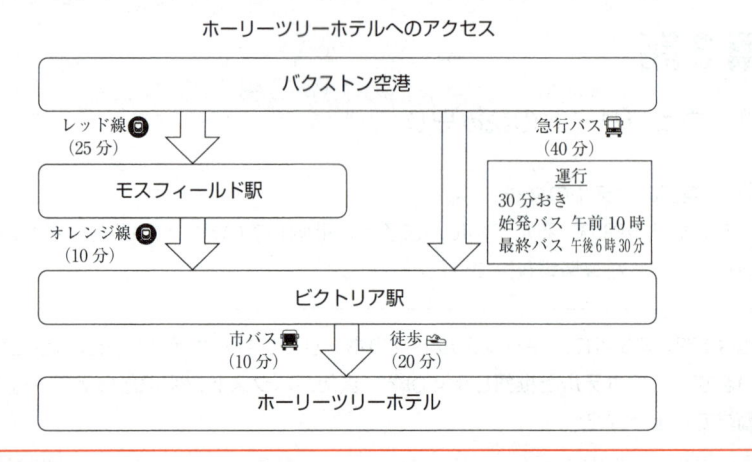

語句・構文

［質問］ ▶ be considering *doing*「～しようかと考えている」

［回答］ ▶ inexpensive「(質・値打ちの割りに) 安い」

▶ transfer to ～「～に乗り換える」

▶ a ten-minute bus ride「バスで 10 分 (の距離)」「数詞＋ハイフン＋単数名詞」で形容詞的に他の名詞を修飾する。*ex.* a five-year-old child「5 歳の子ども」 なお，●-year-old これだけで「●歳の人」の意の名詞でも使える。「5 歳児たち」は five-year-olds となる。

▶ it takes＋時間＋to *do*「～するのに…かかる」

問1 　16　正解は③

「アレックスの回答から，アレックスが□□□ことがわかる」

アレックスの回答第1段第3・4文 (It's inexpensive, … free breakfast.) に「料金は高くなく，サービスは素晴らしい。おいしい無料の朝食もついている」とある。

③「そのホテルはお金を払うだけの値打ちがあると考えている」が正解。

①「ホテルの便利な立地を評価している」

②「キャッスルトンへの最初の訪問のときに，ビクトリア駅で道に迷った」

④「2 回とも空港から同じルートを使った」

問2　|　17　|　正解は②

「あなたは 2021 年 3 月 15 日午後 2 時に，空港から公共交通機関で出発しようとしている。ホテルに到着するのに最も早い方法は何か」

アレックスの回答第 4 段第 2・3 文（At Victoria, … every ten minutes.）に「2021年の夏まで，道路補修工事があり…市バスでホテルまで行くのには，通常の 3 倍の時間がかかる」とある。よって「ホーリーツリーホテルへのアクセス」の図に「市バスは 10 分」とあるが，これが 30 分になる。

① 「急行バスと市バス」は 40 分＋30 分＝70 分。

② 「急行バスと徒歩」は 40 分＋20 分＝60 分。

③ 「地下鉄と市バス」は 25 分＋10 分＋30 分＝65 分に加え，アレックスの回答第3 段第 4 文（Transferring to …）に「オレンジ線に乗り換えるのは通常 7 分ほどかかる」とあるので，全体で 72 分。

④ 「地下鉄と徒歩」は 25 分＋7 分＋10 分＋20 分＝62 分。

最も早いのは②。

B ニュースレターの読み取り

> 訳 《ボランティアの募集》
> あなたのクラスメートが，学校のニュースレターに掲載されている，英国からの交換留学生が書いた次のようなメッセージを見せてくれた。

ボランティア募集中！

［第1段］ みなさん，こんにちは。私はロンドンから来た交換留学生のセーラ＝キングです。今日はみなさんに，大事なことをお伝えしたいと思います。

［第2段］ サクラ国際センターのことは聞いたことがあるかもしれません。センターは，日本人住民，外国人居住者が互いに知り合う貴重な機会を提供しています。料理教室やカラオケコンテストといった人気のあるイベントが毎月開催されています。しかし，重大な問題があります。建物が老朽化しており，高額の改修が必要になっているのです。センター維持の資金を募る手助けをするために，多くのボランティアが必要です。

［第3段］ 私はこの問題について，数カ月前に知りました。町で買い物をしているとき，何人かの人たちが募金運動に参加しているのを見たのです。募金運動のリーダーのケイティに声をかけると，彼女は状況を説明してくれました。私がいくらか寄付すると彼女はありがとうと言ってくれました。彼女は，町長に財政的援助を求めたけれど，彼女らの要求は却下されたと言いました。募金運動を始めるしかなかったということです。

［第4段］ 先月，私はセンターで行われた芸術に関する講義に参加しました。そのときもまた，人々が寄付を募っているのを見かけ，手伝うことにしました。通りかかる人たちに寄付をお願いするのに私も加わったとき，彼らは喜んでくれました。私たちは一生懸命取り組みましたが，多くのお金を集めるのには，私たちの人数は少なすぎました。涙ぐんだ表情で，ケイティは私に，もうそれほど長くあの建物を使うことはできないだろうと言いました。私はもっと何かする必要があると感じました。そのとき，他の生徒たちも進んで手助けしてくれるかもしれないという考えが浮かんだのです。ケイティはこれを聞いて喜びました。

［第5段］ さあ，みなさん，サクラ国際センターを救う募金運動を私と一緒にしてください。いますぐ私にメールをください！ 交換留学生なので，日本で過ごせる時間は限られていますが，私はそれを最大限に使いたいと思っています。一緒に頑張ることで，本当に変えることができます。

3年A組
Sarah King（sarahk@sakura-h.ed.jp）

セーラ・キング

語句・構文

[第2段] ▶ may have *done*「〜した（ことがある）かもしれない」

▶ raise funds「資金を調達する」

[第3段] ▶ ask *A* for *B*「*A* に *B* を求める，*B* をくださいと *A* に言う」

▶ have no choice but to *do*「〜するほか仕方がない」

[第4段] ▶ passer-by「通行人」 複数形が passers-by となることに注意。

▶ the idea comes to *A* that …「…という考えが *A*（人）に思い浮かぶ」 that 節は the idea の内容を表す同格節。

[第5段] ▶ today「今すぐ」

▶ make the most of 〜「〜を最大限に利用する」

▶ make a difference「違いを生む」 重要な・よい変化をもたらすことを表す。

問1 　18　　19　　20　　21　 正解は④，②，①，③

「次の出来事（①〜④）を起きた順序に並べよ」

セーラが経験した出来事を語っているのは，第3・4段。第3段第5文（She told me …）に「彼ら（ケイティをリーダーとした，募金活動をしている人たち）は，町長に財政的援助を求めた」とあり，これが募金活動より前のことであることは過去完了で述べられていることからわかる。④「運動をしている人たちは町長に援助を求めた」が最初。セーラがケイティからこの話を聞いたときに寄付をしていることが第3段第4文（She thanked me …）に述べられており，②「セーラはセンターにお金を寄付した」が続く。②は第3段第1文の a few months ago より，数カ月前のことである。第4段第1文（Last month, …）に「先月，私はセンターで行われた芸術に関する講義に参加した」とあり，①「セーラは，センターのイベントに参加した」が3番目。そこでまた募金活動をしている人たちを見かけ，ケイティと話をしている。第4段最終2文（Then, the idea … hear this.）に「そのとき，他の生徒たちも進んで手助けしてくれるかもしれないという考えが浮かんだ。ケイティはこれを聞いて喜んだ」とある。③「セーラはケイティにある提案をした」がこれにあたる。よって，④→②→①→③の順になる。

問2 　22　 正解は②

「セーラのメッセージから，サクラ国際センターが□□□ことがわかる」

第2段第2文（It provides valuable …）に「センターは，日本人住民，外国人居住者が互いに知り合う貴重な機会を提供している」とある。②「友情を育てる機会を提供している」が正解。

① 「外国人居住者に財政援助をしている」

③ 「地域社会のためのニュースレターを発行している」

④ 「英国に交換留学生を送っている」

問3 　23 　正解は②

「あなたはセーラのメッセージを読んで募金活動の手伝いをしようと決めた。まず何をすべきか」

セーラは，第5段第1文（Now, I'm asking …）で「さあ，みなさん，サクラ国際センターを救う募金運動を私と一緒にしてください」と参加を呼びかけたあと，続く第2文で「いますぐ私にメールをください！」としている。② 「さらなる情報を得るためにセーラに連絡をとる」が正解。

① 「センターでのイベントを宣伝する」

③ 「学校でボランティア活動を組織する」

④ 「新たな募金活動を開始する」

第4問

メールの読み取り

> 訳 《姉妹校からの生徒をもてなすスケジュール案についてのやり取り》
>
> あなたの英語の先生のエマが，姉妹校からの生徒をもてなす1日のスケジュールの計画を立てる手伝いを，あなたとあなたのクラスメートのナツキに依頼してきた。あなたは，スケジュール案が書けるように，ナツキとエマのメールのやり取りを読んでいる。

エマ先生へ

［第1段］ 来月の12人のゲストと出かける日のスケジュールについて，いくつか考えと質問があります。お話しくださったとおり，どちらの学校の生徒も，午前10時から私たちの学校の会館でプレゼンテーションを行うことになっています。それで，添付の時刻表を見ていました。彼らはアズマ駅に午前9時39分に到着し，学校までタクシーで来るのですか？

［第2段］ これまで午後の活動についても話し合ってきました。何か科学に関係するものを見るのはどうでしょうか？ 2つの考えがありますが，もしもう1つ必要なら，知らせてください。

［第3段］ 来月ウエストサイド水族館で開かれる特別展についてはお聞きでしょうか？ それは海洋性プランクトンから作られる新しい補助食品に関するものです。よい選択だと思います。人気のある施設ですので，訪問に最適な時間は，いちばん混んでいない時間帯でしょう。水族館のホームページで見つけたグラフを添付します。

［第4段］ イーストサイド植物園は，地元の大学とともに，植物から電気を作る興味深い方法を開発しています。都合のよいことに，担当している教授がそのことについて予定の日の午後早い時間にちょっとした講演をすることになっています！出かけてはどうでしょうか？

［第5段］ みんな何かお土産を買いたいと思うのではないでしょうか？ ヒバリ駅の隣にあるウエストモールが最適だと思いますが，お土産を一日中持って歩くのもどうかと思います。

［第6段］ 最後に，アズマに訪れる人はみんな，町のシンボル，つまり私たちの学校の隣にあるアズマ記念公園の銅像を見たほうがよいと思いますが，よいスケジュールを思いつきません。また，昼食の計画がどうなっているか教えていただけますか？

敬具

ナツキより

ナツキへ

［第7段］　メールありがとう！　一生懸命考えてくれましたね。質問にお答えすれば，彼らは午前9時20分に駅に到着し，それからスクールバスに乗ります。

［第8段］　午後の主な2つの場所，水族館と植物園はよい考えですね。両校とも，科学教育を重視していますし，このプログラムの目的は，生徒の科学知識を向上させることですからね。ですが，念のため，3番目の案を考えておくのが賢明でしょう。

［第9段］　お土産は一日の最後にしましょう。午後5時にモールに着くバスに乗れます。これで買い物に1時間近くとれて，それでもゲストは夕食をとるのに午後6時半までにはホテルに戻れます。ホテルはカエデ駅から歩いて数分しかかかりませんから。

［第10段］　昼食については，学食がお弁当を用意してくれます。あなたが言っていた銅像の下で食事ができますね。もし雨が降ったら，屋内で食べましょう。

［第11段］　提案をどうもありがとう。あなたたち2人でスケジュール案を作成してくださいますか？

よろしくお願いします。

エマより

添付の時刻表：

列車の時刻表
カエデ ― ヒバリ ― アズマ

駅	列車番号			
	108	109	110	111
カエデ	8:28	8:43	9:02	9:16
ヒバリ	8:50	9:05	9:24	9:38
アズマ	9:05	9:20	9:39	9:53

駅	列車番号			
	238	239	240	241
アズマ	17:25	17:45	18:00	18:15
ヒバリ	17:40	18:00	18:15	18:30
カエデ	18:02	18:22	18:37	18:52

添付のグラフ：

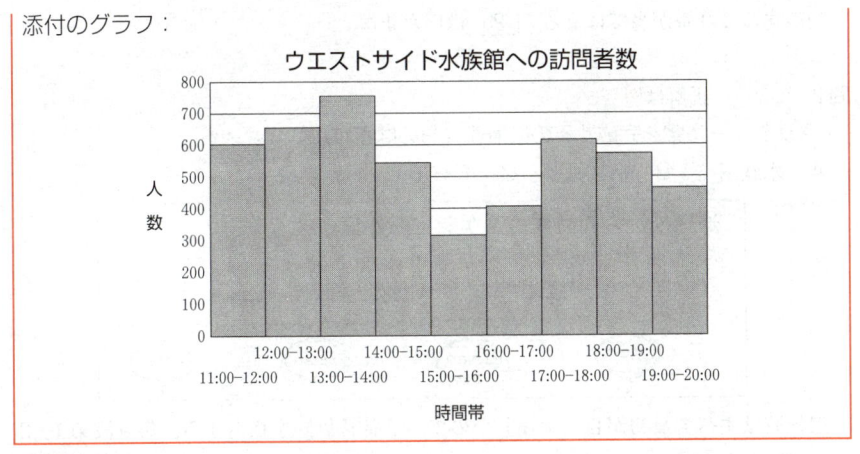

ウエストサイド水族館への訪問者数

語句・構文

[第1段] ▶ be supposed to *do*「〜することになっている」
　　　　▶ attached「添付された」
[第2段] ▶ How about *doing*?「〜するのはどうですか？」
[第4段] ▶ in charge「担当している」
[第5段] ▶ carry *A* around「*A* を持ち歩く」
[第6段] ▶ work out 〜「（計画など）を練って作る，解決する」
[第7段] ▶ in answer to 〜「〜に答えて，反応して」
[第8段] ▶ place emphasis on 〜「〜を重視する，強調する」
[第10段] ▶ boxed lunch「弁当」
[第11段] ▶ make a draft「草稿を作る」

問1　24　正解は①　　25　正解は⑤

「姉妹校からのゲストは 24 番列車で到着し，25 番列車に乗ってホテルに戻る」

第7段第3文（In answer to …）で「彼らは午前9時20分に駅に到着する」と答えている。2つの時刻表のうち，上の表で9時20分にアズマ駅に到着するのは109番。24 は①が正解。

第9段第2文（We can take …）と続く第3文（This will allow …）前半に「午後5時にモールに着くバス…で買い物に1時間近くとれる」とある。第5段第2文（I think West Mall, …）に「ヒバリ駅の隣にあるウエストモール」とあること，第9段第3文後半（our guest can …）に「ホテルはカエデ駅から歩いて数分しかかからないので，夕食をとるのに午後6時半までにはホテルに戻れる」とあることから，下の時刻表を検討すると，ヒバリ駅を18時に出てカエデ駅に18時22分に

到着する 239 番が当てはまる。 25 は⑤が正解。

問2　 26 　正解は②

「スケジュール案を完成するのに最適なものはどれか」

　Ａ：水族館　　　Ｂ：植物園　　　Ｃ：モール　　　Ｄ：学校

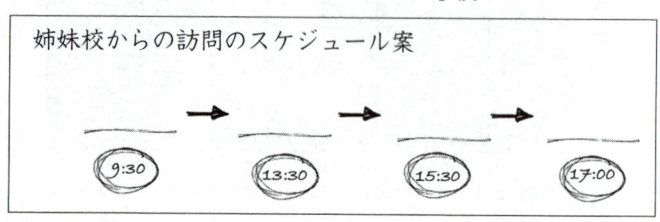

選択肢はすべて最初がＤ「学校」なので，2番目以降を検討する。第9段第1・2文（Let's get souvenirs … at 5:00 p.m.）に「お土産は一日の最後に。午後5時にモールに着くバスに乗れる」とある。スケジュールの最後 17：00 のところにはＣ「モール」が当てはまる。第3段にはウエストサイド水族館のことが述べられており，同段第4文（Since it's popular, …）に「訪問に最適な時間は，いちばん混んでいない時間帯だ」とある。「ウエストサイド水族館への訪問者数」のグラフを見ると，最も訪問者数が少ないのは 15〜16 時だとわかる。3番目の 15：30 にＡ「水族館」が当てはまる。これで②が正しいとわかるが，念のためにスケジュールの2番目にＢ「植物園」があてはまるか検討すると，植物園のことが述べられている第4段第2文（Luckily, the professor …）に「担当している教授が…予定の日の午後早い時間にちょっとした講演をする」とあり，13：30 という時刻と合う。よって正解は②。

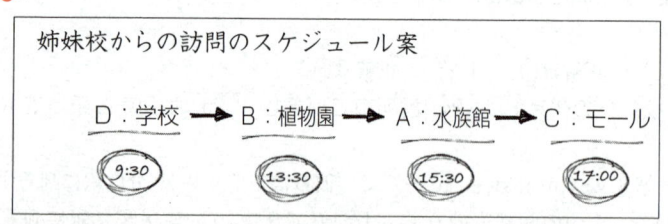

問3　 27 　正解は②

「雨が降らないかぎり，ゲストは□□□で昼食をとる」

第10段第2文（We can eat …）に「あなたが言っていた銅像の下で食事ができる」とある。この銅像は，第6段第1文（Finally, every visitor …）の「私たちの学校の隣にあるアズマ記念公園の銅像」のこと。②「学校の隣の公園」が正解。

①「植物園」

③「駅の隣の公園」

④「校庭」

問4 　28　 正解は②

「ゲストは当日，□□□移動はしない」

第7段第3文（In answer to …）に「彼らは午前9時20分に駅に到着し，それか
らスクールバスに乗る」とあり，電車とバスを利用することがわかる。第9段第3
文（This will allow …）最終部分に「ホテルはカエデ駅から歩いて数分しかかか
らない」とあり，徒歩移動もあることになる。②**「タクシーで」**が正解。

①「バスで」

③「電車で」

④「徒歩で」

問5 　29　 正解は④

「3つ目の選択肢として，予定にはどれが最適か」

第8段第1文（The two main afternoon …）に「両校とも，科学教育を重視して
おり，このプログラムの目的は，生徒の科学知識を向上させることだ」とある。科
学教育，科学知識に関係するものとしては④**「ヒバリ宇宙センター」**が適切。

①「ヒバリ遊園地」

②「ヒバリ美術館」

③「ヒバリ城」

第5問

伝記的な文章の読み取り

> 訳　《馬のようにふるまう雄牛アストンの紹介》
>
> 　国際ニュースレポートを使って，あなたは英語の口頭プレゼンテーション・コンテストに参加しようとしている。あなたの講演の準備に，次のフランスからのニュース記事を読みなさい。

[第1段]　5年前，サビーヌ=ルアス夫人は自分の馬を失った。馬が老齢で死ぬまで，彼女は20年その馬とともに過ごした。当時，彼女は二度と馬は飼えないと感じていた。寂しさから，彼女は近くの乳牛農場で何時間も牛を見て過ごした。そしてある日，彼女は農場主に牛の世話をする手助けをさせてもらえるかどうか尋ねた。

[第2段]　農場主は同意し，サビーヌは仕事を始めた。彼女はすぐに牛たちのうちの1頭と仲よくなった。その牛は妊娠していたので，彼女は他の牛よりも多くの時間をその牛と過ごした。牛の赤ちゃんが生まれたあと，その赤ちゃんはサビーヌのあとをついて回るようになった。残念ながら，農場主はブル，つまり雄牛を乳牛農場で飼っておくことには興味がなかった。農場主はスリーオーナイン（309）と名付けた赤ん坊の雄牛を食肉市場に売ろうと計画した。サビーヌはそんなことをさせてはおかないと決心し，農場主にその子牛と母牛を買い取れるか尋ねた。農場主は同意し，彼女は牛たちを買った。そしてサビーヌは309を町まで散歩に連れて行き始めた。およそ9カ月後，ついにその牛たちを移動させる許可をもらって，彼らはサビーヌの農場に引っ越した。

[第3段]　その後まもなく，サビーヌはポニーをもらった。初めは飼いたいかどうかよくわからなかったが，彼女の馬の思い出はもうつらいものではなくなっていたので，彼女はポニーをもらい受け，レオンと名付けた。そして彼女は昔の趣味を再開することにし，ポニーに障害飛越競技の訓練をし始めた。スリーオーナインは，彼女がアストンという名前につけなおしていたのだが，ほとんどの時間をレオンと過ごし，2頭は本当に仲のよい友達になった。しかし，サビーヌは，アストンが彼女のレオンとのいつものトレーニングにしっかり注意を払うとは思っていなかったし，アストンが技を覚えるとも思っていなかった。その若い雄牛は，命令に応じて，常歩，襲歩，静止，退歩，旋回することをすぐに覚えた。彼は，サビーヌの声に馬とまったく同じように反応したのだ。そして，体重が1300キロあるにもかかわらず，サビーヌを背中に乗せたまま1メートルの高さの馬用のジャンプ柵を飛び越える方法を身につけるのに18カ月しかかからなかった。レオンを見ていなければ，

アストンがこのようなことを身につけることは決してなかったかもしれない。さらに，アストンは距離を理解して，ジャンプの前に足運びを調整できた。またサビーヌからの何の手助けもなしに，自分の欠点に気づき，それを修正した。それは，まさに第一級のオリンピック水準の馬にしかできないことである。

［第4段］　現在，サビーヌとアストンは彼の技を見せるために，ヨーロッパ中の週末の定期市や馬のショーに出かけている。サビーヌは「私たちはとてもよい反応をもらっています。たいていは，人々はとても驚いて，彼が大きいので，馬よりもずっと大きいですからね，初めはちょっと怖がることもあります。ほとんどの人は角のある雄牛のそばに近づきすぎるのは好みません。でも，一度彼の本当の性格がわかって，彼が演技しているのを見ると，『ああ，彼は本当にとてもすてきですね』と言ってくれることが多いんです」と言う。

［第5段］　「見てください！」　そしてサビーヌは彼女のスマートフォンにあるアストンの写真を見せる。それからこう続ける。「アストンがとても幼かったころ，彼が人間に慣れるように，私は彼を犬のようにリードにつないで散歩に連れて行ったものです。たぶん，だから彼は人を気にしないのでしょうね。彼はとてもおとなしいですから，子どもたちは特に，彼を見たり，彼のそばによる機会をもらったりするのが本当に好きです」

［第6段］　過去数年にわたって，障害飛越競技をする巨大な牛のニュースが急速に広まり，今ではアストンはオンラインのフォロワーの数が増している大きな呼び物になっている。アストンとサビーヌは，家から200キロ，300キロ離れたところまで出かける必要があることもあり，それは外泊しなくてはならないということだ。アストンは馬匹運搬車で眠らなくてはならないが，それは実際彼には十分大きくはない。

［第7段］　「彼はそれが好きではありません。私は彼と一緒に運搬車で寝ないといけないんです」と，サビーヌは言う。「でも，実は，彼が目を覚まして体の位置を変えるとき，私を押しつぶさないようにとても慎重なんです。彼は本当にとても優しいんです。彼は寂しがることがあって，あまり長いことレオンと離れているのが好きではありません。でもそれ以外はとても幸せですよ」

プレゼンテーション用スライド

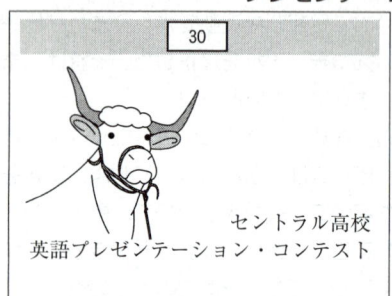
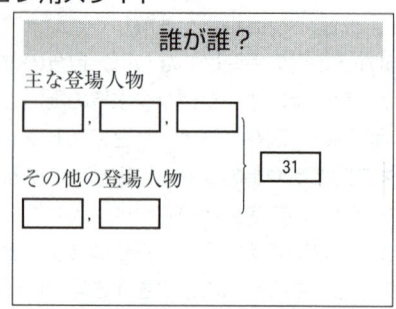

語句・構文

［第1段］ ▶ out of loneliness「寂しさから」 out of ～ は原因を表す。

［第3段］ ▶ at first「初め（のうち）は」

▶ expect *A* to *do*「*A* が当然～するものと思う」

▶ 否定文, nor …「～ない，また…もない」 nor のあとは疑問文の語順。

▶ pick up ～「（言語，技など）を見聞きして覚える」

▶ on command「命令に応じて」

［第4段］ ▶ once S V「いったん S が V すると」

［第5段］ ▶ … so that S will V「S が V するように…」 目的を表す構文。

問1　30　正解は③

「あなたのプレゼンテーションに最も適したタイトルはどれか」

第2段以降，サビーヌと牛のアストンの出会いから，その後の彼らの様子が述べられている。③「馬のようにふるまう雄牛アストンの紹介」が適切。

①「動物愛護者がポニーの命を救う」

②「アストンの夏の障害飛越競技ツアー」

④「ある農場主と1頭の牛の関係」

問2　31　正解は④

「**誰が誰？**のスライドに最適な組み合わせはどれか」

全体的にサビーヌと牛のアストンのことが中心に述べられており，「主な登場人物」にこれらが含まれている②と④を検討する。②の「その他の登場人物」は「309と農場主」となっているが，第3段第4文（Three-oh-nine, …）に「スリーオーナインは，彼女がアストンという名前につけなおしていた」とあり，主な登場人物とその他の登場人物でアストンが重複しており，除外できる。④の「その他の登場人物」は「アストンの母親，農場主」だが，第2段第2・3文（She quickly developed … with the others.）に「彼女はすぐに牛たちのうちの1頭と仲よくなった。その牛は妊娠していた」とあり，この牛がアストンの母牛である。また，サビーヌがその母牛と出会い，アストンを飼うきっかけを作ってくれたのが農場主であることから，彼らはその他の登場人物としてふさわしいと言える。④「**主要人物：アストン，サビーヌ，ポニー／その他：アストンの母親，農場主**」が正解。

①「主要人物：309，アストン，農場主／その他：サビーヌ，ポニー」

②「主要人物：アストン，アストンの母親，サビーヌ／その他：309，農場主」

③「主要人物：アストン，レオン，農場主／その他：アストンの母親，サビーヌ」

問3　32　33　34　35　正解は④，③，⑤，①

「**有名になる前の話の筋**のスライドを完成するのに，起こった順序で出来事を4つ選べ」

「有名になる前の話の筋」の最初の「サビーヌの馬が死ぬ」は，第1段第1文に述べられている。同段最終文（Then, one day, she …）に「彼女は農場主に牛の世話をする手助けをさせてもらえるかどうか尋ねた」とあり，第2段第1文でこれが了承されて農場で働き始めたことが述べられている。32には④「**サビーヌは近所の農場に働きに行く**」が適切。その後，第2段第6～8文（The farmer planned … she bought them.）で，農場主が309と名付けた雄の子牛を売ろうとしていたのをサビーヌが母牛とともに買い受けたことが述べられている。33に

は③「サビーヌは 309 とその母牛を買う」が当てはまる。第 2 段第 9 文（Sabine then started …）に「サビーヌは 309（＝アストン）を町まで散歩に連れて行き始めた」とあり，34 には⑤「サビーヌは 309 を散歩に連れて行く」が適切。この後，サビーヌはポニーも飼い始め，その訓練を見ていたアストンが真似をし始めたことが述べられている。第 3 段第 8 文（And despite weighing …）に「（アストンは）サビーヌを背中に乗せてジャンプ柵を飛び越える方法を身につけた」ことが述べられている。35 には①「アストンがジャンプできるようになる」が当てはまる。②「サビーヌとアストンは一緒に何百キロも旅をする」については，このスライドの最後にある「アストンとサビーヌがショーに出かけ始める」よりも後の出来事なので，除外される。

問 4 　36 　37 　正解は①，③（順不同）

「アストンの能力のスライドに最適な項目を 2 つ選べ（順序は問わない）」

問 3 で見たように，第 3 段第 8 文（And despite weighing …）に「（アストンは）サビーヌを背中に乗せたまま 1 メートルの高さの馬用のジャンプ柵を飛び越える方法を身につけた」とある。③「騎手を背中に乗せてジャンプする」が正解の一つ。第 3 段最後から 2 文目（He also noticed …）には「サビーヌからの何の手助けもなしに，自分の欠点に気づき，それを修正した」とあり，①「自分の間違いを自分で正す」がこれに当たる。正解は①と③。

②「ポニーと並んでジャンプする」

④「馬よりも早く技を覚える」

⑤「写真用にポーズをとる」

問 5 　38 　正解は①

「アストンの今のスライドを最も適切な項目で完成せよ」

第 6 段第 1 文後半（now, Aston is a …）に「今ではアストンはオンラインのフォロワーの数が増している」とある。①「ファンの数が増えている」が適切。

②「サビーヌを大金持ちにした」

③「とても有名なので，もう人々を怖がらせることはない」

④「1 年のほとんどの夜を馬用のトレーラーで過ごしている」

第6問

A　説明的な文章の読み取り・ポスターの完成

訳　《アイスホッケーの安全性の確保》
　あなたはスポーツの安全性に関する授業の学習課題の作業をしており，次の記事を見つけた。それを読んで，自分が気づいたことをクラスメートに発表するためにポスターを作成している。

アイスホッケーをもっと安全に

[第1段]　アイスホッケーは，世界中のさまざまな層の人たちが楽しんでいるチームスポーツである。このスポーツの目標は，ホッケーのスティックで「パック」と呼ばれる固いゴムの円盤を動かして，相手チームのネットに入れることである。それぞれ6人の選手の2チームが固くて滑りやすい氷のリンク上で，このペースの速いスポーツに携わる。選手は，パックを空中に打ちながら，時速30キロの速度に達することもある。このような速さなので，選手もパックも，重大な危険の原因になりうる。

[第2段]　このスポーツのスピードと氷のリンクの滑りやすい表面のせいで，選手は転んだりぶつかり合ったりしやすく，それがさまざまなけがにつながる。選手を守ろうとして，ヘルメット，グローブ，肩・ひじ・脚用のパッドといった装備が長年にわたって導入されてきた。こうした努力にもかかわらず，アイスホッケーでは，脳しんとうが起こる率が高い。

[第3段]　脳しんとうは，脳の機能の仕方に影響を及ぼす脳の損傷である。それは，頭部，顔面，首，その他の場所に直接・間接に衝撃が加わることで起こり，時には一時的に意識を失うこともある。それほど深刻ではない場合では，しばらく選手がまっすぐ歩けない，はっきりものが見えないといったことがあったり，耳鳴りがしたりすることもある。少し頭痛がするだけだと思い，脳に損傷を負っていることに気づかない人もいる。

[第4段]　損傷の深刻さに気づかないことに加えて，選手たちはコーチがどう思うかを気にする傾向もある。過去においては，コーチたちは，痛みがあるにもかかわらずプレーするタフな選手のほうを好んだ。言い換えると，ケガをした選手は，ケガをしたあとにはプレーをやめるのが理にかなっているのに，多くの選手がそうしなかったということだ。しかし，最近では，脳しんとうが生涯続く重大な影響を及ぼすこともあるとわかってきた。脳しんとうの病歴がある人は，集中したり，眠ったりするのに苦労するかもしれない。さらに，そうした人は，鬱や気分の変化とい

った心理学的な問題に苦しむことがあるかもしれない。場合によっては，選手たちは嗅覚や味覚の障害を発症することもある。

［第5段］　カナダと合衆国のチームで構成されている北米ホッケーリーグ（NHL）は，脳しんとうに対処するために，より厳格なルールとガイドラインを作ってきた。たとえば，2001 年に，NHL はヘルメットに取りつける，顔面を保護するための透明なプラスチックであるバイザーの着用を導入した。初めは，それは選択できるもので，多くの選手は着用しないことを選んだ。しかし，2013 年以降は，それは必須になった。加えて 2004 年，NHL は，意図的に別の選手の頭部を打った選手に，出場停止や罰金といった，より厳しい罰を与え始めた。

［第6段］　NHL はまた，2015 年に脳しんとう監視員システムを導入した。このシステムでは，ライブ・ストリーミングとビデオ再生にアクセスできる NHL の審判が，各試合の間，目で確認できる脳しんとうの徴候に目を光らせている。初めは，医療訓練を受けていない 2 人の脳しんとう監視員が競技場でゲームをチェックしていた。翌年には，医療訓練を受けた監視員が 1 〜 4 人加えられた。彼らは，ニューヨークにあるリーグ本部から，各試合をチェックした。ある選手が脳しんとうを起こしていると監視員が思ったら，その選手は試合から外されて，医師による検査を受けるために「安静室」に連れて行かれる。医師から許可が出るまで，その選手は試合に戻ることは許されない。

［第7段］　NHL は，アイスホッケーをより安全なスポーツにするという点で大きく進歩した。脳しんとうの原因と影響についてより多くのことがわかるにつれ，NHL は選手の安全を確保するために，きっとさらなる対策を取るだろう。安全性が高まれば，アイスホッケーの選手とファンの数が増えることにつながるかもしれない。

アイスホッケーをもっと安全に

アイスホッケーとは？
- 選手は相手チームのネットに「パック」を入れることで得点
- 各チームは選手6人
- 氷上で行われるハイスピードのスポーツ

主な問題：高い脳しんとうの発生率

脳しんとうの定義
脳の機能の仕方に影響を及ぼす脳の損傷

影 響

短 期	長 期
・意識の喪失	・集中力に関する問題
・まっすぐ歩くのが困難	・ 40
・ 39	・心理学上の問題
・耳鳴り	・嗅覚・味覚障害

解決策

北米ホッケーリーグ（**NHL**）
- バイザー付きヘルメットを必須とする
- 危険な選手に厳しい罰を与える
- 41 ために，脳しんとう監視員を導入した

まとめ
アイスホッケーの選手は，脳しんとうを起こす危険性が高い。
したがって，NHL は 42 。

語句・構文

[第2段] ▶ make it easy for *A* to *do*「*A* が〜しやすくする」 it は形式目的語。
for *A* は不定詞の意味上の主語である。

　　　 ▶ result in 〜「〜という結果になる」

　　　 ▶ in an attempt to *do*「〜しようとして」

[第3段] ▶ ringing in the ear(s)「耳鳴り」

[第4段] ▶ have trouble *doing*「〜するのに苦労する」

問1 　39　 正解は④

「ポスターの 39 に最適な選択肢を選べ」

空所は「短期的な影響」の一つ。第3段第1文（A concussion is …）最終部分に
「一時的に意識を失うこともある」，続く第2文（In less serious cases, …）に「ま

っすぐ歩けない，はっきりものが見えないといったことがあったり，耳鳴りがしたりすることもある」とある。すでに挙がっている項目を除くと，④「**はっきりしない視覚**」が正解。

① 「攻撃的なふるまい」　　② 「思考困難」　　③ 「性格の変化」

問2　40　正解は③

「ポスターの　40　に最適な選択肢を選べ」

空所は「長期的な影響」の一つ。第4段第5文～最終文（People with a history … and taste disorders.）に「脳しんとうの病歴がある人は，集中したり，眠ったりするのに苦労する…鬱や気分の変化といった心理学的な問題に苦しむ…嗅覚や味覚の障害を発症することもある」とある。すでに挙がっている項目を除くと，③「**睡眠障害**」が正解。④は短期的な影響で，すでに述べられている。

① 「失明」　　② 「記憶障害」　　④ 「歩行時のふらつき」

問3　41　正解は④

「ポスターの　41　に最適な選択肢を選べ」

空所があるのは「NHL がとっている解決策」の一つで，「　　　　ために，脳しんとう監視員を導入した」となっている。第6段第2文（In this system, …）に「このシステムでは…NHL の審判が，各試合の間，目で確認できる脳しんとうの徴候に目を光らせている」，同段第6文（If a spotter thinks …）に「ある選手が脳しんとうを起こしていると監視員が思ったら，その選手は試合から外されて」とある。④「**脳しんとうの徴候を示している選手を特定する**」が正解。

① 「選手が試合に戻るのを許可する」

② 「脳しんとうを起こしている選手を診察する」

③ 「脳しんとうの原因となる選手に罰金を科す」

問4　42　正解は②

「ポスターの　42　に最適な選択肢を選べ」

空所があるのは「まとめ」の項目で，「アイスホッケーの選手は，脳しんとうを起こす危険性が高い。したがって，NHL は　　　　」となっている。第5段第1文（The National Hockey League …）に「北米ホッケーリーグ（NHL）は，脳しんとうに対処するために，より厳格なルールとガイドラインを作ってきた」とある。②「**新しいルールやガイドラインを実施してきた**」が正解。implement「～を実行する」

① 「選手がもっとタフになってくれることを期待してきた」

③ 「コーチに医療訓練をした」

④ 「バイザーの着用を選択制にした」

B 説明的な文章の読み取り

訳 《さまざまな甘味料》

　あなたは保健の授業で栄養学を勉強している。さまざまな甘味料についてもっと知るために，教科書の次の文章を読もうとしている。

[第1段]　ケーキ，キャンディ，ソフトドリンク──私たちのほとんどは甘いものが好きである。実際，若い人たちは英語で何かが「よい」ことを意味するのに「スイート！」と言う。甘さのことを考えるとき，私たちは，植物のサトウキビやサトウダイコンから作られる普通の白砂糖を思い浮かべる。しかし，さまざまな科学的な発見が甘味料の世界を変えた。現在では，他の多くの植物から砂糖を抽出できる。最も明白な例はトウモロコシである。トウモロコシは量が多く，安価で，加工しやすい。高フルクトース・コーンシロップ（HFCS，ブドウ糖果糖液糖／異性化糖）は，通常の砂糖よりおよそ 1.2 倍甘いが，カロリーがかなり高い。科学をもう一歩進めて，過去 70 年の間に，科学者たちはさまざまな人工甘味料を開発してきた。

[第2段]　最近の米国国民健康栄養調査は，平均的アメリカ人のエネルギー摂取の 14.6 パーセントは，「添加された糖分」によるものだという結論を出したが，これは，自然食品から得られたのではない糖分のことを指している。たとえば，バナナは自然食品だが，一方クッキーは添加糖分を含んでいる。添加糖分のカロリーの半分以上は，甘みを加えた飲み物やデザートに由来する。大量の添加糖分は，過剰な体重増加や他の健康問題をはじめ，私たちの体に悪影響を及ぼす可能性がある。こうした理由で，多くの人が，飲み物，軽食，デザートに低カロリーの代用品を選ぶ。

[第3段]　白砂糖に代わる自然のものとしては，赤砂糖，ハチミツ，メープルシロップなどがあるが，これらもカロリーは高い傾向がある。結果として，代替の「低カロリー甘味料」（LCSs）が人気になっているが，これらはたいてい人工的に化学合成したものである。今日最もよく見られる LCSs は，アスパルテーム，エース K，ステビア，スクラロースである。LCSs のすべてが人工的なものであるわけではない。ステビアは植物の葉から作られる。

[第4段]　代替甘味料には，加熱できないものがあり，ほとんどは白砂糖よりはるかに甘いため，料理には使いにくいこともある。アスパルテームとエース K は，砂糖の 200 倍甘い。ステビアは 300 倍甘く，スクラロースはステビアの 2 倍の甘さを持つ。新しい甘味料の中には，もっと強烈に甘いものもある。ある日本の企業は最近「アドバンテーム」を開発したが，これは砂糖の 2 万倍甘い。何かを甘くするのには，この物質のほんのわずかな量しかいらない。

[第5段]　甘味料を選ぶときには，健康問題を考慮することが重要である。たとえ

ば，白砂糖をたくさん使ってデザートを作ると，体重増加につながる可能性のある高カロリーの料理になる。まさにこの理由で LCSs の方を好む人たちもいる。しかし，カロリーは別にして，人工的な LCSs を摂取することと，他のさまざまな健康問題とを結びつける研究もある。LCSs の中には，がんを引き起こす疑いのある強い化学物質を含むものや，記憶力や脳の発達に影響を及ぼすことが明らかになっているものもあるので，それらは，とりわけ幼い子ども，妊娠中の女性，高齢者には危険な可能性がある。キシリトールやソルビトールといった，比較的自然に近い代替甘味料もいくつかあり，これらはカロリーが低い。残念ながら，これらは体内をきわめてゆっくり通過するので，大量に摂取するとお腹の調子を悪くすることがある。

［第6段］ こうした情報をすべて知っていても，何か甘いものが欲しいとき，砂糖のようなカロリーの高い通常の甘味料にこだわるか，LCSs を使うか，決めるのは難しい。現在のさまざまな種類のガムやキャンディは一つか複数の人工甘味料を含んでいる。それでも，温かい飲み物に人工甘味料を入れないように心がけている人でも，そうした品物を買うかもしれない。人はそれぞれ，選択できるものを比較検討し，自分が必要とすることや状況に最適の甘味料を選ぶ必要がある。

語句・構文

［第2段］ ▶ whole food(s)「自然食品，無添加食品」

［第5段］ ▶ apart from ～「～を除いて，～を別にして」

▶ suspected of ～「～が疑われる，～の疑いがある」

［第6段］ ▶ whether to *do*「～すべきかどうか」

問1 ┃ 43 ┃ 正解は③

「現代科学は┃　┃によって甘味料の世界を変えたことがわかる」

第1段第4・5文（Scientific discoveries, … many other plants.）に「さまざまな科学的な発見が甘味料の世界を変えた。現在では，他の多くの植物から砂糖を抽出できる」とある。また，同段最終文（Taking science one …）から，科学者たちがさまざまな人工甘味料を開発してきたことがわかる。よって，③「**多様な新しい選択肢を提供すること**」が正解。

① 「もっと甘い新しい種類の白砂糖を発見すること」

② 「アメリカ人のエネルギー摂取を測定すること」

④ 「自然環境から新しく開発された多くの植物を使うこと」

問2　44　正解は③

「あなたは学んだばかりの情報をまとめている。どのように表を仕上げられるか」

甘さ	甘味料
高い	アドバンテーム
	(A)
	(B)
	(C)
低い	(D)

表は甘味料を甘さの強い順に並べたものである。第1段第8文（High fructose corn syrup …）に「高フルクトース・コーンシロップ（HFCS）は，通常の砂糖よりおよそ1.2倍甘い」，第4段第2・3文（Aspartame and Ace-K … of stevia.）に「アスパルテームとエースKは，砂糖の200倍甘い。ステビアは300倍甘く，スクラロースはステビアの2倍の甘さを持つ」とある。甘い順に並べるとスクラロース＞ステビア＞エースK，アスパルテーム＞HFCSとなる。③「(A)スクラロース　(B)ステビア　(C)エースK，アスパルテーム　(D) HFCS」が正解。

問3　45　46　正解は③，⑤（順不同）

「あなたが読んだ記事によると，次のどれが正しいか（選択肢を2つ選べ。順序は問わない）」

第3段最終文（Not all LCSs …）に，「すべてのLCSs（低カロリー甘味料）が人工的に作られているわけではない。ステビアは植物の葉から作られている」とある。よって③「植物から代替甘味料を抽出することができる」が正解。

第4段第1文（Alternative sweeteners can …）および第3文（Stevia is 300 times …）から，前段でLCSsとして挙げられていた物質が，alternative sweetenersと言い換えられていることがわかる。

第5段最終2文（There are a … cause stomach trouble.）に「これら（キシリトールやソルビトールのような比較的自然な代替甘味料）は体内をきわめてゆっくりと通過するので，大量に摂取するとお腹の調子を悪くすることがある」とあり，これに当たるのが⑤「キシリトールやソルビトールのような甘味料は，すぐに消化されない」である。③と⑤が正解。②は，第2段第1文（A recent US …）より代替甘味料（alternative sweeteners）ではなく「添加糖分（added sugar）」なので，誤り。

①「代替甘味料は，体重増加を引き起こすことが証明されている」

②「アメリカ人はエネルギーの14.6パーセントを代替甘味料から得ている」

④「ほとんどの人工甘味料は，料理に使いやすい」

問4　47　正解は④

「著者の立場を説明するのに，次のどれが最も適切か」

第6段最終文（Individuals need to …）に「人はそれぞれ，選択できるものを比較検討し，自分が必要とすることや状況に最適の甘味料を選ぶ必要がある」とある。

④「著者は，人々が自分にとって理にかなっている甘味料を選ぶことに注意を注ぐことを提案している」が正解。

①「著者は，飲み物やデザートに人工甘味料を使うことに反対する主張をしている」

②「著者は，人工甘味料が従来の甘味料にうまく取って代わったと考えている」

③「著者は，将来の使用のために，もっとずっと甘い製品を発明することが重要だと述べている」

※編集部注　なお，本出題については，日本食品添加物協会が見解を発表している（同協会のウェブサイト「協会はこう考えます」にアップされている）。　　　　　　　　　（2021年3月現在）

英語（リスニング）　本試験（第１日程）

問題番号 （配点）	設　問		解答番号	正　解	配　点	チェック
第1問 （25）	A	問1	1	②	4	
		問2	2	④	4	
		問3	3	③	4	
		問4	4	②	4	
	B	問5	5	②	3	
		問6	6	①	3	
		問7	7	③	3	
第2問 （16）		問8	8	②	4	
		問9	9	④	4	
		問10	10	①	4	
		問11	11	①	4	
第3問 （18）		問12	12	①	3	
		問13	13	②	3	
		問14	14	①	3	
		問15	15	④	3	
		問16	16	①	3	
		問17	17	②	3	

（注）　＊は，全部正解の場合のみ点を与える。

問題番号 （配点）	設　問		解答番号	正　解	配　点	チェック
第4問 （12）	A	問18	18	①	4*	
		問19	19	②		
		問20	20	③		
		問21	21	④		
		問22	22	①	1	
		問23	23	②	1	
		問24	24	①	1	
		問25	25	⑤	1	
	B	問26	26	②	4	
第5問 （15）		問27	27	②	3	
		問28	28	①	2*	
		問29	29	②		
		問30	30	⑤	2*	
		問31	31	④		
		問32	32	④	4	
		問33	33	①	4	
第6問 （14）	A	問34	34	③	3	
		問35	35	③	3	
	B	問36	36	①	4	
		問37	37	②	4	

リスニング

2021
年度

自己採点欄
100 点

（平均点：56.16 点）

◎解答時間は 30 分ですが，解答開始前に IC プレーヤーの作動確認・音量調節の時間がありますので，試験時間は 60 分となります。「音量調整用音声」は音声専用サイトで確認できます。

| 放送内容 《試験の説明》 |

これからリスニングテストを始めます。

　この試験では，聞き取る英語が２回流れる問題と１回流れる問題があります。第１問と第２問は２回，第３問から第６問は１回です。なお，選択肢は音声ではなく，すべて問題冊子に印刷されています。

　では，始めます。４ページを開いてください。

第1問 A　短い発話を聞いて同意文を選ぶ問題

| 放送内容 《第１問Ａの説明》 |

　第１問Ａ　第１問Ａは問１から問４までの４問です。英語を聞き，それぞれの内容と最もよく合っているものを，四つの選択肢（①〜④）のうちから一つずつ選びなさい。

問1　1　正解は②

① 話者はまったくジュースが欲しくない。
② 話者はジュースをいくらか求めている。
③ 話者はジュースを相手に出している。
④ 話者はまったくジュースを飲もうとしない。

| 放送内容 《ジュースのおかわり》 |

　Can I have some more juice? I'm still thirsty.

訳　　もう少しジュースをもらえますか？　まだのどが渇いています。

◇some more juice「（すでに飲んだのに加えて）もう少しのジュース」　疑問文で any ではなく some を使っているのは，yes の返事を期待しているため。

「もう少しジュースをもらえるか」とあるので，②が正解。

問2　2　正解は④

① 話者はその浜辺を見つけたいと思っている。
② 話者はその浜辺について知りたいと思っている。
③ 話者はその浜辺の地図を見たいと思っている。
④ 話者はその浜辺を訪れたいと思っている。

放送内容 《週末のお出かけ》

Where can we go this weekend? Ah, I know. How about Sunset Beach?

訳　今週末は<u>どこへ行こうか</u>？　ああ，そうだ。<u>サンセットビーチはどうかな</u>？
◇ How about 〜?「〜はどうですか？」　提案・勧めを表す。
第 1 文に「どこへ行こうか」とあり，その案として「ビーチはどうか」と言っているので，**④**が正解。

問 3　　**3**　　正解は③

①	ユウジは千葉に住んでいる。
②	ユウジは千葉で勉強している。
③	ユウジは来週仕事を始める。
④	ユウジは来週卒業する。

放送内容 《新天地への引っ越し》

To start working in Hiroshima next week, Yuji moved from Chiba the day after graduation.

訳　<u>来週広島で仕事を始めるために</u>，ユウジは卒業の翌日，千葉から引っ越した。
「来週広島で仕事を始める」とあることから，**③**が正解。なお，後半の moved from Chiba を聞き取れれば，①，②は不正解と判断でき，さらに the day after graduation まで聞き取れれば④も不正解だとわかる。

問 4　　**4**　　正解は②

①	デイビッドは今日，話者にアイスクリームをあげた。
②	デイビッドは今日，話者からアイスクリームをもらった。
③	デイビッドは今日，話者からアイスクリームをもらう。
④	デイビッドは今日，話者にアイスクリームをあげる。

放送内容 《食べてよいアイスクリームの量》

I won't give David any more ice cream today. I gave him some after lunch.

訳　今日はもうデイビッドにアイスクリームはあげません。昼食後に<u>いくらかあげた</u>ので。
◇ not … any more A「もうこれ以上の A は…しない」
「昼食後にいくらか（アイスクリームを）あげた」とあるので，**②**が正解。

第1問B 短い発話を聞いて内容に近いイラストを選ぶ問題

放送内容 《第１問Bの説明》
　第１問B　第１問Bは問５から問７までの３問です。英語を聞き，それぞれの内容と最もよく合っている絵を，四つの選択肢（①〜④）のうちから一つずつ選びなさい。
　では，始めます。

問５　　5　　正解は②

放送内容 《人々の服装》

Almost everyone at the bus stop is wearing a hat.

訳　　バス停にいる人たちの<u>ほとんどみんな帽子をかぶっている</u>。

almost everyone「ほとんどみんな」とあるので，５人中４人が帽子をかぶっている②が正解。

問6　　6　　正解は①

放送内容　《Ｔシャツの柄》

　　Nancy already has a lot of striped T-shirts and animal T-shirts. Now she's buying another design.

訳　　ナンシーはすでに縞柄のＴシャツと動物柄のＴシャツをたくさん持っている。今，彼女は別のデザインのものを買おうとしている。

「縞柄と動物柄」とは「別のデザイン」のＴシャツを手に持っている①が正解。

問7　　7　　正解は③

放送内容　《絵の題材》

The girl's mother is painting a picture of herself.

訳　　女の子の母親は自画像を描いている。

「描いている」の主語が「女の子の母親」で，絵は of herself「自分自身の」とあるので，③が正解。

第2問　短い対話と問いを聞いてイラストを選ぶ問題

放送内容　《第2問の説明》

　第2問　第2問は問8から問11までの4問です。それぞれの問いについて，対話の場面が日本語で書かれています。対話とそれについての問いを聞き，その答えとして最も適切なものを，四つの選択肢（①〜④）のうちから一つずつ選びなさい。では，始めます。

問8　8　正解は②

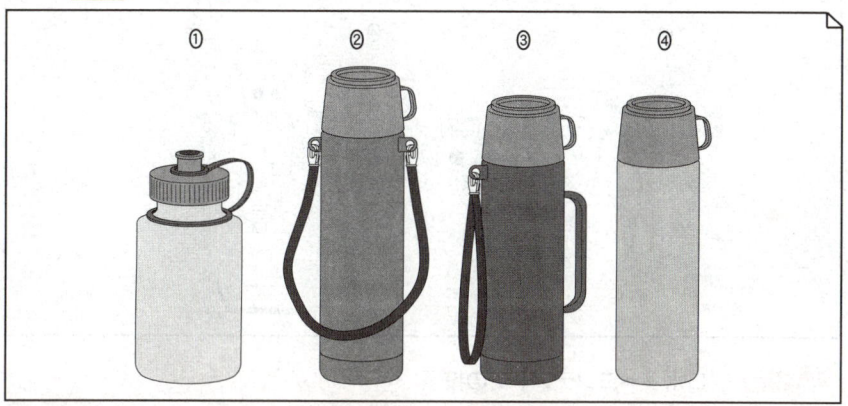

放送内容　《マリアの水筒》

M : Maria, let me get your water bottle.

W : OK, mine has a cup on the top.

M : Does it have a big handle on the side?

W : No, but it has a strap.

Question : Which water bottle is Maria's?

訳　男性：マリア，君の水筒を取ってあげるよ。

　　女性：ええ，私のは上にカップがついているわ。

　　男性：横に大きな取っ手がついている？

　　女性：いいえ，でもストラップはついているの。

　　質問：どの水筒がマリアのものか。

◇ handle「取っ手」

女性の最初の発言の「上にカップがついている」，男性の2番目の発言「取っ手はついているか」に対する，女性の2番目の発言の「いいえ，でもストラップはついている」から，②が正解。

問9　9　正解は④

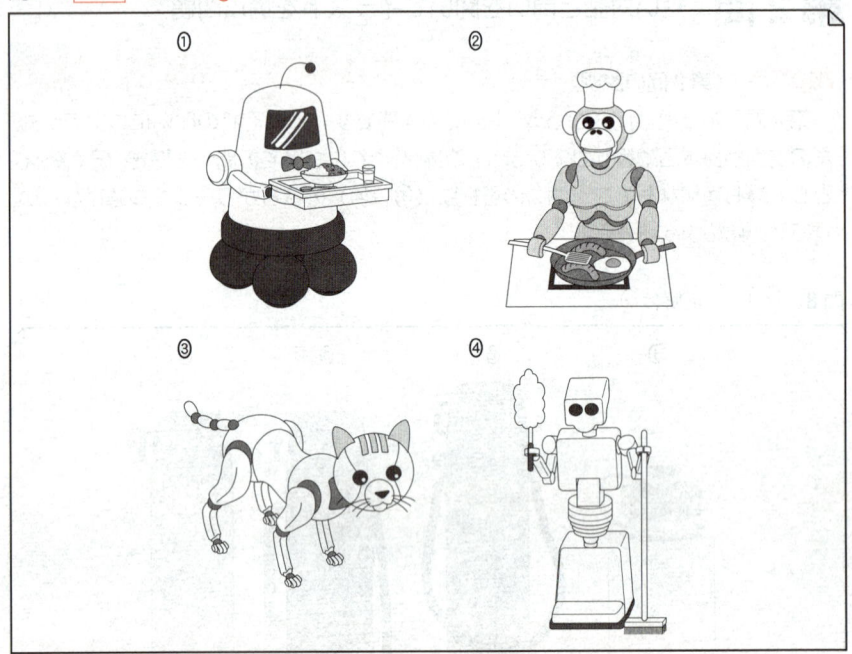

放送内容 《ロボットコンテストでの投票》

W : What about this animal one?

M : It's cute, but robots should be able to do more.

W : That's right. Like the one that can clean the house.

M : Exactly. That's the best.

Question : Which robot will the man most likely vote for?

訳　女性：この動物のはどう？

男性：かわいいね，でもロボットはもっと多くのことができるべきだな。

女性：そうね。家の掃除ができるもののようにね。

男性：そのとおりだよ。あれがいちばんいいね。

　　質問：どのロボットに，男性は投票する可能性が最も高いか。

女性が２番目の発言で「家の掃除ができるロボット」に言及すると，男性は２番目の発言で That's the best.「あれがいちばんいい」と言っている。④が正解。

問10　10　正解は①

放送内容 《地域清掃の準備》

M : Don't you need garbage bags?

W : No, they'll be provided. But maybe I'll need these.

M : Right, you could get pretty dirty.

W : And it's sunny today, so I should take this, too.

Question : What will the daughter take?

訳　男性：ゴミ袋はいらないかな？

　　女性：いらないわ，配ってくれるでしょう。でもたぶんこれはいるわね。

　　男性：そうだね，すごく汚れるかもしれないからね。

　　女性：それに今日は晴れているから，これも持っていくべきね。

　　質問：娘は何を持っていくか。

男性の最初の発言で「ゴミ袋はいらないか」と尋ねているのに対して，女性の最初の発言第1文で「いらない」と答えているので，ゴミ袋が描かれている②，③は除外できる。女性の2番目の発言に「晴れているから，これも持っていくべき」とあるので，帽子を持っていくと考えられる。①が正解。また，女性の最初の発言第2文に「これ（ら）はたぶんいる」とあるのに対して，男性の2番目の発言で「とても汚れるかもしれない」とある。these「これ（ら）」となっていることで，手袋（2つで1組）を指していると考えられる。

問11 11 正解は①

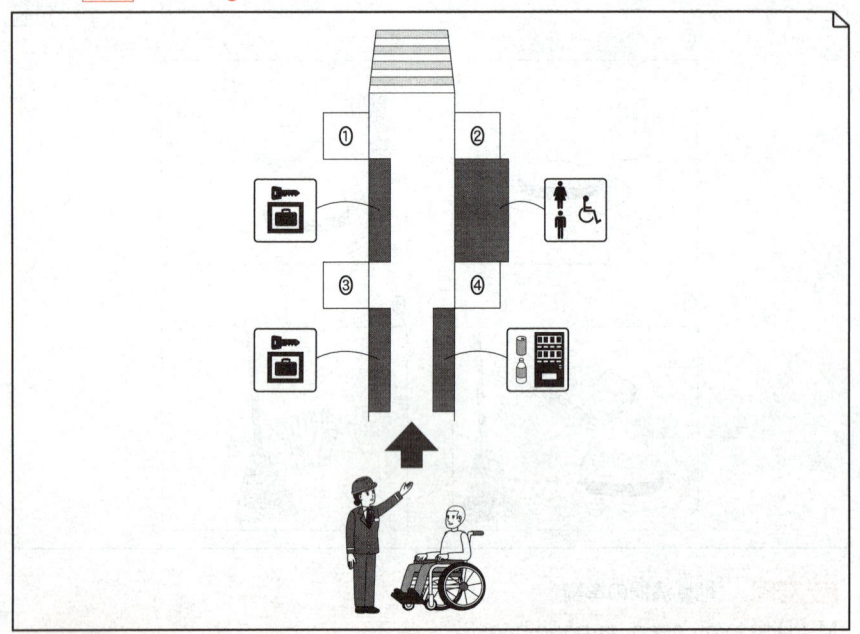

放送内容 《エレベーターの場所》

M：Excuse me, where's the elevator?

W：Down there, <u>next to the lockers across from the restrooms</u>.

M：Is it all the way <u>at the end</u>?

W：<u>That's right, just before the stairs.</u>

Question：Where is the elevator?

訳 男性：すみません，エレベーターはどこにありますか？

女性：あちらになります，<u>お手洗いの向かいにあるロッカーの横</u>ですよ。

男性：この通路の<u>突き当り</u>ですか？

女性：<u>そうです，階段のすぐ手前</u>です。

質問：エレベーターはどこにあるか。

◇ all the way「(道のりの) ずっと」 ◇ at the end「突き当りに，端に」
女性の最初の発言の「お手洗いの向かいにあるロッカーの横」，また，男性の2番目の発言の「突き当りか」という問いに対して女性の2番目の発言で「そうです，階段のすぐ手前」と答えていることから，①が正解。

第3問　短い対話を聞いて問いに答える問題

放送内容　《第3問の説明》

　第3問　第3問は問12から問17までの6問です。それぞれの問いについて，対話の場面が日本語で書かれています。対話を聞き，問いの答えとして最も適切なものを，四つの選択肢（①～④）のうちから一つずつ選びなさい。

　では，始めます。

問12　| 12 |　正解は①

問	先生は4月14日に何をしなくてはならないか。		
①	会議に出席する	②	リハーサルをする
③	生徒たちに会う	④	ミュージカルを見る

放送内容　《先生の予定》

M : Hello, Tina. What are you doing these days?

W : Hi, Mr. Corby. I'm busy rehearsing for a musical.

M : Really? When's the performance?

W : It's April 14th, at three. Please come!

M : I'd love to! Oh... no, wait. There's a teachers' meeting that day, and I can't miss it. But good luck!

W : Thanks.

訳　男性：やあ，ティナ。最近はどうしていますか？

　　女性：あら，コービー先生。ミュージカルのリハーサルで忙しくしています。

　　男性：本当に？　上演はいつですか？

　　女性：4月14日の3時です。来てください！

　　男性：ぜひとも！　あ…いやちょっと待って。その日は職員会議があって，欠席はできませんね。でも，幸運を祈っていますよ！

　　女性：ありがとうございます。

女性の2番目の発言で「（ミュージカル上演は）4月14日」と言っているのに対して，男性は3番目の発言で「その日は職員会議で，欠席できない」と答えている。①が正解。

問13 　13 　正解は②

> 問　最初に片付けるのは何か。
> ① 袋　　　　　　　　　　② 箱
> ③ 缶詰　　　　　　　　　④ 容器

放送内容　《食料品の収納》

M : Where do these boxes go?

W : Put them on the shelf, in the back, and then put the cans in front of them, because we'll use the cans first.

M : How about these bags of flour and sugar?

W : Oh, just leave them on the counter. I'll put them in the containers later.

訳　男性：この箱はどこに入れるの？
　　女性：棚にしまって，奥の方にね。それからその手前に缶詰を置いてね。最初に缶詰を使うだろうから。
　　男性：この小麦粉と砂糖の袋はどうするの？
　　女性：ああ，それはカウンターの上に置いておいてくれたらいいわ。あとで容器に移し替えるから。

◇ flour「小麦粉」

男性の最初の発言で「箱」の置き場所を尋ねているのに対して，女性は最初の発言で「棚の奥に」と答え，続いて「その手前に缶詰」とある。男性の2番目の発言で「袋はどうするか」と問いかけているのに対して，女性の2番目の発言で「カウンターの上に置いておく」とある。以上から，棚の奥にしまう箱を最初に片付ける必要があるとわかる。**正解は②**。女性の2番目の発言から，④については片付ける対象ではない。男性の最初の発言にある boxes をしっかり聞き取り，女性の最初の発言 we'll use the cans first の the cans first だけで判断せず，そこまでの流れを正確につかむこと。

問14 　14 　正解は③

> 問　会話によると，どれが正しいか。
> ① 男性はメールに関して誤りを犯していなかった。
> ② 男性は女性にメールを送った。
> ③ 女性は男性からメールを受け取らなかった。
> ④ 女性は間違ったメールを受け取った。

放送内容 《メールの誤送信》

W : I didn't know the meeting was canceled. Why didn't you tell me?

M : Didn't you see my email?

W : No. Did you send me one?

M : I sure did. Can you check again?

W : Just a minute.... Um... there's definitely no email from you.

M : Uh-oh, I must have sent it to the wrong person.

訳 女性：会議が中止になったなんて知らなかったわ。どうして伝えてくれなかったの？

男性：僕のメール，見なかった？

女性：見ていないわ。送ってくれたの？

男性：間違いなく送ったよ。もう一回調べてみてくれる？

女性：ちょっと待ってね…。うーん…あなたからのメールがないのは確かよ。

男性：うわ，違う人に送ってしまったようだな。

◇ definitely「（否定文で）絶対に（〜ない）」

◇ must have *done*「〜したに違いない」

メールをチェックし直した女性が，3番目の発言で「あなたからのメールは絶対にない」と言ったのに対して，男性は3番目の発言で「違う人に送ってしまったに違いない」と答えている。③が正解。

問15 **15** 正解は④

問 女性は弟の計画についてどう考えているか。

① 彼は，訪問の時期を決める必要はない。

② 彼は，桜の花のためにもっと早く来るべきだ。

③ 桜の木は，彼が来る頃には咲き始めているだろう。

④ 彼が来る頃には，天候はそれほど寒くないだろう。

放送内容 《訪問の時期》

M : I've decided to visit you next March.

W : Great! That's a good time. The weather should be much warmer by then.

M : That's good to hear. I hope it's not too early for the cherry blossoms.

W : Well, you never know exactly when they will bloom, but the weather will be nice.

訳 男性：今度の3月に姉さんのところに行くことにしたよ。
女性：いいわね！ いい時期よ。**その頃には天候はずっと暖かくなっているだろうからね。**
男性：それはよかった。桜の花には早すぎないといいんだけれどな。
女性：そうね，いつ咲くか確実にはわからないけれど，**天候はいいでしょうね。**
女性の最初の発言と2番目の発言で，「天候はずっと暖かくて，よい」と述べられている。④が正解。

問16 　16 　正解は①

問 男性はなぜ機嫌が悪いのか。
① 彼はチケットを手に入れることができなかった。
② 彼はチケットを買うのが早過ぎた。
③ 女性が彼のチケットを買わなかった。
④ 女性は彼が買う前にチケットを買った。

放送内容 《チケットの購入》

W : Hey, did you get a ticket for tomorrow's baseball game?
M : Don't ask!
W : Oh no! You didn't? What happened?
M : Well... when I tried to buy one yesterday, they were already sold out. I knew I should've tried to get it earlier.
W : I see. Now I understand why you're upset.

訳 女性：ねえ，明日の野球の試合のチケットは買った？
男性：聞かないでくれ！
女性：まあ！ 買わなかったの？ 何があったの？
男性：うーん…昨日買おうとしたら，もう売り切れだったんだよ。もっと早く買うようにすべきだったってわかったんだ。
女性：なるほど。なんで機嫌が悪いのかそれでわかったわ。
◇ should've *done*「〜すべきだった（が，しなかった）」
男性の2番目の発言に「買おうとしたらすでに売り切れだった」とある。①が正解。

問 17　17　正解は②

> 問　女性は何をしたか。
> ①　彼女は首相の名前を忘れた。
> ②　彼女はある男性を他の誰かと間違えた。
> ③　彼女は男性にその俳優の名前を言った。
> ④　彼女は最近古い映画を見た。

放送内容　《人違い》

W : Look! That's the famous actor—the one who played the prime minister in that film last year. Hmm, I can't remember his name.

M : You mean Kenneth Miller?

W : Yes! Isn't that him over there?

M : I don't think so. Kenneth Miller would look a little older.

W : Oh, you're right. That's not him.

訳　女性：見て！　あれって有名な俳優よね──去年のあの映画で首相を演じた俳優。えーっと，名前が思い出せないわ。
男性：ケネス=ミラーのこと？
女性：そう！　向こうにいるあの人，彼じゃない？
男性：違うんじゃないかな。ケネス=ミラーならもっと年がいっているよ。
女性：ああ，そうね。あれは彼じゃないわね。

女性の最初の発言で「あれは有名な俳優だ」と，ある男性のことを指して言っているが，女性の最後の発言で「あれは彼ではない」と認めている。②が正解。

第4問A モノローグを聞いて図表を完成させる問題

> 放送内容 《第4問Aの説明》
> 第4問A 第4問Aは問18から問25の8問です。話を聞き，それぞれの問いの答えとして最も適切なものを，選択肢から選びなさい。問18から問21の問題文と図を，今，読みなさい。
> では，始めます。

問18〜21 ☐18 ☐19 ☐20 ☐21 正解は①，②，③，④

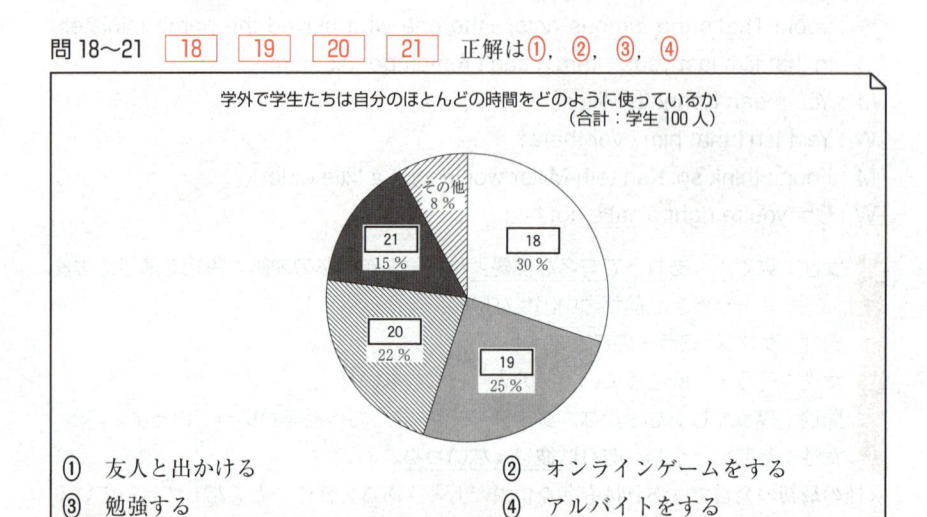

学外で学生たちは自分のほとんどの時間をどのように使っているか
（合計：学生100人）

- ① 友人と出かける
- ② オンラインゲームをする
- ③ 勉強する
- ④ アルバイトをする

> 放送内容 《学生の学外での活動》
> One hundred university students were asked this question : How do you spend most of your time outside of school? They were asked to select only one item from five choices : "going out with friends," "playing online games," "studying," "working part-time," and "other." The most popular selection was "going out with friends," with 30 percent choosing this category. Exactly half that percentage of students selected "working part-time." "Playing online games" received a quarter of all the votes. The third most selected category was "studying," which came after "playing online games."

訳 100人の大学生が次のような質問をされた。「学外では自分のほとんどの時間をどのように使っているか？」 彼らは5つの選択肢から1つだけ選ぶように言われた。選択肢は「友人と出かける」，「オンラインゲームをする」，「勉強する」，「アルバイトをする」，「その他」である。最も多く選ばれたのは「友人と出かけ

る」で，30 パーセントがこの区分を選んだ。そのちょうど半分の学生が「アルバイトをする」を選んだ。「オンラインゲームをする」は全投票の 4 分の 1 だった。3 番目に多く選ばれた区分は「勉強する」で，「オンラインゲームをする」に次ぐものだった。

◇ work part-time「アルバイトをする，パートタイムで働く」

18　正解は①

第 3 文（The most popular …）に「最も多く選ばれたのは『友人と出かける』で，30 パーセント」とあるので **18** には①が当てはまる。

19　正解は②

第 5 文（"Playing online games" …）に「『オンラインゲームをする』は全投票の 4 分の 1 だった」とあり，25 パーセントになっている **19** には②が当てはまる。

20　正解は③

最終文（The third most …）に「3 番目に多く選ばれた区分は『勉強する』で，『オンラインゲームをする』に次ぐ」とあるので，**20** には③が当てはまる。

21　正解は④

第 3・4 文（The most popular …"working part-time."）に「30 パーセントのちょうど半分の学生が『アルバイトをする』を選んだ」とあり，15 パーセントになっている **21** には④が当てはまる。

放送内容 《第 4 問 A，問 22〜25 の説明》
　問 22 から問 25 の問題文と表を，今，読みなさい。
　では，始めます。

問 22〜25　**22** **23** **24** **25**　正解は①，②，①，⑤

タイトル	発売時期	値下げ
ギルバートの思い出の一年	1985	
★2 匹の犬と一人の少年	1997	22
その間私を忘れないで	2003	23
★うちの庭のサル	2007	24
別世界への旅	2016	
記憶の中に凍結された瞬間	2019	25

① 10パーセント　　② 20パーセント　　③ 30パーセント
④ 40パーセント　　⑤ 値下げなし

放送内容 《DVD の割引率》

　We've discounted some DVD titles. Basically, the discount rate depends on their release date. The price of any title released in the year 2000 and before is reduced 30%. Titles that were released between 2001 and 2010 are 20% off. Anything released more recently than that isn't discounted. Oh, there's one more thing! The titles with a star are only 10% off, regardless of their release date, because they are popular.

訳　　DVD の一部を値下げしました。基本的に，割引率は発売時期によります。2000 年以前に発売されたものはどれでも，その値段は 30 パーセント引きです。2001 年から 2010 年に発売されたものは，20 パーセント引きです。それよりも最近に発売されたものはどれも値引きはしません。ああ，もう一つあります！　星印のついたものは，発売時期に関係なく，10 パーセントしか値引きしません。人気のあるものですから。

◇ regardless of ～「～とは関係なく，～にかかわらず」

　22　　正解は①

最終文（The titles with a star …）に「星印のついたものは，発売時期に関係なく，10 パーセントしか値引きしない」とあるので，①が正解。

　23　　正解は②

この DVD は 2003 年発売である。第 4 文（Titles that were released …）に「2001 年から 2010 年に発売されたものは，20 パーセント引き」とある。②が正解。

　24　　正解は①

星印がついており，　22　と同様，①が正解。

　25　　正解は⑤

この DVD は 2019 年発売である。第 5 文（Anything released …）に「それ（＝ 2010 年）よりも最近に発売されたものはどれも値引きしない」とある。⑤が正解。

第4問 B 複数の情報を聞いて条件に合うものを選ぶ問題

放送内容 《第4問Bの説明》

　第4問B　第4問Bは問26の1問です。話を聞き，示された条件に最も合うものを，四つの選択肢（①～④）のうちから一つ選びなさい。状況と条件を，今，読みなさい。

　では，始めます。

問26　　26　　正解は②

問　□□が，あなたが最も選ぶ可能性の高いミュージカルである。

ミュージカルのタイトル	条件A	条件B	条件C
① そんなこと言うなんてヘンっ！			
② ダーリン，私を笑わせないで			
③ サムとキースの爆笑アドベンチャー			
④ 愉しさに「楽しさ」を			

放送内容 《ミュージカルの評価》

1. I love *It's Really Funny You Should Say That!* I don't know why it's not higher in the rankings. I've seen a lot of musicals, but none of them beats this one. It's pretty serious, but it does have one really funny part. It's performed only on weekdays.

2. You'll enjoy *My Darling, Don't Make Me Laugh*. I laughed the whole time. It's only been running for a month but already has very high ticket sales. Actually, that's why they started performing it on weekends, too.

3. If you like comedies, I recommend *Sam and Keith's Laugh Out Loud Adventure*. My friend said it was very good. I've seen some good reviews about it, too, but plan carefully because it's only on at the weekend.

4. Since you're visiting New York, don't miss *You Put the 'Fun' in Funny*. It's a romance with a few comedy scenes. For some reason, it hasn't had very good ticket sales. It's staged every day of the week.

訳

1. 僕は『そんなこと言うなんてヘンっ！』が大好きだよ。なぜ<u>**ランキングがもっと高くない**</u>のかわからないな。ミュージカルはたくさん見てきたけれど，これにかなうのはないよ。<u>**かなり硬い**</u>けれど，本当に面白いところが一つあるから。やっているのは<u>平日だけ</u>だよ。

2. 『ダーリン，私を笑わせないで』は楽しいと思うよ。<u>**僕はずっと笑ってた**</u>。公演が始まって 1 カ月しかたっていないのに，もう<u>**チケットはすごく売れた**</u>んだ。実は，そういうわけで<u>**週末も公演するようになった**</u>んだよ。

3. <u>**コメディが好きなら**</u>，『サムとキースの爆笑アドベンチャー』がおすすめよ。私の友達はとてもよかったって言ってたわ。私も<u>**いくつかいい論評を見た**</u>わよ。でも計画は注意して立ててね。<u>**週末しかやっていない**</u>から。

4. ニューヨークに行くんだから，『愉しさに「楽しさ」を』は見逃さないでね。いくつか笑える場面のある<u>恋愛劇</u>よ。何かの理由で，<u>**チケットの売り上げは今のところそれほどよくないの**</u>。<u>毎日公演があるわ</u>。

◇ beat「〜に勝る」 ◇ run「（劇などが）上演される」 ◇ be on「上演されている」

①は「硬い」内容なので，条件Aは×。「ランキングが高くない」ので条件Bも×。「平日のみ公演」なので，条件Cは○。
②は「ずっと笑っていた」とあるので条件Aは○。「チケットはすごく売れた」ので条件Bも○。「週末も公演するようになった」とあるので，平日は当然公演がある。条件Cも○。
③は「もしコメディが好きなら」として挙げられているので，条件Aは○。「いくつかいい論評を見た」とあるので，条件Bも○。「週末しかやっていない」とあるので，条件Cは×。
④は「恋愛劇」とあるので，条件Aは×。「チケットの売り上げはそれほどよくない」とあるので，条件Bも×。「毎日公演がある」とあるので，条件Cは○。
以上を表にまとめると以下のようになる。条件のすべてが合っている②が正解。

ミュージカルのタイトル	条件A	条件B	条件C
① そんなこと言うなんてヘンっ！	×	×	○
② ダーリン，私を笑わせないで	○	○	○
③ サムとキースの爆笑アドベンチャー	○	○	×
④ 愉しさに「楽しさ」を	×	×	○

第5問 講義の内容と図表の情報を使って問いに答える問題

放送内容 《第5問の説明》
　第5問　第5問は問27から問33の7問です。最初に講義を聞き，問27から問32に答えなさい。次に続きを聞き，問33に答えなさい。状況・ワークシート，問い及び図表を，今，読みなさい。
　では，始めます。

ワークシート

○　**世界幸福度報告**
・目的：幸福と健康　〔　27　〕　を推進すること
・スカンジナビア諸国：一貫して世界で最も幸福（2012 年以降）
　なぜ？　⇒　デンマークの「ヒュッゲ」という生活様式
　　　　⬇　2016 年世界中に広まる

○　**ヒュッゲの解釈**

	ヒュッゲの一般的イメージ	デンマークの本当のヒュッゲ
何を	28	29
どこで	30	31
どのような	特別な	日常的な

放送内容 《デンマークの幸せな暮らし方》

　What is happiness? Can we be happy and promote sustainable development? Since 2012, the *World Happiness Report* has been issued by a United Nations organization to develop new approaches to economic sustainability for the sake of happiness and well-being. The reports show that Scandinavian countries are consistently ranked as the happiest societies on earth. But what makes them so happy? In Denmark, for example, leisure time is often spent with others. That kind of environment makes Danish people happy thanks to a tradition called "hygge," spelled H-Y-G-G-E. Hygge means coziness or comfort and describes the feeling of being loved.

This word became well-known worldwide in 2016 as an interpretation of mindfulness or wellness. Now, hygge is at risk of being commercialized. But hygge is not about the material things we see in popular images like candlelit rooms and cozy bedrooms with hand-knit blankets. Real hygge happens anywhere—in public or in private, indoors or outdoors, with or without candles. The main point of hygge is to live a life connected with loved ones while making ordinary essential tasks meaningful and joyful.

Perhaps Danish people are better at appreciating the small, "hygge" things in life because they have no worries about basic necessities. Danish people willingly pay from 30 to 50 percent of their income in tax. These high taxes pay for a good welfare system that provides free healthcare and education. Once basic needs are met, more money doesn't guarantee more happiness. While money and material goods seem to be highly valued in some countries like the US, people in Denmark place more value on socializing. Nevertheless, Denmark has above-average productivity according to the OECD.

訳　幸福とは何でしょうか？　幸せでありながら持続可能な発展を進めていけるのでしょうか？　2012年以降，**幸福と健康のための経済的持続可能性に対する新しい取り組みを考えるために，ある国連機関から「世界幸福度報告」が発表されています**。その報告は，スカンジナビア諸国が一貫して，世界で最も幸福な社会に位置づけられていることを示しています。しかし，何が彼らをそんなに幸せにしているのでしょうか？　たとえば，デンマークでは，よく人と一緒に余暇を過ごします。そのような環境がデンマークの人たちを幸せにしているのですが，これは「ヒュッゲ」と呼ばれる伝統のおかげです。つづりはH-Y-G-G-Eです。ヒュッゲは，居心地のよさや快適さを意味し，愛されているという気持ちを表します。

　この言葉は，精神的な充実や心身の健康を説明するものとして，2016年に世界中で知られるようになりました。現在，ヒュッゲには商業化されるという危険性があります。しかし，**ヒュッゲは，ロウソクで照らされた部屋や手編みのブランケットのある心地よい寝室といった，よくあるイメージに見られるような物質的なものに関することではありません。本当のヒュッゲは**，公的な場でも私的な場でも，屋内でも屋外でも，ロウソクがあろうとなかろうと，**どこでも起こります。ヒュッゲの要点は**，日々の欠かせない仕事を意味があり楽しいものにしながら，**愛する人たちとつながった暮らしを送ること**です。

　おそらく，**デンマークの人たちがちょっとした「ヒュッゲ」的なものを生活の**

中できちんと見出すのがより上手なのは，基本的必需品のことで何も心配がないからでしょう。デンマークの人々は，収入の30パーセントから50パーセントを喜んで税金に払います。こうした高い税金には，無料の医療や教育を与えてくれる十分な福祉システムという見返りがあるのです。いったん基本的な必要が満たされれば，より多くのお金がより幸福であることを保証することにはなりません。お金や物質的な品物は，アメリカ合衆国のような国で高く評価されるようですが，デンマークの人々は，人と交流することのほうにもっと価値を置いています。それでも，OECDによるとデンマークは平均的な生産性を上回っているのです。

◇ sustainable「持続可能な」　◇ for the sake of ～「～（の利益）のために」
◇ pay for ～「～という報い〔報酬〕を受ける」

問27　| 27 |　正解は②

①	（幸福と健康）を上回る持続可能な発展目標
②	（幸福と健康）を支える持続可能な経済
③	（幸福と健康）のための持続可能な自然環境
④	（幸福と健康）に挑む持続可能な社会

空所は「世界幸福度報告」の「目的」にあたる箇所。第1段第3文（Since 2012, …）に「幸福と健康のための経済的持続可能性に対する新しい取り組みを考えるために…『世界幸福度報告』が発表されている」とある。②が適切。なお，放送英文では，for the sake of happiness and well-being「幸福と健康のための」と説明されているが，選択肢では supporting happiness and well-being「幸福と健康を支える」と言い換えられている点に注意。

問28～31

①	品物	②	人間関係	③	任務
④	いたるところで	⑤	屋内で	⑥	屋外で

| 28 |　正解は①　　| 29 |　正解は②

空所は，ヒュッゲが何に関するものなのか，よくあるイメージとデンマークでの本当のヒュッゲの違いをまとめた箇所。第2段第3文（But hygge is not …）に「（ヒュッゲは）よくあるイメージに見られるような物質的なものに関することではない」とあるので，| 28 |には①が当てはまる。第2段最終文（The main point …）に「ヒュッゲの要点は…愛する人たちとつながった暮らしを送ること」，第3段第5文（While money and …）後半に「デンマークの人々は，人と交流することのほうにもっと価値を置いている」とあることから，| 29 |には②が適切。

30 正解は⑤ 31 正解は④

空所は，ヒュッゲがどこで生まれるか，よくあるイメージとデンマークでの本当のヒュッゲの違いをまとめた箇所。第2段第3文（But hygge is not …）に「ロウソクで照らされた部屋や手編みのブランケットのある心地よい寝室といった，よくあるイメージ」とあることから，30 には⑤が適切。第2段第4文（Real hygge happens …）に「本当のヒュッゲはどこでも起こる」とあるので，31 は④が正解。

○ 世界幸福度報告
・目的：幸福と健康〔②を支える持続可能な経済〕を推進すること
・スカンジナビア諸国：一貫して世界で最も幸福（2012年以降）
　なぜ？　⇒　デンマークの「ヒュッゲ」という生活様式
　　　⬇　2016年世界中に広まる
○ ヒュッゲの解釈

	ヒュッゲの一般的イメージ	デンマークの本当のヒュッゲ
何を	①品物	②人間関係
どこで	⑤屋内で	④いたるところで
どのような	特別な	日常的な

問32 32 正解は④

①	デンマークの人々は，生活水準を維持するために，高い税金に反対している。
②	デンマークの人々は，基本的な必需品に人づきあいほどお金を使わない。
③	デンマークの人々の収入は，ぜいたくな生活を奨励するほど十分多い。
④	デンマークの人々は，その福祉システムのおかげで，意味のある生活を送れる。

第3段第1文（Perhaps Danish people are better …）に「デンマークの人たちがちょっとした『ヒュッゲ』的なものを生活の中できちんと見出すのがより上手なのは，基本的必需品のことで何も心配がないからだ」とあり，「基本的必需品のことで何も心配がない」理由として同段第3文（These high taxes pay …）に「高い税金には，無料の医療や教育を与えてくれる十分な福祉システムという見返りがある」とある。④が一致する。

問33 `33` 正解は①

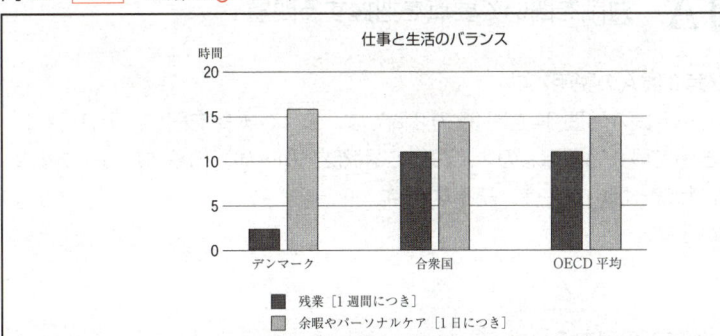

① デンマークの人々は，生産性を維持しながらも残業はより少ない。

② デンマークの人々は，収入が保証されているにもかかわらず，より多く働くことを楽しむ。

③ OECD 諸国の人々は，より多く残業するので，生産性がより高い。

④ 合衆国の人々は，お金のかかる生活様式をしているが，余暇の時間は最も多い。

放送内容 《仕事と生活のバランス》

　Here's a graph based on OECD data. People in Denmark value private life over work, but <u>it doesn't mean they produce less</u>. The OECD found that beyond a certain number of hours, working more overtime led to lower productivity. What do you think?

訳　ここに OECD のデータに基づいたグラフがあります。デンマークの人々は，仕事よりも個人の生活を重視していますが，**それは彼らが他より生産するものが少ないということではありません**。OECD は，一定の時間を超えると，さらに残業することは生産性の低下につながるということを発見しました。あなたはどう思いますか？

◇ value *A* over *B* 「*B* よりも *A* を重視する」

グラフから，デンマークの人々の残業時間が合衆国や OECD 平均よりはるかに少ないことがわかる。先の講義の最終文（Nevertheless, Denmark has …）にデンマークの生産性が平均以上であることが述べられており，講義の続きの部分の第2文（People in Denmark …）には「デンマークの人々は…他より生産するものが少ないということではない」とある。①が正解。

第6問A 対話を聞いて要点を把握する問題

放送内容 《第6問Aの説明》

第6問A 第6問Aは問34と問35の２問です。二人の対話を聞き，それぞれの問いの答えとして最も適切なものを，四つの選択肢（①～④）のうちから一つずつ選びなさい。状況と問いを，今，読みなさい。

では，始めます。

放送内容 《留学での滞在先》

Jane : Are you all right, Sho? What's wrong?

Sho : Hey, Jane. It turns out a native French-speaking host family was not available... for my study abroad program in France.

Jane : So you chose a host family instead of the dormitory, huh?

Sho : Not yet. I was hoping for a native French-speaking family.

Jane : Why?

Sho : Well, I wanted to experience real spoken French.

Jane : Sho, there are many varieties of French.

Sho : I guess. But with a native French-speaking host family, I thought I could experience real language and real French culture.

Jane : What's "real," anyway? France is diverse. Staying with a multilingual family could give you a genuine feel of what France actually is.

Sho : Hmm. You're right. But I still have the option of having a native speaker as a roommate.

Jane : In the dormitory? That might work. But I heard one student got a roommate who was a native French speaker, and they never talked.

Sho : Oh, no.

Jane : Yes, and another student got a non-native French-speaking roommate who was really friendly.

Sho : Maybe it doesn't matter if my roommate is a native speaker or not.

Jane : The same applies to a host family.

訳 ジェーン：大丈夫，ショウ？ どうしたの？

ショウ：やあ，ジェーン。フランス語が母語のホストファミリーの都合がつかなかったってわかってね…フランス留学のことなんだけれど。

ジェーン：じゃあ，寮じゃなくてホストファミリーを選んだのね？

　ショウ：**まだ決めたわけじゃないよ。** フランス語が母語のホストファミリーが
　　　　　いいなって思っていたんだ。
ジェーン：どうして？
　ショウ：だって，本当の話し言葉のフランス語を経験したかったんだよ。
ジェーン：ショウ，フランス語にもいろいろあるのよ。
　ショウ：そうだろうね。でも，フランス語が母語のホストファミリーのところ
　　　　　にいれば，本当の言語や本当のフランス文化が経験できると思ったん
　　　　　だ。
ジェーン：それはそうとして，「本当の」って，どういうこと？　フランスは多
　　　　　様なのよ。**複数の言語を話す家族のところに滞在すれば，実際にフラ
　　　　　ンスがどういうものか本物の雰囲気がわかるかもよ。**
　ショウ：うーん。君の言うとおりだな。でもまだ，ルームメイトをネイティブ
　　　　　スピーカーにするっていう選択肢もあるよね。
ジェーン：寮で？　それはうまくいくかもしれないわ。だけど，**ある学生は，フ
　　　　　ランス語が母語の人とルームメイトになって，まったく口をきかなか
　　　　　った**って聞いたわよ。
　ショウ：えー，それはだめだなあ。
ジェーン：そうよ，で，**別の学生は，フランス語が母語じゃないけれど，とても
　　　　　人懐っこい人とルームメイトになった**んだって。
　ショウ：**たぶん，ルームメイトがネイティブスピーカーかどうかなんて，どう
　　　　　でもいいんだろうね。**
ジェーン：**ホストファミリーも同じよ。**

◇ What's wrong?「どうしたの？」　様子がおかしい人に事態を尋ねる決まり文句。
◇ It turns out (that) ～「～だと判明する，わかる」　◇ available「利用できる」
◇ instead of ～「～ではなくて，～の代わりに」　◇ genuine「本物の，真正の」
◇ feel「感触，雰囲気」　◇ apply to ～「～に当てはまる」

問34　34　正解は③

> 問　ジェーンの言いたいことの要点は何か。
> ① フランス語が母語のホストファミリーが，最善の経験を与えてくれる。
> ② フランス語が母語ではない寮のルームメイトが，より勉強になる。
> ③ ネイティブスピーカーと暮らすことを最優先にすべきではない。
> ④ 寮は，最善の言語経験を与えてくれる。

ジェーンの5番目の発言第3文（Staying with a multilingual …）に「複数の言語
を話す家族のところに滞在すれば，実際にフランスがどういうものか本物の雰囲気が

わかる」，ジェーンの6番目の発言第3文（But I heard …）・7番目の発言（Yes, and another …）に「ある学生は，フランス語が母語の人とルームメイトになって，まったく口をきかなかった」「別の学生は，フランス語が母語ではないが，とても人懐っこい人とルームメイトになった」とある。フランス語のネイティブスピーカーにこだわる必要がないことを繰り返し述べており，③が正解。

問35 35 正解は③

> 問 ショウはどのような選択をする必要があるか。
> ① 言語課程と文化課程のどちらを選ぶべきか
> ② 留学するかしないかのどちらを選ぶべきか
> ③ ホストファミリーと寮のどちらに滞在すべきか
> ④ フランス語が母語の家族のところに滞在すべきかどうか

ジェーンの2番目の発言（So you chose …）の「寮ではなくホストファミリーを選んだのか」という問いに対して，続くショウの発言でNot yet.「まだ決めたわけではない」とある。ショウの最後の発言（Maybe it doesn't …）に「ルームメイトがネイティブスピーカーかどうかは，どうでもよいのだろう」，続くジェーンの発言に「ホストファミリーも同じだ」とあり，ネイティブスピーカーと暮らすことにこだわりがなくなったショウには，滞在先を寮にするかホストファミリーにするかを決めることが残っている。③が正解。

第6問B　複数の意見（会話や議論）を聞いて問いに答える問題

放送内容 《第6問Bの説明》

　第6問B　第6問Bは問36と問37の2問です。会話を聞き，それぞれの問いの答えとして最も適切なものを，選択肢のうちから一つずつ選びなさい。状況と問いを，今，読みなさい。

　では，始めます。

放送内容 《レシートの電子化》

Yasuko：Hey, Kate! You dropped your receipt. Here.

Kate：Thanks, Yasuko. It's so huge for a bag of chips. What a waste of paper!

Luke：Yeah, but look at all the discount coupons. You can use them next time you're in the store, Kate.

Kate：Seriously, Luke? Do you actually use those? It's so wasteful. Also, receipts might contain harmful chemicals, right Michael?

Michael：Yeah, and that could mean they aren't recyclable.

Kate：See? We should prohibit paper receipts.

Yasuko：I recently heard one city in the US might ban paper receipts by 2022.

Luke：Really, Yasuko? But how would that work? I need paper receipts as proof of purchase.

Michael：Right. I agree. What if I want to return something for a refund?

Yasuko：If this becomes law, Michael, <u>shops will issue digital receipts via email</u> instead of paper ones.

Kate：<u>Great</u>.

Michael：Really? Are you OK with giving your private email address to strangers?

Kate：Well... yes.

Luke：Anyway, <u>paper receipts are safer</u>, and <u>more people would rather have them</u>.

Yasuko：<u>I don't know what to think</u>, Luke. You could request a paper receipt, I guess.

Kate：No way! <u>There should be NO paper option</u>.

Michael：<u>Luke's right. I still prefer paper receipts</u>.

訳

ヤスコ：ちょっと，ケイト！　レシートを落としたわよ。はい，どうぞ。

ケイト：ありがとう，ヤスコ。ポテトチップ1袋にしては，大きなレシートね。紙の無駄だわ！

ルーク：そうだね，でもこの諸々の割引クーポンを見なよ。次に店に来たらそれが使えるよ，ケイト。

ケイト：ルーク，本気なの？　本当にそういうのを使うの？　無駄が多いわよ。それにレシートには有害な化学物質が含まれているかもしれないのよ，マイケル，そうでしょ？

マイケル：そうだよ，それはリサイクルできないということになる可能性があるね。

ケイト：ほらね。紙のレシートは禁止すべきだわ。

ヤスコ：アメリカのどこかの市が2022年までに紙のレシートを禁止するかもしれないって，最近聞いたわ。

ルーク：ヤスコ，本当に？　でもそれってどうやったら上手くいくんだろう？　僕は買った証拠に紙のレシートがいるなあ。

マイケル：そうだよ。僕は賛成。何か返品して返金してもらいたかったらどうなるの？

ヤスコ：マイケル，これが法律になったら，店は紙のレシートの代わりに，**メールでデジタルレシートを発行するのよ。**

ケイト：**すごーい。**

マイケル：そうなの？　個人のメールアドレスを知らない人に教えるのって，君は大丈夫？

ケイト：うーん…大丈夫よ。

ルーク：いずれにしても，**紙のレシートのほうが安全だし，そっちがいいと言う人のほうが多いよ。**

ヤスコ：**私，どう考えればいいかわからないわ**，ルーク。あなたは紙のレシートをくださいって言うのよね。

ケイト：とんでもないわ！　**紙の選択もできるなんてだめよ。**

マイケル：**ルークが正しいよ。**僕はまだ紙のレシートのほうがいいな。

◇ purchase「購入」　◇ issue「～を発行する」

◇ no way「とんでもない，冗談じゃない」

問36 　36　 正解は①

① 1人	② 2人	③ 3人	④ 4人

レシートの電子化の話は，ヤスコの3番目の発言（If this becomes law, …）で初めて出てくる。直後のケイトの4番目の発言は「すごい」と肯定的な反応になっている。ケイトの最後の発言第2文（There should be …）でも「紙の（レシートの）選択はあるべきではない」と述べている。ケイトはレシートの電子化に賛成している。ルークの最後の発言（Anyway, paper receipts …）には「紙のレシートのほうが安全だ」とあり，マイケルの最後の発言（Luke's right. …）では「ルークが正しい。僕はまだ紙のレシートのほうがいい」とある。ルークとマイケルはレシートの電子化に反対していることがわかる。ヤスコはレシートの電子化の話を出した本人だが，最後の発言（I don't know …）で「どう考えればいいかわからない」と述べており，賛否は明らかにしていない。以上から，明らかにレシートの電子化に賛成しているのはケイト1人である。①が正解。

問37 　37　 正解は②

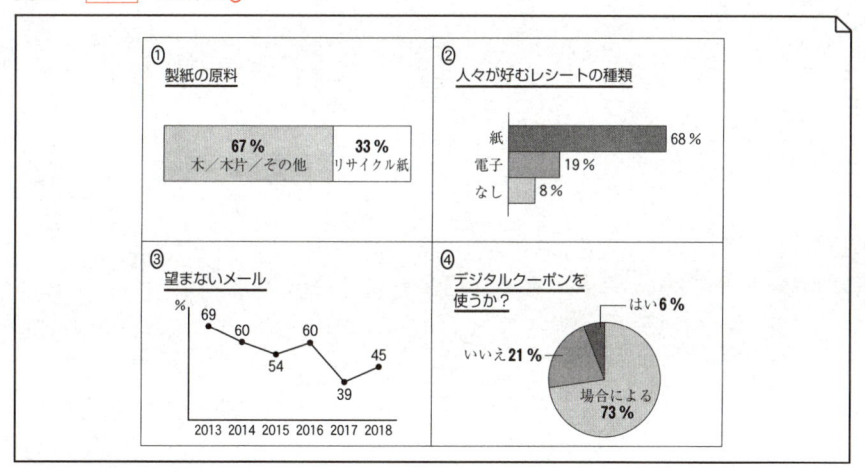

ルークの最後の発言（Anyway, paper receipts …）後半に「そっち（＝紙のレシート）がいいと言う人のほうが多い」とある。②が正解。

英語(リーディング)

本試験
(第2日程)

問題番号 (配点)	設 問		解答番号	正 解	配 点	チェック
第1問 (10)	A	問1	1	①	2	
		問2	2	④	2	
	B	問1	3	③	2	
		問2	4	③	2	
		問3	5	②	2	
第2問 (20)	A	問1	6	①	2	
		問2	7	①	2	
		問3	8	③	2	
		問4	9	③	2	
		問5	10	④	2	
	B	問1	11	①	2	
		問2	12	①	2	
		問3	13	③	2	
		問4	14	①	2	
		問5	15	②	2	
第3問 (15)	A	問1	16	②	3	
		問2	17	②	3	
	B	問1	18	③	3*	
			19	②		
			20	④		
			21	①		
		問2	22	④	3	
		問3	23	③	3	

問題番号 (配点)	設 問		解答番号	正 解	配 点	チェック
第4問 (16)		問1	24	③	3	
		問2	25	④	3	
		問3	26	①	3	
		問4	27	②	2	
			28	③	2	
		問5	29	③	3	
第5問 (15)		問1	30	①	3	
		問2	31 – 32	①-④	3*	
		問3	33	③	3*	
			34	④		
			35	①		
			36	②		
		問4	37	①	3	
		問5	38	③	3	
第6問 (24)	A	問1	39	②	3	
		問2	40	③	3	
		問3	41	③	3	
		問4	42	④	3	
	B	問1	43	④	3	
		問2	44	③	3	
		問3	45	④	3	
		問4	46 – 47	③-⑤	3*	

(注)
1　＊は，全部正解の場合のみ点を与える。
2　－(ハイフン)でつながれた正解は，順序を問わない。

自己採点欄		
		100 点

(平均点：56.68 点)

第1問

A　メッセージの読み取り

訳　《キャンプの持ち物》

　あなたは友人のシェリーを，あなたの家族の一泊キャンプ旅行に参加するよう誘いました。彼女はメッセージをあなたの携帯電話に送信し，いくつかの質問をしています。

> こんにちは！　明日のために荷物をまとめているんだけど，いくつか確認したいの。夜のテントの中は冷えるかな？　ブランケットを持って行く必要があるかな？　先週も教えてもらったのは覚えているけど，ちょっと確認しておきたいことがあるの。何時にどこで会うんだったかな？

> シェリー，私がみんなに暖かい寝袋を持って行くんだけど，あなたはダウンジャケットを持って来たほうがいいかもしれないわ。次の日には金山に登るから，歩きやすい靴を持って来てね。朝6時にあなたの家の外まで迎えに行くわ。外にいなかったら電話するね。明日の朝に会いましょう！

> ありがとう！　もう待ちきれない！　ジャケットとハイキングブーツを持って行くわ。準備するね！☺

語句・構文

▶ overnight「一晩の」
▶ text message「携帯メール，文字のメッセージ」
▶ pack「〜に荷物を入れる」
▶ footwear「（靴や靴下などの）履き物類」
▶ pick *A* up「*A*（人）を（車で）迎えに行く」

問1　1　正解は①

「シェリーはあなたに，□を持って行く必要があるかどうか尋ねている」

シェリーの最初のメッセージの第4文（Do I need …）で「ブランケットを持って行く必要があるかな」と尋ねているので，①「**ブランケット**」が正解。

②「ジャケット」

③「寝袋」

④「ウォーキングシューズ」

問2　2　正解は④

「あなたはシェリーが明日の朝に□だろうと予期している」

「あなた」の返答の第3文（We'll pick you …）に「朝6時にあなた（返信先のシェリー）の家の外まで迎えに行くわ」とあるので，このメッセージを見たシェリーは，明日の朝，シェリー自身の家の前で待っていると予測される。正解は④「**彼女の家の外であなたを待っている**」。

①「彼女が準備できるとすぐにあなたに電話する」

②「キャンプ場であなたに会いに来る」

③「あなたの家の前まであなたを車で迎えに来る」

B　チラシの読み取り

訳　《英語スピーチコンテストの案内》

　あなたは先生から英語スピーチコンテストのチラシを受け取りました。あなたは応募したいと思っています。

第 7 回　ユースリーダー・スピーチコンテスト

　ユースリーダー協会は，年次スピーチコンテストを開催します。その目標は，日本の若者がコミュニケーション能力とリーダーシップの技術を養うのを支援することです。

　今年のコンテストには 3 つのステージがあります。当協会のジャッジが各ステージの勝者を選びます。グランドファイナルに参加するためには，3 つのステージの全てを見事に勝ち進まなければなりません。

グランドファイナル

会場：百周年記念ホール
日時：2022 年 1 月 8 日
トピック：今日の若者，明日のリーダー

最優秀賞
受賞者は 2022 年 3 月にニュージーランドのウェリントンで開催されるリーダーシップワークショップに参加できます。

コンテスト情報：

ステージ	アップロードするもの	詳細	2021 年の締切日時
第 1 ステージ	簡潔な概要	語数：150 〜 200 語	8 月 12 日午後 5 時までにアップロードすること
第 2 ステージ	あなたのスピーチ動画	動画の長さ：7 〜 8 分	9 月 19 日午後 5 時までにアップロードすること
第 3 ステージ		地区予選：勝者は現地で発表され，グランドファイナルに進出します	11 月 21 日開催

グランドファイナル　評価情報

内容	身振りと所作	声とアイコンタクト	スライド	ジャッジからの質問への回答
50%	5%	5%	10%	30%

➤　提出物はオンライン上にアップロードしてください。全ての日時は日本標準時（JST）に準拠します。

➤　第 1 ステージと第 2 ステージの結果は，各ステージの締切の 5 日後にウェブサイト上で確認できます。

　詳しい情報と応募フォームは<u>ここ</u>をクリックしてください。

▝▔ **語句・構文** ▁▁▁▁▁▁▁▁▁▁▁▁▁▁▁▁

▶ flyer「チラシ」

▶ annual「年に一度の」

▶ upload「〜を（インターネット上に）アップロードする」

▶ material「（ある内容の）もの」 ここではコンテストに提出するものを指す。

▶ Japan Standard Time（JST）「日本標準時」

▶ application form「応募フォーム」

問1 　3 　正解は③

「第1ステージに参加するために，あなたは⬚をアップロードしなければならない」

「コンテスト情報」欄の第1ステージの項では，「簡潔な概要」の提出を求めている。これを言い換えた③**「スピーチの要約」**が正解。

① 「スピーチの完全原稿」

② 「スピーチのためのスライド一式」

④ 「あなた自身がスピーチしている動画」

問2 　4 　正解は③

「第2ステージの結果を確認できるのは何日からか」

チラシ末尾の▶印の2つ目（You can check …）に，「第1ステージと第2ステージの結果は，各ステージの締切の5日後にウェブサイト上で確認できます」とある。第2ステージの締切は9月19日なので，その5日後の③**「9月24日」**が正解。

① 「9月14日」　　② 「9月19日」　　④ 「9月29日」

問3 　5 　正解は②

「グランドファイナルで高いスコアを得るために，あなたは内容と⬚に最も多くの注意を払わなければならない」

「グランドファイナル　評価情報」欄を見ると，「内容（50％）」と「ジャッジからの質問への回答（30％）」の割合が特に高いので，②**「ジャッジへの回答」**が正解。

① 「表現と身振り」　　③ 「映像素材」　　④ 「声の調節」

第2問

A　情報の読み取り

訳　《再利用可能ボトルの調査結果》

　あなたは使い捨てボトルと再利用可能なボトルについて，英国における環境キャンペーンの一環としてクラスメートが回答した調査結果を読んでいます。

質問1：使い捨てボトル入りの飲料を週に何本購入しますか？

ボトルの数	生徒の数	週ごとの小計
0	2	0
1	2	2
2	2	4
3	3	9
4	4	16
5	9	45
6	0	0
7	7	49
合計	29	125

質問2：自分用の再利用可能なボトルを持っていますか？

回答の概要	生徒の数	生徒の割合
はい，持っています。	3	10.3
はい，でも使用していません。	14	48.3
いいえ，持っていません。	12	41.4
合計	29	100.0

質問3：再利用可能なボトルを使用していない人は，その理由は何ですか？

回答の概要	生徒の数
再利用可能なボトルを洗うのに時間がかかりすぎる。	24
使い捨てボトルのほうが便利であると思う。	17
使い捨てボトルのほうが色々な味の飲料を購入できる。	14
使い捨てボトルを購入することはあまりお金がかからない。	10
学校の自動販売機で飲料を購入できる。	7
再利用可能なボトルは重すぎると思う。	4
家にたくさんの使い捨てボトルがある。	3
使い捨てボトル入りの水は未開封のまま長期間保存できる。	2
（その他の理由）	4

▶ single-use「使い捨ての」

▶ purchase「〜を購入する」

▶ subtotal「小計」

▶ flavoured「味付けされた」　アメリカ英語では flavored。

▶ vending machine「自動販売機」

▶ dozens of 〜「多数の〜」　dozen は「12個」。

▶ store「〜を蓄える」

問1　　6　　正解は③

「質問1の結果は，　　　ということを示している」

選択肢を一つずつ質問1の回答と照らし合わせる。

① 「一人一人の生徒が，週に平均4本未満の使い捨てボトルを買う」　1週間の使い捨てボトル購入数は合計125本。これを生徒の総数29で割ると，一人当たりの平均購入数は約4.31本で，4本を上回るので不適。

以下，②〜④ではボトルの種類が明記されていないが，質問1で尋ねられている使い捨てボトルを指すものとして解説する。

② 「多くの生徒は週に2本未満のボトルを買う」　1週間の購入数が0本の生徒は2人，1本は2人。よって週に2本未満の生徒は29人中4人しかいないので不適。

③ 「半数を超える生徒が週に少なくとも5本のボトルを買う」　1週間の購入数が5本の生徒は9人，6本は0人，7本は7人で，合計で29人中16人。半数を超えているので，これが正解。

④ 「生徒たちは週に125本を超えるボトルを買う」　1週間の購入数は合計125本であり，125本を超えていないので不適。

問2 ⬚7⬚ 正解は②

「質問2の結果は，半数を超える生徒が⬚⬚ということを示している」

生徒の総数は29人で，各選択肢に該当する生徒数は以下の通り。

① 「自分の再利用可能なボトルを持っていない」 No, I don't. と答えている12人。

② 「自分の再利用可能なボトルを持っている」 Yes, I do. と答えている3人と，Yes, but I don't use it. と答えている14人の合計で17人。

③ 「自分の再利用可能なボトルを持っているが，使用していない」 Yes, but I don't use it. と答えている14人。

④ 「自分の再利用可能なボトルを使用している」 Yes, but I don't use it. が「再利用可能なボトルを持っているが，使用していない」という意味であるのを考慮すると，Yes, I do. は「再利用可能なボトルを持っていて，<u>それを使用している</u>」という意味であると考えられる。したがって，Yes, I do. と答えている3人が該当する。

以上から，半数を超えているのは②なので，これが正解。

問3 ⬚8⬚ 正解は③

「質問3でクラスメートによって表明された一つの**意見**は，⬚⬚ということである」

① 「家に使い捨てボトルをストックしている生徒もいる」と② 「飲料を買うための自動販売機が学校にある」は主観的な要素を含まない「事実」なので不適。③ 「再利用可能なボトルを洗うのは長い時間を要する」と④ 「未開封の使い捨てボトルに入っている水は長持ちする」では，どちらも時間の「長さ」について言及している。③については，ボトルを洗うのに要する時間を長いと感じるかどうかは，各個人が抱く印象に左右される（長いと感じる人もいれば，そうは感じない人もいる）。一方で④の，「未開封のボトルに入った水が長持ちする」ことについては，たとえば非常時への備えとして用意する未開封ボトル入りの水は長持ちすると私たちは経験上知っている。よって，各個人の印象に左右されることではないと言えるだろう。

以上から，③が「意見」として最も適切であると考えられる。

問4　9　正解は①

「質問3でクラスメートによって表明された一つの**事実**は，使い捨てボトル
は□□□ということである」

①「**学校で購入することができる**」は主観的な要素を全く含まない「事実」であり，
これが正解。一方で②「使うのに<u>便利である</u>」，③「<u>持ち運べるほど軽い</u>」，④「購
入するには値段が<u>高すぎるということはない（購入可能な範囲内の金額である）</u>」
は各個人が抱く印象や価値観に左右される「意見」なので不適。

問5　10　正解は④

「あなたのクラスメートが再利用可能なボトルを使用しない理由として最も適切な
ものは何か」

再利用可能なボトルを使用しない理由を尋ねた質問3の回答の中で，最も多いもの
は「再利用可能なボトルを洗うのに時間がかかりすぎる（24人）」である。この内
容をおおまかに言い換えていると言える④「**それらを扱うのはやっかいである**」が
正解。

①「使い捨てボトルに入った飲料が家にたくさんある」

②「手に入る飲料の種類が（使い捨てボトルに比べて）少ない」

③「それらはクラスメートにとって高額である」

B　案内記事の読み取り

> 訳　《サマープログラムの講座案内》
>
> 　あなたは英国のサマープログラムでどの講座を受講するかを決めなければならないので，講座案内と，講座に関する元受講生のコメントを読んでいます。

コミュニケーションと異文化研究

クリストファー=ベネット博士	2021年8月3〜31日
bennet.christopher@ire-u.ac.uk	火曜，金曜
電話：020-9876-1234	午後1時〜2時30分
オフィスアワー：予約のみ	全9回 － 1単位

講座の詳細：異文化を研究し，異文化出身の人々とのコミュニケーションの仕方について学びます。この講座では，学生は異文化間の諸問題に対処するための考えを発表しなければなりません。

目的：受講後は以下のことができるようになるでしょう：
- 異文化間の人間関係を理解する
- 異文化間の様々な問題に対する解決策を提示する
- 議論や発表を通して自分の意見を述べる

教科書：S. スミス（2019）『異文化研究』DNC社，ニューヨーク

評価：60％以上で合格
- 2回の発表：90％（1回につき45％）
- 出席：10％

受講生の評価（87人が評価）★★★★★（平均：4.89個）

コメント

　☺ぜひこの講座を受講しましょう！　クリス（クリストファー=ベネット博士）は素晴らしい先生です。彼は非常に知的で優しいです。講座の難易度はやや高めですが，十分に合格できます。文化の違いについて色々と学ぶことができます。全ての授業に出席するようおすすめします。授業に出席することは私が上手に発表するのにとても役立ちました。

語句・構文

［指 示 文］ ▶ former「かつての」

［講座案内］ ▶ office hour「オフィスアワー」　教官室で教官と面会可能な時間。

　　　　　　 ▶ appointment「（人と会う）約束」

　　　　　　 ▶ credit「（授業の）履修単位」

　　　　　　 ▶ issue「（主に社会上の）問題」

　　　　　　 ▶ evaluation「評価」

　　　　　　 ▶ overall「全体として」

　　　　　　 ▶ participation「出席」

［コメント］ ▶ challenging「（乗り越えるのが）困難な」

問1　11　正解は①

「この講座であなたは何をするか」

講座案内の「講座の詳細」欄から，この講座では異文化と異文化間のコミュニケーションについて学び，発表が求められることがわかる。また，「目的」欄の3項目（express your opinions …）に「議論や発表を通して自分の意見を述べる」とあることからも授業中に議論を行うことがわかる。以上の内容に合う①「**文化に関する様々なトピックについて議論する**」が正解。

② 「多くの異なる国々を訪れる」

③ 「人間関係に関する映画を見る」

④ 「文化に関する期末レポートを書く」

問2　12　正解は①

「この講座は，□□□学生を対象としている」

講座案内の「講座の詳細」欄に「異文化を研究し，異文化出身の人々とのコミュニケーションの仕方について学びます」とあるので，①「**異文化間の諸問題に関心がある（学生）**」が正解。コメント欄の第5文（You will learn …）に「文化の違いについて学ぶことができます」とあるのもヒントになる。

② 「上手な発表ができる」

③ 「英国の観光が好きである」

④ 「英語を話せるようになる必要がある」

問3　13　正解は③

「ベネット博士に関する一つの**事実**は，□□□ということである」

講座案内の講座名の下にベネット博士の名前（Dr Christopher Bennet）があることから，この講座の担当教官がベネット博士であるとわかるので，③「彼（ベネッ

ト博士）がこの講座を担当している」が正解。なお，① 「彼は素晴らしい指導力を持っている」，② 「彼は素晴らしい教官である」，④ 「彼は講座を難しくしている」は，いずれもコメント欄の書き手が抱いた印象を反映した「意見」なので不適。

問4 　14　 正解は①

「この講座について表明されている一つの意見は，□□□□ということである」

コメント欄の第4文（The course is …）の後半に「十分に合格できます」という，書き手が抱いた印象を反映した「意見」が書かれているので，① 「履修単位を取得するのは難しくない」が正解。「講座に合格する」ことを，選択肢では「履修単位を取得する」と言い換えていることに注意。

コメント欄の上部にあるように，この講座の満足度の平均値は5点満点中の4.89点であることから，② 「学生の大部分は講座に満足している」は数値データから客観的に読み取れる（個人が抱く印象に左右されない）「事実」なので不適。③ 「出席は最終評価に含まれる」はこの講座に関する客観的な「事実」なので不適。④ 「学生は授業を週に2回受ける」は講座案内の冒頭に「火曜，金曜」とあるから週2回だとわかるが，これもこの講座に関する客観的な「事実」なので不適。

問5 　15　 正解は③

「この講座に合格するために，あなたは何をしなければならないか」

講座案内の「評価」欄に「2回の発表：90％」とあるので，③ 「異文化間の諸問題についてよい発表を（複数回）行う」が正解。なお，「評価」欄には合計60％で合格で，「出席：10％」とあることから，授業に欠席することがあっても合格は可能である。したがって① 「全ての授業に出席して議論に参加する」は不適。② 「異文化間の問題を見出し，解決策を議論する」については授業で行う内容かもしれないが，合格の要件ではないので不適。

④ 「ベネット博士のオフィスアワーに予約を入れる」

第3問

A　ブログの読み取り

訳　《遊園地について》
　あなたの英国人の友達であるジャンが新しい遊園地を訪れて，自身の体験をブログに投稿しました。

サニーマウンテンパーク：ぜひ行くべき場所
投稿者：ジャン　2020年9月15日　午後9：37

- -

[第1段]　サニーマウンテンパークが先月ついに開園しました！　とても大きな遊園地で，わくわくするようなアトラクションがいっぱいあり，巨大なジェットコースターもあります（マップを参照）。先週，友人たちととても素晴らしい時間を過ごしました。

[第2段]　ジェットコースターに乗ってみたくて仕方がなかったのですが，まず初めに遊園地の全体像を把握するために電車で遊園地を一周しました。電車の中からピクニックゾーンが見えて，お昼ご飯にうってつけだなぁと思ったのですが，もうすでに人がいっぱいだったので，その代わりにフードコートに行くことに決めました。お昼の前に，ディスカバリーゾーンへ行ってみました。そこで科学系アトラクションを体験することには，待つだけの価値が十分にありました。午後にはマウンテン駅の近くにあるいくつかの乗り物に乗って楽しみました。もちろんジェットコースターにも乗ってみましたが，期待を裏切りませんでした。もっとたくさんのアトラクションを楽しむためにディスカバリーゾーンへ戻る途中で，休憩所に立ち寄って少し休みました。そこでは湖からお城までを見渡せる素敵な景色を楽しみました。最後にショッピングゾーンへ行って，友達や家族のためのおみやげを買いました。

[第3段]　サニーマウンテンパークは素晴らしいです！　今回の初めての訪問が，最後の訪問にならないことは間違いありません。

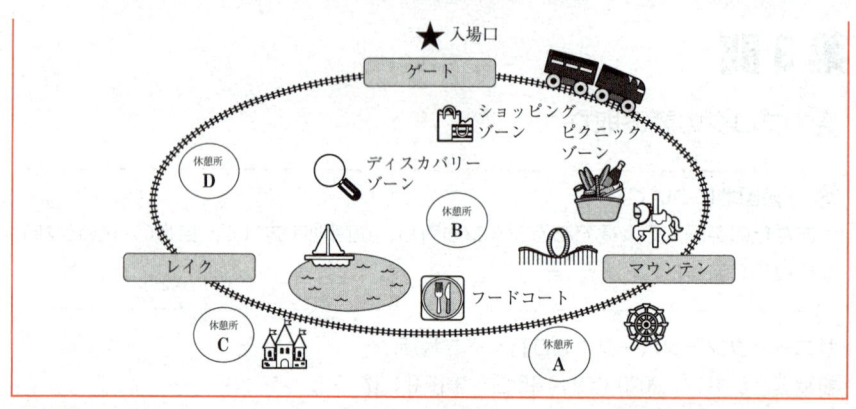

語句・構文

［第1段］ ▶ including 〜「〜を含めた」

［第2段］ ▶ instead「その代わりに」　　▶ well「かなり」　強調の副詞。

　　　　 ▶ short break「小休止」　　　▶ rest stop「休憩所」

　　　　 ▶ souvenir「おみやげ」

問1　16　正解は②

「ジャンの投稿から，　　　ということがわかる」

第2段第5文（It was well …）に，「そこ（ディスカバリーゾーン）で科学系のアトラクションを体験することには，待つだけの価値が十分にありました」とあるので，ジャンは科学系のアトラクションを体験する前に待ったことが読み取れる。正解は②「ジャンは科学系のアトラクションを楽しむためにしばらく待った」。

①「ジャンはおみやげを買うためにショッピングゾーンへ行くのを飛ばした」

③「フードコートはピクニックゾーンよりも混雑していた」

④「ジェットコースターはジャンの期待に応えるものではなかった」

問2　17　正解は②

「ジャンと友人は，午後にどの休憩所で休憩したか」

第2段第7文（Of course, we …）と第8文（On our way …）に，ジャンたちはジェットコースターに乗った後で，ディスカバリーゾーンに向かう途中の休憩所に立ち寄ったと書かれている。マップを見ると，ジェットコースターとディスカバリーゾーンの間にあるのは休憩所Bなので，②「休憩所B」が正解。なお，この休憩所Bをマップで見ると，第2段第9文（There, we got …）に「湖からお城までを見渡せる」とあるのにも合致する。

B　雑誌記事の読み取り

訳　《伝説のミュージシャン》

　英国にいるあなたの友人が，お気に入りのミュージシャンをあなたに紹介しました。もっと多くのことが知りたいと思い，あなたは音楽雑誌の中に以下の記事を見つけました。

デイヴ゠スター，生きるレジェンド

［第1段］　かつて，ブラックスワンは英国で最も偉大なロックバンドであった。力強いリーダーであるデイヴ゠スターがその成功に大きな役割を果たしていた。今なおソロシンガーとして活躍しており，デイヴの素晴らしい才能は様々な世代の若いミュージシャンに影響を与えてきた。

［第2段］　幼い少年の頃，デイヴはいつも歌ったり，おもちゃの楽器を使って演奏したりしていた。おもちゃのドラムをたたいている時ほど幸せな時はなかった。7歳の頃に初めて本物のドラムセットを与えてもらい，10歳までには上手に演奏することができた。14歳までにはギターもマスターしていた。彼がまだ高校生だった頃にブルーバーズのメンバーになり，リズムギターを演奏した。経験を積むために，ブルーバーズは学校行事やコミュニティセンターで，無料で演奏した。このバンドには小規模ながらも熱狂的なファンの一団がいた。

［第3段］　デイヴが大きくブレイクしたのは，彼の18歳の誕生日に，ブラックスワンのドラム奏者になるよう要請されたのがきっかけだった。それからわずか2年で，そのバンドの公演は大規模なコンサート会場でもチケットを完売した。そういうわけで，バンドのリードボーカルが家族との時間を増やすために引退したことは，ショッキングな出来事であった。ところがデイヴは，リードシンガーを引き継ぐこのチャンスに飛びついた。そのことは，彼の大好きな楽器を演奏することがもうできなくなる可能性があることを意味するにもかかわらず。

［第4段］　翌年以降，ブラックスワンはますます成功し，音楽チャートでトップに立ち，さらに多くのファンを獲得した。デイヴは時代を代表するソングライターになり，バンドに貢献していることを誇りに思っていた。ところが，キーボード奏者を加入させたことによって，バンドの音楽は徐々に方向性を変えていった。デイヴの不満は募り，彼とリードギタリストはバンドを去って，新しいグループを立ち上げることに決めた。残念ながら，デイヴの新しいバンドはブラックスワンと同じ水準の成功には届かず，わずか18カ月しか存続しなかった。

語句・構文

[第1段] ▶ at one time「かつては」
　　　 ▶ play a large part in ～「～において大きな役割を果たす」
　　　 ▶ achievement「業績」
　　　 ▶ incredible「(信じられないほど) 素晴らしい」
　　　 ▶ talent「才能」
　　　 ▶ generations of ～「何世代にもわたる～」

[第2段] ▶ instrument「楽器」
　　　 ▶ for free「無料で」
　　　 ▶ a circle of ～「～の一つの集団」

[第3段] ▶ break「躍進」
　　　 ▶ sell out「完売する」 ここでは「コンサートのチケットを完売する」の意。
　　　 ▶ quit to *do*「～するために辞める」 to *do* は「目的」を表す副詞用法の不定詞。
　　　 ▶ take over as ～「～としての役割を引き継ぐ」

[第4段] ▶ top ～「～の首位になる」
　　　 ▶ gain「～を獲得する」
　　　 ▶ principal「第一の」
　　　 ▶ contribution to ～「～への貢献」
　　　 ▶ become frustrated「欲求不満になる」

問1 ┃18┃ ┃19┃ ┃20┃ ┃21┃ 正解は③, ②, ④, ①
「以下の出来事を起こった順に並べなさい」
① 「デイヴはソロアーティストになった」
② 「デイヴはドラム演奏をあきらめた」
③ 「デイヴはギター奏者としてバンドに加入した」
④ 「デイヴは経歴の中での頂点に達した」
第2段第5文 (When he was still …) に，高校時代にリズムギターとしてブルーバーズに加入したとあり，これは③に一致する。第3段に，その後の18歳のときにドラム奏者として加入したブラックスワンで，ドラムの演奏ができなくなるのと引き換えに，引退したリードボーカルの後を継いだとある。これは②に一致する。第4段第1・2文 (In the following … to the band.) には，その翌年からブラックスワンが成功を収め，デイヴは時代を代表するソングライターになったとあり，これは④に一致する。第4段最終文 (Unfortunately, Dave's new …) には，ブラックスワンを脱退した後の新グループは短期間しか続かなかったとあり，ここで本

文は終了している。ところが，第1段第2文（Still performing as …）に「今なおソロシンガーとして活躍しており」とあるので，①が最後に来るとわかる。以上から，③→②→④→①の順に並べるのが適切である。

問2　22　正解は④

「デイヴがブラックスワンのリードシンガーになったのは，□□□□からである」

第3段第3文（It came as …）に「バンドのリードボーカルが家族との時間を増やすために引退した」とあり，次の第4文（However, Dave jumped …）には「リードシンガーを引き継ぐこのチャンスに飛びついた」とあることから，**「それ以前のシンガーが個人的な理由で引退した」**ことがきっかけで，デイヴがリードシンガーになったことがわかる。正解は④。

① 「彼はドラムを演奏するよりも歌うことを好んでいた」

② 「彼はバンドの音楽の方向性を変えたいと思っていた」

③ 「他のバンドメンバーたちはもっと成功したいと思っていた」

問3　23　正解は③

「この話から，あなたは□□□□ということがわかる」

選択肢を一つずつ本文と照らし合わせる。

① 「ブラックスワンはロック音楽の方向性の変化の一因になった」　ブラックスワンというバンドがロック音楽を変えたという記述は本文にはない。

② 「ブラックスワンのグッズはコンサート会場で非常によく売れた」　第3段第2文（In just two …）の were selling out at large concert halls は，コンサートホールの「チケットを完売していた」の意味である。グッズの売れ行きに関する記述は本文にはない。

③ **「デイヴは幼い頃から音楽の才能を発揮した」**　第2段に，デイヴは早くから楽器に親しみ，10代前半でドラムやギターを習得していたとある。これが正解。

④ 「デイヴはリードギタリストに不満を抱いてソロになった」　デイヴがソロアーティストになるきっかけを説明する記述は本文にはない。

第4問

メールの読み取り

> 訳 《日本の観光産業について》
>
> 　あなたは日本の観光産業についての発表の準備をしています。あなたは 2018 年に日本を訪れた人々に関するデータをクラスメートのハンナとリックにメールで送りました。彼らの返信に基づいて，あなたは発表の概要の下書きを作ります。

データ：

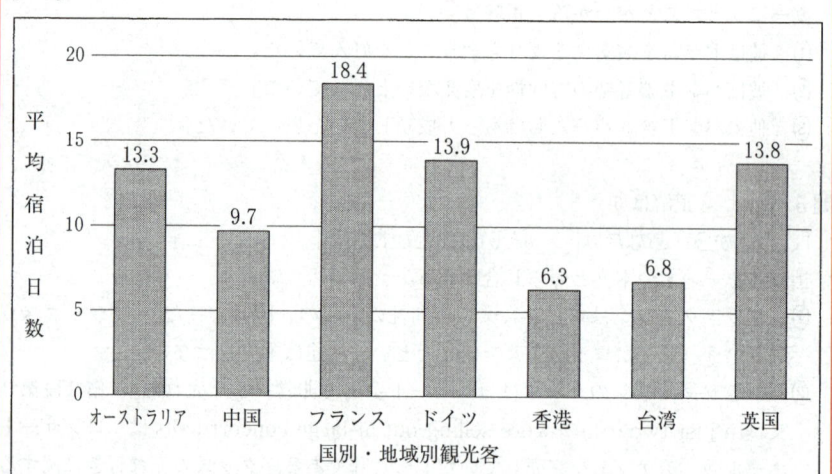

図1　日本での滞在期間
（国土交通省観光庁による平成30年統計資料の一部を参考に作成）

表1
日本を訪れている間に支払った金額の平均値

国別・地域別観光客	食費	娯楽費	買物代
オーストラリア	58,878	16,171	32,688
中国	39,984	7,998	112,104
フランス	56,933	7,358	32,472
ドイツ	47,536	5,974	25,250
香港	36,887	5,063	50,287
台湾	28,190	5,059	45,441
英国	56,050	8,341	22,641

（一人当たりの支出　単位：円）
（国土交通省観光庁による平成30年統計資料の一部を参考に作成）

あなたのメールへの返信：

___

こんにちは。

［第1段］　メールありがとう！　これは興味深いデータね。外国から日本に来る観光客が以前に増加したことは知っているけれども，観光客の滞在期間に注意を向けたことはなかったわ。私が思うに，アジアからの観光客の滞在期間が短めなのは，容易に行き来できるからではないかしら。

［第2段］　それに表によると，アジア人観光客は，概して，ヨーロッパやオーストラリアからの観光客と比べて，より多くのお金を買い物に使う傾向があるみたいね。これはたぶん，アジアの文化では贈り物をすることが本当に大切なので，アジア人は友達や家族のために贈り物を買いたいと思うからではないかしら。例えば，多くのアジア人観光客が銀座や原宿や秋葉原あたりで買い物をしているのを見たことがあるわ。たぶん，この人たちは宿泊費にそれほど多くのお金を使う必要がないから，より多くのお金を買物代に使えるのではないかしら。私はこれについてお話ができればと思うわ。

［第3段］　でもね，アジアからの観光客は，今では買い物ではなくて他の事をするのに興味を持つようになってきていると聞いたことがあるわ。近い将来，この種のデータにおけるいくつかの変化を目にするかもしれないわね！

よろしくね，

ハンナ

追伸：このメッセージはリックにも送ります。

___

こんにちは。

［第4段］　君のデータを送ってくれてありがとう！　これは僕たちが発表の準備をするのに役立つよ！

［第5段］　このデータから，オーストラリア人は娯楽に対して（他の国や地域からの観光客と比べて）最も多くのお金を使っていることに気づいたよ。僕はこれについて発表しようかな。

［第6段］　また，先日，日本のテレビで，オーストラリア人が北海道でウィンタースポーツを楽しんでいることに関する番組を見たんだ。あの人たちはいくらお金を使うのだろう。もっと他の情報も探してみるよ。何か情報を見つけたら，僕に教えてね。このことは今後のプロジェクトの役に立つ可能性があるね。

［第7段］　それに僕は，観光客がどの国や地域から来たのかによって，滞在期間に大きな違いがあるようにみえるということについては，ハンナと同じ考えだよ。

［第8段］　君はどうするの？　消費習慣に関してハンナが気づいたことについて話すのはどうかな？　これはとても興味深いと僕は思うな。

よろしく，

リック

追伸：このメッセージはハンナにも送ります。

発表用の草稿：

発表のタイトル： ___ 24 ___

発表者　　　　トピック

ハンナ： ___ 25 ___

リック： ___ 26 ___

私： 滞在期間との関係

比較例：

27 から来た人々は， 28 から来た人々と比べて，半分をやや
上回る期間しか日本に滞在しないのだが，娯楽に対してわずかに
多くのお金を使う。

将来の研究のためのテーマ： ___ 29 ___

語句・構文

[指示文]　▶ email「～を電子メールで送信する」

▶ draft「～の下書きを作成する」

[第1段]　▶ pay attention to ～「～に注意を向ける」

▶ assume that S V「S は V だと想定する」

▶ go back and forth「行き来する」

[第2段]　▶ compared to ～「～と比較して」

▶ I guess S V「S は V だと私は思う」

▶ probably because S V「おそらく S は V だからだ」

▶ accommodation「宿泊施設」

[第3段]　▶ A instead of B「B ではなくて A」

[第5段]　▶ present on ～「～について発表する」

[第7段]　▶ agree with … that ～「～ということで…と意見が一致する」

▶ depending on ～「～次第で」

[第8段]　▶ in relation to ～「～に関して」

▶ spending habit「消費習慣，金遣い」

問1　24　正解は③

「24 に入れる最も適切なものはどれか」

本問ではハンナ，リック，「私」の発表の統一タイトルが問われているので，3人の発表の内容を確認する。

ハンナは第2段で，アジア人観光客の買物代が他の地域からの観光客よりも多いことについて考察し，同段最終文（I'd like to …）で「私はこれについてお話ができればと思うわ」と述べている。

リックは第5段第1文（I notice from …）で，「オーストラリア人は娯楽に対して（他の国や地域からの観光客と比べて）最も多くのお金を使っていることに気づいた」と述べ，次の第2文（I'll present on …）で「僕はこれについて発表しようかな」と述べている。

「私」の発表のトピックについては草稿に「滞在期間との関係」とあるが，続く「比較例」に「半分をやや上回る期間しか日本に滞在しないのだが，娯楽に対してわずかに多くのお金を使う」とあり，「（支出と）滞在期間との関係」であるとわかる。

このように，3人とも訪日観光客の支出を話題にしているので，③「**日本にいる外国人観光客の消費習慣**」が最も適切である。

①「北海道の冬休みに使われるお金」
②「東京にいる外国人観光客の買物予算」
④「日本における娯楽への支出の増加」

問2　25　正解は④

「25 に入れる最も適切なものはどれか」

ハンナの発表のトピックが問われている。ハンナの発表の内容は問1で見たとおり，アジア人観光客の買物代が他の地域からの観光客よりも多いことに関するものである。④「**アジアからの観光客による支出のパターン**」はアジア人の（買物代を含む）支出に関するトピックであり，これがハンナの発表内容に最も近い。

①「日本にいるオーストラリア人観光客の活動」と③「ヨーロッパ文化の贈答習慣」はアジア人を含まないので不適。②「アジア人観光客の日本での食費」は食費に話題を限定して，買物代を含まないので不適。

問3　26　正解は①

「26 に入れる最も適切なものはどれか」

リックの発表のトピックが問われている。リックの発表の内容は問1で見たとおり，第5段に書かれている「オーストラリア人は娯楽に対して（他の国や地域からの観

光客と比べて）最も多くのお金を使っている」というものである。この内容に最も近い①「オーストラリア人観光客の娯楽に対する関心」が正解。

②「中国人の東京での消費習慣」と④「アジア人が日本で楽しむ様々な体験」はオーストラリアを含まないので不適。

③「オーストラリアにおける北海道に関するテレビ番組」

問4 27 正解は② 28 正解は③

「あなたはリックの提案に同意し，データを見る。27 と 28 に入れる最も適当なものを選びなさい」

第8段第2文（Do you want …）に「消費習慣に関して<u>ハンナが気づいたことについて話すのはどうか</u>」という提案がある。ハンナは，第1段でアジア人の滞在期間が短めであることを指摘している。したがって「27 から来た人々は，28 から来た人々と比べて，半分をやや上回る期間しか日本に滞在しない」の 27 にはアジアの国・地域が入り，27 よりも滞在期間が2倍をやや下回るアジア以外の国が 28 に入る。図1によると，中国の平均宿泊日数が9.7日で，フランスは18.4日なので，27 には②「中国」，28 には③「フランス」が入る。

また表1によると，中国の娯楽費の平均値は7,998円で，フランスは7,358円なので，「27 から来た人々は，28 から来た人々と比べて…，娯楽に対してわずかに多くのお金を使う」についても，27 は②「中国」，28 は③「フランス」で問題ないとわかる。

問5 29 正解は③

「29 に入れる最も適切な組み合わせはどれか」

A.「オーストラリア人が日本でウィンタースポーツに使う予算」

B.「東京を訪れる外国人観光客の人数における将来の変化」

C.「北海道を訪れる外国人観光客に人気の食品」

D.「アジア人の訪日観光客は将来何にお金を使うのか」

将来の研究のテーマが問われている。第3段では，アジア人観光客が今では買い物以外に興味を持ち始めており，「<u>近い将来</u>，この種のデータにおけるいくつかの変化を目にするかもしれない」と述べられている。この内容に合うDをまず選ぶ。

次に，第6段では，北海道でウィンタースポーツを楽しむオーストラリア人の出費についてのデータを収集することが「<u>今後のプロジェクトの役に立つ可能性がある</u>」と述べられている。この内容に合うAも選ぶ。

以上から，③A，Dが正解である。

第5問

伝記的な文章の読み取り

> 訳 《謎多き写真家についての発表の準備》
>
> あなたは，もし今でも生きていればインタビューしてみたいと思う人物について発表する予定です。あなたが選んだ人物に関する以下の文章を読み，あなたのメモを完成させなさい。
>
> ### ヴィヴィアン=マイヤー
>
> ［第1段］　これは，写真撮影への熱い思いを亡くなるまで隠していたアメリカ人ストリートフォトグラファーの物語である。彼女は介護者としての人生を歩んでおり，もし彼女の所有物がオークションハウスで売られることがなかったならば，彼女の素晴らしい作品は決して発見されなかったかもしれない。
>
> ［第2段］　それは2007年のことであった。シカゴにあるオークションハウスが，ヴィヴィアン=マイヤーという名前の年老いた女性の所有物を売却していた。彼女は倉庫保管料の支払いを停止していたので，その会社は彼女の所有物を売却することに決めた。彼女の所有物——主に古い写真やフィルムのネガ——が，マルーフ，スラッテリー，プローという3人のバイヤーに売却された。
>
> ［第3段］　ヴィヴィアンの作品は興味深いとスラッテリーは思ったので，2008年7月に彼女の写真を写真共有サイト上で公開した。それらの写真はほとんど注目を集めなかった。それから10月に，マルーフが，自らが選んだヴィヴィアンの写真へのリンクを自身のブログに貼ると，すぐに何千人もの人々がそれらの写真を閲覧した。その写真に関して，マルーフは写真にヴィヴィアン=マイヤーの名前を見つけていたが，彼女自身については何も発見することができなかった。それからインターネット検索によって，彼は彼女の死を報じる2009年の新聞記事にたどり着いた。マルーフはこの情報を，ヴィヴィアンの生涯についてより多くのことを知るために利用した。そして，ヴィヴィアンの謎めいた生涯と彼女の写真の組み合わせこそが，皆の注目を集めたのである。
>
> ［第4段］　ヴィヴィアンの生涯の細部について限られたことしかわかっていないのは，2つの理由による。第1に，彼女が生きている間にインタビューをした人はいなかったので，彼女がなぜこれほど多くの写真を撮ったのかを知る人はいなかった。第2に，ヴィヴィアンが介護者として働いた家族へのインタビューから，彼女が非常に内向的な人であったことが明らかになっている。彼女には友人がほとんどいなかった。それに加えて，彼女は自分の趣味を秘密にしていた。

［第5段］　ヴィヴィアンは 1926 年にアメリカ合衆国で，オーストリア人の父とフランス人の母との間に生まれた。その結婚生活は幸せなものではなく，ヴィヴィアンの母親と父親は何年もの間別居したようだ。その子どもの頃にヴィヴィアンはアメリカとフランスとの間を頻繁に行き来し，時にはフランスで暮らし，時にはアメリカで暮らした。しばらくの間，ヴィヴィアンと母親はニューヨークで，成功した写真家であるジャンヌ=ベルトランと一緒に暮らした。ヴィヴィアンは青少年期に写真撮影に興味を持ったと思われているが，それは，彼女の最初の写真が 1940 年代後半に非常にシンプルなカメラを使ってフランスで撮られたからである。彼女は 1951 年にニューヨークに戻り，それから 1956 年に介護者としてゲンスバーグ家のために働くため，シカゴへ移った。この仕事は彼女に，写真撮影のためのより多くの自由な時間を与えた。

［第6段］　1952 年，26 歳のとき，彼女は最初の 6×6 cm 判のカメラを購入した。シカゴの路上の暮らしを撮った彼女の写真の大半を撮影したのは，このカメラであった。30 年以上にわたって，彼女は子どもや高齢者や裕福な人々や貧しい人々の写真を撮った。自分の写真が撮られていることに気づくことさえなかった人もいた。彼女はまた，多数の自画像を撮った。その中には店の窓に映った自分の姿を撮影したものがあった。また，自分の影を撮影したものもあった。ヴィヴィアンがシカゴの暮らしを記録し続けたのは 1970 年代初期までであり，その頃に新しいスタイルの写真に変わった。

［第7段］　国際的な賞を受賞したドキュメンタリー映画である『ヴィヴィアン=マイヤーを探して』が，彼女の作品に対する関心をさらに多くの観衆にもたらした。その映画が公開された後に，ヨーロッパやアメリカで展覧会が開催された。彼女のスタイルを最もよく表す写真を選ぶために，展覧会の責任者は次の問いに答えようとした。「ヴィヴィアン=マイヤーだったら何を写真として残しただろうか？」　この問いに答えるために，彼らは彼女の書き置きや，彼女が実際にプリントした写真や，ゲンスバーグ家の人々から報告された彼女の好みに関する情報などを利用した。ヴィヴィアンは，結果ではなく，瞬間を捉えることにはるかに多くの興味を抱いていた。したがって，ヴィヴィアンの作品の背後に潜む謎は，その多くが「現像されない（明らかにされない）」ままであると言えるだろう。

「フィルムのネガ」

「プリントされた像」

プレゼンテーション用メモ:

ヴィヴィアン=マイヤー

写真家ヴィヴィアン

☆　彼女は介護者として働きながら多くの写真を撮影した。

☆　彼女が生きている間に彼女にインタビューした人はいなかったので，
　　私たちは彼女に関してあまり多くのことを知らない。

☆　| 30 |

ヴィヴィアンの作品

☆　彼女の写真は主に次のようなものに焦点を合わせていた:

・若者や高齢者，裕福な人々や貧しい人々

・| 31 |

・| 32 |

彼女の作品がどのようにして人々に認められるようになったか

☆　ヴィヴィアンの所有物の倉庫保管料が払われなかった。

☆　| 33 |

☆　| 34 |

☆　| 35 |

☆　| 36 |

☆　彼女の生涯についての情報と作品が組み合わさって，人々の関心を
　　高めた。

彼女の作品がどのようにして世界中に知られるようになったか

☆　彼女の生涯や作品に関する受賞歴のあるドキュメンタリー映画が，
　　新たな観衆の獲得に役立った。

☆　| 37 |

まだ答えが出ていない「大きな」問題: | 38 |

語句・構文

[第1段] ▶ keep ～ secret「～を隠したままにする」
　　　　▶ caregiver「介護者」
　　　　▶ if it had not been for ～「～がなかったならば」
　　　　▶ belongings「所持品」
　　　　▶ work「(集合的に) 作品」

[第2段] ▶ storage fee「倉庫保管料」
　　　　▶ negative「(フィルムの) ネガ」

[第3段] ▶ publish「～を公開する」
　　　　▶ link *A* to *B*「*A* を *B* に結びつける」　ここでは「*A* に *B* へのリンクを貼る」の意。
　　　　▶ right away「直ちに」

[第4段] ▶ besides「その上」

[第5段] ▶ as a young adult「青少年の頃に」　主に 10 代後半の時期を指す。

[第6段] ▶ it was with this that ～「～したのは，これを用いてであった」　with this を強調する強調構文。
　　　　▶ self-portrait「自画像」
　　　　▶ reflection「映し出されたもの」
　　　　▶ the early 1970s, when ～「1970 年代初期は～だった頃である」　when は関係副詞で，「1970 年代初期」がどのような時期かを説明。

[第7段] ▶ bring interest in *A* to *B*「*A* への興味を *B* に持たせる」　bring O to *B*「O を *B* にもたらす」の O に interest in *A*「*A* への興味」を置いたもの。
　　　　▶ lead to ～「～に至る」
　　　　▶ exhibition「展覧会」
　　　　▶ those in charge of ～「～の担当者，責任者」
　　　　▶ her preference as reported by ～「～から報告された彼女の好み」　この as は「名詞限定の as」。*A* (名詞) as *done*「～されるような *A* (名詞)」
　　　　▶ capture「～をつかまえる」
　　　　▶ one could say ～「～と言えるだろう」
　　　　▶ undeveloped「(フィルムが) 現像されていない」　ここでは「明らかにされていない」という意味を掛けている。

問1 　30　 正解は①

「　30　に入れる最も適切な文を選びなさい」

第1段第2文（She lived her …）の後半に「もし彼女の所有物がオークションハウスで売られることがなかったならば，彼女の素晴らしい作品は決して発見されなかったかもしれない」という仮定法過去完了の文があることから，実際にはオークションで所有物が売られたことがきっかけで，彼女の作品が発見されたと読み取れる。これを裏返した内容である①「**彼女の作品はオークションで販売されるまで発見されないままだった**」が正解。なお，②「彼女は30代の頃に写真撮影に引きつけられたと思われている」は第5段第5文（It is believed …）に「青少年期に写真撮影に興味を持ったと思われている」とあるのに反する。

③「彼女はどこへでもカメラを持っていき，その写真を他人に見せた」

④「彼女の写真の大部分はニューヨークで撮られた」

問2 　31　 　32　 正解は①，④（順不同）

「　31　と　32　に入れる最も適切な選択肢を2つ選びなさい（順序は問わない）」

ヴィヴィアンの写真が何に焦点を合わせていたかについて，すでにノートに挙がっている「若者や高齢者，裕福な人々や貧しい人々」以外のものが問われている。第6段第1文（In 1952, …）と第7文（Vivian continued to …）に，彼女がシカゴの生活の様子を撮影していたと書いてあるので，①「**ドキュメンタリー調の写真**」が正解。また，同段第4文（She also took …）から第5文（Some were reflections …）に「彼女はまた，多数の<u>自画像</u>を撮った。その中には店の窓に映った<u>自分</u>の姿を撮影したものがあった」と書かれているので，④「**自分自身の写真**」も正解。なお，店の窓そのものに焦点を合わせていたわけではないので⑤「店の窓」は不適である。

②「産業景観」　　　　③「自然景観」

問3 　33　 　34　 　35　 　36　 正解は③，④，①，②

「以下の出来事を起こった順に並べなさい」

ヴィヴィアンが倉庫保管料の支払いを停止してから，彼女の生涯と作品が人々の関心を集めるまでの経緯が問われている。各選択肢の本文中の該当箇所と時期は次の通り。

①「バイヤーがブログに彼女の写真の一部へのリンクを貼った」 第3段第1・3文（Slattery thought Vivian's … / Then, in October, …）より，2008年10月とわかる。

②「ヴィヴィアンの死についての報道が新聞に載る」 第3段第5文（Then an Internet …）に，2009年とある。

③「オークション会社が彼女の古い写真とネガの販売を始めた」 第2段第1文 (It was 2007.) と第3・4文 (She had stopped … Slattery, and Prow.) から, 2007年の出来事であることと, 倉庫保管料の支払いを停止した後であることがわかる。

④「彼女の作品はインターネット上に公開された」 第3段第1文 (Slattery thought Vivian's …) に, 2008年7月とある。

以上から, ③→④→①→②の順序が決まる。

問4 ⎹37⎸ **正解は①**

「⎹37⎸に入れる最も適切な文を選びなさい」

ヴィヴィアンの作品が世界中に知られるようになったきっかけとして, ドキュメンタリー映画以外の要因が問われている。第7段第2文 (The film led …) に「その映画が公開された後に, ヨーロッパやアメリカで展覧会が開催された」とあるので, この展覧会もまた, 彼女の作品がヨーロッパやアメリカで知られる一つのきっかけであったと考えられる。したがって①「彼女の作品の展覧会が世界の様々な場所で開催された」が正解。なお, ②「路上の様子を特集した彼女の写真集が賞を獲得した」は, 賞を獲得したのは彼女を題材にしたドキュメンタリー映画なので, 不適。

③「彼女は自身の写真の取り扱い方について詳細な指示を残した」

④「ヴィヴィアンの雇用主の子どもたちが, 自分たちの写真を提供した」

問5 ⎹38⎸ **正解は④**

「⎹38⎸に入れる最も適切な問いを選びなさい」

ヴィヴィアンに関して, まだ答えが出ていないことは何であるかが問われている。彼女に関する不明点について具体的に述べている記述は, 第4段にある。第4段第2文 (First, since no …) に「彼女がなぜこれほど多くの写真を撮ったのかを知る人はいなかった」とあり, さらに同段最終文 (Besides, she had …) に「彼女は自分の趣味を秘密にしていた」とある。これらの内容を1文にまとめた④「なぜ彼女はこれほど多くの写真を撮影し, 誰にも見せなかったのか？」が正解。

①「写真を撮るのにどのような種類のカメラを使用したのか？」

②「彼女はネガと写真をどこに保管していたのか？」

③「なぜ彼女は介護者になるためにニューヨークを発ったのか？」

第 6 問

A 説明的な文章の読み取り・要約

訳 《ある英国劇団の新たな試み》

　あなたはアメリカ合衆国に滞在する交換留学生であり，学校の演劇部に所属しています。あなたはクラブの活動をよりよいものにするのを手伝うためにいくつかのアイデアを得る目的で，芸術に関するアメリカのオンラインマガジンの記事を読んでいます。

英国ロイヤル・シェイクスピア・カンパニーに見られる近年の変化

ジョン=スミス

2020 年 2 月 20 日

[第 1 段]　私たちは皆異なっている。世界が多種多様な人々で構成されていることを大半の人々は認識してはいるが，多様性——私たちが違いを示したり，あるいはそれを受け入れたりすること——は舞台芸術団体には反映されていないことが多い。こうした理由から，身体障害者と同様に様々な背景をもつ人々のことを映画や劇がもっときちんと表現することに対する需要が高まっているのである。イングランド芸術評議会はこうした需要に応えて，公的資金を受けている全ての芸術団体に対し，この分野において改善するよう促している。これに対して積極的に対応している劇団の一つが，英国ロイヤル・シェイクスピア・カンパニー（RSC）であり，これは世界で最も影響力のある劇団の一つである。

[第 2 段]　英国のストラトフォード・アポン・エイヴォンに拠点を置く RSC は，ウィリアム=シェイクスピアや他の多くの有名な作家による劇を制作している。最近，RSC は多様性に焦点を合わせて，英国社会の全てを正確に表現しようと試みている。RSC は俳優やスタッフを雇用する際に，彼らの民族的・社会的背景や性別，身体能力のバランスをとるために懸命に取り組んでいる。

[第 3 段]　2019 年夏のシーズンで，RSC は『お気に召すまま』，『じゃじゃ馬ならし』，『尺には尺を』というシェイクスピアの 3 つの喜劇を上演した。国中から俳優が雇用され，総勢 27 人の出演者を決めたのだが，その出演者たちは民族的，地理的，文化的に多様な今日の英国の住民を反映していた。全シーズンで性別のバランスをとるために，全ての役のうちの半分は男性の俳優に，もう半分は女性の俳優に割り当てられた。その出演者には，体に障害をもつ 3 人の俳優（現在では「異なった身体能力をもつ」俳優と呼ばれている）が含まれていた——1 人は視覚障害をもち，1 人は聴覚障害をもち，もう 1 人は車いすを使用していた。

[**第4段**]　変化は雇用方針に限られたものではなかった。RSC は観衆が男女の力関係についてじっくり考えるよう促すために，劇の一部を実際に書き換えた。例えば，女性の役と男性の役が逆転されることがあった。『じゃじゃ馬ならし』では，原作では「娘」の役が「息子」の役に変更され，男性の俳優によって演じられた。同じ劇で，男性の使用人が女性の使用人に書き換えられた。この使用人の役は，車いすを使用する女性俳優のエイミー゠トリッグによって演じられた。トリッグはその役を演じてわくわくし，RSC の変化は他の舞台芸術団体に対して大きな影響を及ぼすであろうと信じていると述べた。RSC の他の劇団員も，あらゆる多様性に心を躍らせて，同じ希望を表明した――それは，「もっと多くの芸術団体が RSC の足跡をたどるよう促されるであろう」というものであった。

[**第5段**]　2019年夏のシーズンにおける，多様性を反映させようとする RSC の決定は，組織を包括的なものにしたいと願う芸術団体にとっての新しいモデルとみなすことができる。古典劇の中に多様性を加味することを容認したがらない人もいるが，両手を広げてそれを歓迎する人もいる。一定の課題は残ってはいるが，RSC は進歩の‘顔’(象徴)としての評判を得ている。

語句・構文

[**第1段**]　▶ diversity「多様性」

　　　　　▶ performing art「舞台芸術」

　　　　　▶ play「劇」

　　　　　▶ *A* as well as *B*「*B* と同様に *A* も」　*A* に力点が置かれる。

　　　　　▶ council「評議会」

　　　　　▶ publicly funded「公的資金を受けている」

[**第2段**]　▶ based in ～「～に拠点を置いている」

　　　　　▶ when hiring「雇用の際に」　文末の分詞構文に接続詞 when を添えて主節との意味関係を明確にしたもの。hire「～を雇う」

[**第3段**]　▶ put on ～「(劇を)上演する」

　　　　　▶ cast「出演俳優たち，配役」

　　　　　▶ disability「(心身の)障害」

　　　　　▶ visually-impaired「視覚障害をもつ」

[**第4段**]　▶ hiring policy「雇用の方針」

　　　　　▶ reflect on ～「～についてよく考える」

　　　　　▶ be reversed「逆転される」

　　　　　▶ the original「元のもの」　ここではシェイクスピアの原作を指す。

　　　　　▶ servant「使用人」

　　　　　▶ follow in *one's* footsteps「～の足跡をたどる，～の先例にならう」

［第5段］ ▶ challenge「課題，難題」

問1 　39　 正解は②

「この記事によると，RSCは2019年夏のシーズンで　　　」

2019年夏のシーズンについては，第3段と第4段で具体的に述べられている。第3段最終文（The cast included …）に，このシーズンのために雇用した27人の中には「体に障害をもつ3人の俳優（現在では「異なった身体能力をもつ」俳優と呼ばれている）が含まれていた」とあるので，②「**3人の異なった能力をもつ俳優を雇用した**」が正解。

① 「有名な俳優に職の機会を与えた」
③ 「27人の登場人物を含む劇を探し求めた」
④ 「シェイクスピアや他の作家の劇を上演した」

問2 　40　 正解は③

「この記事の筆者がエイミー＝トリッグに触れたのは，おそらく彼女が　　　からである」

第2段第2文（These days, the …）に「最近，RSCは多様性に焦点を合わせて，英国社会の全てを正確に表現しようと試みている」とあるので，第4段で述べられている原作の男性使用人を女性使用人に書き換えた役を，車いすを使用するエイミー＝トリッグが演じたことは，社会の多様性を表現しようとするRSCの試みの具体例として紹介されていると考えられる。したがって，① 「RSCが上演した劇の一つで上手に演じた」，② 「RSCの一員に選ばれるために努力した」，④ 「RSCの団員にとっての模範となる人物であった」は，トリッグの事例の意味を説明する文としては不適である。よって，③ 「**包括的であろうとするRSCの努力の一つの好例であった**」が正解。inclusiveという語はCEFRのB2レベルを超える難語。「包括的な」とは「全体として，ひっくるめて」ということ。「包括的（inclusive）であろうとするRSCの努力」とは，第5段第1文（The RSC's decision …）に「多様性を反映させようとするRSCの決定は，組織をinclusiveなものにしたいと願う芸術団体にとっての新しいモデルとみなすことができる」とあるので，多様性を受け入れて，それを劇に反映させようとすることと考えられる。

問3 　41　 正解は③

「あなたは他の部員のためにこの記事を要約している。次の選択肢のうち，あなたの要約を最も適切に完成させるものはどれか」

［要約］

　英国のロイヤル・シェイクスピア・カンパニー（RSC）は劇を制作する際に，英国社会の住民を反映させようと努力している。これをやり遂げるために，RSCは様々な背景や能力をもつ男女の俳優やスタッフのバランスをとり始めた。RSCはまた，劇団が演じる劇にも変更を加えた。その結果，RSCは　　　　。

選択肢を一つずつ検討する。

① 「世界中から多くの才能ある俳優を引きつけた」　本文中に記述がない。

② 「何の反対意見もなく2019年のシーズンをやり遂げた」　第5段第2文（While there are …）から，一定数の反対意見があったことがわかるので，不適。

③ 「社会の期待を行動に結びつける一因になった」　第1段第2・3文（While most people … those with disabilities.）より，多様性が舞台芸術団体に反映されておらず，身体障害者や様々な背景をもつ人々を映画や劇がきちんと表現することに対する需要が高まっているとわかる。RSCはその需要に積極的に応えた団体である。さらに第5段第1文（The RSC's decision …）にはRSCの行動は他の団体のモデルとなるとあることから，③は本文の内容に合うと判断できるので，これが正解。

④ 「保守的な（＝従来の慣習を守ろうとする立場の）劇団であるという評判を得た」　第5段最終文（Although certain challenges …）に「進歩の '顔'（象徴）としての評判を得ている」とあるのに反する。

問4 　42　 正解は④

「あなたの演劇部はRSCのアイデアに同意している。こうしたアイデアに基づいて，あなたの演劇部は　　　　」

RSCは英国社会の多様性を反映する試みとして，第3段では性別などのバランスをとりつつ多様な背景をもつ俳優を雇用し，第4段では男女の力関係について考えさせるために原作の一部を書き換えて役柄の性別交替を行ったことがわかる。この第3・4段の内容を唯一反映している④「演技から性別の固定観念を取り除く」が最も適切である。

① 「国際的な新人作家が書いた劇を演じる」

② 「古典劇を原作のストーリーで上演する」

③ 「地元の人々に車いすを購入するための資金を調達する」

B 説明的な文章の読み取り・グラフの選択

> 訳 《口腔衛生を保つことの大切さを訴える発表の準備》
> 　あなたは市役所で開催される健康フェアでポスター発表をする生徒のグループの一員です。あなたのグループのタイトルは「地域社会でお口の健康の向上を目指そう」です。あなたはポスターを作るために以下の文章を使用しています。

口腔衛生：鏡を覗いてみる

［第1段］　最近では，世界中の政府が口腔衛生に対する意識を高めようと取り組んでいる。一日に何度も歯を磨くことはよい習慣であると聞いたことがある人は多いのだが，そうすることが重要である理由についてはあまり考えたことがない可能性が高い。端的に言うと，歯は大事である。歯は言葉を正確に発音するために必要とされるものである。実際に，口腔衛生が保たれていないと，話すことが難しくなることもありうる。さらに根本的な必要性は，よく噛むことができるということである。噛むことによって食品を砕いて，それを体が消化しやすくするのである。適切に噛むことはまた，食べ物を楽しむことにつながる。普通の人は歯科医の治療を受けたあとで，片側の歯で噛むことができない苛立ちを経験したことがある。歯の弱い人はこうした失望を常に経験しているかもしれない。つまり，口腔衛生は人々の生活の質に影響するのである。

［第2段］　歯の基本的な機能は明らかなのだが，口は身体を映す鏡を提供しているということを認識していない人は多い。研究によると，良好な口腔衛生状態は，体全体の良好な健康状態を明示する印なのである。口腔衛生が保たれていない人は，重い体の病気にかかる可能性が高まる。推奨される口腔衛生のための日課を怠ると，すでに病気で苦しむ人に対して悪い影響を及ぼす可能性がある。それとは反対に，口腔衛生を良好に保つことによって，病気を予防することさえあるかもしれない。強くて健康な体は，きれいでよく手入れがされている口腔状態の現れであることが多い。

［第3段］　口腔衛生を良好に保つことは，生涯にわたる使命である。フィンランド政府やアメリカ合衆国政府は，親に対して，幼児が1歳になる前に歯科に連れて行くことを推奨している。フィンランドでは実際に親に通知を発行している。ニュージーランドでは18歳までの全ての人に無料の歯の治療を提供している。日本政府は8020運動を展開している。年を重ねるにつれて，様々な理由で歯を失う可能性がある。この運動の目標は，80歳の誕生日を迎えてもなお最低20本の歯を口内に残しておくことである。

［第4段］　日本についてもっとよく見てみると，厚生労働省は長年にわたって，高

齢者が何本の歯を残しているかに関する調査データを分析している。ある研究者は，研究対象の高齢者を 4 つの年代別グループに分け，それぞれを A（70〜74 歳），B（75〜79 歳），C（80〜84 歳），D（85 歳以上）とした。1993 年を除く毎回の調査において，最低でも 20 本の歯を残している人々の割合は，高いグループから低いグループの順に並べると A-B-C-D となった。ところが，1993 年から 1999 年までの間に，A グループは約 6 ポイントしか向上しなかったのに対して，B グループの向上はその数値をわずかに上回った。1993 年には A グループの 25.5 ％が最低でも 20 本の歯を残していたが，2016 年までに D グループの割合が，A グループの最初の数値を実際に 0.2 ポイント上回った。B グループは初めのうちは着実に数値を伸ばしていたが，2005 年から 2011 年にかけては劇的に数値を伸ばした。意識の向上のおかげで，どのグループも長年にわたって著しく向上した。

［第 5 段］　歯科医は長年にわたり，食後の歯磨きを推奨してきた。非常に良好な口腔衛生を積極的に目指している人は，1 日に何度も歯を磨くかもしれない。大半の人は寝る前に歯を磨き，それから翌朝のある時間にもう一度磨く。歯科医はまた，歯と歯の間に挟まっているものを除去するための特別な種類の糸を用いて，フロスで毎日歯をきれいにすることは大切であると考えている。もう一つの予防法は，歯の表面の周囲で固まって歯へのダメージを防ぐプラスチックジェル（シーラント）を用いて歯科医が歯の溝を埋めることである。シーラントは特に子ども向けの処置として人気を高めつつある。このシーラントは一度歯の溝を埋めるだけで，何と，よくある歯の問題の 80 ％を予防することができる。

［第 6 段］　年に一回，あるいはそれ以上の頻度で歯科医を訪れることは重要である。歯の治療は痛みを伴うことがあるので，歯科医を受診するのを意図的に避ける人もいる。しかし，人々が歯科医のことを，生涯にわたって自分を文字通り笑顔にすることができる大切な味方であると考えるようになることが大切である。

あなたのプレゼンテーション・ポスター

地域社会でお口の健康の向上を目指そう

1. 歯の大切さ

A. きちんと話すために重要である
B. 食べ物を噛み砕くために必要である
C. 食事を楽しむための役に立つ
D. よい印象を与えるために必要とされる
E. 快適な生活の質のために不可欠である

2. 44

フィンランドとアメリカ合衆国：1歳までの歯の治療を推奨
ニュージーランド：若者向けの無料の歯の治療
日本：8020運動（図1を参照）

45

図1　最低20本の歯を残している人の割合

3. 役立つアドバイス

46

47

語句・構文

［第1段］ ▶ most likely 〜「（最も高い可能性として）おそらく〜だろう」
　　　　 ▶ simply stated「簡潔に言うと」　　▶ chew「噛む」
　　　　 ▶ digest「〜を消化する」　　▶ procedure「処置，外科手術」
［第2段］ ▶ those suffering from 〜「〜に苦しんでいる人々」
　　　　 ▶ conversely「逆に」　　▶ practice「〜を実践する」
　　　　 ▶ well-maintained「よく維持された」
［第3段］ ▶ infant「幼児」　　▶ turn「（年齢）になる」
　　　　 ▶ free「無料の」　　▶ treatment「治療」

［第4段］ ▶ with the exception of ～「～を例外として」
　　　　　 ▶ be in ～ order「～の順番になっている」
　　　　　 ▶ slightly「わずかに」　　　　　 ▶ initial figure「最初の数値」
　　　　　 ▶ at first「初めのうちは」　　　　 ▶ significantly「著しく」
［第5段］ ▶ floss「歯をフロス（綿製の糸付きの歯間清掃具）できれいにする」
　　　　　 ▶ string「糸」　　　　　　　　　 ▶ substance「物質」
　　　　　 ▶ seal「～を密閉する」　　　　　 ▶ harden「固まる」
［第6段］ ▶ ally「味方，仲間」　　　　　　 ▶ literally「文字通りに」

問1　　43　　正解は④

「ポスターの1つ目の見出しの下で，あなたのグループは文章の中で説明されている歯の大切さを述べたいと思っている。ある一つの提案があまり適切ではないということで皆の意見が一致している。あなたが含めるべきでは**ない**のは，以下のうちのどれか」

選択肢を一つずつ検討する。

A．「きちんと話すために重要である」　第1段第4文（Teeth are required …）に「歯は言葉を正確に発音するために必要とされるものである」とあるのに一致。

B．「食べ物を噛み砕くために必要である」　第1段第6・7文（An even more … to digest it.）に，歯は食べ物を噛み砕くのに必要とあるのに一致。

C．「食事を楽しむための役に立つ」　第1段第8文（Proper chewing is …）に，歯できちんと噛むことが食べ物を楽しむことにつながるとあるのに一致。

D．「よい印象を与えるために必要とされる」　歯が人に与える印象については本文中に記述がない。

E．「快適な生活の質のために不可欠である」　第1段第9・10文（The average person … all the time.）で，よく噛むことができないと苛立ちや失望を抱えるとした上で，次の最終文（In other words, …）に「口腔衛生は人々の生活の質に影響する」とある。こうした内容に一致する。

以上から，正解は④ D。

問2　　44　　正解は③

「あなたはポスターの2つ目の見出しを書くように頼まれている。以下のうち，最も適切なものはどれか」

ポスターの2つ目の見出しの下に挙がっているのは，第3段第2文（The Finnish and …）以降で紹介されている国別の政策である。これらの政策は，第3段第1文（Maintaining good oral …）に「口腔衛生を良好に保つことは，生涯にわたる使命である」とあるように，口腔衛生を良好に保つのを奨励するための国家政策であ

ると考えられる。したがって③「口腔ケアを奨励する国家的取り組み」が最も適切である。

① 「若者をターゲットにした国の8020運動」

② 「よりよい歯科治療のための国家的宣伝」

④ 「幼児を歯科に通わせる国のシステム」

問3　**45**　正解は④

「あなたは日本で研究者が行った調査の結果を掲載したいと思っている。以下のグラフのうち，あなたのポスターのために最も適切なものはどれか」

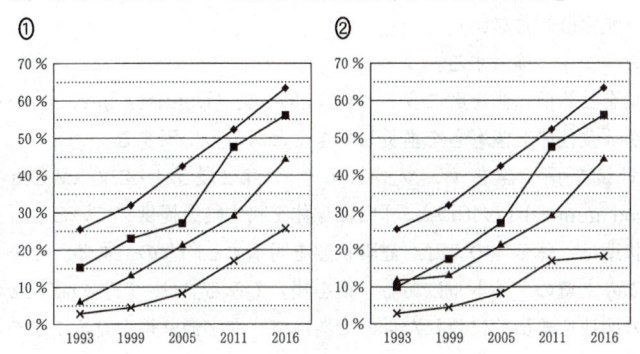

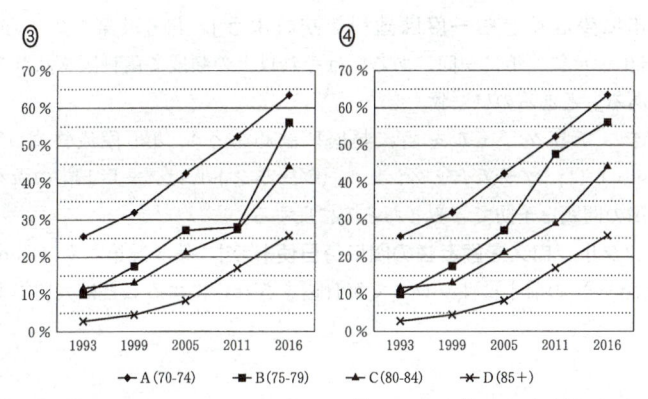

第4段第3文（In each survey, …）に，「1993年を除いて」割合が高い順にA-B-C-Dになったとあるので，1993年で上から順にA-B-C-Dと並んでいる①は不適。

次に，同段第5文（In 1993, 25.5% …）に「1993年にはAグループの25.5%が最低でも20本の歯を残していたが，2016年までにDグループの割合が，Aグループの最初の数値（1993年の数値）を0.2ポイント上回った」とある。よって，2016

年のDグループの数値が，Aグループの1993年の数値（25.5％）をわずかに上回っている③と④が残る。

さらに同段第6文（Group B increased …）に，Bグループが「2005年から2011年にかけては劇的に数値を伸ばした」とあるので，この期間のBグループの伸びが鈍い③は不適である。一方，④では急激に伸びているので，これが正解。

問4　46　47　正解は③，⑤（順不同）

「ポスターの最後の見出しの下に，あなたは本文に基づいた具体的なアドバイスを加えたいと思っている。以下の文のうち，あなたが使用するべきである2つの文はどれか（順序は問わない）」

選択肢を一つずつ検討する。

① 「朝食をとる前に歯を磨こう」　第5段第1文（Dentists have long …）に，歯科医が「食後の」歯磨きを推奨してきたとあるのに反する。

② 「毎日鏡を見て歯をチェックしよう」　第2段第1・2文（While the basic … good general health.）に「口は身体を映す鏡を提供している」，「良好な口腔衛生状態は，体全体の良好な健康状態を明示する印なのである」とある。したがってこの文章のタイトルにある「鏡を覗いてみる」は，口腔の状態と体の健康状態との関連を象徴的に表したものであって，文字通り鏡を見ることを読者に勧めているわけではない。

③ 「1年に少なくとも一度は歯科を訪れよう」　第6段第1文（Visiting the dentist …）に「年に一回，あるいはそれ以上の頻度で歯科医を訪れることは重要である」とあるのに一致。

④ 「プラスチックジェルを歯に頻繁に詰めよう」　第5段最終文（This only takes …）に，プラスチックジェル（シーラント）は「一度」歯の溝を埋めるだけで歯の問題を予防できるとあるのに反する。

⑤ 「デンタルフロスを歯と歯の間に毎日使おう」　第5段第4文（Dentists also believe …）の前半に「フロスで毎日歯をきれいにすることは大切である」とあるのに一致。

英語（リスニング）　本試験（第2日程）

問題番号 （配点）	設　問		解答番号	正　解	配　点	チェック
第1問 （25）	A	問1	1	④	4	
		問2	2	③	4	
		問3	3	④	4	
		問4	4	②	4	
	B	問5	5	②	3	
		問6	6	④	3	
		問7	7	②	3	
第2問 （16）		問8	8	①	4	
		問9	9	②	4	
		問10	10	④	4	
		問11	11	④	4	
第3問 （18）		問12	12	③	3	
		問13	13	③	3	
		問14	14	③	3	
		問15	15	②	3	
		問16	16	③	3	
		問17	17	④	3	

（注）　＊は，全部正解の場合のみ点を与える。

問題番号 （配点）	設　問		解答番号	正　解	配　点	チェック
第4問 （12）	A	問18	18	①	4＊	
		問19	19	④		
		問20	20	②		
		問21	21	③		
		問22	22	⑤	1	
		問23	23	⑥	1	
		問24	24	②	1	
		問25	25	③	1	
	B	問26	26	①	4	
第5問 （15）		問27	27	④	3	
		問28	28	①	2＊	
		問29	29	②		
		問30	30	⑤	2＊	
		問31	31	④		
		問32	32	②	4	
		問33	33	③	4	
第6問 （14）	A	問34	34	③	3	
		問35	35	④	3	
	B	問36	36	①	4	
		問37	37	①	4	

リスニング

2021
年度

自己採点欄

100 点

（平均点：55.01 点）

◎解答時間は 30 分ですが，解答開始前に IC プレーヤーの作動確認・音量調節の時間がありますので，試験時間は 60 分となります。「音量調整用音声」は音声専用サイトで確認できます。

放送内容 《試験の説明》

これからリスニングテストを始めます。

この試験では，聞き取る英語が2回流れる問題と1回流れる問題があります。第1問と第2問は2回，第3問から第6問は1回です。なお，選択肢は音声ではなく，すべて問題冊子に印刷されています。

では，始めます。4ページを開いてください。

第1問A　短い発話を聞いて同意文を選ぶ問題

放送内容 《第1問Aの説明》

第1問A　第1問Aは問1から問4までの4問です。英語を聞き，それぞれの内容と最もよく合っているものを，四つの選択肢（①〜④）のうちから一つずつ選びなさい。

問1　　1　　正解は④

① 話者は参加する部員の数を知りたがっている。
② 話者は部活のミーティングの頻度を知りたがっている。
③ 話者は部の部屋番号を知りたがっている。
④ 話者はミーティングの時間を知りたがっている。

放送内容 《部活のミーティングの時間》

When does our club get together today? At three?

訳　　今日，うちの部はいつミーティングをすることになってるの？　3時？
◇ get together「集まる，会合する」　◇ meet「集まる」
第1文の When と第2文の At three? から時間を確認しているとわかる。よって the time of the meeting とある④が正解。get together が the meeting につながる。

問2　2　正解は③

① 話者は青いネクタイを1本しか持っていない。
② 話者は赤いネクタイを1本しか持っていない。
③ 話者は青いネクタイを（複数）持っている。
④ 話者は赤いネクタイを（複数）持っている。

放送内容　《ネクタイ》

I'd like to wear a red tie to work, but I only have blue ones.

訳　仕事には赤い**ネクタイ**をして行きたいが，**青いものしか持っていない。**

末尾の blue ones は前半の a red tie に対応しており，ones＝ties であることから，③が正解。blue の直前の only に引っ張られて，ネクタイ1本を指す①を選ばないように注意。②，④の red は I'd like to wear a red tie の would like to *do*「～したい」が，選択肢の The speaker has …「話者が…（現在すでに）持っている」に当てはまらない。

問3　3　正解は④

① 話者はケビンにEメールをくれるよう頼んでいる。
② 話者はケビンからのEメールを読んでいる。
③ 話者はケビンのEメールアドレスを知っている。
④ 話者はケビンのEメールアドレスを入手したがっている。

放送内容　《ケビンのEメールアドレス》

Would you tell me Kevin's email address, please?

訳　ケビンのEメールアドレスを教えていただけませんか？

◇ ask *A* for *B*「*A* に *B* をくれるよう頼む」

Would you ～（, please）? は話者が相手にお願いする表現であること，tell me Kevin's email address からEメールアドレスを教えてほしいことがわかるので，④が正解。ケビンのアドレスを聞き手から教えてもらおうとしている状況であり，①のようにケビンから直接メールをもらおうと頼んでいるわけではない。

問4　4　正解は②

① 話者はヨウコにあげるケーキを焼き終えるだろう。
② 話者はヨウコへのプレゼントを包み終えるだろう。
③ ヨウコはケーキをもらえないだろう。
④ ヨウコはプレゼントを受け取らないだろう。

放送内容　《誕生日パーティーに遅刻する理由》
　I baked Yoko's birthday cake, but I haven't finished wrapping her present yet. So I'll be late for her party.

訳　　ヨウコにあげるバースデーケーキは焼いたが，彼女へのプレゼントの包装がまだ終わっていない。なので，僕は彼女のパーティーに遅れて行くだろう。

選択肢には主語が The speaker と Yoko の2種類あり，いずれの選択肢も動詞に will が付いていることから，2人の動向（もうしたこと，まだしていないこと）に注意して聞き取る。I baked Yoko's birthday cake は過去形なので①は不適。I haven't finished wrapping her present yet. より，プレゼントの包装を終えていないのでこれからする可能性があると言える。また，第2文 So I'll be late for her party.「だからパーティーには遅れて行く」からも，プレゼントの包装をしてから出発するから遅刻する，ということが予測できる。よって②が正解。

第1問B 短い発話を聞いて内容に近いイラストを選ぶ問題

放送内容 《第1問Bの説明》

第1問B 第1問Bは問5から問7までの3問です。英語を聞き，それぞれの内容と最もよく合っている絵を，四つの選択肢（①〜④）のうちから一つずつ選びなさい。

では，始めます。

問5 [5] 正解は②

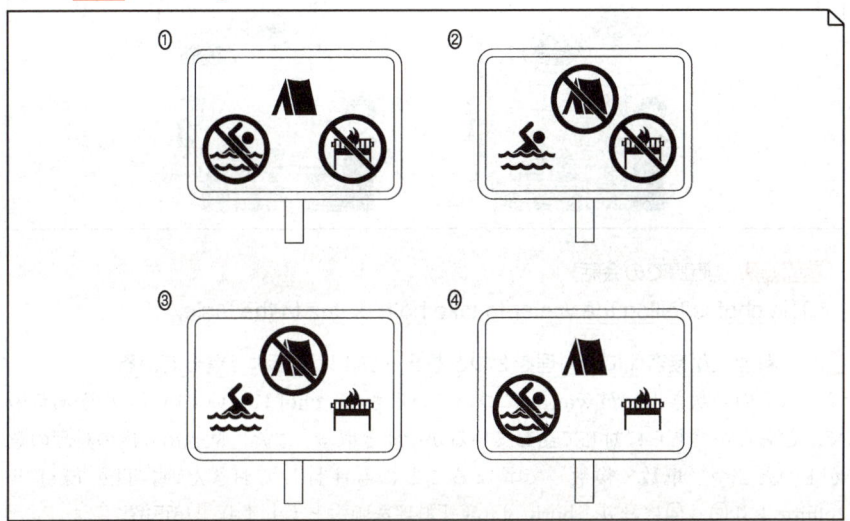

放送内容 《看板》

This sign says you <u>can swim</u> here, <u>but</u> you <u>can't camp or barbecue</u>.

訳 この看板には，ここで<u>遊泳はできるが</u>，<u>キャンプとバーベキューはできない</u>，と書いてある。

🚫（禁止のマーク）の有無に注意して聞き取る。you can swim here より②，③に絞る。but you can't camp or barbecue の not A or B は「A も B も（両方とも）〜ない」の意。よって②が正解。not と or を別々に考えて「キャンプかバーベキューのどちらかができない」ので③，と判断しないように注意。

問6　6　正解は④

《厨房での会話》

The chef is telling the waiter to take both plates to the table.

訳　料理人が接客係に，料理を2つともテーブルに運ぶよう言っている。

イラスト内の吹き出しが waiter についているもの，chef についているものがあるので，どちらがどちらに対して話しているかを聞き取る。また，吹き出し内の料理の数が1つと2つ（単数・複数）で異なることにも注目しておきたい。The chef is telling より②，④に絞り，both plates「料理を両方とも」より④が正解。

問7　　7　　正解は②

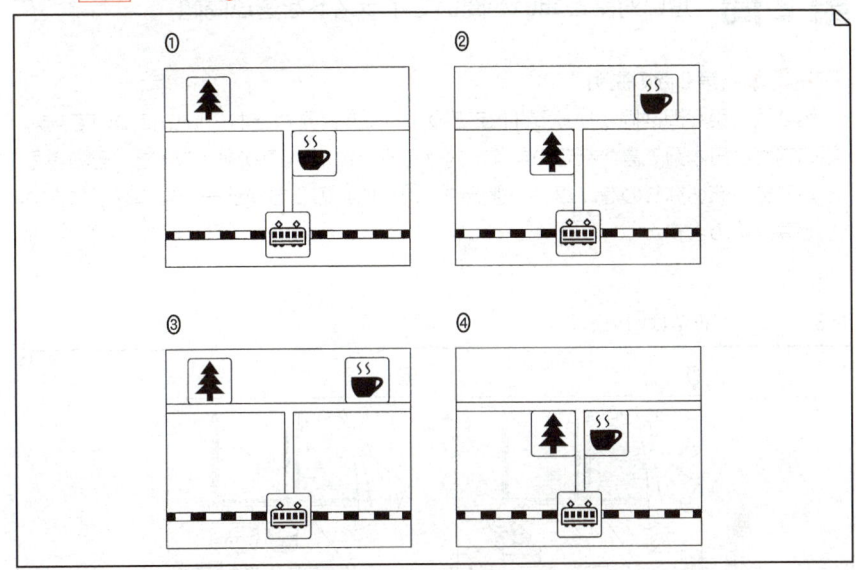

《3つの場所の位置関係》

The park is <u>not as far</u> from the station <u>as the café is</u>.

訳　　公園は駅からの距離が**カフェほどは遠くない**。

電車のマークはすべての選択肢で同じ位置にあるが，木のマークとカップのマークは選択肢により位置がそれぞれ異なるので，2つの場所の駅からの位置関係を問われると予測を立てたい。文頭の The park＝木のマーク，と瞬時に判断するのは困難だったかもしれないが，the station＝電車のマーク，the café＝カップのマークということは明らか。The park is not as far from the station「公園は駅から遠くはない」から，公園が駅に比較的近い位置にある②，④に絞りたい。続く as the café is の部分の解釈が重要。not as ～ as … は「…ほど～でない」という意味なので，「公園はカフェほどは遠くない」と解釈し，カフェの方が遠くにある②が**正解**。not as far as … を「…と同じくらい遠くはない（＝同じくらいの距離）」と間違って解釈して④を選ばないよう注意。「…と同じくらい～」の意味となる as ～ as … は not がついても単純に「…と同じくらい～ない」という意味にはならない。

第2問 短い対話と問いを聞いてイラストを選ぶ問題

　第2問　第2問は問8から問11までの4問です。それぞれの問いについて，対話の場面が日本語で書かれています。対話とそれについての問いを聞き，その答えとして最も適切なものを，四つの選択肢（①〜④）のうちから一つずつ選びなさい。
　では，始めます。

問8　　8　　正解は①

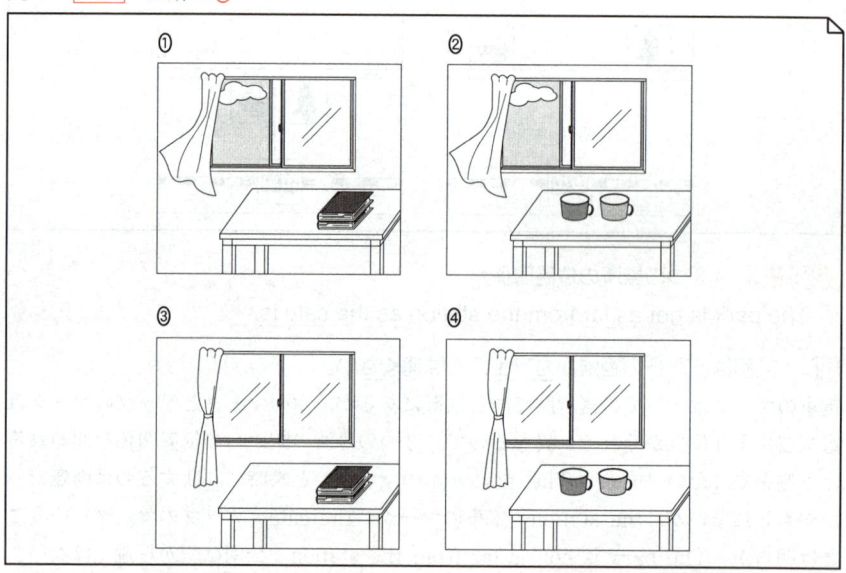

放送内容　《部屋の様子》

W：Can you take the cups off the table and put the books there instead?

M：Done! Shall I close the window?

W：Umm, leave it open.

M：Yeah, we need some fresh air.

Question：Which picture shows the room after the conversation?

訳　女性：テーブルからカップをどけて，代わりにその場所に本を置いてくれない？
　　男性：できたよ！　窓を閉めようか？
　　女性：うーん，開けたままにしておいて。

男性：わかった，新鮮な空気を入れたほうがいいよね。

質問：この会話の後の部屋の状態を示しているのはどの絵か。

◇ off ～「～から離れて」 ◇ take *A* off *B*（場所）「*B*（場所）から *A* を取り去る」女性の1つ目の発言前半は，off the table の部分が聞き取りづらいかもしれないが，take the cups から②，④に注目したい。後半は，文末の instead が「カップの代わりに」の意味で，本をテーブルの上に置くよう頼んでいる。これに男性が Done!「できた！」と答えているので，②，④が元の状態，本がテーブルの上にある①，③が後の状態となる。続く男性の発言 Shall I close the window? に女性は leave it open と答えていることから，もともと窓は開いていたと判断でき，部屋の様子が②➡①になったことがはっきりする。質問は the room <u>after</u> the conversation「この会話の<u>後</u>の部屋の状態」なので，①が正解。会話の前の状態（②）を問われる可能性もあるため，質問を最後まで聞いてから解答すること。

問9 　9　 正解は②

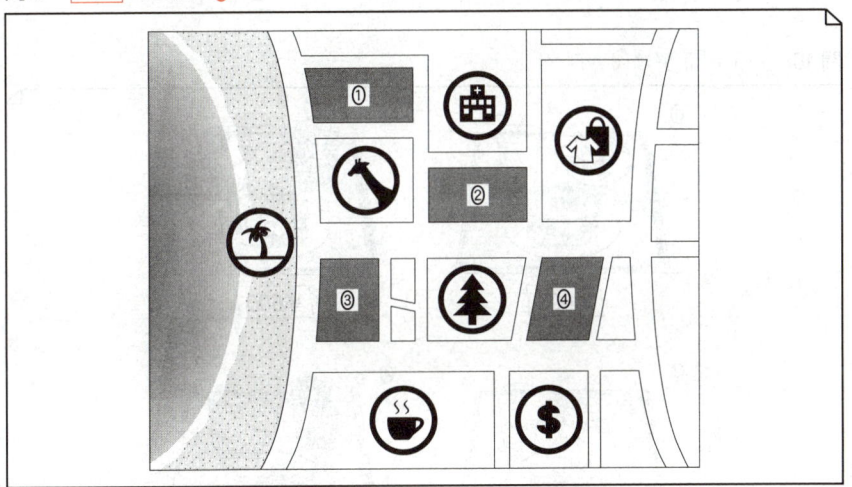

放送内容 《家族旅行で滞在する場所》

M：Let's stay near the beach.

W：But I'd rather be near the shopping mall.

M：<u>What about the hotel between the zoo and the mall</u>?

W：<u>Great, and it's across from the park</u>.

Question：Where will they stay?

訳 男性：浜辺の近くに泊まろうよ。
女性：でも，私はショッピングモールの近くの方がいいわ。
男性：動物園とショッピングモールの間のホテルはどうだい？
女性：いいわね，そこなら公園の向かい側だしね。

質問：彼らはどこに滞在するつもりか。

◇ would rather *do*「〜したい」　◇ What about 〜?「〜はどうですか？」
◇ across from 〜「〜の（真）向かい側に」

男性の1つ目の発言 Let's stay near the beach. および女性の1つ目の発言 I'd rather be near the shopping mall. から男性は浜辺に近い①か③，女性はショッピングモールに近い②か④の場所をそれぞれ希望しているとわかる。男性は2つ目の発言で「動物園とショッピングモールの間」となる②を提案し，女性は Great と答えていることから，2人の意見は②で一致している。between the zoo and the mall の the mall は the shopping mall を指すが，それに気付けなかった場合でも，女性の最後の発言より，公園から道路を挟んだ向かい側にある②を選びたい。

問10　[10]　正解は④

放送内容　《今日のランチ》
W : How about the hamburger lunch?
M : Actually, I'm trying to save money this month.
W : Umm, perhaps the chicken lunch is better, then.

M：Well, I don't want salad, so this one's perfect!

Question：Which meal will the man most likely choose?

訳 女性：ハンバーガーランチにしない？
男性：実は今月，お金を節約しようと思ってるんだよね。
女性：うーん，じゃあ，チキンランチの方がいいかもね。
男性：そうだなぁ，サラダはいらないから，これが一番いいや！

質問：男性はどの食事を選ぶ可能性が最も高いか。

◇ save「〜を節約する，〜を貯める」 ◇ most likely「〜する可能性が最も高い」

①，②のハンバーガーランチを勧める女性に対する男性の返答 Actually, I'm trying to save money this month. は，③，④のチキンランチと比べると値段の高い①，②を拒否していると判断できる。男性の2つ目の発言 I don't want salad から，男性はサラダのついていない④を最終的に選ぶことになる。よって④が正解。

問11 11 正解は④

① ② ③ ④

放送内容 《家族写真》

M：Who's the boy with the dog, Ayaka?

W：My nephew. Next to him is his twin sister.

M：Is the woman next to her your sister?

W：No, she's my aunt, Tomo.

Question：Which person in the photo is Tomo?

訳 男性：<u>犬を抱いている男の子</u>は誰なの，アヤカ？

女性：<u>私の甥っ子よ。その隣にいるのは彼の双子の妹なの。</u>

男性：<u>彼女の隣</u>にいる女性は君のお姉さん？

女性：いいえ，<u>彼女は私の叔母のトモよ。</u>

質問：写真の中のどの人物がトモか。

男性の1つ目の発言 Who's the boy with the dog, Ayaka? に対し，女性（Ayaka）が My nephew. と答えているので，犬を抱えている②はアヤカの甥。続く Next to him is his twin sister. より，②の左右にいる①か③が甥の姉妹となるが，his <u>twin sister</u>「双子の妹」なので②の甥と同じ背の高さの③が双子の妹のはず。続く男性の2つ目の発言 Is the woman next to <u>her</u> your sister?「彼女の隣にいる女性は君のお姉さん？」の her は直前の his twin sister となる③を指すので，the woman next to her は④の人物の話。これに対し，女性は No, she's my aunt, Tomo. と答えているので，④はアヤカの叔母のトモである。質問はトモがどの人物であるか，なので④が正解。

第3問　短い対話を聞いて問いに答える問題

放送内容　《第3問の説明》

　第3問　第3問は問12から問17までの6問です。それぞれの問いについて，対話の場面が日本語で書かれています。対話を聞き，問いの答えとして最も適切なものを，四つの選択肢（①〜④）のうちから一つずつ選びなさい。

　では，始めます。

問12　12　正解は③

> 問　友人2人ともがしようと思っていることは何か。
> ①　海外で仕事を探す。　　　②　旅行のためにお金を貯める。
> ③　働いてお金を稼ぐ。　　　④　雑誌に投稿する。

放送内容　《卒業後の進路》

M : What would you like to do after graduation?

W : Travel! But first I'm going to deliver newspapers until I save enough to go around the world. And you?

M : I want to be a famous writer someday, but right now, I need money, too. Maybe I can work for a magazine!

訳　男性：卒業した後，君は何をしたいの？

　　女性：旅行よ！　でも，世界中に行けるだけの**お金を貯めるまで**，まずは**新聞配達をするつもり**。あなたは？

　　男性：僕はいつか有名作家になりたいん**だけど，今のところ，僕もお金が必要なんだ**。たぶん，僕は雑誌社で働くかな！

問いの both friends に注意。対話をする2人に共通する予定を選ぶ。女性の発言第2文「でも…お金を貯めるまで，まずは新聞配達をするつもり」より，②と③に絞る。さらに，男性は最後の発言で，有名作家になりたいと述べているものの，but right now, I need money, too「けど，今のところ，僕もお金が必要なんだ」から，2人に共通するのは「お金が必要」という点。Maybe I can work for a magazine! も，男性も働いてお金を稼ぐことを示している。男性は旅行をしたいとは述べていないので，③が正解。

問 13　　13　　正解は ③

> 問　この会話の後，ポールは何を最初にする可能性が高いか。
> ①　自分のブログに新しい投稿を加える。
> ②　カレンのブログにコメントをする。
> ③　自分のブログから写真を削除する。
> ④　カレンのブログにある写真を見る。

放送内容　《ブログの写真》

W : Hey, Paul. I saw <u>the funny photo</u> you posted <u>on your blog</u> yesterday.

M : What? <u>I posted that by mistake, but I thought I deleted it.</u>

W : <u>No</u>, you didn't. <u>It's still on your blog.</u>

M : Are you serious, Karen? <u>That's really embarrassing.</u> I don't want people to see that photo of me.

訳　女性：ねえ，ポール。昨日あなたが<u>ブログ</u>に投稿していた<u>おもしろい写真</u>，見たわよ。

男性：なんだって？　<u>間違って投稿しちゃったんだけど，削除したと思ってたよ。</u>

女性：<u>いいえ，</u>していなかったわよ。<u>まだあなたのブログに載ってるわ。</u>

男性：本当かい，カレン？　<u>そりゃあ本気で恥ずかしいやつだな。</u>あの僕の写真を人には見られたくないんだよね。

カレンの1つ目の発言第2文の「あなた（＝ポール）がブログに投稿していたおもしろい写真」について，ポールの1つ目の発言第2文（I posted that …）はスピードが速く，ついていきづらいかもしれないが，mistake と deleted から，間違っていたから消したはず…という点は伝わるはず。続くカレンの No, … It's still on your blog. から，写真がまだポールのブログ上にあるとわかる。ポールの最後の発言第2文 That's really embarrassing. 「そりゃあ本気で恥ずかしいやつだな」より，ポールはすぐに写真を消すはずである。よって③が正解。

問 14　　14　　正解は ②

> 問　女性はどの車が好みか。
> ①　黒色の車　　　②　青色の車　　　③　緑色の車　　　④　白色の車

放送内容　《車選び》

M : I like both <u>the blue one and the black one</u>. How about you?

W : I see the blue car, but <u>where's the black one</u>? Do you mean that dark green one with the white seats?

M : <u>Yes. Do you like that one?</u>
W : Well, it's OK, but I like the other one better.

訳 男性：僕は青いのも黒いのも好きだな。君は？

女性：青い車は見えるけど，黒いのはどこにあるの？　あの白い座席の深緑色の
　　　やつのこと？

男性：そうだよ。君はあの車，いいと思う？

女性：うーん，悪くはないわね。だけど，私はもう一つの方がいいかな。

男性が好きな車の the blue one and the black one に対し，女性は「青い車は見え
るけど，黒いのはどこにあるの？」「…深緑色のやつのこと？」と述べていることに
注意。男性はこの質問に Yes. と答えているので，男性が黒と思っていた車が，実は
深緑色の車であるとわかる。よって，2人が比較している車は②と③である。男性の
2つ目の発言末尾の that one は直前の that dark green one を指し，女性は Well,
it's OK, but I like the other one better.「(深緑の車は) 悪くないけど，もう一つの
方がいい」と答えている。比べていたのは青と深緑なので，②が正解。

問15 　15　 正解は②

問 会話によると，どれが正しいか。

① ジェーンとマイクは4年前に卒業した。
② ジェーンとマイクは以前，クラスメートだった。
③ ジェーンは（相手のことを）マイクだとなかなか気付けなかった。
④ マイクの髪型は少し変わった。

放送内容 《旧友との再会》

W : You're Mike Smith, aren't you?

M : Hey, Jane Adams, right?

W : Yes! I haven't seen you for ages.

M : <u>Wasn't it five years ago, when our class graduated?</u>

W : Yes, almost six.

M : Well, I'm glad you recognized me. I haven't changed?

W : No, I recognized you immediately. You haven't changed your hairstyle at
　　all.

訳 女性：あなた，マイク＝スミスよね？

男性：おや，ジェーン＝アダムスだね？

女性：そうよ！　すごく久しぶりね。

男性：僕らのクラスが卒業したのは5年前じゃなかった？

女性：ええ，もう6年近くになるわ。

男性：いやぁ，僕だって気付いてくれてうれしいよ。僕は変わってないかな？

女性：ええ，あなただってすぐにわかったわ。髪型が全く変わってないもの。

◇ for ages「長い間」　◇ recognize「〜が誰であるかわかる」

◇ not 〜 at all「全く〜ない」

男性の2つ目の発言 Wasn't it five years ago, when <u>our class graduated?</u>「僕らの
クラスが卒業したのは5年前じゃなかった？」より，2人が以前同じクラスだったと
わかるので，**②が正解**。女性の2つ目の発言末尾の <u>for</u> ages を four years と間違え
て①を選ばないように注意。続く男性（Wasn't it <u>five</u> years ago, …?）と女性（Yes,
<u>almost six.</u>）の発言より，卒業したのは5〜6年前である。③は女性の最後の発言第
1文，④は女性の最後の発言第2文に，それぞれ合わない。

問16　16　正解は③

問	この後，女の子は何をする必要があるか。
① ピーターに彼の教科書を貸してくれるよう頼む。
② アレックスに連絡を取り，教科書を譲ってくれるよう頼む。
③ 教科書を手に入れる別の方法を見つける。
④ もう一度同じ講座を受講する。

放送内容　《教科書の入手》

W : The textbook is sold out at the bookstore. Do you know where I can get one?

M : Actually, I didn't buy mine. <u>I got it from Peter.</u> He took the same course last year.

W : So, who else took that course?

M : <u>Alex!</u>

W : Yeah, <u>but I know he gave his book to his sister.</u>

訳　女性：その教科書，書店では売り切れているの。どこか手に入る場所，知らない？

男性：実は，僕の教科書は買ったものじゃないんだ。**ピーターからもらったのさ。**
　　　彼は昨年，同じ講座を受けていたからね。

女性：じゃあ，他に誰かその講座を受けていた人は？

男性：**アレックスがいるよ！**

女性：そうね，<u>でも彼，教科書は妹にあげたみたいなの。</u>

男性の1つ目の発言第2文 I got it from Peter. から，ピーターの本は男性の手にあ

るので，①は不適。女性の最後の発言 I know he（＝Alex）gave his book to his sister. から，アレックスに頼んでももらえないので，②も不適。残った選択肢で彼女にできそうなことは③のみ。④は once again から，女性が過去にその講座を受講していることが前提となるが，そのような情報はない。

問17　　17　　正解は④

> 問　男性は部屋をとる前に何をするつもりか。
> ①　午後3時前にホテルに電話をする。
> ②　彼が以前にとった予約を取り消す。
> ③　ホテルで昼食をとる。
> ④　ホテルの外で少し時間をつぶす。

放送内容　《ホテルの追加予約》

M : Good morning. My flight's been cancelled. I need to stay another night. Is there a room available?

W : Yes, but not until this afternoon. If you come back later, we'll have one ready for you.

M : What time?

W : About 3 o'clock?

M : OK. I'll go out for lunch and come back then.

訳　男性：おはよう。乗る予定だった便が欠航になってね。もう一晩，泊まらないといけなくなったんだけど，空いている部屋はあるかな？

女性：ございますが，本日の午後まではご利用いただけません。後ほどまたお越しいただければ，お部屋をご準備できます。

男性：時間は？

女性：3時頃でいかがでしょうか？

男性：わかった。外で昼食をとってから，また戻ってくるよ。

◇ flight「飛行機の便」　◇ available「利用可能な」

男性の1つ目の発言最終文 Is there a room available? が Can I get a room? と解釈できるため，問いの get a room と対応するのはこの箇所である。これに対する女性の返答「後ほどまたお越しいただければ，お部屋をご準備できます」から，すぐに部屋をとることはできないとわかる。男性の最後の発言の go out for lunch の部分が，男性がホテルの部屋をとる前にする行動となる。go out for 〜 は「〜を求めて外出する」という意味なので，outside the hotel とある④が正解。③は at the hotel からホテル内で過ごすことになるので，不適である。

第4問A モノローグを聞いて図表を完成させる問題

放送内容 《第4問Aの説明》

　第4問A　第4問Aは問18から問25の8問です。話を聞き，それぞれの問いの答えとして最も適切なものを，選択肢から選びなさい。問18から問21の問題文と図を，今，読みなさい。

　では，始めます。

問18〜21　 18 　 19 　 20 　 21 　正解は①，④，②，③

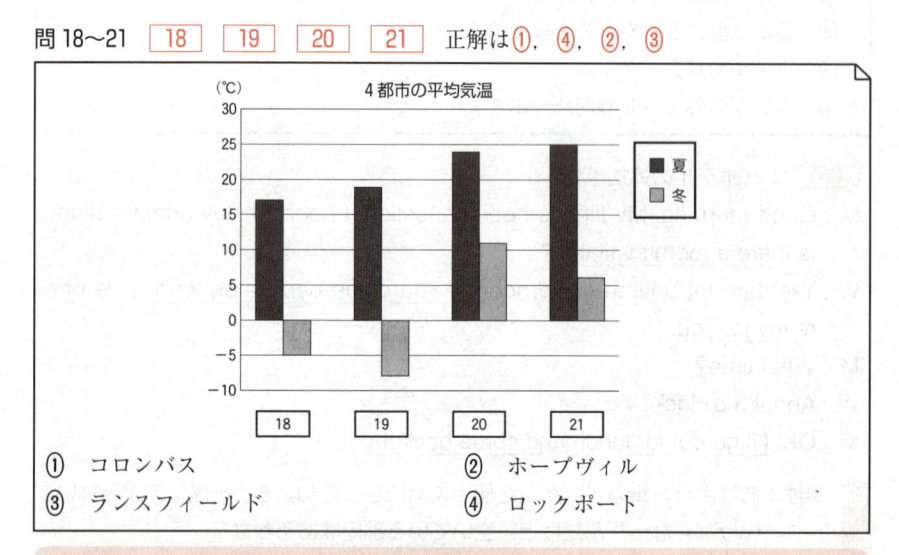

放送内容 《4都市の夏と冬の気温比較》

　Here are the average summer and winter temperatures of four cities in North America : Columbus, Hopeville, Lansfield, and Rockport. The temperature of Lansfield in the summer was much higher than I expected— the highest in fact. By comparison, Rockport had a much cooler summer than Lansfield and experienced the coldest winter among the four cities. Columbus was a bit cooler than Rockport in the summer, while its winter was a few degrees warmer. Hopeville changed the least in temperature and was just a bit cooler than Lansfield in the summer.

訳　　これは北アメリカの4つの都市のコロンバス，ホープヴィル，ランスフィールド，ロックポートの夏と冬の平均気温です。ランスフィールドの夏の気温は想像以上に高く，事実，最も高い気温でした。それに比べ，ロックポートは夏，ランスフィールドよりもずっと涼しく，冬の気温は4つの都市中，最低でした。コロ

▌ンバスはロックポートに比べ，夏は少し涼しい一方，冬は2～3℃高めでした。**ホープヴィル**は気温の変化が最も少なく，夏はランスフィールドよりも気温が少しだけ低くなっていました。

第2文 The temperature of Lansfield in the summer was … the highest in fact. 「ランスフィールドの夏の気温は…事実，最も高い気温でした」より，夏の棒グラフの数値が最も高い 21 に③を入れる。

第3文 By comparison, Rockport … experienced the coldest winter among the four cities. 「それに比べ，ロックポートは…冬の気温は4つの都市中，最低でした」より，冬の棒グラフの数値が最も低い 19 は④が正解。

第4文 Columbus was a bit cooler than Rockport in the summer 「コロンバスはロックポートに比べ，夏は少し涼しい」より，夏の棒グラフがロックポートの 19 よりも低くなっている 18 に①が入る。

最終文 Hopeville … was just a bit cooler than Lansfield in the summer. 「ホープヴィルは…夏はランスフィールドよりも気温が少しだけ低くなっていました」から，夏の棒グラフがランスフィールドの 21 より少し低い気温になっている 20 に②を入れる。

放送内容 《第4問A，問22～25の説明》
　問22から問25の問題文と表を，今，読みなさい。
　では，始めます。

問22～25　22　23　24　25　正解は⑤，⑥，②，③

バス	行き先	出発予定時刻	到着予定時刻	現在の運行状況
A2	シティセンター	10：10	11：00	＜ 22 ＞
A6	シティセンター	10：40	11：40	＜ 23 ＞
B7	イースタンアベニュー	10：30	11：05	＜遅れ＞ 変更後の出発予定時刻：24
C10	メインストリート	10：10	11：00	＜追加の停留所＞ シティセンターへの到着予定時刻：25

①	10：10	②	11：00	③	11：10
④	11：35	⑤	運休	⑥	定刻通り

> 放送内容 《バスの運行予定変更のお知らせ》
>
> Attention, please! There are some changes to the regular bus schedule. The A 2 bus leaving for City Center is canceled. Those passengers going to City Center should now take the C10 bus to Main Street. It'll continue on to City Center after leaving Main Street, which takes 10 additional minutes. The A 6 bus, which goes to City Center, is running normally. Finally, the B 7 bus to Eastern Avenue will leave half an hour late. We're sorry for any inconvenience.

訳　皆様にお知らせします！　バスの通常ダイヤに変更がございます。シティセンター行きのA2バスは運休となります。シティセンターに行かれるお客様は，メインストリート行きのC10バスをご利用ください。このバスはメインストリートを出発後，シティセンターまで続けて運行し，追加の所要時間は10分です。シティセンター行きのA6バスは通常通り運行しております。最後に，イースタンアベニュー行きのB7バスは30分遅れで出発いたします。ご不便をおかけして大変申し訳ございません。

◇ leaving for ～「～行きの」　◇ continue on to ～「～まで続けて行く」
◇ additional「追加の」

22　正解は⑤
第3文 The A 2 bus leaving for City Center is canceled.「シティセンター行きのA2バスは運休となります」より⑤が正解。

23　正解は⑥
A6バスが登場するのは第6文。The A 6 bus, … is running normally.「A6バスは…通常通り運行しております」より，on time「定刻通り」となる⑥が正解。

24　正解は②
B7 bus と聞こえるのは第7文。Finally, the B 7 bus … will leave half an hour late.「B7バスは…30分遅れで出発いたします」より，表のB7バスの行のScheduled departure「出発予定時刻」である10：30に30分を足し，11：00の②を選ぶ。half an hour「30分」という表現の理解と，leave「出発する」を表の中のdeparture「出発」という表現に結びつけて考えることができるかが問われている。

25 　正解は③

C10 bus と聞こえるのは第4文（Those passengers …）最後の the C10 bus to Main Street である。続く第5文で It'll continue on to City Center after leaving Main Street, which takes 10 additional minutes. の下線の部分が聞こえれば，表の右端 Current status「現在の運行状況」の〈ADDITIONAL STOP〉Arrival time at City Center：の部分について述べられており，10 additional minutes から「10分追加」すればよいとわかる。通常ダイヤでのメインストリートへの到着予定時刻 11：00 に 10 分を足して 11：10 となる③を選ぶ。

第4問B　複数の情報を聞いて条件に合うものを選ぶ問題

放送内容 《第4問Bの説明》
　第4問B　第4問Bは問26の1問です。話を聞き，示された条件に最も合うものを，四つの選択肢（①〜④）のうちから一つ選びなさい。状況と条件を，今，読みなさい。
　では，始めます。

問26 　26 　正解は①

問 あなたは◻︎でのインターンシップを選ぶ可能性が最も高い。			
インターンシップ	条件A	条件B	条件C
① ホテル			
② 語学学校			
③ 公共図書館			
④ ソフトウェアの会社			

放送内容 《インターン先の選択》

1. Our hotel's internship focuses on creating a new website. The work will be done in late August. Interns will help set up the website, which should take about half a month. You can stay at our hotel or come from home.

2. The internship at our language school starts in early summer when the

exchange program starts. Many international students visit us, so <u>we need to help these students get around</u>. <u>Interns should stay at the dormitory for about ten days</u> while assisting with the program.

3. Public library interns help with our reading programs. For example, <u>they prepare for special events and put returned books back on the shelves</u>. <u>Interns must work for more than two weeks</u>. You can join anytime during the summer, and <u>housing is available</u>.

4. <u>We're a software company looking for students to help develop a smartphone application</u>. They are required to participate in brainstorming sessions, <u>starting on the 15th of July, and are expected to stay until the end of August</u>. <u>Participants should find their own place to stay</u>.

訳 1. <u>当ホテルのインターンシップでは，新しいウェブサイトの制作を主に行ってもらいます</u>。作業の終了は8月下旬の予定です。実習生にはウェブサイト立ち上げの補助をしてもらいますが，<u>半月ほどかかるはずです</u>。<u>皆さんには，当ホテルに宿泊してもらってもいい</u>ですし，自宅から通ってもらっても構いません。

2. うちの語学学校のインターンシップは交換留学プログラムが始まる初夏に始まります。多くの留学生が語学学校に来ますので，<u>この学生たちがいろいろな場所に行く手助けをする必要があります</u>。<u>実習生の皆さんにはこのプログラムをお手伝いしてもらいながら，約10日間，寮で生活してもらいます</u>。

3. 公共図書館での実習生には，読書プログラムの補助をしてもらいます。例えば，<u>特別な催しに向け準備をしたり，返却された本を棚に戻したりといった作業になります</u>。<u>実習生には2週間以上働いてもらうことになっています</u>。夏の間であれば参加はいつでも可能ですし，<u>住宅も利用可能です</u>。

4. <u>当方はソフトウェアの会社で，スマートフォン用のアプリ開発をお手伝いしてくれる学生を探しています</u>。学生の皆さんにはブレーンストーミング会議に必ず出席してもらい，<u>7月15日から始め，8月末まで続けてもらいます</u>。<u>滞在先につきましては，自分で見つけていただくことになっています</u>。

◇ focus on ～「～に集中する」　◇ set up ～「～を設立する」
◇ get around「あちこちに移動する」
◇ be required to *do*「～することが求められる」
◇ brainstorming「ブレーンストーミング（グループ内でアイデアを出し合う問題解決法）」
◇ session「会議」　◇ be expected to *do*「～することになっている」

①は第 1 文の creating a new website の「ウェブサイトの制作」が条件Ａ，第 3 文（Interns will …）の which should take about half a month「半月ほどかかるはず」が条件Ｃ，最終文 You can stay at our hotel が条件Ｂに合う。よって①が正解。

②は最終文 stay at the dormitory for about ten days「寮に 10 日間滞在」が条件Ｂ・Ｃを満たすが，業務内容にあたる第 2 文 help these students get around「留学生のお手伝い」が条件Ａを満たすかはっきりしないため，不適。

③は，最終文後半の housing is available「住宅も利用可能」が条件Ｂに当てはまるが，第 2 文 they prepare for special events and put returned books back on the shelves. の業務内容にコンピューターの知識は不要。条件Ａに当てはまらず，不適。条件Ｃについては，第 3 文 work for more than two weeks「2 週間以上勤務」が該当箇所だが，「2 週間程度で終わること」が可能かは不明。

④は第 1 文の help develop a smartphone application「アプリ開発の補助」は条件Ａに当てはまるが，第 2 文 starting on the 15th of July, and are expected to stay until the end of August. の「期間が 7 月 15 日〜8 月末まで」が，2 週間程度という条件Ｃに当てはまらない。また，最終文 Participants should find their own place to stay. が滞在先に関する条件Ｂにも当てはまらないため，不適。

インターンシップ	条件Ａ	条件Ｂ	条件Ｃ
① ホテル	○	○	○
② 語学学校	?	○	○
③ 公共図書館	×	○	?
④ ソフトウェアの会社	○	×	×

第5問 講義の内容と図表の情報を使って問いに答える問題

《第5問の説明》

　第5問　第5問は問27から問33の7問です。最初に講義を聞き，問27から問32に答えなさい。次に続きを聞き，問33に答えなさい。状況・ワークシート，問い及び図表を，今，読みなさい。

　では，始めます。

ワークシート

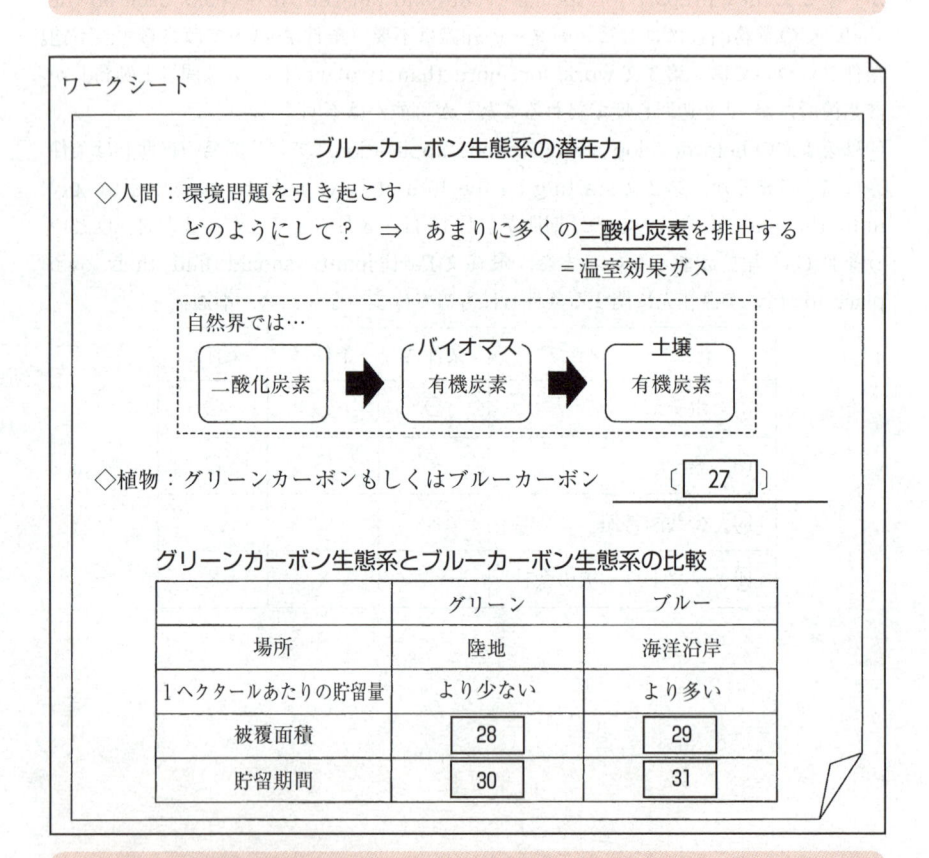

ブルーカーボン生態系の潜在力

◇人間：環境問題を引き起こす

　　　　どのようにして？　⇒　あまりに多くの<u>二酸化炭素</u>を排出する
　　　　　　　　　　　　　　　　　　　　＝温室効果ガス

　自然界では…

　二酸化炭素　➡　バイオマス（有機炭素）　➡　土壌（有機炭素）

◇植物：グリーンカーボンもしくはブルーカーボン　〔　**27**　〕

グリーンカーボン生態系とブルーカーボン生態系の比較

	グリーン	ブルー
場所	陸地	海洋沿岸
1ヘクタールあたりの貯留量	より少ない	より多い
被覆面積	28	29
貯留期間	30	31

《生態系保全におけるブルーカーボン生態系の潜在力》

　OK. What is blue carbon? You know, humans produce too much CO_2, a greenhouse gas. This creates problems with the earth's climate. But remember how trees help us by absorbing CO_2 from the air and releasing oxygen? <u>Trees change CO_2 into organic carbon, which is stored in biomass.</u>

Biomass includes things like leaves and trunks. The organic carbon in the biomass then goes into the soil. This organic carbon is called "green" carbon. But listen! Plants growing on ocean coasts can also take in and store CO_2 as organic carbon in biomass and soil—just like trees on dry land do. That's called "blue" carbon.

Blue carbon is created by seagrasses, mangroves, and plants in saltwater wetlands. These blue carbon ecosystems cover much less surface of the earth than is covered by green carbon forests. However, they store carbon very efficiently—much more carbon per hectare than green carbon forests do. The carbon in the soil of the ocean floor is covered by layers of mud, and can stay there for millions of years. In contrast, the carbon in land soil is so close to the surface that it can easily mix with air, and then be released as CO_2.

Currently the blue carbon ecosystem is in trouble. For this ecosystem to work, it is absolutely necessary to look after ocean coasts. For example, large areas of mangroves are being destroyed. When this happens, great amounts of blue carbon are released back into the atmosphere as CO_2. To avoid this, ocean coasts must be restored and protected. Additionally, healthy coastline ecosystems will support fish life, giving us even more benefits.

訳　では，ブルーカーボンとは何でしょう？　ご存じのとおり，人間はかなりの量の二酸化炭素，つまり温室効果ガスを排出しています。このことが地球の気候に問題を引き起こしているのです。しかし，樹木が大気中の二酸化炭素を吸収し，酸素を放出することで我々人間に役立ってくれている仕組みを覚えていますか？　樹木は二酸化炭素を有機炭素に変え，その有機炭素はバイオマス中に貯留されます。バイオマスには木の葉や木の幹といったものがあります。バイオマス中の有機炭素はその後，土壌へと入っていきます。この有機炭素が「グリーン」カーボンと呼ばれるものです。ですが，よく聞いてください！　海洋沿岸域に生育する植物もまた，ちょうど陸地にある樹木がそうするように，二酸化炭素を取り込み，その二酸化炭素をバイオマス中や土壌中の有機炭素として貯留することができるのです。これが「ブルー」カーボンと呼ばれるものです。

　ブルーカーボンは，海藻やマングローブ，そして塩性湿地に生育する植物により生成されます。これらのブルーカーボン生態系が占める地表面積は，グリーンカーボンを担う森林面積に比べ，ずっと少ないのですが，ブルーカーボンは炭素を大変効率よく貯留します。ブルーカーボンが1ヘクタールあたりに貯留する炭

素量は，グリーンカーボンを担う森林が貯留する炭素量よりもはるかに多いのです。海底の土に含まれる炭素は泥の層に覆われているため，何百万年にもわたって土の中に留まることができます。対照的に，陸地の土壌中の炭素はその地表に大変近い部分に存在しているため，炭素が簡単に大気に溶け込み，二酸化炭素として放出されてしまうのです。

　現在，ブルーカーボン生態系は窮地に陥っています。この生態系が機能するには，海洋沿岸域を整備することが不可欠です。例えば，マングローブ林の大部分が破壊されつつあります。こうなると，多量のブルーカーボンが大気中に再度，二酸化炭素として放出されてしまいます。この事態を避けるには，海洋沿岸域を元の状態に戻し，保護しなければなりません。さらに，沿岸部の生態系が健全な状態になれば，魚類の生命を維持していくことにもなり，我々人間にさらに多くの恩恵がもたらされることになるでしょう。

◇ greenhouse gas「温室効果ガス」 ◇ absorb「～を吸収する」
◇ change *A* into *B*「*A* を *B* へと変える」
◇ organic carbon「有機炭素」 ◇ store「～を貯留する」
◇ biomass「バイオマス（生物由来の再利用可能な有機資源）」 ◇ trunk「幹」
◇ ocean coast「海洋沿岸域」 ◇ take in ～「～を取り込む」
◇ dry land「（海に対する）陸地」 ◇ seagrass「海藻」
◇ saltwater wetland「塩性湿地（海水に覆われる湿地）」 ◇ ecosystem「生態系」
◇ surface of the earth「地表」 ◇ efficiently「効率よく」
◇ hectare「ヘクタール（単位）」 ◇ ocean floor「海底」 ◇ layer「層」
◇ mud「泥」 ◇ millions of ～「何百万もの～」 ◇ in contrast「対照的に」
◇ absolutely「絶対的に」 ◇ atmosphere「大気」 ◇ avoid「～を避ける」
◇ restore「～を復元する」 ◇ coastline「沿岸部」

問27 　27　 **正解は④**

① （グリーンカーボンもしくはブルーカーボン）という有機炭素を分解する
② 炭素を（グリーンカーボンもしくはブルーカーボン）という二酸化炭素に変える
③ 酸素を生成し，その酸素を（グリーンカーボンもしくはブルーカーボン）として放出する
④ 二酸化炭素を取り込み，それを（グリーンカーボンもしくはブルーカーボン）として貯留する

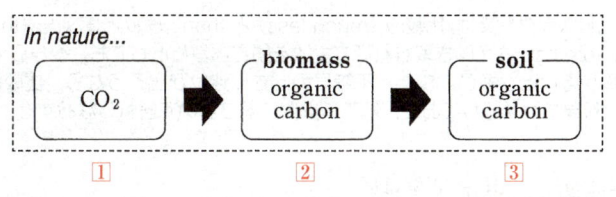

第1段第6文 Trees change CO_2 into organic carbon, which is stored in biomass. が上記 1→2, 第8文 The organic carbon in the biomass then goes into the soil. が 2→3 を指すことを確認。続く第9文 This organic carbon is called "green" carbon. から, 2 と 3 の organic carbon が green carbon だと判断できる。

さらに, 第11文 Plants growing on ocean coasts can also take in and store CO_2 as organic carbon in biomass and soil 「海洋沿岸域に生育する植物もまた…二酸化炭素を取り込み, その二酸化炭素をバイオマス中や土壌中の有機炭素として貯留することができる」は, 1→2→3 の流れを繰り返すものであり, 同段最終文で That's called "blue" carbon. と述べられているので, blue carbon も green carbon と同じ流れでできるということがわかる。

これらより, CO_2 を take in「取り込む」➡store「貯留する」の流れを含む④が正解。①は break down「〜を分解する」, ②は CO_2 called (green or blue carbon)「グリーンカーボンもしくはブルーカーボンと呼ばれる二酸化炭素」, ③は release it(＝oxygen) as (green or blue carbon)「酸素をグリーンカーボンもしくはブルーカーボンとして放出する」の部分がそれぞれ内容に不一致。

問28～31

① より広い	② より狭い	③ 同じ
④ より長い	⑤ より短い	⑥ 不明

28 正解は① 29 正解は②

空所左の Area of coverage から cover する area＝面積に関する情報と考え, ①, ②, ③, ⑥に絞りたい。第2段第2文 These blue carbon ecosystems cover much less surface of the earth than is covered by green carbon forests.「これらのブルーカーボン生態系が占める地表面積は, グリーンカーボンを担う森林面積に比べ, ずっと少ない」より, 面積は Green ＞ Blue となる。much less の much は less「より少ない」(little の比較級) の強調表現。much less という表現は, 不慣れだと, 多いのか少ないのか一瞬わからなくなるという人も多いので, リスニングでは要注意。また, 表の Area of coverage という表現が放送文には含まれていないため, cover, surface, earth の部分から面積であると気付きたい。

> **NOTE** 比較級を含む文は，比較級（much less）と than 以降の比較対象（than … green carbon forests）さえ聞き取れれば，主語を聞き逃したとしても，後から全体の文脈で主語がわかることが多い。また，不等号の向きに迷いが出そうなら，比較級と than 以降の比較対象だけメモしておき，解答時間内に落ち着いて解釈しなおすとよい。

30 正解は⑤　　**31** 正解は④

空所左の Period of storage は store する period＝貯留期間。第2段第4文「海底の土に含まれる炭素は…何百万年にもわたって土の中に留まることができる」および第5文「対照的に，陸地の土壌中の炭素はその地表に大変近い部分に存在しているため，炭素が簡単に大気に溶け込み，二酸化炭素として放出されてしまう」より，貯留期間は Green ＜ Blue となる。同段第4文の stay や for millions of years「何百万年も」という表現から，貯留期間が長いということはわかるが，Green と Blue，どちらの話かよくわからなかった場合でも，続く第5文文頭の In contrast「対照的に」という表現から，第5文が第4文の carbon とは別の方の話であることがわかる。さらに，第5文中の the carbon in land soil が海中ではなく地上の炭素，つまり Green を指すと気付ければ，正解を導ける。

ブルーカーボン生態系の潜在力

◇人間：環境問題を引き起こす

　　　　どのようにして？　⇒　あまりに多くの**二酸化炭素を排出する**
　　　　　　　　　　　　　　　　　　　＝温室効果ガス

自然界では…

二酸化炭素	➡	バイオマス 有機炭素	➡	土壌 有機炭素

◇植物：④<u>二酸化炭素を取り込み，それを</u>グリーンカーボンもしくはブルーカーボン<u>として貯留する</u>

グリーンカーボン生態系とブルーカーボン生態系の比較

	グリーン	ブルー
場所	陸地	海洋沿岸
1ヘクタールあたりの貯留量	より少ない	より多い
被覆面積	① より広い	② より狭い
貯留期間	⑤ より短い	④ より長い

問32 　32　 正解は②

> ①　なくてはならないブルーカーボン生態系は，破壊されてしまい，替えがきかない。
> ②　海洋沿岸部の生態系は，さらなる二酸化炭素の放出を防ぐために保護されるべきである。
> ③　海洋全体の生態系を取り戻すことが気候問題の解決につながるだろう。
> ④　ブルーカーボンの循環を向上させるには，魚類の生命を維持していくことが重要である。

最終段第5文 To avoid this, ocean coasts must be … protected.「この事態を避けるには海洋沿岸域を…保護しなければならない」の this は，直前の第3・4文（For example, large …）のマングローブの破壊により大量のブルーカーボンが二酸化炭素として大気中に放出される事態を指す。この内容は②に一致する。

①blue carbon ecosystems … cannot be replaced「ブルーカーボン生態系は…替えがきかない」は講義の中で言及なし。

③the ecosystem of the <u>entire</u> ocean「海洋<u>全体</u>の生態系」の部分が講義の中で言及なし。

④Supporting fish life と improving the blue carbon cycle の関係が，最終段最終文「海洋沿岸部の生態系が健全な状態になれば，魚類の生命を維持していくことになる」と逆になってしまっているため，不適。

問33 　33　 正解は③

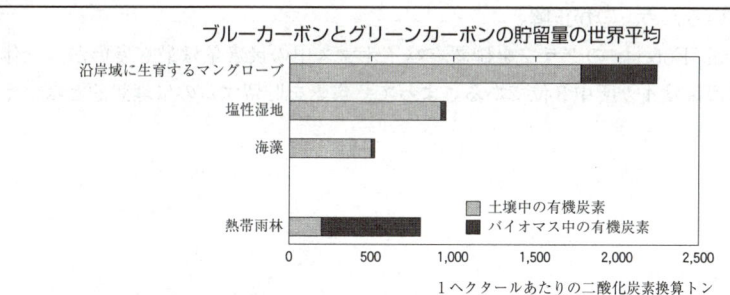

① 　塩性湿地では，バイオマスよりも土壌からの方が二酸化炭素が排出されやすい。
② 　海洋沿岸部に生息するマングローブでは，バイオマスよりも泥の層からの二酸化炭素排出量の方が少ない。
③ 　海藻は，バイオマス中よりも土壌中の方が長期間にわたり炭素をより効率よく貯留できる。
④ 　熱帯雨林は，そのバイオマスが理由で，炭素を貯留するには理想的である。

放送内容 《生態系別の有機炭素貯留量比較》

Look at this graph, which compares blue and green carbon storage. Notice how much organic carbon is stored in each of the four places. The organic carbon is stored in soil and in biomass but in different proportions. What can we learn from this?

訳　ブルーカーボンとグリーンカーボンの貯留量を比較したこのグラフを見てください。4つの場所それぞれに貯留されている有機炭素の量に注目してください。有機炭素は土壌中とバイオマス中のどちらにも貯留されますが，その割合は異なります。このことから何がわかりますか？

◇ storage「貯留（量）」　◇ notice「〜に注目する」　◇ proportion「割合」

① グラフの題名（Global Averages for Blue and Green Carbon Storage）から，このグラフは「（有機）炭素の貯留量」を比較したものであると判断できる。よって release CO_2 more easily と，CO_2 の排出のしやすさを比較している①は不適。

② は release less CO_2 が CO_2 排出量を比較しているため，不適。①の解説参照。

③ は offer more efficient long-term carbon storage「長期にわたり炭素をより効率よく貯留できる」より，グラフで比較されている炭素貯留量に関する記述である点が一致している。グラフの上から3つ目の棒グラフ（Seagrasses）を確認すると，土壌中の有機炭素の量の方がバイオマス中よりも圧倒的に多いことが読み取れる。また，前半の講義の第2段第1文 Blue carbon is created by seagrasses … で，ブルーカーボンを生成するものの一つに Seagrasses は挙げられており，同段第3・4文（However, they store …）に，ブルーカーボンを効率よく長期間貯留することも述べられているため，③が正解。

④ Tropical Forests のグラフを確認。バイオマス中の炭素量は最も多いが，全体的な炭素貯留量は4カ所中3位である。よって，炭素を貯留するのに理想的とは言えない。

第6問A　対話を聞いて要点を把握する問題

放送内容　《第6問Aの説明》

　第6問A　第6問Aは問34と問35の2問です。二人の対話を聞き，それぞれの問いの答えとして最も適切なものを，四つの選択肢（①〜④）のうちから一つずつ選びなさい。状況と問いを，今，読みなさい。

　では，始めます。

放送内容　《手書きの手紙についての賛否》

Carol：What are you doing, Bob?

　Bob：I'm writing a letter to my grandmother.

Carol：Nice paper! But isn't it easier just to write her an email?

　Bob：Well, perhaps. But I like shopping for stationery, putting pen to paper, addressing the envelope, and going to the post office. It gives me time to think about my grandma.

Carol：Uh-huh. But that's so much trouble.

　Bob：Not really. Don't you think your personality shines through in a handwritten letter? And it makes people happy. Plus, it has cognitive benefits.

Carol：What cognitive benefits?

　Bob：You know, handwriting is good for thinking processes, like memorizing and decision making.

Carol：Really? I'm a more fluent writer when I do it on a computer.

　Bob：Maybe you are, but you might also sacrifice something with that efficiency.

Carol：Like what?

　Bob：Well, mindfulness, for one.

Carol：Mindfulness?

　Bob：Like taking time to do things with careful consideration. That's being lost these days. We should slow down and lead a more mindful life.

Carol：Speaking of mindful, I wouldn't mind some chocolate-chip ice cream.

訳　キャロル：ボブ，何をしているの？

　　　ボブ：祖母に手紙を書いているんだよ。

　　キャロル：素敵な紙ね！　でも，Eメールを書くだけの方が楽じゃない？

　　ボブ：うーん，そうかもね。でも，僕は文房具を買いに行って，筆を執って，封筒に宛先を書いて，郵便局に行くっていうのが好きなんだよ。**そうすることで祖母のことを考える時間ができるからね。**
キャロル：ふぅん。**でも，それってすごく面倒よね。**
　　ボブ：たいしたことないよ。**手書きの手紙**の方が個性が出ると思わない？**それに，手書きの手紙をもらえば，人は幸せな気持ちになるよ。**しかも，手書きで手紙を書くことには，認知面での効果も期待できるんだ。
キャロル：認知機能に対してどんな効果があるの？
　　ボブ：あのね，手で文字を書くことは暗記をしたり意思決定をしたりといった思考の過程によい影響を与えるんだよ。
キャロル：本当？　私はコンピューターで書いた方が流暢に書けるわ。
　　ボブ：君はそうだろうけど，ひょっとするとその効率のよさのせいで何かを犠牲にしてしまっているかもしれないよ。
キャロル：例えば？
　　ボブ：そうだな，一つには，マインドフルネスかな。
キャロル：マインドフルネス？
　　ボブ：**時間をかけて慎重に検討しながら物事に取り組む，**みたいなものさ。この頃では失われつつあるものだよね。僕たちはペースを落として，もっとマインドフルな生活を送るべきだよ。
キャロル：マインドフルと言えば，私はチョコチップアイスを食べたいわ。

◇ shop for ～「～を買いに行く」　◇ put pen to paper「筆を執る」
◇ shine through「はっきりと現れる」　◇ cognitive「認知の」
◇ decision making「意思決定」　◇ fluent「流暢な」
◇ sacrifice「～を犠牲にする」　◇ efficiency「効率，性能」　◇ for one「一つには」
◇ consideration「熟慮，考察」　◇ lead a ～ life「～な生活を送る」
◇ speaking of ～「～と言えば」　◇ wouldn't mind ～「～が欲しいのですが」

問34　34　正解は③

> 問　キャロルの話の要点は何か。
> ①　Eメールは冷たく，あまり個人的でない。
> ②　手書きの文字は読みづらい。
> ③　ペンで手紙を書くことは面倒である。
> ④　手紙には個性が出る。

手書きで手紙を書くことのよさを伝えるボブに対し，キャロルは3つ目の発言第2文(But that's so …)で「でも，それってすごく面倒よね」と反論していることから，

③が正解。so much trouble が③では troublesome に言い換えられている。①はキャロルの発言中に，Eメールを否定的にとらえた発言がないため不適。②はキャロルが手書きの手紙を支持しない理由に hard to read「読みづらい」を挙げていない。④はボブの3つ目の発言第2文（Don't you think …）「手書きの手紙の方が個性を発揮できると思わない？」に近い内容であり，キャロルの話の要点ではない。

問35　35　正解は④

> 圊　次の文章のうち，ボブが同意するであろうものはどれか。
> ① 手紙を書くことには時間がかかりすぎる。
> ② キーボードを使って手紙を書くと性格がよくなる。
> ③ キーボードを使って手紙を書くのは，手書きで手紙を書くのと同じくらいよいものだ。
> ④ 手書きで手紙を書くことは心のこもった行いである。

ボブは2つ目の発言最終文（It gives me …）で「（手書きの手紙を書くことで）祖母のことを考える時間ができる」と述べ，最後の発言では手書きの手紙について taking time … consideration「時間をかけて慎重に検討しながら物事に取り組む」ものとしている。これらが④の a heartfelt act に近い意味になる。また，ボブの3つ目の発言第3文 And it makes people happy. の it は第2文の a handwritten letter「手書きの手紙」を指し，ボブは手書きの手紙により人々を幸せな気持ちにできると述べている。これらから④に同意すると考えられる。前出の a handwritten letter が④の Writing a letter by hand と同じ意味になっている。

第6問B　複数の意見（会話や議論）を聞いて問いに答える問題

放送内容　《第6問Bの説明》
　第6問B　第6問Bは問36と問37の2問です。会話を聞き，それぞれの問いの答えとして最も適切なものを，選択肢のうちから一つずつ選びなさい。状況と問いを，今，読みなさい。
　では，始めます。

放送内容　《選挙の投票に行くかどうか》
Brad：Hey, Kenji. Did you vote yet? The polls close in two hours.
Kenji：Well, Brad, who should I vote for? I don't know about politics.
Brad：Seriously? You should be more politically aware.

Kenji : I don't know. It's hard. How can I make an educated choice? What do you think, Alice?

Alice : The information is everywhere, Kenji! Just go online. Many young people are doing it.

Kenji : Really, Alice? Many?

Brad : Either way, you should take more interest in elections.

Kenji : Is everybody like that? There's Helen. Let's ask her. Hey Helen!

Helen : Hello, Kenji. What's up?

Kenji : Are you going to vote?

Helen : Vote? We're only twenty. Most people our age don't care about politics.

Alice : Being young is no excuse.

Helen : But unlike older people, I'm just not interested.

Brad : Come on, Helen. Let's just talk. That might change your mind.

Alice : Brad's right. Talking with friends keeps you informed.

Kenji : Really? Would that help?

Brad : It might, Kenji. We can learn about politics that way.

Alice : So, Kenji, are you going to vote or not?

Kenji : Is my one vote meaningful?

Alice : Every vote counts, Kenji.

Helen : I'll worry about voting when I'm old. But do what you want!

Kenji : OK, I'm convinced. We've got two hours. Let's figure out who to vote for!

訳　ブラッド：やあ，ケンジ。君はもう投票した？　投票所はあと2時間で閉まるよ。

ケンジ：いやー，ブラッド，誰に投票したらいいんだよ？　政治についてはよくわかってもいないのに。

ブラッド：本気で言ってる？　君はもっと政治意識を持つべきだよ。

ケンジ：どうだろうねえ。政治って難しいしね。よく理解した上で決めるなんて，どうやったらできるのさ？　アリス，君はどう思う？

アリス：情報なんてどこにでもあるわよ，ケンジ！　とにかく，インターネットを開いてみなさいよ。そうしている若者なんてたくさんいるわ。

ケンジ：本当なの，アリス？　そんなにたくさん？

ブラッド：いずれにしろ，君はもっと選挙に関心を持ちなよ。

ケンジ：みんなそんな感じなの？　ヘレンがいるじゃないか。彼女に聞いてみよう。やあ，ヘレン！

　ヘレン：こんにちは，ケンジ。どうしたの？

　ケンジ：君は投票に行くの？

　ヘレン：投票？　<u>私たち，まだ20歳よ。私たちと同じ年の人はほとんどが政治に興味なんてないわよ。</u>

　アリス：若いってことは言い訳にはならないわ。

　ヘレン：でも，<u>お年寄りの人たちと違って，私は全く興味がないのよ。</u>

ブラッド：何言ってるんだよ，ヘレン。とにかく話をしようよ。そうすれば君も考えが変わるかもしれないよ。

　アリス：ブラッドの言うとおりよ。友達と話すことでいろんなことを知ることができるわ。

　ケンジ：本当？　それって役に立つの？

ブラッド：役立つかもしれないよ，ケンジ。そんなふうにして一緒に政治について学べばいいじゃないか。

　アリス：さあ，ケンジ，投票には行くの？　行かないの？

　ケンジ：僕の一票に意味があるの？

　アリス：どの票にも価値があるのよ，ケンジ。

　ヘレン：<u>年を取れば，私も選挙のことが気にかかるようになるとは思うわ。</u>でも，みんな自分のしたいようにするべきよ！

　ケンジ：よし，わかった。<u>まだ2時間ある。誰に投票するべきか考えよう！</u>

◇ vote「投票する」　◇ the polls「投票所」　◇ politics「政治」
◇ be politically aware「政治意識を持つ」　◇ educated「知識に基づいた」
◇ either way「いずれにしろ」　◇ election「選挙」
◇ care about ～「～に関心を持つ」　◇ excuse「言い訳，口実」
◇ change *one's* mind「心変わりする」
◇ keep *A* informed「*A* に随時情報を与える」
◇ that way「そんなふうに」　◇ meaningful「意味のある」
◇ count「重要である」　◇ convinced「確信した」
◇ figure out ～「～を考え出す」

問36　36　正解は①

| ① | 1人 | ② | 2人 | ③ | 3人 | ④ | 4人 |

投票に行ったか問われたケンジは1つ目の発言で I don't know about politics.「政治についてはよくわからない」と答えているため，積極的とは言えない。ブラッドはそんなケンジに2つ目の発言で You should be more politically aware.「君はもっと政治意識を持つべきだ」とケンジを批判しているので，積極的と言える。アリスは

政治に関する情報不足を理由にブラッドに反論するケンジに意見を求められ，1つ目の発言で The information is everywhere, Kenji!「情報なんてどこにでもあるわよ，ケンジ！」と，ケンジをさらに追いつめていることから，積極的と言える。ヘレンは3つ目の発言で I'm just not interested. と述べているので，積極的とは言えない。ここまでなら②を選びたいが，ブラッドとアリスに説得されたケンジの最後の発言 We've got two hours. Let's figure out who to vote for!「まだ2時間ある。誰に投票するべきか考えよう！」から，投票したい人を決めて選挙に行く考えに変わっていることがわかる。ケンジが投票に積極的になったと言えるので，**①**が正解。

> **NOTE** 問いの「**会話が終わった時点で**，選挙の投票に行くことに積極的でなかった人」という表現に注意。「会話が終わった時点で」➡意見が途中で変わる可能性もあるので，最初の意見だけで判断をしないようにしよう。

問37　37　正解は①

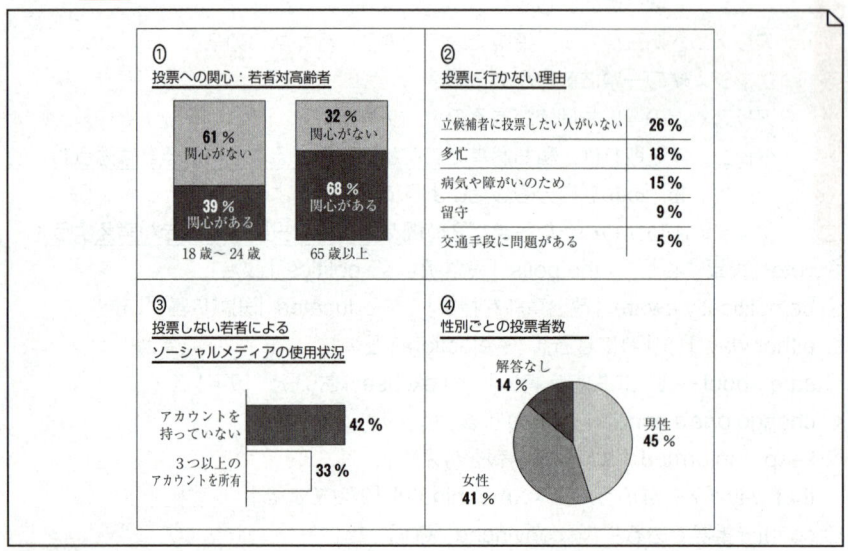

ヘレンの2つ目の発言第2・3文 We're only twenty. Most people our age don't care about politics.「私たち，まだ20歳よ。私たちと同じ年の人はほとんどが政治に関心なんてないわよ」，3つ目の発言 unlike older people, I'm just not interested.「お年寄りの人たちと違って，私は全く興味がないのよ」，4つ目の発言第1文 I'll worry about voting when I'm old.「年を取れば，私も選挙のことが気にかかるようになるとは思うわ」から，若者は政治や選挙に関心がなく，高齢者はある，というのがヘレンの意見だとわかる。若者と高齢者について，投票への関心がある人とない人の割合を比較した**①**が正解。

第 2 回 試行調査：英語（筆記［リーディング］）

第 2 回　試行調査

筆記

問題番号 （配点）	設　問		解答番号	正　解	配　点	チェック
第 1 問 （10）	A	問 1	1	②	2	
		問 2	2	①	2	
	B	問 1	3	②	2	
		問 2	4	②	2	
		問 3	5	③	2	
第 2 問 （20）	A	問 1	6	③	2	
		問 2	7	②	2	
		問 3	8	③	2	
		問 4	9	①	2	
		問 5	10	②	2	
	B	問 1	11	④	2	
		問 2	12	②	2	
		問 3	13	③	2	
		問 4	14	①	2	
		問 5	15	③	2	
第 3 問 （10）	A	問 1	16	②	2	
		問 2	17	③	2	
	B	問 1	18	③	2	
		問 2	19	①	2	
		問 3	20	②	2	

問題番号 （配点）	設　問		解答番号	正　解	配　点	チェック
第 4 問 （16）		問 1	21	②	3	
		問 2	22	①	3	
		問 3	23	②，③	4*1	
		問 4	24	②	3*2	
			25	④		
		問 5	26	②	3	
第 5 問 （20）		問 1	27	③	5*2	
			28	②		
			29	⑤		
			30	④		
			31	①		
		問 2	32	②，③，⑥	5*1	
		問 3	33	③	5	
		問 4	34	①，③，⑥	5*1	
第 6 問 （24）	A	問 1	35	④	3	
		問 2	36	②	3	
		問 3	37	①	3	
		問 4	38	①	3	
	B	問 1	39	③	3	
		問 2	40	②	3	
		問 3	41 – 42	③ – ④	3*2	
		問 4	43	②	3	

（注）
1　＊1 は，過不足なく解答した場合のみ点を与える。
2　＊2 は，全部正解の場合のみ点を与える。
3　―（ハイフン）でつながれた正解は，順序を問わない。

● 正解および配点は，大学入試センターから公表されたものをそのまま掲載しています。

※ 2018 年 11 月の試行調査の受検者のうち，3 年生の得点の平均値を示しています。

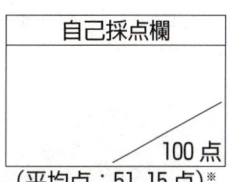

自己採点欄

100 点
（平均点：51.15 点）※

第1問

A　伝言メモの読み取り

訳　《英語部のお別れ会の計画》

　あなたは英語部の部員です。あなたは部員の1人である，マレーシア出身のヤスミンのためにお別れ会を開く予定です。あなたは英語教員助手で部活の顧問であるアメリアから伝言メモを受け取りました。

英語部の部員の皆様へ

　そろそろいつヤスミンの英語部のお別れ会を開くかを決める頃です。彼女は12月15日に日本を発つ予定なので，部員は来週のどこかで集まるべきです。ヤスミンにどの日が彼女にとってパーティーに来るのに都合がいいか聞いて私に知らせてくれますか？　日取りが決まったら，私はいくつかの素敵なサプライズを計画してあなたたちを手伝うつもりです。また，私が他の生徒を招待しても大丈夫でしょうか？　参加したいと思っているテニス部の生徒を何人か知っています。なぜなら彼らはここ6カ月にわたって彼女とテニスをして楽しんでいたからです。

敬具

アメリア

語句・構文

▶ farewell party「お別れ会」

▶ convenient「(物事が) 都合のよい」

▶ take part「参加する」

問 1　[1]　正解は②

「先生はあなたたちにヤスミンに[　　　]を尋ねてほしいと思っている」

第 3 文（Can you ask …）で「ヤスミンにどの日が彼女にとってパーティーに来るのに都合がいいか聞いて私に知らせてくれますか？」と尋ねていることから，正解は②**「彼女がいつパーティーに出席することができるか」**となる。

①「彼女がパーティーで何を食べたいか」

③「彼女がどこでパーティーを開きたいと思っているか」

④「彼女が誰をパーティーに招待したいと思っているか」

問 2　[2]　正解は①

「先生は[　　　]も招待したいと思っている」

第 5 ・ 6 文（Also, is it …）で，「また，私が他の生徒を招待しても大丈夫でしょうか？　参加したいと思っているテニス部の生徒を何人か知っています」とあることから，正解は①**「英語部に所属していない数人の生徒」**となる。

②「英語部とテニス部のすべての部員」

③「ヤスミンの他の英語教員のうちの数人」

④「マレーシアに留学したいと思っている生徒」

B ウェブサイトの読み取り

訳 ≪姉妹都市交流会への参加募集≫
あなたはあなたの街の英語のウェブサイトに，興味深い掲示を見つけました。

参加者募集：姉妹都市青少年交流会
「共に生きることを学ぶ」

　私たちの街のドイツ，セネガル，そしてメキシコの3つの姉妹都市がそれぞれ，15歳から18歳の10人の若者を来年の3月に私たちの街に派遣します。「共に生きることを学ぶ」という8日間の青少年交流会が開催される予定です。それは私たちの招待客の日本への初めての訪問となる予定です。

　私たちは参加してくれる人を探しています：私たちは私たちの街の高校から30人の生徒の主催チーム，訪問する青少年のための30世帯のホームステイファミリー，そしてイベントを管理する20人のスタッフを必要としています。

進行スケジュール

3月20日	オリエンテーション，歓迎パーティー
3月21日	少人数の4カ国合同グループで観光
3月22日	伝統舞踊に関する2つのプレゼンテーション： (1)セネガルの学生，(2)日本の学生
3月23日	伝統的食生活に関する2つのプレゼンテーション： (1)メキシコの学生，(2)日本の学生
3月24日	伝統的衣装に関する2つのプレゼンテーション： (1)ドイツの学生，(2)日本の学生
3月25日	少人数の4カ国合同グループで観光
3月26日	ホストファミリーと自由時間
3月27日	お別れパーティー

- パーティーとプレゼンテーションはコミュニティーセンターで開催されます。
- 交流会の言語は英語になります。私たちの訪問客は英語のネイティブスピーカーではありませんが，彼らは基本的な英語のスキルを持っています。

　登録するには12月20日午後5時までに<u>ここ</u>をクリックしてください。

▶▶市役所国際交流課

語句・構文

▶ sister city「姉妹都市」
▶ youth meeting「青少年交流会」
▶ participate「参加する」

問1 　3　 正解は②

「この掲示の目的は開催都市から▢▢する人を見つけることである」

第 2 段第 1 文に「私たちは参加してくれる人を探しています」とあることから，正解は②**「イベントに参加する」**となる。

① 「活動のスケジュールを決める」
③ 「すべての姉妹都市を訪ねる」
④ 「交流会に関するレポートを書く」

問2 　4　 正解は②

「交流会の間，学生たちは▢▢予定である」

進行スケジュールを見ると，「伝統舞踊に関するプレゼンテーション」「伝統的食生活に関するプレゼンテーション」「伝統的衣装に関するプレゼンテーション」をそれぞれ招待国のうちの一国と日本の学生が行う予定であることがわかる。したがって正解は②**「自分たちの文化についてプレゼンテーションを行う」**となる。

① 「国際問題について議論をする」
③ 「ほとんどの時間を観光に使う」
④ 「言語を教えるために地元の高校を訪れる」

問3 　5　 正解は③

「その交流会はよいコミュニケーションの機会になるだろう。なぜならすべての学生は▢▢からである」

進行スケジュールの下の注意書きに，「交流会の言語は英語になります。私たちの訪問客は英語のネイティブスピーカーではありませんが，彼らは基本的な英語のスキルを持っています」とあることから，正解は③**「英語でお互いと話をする」**。

① 「異なった年齢のグループに分けられる」
② 「日本語と英語のレッスンを受ける」
④ 「3つの姉妹都市からの家庭に滞在する」

第2問

A　レシピとコメントの読み取り

訳　《ミートポテトパイのレシピ》

　あなたは学校で料理部の部員であり，何か違うものを作りたいと思っています。ウェブサイトで，あなたはよさそうな料理のレシピを見つけました。

簡単なオーブンレシピ

ここに，私たちのウェブサイトで上位10品に評価されたオーブンで焼く料理の一つがあります。あなたはこの料理を健康的で満足のいくものだと思うでしょう。

ミートポテトパイ

材料（4人分）

A 玉ねぎ1個	にんじん2本	牛ひき肉500グラム
小麦粉🥄2杯	トマトペースト🥄1杯	ウスターソース🥄1杯
ベジタブルオイル🥄1杯	出し汁🥛2杯	塩・胡椒

B　ゆでたじゃがいも3個　　バター40グラム

C　スライスチーズ

作り方

ステップ1：**A**を作る

1. 野菜をみじん切りにして，油を熱して，5分間火を通す。
2. 肉を加えて色が変わるまで炒める。
3. 小麦粉を入れて2分間かき混ぜる。
4. 出し汁，ウスターソース，そしてトマトペーストを加える。30分ほど煮詰める。
5. 塩・胡椒で味付けをする。

ステップ2：**B**を作る

1. その間（**A**を作る間）に，じゃがいもを薄くスライスする。
2. フライパンを熱してバターを溶かす。じゃがいもを加えて3分間炒める。

ステップ3：**A**，**B**そして**C**を合わせて，オーブンで焼く

1. オーブンを200度に温める。
2. 耐熱皿に**A**を入れて，**B**を上に乗せて，**C**をその上にかける。
3. 10分間オーブンで焼く。熱いうちに召し上がってください。

〜〜〜〜〜〜〜〜〜〜〜〜〜〜〜〜〜〜〜〜〜〜〜〜〜

レビューとコメント

 cooking@master さん　2018 年 1 月 15 日 15 時 14 分
これは本当においしいです！　雪の降る日には完璧です。

Seaside Kitchen さん　2018 年 2 月 3 日 10 時 03 分
うちの子供たちはこの料理が大好きです。作るのは全く難しくないし，私は
子供たちのために何度も作りました。

語句・構文

▶ minced beef「牛ひき肉」

▶ Worcestershire sauce「ウスターソース」

▶ soup stock「出し汁」

▶ stir「かき混ぜる」

問 1　　6　　正解は③

「このレシピはあなたが　　　したいのであればよいだろう」
作り方の最後に「熱いうちに召し上がってください」とあること，cooking@mas-
ter さんのコメントに「雪の降る日には完璧です」とあることから，正解は③「**寒
い日に温かい料理を楽しむ**」となる。

① 「昼食に鶏を調理する」

② 「甘いものを食べる」

④ 「火を使わずに簡単な料理を準備する」

問 2　　7　　正解は②

「作り方に従えば，その料理はおよそ　　　で食べる準備ができるはずである」
作り方の中で時間が明記されているものは，「野菜をみじん切りにして，油を熱し
て，5 分間火を通す」「小麦粉を入れて 2 分間かき混ぜる」「30 分ほど煮詰める」
「じゃがいもを加えて 3 分間炒める」「10 分間オーブンで焼く」で，**A** を作る間に
行う「じゃがいも…3 分間」以外を足して合わせると 47 分になり，他の作業にも
多少の時間がかかるとすると，正解は②「**1 時間**」となる。

① 「30 分」

③ 「20 分」

④ 「2 から 3 時間」

問3　8　正解は③

「生のにんじんが好きではない人はこの料理を食べるかもしれない。なぜなら□だからである」

にんじんが含まれているのは **A** であり，ステップ 1 を見ると，「野菜をみじん切りにして，油を熱して，5 分間火を通す」とあるので，にんじんが加熱調理されていることがわかる。したがって正解は③「**にんじんが加熱調理されている**」だと推測できる。

① 「にんじんは使われていない」

② 「多くの種類の香辛料が使われている」

④ 「にんじんがとても新鮮である」

問4　9　正解は①

「ウェブサイトによると，このレシピに関するある**事実**（意見ではない）は□ということである」

① 「**ウェブサイトで高い評価を得ている**」は冒頭で述べられており，また事実であるので，これが正解となる。

② 「ベジタリアンのために作られた」　本文の内容と一致しない事実。

③ 「パーティーに持っていくのに最適」　本文にない意見。

④ 「とてもおいしい」　本文の内容と一致する意見。

問5　10　正解は②

「ウェブサイトによると，このレシピに関するある**意見**（事実ではない）は□ということである」

Seaside Kitchen さんのコメントで，「作るのは全く難しくない」と言っていることから，② 「**調理しやすい**」はこのレシピに対する意見であり，これが正解となる。

① 「ある親が何度もこの料理を作った」　本文の内容と一致する事実。

③ 「友人と料理をするのは楽しい」　本文と全く関係がない意見。

④ 「そのレシピはある有名な料理家によって考案された」　本文の内容と一致しない事実。

B 記事とコメントの読み取り

訳 《携帯電話禁止の記事》

　あなたの英語の先生が次の授業での討論の準備の参考になるように，ある記事をあなたにくれました。この記事の一部分とコメントの一つが以下に示されています。

フランスの学校で携帯電話禁止

パリのトレーシー=ウルヴより

2017 年 12 月 11 日・午後 4 時 7 分

[第 1 段]　フランス政府は 2018 年 9 月から学校で生徒が携帯電話を使うことを禁止する予定です。生徒は学校に携帯電話を持ってくることは許可されますが，特別の許可なしに校内でそれらを使うことはいかなるときも許可されません。この規則は国内の小学校と中学校のすべての生徒に適用されます。

[第 2 段]　フランスの国民教育大臣であるジャン=ミシェル=ブランケは「この頃生徒たちは休み時間に遊ばなくなりました。彼らは皆スマートフォンを見ていて，教育的観点からそれには問題があります」と発言しました。彼はまた「携帯電話は緊急の場合には必要とされるかもしれませんが，それらの使用は何らかの方法で制御されなくてはなりません」と言いました。

[第 3 段]　しかしながら，すべての親がこの規則に喜んでいるわけではありません。数人の親は「人は時代とともに生きなくてはなりません。私たちが過ごしたのと同じ子供時代を子供たちに強制することは意味をなしません」と言いました。さらに他の親は「誰が携帯電話を集めて，そしてどこでそれらを保管するのでしょうか？ それらはどのようにして持ち主に返されるのでしょう？　もしすべての学校が子供たちが携帯電話を保管できるロッカーを提供しなくてはならないのであれば，多くの費用と場所が必要とされるでしょう」と付け加えました。

---

21 件のコメント

最新

ダニエル=マッカーシー　2017 年 12 月 19 日・午後 6 時 11 分

よくやった，フランス！　学校はただ生徒たちに物事の計算の仕方を学ばせようとしているわけではない。彼らが学校で学ぶべきことは他にたくさんある。若者は他人とうまくやっていく方法のような社会的な技術を身につける必要がある。

語句・構文

［第2段］▶ education minister「教育担当大臣」

［第3段］▶ store「〜を保管する」

問1　　11　　正解は④

「記事で説明された規則によると，フランスの小学校と中学校の生徒は□□□こと
を許されないだろう」

第1段第2・3文（Students will be …）に「生徒は学校に携帯電話を持ってく
ることは許可されますが，特別の許可なしに校内でそれらを使うことはいかなると
きも許可されません。この規則は国内の小学校と中学校のすべての生徒に適用され
ます」とあるので，正解は④**「特別な場合を除いて学校で携帯電話を使う」**となる。

①「親に自分たちの携帯電話の料金を払ってもらうよう頼む」

②「自分たちの携帯電話を学校に持ってくる」

③「卒業後まで自分自身の携帯電話を持つ」

問2　　12　　正解は②

「あなたのチームは『携帯電話の学校での使用は制限されるべきである』という討
論の議題を支持する予定である。記事であなたのチームにとって役に立つある**意見**
（事実ではない）は□□□ということである」

第2段の国民教育大臣の発言内容に「この頃生徒たちは休み時間に遊ばなくなりま
した。彼らは皆スマートフォンを見ていて，教育的観点からそれには問題があります
す」とあるので，正解は②**「生徒は休み時間に友達と遊ぶべきである」**となる。①
も necessary という主観性を表す形容詞が用いられているため「意見」と考えら
れるが，本文では授業中に勉強に集中すべきという意見は述べられていないため誤
りである。

①「生徒は授業中に勉強に集中することが必要である」

③「政府は学校での携帯電話の使用に関して新しい規則を導入する予定がある」

④「携帯電話を長く使いすぎることは生徒の目を悪くするかもしれない」

問3　　13　　正解は③

「他方のチームは討論の議題に反対する予定である。記事において，そのチームに
とって役に立つある**意見**（事実ではない）は□□□ということである」

第3段の最終文（If all schools …）に「もしすべての学校が子供たちが携帯電話
を保管できるロッカーを提供しなくてはならないのであれば，多くの費用と場所が
必要とされるでしょう」とあるので，正解は③**「生徒の携帯電話を保管する費用は
高すぎるだろう」**となる。

① 「生徒に携帯電話の使用の制御の仕方を教えたほうがよい」
② 「生徒は日々のコミュニケーションに携帯電話を使うべきである」
④ 「その規則は国内の小学校と中学校のすべての生徒に適用されるだろう」

問4　　14　　正解は①
「記事の第 3 段において，『人は時代とともに生きなくてはならない』が意味するの
は人々は□□□べきであるということである」
当該文直後に「私たちが過ごしたのと同じ子供時代を子供たちに強制することは意
味をなしません」とあるので，正解は①「彼らがいつ生きているかに応じて生活様
式を変える」となる。
② 「人気のある流行に関係なく自分のやり方で生きる」
③ 「子供の頃の思い出を覚えておく」
④ 「学校に遅刻しないようにする」

問5　　15　　正解は③
「ダニエル=マッカーシーのコメントによれば，彼は記事で述べられた規則□□□」
ダニエル=マッカーシーのコメントを見ると，「よくやった，フランス！…若者は他
人とうまくやっていく方法のような社会的な技術を身につける必要がある」とあり，
規則の方針と同調しているので，正解は③「〜に強く同意している」となる。
① 「〜に対して特別な意見を持っていない」
② 「〜に部分的に同意している」
④ 「〜に強く反対している」

第3問

A　ブログの読み取り

> 訳 《高校の学園祭での経験》
>
> 　あなたはあなたの学校の女子交換留学生によって書かれたブログの中で，以下の話を見つけました。

学園祭

9月15日，日曜日

［第1段］　私は私の友人のタクヤと彼の高校の学園祭に行きました。私は日本の学園祭にそれまで行ったことがありませんでした。私たちはまずお化け屋敷を試しました。それはよくできていて，プロジェクターといい音響を使って怖い雰囲気を醸し出していました。

［第2段］　それから私たちは学生によって演じられたダンスショーを見ました。彼らはかっこよくて踊りが上手でした。天気が悪かったことが残念でした。もし晴れていたのなら，彼らは屋外で踊ることができていたでしょう。昼食時に，私たちはハワイアンパンケーキとタイカレーとメキシカンタコスを屋台で食べました。それらは皆おいしかったのですが，私たちがピザの屋台を見つけた頃にはイタリアンピザはすでに売り切れでした。

［第3段］　午後に，2人とも歌うことが大好きだったので，私たちは一緒にカラオケ大会に参加しました。驚いたことに，私たちはもう少しで優勝するところでした。大会には20組の参加者がいたのでそれは驚くべきことでした。私たちは多くの人が私た  ちの歌を気に入ってくれたことをとても嬉しく思いました。私たちはまた学生が作ったデジタルペインティングやショートムービーを楽しみました。

［第4段］　私は学生が自分たちでこのような大きなイベントを組織し準備したことが信じられません。学園祭はかなり印象的でした。

語句・構文

［第1段］▶ atmosphere「雰囲気」

［第2段］▶ food stall「屋台」

［第3段］▶ entry「参加者」

問 1　16　正解は②

「学園祭では，□□□□」

第 2 段で「天気が悪かったことが残念でした。もし晴れていたのなら，彼らは屋外で踊ることができていたでしょう」とあることから，正解は②**「天気が悪かったためダンスショーは屋内で行われた」**となる。

① 「昼食時間の前に屋台のほとんどの食べ物は売り切れだった」

③ 「お化け屋敷は電気装置を使わずに運営されていた」

④ 「カラオケ大会は午前中に開催された」

問 2　17　正解は③

「あなたはこのブログの筆者が□□□□ということを学んだ」

第 2 段で，「昼食時に，私たちはハワイアンパンケーキとタイカレーとメキシカンタコスを屋台で食べました」とあり，第 3 段で「私たちは一緒にカラオケ大会に参加しました。驚いたことに，私たちはもう少しで優勝するところでした」とあることから，正解は③**「様々な料理を試しカラオケ大会で 2 位になった」**となる。なお，カラオケ大会の結果については，イラストも参考になる。

① 「お化け屋敷，ダンスショー，そして先生の美術作品を楽しんだ」

② 「カラオケ大会で歌い 3 等賞を勝ち取った」

④ 「彼女のダンスと学園祭についての彼女のショートムービーに満足した」

B エッセイの読み取り

> 訳 《病院へのお見舞いにおける異文化体験》
> あなたは留学雑誌の中で以下の話を見つけました。

花とそれらの持つ隠された意味

マエヤマナオコ（教員助手）

［第1段］　花を贈ることは間違いなく素敵なことです。しかし，あなたが外国にいるときには，あなたは文化の違いについて知っておくべきです。

［第2段］　デボラは3週間の語学プログラムで日本の私たちの学校に来ていて，最初は彼女の母国であるカナダ出身の学生は一人もいなかったので緊張していました。しかし彼女はすぐに多くの友人を作り，そして教室の中と外で素晴らしい時間を過ごしていました。ある日，彼女は彼女の日本語の先生である林先生が駅の階段で転んで入院しているということを聞きました。彼女はとても驚き心配して，そしてできるだけ早くお見舞いに行きたいと思いました。デボラはクラスメートとともに病院に行くことに決め，先生を喜ばせるために植木鉢に赤いベゴニアを入れて持っていきました。彼女たちが病院の部屋に入ったとき，彼はにっこり笑って彼女たちを歓迎しました。しかしながら，彼の表情はデボラが赤い花を彼に渡したとき，急に変わりました。デボラは少し困惑しましたが，彼女は彼を困らせたくなかったので理由は尋ねませんでした。

［第3段］　後になって，デボラは彼女の初歩的な日本語で，辞書の助けを借りながら，彼女が病院にお見舞いに行ったこと，そして彼女が彼女の先生にベゴニアを渡したとき，どのように彼の表情が変わったかについて私に話してくれました。デボラは「赤は情熱の色なので，それは私の一番好きな花なのです。私は私の先生もいつも教えることに関して熱心なので，それをきっと気に入るだろうと思っていました」と言いました。

［第4段］　残念なことに，植木鉢に植えてある花は日本では病院に持っていくべきではないものです。その理由は植木鉢に植えてある植物には根があり，したがって簡単に動かすことができないからです。日本の文化ではこれらの事実から入院が長引くことを連想する人がいます。デボラは植木鉢に植えたベゴニアの隠された意味を聞いたすぐ後，林先生のもとへ謝りに再びお見舞いに行きました。

語句・構文

［第1段］▶ definitely「間違いなく」

［第2段］▶ flower pot「植木鉢」

［第4段］▶ associate A with B「A と B を結びつける」

問1 18 正解は③

「話によると，デボラの感情は次の順番で変化した： ___ 」

デボラの心情は，第2段で，「デボラは…最初は彼女の母国であるカナダ出身の学生は一人もいなかったので緊張していました」（緊張），「しかし彼女はすぐに多くの友人を作り，そして教室の中と外で素晴らしい時間を過ごしていました」（幸せ），「彼女はとても驚き心配して…」（驚き），「デボラは少し困惑しました」（困惑）と移っていき，最終段で「彼女は林先生のもとへ謝りに再びお見舞いに行きました」（申し訳ない）となるので，正解は③となる。選択肢が6つなので少しややこしく，本文で用いられている感情表現と選択肢の感情形容詞を正しく結びつけられるかどうかが鍵である。（nervous→having a great time〔⇒happy〕→surprised and upset〔⇒shocked〕→puzzled〔⇒confused〕→apologize〔⇒sorry〕）

問2 19 正解は①

「デボラが選んだ贈り物は日本では適切ではなかった。なぜならそれは ___ を暗に意味するからである」

最終段に，「植木鉢に植えてある植物には根があり，したがって簡単に動かすことができないからです。日本の文化ではこれらの事実から入院が長引くことを連想する人がいます」とあることから，正解は①「**長期の入院**」となる。remaining in the hospital を選択肢では a long stay と言いかえていることを見抜くこと。

② 「祝福」　　③ 「怒りの増大」　　④ 「生きることへの情熱」

問3 20 正解は②

「この話から，あなたはデボラが ___ ということを知った」

第3段で，「デボラは彼女の初歩的な日本語で，辞書の助けを借りながら…私に話してくれました」とあり，ベゴニアの件について話すために日本語を練習したことがわかり，最終段で植木鉢に植えた花の持つ意味を学んでいるので，正解は②「**ベゴニアのために日本語を練習しただけでなく，日本の文化についても学んだ**」となる。

① 「彼女は授業で数種の花の意味を学んだので，彼女の先生にベゴニアを選んだ」
③ 「教員助手とともに病院にお見舞いに行って先生に会い，会話を楽しんだ」
④ 「林先生からベゴニアについての説明を受け，その隠された意味を学んだ」

第4問

説明的な文章・グラフの読み取り

訳 《読書の習慣》

　あなたは生徒の読書の習慣について調査をしています。あなたは2つの記事を見つけました。

生徒の間の読書の習慣　　　　　　　　　　　　　デイヴィッド=ムーアより
　　　　　　　　　　　　　　　　　　　　　　　　　　　　2010年7月

［第1段］　趣味で読書をすることは，学校の課題や勉強のためにというよりはむしろ楽しみのためだけに読書をすることです。趣味で読書をすることと教育的成果を結びつける確かな証拠があります。研究によると日常的に趣味で読書をする生徒はそうでない生徒よりもテストの成績がよいそうです。研究者たちはまた，たとえ毎日少しであったとしても，楽しみのために読書をすることは，勉強や情報収集のために何時間も読書に費やすことよりも，実際はより有益であるということを発見しました。さらに頻繁に楽しみのために読書をすることは，紙の書籍を読むかデジタル書籍を読むかにかかわらず，教養の向上と強く関係しています。

［第2段］　2009年の国際的研究によると，15歳の生徒の3分の2が日常的に楽しみのために読書をします。グラフは6カ国における趣味で読書をする生徒の割合を表しています。読書の習慣は国によって異なり，そしていくつかの国においては読書においてジェンダー間で大きな差がありました。

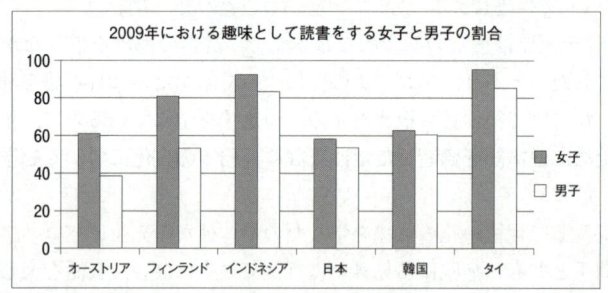

［第3段］　多くの国において，日常的に趣味で読書をする生徒の割合は前回の2000年の研究から減少していました。2000年当時は，平均で女子生徒の77％と男子生徒の60％が趣味で読書をしていました。2009年までには，これらの割合がそれぞれ74％と54％へ下がっていました。

［第4段］　私の意見では，今日の多くの生徒がどの本を読むべきなのかがわからないのだと思います。彼らが言うには，彼らには好きなジャンルやシリーズがないそうです。だから日常的に趣味で読書をする生徒の割合は下がってきているのです。親や教師は，趣味で読書をすることを日常的な習慣とするために，生徒が興味深いと思う本を見つけることを助けるべきです。

「生徒の間の読書の習慣」についての意見　　　　　　Y. T. より

2010 年 8 月

［第5段］　学校の司書として，私は多くの異なった国で働いてきました。私は世界中で日常的に趣味として読書をする生徒が以前よりも少なくなっているということを知って少し悲しくなりました。デイヴィッド=ムーアの記事によると，私の母国の女子生徒のおよそ 60％が趣味で読書をすると答え，そしてジェンダー間の差はおよそ 20％だったということです。私はこれを残念に思います。

［第6段］　より多くの生徒が読書の利点を知る必要があります。デイヴィッド=ムーアが言及したように，趣味で読書をすることは生徒の学力によい影響があります。日常的に多くの本を読む生徒は読解，数学，そして論理的な問題解決における成績がよいのです。また，趣味で読書をすることは生徒の精神的健康にも肯定的な影響があります。研究は，日常的に楽しみのために読書をすることとストレスや鬱の度合いの低下との間の強い関係を示しています。

［第7段］　これらの利点にもかかわらず，生徒は一般的に読書に十分な時間を費やしません。私たちの日々の生活は今や画面に基づいた娯楽で満たされています。生徒はテレビゲームをしたり，ソーシャルメディアを使ったり，テレビを見ることに多くの時間を費やします。私は，生徒は画面を見る時間を減らし，毎日たとえ短い時間の間でも本を読むべきだと思います。子供の頃に読書をする習慣を形成することは後の読解力と関係があると言われています。学校の図書館は生徒が多くの情報源を見つけるのによい場所です。

語句・構文

［第1段］▶ rather than ～「～よりむしろ」
　　　　　▶ regardless of ～「～にかかわらず」
［第2段］▶ gender gap「ジェンダーギャップ，男女の性差による違い」
［第3段］▶ respectively「それぞれ」
［第4段］▶ genre「ジャンル」
［第5段］▶ school librarian「学校司書」
［第6段］▶ depression「鬱」
［第7段］▶ reading proficiency「読解力」

問1　21　正解は②

「デイヴィッド=ムーアも司書も□□□については言及していない」

①「読書の習慣におけるジェンダー間の差」については，第2段に「いくつかの国においては読書においてジェンダー間で大きな差がありました」，第5段に「ジェンダー間の差はおよそ20％だったということです」とある。③「生徒の間の読書の習慣における変化」については第3段で，「多くの国において，日常的に趣味で読書をする生徒の割合は前回の2000年の研究から減少していました」とある。④「子供の頃に定期的に読書をすることの重要性」については，最終段で，「子供の頃に読書をする習慣を形成することは後の読解力と関係があると言われています」とある。②「デジタル書籍を読むことに関係する問題」についてはどちらも言及していないので，これが正解となる。

問2　22　正解は①

「司書は□□□出身である」

第5段に「私の母国の女子生徒のおよそ60％が趣味で読書をすると答え，そしてジェンダー間の差はおよそ20％だったということです」とあり，グラフより，女子生徒で趣味として読書をする人の割合がおよそ60％で，ジェンダー間の差がおよそ20％なのはオーストリアであるので，正解は①「オーストリア」となる。

②「フィンランド」

③「日本」

④「韓国」

問3　23　複　正解は②，③

「記事によると，趣味で読書をすることは生徒の□□□へよい影響を持っている（2つ以上の選択肢を選んでもよい）」

第1段に「研究によると日常的に趣味で読書をする生徒はそうでない生徒よりもテストの成績がよいそうです」，第6段に「趣味で読書をすることは生徒の学力によい影響があります」とあることから②「教育上の成功」は正解となる。また，第6段最終文（Research has shown …）に「研究は，日常的に楽しみのために読書をすることとストレスや鬱の度合いの低下との間の強い関係を示しています」とあることから③「心の健康」も正解となる。

①「職業の選択」

④「ソーシャルメディアの見方」

問4　24　25　正解は②，④

「デイヴィッド=ムーアは生徒が 24 と述べ，そして司書は，彼らが 25 と述べている（それぞれの空所には異なる選択肢を選びなさい）」

デイヴィッドは第4段で「私の意見では，今日の多くの生徒がどの本を読むべきなのかがわからないのだと思います」と述べていることから， 24 の正解は②「**どの本を読むべきか決められない**」となる。司書は最終段で「私たちの日々の生活は今や画面に基づいた娯楽で満たされています。生徒はテレビゲームをしたり，ソーシャルメディアを使ったり，テレビを見ることに多くの時間を費やします」と述べているので， 25 の正解は④「**電子機器で遊ぶことを楽しんでいる**」となる。

① 「これまでよりも忙しい」

③ 「親と似たような本を選ぶ」

⑤ 「テレビから有用な情報を得ている」

問5　26　正解は②

「両方の記事からの情報に基づいて，あなたは宿題のレポートを書くつもりです。あなたのレポートに最もよい題名は『　　』だろう」

両者ともに，生徒が趣味で日常的に読書をすることの重要性を説いている。したがって正解は②「**娯楽のための読書をあなたの日常生活の一部にしなさい**」となる。

① 「好むと好まざるとにかかわらず，古典小説を読むことは重要である」

③ 「趣味としての読書が様々な国で人気を博している」

④ 「学校の図書館：学校の課題を行うための素晴らしい情報源」

第5問

伝記的な文章の読み取り・要約

> 訳 《ポスター発表のための準備》
>
> あなたのグループは，以下の雑誌の記事の情報を利用し，「アメリカのジャーナリズムに革命をもたらした人物」というタイトルのポスター発表をする準備をしています。

［第1段］　ニューイングランド出身の印刷工だったベンジャミン゠デイが，アメリカのジャーナリズムをその後ずっと変えることになったのは，彼がニューヨーク市の新聞『ザ・サン』を立ち上げたときであった。ベンジャミン゠デイは1810年4月10日，マサチューセッツ州のスプリングフィールドで生まれた。10代の頃は印刷工として働き，20歳のとき，ニューヨークの印刷所と新聞販売所で働き始めた。1831年，彼は十分なお金を蓄え，自分自身で印刷業を始めたのだが，翌年，ニューヨーク市がコレラの流行に襲われると事業が苦しくなり始めた。会社が倒産するのを防ごうと，デイは新聞を創刊することを決意したのだ。

［第2段］　1833年，アメリカには650の週刊新聞と65の日刊新聞があり，平均売上は1,200部ほどであった。アメリカの他の地域では安い新聞もあったが，ニューヨークでは，普通，新聞は6セントもするものだった。デイは多くの労働者階級の人々は新聞を読むことができるが，新聞には彼らの興味があることが書かれておらず，価格も高すぎるので買わないのだと考えていた。1833年9月3日，デイは1部たったの1セントで，『ザ・サン』を刊行した。安価な新聞として知られている「ペニー・プレス」の登場は，アメリカのジャーナリズムの歴史において重要で画期的な出来事であった。

［第3段］　デイの新聞記事は当時の他の新聞記事とは異なるものであった。『ザ・サン』は，政治や本・演劇の批評について報じるのではなく，人々の日常生活に焦点を当てていた。『ザ・サン』は個人の出来事や犯罪を報じた最初の新聞だったのだ。『ザ・サン』が登場したおかげで，アメリカのジャーナリズムにパラダイムシフトが起き，新聞は地域社会と読者の生活の重要な一部となったのである。デイは街角で新聞を売る新聞売りというもう一つの斬新なアイデアも思いついた。人々は新聞を買うために販売所に立ち寄る必要さえなくなったのである。

［第4段］　簡単に手に入れられて価格も安い新聞の組み合わせは成功し，まもなくデイは『ザ・サン』の刊行で，豊かな生活を送るようになっていた。半年も経たないうちに『ザ・サン』の発行部数は5,000部になり，1年後には10,000部に達し

た。1835 年までに『ザ・サン』の売り上げは 19,000 部になり，これは当時の他のどの日刊新聞よりも多い部数であった。その後数年にわたり，12 紙ほどの新たなペニー新聞が刊行され，各新聞が競い合う新しい時代が始まった。『ザ・サン』の成功は，他のジャーナリストたちがより安い価格で新聞を発行することを促した。南北戦争の時代までに，ニューヨーク市の新聞の標準価格はたった 2 セントにまで下がったのである。

［第 5 段］　デイは成功したにもかかわらず，『ザ・サン』を運営して約 5 年で，新聞を発行する日々の仕事に興味を失ってしまった。1838 年，彼は義理の兄弟のモーゼ=エール=ビーチに『ザ・サン』を 40,000 ドルで売却したが，この新聞は何年にもわたり刊行され続けた。新聞販売の後，デイは雑誌の出版など，他のビジネス分野にも進出したが，1860 年代までに，実質的には一線を退いていた。彼は 1889 年 12 月 21 日に亡くなるまで，静かに暮らしていた。デイがアメリカの新聞業界に関わっていたのは比較的短期間であったが，彼は新聞が大衆の心に訴えかけられることを示した革命的な人物として記憶されているのだ。

アメリカのジャーナリズムに革命をもたらした人物

■ベンジャミン=デイの生涯

時期	出来事
1810年代	スプリングフィールドで過ごした子供時代
1820年代	27
1830年代以降	28 ↓ 29 ↓ 30 ↓ 31

ベンジャミン=デイ

■『ザ・サン』について

▶『ザ・サン』の刊行日：1833 年 9 月 3 日

▶この新聞は以下の理由から大成功だった： 32

■アメリカのジャーナリズムの転換：新しいモデル

▶『ザ・サン』のモットーは「 33 」

▶『ザ・サン』はアメリカのジャーナリズムと社会を多くの点から変えた： 34

語句・構文

［第１段］▶ cholera epidemic「コレラの流行」
　　　　　▶ prevent *A* from *doing*「*A* が～するのを防ぐ」
　　　　　▶ go under「倒産する」

［第２段］▶ address「～を扱う」
　　　　　▶ milestone「画期的な出来事」

［第３段］▶ paradigm shift「パラダイムシフト」　ある時代の支配的な考え方が変わること。
　　　　　▶ come up with ～「～を思いつく」
　　　　　▶ novel「斬新な」

［第４段］▶ available「手に入れられる」
　　　　　▶ circulation「発行部数」
　　　　　▶ competition「競争」
　　　　　▶ the Civil War「（アメリカ）南北戦争」

［第５段］▶ publication「出版」
　　　　　▶ be involved in ～「～に関わる」
　　　　　▶ relatively「比較的」
　　　　　▶ revolutionary「革命的な」
　　　　　▶ appeal to ～「～の心に訴える」
　　　　　▶ mass audience「大衆」

問１　 27 　 28 　 29 　 30 　 31 　正解は③，②，⑤，④，①

「あなたのグループのメンバーがデイの生涯の重要な出来事を列挙した。出来事を起こった順に 27 ～ 31 の空所に入れなさい」

第１段第２・３文（Benjamin Day was …）で 1810 年に生まれたベンジャミン＝デイが 10 代の頃は印刷工として働いていたと述べられているので， 27 は③「デイは地元で印刷工として経験を積んだ」が適切。続く同段第４文（In 1831, when …）では，1831 年にデイが自分自身で印刷業を始めたが，翌年，コレラの流行に襲われて事業が苦しくなったと述べられているので， 28 は②「デイは印刷会社を設立した」， 29 は⑤「デイの会社は死に至る病によって脅威にさらされた」がそれぞれ正解となる。また同段最終文（In an attempt …）ではデイは会社が倒産するのを防ぐため，新聞を創刊する決意をしたとあるので， 30 は④「デイは新聞社を立ち上げた」が適切。さらに最終段第３文（After selling the …）では新聞販売の後，雑誌の出版なども行ったという内容が述べられているので， 31 は①「デイは他の出版物もつくった」が正解となる。

問2　`32`　(複)　正解は②，③，⑥

「ポスターを完成させる最も適切な文章を選びなさい（2つ以上の選択肢を選んでもよい）」

デイが創刊した新聞の『ザ・サン』が成功した理由を選ぶ問題で，2つ以上の選択肢が当てはまる可能性があり，当てはまる選択肢をすべて選ばなければならない。

① 「デイは労働者階級の識字レベルを向上させることに集中した」　本文中にこのような内容が述べられている部分はない。

② 「デイは新聞を配る新しい方法を導入した」　第3段第5文（Day also came …）で，デイが街角で新聞を売る新聞売りという斬新なアイデアを思いついたとあるので正解。

③ 「デイは手頃な価格の新聞に対する潜在的な需要を理解していた」　第2段第3文（Day believed that …）で，デイは多くの労働者階級の人々は新聞の価格が高すぎるため買わないと考えていたとあるので正解。

④ 「デイはわかりやすい方法で政治情勢を報じた」　第3段第2文（Instead of reporting …）でデイの新聞は政治について報じるのではなく，人々の日常生活に焦点を当てていたとあるので不適。

⑤ 「デイは多くの新聞をすべての家庭に配達した」　デイの新聞はよく売れたが，すべての家庭に配られたわけではないので不適。

⑥ 「デイはどのような記事が読者を惹きつけるのかを理解していた」　第3段第2〜4文（Instead of reporting …）でデイの新聞は他の新聞と異なり，個人の出来事や犯罪を報じ，それによってパラダイムシフトが起き，新聞が読者の生活の重要な一部となったと述べられているので正解。

問3　`33`　正解は③

「以下のうち『ザ・サン』のモットーであった可能性が一番高いのはどれか」

第2段で，『ザ・サン』は労働者階級の人々でも購入しやすいように価格を安く設定したとある。第3段で，記事の内容も人々の日常生活に焦点を当て，個人の出来事を報じた最初の新聞だったと述べられているので，③「『ザ・サン』：すべての人のために光輝く」が最も適切。

① 「政治よりも重要なことは何もない」

② 「アメリカンドリームについての日々の日誌」

④ 「トップの人々は『ザ・サン』を購読する」

問4 　34　 複 　正解は①，③，⑥

「ポスターを完成させる最も適切な文章を選びなさい（２つ以上の選択肢を選んで
もよい）」

デイが創刊した新聞の『ザ・サン』が，どのような点でアメリカのジャーナリズム
と社会を変えたのかを選ぶ問題で，２つ以上の選択肢が当てはまる可能性があり，
当てはまる選択肢はすべて選ばなければならない。

① 「一般の人々にとって情報が幅広く手に入れられるようになった」　第２段では
労働者階級の人々も購入できるよう『ザ・サン』の価格を従来の新聞よりもかな
り安く設定したと述べられており，一般の人々も新聞を購入して情報を得られや
すくなったことがわかるので正解。

② 「ジャーナリストたちは政治的関心についてより意識するようになった」　第３
段第２文（Instead of reporting …）から『ザ・サン』が登場する前の新聞が政
治について報じることが多かったとわかるので不適。

③ 「ジャーナリストたちは地域社会にとって興味がある話題について書くことがよ
り多くなった」　第３段第２文（Instead of reporting …）では，『ザ・サン』が
人々の日常生活に焦点を当てたとあり，同段第４文（It led to …）でも，新聞
が地域社会にとって重要なものとなったと述べられている。この新聞が登場した
ことで，地域社会にとっての関心ごとが新聞に掲載されることが多くなったこと
が読み取れるので正解。

④ 「新聞は以前よりも中流階級の読者に人気がなくなった」　本文中にこのような
内容が述べられている部分はない。

⑤ 「識字教育の提供において，新聞が学校に取って代わった」　本文中にこのよう
な内容が述べられている部分はない。

⑥ 「新聞の役割は以前よりもはるかに重要なものになった」　第２段最終文（The
introduction of …）では，『ザ・サン』という安価な新聞が登場したことはアメ
リカのジャーナリズムにおいて重要で画期的な出来事であったとあり，第３段第
４文（It led to …）でも『ザ・サン』が登場したおかげで新聞は地域社会と読
者の生活の重要な一部となったと述べられているので正解。

第6問

A 説明的な文章の読み取り

> 訳 《ジェンダーとキャリア形成に関するグループ発表の準備》
> あなたは授業でジェンダーとキャリア形成に関するグループ発表を行う準備をしています。あなたは以下の記事を見つけました。

女性パイロットはアジアのパイロット危機を救えるのか？

［1］ アジアでは飛行機の旅が急激に増え，航空機のパイロット不足が深刻な問題になりつつある。統計によると，現在，アジアにおいて飛行機で移動する乗客の数は，年間で約1億人ずつ増加している。もしこの傾向が続けば，アジアではこの先20年の間に226,000人の新たなパイロットが必要となる。その職務をすべて満たすためには，航空会社はより多くの女性を雇用する必要があるのだが，現在のところ，世界のすべてのパイロットのうち女性が占めるのは3％で，日本やシンガポールなどのアジア諸国ではわずか1％にすぎない。多くの新しいパイロットを見つけ出すには，女性パイロットの数が非常に少ないことを説明できる要因を調査し，可能な解決策を探す必要がある。

［2］ 女性がパイロットになるうえでの潜在的な障害の一つは，多くの社会に長きにわたり存在してきた，女性はこの職業に適していないという固定観念かもしれない。これは男子のほうが女子よりも機械工学に強い傾向があり，身体的にもより強いという考えに起因している部分があるように思われる。最近の調査では，若い女性は成功する見込みが少ない職業を避ける傾向があることがわかっている。したがって，このジェンダーに関する固定観念によって女性は挑戦することさえ思いとどまっているのかもしれない。これは，たとえばマレーシア航空専門学校で，多くの場合，入学したすべての訓練生のうち女性が占める割合がわずか10％にとどまっている理由の説明になるかもしれない。

［3］ さらに，もう一つの問題としては安全性の問題も伴っている。人々は女性パイロットが操縦する飛行機の安全性に不安を感じるかもしれないが，その不安はデータで立証されているわけではない。たとえば，以前アメリカで行われた大規模なパイロットのデータベースの分析では，男性パイロットと女性パイロットの事故率において大きな違いは見られなかった。それよりも，その調査から，パイロットの年齢やフライト経験といった他の要因のほうが，その人物が事故を起こす可能性があるかどうかを予測するとわかったのである。

［4］　男性パイロットのほうが高い操縦技術を持っているという予想はあるものの，男性パイロットと女性パイロットは，この仕事においてそれぞれ異なる強みとなるスキルを持ち合わせているのかもしれない。まず一つは，男性パイロットは，女性パイロットよりも，飛行機の操縦方法を習得しやすい場合が多い。コックピット内の操縦装置は，たいてい大柄な人のほうが手が届きやすく，使いやすくなっている。平均的に男性のほうが女性よりも体が大きい傾向がある。実際，ほとんどの国が採用している最低身長の条件をクリアできる可能性が，男性よりも女性のほうが低い。その一方で，ある航空会社の日本人女性の機長が述べているように，女性パイロットのほうが乗務員の間で円滑にコミュニケーションを図るのが得意なように思われる。

［5］　若い乗客は女性が自分たちの乗る飛行機を操縦するのを見て，女性パイロットを普通のことだと受け入れるようになっている。女性には家族と一緒に家にいることを求めるといった固定観念やこれまでの慣習を打ち破るうえで，今日の女性パイロットは優れた模範的人物となっている。すでにベトナム国営航空で行われているように，柔軟な労働形態を導入することで，女性パイロットの数を増やし，彼女たちがその仕事を続けられるように後押しができるかもしれない。

［6］　男性も女性も航空機のパイロットとして同じようにうまく仕事を行うことができると思われる。航空機のパイロットは男性であるべきだという根拠のない信仰をなくすためにも，この点に関しては若い世代に強いメッセージを届けなければならない。

語句・構文

［第1段］▶ issue「問題」
　　　　　▶ concern「心配」
　　　　　▶ statistics「統計」
　　　　　▶ account for ～「～の割合を占める」
　　　　　▶ sought「seek（～を探す）の過去形・過去分詞」
［第2段］▶ obstacle「障害」
　　　　　▶ stereotype「固定観念」
　　　　　▶ excel「優れている」
　　　　　▶ discourage *A* from *doing*「*A* に～することを思いとどまらせる」
　　　　　▶ no more than ～「わずか～(数・量)」
［第3段］▶ flown「fly（～を操縦する）の過去分詞」
　　　　　▶ previous「以前の」
　　　　　▶ predict「～を予測する」

［第4段］▶ expectation「予想」

　　　　▶ control「操縦装置」

　　　　▶ minimum height requirement「最低身長の条件」

　　　　▶ as noted by ～「～が述べているように」

　　　　▶ facilitate「～をやりやすくする」

［第5段］▶ come to *do*「～するようになる」

　　　　▶ role model「模範的人物，ロールモデル」

　　　　▶ flexible「柔軟な」

［第6段］▶ eliminate「～を排除する」

　　　　▶ unfounded「根拠のない」

問1 　35 　正解は④

「この記事によると筆者はアジアの現在の状況を危機と呼んでいる。なぜなら□□□□だからである」

第1段第1～3文では，アジアでは航空機のパイロット不足が深刻な問題となっており，将来的に多くの新しいパイロットが必要になるという内容が述べられているので，④「**将来必要とされるパイロットの数は現在よりもはるかに多くなる**」が正解。

①「以前よりもはるかに多くの航空機の男性パイロットが仕事を辞めている」

②「男性パイロットと女性パイロットの両方の間で事故率が上昇している」

③「女性パイロットの数はここ数十年の間，それほど変わっていない」

問2 　36 　正解は②

「この記事によると□□□という点において男性と女性の間にほとんど違いはない」

第3段第3文（For example, a …）でパイロットのデータベースの分析において，男性パイロットと女性パイロットの事故率に大きな違いは見られなかったと述べられているので，②「**事故を起こす可能性がどれくらい高いか**」が正解。

①「どれくらい容易に航空機の操縦を習得できるか」

③「どれくらい多くの時間を仕事に費やすことができるか」

④「仕事に対する適性を人々はどのように理解しているか」

問3 　37 　正解は①

「第4段で，筆者はおそらく□□□の例を示すために，ある航空会社の日本人女性の機長について言及している」

第4段では，航空機のパイロットという職業における男性パイロットと女性パイロットの強みについて説明されており，同段最終文（On the other …）の，女性パ

イロットのほうが乗務員と円滑にコミュニケーションを図ることができるという日本人女性の機長の意見は女性パイロットの強みを示すものである。したがって，①**「女性パイロットが職場で貢献できること」**が適切。

② 「卓越した航空機の操縦技術を持つ女性パイロット」

③ 「航空機のパイロットを訓練する現在のシステムにおける問題」

④ 「素晴らしい業績を上げた航空会社の従業員」

問4　38　正解は①

「この記事を最もよく要約したものは以下のうちどれか」

最終段では，男性も女性も航空機のパイロットとして同じようにうまく仕事を行うことができ，パイロットは男性であるべきだという根拠のない信仰をなくすため，若い世代に強いメッセージを届けるべきだとまとめられているので，①**「女性パイロットに対する否定的な考えはあるが，彼女たちは男性パイロットと同様にうまくやっていける」**が最も適切。

② 「財政的な問題が原因で，アジアにおけるパイロット専門学校の女子学生の割合は非常に少ない」

③ 「将来，世界の多くの国々が，アジア諸国のように，より多くの女性パイロットを雇用しなければならなくなるかもしれない」

④ 「大部分の障害は取り除かれているので，将来，女性パイロットを増やすことに関してほとんど心配はない」

B 説明的な文章の読み取り・グラフの選択

《自然のバランスに関連する問題への取り組み》

あなたは世界の生態学の問題について学習しています。イエローストーン国立公園で起こったことを理解するために以下の記事を読むところです。

[第 1 段] アメリカ合衆国北部に位置するイエローストーン国立公園は，1872 年，世界で初めての国立公園となった。この 220 万エーカーの公園の主要な呼び物の一つは多くの種類の動物たちである。イエローストーンはオオカミを見るには世界最高の場所だと言う人たちもいる。2016 年 12 月の時点で，この公園には少なくとも 108 頭のオオカミと 11 の群れ（群居する家族）が存在していた。しかし，1940 年代までに，オオカミはイエローストーン国立公園からほぼ姿を消していた。今日，そのオオカミたちはそこに戻り，うまく暮らしている。なぜオオカミは戻って来たのであろう？

[第 2 段] オオカミの数は，1920 年代までに狩猟によって減っていたが，政府によって狩猟規制はされていなかった。牛，馬，ヒツジを飼育している大きな牧場の経営者は，オオカミが自分たちの家畜を殺すので，オオカミのことをよく思っていなかった。オオカミが狩猟によって全滅しそうになっていたとき，もう一つの問題が生じた――ヘラジカの群れの数が増えたのだ。シカの大型の種であるヘラジカは，オオカミにとって冬場の主要な食料源である。ヘラジカの個体数は大きく増加し，多くの植物が食べられることで，その地域の生態系のバランスが崩れてしまったのである。人々はヘラジカを見かけるのは好きかもしれないが，科学者たちは過度に増えた個体数によって引き起こされる悪影響について心配していた。

[第 3 段] この問題を解決するため，アメリカ政府はカナダから連れて来た若いオオカミを公園に放つ意向を発表した。オオカミがヘラジカを狩ることで個体数が減少することが期待された。しかし，多くの牧場経営者がオオカミを連れ戻すことに反対したので，政府と牧場経営者が計画に合意するのに約 20 年かかった。1974 年，あるチームがオオカミの再野生化の監視を任命された。政府は 1982 年，1985 年，そして最後は 1987 年に公式の再野生化計画を発表した。長い調査期間を経て，公式の環境影響評価報告書が発表され，1995 年から 1996 年の間に 31 頭のオオカミがイエローストーンに放たれた。

[第 4 段] ヘラジカの数を減らすこの計画は大成功だった。2006 年までに，イエローストーン国立公園のオオカミの推定個体数は 100 頭を超えていた。さらに観察者たちは，オオカミを放った後，最初の 10 年間でヘラジカの個体数が約 20,000 頭から 10,000 頭未満に減少したのはオオカミのおかげだと確信している。結果的に，

多くの植物が再び増え始めている。オオカミは牧場の家畜にとって危険要因であるため，実際のところ，オオカミの狩猟は再び許可されている。オオカミは脅威と考えられているのでオオカミの狩猟はわかりやすい解決策のように思えるが，それは新たな問題を引き起こす可能性もある。2014年に発表されたある研究が示すように，オオカミの狩猟には，オオカミが牧場の家畜を殺す頻度を増やしてしまう可能性があるのだ。あるオオカミの群れのリーダーが殺されると，その群れはバラバラになってしまう可能性がある。そうすると，より小さな群れや個々のオオカミが牧場の家畜を襲うようになるかもしれない。したがって，現在，オオカミを何頭狩ることができるのか制限が設けられている。長期間にわたってオオカミの個体数を管理するためには，そういった対策は重要なことなのである。

語句・構文

[第1段] ▶ located in ～「～に位置する」
　　　 ▶ attraction「呼び物」
　　　 ▶ pack「群れ」
[第2段] ▶ regulate「～を規制する」
　　　 ▶ rancher「牧場経営者」
　　　 ▶ wipe out ～「～を全滅させる」
　　　 ▶ elk「ヘラジカ」
　　　 ▶ herd「群れ」
　　　 ▶ principal「主要な」
　　　 ▶ population「個体数」
　　　 ▶ upset「～をだめにする」
　　　 ▶ ecosystem「生態系」
[第3段] ▶ intention「意向，意図」
　　　 ▶ oversee「～を監視する」
　　　 ▶ reintroduction「再野生化，再導入」
　　　 ▶ environmental impact statement「環境影響評価報告書」
[第4段] ▶ be responsible for ～「～の原因となる，～に責任がある」
　　　 ▶ perceive「～だと解釈する，～を理解する」
　　　 ▶ threat「脅威」
　　　 ▶ frequency「頻度」
　　　 ▶ restriction「制限」

問１　39　正解は③

「1900 年代前半におけるイエローストーン国立公園のオオカミの数の減少は▢という結果をもたらした」

第２段では 1920 年代までに狩猟によってオオカミの数が減少し，それによってヘラジカの個体数が増えたという内容が説明され，同段第５文（The elk populations …）には，ヘラジカの個体数の増加で多くの植物が食べられ，その地域の生態系のバランスが崩れたと述べられている。したがって，③「**その地域の生態系を損なう，ヘラジカの数の増加**」が適切。

① 「オオカミにとっては都合のよい，狩猟者の数の減少」

② 「人口を減らすこととなった，牧場経営者の数の減少」

④ 「ヘラジカが身を隠すのを助けてくれる，木や植物の数の増加」

問２　40　正解は②

「以下の４つのグラフのうち，状況を最もよく説明しているのはどれか」

①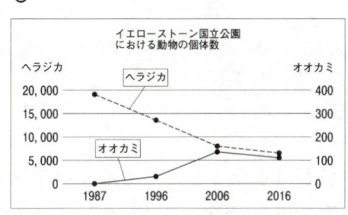
②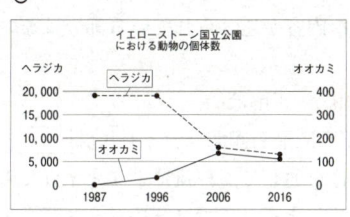
③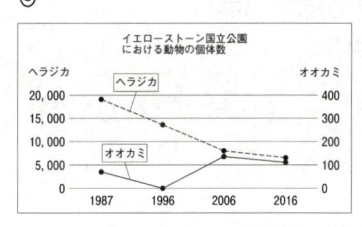
④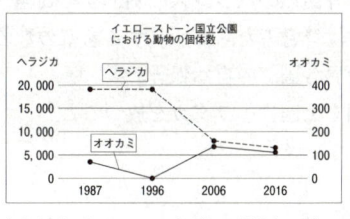

オオカミとヘラジカの個体数の変化を示す適切なグラフを選ぶ問題。第３段最終文（After a long …）では 1995 年から 1996 年の間に 31 頭のオオカミが公園に放たれたとあるので，1996 年の時点でオオカミの個体数が０となっている③と④は不適。また最終段第３文（Furthermore, observers believe …）ではオオカミを放った後，最初の 10 年間でヘラジカの個体数が約 20,000 頭から 10,000 頭未満に減少したと述べられているので，1996 年の時点でヘラジカの個体数が約 20,000 頭となっている②のグラフが正解となる。

問3 　41 　42 　正解は③，④

「記事によると，以下のうちどの2つが現在の公園の状況を述べているか（2つの選択肢を選びなさい。順序は問わない）」

イエローストーン国立公園の現在の状況を伝えている選択肢を選ぶ問題。

① 「30年前より多くの旅行者が公園を訪れている」 本文中にこのような内容が述べられている部分はない。

② 「一つの種が救われたが，代わりに別の種が絶滅してしまった」 本文中にこのような内容が述べられている部分はない。

③ 「この地域周辺でオオカミの狩猟が再び始まっている」 最終段第5文（The hunting of …）でオオカミは牧場の家畜にとって危険要因であるため，オオカミの狩猟は再び許可されていると述べられているので正解。

④ 「公園には豊かな植物だけでなく，オオカミもヘラジカもいる」 最終段第4文（As a result, …）ではオオカミを公園に放ったことで，ヘラジカの個体数が減り，多くの植物が再び増え始めているという内容が述べられているので正解。

⑤ 「公園のヘラジカの個体数を減らすための新しいルールがある」 本文中にこのような内容が述べられている部分はない。

問4 　43 　正解は②

「この記事に最も適切なタイトルは　　　」

本文全体を通して，狩猟によりオオカミの個体数が減ったことで生態系のバランスが崩れてしまったイエローストーン国立公園の取り組みについて説明されているので，② 「自然のバランスに関連する問題への取り組み」 が適切。

① 「牧場経営者たちが所有する家畜の数の減少」

③ 「世界各国での自然保護」

④ 「国立公園にヘラジカを放つこと」

第2回 試行調査：英語（リスニング）

問題番号 （配点）	設 問		解答番号	正 解	配 点	チェック
第1問 （24）	A	問1	1	④	3	
		問2	2	①	3	
		問3	3	①	3	
		問4	4	②	3	
	B	問1	5	①	4	
		問2	6	④	4	
		問3	7	③	4	
第2問 （12）		問1	8	②	3	
		問2	9	③	3	
		問3	10	④	3	
		問4	11	③	3	
第3問 （16）		問1	12	①	4	
		問2	13	④	4	
		問3	14	①	4	
		問4	15	①	4	

（注）
＊1 全部正解の場合のみ点を与える。
＊2 過不足なく解答した場合のみ点を与える。

問題番号 （配点）	設 問		解答番号	正 解	配 点	チェック
第4問 （12）	A	問1	16	③	4＊1	
			17	②		
			18	①		
			19	④		
		問2	20	②	1	
			21	③	1	
			22	③	1	
			23	④	1	
	B	問1	24	④	4	
第5問 （20）		問1	25	④	4	
			26	②		
			27	④	4＊1	
			28	①		
			29	④		
			30	②	4＊1	
			31	③		
			32	④	4	
		問2	33	④	4	
第6問 （16）	A	問1	34	②	4	
		問2	35	③	4	
	B	問1	36	①	4＊2	
		問2	37	④	4	

第2回 試行調査

自己採点欄

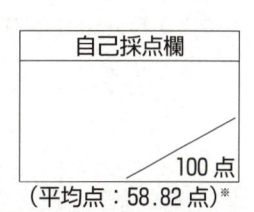

100点

（平均点：58.82点）※

※ 2018年11月の試行調査の受検者のうち，3年生の得点の平均値を示しています。

放送内容 《試験の説明》

これからリスニングテストを始めます。

この試験では，聞き取る英語を2回流す問題と1回だけ流す問題があります。なお，選択肢は音声ではなく，すべて問題冊子に印刷されています。

4ページを開いてください。

第1問A　短い発話を聞いて同意文を選ぶ問題

放送内容 《第1問Aの説明》

第1問A　第1問Aは問1から問4までの4問です。それぞれの問いについて，聞こえてくる英文の内容に最も近い意味のものを，四つの選択肢（①～④）のうちから一つずつ選びなさい。聞き取る英文は2回流します。

では，始めます。

問1　　1　　正解は④

① 話者は何も欲しくない。
② 話者は紅茶とクッキーの両方を欲しがっている。
③ 話者はクッキーが欲しい。
④ 話者は紅茶が欲しい。

放送内容 《おかわり》

I've had enough cookies, thanks. <u>Some more tea would be nice.</u>

訳　　クッキーは十分いただきました，ありがとう。<u>紅茶をもう少しいただければと思います。</u>

◇ have had enough ～「～は十分である，～はもうたくさんだ」

第2文 Some more tea would be nice.「もう少し紅茶が良いだろう」→「紅茶をもう少しいただければ」より，話者が欲しているのは紅茶のみ。第1文の I've had enough cookies「クッキーは十分食べた」からもクッキーをこれ以上は欲していないことがわかるため，④が正解。

問2 　2　 正解は①

① 話者はパーティーに行くことができない。
② 話者は明日，仕事がない。
③ 話者は行かなければならないパーティーが他にある。
④ 話者の誕生日は明日だ。

放送内容 《パーティーへの参加辞退》

　I'd love to go to your birthday party tomorrow, but I have a lot of work to do.

訳　明日のあなたの誕生日パーティーにはぜひ参加したいんですが，やらないといけない仕事がたくさんあるんです。

◇ would love to *do*「ぜひ～したい」

前半では I'd love to … とパーティーにぜひ参加したいと言っているものの，後半でbut I have a lot of work to do「しかし，やるべき仕事がたくさんある」と述べていることから，実際には仕事で行けないということを遠まわしに伝えている。よって①が正解。

問3 　3　 正解は①

① ジュンコは雨に濡れた。
② ジュンコは傘を持っていた。
③ ジュンコは雨の中，学校まで走って行った。
④ ジュンコは家にいた。

放送内容 《雨の中の帰宅》

　It started raining after school. Since Junko had no umbrella, she ran home in the rain.

訳　放課後，雨が降り始めた。ジュンコは傘を持っていなかったので，雨の中，家まで走って帰った。

第 2 文前半 Junko had no umbrella「ジュンコは傘を持っていなかった」より，②は不適。第 2 文後半 she ran home in the rain「雨の中，家まで走って帰った」より③，④は不適。傘をささずに帰宅すれば，結果的に雨に濡れてしまうと推測できる。よって①が正解。

問 4 　 | 4 | 　正解は ②

① 話者は英語の先生である。
② 話者はたくさん勉強しなければならない。
③ 話者は日本以外の国で勉強する必要がある。
④ 話者は海外で英語を教えている。

放送内容 《英語教師になるために》

To become an English teacher, I won't have to study abroad, but <u>I will have to study hard.</u>

訳 　英語の先生になるために，留学する必要はないが，<u>一所懸命に勉強しなければならないだろう。</u>

後半で I will have to study hard「一所懸命に勉強しなければならないだろう」と述べているため，②が正解。放送英文と選択肢では have to→must，study hard→study a lot と言い換えられていることに注意。放送英文はすべて未来の表現（I won't have to … や I will have to …）が使われていることから，話者はこれから英語の先生を目指すということがわかるため，①，④は不適。また，I won't have to study abroad「留学しなくてもよい」より，③も不適。

第1問B 短い発話を聞いて内容に近いイラストを選ぶ問題

放送内容 《第1問Bの説明》

　第1問B　第1問Bは問1から問3までの3問です。それぞれの問いについて，聞こえてくる英文の内容に最も近い絵を，四つの選択肢（①〜④）のうちから一つずつ選びなさい。聞き取る英文は2回流します。

　では，始めます。

問1　　5　　正解は①

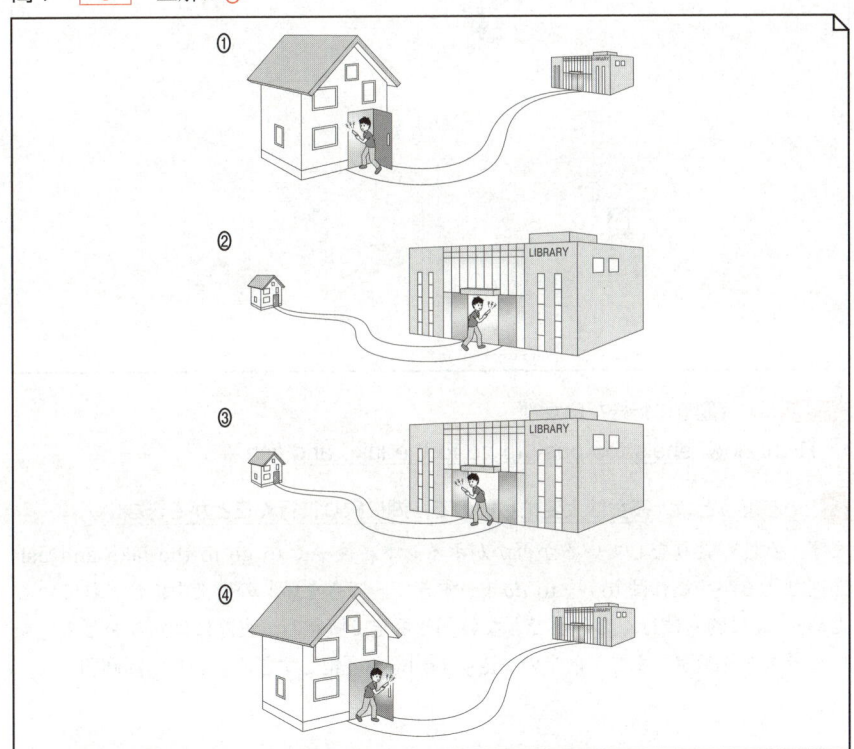

放送内容 《着信時の男性の状況》

　He got a phone call from Joe <u>as soon as he arrived home from the library</u>.

訳　<u>彼が図書館から帰宅すると</u>すぐにジョーから電話があった。

イラストより，着信があったのが図書館もしくは自宅を出たときか，それともそれぞ

れの場所に到着したときか，という点を聞き取る。放送英文後半に as soon as he arrived home from the library「図書館から家に着いてすぐに」とあることから，①が正解。

問2　　6　　正解は④

放送内容　《釣りに行きたい女性》
Right now, she's too busy to go to the lake and fish.

訳　　ちょうど今，彼女は大変忙しいので，湖に釣りに行くことができない。

まず，女性が釣りをしているか否かがポイント。後半で to go to the lake and fish と聞こえるが，これは too … to do「…すぎて～できない」の構文中に含まれているため，「湖に釣りに行くことができない」と否定で解釈し，実際には釣りをしていないイラストを選ぶ。また，前半の she's too busy「忙しすぎる」より④が適切。

問 3　　7　　正解は③

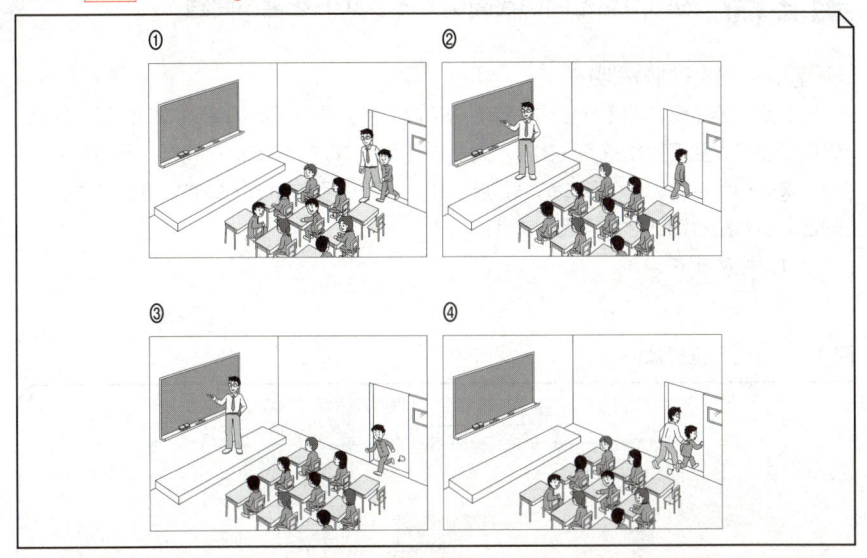

放送内容　《遅刻》

<u>When the boy entered the classroom</u>, the teacher had already started the lesson.

訳　　**少年が教室に入ったとき**，先生はすでに授業を始めていた。

前半の When the boy entered the classroom「少年が教室に入ったとき」より，少年が教室に入る描写のある①，③に絞る。後半の the teacher had already started the lesson「先生はすでに授業を始めていた」から，教師が教壇に立っている様子が描かれている③を選ぶことができる。

第2問 短い対話と問いを聞いてイラストを選ぶ問題

放送内容 《第2問の説明》

　第2問　第2問は問1から問4までの4問です。それぞれの問いについて，対話の場面が日本語で書かれています。対話とそれについての問いを聞き，その答えとして最も適切なものを，四つの選択肢（①〜④）のうちから一つずつ選びなさい。聞き取る対話と問いは2回流します。

　では，始めます。

問1 　8　 正解は②

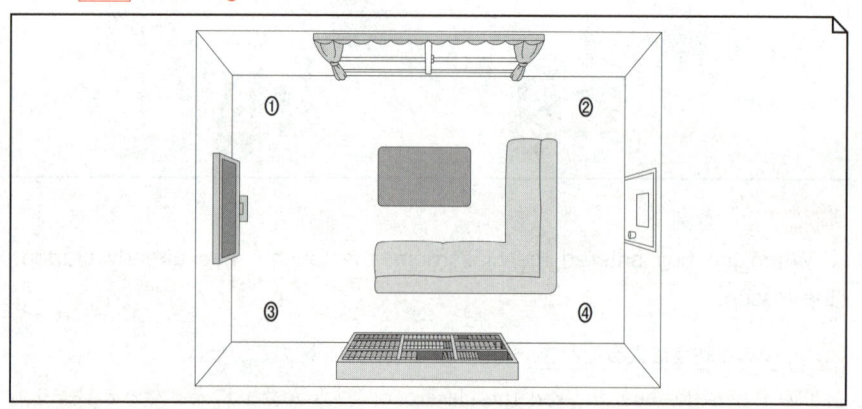

放送内容 《ツリーの置き場所》

M : How about there, near the bookshelf?

W : I'd prefer it by the window.

M : OK. Right here, then?

W : No, that's too close to the TV. I think the other corner would be better.

Question : Where does the woman want to put the Christmas tree?

訳　男性：そこらへんはどうかな？　本棚の近く。

　　女性：私は窓のそばにある方がいいと思うわ。

　　男性：わかった。じゃあ，ここだね？

　　女性：いいえ，それじゃあテレビに近すぎるわ。反対側の角の方がいいと思うわ。

　　質問：女性はクリスマスツリーをどこに置きたがっているか。

本棚の近くはどうかという男性の提案に対し，女性は I'd prefer it by the window.「窓のそばの方がいい」と述べていることから，①，②に絞る。さらに，女性は2つ目の発言で that's too close to the TV「それじゃあテレビに近すぎる」とも言っているので，テレビの近くである①は不適となり，②が正解。最終文 I think the other corner would be better. の the other corner「もう一方の角」は直前のテレビの近くの角に対し，「他方の角」を指している。

問2　　9　　正解は③

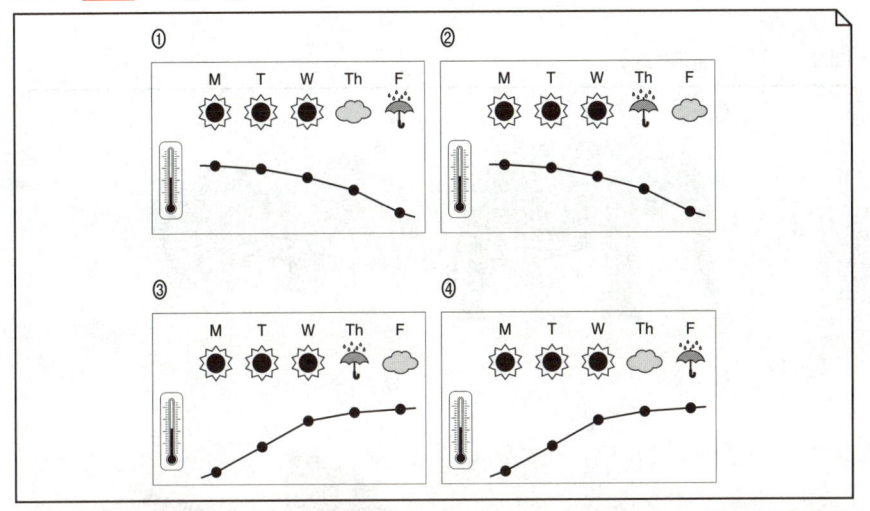

放送内容 《来週の天気》

W : Will it be warm next week?

M : <u>It should be cold at first, then get warmer.</u>

W : I heard it'll be sunny, though, right?

M : Yes, <u>except for rain on Thursday and clouds on Friday.</u>

Question : Which is the correct weather forecast?

訳　女性：来週は暖かくなるかしら？

　　男性：<u>はじめのうちは寒くて，その後は暖かくなるはず</u>だよ。

　　女性：私は晴れる予定だって聞いたけど，どうなの？

　　男性：そうだよ，<u>木曜日が雨なのと，金曜日が曇りなのを除いてはね。</u>

　　質問：正しい天気予報はどれか。

◇ **except for ～**「～を除いて」　◇ **weather forecast**「天気予報」

イラスト上部には月曜日から金曜日までの天気，下部には気温の予報が描かれているため，この2つの情報を聞き取る。男性の1つ目の発言 It should be cold at first, then get warmer.「はじめのうちは寒くて，その後は暖かくなるはず」より気温が上昇している③，④に絞る。また，女性が2つ目の発言で it'll be sunny「晴れる」と述べたのに対し，男性が Yes, except for rain on Thursday and clouds on Friday.「そうだよ，木曜日が雨なのと，金曜日が曇りなのを除いてはね」と述べていることから，木曜日に雨，金曜日に曇りのマークがついている③が正解。

問3　　10　　正解は④

放送内容 《動物の名前》

M : What was the name of <u>the animal with the small ears</u>?

W : The one with the long tail?

M : No, <u>the short-tailed one</u>.

W : Oh yeah, <u>with the long nose</u>.

Question : Which animal are the speakers talking about?

訳　男性：あの<u>耳の小さい動物</u>は何て名前だったっけ？

　　女性：しっぽの長い動物？

　　男性：いや，<u>短いしっぽのやつ</u>だよ。

女性：あぁ，<u>鼻の長い動物</u>ね。

質問：話者たちはどの動物について話しているのか。

◇ tail「しっぽ」　◇ short-tailed「しっぽの短い」

動物の体の特徴に注目して聞き取ること。男性の1つ目の発言中の the animal with the small ears「耳の小さい動物」より②，③，④に絞る。それに対し，女性は The one with the long tail?「しっぽの長い動物？」としっぽの特徴について男性に問うが，男性は2つ目の発言で No, the short-tailed one.「いや，短いしっぽのやつだよ」と答えていることから，しっぽの長い③は不適。さらに，女性が最後の発言で with the long nose「鼻の長い動物ね」と加えていることから，**④が正解**。2度登場する one はいずれも話題の中心となる動物を指す。

問4　　11　　正解は③

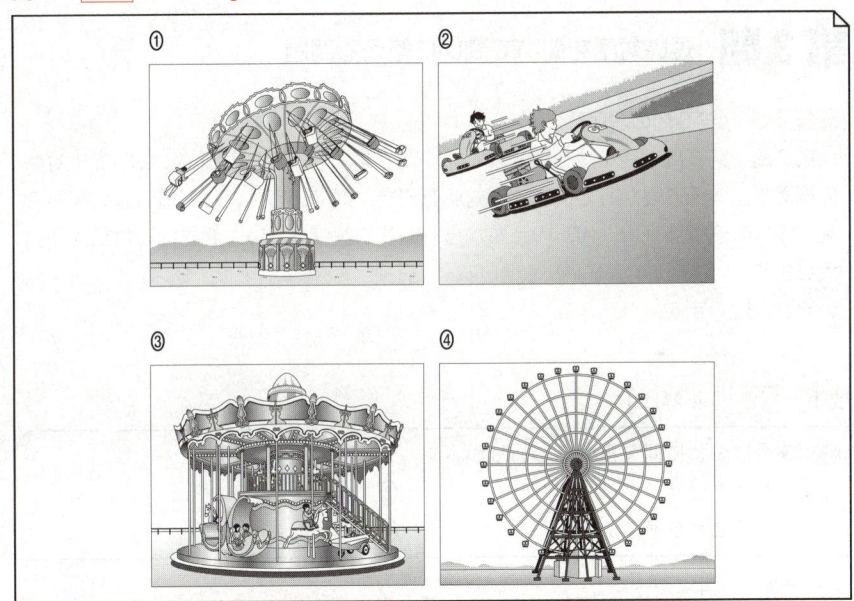

放送内容　《遊園地の乗り物》

W : This place is famous for its roller coaster !

M : Oh ... no, <u>I don't like fast rides</u>.

W : Well then, let's try this !

M : Actually, <u>I'm afraid of heights, too</u>.

Question : Which is the best ride for the man to try ?

訳　女性：ここはジェットコースターで有名なのよ！

男性：わぁ…ダメだ，僕は高速の乗り物は苦手なんだ。

女性：それじゃあ，これにしましょうよ！

男性：実はね，僕は高いところも怖いんだ。

質問：男性が挑戦するのに最適な乗り物はどれか。

◇ be famous for 〜「〜で有名な」　◇ roller coaster「ジェットコースター」

消去法で考えざるを得ない問題。男性の 1 つ目の発言 I don't like fast rides「高速の乗り物は苦手なんだ」より，スピード感があると推測できる②は不適。さらに，男性の 2 つ目の発言 I'm afraid of heights, too「高いところも怖いんだ」より，高いところに行かなくてはならないと推測できる①，④も不適。よって，男性が乗れそうなものは残る③のみと推測できる。

第 3 問　短い対話を聞いて問いに答える問題

放送内容　《第 3 問の説明》

　第 3 問　第 3 問は問 1 から問 4 までの 4 問です。それぞれの問いについて，対話の場面が日本語で書かれています。対話を聞き，問いの答えとして最も適切なものを，四つの選択肢（①〜④）のうちから一つずつ選びなさい。聞き取る対話は 2 回流します。

　では，始めます。

問 1　　12　　正解は①

問　夫婦は夕食に何を食べるつもりか。

① パスタとサラダ　　　　　② パスタとスープ

③ ピザとサラダ　　　　　　④ ピザとスープ

放送内容　《夕食のメニュー》

W : Would you rather have pizza or pasta for dinner ?

M : Well, I had pizza for lunch ... .

W : OK, then pasta. We could have soup with that. Oh, but the neighbor gave us lots of lettuce and tomatoes from her garden, so how about a salad instead of soup ?

M : Sure ! That sounds good !

訳　女性：夕食にピザを食べたい？　それともパスタ？

男性：うーん，ピザは昼食に食べたからな…。

女性：**わかったわ，じゃあパスタね**。それと一緒にスープを食べてもいいわね。あ，でもご近所さんから庭で採れたレタスとトマトをたくさんもらったから，**スープの代わりにサラダはどう？**

男性：**もちろん！　いいね！**

◇ would rather *do*「〜したい」　◇ neighbor「近所の人」　◇ lettuce「レタス」
◇ instead of 〜「〜の代わりに」

選択肢に並ぶ語はすべて放送英文に登場するため，最終的に何を食べることになったのかを流れから聞き取ること。まず，男性の1つ目の発言 I had pizza for lunch「ピザは昼食に食べた」に対し，女性が OK, then pasta.「わかったわ，じゃあパスタね」と答えていることから，パスタを含む①，②に絞る。さらに，女性が2つ目の発言最終文後半で how about a salad instead of soup？「スープの代わりにサラダはどう？」と問いかけ，男性は最終発言で同意しているため，①が**正解**となる。

問2　　13　　正解は④

問　**男性はどうするつもりか。**
　①　車で送ってくれるよう頼む。　　②　バスに乗る。
　③　タクシーに乗る。　　　　　　　④　ホテルまで歩いて行く。

放送内容　《ホテルまでの行き方》

M：Excuse me. Could you tell me how to get to the Riverside Hotel from here?

W：You can take a taxi or a bus. Or you can <u>walk there</u> and enjoy the view. It's not too far.

M：Hmm, it's a nice day, and <u>I need some exercise</u>. I'll do that.

訳　男性：すみません。ここからリバーサイドホテルへの行き方を教えていただけませんか？

女性：タクシーかバスに乗るといいですよ。もしくは，**そこまで歩いて行って**眺めを楽しんでもいいんじゃないかしら。そんなに遠くはないですよ。

男性：うーん，天気がいいし，**私は少し運動しないといけないんです**よね。そうすることにしますよ。

◇ get to 〜「〜に到着する」

男性の最後の発言 I'll do that. の that は，直前の女性が案内したホテルまでの行き方3つのどれかを指すため，②，③，④に絞る。男性は最終発言第1文で I need some exercise「少し運動が必要」とも言っているため，体を動かしてホテルまで行く方法，つまり歩くことを選ぶと推測できる。よって④が正解。

問3　　14　　正解は①

> 問　男性はシャツについてどう感じているか。
> ①　彼はそれをとても気に入っている。
> ②　彼はそれを購入したいと思っている。
> ③　それは自分に似合っていない。
> ④　それは値段に見合っていない。

放送内容　《お買い得だったシャツ》

W : Hi, Jason. You look great in that shirt.
M : Thanks, Mary. I ordered it online. Actually, it didn't look that nice on the website.
W : Then why did you buy it?
M : Because it was 50% off. But now I think it's really nice.
W : Yeah, it is! You got a good buy.

訳　女性：こんにちは，ジェイソン。そのシャツ，とても似合ってるわね。
　　男性：ありがとう，メアリー。インターネットで注文したんだ。実は，ウェブサイト上ではそんなに素敵には見えなかったんだけどね。
　　女性：じゃあ，なんでそれを買ったの？
　　男性：半額だったからだよ。でも，今はすごくいいと思ってるよ。
　　女性：ええ，本当に素敵よ！　いい買い物をしたわね。

◇ order「～を注文する」　◇ online「オンラインで，インターネットで」
◇ get a good buy「いい買い物をする」

シャツについてプラス・マイナスどちらの感情を抱いているかを聞き取る。質問の主語は the man なので男性の発言に注目すると，男性は2つ目の発言第2文で But now I think it's really nice.「でも，今はすごくいいと思ってるよ」と述べていることから，①が正解と推測できる。また，男性の1つ目の発言第2文 I ordered it online. より，すでに男性はシャツを購入済みのため，②は不適。④ worth the price「値段に見合っている」

問 4 　 15 　 正解は①

> 圕　2 人が同意している点は何についてか。
> ①　映画は本に忠実である。　　② 映画は配役が素晴らしい。
> ③　映画は実話に基づいている。　④ 映画は本よりも良い。

放送内容 《映画の感想》

M : That was a great movie, wasn't it?

W : Well, it wasn't as good as I expected.

M : Really? It was a lot like the book, though.

W : Yeah, that's true, but I didn't like the cast very much.

M : Oh, you didn't? I think all the actors did a great job.

訳　男性：素晴らしい映画だったよね？
　　女性：うーん，期待していたほど良くはなかったわ。
　　男性：本当？　だけど，原作の本にかなり近かったよ。
　　女性：えぇ，確かにね，でも，私は配役があまり好きではなかったのよ。
　　男性：えぇ？　そうだった？　俳優はみんないい仕事をしていたと思うけどな。

◇ not as ～ as …「…ほど～でない」　◇ expect「～を期待する，予期する」
◇ be（a lot）like ～「～に（とても）よく似た」　◇ though「でも，けれど」
◇ that's true「確かにそうだ」　◇ cast「配役，キャスト」　◇ actor(s)「俳優」
◇ do a great job「いい仕事をする」

男性が 2 つ目の発言第 2 文で It was a lot like the book「それ（＝映画）は本にかなり近かった」と言ったのに対し，女性も 2 つ目の発言で Yeah, that's true「えぇ，確かにね」と同意を示しているため，①が正解。follow「～に従う，まねる」 女性は続いて I didn't like the cast very much「配役があまり好きではなかった」と述べているため，②は不適。③，④は放送英文で触れられていない。③ be based on ～「～に基づいている」

第4問A　モノローグを聞いて図表を完成させる問題

> 放送内容 《第４問Ａの説明》
>
> 　第４問Ａ　第４問Ａは問１・問２の２問です。話を聞き，それぞれの問いの答え
> として最も適切なものを，選択肢のうちから選びなさい。聞き取る英語は１回流し
> ます。
> 　では，始めます。

問1　16 → 17 → 18 → 19　正解は③→②→①→④

> 放送内容 《我が家の猫の脱走》

　Last Saturday, <u>when my grandmother opened the front door of our house, our family cat, Sakura, ran out</u> to chase a bird. My grandmother tried to catch her, but Sakura was too fast. <u>My family began looking for her.</u> When it got too dark to see, we gave up our search for the night. We were so sad. <u>I placed food and water outside the door</u> in case Sakura came home. The next morning I ran to the door to check the food. The food had been eaten, but Sakura wasn't there. Then suddenly, <u>from behind the bushes, I heard a soft "meow."</u>

> 訳　　この前の土曜日，<u>祖母が正面玄関を開けると，</u>うちの飼い猫のサクラが鳥を追
> いかけて<u>外に走り出した。</u>祖母が捕まえようとしたが，サクラは動きがあまり
> にも速かった。<u>私の家族は彼女を捜し始めた。</u>真っ暗になりあたりが見えなくなる

ころ，その晩の捜索を打ち切った。私たちは大変悲しかった。サクラの帰宅に備えて，**私はドアの外にえさと水を置いておいた。**次の日の朝，私はドアのところまで走って行き，えさを確かめた。えさは食べられていたが，サクラはそこにはいなかった。そして突然，**茂みの後ろから「ニャー」という穏やかな鳴き声がした。**

◇ front door「正面玄関」　◇ chase「〜を追い求める」　◇ look for 〜「〜を捜す」
◇ get dark「暗くなる」　◇ give up the search「捜索を打ち切る」
◇ place「〜を置く」　◇ in case SV「〜する場合に備えて」
◇ bush(es)「茂み，やぶ」　◇ meow「『ニャー』という猫の鳴き声」

16　正解は③

第 1 文に when my grandmother opened the front door of our house, our family cat, Sakura, ran out「祖母が正面玄関を開けると，うちの飼い猫のサクラが外に走り出した」とある。③が正解。

17　正解は②

猫が走り出した後，第 3 文で My family began looking for her.「私の家族は彼女（＝サクラ）を捜し始めた」という展開になっているため，②が正解。

18　正解は①

夜になってサクラの捜索をやめたあと，第 6 文に I placed food and water outside the door「私はドアの外にえさと水を置いておいた」とある。①が正解。

19　正解は④

サクラが見つかった表現に近いものとして，最終文に from behind the bushes, I heard a soft "meow"「茂みの後ろから『ニャー』という穏やかな鳴き声がした」とある。④が正解。

問2　20　21　22　23　　正解は②，③，③，④

① 50ドル　　　② 70ドル　　　③ 100ドル
④ 150ドル　　　⑤ 200ドル

ツアー		所要時間 （分）	料金
ハイキング 	Aコース	30	20
	Bコース	80	21
ピクニック 	Cコース	60	
	Dコース	90	22
山登り 	Eコース	120	23
	Fコース	300	

【放送内容】《ツアー料金》

This is the list of outdoor tours that we offer. I haven't filled in the price column yet, so could you help me complete it? The prices depend on how long each tour is. The price is 70 dollars for tours up to one hour ... and 100 dollars for tours over 60 minutes up to 90 minutes. We charge 50 dollars for each additional hour over 90 minutes.

訳　これが私たちが提供しているアウトドアツアーのリストです。まだ料金欄の記入をしていませんので，それを完成させるのを手伝ってもらえますか？ 料金はそれぞれのツアーの所要時間によります。1時間までのツアー料金は70ドルで…60分から90分のツアーは100ドルです。90分を超える場合は1時間ごとに50ドルずつ追加料金がかかります。

◇ offer「〜を提供する」 ◇ fill in 〜「〜に記入する」 ◇ column「欄」
◇ help *A do*「*A* が〜するのを手伝う」 ◇ complete「〜を仕上げる」
◇ depend on 〜「〜次第である」 ◇ up to 〜「〜まで」 ◇ over「〜以上」
◇ charge「〜を請求する」 ◇ additional「追加の」

20 正解は②

ツアー料金は第 3 文に The prices depend on how long each tour is.「料金はそれぞれのツアーの所要時間によります」とある。空所左の Time の欄と放送英文より判断する。Course A の所要時間は 30 分なので，第 4 文前半 The price is 70 dollars for tours up to one hour「1 時間までのツアー料金は 70 ドル」より②が**正解**。

21 正解は③

Course B の所要時間は 80 分。第 4 文後半の 100 dollars for tours over 60 minutes up to 90 minutes「60 分から 90 分のツアーは 100 ドルです」より③が**正解**。

22 正解は③

Course D は 90 分。第 4 文後半の 100 dollars for tours over 60 minutes up to 90 minutes「60 分から 90 分のツアーは 100 ドルです」より③が**正解**。

23 正解は④

Course E は 120 分。最終文に We charge 50 dollars for each additional hour over 90 minutes.「90 分を超える場合は 1 時間ごとに 50 ドルずつ追加料金がかかります」とあるため，90 分までの料金（第 4 文後半参照）の 100 ドルに加え，30 分超過となるため，50 ドルの追加料金がかかる。よって④が**正解**。

第4問B 複数の情報を聞いて条件に合うものを選ぶ問題

放送内容 《第4問Bの説明》

第4問B 第4問Bは問1の1問です。四人の説明を聞き，問いの答えとして最も適切なものを，選択肢のうちから選びなさい。

メモを取るのに下の表を使ってもかまいません。状況・条件及び問いが問題冊子に書かれているので，読みなさい。聞き取る英語は1回流します。

では，始めます。

問1　24　正解は④

① アダムス寮	② ケネディ寮	③ ネルソン寮	④ ワシントン寮

	A. 共用スペース	B. 部屋専用のバスルーム	C. 個室
① アダムス寮			
② ケネディ寮			
③ ネルソン寮			
④ ワシントン寮			

放送内容 《4つの寮の特徴》

1. You'd love Adams Hall. It's got a big recreation room, and we have parties there every weekend. You can also concentrate on your studies because everyone gets their own room. The bathrooms are shared, though.

2. I recommend Kennedy Hall. All the rooms are shared, and the common area is huge, so we always spend time there playing board games. There's a bathroom in every room, which is another thing I like about my hall.

3. I live in Nelson Hall. There are private rooms, but only for the seniors. So, you'll be given a shared room with no bathroom. My favorite place is the common kitchen. We enjoy sharing recipes from different countries with each other.

4. You should come to Washington Hall. The large living room allows

you to spend a great amount of time with your friends. <u>Each room</u>
<u>has a bathroom. Some rooms are for individual students, and, if you</u>
<u>apply in advance, you will surely get one of those.</u>

訳　1. アダムス寮がきっと気に入ると思いますよ。大きな娯楽室があり，そこでは
　　　毎週末，パーティーを開いています。全員，自分だけの部屋がありますので，
　　　勉強に集中することもできます。ただし，**バスルームは共用となります。**

　　2. 私はケネディ寮をお勧めします。**部屋は全室相部屋**で，共用部分は広いので，
　　　私たちはいつもそこでボードゲームをして過ごしています。各部屋にバスル
　　　ームがあり，そこが私が自分の寮で気に入っているもう一つの点です。

　　3. 私はネルソン寮に住んでいます。個室はありますが，上級生用のみです。な
　　　ので，**あなたの場合はバスルームのついていない相部屋になります。**私のお
　　　気に入りの場所は共用の台所です。私たちはお互いに様々な国のレシピを共
　　　有して楽しんでいます。

　　4. ワシントン寮にぜひ来てください。大きなリビングがあるので，非常に多く
　　　の時間を友人と過ごすことができます。**部屋ごとにバスルームがあります。**
　　　個々の学生用の部屋がいくつかあり，前もって申し込んでおけば，確実に一
　　　人部屋を確保できるでしょう。

◇ hall「寮」　◇ common「共通の，共用の」　◇ private room「個室」
◇ senior(s)「上級生」　◇ allow *A* to *do*「*A* が～するのを許す」
◇ apply「申し込む」　◇ in advance「前もって」

①は第 3 文後半 everyone gets their own room に「個室」とあるものの，最終文
に The bathrooms are shared「バスルームは共用」とあるため，条件Ｂ「各部屋
にバスルームがある」に当てはまらない。
②は第 2 文に All the rooms are shared「全室相部屋」とあり，条件Ｃ「個室であ
る」に当てはまらない。
③は第 3 文 you'll be given a shared room with no bathroom「バスルームのつい
ていない相部屋になる」より，「各部屋にバスルームがある」という条件Ｂおよび
「個室である」という条件Ｃに合わない。
④は第 3 文 Each room has a bathroom.「部屋ごとにバスルームがある」より条件
Ｂ「各部屋にバスルームがある」に合い，最終文 Some rooms are for individual
students, and, if you apply in advance, you will surely get one of those.「個々
の学生用の部屋がいくつかあり，前もって申し込んでおけば，確実に一人部屋を確保
できるでしょう」より条件Ｃ「個室である」に当てはまる。よって④が正解。
ちなみに，条件Ａ「同じ寮の人たちと交流できる共用スペースがある」については，

①は第 2 文（It's got a …），②は第 2 文後半（and the common area is …），③は第 4・最終文（My favorite place …），④は第 2 文（The large living room …）でそれぞれ述べられているため，すべてが当てはまる。

	A．共用スペース	B．部屋専用の バスルーム	C．個室
① アダムス寮	○	×	○
② ケネディ寮	○	○	×
③ ネルソン寮	○	×	×
④ ワシントン寮	○	○	○

第5問　講義の内容と図表の情報を使って問いに答える問題

《第5問の説明》

　第5問　第5問は問1(a)〜(c)と問2の2問です。講義を聞き，それぞれの問いの答えとして最も適切なものを，選択肢のうちから選びなさい。

　状況と問いが問題冊子に書かれているので，読みなさい。聞き取る英語は1回流します。

　では，始めます。

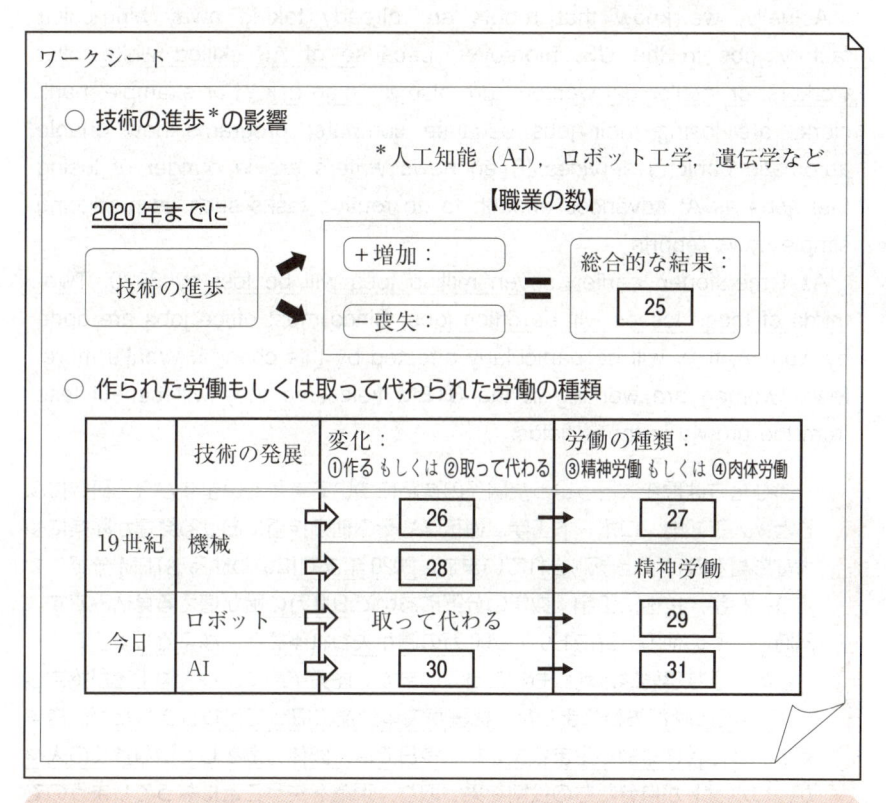

《技術革命に伴い消える職業》

　What kind of career are you thinking about now? Research predicts developments in artificial intelligence, robotics, genetics, and other technologies will have a major impact on jobs. <u>By 2020, two million jobs will be gained</u> in the so-called STEM fields, that is, science, technology, engineering, and mathematics. <u>At the same time, seven million</u> other <u>jobs will be lost</u>.

This kind of thing has happened before. <u>Jobs were lost in the 19th century</u> when mass production started with the Industrial Revolution. <u>Machines replaced physical labor</u>, but <u>mental labor</u> like sales jobs <u>was generated. Today, many people doing physical labor are worried that robots will take over their roles and that they will lose their current jobs</u>. This time, <u>the development of AI may even eliminate some jobs requiring mental labor as well</u>.

Actually, we know that robots are already taking away blue-collar factory jobs in the US. Moreover, <u>because of AI, skilled white-collar workers, or intellectual workers, are also at "high risk."</u> For example, bank clerks are losing their jobs because computer programs now enable automatic banking services. Even news writers are in danger of losing their jobs as AI advances enough to do routine tasks such as producing simple news reports.

As I mentioned earlier, <u>seven million jobs will be lost by 2020. Two-thirds of those losses will be office jobs</u>. Since most office jobs are done by women, they will be particularly affected by this change. What's more, fewer women are working in the STEM fields, so they will benefit less from the growth in those fields.

訳　あなた方は現在，どういった関係の進路について考えていますか？　研究によると，人工知能，ロボット工学，遺伝学やその他の技術における発達が職業に多大な影響を及ぼすと予測されています。2020年までにいわゆる STEM 分野，つまり，科学，技術，工学，数学の分野において200万の職が増える見込みです。同時に，その他の分野において700万の職が失われることになるでしょう。

このような事態は以前にも起こっています。産業革命により大量生産が始まった19世紀に職が失われました。機械が肉体労働に取って代わりましたが，営業職といった精神労働が生まれました。今日では，肉体労働をしている多くの人々が，ロボットが自分たちの役割を乗っ取り，現職を失うことになってしまうのではないかと心配しています。その上，今回は，AI（人工知能）の進化により精神労働を要する仕事でさえも一部はなくなってしまうかもしれません。

実際のところ，アメリカではロボットがすでに工場の肉体労働の仕事を奪っているということがわかっています。さらに，AIのせいで，熟練した事務系労働者，つまり知的労働者もまた「高い危険」にさらされています。例えば，今，コ

ンピュータプログラムにより銀行業務の自動化が可能になるので，銀行員たちは仕事を失いつつあります。簡単なニュース記事を作成するといった定型業務ができるほどに AI が進化するにつれて，新聞記者でさえも仕事を失う危機にあります。

　先に述べましたように，**700 万の職が 2020 年までに消えていきます。この喪失の 3 分の 2 は事務仕事となるでしょう。**ほとんどの事務仕事には女性が就いているので，この変化により彼女たちが特に影響を受けることになります。さらに，STEM 分野で働いている女性はより少ないので，女性がこういった分野の発展から受ける恩恵が少なくなってしまうのです。

◇ career「職業」　◇ predict「～と予測する」
◇ artificial intelligence：AI「人工知能」　◇ robotics「ロボット工学」
◇ genetics「遺伝学」　◇ have a ～ impact on *A*「*A* に～な影響を与える」
◇ the Industrial Revolution「産業革命」　◇ replace「～に取って代わる」
◇ physical labor「肉体労働」　◇ mental labor「精神労働」
◇ sales job(s)「営業の仕事」　◇ take over ～「～を乗っ取る」
◇ eliminate「～を除去する，排除する」　◇ blue-collar「肉体労働（者）の」
◇ white-collar「サラリーマンの，事務系の」　◇ intellectual「知的な」
◇ banking services「銀行業務」　◇ routine task(s)「定型業務，日常業務」

問 1 (a)　25　正解は ④

①	200 万の職業が増加	②	200 万の職業が喪失
③	500 万の職業が増加	④	500 万の職業が喪失
⑤	700 万の職業が増加	⑥	700 万の職業が喪失

ワークシートの 25 左側の By 2020 と上部の Number of jobs「職業の数」をヒントに，2020 年までにどれだけの職業が増え，なくなるかを聞き取る。第 1 段第 3 文に By 2020, two million jobs will be gained「2020 年までに 200 万の職が増える見込みです」とあるため，増加は 200 万。ただし，続く同段最終文に At the same time, seven million other jobs will be lost.「同時に，その他の分野において 700 万の職が失われることになるでしょう」ともある。よって，総合的には 200 万 − 700 万 ＝ −500 万となる。④ が正解。

問1(b)

① 作る	② 取って代わる	③ 精神	④ 肉体

26 正解は②　**27** 正解は④

19世紀の機械の出現に伴う変化については第2段第3文に Machines replaced physical labor「機械が肉体労働に取って代わりました」とあることから，**26** に②，**27** に④を補う。

28 正解は①

第2段第3文後半 mental labor like sales jobs was generated「営業職といった精神労働が生まれました」より，①が正解。create「～を作る」が放送英文では was generated「生み出された」という表現になっていることに注意。

29 正解は④

今日，ロボットが取って代わっている労働の種類については第2段第4文参照。Today, many people doing physical labor are worried that robots will take over their roles … 「今日では，肉体労働をしている多くの人々が，ロボットが自分たちの役割を乗っ取り，…と心配しています」と肉体労働者たちの懸念が述べられていることから，④が正解。replace「～に取って代わる」が放送英文では take over their roles「彼ら（＝肉体労働者）の役割を奪う」と異なる表現になっていることに注意。

30 正解は②　**31** 正解は③

今日のAIの進化に伴う変化については，第2段最終文で This time, the development of AI may even eliminate some jobs requiring mental labor as well.「今回は，AI（人工知能）の進化により精神労働を要する仕事でさえも一部はなくなってしまうかもしれません」とAIが精神労働を要する仕事に取って代わると述べられていることから，**30** に②，**31** に③を補う。replace「～に取って代わる」が放送英文では eliminate「～を排除する」と表現が変わっているため，注意。

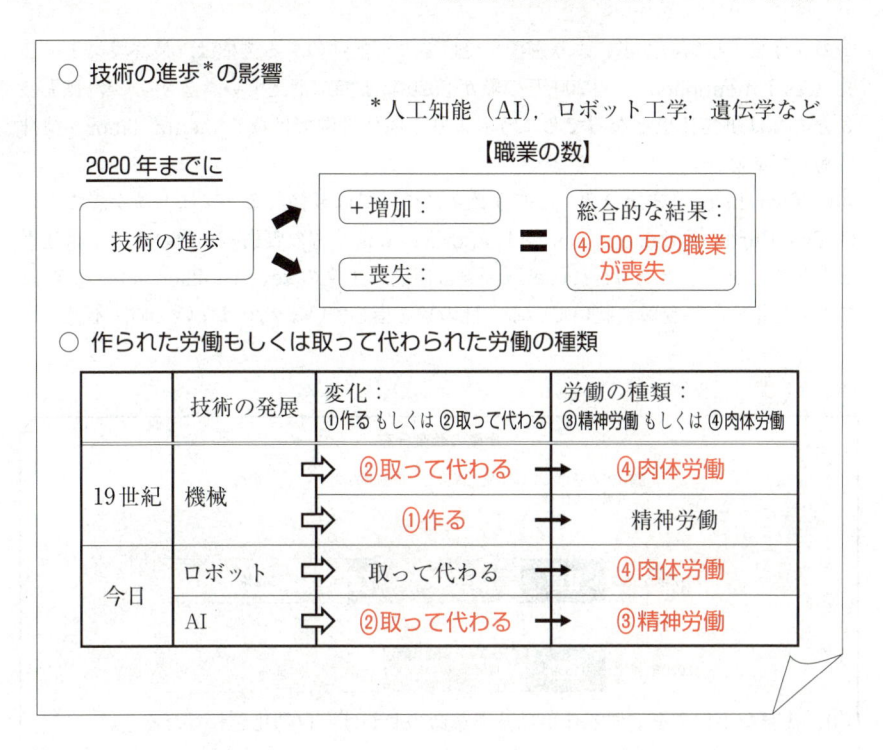

○ 技術の進歩＊の影響

＊人工知能（AI），ロボット工学，遺伝学など

【職業の数】

2020 年までに

技術の進歩 → ＋増加：
－喪失：
＝ 総合的な結果：
④ 500 万の職業が喪失

○ 作られた労働もしくは取って代わられた労働の種類

		変化： ①作る もしくは ②取って代わる	労働の種類： ③精神労働 もしくは ④肉体労働
19世紀	機械	②取って代わる	④肉体労働
		①作る	精神労働
今日	ロボット	取って代わる	④肉体労働
	AI	②取って代わる	③精神労働

（技術の発展）

問 1 (C) ┃32┃ 正解は④

① ロボットのおかげで，機械が肉体労働に取って代わりはじめている。
② 今後の技術の進歩により影響を受けるのは主に肉体労働者だろう。
③ 事務所で働いている女性の 3 分の 2 が職を失うことになるだろう。
④ 事務系労働者は AI の進化のせいで，現在の仕事を失う可能性がある。

講義の内容と一致するものを選ぶ問題。第 3 段第 2 文（Moreover, because of AI, …）「AI のせいで，熟練した事務系労働者，つまり知的労働者もまた『高い危険』にさらされています」に注目。同段第 1 文「ロボットがすでに肉体労働の仕事を奪っている」に続いて，事務系労働者もまた同様の危険にさらされている，とつながっていることから，この「高い危険」とは，事務系労働者もまた仕事を失う可能性がある，ということである。よって④が正解となる。

①は，第 2 段第 2・3 文（Jobs were lost … sales jobs was generated.）参照。機械が肉体労働に取って代わったのは 19 世紀の産業革命の時代とあるが，選択肢① Machines are beginning to replace … では現在進行形となっているため，時制が噛み合わない。

②の「今後の技術の進歩により影響を受ける」可能性のある業種は，最終段第1・2文（As I mentioned …）「700万の職が2020年までに消えていきます。この喪失の3分の2は事務仕事となるでしょう」より，肉体労働ではなく mental labor「精神労働」である。

③の Two-thirds「3分の2」という数字については最終段第2文にあるが，ここでは Two-thirds of those losses will be office jobs.「この喪失の3分の2は事務仕事となるでしょう」とあり，those losses は同段第1文の seven million jobs「700万の職」を指す。事務職に就いている女性の数を指しているのではないため，不適。

問2　　33　　正解は④

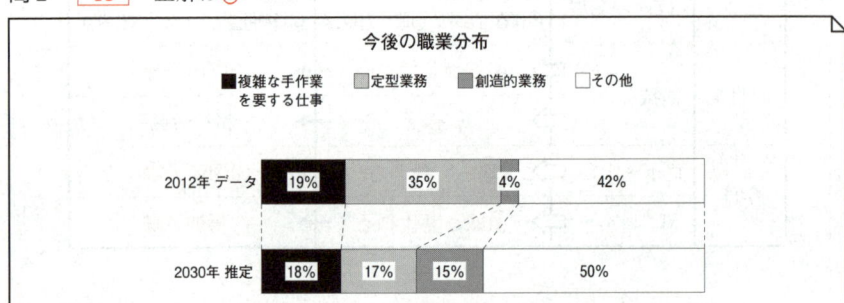

① 複雑な手作業を要する仕事は技術革命のおかげで自動化されるだろう。
② STEM 分野の仕事は創造的な業務を必要とするけれども増えることはないだろう。
③ 頭を使う仕事は割合で言うと最も減少するだろう。
④ すべての肉体労働がロボットや AI に取って代わられるとは限らないだろう。

放送内容　《職業の分布予測》

　Let's take a look at the graph of future job changes. Complex manual workers, like cooks and farmers, are different from routine workers in factories and offices. Creative workers include artists and inventors. So, what can we learn from all this?

訳　今後の職業の変化についてのグラフを見てみましょう。調理師や農家といった複雑な手作業を要する労働者は，工場や事務所で定型業務を行う労働者とは区別されています。創造力を要する労働者の中には芸術家や発明家が含まれています。では，これらすべてのことから何がわかるでしょうか？

◇ take a look at ～「～を見る」　◇ complex「複雑な」
◇ manual「手の，手作業の」　◇ inventor(s)「発明家」

放送英文およびグラフで physical work「肉体労働」にあたるのは Complex Manual Work「複雑な手作業を要する仕事」と一部の Routine Work「定型業務」であるが，グラフ中の Complex Manual Work の割合は 2012 年も 2030 年推定もほとんど変わらないため，将来的にロボットや AI によって仕事を奪われることはないと予測されている。よって④が正解。

①は，技術革命により仕事が自動化されると，将来的に仕事の割合が減るはずだが，グラフの Complex Manual Work「複雑な手作業を要する仕事」を見ると，2012 年も 2030 年推定も割合に大きな変化はない。よって不適。

②についてもグラフの Creative Work「創造的業務」では将来的に 3 倍以上の増加が見込まれているため，不適。

また，③の Mental work「頭を使う仕事」も Creative Work を指すと考えられる。グラフは増加予測となっているため，不適。

第6問A　　対話を聞いて要点を把握する問題

放送内容　《第6問Aの説明》

　第6問A　第6問Aは問1・問2の2問です。二人の対話を聞き，それぞれの問いの答えとして最も適切なものを，四つの選択肢（①〜④）のうちから一つずつ選びなさい。聞き取る対話は1回流します。

　では，始めます。

放送内容　《ゲームの賛否》

Fred : Are you playing those things again on your phone, Yuki ?

Yuki : Yeah, what's wrong with playing video games, Fred ?

Fred : Nothing. I know it's fun; it enhances hand-eye coordination. I get that.

Yuki : Oh, then you're saying it's too violent; promotes antisocial behavior —I've heard that before.

Fred : And, not only that, those games divide everything into good and evil. Like humans versus aliens or monsters. <u>The real world is not so black and white</u>.

Yuki : Yeah .... We are killing dragons. But <u>we learn how to build up teamwork with other players online</u>.

Fred : <u>Building up teamwork is different in real life</u>.

Yuki : Maybe. But still, <u>we can learn a lot about how to work together</u>.

Fred : Well, I'll join you when you have a game that'll help us finish our homework.

訳　フレッド：君はまた携帯電話でそんなことして遊んでるのかい？　ユキ。

　　　　ユキ：そうよ，ゲームをすることの何が悪いっていうの？　フレッド。

　　　フレッド：何も。面白いってことは知ってるよ。手と目の連係がよくなるよね。わかるよ。

　　　　ユキ：あぁ，じゃあ暴力的すぎるとか，反社会的な行為を助長するって言いたいんでしょ。それなら以前にも聞いたわ。

　　　フレッド：いや，それだけじゃなくてね，そういった類のゲームは何でもかんでも善か悪かに分けてしまうだろ。人間対異星人とか，人間対怪物みたいにね。**現実世界はそんなに白黒はっきりしてないもんだよ。**

　　　　ユキ：そうね…。たしかに，竜を倒しているところよ。でも，**ネット上でプ**

レーしてる他の人たちとチームワークを構築する方法を学んでるわ。

フレッド：<u>チームワークの構築は実生活では別物だよ。</u>

　　ユキ：そうかもね。それでもね，<u>一緒に物事に取り組む方法についてたくさ
　　　　　んのことを学べるわ。</u>

フレッド：じゃあ，宿題を終わらせるのに役立つようなゲームがあれば，僕も加
　　　　　わるよ。

◇ enhance「～を高める，増す」　◇ hand-eye coordination「手と目の協調」
◇ violent「暴力的な」　◇ antisocial「反社会的な，犯罪的な」
◇ divide *A* into *B*「*A* を *B* に分ける」　◇ evil「悪」　◇ *A* versus *B*「*A* 対 *B*」
◇ alien(s)「異星人，宇宙人」　◇ build up ～「～を作る」

問1　 34 　正解は②

問 フレッドの話の要点は何か。
① ゲームは上半身の機能を向上させはしない。
② ゲームは現実世界を表してはいない。
③ ゲームは利己的な生活様式を促進する。
④ ゲームは我々の想像力を広げるのに役立つ。

フレッドは発言全体を通し，ゲームに批判的な意見を述べている。特に，3つ目の発言最終文（The real world is not …）や4つ目の発言（Building up teamwork is …）でゲームの世界と現実世界は全く違うものであるということを強調していることから，②が正解となる。

NOTE 話者の発言の要点は繰り返しに注意！
　　話者の発言の要点・主張は，長い会話文中では表現は変われど繰り返されることが多い。テーマに対して肯定的か否定的かを判断すると同時に，似たような表現が繰り返されている場合には，そこが話者が最も伝えたいことであると解釈するとよい。
（例）Fred の話の要点
3つ目の発言最終文：The real world is not so black and white.
4つ目の発言：Building up teamwork is different in real life.
どちらの発言も言い方は異なるが，「現実はゲームの中とは違う」ということを述べている（The real world：real life，not so black and white：different）。

問2　　35　　正解は③

> 問　ユキの話の要点は何か。
> ①　ゲームの中で善悪の区別をすることは必要である。
> ②　ゲームをするのにスマートフォンを使うのは間違っている。
> ③　ゲームをする人々はゲームを通して協力するスキルを磨くことができる。
> ④　ゲームをする人々はゲームの中で自分たちの動物的な性質を表すようになる。

ユキのフレッドへの反論として，3つ目の発言最終文（But we learn how …）や最後の発言最終文（But still, we can learn …）で，他のプレーヤーとのチームワークの構築や協力の仕方を学べる点を良い点として挙げている。よって③が正解。

第６問 B 複数の意見（会話や議論）を聞いて問いに答える問題

> **放送内容**　《第６問 B の説明》
>
> 　第６問 B　第６問 B は問１・問２の２問です。英語を聞き，それぞれの問いの答えとして最も適切なものを，選択肢のうちから選びなさい。
>
> 　状況と問いが問題冊子に書かれているので，読みなさい。聞き取る英語は１回流します。
>
> 　では，始めます。

> **放送内容**　《ゲームに関する講演後の質疑応答》
>
> Moderator : Thank you for your presentation, Professor Johnson. You spoke about how one boy improved his focus and attention through video games.
>
> Professor Johnson : Right. Playing video games can make people less distracted. Furthermore, virtual reality games have been known to have positive effects on mental health.
>
> Moderator : OK. Now it's time to ask our audience for their comments. Anyone ... ? Yes, you, sir.
>
> Bill : Hi. I'm Bill. All my friends love video games. But I think they make too clear a distinction between allies and enemies ... you know, us versus them. I'm afraid gaming can contribute to violent crimes. Do you agree ?
>
> Professor Johnson : Actually, research suggests otherwise. Many studies have denied the direct link between gaming and violence.
>
> Bill : They have ? I'm not convinced.
>
> Professor Johnson : Don't make video games responsible for everything. In fact, as I said, doctors are succeeding in treating patients with mental issues using virtual reality games.
>
> Moderator : Anyone else ? Yes, please.
>
> Karen : Hello. Can you hear me ? [tapping the microphone]

OK. Good. I'm Karen from Detroit. So, how about eSports?

Moderator : What are eSports, Karen?

Karen : They're video game competitions. My cousin made a bunch of money playing eSports in Germany. They're often held in large stadiums ... with spectators and judges ... and big awards, like a real sport. In fact, the Olympics may include eSports as a new event.

Moderator : ... eSports. Professor?

Professor Johnson : Uh-huh. There are even professional leagues, similar to Major League Baseball. Well, eSports businesses are growing; however, eSports players may suffer from health problems.

Moderator : I see. That's something to consider. But right now let's hear from [starts to fade out] another person.

訳

司会者：ご講演いただきありがとうございました，ジョンソン教授。<u>ある少年がいかにしてゲームを通して集中力や注意力を向上させたのかをテーマに，お話をしてくださいましたね。</u>

ジョンソン教授：<u>そうですね。ゲームをすることにより人は注意散漫になりにくくなることがあります。さらに，バーチャルリアリティーゲームは精神衛生に好影響を与えるということで知られています。</u>

司会者：わかりました。では，聴衆の皆さまにご意見をいただくお時間となりました。どなたか…？　はい，では，そちらの方。

ビル：こんにちは。私はビルといいます。私の友人はみな，ゲームが大好きです。<u>しかし，彼らは味方と敵…つまり，自分たちと敵の間にあまりにも明確な区別をつけすぎていると私は思うのです。ゲームをすることが暴力的な犯罪の一因になり得るのではないかと思っています。</u>あなたはこれに同意しますか？

ジョンソン教授：実際のところ，研究はそのようには示唆していません。ゲームをすることと暴力行為の間の直接的な関連性は多くの研究で否定されています。

ビル：そうなのですか？　<u>納得いきませんね。</u>

ジョンソン教授：何もかもゲームのせいにしてはいけませんよ。事実，私がお話ししたとおり，<u>医師たちはバーチャルリアリティーゲームを使って精神的に問題のある患者の治療をするのに成功しています。</u>

司会者：他にどなたかいませんか？　はい，お願いします。

カレン：こんにちは。聞こえますでしょうか？　［マイクを叩きながら］よし。いいですね。私はデトロイトから来ました，カレンです。さて，ｅスポーツについてはどうですか？

司会者：カレンさん，ｅスポーツとは何ですか？

カレン：ｅスポーツとはゲームの競技のことです。私のいとこがドイツでｅスポーツをして大金を稼いだんです。この競技は大きな競技場でよく開催されていて…観客や審判もいて…高額の賞金も出て，まるで本当のスポーツのようなものなんです。実際に，オリンピックではｅスポーツを新たな種目として取り入れるかもしれないんですよ。

司会者：…ｅスポーツねぇ。教授？

ジョンソン教授：はいはい。プロリーグもありますよね，野球のメジャーリーグみたいな。そうですね，ｅスポーツビジネスは成長過程にあります。しかしながら，ｅスポーツの選手は健康問題で苦しむことになるかもしれませんね。

司会者：なるほど。それは考えものですね。では，他の方からのご意見を聞いてみましょう。

◇ distracted「注意散漫で，取り乱した」　◇ mental health「精神衛生」
◇ make a clear distinction between *A* and *B*「*A* と *B* の間に明確な区別をつける」
◇ allies：ally「味方，同盟国」の複数形　◇ enemy「敵」
◇ contribute to ～「～の一因となる」　◇ violent「暴力的な」　◇ crime(s)「罪」
◇ deny「～を否定する」　◇ convinced「信じ切っている」　◇ issue(s)「問題」
◇ Detroit「デトロイト（都市名）」　◇ competition(s)「競技，競争」

問1　36　正解は①

| ① ビル | ② カレン | ③ 司会者 | ④ ジョンソン教授 |

ゲームに反対の立場の人を選ぶ問題。ビルは1つ目の発言の第3文（All my friends …）で，まず「友人はみな，ゲームが大好き」と肯定的なことを述べるが，直後のBut以降からが，ビルの意見であることに注意しよう。第4・5文（But I think they make … to violent crimes.）でゲーム好きの友人たちが敵味方の区別をつけすぎており，これが暴力的な犯罪につながる恐れがあるのではと述べている。これに対し，ジョンソン教授が研究結果ではゲームと暴力行為に関連性がないと答えているにもかかわらず，ビルはこれにも納得がいかないと2つ目の発言で反論している。これらより，① Bill はゲームに反対意見を述べているといえる。

② 　カレンは1つ目の発言でeスポーツについての教授の意見を求め，2つ目の発言はeスポーツの説明にとどまっていることから，ゲームへの賛否は述べていない。

③ 　司会者は全体を通して聴衆と教授の橋渡し的な役割しか担っておらず，ゲームへの賛否は表明していない。

④ 　ジョンソン教授のゲームへの賛否については，司会者の1つ目の発言第2文（You spoke about …）や教授の1つ目の発言より，ゲームが与える良い影響について述べていることがわかる。よって，ゲームには肯定的な立場を取っている。

問2　37　正解は④

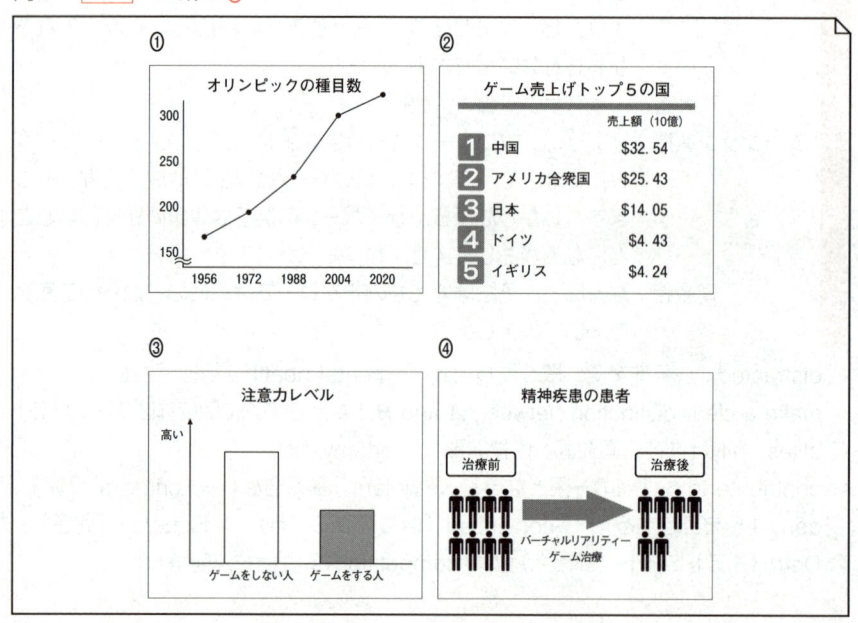

ジョンソン教授の3つ目の発言第2文（In fact, as I said, …）にバーチャルリアリティーゲームを用いた精神疾患治療での成功例についての言及があるため，④が正解となる。

第 1 回 試行調査：英語(筆記［リーディング］)

問題番号	設　問		解答番号	正　解	配点	チェック
第 1 問	A	問 1	1	④		
		問 2	2	①		
	B	問 1	3	②		
		問 2	4	③		
		問 3	5	①		
第 2 問	A	問 1	6	②		
		問 2	7	②		
		問 3	8	①		
		問 4	9	①，③	＊1	
	B	問 1	10	④		
		問 2	11	①		
		問 3	12	②		
		問 4	13	③		
		問 5	14	②		
第 3 問	A	問 1	15	②		
		問 2	16	②		
	B	問 1	17	④		
		問 2	18	③		
		問 3	19	④		

問題番号	設　問		解答番号	正　解	配点	チェック
第 4 問		問 1	20	③		
		問 2	21	③		
		問 3	22	③		
		問 4	23	④		
		問 5	24	③		
第 5 問	A	問 1	25	④		
		問 2	26	④		
		問 3	27	④		
	B	問 1	28	④	＊2	
			29	①		
			30	②		
		問 2	31	②，④	＊3	
			32	③，⑤，⑥		
		問 3	33	④		
第 6 問		問 1 (a)	34	③	＊2	
		問 1 (b)	35	①		
		問 2	36	①		
		問 3	37	①		
		問 4	38	③		

(注)
1　＊1は，過不足なくマークしている場合のみ正解とする。
2　＊2は，全部を正しくマークしている場合のみ正解とする。
3　＊3は，解答番号 31 と 32 の両方をそれぞれ過不足なくマークしている場合のみ正解とする。

自己採点欄
／ 38 問

● 配点は非公表。

第1問

A ウェブサイトの読み取り

訳 《香港のアミューズメントパーク》
あなたは香港のアミューズメントパークに行く計画を立てています。あなたはその
ウェブサイトを見ています。

 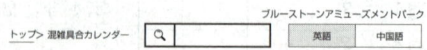

このウェブサイトを見れば，ブルーストーンアミューズメントパークを訪れる最も
よい日取りが見つかりやすくなります。

新着情報

「海賊の冒険」というタイトルの新しいショーが 11 月 13 日に始まります。

混雑具合カレンダー

［第1段］ 次のカレンダーで，開園時刻と閉園時刻，そして混雑具合が見られます。
各欄の中のパーセンテージは来園が見込まれる人数の推定です。最大，つまり 100
％は顔のアイコンで示されています。パーセンテージは前売り券の売上数と過去の
データに基づいて自動的に算出されています。

［第2段］ 顔のアイコンのある日は入場が難しくなります。前売り券を持っていな
い来園者は入場口で長い間待たなくてはならないかもしれません。前売り券は 1 週
間前までオンラインのみで購入可能です。

［第3段］ カレンダーのそれぞれの日付をクリックすると，各アトラクションの平
均待ち時間に関する詳細情報が見られます。

11月の混雑具合カレンダー（毎日情報更新されます）						
月曜日	火曜日	水曜日	木曜日	金曜日	土曜日	日曜日
5	**6**	**7**	**8**	**9**	**10**	**11**
55%	65%	70%	70%	85%	90%	😵
9:00-17:00	9:00-19:00	9:00-19:00	9:00-19:00	9:00-21:00	9:00-21:00	9:00-21:00
12	**13**	**14**	**15**	**16**	**17**	**18**
55%	😵	😛	90%	85%	😖	90%
9:00-16:00	9:00-21:00	9:00-21:00	9:00-21:00	9:00-21:00	9:00-21:00	9:00-21:00

［第1段］▶ based on 〜「〜に基づいて」
［第2段］▶ visitor without an advance ticket「前売り券を持っていない来園者」
［第3段］▶ detailed information「詳細情報」
　　　　　▶ average waiting time「平均待ち時間」

問1　　1　　正解は④

「もしあなたが 11 月 13 日に前売り券なしでパークに行けば，入場口であなたはおそらく□□□□だろう」

カレンダーから，11 月 13 日は顔のアイコンがあるので混雑具合が 100 ％であることがわかる。第 2 段第 1・2 文に「顔のアイコンのある日は入場が難しくなります。前売り券を持っていない来園者は入場口で長い間待たなくてはならないかもしれません」とあることから，④「**長い列に並ぶ**」が正解。

① 「まっすぐ入る」
② 「入るために 55 ％多く払わなくてはならない」
③ 「駐車券を見せなくてはならない」

問2　　2　　正解は①

「カレンダー上の日付をクリックすると，あなたは□□□□についての情報を見つけるだろう」

第 3 段に「カレンダーのそれぞれの日付をクリックすると，各アトラクションの平均待ち時間に関する詳細情報が見られます」とあることから，①「**来園者がどれくらい長くアトラクションを待たなくてはならないか**」が正解。

② 「アトラクションのための前売り券の価格」
③ 「各種パークレストランの食べ物と飲み物」
④ 「ブルーストーンで来園者がどこに車を停められるか」

B 告知ポスターの読み取り

訳 《休日計画調査部（HPRC）》
あなたは日本の大学をオープンキャンパス中に訪問しています。あなたは興味深いイベントについてのポスターを見つけました。

休日計画調査クラブ　**HPRC**

オープンキャンパス イベント

高校生のための HPRC ミーティング

HPRC とは何か？
大学生活の最高の部分のひとつは素晴らしい長期休暇です。休日計画調査部（HPRC）は日本人学生と留学生によって運営されています。我々のクラブはすべての学年とすべての学部の学生を歓迎します。我々の目的はお互いに助け合って興味深い休日計画を立てられるようにすることです。

日時：10 月 27 日，土曜日，午後 2 時から 3 時 30 分まで
場所：個別学習センター
イベント内容：4 人の学生が休暇中の自身の最近の体験について話します。プレゼンテーションの概要は以下の表を見てください。

講演者	概要	場所
1. マリー=マクドナルド 農学部	＊田んぼや野菜畑で重労働 ＊ホストファミリーとの生活は無料	石川県の農場
2. シマヅフミヒロ 日本語文化学部	＊日本語教師のために教材を準備 ＊航空運賃と保険代は自己負担	カンボジアの小学校
3. ニシウラリサ 観光学部	＊料理と通訳で外国人シェフを補佐 ＊良い給料	東京のスペイン料理店
4. コバヤシヒロキ 教育学部	＊柔道を教えた ＊航空運賃と宿泊費は無料	ブルガリアのジュニアオリンピックのトレーニング合宿

大学の学生への メッセージ	**12 月の HPRC ミーティングに講演者として参加してください！** 持ち時間は全部で 12 分です。講演は英語で行い，およそ 8 分ほどです。写真付きのスライドを用意してください。各講演後，

4 分間の質問時間があり，聴衆はたいていたくさんの質問をします。我々のウェブサイトでより多くの情報が得られます（http://www.hprc-student.net/）。

語句・構文	▶ department「学部」
	▶ teaching materials「教材」
	▶ airfare「航空運賃」

問1 　3　 正解は②

「HPRC は￼によって組織，運営されている」

ポスター上部の「HPRC とは何か？」の欄に，「休日計画調査部（HPRC）は日本人学生と留学生によって運営されています」とある。したがって②**「学生」**が正解。

① 「NGO 職員」

③ 「教員」

④ 「大学職員」

問2 　4　 正解は③

「あなたは 4 人の講演者のそれぞれから￼について学べる」

ポスター中ほどに，「イベント内容：4 人の学生が休暇中の自身の最近の体験について話します」とある。したがって③**「大学の休暇中の授業外の体験」**が正解。

① 「大学のさまざまな学部の興味深いコース」

② 「世界の他の国への低予算旅行」

④ 「発展途上国の子供たちとのボランティア活動」

問3 　5　 正解は①

「12 月のミーティングでは，HPRC の講演者は￼べきだ」

ポスター下部を参照。「各講演後，4 分間の質問時間があり，聴衆はたいていたくさんの質問をします」とある。よって，①**「質問に答えられるよう準備する」**が正解。

② 「自分の講演原稿をウェブサイトに載せる」

③ 「英語と日本語で話す」

④ 「20 分程度話す」

第2問

A ウェブサイトの読み取り

訳 《レストランのレビュー》

あなたは海外旅行に行ってインターネットで食べる場所を探そうとしています。以下は店を訪れたことのある人によって書かれたレストランのレビューです。

シローズラーメン

★★★★☆ ブーツの投稿（3週間前）

おすすめ：チャーシュー麺。安く，混んでいて，うるさい。とてもカジュアル。食べていると急かされているように感じる。午後5時から午前6時まで営業。

アニーズキッチン

★★★☆☆ キャリーの投稿（2週間前）

いろいろなものが食べたい気分だったので，アニーズキッチンは期待通り。メニューは13枚にわたる素晴らしいページで，世界中の食べ物がある。実際，私はメニューを読むだけで25分も費やした。残念ながら料理が出てくるのはとても遅い。「シェフの今日のおすすめ」は素晴らしいが，この種のカジュアルなスタイルのレストランにしては価格が少し高い。

ジョニーズハット

★★★☆☆ メイソンの投稿（2日前）

たくさん食べたいなら完璧な選択。しかし少し待つ必要があるかもしれない。

★★★★★ ルーズベルトの投稿（5日前）

ステーキ好きにはここが最高！ シェフはどんな客の好みにも合うようにステーキ料理を用意します。私のお気に入りはカウボーイプレート，素晴らしい！

★☆☆☆☆ けんちゃんの投稿（2週間前）

悲しいことに，平均以下で，二度と行かないでしょう。ステーキは長く焼かれすぎ！ 魚料理もがっかりでした。

語句・構文	▶ rushed「急かされている」

▶ in the mood for ～「～の気分である」

▶ meal-of-the-day「今日の料理，本日のおすすめ」

問1 ⬚6⬚ 正解は②

「あなたは⬚⬚⬚⬚とき，シローズラーメンに行く可能性が最も高いだろう」

ブーツの投稿に，「午後5時から午前6時まで営業」とある。したがって，② **「真夜中に空腹である」** が正解。

① 「会話をするための静かな場所を探している」

③ 「きちんとした食事をする必要がある」

④ 「カジュアルなランチを食べたい」

問2 ⬚7⬚ 正解は②

「あなたは⬚⬚⬚⬚とき，アニーズキッチンに行く可能性が最も高いだろう」

キャリーの投稿に，「残念ながら料理が出てくるのはとても遅い」とあり，時間に余裕があるときに適していることがわかる。したがって，② **「自由な時間がたくさんある」** が正解。

① 「屋外で食べたい」

③ 「手早く朝食を取らなければならない」

④ 「安い料理を食べたい」

問3 ⬚8⬚ 正解は①

「ジョニーズハットに関する意見はすべて⬚⬚⬚⬚」

メイソンは「たくさん食べたいなら完璧な選択。しかし少し待つ必要があるかもしれない」と長所と短所をともに述べていて中立。ルーズベルトは「ステーキ好きにはここが最高！ シェフはどんな客の好みにも合うようにステーキ料理を用意します。私のお気に入りはカウボーイプレート，素晴らしい！」と述べていて好意的。けんちゃんは「悲しいことに，平均以下で，二度と行かないでしょう。ステーキは長く焼かれすぎ！ 魚料理もがっかりでした」と述べていて否定的。したがって，① **「異なっている」** が正解。

② 「好意的である」

③ 「否定的である」

④ 「中立的である」

問4　　9　　複　正解は①，③

「レビューに基づいて，以下のどれが個人的意見ではなく事実であるか（複数選択可）」

個人の感じ方によらないものを選ぶ。①「アニーズキッチンは多くの国の料理を提供している」はキャリーの投稿と一致するし，これはキャリーの感想ではなく事実である。また，③「ジョニーズハットは魚料理も出している」もけんちゃんの投稿と一致しており，けんちゃんの感想ではなく事実である。②は本文からは判断できない。また，④〜⑥は個人的意見である。

②「ジョニーズハットはシローズラーメンほど混んでいない」

④「ジョニーズハットのシェフは腕がよい」

⑤「アニーズキッチンでは『シェフの今日のおすすめ』が最高だ」

⑥「アニーズキッチンのメニューは素晴らしい」

B　記事の読み取り

> 訳　《学生がアルバイトをすることの是非》
> あなたはアルバイトをしている学生に関する討論をする予定です。討論の準備をするために，あなたのグループは下の記事を読んでいます。
>
> ---
>
> ### 学生とアルバイト
>
> ［第1段］　最近の調査によると，日本の高校生と大学生のおよそ70パーセントがアルバイトをした経験がある。調査はまた，学生がアルバイトをする理由は，友人と出かけるため，洋服を買うため，家族を経済的に助けるためにお金がいるからであるということも報告している。このような一般的な理由があってさえも，私たちは以下の疑問を考えるべきである：学生がアルバイトをするのはよいことか悪いことか？
>
> ［第2段］　学生はアルバイトで働くことからいくつかのことを学ぶと思っている人もいる。彼らはお金の価値と同様に働くことの重要性と難しさを理解するようになる。さらには，彼らは人々とうまくやっていく方法を学ぶ。学生は彼らのコミュニケーション技術を向上させ自信を得ることができる。
>
> ［第3段］　学生がアルバイトをすることに関して否定的な点があると思っている人もいる。まず，それは彼らの学業を損なうかもしれない。働きすぎる学生は授業中あまりに疲れていて学校での成績が悪くなるかもしれない。第二に，学生が仕事と学業を両立させるのは難しいように思える。これはストレスを引き起こしうる。第三に，学生は働きすぎることにより働くこと自体への否定的な見解を抱くようになるかもしれない。彼らは卒業後一生懸命働くことへの意欲が少なくなるかもしれない。
>
> ［第4段］　あなたはどう思いますか？　私の意見では，アルバイトは常に学生に悪いとは限らない。私が言いたいことは，学生はアルバイトをしすぎるべきではないということである。学生が週に20時間以上アルバイトをすると，彼らはおそらく上で述べられたような否定的な体験をいくつかするだろうということを研究は示唆している。

語句・構文

［第1段］　▶ according to ～「～によると」
［第2段］　▶ as well as ～「～と同様に」
［第3段］　▶ become less motivated to *do*「～することへの意欲が少なくなる」
［第4段］　▶ mentioned above「上で述べられた」

問1 10 正解は④

「記事の中で言及された調査において，学生たちは『＿＿＿』と聞かれた」

文中に出てくる調査結果から聞かれた質問がわかる。第1段に「調査はまた，学生がアルバイトをする理由は，友人と出かけるため，洋服を買うため，家族を経済的に助けるためにお金がいるからであるということも報告している」とあるため，アルバイトをする理由が聞かれたことがわかる。したがって正解は④「**どうしてあなたはアルバイトをするのですか**」。

① 「あなたはこれまで海外でアルバイトをしたことがありますか」

② 「あなたは1週間にアルバイトをしてどれだけのお金を稼ぎますか」

③ 「どんな種類のアルバイトがあなたにとってよいでしょうか」

問2 11 正解は①

「あなたのグループはアルバイトをしている学生を支持するような意見を集めたいと思っている。記事中のこのような意見の一つは学生が＿＿＿ということである」

学生がアルバイトをすることに対して肯定的な意見は第2段に書かれている。第2段最終文に「学生は彼らのコミュニケーション技術を向上させ自信を得ることができる」とあることから，正解は①「**意思疎通の上手な人になることができる**」。

② 「たいていアルバイトをしたことがある」

③ 「正規の仕事を得るよりよい機会を持つだろう」

④ 「適切な身だしなみを学ぶだろう」

問3 12 正解は②

「あなたのグループはアルバイトをしている学生に反対するような意見を集めたいと思っている。記事中のこのような意見の一つは学生が＿＿＿ということである」

学生がアルバイトをすることに対して否定的な意見は第3段に書かれている。第3段第3文（Students who work …）に「働きすぎる学生は授業中あまりに疲れていて学校での成績が悪くなるかもしれない」とあることから，正解は②「**授業での成績が悪くなるかもしれない**」。

① 「職場で役に立つことができない」

③ 「家族とより多くの時間を過ごすべきである」

④ 「欲しいものを買うためにアルバイトをする」

問4 　13　 正解は③

「もし学生が週に 20 時間以上働けば，彼らは　　　　かもしれない」

第 4 段に「学生が週に 20 時間以上アルバイトをすると，彼らはおそらく上で述べられたような否定的な体験をいくつかするだろうということを研究は示唆している」とあり，その否定的な体験とは第 3 段の内容である。第 3 段を見ると，「彼らは卒業後一生懸命働くことへの意欲が少なくなるかもしれない」と書かれていることから，正解は③「学校を出た後に一生懸命働くことに興味を失う」。

① 「給料のよい仕事が必要であると感じ始める」

② 「アルバイトで一生懸命働き続ける」

④ 「家族から独立したいと思う」

問5 　14　 正解は②

「この記事の筆者は学生がアルバイトをすること　　　　」

筆者の意見は第 4 段で述べられており，「私の意見では，アルバイトは常に学生に悪いとは限らない。私が言いたいことは，学生はアルバイトをしすぎるべきではないということである」とある。筆者は，学生は過度でなければアルバイトをしてもよいと考えていることがわかるので，正解は②「に部分的に賛同している」。

① 「について特定の意見を持っていない」

③ 「に強く賛同している」

④ 「に強く反対している」

第3問

A　ブログの読み取り

> 訳　《トマトリー島についてのブログ》
> あなたはヴェジェトニアと呼ばれる国を訪れたいと思っていて以下のブログを見つけました。

トマトリー島での私の春休み
3月23日日曜日

［第1段］　私はトマトリー島を訪れるためにヴェジェトニアという名前の国に家族と行きました。トマトリー島はヴェジェトニアの本島の南西に位置しています。トマトリーへ行く最も速い方法は，ポテノから飛行機に乗ることですが，私たちはそのほうがずっと安いということからフェリーに乗りました。私たちがその島に到着したときに雨が降り出したので，私たちは美術館と城を訪れました。それから，私たちは温泉を楽しみました。夕方には，私たちはおいしい夕食を食べました。すべてがとても新鮮でした！

［第2段］　幸運にも，次の日の朝は晴れていました。私たちは自転車を借りて，海岸沿いにサイクリングをして楽しみました。その後，私たちは浜辺に釣りに行きましたが何も釣ることができませんでした。まぁ仕方がない，多分次回に！　夕方に，私たちは美しい夕日を見て，その後たくさんの星を見ました。

［第3段］　最後の日に，私たちはプライベートタクシーツアーを申し込んで，運転手が私たちを島中のたくさんの興味深い場所に連れて行ってくれました。彼女はまたその島の自然や文化について私たちにたくさん教えてくれました。私たちは素晴らしい休暇を過ごし，そして結果として，私はその小さな島の美しさや文化により興味を持つようになりました。

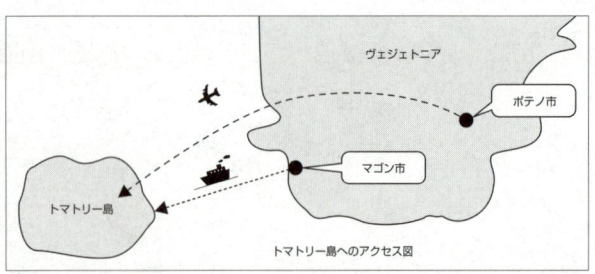

トマトリー島へのアクセス図

［第1段］ ▶ be located to ～「～に位置している」

　　　　 ▶ hot spring bath「温泉」

［第2段］ ▶ have fun *doing*「～して楽しむ」

［第3段］ ▶ become more interested in ～「～により興味を持つ」

問1　 15 　正解は②

「その家族は　　　　からトマトリー島へ行った」

第1段第2文（The fastest way …）に「トマトリーへ行く最も速い方法は，ポテノから飛行機に乗ることですが，私たちはそのほうがずっと安いということからフェリーに乗りました」とあり，その家族がフェリーを使ったことがわかる。地図から，フェリーが出ているのはマゴンであることがわかるので，正解は②**「船でマゴン」**となる。

①「飛行機でマゴン」

③「飛行機でポテノ」

④「船でポテノ」

問2　 16 　正解は②

「このブログから，あなたは　　　　ということがわかった」

第1段第3（It started to …）～最終文に，「私たちがその島に到着したときに雨が降り出したので，私たちは美術館と城を訪れました。それから，私たちは温泉を楽しみました。夕方には，私たちはおいしい夕食を食べました。すべてがとても新鮮でした！」とある。したがって，正解は②**「たとえ天気が悪いとしてもその島であなたが楽しむことのできるいくつかのものがある」**となる。

①「トマトリー島を訪れる最もよい月は3月だろう。なぜならそのほうが混んでいないから」

③「あなたは妥当な値段でさまざまな野外活動や地元の食べ物を楽しむことができる」

④「あなたはその島の自然や文化について説明してくれる島中を巡るバスツアーに参加することができる」

B　新聞記事の読み取り

> 訳　《自動販売機と人間》
> あなたは新聞にセールスマンによって書かれた以下の記事を見つけました。

機械の行進
ニック=ライトフィールド

［第1段］　トロントの大学を卒業した後，私は貿易会社で働き始めた。このことは私がさまざまな街に住んで仕事をしなければならないということを意味している。私の最初の赴任地は，そのオフィス街，ショッピング街，そしてナイトライフで有名な街，ニューヨークだった。自由時間には，私は歩き回って興味深い品物を売っている店を探すことがとても好きだった。夜になっても，私は店から店へと歩き回ったものだ。

［第2段］　それから2年が経ち，私は東京に転勤になった。私の東京の第一印象は，それはニューヨークにとてもよく似た忙しい街であるということだった。しかしながら，私が新宿の通り沿いに夜の散歩をした初日に，私は違いに気づいた。仕事帰りの人や買い物客らの人混みの中で，私は何列もの明るく照らされた自動販売機がキャンディーのような色の光を放っているのを見つけた。ニューヨークでは，たいていの自動販売機はオフィス街や地下鉄の駅に設置されている。しかし私は自動販売機の列が，ほとんどすべての通りに兵士のように立っていて，コーヒー，ジュース，そしてカップラーメンさえも1日24時間売っているなどということを一度も想像したことがなかった。

［第3段］　新宿で立ちながら，私はバンクーバーについて考えていた。私はそこで生まれ育ったのである。私にとってそこは素晴らしい街であったが，ニューヨークや東京の都市生活を経験してしまった今，私はバンクーバーにいた頃，いかに世間を知らなかったかということを認めざるをえない。私がこれまでの自分の人生について考えていると，雨が降り出した。コンビニエンスストアに走り出そうとしたとき傘の自動販売機に気づいた。助かった！　そして私はもしかしたら科学技術が進歩するにつれて，私たちは機械からすべてのものを買うことができるようになるのだろうと思った。自動販売機はコンビニエンスストアに取って代わるのだろうか？　機械は私のようなセールスマンの代わりになるのだろうか？　私はその夜よく眠ることができなかった。それは時差ぼけのせいかそれとも別の何かのせいだろうか？

語句・構文

［第1段］▶ wander from store to store「店から店へと歩き回る」
［第2段］▶ brightly-lit「明るく照らされた」
［第3段］▶ replace「〜に取って代わる」

問1　17　正解は④

「筆者は以下の順番である場所から他の場所へと引っ越した」

第1段に「トロントの大学を卒業した後，私は貿易会社で働き始めた」「私の最初の赴任地は，…ニューヨークだった」とあり，第2段に「それから2年が経ち，私は東京に転勤になった」とあり，さらに第3段で「私はバンクーバーについて考えていた。私はそこで生まれ育ったのである」とある。以上のことから，筆者のたどった経路は④「バンクーバー→トロント→ニューヨーク→東京」となる。

① 「トロント→ニューヨーク→東京→バンクーバー」
② 「トロント→バンクーバー→ニューヨーク→東京」
③ 「バンクーバー→ニューヨーク→東京→トロント」

問2　18　正解は③

「筆者は＿＿＿＿ということを言っている」

第2段で東京とニューヨークの類似点と相違点について述べており，相違点として，ニューヨークの自動販売機がオフィス街や地下鉄の駅に設置されているのに対して，東京では自動販売機が24時間稼働しながら繁華街で列をなしている様子を挙げている。したがって，正解は③「ニューヨークと東京における自動販売機の設置場所は違う」となる。

① 「ニューヨークでの生活は東京での生活よりもより快適である」
② 「東京での生活はニューヨークでの生活ほど面白くない」
④ 「ニューヨークと東京では自動販売機で同じ商品が売られている」

問3　19　正解は④

「筆者が東京にいた頃，彼は＿＿＿＿」

第3段で，自動販売機が進化している様を目の当たりにして，機械が人間の仕事を奪う未来を連想し，「機械は私のようなセールスマンの代わりになるのだろうか？私はその夜よく眠ることができなかった」と続く。したがって，正解はこれの言いかえとなる④「突然自分の仕事の未来について心配になった」となる。

① 「自動販売機を売ることについて考え出した」
② 「バンクーバーのほうがよいと気づいた。なぜならそこは彼の故郷だから」
③ 「街から街へと引っ越してきたことを後悔し始めた」

第4問

レポート＋グラフの読み取り

> 訳　《ボランティア活動に対する興味についてのレポート》
> クラスで全員が下の2つのグラフに基づいてレポートを書きました。あなたは今からアミとグレッグによって書かれたレポートを読みます。
>
> ---
>
> 調査は13歳から29歳の間の人々に行われました。グラフ2の質問に答えるのに，参加者は1つ以上の理由を選ぶことができました。
>
>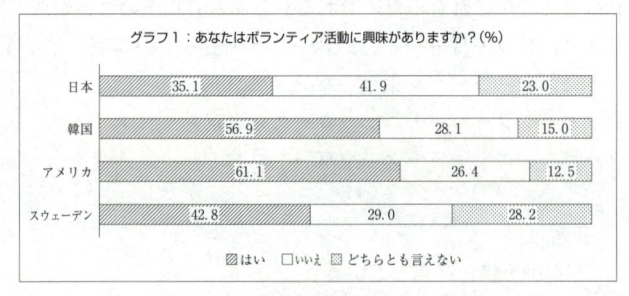
>
>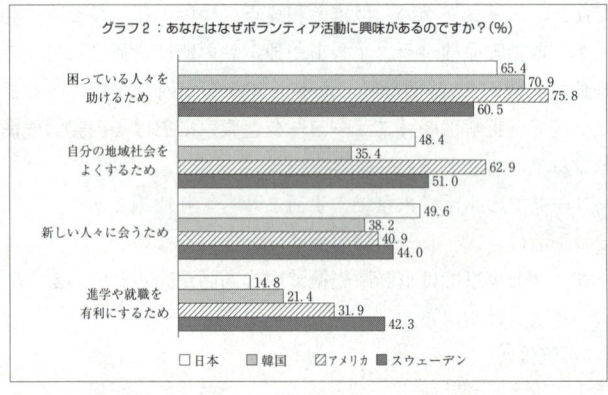
>
> ---
>
> キタムラアミ
>
> ［第1段］　私はグラフ1を見たときに驚きました。なぜならボランティア活動に興味がある日本人回答者の割合が，私が予想していたよりも高かったからです。私が知る限りでは，私の友人でボランティア活動をしている人は誰もいません。だから，私は日本の学生にもっとボランティアをするように私たちが働きかけるべきであると思います。

[第2段] そうするためには，ボランティア活動をすることのメリットを考えることが重要です。グラフ2によると，日本人回答者の65.4%が，困っている人々を助けたいからボランティアに興味があると言いました。また「新しい人々に会うため」を選んだ日本人回答者の割合は4カ国の中で最も高かったのです。

[第3段] 私はより多くの日本人学生がボランティア活動の利益について学ぶべきであると思います。そこで，学園祭に向けて私は「あなたは困っている人々を助け，同時に新しい友達を作ることができます！」というポスターを作る計画をしています。私はたくさんの学生がそれを見てボランティア活動により興味を持ってくれることを望んでいます。

グレッグ=テイラー

[第4段] アメリカでは，ボランティア活動が一般的で，だから私はアメリカがボランティア活動に興味がある人の割合が最も高いことに驚きませんでした。グラフ2は多くのアメリカ人回答者が，ボランティア活動に興味があるのは困っている人々を助けたいからであると回答したということを示しています。私はこの理由は重要であると思います。なぜなら学生は人々を助けることによって達成感を感じるだろうからです。

[第5段] しかしながら，私は日本人回答者の35.1%しかボランティア活動に興味がないということを見て驚きました。私は，ボランティアは日本ではもっと一般的であろうと思っていました。グラフ2の情報によると，日本では少数の回答者しか進学や就職への利点を認識していません。私は日本の大学や企業が現在，以前よりもボランティア経験を重視していると最近聞きました。もしより多くの学生がこれらの利点を理解すれば，私は彼らのボランティア活動への興味は増すだろうと思います。

[第6段] 学生は以下の2つの理由のためにボランティア活動すべきです。第一に，困っている人々を助けることは学生に達成感を与えるでしょう。第二に，ボランティア活動は彼らに将来のキャリアにとっての利点をももたらすでしょう。したがって，私はボランティア活動をすることのこれら2つの利点についての通信を書き，そしてそれを学校で学生に配布するつもりです。

語句・構文

[第1段] ▶ as far as S know(s)「Sが知る限りでは」
[第2段] ▶ in order to *do*「～するために」
　　　　▶ people in need「助けを必要としている人々，困っている人々」
[第4段] ▶ a sense of achievement「達成感」
[第5段] ▶ put value on ～「～を重視する」
[第6段] ▶ a feeling of accomplishment「達成感」(＝a sense of achievement)

問1　20　正解は③

「　　　　　は，ボランティア活動に興味を持っている日本人回答者の割合が予想して
いたよりも低かったと感じた」

第5段第1文に「私は日本人回答者の35.1％しかボランティア活動に興味がない
ということを見て驚きました。私は，ボランティアは日本ではもっと一般的であろ
うと思っていました」とある。したがって，正解は③「グレッグ」。

① 「アミ」　第1段に「ボランティア活動に興味がある日本人回答者の割合が，私
が予想していたよりも高かった」とある。

② 「アミとグレッグの両者」

④ 「アミとグレッグのどちらでもない」

問2　21　正解は③

「アミとグレッグの両者が日本人学生は　　　　　すべきであると言っている」

第3段第1文に「私はより多くの日本人学生がボランティア活動の利益について学
ぶべきであると思います」，第5段第3文（According to the …）以降に「日本で
は少数の回答者しか進学や就職への利点を認識していません。…もしより多くの学
生がこれらの利点を理解すれば，私は彼らのボランティア活動への興味は増すだろ
うと思います」とあることから，二人ともボランティア活動の当人への利点を知る
べきと思っていることがわかる。したがって，正解は③「ボランティア活動するこ
とはそれをする人々によい影響をもたらすということを知る」。

① 「ボランティア活動の利益について他の国から来た学生と議論する」

② 「学業に集中して，卒業してからボランティア活動することを考える」

④ 「ボランティア活動が他の国では人気が増しているということを認識する」

問3　22　正解は③

「アミもグレッグもどちらもレポートの中で『　　　　　』について言及していない」

正解は③「自分の地域社会をよりよくすること」で，これについては本文中に言及
がない。

① 「進学と就職への利点を得ること」　第5段第4文（I recently heard …）に，
「私は日本の大学や企業が現在，以前よりもボランティア経験を重視していると
最近聞きました」とある。

② 「困っている人々を助けること」　第2段第2文（According to Graph …）に，
「日本人回答者の65.4％が，困っている人々を助けたいからボランティアに興味
があると言いました」とある。また，第4段第2文（Graph 2 shows …）に，
「多くのアメリカ人回答者が，ボランティア活動に興味があるのは困っている
人々を助けたいからであると回答した」とある。

④「新しい人々に出会うこと」 第 2 段最終文（Also, the percentage …）に，「また『新しい人々に会うため』を選んだ日本人回答者の割合は 4 カ国の中で最も高かった」とある。

問4　23　正解は④

「レポートの中で，アミは［　a　］だろうと言い，そしてグレッグは［　b　］つもりだと言っている」

第 3 段第 2 文（Thus, for the …）に「学園祭に向けて私は『あなたは困っている人々を助け，同時に新しい友達を作ることができます！』というポスターを作る計画をしています」とあり，第 6 段最終文（Therefore, I will …）に「私はボランティア活動をすることのこれら 2 つの利益についての通信を書き，そしてそれを学校で学生に配布するつもりです」とある。したがって，正解は④「a．**ポスターを作る**，b．**通信を書く**」。

①「a．調査を行う，b．演説をする」

②「a．調査を行う，b．通信を書く」

③「a．ポスターを作る，b．演説をする」

問5　24　正解は③

「あなたはインターネット上で 4 つの記事を見つけた。下のタイトルに基づくと，アミとグレッグの両方の計画にとって最も役に立つ記事は『　　　　』だろう」

二人ともボランティア活動をすることの意義をより多くの人に認識してもらい，ボランティア活動を普及させたいと考えている。したがって，最も適切なものは③「ボランティア活動を通して困っている人々を助けること」である。

①「ボランティア活動と社会奉仕活動の違い」

②「海外でボランティアをしながら友達を作る方法」

④「ボランティア経験とあなたの将来のキャリア」

第5問

A　記事の読み取り

> 訳 《折り紙がもたらす好ましい影響》
> あなたは学校新聞の編集者です。あなたはメアリーというアメリカ人の学生が書いた折り紙に関する記事についてコメントを求められています。

折り紙

［1］　日本に暮らす多くの人々は，正方形の紙が動物や花のような美しい形に変わる折り紙に関する幼少期の記憶を持っている。折り紙は何世紀にもわたり，あらゆる年代の人たちに幅広く楽しまれてきた。

［2］　最近のある出来事で，海外では折り紙が日本の伝統的な芸術形態だと考えられていることに気づかされた。2016年にバラク=オバマ大統領が広島を訪れたとき，彼は4羽の折り鶴を丁寧に折っていた。そして彼はその折り鶴を広島市に贈った。これは両国の友好と世界平和への誓いの象徴と見なされた。

［3］　高齢者向けのケアやリハビリにおいて，折り紙には2つの好ましい影響が見られる。折り紙で，紙をある形に折るためには，高い集中力に加え，正確に指の動きを調整することも求められる。これはアルツハイマー病のような疾患と関連する記憶障害の進行を遅らせると考えられている。また折り紙は運動技能の維持と，脳の活動の向上を促すため，ケガから回復しつつある人の助けになると考えられている。これらの理由から，日本国内および国外の両方において，折り紙を使った高齢者ケアとリハビリテーションプログラムが数多くあるのだ。

［4］　子供たちもまた折り紙から恩恵を受けている。折り紙は楽しみながら，創造性と芸術的感覚を育てることができる。このことが理由で，非常に多くの団体（国内および海外の）が，折り紙のコンテストや展示会のような幼児向けのイベントを定期的に開催することになった。この分野で積極的に活動している団体が海外で数多く見られるのは驚くべきことではないだろうか？

［5］　 A さらに折り紙を折る技術的方法には，医療での応用が期待できる。 B 2016年，ある国際研究チームが，治療に利用できる非常に小さくて紙のように薄いロボットを開発した。そのロボットはブタ由来の物質から作られており，折り紙のように折りたたまれ，氷でできたカプセルに入っている。患者がそのカプセルを飲み込み，患者の胃に到達すると，カプセルが溶け，ロボットは周囲から水を吸収して広がる。 C この後，ロボットは体の外から操作されて作業を行う。作業が完了すると，ロボットは自然に体外へと排出される。 D このロボット

の開発者たちは，たとえば，偶然小さな電池を飲み込んでしまった子供の胃から，その電池を取り出す際にこの技術を利用できると語っている。

［6］　上記の例に見られるように，もはや折り紙は，多くの人が幼少期に余暇の活動として経験した単なる伝統的な日本の芸術形態ではない。実際のところ，折り紙は世界中であらゆる世代の人々の生活に好ましい変化をもたらしうる影響力の強いものとなっている。折り紙の美しさの評価は来たる世代にも続いていくだろうが，今日では，折り紙は私たちの生活のさまざまな側面に影響を及ぼすようになっているのだ。

■ 語句・構文 ■

[第[1]段] ▶ be transformed into ～「～に変わる」

[第[2]段] ▶ paper crane「折り鶴」
　　　　　▶ commitment「誓約，約束」

[第[3]段] ▶ rehabilitation「リハビリ」
　　　　　▶ coordination「調整」
　　　　　▶ intense「極度の」
　　　　　▶ Alzheimer's disease「アルツハイマー病」

[第[4]段] ▶ foster「～を育てる」
　　　　　▶ association「団体，協会」

[第[5]段] ▶ promising「有望な，期待できる」
　　　　　▶ application「応用」
　　　　　▶ swallow「～を飲み込む」

[第[6]段] ▶ as seen in ～「～に見られるように」
　　　　　▶ agent「ある作用を持つもの，仲介者」
　　　　　▶ appreciation「評価，理解」

問1　[25]　正解は④
　「メアリーの記事は主に［　　　　］について論じている」
　記事全体を通して，折り紙がもたらす好ましい影響について論じられており，第[2]段では，折り紙が日本の伝統的な芸術形態であると述べられ，第[3]段および第[5]段では医療分野での折り紙の利用例や応用例が示されている。また第[4]段では子供にとっての折り紙の効用についても述べられているので④**「文化的，医学的，教育的目的での折り紙の利用」**が正解。
　①「他の分野よりも医療における折り紙の重要性」
　②「多くの諸外国における新しい種類の折り紙の考案」
　③「世界の平和と協力を促進する際に折り紙が果たしている主な役割」

問2 26 正解は④

「第［3］段および第［4］段におけるメアリーの意図はおそらく_____ことである」
第［3］段では高齢者向けのケアやリハビリにおける折り紙の効用について述べられ，第［4］段では子供の教育における折り紙の効用について述べられているので④「**異なる年代の人々の生活に対する折り紙の貢献を紹介する**」が正解。
① 「日本の外で折り紙が発展した歴史を説明する」
② 「病気の治療に折り紙を使うことの難しさについて議論する」
③ 「リハビリ，高齢者のケア，教育のために折り紙を使うことに関する懸念を表明する」

問3 27 正解は④

「あなたはこの話題に関連する追加情報を見つけ，メアリーに下記の文を記事に付け加えるよう提案したい。第［5］段の A ， B ， C ， D の4カ所の中で，その文を挿入する最も適切な場所はどこか」
挿入する文は「このロボットの開発者たちは，たとえば，偶然小さな電池を飲み込んでしまった子供の胃から，その電池を取り出す際に，この技術を利用できると語っている」という意味。the はすでに出た名詞に付くため，文中にある the robot は第［5］段第2文の a tiny paper-thin robot を指す。この表現が出てくる前の A と B は不適。また，for instance「たとえば」という表現と this technology「この技術」が指している内容に着目すると，この挿入する文がロボットの技術の具体的な利用場面の説明であると判断できるため，ロボットの説明がまだ途中である C ではなく，一通りの説明が終わった D が適切だと判断できる。したがって④が正解。

B 記事＋メモの読み取り

訳 《黒コショウと白コショウの比較》
あなたは香辛料の特徴に関するプレゼンテーションの準備をしています。あなたは黒コショウと白コショウに関する記事を見つけました。その記事を読んでメモを取ることにしました。

黒コショウと白コショウ

［**Part 1**］　最近のいくつかの研究から，香辛料には私たちが長生きをする手助けとなる働きがあることがわかってきた。世界にはさまざまな香辛料があるが，おそらく馴染み深いのは黒コショウと白コショウの 2 つだろう。黒コショウと白コショウの両方とも同じコショウの植物の実からとれる。しかし，両者ではその製造工程が異なる。黒コショウはコショウの植物の熟す前の実から作られる。一つ一つの実は，小さな緑色のボールのような形で，直径は 3 〜 6 ミリほどの大きさである。収穫された実は，太陽の下で乾燥させられると黒くなる。乾燥した実は「コショウの実」と呼ばれる。粉末の黒コショウの色はコショウの実の皮の色から生じたものなのだ。一方，白コショウを作るには，コショウの実がサクランボ色になってから収穫される。その実の皮は天日干しする前に取り除かれる。その実の中の種の色が白色なのだ。これが白コショウの実の製造工程である。皮が非常に薄いため，黒コショウの実と白コショウの実の大きさはよく似ている。通常，黒コショウよりも白コショウのほうが値段が高いのだが，これは白コショウの製造のほうが多くの処理工程を経るためである。

［**Part 2**］　コショウの風味は何から生じているのであろう？　コショウの辛くてスパイシーな味は「ピペリン」と呼ばれる天然化合物によるものである。コショウの実の種だけではなく外側の皮の部分にも多くのピペリンが含まれている。したがって，黒コショウのほうが白コショウよりも辛いと言われている。また黒コショウには，その味をより複雑なものにしているその他の物質が数多く含まれている。さまざまな物質が混ざることで生み出される黒コショウ独特の風味は，多くの種類の料理に合う。白コショウの風味は黒コショウよりも上品だと評価されることが多いが，ステーキのような肉料理の味を引き立てるには風味が弱すぎる。その色のおかげで，白コショウは淡い色の料理に使われることが多い。マッシュポテト，ホワイトソース，白身魚は，白コショウで味付けされれば，見た目がよりよくなるだろう。

［**Part 3**］　歴史的に見ると，コショウは民間療法に使われてきた。たとえば，咳や風邪の治療法としてよく知られていた。コショウの健康への影響はピペリンに起因するところがある。ビタミンCのように，ピペリンは強力な抗酸化物質である。

これは，この化合物を含む食べ物を食べることで，有害な化学反応を防ぐ可能性があることを意味する。さらに，最近の研究から，コショウはいくつかの種類の病気の影響を軽減することもわかっている。ピペリンを含むあらゆる香辛料には人間の体に対するこの効果が見られる。黒コショウと白コショウの両方に同じ健康上の効果があるのだ。

語句・構文

［**Part 1**］　▶ fruit「実，果実」
　　　　　　　▶ process「～を加工処理する」
　　　　　　　▶ unripe「熟していない」
　　　　　　　▶ peppercorn「コショウの実」
　　　　　　　▶ skin「皮」
［**Part 2**］　▶ compound「化合物」
　　　　　　　▶ layer「皮，層」
　　　　　　　▶ substance「物質」
　　　　　　　▶ refined「上品な」
［**Part 3**］　▶ folk medicine「民間療法」
　　　　　　　▶ remedy「治療法」
　　　　　　　▶ potent「強力な」
　　　　　　　▶ antioxidant「抗酸化物質」

「 28 から 33 を埋めてメモを完成させなさい」

```
                    メモ

概要：
    Part 1:         [ 28 ]
    Part 2:         [ 29 ]
    Part 3:         [ 30 ]

表：黒コショウと白コショウの比較
┌──────────────┬──────────────┐
│    共通点     │    相違点     │
├──────────────┼──────────────┤
│    [ 31 ]     │    [ 32 ]     │
│              │              │
│              │              │
└──────────────┴──────────────┘

主なポイント：        [ 33 ]
```

問1　28　29　30　正解は④，①，②

「Part 1，2，3の最も適切な見出しはそれぞれ 28　29　30 である（各選択肢は１度のみ使える）」

各パートの要旨を理解し，適切な見出しをそれぞれ選ぶ問題。

Part 1 では黒コショウおよび白コショウの製造工程について述べられているので，28 は④「黒コショウと白コショウの製造」が適切。

Part 2 では黒コショウと白コショウの風味の特徴について対比的に説明されているので，29 は①「香辛料としてのコショウの特徴」が適切。

Part 3 では人間の体の健康に対するコショウの効果について説明されているので，30 は②「健康に対するコショウの効果」が適切。

なお③「黒コショウと白コショウの原産地」について述べられている部分はない。

問2　　31　　複　正解は②，④　　32　　複　正解は③，⑤，⑥

「以下の中で，記事で述べられた共通点と相違点はそれぞれ　31　　32　である
（複数選択可）」

黒コショウと白コショウを比較し，その共通点と相違点を選ぶ問題で，それぞれに
2 つ以上の選択肢が当てはまる可能性がある。

① 「ビタミン C の量」　本文中で黒コショウと白コショウのビタミン C の含有量に
　ついて述べられている部分はない。

② 「病気に対する効果」　Part 3 最終文で黒コショウと白コショウの両方に同じ健
　康上の効果があると述べられている。

③ 「風味」　Part 2 の第 4 文（Therefore, some people …）で白コショウよりも
　黒コショウのほうが辛いとあり，第 5 文以降（Black pepper also …）でも両者
　の違いが説明されている。

④ 「植物」　Part 1 の第 3 文（Black and white …）で黒コショウと白コショウの
　両方が同じコショウの植物の実からとれると述べられている。

⑤ 「価格」　Part 1 の最終文で，黒コショウよりも白コショウのほうが値段が高い
　と述べられている。

⑥ 「皮の除去」　Part 1 の第 9 文（The color of the powdered …）で黒コショウ
　の色はコショウの実の皮の色から生じるものだとあるので，皮が除去されていな
　いことがわかる。第 10 文（On the other …）から白コショウの製造方法の説明
　がされ，続く第 11 文（The skin of …）では白コショウの実の皮は天日干しを
　する前に取り除かれると述べられている。

問3　　33　　正解は④

「この記事は主に￣￣￣￣￣について論じている」

Part 1 では黒コショウと白コショウが同じ植物の実から作られることと，その製
造工程の違いが述べられ，Part 2 では両者の風味の違いが対比的に説明されてい
る。また Part 3 では両者の健康に対する効果が述べられているので，④「白コショ
ウと黒コショウの類似点と相違点および両者の健康に対する効果」が正解。

① 「他の香辛料と比較し，黒コショウと白コショウを使うことの長所と短所」

② 「人々が黒コショウと白コショウを作り始めた理由とその人気がなくなった理
　由」

③ 「白コショウが黒コショウよりも優れている理由と，白コショウのほうが私たち
　にとってよい理由」

第6問

物語＋メモの読み取り

訳 《『オスカーのキャンプ・キャニオンでの経験』という物語の感想》
あなたは授業で『オスカーのキャンプ・キャニオンでの経験』という物語の感想を
書いています。

オスカーのキャンプ・キャニオンでの経験

［第1段］　12歳のオスカーはキャンプ・キャニオンでの素晴らしい1週間を終え
たところだ。新しい友達を作り，新たなスキルを磨き，数ある中でも特に科学の楽
しさに気づくなど，彼はとても楽しいときを過ごした。そしてオスカーはある大切
な教訓を学んだ：困難な状況に直面したとき，時にはただ何も反応しないことが最
善の策になることもあるのだ。また彼は物事が必ずしも見かけどおりとは限らない
ことも学んだ。

［第2段］　キャンプ・キャニオンは8歳から16歳の少年少女を対象としたサマー
キャンプだ。アメリカには数多くの種類のキャンプがある。そこでは子供たちが特
定の技術の習得に重点的に取り組んだり，宗教的な本や伝統から価値観を学んだり
することが多い。しかし，キャンプ・キャニオンは違う。その主な目的は，子供た
ちが，コミュニケーションとお互いを尊重することの大切さに基づいた考えを働か
せて，困難な状況の対処法を自分たち自身で発見することである。キャンプでの1
週間の間，泳いだり，遊んだり，科学体験や自然に関する学習課題に取り組みなが
ら，子供たちは判断力と善悪を分別する力を高めていくのだ。

［第3段］　今回はオスカーにとってキャンプ・キャニオンでの2度目の夏だったの
で，彼は新しく参加した人たちを案内して楽しんでいた。彼は初日に，同い年の男
の子で，初めてこのキャンプに参加したディランに自己紹介をした。オスカーはデ
ィランが新しい環境に慣れる手助けをして多くの時間を過ごしていたので，彼らは
すぐに親しい友達になった。二人でテレビゲームをしたり木に登ったりして楽しみ，
このキャンプで，ドッジボールの一種であるガガボールが二人とも大好きだと気づ
いた。オスカーとディランは他の子たちめがけてボールを投げ，笑いながら大声を
上げ，クタクタになるまでガガボールをしていた。その後，二段ベッドの上に座っ
て，自分たちの家庭や学校生活，そしてキャンプ・キャニオンをどれだけ楽しんで
いるのか何時間も語り合ったものだ。

［第4段］　キャンプの他の参加者の一人にクリストファーという名の男の子がいた。
最初，クリストファーは行儀がよく，楽しいことが好きな男の子のように思えた。

オスカーは彼と知り合いになることが待ち遠しかった。しかしクリストファーの態度が変わり始めるのにさほど時間はかからなかった。彼はわざわざベッドを整えたりもしなかった。彼はゲームや他の持ち物も床に散らかしたままだった。彼は思いやりがなく，自己中心的だった。そして程なくしてオスカーとディランが気づくように，彼は意地悪だったのだ。

[第5段]　朝食のとき，「ディランは歯を磨かなかったんだ。それに臭いんだ！今日はシャワーも浴びてないんだ」とクリストファーは他の子供たち全員に聞こえるように大声で言った。

[第6段]　オスカーとディランはクリストファーの言葉を聞いてショックを受けた。オスカーは常にみんなが歓迎されていると感じるようにしようと最善を尽くしてきた。クリストファーは二人を動揺させるようなことを言うのをとても楽しんでいるようだった。昼食のときに列に並んでいると，彼はオスカーの前に割り込んでくることさえあった。オスカーが怒って抗議をしても，彼はただ笑っているだけだった。

[第7段]　オスカーはクリストファーの問題についてキャンプのカウンセラーに相談した。彼女はクリストファーに厳しく注意をしたが，むしろ彼の態度はさらに悪くなっていった。他の子供たちも彼を避け，キャンプでの楽しい活動を台無しにしないように決めていた。

[第8段]　キャンプでの楽しい活動の一つに科学の先生とのディスカッションの時間があった。オスカーは学校では科学にほとんど興味を示さなかったが，キャンプで彼はこのディスカッションを本当に楽しんでいた。子供たちは先生と語り合い，自分たちが新しく知る科学的真理にますます興奮していった。オスカーは特に反射光と色がどのように見えるのかについて学ぶことに夢中になった。たとえば，赤色の物体は，虹のあらゆる色を吸収するが，私たちの目に赤の光だけを反射するのだ。

[第9段]　「だからね」とオスカーは息をはずませてディランに語りかけ，「赤い物は，実際は反射されている赤色以外のあらゆる色なんだよ！　これってすごくない？　科学が大好きになったよ！」と続けた。彼は物事が必ずしも見かけどおりとは限らないことに気づいたのである。

[第10段]　またキャンプの参加者たちは，1週間をともに過ごし，自分たちのグループにとって最善の倫理と規則についても議論した。意見の相違があるときにはいつでも立ち止まって，それぞれの状況に応じて，何が正しくて，何が間違っているのかを考えてみた。こうして，彼らは仲のいい集団として，協力しながら活動することを学んだのである。

[第11段]　こうした議論を通して，オスカーはある問題に対して一つの明確な解決法があるとは限らないことを学んだ。クリストファーのひどい振る舞いのケースのように，時として何も反応しないことが解決策になることもあるのかもしれない。取り乱しても何も変わらず，劇的なことを起こさず事態を解決する最善の方法は，

その場から離れることだとオスカーは気づいた。彼とディランは冷静になり，クリストファーの侮辱に反応するのをやめた。これはうまくいったようだった。程なくして，クリストファーは彼らに嫌な思いをさせることに興味を失ったのである。

[第 12 段]　オスカーにとって 1 週間の終わりはあまりにも早くやってきた。家に戻って数日後にクリストファーからハガキが届いたとき，彼のキャンプの記憶はまだ鮮明に残っていた。

> オスカーへ
>
> 　キャンプでの僕の振る舞いについては本当にごめんなさい。君とディランが本当に楽しそうに見えたんだ！　僕はスポーツが得意じゃないから，仲間外れにされているように感じたんだ。しばらくして君たちが僕のひどい振る舞いを気にしなくなったとき，自分がなんてバカだったのかに気づいたよ。だから君に謝りたかったけど，本当に恥ずかしかったんだ。来年もキャンプに参加するのかい？　僕は参加するつもりなので，友達になれたらいいなと思っています！
> さようなら
> クリストファー

[第 13 段]　「そうか」驚きから落ち着きを取り戻したとき，オスカーは思った。「クリストファーには何も反応しないことが正しかったんだ」　彼はハガキを置くと，キャンプで学んだ別のことも思い出した：時として物事は見かけどおりとは限らない。

語句・構文

[第 1 段]　▶ have the time of *one's* life「楽しく過ごす」
　　　　　▶ let it go「何も反応しない，放っておく」
　　　　　▶ what S seem「S の見かけ」
[第 2 段]　▶ mutual「相互の」
　　　　　▶ hands-on「実際に体験できる」
[第 3 段]　▶ newcomer「新人」
　　　　　▶ get used to ～「～に慣れる」
　　　　　▶ bunk beds「二段ベッド」
[第 4 段]　▶ initially「最初は」
　　　　　▶ belonging「持ち物」
　　　　　▶ inconsiderate「思いやりのない」
　　　　　▶ mean「意地悪な」

［第6段］ ▶ take great delight in 〜「〜を大いに喜ぶ」
　　　　　▶ upset「〜を動揺させる」
［第7段］ ▶ if anything「それどころか」
［第8段］ ▶ reflect「〜を反射する」
［第9段］ ▶ breathlessly「息をはずませて」
［第10段］▶ ethic「倫理，道徳」
　　　　　▶ according to 〜「〜に応じて」
［第11段］▶ as with 〜「〜のように」
　　　　　▶ drama「劇的な事態」

「 34 から 38 を埋めて感想を完成させなさい」

物語の感想	題名： オスカーのキャンプ・キャニオンでの経験

概要

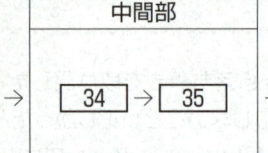

冒頭	中間部	結末
オスカーの2度目のキャンプ・キャニオンは新しい参加者を歓迎することで始まった。 →	34 → 35 →	オスカーは問題の解決策を見つけるためにキャンプで学んだことを用いた。

主な登場人物

－オスカーは活発で社交的である。
－クリストファーは友好的ではないように見えたかもしれないが，実際は 36 であった。

あなたの意見

私はオスカーが問題の解決方法を本当に理解したとは思えない。彼がしたのは 37 ことだけであった。クリストファーの振る舞いがさらに悪くならなくて彼は運がよかった。

この物語を最も気に入りそうなのは…

38 したいと思っている読者。

問 1 (a)　34　正解は③

物語の Middle「中間部」の概要について述べられている選択肢を選ぶ問題。Beginning「冒頭」では，オスカーの 2 度目のキャンプ・キャニオンは新しい参加者を歓迎することで始まったという内容が述べられており，これは第 3 段第 1 文の内容と一致するので，それよりも後ろに書かれている内容を選べばよい。第 4 段第 4 文（However, it wasn't …）では，キャンプの参加者であるクリストファーの態度が変わったと述べられているので③「**キャンプの参加者の一人が驚いたことにその態度を変えた**」が適切。

① 「キャンプの参加者全員がすぐに仲のいい友達になった」

② 「たいていのキャンプの参加者が楽しい活動を楽しまなくなった」

④ 「キャンプのカウンセラーは何とか深刻な問題を解決した」

問 1 (b)　35　正解は①

34 に続く Middle「中間部」の概要について述べられている選択肢を選ぶ問題。第 5 段および第 6 段では，クリストファーのひどい振る舞いについて述べられ，第 7 段では，オスカーがクリストファーの問題についてカウンセラーに相談したが，彼の態度はさらに悪くなったと続いているので，①「**クリストファーはとてもひどく振る舞い続けた**」が適切。

② 「ディランは光がどのように反射するのかを理解することができた」

③ 「オスカーはグループディスカッションで指導的な役割を果たした」

④ 「カウンセラーは自分の見解を再検討した」

問 2　36　正解は①

物語の登場人物であるクリストファーに関する説明で，空所を含む文は「クリストファーは友好的ではないように見えたかもしれないが，実際は　　　　　であった」という意味。キャンプ終了後，オスカーに届いたクリストファーからのハガキには，自分の振る舞いについての謝罪が述べられ，オスカーとディランの楽しそうな様子を見て，スポーツが苦手な自分が仲間外れにされているように感じたという内容が述べられている。したがって①「**すべての活動には参加できなかったので，不満があっただけ**」が適切。

② 「初めて家を離れたのでおそらく不安になった」

③ 「自分の正直な意見を隠そうとしていたので，たいていのキャンプの参加者より賢い」

④ 「友達と一緒に使うためのゲームを持ってきたほど思いやりがある」

問 3 37 正解は①

Your opinions「あなたの意見」の空所を含む文は「私はオスカーが問題の解決方法を本当に理解したとは思えない。彼がしたのは □ ことだけであった。クリストファーの振る舞いがさらに悪くならなくて彼は運がよかった」という意味。第 11 段第 3・4 文（Oscar realized that …）では，クリストファーの問題に関して，最善の解法は to walk away from it「その場から離れること」であると気づいたとあり，オスカーとディランはクリストファーの侮辱に反応するのをやめたという内容が述べられている。したがって①「厄介な状況を避ける」が適切。

② 「倫理と規則について議論する」

③ 「他人を困らせる」

④ 「さらに親切になろうとする」

問 4 38 正解は③

この物語に最も興味を持ちそうなのは，どのようなことを望んでいる読者なのかを答える問題。タイトルにもあるように，この物語はキャンプでの子供たちの経験について書かれたものなので③「自分の子供時代の友達との経験を思い出す」が適切。

① 「夏の野外活動について詳細な情報を得る」

② 「さまざまなスポーツで子供たちが成功する感動的な物語を読む」

④ 「子供と大人の関係を理解する」

第１回 試行調査：英語（リスニング）

問題番号	設 問		解答番号	正解	備考	チェック
第１問	A	問１	1	③		
		問２	2	④		
		問３	3	②		
		問４	4	④		
	B	問５	5	②		
		問６	6	③		
		問７	7	①		
		問８	8	④		
		問９	9	④		
第２問		問10	10	③		
		問11	11	①		
		問12	12	②		
		問13	13	④		
		問14	14	②		
第３問		問15	15	④		
		問16	16	②		
		問17	17	③		
		問18	18	①		
		問19	19	②		

問題番号	設 問		解答番号	正解	備考	チェック
第４問	A	問20 20	A	②	*1	
			B	④		
			C	①		
			D	③		
		問21 21	A	①	*1	
			B	③		
			C	②		
			D	②		
	B	問22	22	③		
第５問		問23	23	②		
		問24 24	A	②	*1	
			B	①		
			C	①		
			X	⑤		
			Y	④		
			Z	③		
		問25	25	③		
		問26	26	②		
第６問	A	問27	27	②		
		問28	28	③		
	B	問29	29	①, ④	*2	
		問30	30	①		

（注）
＊１ 全部を正しくマークしている場合のみ正解
とする。
＊２ 過不足なくマークしている場合のみ正解と
する。

リスニング

第１回 試行調査

自己採点欄

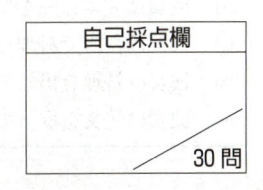

30 問

● 配点は非公表。

> 放送内容 《試験の説明》
>
> これからリスニングテストを始めます。
> 　この試験では，聞き取る英語を2回流す問題と1回だけ流す問題があります。な
> お，選択肢は音声ではなく，すべて問題冊子に印刷されています。
> 　では，始めます。4ページを開いてください。

第1問A 　短い発話を聞いて同意文を選ぶ問題

> 放送内容 《第1問Aの説明》
>
> 　第1問A　第1問Aは問1から問5までの5問です。それぞれの問いについて，
> 聞こえてくる英文の内容に最も近い意味の英文を，四つの選択肢（①〜④）のうち
> から一つずつ選びなさい。聞き取る英文は2回流します。

問1　　1 　正解は③

> ①　私が警察に電話した。　　　　②　私は自転車の鍵を持っている。
> ③　警察が鍵を見つけた。　　　　④　警察が鍵を失くした。

> 放送内容 《警察からの電話》
>
> M：The police just called and told me they have the bike key I lost.

> 訳　男性：警察はちょうど私に電話をしてきて，私が失くした自転車の鍵を持ってい
> 　　　　　ると言った。

文頭 The police … called より①は不適。後半の they have the bike key I lost
「彼ら（＝警察）が，私が失くした自転車の鍵を持っている」より，「警察が鍵を見つ
けた」と言い換えてある③が正解。the bike key I lost の部分は the bike key
(which) I lost と関係代名詞の省略が起こっており，I lost は the bike key の説明
となっている。

問2　　2 　正解は④

> ①　彼女はメニューを要求している。
> ②　彼女は台所で料理をしている。
> ③　彼女は料理を出している。
> ④　彼女は注文を取っている。

放送内容 《レストランでの注文》

W : Here are your menus. Today's specials are beef and chicken. Can I get you something to drink first?

訳　女性：**こちらがメニューでございます**。本日のお勧めは牛肉と鶏肉です。先に何かお飲み物をお持ちしましょうか？

第 1 文 Here are your menus. よりメニューを相手に手渡している場面であると判断し，④を選ぶ。メニューの説明をしていることからもわかる。take *one's* order「注文を取る」

問 3　3　正解は②

① 彼は理科の試験の方がよい点数を取れた。
② 彼は両方の試験で悪い点数を取った。
③ 彼は数学の試験の方が点数が悪かった。
④ 彼は試験に向けて十分に勉強をした。

放送内容 《数学と理科の試験結果》

M : Tom didn't do well on the math exam and did even worse on the science one.

訳　男性：トムは数学の試験でよい点数を取れなかったが，理科の試験はもっと悪い点数であった。

◇ do well [badly] on the exam「テストでよい [悪い] 点数を取る」
◇〈even＋比較級〉は比較級の強調表現。「ずっと〜な，もっと〜な」
前半より数学の試験の点数が悪かったことがわかる。後半の did even worse on the science one の one は exam を指し（the math exam：the science one），did even worse の worse は badly の比較級であることから，数学よりも理科の試験の点数の方が悪かったと解釈できる。この 2 つの条件に当てはまるのは②である。

問 4　4　正解は④

① 彼女は私たちがその眺めを見られないことを残念に思っている。
② 彼女はその眺めを見逃したことを後悔している。
③ 彼女はその眺めを楽しむべきであった。
④ 彼女は私たちにその眺めを楽しむようにと提案している。

放送内容　《川の見どころ》

W : <u>Don't miss</u> the colored leaves along the river in the fall.

訳　女性：秋のその川沿いの紅葉を<u>お見逃しなく</u>。

文頭 Don't miss ～ が「～を見逃してはいけない」という意味の否定命令文となっているが，これは単に「命令」しているという解釈の他に，「ぜひ見てほしい」と相手に対して強く勧める意図で発せられた発話であると解釈することもできる。よって，④が正解。

問5　　5　　正解は②

① 彼は彼女に取扱説明書を求めている。
② 彼は彼女に助けを求めている。
③ 彼は彼女にイタリア人を手伝うよう頼んでいる。
④ 彼は彼女にイタリア語で書くよう頼んでいる。

放送内容　《手伝いの依頼》

M : Mrs. Rossi, <u>I was wondering if you could help me read this manual</u> written in Italian.

訳　男性：ロッシさん，イタリア語で書かれている<u>この取扱説明書を読むのを手伝ってもらえませんか</u>。

◇ wonder if S could V「S が V してくれないかと思う」
◇ help A（to）do「A が～するのを手伝う」

I was wondering if you could help me read this manual「私がこの取扱説明書を読むのを手伝ってもらえませんか」より，相手に対して助けを求めているとわかる。②が正解。本問では help, manual, Italian の3つの語が耳に残るが，これらの語はすべての選択肢に含まれてしまっている。放送文の if you could <u>help me read</u> this manual「私がこの取扱説明書を読むのを手伝ってもらえないか」の部分が，選択肢では ask her for some help「彼女に助けを求める」と言い換えられていることに注意しよう。放送文後半の written in Italian は直前の this manual を修飾して「イタリア語で書かれたこの取扱説明書」と意味をとる。①・② ask A for B「A に B を（くれるよう）求める，頼む」③・④ ask A to do「A に～するよう頼む」

第1問B 短い発話を聞いて内容に近いイラストを選ぶ問題

放送内容 《第1問Bの説明》

　第1問B　第1問Bは問6から問9までの4問です。それぞれの問いについて，聞こえてくる英文の内容に最も近い絵を，四つの選択肢（①〜④）のうちから一つずつ選びなさい。聞き取る英文は2回流します。

　では，始めます。

問6　　6　　正解は③

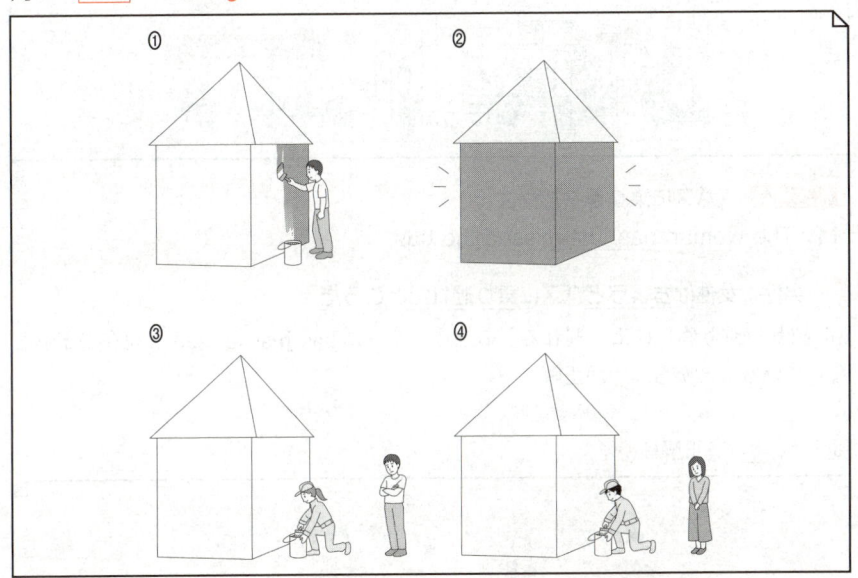

放送内容 《家の塗装》

W : The man <u>is going to have</u> his house <u>painted</u>.

訳 女性：男性は自分の家を<u>塗装してもらうつもり</u>だ。

is going to より「これからすること」であると判断し，③，④に絞る。have his house painted の have は使役動詞で，have *A done*「*A*を〜してもらう」の意。よって「家を塗装してもらう」となる。主語である The man が「塗る」のではなく，The man が「塗ってもらう」という意味なので，The man ではない人物が家を塗装しようとしているイラストである③が正解。

問7　[7]　正解は①

放送内容　《バスに乗り遅れた女性》

M : The woman <u>has just missed</u> the bus.

訳　男性：女性は**ちょうど**バスに**乗り遅れたところ**だ。

miss は「（乗り物）に乗り遅れる」の意味。さらに has just missed と現在完了形となっていることから，①が正解。

問8　[8]　正解は④

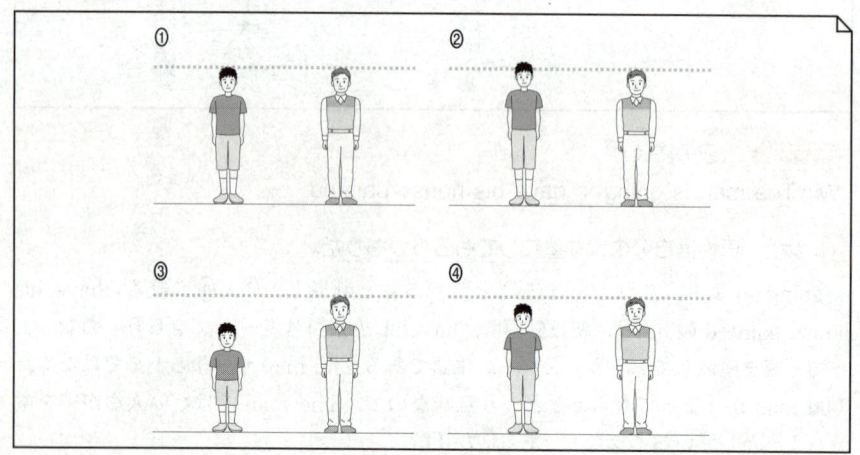

《少年と父親の身長》

W : The boy is almost as tall as his father.

訳 女性：少年はもう少しで父と同じ背の高さだ。

男の子と大人の男性，二人の背の高さを比べる英文だと予測できる。〈as + 形容詞 + as *A*〉で「*A* と同じくらい〜」の意味だが，as の前に almost「ほとんど，ほぼ〜の一歩手前」という語が聞こえることから，イラスト中の二人の背の高さがほぼ同じで少年が少し低い④を選ぶ。almost は「一歩手前，もう少しで」という意味のため，②ではないことに気をつけよう。

問9　　9　　正解は④

《天候予測》

M : Jane <u>knew</u> it <u>wouldn't be cold</u> today.

訳 男性：ジェーンは今日，**寒くならないとわかっていた。**

イラストの天気に注目する。後半の it wouldn't be cold「寒くならないだろう」より，晴れているイラストになっている①，④に絞られる。さらに文頭の Jane knew「〜とジェーンはわかっていた」より，寒くならないとわかっていたと思われる服装，つまり薄着をしている④が正解となる。

第2問 短い対話と問いを聞いてイラストを選ぶ問題

《第2問の説明》

　第2問　第2問は問10から問14までの5問です。それぞれの問いについて，対話の場面が日本語で書かれています。対話とそれについての問いを聞き，その答えとして最も適切なものを，四つの選択肢（①〜④）のうちから一つずつ選びなさい。聞き取る対話と問いは2回流します。

　では，始めます。

問10　　10　　正解は ③

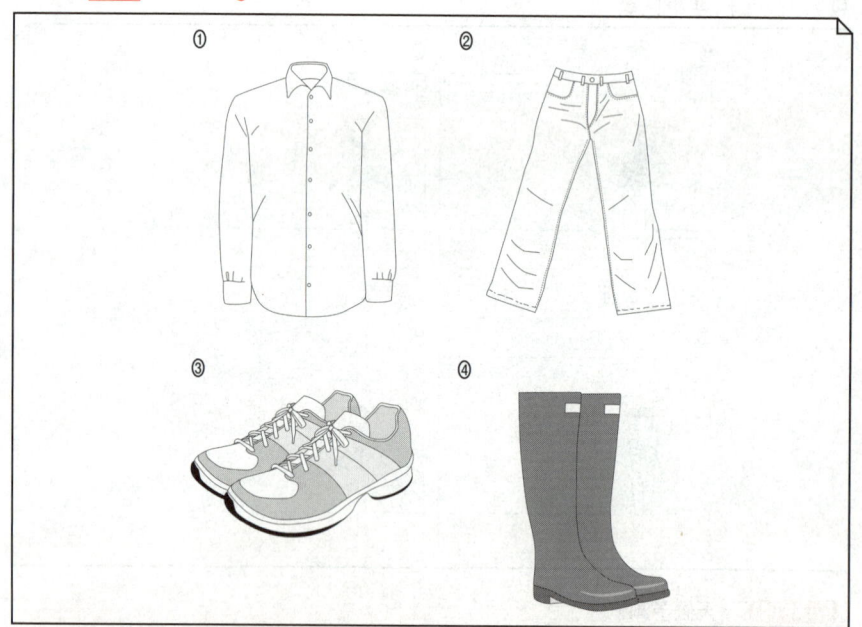

放送内容　《少年の買い物》

W : What did you buy?

M : I looked at some jeans and shirts but got these in the end.

W : Nice! Do you like running?

M : Not really, but the design looked cool.

Question : What did the boy buy?

> **訳** 女性：あなたは何を買ったの？
> 男性：ジーンズとシャツをいくつか見たんだけど，最終的にはこれを買ったよ。
> 女性：素敵ね！ <u>走るのが好きなの？</u>
> 男性：そうでもないんだけど，デザインがかっこよく見えたんだよね。

質問：少年は何を買ったのか。

男性が got these in the end「最終的にはこれを買ったよ」と言ったのを受けて，女性が Do you like running?「走るのが好きなの？」とランニングを話題にしていることから，ランニングを目的とした靴を買ったと考えられるため，**③が正解**となる。got these in the end の部分はかなり聞き取りづらく，話の流れからも理解しづらいかもしれないが，直前に聞こえる jeans「ジーンズ」や shirts「シャツ」といった語の直後に but と逆接の接続詞が続くことから，①，②ではないと判断できる。

問 11 ☐11☐ 正解は①

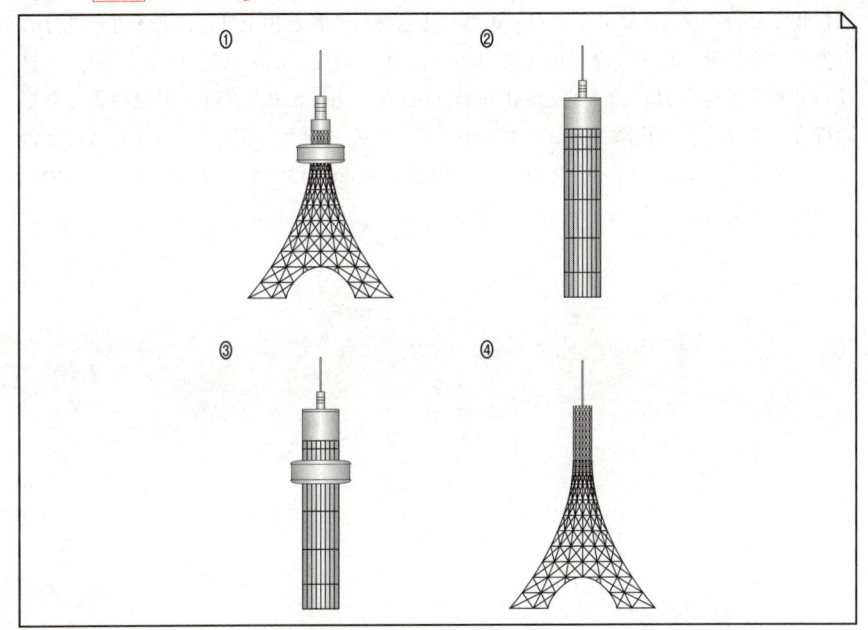

放送内容 《タワーの外観》

M : Look at that tower! It has such a pointed top!

W : And I like the wide base.

M : What's the disk-shaped part near the top?

W : It's probably a restaurant.

Question : What does the tower look like?

訳　男性：あのタワーを見て！　先端がすっごく尖っているよ！

女性：それに，土台のところが広くなっているのがいいと思うわ。

男性：てっぺんの近くにある円盤状の部分は何かな？

女性：あれはたぶん，レストランよ。

質問：タワーの見た目はどのようなものか。

選択肢 4 つのイラストより，タワーの特に土台部分の形と頂上付近にある丸い部分の有無を中心に聞き取る。女性の 1 番目の発言 the wide base「幅広い土台部分」，男性の 2 番目の発言 the disk-shaped part near the top「頂上付近の円盤のような形の部分」より，①が正解。タワーの top「てっぺん，頂上」に対して base は「土台部分」を指す。disk-shaped の disk は「円盤」，shape は「形」なので「円盤状の」という意味である。

問12 ┃12┃ 正解は②

> 放送内容 《アルバイトの面接》

W : Next, can you tell me about your work experience?

M : I've worked as a waiter in a café.

W : But you said <u>you wanted to cook</u>?

M : Yes, <u>I'd like to try it</u>.

Question : What job does the man want?

> 訳 女性：次に，あなたの職歴について教えてもらえますか？
>
> 男性：私はカフェでウェイターとして働いたことがあります。
>
> 女性：しかし，**あなたは調理をしたい**と言っていましたよね？
>
> 男性：はい，**調理に挑戦してみたい**と考えています。
>
> 質問：男性はどの仕事を希望していますか。

聞こえてくる職業関連の語から② cook，③ waiter に絞る。質問は現在形で What job does the man want? と，これからしたいと考えている仕事を問うていることに注意。男性の２番目の発言の I'd like to try it. の it は直前の女性の発言にある to cook「調理」を指しているため，**②**が正解となる。③ waiter については，男性の１

番目の発言 I've worked as a waiter in a café. が現在完了となっており，彼の職歴（女性の１番目の発言：work experience）であるため，不適。

問 13　　13　　正解は④

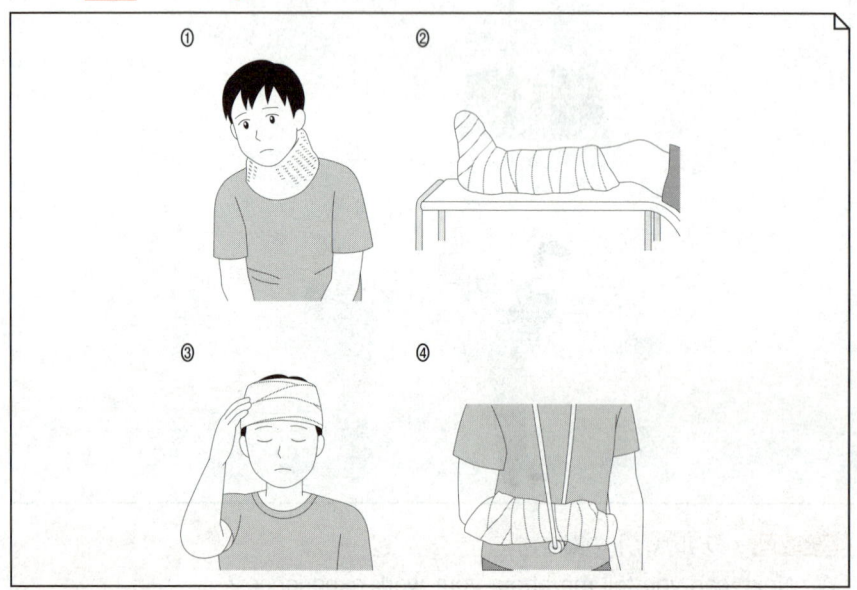

放送内容　《ケガをした患者と医者の会話》

M : How long do I have to wear this?

W : At least six weeks.

M : How will I take notes in class, then?

W : You'll have to talk to your teacher about that.

Question : Which picture shows the patient's condition?

訳　男性：どのくらいの間，これをつけなければならないのですか？
　　女性：少なくとも６週間ね。
　　男性：では，授業中，どうやってメモを取ったらいいんでしょうか？
　　女性：それについては学校の先生に聞いてみないといけないでしょうね。

　　質問：患者の症状を示している絵はどれか。

イラストよりケガをしている箇所を問われることが推測できる。会話中でははっきりとは述べられていないが，男性の２番目の発言 How will I take notes in class, then?

「では，授業中，どうやってメモを取ったらいいんでしょうか？」より，メモを取るのが困難な状況に陥っているとわかるため，手をケガしていると考えられる。④が正解。

問14　　14　　正解は②

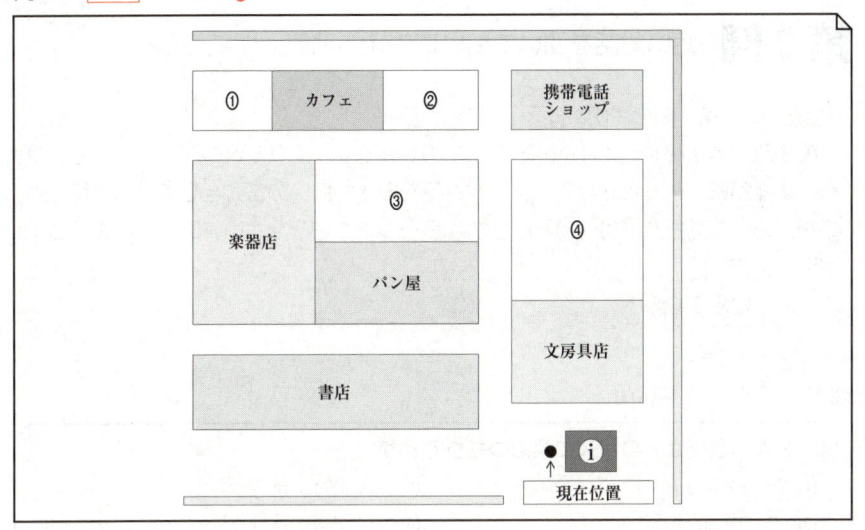

　放送内容　《スマホケースの売り場》

M : I'm looking for a smartphone case.
W : Try the cellphone shop.
M : I did, but I couldn't find any.
W : You could try <u>the shop across from the cellphone shop, next to the café</u>.

Question : Where will the customer most likely go next ?

訳　男性：スマホケースを探しているのですが。
　　女性：携帯電話ショップに行ってみてください。
　　男性：行ってみたんですが，全く見当たらなかったんですよ。
　　女性：<u>携帯電話ショップの向かい側の，カフェに隣接している店</u>に行ってみてください。

　　質問：客が次に最も行きそうな場所はどこか。

◇ across from ～「～の向かいの〔に〕」　◇ next to ～「～の隣の〔に〕」

イラストが店舗の配列を示す地図で，選択肢が店舗の場所なので，位置に関する情報を中心に聞き取る。女性の最後の発言 the shop across from the cellphone shop「携帯電話ショップの向かい側の店」より ②，③，④ のどれか。さらに続く next to the café「カフェの隣」より ② を選ぶ。

第3問　短い対話を聞いて問いに答える問題

> **放送内容**　《第3問の説明》
>
> 　第3問　第3問は問 15 から問 19 までの 5 問です。それぞれの問いについて，対話の場面が日本語で書かれています。対話を聞き，問いの答えとして最も適切なものを，四つの選択肢（①〜④）のうちから一つずつ選びなさい。聞き取る対話は 1 回流します。
>
> 　では，始めます。

問 15　　15　　正解は ④

問　2 人の友達はどのバスに乗るつもりですか。	
①　11 時 5 分	②　11 時 15 分
③　11 時 20 分	④　11 時 40 分

> **放送内容**　《バスの時間》
>
> M : What time do we have to leave ?
> W : Let me check the schedule ... . What time is it now ?
> M : It's 11:15.
> W : The next bus is in five minutes, and then there's one at 11:40.
> M : I don't think we can make it for the next one. Let's take the one after that.

> **訳**　男性：何時に出発しないといけないかな？
> 　　　女性：時刻表を確認させてね…。今何時？
> 　　　男性：11 時 15 分だよ。
> 　　　女性：次のバスは 5 分後に来て，それから 11 時 40 分に 1 本あるわ。
> 　　　男性：次のバスには間に合わないと思うよ。その次のバスに乗ろう。

◇ in 〜 minutes「〜分後に」　◇ make it「間に合う」
②「11 時 15 分」は現在の時間。女性の 2 番目の発言「次のバスは 5 分後（＝11 時 20 分）に来て，それから 11 時 40 分に 1 本ある」より ③，④ に絞る。さらに，男性

の最後の発言「次のバスには間に合わないと思うよ。その次のバスに乗ろう」より④
が正解。

> **NOTE**　メモを取ってひっかけの選択肢を見抜こう！
>
> 　誤りの選択肢は，スクリプトから聞こえる語句で作られていることが多いので，聞こ
> えた語を含む選択肢を単に選ぶのではなく，聞こえた選択肢の横にキーワードを書いて
> おいて，問題に対応した答えを選んでいくとよい。特に選択肢が時刻や金額などの数字
> の場合には，情報を整理しながら聞くと混乱が少なくなる。
>
> （例）　① 　11：05　　　　　　　② 　11：15　→now
> 　　　　③ 　11：20　→次　　　　④ 　11：40　→その次

問 16　　16　　正解は②

> 問　試合では何が起こっているのですか。
>
> ①　The Crabs が負けている。　　　②　The Crabs が勝っている。
> ③　試合は開始が遅れている。　　　④　試合はちょうど始まったばかりだ。

放送内容　《野球の試合の様子》

M : Oh, you're watching the baseball game, Mom.

W : Yes. It's exciting.

M : I didn't know that it had already started. Are the Crabs ahead?

W : <u>They are right now, yes</u>, although they were losing in the beginning.
　 They caught up with the Porters and <u>they're leading now</u>.

M : I hope they'll win.

訳　男性：あ，野球の試合を見てるんだね，お母さん。
　　　女性：そうよ。面白いわよ。
　　　男性：もう始まってるなんて知らなかった。The Crabs が勝ってる？
　　　女性：**そうね，今は勝ってる**わ，初めのうちは負けてたんだけど。The Porters
　　　　　　に追いついて，**今は（The Crabs が）リード**してるわ。
　　　男性：（The Crabs が）勝つといいな。

◇ ahead「リードして，優勢に」　◇ lose「負ける」
◇ catch up with ~「~に追いつく」

男性の2番目の発言 Are the Crabs ahead?「The Crabs が勝ってる？」に対し，
女性が The Crabs の現在の様子を伝えている。They are right now, yes, は直前の
男性の発言に対し，「勝っている」の意味であり，right now は「今は」と現状を表
している。また，女性のこの発言の後半部分の they're leading now「今はリードし
てるわ」もヒントとなる。**②が正解**。

問17　　17　　正解は③

> 問　会話から何が推測できますか。
> ①　少年と少女は体育館に行かないことで同意している。
> ②　少年と少女はトレーニングをするのが好きである。
> ③　少年は今日，運動をしたくない。
> ④　少年は昨日からいない。

放送内容　《雨天時の室内練習》

M : Do we have tennis practice today?
W : Yes. We have to work out in the gym when it's raining. That's what we did yesterday, remember?
M : Yeah, <u>my muscles still hurt from yesterday</u>.
W : That'll go away. <u>Let's go</u>.
M : Actually, I think I'm getting a cold.
W : No, you're not. You always say that.

訳　男性：今日，テニスの練習ある？
　　女性：ええ。雨が降ったら体育館の中でトレーニングをしないといけないのよ。昨日もやったことでしょ，覚えてる？
　　男性：うん，**昨日からいまだに筋肉痛があるよ**。
　　女性：そんなの治るわよ。**行きましょう。**
　　男性：**実は，風邪をひきかけてるようなんだ。**
　　女性：いいえ，そんなことはないわ。あなたはいつもそう言うんだから。

◇ work out「体を動かす」　◇ gym「体育館」
◇ go away「なくなる，（病気が）治る」

少女が２番目の発言で体育館に行きましょうと誘っているのに対し，少年は「昨日からいまだに筋肉痛があるよ」,「実は，風邪をひきかけているようなんだ」と体調不良を訴えている流れから，体育館に行きトレーニングするのを拒否しようとしている。よって，③が適切である。④ be gone「（人が）いなくなる，（物が）なくなる」

問18　　18　　正解は①

> 問　男性が最もしそうなことは何ですか。
> ①　その料理を食べ終える。　　②　再び注文をする。
> ③　食べ始める。　　　　　　　④　その料理を待つ。

放送内容 《レストランでの注文トラブル》

M : Excuse me. I ordered a tomato omelet, but this is a mushroom omelet.

W : Oh. I'm very sorry. I can bring you a new one.

M : Well ... I've already started eating.

W : If you want what you ordered, I'm afraid it'll be a couple of minutes.

M : Ah, okay. Then I'm fine with this.

訳 男性：すみません。トマトオムレツを注文したんですが，これ，キノコのオムレツなんですけど。

女性：まぁ。大変申し訳ございません。新しいものをお持ちします。

男性：いや…もう食べ始めてしまってるんですよ。

女性：ご注文いただいたものをご所望でしたら，恐れ入りますが，数分お時間をいただくことになります。

男性：あぁ，わかりました。では，これでいいです。

男性は，自分が注文した料理を提供し直してもらうには時間がかかるという情報を得て，最後に Then I'm fine with this.「では，これでいいです」と答えている。this は目の前にある間違った料理を指し，男性はこの間違った料理でよいと言っているので，このままこの料理を食べる流れになるはず。①が正解。③の「食べ始める」は男性の2番目の発言「もう食べ始めてしまっている」より不適。また，男性の最後の発言 Ah, okay. を「（時間がかかっても）いいよ」ととらえて④にしないように注意。「時間がかかってもいい」と解釈してしまうと，その後に続く Then I'm fine with this.「では，これでいいです」につながらない。then には「それなら，では」，fine には「十分な，差し支えない，結構な」という意味があることを把握しておこう。

問19 | 19 | 正解は②

問 学生に何が起こりましたか。

① 彼女は質問に答えてもらえなかった。

② 彼女の要望は受け入れられなかった。

③ 彼女は忠告をしないようにと言われた。

④ 彼女は提案をすることができなかった。

放送内容　《女子学生の訴え》

W : I'd like to move to an easier class. Would that be possible ?
M : You have to get permission from your teacher. Who is your teacher ?
W : Ms. Allen. She said I should stay in her class for the rest of the year.
M : Then, that's what you'll have to do.

訳　女性：もっと簡単なクラスに移りたいと思っています。可能でしょうか？
　　男性：先生から許可をもらう必要がありますよ。あなたの担当の先生は誰です
　　　　　か？
　　女性：アレン先生です。彼女は私に今年度内は自分のクラスにいるようにと言い
　　　　　ました。
　　男性：では，そのようにしなければならないということですよ。

◇ permission「許可」　◇ rest「残り」

女子学生は 1 番目の発言でクラスの変更を希望し，アドバイザーの男性は 1 番目の発
言で「教師の許可が必要」と答えている。教師の許可については女子学生が 2 番目の
発言第 2 文で She said I should stay in her class for the rest of the year.「彼女
は私に今年度内は自分のクラスにいるようにと言いました」と述べていることから，
許可が下りていないことがわかる。よって，彼女のクラス変更の希望は通らない，と
いうことになるので，②が正解である。①は女子学生の 1 番目の発言（質問）に対し，
アドバイザーはきちんと答えているため不適。

第4問A モノローグを聞いて図表を完成させる問題

放送内容 《第4問Aの説明》

　第4問A　第4問Aは問20・問21の2問です。それぞれの問いについて，話を聞き，問いの答えとして最も適切なものを，四つの選択肢（①〜④）のうちから選びなさい。聞き取る英語は1回流します。

　では，始めます。

問20　A　B　C　D　正解は②，④，①，③

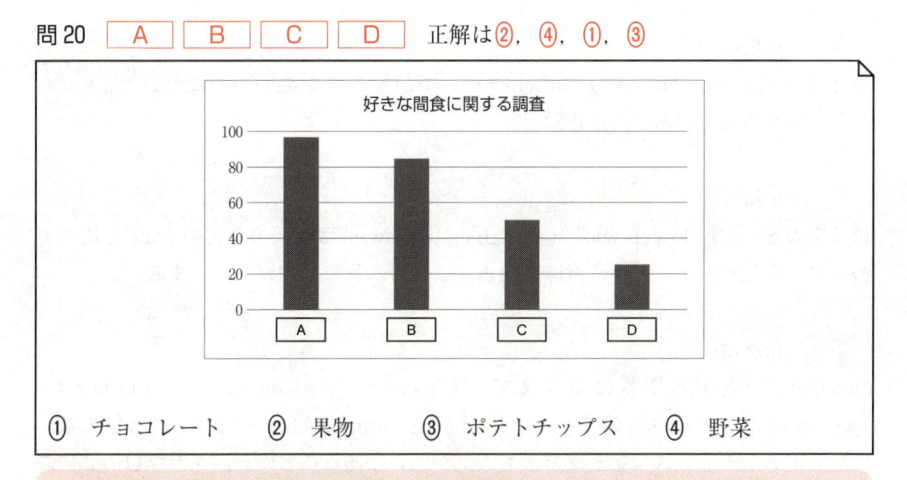

好きな間食に関する調査

① チョコレート　② 果物　③ ポテトチップス　④ 野菜

放送内容 《大学生の好きな間食に関する調査》

　One hundred North American university students, 50 men and 50 women, were recently surveyed about what their favorite snacks were. There were four types of snacks for students to choose from: chocolate, fruit, potato chips, and vegetables. The highest rated category was "fruit" with 97 students choosing this category. Slightly lower was "vegetables." Surprisingly, the lowest category to be selected was "potato chips" with only 25 students indicating they enjoyed eating this snack. "Chocolate" was double the number for "potato chips." It is encouraging that the university students in this study rated healthy snack choices so highly.

訳　北アメリカ大学の男子学生50名，女子学生50名，計100名の学生に対し，好きな間食に関する調査が最近行われました。学生たちが選ぶ間食にはチョコレート，果物，ポテトチップス，野菜の4種類がありました。最も人気の高かったのは「果物」で，97名の学生がこの部類を選びました。わずかに低かったのは，

「野菜」でした。驚くべきことに，最も選ばれることが少なかった部類は「ポテトチップス」で，たった25名の学生しかこの間食を好んで食べると答えなかったのです。「チョコレート」は「ポテトチップス」の2倍の数値でした。この研究で調査対象となった大学生たちが，健康によい間食の選択肢を非常に高く位置づけたというのは心強いことです。

◇ survey「〜を調査する」 ◇ rated「評価された，判断された」
◇ slightly「わずかに」 ◇ indicate「〜と述べる」
◇ encouraging「励みになる，明るい話題になる」 ◇ choice(s)「選択肢」

| A | 正解は②

第3文（The highest rated category …）で最も人気が高かった間食は fruit であったと述べられている。②が正解。

| B | 正解は④

第4文の Slightly lower was "vegetables." の lower は直前第3文の fruit と比べてわずかに人気が低い，という意味となる。よって，Bには④があてはまる。

| C | 正解は①

chocolate に関する情報は第6文で，"Chocolate" was double the number for "potato chips." と述べられている。double the number for 〜 で「〜の2倍の数」の意。ポテトチップスは第5文で最も人気が低いとあることから，グラフDの2倍の数値となっているCに①チョコレートがあてはまる。

| D | 正解は③

第5文（Surprisingly, the lowest category …）で最も人気の低いものとしてポテトチップスが挙がっていることから，③が正解。

問21　　A　　B　　C　　D　　正解は①，③，②，②

チーム
① 青　　　　　② 緑　　　　　③ 赤　　　　　④ 黄色

姓	名	英語圏での経験の長さ	チーム
ABE	Takahiro	3年	A
BABA	Maki	4年	
HONDA	Naoki	なし	B
KITANO	Azusa	1年	
MORI	Saki	なし	C
NODA	Sho	3週間	
UENO	Rei	6か月	D
WATARI	Takeru	2年	

放送内容 《英語キャンプ参加者のチーム分け》

　We're going to divide the kids into four groups. Here's the name list. The names are ordered alphabetically by the kids' family names. Those kids whose family names start from A to K will be put into Team Red or Team Blue, and those from M to Z will be put into Team Green or Team Yellow. Learners who've lived in an English-speaking country for more than a year should be put into either Team Blue or Team Yellow.

訳　　子どもたちを 4 つのグループに分けます。こちらが名簿です。名前は子どもの苗字のアルファベット順に並んでいます。**苗字がAからKで始まる子は赤チームもしくは青チームに，MからZの子は緑チームもしくは黄色チームへと振り分けられます。1 年以上の期間，英語圏に住んだことのある学習者は青チームか黄色チームのどちらかに入ります。**

◇ divide *A* into *B*「*A* を *B* に分ける」　　◇ order「〜をきちんと配列する」
◇ alphabetically「アルファベット順で」
◇ either *A* or *B*「*A* か *B* のどちらか一方」

A　正解は①　　B　正解は③
第 4 文（Those kids whose …）前半の「苗字がAからKで始まる子は赤チームもしくは青チームに」より，ABE と HONDA は，①と③に絞られる。

　　A　　ABE は，Length of experience in an English-speaking country「英語圏での経験の長さ」が「3 年」なので，最終文「1 年以上の期間，英語圏に住んだことのある学習者は青チームか黄色チームのどちらかに入ります」の条件に該当する。よって，青チームの①が正解。

　　B　　HONDA は，Length of experience in an English-speaking country「英語圏での経験の長さ」が None「なし」なので，最終文「1 年以上の期間，英語圏に住んだことのある学習者は青チームか黄色チームのどちらかに入ります」に該当しない。よって，赤チームの③が正解。

　　C　正解は②　　　**D**　正解は②

第 4 文（Those kids whose …）後半の「（苗字の頭文字が）M から Z の子は緑チームもしくは黄色チームへ」より，MORI と UENO は，②と④に絞られる。

　　C　　MORI は，Length of experience in an English-speaking country「英語圏での経験の長さ」が None「なし」なので，最終文「1 年以上の期間，英語圏に住んだことのある学習者は青チームか黄色チームのどちらかに入ります」に該当しない。よって，緑チームの②が正解。

　　D　　UENO は，Length of experience in an English-speaking country「英語圏での経験の長さ」が「6 か月」なので，最終文「1 年以上の期間，英語圏に住んだことのある学習者は青チームか黄色チームのどちらかに入ります」に該当しない。よって，緑チームの②が正解。

第4問B 複数の情報を聞いて条件に合うものを選ぶ問題

《第4問Bの説明》

　第4問B　第4問Bは問22の1問です。四人の英語を聞き，問いの答えとして最も適切なものを，四つの選択肢（①～④）のうちから一つ選びなさい。

　下の表を使ってメモを取ってもかまいません。聞き取る英語は1回流します。状況・条件及び問いが問題冊子に書かれているので，今，読みなさい。

　では，始めます。

問22　| 22 |　正解は ③

> 〔問〕　四人の応募者の録音された自己紹介を聞き，最も条件に合う人物を選びなさい。
>
> ① Akiko KONDO
> ② Hiroshi MIURA
> ③ Keiko SATO
> ④ Masato TANAKA
>
> メモ
>
> | 応募者 | 経験 | 英語のレベル | スケジュール |
> |---|---|---|---|
> | Akiko KONDO | | | |
> | Hiroshi MIURA | | | |
> | Keiko SATO | | | |
> | Masato TANAKA | | | |

《ボランティアスタッフの選考》

1. Hello, this is Akiko speaking. I, um, I just started studying English hard. I want to, uh, improve my speaking skills. I like, uh, I want to practice with people from foreign countries. This job is perfect for that. I have a part-time job on Sunday evenings. Thank you!

2. Hi, I'm Hiroshi, but my friends call me "Hiro." I lived in Canada for 3 years and I'm pretty fluent in English. Currently, I work as an interpreter on weekends. I'd love to help out! Please let me know if you need any other information. Thanks. Bye!

3. Good morning. This is Keiko. I was an exchange student in Australia

for a year and I'm <u>a volunteer guide for foreign visitors</u> at my school. <u>I'm available most days, but Wednesday evenings I've got band practice</u>. Thank you for your time. Bye.

4．Hi, my name's Masato. My English is good, but it will be my first time doing a volunteer work using English. I'm applying because I hope to gain that kind of experience. I'm free on most weekdays except for Thursdays. Please consider me for this position！Goodbye.

訳 1．こんにちは，私はアキコです。私は，えぇっと，私は懸命に英語を勉強し始めたばかりです。私は自分の会話力を，あの，向上させたいと思っています。私は海外の国から来た人々と練習をするのが好き，いやしたいと思っています。この仕事はそれにもってこいなのです。日曜日の夜はアルバイトがあります。ありがとうございました！

2．こんにちは，私はヒロシですが，友人たちは私を「ヒロ」と呼んでいます。私は 3 年間カナダに住んだことがあり，英語がかなり流暢です。現在，毎週末，通訳として働いています。私はぜひとも人の助けになりたいと考えています！　他に情報が必要であれば，私にお知らせください。ありがとうございます。では！

3．おはようございます。私はケイコです。<u>私は 1 年間，交換留学生としてオーストラリアにいた</u>ことがあり，学校では<u>海外からの訪問客を案内するボランティアをしています</u>。<u>私はほとんどの日程，対応が可能ですが，水曜日の夜はバンドの練習があります</u>。お時間を取っていただき，ありがとうございます。失礼します。

4．こんにちは，私の名前はマサトです。私は英語が得意ですが，英語を使ったボランティアの仕事をするのは私にとっては初めてのことになります。志望動機は，そういった類の経験を積みたいと考えているからです。木曜日以外の平日はほとんど空いています。私をこの仕事に採用していただけるようご検討をお願いいたします！　失礼します。

◇ fluent「流暢な」　◇ currently「現在」　◇ interpreter「通訳」
◇ help out「（困った時に人を）助ける」　◇ exchange student「交換留学生」
◇ available「都合がつく，忙しくない」　◇ apply「申し込む，応募する」

③ Keiko SATO の発言第 3 文（I was an exchange …）で「私は 1 年間，交換留学生としてオーストラリアにいたことがあり，学校では海外からの訪問客を案内するボランティアをしています」と述べており，条件 1 つ目「観光案内や通訳をしたことのある人」と条件 2 つ目「外国人観光客に対応できる英語力（中級から上級）のある

人」に当てはまる。また，第4文（I'm available …）「私はほとんどの日程，対応が可能ですが，水曜日の夜はバンドの練習があります」より週末働けるとわかるので，条件3つ目「週末の午後1時から5時まで参加できる人」に当てはまる。**③が正解**。

① Akiko KONDO の発言第2文（I, um, I just …）で「英語を勉強し始めたばかり」とあり，条件2つ目の「外国人観光客に対応できる英語力（中級から上級）のある人」に当てはまらないため，不適。

② Hiroshi MIURA については第2・3文より英語力と経験については問題がないものの，第3文（Currently, I work …）「現在，毎週末，通訳として働いています」とあり，「週末の午後1時から5時まで参加できる人」という条件3つ目に合わない。

④ Masato TANAKA は第2文（My English is good, …）の後半で「英語を使ったボランティアの仕事をするのは私にとっては初めてのことになります」とあり，条件1つ目の「観光案内や通訳をしたことのある人」に当てはまらないため，不適。

応募者	経験	英語のレベル	スケジュール
① Akiko KONDO	言及なし	×	×
② Hiroshi MIURA	○	○	×
③ Keiko SATO	○	○	○
④ Masato TANAKA	×	○	言及なし

第 5 問　講義の内容と図表の情報を使って問いに答える問題

放送内容　《第 5 問の説明》

　第 5 問　第 5 問は問 23 から問 26 までの 4 問です。それぞれの問いの答えとして最も適切なものを，選択肢のうちから選びなさい。聞き取る英語は 1 回流します。

　状況と問いが問題冊子に書かれているので，今，読みなさい。

　では，始めます。

ワークシート

○今日：新品の服が 800 億点

　　↑　400 ％増加

　20 年前

○なぜ？ → (　　　23　　　)

○低コストで生産された服の寿命──平均で 2.2 年

○環境への影響：24

方法	繊維	影響
焼却	A	X
埋め立て	非天然	Y → 土
	B	分解中にメタン
	C	Z → 地下水

放送内容　《服と環境危機の関係についての講義》

　Do you like buying new clothes? Today I'm going to talk about clothing and its connection to the environmental crisis we are facing now. Worldwide, we consume about 80 billion items of new clothing each year. That number is 400% higher than what we were consuming two decades ago. Do you know why? This increase is closely related to the fact that clothes are cheaply produced and sold at low prices. How long do you wear your clothes? <u>The life of such cheaply produced clothing is, on average, 2.2 years</u>. Some clothing stores are trying hard to reuse or recycle the clothes. But unfortunately, <u>tons of clothes still end up being burned or buried as waste</u>.

Burning or burying such a large amount of textile waste adds to our present environmental crisis. <u>Burning non-natural fibers</u> such as polyester and nylon <u>can produce air pollution including a huge amount of CO$_2$</u>. Burying unwanted clothes also causes a lot of pollution. Do you know how long the buried clothes stay in the ground? Those <u>non-natural fibers</u> are basically plastics made from oil, which means they could <u>take up to a thousand years to become part of the earth once again</u>. In contrast, natural fibers like cotton and silk go back to the earth quickly. However, <u>they produce greenhouse gases, such as methane, as they break down under the ground</u>. In addition, <u>chemicals may have been used to dye or bleach those natural fibers, and the remaining chemicals can eventually reach underground water</u>.

訳　　新しい服を買うのは好きですか？　今日，私は服と私たちが現在直面している環境危機との関わりについて話をします。世界中で，毎年，約800億点の新品の服が消費されています。その数は20年前の消費量と比較すると400％高くなっています。<u>理由がわかりますか？　この増加は，服が安価で生産され，低価格で販売されているという事実に密接に関係しています</u>。あなた方はどのくらいの期間，服を着ますか？　<u>大変安い費用で生産された服の寿命は，平均で2.2年です</u>。そういった服を再利用したりリサイクルすることに尽力している衣料品店もあります。しかし，残念ながら，<u>大量の服がいまだに最終的には焼却処分されたり，廃棄物として埋められたりしています</u>。

　　そのような大量の繊維くずを燃やしたり埋めたりすることにより，現在の環境危機に拍車がかかっています。ポリエステルやナイロンといった<u>非天然の繊維を燃やすことで，膨大な量の二酸化炭素を含む大気汚染物質を作り出してしまう可能性があります</u>。不要な服を埋めることもまた，多くの汚染の原因となります。埋められた服がどのくらいの間，地中に残るか知っていますか？　こういった<u>非天然の繊維は基本的には石油から作られたプラスチックで，それはつまり，もう一度土に戻るのに最長1000年かかる</u>ということです。対照的に，綿や絹といった天然繊維はすぐに土に戻ります。しかしながら，<u>天然繊維は地中で分解される際，メタンのような温室効果ガスを発生させます</u>。さらに，<u>そういった天然繊維</u>

■は，染色したり漂白したりするのに化学薬品が使用されている可能性があり，残った化学薬品が最終的に地下水まで到達してしまうこともありえます。

◇ environmental crisis「環境危機」　◇ face「〜に直面する」
◇ consume「〜を消費する」　◇ closely「密接に」　◇ tons of 〜「大量の〜」
◇ end up *doing*「最終的に〜する」　◇ bury「〜を埋める」
◇ textile waste「繊維ごみ」　◇ add to 〜「〜を増大させる」
◇ non-natural「非天然の」　◇ unwanted「不要な」
◇ take *A* to *do*「〜するのに *A*（時間）がかかる」
◇ up to 〜「（時間・程度など）に至るまで，（最高）〜まで」
◇ in contrast「対照的に」　◇ go back to the earth「土に戻る」
◇ break down「分解される」　◇ chemical(s)「化学薬品」　◇ dye「〜を染める」
◇ bleach「〜を漂白する，脱色する」

問 23　　23　　正解は②

①	丁寧に生産された高価な服
②	安く生産された安価な服
③	粗末に生産された長持ちしない服
④	ほどよく生産された長持ちする服

ワークシートの空欄 23 を埋める問題。まず，新品の服の消費が 20 年前より 400 ％増加していることを把握する。空欄の左に Why？とあるため，第 1 段第 5 文の Do you know why？以降をしっかり聞く。同段第 6 文（This increase is closely …）に「この（衣類消費の）増加は，服が安価で生産され，低価格で販売されているという事実に密接に関係しています」とあることから，②が正解。第 6 文後半の clothes are cheaply produced and sold at low prices の部分が，選択肢では cheaply produced and inexpensive clothes と言い換えられている。

問 24

空欄 A 〜 C：	
①	天然
②	非天然
空欄 X 〜 Z：	
③	生産時に使用される化学薬品
④	分解に多くの年数
⑤	大気中に二酸化炭素

A　正解は②

第2段第2文（Burning non-natural fibers such as polyester …）参照。焼却処分については非天然繊維についてのみ言及されている。よって②が正解。

B　正解は①

空欄Bの右側の Impacts「影響」の部分にある methane during breakdown「分解中にメタン」に関しては，第2段第7文 However, they produce greenhouse gases, such as <u>methane</u>, as they <u>break down</u> under the ground. に述べられている。主語の they は第7文前後で述べられている natural fibers「天然繊維」を指すことから，①が正解。

C　正解は①

空欄Cの右側の Impacts「影響」の部分にある underground water「地下水」に関しては，第2段最終文 In addition, chemicals may have been used to dye or bleach those natural fibers, and the remaining chemicals can eventually reach <u>underground water</u>. で触れられており，同文前半に「天然繊維は，染色したり漂白したりするのに化学薬品が使用されている可能性がある」とあるため，①が正解。

X　正解は⑤

burning「焼却」の Impacts「影響」に関しては，第2段第2文（Burning non-natural fibers such as polyester …）の後半で can produce air pollution including a huge amount of CO_2「膨大な量の二酸化炭素を含む大気汚染物質を作り出す可能性があります」とある。⑤が正解。

Y　正解は④

burying「埋め立て」の Impacts「影響」は第2段第3文以降だが，空欄Yの右にある「→ earth」をヒントに聞き取ると，第5文（Those non-natural fibers are …）に「こういった非天然の繊維は基本的には石油から作られたプラスチックで，それはつまり，もう一度土に戻るのに最長1000年かかるということです」とあることから，土に戻るのにかなりの年数を要するとわかるため，④が正解。本文中の a thousand years が many years に，また become part of the earth が break down「分解される」に選択肢では言い換えられている。

Z　正解は③

underground water「地下水」に関しては，第2段最終文 In addition, chemicals may have been used to dye or bleach those natural fibers, and the remaining chemicals can eventually reach <u>underground water</u>. で触れられており，染色・漂白に化学薬品が使用されている可能性があるとあることから，③が正解。

○今日：新品の服が 800 億点

　↑　400 ％増加

　20 年前

○なぜ？ → （　②安く生産された安価な服　）

○低コストで生産された服の寿命——平均で 2.2 年

○環境への影響：　24

方法	繊維	影響
焼却	②非天然	⑤大気中に二酸化炭素
埋め立て	非天然	④分解に多くの年数 → 土
	①天然	分解中にメタン
	①天然	③生産時に使用される化学薬品 → 地下水

問25　　25　　正解は③

① 　ポリエステル製の服よりも，二酸化炭素生成量がより少なく，分解しやすいため，綿製の服の方がよい。

② 　有害な化学薬品が土壌に被害を与えうるため，繊維くずは地中に埋めて処理するよりも燃やして処理した方がよい。

③ 　多くの服がリサイクルも再利用もされないので，賢く服を購入することが環境保護に寄与するかもしれない。

④ 　製造過程で化学薬品が使用されているため，不必要な服の購入は避けるべきである。

講義の主張として正しいものを選ぶ問題。第１段第７・８文（How long do you wear … on average, 2.2 years.）に「安価で作られる服の寿命が短いこと」が，そして同段第９文（Some clothing stores are …）および最終文に「服の再利用やリサイクルをする店もあるが，いまだに大量の服が廃棄物として処理されている」とい

う現状が述べられている。また，第 2 段ではそういった繊維くずが非天然素材であろうと天然素材であろうと，何らかの形で環境に悪影響を与える，という内容がそれぞれの特徴を挙げて詳しく述べられている。よって，安易な服の購入を避けることが繊維ごみの排出を減少させ，環境保護につながることになるため，③が正解。

問 26　26　正解は ②

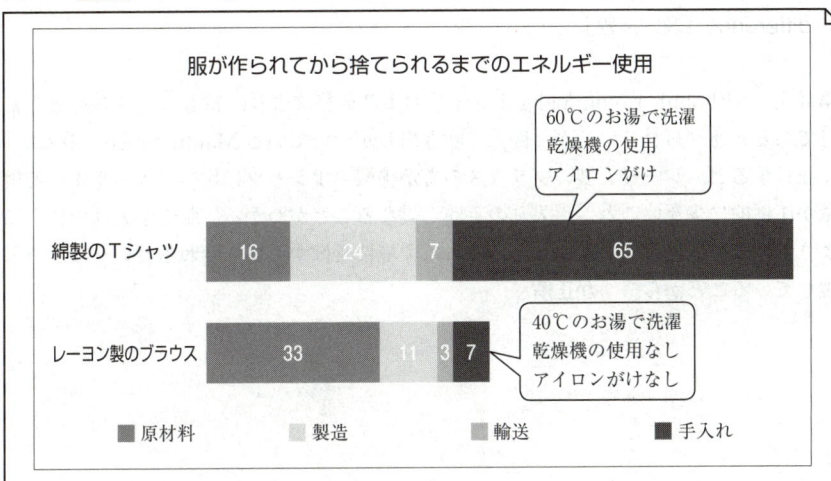

服が作られてから捨てられるまでのエネルギー使用

- 60℃のお湯で洗濯
- 乾燥機の使用
- アイロンがけ

綿製のＴシャツ　16　24　7　65

- 40℃のお湯で洗濯
- 乾燥機の使用なし
- アイロンがけなし

レーヨン製のブラウス　33　11　3　7

■ 原材料　　□ 製造　　■ 輸送　　■ 手入れ

① 　綿製のＴシャツは化学薬品を使用していない繊維で作られると，より土壌によい。
② 　どんな服を買ったらよいかについて考えることだけでなく，その服をどう手入れするかについても考えることが重要である。
③ 　レーヨン製のブラウスはリサイクルでき，その結果，綿製のＴシャツよりも長持ちする。
④ 　環境に優しいので，天然繊維の服を着るべきである。

放送内容　《服が作られてから捨てられるまでに使われるエネルギー量比較》

Now let's consider how much energy is used in the life cycle of clothing. Look at this chart comparing a cotton T-shirt and a rayon blouse. Although rayon looks like a non-natural material, it is actually made from wood pulp. Notice the differences between these two types of natural-fiber clothes.

訳　　それでは，服が作られてから捨てられるまでに使われるエネルギー量について考えてみましょう。綿製のＴシャツとレーヨン製のブラウスを比較したこの図表をご覧ください。<u>レーヨンは非天然素材のように見えますが，実際には木材パルプでできています。</u><u>これら２種類の天然繊維の服</u>の違いに注目してみてください。

◇ compare「～を比較する」　◇ rayon「レーヨン製の」
◇ wood pulp「木材パルプ」　◇ notice「～に注目する」
◇ difference「違い，差」

第３文（Although rayon looks like …）および最終文より，綿もレーヨンも天然素材であると述べられているが，図表で吹き出しがついている Maintenance「手入れ」に注目すると，レーヨン製のブラウスの方が綿製のＴシャツに比べ，エネルギー使用量が圧倒的に少ないこと，手入れの手間が異なることがわかる。服の手入れの仕方によりエネルギー使用量が変わり，さらには環境に及ぼす影響も変わるということを示唆していることから，②が正解。

第6問A　対話を聞いて要点を把握する問題

放送内容 《第6問Aの説明》

第6問A　第6問Aは問27・問28の2問です。二人の対話を聞き，それぞれの答えとして最も適切なものを，四つの選択肢（①〜④）のうちから一つずつ選びなさい。聞き取る対話は1回流します。

では，始めます。

放送内容 《修学旅行の行き先》

M : We went to Australia on our school trip.

W : Nice! We only went to Tokyo. I've never been abroad, and I wish I could have gone when I was a high school student.

M : Oh, yeah? In fact, looking back, I wish I had gone somewhere in Japan—like Hiroshima or Nara because I wasn't ready to go abroad yet.

W : What do you mean? You can go to places like that any time. Maybe you wouldn't have had a chance to go abroad otherwise.

M : I wish I had known more about Japan back then. People in Australia asked me a lot of questions about Japan, but it was very hard for me to answer them. Also, I needed more English skills.

W : But, didn't you find that using English in real situations improved your skills? I wish I had had that opportunity.

M : No, not really. The trip was too short to really take advantage of that.

W : In any case, such an experience should be appreciated.

訳　男性：修学旅行でオーストラリアに行ったんだ。

女性：いいわね！　私たちは東京にしか行ってないのよ。私，海外に行ったことがないから，高校生のうちに行ければよかったなぁ。

男性：へぇ，そう？　実際，思い返してみると，僕は広島や奈良みたいな国内のどこかに行ってたらよかったのにって思ってるよ。だってまだ海外に行く準備ができていなかったからね。

女性：どういう意味？　そんな場所，いつでも行けるじゃない。たぶん，それ以外で海外に行く機会なんてなかったでしょうに。

男性：あの時，もっと日本について知っていたらよかったって感じてるんだ。オーストラリアの人々が僕に日本についての質問をたくさんしてきたんだけ

ど，その質問に答えるのが僕にとってはとても難しかったんだ。それにね，もっと英語力が必要だったよ。

女性：でも，実際の状況で英語を使うことで英語力が向上するって思わなかった？　私はそんな機会が欲しかったなぁ。

男性：いや，そうでもないよ。修学旅行は短すぎて本当にその機会を活かすことはできなかったさ。

女性：とにかく，そんな経験，ありがたく思いなさいよ。

◇ school trip「修学旅行」

◇ I wish I could have *done*「～できていたらよかったのに」

◇ looking back「今思えば，思い返せば」

◇ I wish I had *done*「～していたらよかったのに」

◇ somewhere「どこか」　◇ be ready to *do*「～する準備ができている」

◇ any time「いつでも」　◇ otherwise「それ以外で，そうでないと」

◇ opportunity「機会」　◇ too … to *do*「…すぎて～できない」

◇ take advantage of ～「～をうまく利用する」

◇ in any case「とにかく，いずれにせよ」

◇ appreciate「～を高く評価する，～をありがたく思う」

問 27　　27　　正解は②

> 問　**女性の話の要点は何ですか。**
> ①　彼女はオーストラリアで英語を使うのが難しいと感じた。
> ②　彼女は修学旅行で海外に行くことに価値があると考えている。
> ③　彼女は日本以外の場所を旅する機会がもっと欲しいと思っていた。
> ④　彼女は代わりに広島に行きたかったと思っている。

女性の１つ目の発言第３文（I've never been abroad, …）「私，海外に行ったことがないから，高校生のうちに行ければよかったなぁ」や３つ目最終文（I wish I had …）「私はそんな（＝海外の実際の状況で英語を使う）機会が欲しかったなぁ」，さらに女性の最後の発言「そんな経験，ありがたく思いなさいよ」より，彼女が修学旅行で海外に行くことに非常に魅力を感じていることがわかる。**②が正解。**

問 28　　| 28 |　正解は ③

> 問　男性の話の要点は何ですか。
> ①　彼は日本に関する質問をされるのが嫌だった。
> ②　彼は国内の修学旅行がもっと長い期間であるべきだと感じた。
> ③　彼は自分の修学旅行をありがたく感じることができないと思った。
> ④　彼は奈良の代わりにオーストラリアに行きたかった。

男性の 2 つ目の発言第 2 文 (In fact,…)「僕は国内のどこかに行ってたらよかったのにって思ってるよ」，3 つ目の発言第 1 文 (I wish I had …)「あの時，もっと日本について知っていたらよかったって感じてるんだ」や最終文 (Also, I needed …)「もっと英語力が必要だったよ」より，海外に行くのは自分には早すぎたと感じていることから，③ が正解。

第 6 問 B　　複数の意見を聞いて問いに答える問題

> 放送内容　《第 6 問 B の説明》
>
> 　第 6 問 B　第 6 問 B は問 29・問 30 の 2 問です。英語を聞き，それぞれの問いの答えとして最も適切なものを，四つの選択肢 (①〜④) のうちから選びなさい。聞き取る英語は 1 回流します。
> 　状況と問いが問題冊子に書かれているので，今，読みなさい。
> 　では，始めます。

問 29　　| 29 |　正解は ①, ④

> 放送内容　《炭水化物の積極的摂取の賛否》
>
> Student 1
>
> Test season is in a few weeks, and carbohydrates are the preferred source of energy for mental function. I think rice, potatoes, pasta and bread are good brain food! You are what you eat!
>
> Student 2
>
> Many people try to reduce the fat in their diet, but instead they should lower the amount of carbohydrates they eat. In one study, people on a high carbohydrate diet had an almost 30% higher risk of dying than people eating a low carbohydrate diet.

Student 3

The necessary calories for the body can be taken in from protein and fat, which are included in foods such as meat and nuts. The body requires these for proper functioning. Protein and fat previously stored in the body can be used as a more reliable source of energy than carbohydrates.

Student 4

Well, as an athlete, I need to perform well. My coach said that long distance runners need carbohydrates to increase stamina and speed up recovery. Carbohydrates improve athletic performance. Athletes get less tired and compete better for a longer period of time.

訳　学生 1

テスト期間まであと数週間です。そして，炭水化物は精神機能にとって好ましいエネルギー源です。米，ジャガイモ，パスタ，パンは脳にとってよい食べ物だと思います！　人の健康は食べ物次第！

学生 2

食事に含まれる脂質を減らそうとしている人が多くいますが，そういった人々は代わりに，炭水化物の摂取量を抑えるとよいです。ある研究では，炭水化物の多い食事を摂っている人は炭水化物の少ない食事を摂っている人と比べると，死亡するリスクが 30％近く高かったそうです。

学生 3

体にとって必要なカロリーはたんぱく質や脂質から取り入れられ，それらは肉や木の実類といった食べ物に含まれています。体は適切に機能するためにこういった食べ物を必要としています。あらかじめ体に蓄えられたたんぱく質や脂質は炭水化物よりも確実なエネルギー源として使用されます。

学生 4

さて，運動選手として，私はよい成績を収めなければなりません。長距離走の選手はスタミナをつけたり，回復のスピードを上げたりするのに炭水化物が必要であると私のコーチは言っていました。炭水化物は運動能力を上げてくれます。運動選手は疲れにくくなり，より長い時間，よりよい状態で競うことができます。

◇ mental function「精神機能」
◇ You are what you eat.「(諺) 人の健康や性格は食事で決まる」

◇ diet「食事」　◇ take in ～「～を取り入れる」　◇ protein「たんぱく質」
◇ functioning「機能を果たすこと」　◇ previously「前もって，以前は」
◇ store「～を蓄える」　◇ reliable「信頼できる，確実な」

学生 1 は発言第 1 文後半で「炭水化物は精神機能にとって好ましいエネルギー源です」と述べているため，賛成。学生 2 は発言第 2 文で炭水化物多量摂取による死亡率の増加について述べているため，反対。学生 3 は最終文で炭水化物よりもたんぱく質や脂質の方がエネルギー源として確実であると述べているため，反対。学生 4 は発言第 3 文で「炭水化物は運動能力を上げてくれます」と述べているため，賛成。よって，賛成意見を述べているのは①学生 1，④学生 4 である。

問 30　　30　　正解は①

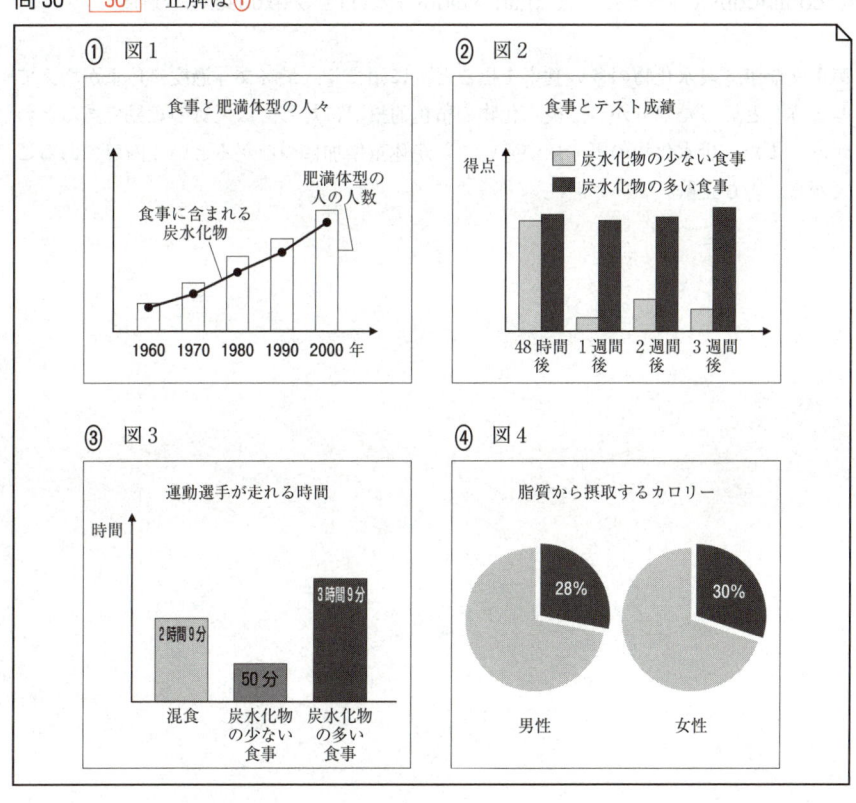

> 放送内容 《炭水化物多量摂取による悪影響》
>
> If I eat a high carbohydrate diet, I tend to get hungry sooner and then eat snacks. Also, I read snacks raise the sugar levels in the blood, and the ups and downs of blood sugar lead to eating continuously. This makes you gain excessive weight.

訳　　炭水化物の多い食事を摂ると，私は比較的早めにお腹がすいてしまい，おやつを食べてしまいがちになります。また，おやつは血糖値を上げ，さらに，血糖値が上がり下がりすることにより，途切れることなく食べ続けてしまうことにつながる，と読んだことがあります。このせいで，過度に体重が増えてしまうのです。

◇ sugar level(s) in the blood「血糖値」　◇ ups and downs「上昇と下降」
◇ continuously「続けて」　◇ gain weight「太る」　◇ excessive「過度の」

第 1 文前半「炭水化物の多い食事を摂ると」に始まり，最終文「過度に体重が増えてしまう」といった部分から，炭水化物の積極的摂取に対しては反対の意見であるとわかる。また，炭水化物の摂取量が多いことが体重増加につながるという内容であることから，①が正解。

共通テスト対策の強い味方！

赤本ノート＆ルーズリーフ

共通テスト対策の必須アイテム

マークシートに慣れる！＆**実力分析ができる！**

「共通テスト赤本シリーズ」や
「新課程攻略問題集」とセットで使って
過去問演習の効果を最大化 ※全科目対応

詳しい
使い方は
こちら

共通テスト赤本プラス

共通テスト＆新課程の「試作問題」を徹底分析！

詳しくはこちら

新課程 攻略問題集

ラインナップ 全14点
好評発売中！

国語の
実用文も

新教科の
情報も

分野別対策で苦手克服にも！

ばっちり対策！

選択科目もカバー

共通テスト 満点のコツ シリーズ

目からウロコのコツが満載！

伸び悩んでいる人に効く!!

英語〔リスニング〕／古文／漢文／
生物基礎 ※2024年夏 刊行予定

詳しくは
こちら

※撮影は
仮のものです

2025^{年版}

共通テスト
過去問研究

英語

リーディング
リスニング

問題編

教学社

音声配信のご案内

本書に掲載のリスニングテストの音声は，下記音声専用サイトにて配信しております。

スマートフォンで聞く
akahon.net/kte/

ストリーミング再生 &
ダウンロード対応（PC推奨）

パソコンはもちろん，**スマホ**や**タブレット**でご利用いただけます。

音声の**再生スピード**を**4段階**で調整できます。

早送り・早戻し機能も充実!
聞きたい問題を**ピンポイント**で**再生**できます。

akahon.net で チェック! | 赤本　リスニング | 検索

色々なシーンで自由に使えます。

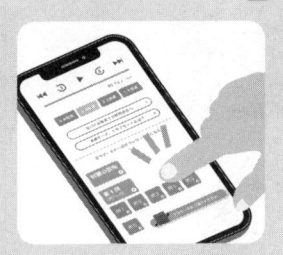

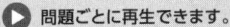

▶ 問題ごとに再生できます。

▶ 通学途中に聞くことも。

▶ 本番さながらに聞くことも。

対応ブラウザ
▶ **PC** …… Microsoft Edge＊／ Google Chrome＊／ Mozilla Firefox＊／ Apple Safari＊
▶ **スマートフォン・タブレット** …… Android 4.4 以上／ iOS 9 以上　　※最新版（2024年3月現在）

＊ 音声はダウンロードすることも可能です。ファイルはzip形式のため，解凍ソフトにて解凍の上，ご使用ください。また，音声データはMP3形式です。ダウンロードした音声の再生にはMP3を再生できる機器をご使用ください。ご使用の機器や音声再生ソフト，インターネット環境などに関するご質問につきましては，当社では対応いたしかねます。各製品のメーカーまでお尋ねください。

＊ 専用サイトのご利用やダウンロードにかかる通信料は，お客様のご負担となります。

＊ **2025年版の音声配信は，2025年3月末に終了予定です。** なお，当サイトの内容やサービスは，予告なしに変更・中断・中止される場合があります。利用ができなかった場合に損害が生じたとしても，当社は一切の責任を負いかねます。あらかじめご了承ください。

問題編

英語（リーディング）／ 英語（リスニング） （各9回　計18回分）

- 2024 年度　本試験
- 2023 年度　本試験
- 2023 年度　追試験
- 2022 年度　本試験
- 2022 年度　追試験
- 2021 年度　本試験（第 1 日程）[1]
- 2021 年度　本試験（第 2 日程）[1]
- 第 2 回試行調査[2]
- 第 1 回試行調査[2] [3]

◎ マークシート解答用紙（ 2 回分 ）　　本書に付属のマークシートは編集部で作成したものです。実際の試験とは異なる場合がありますが，ご了承ください。

リスニングの音声は下記の音声専用サイトから

赤本ウェブサイト

 akahon.net/kte/
⇨詳細は次ページ

- ※ 1　2021 年度の共通テストは，新型コロナウイルス感染症の影響に伴う学業の遅れに対応する選択肢を確保するため，本試験が以下の 2 日程で実施されました。
　　　第 1 日程：2021 年 1 月 16 日（土）および 17 日（日）
　　　第 2 日程：2021 年 1 月 30 日（土）および 31 日（日）
- ※ 2　試行調査はセンター試験から共通テストに移行するに先立って実施されました。
　　　第 2 回試行調査（2018 年度），第 1 回試行調査（2017 年度）
- ※ 3　リスニングの第 1 回試行調査は，バージョン B を掲載しています。

共通テスト
本試験

2024

リーディング

解答時間 80 分
配点 100 点

英　　語(リーディング)

各大問の英文や図表を読み，解答番号 $\boxed{1}$ ～ $\boxed{49}$ にあてはまるものとして最も適当な選択肢を選びなさい。

第1問 (配点 10)

A You are studying English at a language school in the US. The school is planning an event. You want to attend, so you are reading the flyer.

The Thorpe English Language School

International Night

Friday, May 24, 5 p.m.-8 p.m.

Entrance Fee: $5

The Thorpe English Language School (TELS) is organizing an international exchange event. TELS students don't need to pay the entrance fee. Please present your student ID at the reception desk in the Student Lobby.

● **Enjoy foods from various parts of the world**
Have you ever tasted hummus from the Middle East? How about tacos from Mexico? Couscous from North Africa? Try them all!

● **Experience different languages and new ways to communicate**
Write basic expressions such as "hello" and "thank you" in Arabic, Italian, Japanese, and Spanish. Learn how people from these cultures use facial expressions and their hands to communicate.

● **Watch dance performances**
From 7 p.m. watch flamenco, hula, and samba dance shows on the stage! After each dance, performers will teach some basic steps. Please join in.

Lots of pictures, flags, maps, textiles, crafts, and games will be displayed in the hall. If you have some pictures or items from your home country which can be displayed at the event, let a school staff member know by May 17!

問 1 To join the event free of charge, you must 1 .

① bring pictures from your home country

② consult a staff member about the display

③ fill out a form in the Student Lobby

④ show proof that you are a TELS student

問 2 At the event, you can 2 .

① learn about gestures in various cultures

② participate in a dance competition

③ read short stories in foreign languages

④ try cooking international dishes

B You are an exchange student in the US and next week your class will go on a day trip. The teacher has provided some information.

Tours of Yentonville

The Yentonville Tourist Office offers three city tours.

The History Tour

The day will begin with a visit to St. Patrick's Church, which was built when the city was established in the mid-1800s. Opposite the church is the early-20th-century Mayor's House. There will be a tour of the house and its beautiful garden.  Finally, cross the city by public bus and visit the Peace Park. Opened soon after World War II, it was the site of many demonstrations in the 1960s.

The Arts Tour

 The morning will be spent in the Yentonville Arts District. We will begin in the Art Gallery where there are many paintings from Europe and the US. After lunch, enjoy a concert across the street at the Bruton Concert Hall before walking a short distance to the Artists' Avenue. This part of the district was developed several years ago when new artists' studios and the nearby Sculpture Park were created. Watch artists at work in their studios and afterwards wander around the park, finding sculptures among the trees.

The Sports Tour

First thing in the morning, you can watch the Yentonville Lions football team training at their open-air facility in the suburbs. In the afternoon, travel by subway to the Yentonville Hockey Arena, completed last fall. Spend some time in its exhibition hall to learn about the arena's  unique design. Finally, enjoy a professional hockey game in the arena.

Yentonville Tourist Office, January, 2024

問 1　Yentonville has ⬚3⬚.

① a church built 250 years ago when the city was constructed

② a unique football training facility in the center of the town

③ an art studio where visitors can create original works of art

④ an arts area with both an art gallery and a concert hall

問 2　On all three tours, you will ⬚4⬚.

① learn about historic events in the city

② see people demonstrate their skills

③ spend time both indoors and outdoors

④ use public transportation to get around

問 3　Which is the newest place in Yentonville you can visit on the tours? ⬚5⬚

① The Hockey Arena

② The Mayor's House

③ The Peace Park

④ The Sculpture Park

第2問 （配点　20）

A　You are an exchange student at a high school in the UK and find this flyer.

 **Invitation to the Strategy Game Club**

Have you ever wanted to learn strategy games like chess, *shogi*, or *go*? They are actually more than just games. You can learn skills such as thinking logically and deeply without distractions. Plus, these games are really fun! This club is open to all students of our school. Regardless of skill level, you are welcome to join.

We play strategy games together and...

- learn basic moves from demonstrations by club members
- play online against club friends
- share tips on our club webpage
- learn the history and etiquette of each game
- analyse games using computer software
- participate in local and national tournaments

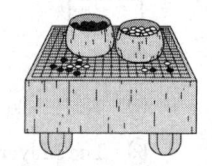

Regular meetings: Wednesday afternoons in Room 301, Student Centre

----

Member Comments

- My mind is clearer, calmer, and more focused in class.
- It's cool to learn how some games have certain similarities.
- At tournaments, I like discussing strategies with other participants.
- Members share Internet videos that explain practical strategies for chess.
- It's nice to have friends who give good advice about *go*.
- I was a complete beginner when I joined, and I had no problem!

問 1　According to the flyer, which is true about the club?　[6]

① Absolute beginners are welcome.

② Members edit computer programs.

③ Professional players give formal demonstrations.

④ Students from other schools can join.

問 2　Which of the following is **not** mentioned as a club activity?　[7]

① Having games with non-club members

② Playing matches against computers

③ Sharing game-playing ideas on the Internet

④ Studying the backgrounds of strategy games

問 3　One **opinion** stated by a member is that　[8]　.

① comparing different games is interesting

② many videos about *go* are useful

③ members learn tips at competitions

④ regular meetings are held off campus

問 4　The club invitation and a member's comment both mention that ⬚ 9 ⬚ .

   ① new members must demonstrate experience

   ② online support is necessary to be a good player

   ③ *shogi* is a logical and stimulating game

   ④ strategy games help improve one's concentration

問 5　This club is most likely suitable for students who want to ⬚ 10 ⬚ .

   ① create their own computer strategy games

   ② improve their skill level of playing strategy games

   ③ learn proper British etiquette through playing strategy games

   ④ spend weekends playing strategy games in the club room

B You are a college student going to study in the US and need travel insurance. You find this review of an insurance plan written by a female international student who studied in the US for six months.

There are many things to consider before traveling abroad: pack appropriate clothes, prepare your travel expenses, and don't forget medication (if necessary). Also, you should purchase travel insurance.

When I studied at Fairville University in California, I bought travel insurance from TravSafer International. I signed up online in less than 15 minutes and was immediately covered. They accept any form of payment, usually on a monthly basis. There were three plans. All plans include a one-time health check-up.

The Premium Plan is $100/month. The plan provides 24-hour medical support through a smartphone app and telephone service. Immediate financial support will be authorized if you need to stay in a hospital.

The Standard Plan worked best for me. It had the 24-hour telephone assistance and included a weekly email with tips for staying healthy in a foreign country. It wasn't cheap: $75/month. However, it was nice to get the optional 15% discount because I paid for six months of coverage in advance.

If your budget is limited, you can choose the Economy Plan, which is $25/month. It has the 24-hour telephone support like the other plans but only covers emergency care. Also, they can arrange a taxi to a hospital at a reduced cost if considered necessary by the support center.

I never got sick or hurt, so I thought it was a waste of money to get insurance. Then my friend from Brazil broke his leg while playing soccer and had to spend a few days in a hospital. He had chosen the Premium Plan and it covered everything! I realized how important insurance is—you know that you will be supported when you are in trouble.

問 1　According to the review, which of the following is true?　$\boxed{11}$

① Day and night medical assistance is available with the most expensive plan.

② The cheapest plan includes free hospitalization for any reason.

③ The mid-level plan does not include the one-time health check-up.

④ The writer's plan cost her over $100 every month.

問 2　Which is **not** included in the cheapest option?　$\boxed{12}$

① Email support

② Emergency treatment

③ Telephone help desk

④ Transport assistance

問 3 Which is the best combination that describes TravSafer International?

| 13 |

    A : They allow monthly payments.

    B : They design scholarship plans for students.

    C : They help you remember your medication.

    D : They offer an Internet-based registration system.

    E : They require a few days to process the application form.

  ① **A** and **D**

  ② **A** and **E**

  ③ **B** and **D**

  ④ **B** and **E**

  ⑤ **C** and **D**

問 4 The writer's **opinion** of her chosen plan is that | 14 | .

  ① it prevented her from being health conscious

  ② she was not satisfied with the telephone assistance

  ③ the option for cost reduction was attractive

  ④ the treatment for her broken leg was covered

問 5 Which of the following best describes the writer's attitude? | 15 |

  ① She believes the smartphone app is useful.

  ② She considers travel preparation to be important.

  ③ She feels the US medical system is unique in the world.

  ④ She thinks a different hospital would have been better for her friend.

第3問 (配点 15)

A Susan, your English ALT's sister, visited your class last month. Now back in the UK, she wrote on her blog about an event she took part in.

Hi!

I participated in a photo rally for foreign tourists with my friends: See the rules on the right. As photo rally beginners, we decided to aim for only five of the checkpoints. In three minutes, we arrived at our first target, the city museum. In quick succession, we made the second, third, and fourth targets. Things were going smoothly! But, on the way to the last target, the statue of a famous samurai from the city, we got lost. Time was running out and my feet were hurting from walking

> **Sakura City Photo Rally Rules**
> - Each group can only use the **camera** and **paper map**, both provided by us
> - Take as many photos of **25 checkpoints** (designated sightseeing spots) as possible
> - **3-hour** time limit
> - Photos must include **all 3 team members**
> - All members must move **together**
> - **No** mobile phones
> - **No** transport

for over two hours. We stopped a man with a pet monkey for help, but neither our Japanese nor his English were good enough. After he'd explained the way using gestures, we realised we wouldn't have enough time to get there and would have to give up. We took a photo with him and said goodbye. When we got back to Sakura City Hall, we were surprised to hear that the winning team had completed 19 checkpoints. One of our photos was selected to be on the event website (click here). It reminds me of the man's warmth and kindness: our own "gold medal."

問 1　You click the link in the blog.　Which picture appears?　| 16 |

問 2　You are asked to comment on Susan's blog.　Which would be an appropriate comment to her?　| 17 |

① I want to see a picture of you wearing the gold medal!

② You did your best.　Come back to Japan and try again!

③ You reached 19 checkpoints in three hours?　Really?　Wow!!

④ Your photo is great!　Did you upgrade your phone?

B　You are going to participate in an English Day.　As preparation, you are reading an article in the school newspaper written by Yuzu, who took part in it last year.

Virtual Field Trip to a South Sea Island

This year, for our English Day, we participated in a virtual science tour.　The winter weather had been terrible, so we were excited to see the tropical scenery of the volcanic island projected on the screen.

First, we "took a road trip" to learn about the geography of the island, using navigation software to view the route.　We "got into the car," which our teacher, Mr Leach, sometimes stopped so we could look out of the window and get a better sense of the rainforest.　Afterwards, we asked Mr Leach about what we'd seen.

Later, we "dived into the ocean" and learnt about the diversity of marine creatures.　We observed a coral reef via a live camera.　Mr Leach asked us if we could count the number of creatures, but there were too many!　Then he showed us an image of the ocean 10 years ago.　The reef we'd seen on camera was dynamic, but in the photo it was even more full of life.　It looked so different after only 10 years!　Mr Leach told us human activity was affecting the ocean and it could be totally ruined if we didn't act now.

In the evening, we studied astronomy under a "perfect starry sky."　We put up tents in the gymnasium and created a temporary planetarium on the ceiling using a projector. We were fascinated by the sky full of constellations, shooting stars, and the Milky  Way.　Someone pointed out one of the brightest lights and asked Mr Leach if it was Venus, a planet close to Earth.　He nodded and explained that humans have created so much artificial light that hardly anything is visible in our city's night sky.

On my way home after school, the weather had improved and the sky was now cloudless.　I looked up at the moonless sky and realised what Mr Leach had told us was true.

問 1 Yuzu's article also included student comments (①〜④) describing the events in the virtual tour. Put the comments in the order in which the events happened.

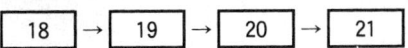

18 → 19 → 20 → 21

---

①

I was wondering how dangerous the island was. I saw beautiful birds and a huge snake in the jungle.

②

It was really shocking that there had been many more creatures before. We should protect our beautiful oceans!

③

Setting up a camping site in the gymnasium was kind of weird, but great fun! Better than outside, because we weren't bitten by bugs!

④

We were lost for words during the space show and realised we often don't notice things even though they're there.

問 2 From the tour, Yuzu did **not** learn about the 22 of the south sea island.

① marine ecosystem

② night-time sky

③ seasonal weather

④ trees and plants

問 3 On the way home, Yuzu looked up and most likely saw 23 in the night sky.

① a shooting star

② just a few stars

③ the full moon

④ the Milky Way

第4問 (配点 16)

Your college English club's room has several problems and you want to redesign it. Based on the following article and the results of a questionnaire given to members, you make a handout for a group discussion.

What Makes a Good Classroom?

Diana Bashworth, writer at *Trends in Education*

As many schools work to improve their classrooms, it is important to have some ideas for making design decisions. SIN, which stands for *Stimulation, Individualization*, and *Naturalness*, is a framework that might be helpful to consider when designing classrooms.

The first, Stimulation, has two aspects: color and complexity. This has to do with the ceiling, floor, walls, and interior furnishings. For example, a classroom that lacks colors might be uninteresting. On the other hand, a classroom should not be too colorful. A bright color could be used on one wall, on the floor, window coverings, or furniture. In addition, it can be visually distracting to have too many things displayed on walls. It is suggested that 20 to 30 percent of wall space remain free.

The next item in the framework is Individualization, which includes two considerations: ownership and flexibility. Ownership refers to whether the classroom feels personalized. Examples of this include having chairs and desks that are suitable for student sizes and ages, and providing storage space and areas for displaying student works or projects. Flexibility is about having a classroom that allows for different kinds of activities.

Naturalness relates to the quality and quantity of light, both natural and artificial, and the temperature of the classroom. Too much natural light may make screens and boards difficult to see; students may have difficulty reading or writing if there is a lack of light. In addition, hot summer classrooms do not promote effective study. Schools should install systems allowing for the adjustment of both light and temperature.

While Naturalness is more familiar to us, and therefore often considered the priority, the other components are equally important. Hopefully, these ideas can guide your project to a successful end.

Results of the Questionnaire

Q1: Choose any items that match your use of the English club's room.

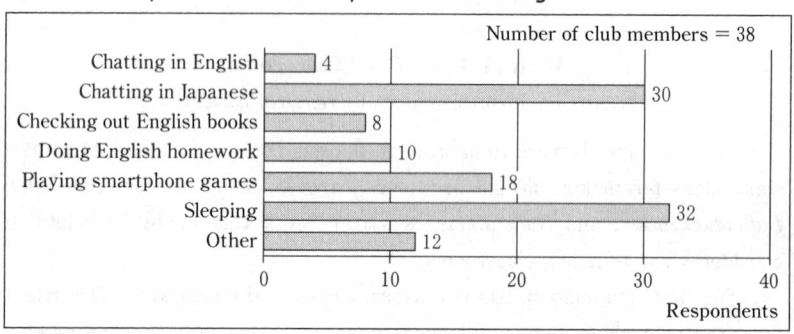

Number of club members = 38

Item	Respondents
Chatting in English	4
Chatting in Japanese	30
Checking out English books	8
Doing English homework	10
Playing smartphone games	18
Sleeping	32
Other	12

Q2: What do you think about the current English club's room?

Main comments:

Student 1 (S 1): I can't see the projector screen and whiteboard well on a sunny day. Also, there's no way to control the temperature.

S 2: By the windows, the sunlight makes it hard to read. The other side of the room doesn't get enough light. Also, the books are disorganized and the walls are covered with posters. It makes me feel uncomfortable.

S 3: The chairs don't really fit me and the desks are hard to move when we work in small groups. Also, lots of members speak Japanese, even though it's an English club.

S 4: The pictures of foreign countries on the walls make me want to speak English. Everyone likes the sofas — they are so comfortable that we often use the room for sleeping!

S 5: The room is so far away, so I hardly ever go there! Aren't there other rooms available?

S 6: There's so much gray in the room. I don't like it. But it's good that there are plenty of everyday English phrases on the walls!

Your discussion handout:

Room Improvement Project

■ **SIN Framework**
- What it is: | 24 |
- SIN = Stimulation, Individualization, Naturalness

■ **Design Recommendations Based on SIN and Questionnaire Results**
- Stimulation:

  Cover the floor with a colorful rug and | 25 | .

- Individualization:

  Replace room furniture.

  (tables with wheels → easy to move around)

- Naturalness:

  | 26 |

  A．Install blinds on windows.

  B．Make temperature control possible.

  C．Move projector screen away from windows.

  D．Place sofas near walls.

  E．Put floor lamp in darker corner.

■ **Other Issues to Discuss**
- The majority of members | 27 | the room as | 28 | 's comment mentioned. How can we solve this?
- Based on both the graph and | 29 | 's comment, should we set a language rule in the room to motivate members to speak English more?
- S 5 doesn't like the location, but we can't change the room, so let's think about how to encourage members to visit more often.

問 1　Choose the best option for 　24　 .

① A guide to show which colors are appropriate to use in classrooms

② A method to prioritize the needs of students and teachers in classrooms

③ A model to follow when planning classroom environments

④ A system to understand how classrooms influence students' performance

問 2　Choose the best option for 　25　 .

① move the screen to a better place

② paint each wall a different color

③ put books on shelves

④ reduce displayed items

問 3　You are checking the handout. You notice an error in the recommendations under Naturalness. Which of the following should you **remove**? 　26

① A

② B

③ C

④ D

⑤ E

問 4 Choose the best options for ⬚27⬚ and ⬚28⬚.

⬚27⬚

① borrow books from

② can't easily get to

③ don't use Japanese in

④ feel anxious in

⑤ take naps in

⬚28⬚

① S 1

② S 2

③ S 3

④ S 4

⑤ S 5

⑥ S 6

問 5 Choose the best option for ⬚29⬚.

① S 1

② S 2

③ S 3

④ S 4

⑤ S 5

⑥ S 6

第5問 (配点 15)

You are in an English discussion group, and it is your turn to introduce a story. You have found a story in an English language magazine in Japan. You are preparing notes for your presentation.

Maki's Kitchen

"*Irasshai-mase*," said Maki as two customers entered her restaurant, Maki's Kitchen. Maki had joined her family business at the age of 19 when her father became ill. After he recovered, Maki decided to continue. Eventually, Maki's parents retired and she became the owner. Maki had many regular customers who came not only for the delicious food, but also to sit at the counter and talk to her. Although her business was doing very well, Maki occasionally daydreamed about doing something different.

"Can we sit at the counter?" she heard. It was her old friends, Takuya and Kasumi. A phone call a few weeks earlier from Kasumi to Takuya had given them the idea to visit Maki and surprise her.

Takuya's phone vibrated, and he saw a familiar name, Kasumi.

"Kasumi!"

"Hi Takuya, I saw you in the newspaper. Congratulations!"

"Thanks. Hey, you weren't at our 20th high school reunion last month."

"No, I couldn't make it. I can't believe it's been 20 years since we graduated. Actually, I was calling to ask if you've seen Maki recently."

Takuya's family had moved to Kawanaka Town shortly before he started high school. He joined the drama club, where he met Maki and Kasumi. The three became inseparable. After graduation, Takuya left Kawanaka to become an actor, while Maki and Kasumi remained. Maki had decided she wanted to study at university and enrolled in a preparatory school. Kasumi, on the other hand, started her career. Takuya tried out for various acting roles but was constantly rejected; eventually, he quit.

Exactly one year after graduation, Takuya returned to Kawanaka with his dreams destroyed. He called Maki, who offered her sympathy. He was surprised to learn that Maki had abandoned her plan to attend university because she had to manage her family's restaurant. Her first day of work had been the day he called. For some reason, Takuya could not resist giving Maki some advice.

"Maki, I've always thought your family's restaurant should change the coffee it serves. I think people in Kawanaka want a bolder flavor. I'd be happy to recommend a different brand," he said.

"Takuya, you really know your coffee. Hey, I was walking by Café Kawanaka and saw a help-wanted sign. You should apply!" Maki replied.

Takuya was hired by Café Kawanaka and became fascinated by the science of coffee making. On the one-year anniversary of his employment, Takuya was talking to Maki at her restaurant.

"Maki," he said, "do you know what my dream is?"

"It must have something to do with coffee."

"That's right! It's to have my own coffee business."

"I can't imagine a better person for it. What are you waiting for?"

Maki's encouragement inspired Takuya. He quit his job, purchased a coffee bean roaster, and began roasting beans. Maki had a sign in her restaurant saying, "We proudly serve Takuya's Coffee," and this publicity helped the coffee gain popularity in Kawanaka. Takuya started making good money selling his beans. Eventually, he opened his own café and became a successful business owner.

Kasumi was reading the newspaper when she saw the headline: *TAKUYA'S CAFÉ ATTRACTING TOURISTS TO KAWANAKA TOWN.* "Who would have thought that Takuya would be so successful?" Kasumi thought to herself as she reflected on her past.

In the high school drama club, Kasumi's duty was to put make-up on the actors. No one could do it better than her. Maki noticed this and saw that a cosmetics company called Beautella was advertising for salespeople. She encouraged Kasumi to apply, and, after graduation, she became an employee of Beautella.

The work was tough; Kasumi went door to door selling cosmetics. On bad days, she would call Maki, who would lift her spirits. One day, Maki had an idea, "Doesn't Beautella do make-up workshops? I think you are more suited for that. You can show people how to use the make-up. They'll love the way they look and buy lots of cosmetics!"

Kasumi's company agreed to let her do workshops, and they were a hit! Kasumi's sales were so good that eight months out of high school, she had been promoted, moving to the big city of Ishijima. Since then, she had steadily climbed her way up the company ladder until she had been named vice-president of Beautella this year.

"I wouldn't be vice-president now without Maki," she thought, "she helped me when I was struggling, but I was too absorbed with my work in Ishijima to give her support when she had to quit her preparatory school." Glancing back to the article, she decided to call Takuya.

"Maki wasn't at the reunion. I haven't seen her in ages," said Takuya.

"Same here. It's a pity. Where would we be without her?" asked Kasumi.

The conversation became silent, as they wordlessly communicated their guilt. Then, Kasumi had an idea.

The three friends were talking and laughing when Maki asked, "By the way, I'm really happy to see you two, but what brings you here?"

"Payback," said Takuya.

"Have I done something wrong?" asked Maki.

"No. The opposite. You understand people incredibly well. You can identify others' strengths and show them how to make use of them. We're proof of this. You made us aware of our gifts," said Takuya.

"The irony is that you couldn't do the same for yourself," added Kasumi.

"I think Ishijima University would be ideal for you. It offers a degree program in counseling that's designed for people with jobs," said Takuya.

"You'd have to go there a few times a month, but you could stay with me. Also, Takuya can help you find staff for your restaurant," said Kasumi.

Maki closed her eyes and imagined Kawanaka having both "Maki's Kitchen" and "Maki's Counseling." She liked that idea.

Your notes:

Maki's Kitchen

Story outline

Maki, Takuya, and Kasumi graduate from high school.

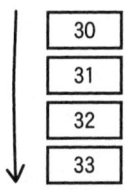

| 30 |
| 31 |
| 32 |
| 33 |

Maki begins to think about a second career.

About Maki

- Age: | 34 |
- Occupation: restaurant owner
- How she supported her friends:

  Provided Takuya with encouragement and | 35 | .

  　　〃　　Kasumi　　〃　　　　〃　　and | 36 | .

Interpretation of key moments

- Kasumi and Takuya experience an uncomfortable silence on the phone because they | 37 | .
- In the final scene, Kasumi uses the word "irony" with Maki. The <u>irony</u> is that Maki does not | 38 | .

問 1 Choose **four** out of the five events (①〜⑤) and rearrange them in the order they happened. <u>30</u> → <u>31</u> → <u>32</u> → <u>33</u>

① Kasumi becomes vice-president of her company.

② Kasumi gets in touch with Takuya.

③ Maki gets her university degree.

④ Maki starts working in her family business.

⑤ Takuya is inspired to start his own business.

問 2 Choose the best option for <u>34</u> .

① early 30s

② late 30s

③ early 40s

④ late 40s

問 3 Choose the best options for <u>35</u> and <u>36</u> .

① made the product known to people

② proposed a successful business idea

③ purchased equipment for the business

④ suggested moving to a bigger city

⑤ taught the necessary skills for success

問 4　Choose the best option for ☐ 37 ☐.

  ① do not want to discuss their success

  ② have not spoken in a long time

  ③ regret not appreciating their friend more

  ④ think Maki was envious of their achievements

問 5　Choose the best option for ☐ 38 ☐.

  ① like to try different things

  ② recognize her own talent

  ③ understand the ability she lacks

  ④ want to pursue her dreams

第6問 （配点 24）

A Your English teacher has assigned this article to you. You need to prepare notes to give a short talk.

Perceptions of Time

When you hear the word "time," it is probably hours, minutes, and seconds that immediately come to mind. In the late 19th century, however, philosopher Henri Bergson described how people usually do not experience time as it is measured by clocks (**clock time**). Humans do not have a known biological mechanism to measure clock time, so they use mental processes instead. This is called **psychological time**, which everyone perceives differently.

If you were asked how long it had taken to finish your homework, you probably would not know exactly. You would think back and make an estimate. In a 1975 experiment, participants were shown either simple or complex shapes for a fixed amount of time and asked to memorize them. Afterwards, they were asked how long they had looked at the shapes. To answer, they used a mental process called **retrospective timing**, which is estimating time based on the information retrieved from memory. Participants who were shown the complex shapes felt the time was longer, while the people who saw the simple shapes experienced the opposite.

Another process to measure psychological time is called **prospective timing**. It is used when you are actively keeping track of time while doing something. Instead of using the amount of information recalled, the level of attention given to time while doing the activity is used. In several studies, the participants performed tasks while estimating the time needed to complete them. Time seemed shorter for the people doing more challenging mental activities which required them to place more focus on the task than on time.

Time felt longer for the participants who did simpler tasks and the longest for those who were waiting or doing nothing.

Your emotional state can influence your awareness of time, too. For example, you can be enjoying a concert so much that you forget about time. Afterwards, you are shocked that hours have passed by in what seemed to be the blink of an eye. To explain this, we often say, "Time flies when you're having fun." The opposite occurs when you are bored. Instead of being focused on an activity, you notice the time. It seems to go very slowly as you cannot wait for your boredom to end. Fear also affects our perception of time. In a 2006 study, more than 60 people experienced skydiving for the first time. Participants with high levels of unpleasant emotions perceived the time spent skydiving to be much longer than it was in reality.

Psychological time also seems to move differently during life stages. Children constantly encounter new information and have new experiences, which makes each day memorable and seem longer when recalled. Also, time creeps by for them as they anticipate upcoming events such as birthdays and trips. For most adults, unknown information is rarely encountered and new experiences become less frequent, so less mental focus is required and each day becomes less memorable. However, this is not always the case. Daily routines are shaken up when drastic changes occur, such as changing jobs or relocating to a new city. In such cases, the passage of time for those people is similar to that for children. But generally speaking, time seems to accelerate as we mature.

Knowledge of psychological time can be helpful in our daily lives, as it may help us deal with boredom. Because time passes slowly when we are not mentally focused and thinking about time, changing to a more engaging activity, such as reading a book, will help ease our boredom and speed up the time. The next occasion that you hear "Time flies when you're having fun," you will be reminded of this.

Your notes:

Perceptions of Time

Outline by paragraph

1. ☐ 39 ☐

2. Retrospective timing

3. Prospective timing

4. ☐ 40 ☐

   ➤ Skydiving

5. Effects of age

   ➤ Time speeds up as we mature, but a ☐ 41 ☐.

6. Practical tips

My original examples to help the audience

A. Retrospective timing

   Example: ☐ 42 ☐

B. Prospective timing

   Example: ☐ 43 ☐

問 1 Choose the best options for ☐ 39 ☐ and ☐ 40 ☐.

① Biological mechanisms

② Effects of our feelings

③ Kinds of memory

④ Life stages

⑤ Ongoing research

⑥ Types of time

問 2　Choose the best option for ⬚ 41 ⬚ .

① major lifestyle change at any age will likely make time slow down

② major lifestyle change regardless of age will likely make time speed up

③ minor lifestyle change for adults will likely make time slow down

④ minor lifestyle change for children will likely make time speed up

問 3　Choose the best option for ⬚ 42 ⬚ .

① anticipating a message from a classmate

② memorizing your mother's cellphone number

③ reflecting on how many hours you worked today

④ remembering that you have a meeting tomorrow

問 4　Choose the best option for ⬚ 43 ⬚ .

① guessing how long you've been jogging so far

② making a schedule for the basketball team summer camp

③ running into your tennis coach at the railway station

④ thinking about your last family vacation to a hot spring

B You are preparing a presentation for your science club, using the following passage from a science website.

Chili Peppers: The Spice of Life

Tiny pieces of red spice in chili chicken add a nice touch of color, but biting into even a small piece can make a person's mouth burn as if it were on fire. While some people love this, others want to avoid the painful sensation. At the same time, though, they can eat sashimi with wasabi. This might lead one to wonder what spiciness actually is and to ask where the difference between chili and wasabi comes from.

Unlike sweetness, saltiness, and sourness, spiciness is not a taste. In fact, we do not actually taste heat, or spiciness, when we eat spicy foods. The bite we feel from eating chili peppers and wasabi is derived from different types of compounds. Chili peppers get their heat from a heavier, oil-like element called capsaicin. Capsaicin leaves a lingering, fire-like sensation in our mouths because it triggers a receptor called TRPV1. TRPV1 induces stress and tells us when something is burning our mouths. Interestingly, there is a wide range of heat across the different varieties of chili peppers, and the level depends on the amount of capsaicin they contain. This is measured using the Scoville Scale, which is also called Scoville Heat Units (SHU). SHUs range from the sweet and mild *shishito* pepper at 50-200 SHUs to the Carolina Reaper pepper, which can reach up to 2.2 million.

Wasabi is considered a root, not a pepper, and does not contain capsaicin. Thus, wasabi is not ranked on the Scoville Scale. However, people have compared the level of spice in it to chilis with around 1,000 SHUs, which is on the lower end of the scale. The reason some people cannot tolerate chili spice but can eat foods flavored with wasabi is that the spice compounds in it are low in density. The compounds in wasabi vaporize easily, delivering a blast of spiciness to our nose when we eat it.

Consuming chili peppers can have positive effects on our health, and much research has been conducted into the benefits of capsaicin. When capsaicin activates the TRPV1 receptor in a person's body, it is similar to what happens when they experience stress or pain from an injury. Strangely, capsaicin can also make pain go away. Scientists found that TRPV1 ceases to be turned on after long-term exposure to chili peppers, temporarily easing painful sensations. Thus, skin creams containing capsaicin might be useful for people who experience muscle aches.

Another benefit of eating chili peppers is that they accelerate the metabolism. A group of researchers analyzed 90 studies on capsaicin and body weight and found that people had a reduced appetite when they ate spicy foods. This is because spicy foods increase the heart rate, send more energy to the muscles, and convert fat into energy. Recently, scientists at the University of Wyoming have created a weight-loss drug with capsaicin as a main ingredient.

It is also believed that chili peppers are connected with food safety, which might lead to a healthier life. When food is left outside of a refrigerated environment, microorganisms multiply on it, which may cause sickness if eaten. Studies have shown that capsaicin and other chemicals found in chili peppers have antibacterial properties that can slow down or even stop microorganism growth. As a result, food lasts longer and there are fewer food-borne illnesses. This may explain why people in hot climates have a tendency to use more chili peppers, and therefore, be more tolerant of spicier foods due to repeated exposure. Also, in the past, before there were refrigerators, they were less likely to have food poisoning than people in cooler climates.

Chili peppers seem to have health benefits, but can they also be bad for our health? Peppers that are high on the Scoville Scale can cause physical discomfort when eaten in large quantities. People who have eaten several of the world's hottest chilis in a short time have reported experiencing upset stomachs, diarrhea, numb hands, and symptoms similar to a heart attack. Ghost peppers, which contain one million SHUs, can even burn a person's skin if they are touched.

Luckily the discomfort some people feel after eating spicy foods tends to go away soon—usually within a few hours. Despite some negative side effects, spicy foods remain popular around the world and add a flavorful touch to the table. Remember, it is safe to consume spicy foods, but you might want to be careful about the amount of peppers you put in your dishes.

Presentation slides:

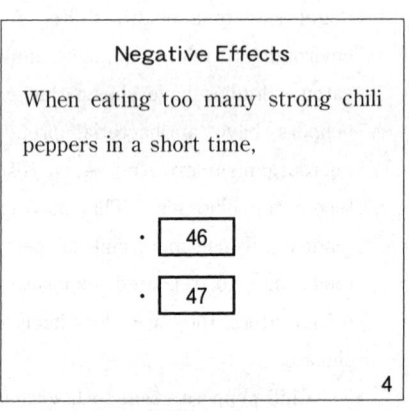

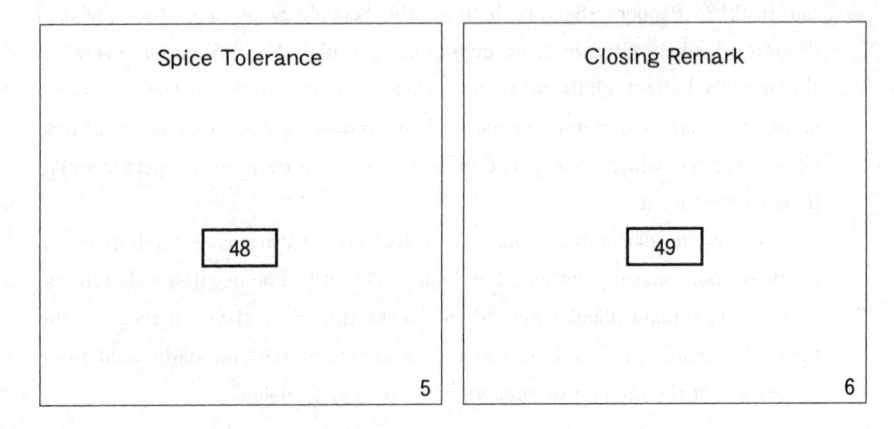

問 1　What is the first characteristic of wasabi on Slide 2?　44

① burning taste

② fire-like sensation

③ lasting feeling

④ light compounds

問 2　Which is an **error** you found on Slide 3?　45

① A

② B

③ C

④ D

⑤ E

問 3　Choose two options for Slide 4.　(The order does not matter.)
46 ・ 47

① you might activate harmful bacteria.

② you might experience stomach pain.

③ you might lose feeling in your hands.

④ your fingers might feel like they are on fire.

⑤ your nose might start hurting.

問 4　What can be inferred about tolerance for spices for Slide 5?　48

① People with a high tolerance to chili peppers pay attention to the spices used in their food.

② People with a high tolerance to wasabi are scared of chili peppers' negative effects.

③ People with a low tolerance to chili peppers can get used to their heat.

④ People with a low tolerance to wasabi cannot endure high SHU levels.

問 5　Choose the most appropriate remark for Slide 6.　49

① Don't be afraid. Eating spicy foods will boost your confidence.

② Next time you eat chili chicken, remember its punch only stays for a second.

③ Personality plays a big role in our spice preference, so don't worry.

④ Unfortunately, there are no cures for a low wasabi tolerance.

⑤ When someone offers you some spicy food, remember it has some benefits.

リスニングテスト 2024 共通テスト 本試験

◎音声は下記の音声専用サイトで配信しています。使用している音声は，大学入試センターから公表されたものです。音声中のページ数は，問題編のそれぞれのページ下部を参照してください。

◎解答時間は 30 分ですが，解答開始前に IC プレーヤーの作動確認・音量調節の時間がありますので，試験時間は 60 分となります。「音量調整用音声」は音声専用サイトで確認できます。

● 音声専用サイトはこちら
akahon.net/kte/

2024 年度　本試験

英　　語(リスニング)

$$\left(\text{解答番号}\boxed{1}\sim\boxed{37}\right)$$

第1問　(配点 25)　**音声は2回流れます。**

第1問は**A**と**B**の二つの部分に分かれています。

A　　第1問**A**は**問1**から**問4**までの4問です。英語を聞き，それぞれの内容と最もよく合っているものを，四つの選択肢(**①**~**④**)のうちから一つずつ選びなさい。

問1　　**1**

①　The speaker brought her pencil.

②　The speaker forgot her notebook.

③　The speaker needs a pencil.

④　The speaker wants a notebook.

問2　　**2**

①　Ken is offering to buy their lunch.

②　Ken paid for the tickets already.

③　The speaker is offering to buy the tickets.

④　The speaker paid for their lunch yesterday.

問 3　　3

① The speaker doesn't know where the old city hall is.

② The speaker has been to the new city hall just one time.

③ The speaker hasn't been to the old city hall before.

④ The speaker wants to know the way to the new city hall.

問 4　　4

① The speaker didn't cook enough food.

② The speaker made enough sandwiches.

③ The speaker will serve more pasta.

④ The speaker won't prepare more dishes.

これで第 1 問 A は終わりです。

B　第1問Bは問5から問7までの3問です。英語を聞き，それぞれの内容と最もよく合っている絵を，四つの選択肢（①～④）のうちから一つずつ選びなさい。

問5　5

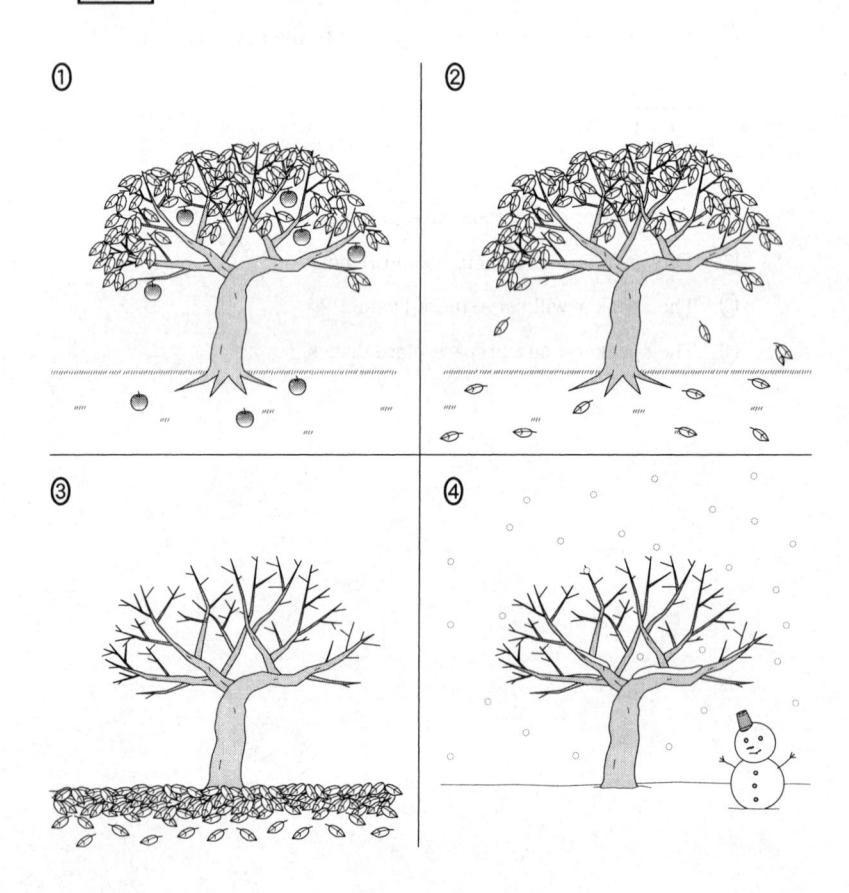

問 6　　6

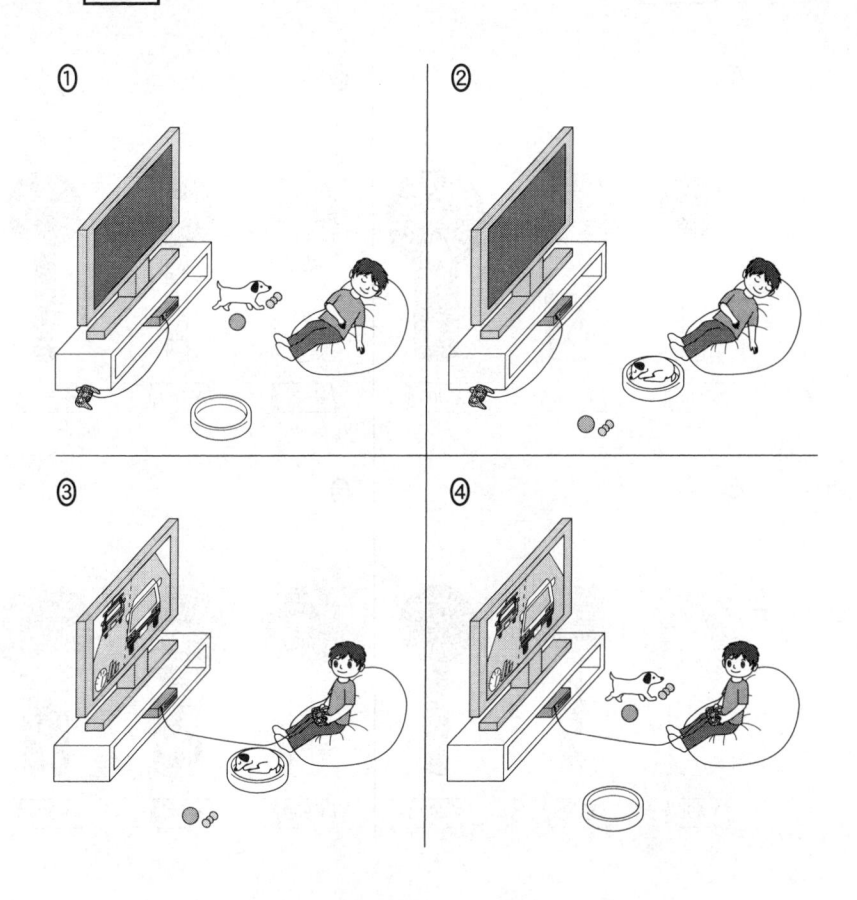

問 7　　7

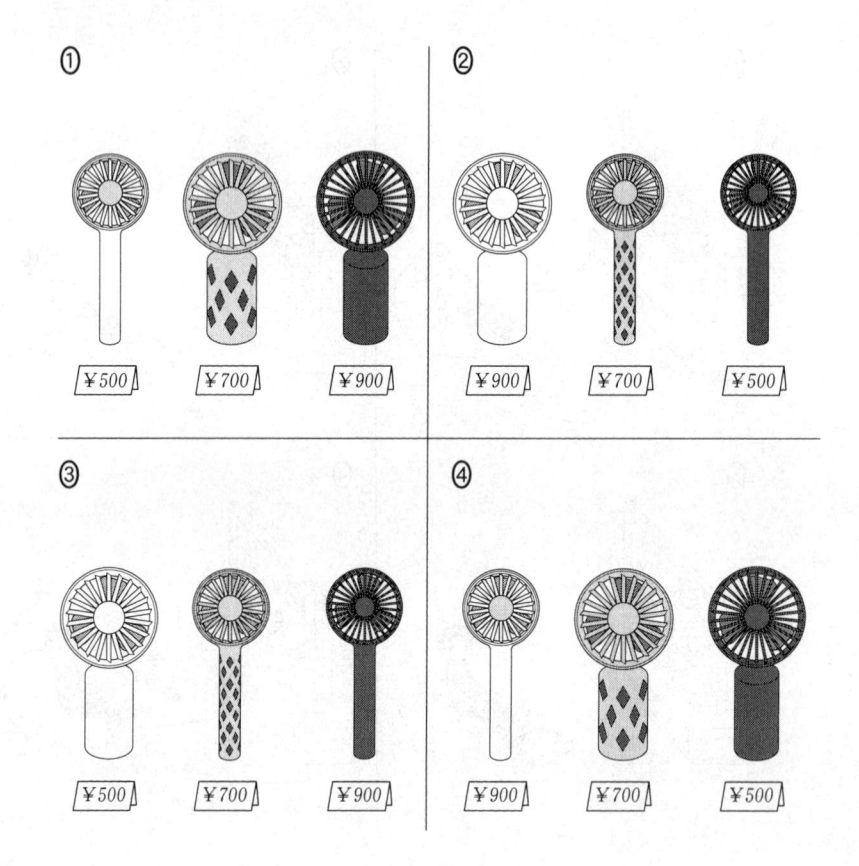

これで第 1 問 B は終わりです。

第2問　(配点　16)　音声は2回流れます。

第2問は問8から問11までの4問です。それぞれの問いについて，対話の場面が日本語で書かれています。対話とそれについての問いを聞き，その答えとして最も適切なものを，四つの選択肢(①〜④)のうちから一つずつ選びなさい。

問8　交番で，迷子になった猫の説明をしています。　8

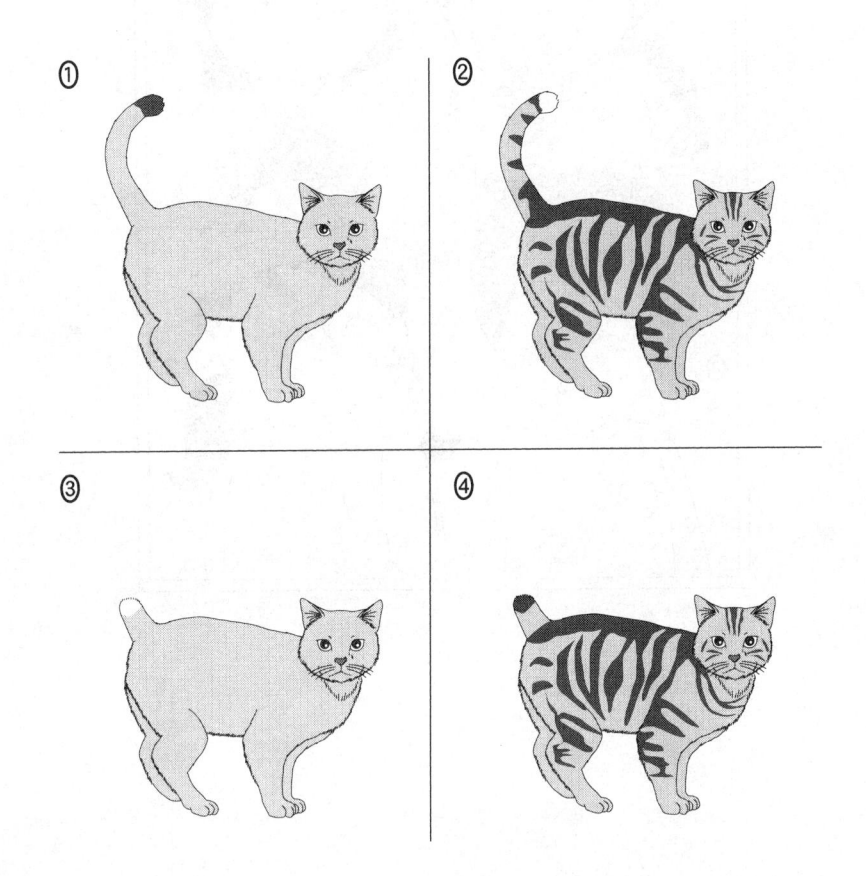

問 9 女性の子ども時代の写真を見ています。　9

問10　母親が，職場から電話をしてきました。　10

問11 レストランに予約の電話をかけています。 ☐11

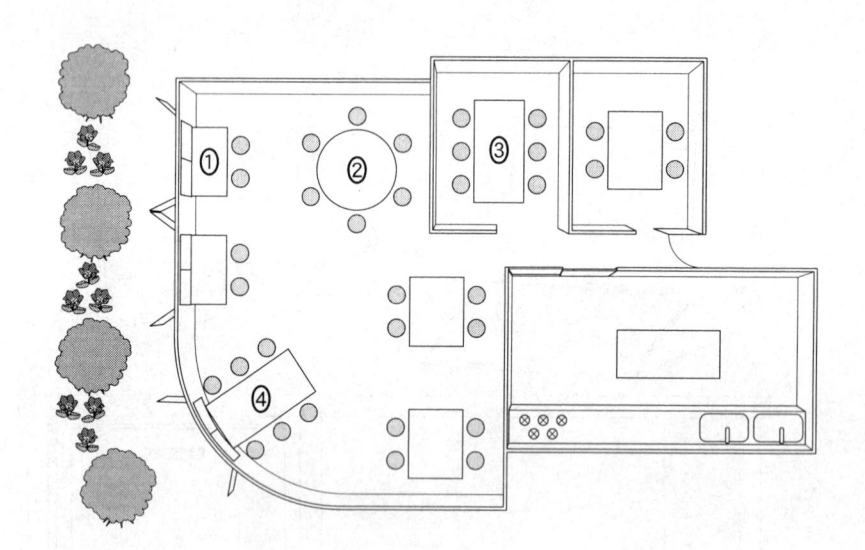

これで第2問は終わりです。

第3問　(配点　18)　音声は1回流れます。

　　第3問は問12から問17までの6問です。それぞれの問いについて，対話の場面が日本語で書かれています。対話を聞き，問いの答えとして最も適切なものを，四つの選択肢(①～④)のうちから一つずつ選びなさい。(問いの英文は書かれています。)

問12　カフェのカウンターで，店員と客が話をしています。

What will the man do this time?　　12

① Ask for a discount
② Pay the full price
③ Purchase a new cup
④ Use his personal cup

問13　男性と女性が，楽器について話をしています。

What is the man going to do?　　13

① Begin taking piano lessons
② Buy an electronic keyboard
③ Consider getting another piano
④ Replace the headphones for his keyboard

問14　友人同士が，買い物について話をしています。

What will the woman do?　　14

① Buy a jacket at her favorite store
② Go to a used-clothing store today
③ Shop for second-hand clothes next week
④ Take her friend to a bargain sale

問15　荷造りをしている二人が，話をしています。

What is the woman doing now?　　15

① Getting things ready in the bedroom

② Helping the man finish in the bedroom

③ Moving everything into the living room

④ Packing all the items in the living room

問16　男性が，友人の女性と明日の予定について話をしています。

What will the man do tomorrow?　　16

① Learn to ride a farm horse

② Ride horses with his friend

③ Take pictures of his friend

④ Visit his grandfather's farm

問17　高校生同士が，理科の宿題について話をしています。

What did the boy do?　　17

① He finished writing a science report.

② He put off writing a science report.

③ He read two pages from the textbook.

④ He spent a long time reading the textbook.

これで第 3 問は終わりです。

第 4 問 （配点 12） **音声は 1 回流れます。**

第 4 問は **A** と **B** の二つの部分に分かれています。

A 　　第 4 問 **A** は問 18 から問 25 までの 8 問です。話を聞き，それぞれの問いの答えとして最も適切なものを，選択肢から選びなさい。**問題文と図表を読む時間が与えられた後，音声が流れます。**

問18〜21　友人が，週末に行なったことについて話をしています。話を聞き，その内容を表した四つのイラスト（①〜④）を，行なった順番に並べなさい。

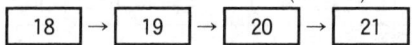

①

②

③

④

問22〜25　あなたは，留学先の大学で，アドバイザーから夏季講座のスケジュールの説明を聞いています。次のスケジュールの四つの空欄 22 〜 25 に入れるのに最も適切なものを，六つの選択肢(①〜⑥)のうちから一つずつ選びなさい。選択肢は２回以上使ってもかまいません。

Summer Class Schedule

	Monday	Tuesday	Wednesday	Thursday	Friday
1st	Social Welfare	23	Biology	Social Welfare	World History
2nd	22	Business Studies	Environmental Studies	24	25

① Biology
② Business Studies
③ Environmental Studies
④ Languages
⑤ Math
⑥ World History

これで第４問Ａは終わりです。

B 　第4問Bは問26の1問です。話を聞き，次に示された条件に最も合うもの
を，四つの選択肢(①〜④)のうちから一つ選びなさい。後の表を参考にしてメ
モを取ってもかまいません。**状況と条件を読む時間が与えられた後，音声が流
れます。**

状況

あなたは，クラスで行う文化祭の出し物を決めるために，四人のクラスメー
トからアイデアを聞いています。

あなたが考えている条件

A．参加者が20分以内で体験できること

B．一度に10人以下で運営できること

C．費用が全くかからないこと

	Ideas	Condition A	Condition B	Condition C
①	Bowling game			
②	Face painting			
③	Fashion show			
④	Tea ceremony			

問26　" 　26　 " is what you are most likely to choose.

① Bowling game

② Face painting

③ Fashion show

④ Tea ceremony

これで第4問Bは終わりです。

第5問　(配点　15)　音声は1回流れます。

第5問は問27から問33までの7問です。

最初に講義を聞き，問27から問32に答えなさい。次に続きを聞き，問33に答えなさい。状況，ワークシート，問い及び図表を読む時間が与えられた後，音声が流れます。

状況

　あなたは大学で，ガラスに関する講義を，ワークシートにメモを取りながら聞いています。

ワークシート

Glass: An Amazing Material

● Glass does **NOT**....

  ◆ release dangerous chemicals

  ◆ ☐ 27

  ◆ break down in nature

● Glass:

Production	28 shapes	29 windows

Uses of Current Technology	30 rooms	31 roads

問27 ワークシートの空欄 27 に入れるのに最も適切なものを，四つの選択肢 $\left(①～④\right)$ のうちから一つ選びなさい。

① allow for repeated recycling

② have unique recycling qualities

③ keep bacteria out of medicine

④ permit bacteria to go through

問28～31 ワークシートの空欄 28 ～ 31 に入れるのに最も適切なものを，六つの選択肢 $\left(①～⑥\right)$ のうちから一つずつ選びなさい。選択肢は2回以上使ってもかまいません。

① Adjusts sound in   ② Arranged in   ③ Blown into

④ Improves safety of   ⑤ Reflects views of   ⑥ Spread into

問32 講義の内容と一致するものはどれか。最も適切なものを，四つの選択肢 $\left(①～④\right)$ のうちから一つ選びなさい。 32

① Glass has been improved in many ways by technology for modern life.

② Glass has been replaced in buildings by inexpensive new materials.

③ Glass is a material limited in use by its weight, fragility, and expense.

④ Glass is a modern invention necessary in many aspects of our daily life.

第5問はさらに続きます。

問33　講義の続きを聞き，**次の図から読み取れる情報と講義全体の内容からどの**ようなことが言えるか，最も適切なものを，四つの選択肢（**①〜④**）のうちから一つ選びなさい。　　33

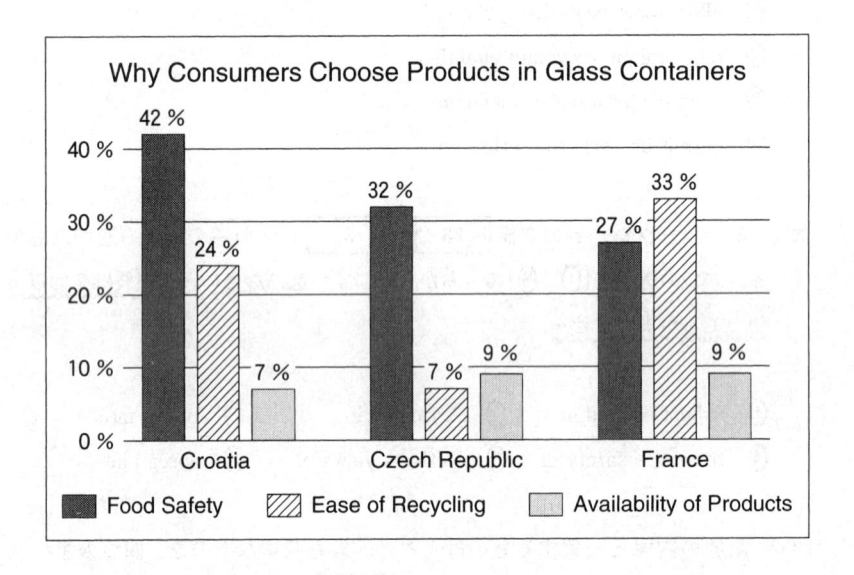

① Glass can be recycled repeatedly, but "ease of recycling" is the least common reason in the Czech Republic and Croatia.

② Glass is harmful to the environment, but "food safety" is the most common reason in the Czech Republic and Croatia.

③ Glass products are preferred by half of Europeans, and "ease of recycling" is the most common reason in France and Croatia.

④ Glass products can be made using ancient techniques, and "availability of products" is the least common reason in France and Croatia.

これで第 5 問は終わりです。

第6問 （配点　14）　音声は1回流れます。

第6問はAとBの二つの部分に分かれています。

A 　第6問Aは問34・問35の2問です。二人の対話を聞き，それぞれの問いの答えとして最も適切なものを，四つの選択肢 $\left(①～④\right)$ のうちから一つずつ選びなさい。（問いの英文は書かれています。）<u>状況と問いを読む時間が与えられた後，音声が流れます。</u>

状況

Michelle が，いとこの Jack と旅行中の移動の方法について話をしています。

問34　**Which opinion did Michelle express during the conversation?**

　34

① Booking a hotel room with a view would be reasonable.

② Looking at the scenery from the ferry would be great.

③ Smelling the sea air on the ferry would be unpleasant.

④ Taking the ferry would be faster than taking the train.

問35　**What did they decide to do by the end of the conversation?**

　35

① Buy some medicine

② Change their hotel rooms

③ Check the ferry schedule

④ Take the train to France

これで第6問Aは終わりです。

B　　第6問Bは問36・問37の2問です。会話を聞き，それぞれの問いの答えとして最も適切なものを，選択肢のうちから一つずつ選びなさい。後の表を参考にしてメモを取ってもかまいません。**状況と問いを読む時間が与えられた後，音声が流れます。**

状況

四人の学生（Chris, Amy, Haruki, Linda）が，運動を始めることについて話をしています。

Chris	
Amy	
Haruki	
Linda	

問36　会話が終わった時点で，**ウォーキングをすることに決めた人**を，四つの選択肢(①~④)のうちから一つ選びなさい。　36

① Amy

② Haruki

③ Amy, Chris

④ Chris, Linda

問37　会話を踏まえて，Linda の考えの根拠となる図表を，四つの選択肢(**①~④**)

のうちから一つ選びなさい。　37

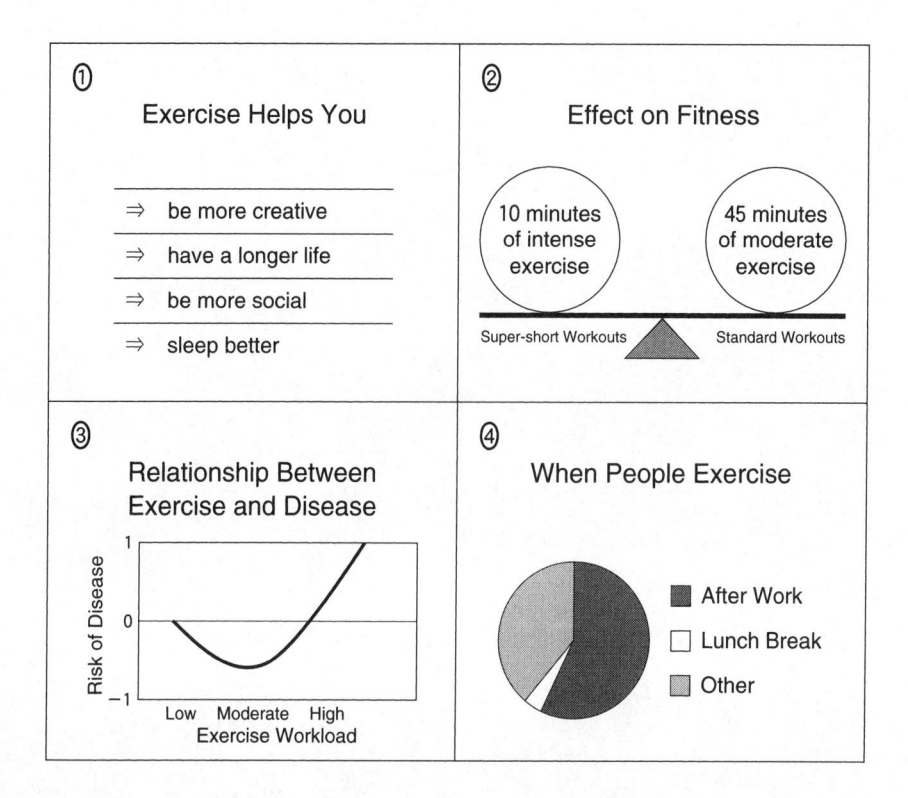

これで**第6問Bは終わりです。**

共通テスト
本試験

リーディング

解答時間 80 分
配点 100 点

2023

英　語(リーディング)

各大問の英文や図表を読み，解答番号 $\boxed{1}$ ～ $\boxed{49}$ にあてはまるものとして最も適当な選択肢を選びなさい。

第1問 (配点 10)

A You are studying in the US, and as an afternoon activity you need to choose one of two performances to go and see. Your teacher gives you this handout.

Performances for Friday

Palace Theater	Grand Theater
Together Wherever	***The Guitar Queen***
A romantic play that will make you laugh and cry	A rock musical featuring colorful costumes
▸ From 2:00 p.m. (no breaks and a running time of one hour and 45 minutes)	▸ Starts at 1:00 p.m. (three hours long including two 15-minute breaks)
▸ Actors available to talk in the lobby after the performance	▸ Opportunity to greet the cast in their costumes before the show starts
▸ No food or drinks available	▸ Light refreshments (snacks & drinks), original T-shirts, and other goods sold in the lobby
▸ Free T-shirts for five lucky people	

Instructions: Which performance would you like to attend? Fill in the form below and hand it in to your teacher today.

✂ -

Choose (✔) one: *Together Wherever* ☐　　*The Guitar Queen* ☐

Name: _____

問 1　What are you told to do after reading the handout?　| 1 |

   ① Complete and hand in the bottom part.

   ② Find out more about the performances.

   ③ Talk to your teacher about your decision.

   ④ Write your name and explain your choice.

問 2　Which is true about both performances?　| 2 |

   ① No drinks can be purchased before the show.

   ② Some T-shirts will be given as gifts.

   ③ They will finish at the same time.

   ④ You can meet performers at the theaters.

B　You are a senior high school student interested in improving your English during the summer vacation. You find a website for an intensive English summer camp run by an international school.

GIS

Intensive English Summer Camp

Galley International School (GIS) has provided intensive English summer camps for senior high school students in Japan since 1989. Spend two weeks in an all-English environment!

Dates: August 1-14, 2023

Location: Lake Kawaguchi Youth Lodge, Yamanashi Prefecture

Cost: 120,000 yen, including food and accommodation (additional fees for optional activities such as kayaking and canoeing)

Courses Offered

◆**FOREST**: You'll master basic grammar structures, make short speeches on simple topics, and get pronunciation tips. Your instructors have taught English for over 20 years in several countries. On the final day of the camp, you'll take part in a speech contest while all the other campers listen.

◆**MOUNTAIN**: You'll work in a group to write and perform a skit in English. Instructors for this course have worked at theater schools in New York City, London, and Sydney. You'll perform your skit for all the campers to enjoy on August 14.

◆**SKY**: You'll learn debating skills and critical thinking in this course. Your instructors have been to many countries to coach debate teams and some have published best-selling textbooks on the subject. You'll do a short debate in front of all the other campers on the last day. (Note: Only those with an advanced level of English will be accepted.)

▲**Application**

Step 1: Fill in the online application **HERE** by May 20, 2023.

Step 2: We'll contact you to set up an interview to assess your English ability and ask about your course preference.

Step 3: You'll be assigned to a course.

問 1　All GIS instructors have ☐ 3 ☐.

① been in Japan since 1989

② won international competitions

③ worked in other countries

④ written some popular books

問 2　On the last day of the camp, campers will ☐ 4 ☐.

① assess each other's performances

② compete to receive the best prize

③ make presentations about the future

④ show what they learned at the camp

問 3　What will happen after submitting your camp application? ☐ 5 ☐

① You will call the English instructors.

② You will take a written English test.

③ Your English level will be checked.

④ Your English speech topic will be sent.

第 2 問 （配点 20）

A You want to buy a good pair of shoes as you walk a long way to school and often get sore feet. You are searching on a UK website and find this advertisement.

Navi 55 presents the new *Smart Support* shoe line

Smart Support shoes are strong, long-lasting, and reasonably priced. They are available in three colours and styles.

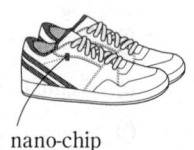
nano-chip

Special Features

Smart Support shoes have a nano-chip which analyses the shape of your feet when connected to the *iSupport* application. Download the app onto your smartphone, PC, tablet, and/or smartwatch. Then, while wearing the shoes, let the chip collect the data about your feet. The inside of the shoe will automatically adjust to give correct, personalised foot support. As with other Navi 55 products, the shoes have our popular Route Memory function.

Advantages

Better Balance: Adjusting how you stand, the personalised support helps keep feet, legs, and back free from pain.

Promotes Exercise: As they are so comfortable, you will be willing to walk regularly.

Route Memory: The chip records your daily route, distance, and pace as you walk.

Route Options: View your live location on your device, have the directions play automatically in your earphones, or use your smartwatch to read directions.

Customers' Comments

● I like the choices for getting directions, and prefer using audio guidance to visual guidance.

● I lost 2 kg in a month!

● I love my pair now, but it took me several days to get used to them.

● As they don't slip in the rain, I wear mine all year round.

● They are so light and comfortable I even wear them when cycling.

● Easy to get around! I don't need to worry about getting lost.

● They look great. The app's basic features are easy to use, but I wouldn't pay for the optional advanced ones.

問 1　According to the maker's statements, which best describes the new shoes? ▭6▭

① Cheap summer shoes

② High-tech everyday shoes

③ Light comfortable sports shoes

④ Stylish colourful cycling shoes

問 2　Which benefit offered by the shoes is most likely to appeal to you? ▭7▭

① Getting more regular exercise

② Having personalised foot support

③ Knowing how fast you walk

④ Looking cool wearing them

問 3 One **opinion** stated by a customer is that [8].

① the app encourages fast walking

② the app's free functions are user-friendly

③ the shoes are good value for money

④ the shoes increase your cycling speed

問 4 One customer's comment mentions using audio devices. Which benefit is this comment based on? [9]

① Better Balance

② Promotes Exercise

③ Route Memory

④ Route Options

問 5 According to one customer's opinion, [10] is recommended.

① allowing time to get accustomed to wearing the shoes

② buying a watch to help you lose weight

③ connecting to the app before putting the shoes on

④ paying for the *iSupport* advanced features

B You are a member of the student council. The members have been discussing a student project helping students to use their time efficiently. To get ideas, you are reading a report about a school challenge. It was written by an exchange student who studied in another school in Japan.

Commuting Challenge

Most students come to my school by bus or train. I often see a lot of students playing games on their phones or chatting. However, they could also use this time for reading or doing homework. We started this activity to help students use their commuting time more effectively. Students had to complete a commuting activity chart from January 17th to February 17th. A total of 300 students participated: More than two thirds of them were second-years; about a quarter were third-years; only 15 first-years participated. How come so few first-years participated? Based on the feedback (given below), there seems to be an answer to this question:

Feedback from participants

HS: Thanks to this project, I got the highest score ever in an English vocabulary test. It was easy to set small goals to complete on my way.

KF: My friend was sad because she couldn't participate. She lives nearby and walks to school. There should have been other ways to take part.

SS: My train is always crowded and I have to stand, so there is no space to open a book or a tablet. I only used audio materials, but there were not nearly enough.

JH: I kept a study log, which made me realise how I used my time. For some reason most of my first-year classmates didn't seem to know about this challenge.

MN: I spent most of the time on the bus watching videos, and it helped me to understand classes better. I felt the time went very fast.

問 1 The aim of the Commuting Challenge was to help students to ☐ 11 ☐.

① commute more quickly

② improve their test scores

③ manage English classes better

④ use their time better

問 2 One **fact** about the Commuting Challenge is that ☐ 12 ☐.

① fewer than 10% of the participants were first-years

② it was held for two months during the winter

③ students had to use portable devices on buses

④ the majority of participants travelled by train

問 3 From the feedback, ☐ 13 ☐ were activities reported by participants.

A ：keeping study records

B ：learning language

C ：making notes on tablets

D ：reading lesson notes on mobile phones

① A and B

② A and C

③ A and D

④ B and C

⑤ B and D

⑥ C and D

問 4　One of the participants' opinions about the Commuting Challenge is that 　14　 .

① 　it could have included students who walk to school

② 　the train was a good place to read books

③ 　there were plenty of audio materials for studying

④ 　watching videos for fun helped time pass quickly

問 5　The author's question is answered by 　15　 .

① 　HS

② 　JH

③ 　KF

④ 　MN

⑤ 　SS

第 3 問 (配点 15)

A You are studying at Camberford University, Sydney. You are going on a class camping trip and are reading the camping club's newsletter to prepare.

Going camping? Read me!!!

Hi, I'm Kaitlyn. I want to share two practical camping lessons from my recent club trip. The first thing is to divide your backpack into three main parts and put the heaviest items in the middle section to balance the backpack. Next, more frequently used daily necessities should be placed in the top section. That means putting your sleeping bag at the bottom; food, cookware and tent in the middle; and your clothes at the top. Most good backpacks come with a "brain" (an additional pouch) for small easy-to-reach items.

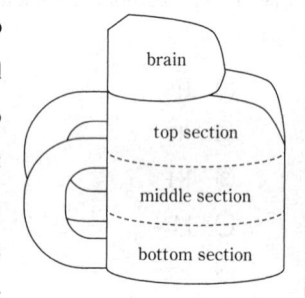

Last year, in the evening, we had fun cooking and eating outdoors. I had been sitting close to our campfire, but by the time I got back to the tent I was freezing. Although I put on extra layers of clothes before going to sleep, I was still cold. Then, my friend told me to take off my outer layers and stuff them into my sleeping bag to fill up some of the empty space. This stuffing method was new to me, and surprisingly kept me warm all night!

I hope my advice helps you stay warm and comfortable. Enjoy your camping trip!

問 1　If you take Kaitlyn's advice, how should you fill your backpack?　16

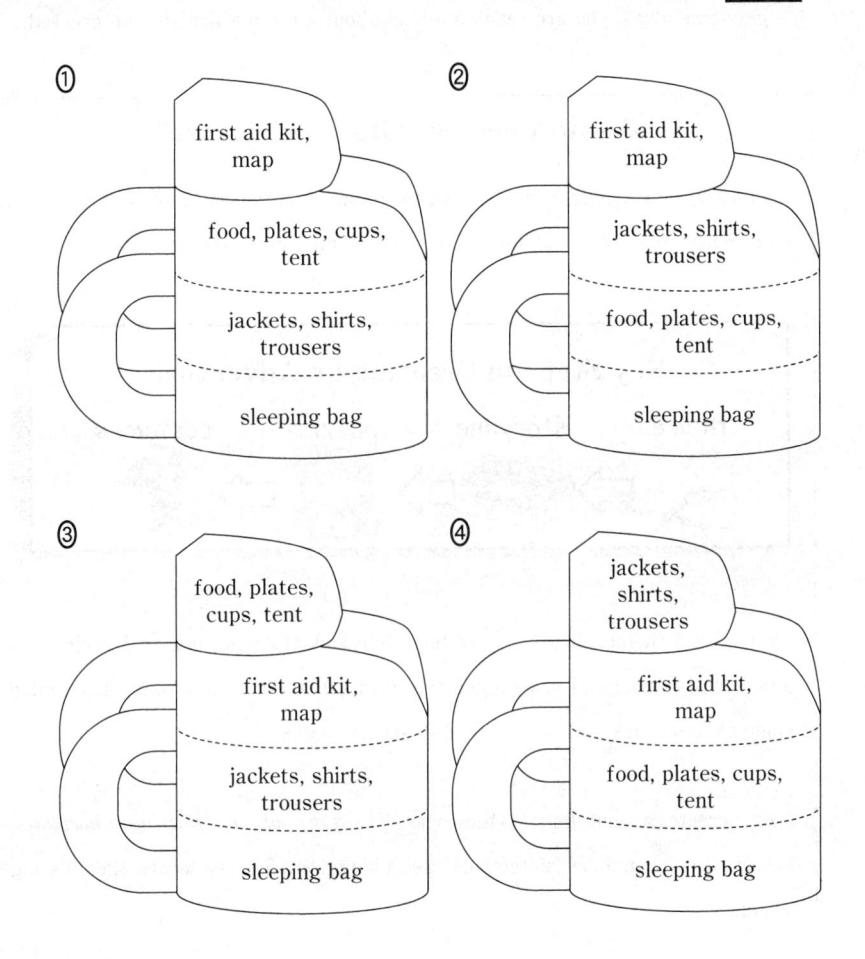

① first aid kit, map / food, plates, cups, tent / jackets, shirts, trousers / sleeping bag

② first aid kit, map / jackets, shirts, trousers / food, plates, cups, tent / sleeping bag

③ food, plates, cups, tent / first aid kit, map / jackets, shirts, trousers / sleeping bag

④ jackets, shirts, trousers / first aid kit, map / food, plates, cups, tent / sleeping bag

問 2　According to Kaitlyn,　17　is the best method to stay warm all night.

① avoiding going out of your tent

② eating hot meals beside your campfire

③ filling the gaps in your sleeping bag

④ wearing all of your extra clothes

B Your English club will make an "adventure room" for the school festival. To get some ideas, you are reading a blog about a room a British man created.

Create Your Own "Home Adventure"

Last year, I took part in an "adventure room" experience. I really enjoyed it, so I created one for my children. Here are some tips on making your own.

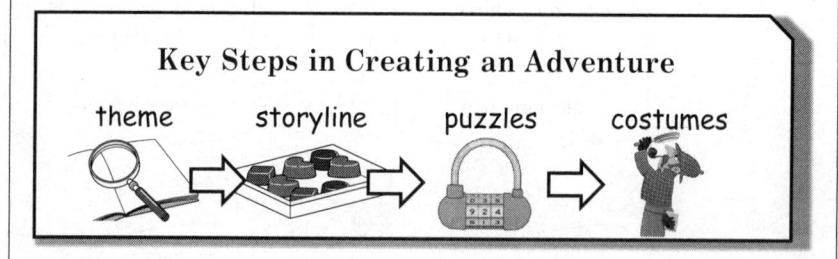

First, pick a theme. My sons are huge Sherlock Holmes fans, so I decided on a detective mystery. I rearranged the furniture in our family room, and added some old paintings and lamps I had to set the scene.

Next, create a storyline. Ours was *The Case of the Missing Chocolates*. My children would be "detectives" searching for clues to locate the missing sweets.

The third step is to design puzzles and challenges. A useful idea is to work backwards from the solution. If the task is to open a box locked with a three-digit padlock, think of ways to hide a three-digit code. Old books are fantastic for hiding messages in. I had tremendous fun underlining words on different pages to form mystery sentences. Remember that the puzzles should get progressively more difficult near the final goal. To get into the spirit, I then had the children wear costumes. My eldest son was excited when I handed him a magnifying glass, and immediately began acting like Sherlock Holmes. After that, the children started to search for the first clue.

This "adventure room" was designed specifically for my family, so I made some of the challenges personal. For the final task, I took a couple of small cups and put a plastic sticker in each one, then filled them with yogurt. The "detectives" had to eat their way to the bottom to reveal the clues. Neither of my kids would eat yogurt, so this truly was tough for them. During the adventure, my children were totally focused, and they enjoyed themselves so much that we will have another one next month.

問 1 Put the following events (①～④) into the order in which they happened.

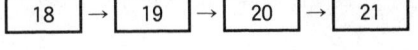

| 18 | → | 19 | → | 20 | → | 21 |

① The children ate food they are not fond of.

② The children started the search for the sweets.

③ The father decorated the living room in the house.

④ The father gave his sons some clothes to wear.

問 2 If you follow the father's advice to create your own "adventure room," you should 22 .

① concentrate on three-letter words

② leave secret messages under the lamps

③ make the challenges gradually harder

④ practise acting like Sherlock Holmes

問 3　From this story, you understand that the father ┃ 23 ┃ .

① became focused on searching for the sweets

② created an experience especially for his children

③ had some trouble preparing the adventure game

④ spent a lot of money decorating the room

第4問　(配点　16)

Your teacher has asked you to read two articles about effective ways to study. You will discuss what you learned in your next class.

How to Study Effectively: Contextual Learning!

Tim Oxford

Science Teacher, Stone City Junior High School

As a science teacher, I am always concerned about how to help students who struggle to learn. Recently, I found that their main way of learning was to study new information repeatedly until they could recall it all. For example, when they studied for a test, they would use a workbook like the example below and repeatedly say the terms that go in the blanks: "Obsidian is igneous, dark, and glassy. Obsidian is igneous, dark, and glassy...." These students would feel as if they had learned the information, but would quickly forget it and get low scores on the test. Also, this sort of repetitive learning is dull and demotivating.

To help them learn, I tried applying "contextual learning." In this kind of learning, new knowledge is constructed through students' own experiences. For my science class, students learned the properties of different kinds of rocks. Rather than having them memorize the terms from a workbook, I brought a big box of various rocks to the class. Students examined the rocks and identified their names based on the characteristics they observed.

Thanks to this experience, I think these students will always be able to describe the properties of the rocks they studied. One issue, however, is that we don't always have the time to do contextual learning, so students will still study by doing drills. I don't think this is the best way. I'm still searching for ways to improve their learning.

Rock name	Obsidian
Rock type	igneous
Coloring	dark
Texture	glassy
Picture	

How to Make Repetitive Learning Effective

Cheng Lee
Professor, Stone City University

Mr. Oxford's thoughts on contextual learning were insightful. I agree that it can be beneficial. Repetition, though, can also work well. However, the repetitive learning strategy he discussed, which is called "massed learning," is not effective. There is another kind of repetitive learning called "spaced learning," in which students memorize new information and then review it over longer intervals.

The interval between studying is the key difference. In Mr. Oxford's example, his students probably used their workbooks to study over a short period of time. In this case, they might have paid less attention to the content as they continued to review it. The reason for this is that the content was no longer new and could easily be ignored. In contrast, when the intervals are longer, the students' memory of the content is weaker. Therefore, they pay more attention because they have to make a greater effort to recall what they had learned before. For example, if students study with their workbooks, wait three days, and then study again, they are likely to learn the material better.

Previous research has provided evidence for the advantages of spaced learning. In one experiment, students in Groups A and B tried to memorize the names of 50 animals. Both groups studied four times, but Group A studied at one-day intervals while Group B studied at one-week intervals. As the figure to the right shows, 28 days after the last learning session, the average ratio of recalled names on a test was higher for the spaced learning group.

I understand that students often need to learn a lot of information in a short period of time, and long intervals between studying might not be practical. You should understand, though, that massed learning might not be good for long-term recall.

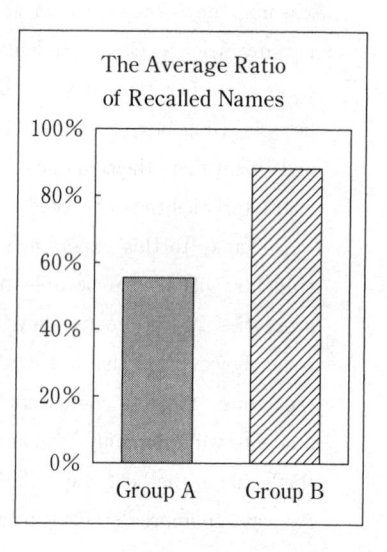

The Average Ratio of Recalled Names

問 1　Oxford believes that ┃ 24 ┃ .

   ① continuous drilling is boring

   ② reading an explanation of terms is helpful

   ③ students are not interested in science

   ④ studying with a workbook leads to success

問 2　In the study discussed by Lee, students took a test ┃ 25 ┃ after their final session.

   ① four weeks

   ② immediately

   ③ one day

   ④ one week

問 3　Lee introduces spaced learning, which involves studying at ┃ 26 ┃ intervals, in order to overcome the disadvantages of ┃ 27 ┃ learning that Oxford discussed.　(Choose the best one for each box from options ①～⑥.)

   ① contextual

   ② extended

   ③ fixed

   ④ irregular

   ⑤ massed

   ⑥ practical

問 4 Both writers agree that ⬚28⬚ is helpful for remembering new information.

① experiential learning

② having proper rest

③ long-term attention

④ studying with workbooks

問 5 Which additional information would be the best to further support Lee's argument for spaced learning? ⬚29⬚

① The main factor that makes a science class attractive

② The most effective length of intervals for spaced learning

③ Whether students' workbooks include visuals or not

④ Why Oxford's students could not memorize information well

第5問 (配点 15)

Your English teacher has told everyone in your class to find an inspirational story and present it to a discussion group, using notes. You have found a story written by a high school student in the UK.

Lessons from Table Tennis

Ben Carter

The ball flew at lightning speed to my backhand. It was completely unexpected and I had no time to react. I lost the point and the match. Defeat... Again! This is how it was in the first few months when I started playing table tennis. It was frustrating, but I now know that the sport taught me more than simply how to be a better athlete.

In middle school, I loved football. I was one of the top scorers, but I didn't get along with my teammates. The coach often said that I should be more of a team player. I knew I should work on the problem, but communication was just not my strong point.

I had to leave the football club when my family moved to a new town. I wasn't upset as I had decided to stop playing football anyway. My new school had a table tennis club, coached by the PE teacher, Mr Trent, and I joined that. To be honest, I chose table tennis because I thought it would be easier for me to play individually.

At first, I lost more games than I won. I was frustrated and often went straight home after practice, not speaking to anyone. One day, however, Mr Trent said to me, "You could be a good player, Ben, but you need to think more about your game. What do you think you need to do?" "I don't know," I replied, "focus on the ball more?" "Yes," Mr Trent continued, "but you also need to study your opponent's moves and adjust your play accordingly. Remember, your opponent is a person, not a ball." This made a deep impression on me.

I deliberately modified my style of play, paying closer attention to my opponent's moves. It was not easy, and took a lot of concentration. My efforts paid off, however, and my play improved. My confidence grew and I started staying behind more after practice. I was turning into a star player and my classmates tried to talk to me more than before. I thought that I was becoming popular, but our conversations seemed to end before they really got started. Although my play might have improved, my communication skills obviously hadn't.

My older brother Patrick was one of the few people I could communicate with well. One day, I tried to explain my problems with communication to him, but couldn't make him understand. We switched to talking about table tennis. "What do you actually enjoy about it?" he asked me curiously. I said I loved analysing my opponent's movements and making instant decisions about the next move. Patrick looked thoughtful. "That sounds like the kind of skill we use when we communicate," he said.

At that time, I didn't understand, but soon after our conversation, I won a silver medal in a table tennis tournament. My classmates seemed really pleased. One of them, George, came running over. "Hey, Ben!" he said, "Let's have a party to celebrate!" Without thinking, I replied, "I can't. I've got practice." He looked a bit hurt and walked off without saying anything else.

Why was he upset? I thought about this incident for a long time. Why did he suggest a party? Should I have said something different? A lot of questions came to my mind, but then I realised that he was just being kind. If I'd said, "Great idea. Thank you! Let me talk to Mr Trent and see if I can get some time off practice," then maybe the outcome would have been better. At that moment Patrick's words made sense. Without attempting to grasp someone's intention, I wouldn't know how to respond.

I'm still not the best communicator in the world, but I definitely feel more confident in my communication skills now than before. Next year, my friends and I are going to co-ordinate the table tennis league with other schools.

Your notes:

Lessons from Table Tennis

About the author（Ben Carter）
- Played football at middle school.
- Started playing table tennis at his new school because he [30].

Other important people
- Mr Trent: Ben's table tennis coach, who helped him improve his play.
- Patrick: Ben's brother, who [31].
- George: Ben's classmate, who wanted to celebrate his victory.

Influential events in Ben's journey to becoming a better communicator
Began playing table tennis → [32] → [33] → [34] → [35]

What Ben realised after the conversation with George
He should have [36].

What we can learn from this story
- [37]
- [38]

問 1　Choose the best option for ▢ 30 ▢.

① believed it would help him communicate

② hoped to become popular at school

③ thought he could win games easily

④ wanted to avoid playing a team sport

問 2　Choose the best option for ▢ 31 ▢.

① asked him what he enjoyed about communication

② encouraged him to be more confident

③ helped him learn the social skills he needed

④ told him what he should have said to his school friends

問 3　Choose **four** out of the five options (①〜⑤) and rearrange them in the order they happened. ▢ 32 ▢ → ▢ 33 ▢ → ▢ 34 ▢ → ▢ 35 ▢

① Became a table tennis champion

② Discussed with his teacher how to play well

③ Refused a party in his honour

④ Started to study his opponents

⑤ Talked to his brother about table tennis

問 4　Choose the best option for ┃ 36 ┃.

  ① asked his friend questions to find out more about his motivation

  ② invited Mr Trent and other classmates to the party to show appreciation

  ③ tried to understand his friend's point of view to act appropriately

  ④ worked hard to be a better team player for successful communication

問 5　Choose the best two options for ┃ 37 ┃ and ┃ 38 ┃. (The order does not matter.)

  ① Advice from people around us can help us change.

  ② Confidence is important for being a good communicator.

  ③ It is important to make our intentions clear to our friends.

  ④ The support that teammates provide one another is helpful.

  ⑤ We can apply what we learn from one thing to another.

第6問 (配点 24)

A You are in a discussion group in school. You have been asked to summarize the following article. You will speak about it, using only notes.

Collecting

Collecting has existed at all levels of society, across cultures and age groups since early times. Museums are proof that things have been collected, saved, and passed down for future generations. There are various reasons for starting a collection. For example, Ms. A enjoys going to yard sales every Saturday morning with her children. At yard sales, people sell unwanted things in front of their houses. One day, while looking for antique dishes, an unusual painting caught her eye and she bought it for only a few dollars. Over time, she found similar pieces that left an impression on her, and she now has a modest collection of artwork, some of which may be worth more than she paid. One person's trash can be another person's treasure. Regardless of how someone's collection was started, it is human nature to collect things.

In 1988, researchers Brenda Danet and Tamar Katriel analyzed 80 years of studies on children under the age of 10, and found that about 90% collected something. This shows us that people like to gather things from an early age. Even after becoming adults, people continue collecting stuff. Researchers in the field generally agree that approximately one third of adults maintain this behavior. Why is this? The primary explanation is related to emotions. Some save greeting cards from friends and family, dried flowers from special events, seashells from a day at the beach, old photos, and so on. For others, their collection is a connection to their youth. They may have baseball cards, comic books, dolls, or miniature cars that they have kept since they were small.

Others have an attachment to history; they seek and hold onto historical documents, signed letters and autographs from famous people, and so forth.

For some individuals there is a social reason. People collect things such as pins to share, show, and even trade, making new friends this way. Others, like some holders of Guinness World Records, appreciate the fame they achieve for their unique collection. Cards, stickers, stamps, coins, and toys have topped the "usual" collection list, but some collectors lean toward the more unexpected. In September 2014, Guinness World Records recognized Harry Sperl, of Germany, for having the largest hamburger-related collection in the world, with 3,724 items; from T-shirts to pillows to dog toys, Sperl's room is filled with all things "hamburger." Similarly, Liu Fuchang, of China, is a collector of playing cards. He has 11,087 different sets.

Perhaps the easiest motivation to understand is pleasure. Some people start collections for pure enjoyment. They may purchase and put up paintings just to gaze at frequently, or they may collect audio recordings and old-fashioned vinyl records to enjoy listening to their favorite music. This type of collector is unlikely to be very interested in the monetary value of their treasured music, while others collect objects specifically as an investment. While it is possible to download certain classic games for free, having the same game unopened in its original packaging, in "mint condition," can make the game worth a lot. Owning various valuable "collector's items" could ensure some financial security.

This behavior of collecting things will definitely continue into the distant future. Although the reasons why people keep things will likely remain the same, advances in technology will have an influence on collections. As technology can remove physical constraints, it is now possible for an individual to have vast digital libraries of music and art that would have been unimaginable 30 years ago. It is unclear, though, what other impacts technology will have on collections. Can you even imagine the form and scale that the next generation's collections will take?

Your notes:

Collecting

Introduction
◆ Collecting has long been part of the human experience.
◆ The yard sale story tells us that ⬛ 39 ⬛ .

Facts
◆ ⬛ 40 ⬛
◆ Guinness World Records
◇ Sperl: 3,724 hamburger-related items
◇ Liu: 11,087 sets of playing cards

Reasons for collecting
◆ Motivation for collecting can be emotional or social.
◆ Various reasons mentioned: ⬛ 41 ⬛ , ⬛ 42 ⬛ , interest in history, childhood excitement, becoming famous, sharing, etc.

Collections in the future
◆ ⬛ 43 ⬛

問 1 Choose the best option for ☐ 39 ☐.

① a great place for people to sell things to collectors at a high price is a yard sale

② people can evaluate items incorrectly and end up paying too much money for junk

③ something not important to one person may be of value to someone else

④ things once collected and thrown in another person's yard may be valuable to others

問 2 Choose the best option for ☐ 40 ☐.

① About two thirds of children do not collect ordinary things.

② Almost one third of adults start collecting things for pleasure.

③ Approximately 10% of kids have collections similar to their friends.

④ Roughly 30% of people keep collecting into adulthood.

問 3 Choose the best options for ☐ 41 ☐ and ☐ 42 ☐. (The order does not matter.)

① desire to advance technology

② fear of missing unexpected opportunities

③ filling a sense of emptiness

④ reminder of precious events

⑤ reusing objects for the future

⑥ seeking some sort of profit

問 4 Choose the best option for ☐ 43 ☐.

① Collections will likely continue to change in size and shape.

② Collectors of mint-condition games will have more digital copies of them.

③ People who have lost their passion for collecting will start again.

④ Reasons for collecting will change because of advances in technology.

B You are in a student group preparing for an international science presentation contest. You are using the following passage to create your part of the presentation on extraordinary creatures.

Ask someone to name the world's toughest animal, and they might say the Bactrian camel as it can survive in temperatures as high as 50℃, or the Arctic fox which can survive in temperatures lower than −58℃. However, both answers would be wrong as it is widely believed that the tardigrade is the toughest creature on earth.

Tardigrades, also known as water bears, are microscopic creatures, which are between 0.1 mm to 1.5 mm in length. They live almost everywhere, from 6,000-meter-high mountains to 4,600 meters below the ocean's surface. They can even be found under thick ice and in hot springs. Most live in water, but some tardigrades can be found in some of the driest places on earth. One researcher reported finding tardigrades living under rocks in a desert without any recorded rainfall for 25 years. All they need are a few drops or a thin layer of water to live in. When the water dries up, so do they. They lose all but three percent of their body's water and their metabolism slows down to 0.01% of its normal speed. The dried-out tardigrade is now in a state called "tun," a kind of deep sleep. It will continue in this state until it is once again soaked in water. Then, like a sponge, it absorbs the water and springs back to life again as if nothing had happened. Whether the tardigrade is in tun for 1 week or 10 years does not really matter. The moment it is surrounded by water, it comes alive again. When tardigrades are in a state of tun, they are so tough that they can survive in temperatures as low as −272℃ and as high as 151℃. Exactly how they achieve this is still not fully understood.

Perhaps even more amazing than their ability to survive on earth — they have been on earth for some 540 million years — is their ability to survive in space. In 2007, a team of European researchers sent a number of living tardigrades into space on the outside of a rocket for 10 days. On their return to earth, the researchers were surprised to see that 68% were still alive. This means that for 10 days most were able to survive X-rays and ultraviolet radiation 1,000 times more intense than here on earth. Later, in 2019, an Israeli spacecraft crashed onto the moon and thousands of tardigrades in a state of tun were spilled onto its surface. Whether these are still alive or not is unknown as no one has gone to collect them — which is a pity.

Tardigrades are shaped like a short cucumber. They have four short legs on each side of their bodies. Some species have sticky pads at the end of each leg, while others have claws. There are 16 known claw variations, which help identify those species with claws. All tardigrades have a place for eyes, but not all species have eyes. Their eyes are primitive, only having five cells in total — just one of which is light sensitive.

Basically, tardigrades can be divided into those that eat plant matter, and those that eat other creatures. Those that eat vegetation have a ventral mouth — a mouth located in the lower part of the head, like a shark. The type that eats other creatures has a terminal mouth, which means the mouth is at the very front of the head, like a tuna. The mouths of tardigrades do not have teeth. They do, however, have two sharp needles, called stylets, that they use to pierce plant cells or the bodies of smaller creatures so the contents can be sucked out.

Both types of tardigrade have rather simple digestive systems. The mouth leads to the pharynx (throat), where digestive juices and food are mixed. Located above the pharynx is a salivary gland. This produces the juices that flow into the mouth and help with digestion. After the pharynx, there is a tube which transports food toward the gut. This tube is called the esophagus. The middle gut, a simple stomach/intestine type of organ, digests the food and absorbs the nutrients. The leftovers then eventually move through to the anus.

Your presentation slides:

<table>
<tr><td>

Tardigrades:
Earth's Ultimate Survivors

</td><td>

1. Basic Information

· 0.1 mm to 1.5 mm in length
· shaped like a short cucumber
·
· ┌──────┐
  │ 44 │
  └──────┘
·
·

</td></tr>
</table>

<table>
<tr><td>

2. Habitats

· live almost everywhere
· extreme environments such as...
  ✓ 6 km above sea level
  ✓ 4.6 km below sea level
  ✓ in deserts
  ✓ −272℃ to 151℃
  ✓ in space (possibly)

</td><td>

3. Secrets to Survival

"tun" ⇔ active

· ┌──────┐
  │ 45 │
  └──────┘
· ┌──────┐
  │ 46 │
  └──────┘

</td></tr>
</table>

<table>
<tr><td>

4. Digestive Systems ┌────┐ 47 └────┘

</td><td>

5. Final Statement

┌──────┐
│ 48 │
└──────┘

</td></tr>
</table>

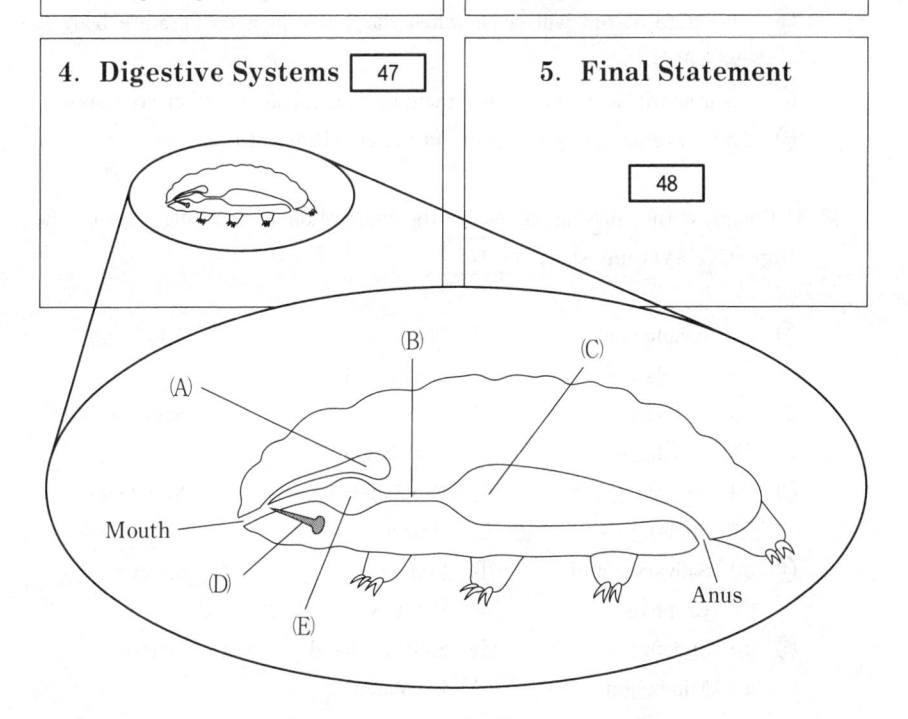

問 1 Which of the following should you **not** include for [44] ?

① eight short legs

② either blind or sighted

③ plant-eating or creature-eating

④ sixteen different types of feet

⑤ two stylets rather than teeth

問 2 For the **Secrets to Survival** slide, select two features of the tardigrade which best help it survive. (The order does not matter.) [45] · [46]

① In dry conditions, their metabolism drops to less than one percent of normal.

② Tardigrades in a state of tun are able to survive in temperatures exceeding 151℃.

③ The state of tun will cease when the water in a tardigrade's body is above 0.01%.

④ Their shark-like mouths allow them to more easily eat other creatures.

⑤ They have an ability to withstand extreme levels of radiation.

問 3 Complete the missing labels on the illustration of a tardigrade for the **Digestive Systems** slide. [47]

① (A) Esophagus   (B) Pharynx   (C) Middle gut
    (D) Stylets   (E) Salivary gland

② (A) Pharynx   (B) Stylets   (C) Salivary gland
    (D) Esophagus   (E) Middle gut

③ (A) Salivary gland   (B) Esophagus   (C) Middle gut
    (D) Stylets   (E) Pharynx

④ (A) Salivary gland   (B) Middle gut   (C) Stylets
    (D) Esophagus   (E) Pharynx

⑤ (A) Stylets   (B) Salivary gland   (C) Pharynx
    (D) Middle gut   (E) Esophagus

問 4　Which is the best statement for the final slide?　48

① For thousands of years, tardigrades have survived some of the harshest conditions on earth and in space. They will live longer than humankind.

② Tardigrades are from space and can live in temperatures exceeding the limits of the Arctic fox and Bactrian camel, so they are surely stronger than human beings.

③ Tardigrades are, without a doubt, the toughest creatures on earth. They can survive on the top of mountains; at the bottom of the sea; in the waters of hot springs; and they can also thrive on the moon.

④ Tardigrades have survived some of the harshest conditions on earth, and at least one trip into space. This remarkable creature might outlive the human species.

問 5　What can be inferred about sending tardigrades into space?　49

① Finding out whether the tardigrades can survive in space was never thought to be important.

② Tardigrades, along with other creatures that have been on earth for millions of years, can withstand X-rays and ultraviolet radiation.

③ The Israeli researchers did not expect so many tardigrades to survive the harsh environment of space.

④ The reason why no one has been to see if tardigrades can survive on the moon's surface attracted the author's attention.

リスニングテスト 2023 共通テスト 本試験

解答時間 30 分　配点 100 点

◎音声は下記の音声専用サイトで配信しています。使用している音声は，大学入試センターから公表されたものです。音声中のページ数は，問題編のそれぞれのページ下部を参照してください。

◎解答時間は 30 分ですが，解答開始前に IC プレーヤーの作動確認・音量調節の時間がありますので，試験時間は 60 分となります。「音量調整用音声」は音声専用サイトで確認できます。

●音声専用サイトはこちら
akahon.net/kte/

2023 年度　本試験

英　語(リスニング)

$$\left(\text{解答番号}\boxed{1}\sim\boxed{37}\right)$$

第 1 問　(配点　25)　**音声は 2 回流れます。**

第 1 問は **A** と **B** の二つの部分に分かれています。

A　　第 1 問 **A** は問 1 から問 4 までの 4 問です。英語を聞き，それぞれの内容と最もよく合っているものを，四つの選択肢(①~④)のうちから一つずつ選びなさい。

問 1　　$\boxed{1}$

①　The speaker is asking Sam to shut the door.

②　The speaker is asking Sam to turn on the TV.

③　The speaker is going to open the door right now.

④　The speaker is going to watch TV while working.

問 2　　$\boxed{2}$

①　The speaker finished cleaning the bowl.

②　The speaker finished washing the pan.

③　The speaker is cleaning the pan now.

④　The speaker is washing the bowl now.

問 3　　3

① The speaker received a postcard from her uncle.

② The speaker sent the postcard to her uncle in Canada.

③ The speaker's uncle forgot to send the postcard.

④ The speaker's uncle got a postcard from Canada.

問 4　　4

① There are fewer than 20 students in the classroom right now.

② There are 22 students in the classroom right now.

③ There will be just 18 students in the classroom later.

④ There will be more than 20 students in the classroom later.

これで第 1 問 A は終わりです。

B　　第1問Bは問5から問7までの3問です。英語を聞き，それぞれの内容と最もよく合っている絵を，四つの選択肢（①～④）のうちから一つずつ選びなさい。

問5　　　5

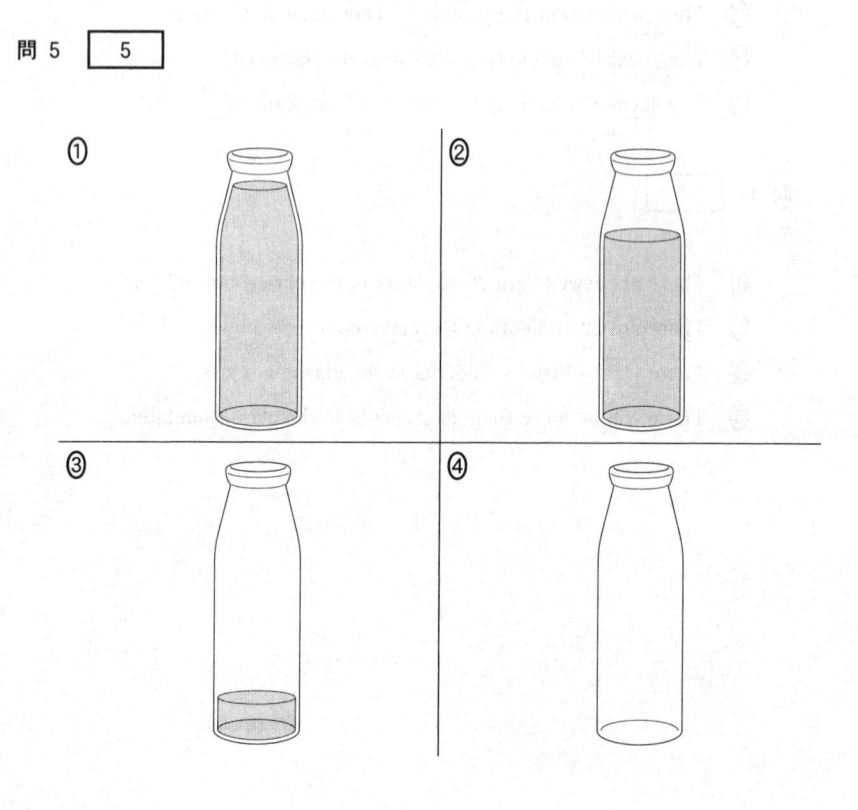

問 6　　6

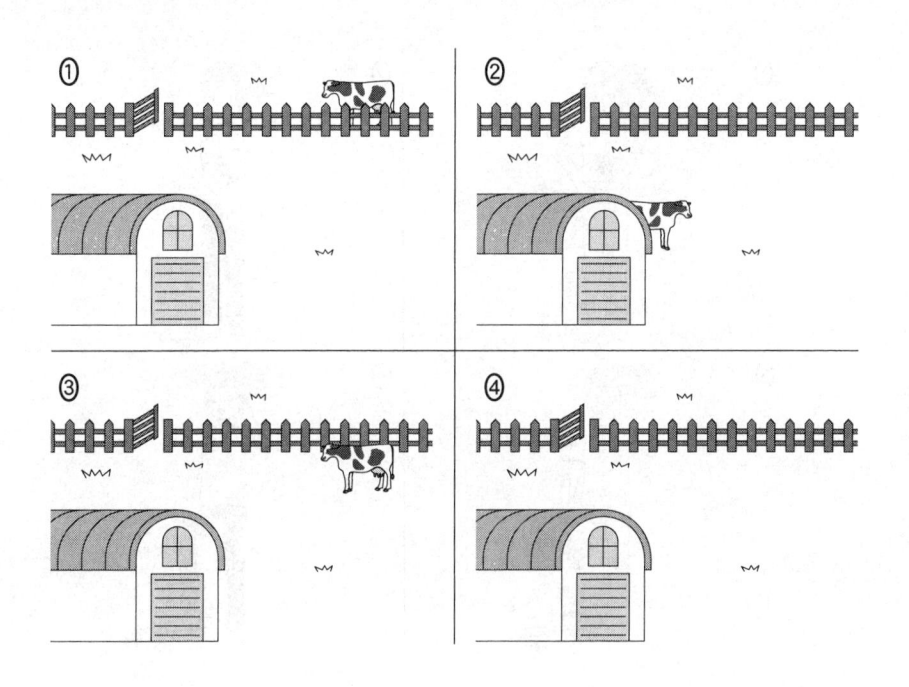

問 7   7

これで第1問Bは終わりです。

第2問 （配点 16）　音声は2回流れます。

　　第2問は**問8**から**問11**までの4問です。それぞれの問いについて、対話の場面が日本語で書かれています。対話とそれについての問いを聞き、その答えとして最も適切なものを、四つの選択肢（①〜④）のうちから一つずつ選びなさい。

問8　バーチャルイベントで、友人同士のプロフィール画像（avatar）を当てあっています。　8

① 　　②

③ 　　④

問 9　ホームパーティーの後で，ゴミの分別をしています。 　9　

問10 靴屋で，店員と客が会話をしています。 10

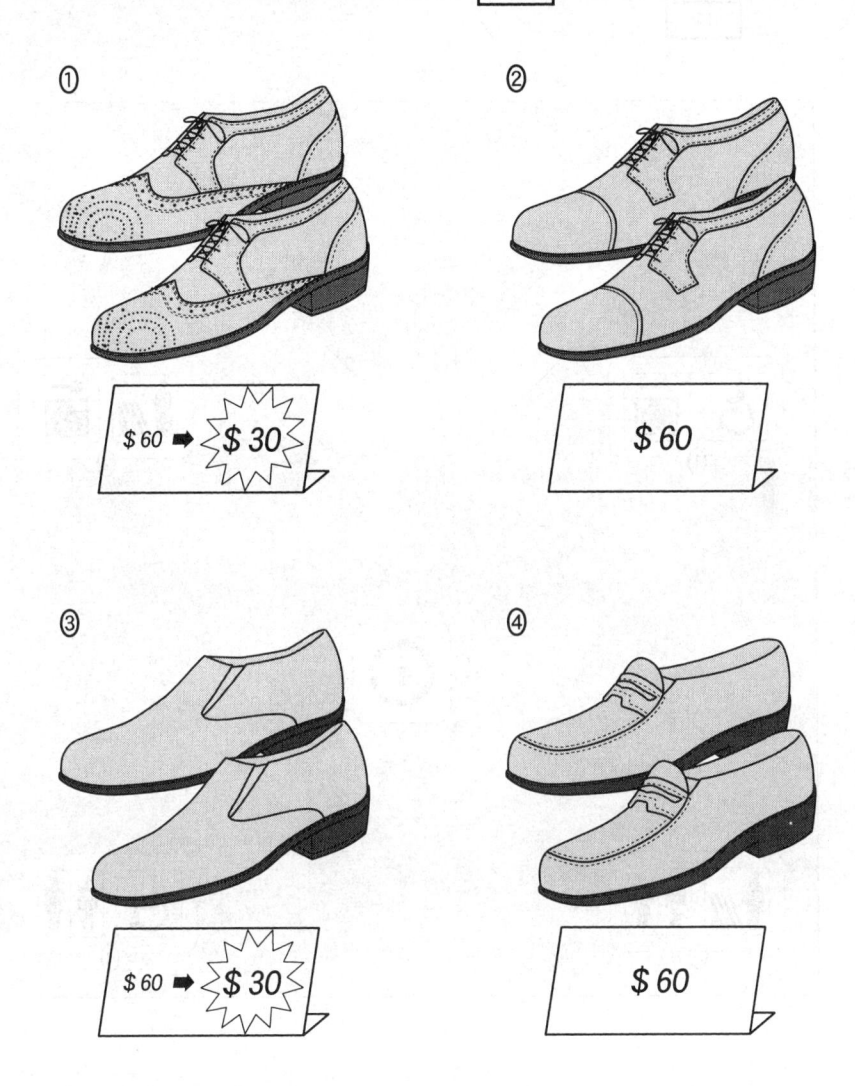

問11　友人同士が，野球場の案内図を見ながら，待ち合わせ場所を決めています。

11

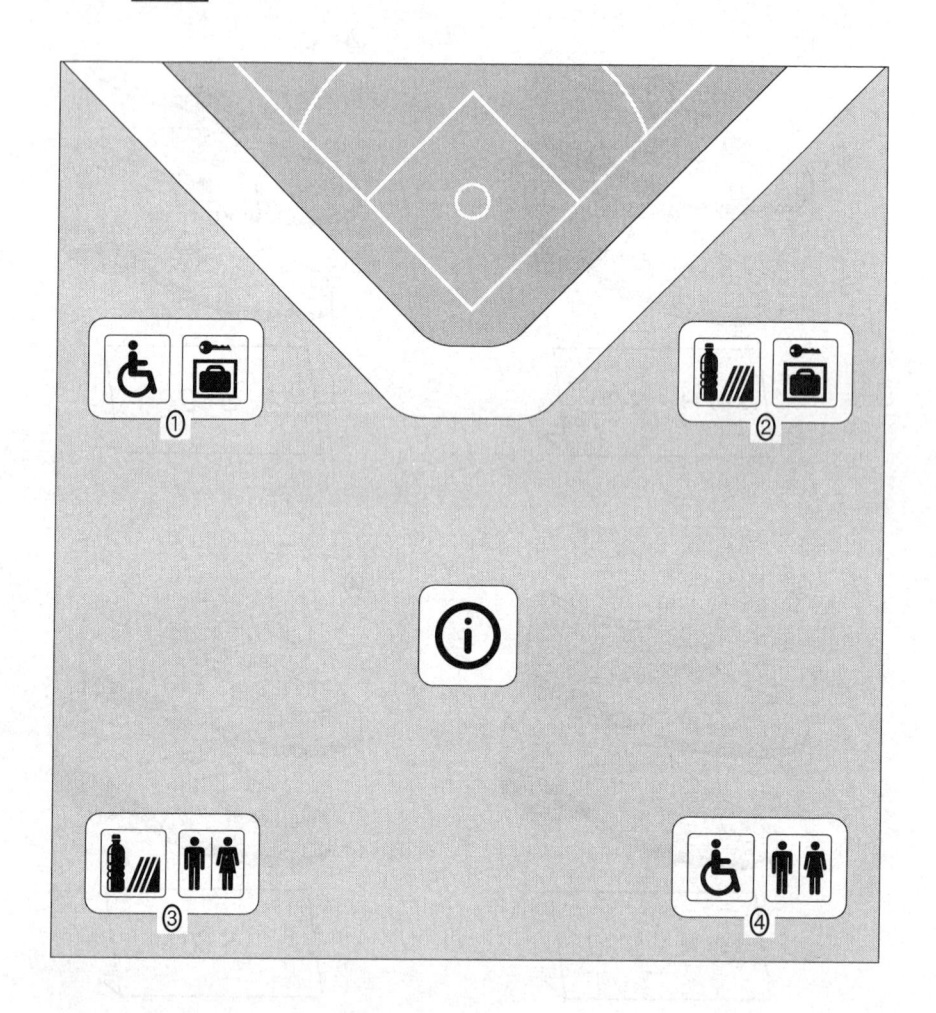

これで第2問は終わりです。

第3問 （配点 18） **音声は1回流れます。**

　第3問は問12から問17までの6問です。それぞれの問いについて，対話の場面が日本語で書かれています。対話を聞き，問いの答えとして最も適切なものを，四つの選択肢（①～④）のうちから一つずつ選びなさい。（問いの英文は書かれています。）

問12 地下鉄の駅で，男性が目的地への行き方を質問しています。

Which subway line will the man use first? 　12　

① The Blue Line
② The Green Line
③ The Red Line
④ The Yellow Line

問13 夫婦が，夕食について話し合っています。

What will they do? 　13　

① Choose a cheaper restaurant
② Eat together at a restaurant
③ Have Indian food delivered
④ Prepare Indian food at home

問14 高校生同士が，授業後に話をしています。

What did the boy do? 　14　

① He checked his dictionary in class.
② He left his backpack at his home.
③ He took his backpack to the office.
④ He used his dictionary on the bus.

問15　寮のパーティーで，先輩と新入生が話をしています。

What is true about the new student?　15

① He grew up in England.

② He is just visiting London.

③ He is studying in Germany.

④ He was born in the UK.

問16　同僚同士が話をしています。

What will the man do?　16

① Buy some medicine at the drugstore

② Drop by the clinic on his way home

③ Keep working and take some medicine

④ Take the allergy pills he already has

問17　友人同士が，ペットについて話をしています。

What is the man going to do?　17

① Adopt a cat

② Adopt a dog

③ Buy a cat

④ Buy a dog

これで第 3 問は終わりです。

第4問 （配点 12）　音声は1回流れます。

第4問はAとBの二つの部分に分かれています。

A　第4問Aは問18から問25までの8問です。話を聞き，それぞれの問いの答えとして最も適切なものを，選択肢から選びなさい。**問題文と図表を読む時間が与えられた後，音声が流れます。**

問18～21　あなたは，大学の授業で配られたワークシートのグラフを完成させようとしています。先生の説明を聞き，四つの空欄　18　～　21　に入れるのに最も適切なものを，四つの選択肢（①～④）のうちから一つずつ選びなさい。

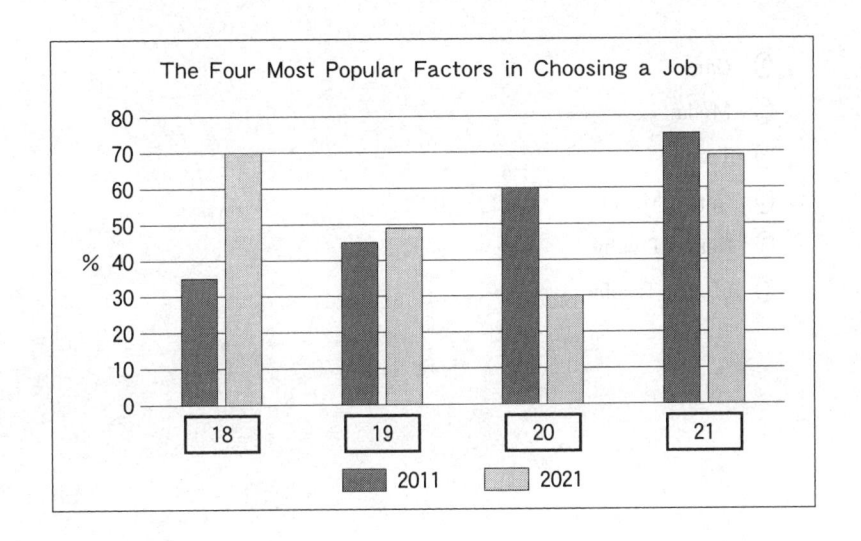

① Content of work

② Income

③ Location

④ Working hours

問22～25　あなたは，自宅のパソコンから，ゲームの国際大会にオンラインで参加しています。結果と賞品に関する主催者の話を聞き，次の表の四つの空欄 22 ～ 25 に入れるのに最も適切なものを，六つの選択肢（①～⑥）のうちから一つずつ選びなさい。選択肢は2回以上使ってもかまいません。

International Game Competition: Summary of the Results

Teams	Stage A	Stage B	Final Rank	Prize
Dark Dragons	3rd	3rd	4th	22
Elegant Eagles	1st	2nd	1st	23
Shocking Sharks	4th	1st	2nd	24
Warrior Wolves	2nd	4th	3rd	25

① Game

② Medal

③ Trophy

④ Game, Medal

⑤ Game, Trophy

⑥ Medal, Trophy

これで第4問Aは終わりです。

B　第4問Bは問26の1問です。話を聞き，示された条件に最も合うものを，四つの選択肢(①～④)のうちから一つ選びなさい。後の表を参考にしてメモを取ってもかまいません。**状況と条件を読む時間が与えられた後，音声が流れます。**

状況

あなたは，交換留学先の高校で，生徒会の会長選挙の前に，四人の会長候補者の演説を聞いています。

あなたが考えている条件

A．全校生徒のための行事を増やすこと

B．学校の食堂にベジタリアン向けのメニューを増やすこと

C．コンピューター室を使える時間を増やすこと

	Candidates	Condition A	Condition B	Condition C
①	Charlie			
②	Jun			
③	Nancy			
④	Philip			

問26　| 26 |　is the candidate you are most likely to choose.

① Charlie
② Jun
③ Nancy
④ Philip

これで第4問Bは終わりです。

第5問　(配点　15)　音声は1回流れます。

第5問は**問27**から**問33**までの7問です。

最初に講義を聞き，**問27**から**問32**に答えなさい。次に続きを聞き，**問33**に答えなさい。**状況，ワークシート，問い及び図表を読む時間が与えられた後，音声が流れます。**

状況

あなたは大学で，アジアゾウに関する講義を，ワークシートにメモを取りながら聞いています。

ワークシート

Asian Elephants

◇　**General Information**

- Size:　　　　　Largest land animal in Asia
- Habitats:　　　South and Southeast Asia
- Characteristics:　〔　**27**　〕

◇　**Threats to Elephants**

Threat 1: Illegal Commercial Activities

- using elephant body parts for
  accessories, 　**28**　, medicine
- capturing live elephants for 　**29**

Threat 2: Habitat Loss Due to Land Development

- a decrease in elephant 　**30**　 interaction
- an increase in human and elephant 　**31**

問27　ワークシートの空欄　　27　　に入れるのに最も適切なものを，四つの選択肢 (①～④)のうちから一つ選びなさい。

① Aggressive and strong

② Cooperative and smart

③ Friendly and calm

④ Independent and intelligent

問28～31　ワークシートの空欄　　28　　～　　31　　に入れるのに最も適切なもの を，六つの選択肢(①～⑥)のうちから一つずつ選びなさい。選択肢は2回以上 使ってもかまいません。

① clothing　　　　　② cosmetics　　　　　③ deaths

④ friendship　　　　⑤ group　　　　　　⑥ performances

問32　講義の内容と一致するものはどれか。最も適切なものを，四つの選択肢 (①～④)のうちから一つ選びなさい。　　32

① Efforts to stop illegal activities are effective in allowing humans to expand their housing projects.

② Encounters between different elephant groups are responsible for the decrease in agricultural development.

③ Helping humans and Asian elephants live together is a key to preserving elephants' lives and habitats.

④ Listing the Asian elephant as an endangered species is a way to solve environmental problems.

第5問はさらに続きます。　　　　⟹

問33 グループの発表を聞き，**次の図から読み取れる情報と講義全体の内容からど**のようなことが言えるか，最も適切なものを，四つの選択肢（①～④）のうちから一つ選びなさい。 33

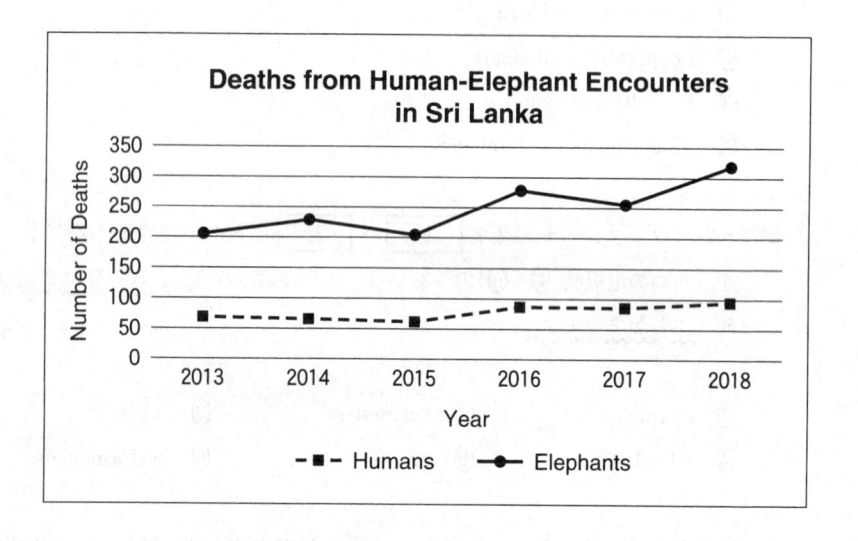

① Efforts to protect endangered animals have increased the number of elephants in Sri Lanka.

② Monitoring illegal activities in Sri Lanka has been effective in eliminating elephant deaths.

③ Sri Lanka has not seen an increase in the number of elephants that have died due to human-elephant encounters.

④ Steps taken to protect elephants have not produced the desired results in Sri Lanka yet.

これで第5問は終わりです。

第6問 (配点 14) 音声は1回流れます。

第6問はAとBの二つの部分に分かれています。

A 第6問Aは問34・問35の2問です。二人の対話を聞き，それぞれの問いの答えとして最も適切なものを，四つの選択肢（①〜④）のうちから一つずつ選びなさい。（問いの英文は書かれています。）**状況と問いを読む時間が与えられた後，音声が流れます。**

状況

David と母の Sue が，ハイキングについて話をしています。

問34 **Which statement would David agree with the most?** 　34

① Enjoyable hiking requires walking a long distance.

② Going on a group hike gives you a sense of achievement.

③ Hiking alone is convenient because you can choose when to go.

④ Hiking is often difficult because nobody helps you.

問35 **Which statement best describes Sue's opinion about hiking alone by the end of the conversation?** 　35

① It is acceptable.

② It is creative.

③ It is fantastic.

④ It is ridiculous.

これで第6問Aは終わりです。

B 　第6問Bは**問36・問37**の2問です。会話を聞き，それぞれの問いの答えとして最も適切なものを，選択肢のうちから一つずつ選びなさい。後の表を参考にしてメモを取ってもかまいません。**状況と問いを読む時間が与えられた後，音声が流れます。**

状況

　寮に住む四人の学生（Mary, Jimmy, Lisa, Kota）が，就職後に住む場所について話し合っています。

Mary	
Jimmy	
Lisa	
Kota	

問36　会話が終わった時点で，**街の中心部に住むことに決めた人**を，四つの選択肢（①～④）のうちから一つ選びなさい。　36

① Jimmy

② Lisa

③ Jimmy, Mary

④ Kota, Mary

問37 会話を踏まえて，Lisa の考えの根拠となる図表を，四つの選択肢(①〜④)のうちから一つ選びなさい。 $\boxed{37}$

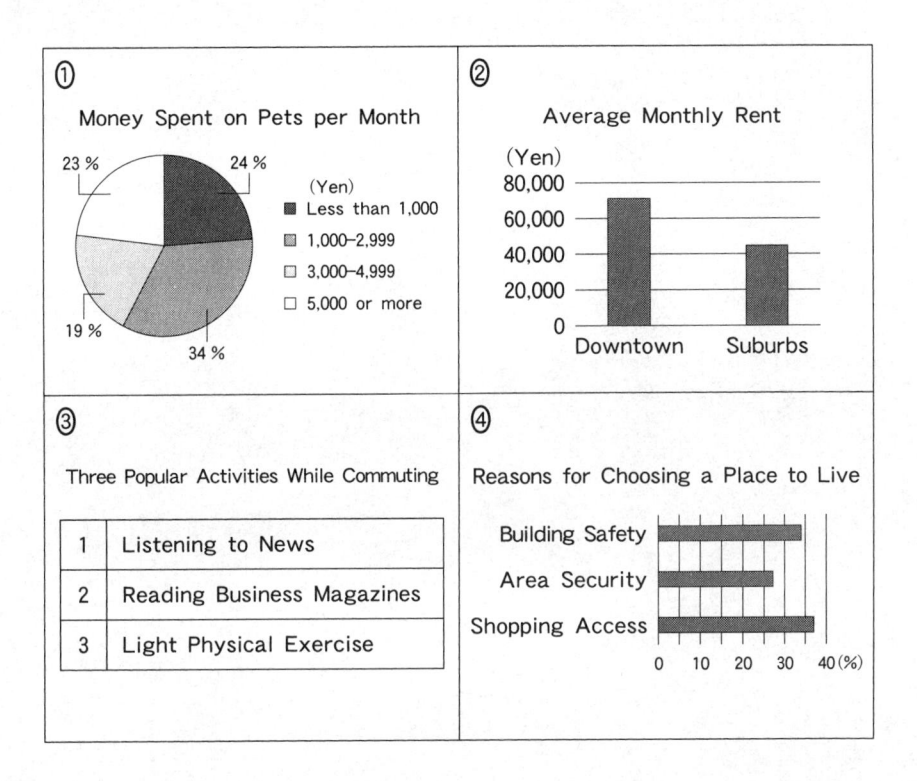

① Money Spent on Pets per Month

23 % 24 %

（Yen）
■ Less than 1,000
▨ 1,000–2,999
▢ 3,000–4,999
□ 5,000 or more

19 %
34 %

② Average Monthly Rent

（Yen）
80,000
60,000
40,000
20,000
0
Downtown　Suburbs

③ Three Popular Activities While Commuting

1	Listening to News
2	Reading Business Magazines
3	Light Physical Exercise

④ Reasons for Choosing a Place to Live

Building Safety
Area Security
Shopping Access

0　10　20　30　40 (%)

これで第６問Ｂは終わりです。

2023

共通テスト
追試験

リーディング

解答時間 80分
配点 100点

英　語(リーディング)

各大問の英文や図表を読み，解答番号 1 ～ 49 にあてはまるものとして最も適当な選択肢を選びなさい。

第 1 問 (配点 10)

A You are waiting in line for a walking tour of a castle and are asked to test a new device. You receive the following instructions from the staff.

Audio Guide Testing
for the Westville Castle Walking Tour

Thank you for helping us test our new audio guide. We hope you will enjoy your experience here at Westville Castle.

How to use

When you put the device on your ear, it will turn on. As you walk around the castle, detailed explanations will automatically play as you enter each room. If you want to pause an explanation, tap the button on the earpiece once. The device is programmed to answer questions about the rooms. If you want to ask a question, tap the button twice and whisper. The microphone will pick up your voice and you will hear the answer.

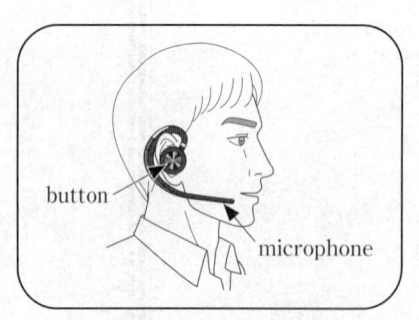

Before you leave

Drop the device off at the collection desk to the left of the exit, then fill in a brief questionnaire, and hand it to the staff. In return, you will receive a discount coupon to use at the castle's souvenir shop.

問 1　The device is most likely to be able to answer questions about the

$\boxed{\quad 1 \quad}$.

   ① interiors of the castle

   ② length of the walking tour

   ③ mechanism of the device

   ④ prices at the souvenir shop

問 2　To get the coupon, you must $\boxed{\quad 2 \quad}$.

   ① ask the staff a question about the device

   ② give some feedback about the device

   ③ leave through the exit on the left

   ④ submit your completed audio guide test

B Your English teacher has given you a flyer for an international short film festival in your city. You want to attend the festival.

Star International Short Film Festival 2023
February 10 (Fri.) -12 (Sun.)

We are pleased to present a total of 50 short films to celebrate the first decade of the festival. Below are the four films that were nominated for the Grand Prize. Enjoy a special talk by the film's director following the first screening of each finalist film.

Grand Prize Finalist Films

My Pet Pigs, USA (27 min.)
This drama tells a heart-warming story about a family and their pets.

▸ Fri. 7 p.m. and Sat. 2 p.m.
▸ At Cinema Paradise, Screen 2

Chase to the Tower, France (28 min.)
A police chase ends with thrilling action at the Eiffel Tower.

▸ Fri. 5 p.m. and Sun. 7 p.m.
▸ At Cinema Paradise, Screen 1

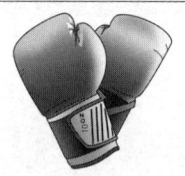

Gold Medal Girl, China (25 min.)
This documentary highlights the life of an amazing athlete.

▸ Sat. and Sun. 3 p.m.
▸ At Movie House, Main Screen

Inside the Cave, Iran (18 min.)
A group of hikers has a scary adventure in this horror film.

▸ Fri. 3 p.m. and Sat. 8 p.m.
▸ At Movie House, Screen 1

Festival Passes	
Type	Price (yen)
3-day	4,000
2-day	3,000
1-day	2,000

▶ Festival Passes are available from each theater. The theaters will also sell single tickets for 500 yen before each screening.
▶ Festival Pass holders are invited to attend the special reception in the lobby of Cinema Paradise on February 12 (Sun.) at 8 p.m.

For the complete schedule of the short films showing during the festival, please visit our website.

問 1　If you are free on Sunday evening, which finalist film can you see?

　　　　3

① *Chase to the Tower*
② *Gold Medal Girl*
③ *Inside the Cave*
④ *My Pet Pigs*

問 2　What will happen at Cinema Paradise on the last night of the festival?

　　　　4

① An event to celebrate the festival will take place.
② Nominations will be made for the Grand Prize.
③ One of the directors will talk about *Chase to the Tower*.
④ The movie *My Pet Pigs* will be screened.

問 3　What is true about the short film festival?　　5

① Four talks by film directors will be held.
② Passes can be bought through the website.
③ Reservations are necessary for single tickets.
④ The finalist films can be seen on the same day.

第 2 問　(配点　20)

A　You are a member of a school newspaper club and received a message from Paul, an exchange student from the US.

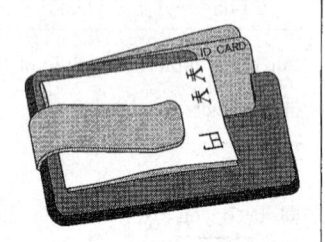

I have a suggestion for our next issue.　The other day, I was looking for a new wallet for myself and found a website selling small slim wallets which are designed to hold cards and a few bills.　Weighing only 60 g, they look stylish. As I mainly use electronic money, this type of wallet seemed useful.　I shared the link with my friends and asked them what they thought.　Here are their comments:

- I use a similar wallet now, and it holds cards securely.
- They look perfect for me as I walk a lot, and it would be easy to carry.
- I'd definitely use one if the store near my house accepted electronic money.
- Cards take up very little space.　Cashless payments make it easier to collect points.
- I use both electronic money and cash.　What would I do with my coins?
- Interesting!　Up to 6 cards can fit in it, but for me that is a card-holder, not a wallet.
- I like to keep things like receipts in my wallet.　When I asked my brother, though, he told me he wanted one!
- They are so compact that I might not even notice if I lost mine.

When I talked with them, even those who don't like this type of wallet pointed out some merits of using cards and electronic money.　This made me wonder why many students still use bills and coins, and I thought this might be a good topic for our newspaper.　What do you think?

問 1　Which question did Paul probably ask his friends?　　6

   ① Do you carry a wallet?

   ② Do you use electronic money?

   ③ What do you keep in your wallet?

   ④ What do you think about these wallets?

問 2　A **fact** about a slim wallet mentioned by one of Paul's friends is that it 　7　.

   ① can hold half a dozen cards

   ② can slip out of a pocket easily

   ③ is ideal for walkers

   ④ is lighter than 80 g

問 3　One response shows that one of Paul's friends 　8　.

   ① finds slim wallets cool but doesn't want to use one

   ② prefers the capacity of a regular wallet

   ③ thinks slim wallets will be less popular in the future

   ④ uses a slim wallet with another wallet for coins

問 4　According to Paul's friend, using the wallet with electronic money makes it easier to 　9　.

   ① carry safely

   ② receive benefits

   ③ record receipts

   ④ use at any shop

問 5 Paul wants to find out more about ☐10☐ .

① different types of electronic money

② students' reasons for using cash

③ the benefits of slim wallets for young people

④ the differences between small and large wallets

B You are reading the following article as you are interested in studying overseas.

Summer in Britain

Chiaki Suzuki

November 2022

This year, I spent two weeks studying English. I chose to stay in a beautiful city, called Punton, and had a wonderful time there. There were many things to do, which was exciting. I was never bored. It can get expensive, but I liked getting student discounts when I showed my student card. Also, I liked window-shopping and using the local library. I ate a variety of food from around the world, too, as there were many people from different cultural backgrounds living there. Most of the friends I made were from my English school, so I did not practice speaking English with the locals as much as I had expected. On the other hand, I came to have friends from many different countries. Lastly, I took public transport, which I found convenient and easy to use as it came frequently.

If I had stayed in the countryside, however, I would have seen a different side of life in Britain. My friend who stayed there had a lovely, relaxing experience. She said farmers sell their produce directly. Also, there are local theatres, bands, art and craft shows, restaurants, and some unusual activities like stream-jumping. However, getting around is not as easy, so it's harder to keep busy. You need to walk some distance to catch buses or trains, which do not come as often. In fact, she had to keep a copy of the timetables. If I had been in the countryside, I probably would have walked around and chatted with the local people.

I had a rich cultural experience and I want to go back to Britain. However, next time I want to connect more with British people and eat more traditional British food.

問 1　According to the article, Chiaki ☐11☐ .

① ate food from different countries
② improved her English as she had hoped
③ kept notes on cultural experiences
④ worked in a local shop

問 2　With her student ID, Chiaki was able to ☐12☐ .

① enter the local library
② get reduced prices
③ join a local student band
④ use public transport for free

問 3　Chiaki thinks ☐13☐ in Punton.

① it is easy to experience various cultures
② it is easy to make friends with the local people
③ there are many restaurants serving British food
④ there are many unusual local events

問 4　One **fact** Chiaki heard about staying in the countryside is that ☐14☐ .

① local people carry the bus timetable
② people buy food from farms
③ the cost of entertainment is high
④ there are fewer interesting things to do

問 5　Which best describes Chiaki's impression of her time in Britain? ☐15☐

① Her interest in craft shows grew.
② She enjoyed making lots of local friends.
③ She found the countryside beautiful.
④ Some of her experiences were unexpected.

第 3 問 （配点 15）

A The exchange student in your school is a koi keeper. You are reading an article he wrote for a magazine called *Young Fish-Keepers*.

My First Fish

Tom Pescatore

I joined the Newmans Koi Club when I was 13, and as part of my club's tradition, the president went with me to buy my first fish. I used money I received for my birthday and purchased a 15 cm baby ghost koi. She now lives with other members' fish in the clubhouse tank.

I love my fish, and still read everything I can about ghosts. Although not well known in Japan, they became widely owned by UK koi keepers in the 1980s. Ghosts are a hybrid type of fish. My ghost's father was a Japanese ogon koi, and her mother was a wild mirror carp. Ghosts grow quickly, and she was 85 cm and 12 kg within a couple of years. Ghosts are less likely to get sick and they can survive for more than 40 years. Mine is now a gorgeous, four-year-old, mature, platinum ghost koi.

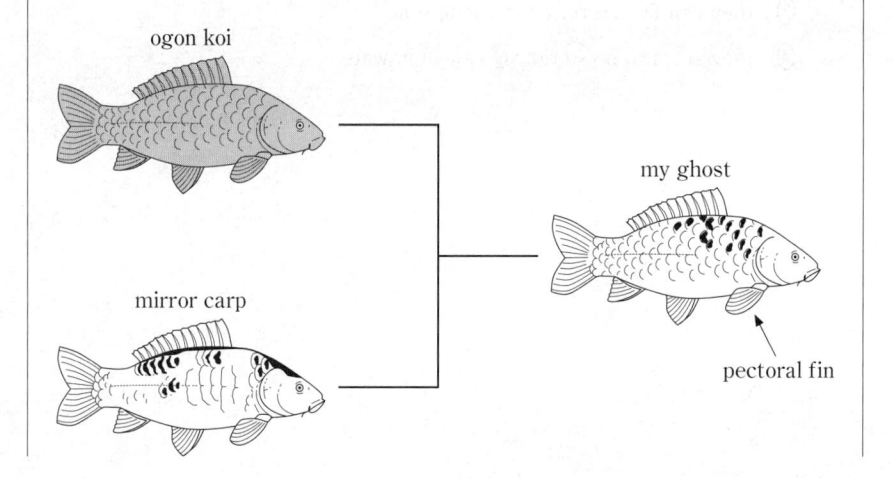

ogon koi

mirror carp

my ghost

pectoral fin

Ghosts are not considered as valuable as their famous "pure-bred" Japanese cousins, so usually don't cost much. This makes them affordable for a 13 year old with birthday present money. The most striking parts of my ghost are her metallic head and flashy pectoral fins that sparkle in the sunlight. As the name "ghost koi" suggests, these fish can fade in and out of sight while swimming. They are super-cool fish, so why not start with a ghost?

問 1 From the article, you know that Tom's fish is **<u>not</u>** 16 .

① adult

② cheap

③ pure-bred

④ tough

問 2 The species was named "ghost koi" because 17 .

① their appearance is very frightening

② their shadowy fins flash when they swim

③ they can live secretly for a long time

④ they seem to mysteriously vanish in water

B　You have entered an English speech contest and you are reading an essay to improve your presentation skills.

Gaining Courage

Rick Halston

In my last semester in college, I received an award for my final research presentation. I wasn't always good at speaking in front of people; in fact, one of my biggest fears was of making speeches. Since my primary school days, my shy personality had never been ideal for public speaking. From my first day of college, I especially feared giving the monthly class presentations. I would practise for hours on end. That helped somewhat, but I still sounded nervous or confused.

A significant change came before my most important presentation when I watched a music video from my favourite singer's newly released album. I noticed it sounded completely different from her previous work. She had switched from soft-rock to classical jazz, and her style of clothes had also changed. I thought she was taking a huge professional risk, but she displayed such confidence with her new style that I was inspired. I would change my sound and my look, too. I worked tirelessly to make my voice both bolder and calmer. I wore a suit jacket over my shirt, and with each practice, I felt my confidence grow.

When I started my final presentation, naturally, I was nervous, but gradually a sense of calm flowed through me. I was able to speak with clarity and answer the follow-up questions without tripping over my words. At that moment, I actually felt confident. Right then, I understood that we can either allow anxiety to control us or find new ways to overcome it. There is no single clear way to become a confident presenter, but thanks to that singer I realised that we need to uncover and develop our own courage.

問 1　Put the following events （①〜④） into the order in which they happened.

$$\boxed{18} \rightarrow \boxed{19} \rightarrow \boxed{20} \rightarrow \boxed{21}$$

① He felt nervous at the start of his final presentation.

② He made short presentations on a regular basis.

③ He was given a prize for his presentation.

④ He was motivated to take a risk and act more confidently.

問 2　Rick was moved by his favourite singer and $\boxed{22}$.

① accepted his own shy personality

② decided to go to her next concert

③ found new ways of going to class

④ learnt from her dramatic changes

問 3　From the essay, you learnt that Rick $\boxed{23}$.

① began to deal with his anxiety

② decided to change professions

③ improved his questioning skills

④ uncovered his talent for singing

第4問 (配点 16)

You and two friends have rented a section of a community garden for the first time. Your friends have written emails about their ideas for growing vegetables in the garden. Based on their ideas, you reply to finalize the garden plans.

— ↗ ×

March 23, 2023

Our Garden Plan

Hi! Daniel here! I scanned this great planting chart in a gardening book I got from the library. The black circles show when to plant seeds directly into the soil. The black squares show when to plant seedlings, which are like baby plants. The stars show when to harvest a vegetable.

Planting Schedule

	Mar.	Apr.	May	June	July	Aug.	Sept.	Oct.	Nov.
beans		● ●	●		☆ ☆				
cabbages	●	●			☆ ☆	■ ■		☆	☆ ☆
carrots	●	●			☆ ☆				
onions			☆	☆ ☆			● ●		
potatoes	● ●			☆ ☆		●			☆ ☆
tomatoes		●	■ ■		☆ ☆	☆			

It's already late March, so I think we should plant the potatoes now. We can harvest them in June, and then plant them again in August. Also, I'd like to plant the carrots at the same time as the potatoes, and the cabbages the next month. After harvesting them in July, we can put in cabbage seedlings at the same time as we plant the onions. We won't be able to eat our onions until next year! I have bought tomato seedlings and would like to give them more time to grow before planting them. Let's plant the beans toward the end of April, and the tomatoes the following month.

Let's discuss the garden layout. We will have a 6 × 6 meter area and it can be divided into two halves, north and south. Beans, cabbages, and tomatoes grow above the ground so let's grow them together. How about in the southern part? We can grow the carrots, potatoes, and onions together because they all grow underground. They will go in the northern part.

March 24, 2023

Re: Our Garden Plan

Thanks, Daniel!

Rachel here. Your schedule is great, but I'd like to make some changes to your garden layout. We have six vegetables, so why don't we divide the garden into six sections?

We have to be careful about which vegetables we plant next to one another. I did a little research in a gardening book about the vegetables we'll grow. Some of our vegetables grow well together and they are called "friends." Others don't and they are "enemies." Our layout must consider this.

First, the tomatoes should go in the southern part of the garden. Tomatoes and cabbages are enemies and should be separated. Let's plant the cabbages in the southwest corner. The onions can be put in the middle because they are friends of both tomatoes and cabbages.

Next, let's think about the northern part of the garden. Let's put the beans in the western corner because beans and cabbages are friends. Carrots are friends with tomatoes so planting them in the eastern corner would be better. Potatoes can go in the middle. They are friends with beans and neutral with onions.

Well, what do you think of the layout?

March 25, 2023

Re: Re: Our Garden Plan

Hi!

It's me! Thanks for your excellent ideas! Below is the planting schedule Daniel suggested two days ago. First, we need to buy [24] kinds of seeds soon so we can plant them over the next two months!

[25]

Mar.	Early Apr.	Late Apr.	May	Aug.	Sept.
−[A] −potatoes	−[B]	−[C]	−[D]	−potatoes	−onions −cabbages

I made this garden layout using Rachel's idea.

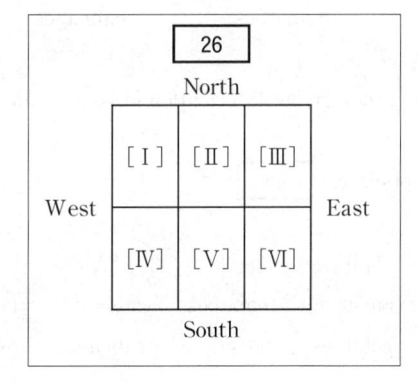

It is similar to Daniel's. The vegetables in the northern and southern halves are almost the same. Only the [27] are in different areas.

Rachel did a good job of considering friends and enemies. For our reference, I have made a chart.

[28]

We have not yet discussed [29], but I think we should.

問 1　Choose the best option for ☐ 24 ☐ .

① 　3
② 　4
③ 　5
④ 　6

問 2　Complete the planting schedule in your email.　Choose the best option for ☐ 25 ☐ .

	[A]	[B]	[C]	[D]
①	cabbages	carrots	beans	tomatoes
②	cabbages	carrots	tomatoes	beans
③	carrots	cabbages	beans	tomatoes
④	carrots	tomatoes	cabbages	beans

問 3　Complete the garden layout information in your email.

Choose the best option for ☐ 26 ☐ .

	[I]	[II]	[III]	[IV]	[V]	[VI]
①	beans	onions	tomatoes	cabbages	potatoes	carrots
②	beans	potatoes	carrots	cabbages	onions	tomatoes
③	cabbages	onions	carrots	beans	potatoes	tomatoes
④	cabbages	potatoes	tomatoes	beans	onions	carrots

Choose the best option for ☐ 27 ☐ .

① 　beans and onions
② 　cabbages and potatoes
③ 　carrots and tomatoes
④ 　onions and potatoes

問 4 Which chart should appear in ⬚ 28 ⬚ ?

(◎ : friends, ✕ : enemies)

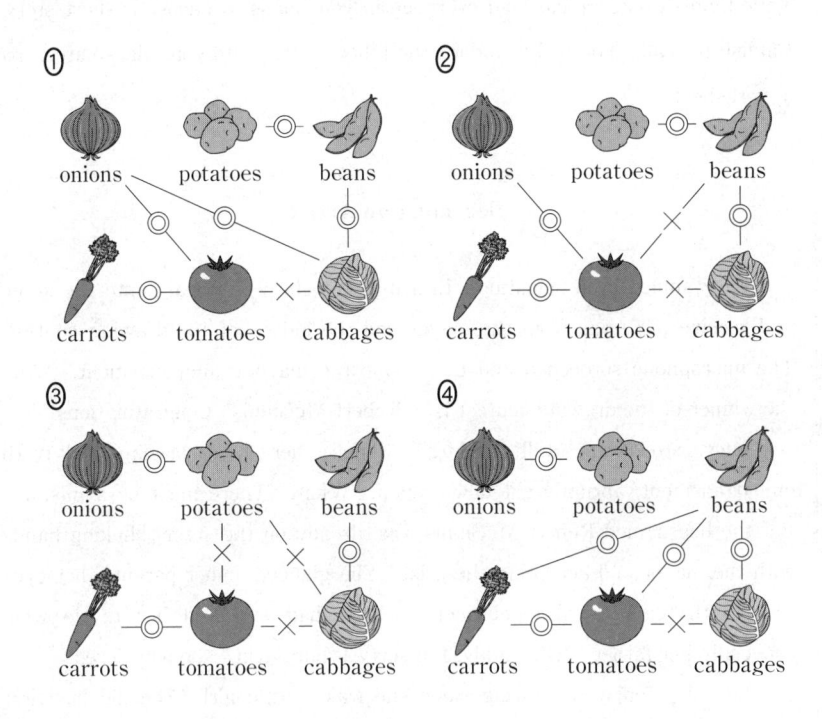

問 5 Choose the best option for ⬚ 29 ⬚ .

① the difference between seeds and seedlings

② the responsibilities of caring for the garden

③ the timing for collecting the crops

④ vegetables that should be planted together

第5問 （配点 15）

Your English teacher has told everyone in your class to choose a short story in English to read. You will introduce the following story to your classmates, using a worksheet.

Becoming an Artist

Lucy smiled in anticipation. In a moment she would walk onto the stage and receive her prize from the mayor and the judges of the drawing contest. The microphone screeched and then came the mayor's announcement. "And the winner of the drawing contest is... Robert McGinnis! Congratulations!"

Lucy stood up, still smiling. Then, her face blazing red with embarrassment, abruptly sat down again. What? There must be a mistake! But the boy named Robert McGinnis was already on the stage, shaking hands with the mayor and accepting the prize. She glanced at her parents, her eyes filled with tears of disappointment. They had expected her to do well, especially her father. "Oh Daddy, I'm sorry I didn't win," she whispered.

Lucy had enjoyed drawing since she was a little girl. She did her first drawing of her father when she was in kindergarten. Although it was only a child's drawing, it really looked like him. He was delighted, and, from that day, Lucy spent many happy hours drawing pictures to give to Mommy and Daddy.

As she got older, her parents continued to encourage her. Her mother, a busy translator, was happy that her daughter was doing something creative. Her father bought her art books. He was no artist himself, but sometimes gave her advice, suggesting that she look very carefully at what she was drawing and copy as accurately as possible. Lucy tried hard, wanting to improve her technique and please her father.

It had been Lucy's idea to enter the town drawing contest. She thought that if she won, her artistic ability would be recognized. She practiced every evening after school. She also spent all her weekends working quietly on her drawings, copying her subjects as carefully as she could.

Her failure to do well came as a great shock. She had worked so hard and her parents had been so supportive. Her father, however, was puzzled. Why did Lucy apologize at the end of the contest? There was no need to do so. Later, Lucy asked him why she had failed to win the competition. He answered sympathetically, "To me, your drawing was perfect." Then he smiled, and added, "But perhaps you should talk to your mother. She understands art better than I do."

Her mother was thoughtful. She wanted to give Lucy advice without damaging her daughter's self-esteem. "Your drawing was good," she told her, "but I think it lacked something. I think you only drew what you could see. When I translate a novel, I need to capture not only the meaning, but also the spirit of the original. To do that, I need to consider the meaning behind the words. Perhaps drawing is the same; you need to look under the surface."

Lucy continued to draw, but her art left her feeling unsatisfied. She couldn't understand what her mother meant. What was wrong with drawing what she could see? What else could she do?

Around this time, Lucy became friends with a girl called Cathy. They became close friends and Lucy grew to appreciate her for her kindness and humorous personality. Cathy often made Lucy laugh, telling jokes, saying ridiculous things, and making funny faces. One afternoon, Cathy had such a funny expression on her face that Lucy felt she had to draw it. "Hold that pose!" she told Cathy, laughing. She drew quickly, enjoying her friend's expression so much that she didn't really think about what she was doing.

When Lucy entered art college three years later, she still had that sketch. It had caught Cathy exactly, not only her odd expression but also her friend's kindness and her sense of humor — the things that are found under the surface.

Your worksheet:

---

1. Story title

"Becoming an Artist"

2. People in the story

Lucy: She loves to draw.

Lucy's father: He | 30 | *.*

Lucy's mother: She is a translator and supports Lucy.

Cathy: She becomes Lucy's close friend.

3. What the story is about

Lucy's growth as an artist:

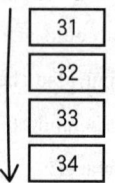

| 31 |

| 32 |

| 33 |

| 34 |

Her drawing improves thanks to | 35 | *and* | 36 | *.*

4. My favorite part of the story

When the result of the contest is announced, Lucy says, "Oh Daddy, I'm sorry I didn't win."

This shows that Lucy | 37 | *.*

5. Why I chose this story

Because I want to be a voice actor and this story taught me the importance of trying to | 38 | *to make the characters I play seem more real.*

問 1　Choose the best option for 　30　.

   ① gives Lucy some drawing tips

   ② has Lucy make drawings of him often

   ③ spends weekends drawing with Lucy

   ④ wants Lucy to work as an artist

問 2　Choose **four** out of the five descriptions (①~⑤) and rearrange them in the order they happened. 　31　→ 　32　 → 　33　 → 　34　

   ① She becomes frustrated with her drawing.

   ② She decides not to show anyone her drawings.

   ③ She draws with her feelings as well as her eyes.

   ④ She has fun making drawings as gifts.

   ⑤ She works hard to prove her talent at drawing.

問 3　Choose the best two options for 　35　 and 　36　. (The order does not matter.)

   ① a friend she couldn't help sketching

   ② a message she got from a novel

   ③ advice she received from her mother

   ④ her attempt to make a friend laugh

   ⑤ spending weekends drawing indoors

問 4 Choose the best option for [37].

① didn't practice as much as her father expected

② knew her father didn't like her entering the contest

③ thought she should have followed her father's advice

④ was worried she had disappointed her father

問 5 Choose the best option for [38].

① achieve a better understanding of people

② analyze my own feelings more deeply

③ describe accurately what is happening around me

④ use different techniques depending on the situation

第6問　(配点　24)

A　You belong to an English discussion group. Each week, members read an article, create a summary, and make a challenging quiz question to share. For the next meeting, you read the following article.

Getting to Know Aquatic Species

　　The mysteries of the deep blue sea have fascinated ocean-watchers for millennia. Aquatic beings, however, cannot easily get to us. What if we go to them? Despite what you may expect, certain ocean animals will come right up to you. Dan McSweeney, a Hawaii-based underwater research photographer, tells a fascinating story. While he was studying whales underwater, one came charging at him. Whales are huge, so he was worried. The whale stopped, opened its mouth, and "passed" him some tuna. He accepted the gift. McSweeney believes that because of the air bubbles coming from his tank, the whale recognized him as a similar animal and offered the *sashimi*. Later, the whale came back, and McSweeney returned the food.

　　Friendly interactions with dolphins or whales are possible, but how about octopuses? Science fiction sometimes describes aliens as looking like octopuses, so this animal group "cephalopods," which means "head-feet," may be perceived as being distant from humans. Yet, if you learn more about them, you might be convinced there is the possibility of interaction. Octopuses have long tentacles (arms/legs) extending from soft round bodies. Besides touch and motion, each tentacle experiences smell and taste and has sucking disks, called *suckers*, that grab and manipulate things. Their eyes, like two independent cameras, can move 80° and focus on two different things at once. UC Berkeley researcher, Alexander Stubbs, confirms that while octopuses sense light and color differently from humans, they do recognize color changes. These features might indicate that they are intelligent enough to interact with us. In fact, an article in *Everyday Mysteries* begins: "Question. Can an octopus get to know you? Answer. Yes."

Octopuses are known to "return your gaze" when you look at them. They may even remember you. This notion was tested by Roland C. Anderson and his colleagues, who conducted experiments with two similar-looking people wearing the same uniforms. The friendly person, who had fed and socialized with them, got a completely different reaction from the cephalopods than the other person who had not.

When taken from their natural habitat, octopuses can be mischievous, so watch out. They can push the lids off their tanks, escape, and go for a walk. Scientists sometimes get surprise visits. A paper from the Naples Zoological Station, written in 1959, talks about trying to teach three octopuses to pull a lever down for food. Two of them, Albert and Bertram, cooperated with the experiment, but Charles, a clever cephalopod, refused to do so. He shot water at the scientists and ended the experiment by breaking the equipment.

If you are interested in seeing their natural behavior and interactions, getting into the sea and having them come to you might work better. They may even raise a tentacle to motion you over. Around 2007, Peter Godfrey-Smith, a philosophy professor teaching at Harvard University, was home on vacation in Sydney, Australia. Exploring in the ocean, he came across a giant cephalopod. Godfrey-Smith was so impressed by the behavior he witnessed that he started developing philosophy theories based on his observations. Determined to find out what humans could learn from cephalopods, Godfrey-Smith let them guide him. On one ocean trip, another cephalopod took Godfrey-Smith's colleague by the hand on a 10-minute tour of the octopus's home, "as if he were being led across the sea floor by a very small, eight-legged child!"

How can you get sea creatures to come to you if you don't swim? The

Kahn family has solved this with "Coral World" in Eilat, Israel. The lowest floor of the building is actually constructed in the Red Sea, creating a "human display." Rather than the sea-life performances at many aquariums, you find yourself in a "people tank," where curious fish and sea creatures, swimming freely in the ocean, come to look at you. To make a good impression, you may want to wear nice clothes.

Your summary:

Getting to Know Aquatic Species

General information
The author mainly wants to say that ⬚39⬚ .

Human-octopus interaction
Anderson's experiment suggests octopuses can ⬚40⬚ .
The Naples Zoological Station experiment suggests octopuses can ⬚41⬚ .
Godfrey-Smith's story suggests octopuses can be friendly.

The Kahn family
Established Coral World with the idea of ⬚42⬚

Your quiz question:

Which of the following does <u>not</u> represent a story or episode from the article?

A

B

C

D

Answer ⬚43⬚

問 1 Choose the best option for ⬚39 .

① a good place where people can interact with octopuses is the ocean

② eye contact is a key sign of friendship between different species

③ interactions with sea creatures can be started by either side

④ people should keep sea creatures at home to make friends with them

問 2 Choose the best options for ⬚40 and ⬚41 .

① be a good source for creating philosophical theories

② be afraid of swimmers when they get close to their home

③ be uncooperative with humans in a laboratory setting

④ compete with other octopuses if they have chances to get treats

⑤ recognize that someone they have met before is kind

⑥ touch, smell, taste, and sense light and color like humans

問 3 Choose the best option for ⬚42 .

① attracting more people with a unique aquarium

② creating a convenient place to swim with sea life

③ raising more intelligent and cooperative octopuses

④ reversing the roles of people and sea creatures

問 4 The answer to your quiz question is ⬚43 .

① A

② B

③ C

④ D

B You are preparing a poster for an in-school presentation on a scientific discovery, using the following article.

As you are reading this, you probably have a pencil in your hand. In the center of every pencil is something called "lead." This dark gray material is not actually lead (Pb), but a different substance, graphite. Graphite has been a major area of research for many years. It is made up of thin layers of carbon that can be easily separated. Indeed, it is this ease of separation that enables the pencil to write. As the pencil rubs against the paper, thin layers of carbon are pulled off the pencil lead and left on the paper as lines or writing.

In 2004, two scientists, Andre Geim and Konstantin Novoselov, were investigating graphite at the University of Manchester, in the UK. They were trying to see if they could obtain a very thin slice of graphite to study. Their goal was to get a slice of carbon which was between 10 and 100 layers thick. Even though their university laboratory had the latest scientific equipment, they made their incredible breakthrough — for what was later to become a Nobel Prize-winning discovery — with only a cheap roll of sticky tape.

In a BBC News interview, Professor Geim described their technique. He said that the first step was to put sticky tape on a piece of graphite. Then, when the tape is pulled off, a flake of graphite will come off on the tape. Next, fold the tape in half, sticking the flake onto the other side of the tape. Then pull the tape apart to split the flake. You now have two flakes, roughly half as thick as before. Fold the tape together once more in a slightly different position to avoid having the flakes touch each other. Pull it apart again, and you will now have four thinner flakes than before. Repeat this procedure 10 or 20 times, and you're left with many very thin flakes attached to your tape. Finally, you dissolve the tape using chemicals so everything goes into a solution.

Geim and Novoselov then looked at the solution, and were surprised to see that the thin flakes were flat and not rolled up — and even more surprised that the flakes were as thin as only 10 layers of graphite. As graphite conducts electricity, it was only a matter of weeks before they were studying whether these thin sheets could be used in computer chips. By 2005, they had succeeded in separating a single layer of graphite. As this does not exist naturally, this new material was given a new name: graphene. Graphene is only one atom thick, and perhaps the thinnest material in the universe. It is one of the few two-dimensional (2D) materials known, and forms a six-sided, honeycomb-patterned structure. In addition, it is possibly the lightest and strongest substance known on earth. It is also excellent at carrying electricity.

In fact, at laboratory temperatures (20-25℃), graphene conducts electricity faster than any known substance. This has led to manufacturers investing in further research because graphene-based batteries could last three times longer and be charged five times faster than lithium-ion batteries.

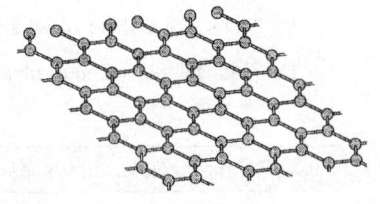

Figure 1. Structure of Graphene

Graphene has been called a super-material because of its amazing properties. It is 1,000 times lighter than paper and close to being totally transparent. It allows 98% of light to pass through it while at the same time it is so dense that even one molecule of helium gas cannot pass through it. It can also convert light into electricity. It is 200 times stronger than steel by weight: So strong in fact, that if you could make a $1\,m^2$ sheet of graphene, it would weigh less than a human hair and be strong enough to hold the weight of a cat. Quite simply, this material found in pencil lead has the potential to revolutionize the development of computer chips, rechargeable batteries, and strong, light-weight materials.

Your presentation poster draft:

Graphene

Basic information | 44 |

Graphene...

    A. is a 2D material.

    B. is a separated layer of graphite.

    C. is an extremely thin sheet of metal.

    D. is not a naturally occurring substance.

    E. looks like a sheet of wire mesh.

    F. was isolated without advanced equipment.

How Geim and Novoselov separated graphite (5 steps)

Step 1. Press sticky tape on graphite and remove.

Step 2.
Step 3. } | 45 |
Step 4.

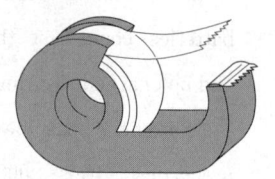

Step 5. Dissolve tape in a chemical solution and collect the flakes.

The properties of graphene

| 46 |
| 47 |

Future use

| 48 |

問 1 You are checking your poster. You spotted an error in the basic information section. Which of the following should you **remove**?   44

① A

② B

③ C

④ D

⑤ E

⑥ F

問 2 You are going to summarize the five-step process used to separate layers of graphite. Choose the best combination of steps to complete the process. 45

A．Do this process over and over again.

B．Fold tape in two again so another part of the tape touches the graphite.

C．Fold tape in two and pull it apart.

D．Place tape on the thinner flakes and press down.

E．Pull a flake of graphite off some sticky tape.

① C → B → A

② C → E → D

③ D → C → B

④ D → E → A

⑤ E → C → A

⑥ E → C → D

問 3 From the list below, select the two which best describe graphene's properties. (The order does not matter.) ☐ 46 ・ ☐ 47

① At average room temperature, it is the world's most efficient material for carrying electricity.

② Gram for gram, graphene is stronger and more resistant to electricity.

③ Graphene weighs slightly more than graphite per cm^2.

④ It allows almost all light to pass through its structure.

⑤ Its six-sided honeycomb structure allows gas particles to pass from one side to another.

問 4 From this passage, which of the following might graphene be used for in the future? ☐ 48

① A material for filtering small gas molecules from large ones

② Developing light-sensitive chips

③ Electricity resistant materials

④ Increasing the weight and strength of batteries

問 5 From this passage, we can infer that the writer ☐ 49 .

① believed that many great Nobel Prize-winning discoveries have been made with low-cost equipment

② knew about the potential of graphene to reduce the production costs and recharging times of rechargeable batteries

③ was impressed by the fact that graphene and all its properties had lain hidden in every pencil mark until being revealed by Geim and Novoselov

④ was surprised at how long it took for Geim and Novoselov to realize the potential of using thin sheets of graphene in computer chips

リスニングテスト 2023 共通テスト 追試験

解答時間 30 分　配点 100 点

◎音声は下記の音声専用サイトで配信しています。使用している音声は，大学入試センターから公表されたものです。音声中のページ数は，問題編のそれぞれのページ下部を参照してください。

◎解答時間は 30 分ですが，解答開始前に IC プレーヤーの作動確認・音量調節の時間がありますので，試験時間は 60 分となります。「音量調整用音声」は音声専用サイトで確認できます。

●音声専用サイトはこちら
akahon.net/kte/

2023 年度 追試験

英　語(リスニング)

(解答番号 | 1 | ～ | 37 |)

第1問 (配点 25) 音声は2回流れます。

第1問はAとBの二つの部分に分かれています。

A　　第1問Aは問1から問4までの4問です。英語を聞き，それぞれの内容と最もよく合っているものを，四つの選択肢(①～④)のうちから一つずつ選びなさい。

問1 | 1 |

① The speaker admires Jennifer's sweater.

② The speaker is asking about the sweater.

③ The speaker is looking for a sweater.

④ The speaker wants to see Jennifer's sweater.

問2 | 2 |

① The speaker doesn't enjoy playing tennis.

② The speaker doesn't want to play any sports now.

③ The speaker thinks badminton is the most fun.

④ The speaker thinks tennis is better than bowling.

問 3　　3

① The speaker doesn't want to eat steak.

② The speaker hasn't eaten dinner yet.

③ The speaker is eating steak now.

④ The speaker wants to eat dinner alone.

問 4　　4

① The speaker is talking to the dentist.

② The speaker is telling Diana the time.

③ The speaker wants to call Diana.

④ The speaker wants to go to the dentist.

これで第１問Ａは終わりです。

B 　第1問Bは問5から問7までの3問です。英語を聞き，それぞれの内容と最もよく合っている絵を，四つの選択肢（①～④）のうちから一つずつ選びなさい。

問 5 　　5

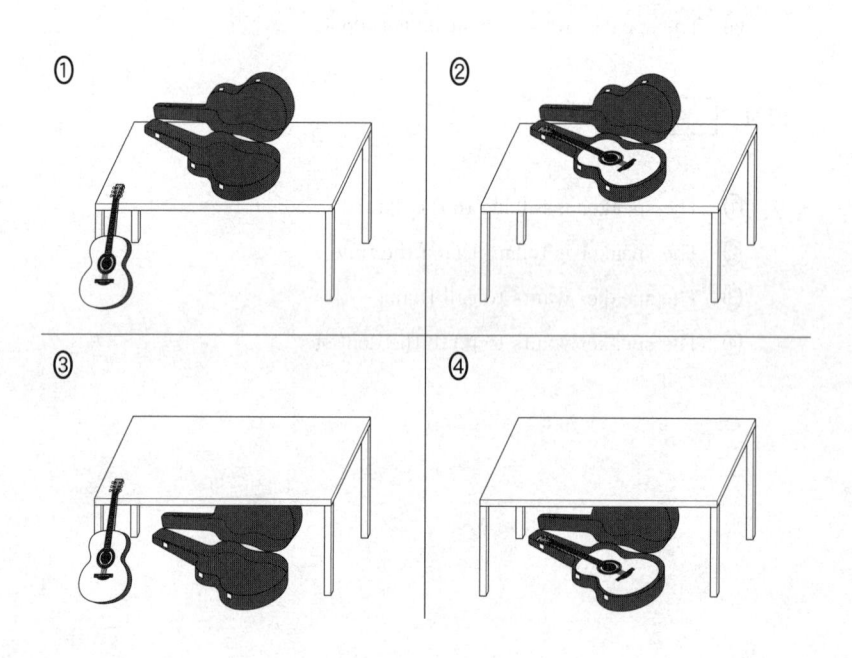

問 6　　6

問 7   7

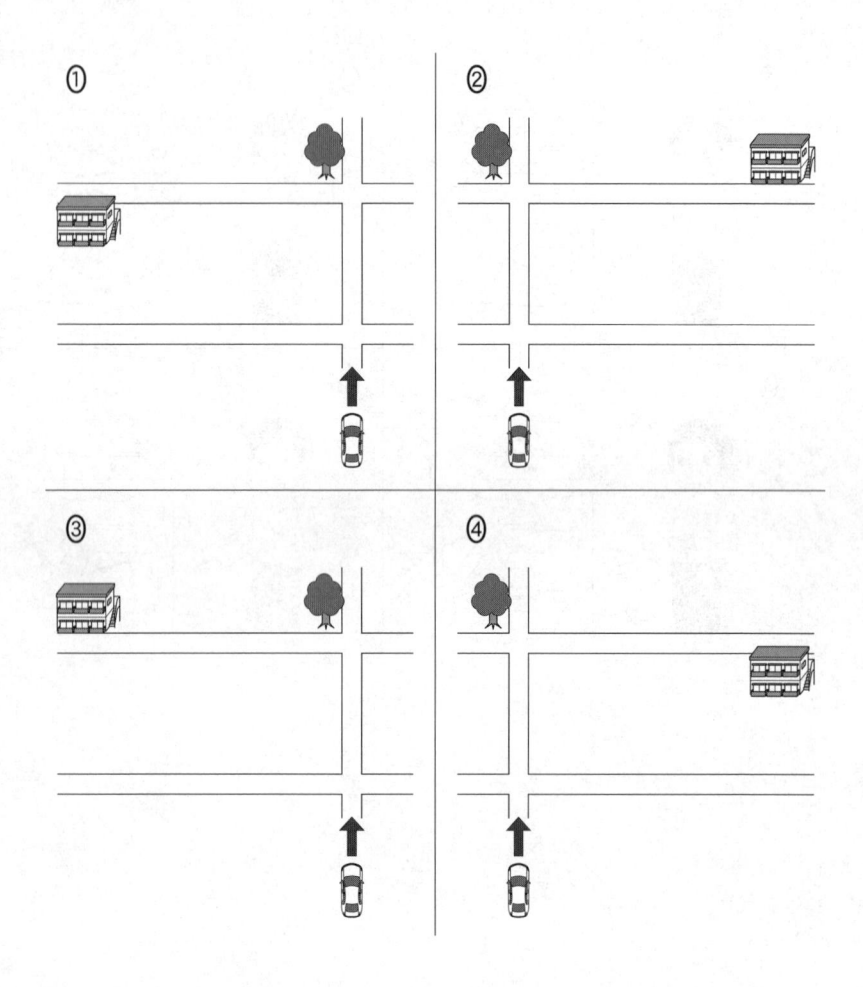

これで第1問Bは終わりです。

第2問　(配点　16)　**音声は2回流れます。**

　　第2問は問8から問11までの4問です。それぞれの問いについて，対話の場面が日本語で書かれています。対話とそれについての問いを聞き，その答えとして最も適切なものを，四つの選択肢(①〜④)のうちから一つずつ選びなさい。

問8　教科書を見ながら，ゲンジボタルの成長について話をしています。　　　　8

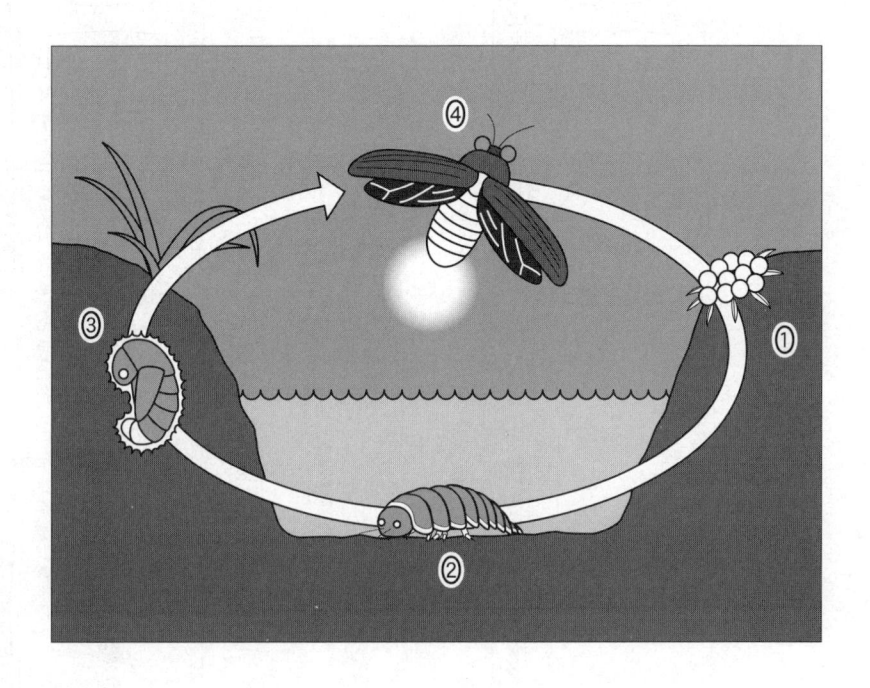

問 9 来週の文化祭で販売するエコバッグのデザインについて話し合っています。

| 9 |

①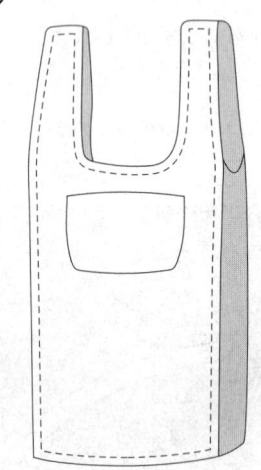

②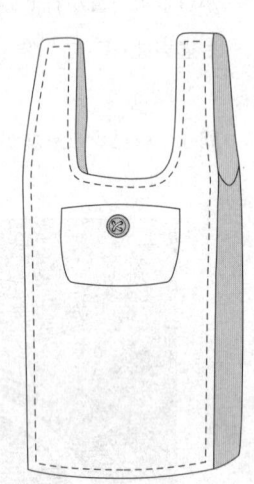

③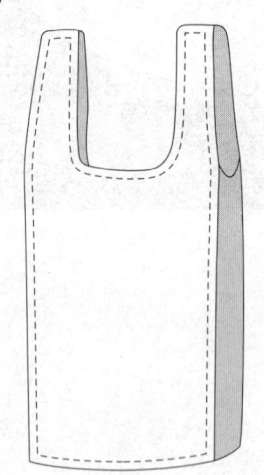

④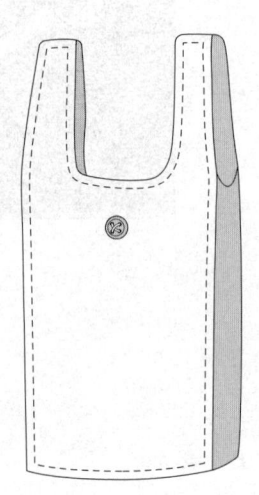

問10　キャンプ場に着いた妹が，携帯電話で兄と話をしています。　□10□

①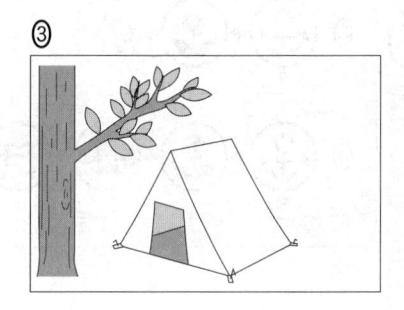

②

③

④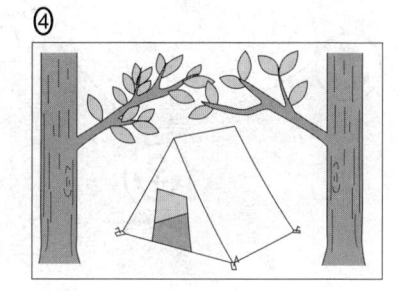

問11　フェリー乗り場で，今日の観光の予定を決めています。　11

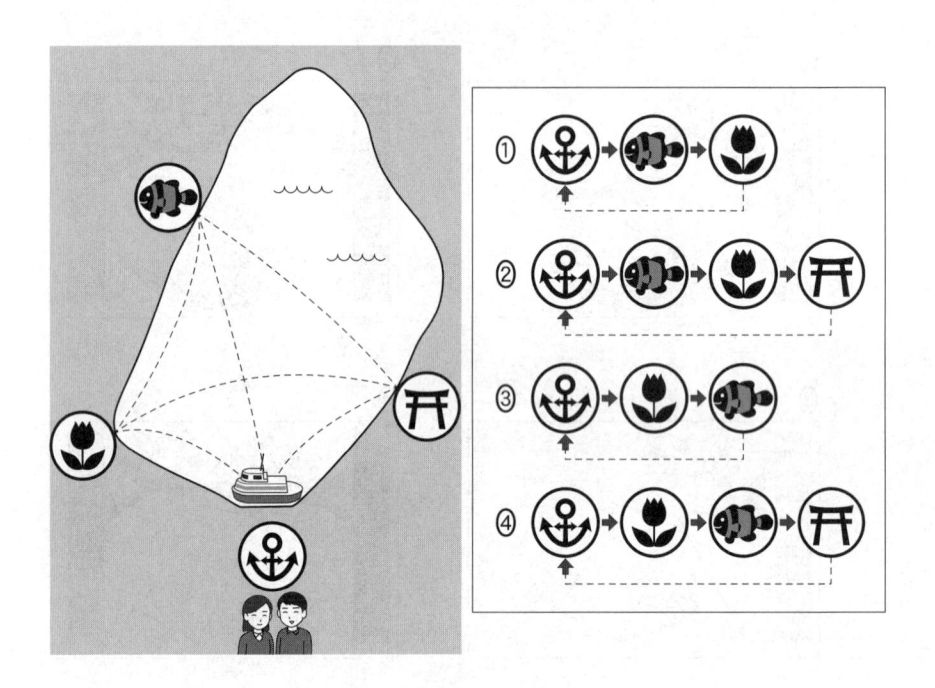

これで第2問は終わりです。

第3問　(配点　18)　音声は1回流れます。

第3問は問12から問17までの6問です。それぞれの問いについて，対話の場面が日本語で書かれています。対話を聞き，問いの答えとして最も適切なものを，四つの選択肢(①〜④)のうちから一つずつ選びなさい。（問いの英文は書かれています。）

問12　女性が男性と，夏休みの予定について話をしています。

Why does the man want to drive?　12

① He prefers to stop wherever he likes.
② He wants to go directly to the coast.
③ The train goes just part of the way.
④ The train is much more flexible.

問13　郵便局で，女性が質問をしています。

What will the woman do?　13

① Buy the less expensive postage
② Mail the letter on Friday or later
③ Pay the higher price for postage
④ Send the letter by standard delivery

問14　男性が女性と，観たい映画について話をしています。

What did they decide to do?　14

① Choose a movie next week
② Go to a comedy movie today
③ Select a movie this week
④ Watch a horror movie tonight

問15　友人同士が，先週末の出来事について話をしています。

Who did she eat lunch with?　| 15 |

① Both her brother and sister

② Everyone in her family

③ Her brother's and sister's children

④ Her two nieces and two nephews

問16　レストランで，夫婦が何を注文するか話をしています。

What is true according to the conversation?　| 16 |

① The man will order fish and pie.

② The man will order pasta and cake.

③ The woman will order fish and cake.

④ The woman will order pasta and pie.

問17　道で，男性が同僚の女性に話しかけています。

What will the man do?　| 17 |

① Go to the subway with the woman

② Help the woman with one of the bags

③ Take the bags home for the woman

④ Walk with the woman to the bus stop

これで第３問は終わりです。

第４問 （配点　12）　**音声は１回流れます。**

第４問は**A**と**B**の二つの部分に分かれています。

A　　第４問**A**は**問18**から**問25**までの８問です。話を聞き，それぞれの問いの答えとして最も適切なものを，選択肢から選びなさい。**問題文と図表を読む時間が与えられた後，音声が流れます。**

問18～21　あなたは，大学の授業で配られた資料のグラフを完成させようとしています。クラスメートの発表を聞き，四つの空欄　18　～　21　に入れるのに最も適切なものを，四つの選択肢（①～④）のうちから一つずつ選びなさい。

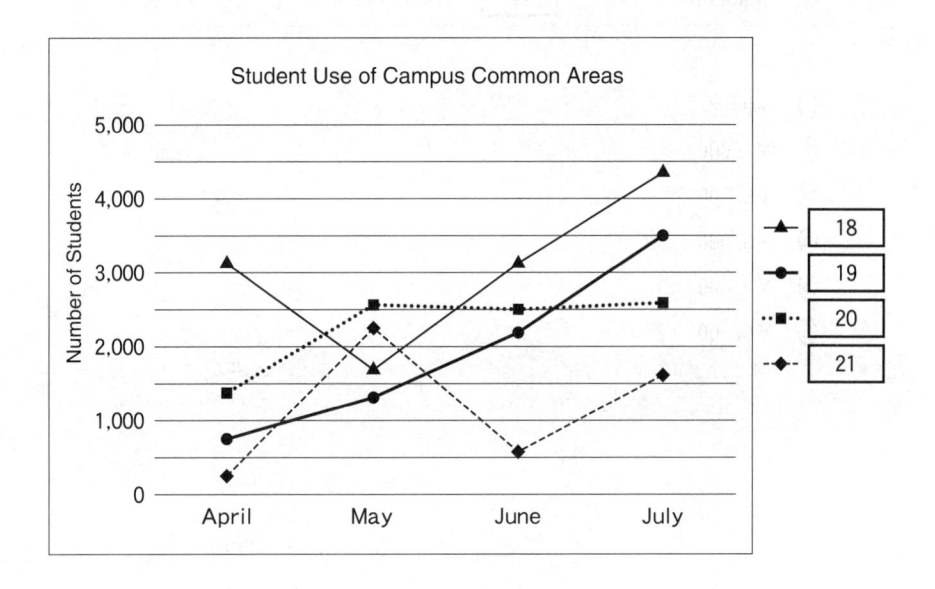

① Cafeteria

② Computer Room

③ Library

④ Student Lounge

問22〜25　あなたは，留学生の友達のために，英語が通じるフィットネスクラブを探していて，受付で一緒に料金プランの説明を聞いています。次の表の四つの空欄 22 〜 25 に入れるのに最も適切なものを，六つの選択肢 ①〜⑥ のうちから一つずつ選びなさい。選択肢は2回以上使ってもかまいません。

Club Membership Plans and Monthly Fees

Membership plans	All areas	Pool only	Towel service
Regular	¥8,000	23	24
Daytime	¥5,000	¥3,000	25
Student	22	¥2,000	¥1,000

① ¥0
② ¥1,000
③ ¥2,500
④ ¥3,000
⑤ ¥4,000
⑥ ¥6,000

これで第4問Aは終わりです。

B 　第4問Bは問26の1問です。話を聞き，示された条件に最も合うものを，四つの選択肢(①~④)のうちから一つ選びなさい。後の表を参考にしてメモを取ってもかまいません。**状況と条件を読む時間が与えられた後，音声が流れます。**

状況

　あなたは，国際会議の会場を一つ決めるために，四人のスタッフが推薦する場所の説明を聞いています。

あなたが考えている条件

　A．50人以上入る部屋が8室以上あること

　B．施設内全体でWi-Fiが使えること

　C．施設内で食事ができること

	Location	Condition A	Condition B	Condition C
①	Ashford Center			
②	Founders' Hotel			
③	Mountain Terrace			
④	Valley Hall			

問26　　| 26 |　 is the location you are most likely to choose.

① 　Ashford Center

② 　Founders' Hotel

③ 　Mountain Terrace

④ 　Valley Hall

これで第4問Bは終わりです。

第5問 （配点 15） 音声は1回流れます。

第5問は問27から問33までの7問です。

最初に講義を聞き，問27から問32に答えなさい。次に続きを聞き，問33に答えなさい。状況，ワークシート，問い及び図表を読む時間が与えられた後，音声が流れます。

状況

あなたは大学で，美術館のデジタル化についての講義を，ワークシートにメモを取りながら聞いています。

ワークシート

Art in the Digital Age

○**Impact of Digital Technology on Art Museums**

Digital art museums are changing how people interact with art because art museums ⬚27⬚ .

○**Distinct Features of Digital Art Museums**

Benefits to museums	Benefits to visitors
◆ potential increase in the number of visitors	◆ easier access ◆ flexible ⬚28⬚ ◆ detailed ⬚29⬚

Challenges for museums
The need for: ◆ enthusiastic ⬚30⬚ ◆ digital specialists ◆ increased ⬚31⬚

問27　ワークシートの空欄　| 27 |　に入れるのに最も適切なものを，四つの選択肢
$\left(①～④\right)$のうちから一つ選びなさい。

① are no longer restricted to physical locations

② can now buy new pieces of artwork online

③ do not have to limit the types of art created

④ need to shift their focus to exhibitions in buildings

問28～31　ワークシートの空欄　| 28 |　～　| 31 |　に入れるのに最も適切なもの
を，六つの選択肢$\left(①～⑥\right)$のうちから一つずつ選びなさい。選択肢は2回以上
使ってもかまいません。

① artists　　　　　② budget　　　　　③ directors

④ information　　　⑤ physical paintings　⑥ visiting time

問32　講義の内容と一致するものはどれか。最も適切なものを，四つの選択肢
$\left(①～④\right)$のうちから一つ選びなさい。　| 32 |

① More art museums are planning to offer free services on site for visitors
with seasonal passes.

② Museums may need to maintain both traditional and online spaces to be
successful in the future.

③ One objective for art museums is to get younger generations interested
in seeing exhibits in person.

④ The production of sustainable art pieces will provide the motivation for
expanding digital art museums.

第5問はさらに続きます。　⟹

問33 グループの発表を聞き，<u>次の図から読み取れる情報と講義全体の内容から</u>どのようなことが言えるか，最も適切なものを，四つの選択肢（①～④）のうちから一つ選びなさい。 33

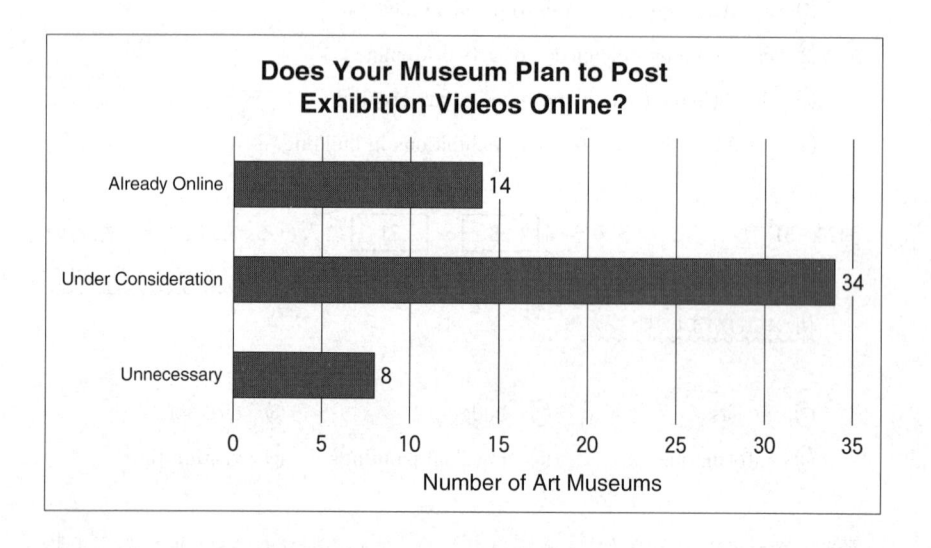

① As visitors want to see art in person, 14 museums decided that putting exhibition videos online is unnecessary.

② Despite problems in finding money and staff, more than 10 museums have already put their exhibition videos online.

③ Eight museums are putting exhibition videos online, and they will put their physical collections in storage.

④ Most of the 56 museums want to have exhibition videos online because it takes very little effort and the cost is low.

これで第5問は終わりです。

第6問 (配点 14) <u>音声は1回流れます</u>。

第6問は**A**と**B**の二つの部分に分かれています。

A 　第6問**A**は問34・問35の2問です。二人の対話を聞き，それぞれの問いの答えとして最も適切なものを，四つの選択肢$\left(① \sim ④\right)$のうちから一つずつ選びなさい。(問いの英文は書かれています。)<u>状況と問いを読む時間が与えられた後，音声が流れます</u>。

> 状況
>
> Raymond と Mana が，今度行く旅行について話をしています。

問34　**Which statement best describes Mana's opinion?** 　34

① Bringing a camera and lenses on a trip is necessary.

② Getting the latest smartphone is advantageous.

③ Packing for an international trip is time-consuming.

④ Updating software on the phone is annoying.

問35　**Which of the following statements would both speakers agree with?** 　35

① It's expensive to repair broken smartphones.

② It's impossible to take photos of running animals.

③ It's unpleasant to carry around heavy luggage.

④ It's vital for both of them to buy a camera and lenses.

> ## これで第6問**A**は終わりです。

B 　　第6問 **B**は問 36・問 37 の2問です。会話を聞き，それぞれの問いの答えとして最も適切なものを，選択肢のうちから一つずつ選びなさい。後の表を参考にしてメモを取ってもかまいません。**状況と問いを読む時間が与えられた後，音声が流れます。**

状況

　四人の学生(Jeff, Sally, Matt, Aki)が，卒業研究について話をしています。

Jeff	
Sally	
Matt	
Aki	

問36　会話が終わった時点で，**単独での研究**を選択しているのは四人のうち何人でしたか。四つの選択肢(①〜④)のうちから一つ選びなさい。　　36

①　1人

②　2人

③　3人

④　4人

問37　会話を踏まえて，Aki の考えの根拠となる図表を，四つの選択肢 ①～④ の うちから一つ選びなさい。　37

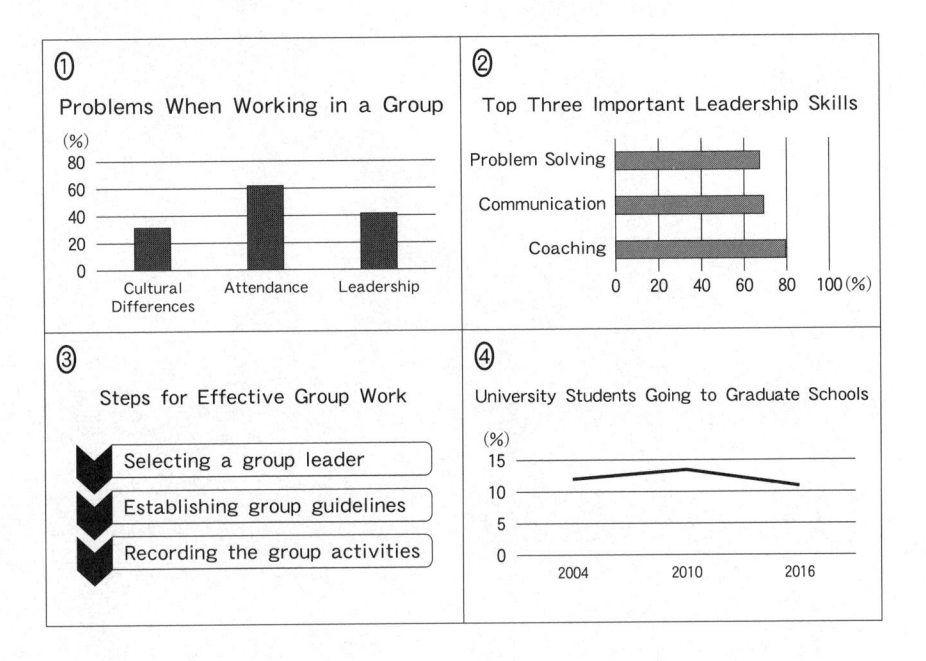

これで第 6 問 B は終わりです。

共通テスト
本試験

2022

リーディング

解答時間 80 分
配点 100 点

英　　語(リーディング)

各大問の英文や図表を読み，解答番号 ⬚1 ～ ⬚48 にあてはまるものとして最も適当な選択肢を選びなさい。

第1問 (配点　10)

A　You are studying about Brazil in the international club at your senior high school. Your teacher asked you to do research on food in Brazil. You find a Brazilian cookbook and read about fruits used to make desserts.

Popular Brazilian Fruits	
 **Cupuaçu**	 **Jabuticaba**
· Smells and tastes like chocolate · Great for desserts, such as cakes, and with yogurt · Brazilians love the chocolate-flavored juice of this fruit.	· Looks like a grape · Eat them within three days of picking for a sweet flavor. · After they get sour, use them for making jams, jellies, and cakes.
 **Pitanga**	 **Buriti**
· Comes in two varieties, red and green · Use the sweet red one for making cakes. · The sour green one is only for jams and jellies.	· Orange inside, similar to a peach or a mango · Tastes very sweet, melts in your mouth · Best for ice cream, cakes, and jams

問 1　Both *cupuaçu* and *buriti* can be used to make [1].

① a cake
② chocolate
③ ice cream
④ yogurt

問 2　If you want to make a sour cake, the best fruit to use is [2].

① *buriti*
② *cupuaçu*
③ *jabuticaba*
④ *pitanga*

＊出典追記（写真）

Cupuaçu: Vanessa Volk/Shutterstock.com
Jabuticaba: Jobz Fotografia/Shutterstock.com
Pitanga: artpritsadee/Shutterstock.com
Buriti: PARALAXIS/Shutterstock.com
※ Buritiについては，著作権の都合により，類似の写真と差し替えています。

B You are looking at the website for the City Zoo in Toronto, Canada and you find an interesting contest announcement. You are thinking about entering the contest.

Contest!

Name a Baby Giraffe

Let's welcome our newest animal to the City Zoo!

A healthy baby giraffe was born on May 26 at the City Zoo.
He's already walking and running around!
He weighs 66 kg and is 180 cm tall.
Your mission is to help his parents, Billy and Noelle, pick a name for their baby.

How to Enter

◆ Click on the link here to submit your idea for his name and follow the directions. → **Enter Here**

◆ Names are accepted starting at 12:00 a.m. on June 1 until 11:59 p.m. on June 7.

◆ Watch the baby giraffe on the live web camera to help you get ideas. → **Live Web Camera**

◆ Each submission is $5. All money will go towards feeding the growing baby giraffe.

Contest Schedule

June 8	The zoo staff will choose five finalists from all the entries. These names will be posted on the zoo's website by 5:00 p.m.
June 9	How will the parents decide on the winning name? Click on the live stream link between 11:00 a.m. and 12:00 p.m. to find out! → **Live Stream** Check our website for the winning name after 12:00 p.m.

Prizes

All five contest finalists will receive free one-day zoo passes valid until the end of July.

The one who submitted the winning name will also get a special photo of the baby giraffe with his family, as well as a private Night Safari Tour!

問 1　You can enter this contest between ┌─ 3 ─┐ .

① May 26 and May 31

② June 1 and June 7

③ June 8 and June 9

④ June 10 and July 31

問 2　When submitting your idea for the baby giraffe's name, you must ┌─ 4 ─┐ .

① buy a day pass

② pay the submission fee

③ spend five dollars at the City Zoo

④ watch the giraffe through the website

問 3　If the name you submitted is included among the five finalists, you will ┌─ 5 ─┐ .

① get free entry to the zoo for a day

② have free access to the live website

③ meet and feed the baby giraffe

④ take a picture with the giraffe's family

第 2 問 （配点 20）

A You are on a *Future Leader* summer programme, which is taking place on a university campus in the UK. You are reading the information about the library so that you can do your coursework.

Abermouth University Library
Open from 8 am to 9 pm
2022 Handout

Library Card: Your student ID card is also your library card and photocopy card. It is in your welcome pack.

~~~~~~

Borrowing Books

You can borrow a maximum of eight books at one time for seven days. To check books out, go to the Information Desk, which is on the first floor. If books are not returned by the due date, you will not be allowed to borrow library books again for three days from the day the books are returned.

Using Computers

Computers with Internet connections are in the Computer Workstations by the main entrance on the first floor. Students may bring their own laptop computers and tablets into the library, but may use them only in the Study Area on the second floor. Students are asked to work quietly, and also not to reserve seats for friends.

Library Orientations

On Tuesdays at 10 am, 20-minute library orientations are held in the Reading Room on the third floor. Talk to the Information Desk staff for details.

Comments from Past Students

- The library orientation was really good. The materials were great, too!
- The Study Area can get really crowded. Get there as early as possible to get a seat!
- The Wi-Fi inside the library is quite slow, but the one at the coffee shop next door is good. By the way, you cannot bring any drinks into the library.
- The staff at the Information Desk answered all my questions. Go there if you need any help!
- On the ground floor there are some TVs for watching the library's videos. When watching videos, you need to use your own earphones or headphones. Next to the TVs there are photocopiers.

問 1 ⬚6⬚ are two things you can do at the library.

    A ： bring in coffee from the coffee shop

    B ： save seats for others in the Study Area

    C ： use the photocopiers on the second floor

    D ： use your ID to make photocopies

    E ： use your laptop in the Study Area

    ①   A and B

    ②   A and C

    ③   B and E

    ④   C and D

    ⑤   D and E

問 2 You are at the main entrance of the library and want to go to the orientation. You need to ⬚7⬚ .

    ①   go down one floor

    ②   go up one floor

    ③   go up two floors

    ④   stay on the same floor

問 3 ⬚8⬚ near the main entrance to the library.

    ①   The Computer Workstations are

    ②   The Reading Room is

    ③   The Study Area is

    ④   The TVs are

問 4 If you borrowed three books on 2 August and returned them on 10 August, you could ⬚9⬚ .

① borrow eight more books on 10 August

② borrow seven more books on 10 August

③ not borrow any more books before 13 August

④ not borrow any more books before 17 August

問 5 One **fact** stated by a previous student is that ⬚10⬚ .

① headphones or earphones are necessary when watching videos

② the library is open until 9 pm

③ the library orientation handouts are wonderful

④ the Study Area is often empty

B You are the editor of a school English paper. David, an exchange student from the UK, has written an article for the paper.

Do you like animals? The UK is known as a nation of animal-lovers; two in five UK homes have pets. This is lower than in the US, where more than half of homes have pets. However, Australia has the highest percentage of homes with pets!

Why is this so? Results of a survey done in Australia give us some answers.

Pet owners mention the following advantages of living with pets:

➤ The love, happiness, and friendship pets give (90%);

➤ The feeling of having another family member (over 60% of dog and cat owners);

➤ The happy times pets bring. Most owners spend 3–4 hours with their 'fur babies' every day and around half of all dog and cat owners let their pets sleep with them!

One disadvantage is that pets have to be cared for when owners go away. It may be difficult to organise care for them; 25% of owners take their pets on holidays or road trips.

These results suggest that keeping pets is a good thing. On the other hand, since coming to Japan, I have seen other problems such as space, time, and cost. Still, I know people here who are content living in small flats with pets. Recently, I heard that little pigs are becoming popular as pets in Japan. Some people take their pig(s) for a walk, which must be fun, but I wonder how easy it is to keep pigs inside homes.

問 1 In terms of the ratios for homes with pets, which shows the countries' ranking from **highest to lowest**? ☐ 11

① Australia — the UK — the US

② Australia — the US — the UK

③ The UK — Australia — the US

④ The UK — the US — Australia

⑤ The US — Australia — the UK

⑥ The US — the UK — Australia

問 2 According to David's report, one advantage of having pets is that ☐ 12 .

① you can save money

② you can sleep longer

③ you will become popular

④ your life can be more enjoyable

問 3 The statement that best reflects one finding from the survey is ☐ 13

① 'I feel uncomfortable when I watch TV with my cat.'

② 'I spend about three hours with my pet every day.'

③ 'Most pets like going on car trips.'

④ 'Pets need a room of their own.'

問 4　Which best summarises David's opinions about having pets in Japan?　14

① It is not troublesome to keep pets.

② People might stop keeping pets.

③ Pet owners have more family members.

④ Some people are happy to keep pets inside their homes.

問 5　Which is the most suitable title for the article?　15

① Does Your Pet Sleep on Your Bed?

② What Does Keeping Pets Give Us?

③ What Pet Do You Have?

④ Why Not Keep a Pet Pig?

第 3 問 （配点 15）

A You are interested in how Japanese culture is represented in other countries. You are reading a young UK blogger's post.

 Emily Sampson
Monday, 5 July, 8.00 pm

On the first two Sundays in July every year, there is an intercultural event in Winsfield called A Slice of Japan. I had a chance to go there yesterday. It is definitely worth visiting! There were many authentic food stands called *yatai*, hands-on activities, and some great performances. The *yatai* served green-tea ice cream, *takoyaki*, and *yakitori*. I tried green-tea ice cream and *takoyaki*. The *takoyaki* was especially delicious. You should try some!

I saw three performances. One of them was a *rakugo* comedy given in English. Some people were laughing, but somehow I didn't find it funny. It may be because I don't know much about Japanese culture. For me, the other two, the *taiko* and the *koto*, were the highlights. The *taiko* were powerful, and the *koto* was relaxing.

I attended a workshop and a cultural experience, which were fun. In the workshop, I learnt how to make *onigiri*. Although the shape of the one I made was a little odd, it tasted good. The *nagashi-somen* experience was really interesting! It involved trying to catch cooked noodles with chopsticks as they slid down a bamboo water slide. It was very difficult to catch them.

If you want to experience a slice of Japan, this festival is for you! I took a picture of the flyer. Check it out.

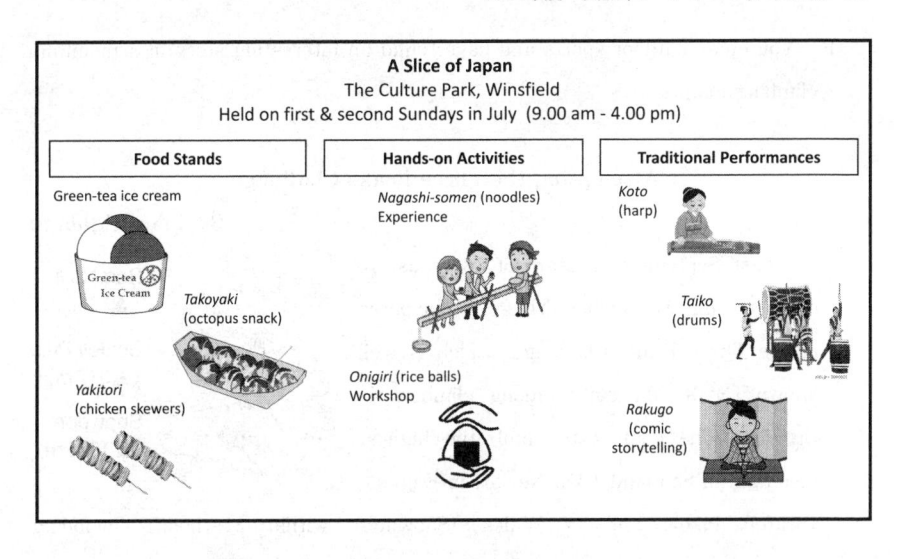

A Slice of Japan
The Culture Park, Winsfield
Held on first & second Sundays in July (9.00 am - 4.00 pm)

| **Food Stands** | **Hands-on Activities** | **Traditional Performances** |

Green-tea ice cream

Green-tea Ice Cream

Takoyaki (octopus snack)

Yakitori (chicken skewers)

Nagashi-somen (noodles) Experience

Onigiri (rice balls) Workshop

Koto (harp)

Taiko (drums)

Rakugo (comic storytelling)

問 1　In Emily's blog, you read that she [16] .

① enjoyed Japanese traditional music

② learnt how to play Japanese drums

③ made a water slide from bamboo

④ was able to try all the *yatai* foods

問 2　Emily was most likely [17] when she was listening to the *rakugo* comedy.

① confused

② convinced

③ excited

④ relaxed

B You enjoy outdoor sports and have found an interesting story in a mountain climbing magazine.

Attempting the Three Peaks Challenge

By John Highland

Last September, a team of 12 of us, 10 climbers and two minibus drivers, participated in the Three Peaks Challenge, which is well known for its difficulty among climbers in Britain. The goal is to climb the highest mountain in Scotland (Ben Nevis), in England

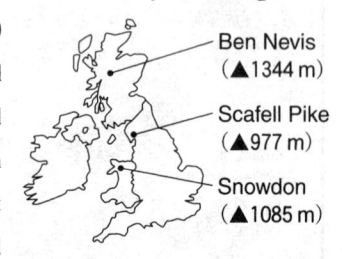

Ben Nevis (▲1344 m)

Scafell Pike (▲977 m)

Snowdon (▲1085 m)

(Scafell Pike), and in Wales (Snowdon) within 24 hours, including approximately 10 hours of driving between the mountains. To prepare for this, we trained on and off for several months and planned the route carefully. Our challenge would start at the foot of Ben Nevis and finish at the foot of Snowdon.

We began our first climb at six o'clock on a beautiful autumn morning. Thanks to our training, we reached the summit in under three hours. On the way down, however, I realised I had dropped my phone. Fortunately, I found it with the help of the team, but we lost 15 minutes.

We reached our next destination, Scafell Pike, early that evening. After six hours of rest in the minibus, we started our second climb full of energy. As it got darker, though, we had to slow down. It took four-and-a-half hours to complete Scafell Pike. Again, it took longer than planned, and time was running out. However, because the traffic was light, we were right on schedule when we started our final climb. Now we felt more confident we could complete the challenge within the time limit.

Unfortunately, soon after we started the final climb, it began to rain heavily and we had to slow down again. It was slippery and very difficult to see ahead. At 4.30 am, we realised that we could no longer finish in 24 hours.

Nevertheless, we were still determined to climb the final mountain. The rain got heavier and heavier, and two members of the team decided to return to the minibus. Exhausted and miserable, the rest of us were also ready to go back down, but then the sky cleared, and we saw that we were really close to the top of the mountain. Suddenly, we were no longer tired. Even though we weren't successful with the time challenge, we were successful with the climb challenge. We had done it. What a feeling that was!

問 1　Put the following events (①～④) into the order they happened.

　　　 18 → 19 → 20 → 21

　　①　All members reached the top of the highest mountain in Scotland.
　　②　Some members gave up climbing Snowdon.
　　③　The group travelled by minibus to Wales.
　　④　The team members helped to find the writer's phone.

問 2　What was the reason for being behind schedule when they completed Scafell Pike?　 22

　　①　It took longer than planned to reach the top of Ben Nevis.
　　②　It was difficult to make good progress in the dark.
　　③　The climbers took a rest in order to save energy.
　　④　The team had to wait until the conditions improved.

問 3　From this story, you learnt that the writer　 23 　.

　　①　didn't feel a sense of satisfaction
　　②　reached the top of all three mountains
　　③　successfully completed the time challenge
　　④　was the second driver of the minibus

第4問 (配点 16)

You are a new student at Robinson University in the US. You are reading the blogs of two students, Len and Cindy, to find out where you can buy things for your apartment.

New to Robinson University?

Posted by Len at 4:51 p.m. on August 4, 2021

Getting ready for college? Do you need some home appliances or electronics, but don't want to spend too much money? There's a great store close to the university called Second Hand. It sells used goods such as televisions, vacuum cleaners, and microwaves. A lot of students like to buy and sell their things at the store. Here are some items that are on sale now. Most of them are priced very reasonably, but stock is limited, so hurry!

Second Hand *Sale for New Students!*

Television **$250**
2016 model
50 in.

Rice Cooker **$40**
2018 model
W 11 in. x D 14 in. x H 8 in.

Vacuum Cleaner **$30**
2017 model
W 9 in. x L 14 in. x H 12 in.

Microwave **$85**
2019 model
1.1 cu. ft. 900 watts

Kettle **$5**
2018 model
1ℓ

https://secondhand.web

Purchasing used goods is eco-friendly. Plus, by buying from Second Hand you'll be supporting a local business. The owner is actually a graduate of Robinson University!

Welcome to Robinson University!

Posted by Cindy at 11:21 a.m. on August 5, 2021

Are you starting at Robinson University soon? You may be preparing to buy some household appliances or electronics for your new life.

You're going to be here for four years, so buy your goods new! In my first year, I bought all of my appliances at a shop selling used goods near the university because they were cheaper than brand-new ones. However, some of them stopped working after just one month, and they did not have warranties. I had to replace them quickly and could not shop around, so I just bought everything from one big chain store. I wish I had been able to compare the prices at two or more shops beforehand.

The website called save4unistu.com is very useful for comparing the prices of items from different stores before you go shopping. The following table compares current prices for the most popular new items from three big stores.

Item	Cut Price	Great Buy	Value Saver
Rice Cooker (W 11 in. x D 14 in. x H 8 in.)	$115	$120	$125
Television (50 in.)	$300	$295	$305
Kettle (1ℓ)	$15	$18	$20
Microwave (1.1 cu. ft. 900 watts)	$88	$90	$95
Vacuum Cleaner (W 9 in. x L 14 in. x H 12 in.)	$33	$35	$38

https://save4unistu.com

Note that warranties are available for all items. So, if anything stops working, replacing it will be straightforward. Value Saver provides one-year warranties on all household goods for free. If the item is over $300, the warranty is extended by four years. Great Buy provides one-year warranties on all household goods, and students with proof of enrollment at a school get 10% off the prices listed on the table above. Warranties at Cut Price are not provided for free. You have to pay $10 per item for a five-year warranty.

Things go fast! Don't wait or you'll miss out!

問 1 Len recommends buying used goods because ⬚ 24 ⬚ .

① it will help the university

② most of the items are good for the environment

③ they are affordable for students

④ you can find what you need in a hurry

問 2 Cindy suggests buying ⬚ 25 ⬚ .

① from a single big chain store because it saves time

② from the website because it offers the best prices

③ new items that have warranties for replacement

④ used items because they are much cheaper than new items

問 3 Both Len and Cindy recommend that you ⬚ 26 ⬚ .

① buy from the store near your university

② buy your appliances as soon as you can

③ choose a shop offering a student discount

④ choose the items with warranties

問 4 If you want to buy new appliances at the best possible prices, you should 　27　 .

　① access the URL in Cindy's post

　② access the URL in Len's post

　③ contact one big chain store

　④ contact shops close to the campus

問 5 You have decided to buy a microwave from 　28　 because it is the cheapest. You have also decided to buy a television from 　29　 because it is the cheapest with a five-year warranty. (Choose one for each box from options ①〜④.)

　① Cut Price

　② Great Buy

　③ Second Hand

　④ Value Saver

第 5 問　（配点　15）

In your English class, you will give a presentation about a great inventor. You found the following article and prepared notes for your presentation.

Who invented television?　It is not an easy question to answer.　In the early years of the 20th century, there was something called a mechanical television system, but it was not a success.　Inventors were also competing to develop an electronic television system, which later became the basis of what we have today.　In the US, there was a battle over the patent for the electronic television system, which attracted people's attention

Farnsworth in 1939

because it was between a young man and a giant corporation.　This patent would give the inventor the official right to be the only person to develop, use, or sell the system.

Philo Taylor Farnsworth was born in a log cabin in Utah in 1906.　His family did not have electricity until he was 12 years old, and he was excited to find a generator—a machine that produces electricity—when they moved into a new home.　He was very interested in mechanical and electrical technology, reading any information he could find on the subject.　He would often repair the old generator and even changed his mother's hand-powered washing machine into an electricity-powered one.

One day, while working in his father's potato field, he looked behind him and saw all the straight parallel rows of soil that he had made.　Suddenly, it occurred to him that it might be possible to create an electronic image on a screen using parallel lines, just like the rows in the field.　In 1922, during the spring semester of his first year at high school, he presented this idea to his chemistry teacher, Justin Tolman, and asked for advice about his concept of an electronic television system.　With sketches and diagrams on blackboards, he showed the teacher how it might be accomplished, and Tolman encouraged him to develop his ideas.

On September 7, 1927, Farnsworth succeeded in sending his first electronic image. In the following years, he further improved the system so that it could successfully broadcast live images. The US government gave him a patent for this system in 1930.

However, Farnsworth was not the only one working on such a system. A giant company, RCA (Radio Corporation of America), also saw a bright future for television and did not want to miss the opportunity. They recruited Vladimir Zworykin, who had already worked on an electronic television system and had earned a patent as early as 1923. Yet, in 1931, they offered Farnsworth a large sum of money to sell them his patent as his system was superior to that of Zworykin's. He refused this offer, which started a patent war between Farnsworth and RCA.

The company took legal action against Farnsworth, claiming that Zworykin's 1923 patent had priority even though he had never made a working version of his system. Farnsworth lost the first two rounds of the court case. However, in the final round, the teacher who had copied Farnsworth's blackboard drawings gave evidence that Farnsworth did have the idea of an electronic television system at least a year before Zworykin's patent was issued. In 1934, a judge approved Farnsworth's patent claim on the strength of handwritten notes made by his old high school teacher, Tolman.

Farnsworth died in 1971 at the age of 64. He held about 300 US and foreign patents, mostly in radio and television, and in 1999, *TIME* magazine included Farnsworth in *Time 100: The Most Important People of the Century.* In an interview after his death, Farnsworth's wife Pem recalled Neil Armstrong's moon landing being broadcast. Watching the television with her, Farnsworth had said, "Pem, this has made it all worthwhile." His story will always be tied to his teenage dream of sending moving pictures through the air and those blackboard drawings at his high school.

Your presentation notes:

Philo Taylor Farnsworth (1906-1971)

— 30 —

Early Days

- born in a log cabin without electricity
- 31
- 32

Sequence of Key Events

33

34

Farnsworth successfully sent his first image.

35

36

↓ RCA took Farnsworth to court.

Outcome

- Farnsworth won the patent battle against RCA thanks to 37 .

Achievements and Recognition

- Farnsworth had about 300 patents.
- *TIME* magazine listed him as one of the century's most important figures.
- 38

問 1　Which is the best subtitle for your presentation?　| 30 |

   ① A Young Inventor Against a Giant Company

   ② From High School Teacher to Successful Inventor

   ③ Never-Ending Passion for Generating Electricity

   ④ The Future of Electronic Television

問 2　Choose the best two options for　| 31 |　and　| 32 |　to complete Early

Days.　(The order does not matter.)

   ① bought a generator to provide his family with electricity

   ② built a log cabin that had electricity with the help of his father

   ③ enjoyed reading books on every subject in school

   ④ fixed and improved household equipment for his family

   ⑤ got the idea for an electronic television system while working in a field

問 3　Choose **four** out of the five events　(①～⑤)　in the order they happened to

complete Sequence of Key Events.

| 33 | → | 34 | → | 35 | → | 36 |

   ① Farnsworth rejected RCA's offer.

   ② Farnsworth shared his idea with his high school teacher.

   ③ RCA won the first stage of the battle.

   ④ The US government gave Farnsworth the patent.

   ⑤ Zworykin was granted a patent for his television system.

問 4 Choose the best option for 37 to complete <u>Outcome</u>.

① the acceptance of his rival's technological inferiority

② the financial assistance provided by Tolman

③ the sketches his teacher had kept for many years

④ the withdrawal of RCA from the battle

問 5 Choose the best option for 38 to complete <u>Achievements and Recognition</u>.

① He and his wife were given an award for their work with RCA.

② He appeared on TV when Armstrong's first moon landing was broadcast.

③ His invention has enabled us to watch historic events live.

④ Many teenagers have followed their dreams after watching him on TV.

第6問　(配点　24)

A　Your study group is learning about "how time of day affects people." You have found an article you want to share. Complete the summary notes for your next meeting.

When Does the Day Begin for You?

When asked "Are you a morning person?" some reply "No, I'm a night owl." Such people can concentrate and create at night. At the other end of the clock, a well-known proverb claims: "The early bird catches the worm," which means that waking early is the way to get food, win prizes, and reach goals. The lark is a morning singer, so early birds, the opposite of *owls*, are *larks*. Creatures active during the day are "diurnal" and those emerging at night are "nocturnal."

Yet another proverb states: "Early to bed, early to rise makes a man healthy, wealthy, and wise." *Larks* may jump out of bed and welcome the morning with a big breakfast, while *owls* hit the snooze button, getting ready at the last minute, usually without breakfast. They may have fewer meals, but they eat late in the day. Not exercising after meals can cause weight gain. Perhaps *larks* are healthier. *Owls* must work or learn on the *lark* schedule. Most schooling occurs before 4:00 p.m., so young *larks* may perform certain tasks better. Business deals made early in the day may make some *larks* wealthier.

What makes one person a *lark* and another an *owl*? One theory suggests preference for day or night has to do with time of birth. In 2010, Cleveland State University researchers found evidence that not only does a person's internal clock start at the moment of birth, but that those born at night might have lifelong challenges performing during daytime hours. Usually, their world experience begins with darkness. Since traditional study time and office work happen in daylight, we assume that day begins in the morning. People asleep are not first in line, and might miss chances.

　　Does everyone follow the system of beginning days in the morning? The Jewish people, an approximately 6,000-year-old religious group, believe a day is measured from sundown until the following sundown—from eve to eve. Christians continue this tradition with Christmas Eve. The Chinese use their system of 12 animals not only to mark years, but to separate each two-hour period of the day. The hour of the rat, the first period, is from 11:00 p.m. to 1:00 a.m. Chinese culture also begins the day at night. In other words, ancient customs support how *owls* view time.

　　Research indicates *owls* are smarter and more creative. So, perhaps *larks* are not always wiser! That is to say, *larks* win "healthy" and sometimes "wealthy," but they may lose "wise." In an early report, Richard D. Roberts and Patrick C. Kyllonen state that *owls* tend to be more intelligent. A later, comprehensive study by Franzis Preckel, for which Roberts was one of the co-authors, came to the same conclusion. It is not all good news for *owls*, though. Not only can schoolwork be a challenge, but they may miss daytime career opportunities and are more likely to enjoy the bad habits of "nightlife," playing at night while *larks* sleep. Nightlife tends to be expensive. A University of Barcelona study suggests *larks* are precise, seek perfection, and feel little stress. *Owls* seek new adventures and exciting leisure activities, yet they often have trouble relaxing.

　　Can people change? While the results are not all in, studies of young adults seem to say no, we are hard-wired. So, as young people grow and acquire more freedom, they end up returning to their *lark* or *owl* nature. However, concerns arise that this categorization may not fit everyone. In addition to time of birth possibly being an indication, a report published in *Nature Communications* suggests that DNA may also affect our habits concerning time. Other works focus on changes occurring in some people due to aging or illness. New research in this area appears all the time. A study of university students in Russia suggests that there are six types, so *owls* and *larks* may not be the only birds around!

Your summary notes:

```
○          When Does the Day Begin for You?
○
○   Vocabulary
○       Definition of diurnal: [  39  ]
○          ⇔ opposite: nocturnal
○
○   The Main Points
○   •  Not all of us fit easily into the common daytime schedule, but
○      we are forced to follow it, especially when we are children.
○   •  Some studies indicate that the most active time for each of us
○      is part of our nature.
○   •  Basically, [  40  ].
○   •  Perspectives keep changing with new research.
○
○   Interesting Details
○   •  The Jewish and Christian religions, as well as Chinese time
○      division, are referred to in the article in order to [  41  ].
○   •  Some studies show that [  42  ] may set a person's internal clock
○      and may be the explanation for differences in intelligence and
○      [  43  ].
```

問 1　Choose the best option for [　39　].

① achieves goals quickly

② likes keeping pet birds

③ lively in the daytime

④ skillful in finding food

問 2　Choose the best option for ┃ 40 ┃ .

① a more flexible time and performance schedule will be developed in the future

② enjoying social activities in the morning becomes more important as we age

③ it might be hard for us to change what time of day we perform best

④ living on the *owl* schedule will eventually lead to social and financial benefits

問 3　Choose the best option for ┃ 41 ┃ .

① explain that certain societies have long believed that a day begins at night

② indicate that nocturnal people were more religious in the past

③ say that people have long thought they miss chances due to morning laziness

④ support the idea that *owls* must go to work or school on the *lark* schedule

問 4　Choose the best options for ┃ 42 ┃ and ┃ 43 ┃ .

① amount of sleep

② appearance

③ behavior

④ cultural background

⑤ religious beliefs

⑥ time of birth

B You are in a student group preparing a poster for a scientific presentation contest with the theme "What we should know in order to protect the environment." You have been using the following passage to create the poster.

Recycling Plastic
—What You Need to Know—

　　The world is full of various types of plastic. Look around, and you will see dozens of plastic items. Look closer and you will notice a recycling symbol on them. In Japan, you might have seen the first symbol in Figure 1 below, but the United States and Europe have a more detailed classification. These recycling symbols look like a triangle of chasing pointers, or sometimes a simple triangle with a number from one to seven inside. This system was started in 1988 by the Society of the Plastics Industry in the US, but since 2008 it has been administered by an international standards organization, ASTM (American Society for Testing and Materials) International. Recycling symbols provide important data about the chemical composition of plastic used and its recyclability. However, a plastic recycling symbol on an object does not always mean that the item can be recycled. It only shows what type of plastic it is made from and that it might be recyclable.

Figure 1. Plastic recycling symbols

PETE HDPE PVC LDPE PP PS OTHER
(PET)

　　So, what do these numbers mean? One group (numbers 2, 4, and 5) is considered to be safe for the human body, while the other group (numbers 1, 3, 6, and 7) could be problematic in certain circumstances. Let us look at the safer group first.

　　High-density Polyethylene is a recycle-type 2 plastic and is commonly called HDPE. It is non-toxic and can be used in the human body for heart

---

valves and artificial joints. It is strong and can be used at temperatures as low as $-40℃$ and as high as $100℃$. HDPE can be reused without any harm and is also suitable for beer-bottle cases, milk jugs, chairs, and toys. Type 2 products can be recycled several times. Type 4 products are made from Low-density Polyethylene (LDPE). They are safe to use and are flexible. LDPE is used for squeezable bottles, and bread wrapping. Currently, very little Type 4 plastic is recycled. Polypropylene (PP), a Type 5 material, is the second-most widely produced plastic in the world. It is light, non-stretching, and has a high resistance to impact, heat, and freezing. It is suitable for furniture, food containers, and polymer banknotes such as the Australian dollar. Only 3% of Type 5 is recycled.

Now let us look at the second group, Types 1, 3, 6, and 7. These are more challenging because of the chemicals they contain or the difficulty in recycling them. Recycle-type 1 plastic is commonly known as PETE (Polyethylene Terephthalate), and is used mainly in food and beverage containers. PETE containers — or PET as it is often written in Japan — should only be used once as they are difficult to clean thoroughly. Also, they should not be heated above $70℃$ as this can cause some containers to soften and change shape. Uncontaminated PETE is easy to recycle and can be made into new containers, clothes, or carpets, but if PETE is contaminated with Polyvinyl Chloride (PVC), it can make it unrecyclable. PVC, Type 3, is thought to be one of the least recyclable plastics known. It should only be disposed of by professionals and never set fire to at home or in the garden. Type 3 plastic is found in shower curtains, pipes, and flooring. Type 6, Polystyrene (PS) or Styrofoam as it is often called, is hard to recycle and catches fire easily. However, it is cheap to produce and lightweight. It is used for disposable drinking cups, instant noodle containers, and other food packaging. Type 7 plastics (acrylics, nylons, and polycarbonates) are difficult to recycle. Type 7 plastics are often used in the manufacture of vehicle parts such as seats, dashboards, and bumpers.

Currently, only about 20% of plastic is recycled, and approximately 55% ends up in a landfill. Therefore, knowledge about different types of plastic could help reduce waste and contribute to an increased awareness of the environment.

Your presentation poster draft:

Do you know the plastic recycling symbols?

What are plastic recycling symbols?

| 44 |

Types of plastic and recycling information

Type	Symbol	Description	Products
1	PETE (PET)	This type of plastic is common and generally easy to recycle.	drink bottles, food containers, etc.
2	HDPE	This type of plastic is easily recycled 45 .	heart valves, artificial joints, chairs, toys, etc.
3	PVC	This type of plastic is 46 .	shower curtains, pipes, flooring, etc.
4	4		

Plastics with common properties

| 47 |
| 48 |

問 1 Under the first poster heading, your group wants to introduce the plastic recycling symbols as explained in the passage. Which of the following is the most appropriate? 44

① They are symbols that rank the recyclability of plastics and other related problems.

② They provide information on the chemical make-up and recycling options of the plastic.

③ They tell the user which standards organization gave them certificates for general use.

④ They were introduced by ASTM and developed by the Society of the Plastics Industry.

問 2 You have been asked to write descriptions of Type 2 and Type 3 plastics. Choose the best options for 45 and 46 .

Type 2 45
① and commonly known as a single-use plastic
② and used at a wide range of temperatures
③ but harmful to humans
④ but unsuitable for drink containers

Type 3 46
① difficult to recycle and should not be burned in the yard
② flammable; however, it is soft and cheap to produce
③ known to be a non-toxic product
④ well known for being easily recyclable

問 3 You are making statements about some plastics which share common properties.　According to the article, which two of the following are appropriate? (The order does not matter.)　| 47 | ・ | 48 |

① Boiling water (100℃) can be served in Type 1 and Type 6 plastic containers.

② It is easy to recycle products with Type 1, 2, and 3 logos.

③ Products with the symbols 1, 2, 4, 5, and 6 are suitable for food or drink containers.

④ Products with Type 5 and Type 6 markings are light in weight.

⑤ Type 4 and 5 plastics are heat resistant and are widely recycled.

⑥ Type 6 and 7 plastics are easy to recycle and environmentally friendly.

リスニングテスト 2022 共通テスト **本試験**

共通テスト

解答時間 30 分　配点 100 点

◎音声は下記の音声専用サイトで配信しています。使用している音声は，大学入試センターから公表されたものです。音声中のページ数は，問題編のそれぞれのページ下部を参照してください。

◎解答時間は 30 分ですが，解答開始前に IC プレーヤーの作動確認・音量調節の時間がありますので，試験時間は 60 分となります。「音量調整用音声」は音声専用サイトで確認できます。

●音声専用サイトはこちら
akahon.net/kte/

2022 年度　本試験

英　語(リスニング)

$$\left(\text{解答番号}\boxed{1} \sim \boxed{37}\right)$$

第1問 （配点 25）　**音声は2回流れます。**

第1問は**A**と**B**の二つの部分に分かれています。

A 　第1問**A**は問1から問4までの4問です。英語を聞き，それぞれの内容と最もよく合っているものを，四つの選択肢($\boxed{1}$～$\boxed{4}$)のうちから一つずつ選びなさい。

問1 　$\boxed{1}$

① The speaker couldn't find a seat on the bus.

② The speaker didn't see anybody on the bus.

③ The speaker got a seat on the bus.

④ The speaker saw many people on the bus.

問2 　$\boxed{2}$

① The speaker will ask Susan to go back.

② The speaker will go and get his phone.

③ The speaker will leave his phone.

④ The speaker will wait for Susan.

問 3   3

① The speaker found his suitcase in London.

② The speaker has a map of London.

③ The speaker lost his suitcase in London.

④ The speaker needs to buy a map of London.

問 4   4

① Claire cannot meet Thomas for lunch this Friday.

② Claire hardly ever has lunch with Thomas on Fridays.

③ Claire usually doesn't see Thomas on Fridays.

④ Claire will eat lunch with Thomas this Friday.

これで第 1 問 A は終わりです。

B 　　第1問Bは問5から問7までの3問です。英語を聞き，それぞれの内容と最もよく合っている絵を，四つの選択肢(①〜④)のうちから一つずつ選びなさい。

問5　　5

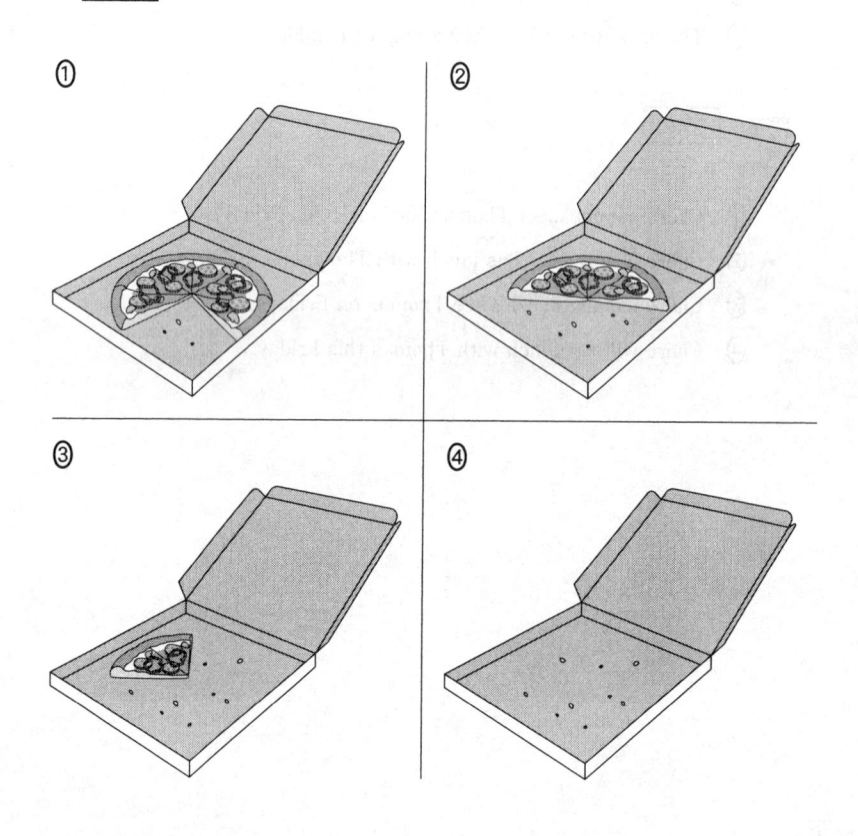

問 6　6

問 7　　7

①

②

③

④

これで第 1 問 B は終わりです。

第2問 （配点 16） 音声は2回流れます。

　　第2問は問8から問11までの4問です。それぞれの問いについて，対話の場面が日本語で書かれています。対話とそれについての問いを聞き，その答えとして最も適切なものを，四つの選択肢（①〜④）のうちから一つずつ選びなさい。

問8　部屋の片づけをしています。　8

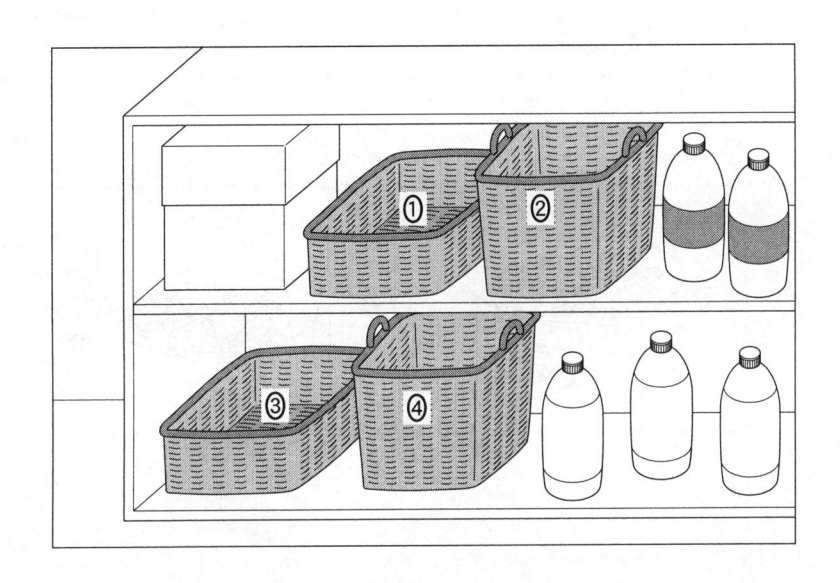

問 9　店員が，客から注文を受けています。　9

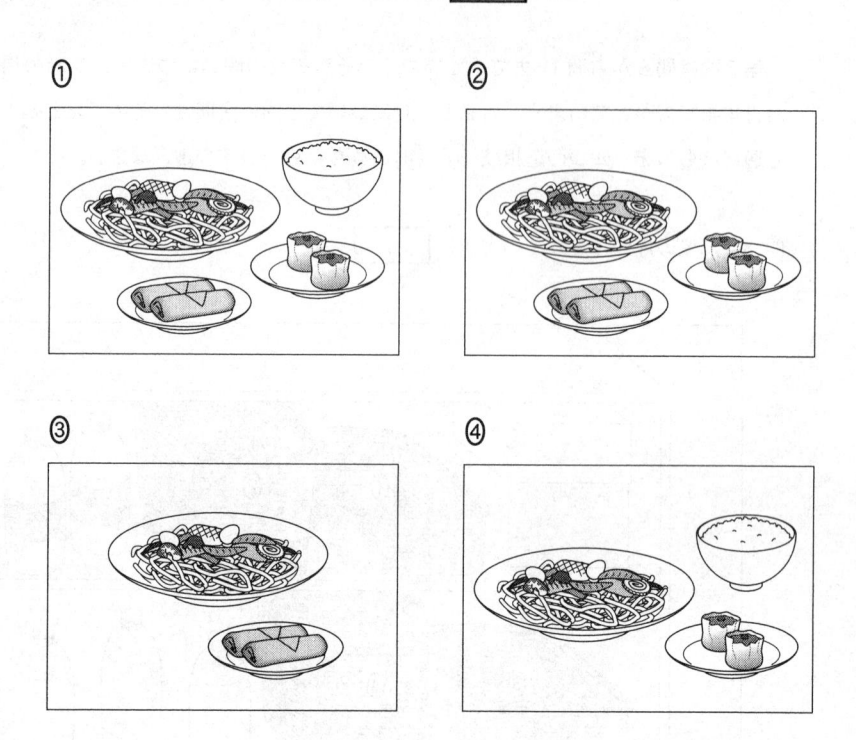

問10　息子が，母親にシャツの取り扱い表示について尋ねています。　| 10 |

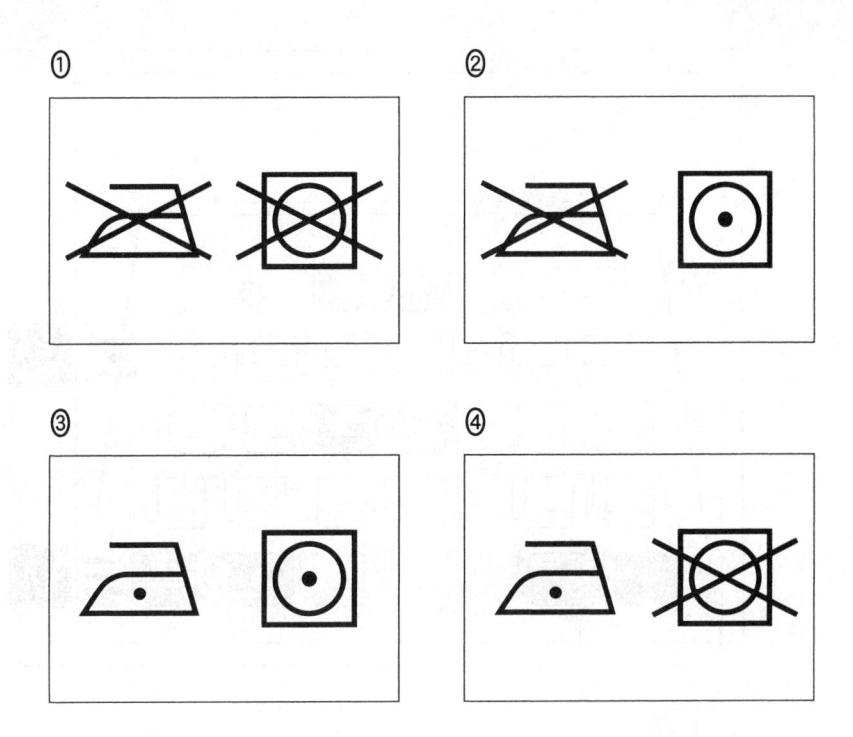

問11 映画館のシートマップを見ながら座席を決めています。 11

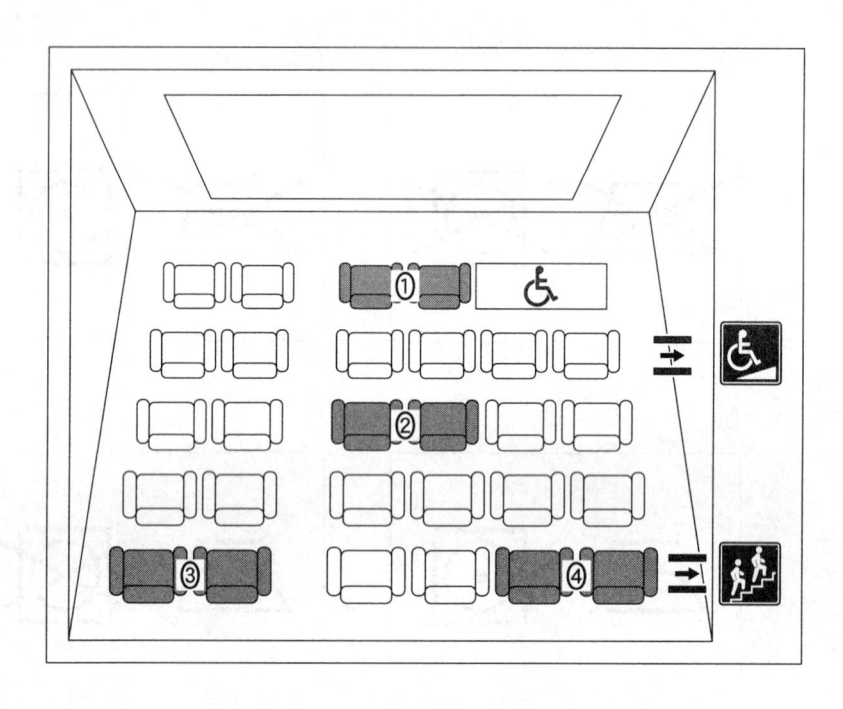

これで第 2 問は終わりです。

第 3 問 (配点 18) 音声は 1 回流れます。

第 3 問は問 12 から問 17 までの 6 問です。それぞれの問いについて、対話の場面が日本語で書かれています。対話を聞き、問いの答えとして最も適切なものを、四つの選択肢 (①~④) のうちから一つずつ選びなさい。(問いの英文は書かれています。)

問12 学校で、友人同士が話をしています。

What is the boy likely to do? | 12 |

① Hurry to the train station
② Stay at school with the girl
③ Tell the girl to wait for him
④ Wait for the rain to stop

問13 病院の受付で、男性が次回の予約を取っています。

On which date will the man go to the doctor? | 13 |

① March 1st
② March 2nd
③ March 3rd
④ March 4th

問14 男性が女性と話をしています。

What is the man likely to do? | 14 |

① Buy a shoulder bag with his sister
② Choose a birthday gift for his aunt
③ Find a store with his mother
④ Get a handbag for his mother

— 14 —

問15 観光案内所で，観光客が質問をしています。

Why is the woman disappointed? 15

① American art is not on display.

② Asian art is not exhibited today.

③ The museum is now closed permanently.

④ The website is temporarily not working.

問16 コンピューターの前で，生徒同士が話をしています。

Why is the boy having a problem? 16

① He didn't enter a username.

② He didn't use the right password.

③ He forgot his password.

④ He mistyped his username.

問17 女性が男性と話をしています。

What does the man think about the concert? 17

① It should have lasted longer.

② It was as long as he expected.

③ The performance was rather poor.

④ The price could have been higher.

これで第3問は終わりです。

第4問 (配点 12)　**音声は1回流れます。**

第4問は**A**と**B**の二つの部分に分かれています。

A　　第4問**A**は問18から問25までの8問です。話を聞き，それぞれの問いの答えとして最も適切なものを，選択肢から選びなさい。**問題文と図表を読む時間が与えられた後，音声が流れます。**

問18〜21　友人が，子どもの頃のクリスマスの思い出について話しています。話を聞き，その内容を表した四つのイラスト①〜④を，出来事が起きた順番に並べなさい。　| 18 | → | 19 | → | 20 | → | 21 |

①

②

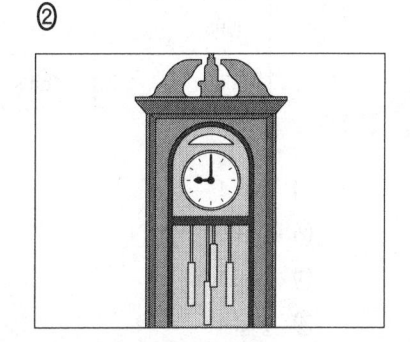

③

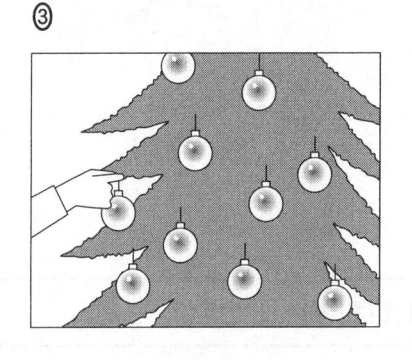

④

問22～25　あなたは，留学先で，集めた衣類などを整理して福祉施設に送るボランティア活動に参加しています。話を聞き，次の表の四つの空欄 22 ～ 25 に入れるのに最も適切なものを，五つの選択肢（①～⑤）のうちから一つずつ選びなさい。選択肢は2回以上使ってもかまいません。

Collected Items

Item number	Category	Item	Box number
0001	Men's	down jacket	22
0002	Men's	belt	23
0003	Women's	ski wear	24
0004	Boys'	ski wear	25
0005	Girls'	coat	
0006	Men's	cotton sweater	

① Box 1
② Box 2
③ Box 3
④ Box 4
⑤ Box 5

これで第4問Aは終わりです。

B 　第4問Bは問26の1問です。話を聞き，示された条件に最も合うものを，四つの選択肢（①〜④）のうちから一つ選びなさい。後の表を参考にしてメモを取ってもかまいません。**状況と条件を読む時間が与えられた後，音声が流れます。**

状況

　あなたは，来月の読書会で読む本を一冊決めるために，四人のメンバーが推薦する本の説明を聞いています。

あなたが考えている条件

　A．長さが250ページを超えないこと

　B．過去1年以内に出版されていること

　C．ノンフィクションで，実在の人物を扱っていること

	Book titles	Condition A	Condition B	Condition C
①	*Exploring Space and Beyond*			
②	*Farming as a Family*			
③	*My Life as a Pop Star*			
④	*Winning at the Olympics*			

問26　　26　　is the book you are most likely to choose.

① *Exploring Space and Beyond*

② *Farming as a Family*

③ *My Life as a Pop Star*

④ *Winning at the Olympics*

これで第4問Bは終わりです。

第5問 （配点 15） **音声は1回流れます。**

第5問は**問**27から**問**33までの7問です。

最初に講義を聞き，**問**27から**問**32に答えなさい。次に続きを聞き，**問**33に答えなさい。**状況，ワークシート，問い及び図表を読む時間が与えられた後，音声が流れます。**

状況

　あなたは大学で，働き方についての講義を，ワークシートにメモを取りながら聞いています。

ワークシート

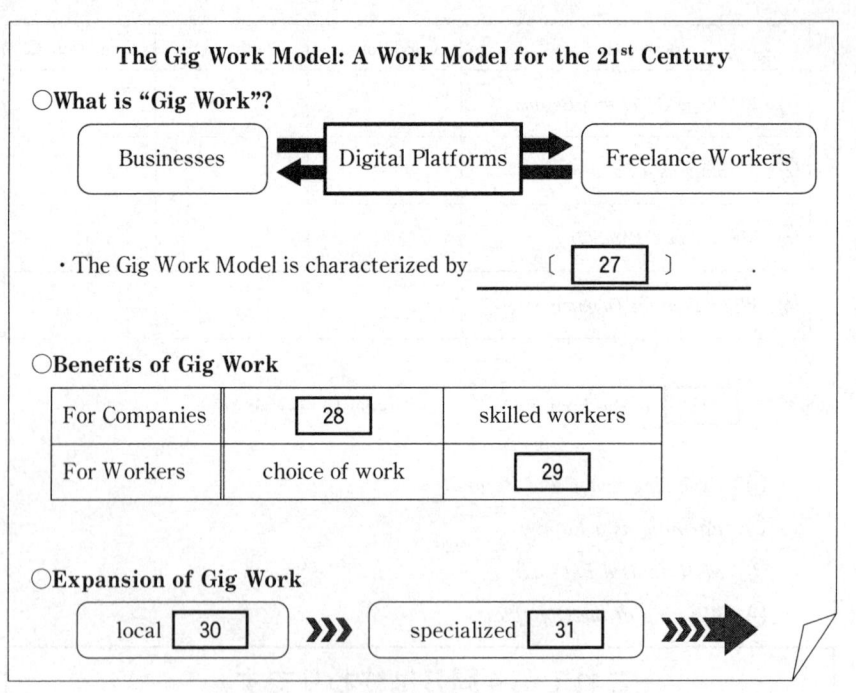

The Gig Work Model: A Work Model for the 21st Century

◯ **What is "Gig Work"?**

Businesses ← Digital Platforms → Freelance Workers

・The Gig Work Model is characterized by 〔 **27** 〕 ．

◯ **Benefits of Gig Work**

For Companies	**28**	skilled workers
For Workers	choice of work	**29**

◯ **Expansion of Gig Work**

local **30** ⟫⟫ specialized **31** ⟫⟫⟫

問27　ワークシートの空欄 | 27 | に入れるのに最も適切なものを，四つの選択肢 (①〜④)のうちから一つ選びなさい。

① individual tasks that must be completed for a regular salary

② job opportunities that are open for digital platform developers

③ temporary work that is done by independent workers

④ work styles that are not determined by the period of contract

問28〜31　ワークシートの空欄 | 28 | 〜 | 31 | に入れるのに最も適切なものを，六つの選択肢(①〜⑥)のうちから一つずつ選びなさい。選択肢は2回以上使ってもかまいません。

① advertising　　② flexible hours　　③ lower expenses

④ project work　　⑤ service jobs　　⑥ stable income

問32　講義の内容と一致するものはどれか。最も適切なものを，四つの選択肢 (①〜④)のうちから一つ選びなさい。 | 32 |

① Companies can develop more skilled workers through permanent employment.

② Gig workers sacrifice their work-life balance to guarantee additional income.

③ Lack of contracts is the main obstacle in connecting companies and workers.

④ The gig work model is driving new discussion on how society views jobs.

第5問はさらに続きます。

問33 講義の続きを聞き，**次の図から読み取れる情報と講義全体の内容から**どのようなことが言えるか，最も適切なものを，四つの選択肢**(①〜④)**のうちから一つ選びなさい。 33

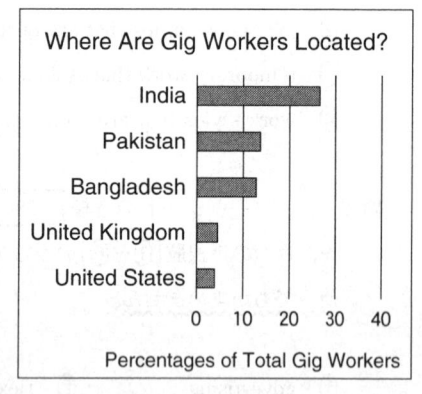

① A majority of gig workers in South Asian countries are highly specialized.

② Canada and the United States are competing for online platform services.

③ Global demand for gig work is greater than the number of employees available.

④ The ease of hiring workers across international borders is a benefit of gig work.

これで第5問は終わりです。

第6問 （配点　14）　音声は1回流れます。

第6問はAとBの二つの部分に分かれています。

A　　第6問Aは問34・問35の2問です。二人の対話を聞き，それぞれの問いの答えとして最も適切なものを，四つの選択肢（①〜④）のうちから一つずつ選びなさい。（問いの英文は書かれています。）**状況と問いを読む時間が与えられた後，音声が流れます。**

状況

Julia が，Tom と料理について話をしています。

問34　**What is Tom's main point?**　　34

① Certain dishes are difficult to make.

② Imagination is an important part of cooking.

③ Some ingredients are essential for flavor.

④ Successful recipes include many steps.

問35　**What does Julia think about cooking?**　　35

① Cooking creatively is more fun than following a recipe.

② Cooking with feeling is the highest priority.

③ It is easy to make a mistake with measurements.

④ Preparing food requires clear directions.

これで第6問Aは終わりです。

B　　第6問Bは**問36・問37**の2問です。会話を聞き，それぞれの問いの答えとして最も適切なものを，選択肢のうちから一つずつ選びなさい。後の表を参考にしてメモを取ってもかまいません。**状況と問いを読む時間が与えられた後，音声が流れます。**

状況

旅先で，四人の学生(Anne, Brian, Donna, Hiro)が，通りかかった店の前で話しています。

Anne	
Brian	
Donna	
Hiro	

問36　四人のうちエコツーリズムに**賛成している**のは何人ですか。四つの選択肢(①～④)のうちから一つ選びなさい。　　36

① 1人
② 2人
③ 3人
④ 4人

問37　会話を踏まえて，Brian の考えの根拠となる図表を，四つの選択肢(①〜④)のうちから一つ選びなさい。　37

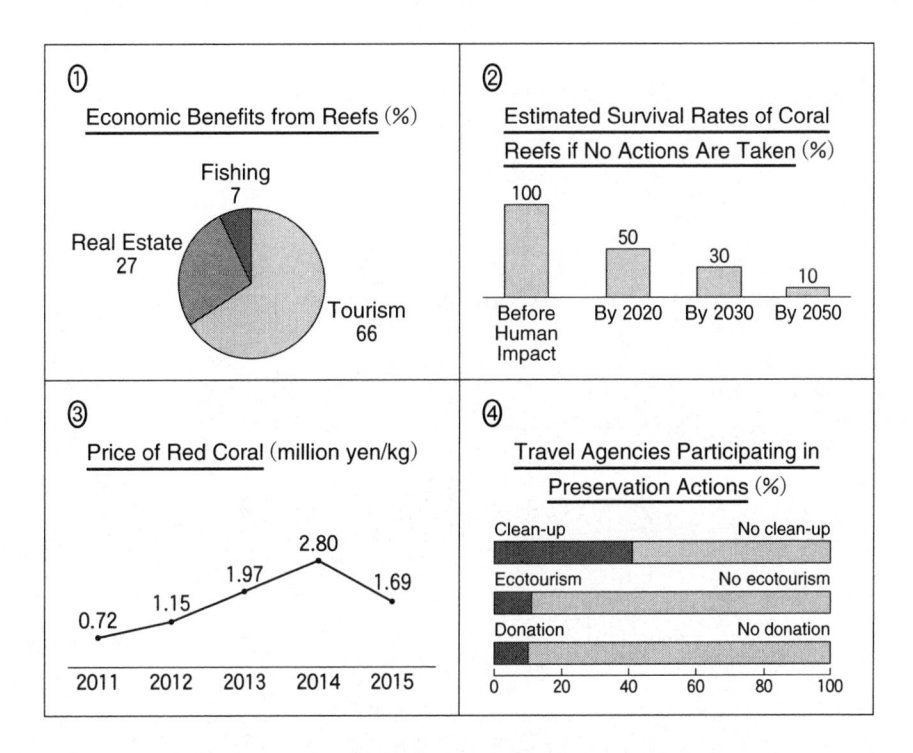

①
Economic Benefits from Reefs (%)

Fishing 7
Real Estate 27
Tourism 66

②
Estimated Survival Rates of Coral Reefs if No Actions Are Taken (%)

| Before Human Impact | By 2020 | By 2030 | By 2050 |
| 100 | 50 | 30 | 10 |

③
Price of Red Coral (million yen/kg)

2.80
1.97
1.15
0.72
1.69

2011　2012　2013　2014　2015

④
Travel Agencies Participating in Preservation Actions (%)

Clean-up / No clean-up
Ecotourism / No ecotourism
Donation / No donation

0　20　40　60　80　100

これで第6問Bは終わりです。

2022

共通テスト
追試験

リーディング

解答時間 80 分
配点 100 点

英　　語（リーディング）

各大問の英文や図表を読み，解答番号 ┃ 1 ┃ ～ ┃ 48 ┃ にあてはまるものとして

最も適当な選択肢を選びなさい。

第 1 問　(配点　10)

A　You are studying at a senior high school in Alberta, Canada. Your classmate
Bob is sending you messages about the after-school activities for this term.

Hey! How are you doing?

Hi Bob. I'm great!

Did you hear about this? We've got to choose our
after-school activities for this term.

Yes! I'm going to join the volunteer program and tutor at an
elementary school.

What are you going to tutor?

They need tutors for different grades and subjects. I want to help
elementary school kids learn Japanese. How about you? Are you
going to sign up for this program?

Yes, I'm really interested in the volunteer program, too.

You are good at geography and history. Why don't you tutor the
first-year senior high school students?

I don't want to tutor at a senior high school. I was thinking of volunteering at an elementary school or a kindergarten, but not many students have volunteered at junior high schools. So, I think I'll tutor there.

Really? Tutoring at a junior high school sounds difficult. What would you want to teach there?

When I was in junior high school, math was really hard for me. I'd like to tutor math because I think it's difficult for students.

2

問 1　Where does Bob plan to help as a volunteer?　　1

① At a junior high school

② At a kindergarten

③ At a senior high school

④ At an elementary school

問 2　What is the most appropriate response to Bob's last message?　　2

① My favorite subject was math, too.

② We will tutor at the same school then.

③ Wow, that's a great idea!

④ Wow, you really love Japanese!

B You are a senior high school student and thinking about studying abroad. You find an advertisement for an online event where you can learn about studying and working in the US.

Online Study Abroad and Career Information Sessions 2022

The American Students' Network is planning three Virtual Sessions.

Session Date/Time*	Details
Study: Senior High School (for junior and senior high school students)	
Virtual Session 1 July 31 3 p.m.-5 p.m.	What is it like to study at an American senior high school? ➢ Classes, homework, and grades ➢ After-school activities and sports ☆ You will hear from students all over the US. Take a chance to ask questions!
Study: University (for senior high school students)	
Virtual Session 2 August 8 9 a.m.-12 p.m.	What can you expect while studying at a university in the US? ➢ Advice for succeeding in classes ➢ Campus life and student associations ☆ Listen to a famous professor's live talk. Feel free to ask questions!
Work: Careers (for senior high school and university students)	
Virtual Session 3 August 12 1 p.m.-4 p.m.	How do you find a job in the US? ➢ Job hunting and how to write a résumé ➢ Meet a wide range of professionals including a flight attendant, a chef, an actor, and many more! ☆ Ask questions about their jobs and work visas.

*Central Standard Time (CST)

Click here to register by July 29, 2022. → **Session Registration**

Please provide your full name, date of birth, email address, name of your school, and indicate the virtual session(s) you're interested in.

問 1　On which day can you listen to a lecture? 　3

- ① July 29
- ② July 31
- ③ August 8
- ④ August 12

問 2　You should attend Sessions 1 and 2 to 　4　.

- ① find out about application procedures
- ② get information about studying in the US
- ③ share your study abroad experiences
- ④ talk to people with different jobs

問 3　To register for any of these virtual sessions, you need to supply 　5　.

- ① questions you have
- ② your birthday
- ③ your choice of career
- ④ your home address

第2問　(配点　20)

A　You are an exchange student in the UK. Your host family is going to take you to Hambury for a weekend to experience some culture. You are looking at the information about what you can do near the hotel and the reviews of the hotel where you will stay.

White Horse Hotel
In Hambury Square

Things to do & see near the hotel:

◆　Hambury Church: It's only 10 minutes on foot.

◆　The farmers' market: It's held in the square every first and third weekend.

◆　The Kings Arms: Have lunch in the oldest building in Hambury (just across from the hotel).

◆　East Street: You can get all your gifts there (15-minute walk from the hotel).

◆　The Steam House: It's next to Hambury Railway Museum, by the station.

◆　The walking tour (90 minutes): It starts in the square at 11 am every Tuesday and Saturday.

◆　The stone circle: Every Tuesday lunchtime there is live music (just behind the church).

◆　The old castle (admission: £5): See the play *Romeo and Juliet* every Saturday night. (Get your tickets at the castle gate, across from the station, for £15.)

Become a member* of the White Horse Hotel and get:

◆　a free ticket to the railway museum

◆　tickets to the play for only £9 per person

◆　a discount coupon for Memory Photo Studio (get a photo of you wearing traditional Victorian clothes). Open every day, 9.00 am–5.30 pm.

*Membership is free for staying guests.

~~~~~~

Most popular reviews:

We will be back

It's a nice hotel in the centre of the town with a great breakfast. Though the shops are limited, the town is pretty and walking to the beautiful church only took 5 minutes. The tea and cakes at the Steam House are a must. Sally

Lovely Town

Our room was very comfortable, and the staff were kind. Coming from Australia, I thought the play in the castle was great, and the walking tour was very interesting. I also recommend the stone circle (if you don't mind a 10-minute walk up a hill). Ben

問 1　[　6　] is the closest to the White Horse Hotel.

① East Street

② Hambury Church

③ The Kings Arms

④ The stone circle

問 2　[　7　] is one combination of activities you can do if you visit Hambury on the third Saturday of the month.

A : go on a walking tour

B : have your photo taken

C : listen to the live music

D : shop at the farmers' market

① A，B，and C

② A，B，and D

③ A，C，and D

④ B，C，and D

問 3　You want to get cheaper tickets for *Romeo and Juliet*. You will [　8　].

① become a member of the hotel

② buy your tickets at the castle

③ get free tickets from the hotel

④ wear traditional Victorian clothes

問 4 One advantage of the hotel the reviews do **not** mention is the ⬚ 9 ⬚ .

   ① comfort

   ② discounts

   ③ food

   ④ service

問 5 Which best reflects the opinions of the reviewers? ⬚ 10 ⬚

   ① The activities were fun, and the shops good.

   ② The hotel room was pretty, and the photo studio great.

   ③ The music was good, and the activities interesting.

   ④ The sightseeing was exciting, and the hotel conveniently placed.

B　Your English teacher has given you this article to read to prepare for a class debate.

When I was in elementary school, my favorite time at school was when I talked and ran around with my friends during recess, the long break after lunch. Recently, I learned that some elementary schools in the US have changed the timing of recess to before lunch. In 2001, less than 5% of elementary schools had recess before lunch. By 2012, more than one-third of schools had changed to this new system. Surveys were conducted to find out more about this change. Here are the results.

It's good to have recess before lunch because:
- Students get hungrier and want to eat.
- Students don't rush meals to play outside after lunch.
- Students are calmer and focus better in the afternoon.
- Less food is wasted.
- Fewer students say they have headaches or stomachaches.
- Fewer students visit the school nurse.

However, there are some challenges to having recess before lunch:
- Students may forget to wash their hands before eating.
- Students may get too hungry as lunch time is later.
- Schools will have to change their timetables.
- Teachers and staff will have to alter their schedules.

This is an interesting idea and more schools need to consider it. As a child, I remember being very hungry before lunch. You might say having lunch later is not practical. However, some say schools can offer a small healthy morning snack. Having food more often is better for students' health, too. What about washing hands? Well, why not make it part of the schedule?

問 1 Which question are you debating? In schools, should [11] ?

① break be made shorter

② food waste be reduced

③ lunches be made healthier

④ recess be rescheduled

問 2 One advantage of having recess before lunch is: Students [12].

① do not need morning snacks

② have a longer break

③ study more peacefully

④ wash their hands better

問 3 One concern with having recess before lunch is: [13].

① Schools may need more school nurses

② Schools may need to make new schedules

③ Students may spend more time inside

④ Students may waste more food

問 4 Which of the following problems could be solved by the author's suggestion? ☐14

① School schedules will need changing.

② School staff will have to eat later.

③ Students will be less likely to wash their hands.

④ Students will leave their lunch uneaten.

問 5 In the author's opinion, more schools should help students ☐15 .

① adopt better eating habits

② enjoy eating lunch earlier

③ not visit the school nurse

④ not worry about changes in the timetable

第3問 （配点 15）

A Your English teacher from the UK writes a blog for her students. She has just written about an Expo that is being held in your city, and you are interested in it.

 Tracy Pang
Monday, 10 August, 11.58 pm

Last weekend, I went to the International Save the Planet Expo held at the Convention Centre. There were a lot of creative ideas that we could try at home. No wonder there were so many people taking part.

The exhibition on remaking household items was particularly inspiring. It was amazing to see how things we normally throw away can be remade into useful and stylish items. They looked nothing like the original products. The workshops were excellent, too. Some sessions were in English, which was perfect for me (and for you, too)! I joined one of them and made a jewellery box from an egg carton. We first chose the base colour, and then decided on the materials for decoration. I had no confidence in making something usable, but it turned out lovely.

If you are interested, the Expo is on until 22 August. I strongly suggest that you avoid the weekend crowds, though. The calendar below shows the dates of the Expo and the workshops.

International Save the Planet Expo (August 4–22)						
Sunday	Monday	Tuesday	Wednesday	Thursday	Friday	Saturday
						1
2	3	4	5　W★	6	7	8　W★
9　W	10　W★	11	12　W	13	14	15　W
16　W	17　W	18	19　W★	20	21	22　W★
23	24	25	26	27	28	29
30	31					

W＝workshop （★ in English）

問 1　Tracy attended the workshop to learn about 16 .

① combining colours creatively

② decreasing household food waste

③ redecorating rooms in a house

④ transforming everyday items

問 2　Based on Tracy's recommendation, the best date for you to attend a workshop in English is on 17 .

① 12 August

② 16 August

③ 19 August

④ 22 August

B Your British friend shows you an interesting article about dogs in the UK.

A Dog-Lover's Paradise

A visit to Robert Gray's dog rescue shelter in Greenfields will surprise you if your idea of a dog shelter is a place where dogs are often kept in crowded conditions. When I was asked to visit there last summer to take photographs for this magazine, I jumped at the chance. I will never forget how wonderful it was to see so many healthy, happy dogs running freely across the fields.

At the time of my visit, around 70 dogs were living there. Since then, the number has grown to over 100. For these dogs, the shelter is a safe place away from their past lives of neglect. The owner, Robert Gray, began taking in homeless dogs from the streets of Melchester in 2008, when dogs running wild in the city were a growing problem. Robert started the shelter in his back garden, but the number of dogs kept increasing day by day, quickly reaching 20. So, in the summer of 2009, he moved the shelter to his uncle's farm in Greenfields.

Although what I saw in Greenfields seemed like a paradise for the dogs, Robert told me that he has faced many difficulties in running the shelter. Since the very early days in Melchester, the cost of providing the dogs with food and medical treatment has been a problem. Another issue concerns the behaviour of the dogs. Some neighbouring farmers are unhappy about dogs wandering onto their land and barking loudly, which can frighten their farm animals. Most of the dogs are actually very friendly, though.

The number of dogs continues to grow, and Robert hopes that visitors will find a dog they like and give it a permanent home. One adorable dog named Muttley followed me everywhere. I was in love! I promised Muttley that I would return soon to take him home with me.

Mike Davis（January, 2022）

問 1　Put the following events（①～④）into the order they happened.

$$\boxed{18} \rightarrow \boxed{19} \rightarrow \boxed{20} \rightarrow \boxed{21}$$

①　The dog shelter began having financial problems.

②　The dog shelter moved to a new location.

③　The number of dogs reached one hundred.

④　The writer visited the dog shelter in Greenfields.

問 2　The dog shelter was started because 　$\boxed{22}$ 　.

①　in Melchester, there were a lot of dogs without owners

②　people wanted to see dogs running freely in the streets

③　the farmers in Greenfields were worried about their dogs

④　there was a need for a place where people can adopt dogs

問 3　From this article, you learnt that 　$\boxed{23}$ 　.

①　Robert's uncle started rescuing dogs in 2008

②　the dogs are quiet and well behaved

③　the shelter has stopped accepting more dogs

④　the writer is thinking of adopting a dog

第4問　(配点　16)

To make a schedule for your homestay guest, Tom, you are reading the email exchange between your family and him.

Hi Tom,

Your arrival is just around the corner, so we are writing to check some details. First, what time will you land at Asuka International Airport? We'd like to meet you in the arrivals area.

While you are staying with us, we'll eat meals together. We usually have breakfast at 7:30 a.m. and dinner at 7 p.m. on weekdays. Do you think that will work, or would another time suit you better?

We would like to show you around Asuka. There will be a neighborhood festival on the day after you arrive from noon to 4 p.m. You can join one of the groups carrying a portable shrine, called a *mikoshi*. After the festival, at 8 p.m., there will be a fireworks display by the river until 9 p.m.

Also, we would like to take you to a restaurant one evening. Attached is some information about our favorite places. As we don't know what you like, please tell us which looks best to you.

Restaurants	Comments	Notes
Asuka Steak	A local favorite for meat lovers	Closed Tue.
Kagura Ramen	Famous for its chicken ramen	Open every day
Sushi Homban	Fresh and delicious seafood	Closed Mon.
Tempura Iroha	So delicious!	Closed Wed.

Finally, according to your profile, you collect samurai figures. Chuo Dori, the main street in our town, has many shops that sell them. There are also shops selling food, clothes, computer games, stationery, etc. You can have a great time there. What do you think? Would you like to go there?

See you soon,
Your Host Family

The email below is Tom's reply to your family.

Dear Host Family,

Thank you for your email. I'm really looking forward to my visit to Japan. You don't have to come to the airport. Hinode University is arranging transportation for us to the campus. There will be a welcome banquet till 7 p.m. in Memorial Hall. After the banquet, I will wait for you at the entrance to the building. Would that be all right?

I think I need half a day to recover from the flight, so I might like to get up late and just relax in the afternoon the next day. The fireworks at night sound exciting.

Starting Monday, my language lessons are from 8 a.m., so could we eat breakfast 30 minutes earlier? My afternoon activities finish at 5 p.m. Dinner at 7 p.m. would be perfect.

Thank you for the list of restaurants with comments. To tell you the truth, I'm not fond of seafood, and I don't eat red meat. I have no afternoon activities on the 10th, so could we go out to eat on that day?

As for shopping, Chuo Dori sounds like a great place. While we're there I'd like to buy some Japanese snacks for my family, too. Since my language classes finish at noon on the 12th, could we go shopping on that afternoon?

Can't wait to meet you!
Tom

[Your notes for Tom's schedule]

Day/Date	With Family	School
Sat. 6th	Arrival & pick up at 24	Reception
Sun. 7th	25	
Mon. 8th		· Language classes
Tue. 9th		8 a.m. – 3 p.m.
Wed. 10th	Dinner at 26	(until noon on Fri.)
Thurs. 11th		· Afternoon activities until
Fri. 12th	Shopping for 27 & 28	5 p.m.
Sat. 13th	Departure	(except Wed. & Fri.)
*Mon. – Fri. Breakfast 29 Dinner 7 p.m.		

問 1　Where will your family meet Tom?　24

① Asuka International Airport

② the Banquet Room

③ the entrance to Memorial Hall

④ the main gate of Hinode University

問 2　Choose what Tom will do on Sunday.　25

① Attend a welcome banquet

② Carry a portable shrine

③ Go to a festival

④ Watch fireworks

問 3　Choose the restaurant where your family will take Tom.　| 26 |

- ① Asuka Steak
- ② Kagura Ramen
- ③ Sushi Homban
- ④ Tempura Iroha

問 4　Choose what Tom will shop for.　| 27 | ・ | 28 |　(The order does not matter.)

- ① Action figures
- ② Clothes
- ③ Computer games
- ④ Food
- ⑤ Stationery

問 5　You will have breakfast with Tom at　| 29 |

- ① 6:30 a.m.
- ② 7:00 a.m.
- ③ 7:30 a.m.
- ④ 8:00 a.m.

第5問 （配点 15）

You are applying for a scholarship to attend an international summer program. As part of the application process, you need to make a presentation about a famous person from another country. Complete your presentation slides based on the article below.

During his 87 years of life, both above and below the waves, Jacques Cousteau did many great things. He was an officer in the French navy, an explorer, an environmentalist, a filmmaker, a scientist, an author, and a researcher who studied all forms of underwater life.

Born in France in 1910, he went to school in Paris and then entered the French naval academy in 1930. After graduating in 1933, he was training to become a pilot, when he was involved in a car accident and was badly injured. This put an end to his flying career. To help recover from his injuries, Cousteau began swimming in the Mediterranean, which increased his interest in life underwater. Around this time, he carried out his first underwater research. Cousteau remained in the navy until 1949, even though he could no longer follow his dream of becoming a pilot.

In the 1940s, Cousteau became friends with Marcel Ichac, who lived in the same village. Both men shared a desire to explore unknown and difficult-to-reach places. For Ichac this was mountain peaks, and for Cousteau it was the mysterious world under the sea. In 1943, these two neighbors became widely recognized when they won a prize for the first French underwater documentary.

Their documentary, *18 Meters Deep*, had been filmed the previous year without breathing equipment. After their success they went on to make another film, *Shipwrecks*, using one of the very first underwater breathing devices, known as the Aqua-Lung. While filming *Shipwrecks*, Cousteau was not satisfied with how long he could breathe underwater, and made improvements to its design. His improved equipment enabled him to explore the wreck of the Roman ship, the *Mahdia*, in 1948.

Cousteau was always watching the ocean, even from age four when he first learned how to swim. In his book, *The Silent World*, published in 1953, he describes a group of dolphins following his boat. He had long suspected that dolphins used echolocation (navigating with sound waves), so he decided to try an experiment. Cousteau changed direction by a few degrees so that the boat wasn't following the best course, according to his underwater maps. The dolphins followed for a few minutes, but then changed back to their original course. Seeing this, Cousteau confirmed his prediction about their ability, even though human use of echolocation was still relatively new.

Throughout his life, Cousteau's work would continue to be recognized internationally. He had the ability to capture the beauty of the world below the surface of the ocean with cameras, and he shared the images with ordinary people through his many publications. For this he was awarded the Special Gold Medal by *National Geographic* in 1961. Later, his lifelong passion for environmental work would help educate people on the necessity of protecting the ocean and aquatic life. For this he was honored in 1977 with the United Nations International Environment Prize.

Jacques Cousteau's life has inspired writers, filmmakers, and even musicians. In 2010, Brad Matsen published *Jacques Cousteau: The Sea King*. This was followed by the film *The Odyssey* in 2016, which shows his time as the captain of the research boat *Calypso*. When Cousteau was at the peak of his career, the American musician John Denver used the research boat as the title for a piece on his album *Windsong*.

Cousteau himself produced more than 50 books and 120 television documentaries. His first documentary series, *The Undersea World of Jacques Cousteau*, ran for ten years. His style of presentation made these programs very popular, and a second documentary series, *The Cousteau Odyssey*, was aired for another five years. Thanks to the life and work of Jacques Cousteau, we have a better understanding of what is going on under the waves.

Your presentation slides:

Jacques Cousteau

— 30 —

International Summer
Program Presentation

1

Early Career (before 1940)

- Graduated from the naval academy

- 31

- Started to conduct underwater research

- Continued working in the navy

2

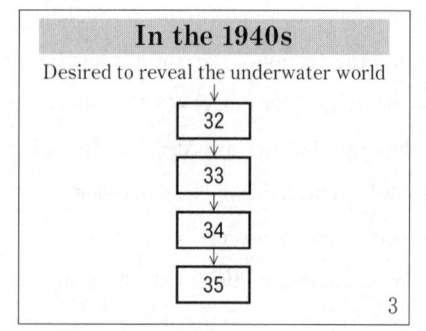

In the 1940s

Desired to reveal the underwater world

↓

32

↓

33

↓

34

↓

35

3

Some Major Works

Title	Description
18 Meters Deep	An early prize-winning documentary
36 (A)	A book mentioning his scientific experiment
(B)	A documentary series that lasted a decade

4

Contributions

- Developed diving equipment
- Confirmed dolphins use echolocation
- Made attractive documentaries about aquatic life
- 37
- 38

5

問 1　Which is the best subtitle for your presentation? | 30 |

① Capturing the Beauty of Nature in Photographs

② Discovering the Mysteries of Intelligent Creatures

③ Exploring the Top and Bottom of the World

④ Making the Unknown Undersea World Known

問 2　Choose the best option to complete the **Early Career (before 1940)** slide. | 31 |

① Developed underwater breathing equipment

② Forced to give up his dream of becoming a pilot

③ Shifted his focus from the ocean to the air

④ Suffered severe injuries while underwater

問 3　Choose **four** out of the five events (①～⑤) in the order they happened to complete the **In the 1940s** slide.

| 32 | → | 33 | → | 34 | → | 35 |

① Dived to the *Mahdia* using improved equipment

② Filmed a documentary without breathing equipment

③ Helped one of his neighbors explore high places

④ Left the French navy

⑤ Won an award and became famous

問 4 Choose the best combination to complete the **Some Major Works** slide.

> 36

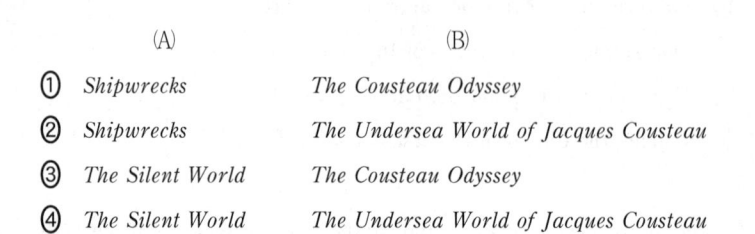

	(A)	(B)
①	*Shipwrecks*	*The Cousteau Odyssey*
②	*Shipwrecks*	*The Undersea World of Jacques Cousteau*
③	*The Silent World*	*The Cousteau Odyssey*
④	*The Silent World*	*The Undersea World of Jacques Cousteau*

問 5 Choose two achievements to complete the **Contributions** slide. (The order does not matter.) 37 · 38

① Built a TV station to broadcast documentaries about marine life

② Encouraged people to protect the ocean environment

③ Established prizes to honor innovative aquatic filmmaking

④ Produced many beautiful images of the underwater world

⑤ Trained pilots and researchers in the French navy

第6問 (配点 24)

A Your study group is learning about "false memories." One group member has made partial notes. Read this article to complete the notes for your next study meeting.

False Memories

What are memories? Most people imagine them to be something like video recordings of events in our minds. Whether it is a memory of love that we treasure or something more like failure that we fear, most of us believe our memories are a permanent record of what happened. We may agree that they get harder to recall as time goes on, but we think we remember the truth. Psychologists now tell us that this is not the case. Our memories can change or even be changed. They can move anywhere from slightly incorrect to absolutely false! According to well-known researcher Elizabeth Loftus, rather than being a complete, correct, unchanging recording, "Memory works a little bit more like a Wikipedia page." Anyone, including the original author, can edit the information.

Serious research investigating "false memories" is relatively new. Scholars Hyman and Billings worked with a group of college students. For this experiment, first, the students' parents sent stories about some eventful episodes from their child's youth to the interviewers. Using this family information, they interviewed each student twice. They mentioned some actual experiences from the person's childhood; but, for their experiment, they added a made-up story about an eventful wedding, encouraging the student to believe the fake wedding had really happened. The following two sections contain actual conversations from the interviews of one student. Missing words are indicated by "..."; author's comments by "(   )."

Interviewer: I   Student: S

First Interview

I : ...looks like an eventful wedding...you were five years old...playing with some other kids...

> (The interviewer, referring to the false event as if the information came from the student's parent, goes on to say that while playing with friends the student caused an accident and the bride's parents got all wet.)

S： I don't remember...that's pretty funny...

I： ...seems that would be kind of eventful...

S： ...a wedding. I wonder whose wedding...a wedding reception? I can totally see myself like running around with other kids...

I： You could see yourself doing that?

S： ...bumping into a table? Oh yeah, I would do that...maybe not a wedding... like a big picnic...

> (The student is starting to believe that bumping into the table sounds familiar. As they finish, the student is asked to think over the conversation they had before the next session.)

Second Interview

> (The interviewer has just asked about some real events from the student's childhood and once again returns to the wedding discussed in the previous session.)

I： The next one I have is an eventful wedding reception at age five.

S： Yeah, I thought about this one...

> (The student goes on to describe the people he got wet.)

S： ...I picture him having a dark suit on...tall and big...square face...I see her in a light-colored dress...

> (The student has new images in mind and can tell this story as if it were an actual memory.)

S： ...near a tree...drinks on the table...I bumped the glasses or something...

> (This student then provides more information on the couple's clothing.)

The students participating in this experiment came to believe that the false experiences the interviewers planted were absolutely true. By the second interview some students thought everything previously discussed was based on information from their parents about real events. This suggests that, when talking about memories, word choice makes a big difference in responses. Certain words lead us to recall a situation differently. Because the interviewer mentioned an "eventful" wedding several times, the student started having a false memory of this wedding.

Since the time of Sigmund Freud, called "the father of modern psychology," mental therapy has asked people to think back to their childhood to understand their problems. In the late 20th century, people believed that recalling old memories was a good way to heal the mind, so there were exercises and interviewing techniques encouraging patients to imagine various old family situations. Now, we realize that such activities may lead to false memories because our memories are affected by many factors. It is not just what we remember, but when we remember, where we are when we remember, who is asking, and how they are asking. We may, therefore, believe something that comes from our imagination is actually true. Perhaps experts should start researching whether there is such a thing as "true memories."

Summary notes:

FALSE MEMORIES

Introduction

- When she says "Memory works a little bit more like a Wikipedia page," Elizabeth Loftus means that memories 39 .

Research by Hyman & Billings

- The first interview indicates that the student 40 .
- The results of their study suggest that 41 and 42 .

Conclusions

People believe that memory is something exact, but our memories are affected by many things. While focusing on old events was a technique adapted to heal our minds, we must consider that 43 .

出典追記：Individual Differences and the Creation of False Childhood Memories, Memory, Volume 6, 1998 - Issue 1 by Ira E. Hyman and F. James Billings Jr., Taylor & Francis Ltd.

問 1 Choose the best option to complete statement ☐ 39 ☐.

① are an account of one's true experiences

② can be modified by oneself or others

③ may get harder to remember as time goes by

④ should be shared with others freely

問 2 Choose the best option to complete statement ☐ 40 ☐.

① described all the wedding details to the interviewer

② knew about an accident at a wedding from childhood

③ was asked to create a false story about a wedding

④ was unsure about something the interviewer said

問 3 Choose the two best statements for ☐ 41 ☐ and ☐ 42 ☐. (The order does not matter.)

① false events could be planted easily in young children's memories

② our confidence levels must be related to the truthfulness of our memories

③ people sometimes appear to recall things that never happened to them

④ planting false memories is frequently criticized by researchers

⑤ the phrases used to ask about memories affect the person's response

⑥ when a child experiences an eventful situation, it forms stable memories

問 4 Choose the best option for ☐ 43 ☐ to complete **Conclusions**.

① asking about our memories will help us remember more clearly

② the technique focuses on who, what, when, where, and how

③ this mental therapy approach may be less helpful than we thought

④ we have to work on our ability to remember events more precisely

B You are in a student group preparing a poster for a presentation contest. You have been using the following passage to create the poster.

A Brief History of Units of Length

Since ancient times, people have measured things. Measuring helps humans say how long, far, big, or heavy something is with some kind of accuracy. While weight and volume are important for the exchange of food, it can be argued that one of the most useful measurements is length because it is needed to calculate area, which helps in the exchange, protection, and taxation of property.

Measuring systems would often be based on or related to the human body. One of the earliest known measuring systems was the cubit, which was created around the 3rd millennium BC in Egypt and Mesopotamia. One cubit was the length of a man's forearm from the elbow to the tip of the middle finger, which according to one royal standard was 524 millimeters (mm). In addition, the old Roman foot (296 mm), which probably came from the Egyptians, was based on a human foot.

A unit of measurement known as the yard probably originated in Britain after the Roman occupation and it is said to be based on the double cubit. Whatever its origin, there were several different yards in use in Britain. Each one was a different length until the 12th century when the yard was standardized as the length from King Henry I's nose to his thumb on his outstretched arm. But it was not until the 14th century that official documents described the yard as being divided into three equal parts — three feet — with one foot consisting of 12 inches. While this description helped standardize the inch and foot, it wasn't until the late 15th century, when King Henry VII distributed official metal samples of feet and yards, that people knew for certain their true length. Over the years, a number of small adjustments were made until the International Yard and Pound Agreement of 1959 finally defined the standard inch, foot, and yard as 25.4 mm, 304.8 mm, and 914.4 mm respectively.

The use of the human body as a standard from which to develop a measuring system was not unique to western cultures. The traditional Chinese unit of length called *chi* — now one-third of a meter — was originally defined as the length from the tip of the thumb to the outstretched tip of the middle finger, which was around 200 mm. However, over the years it increased in length and became known as the Chinese foot. Interestingly, the Japanese *shaku*, which was based on the *chi,* is almost the same as one standard foot. It is only 1.8 mm shorter.

The connection between the human body and measurement can also be found in sailing. The fathom (6 feet), the best-known unit for measuring the depth of the sea in the English-speaking world, was historically an ancient Greek measurement. It was not a very accurate measurement as it was based on the length of rope a sailor could extend from open arm to open arm. Like many other British and American units, it was also standardized in 1959.

The metric system, first described in 1668 and officially adopted by the French government in 1799, has now become the dominant measuring system worldwide. This system has slowly been adopted by many countries as either their standard measuring system or as an alternative to their traditional system. While the metric system is mainly used by the scientific, medical, and industrial professions, traditional commercial activities still continue to use local traditional measuring systems. For example, in Japan, window widths are measured in *ken* (6 *shaku*).

Once, an understanding of the relationship between different measures was only something traders and tax officials needed to know. However, now that international online shopping has spread around the world, we all need to know a little about other countries' measuring systems so that we know how much, or how little, of something we are buying.

Your presentation poster draft:

Different Cultures, Different Measurements

1. The purposes of common units

Standard units are used for:

    A．calculating how much tax people should pay

    B．commercial purposes

    C．comparing parts of the human body

    D．measuring amounts of food

    E．protecting the property of individuals

2. Origins and history of units of length

| 45 |
| 46 |

3. Comparison of units of length

Figure 1. Comparison of major units of length

| 47 |

4. Units today

| 48 |

問 1　When you were checking the statements under the first poster heading, everyone in the group agreed that one suggestion did not fit well.　Which of the following should you **not** include?　44

① 　A
② 　B
③ 　C
④ 　D
⑤ 　E

問 2　Under the second poster heading, you need to write statements concerning units of length.　Choose the two below which are most accurate.　(The order does not matter.)　45 ・ 46

① 　Inch and meter were defined by the 1959 International Yard and Pound Agreement.
② 　The *chi* began as a unit related to a hand and gradually became longer over time.
③ 　The cubit is one of the oldest units based on the length of a man's foot.
④ 　The length of the current standard yard was standardized by King Henry Ⅶ.
⑤ 　The origin of the fathom was from the distance between a man's open arms.
⑥ 　The origin of the Roman foot can be traced back to Great Britain.

問 3　Under the third poster heading, you want a graphic to visualize some of the units in the passage. Which graph best represents the different length of the units from short (at the top) to long (at the bottom)?　47

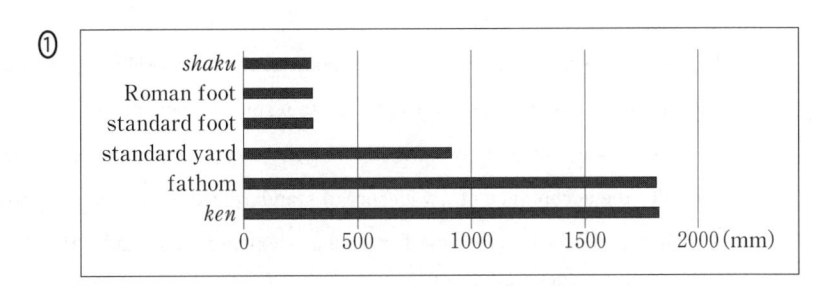

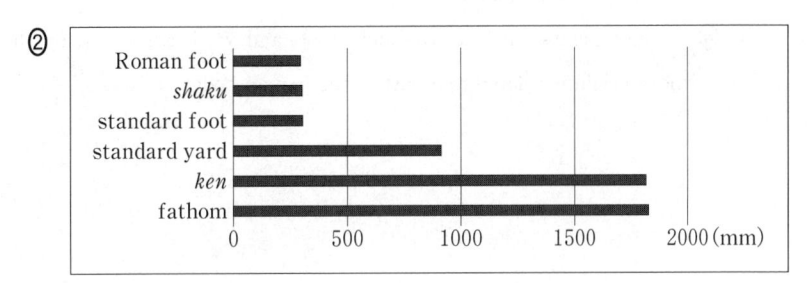

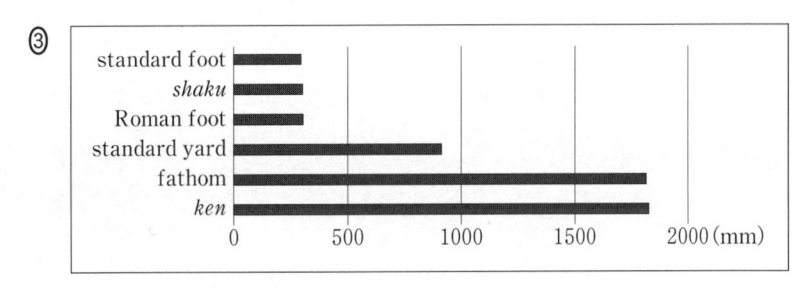

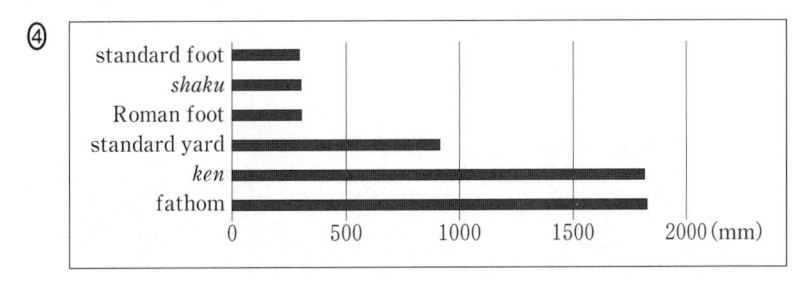

問 4　Under the last poster heading, your group wants to add a statement about today's units based on the passage. Which of the following is the most appropriate? ☐48☐

① Although the metric system has become dominant worldwide, traditional measuring systems continue to play certain roles in local affairs.

② Science and medicine use traditional units today to maintain consistency despite the acceptance of a widespread standardized measurement system.

③ The increase in cross-border online shopping has made the metric system the world standard.

④ Today's units, such as the inch, foot, and yard, are based on the *chi*, whose origin is related to a part of the human body.

リスニングテスト 2022

解答時間 30 分　配点 100 点

◎音声は下記の音声専用サイトで配信しています。使用している音声は，大学入試センターから公表されたものです。音声中のページ数は，問題編のそれぞれのページ下部を参照してください。

◎解答時間は 30 分ですが，解答開始前に IC プレーヤーの作動確認・音量調節の時間がありますので，試験時間は 60 分となります。「音量調整用音声」は音声専用サイトで確認できます。

●音声専用サイトはこちら
akahon.net/kte/

2022 年度　追試験

英　　語(リスニング)

$$\left(\text{解答番号}\boxed{1}\sim\boxed{37}\right)$$

第1問 (配点 25) **音声は2回流れます。**

第1問は**A**と**B**の二つの部分に分かれています。

A 第1問**A**は**問1**から**問4**までの**4**問です。英語を聞き，それぞれの内容と最もよく合っているものを，四つの選択肢(①～④)のうちから一つずつ選びなさい。

問1 $\boxed{1}$

① The speaker forgot to do his homework.

② The speaker has finished his homework.

③ The speaker is doing his homework now.

④ The speaker will do his homework later.

問2 $\boxed{2}$

① The speaker doesn't want Meg to go home.

② The speaker doesn't want to go home.

③ The speaker wants Meg to go home.

④ The speaker wants to go home.

問 3　3

① The speaker is far away from the station now.

② The speaker is with Jill on the train now.

③ The speaker will leave Jill a message.

④ The speaker will stop talking on the phone.

問 4　4

① The speaker doesn't have any bread or milk.

② The speaker doesn't want any eggs.

③ The speaker will buy some bread and milk.

④ The speaker will get some eggs.

これで第 1 問 A は終わりです。

B　第1問Bは問5から問7までの3問です。英語を聞き，それぞれの内容と最もよく合っている絵を，四つの選択肢(①〜④)のうちから一つずつ選びなさい。

問5　5

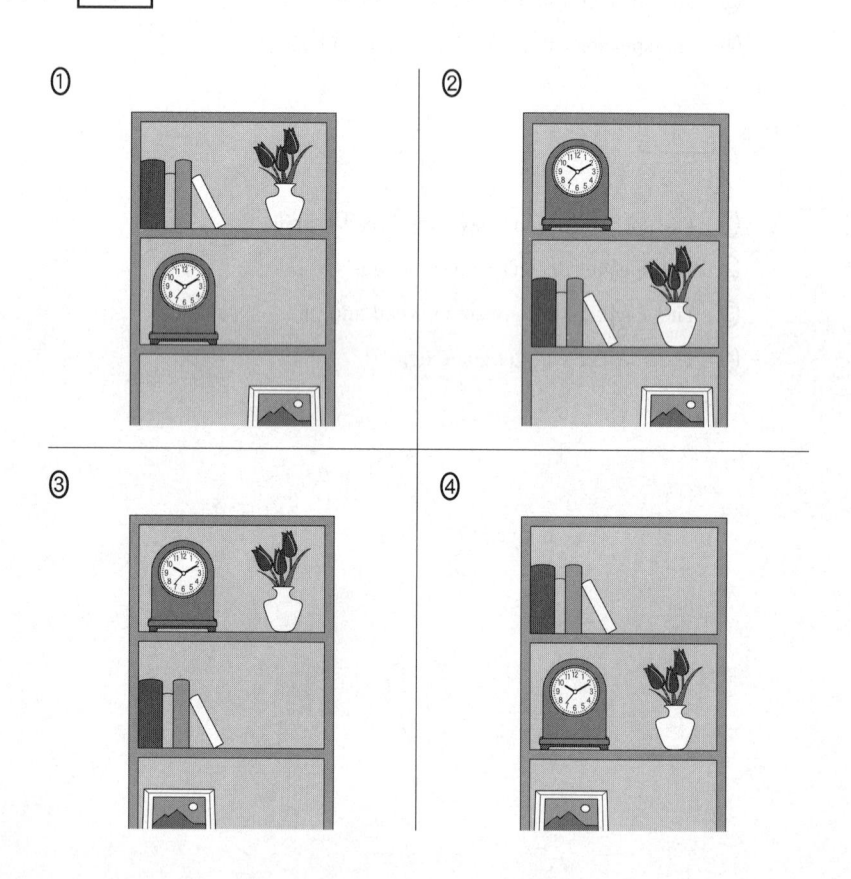

問 6　　6

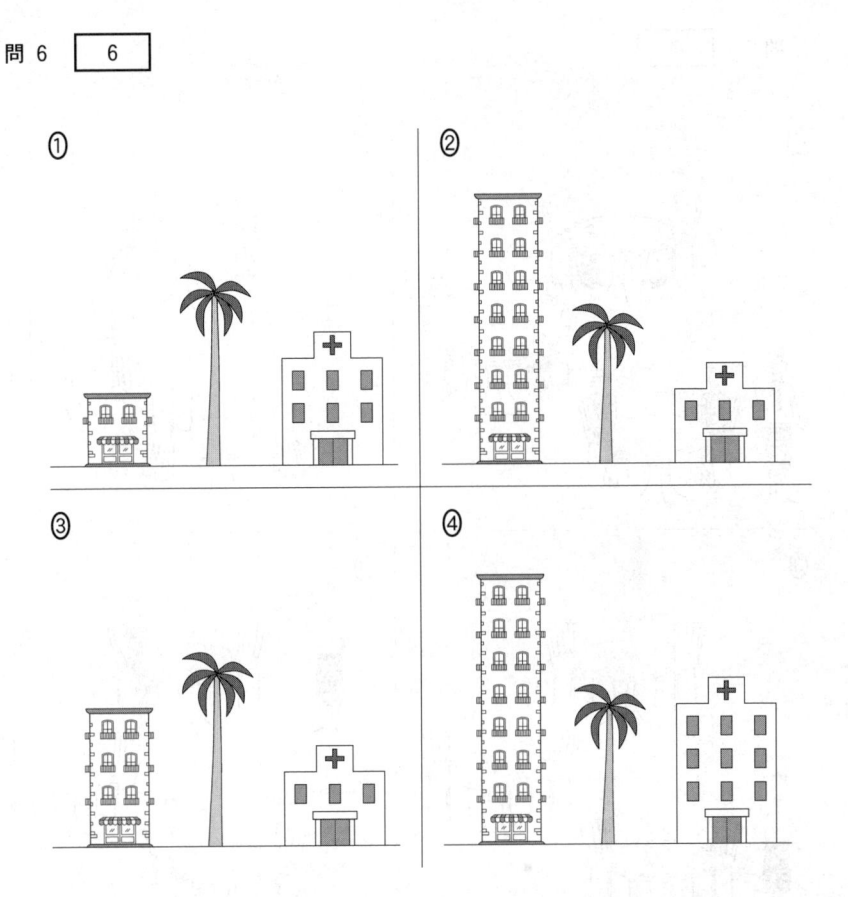

問 7　　7

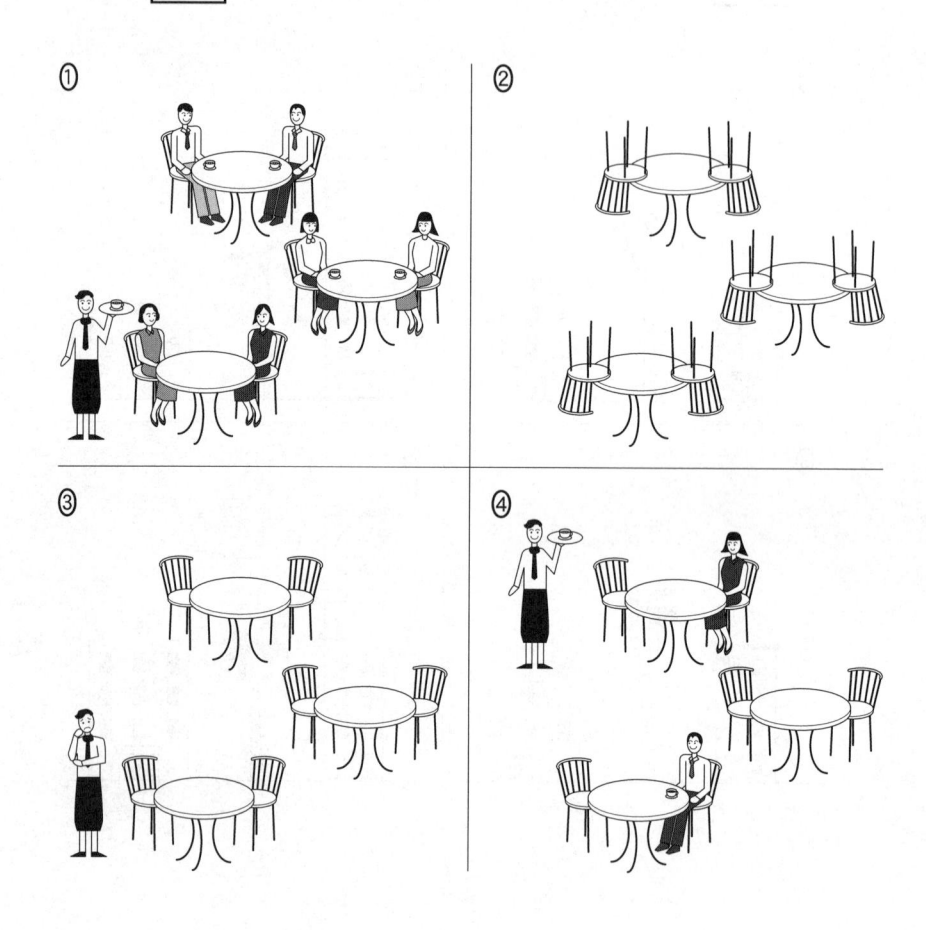

これで第 1 問 B は終わりです。

第2問 （配点 16） **音声は2回流れます。**

　　第2問は**問8**から**問11**までの4問です。それぞれの問いについて，対話の場面が日本語で書かれています。対話とそれについての問いを聞き，その答えとして最も適切なものを，四つの選択肢（①～④）のうちから一つずつ選びなさい。

問8　電話で，落とし物の問い合わせをしています。　8

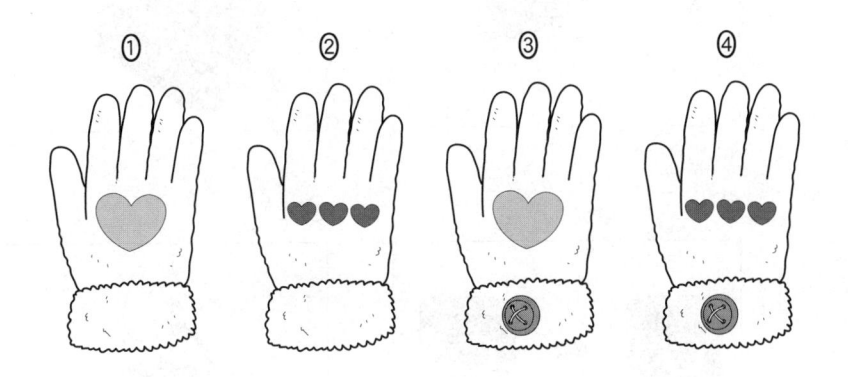

①　　　　　②　　　　　③　　　　　④

問 9 どのスピーカーを買うか話をしています。 ☐ 9

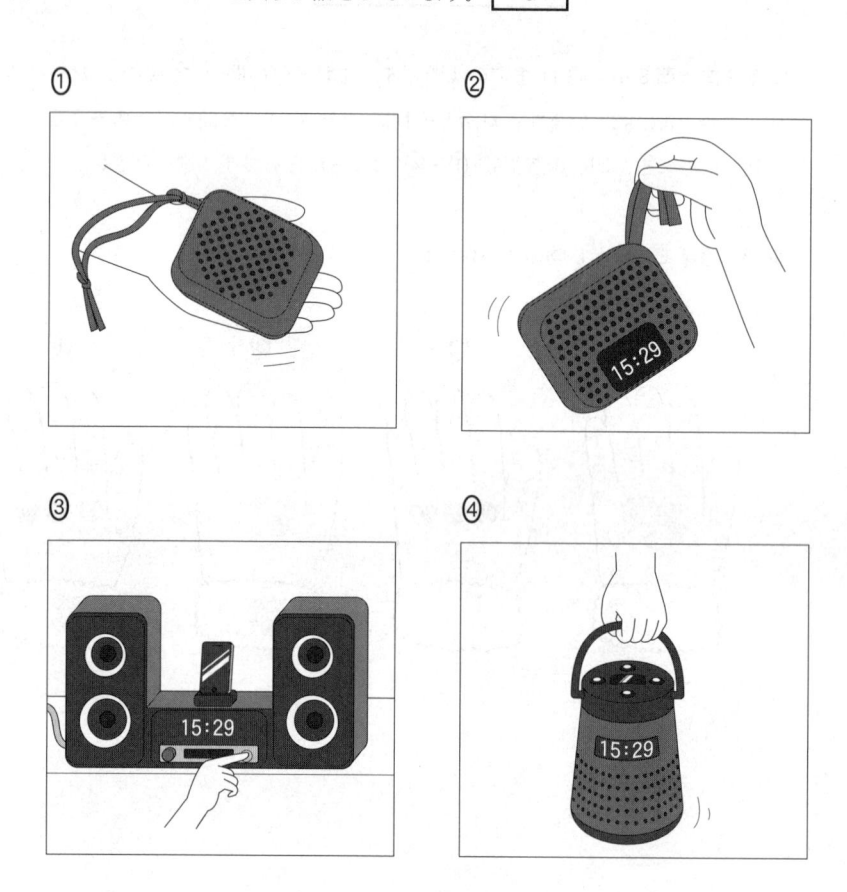

問10　弟が，出かけようとしている姉に話しかけています。　10

① ② ③ ④

問11 友人同士が，車を停めたところについて話しています。 11

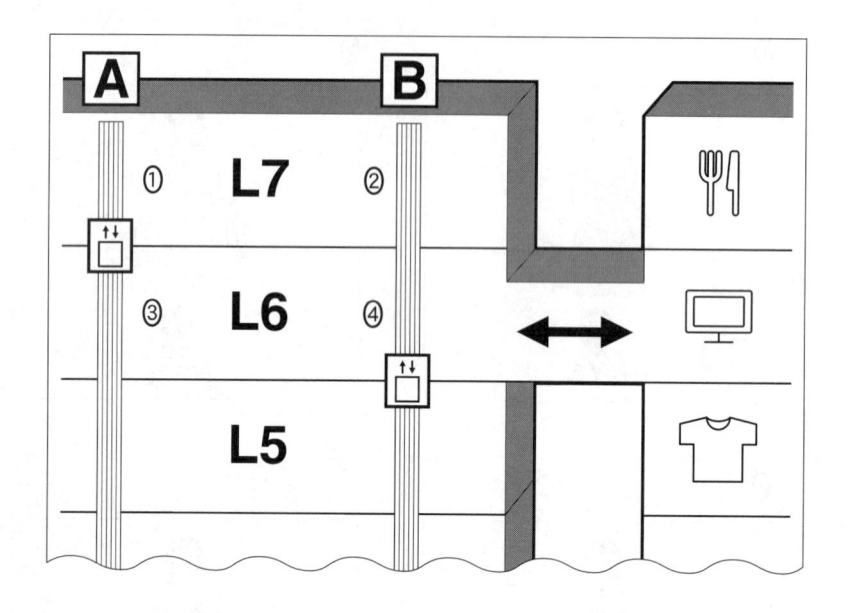

これで第 2 問は終わりです。

第3問 （配点 18）　音声は1回流れます。

　第3問は問12から問17までの6問です。それぞれの問いについて，対話の場面が日本語で書かれています。対話を聞き，問いの答えとして最も適切なものを，四つの選択肢(①~④)のうちから一つずつ選びなさい。（問いの英文は書かれています。）

問12　道で，男性が女性に話しかけています。

Which is true according to the conversation?　　12

① The man doesn't have a good research topic.
② The man wants to get rid of his stress.
③ The woman doesn't have time for the interview.
④ The woman thinks the man is very busy.

問13　姉が弟と，いつ両親に会いに行くかについて話をしています。

What will the woman probably do next weekend?　　13

① Meet her brother and father on Saturday
② Meet her brother and mother on Sunday
③ Meet her mother and father on Saturday
④ Meet her mother and father on Sunday

問14　友人同士が，アルバイトについて話をしています。

How many days does the woman work in a week?　　14

① 2 days
② 3 days
③ 5 days
④ 7 days

問15　公園から帰った後で，姉と弟が話をしています。

What did the boy do?　15

① He left the park immediately.

② He looked for his sister in the park.

③ He talked to his sister on the phone.

④ He went home with his sister.

問16　オフィスで，男性が女性と話をしています。

What do the man and the woman decide to do?　16

① Get away from the station

② Go out for Italian food

③ Have Japanese food nearby

④ Stay close to the office

問17　学校で，友人同士が話をしています。

Which is true about the girl?　17

① She rode the same train as the boy.

② She saw the boy alone at the station.

③ She talked to the boy on the train.

④ She took the boy to the station.

これで第３問は終わりです。

第 4 問　(配点　12)　**音声は 1 回流れます。**

第4問はAとBの二つの部分に分かれています。

A　　第 4 問 A は問 18 から問 25 までの 8 問です。話を聞き，それぞれの問いの答えとして最も適切なものを，選択肢から選びなさい。**問題文と図表を読む時間が与えられた後，音声が流れます。**

問18〜21　先生が，保護者向けのイベントについて，当日のスケジュールを生徒たちと確認しています。話を聞き，その内容を表した四つのイラスト(①〜④)を，スケジュールに沿った順番に並べなさい。

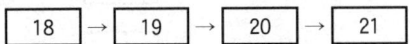

①

②

③

④

問22～25　あなたは，留学先で，世界の食品フェアに友人と来ています。受付で話を聞いてきた友人の説明を聞き，次のメモの四つの空欄 | 22 | ～ | 25 | に入れるのに最も適切なものを，六つの選択肢（①～⑥）のうちから一つずつ選びなさい。選択肢は2回以上使ってもかまいません。

Things to buy		Section
Canadian maple candy	—	22
Greek cheese	—	23
Indonesian instant ramen	—	24
Kenyan bottled coffee	—	25

① A and B

② B

③ C

④ C and F

⑤ D

⑥ E and F

これで第4問Aは終わりです。

B　第4問Bは問26の1問です。話を聞き，示された条件に最も合うものを，四つの選択肢（①〜④）のうちから一つ選びなさい。後の表を参考にしてメモを取ってもかまいません。**状況と条件を読む時間が与えられた後，音声が流れます。**

状況

あなたは，ある美術館の館内ツアーの中から，参加するものを一つ決めるために，四人の学芸員の説明を聞いています。

あなたが考えている条件

　A．現代美術を鑑賞できること

　B．絵画と彫刻の両方を鑑賞できること

　C．ガイドから対面で説明を受けられること

Tours	Condition A	Condition B	Condition C
① Tour No. 1			
② Tour No. 2			
③ Tour No. 3			
④ Tour No. 4			

問26　| 26 |　is the tour you are most likely to choose.

① Tour No. 1

② Tour No. 2

③ Tour No. 3

④ Tour No. 4

これで第4問Bは終わりです。

第5問 （配点 15）音声は1回流れます。

第5問は問 27 から問 33 までの7問です。

最初に講義を聞き，問 27 から問 32 に答えなさい。次に続きを聞き，問 33 に答えなさい。状況，ワークシート，問い及び図表を読む時間が与えられた後，音声が流れます。

> 状況
>
> 　あなたは大学で，ミツバチについての講義を，ワークシートにメモを取りながら聞いています。

ワークシート

The Importance of Honeybees

○A major role played by honeybees:

　　To 〔 27 〕 .

○What's happening in honeybee populations:

	Wild Honeybees	Domesticated Honeybees
Problems	28	Shortage of honeybees
Causes	Loss of natural habitats	29

○What can be done:

	Wild Honeybees	Domesticated Honeybees
Solutions	30	31

問27　ワークシートの空欄　27　に入れるのに最も適切なものを，四つの選択肢 (①～④)のうちから一つ選びなさい。

① contribute to the emphasis on tiny animals

② help humans simplify agricultural practices

③ overcome serious challenges facing wild plants

④ provide us with a vital part of our food supply

問28～31　ワークシートの空欄　28　～　31　に入れるのに最も適切なものを，六つの選択肢(①～⑥)のうちから一つずつ選びなさい。選択肢は2回以上使ってもかまいません。

① Decline in population　　　② Diversity of plants

③ Increase in honey production　④ Lack of land development

⑤ New technology　　　　　⑥ Threats to health

問32　講義の内容と一致するものはどれか。最も適切なものを，四つの選択肢 (①～④)のうちから一つ選びなさい。　32

① Allowing beekeepers access to natural environments helps to ensure sufficient honey production.

② Developing the global food supply has been the primary focus of beekeepers in recent years.

③ Improving conditions for honeybees will be of benefit to humans as well as honeybees.

④ Increasing the wild honeybee population will reduce the number of domesticated honeybees.

第5問はさらに続きます。

― 21 ―

問33 講義の続きを聞き，**次の図から読み取れる情報と講義全体の内容から**どのようなことが言えるか，最も適切なものを，四つの選択肢（**①～④**）のうちから一つ選びなさい。 33

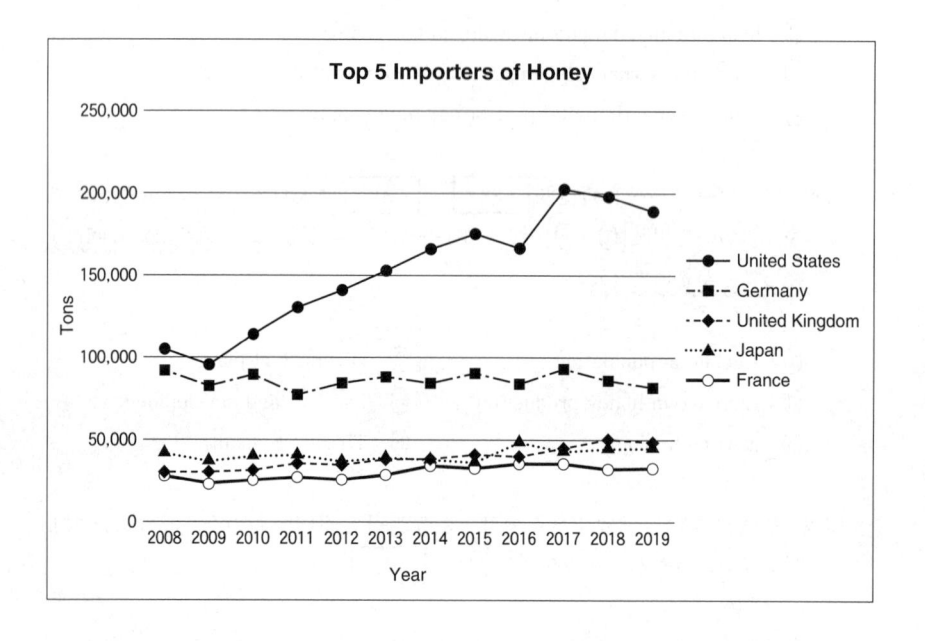

① The growing risk of wild honeybees becoming extinct has limited the amount of honey imports to the U.S. over the last decade.

② The high demand for honey in the U.S. since 2009 has resulted in the growth in imports to the top five countries.

③ The increase of honey imports to the U.S. is due to the efforts of beekeepers to grow a variety of plants all year around.

④ The U.S. successfully imports honey from other countries, despite the global decrease in domesticated honeybee populations.

これで第5問は終わりです。

第6問 （配点 14） <u>音声は1回流れます</u>。

第6問はAとBの二つの部分に分かれています。

A 　第6問Aは問34・問35の2問です。二人の対話を聞き，それぞれの問いの答えとして最も適切なものを，四つの選択肢（①～④）のうちから一つずつ選びなさい。（問いの英文は書かれています。）<u>状況と問いを読む時間が与えられた後，音声が流れます</u>。

> 状況
>
> Mikeと妻のPamが，小学生の息子(Timmy)の誕生日プレゼントについて話をしています。

問34　**What is Pam's main reason for recommending the saxophone?**

　　　34

① Jazz is more enjoyable than classical music.

② Playing ad lib is as exciting as reading music.

③ Playing the saxophone in an orchestra is rewarding.

④ The saxophone is easier to play than the violin.

問35　**Which of the following statements would Mike agree with?**

　　　35

① Jazz musicians study longer than classical musicians.

② Learning the violin offers a good opportunity to play classical music.

③ The violin can be played in many more ways than the saxophone.

④ Younger learners are not as talented as older learners.

これで第6問Aは終わりです。

B 　第6問Bは問36・問37の2問です。会話を聞き，それぞれの問いの答えとして最も適切なものを，選択肢のうちから一つずつ選びなさい。後の表を参考にしてメモを取ってもかまいません。**状況と問いを読む時間が与えられた後，音声が流れます。**

状況

四人の学生(Joe, Saki, Keith, Beth)が，Saki の部屋で電子書籍について意見交換をしています。

Joe	
Saki	
Keith	
Beth	

問36　会話が終わった時点で，電子書籍を**支持した**のは四人のうち何人でしたか。四つの選択肢(①~④)のうちから一つ選びなさい。　| 36 |

① 　1人

② 　2人

③ 　3人

④ 　4人

問37　会話を踏まえて，Joe の考えの根拠となる図表を，四つの選択肢$\left(\text{①}\sim\text{④}\right)$のうちから一つ選びなさい。　37

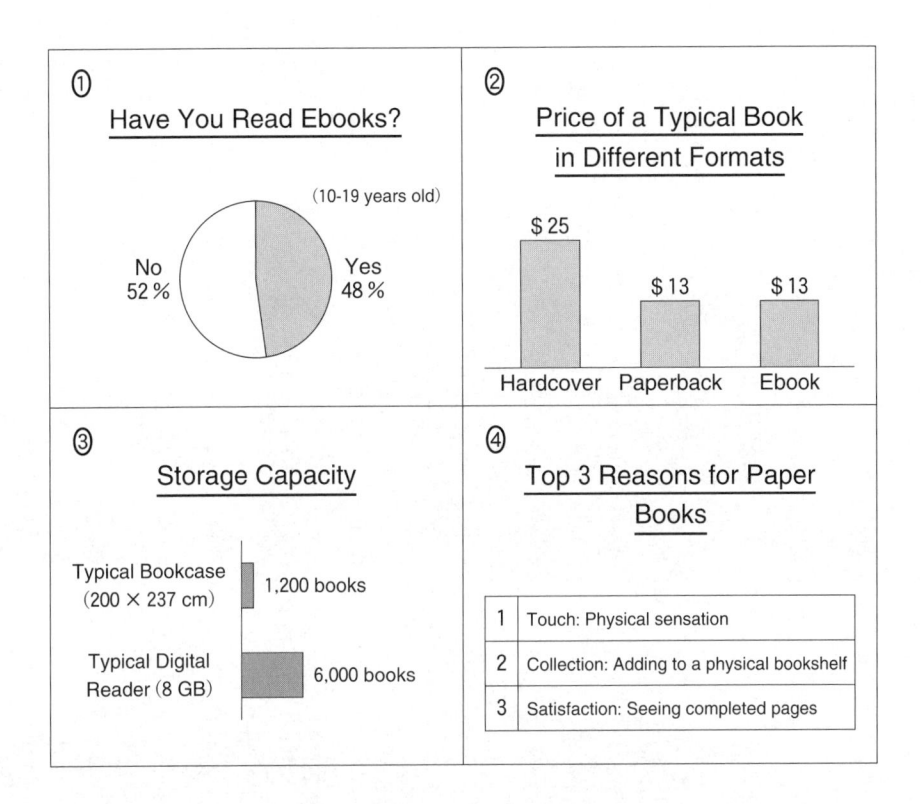

これで第６問Ｂは終わりです。

共通テスト

本試験
（第1日程）

リーディング

解答時間 80 分
配点 100 点

2021

英　　語(リーディング)

各大問の英文や図表を読み，解答番号 $\boxed{1}$ ～ $\boxed{47}$ にあてはまるものとして最も適当な選択肢を選びなさい。

第1問 (配点 10)

A Your dormitory roommate Julie has sent a text message to your mobile phone with a request.

Help!!!
Last night I saved my history homework on a USB memory stick. I was going to print it in the university library this afternoon, but I forgot to bring the USB with me. I need to give a copy to my teacher by 4 p.m. today. Can you bring my USB to the library? I think it's on top of my history book on my desk. I don't need the book, just the USB.♡

Sorry Julie, I couldn't find it. The history book was there, but there was no USB memory stick. I looked for it everywhere, even under your desk. Are you sure you don't have it with you? I'll bring your laptop computer with me, just in case.

You were right! I did have it. It was at the bottom of my bag.
What a relief!
Thanks anyway. ☺

問 1　What was Julie's request?　　1

① To bring her USB memory stick

② To hand in her history homework

③ To lend her a USB memory stick

④ To print out her history homework

問 2　How will you reply to Julie's second text message?　　2

① Don't worry. You'll find it.

② I'm really glad to hear that.

③ Look in your bag again.

④ You must be disappointed.

B Your favorite musician will have a concert tour in Japan, and you are thinking of joining the fan club. You visit the official fan club website.

TYLER QUICK FAN CLUB

Being a member of the **TYLER QUICK** (**TQ**) fan club is so much fun! You can keep up with the latest news, and take part in many exciting fan club member events. All new members will receive our New Member's Pack. It contains a membership card, a free signed poster, and a copy of **TQ**'s third album *Speeding Up*. The New Member's Pack will be delivered to your home, and will arrive a week or so after you join the fan club.

TQ is loved all around the world. You can join from any country, and you can use the membership card for one year. The **TQ** fan club has three types of membership: Pacer, Speeder, and Zoomer.

Please choose from the membership options below.

What you get (♫)	Membership Options		
	Pacer ($20)	Speeder ($40)	Zoomer ($60)
Regular emails and online magazine password	♫	♫	♫
Early information on concert tour dates	♫	♫	♫
TQ's weekly video messages	♫	♫	♫
Monthly picture postcards		♫	♫
TQ fan club calendar		♫	♫
Invitations to special signing events			♫
20% off concert tickets			♫

✧Join before May 10 and receive a \$10 discount on your membership fee!

✧There is a \$4 delivery fee for every New Member's Pack.

✧At the end of your 1st year, you can either renew or upgrade at a 50% discount.

Whether you are a Pacer, a Speeder, or a Zoomer, you will love being a member of the **TQ** fan club. For more information, or to join, click *here*.

問 1　A New Member's Pack ☐ 3 ☐ .

① includes TQ's first album

② is delivered on May 10

③ requires a \$10 delivery fee

④ takes about seven days to arrive

問 2　What will you get if you become a new Pacer member? ☐ 4 ☐

① Discount concert tickets and a calendar

② Regular emails and signing event invitations

③ Tour information and postcards every month

④ Video messages and access to online magazines

問 3　After being a fan club member for one year, you can ☐ 5 ☐ .

① become a Zoomer for a \$50 fee

② get a New Member's Pack for \$4

③ renew your membership at half price

④ upgrade your membership for free

第 2 問 （配点 20）

A As the student in charge of a UK school festival band competition, you are examining all of the scores and the comments from three judges to understand and explain the rankings.

Judges' final average scores				
Qualities ／ Band names	Performance (5.0)	Singing (5.0)	Song originality (5.0)	Total (15.0)
Green Forest	3.9	4.6	5.0	13.5
Silent Hill	4.9	4.4	4.2	13.5
Mountain Pear	3.9	4.9	4.7	13.5
Thousand Ants	(did not perform)			

Judges' individual comments	
Mr Hobbs	Silent Hill are great performers and they really seemed connected with the audience. Mountain Pear's singing was great. I loved Green Forest's original song. It was amazing!
Ms Leigh	Silent Hill gave a great performance. It was incredible how the audience responded to their music. I really think that Silent Hill will become popular! Mountain Pear have great voices, but they were not exciting on stage. Green Forest performed a fantastic new song, but I think they need to practice more.
Ms Wells	Green Forest have a new song. I loved it! I think it could be a big hit!

Judges' shared evaluation (summarised by Mr Hobbs)

Each band's total score is the same, but each band is very different. Ms Leigh and I agreed that performance is the most important quality for a band. Ms Wells also agreed. Therefore, first place is easily determined.

To decide between second and third places, Ms Wells suggested that song originality should be more important than good singing. Ms Leigh and I agreed on this opinion.

問 1　Based on the judges' final average scores, which band sang the best?
　　　 6

① Green Forest

② Mountain Pear

③ Silent Hill

④ Thousand Ants

問 2　Which judge gave both positive and critical comments?　 7

① Mr Hobbs

② Ms Leigh

③ Ms Wells

④ None of them

問 3　One **fact** from the judges' individual comments is that $\boxed{8}$.

① all the judges praised Green Forest's song

② Green Forest need to practice more

③ Mountain Pear can sing very well

④ Silent Hill have a promising future

問 4　One **opinion** from the judges' comments and shared evaluation is that $\boxed{9}$.

① each evaluated band received the same total score

② Ms Wells' suggestion about originality was agreed on

③ Silent Hill really connected with the audience

④ the judges' comments determined the rankings

問 5　Which of the following is the final ranking based on the judges' shared evaluation? $\boxed{10}$

	1 st	2 nd	3 rd
①	Green Forest	Mountain Pear	Silent Hill
②	Green Forest	Silent Hill	Mountain Pear
③	Mountain Pear	Green Forest	Silent Hill
④	Mountain Pear	Silent Hill	Green Forest
⑤	Silent Hill	Green Forest	Mountain Pear
⑥	Silent Hill	Mountain Pear	Green Forest

B　You've heard about a change in school policy at the school in the UK where you are now studying as an exchange student. You are reading the discussions about the policy in an online forum.

　　　　　　　　　　　　　　　　　　　　　　　　　　　　　－　◻　✕

New School Policy ＜ Posted on 21 September 2020 ＞
To: P. E. Berger
From: K. Roberts

Dear Dr Berger,

　　On behalf of all students, welcome to St Mark's School. We heard that you are the first Head Teacher with a business background, so we hope your experience will help our school.

　　I would like to express one concern about the change you are proposing to the after-school activity schedule. I realise that saving energy is important and from now it will be getting darker earlier. Is this why you have made the schedule an hour and a half shorter? Students at St Mark's School take both their studies and their after-school activities very seriously. A number of students have told me that they want to stay at school until 6.00 pm as they have always done. Therefore, I would like to ask you to think again about this sudden change in policy.

Regards,
Ken Roberts
Head Student

Re: New School Policy ＜ Posted on 22 September 2020 ＞

To: K. Roberts

From: P. E. Berger

Dear Ken,

Many thanks for your kind post. You've expressed some important concerns, especially about the energy costs and student opinions on school activities.

The new policy has nothing to do with saving energy. The decision was made based on a 2019 police report. The report showed that our city has become less safe due to a 5% increase in serious crimes. I would like to protect our students, so I would like them to return home before it gets dark.

Yours,

Dr P. E. Berger

Head Teacher

問 1　Ken thinks the new policy　　11　　.

① can make students study more

② may improve school safety

③ should be introduced immediately

④ will reduce after-school activity time

問 2　One **fact** stated in Ken's forum post is that　　12　　.

① more discussion is needed about the policy

② the Head Teacher's experience is improving the school

③ the school should think about students' activities

④ there are students who do not welcome the new policy

問 3　Who thinks the aim of the policy is to save energy?　　13

① Dr Berger

② Ken

③ The city

④ The police

問 4　Dr Berger is basing his new policy on the **fact** that ⬚14⬚ .

① going home early is important

② safety in the city has decreased

③ the school has to save electricity

④ the students need protection

問 5　What would you research to help Ken oppose the new policy? ⬚15⬚

① The crime rate and its relation to the local area

② The energy budget and electricity costs of the school

③ The length of school activity time versus the budget

④ The study hours for students who do after-school activities

第3問 (配点 15)

A You are planning to stay at a hotel in the UK. You found useful information in the Q&A section of a travel advice website.

I'm considering staying at the Hollytree Hotel in Castleton in March 2021. Would you recommend this hotel, and is it easy to get there from Buxton Airport? (Liz)

- -

Answer

Yes, I strongly recommend the Hollytree. I've stayed there twice. It's inexpensive, and the service is brilliant! There's also a wonderful free breakfast. (Click *here* for access information.)

Let me tell you my own experience of getting there.

On my first visit, I used the underground, which is cheap and convenient. Trains run every five minutes. From the airport, I took the Red Line to Mossfield. Transferring to the Orange Line for Victoria should normally take about seven minutes, but the directions weren't clear and I needed an extra five minutes. From Victoria, it was a ten-minute bus ride to the hotel.

The second time, I took the express bus to Victoria, so I didn't have to worry about transferring. At Victoria, I found a notice saying there would be roadworks until summer 2021. Now it takes three times as long as usual to get to the hotel by city bus, although buses run every ten minutes. It's possible to walk, but I took the bus as the weather was bad.

Enjoy your stay! (Alex)

Access to the Hollytree Hotel

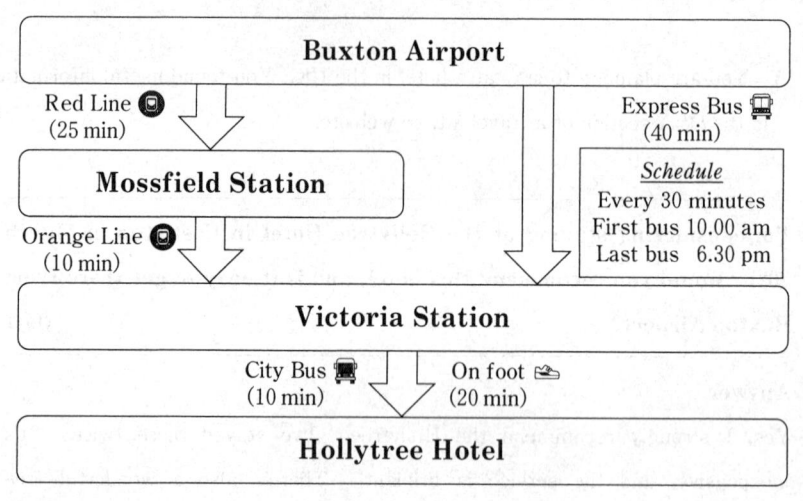

問 1 From Alex's answer, you learn that Alex [16] .

① appreciates the convenient location of the hotel

② got lost in Victoria Station on his first visit to Castleton

③ thinks that the hotel is good value for money

④ used the same route from the airport both times

問 2 You are departing on public transport from the airport at 2.00 pm on 15 March 2021. What is the fastest way to get to the hotel? [17]

① By express bus and city bus

② By express bus and on foot

③ By underground and city bus

④ By underground and on foot

B Your classmate showed you the following message in your school's newsletter, written by an exchange student from the UK.

Volunteers Wanted!

Hello, everyone. I'm Sarah King, an exchange student from London. I'd like to share something important with you today.

You may have heard of the Sakura International Centre. It provides valuable opportunities for Japanese and foreign residents to get to know each other. Popular events such as cooking classes and karaoke contests are held every month. However, there is a serious problem. The building is getting old, and requires expensive repairs. To help raise funds to maintain the centre, many volunteers are needed.

I learnt about the problem a few months ago. While shopping in town, I saw some people taking part in a fund-raising campaign. I spoke to the leader of the campaign, Katy, who explained the situation. She thanked me when I donated some money. She told me that they had asked the town mayor for financial assistance, but their request had been rejected. They had no choice but to start fund-raising.

Last month, I attended a lecture on art at the centre. Again, I saw people trying to raise money, and I decided to help. They were happy when I joined them in asking passers-by for donations. We tried hard, but there were too few of us to collect much money. With a tearful face, Katy told me that they wouldn't be able to use the building much longer. I felt the need to do something more. Then, the idea came to me that other students might be willing to help. Katy was delighted to hear this.

Now, I'm asking you to join me in the fund-raising campaign to help the Sakura International Centre. Please email me today! As an exchange student, my time in Japan is limited, but I want to make the most of it. By working together, we can really make a difference.

Class 3 A
Sarah King   (sarahk@sakura-h.ed.jp)

セーラ・キング

問 1　Put the following events (①~④) into the order in which they happened.

18 → 19 → 20 → 21

① Sarah attended a centre event.

② Sarah donated money to the centre.

③ Sarah made a suggestion to Katy.

④ The campaigners asked the mayor for help.

問 2　From Sarah's message, you learn that the Sakura International Centre 22 .

① gives financial aid to international residents

② offers opportunities to develop friendships

③ publishes newsletters for the community

④ sends exchange students to the UK

問 3　You have decided to help with the campaign after reading Sarah's message. What should you do first? 23

① Advertise the events at the centre.

② Contact Sarah for further information.

③ Organise volunteer activities at school.

④ Start a new fund-raising campaign.

第4問 （配点 16）

Your English teacher, Emma, has asked you and your classmate, Natsuki, to help her plan the day's schedule for hosting students from your sister school. You're reading the email exchanges between Natsuki and Emma so that you can draft the schedule.

Hi Emma,

We have some ideas and questions about the schedule for the day out with our 12 guests next month. As you told us, the students from both schools are supposed to give presentations in our assembly hall from 10:00 a.m. So, I've been looking at the attached timetable. Will they arrive at Azuma Station at 9:39 a.m. and then take a taxi to the school?

We have also been discussing the afternoon activities. How about seeing something related to science? We have two ideas, but if you need a third, please let me know.

Have you heard about the special exhibition that is on at Westside Aquarium next month? It's about a new food supplement made from sea plankton. We think it would be a good choice. Since it's popular, the best time to visit will be when it is least busy. I'm attaching the graph I found on the aquarium's homepage.

Eastside Botanical Garden, together with our local university, has been developing an interesting way of producing electricity from plants. Luckily, the professor in charge will give a short talk about it on that day in the early afternoon! Why don't we go?

Everyone will want to get some souvenirs, won't they? I think West Mall, next to Hibari Station, would be best, but we don't want to carry them around with us all day.

Finally, every visitor to Azuma should see the town's symbol, the statue in Azuma Memorial Park next to our school, but we can't work out a good schedule. Also, could you tell us what the plan is for lunch?

Yours,
Natsuki

Hi Natsuki,

Thank you for your email! You've been working hard. In answer to your question, they'll arrive at the station at 9:20 a.m. and then catch the school bus.

The two main afternoon locations, the aquarium and botanical garden, are good ideas because both schools place emphasis on science education, and the purpose of this program is to improve the scientific knowledge of the students. However, it would be wise to have a third suggestion just in case.

Let's get souvenirs at the end of the day. We can take the bus to the mall arriving there at 5:00 p.m. This will allow almost an hour for shopping and our guests can still be back at the hotel by 6:30 p.m. for dinner, as the hotel is only a few minutes' walk from Kaede Station.

About lunch, the school cafeteria will provide boxed lunches. We can eat under the statue you mentioned. If it rains, let's eat inside.

Thank you so much for your suggestions. Could you two make a draft for the schedule?

Best,
Emma

Attached timetable:

Train Timetable
Kaede — Hibari — Azuma

Stations	Train No.			
	108	109	110	111
Kaede	8:28	8:43	9:02	9:16
Hibari	8:50	9:05	9:24	9:38
Azuma	9:05	9:20	9:39	9:53

Stations	Train No.			
	238	239	240	241
Azuma	17:25	17:45	18:00	18:15
Hibari	17:40	18:00	18:15	18:30
Kaede	18:02	18:22	18:37	18:52

Attached graph:

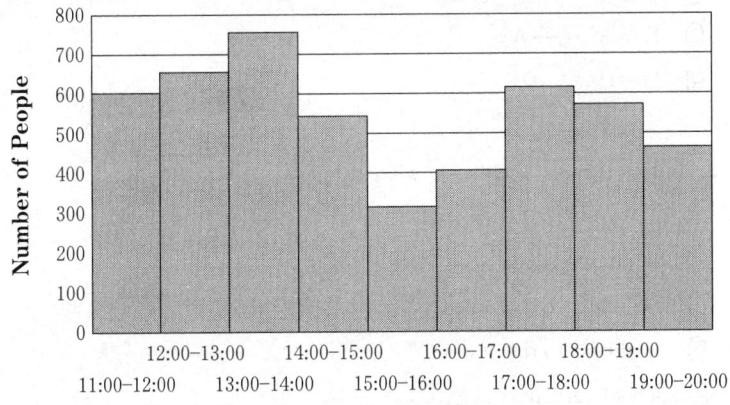

Number of Visitors to Westside Aquarium

問 1　The guests from the sister school will arrive on the number ⬚24⬚ train and catch the number ⬚25⬚ train back to their hotel.

① 109　　　　　　② 110　　　　　　③ 111

④ 238　　　　　　⑤ 239　　　　　　⑥ 240

問 2　Which best completes the draft schedule?　⬚26⬚

　　A：The aquarium　　　　　B：The botanical garden

　　C：The mall　　　　　　　D：The school

① D→A→B→C

② D→B→A→C

③ D→B→C→A

④ D→C→A→B

問 3　Unless it rains, the guests will eat lunch in the ⬚27⬚.

① botanical garden

② park next to the school

③ park next to the station

④ school garden

問 4　The guests will **not** get around ⬚28⬚ on that day.

① by bus

② by taxi

③ by train

④ on foot

問 5　As a third option, which would be the most suitable for your program? ⬚29⬚

① Hibari Amusement Park

② Hibari Art Museum

③ Hibari Castle

④ Hibari Space Center

第5問　(配点　15)

Using an international news report, you are going to take part in an English oral presentation contest.　Read the following news story from France in preparation for your talk.

Five years ago, Mrs. Sabine Rouas lost her horse.　She had spent 20 years with the horse before he died of old age.　At that time, she felt that she could never own another horse.　Out of loneliness, she spent hours watching cows on a nearby milk farm.　Then, one day, she asked the farmer if she could help look after them.

The farmer agreed, and Sabine started work.　She quickly developed a friendship with one of the cows.　As the cow was pregnant, she spent more time with it than with the others.　After the cow's baby was born, the baby started following Sabine around.　Unfortunately, the farmer wasn't interested in keeping a bull—a male cow—on a milk farm.　The farmer planned to sell the baby bull, which he called Three-oh-nine (309), to a meat market.　Sabine decided she wasn't going to let that happen, so she asked the farmer if she could buy him and his mother.　The farmer agreed, and she bought them. Sabine then started taking 309 for walks to town.　About nine months later, when at last she had permission to move the animals, they moved to Sabine's farm.

Soon after, Sabine was offered a pony.　At first, she wasn't sure if she wanted to have him, but the memory of her horse was no longer painful, so she accepted the pony and named him Leon.　She then decided to return to her old hobby and started training him for show jumping.　Three-oh-nine, who she had renamed Aston, spent most of his time with Leon, and the two became really close friends.　However, Sabine had not expected Aston to pay close attention to her training routine with Leon, nor had she expected Aston to pick up some tricks. The young bull quickly mastered walking, galloping, stopping, going backwards, and turning around on command. He responded to Sabine's voice just like a horse. And despite weighing 1,300 kg, it took him just 18 months to learn how to leap over one-meter-high horse jumps with Sabine on his back. Aston might never have learned those things without having watched Leon. Moreover, Aston understood distance and could adjust his steps before a jump. He also noticed his faults and corrected them without any help from Sabine. That's something only the very best Olympic-standard horses can do.

Now Sabine and Aston go to weekend fairs and horse shows around Europe to show off his skills. Sabine says, "We get a good reaction. Mostly, people are really surprised, and at first, they can be a bit scared because he's big—much bigger than a horse. Most people don't like to get too close to bulls with horns. But once they see his real nature, and see him performing, they often say, 'Oh he's really quite beautiful.'"

"Look!" And Sabine shows a photo of Aston on her smartphone. She then continues, "When Aston was very young, I used to take him out for walks on a lead, like a dog, so that he would get used to humans. Maybe that's why he doesn't mind people. Because he is so calm, children, in particular, really like watching him and getting a chance to be close to him."

Over the last few years, news of the massive show-jumping bull has spread rapidly; now, Aston is a major attraction with a growing number of online followers. Aston and Sabine sometimes need to travel 200 or 300 kilometers away from home, which means they have to stay overnight. Aston has to sleep in a horse box, which isn't really big enough for him.

"He doesn't like it. I have to sleep with him in the box," says Sabine. "But you know, when he wakes up and changes position, he is very careful not to crush me. He really is very gentle. He sometimes gets lonely, and he doesn't like being away from Leon for too long; but other than that, he's very happy."

Your Presentation Slides

30

Central High School
English Presentation Contest

Who's Who?

Main figures

☐ , ☐ , ☐

Minor figures

☐ , ☐

} 31

Pre-fame Storyline

Sabine's horse dies.
↓
32
↓
33
↓
34
↓
35
↓
Aston and Sabine start going to shows.

Aston's Abilities

Aston can:
- learn by simply watching Leon's training.
- walk, gallop, and stop when Sabine tells him to.
- understand distance and adjust his steps.
- 36 .
- 37 .

Aston Now

Aston today:
- is a show-jumping bull.
- travels to fairs and events with Sabine.
- 38 .

問 1 Which is the best title for your presentation? | 30 |

① Animal-lover Saves the Life of a Pony

② Aston's Summer Show-jumping Tour

③ Meet Aston, the Bull who Behaves Like a Horse

④ The Relationship Between a Farmer and a Cow

問 2 Which is the best combination for the **Who's Who?** slide? | 31 |

	Main figures	Minor figures
①	309, Aston, the farmer	Sabine, the pony
②	Aston, Aston's mother, Sabine	309, the farmer
③	Aston, Leon, the farmer	Aston's mother, Sabine
④	Aston, Sabine, the pony	Aston's mother, the farmer

問 3 Choose the four events in the order they happened to complete the **Pre-fame Storyline** slide. | 32 | ~ | 35 |

① Aston learns to jump.

② Sabine and Aston travel hundreds of kilometers together.

③ Sabine buys 309 and his mother.

④ Sabine goes to work on her neighbor's farm.

⑤ Sabine takes 309 for walks.

問 4　Choose the two best items for the **Aston's Abilities** slide. (The order does not matter.) ☐36☐ ・ ☐37☐

① correct his mistakes by himself

② jump side-by-side with the pony

③ jump with a rider on his back

④ pick up tricks faster than a horse

⑤ pose for photographs

問 5　Complete the **Aston Now** slide with the most appropriate item. ☐38☐

① has an increasing number of fans

② has made Sabine very wealthy

③ is so famous that he no longer frightens people

④ spends most nights of the year in a horse trailer

第6問　(配点　24)

A You are working on a class project about safety in sports and found the following article. You are reading it and making a poster to present your findings to your classmates.

Making Ice Hockey Safer

Ice hockey is a team sport enjoyed by a wide variety of people around the world. The object of the sport is to move a hard rubber disk called a "puck" into the other team's net with a hockey stick. Two teams with six players on each team engage in this fast-paced sport on a hard and slippery ice rink. Players may reach a speed of 30 kilometers per hour sending the puck into the air. At this pace, both the players and the puck can be a cause of serious danger.

The speed of the sport and the slippery surface of the ice rink make it easy for players to fall down or bump into each other resulting in a variety of injuries. In an attempt to protect players, equipment such as helmets, gloves, and pads for the shoulders, elbows, and legs, has been introduced over the years. Despite these efforts, ice hockey has a high rate of concussions.

A concussion is an injury to the brain that affects the way it functions; it is caused by either direct or indirect impact to the head, face, neck, or elsewhere and can sometimes cause temporary loss of consciousness. In less serious cases, for a short time, players may be unable to walk straight or see clearly, or they may experience ringing in the ears. Some believe they just have a slight headache and do not realize they have injured their brains.

In addition to not realizing the seriousness of the injury, players tend to worry about what their coach will think. In the past, coaches preferred tough players who played in spite of the pain. In other words, while it would seem logical for an injured player to stop playing after getting hurt, many did not. Recently, however, it has been found that concussions can have serious effects that last a lifetime. People with a history of concussion may have trouble concentrating or sleeping. Moreover, they may suffer from psychological problems such as depression and mood changes. In some cases, players may develop smell and taste disorders.

The National Hockey League (NHL), consisting of teams in Canada and the United States, has been making stricter rules and guidelines to deal with concussions. For example, in 2001, the NHL introduced the wearing of visors—pieces of clear plastic attached to the helmet that protect the face. At first, it was optional and many players chose not to wear them. Since 2013, however, it has been required. In addition, in 2004, the NHL began to give more severe penalties, such as suspensions and fines, to players who hit another player in the head deliberately.

The NHL also introduced a concussion spotters system in 2015. In this system, NHL officials with access to live streaming and video replay watch for visible indications of concussion during each game. At first, two concussion spotters, who had no medical training, monitored the game in the arena. The following year, one to four concussion spotters with medical training were added. They monitored each game from the League's head office in New York. If a spotter thinks that a player has suffered a concussion, the player is removed from the game and is taken to a "quiet room" for an examination by a medical doctor. The player is not allowed to return to the game until the doctor gives permission.

The NHL has made much progress in making ice hockey a safer sport. As more is learned about the causes and effects of concussions, the NHL will surely take further measures to ensure player safety. Better safety might lead to an increase in the number of ice hockey players and fans.

Making Ice Hockey Safer

What is ice hockey?

- Players score by putting a "puck" in the other team's net
- Six players on each team
- Sport played on ice at a high speed

Main Problem: A High Rate of Concussions

Definition of a concussion

An injury to the brain that affects the way it functions

Effects

Short-term	Long-term
· Loss of consciousness	· Problems with concentration
· Difficulty walking straight	· ☐ 40
· ☐ 39	· Psychological problems
· Ringing in the ears	· Smell and taste disorders

Solutions

National Hockey League (NHL)

- Requires helmets with visors
- Gives severe penalties to dangerous players
- Has introduced concussion spotters to ☐ 41

Summary

Ice hockey players have a high risk of suffering from concussions.

Therefore, the NHL has ☐ 42 .

問 1　Choose the best option for ⬛ 39 ⬛ on your poster.

① Aggressive behavior

② Difficulty thinking

③ Personality changes

④ Unclear vision

問 2　Choose the best option for ⬛ 40 ⬛ on your poster.

① Loss of eyesight

② Memory problems

③ Sleep disorders

④ Unsteady walking

問 3　Choose the best option for ⬛ 41 ⬛ on your poster.

① allow players to return to the game

② examine players who have a concussion

③ fine players who cause concussions

④ identify players showing signs of a concussion

問 4　Choose the best option for ⬛ 42 ⬛ on your poster.

① been expecting the players to become tougher

② been implementing new rules and guidelines

③ given medical training to coaches

④ made wearing of visors optional

B You are studying nutrition in health class. You are going to read the following passage from a textbook to learn more about various sweeteners.

Cake, candy, soft drinks—most of us love sweet things. In fact, young people say "Sweet!" to mean something is "good" in English. When we think of sweetness, we imagine ordinary white sugar from sugar cane or sugar beet plants. Scientific discoveries, however, have changed the world of sweeteners. We can now extract sugars from many other plants. The most obvious example is corn. Corn is abundant, inexpensive, and easy to process. High fructose corn syrup (HFCS) is about 1.2 times sweeter than regular sugar, but quite high in calories. Taking science one step further, over the past 70 years scientists have developed a wide variety of artificial sweeteners.

A recent US National Health and Nutrition Examination Survey concluded that 14.6% of the average American's energy intake is from "added sugar," which refers to sugar that is not derived from whole foods. A banana, for example, is a whole food, while a cookie contains added sugar. More than half of added sugar calories are from sweetened drinks and desserts. Lots of added sugar can have negative effects on our bodies, including excessive weight gain and other health problems. For this reason, many choose low-calorie substitutes for drinks, snacks, and desserts.

Natural alternatives to white sugar include brown sugar, honey, and maple syrup, but they also tend to be high in calories. Consequently, alternative "low-calorie sweeteners" (LCSs), mostly artificial chemical combinations, have become popular. The most common LCSs today are aspartame, Ace-K, stevia, and sucralose. Not all LCSs are artificial—stevia comes from plant leaves.

Alternative sweeteners can be hard to use in cooking because some cannot be heated and most are far sweeter than white sugar. Aspartame and Ace-K are 200 times sweeter than sugar. Stevia is 300 times sweeter, and sucralose has twice the sweetness of stevia. Some new sweeteners are even more intense. A Japanese company recently developed "Advantame," which is 20,000 times sweeter than sugar. Only a tiny amount of this substance is required to sweeten something.

When choosing sweeteners, it is important to consider health issues. Making desserts with lots of white sugar, for example, results in high-calorie dishes that could lead to weight gain. There are those who prefer LCSs for this very reason. Apart from calories, however, some research links consuming artificial LCSs with various other health concerns. Some LCSs contain strong chemicals suspected of causing cancer, while others have been shown to affect memory and brain development, so they can be dangerous, especially for young children, pregnant women, and the elderly. There are a few relatively natural alternative sweeteners, like xylitol and sorbitol, which are low in calories. Unfortunately, these move through the body extremely slowly, so consuming large amounts can cause stomach trouble.

When people want something sweet, even with all the information, it is difficult for them to decide whether to stick to common higher calorie sweeteners like sugar or to use LCSs. Many varieties of gum and candy today contain one or more artificial sweeteners; nonetheless, some people who would not put artificial sweeteners in hot drinks may still buy such items. Individuals need to weigh the options and then choose the sweeteners that best suit their needs and circumstances.

問 1 You learn that modern science has changed the world of sweeteners by ⬚43 .

① discovering new, sweeter white sugar types

② measuring the energy intake of Americans

③ providing a variety of new options

④ using many newly-developed plants from the environment

問 2 You are summarizing the information you have just studied. How should the table be finished? ⬚44

Sweetness	Sweetener
high	Advantame
	(A)
	(B)
	(C)
low	(D)

① (A) Stevia   (B) Sucralose
(C) Ace-K, Aspartame   (D) HFCS

② (A) Stevia   (B) Sucralose
(C) HFCS   (D) Ace-K, Aspartame

③ (A) Sucralose   (B) Stevia
(C) Ace-K, Aspartame   (D) HFCS

④ (A) Sucralose   (B) Stevia
(C) HFCS   (D) Ace-K, Aspartame

問 3　According to the article you read, which of the following are true? (Choose two options. The order does not matter.)　45 ・ 46

① Alternative sweeteners have been proven to cause weight gain.

② Americans get 14.6% of their energy from alternative sweeteners.

③ It is possible to get alternative sweeteners from plants.

④ Most artificial sweeteners are easy to cook with.

⑤ Sweeteners like xylitol and sorbitol are not digested quickly.

問 4　To describe the author's position, which of the following is most appropriate?　47

① The author argues against the use of artificial sweeteners in drinks and desserts.

② The author believes artificial sweeteners have successfully replaced traditional ones.

③ The author states that it is important to invent much sweeter products for future use.

④ The author suggests people focus on choosing sweeteners that make sense for them.

リスニングテスト 2021

共通テスト 本試験
（第1日程）

解答時間 30分　配点 100点

◎音声は下記の音声専用サイトで配信しています。使用している音声は，大学入試センターから公表されたものです。音声中のページ数は，問題編のそれぞれのページ下部を参照してください。

◎解答時間は30分ですが，解答開始前にICプレーヤーの作動確認・音量調節の時間がありますので，試験時間は60分となります。「音量調整用音声」は音声専用サイトで確認できます。

● 音声専用サイトはこちら
akahon.net/kte/

2021年度 本試験
（第1日程）

英　語(リスニング)

$$\left(\text{解答番号}\boxed{1}\sim\boxed{37}\right)$$

第1問 (配点 25) **音声は2回流れます。**

第1問はAとBの二つの部分に分かれています。

A　　第1問Aは問1から問4までの4問です。英語を聞き，それぞれの内容と最もよく合っているものを，四つの選択肢(①〜④)のうちから一つずつ選びなさい。

問1 　1

① The speaker does not want any juice.

② The speaker is asking for some juice.

③ The speaker is serving some juice.

④ The speaker will not drink any juice.

問2 　2

① The speaker wants to find the beach.

② The speaker wants to know about the beach.

③ The speaker wants to see a map of the beach.

④ The speaker wants to visit the beach.

問 3　3

① Yuji is living in Chiba.

② Yuji is studying in Chiba.

③ Yuji will begin his job next week.

④ Yuji will graduate next week.

問 4　4

① David gave the speaker ice cream today.

② David got ice cream from the speaker today.

③ David will get ice cream from the speaker today.

④ David will give the speaker ice cream today.

これで第 1 問 A は終わりです。

B 第 1 問 B は問 5 から問 7 までの 3 問です。英語を聞き，それぞれの内容と最もよく合っている絵を，四つの選択肢 ①〜④ のうちから一つずつ選びなさい。

問 5 　5

問 6　6

①

②

③

④

問 7　　7

①

②

③

④

これで第 1 問 B は終わりです。

第2問 (配点 16) **音声は2回流れます。**

第2問は問8から問11までの4問です。それぞれの問いについて，対話の場面が日本語で書かれています。対話とそれについての問いを聞き，その答えとして最も適切なものを，四つの選択肢(①～④)のうちから一つずつ選びなさい。

問8 Maria の水筒について話をしています。 [8]

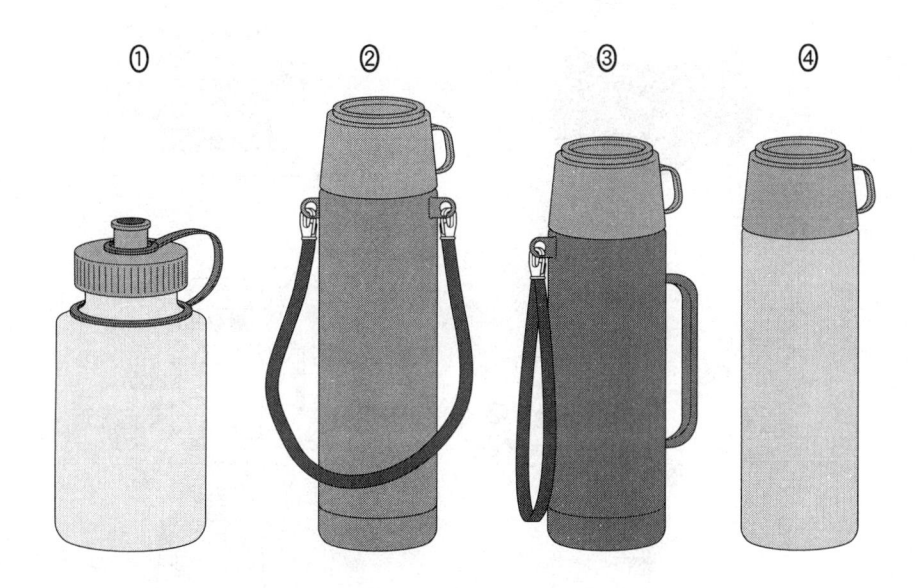

問 9　コンテストでどのロボットに投票するべきか，話をしています。　9

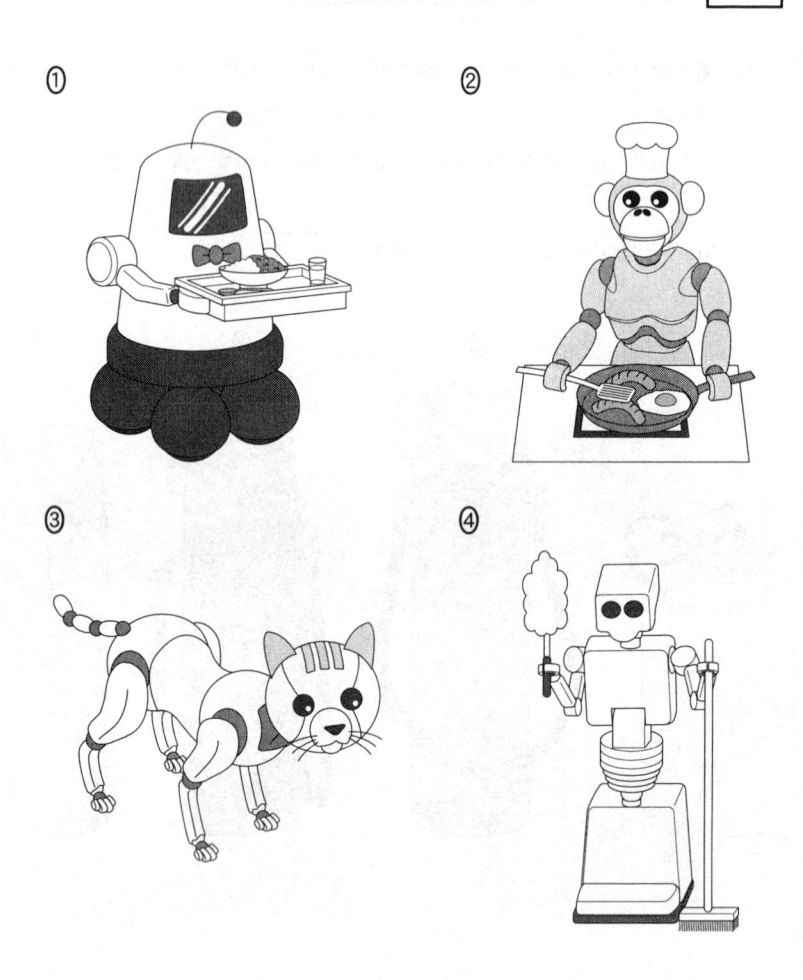

問10　父親が，夏の地域清掃に出かける娘と話をしています。　 10

①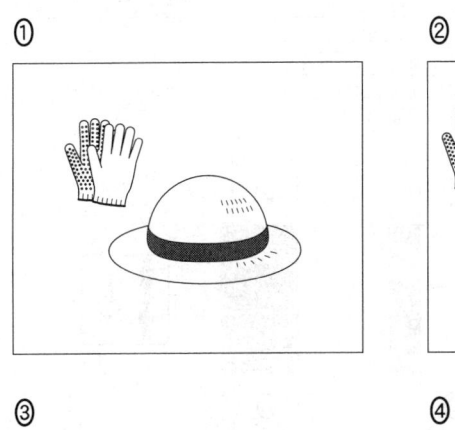

②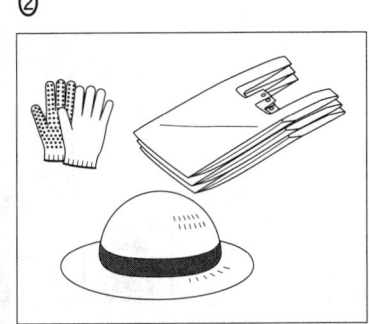

③

④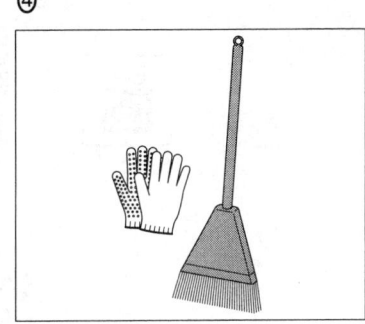

問11 車いすを使用している男性が駅員に質問をしています。 11

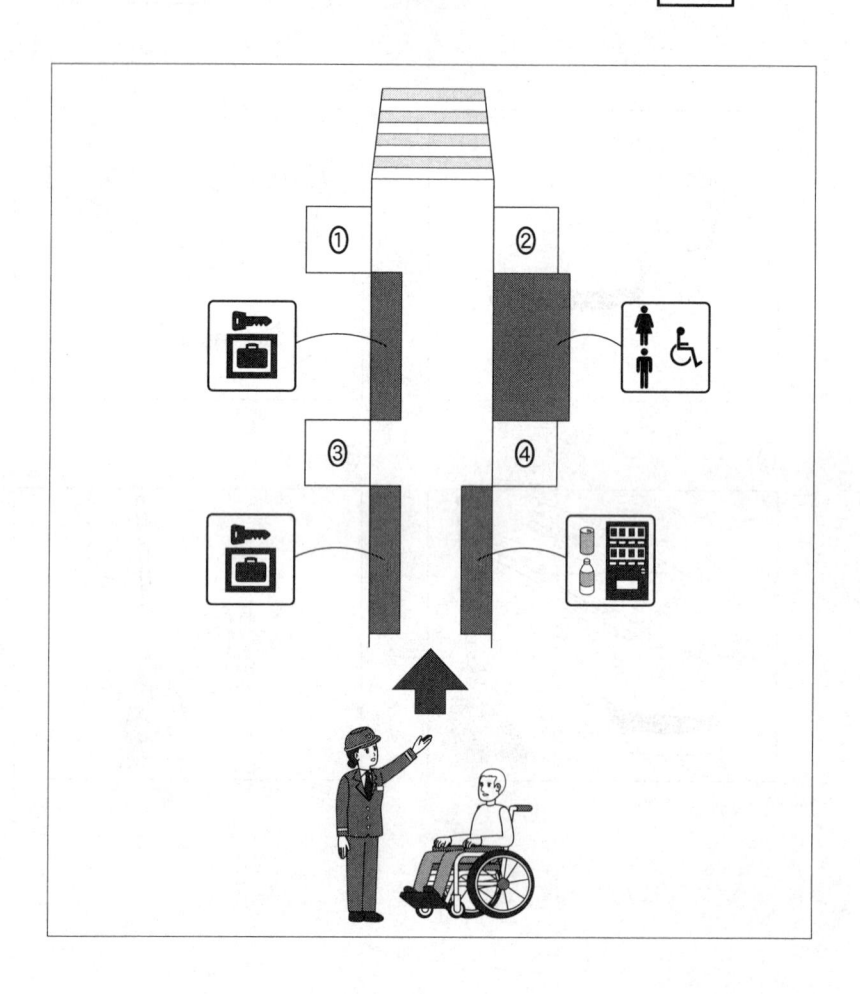

これで第 2 問は終わりです。

第3問　(配点　18)　**音声は1回流れます。**

第3問は**問12**から**問17**までの6問です。それぞれの問いについて，対話の場面が日本語で書かれています。対話を聞き，問いの答えとして最も適切なものを，四つの選択肢(①〜④)のうちから一つずつ選びなさい。（問いの英文は書かれています。）

問12　同窓会で先生が卒業生と話をしています。

What does the teacher have to do on April 14th?　| 12 |

① Attend a meeting
② Have a rehearsal
③ Meet with students
④ See the musical

問13　台所で夫婦が食料品を片付けています。

What will be put away first?　| 13 |

① Bags
② Boxes
③ Cans
④ Containers

問14　職場で女性が男性に中止になった会議について尋ねています。

Which is true according to the conversation?　| 14 |

① The man didn't make a mistake with the email.
② The man sent the woman an email.
③ The woman didn't get an email from the man.
④ The woman received the wrong email.

— 14 —

問15　イギリスにいる弟が，東京に住んでいる姉と電話で話をしています。

What does the woman think about her brother's plan? ☐ 15

① He doesn't have to decide the time of his visit.

② He should come earlier for the cherry blossoms.

③ The cherry trees will be blooming when he comes.

④ The weather won't be so cold when he comes.

問16　友人同士が野球の試合のチケットについて話をしています。

Why is the man in a bad mood? ☐ 16

① He couldn't get a ticket.

② He got a ticket too early.

③ The woman didn't get a ticket for him.

④ The woman got a ticket before he did.

問17　友人同士が通りを歩きながら話をしています。

What did the woman do? ☐ 17

① She forgot the prime minister's name.

② She mistook a man for someone else.

③ She told the man the actor's name.

④ She watched an old movie recently.

これで第 3 問は終わりです。

第4問 (配点 12) 音声は1回流れます。

第4問はAとBの二つの部分に分かれています。

A　第4問Aは問18から問25の8問です。話を聞き，それぞれの問いの答えとして最も適切なものを，選択肢から選びなさい。**問題文と図表を読む時間が与えられた後，音声が流れます。**

問18～21　あなたは，授業で配られたワークシートのグラフを完成させようとしています。先生の説明を聞き，四つの空欄 18 ～ 21 に入れるのに最も適切なものを，四つの選択肢(①～④)のうちから一つずつ選びなさい。

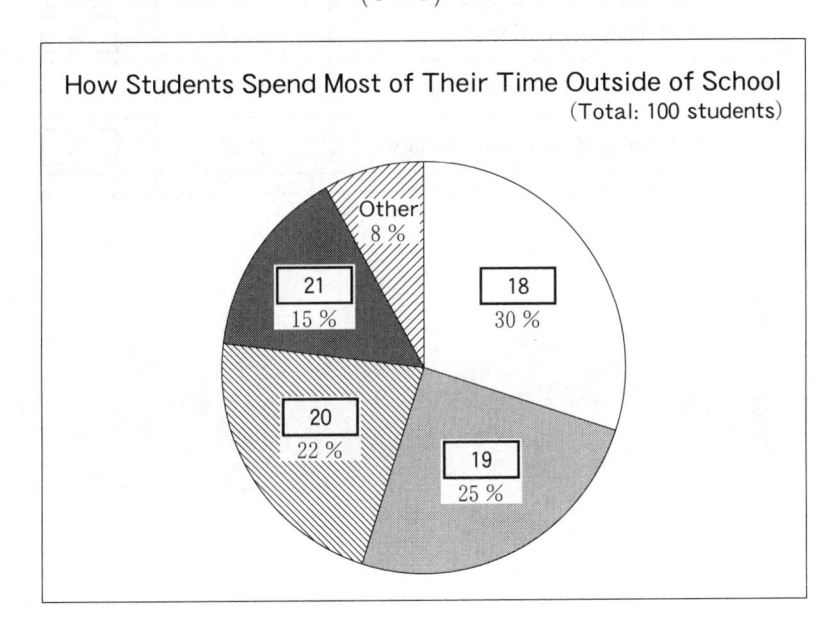

How Students Spend Most of Their Time Outside of School
(Total: 100 students)

① Going out with friends
② Playing online games
③ Studying
④ Working part-time

問22〜25　あなたは，留学先のホストファミリーが経営している DVD ショップで手伝いをしていて，DVD の値下げについての説明を聞いています。話を聞き，下の表の四つの空欄 **22** 〜 **25** に入れるのに最も適切なものを，五つの選択肢(①〜⑤)のうちから一つずつ選びなさい。選択肢は2回以上使ってもかまいません。

Titles	Release date	Discount
Gilbert's Year to Remember	1985	
★　Two Dogs and a Boy	1997	22
Don't Forget Me in the Meantime	2003	23
★　A Monkey in My Garden	2007	24
A Journey to Another World	2016	
A Moment Frozen in a Memory	2019	25

① 　10 %

② 　20 %

③ 　30 %

④ 　40 %

⑤ 　no discount

┌─────────────────────────────┐
│　　　**これで第4問Aは終わりです。**　　　│
└─────────────────────────────┘

B　　第 4 問 B は問 26 の 1 問です。話を聞き，示された条件に最も合うものを，四つの選択肢（①〜④）のうちから一つ選びなさい。下の表を参考にしてメモを取ってもかまいません。**状況と条件を読む時間が与えられた後，音声が流れます。**

状況

　あなたは，旅行先のニューヨークで見るミュージカルを一つ決めるために，四人の友人のアドバイスを聞いています。

あなたが考えている条件

　A．楽しく笑えるコメディーであること

　B．人気があること

　C．平日に公演があること

	Musical titles	Condition A	Condition B	Condition C
①	It's Really Funny You Should Say That!			
②	My Darling, Don't Make Me Laugh			
③	Sam and Keith's Laugh Out Loud Adventure			
④	You Put the 'Fun' in Funny			

問26　"　26　" is the musical you are most likely to choose.

① It's Really Funny You Should Say That!

② My Darling, Don't Make Me Laugh

③ Sam and Keith's Laugh Out Loud Adventure

④ You Put the 'Fun' in Funny

これで第 4 問 B は終わりです。

第5問 （配点 15） 音声は1回流れます。

第5問は問27から問33の7問です。

最初に講義を聞き，問27から問32に答えなさい。次に続きを聞き，問33に答えなさい。状況・ワークシート，問い及び図表を読む時間が与えられた後，音声が流れます。

状況

あなたはアメリカの大学で，幸福観についての講義を，ワークシートにメモを取りながら聞いています。

ワークシート

○ **World Happiness Report**

・Purpose: To promote 〔 **27** 〕 happiness and well-being

・Scandinavian countries: Consistently happiest in the world （since 2012）

Why? ⇒ **"Hygge"** lifestyle in Denmark

⬇ spread around the world in 2016

○ **Interpretations of Hygge**

	Popular Image of Hygge	Real Hygge in Denmark
What	28	29
Where	30	31
How	special	ordinary

問27　ワークシートの空欄 ┃ 27 ┃ に入れるのに最も適切なものを，四つの選択肢 (①～④) のうちから一つ選びなさい。

①　a sustainable development goal beyond

②　a sustainable economy supporting

③　a sustainable natural environment for

④　a sustainable society challenging

問28～31　ワークシートの空欄 ┃ 28 ┃ ～ ┃ 31 ┃ に入れるのに最も適切なものを，六つの選択肢 (①～⑥) のうちから一つずつ選びなさい。選択肢は 2 回以上使ってもかまいません。

①　goods　　　　　②　relationships　　　③　tasks

④　everywhere　　⑤　indoors　　　　　⑥　outdoors

問32　講義の内容と一致するものはどれか。最も適切なものを，四つの選択肢 (①～④) のうちから一つ選びなさい。 ┃ 32 ┃

①　Danish people are against high taxes to maintain a standard of living.

②　Danish people spend less money on basic needs than on socializing.

③　Danish people's income is large enough to encourage a life of luxury.

④　Danish people's welfare system allows them to live meaningful lives.

第 5 問はさらに続きます。

問33 講義の続きを聞き，<u>**下の図から読み取れる情報と講義全体の内容から**</u>どのようなことが言えるか，最も適切なものを，四つの選択肢（①〜④）のうちから一つ選びなさい。 ☐ 33

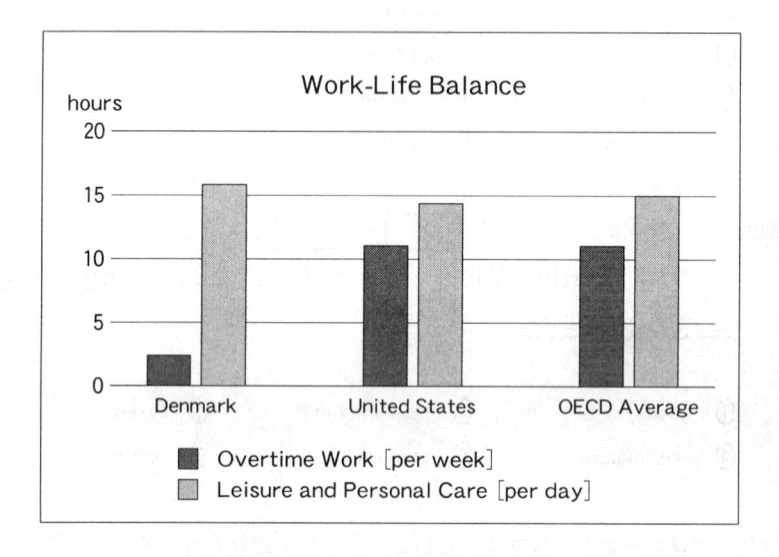

① People in Denmark do less overtime work while maintaining their productivity.

② People in Denmark enjoy working more, even though their income is guaranteed.

③ People in OECD countries are more productive because they work more overtime.

④ People in the US have an expensive lifestyle but the most time for leisure.

これで第5問は終わりです。

第6問 （配点 14） 音声は1回流れます。

第6問はAとBの二つの部分に分かれています。

A　　第6問Aは問34・問35の2問です。二人の対話を聞き，それぞれの問いの答えとして最も適切なものを，四つの選択肢（①～④）のうちから一つずつ選びなさい。（問いの英文は書かれています。）**状況と問いを読む時間が与えられた後，音声が流れます。**

状況

Jane が Sho とフランス留学について話をしています。

問34　**What is Jane's main point?** 　34

① A native French-speaking host family offers the best experience.

② Having a non-native dormitory roommate is more educational.

③ Living with a native speaker shouldn't be a priority.

④ The dormitory offers the best language experience.

問35　**What choice does Sho need to make?** 　35

① Whether to choose a language program or a culture program

② Whether to choose the study abroad program or not

③ Whether to stay with a host family or at the dormitory

④ Whether to stay with a native French-speaking family or not

---

これで第6問Aは終わりです。

B 　第6問Bは**問36・問37**の2問です。会話を聞き，それぞれの問いの答えとして最も適切なものを，選択肢のうちから一つずつ選びなさい。下の表を参考にしてメモを取ってもかまいません。**状況と問いを読む時間が与えられた後，音声が流れます。**

状況

　四人の学生（Yasuko, Kate, Luke, Michael）が，店でもらうレシートについて意見交換をしています。

Yasuko	
Kate	
Luke	
Michael	

問36　会話が終わった時点で，レシートの電子化に**賛成した人**は四人のうち何人でしたか。四つの選択肢（**①**~**④**）のうちから一つ選びなさい。　　36

① 　1人

② 　2人

③ 　3人

④ 　4人

問37　会話を踏まえて，Luke の意見を最もよく表している図表を，四つの選択肢 (①～④)のうちから一つ選びなさい。　37

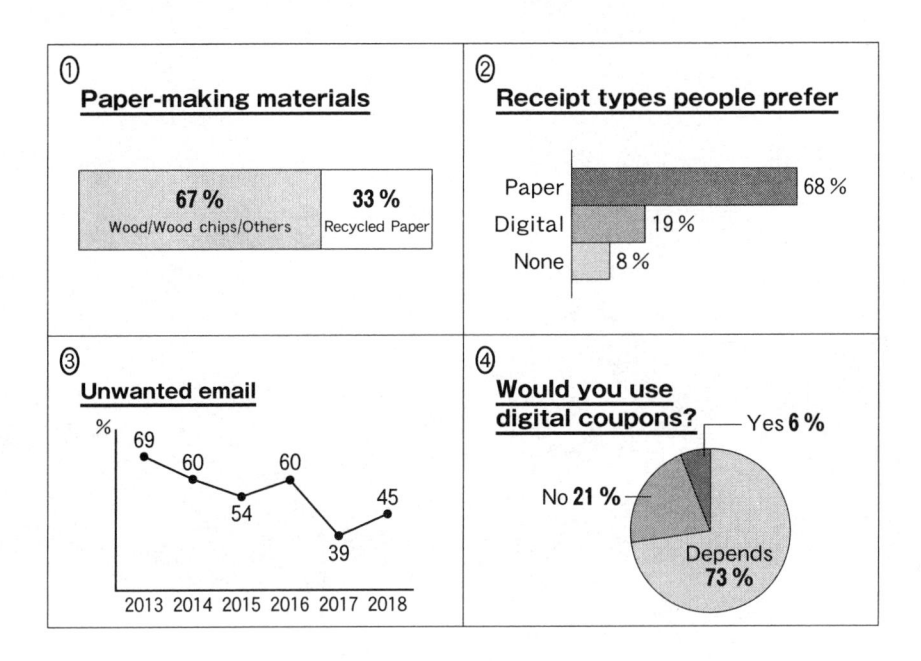

① **Paper-making materials**

| 67 %
Wood/Wood chips/Others | 33 %
Recycled Paper |

② **Receipt types people prefer**

Paper 68 %
Digital 19 %
None 8 %

③ **Unwanted email**

%
69
60
54
60
39
45
2013 2014 2015 2016 2017 2018

④ **Would you use digital coupons?**

Yes 6 %
No 21 %
Depends 73 %

これで第６問Bは終わりです。

共通テスト

本試験
（第2日程）

2021

リーディング

解答時間 80 分
配点 100 点

英　　語(リーディング)

各大問の英文や図表を読み，解答番号 1 ～ 47 にあてはまるものとして最も適当な選択肢を選びなさい。

第1問　(配点　10)

A　You have invited your friend Shelley to join you on your family's overnight camping trip. She has sent a text message to your mobile phone asking some questions.

> Hi! I'm packing my bag for tomorrow and I want to check some things. Will it get cold in the tent at night? Do I need to bring a blanket? I know you told me last week, but just to be sure, where and what time are we meeting?

> Shelley, I'll bring warm sleeping bags for everyone, but maybe you should bring your down jacket. Bring comfortable footwear because we'll walk up Mt. Kanayama the next day. We'll pick you up outside your house at 6 a.m. If you're not outside, I'll call you. See you in the morning!

> Thanks! I can't wait! I'll bring my jacket and hiking boots with me. I'll be ready! ☺

問 1　Shelley asks you if she needs to bring 　1　.

① a blanket

② a jacket

③ sleeping bags

④ walking shoes

問 2　You expect Shelley to 　2　 tomorrow morning.

① call you as soon as she is ready

② come to see you at the campsite

③ pick you up in front of your house

④ wait for you outside her house

B　You have received a flyer for an English speech contest from your teacher, and you want to apply.

The 7th Youth Leader Speech Contest

The Youth Leader Society will hold its annual speech contest. Our goal is to help young Japanese people develop communication and leadership skills.

This year's competition has three stages. Our judges will select the winners of each stage. To take part in the Grand Final, you must successfully pass all three stages.

The Grand Final

Place: Centennial Hall

Date: January 8, 2022

Topic: *Today's Youth, Tomorrow's Leaders*

GRAND PRIZE
The winner can attend
The Leadership Workshop
in Wellington, New Zealand
in March 2022.

Contest information:

Stages	*Things to Upload*	*Details*	*2021 Deadlines & Dates*
Stage 1	A brief outline	Number of words: 150-200	Upload by 5 p.m. on August 12
Stage 2	Video of you giving your speech	Time: 7-8 minutes	Upload by 5 p.m. on September 19
Stage 3		Local Contests: Winners will be announced and go on to the Grand Final.	Held on November 21

Grand Final Grading Information

Content	Gestures & Performance	Voice & Eye Contact	Slides	Answering Questions from Judges
50%	5%	5%	10%	30%

> ➤ You must upload your materials online. All dates and times are Japan Standard Time (JST).
>
> ➤ You can check the results of Stage 1 and 2 on the website five days after the deadline for each stage.

For more details and an application form, click *here*.

問 1 To take part in the first stage, you should upload a ┃ 3 ┃ .

① completed speech script

② set of slides for the speech

③ summary of your speech

④ video of yourself speaking

問 2 From which date can you check the result of the second stage? ┃ 4 ┃

① September 14

② September 19

③ September 24

④ September 29

問 3 To get a high score in the Grand Final, you should pay most attention to your content and ┃ 5 ┃ .

① expressions and gestures

② responses to the judges

③ visual materials

④ voice control

第2問 （配点 20）

A You are reading the results of a survey about single-use and reusable bottles that your classmates answered as part of an environmental campaign in the UK.

Question 1: How many single-use bottled drinks do you purchase per week?

Number of bottles	Number of students	Weekly subtotal
0	2	0
1	2	2
2	2	4
3	3	9
4	4	16
5	9	45
6	0	0
7	7	49
Total	29	125

Question 2: Do you have your own reusable bottle?

Summary of responses	Number of students	Percent of students
Yes, I do.	3	10.3
Yes, but I don't use it.	14	48.3
No, I don't.	12	41.4
Total	29	100.0

Question 3: If you don't use a reusable bottle, what are your reasons?

Summary of responses	Number of students
It takes too much time to wash reusable bottles.	24
I think single-use bottles are more convenient.	17
Many flavoured drinks are available in single-use bottles.	14
Buying a single-use bottle doesn't cost much.	10
I can buy drinks from vending machines at school.	7
I feel reusable bottles are too heavy.	4
My home has dozens of single-use bottles.	3
Single-use bottled water can be stored unopened for a long time.	2
(Other reasons)	4

問 1　The results of Question 1 show that ▢ 6 ▢.

①　each student buys fewer than four single-use bottles a week on average

②　many students buy fewer than two bottles a week

③　more than half the students buy at least five bottles a week

④　the students buy more than 125 bottles a week

問 2　The results of Question 2 show that more than half the students ▢ 7 ▢.

①　don't have their own reusable bottle

②　have their own reusable bottle

③　have their own reusable bottle but don't use it

④　use their own reusable bottle

問 3　One **opinion** expressed by your classmates in Question 3 is that 　8　.

① some students have a stock of single-use bottles at home

② there are vending machines for buying drinks at school

③ washing reusable bottles takes a lot of time

④ water in unopened single-use bottles lasts a long time

問 4　One **fact** stated by your classmates in Question 3 is that single-use bottles are 　9　.

① available to buy at school

② convenient to use

③ light enough to carry around

④ not too expensive to buy

問 5　What is the most likely reason why your classmates do not use reusable bottles?　10

① There are many single-use bottled drinks stored at home.

② There is less variety of drinks available.

③ They are expensive for your classmates.

④ They are troublesome to deal with.

B You need to decide what classes to take in a summer programme in the UK, so you are reading course information and a former student's comment about the course.

COMMUNICATION AND INTERCULTURAL STUDIES

Dr Christopher Bennet

bennet.christopher@ire-u.ac.uk

Call: 020-9876-1234

Office Hours: by appointment only

3-31 August 2021

Tuesday & Friday

1.00 pm – 2.30 pm

9 classes – 1 credit

Course description: We will be studying different cultures and learning how to communicate with people from different cultures. In this course, students will need to present their ideas for dealing with intercultural issues.

Goals: After this course you should be able to:

– understand human relations among different cultures

– present solutions for different intercultural problems

– express your opinions through discussion and presentations

Textbook: Smith, S. (2019). *Intercultural studies*. New York: DNC Inc.

Evaluation: 60% overall required to pass

– two presentations: 90% (45% each)

– participation: 10%

Course-takers' evaluations (87 reviewers)　★★★★☆ (Average: 4.89)

Comment

☺ Take this class! Chris is a great teacher. He is very smart and kind.
The course is a little challenging but easy enough to pass. You will learn a
lot about differences in culture. My advice would be to participate in every
class. It really helped me make good presentations.

問 1　What will you do in this course?　　11

① Discuss various topics about culture

② Visit many different countries

③ Watch a film about human relations

④ Write a final report about culture

問 2　This class is aimed at students who　　12　.

① are interested in intercultural issues

② can give good presentations

③ like sightseeing in the UK

④ need to learn to speak English

問 3　One **fact** about Dr Bennet is that 　13　.

① he has good teaching skills

② he is a nice instructor

③ he is in charge of this course

④ he makes the course challenging

問 4　One **opinion** expressed about the class is that 　14　.

① it is not so difficult to get a credit

② most students are satisfied with the course

③ participation is part of the final grade

④ students have classes twice a week

問 5　What do you have to do to pass this course? 　15　

① Come to every class and join the discussions

② Find an intercultural issue and discuss a solution

③ Give good presentations about intercultural issues

④ Make an office appointment with Dr Bennet

第3問 (配点 15)

A Your British friend, Jan, visited a new amusement park and posted a blog about her experience.

Sunny Mountain Park: A Great Place to Visit

Posted by Jan at 9.37 pm on 15 September 2020

Sunny Mountain Park finally opened last month! It's a big amusement park with many exciting attractions, including a huge roller coaster (see the map). I had a fantastic time there with my friends last week.

We couldn't wait to try the roller coaster, but first we took the train round the park to get an idea of its layout. From the train, we saw the Picnic Zone and thought it would be a good place to have lunch. However, it was already very crowded, so we decided to go to the Food Court instead. Before lunch, we went to the Discovery Zone. It was well worth the wait to experience the scientific attractions there. In the afternoon, we enjoyed several rides near Mountain Station. Of course, we tried the roller coaster, and we weren't disappointed. On our way back to the Discovery Zone to enjoy more attractions, we took a short break at a rest stop. There, we got a lovely view over the lake to the castle. We ended up at the Shopping Zone, where we bought souvenirs for our friends and family.

Sunny Mountain Park is amazing! Our first visit certainly won't be our last.

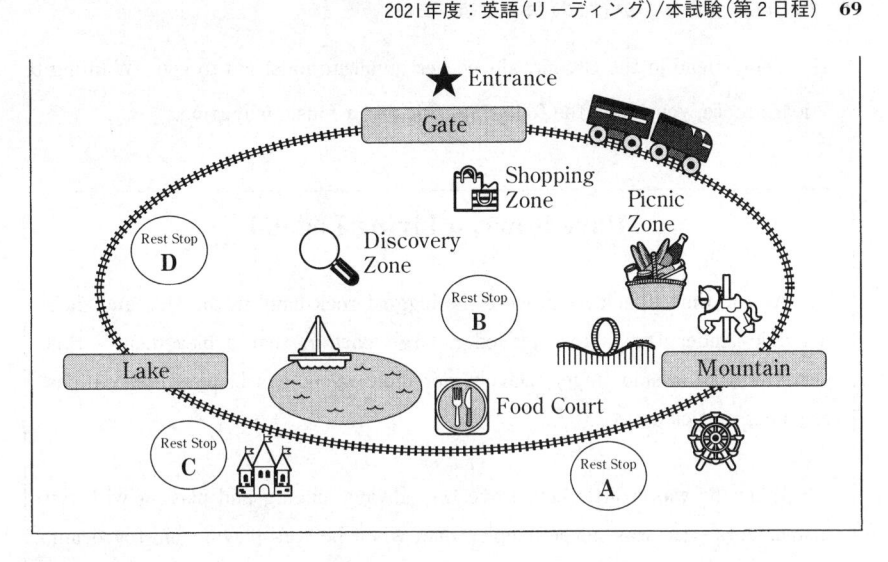

問 1　From Jan's post, you learn that 　16　 .

① Jan skipped going to the Shopping Zone for gifts

② Jan waited for a while to enjoy the scientific attractions

③ the Food Court was more crowded than the Picnic Zone

④ the roller coaster did not meet Jan's expectations

問 2　At which rest stop did Jan and her friends take a break in the afternoon?

　17

① Rest Stop **A**

② Rest Stop **B**

③ Rest Stop **C**

④ Rest Stop **D**

B Your friend in the UK introduced her favourite musician to you. Wanting to learn more, you found the following article in a music magazine.

Dave Starr, a Living Legend

At one time, Black Swan were the biggest rock band in the UK, and their dynamic leader Dave Starr played a large part in that achievement. Still performing as a solo singer, Dave's incredible talent has inspired generations of young musicians.

When he was a little boy, Dave was always singing and playing with toy instruments. He was never happier than when he was playing his toy drum. At age seven, he was given his first real drum set, and by 10, he could play well. By 14, he had also mastered the guitar. When he was still a high school student, he became a member of The Bluebirds, playing rhythm guitar. To get experience, The Bluebirds played for free at school events and in community centres. The band built up a small circle of passionate fans.

Dave's big break came when, on his 18th birthday, he was asked to become the drummer for Black Swan. In just two years, the band's shows were selling out at large concert halls. It came as a shock, therefore, when the lead vocalist quit to spend more time with his family. However, Dave jumped at the chance to take over as lead singer even though it meant he could no longer play his favourite instrument.

In the following years, Black Swan became increasingly successful, topping the music charts and gaining even more fans. Dave became the principal song writer, and was proud of his contribution to the band. However, with the addition of a keyboard player, the music gradually changed direction. Dave became frustrated, and he and the lead guitarist decided to leave and start a new group. Unfortunately, Dave's new band failed to reach Black Swan's level of success, and stayed together for only 18 months.

問 1　Put the following events (①～④) into the order in which they happened.

| 18 | → | 19 | → | 20 | → | 21 |

① Dave became a solo artist.

② Dave gave up playing the drums.

③ Dave joined a band as the guitarist.

④ Dave reached the peak of his career.

問 2　Dave became the lead singer of Black Swan because ⎡ 22 ⎤ .

① he preferred singing to playing the drums

② he wanted to change the band's musical direction

③ the other band members wanted more success

④ the previous singer left for personal reasons

問 3　From this story, you learn that ⎡ 23 ⎤ .

① Black Swan contributed to changing the direction of rock music

② Black Swan's goods sold very well at concert halls

③ Dave displayed a talent for music from an early age

④ Dave went solo as he was frustrated with the lead guitarist

第4問 （配点 16）

You are preparing a presentation on tourism in Japan. You emailed data about visitors to Japan in 2018 to your classmates, Hannah and Rick. Based on their responses, you draft a presentation outline.

The data:

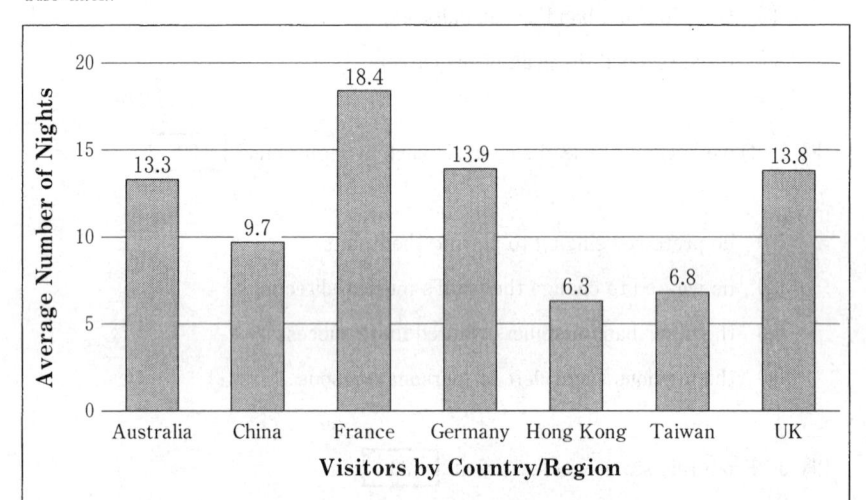

Figure 1. Length of stay in Japan.

（国土交通省観光庁による平成 30 年統計資料の一部を参考に作成）

Table 1

Average Amount of Money Spent While Visiting Japan

Visitors by country/region	Food	Entertainment	Shopping
Australia	58,878	16,171	32,688
China	39,984	7,998	112,104
France	56,933	7,358	32,472
Germany	47,536	5,974	25,250
Hong Kong	36,887	5,063	50,287
Taiwan	28,190	5,059	45,441
UK	56,050	8,341	22,641

(yen per person)

（国土交通省観光庁による平成 30 年統計資料の一部を参考に作成）

The responses to your email:

Hi,

Thanks for your email! That's interesting data. I know that the number of international visitors to Japan increased previously, but I never paid attention to their length of stay. I assume that visitors from Asia come for shorter stays since they can go back and forth easily.

Also, the table shows that Asian visitors, overall, tend to spend more on shopping compared to visitors from Europe and Australia. I guess this is probably because gift-giving in Asian cultures is really important, and they want to buy gifts for friends and family. For example, I have seen many Asian tourists shopping around Ginza, Harajuku, and Akihabara. Perhaps they don't have to spend so much money on accommodations, so they can spend more on shopping. I'd like to talk about this.

However, I've heard that visitors from Asia are now becoming interested in doing some other things instead of shopping. We may see some changes in this kind of data in the near future!

Best,

Hannah

P.S. This message is going to Rick, too.

Hi,

Thanks for sending your data! This will help us prepare for our presentation!

I notice from the data that Australians spend the most on entertainment. I'll present on this.

Also, the other day, on Japanese TV, I saw a program about Australian people enjoying winter sports in Hokkaido. I wonder how much they spend. I'll look for more information. If you find any, please let me know. This could be good for a future project.

In addition, I agree with Hannah that there seems to be a big difference in the length of stay depending on the country or region the visitor is from.

What about you? Do you want to talk about what Hannah found in relation to the spending habits? I think this is very interesting.

All the best,

Rick

P.S. This message is going to Hannah, too.

The presentation draft:

Presentation Title: _____ 24 _____

Presenter   **Topic**

Hannah: 25

Rick: 26

me: Relation to the length of stay

Example comparison:

People from 27 stay just over half the time in Japan compared to people from 28 , but spend slightly more money on entertainment.

Themes for Future Research: _____ 29 _____

問 1 Which is the best for 24 ?

① Money Spent on Winter Holidays in Hokkaido

② Shopping Budgets of International Tourists in Tokyo

③ Spending Habits of International Visitors in Japan

④ The Increase of Spending on Entertainment in Japan

問 2 Which is the best for 25 ?

① Activities of Australian visitors in Japan

② Asian visitors' food costs in Japan

③ Gift-giving habits in European cultures

④ Patterns in spending by visitors from Asia

問 3　Which is the best for ⬚26⬚ ?

①　Australian tourists' interest in entertainment

②　Chinese spending habits in Tokyo

③　TV programs about Hokkaido in Australia

④　Various experiences Asians enjoy in Japan

問 4　You agree with Rick's suggestion and look at the data.　Choose the best for ⬚27⬚ and ⬚28⬚ .

①　Australia

②　China

③　France

④　Taiwan

問 5　Which is the best combination for ⬚29⬚ ?

A：Australians' budgets for winter sports in Japan

B：Future changes in the number of international visitors to Tokyo

C：Popular food for international visitors to Hokkaido

D：What Asian visitors in Japan will spend money on in the future

①　A，B

②　A，C

③　A，D

④　B，C

⑤　B，D

⑥　C，D

第 5 問　（配点　15）

You are going to give a talk on a person you would like to have interviewed if they were still alive. Read the following passage about the person you have chosen and complete your notes.

Vivian Maier

This is the story of an American street photographer who kept her passion for taking pictures secret until her death. She lived her life as a caregiver, and if it had not been for the sale of her belongings at an auction house, her incredible work might never have been discovered.

It was 2007. A Chicago auction house was selling off the belongings of an old woman named Vivian Maier. She had stopped paying storage fees, and so the company decided to sell her things. Her belongings—mainly old photographs and negatives—were sold to three buyers: Maloof, Slattery, and Prow.

Slattery thought Vivian's work was interesting so he published her photographs on a photo-sharing website in July 2008. The photographs received little attention. Then, in October, Maloof linked his blog to his selection of Vivian's photographs, and right away, thousands of people were viewing them. Maloof had found Vivian Maier's name with the prints, but he was unable to discover anything about her. Then an Internet search led him to a 2009 newspaper article about her death. Maloof used this information to discover more about Vivian's life, and it was the combination of Vivian's mysterious life story and her photographs that grabbed everyone's attention.

Details of Vivian's life are limited for two reasons. First, since no one had interviewed her while she was alive, no one knew why she took so many photographs. Second, it is clear from interviews with the family she worked

"film negative"

"printed image"

for that Vivian was a very private person. She had few friends. Besides, she had kept her hobby a secret.

Vivian was born in 1926 in the United States to an Austrian father and a French mother. The marriage was not a happy one, and it seems her mother and father lived apart for several years. During her childhood Vivian frequently moved between the US and France, sometimes living in France, and sometimes in the US. For a while, Vivian and her mother lived in New York with Jeanne Bertrand, a successful photographer. It is believed that Vivian became interested in photography as a young adult, as her first photos were taken in France in the late 1940s using a very simple camera. She returned to New York in 1951, and in 1956 she moved to Chicago to work as a caregiver for the Gensburg family. This job gave her more free time for taking photographs.

In 1952, at the age of 26, she purchased her first 6 × 6 camera, and it was with this that most of her photographs of life on the streets of Chicago were taken. For over 30 years she took photos of children, the elderly, the rich, and the poor. Some people were not even aware that their picture was being taken. She also took a number of self-portraits. Some were reflections of herself in a shop window. Others were of her own shadow. Vivian continued to document

Chicago life until the early 1970s, when she changed to a new style of photography.

An international award-winning documentary film called *Finding Vivian Maier* brought interest in her work to a wider audience. The film led to exhibitions in Europe and the US. To choose the photographs that best represent her style, those in charge of the exhibitions have tried to answer the question, "What would Vivian Maier have printed?" In order to answer this question, they used her notes, the photos she actually did print, and information about her preferences as reported by the Gensburgs. Vivian was much more interested in capturing moments rather than the outcome. So, one could say the mystery behind Vivian's work remains largely "undeveloped."

Presentation notes:

Vivian Maier

Vivian the photographer

☆ She took many pictures while she was working as a caregiver.

☆ Nobody interviewed her while she was alive, so we do not know much about her.

☆ 　30

Vivian's work

☆ Her photographs mainly concentrated on:

· the young and old, and the rich and poor

· 　31

· 　32

How her work gained recognition

☆ Vivian's storage fees were not paid.

☆ 　33

☆ 　34

☆ 　35

☆ 　36

☆ The combining of information on her life and work increased people's interest.

How her work became known worldwide

☆ An award-winning documentary film about her life and work helped capture a new audience.

☆ 　37

The 'BIG' unanswered question: 　38

問 1　Choose the best statement for 　30　.

① Her work remained undiscovered until it was sold at auction.

② She is thought to have become attracted to photography in her thirties.

③ She took her camera wherever she went and showed her pictures to others.

④ The majority of her photos were taken in New York.

問 2　Choose the two best items for 　31　 and 　32　. (The order does not matter.)

① documentary-style pictures

② industrial landscapes

③ natural landscapes

④ pictures of herself

⑤ shop windows

問 3　Put the following events into the order in which they happened. 　33　 ~ 　36　

① A buyer linked his blog to some of her pictures.

② A report on Vivian's death was published in a newspaper.

③ An auction company started selling her old photographs and negatives.

④ Her work was published on the Internet.

問 4　Choose the best statement for ▢ 37 ▢.

① Exhibitions of her work have been held in different parts of the world.

② Her photography book featuring street scenes won an award.

③ She left detailed instructions on how her photographs should be treated.

④ The children of Vivian's employers provided their photographs.

問 5　Choose the best question for ▢ 38 ▢.

① "What type of camera did she use for taking photos?"

② "Where did she keep all her negatives and prints?"

③ "Why did she leave New York to become a caregiver?"

④ "Why did she take so many photos without showing them to anyone?"

第6問 （配点　24）

A　You are an exchange student in the United States and you have joined the school's drama club. You are reading an American online arts magazine article to get some ideas to help improve the club.

Recent Changes at the Royal Shakespeare Company

By John Smith

Feb. 20, 2020

We are all different. While most people recognize that the world is made up of a wide variety of people, diversity—showing and accepting our differences—is often not reflected in performing arts organizations. For this reason, there is an increasing demand for movies and plays to better represent people from various backgrounds as well as those with disabilities. Arts Council England, in response to this demand, is encouraging all publicly funded arts organizations to make improvements in this area. One theater company responding positively is the Royal Shakespeare Company (RSC), which is one of the most influential theater companies in the world.

Based in Stratford-upon-Avon in the UK, the RSC produces plays by William Shakespeare and a number of other famous authors. These days, the RSC is focused on diversity in an attempt to represent all of UK society accurately. It works hard to balance the ethnic and social backgrounds, the genders, and the physical abilities of both performers and staff when hiring.

During the summer 2019 season, the RSC put on three of Shakespeare's comedies: *As You Like It, The Taming of the Shrew,* and *Measure for Measure.* Actors from all over the country were employed, forming a 27-member cast, reflecting the diverse ethnic, geographical, and cultural population of the UK today. To achieve gender balance for the entire season, half of all roles were given to male actors and half to female actors. The cast included three actors with disabilities (currently referred to as "differently-abled" actors)—one visually-impaired, one hearing-impaired, and one in a wheelchair.

Changes went beyond the hiring policy. The RSC actually rewrote parts of the plays to encourage the audience to reflect on male/female power relationships. For example, female and male roles were reversed. In *The Taming of the Shrew*, the role of "the daughter" in the original was transformed into "the son" and played by a male actor. In the same play, a male servant character was rewritten as a female servant. That role was played by Amy Trigg, a female actor who uses a wheelchair. Trigg said that she was excited to play the role and believed that the RSC's changes would have a large impact on other performing arts organizations. Excited by all the diversity, other members of the RSC expressed the same hope—that more arts organizations would be encouraged to follow in the RSC's footsteps.

The RSC's decision to reflect diversity in the summer 2019 season can be seen as a new model for arts organizations hoping to make their organizations inclusive. While there are some who are reluctant to accept diversity in classic plays, others welcome it with open arms. Although certain challenges remain, the RSC has earned its reputation as the face of progress.

問 1　According to the article, the RSC ┃ 39 ┃ in the summer 2019 season.

① gave job opportunities to famous actors
② hired three differently-abled performers
③ looked for plays that included 27 characters
④ put on plays by Shakespeare and other authors

問 2　The author of this article most likely mentions Amy Trigg because she
　　　[40] .

①　performed well in one of the plays presented by the RSC

②　struggled to be selected as a member of the RSC

③　was a good example of the RSC's efforts to be inclusive

④　was a role model for the members of the RSC

問 3　You are summarizing this article for other club members.　Which of the
following options best completes your summary?

[Summary]

The Royal Shakespeare Company (RSC) in the UK is making efforts to
reflect the population of UK society in its productions.　In order to achieve
this, it has started to employ a balance of female and male actors and staff
with a variety of backgrounds and abilities.　It has also made changes to its
plays.　Consequently, the RSC has [41] .

①　attracted many talented actors from all over the world

②　completed the 2019 season without any objections

③　contributed to matching social expectations with actions

④　earned its reputation as a conservative theater company

問 4　Your drama club agrees with the RSC's ideas.　Based on these ideas, your
drama club might [42] .

①　perform plays written by new international authors

②　present classic plays with the original story

③　raise funds to buy wheelchairs for local people

④　remove gender stereotypes from its performances

B You are one of a group of students making a poster presentation for a wellness fair at City Hall. Your group's title is *Promoting Better Oral Health in the Community*. You have been using the following passage to create the poster.

Oral Health: Looking into the Mirror

In recent years, governments around the world have been working to raise awareness about oral health. While many people have heard that brushing their teeth multiple times per day is a good habit, they most likely have not considered all the reasons why this is crucial. Simply stated, teeth are important. Teeth are required to pronounce words accurately. In fact, poor oral health can actually make it difficult to speak. An even more basic necessity is being able to chew well. Chewing breaks food down and makes it easier for the body to digest it. Proper chewing is also linked to the enjoyment of food. The average person has experienced the frustration of not being able to chew on one side after a dental procedure. A person with weak teeth may experience this disappointment all the time. In other words, oral health impacts people's quality of life.

While the basic functions of teeth are clear, many people do not realize that the mouth provides a mirror for the body. Research shows that good oral health is a clear sign of good general health. People with poor oral health are more likely to develop serious physical diseases. Ignoring recommended daily oral health routines can have negative effects on those already suffering from diseases. Conversely, practicing good oral health may even prevent disease. A strong, healthy body is often a reflection of a clean, well-maintained mouth.

Maintaining good oral health is a lifelong mission. The Finnish and US governments recommend that parents take their infants to the dentist before the baby turns one year old. Finland actually sends parents notices. New

---

Zealand offers free dental treatment to everyone up to age 18. The Japanese government promotes an 8020 (Eighty-Twenty) Campaign. As people age, they can lose teeth for various reasons. The goal of the campaign is still to have at least 20 teeth in the mouth on one's 80th birthday.

Taking a closer look at Japan, the Ministry of Health, Labour and Welfare has been analyzing survey data on the number of remaining teeth in seniors for many years. One researcher divided the oldest participants into four age groups: A (70-74), B (75-79), C (80-84), and D (85+). In each survey, with the exception of 1993, the percentages of people with at least 20 teeth were in A-B-C-D order from high to low. Between 1993 and 1999, however, Group A improved only about six percentage points, while the increase for B was slightly higher. In 1993, 25.5% in Group A had at least 20 teeth, but by 2016 the Group D percentage was actually 0.2 percentage points higher than Group A's initial figure. Group B increased steadily at first, but went up dramatically between 2005 and 2011. Thanks to better awareness, every group has improved significantly over the years.

Dentists have long recommended brushing after meals. People actively seeking excellent oral health may brush several times per day. Most brush their teeth before they go to sleep and then again at some time the following morning. Dentists also believe it is important to floss daily, using a special type of string to remove substances from between teeth. Another prevention method is for a dentist to seal the teeth using a plastic gel (sealant) that hardens around the tooth surface and prevents damage. Sealant is gaining popularity especially for use with children. This only takes one coating and prevents an amazing 80% of common dental problems.

Visiting the dentist annually or more frequently is key. As dental treatment sometimes causes pain, there are those who actively avoid seeing a dentist. However, it is important that people start viewing their dentist as an important ally who can, literally, make them smile throughout their lives.

Your presentation poster:

Promoting Better Oral Health in the Community

1. Importance of Teeth

A. Crucial to speak properly

B. Necessary to break down food

C. Helpful to enjoy food

D. Needed to make a good impression

E. Essential for good quality of life

2. ［ 44 ］

Finland & the US: Recommendations for treatment before age 1

New Zealand: Free treatment for youth

Japan: 8020 (Eighty-Twenty) Campaign (see Figure 1)

［ 45 ］

Figure 1. The percentage of people with at least 20 teeth.

3. Helpful Advice

［ 46 ］

［ 47 ］

問 1 Under the first poster heading, your group wants to express the importance of teeth as explained in the passage. Everyone agrees that one suggestion does not fit well. Which of the following should you **not** include? 　43

① A

② B

③ C

④ D

⑤ E

問 2 You have been asked to write the second heading for the poster. Which of the following is the most appropriate? 　44

① National 8020 Programs Targeting Youth

② National Advertisements for Better Dental Treatment

③ National Efforts to Encourage Oral Care

④ National Systems Inviting Infants to the Dentist

問 3 You want to show the results of the researcher's survey in Japan. Which of the following graphs is the most appropriate one for your poster? 　45

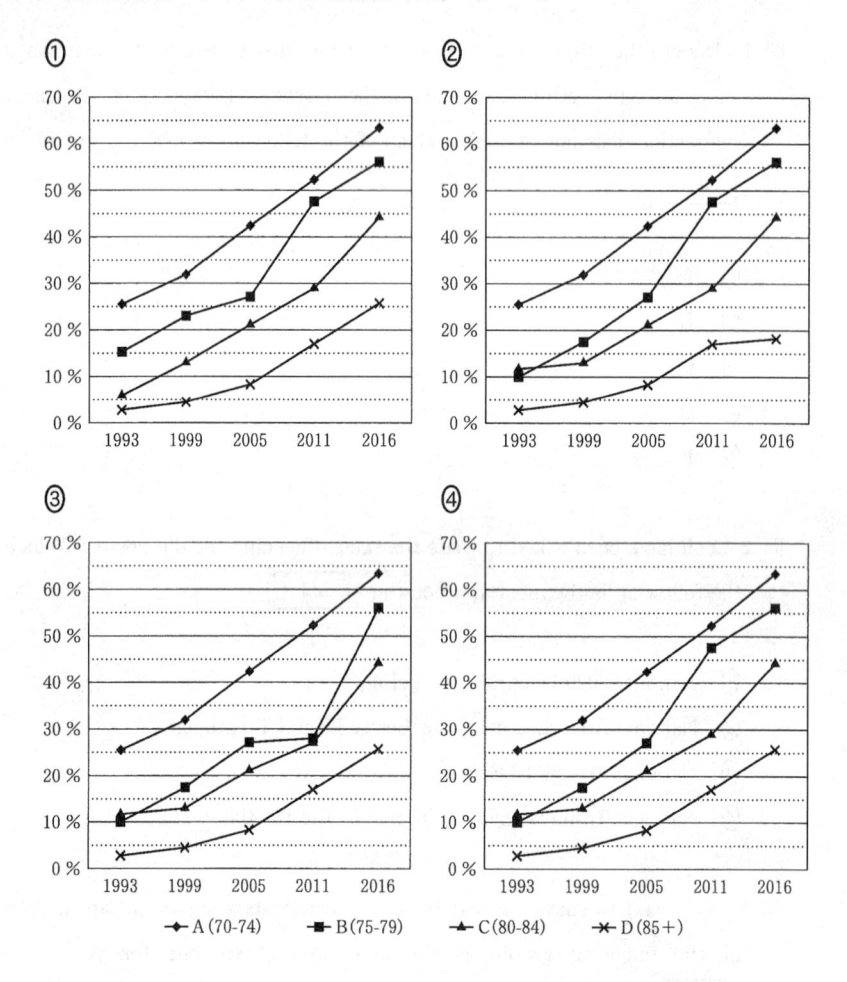

問 4 Under the last poster heading, you want to add specific advice based on the passage. Which two of the following statements should you use? (The order does not matter.) 46 ・ 47

① Brush your teeth before you eat breakfast.

② Check your teeth in the mirror every day.

③ Make at least one visit to the dentist a year.

④ Put plastic gel on your teeth frequently.

⑤ Use dental floss between your teeth daily.

リスニングテスト 2021 共通テスト 本試験（第2日程）

解答時間 30分　配点 100点

◎音声は下記の音声専用サイトで配信しています。使用している音声は，大学入試センターから公表されたものです。音声中のページ数は，問題編のそれぞれのページ下部を参照してください。

◎解答時間は30分ですが，解答開始前にICプレーヤーの作動確認・音量調節の時間がありますので，試験時間は60分となります。「音量調整用音声」は音声専用サイトで確認できます。

●音声専用サイトはこちら
akahon.net/kte/

2021年度　本試験（第2日程）

英　　語(リスニング)

$$\left(解答番号\ \boxed{1}\ \sim\ \boxed{37}\ \right)$$

第1問　(配点 25)　音声は2回流れます。

第1問はAとBの二つの部分に分かれています。

A　　第1問Aは問1から問4までの4問です。英語を聞き，それぞれの内容と最もよく合っているものを，四つの選択肢(①〜④)のうちから一つずつ選びなさい。

問1　　$\boxed{1}$

① The speaker wants to know how many members will come.

② The speaker wants to know how often the club meets.

③ The speaker wants to know the club's room number.

④ The speaker wants to know the time of the meeting.

問2　　$\boxed{2}$

① The speaker has only one blue tie.

② The speaker has only one red tie.

③ The speaker has blue ties.

④ The speaker has red ties.

問3　| 3 |

① The speaker is asking Kevin for an email.

② The speaker is reading an email from Kevin.

③ The speaker knows Kevin's email address.

④ The speaker wants Kevin's email address.

問4　| 4 |

① The speaker will finish baking a cake for Yoko.

② The speaker will finish wrapping a present for Yoko.

③ Yoko will not get a cake.

④ Yoko will not receive a present.

これで第1問Aは終わりです。

B　　第 1 問 B は問 5 から問 7 までの 3 問です。英語を聞き，それぞれの内容と最もよく合っている絵を，四つの選択肢（①〜④）のうちから一つずつ選びなさい。

問 5　　| 5 |

問 6　　6

問 7 　　7

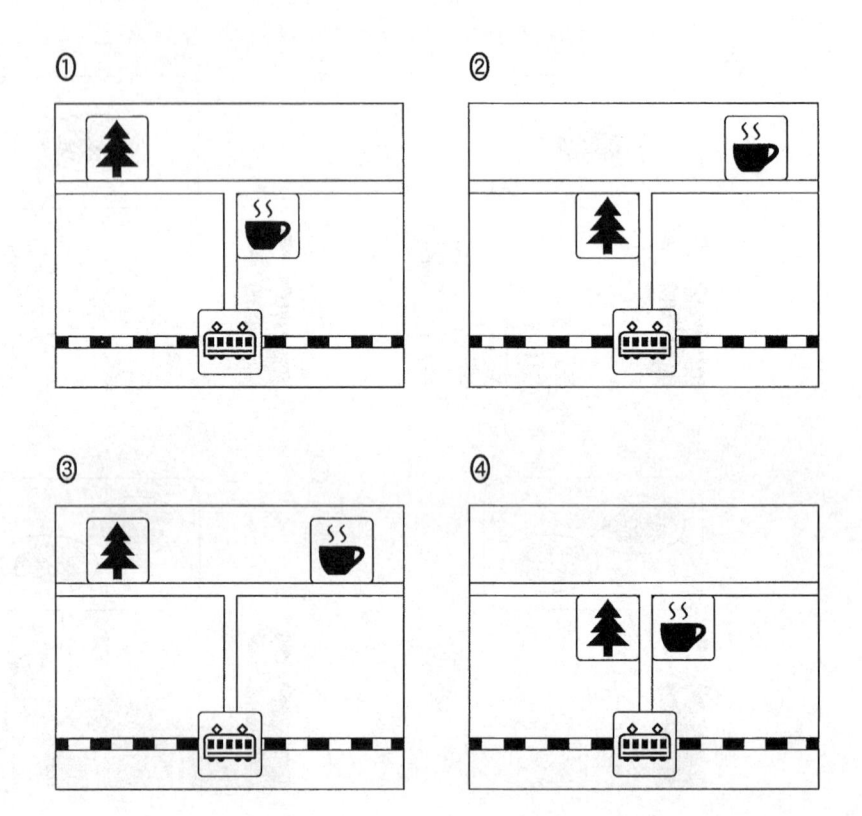

① ② ③ ④

これで第 1 問 B は終わりです。

第2問 （配点 16）**音声は2回流れます。**

　　第2問は問8から問11までの4問です。それぞれの問いについて，対話の場面が日本語で書かれています。対話とそれについての問いを聞き，その答えとして最も適切なものを，四つの選択肢（①〜④）のうちから一つずつ選びなさい。

問8　部屋の片付けをしています。　8

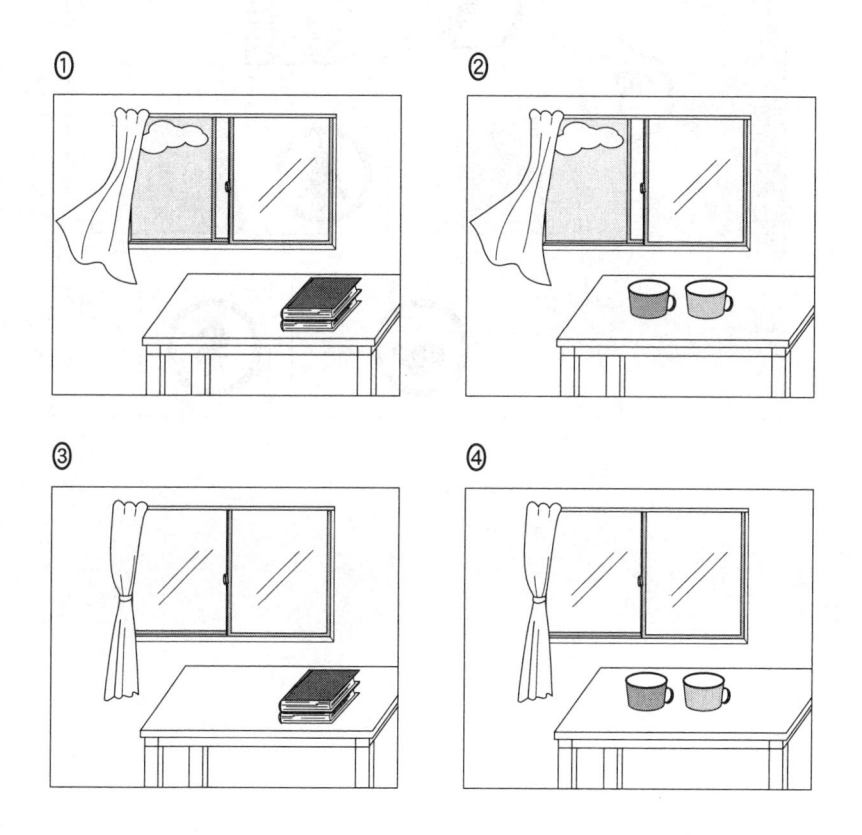

問 9 家族旅行で泊まるホテルの話をしています。 9

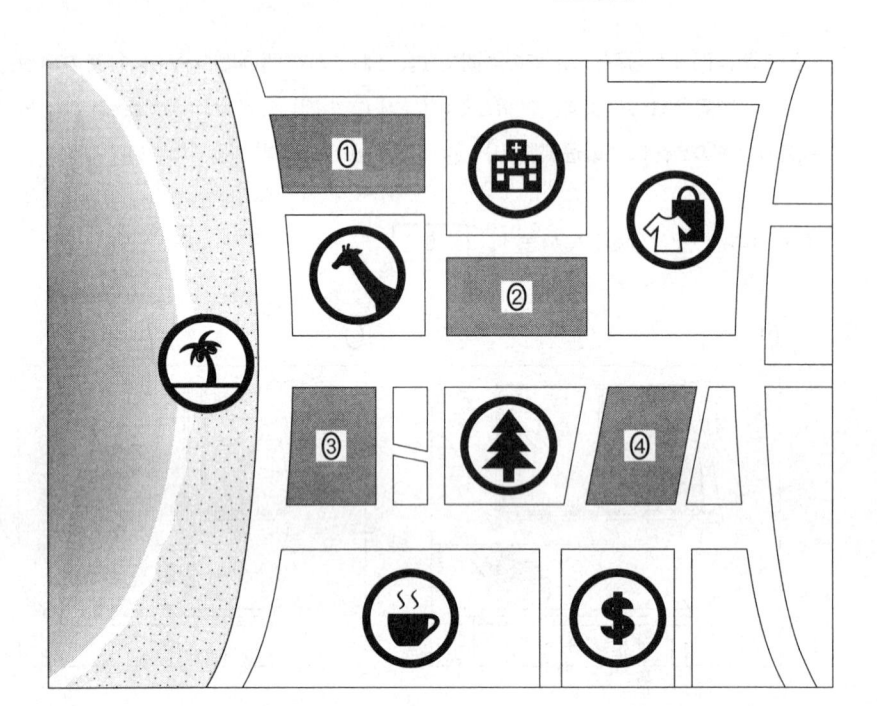

問10　ランチセットを選んでいます。　10

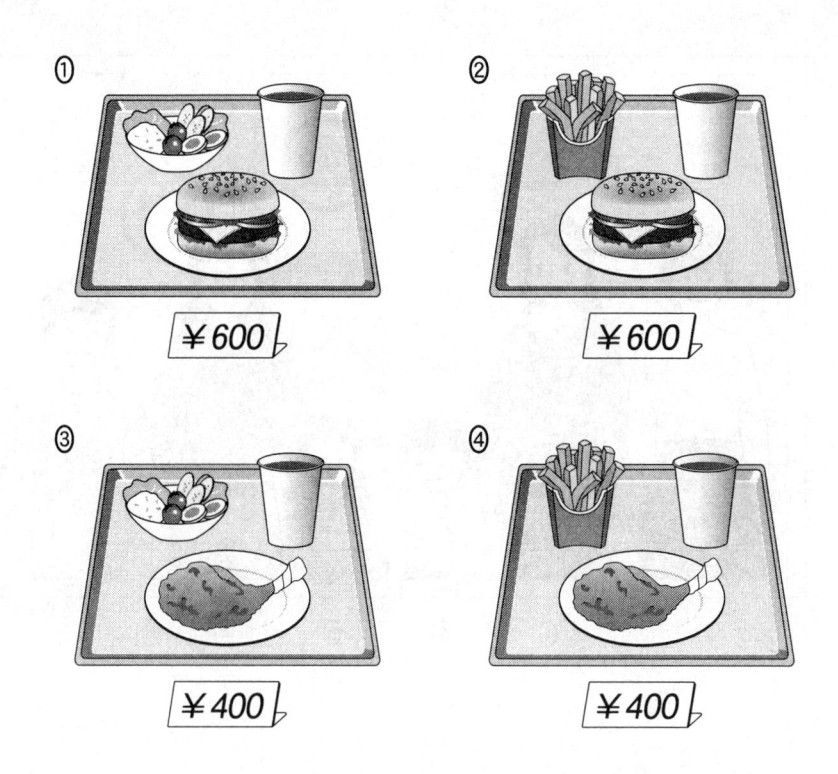

問11 Ayaka の家族の写真を見ながら，友人が質問をしています。 11

これで第2問は終わりです。

第3問 (配点 18) 音声は1回流れます。

第3問は問12から問17までの6問です。それぞれの問いについて，対話の場面が日本語で書かれています。対話を聞き，問いの答えとして最も適切なものを，四つの選択肢(①~④)のうちから一つずつ選びなさい。（問いの英文は書かれています。）

問12　友人同士が将来のことについて話をしています。

What do both friends plan to do? 　12

① Look for jobs abroad
② Save money to travel
③ Work to earn money
④ Write for a magazine

問13　教室で Karen が Paul と話をしています。

What is Paul likely to do first after this conversation? 　13

① Add a new post to his blog
② Comment on Karen's blog
③ Delete the photo from his blog
④ See the photo on Karen's blog

問14　夫婦が販売店で車を選んでいます。

Which car does the woman prefer? 　14

① The black one
② The blue one
③ The green one
④ The white one

問15 カフェで Jane が Mike と話をしています。

Which is true according to the conversation? | 15 |

① Jane and Mike graduated four years ago.

② Jane and Mike were classmates before.

③ Jane had difficulty recognizing Mike.

④ Mike's hairstyle has changed a little.

問16 大学生が授業で使うテキストについて話をしています。

What does the girl need to do after this? | 16 |

① Ask Peter to lend her his textbook

② Contact Alex to ask for the book

③ Find another way to get the textbook

④ Take the same course once again

問17 男性がホテルのフロント係と話をしています。

What will the man do before getting a room? | 17 |

① Call the hotel before 3:00 p.m.

② Cancel his previous hotel reservation

③ Have some lunch at the hotel

④ Spend some time outside the hotel

これで第3問は終わりです。

第4問 （配点 12） 音声は1回流れます。

第4問はAとBの二つの部分に分かれています。

A 　第4問Aは問18から問25の8問です。話を聞き，それぞれの問いの答えとして最も適切なものを，選択肢から選びなさい。**問題文と図表を読む時間が与えられた後，音声が流れます。**

問18〜21　あなたは，授業で配られたワークシートのグラフを完成させようとしています。先生の説明を聞き，四つの空欄 18 〜 21 に入れるのに最も適切なものを，四つの選択肢（①〜④）のうちから一つずつ選びなさい。

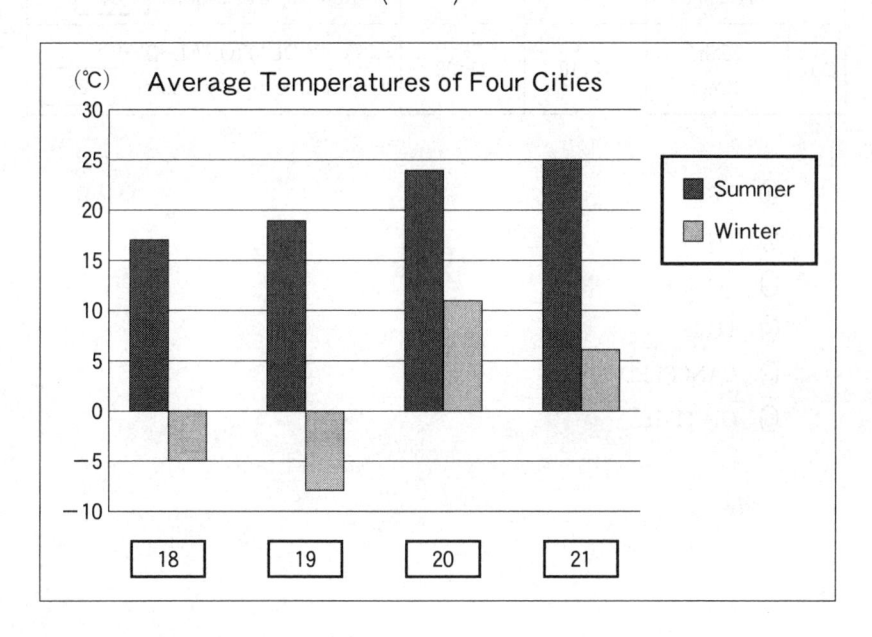

① Columbus

② Hopeville

③ Lansfield

④ Rockport

問22〜25 あなたは，海外を旅行中に，バスターミナルでバスの時刻表の変更についての説明を聞いています。話を聞き，下の表の四つの空欄 22 〜 25 に入れるのに最も適切なものを，六つの選択肢(①〜⑥)のうちから一つずつ選びなさい。選択肢は2回以上使ってもかまいません。

Bus	Destination	Scheduled departure	Scheduled arrival	Current status
A 2	City Center	10:10	11:00	< 22 >
A 6	City Center	10:40	11:40	< 23 >
B 7	Eastern Avenue	10:30	11:05	< DELAYED > New departure time: 24
C 10	Main Street	10:10	11:00	< ADDITIONAL STOP > Arrival time at City Center: 25

① 10:10

② 11:00

③ 11:10

④ 11:35

⑤ CANCELED

⑥ ON TIME

これで第4問Aは終わりです。

B 　第4問Bは**問26**の1問です。話を聞き，示された条件に最も合うものを，四つの選択肢 ①〜④ のうちから一つ選びなさい。下の表を参考にしてメモを取ってもかまいません。**状況と条件を読む時間が与えられた後，音声が流れます。**

状況

　あなたは，夏休み中にインターンシップ(internship)に参加します。

　インターン(intern)先を一つ決めるために，条件について四人から説明を聞いています。

あなたが考えている条件

　A．コンピューターの知識を生かせること

　B．宿泊先が提供されること

　C．2週間程度で終わること

	Internship	Condition A	Condition B	Condition C
①	Hotel			
②	Language school			
③	Public library			
④	Software company			

問26　You are most likely to choose an internship at the 　26　 .

　① 　hotel

　② 　language school

　③ 　public library

　④ 　software company

これで第4問Bは終わりです。

第5問 （配点 15） 音声は1回流れます。

第5問は問27から問33の7問です。

最初に講義を聞き，問27から問32に答えなさい。次に続きを聞き，問33に答えなさい。状況・ワークシート，問い及び図表を読む時間が与えられた後，音声が流れます。

状況

　あなたはアメリカの大学で，生態系(ecosystem)保全についての講義を，ワークシートにメモを取りながら聞いています。

ワークシート

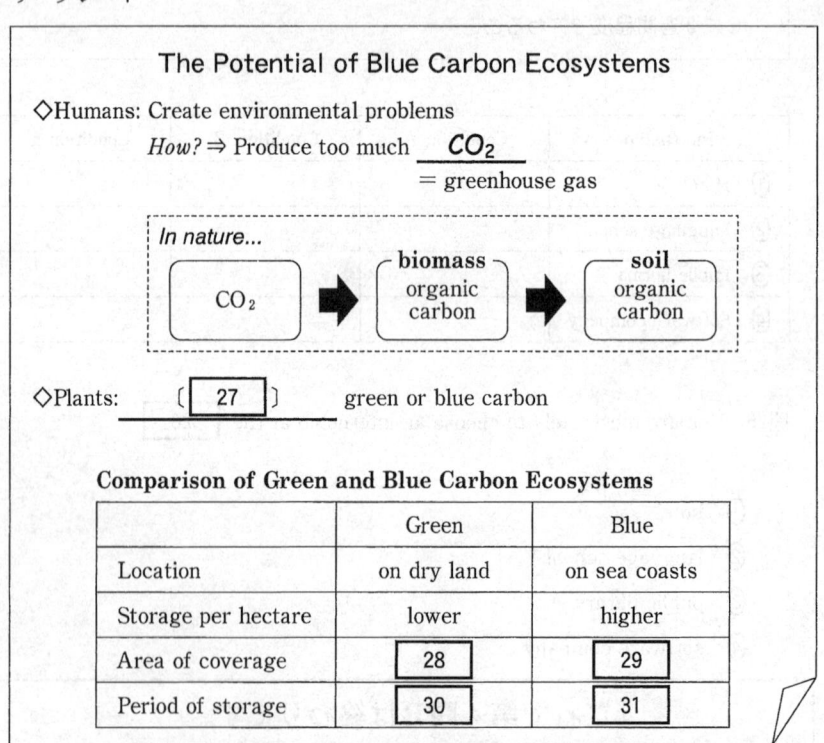

The Potential of Blue Carbon Ecosystems

◇Humans: Create environmental problems

　　How? ⇒ Produce too much 　CO_2

　　　　　　　　　　　= greenhouse gas

In nature...

CO_2 ▶ **biomass** organic carbon ▶ **soil** organic carbon

◇Plants: 〔 **27** 〕 green or blue carbon

Comparison of Green and Blue Carbon Ecosystems

	Green	Blue
Location	on dry land	on sea coasts
Storage per hectare	lower	higher
Area of coverage	28	29
Period of storage	30	31

問27 ワークシートの空欄 ⟨ 27 ⟩ に入れるのに最も適切なものを，四つの選択肢 ⟨①~④⟩ のうちから一つ選びなさい。

① Break down organic carbon called

② Change carbon to CO_2 called

③ Produce oxygen and release it as

④ Take in CO_2 and store it as

問28~31 ワークシートの空欄 ⟨ 28 ⟩ ~ ⟨ 31 ⟩ に入れるのに最も適切なものを，六つの選択肢 ⟨①~⑥⟩ のうちから一つずつ選びなさい。選択肢は2回以上使ってもかまいません。

① larger   ② smaller   ③ equal

④ longer   ⑤ shorter   ⑥ unknown

問32 講義の内容と一致するものはどれか。最も適切なものを，四つの選択肢 ⟨①~④⟩ のうちから一つ選びなさい。 ⟨ 32 ⟩

① Necessary blue carbon ecosystems have been destroyed and cannot be replaced.

② Ocean coastline ecosystems should be protected to prevent further release of CO_2.

③ Recovering the ecosystem of the entire ocean will solve climate problems.

④ Supporting fish life is important for improving the blue carbon cycle.

第5問はさらに続きます。

問33 講義の続きを聞き，下の図から読み取れる情報と講義全体の内容からどのようなことが言えるか，最も適切なものを，四つの選択肢（①～④）のうちから一つ選びなさい。 33

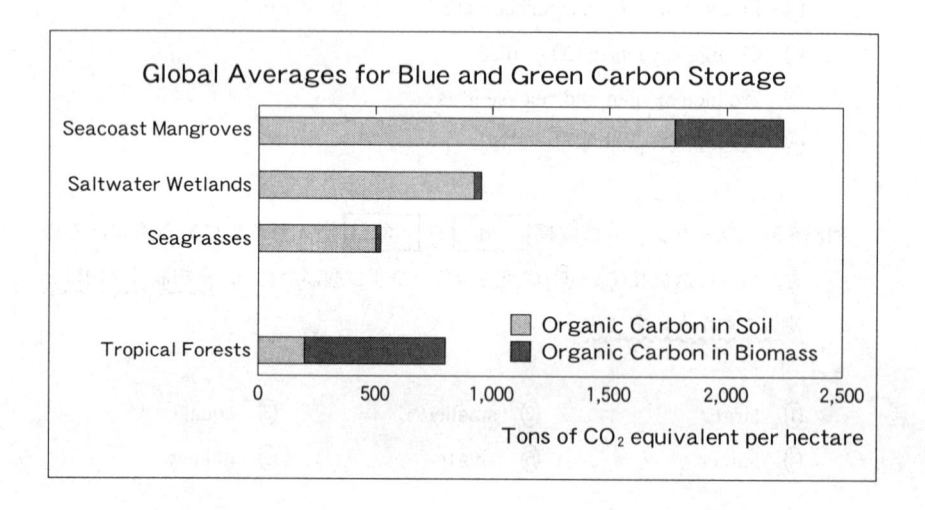

① Saltwater wetlands release CO_2 more easily from soil than from biomass.

② Seacoast mangroves release less CO_2 from layers of mud than from biomass.

③ Seagrasses offer more efficient long-term carbon storage in soil than in biomass.

④ Tropical forests are ideal for carbon storage due to their biomass.

これで第5問は終わりです。

第6問 （配点 14） 音声は1回流れます。

第6問はAとBの二つの部分に分かれています。

A 　第6問Aは問34・問35の2問です。二人の対話を聞き，それぞれの問いの答えとして最も適切なものを，四つの選択肢（①～④）のうちから一つずつ選びなさい。（問いの英文は書かれています。）**状況と問いを読む時間が与えられた後，音声が流れます。**

状況

Carol が Bob と手紙を書くことについて話をしています。

問34　What is Carol's main point?　　34

① Emails are cold and not very personal.

② Handwriting is hard to read.

③ Letter writing with a pen is troublesome.

④ Letters show your personality.

問35　Which of the following statements would Bob agree with?　　35

① Letter writing is too time-consuming.

② Typing letters improves your personality.

③ Typing letters is as good as hand writing them.

④ Writing a letter by hand is a heartfelt act.

これで第6問Aは終わりです。

B　第 6 問 B は問 36・問 37 の 2 問です。会話を聞き，それぞれの問いの答えとして最も適切なものを，選択肢のうちから一つずつ選びなさい。下の表を参考にしてメモを取ってもかまいません。**状況と問いを読む時間が与えられた後，音声が流れます。**

状況

四人の学生(Brad, Kenji, Alice, Helen)が，選挙の投票に行くことについて意見交換をしています。

Brad	
Kenji	
Alice	
Helen	

問36　会話が終わった時点で，選挙の投票に行くことに**積極的でなかった人**は四人のうち何人でしたか。四つの選択肢(①～④)のうちから一つ選びなさい。

　　　 36

① 　1人
② 　2人
③ 　3人
④ 　4人

問37　会話を踏まえて，Helen の意見を最もよく表している図表を，四つの選択肢（①～④）のうちから一つ選びなさい。　37

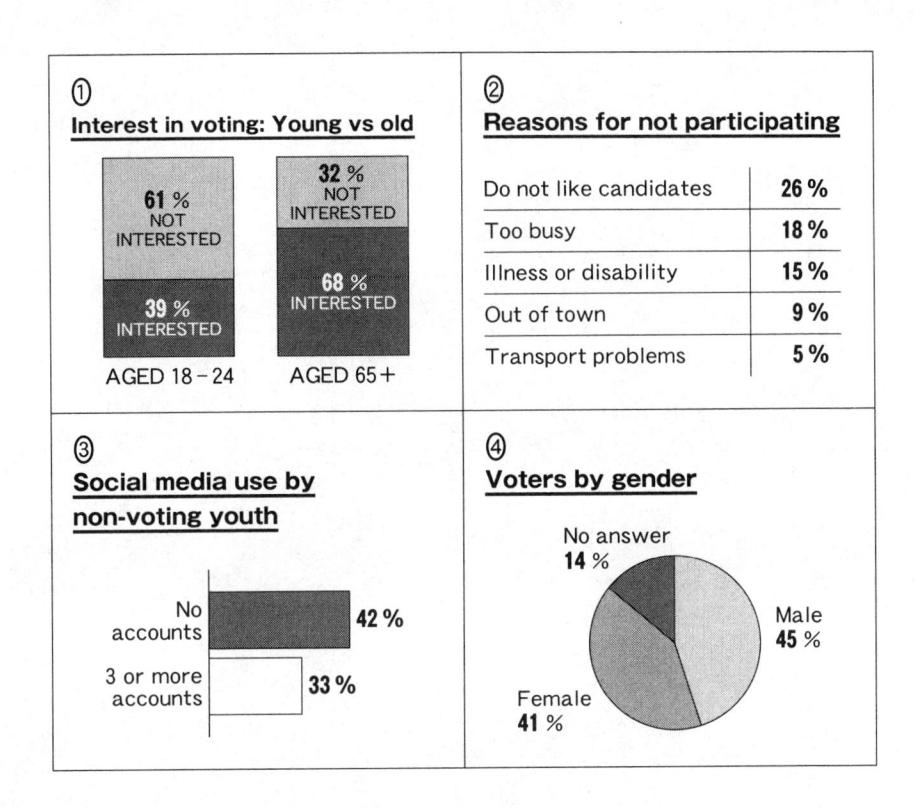

これで第6問Bは終わりです。

共通テスト

第2回 試行調査

筆記

[リーディング]

解答時間 80分
配点 100点

英　　語(筆記[リーディング])

$$\left(\text{解答番号}\boxed{\text{1}} \sim \boxed{\text{43}}\right)$$

第1問 （配点 10）

A　You are a member of the English club. You are going to have a farewell party for one of the members, Yasmin from Malaysia. You have received a note from Amelia, an Assistant Language Teacher (ALT) and the club advisor.

Dear members of the English club,

It's about time we decide when to have the English club farewell party for Yasmin. She's leaving Japan on December 15, so the club members should meet sometime next week. Can you ask Yasmin which day is convenient for her to come to the party and let me know? When the day is fixed, I'll help you by planning a few nice surprises. Also, is it all right if I invite other students? I know some students from the tennis team who want to take part because they really had a good time playing tennis with her over the past six months.

Best wishes,
Amelia

問 1　The teacher wants you to ask Yasmin ☐ 1 ☐ .

   ① what she would like to eat at the party

   ② when she can attend the party

   ③ where she would like to have the party

   ④ who she would like to invite to the party

問 2　The teacher would also like to invite ☐ 2 ☐ .

   ① a few students who don't belong to the English club

   ② all the members of the English club and the tennis team

   ③ some of Yasmin's other English teachers

   ④ students who want to study abroad in Malaysia

B You visited your town's English website and found an interesting notice.

Call for Participants: Sister-City Youth Meeting
"Learning to Live Together"

Our town's three sister cities in Germany, Senegal, and Mexico will each send ten young people between the ages of 15 and 18 to our town next March. There will be an eight-day youth meeting called "Learning to Live Together." It will be our guests' first visit to Japan.

We are looking for people to participate: we need a host team of 30 students from our town's high schools, 30 home-stay families for the visiting young people, and 20 staff members to manage the event.

Program Schedule

March 20	Orientation, Welcome party
March 21	Sightseeing in small four-country mixed groups
March 22	Two presentations on traditional dance: (1) Senegalese students, (2) Japanese students
March 23	Two presentations on traditional food: (1) Mexican students, (2) Japanese students
March 24	Two presentations on traditional clothing: (1) German students, (2) Japanese students
March 25	Sightseeing in small four-country mixed groups
March 26	Free time with host families
March 27	Farewell party

- Parties and presentations will be held at the Community Center.
- The meeting language will be English. Our visitors are non-native speakers of English, but they have basic English-language skills.

To register, click **here** before 5 p.m. December 20.

▶▶International Affairs Division of the Town Hall

問 1　The purpose of this notice is to find people from the host town to [3].

　① decide the schedule of activities

　② take part in the event

　③ visit all of the sister cities

　④ write a report about the meeting

問 2　During the meeting the students are going to [4].

　① have discussions about global issues

　② make presentations on their own cultures

　③ spend most of their time sightseeing

　④ visit local high schools to teach languages

問 3　The meeting will be a good communication opportunity because all of the students will [5].

　① be divided into different age groups

　② have Japanese and English lessons

　③ speak with one another in English

　④ stay with families from the three sister cities

第 2 問　(配点　20)

A　You are a member of the cooking club at school, and you want to make something different. On a website, you found a recipe for a dish that looks good.

EASY OVEN RECIPES
Here is one of the top 10 oven-baked dishes as rated on our website. You will find this dish healthy and satisfying.

__Meat and Potato Pie__

Ingredients (serves about 4)

A	1 onion	2 carrots	500g minced beef
	✎ × 2 flour	✎ × 1 tomato paste	✎ × 1 Worcestershire sauce
	✎ × 1 vegetable oil	🥛 × 2 soup stock	salt & pepper
B	3 boiled potatoes	40g butter	
C	sliced cheese		

Instructions

Step 1: Make **A**
1. Cut the vegetables into small pieces, heat the oil, and cook for 5 minutes.
2. Add the meat and cook until it changes color.
3. Add the flour and stir for 2 minutes.
4. Add the soup stock, Worcestershire sauce, and tomato paste. Cook for about 30 minutes.
5. Season with salt and pepper.

Step 2: Make **B**
1. Meanwhile, cut the potatoes into thin slices.
2. Heat the pan and melt the butter. Add the potatoes and cook for 3 minutes.

Step 3: Put **A**, **B**, and **C** together, and bake
1. Heat the oven to 200℃.
2. Put **A** into a baking dish, cover it with **B**, and top with **C**.
3. Bake for 10 minutes. Serve hot.

Enjoy!

REVIEW & COMMENTS

 cooking@master *January 15, 2018 at 15:14*
This is really delicious! Perfect on a snowy day.

 Seaside Kitchen *February 3, 2018 at 10:03*
My children love this dish. It's not at all difficult to make, and I have made it so many times for my kids.

問 1 This recipe would be good if you want to 　6　.

① cook chicken for lunch

② eat something sweet

③ enjoy a hot dish on a cold day

④ prepare a quick meal without using heat

問 2 If you follow the instructions, the dish should be ready to eat in about 　7　.

① half an hour

② one hour

③ twenty minutes

④ two to three hours

問 3 Someone who does not like raw carrots may eat this dish because 　8　.

① carrots are not used

② many kinds of spices are used

③ the carrots are cooked

④ the carrots are very fresh

問 4 According to the website, one **fact** (not an opinion) about this recipe is that it is ⬚9⬚ .

① highly ranked on the website

② made for vegetarians

③ perfect for taking to parties

④ very delicious

問 5 According to the website, one **opinion** (not a fact) about this recipe is that ⬚10⬚ .

① a parent made this dish many times

② it is easy to cook

③ it is fun to cook with friends

④ the recipe was created by a famous cook

B   Your English teacher gave you an article to help you prepare for the debate in the next class. A part of this article with one of the comments is shown below.

No Mobile Phones in French Schools

By Tracey Wolfe, Paris
11 DECEMBER 2017 • 4:07PM

The French government will prohibit students from using mobile phones in schools from September, 2018. Students will be allowed to bring their phones to school, but not allowed to use them at any time in school without special permission. This rule will apply to all students in the country's primary and middle schools.

Jean-Michel Blanquer, the French education minister, stated, "These days the students don't play at break time anymore. They are just all in front of their smartphones and from an educational point of view, that's a problem." He also said, "Phones may be needed in cases of emergency, but their use has to be somehow controlled."

However, not all parents are happy with this rule. Several parents said, "One must live with the times. It doesn't make sense to force children to have the same childhood that we had." Moreover, other parents added, "Who will collect the phones, and where will they be stored? How will they be returned to the owners? If all schools had to provide lockers for children to store their phones, a huge amount of money and space would be needed."

---

21 Comments

Newest

Daniel McCarthy 19 December 2017 • 6:11PM

Well done, France! School isn't just trying to get students to learn how to calculate things. There are a lot of other things they should learn in school. Young people need to develop social skills such as how to get along with other people.

問 1 According to the rule explained in the article, students in primary and middle schools in France won't be allowed to ☐ 11 ☐.

① ask their parents to pay for their mobile phones

② bring their mobile phones to school

③ have their own mobile phones until after graduation

④ use their mobile phones at school except for special cases

問 2 Your team will support the debate topic, "Mobile phone use in school should be limited." In the article, one **opinion** (not a fact) helpful for your team is that ☐ 12 ☐.

① it is necessary for students to be focused on studying during class

② students should play with their friends between classes

③ the government will introduce a new rule about phone use at school

④ using mobile phones too long may damage students' eyes

問 3 The other team will oppose the debate topic. In the article, one **opinion** (not a fact) helpful for that team is that ☐ 13 ☐.

① it is better to teach students how to control their mobile phone use

② students should use their mobile phones for daily communication

③ the cost of storing students' mobile phones would be too high

④ the rule will be applied to all students at the country's primary and middle schools

問 **4**　In the 3rd paragraph of the article, "One must live with the times" means that people should ☐ 14 ☐.

① change their lifestyles according to when they live

② live in their own ways regardless of popular trends

③ remember their childhood memories

④ try not to be late for school

問 **5**　According to his comment, Daniel McCarthy ☐ 15 ☐ the rule stated in the article.

① has no particular opinion about

② partly agrees with

③ strongly agrees with

④ strongly disagrees with

第3問 （配点 10）

A You found the following story in a blog written by a female exchange student in your school.

School Festival

Sunday, September 15

　　I went with my friend Takuya to his high school festival. I hadn't been to a Japanese school festival before. We first tried the ghost house. It was well-made, using projectors and a good sound system to create a frightening atmosphere.

　　Then we watched a dance show performed by students. They were cool and danced well. It's a pity that the weather was bad. If it had been sunny, they could have danced outside. At lunch time, we ate Hawaiian pancakes, Thai curry, and Mexican tacos at the food stalls. They were all good, but the Italian pizza had already sold out by the time we found the pizza stall.

　　In the afternoon, we participated in a karaoke competition together as both of us love singing. Surprisingly, we almost won, which was amazing as there were 20 entries in the competition. We were really happy that many people liked our  performance. We also enjoyed the digital paintings and short movies students made.

　　I can't believe that students organized and prepared this big event by themselves. The school festival was pretty impressive.

問 1　At the school festival, [16] .

    ① most food at the stalls was sold out before lunch time

    ② the dance show was held inside due to poor weather

    ③ the ghost house was run without electronic devices

    ④ the karaoke competition was held in the morning

問 2　You learned that the writer of this blog [17] .

    ① enjoyed the ghost tour, the dance show, and the teachers' art works

    ② sang in the karaoke competition and won third prize

    ③ tried different dishes and took second place in the karaoke contest

    ④ was pleased with her dancing and her short movie about the festival

B You found the following story in a study-abroad magazine.

Flowers and Their Hidden Meanings

Naoko Maeyama (Teaching Assistant)

Giving flowers is definitely a nice thing to do. However, when you are in a foreign country, you should be aware of cultural differences.

Deborah, who was at our school in Japan for a three-week language program, was nervous at first because there were no students from Canada, her home country. But she soon made many friends and was having a great time inside and outside the classroom. One day she heard that her Japanese teacher, Mr. Hayashi, was in the hospital after falling down some stairs at the station. She was really surprised and upset, and wanted to see him as soon as possible. Deborah decided to go to the hospital with her classmates and brought a red begonia in a flower pot to make her teacher happy. When they entered the hospital room, he welcomed them with a big smile. However, his expression suddenly changed when Deborah gave the red flower to him. Deborah was a little puzzled, but she didn't ask the reason because she didn't want to trouble him.

Later, in her elementary Japanese and with the help of a dictionary, Deborah told me about her visit to the hospital, and how her teacher's expression changed when she gave him the begonia. Deborah said, "It's my favorite flower because red is the color of passion. I thought my teacher, who was always passionate about teaching, would surely love it, too."

Unfortunately, flowers growing in a pot are something we shouldn't take to a hospital in Japan. This is because a plant in a pot has roots, and so it cannot be moved easily. In Japanese culture some people associate these facts with remaining in the hospital. Soon after Deborah heard the hidden meaning of the potted begonia, she visited Mr. Hayashi again to apologize.

問 1 According to the story, Deborah's feelings changed in the following order: 18 .

① nervous → confused → happy → shocked → sorry

② nervous → confused → sorry → shocked → happy

③ nervous → happy → shocked → confused → sorry

④ nervous → happy → sorry → shocked → confused

⑤ nervous → shocked → happy → sorry → confused

⑥ nervous → sorry → confused → happy → shocked

問 2 The gift Deborah chose was not appropriate in Japan because it may imply 19 .

① a long stay

② congratulations

③ growing anger

④ passion for living

問 3 From this story, you learned that Deborah 20 .

① chose a begonia for her teacher because she learned the meanings of several flowers in her class

② not only practiced her Japanese but also learned about Japanese culture because of a begonia

③ visited the hospital with her teaching assistant to see her teacher and enjoyed chatting

④ was given an explanation about the begonia by Mr. Hayashi and learned its hidden meaning

第4問 (配点 16)

You are doing research on students' reading habits. You found two articles.

Reading Habits Among Students   **by David Moore**

July, 2010

    Reading for pleasure is reading just for fun rather than for your school assignment or work. There is strong evidence linking reading for enjoyment and educational outcomes. Research has shown that students who read daily for pleasure perform better on tests than those who do not. Researchers have also found that reading for fun, even a little every day, is actually more beneficial than just spending many hours reading for studying and gathering information. Furthermore, frequent reading for fun, regardless of whether reading paper or digital books, is strongly related with improvements in literacy.

    According to an international study, in 2009, two-thirds of 15-year-old students read for enjoyment on a daily basis. The graph shows the percentage of students who read for enjoyment in six countries. Reading habits differed across the countries, and there was a significant gender gap in reading in some countries.

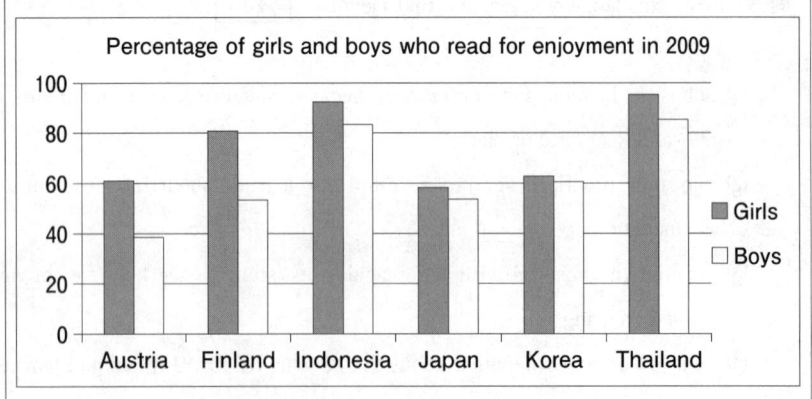

In many countries, the percentage of students who read for enjoyment daily had decreased since the previous study in 2000. Back in 2000, on average, 77% of girls and 60% of boys read for enjoyment. By 2009, these percentages had dropped to 74% and 54%, respectively.

In my opinion, many students today do not know what books they should read. They say that they have no favorite genres or series. That's why the percentage of students who read for pleasure daily has been decreasing. Parents and teachers should help students find interesting books in order to make reading for pleasure a daily routine.

Opinion on "Reading Habits Among Students"   **by Y. T.**

August, 2010

As a school librarian, I have worked in many different countries. I was a little sad to learn that fewer students around the world read for enjoyment daily than before. According to David Moore's article, approximately 60% of female students in my home country reported they read for enjoyment, and the gender gap is about 20%. I find this disappointing.

More students need to know the benefits of reading. As David Moore mentioned, reading for pleasure has good effects on students' academic skills. Students who regularly read many books get better scores in reading, mathematics, and logical problem solving. Also, reading for enjoyment has positive effects on students' mental health. Research has shown a strong relationship between reading for fun regularly and lower levels of stress and depression.

Regardless of these benefits, students generally do not spend enough time reading. Our daily lives are now filled with screen-based entertainment. Students spend a lot of time playing video games, using social media, and watching television. I think students should reduce their time in front of screens and should read books every day even for a short time. Forming a reading habit in childhood is said to be associated with later reading proficiency. School libraries are good places for students to find numerous resources.

問 1　Neither David Moore nor the librarian mentions ⬚21⬚ .

① gender differences in reading habits

② problems connected with reading digital books

③ the change in reading habits among students

④ the importance of reading regularly in childhood

問 2　The librarian is from ⬚22⬚ .

① Austria

② Finland

③ Japan

④ Korea

問 3　According to the articles, reading for pleasure has good effects on students'
⬚23⬚ . (You may choose more than one option.)

① choice of career

② educational success

③ mental well-being

④ views of social media

問 4　David Moore states that students ☐ 24 ☐ , and the librarian states that they ☐ 25 ☐ . (Choose a different option for each box.)

① are busier than ever before

② cannot decide what books to read

③ choose similar books as their parents

④ enjoy playing with electronic devices

⑤ get useful information from TV

問 5　Based on the information from both articles, you are going to write a report for homework. The best title for your report would be " ☐ 26 ☐ ."

① Like It or Not, Reading Classic Novels is Important

② Make Reading for Entertainment a Part of Your Daily Life

③ Pleasure Reading is Becoming Popular in Different Countries

④ School Libraries: Great Resources for Doing School Projects

第 5 問 （配点 20）

Your group is preparing a poster presentation entitled "The Person Who Revolutionized American Journalism," using information from the magazine article below.

Benjamin Day, a printer from New England, changed American journalism forever when he started a New York City newspaper, *The Sun*. Benjamin Day was born in Springfield, Massachusetts, on April 10, 1810. He worked for a printer as a teenager, and at the age of 20 he began working in print shops and newspaper offices in New York. In 1831, when he had saved enough money, he started his own printing business, which began to struggle when the city was hit by a cholera epidemic the following year. In an attempt to prevent his business from going under, Day decided to start a newspaper.

In 1833, there were 650 weekly and 65 daily American newspapers, with average sales of around 1,200. Although there were cheap newspapers in other parts of the country, in New York a newspaper usually cost as much as six cents. Day believed that many working-class people were able to read newspapers, but chose not to buy them because they did not address their interests and were too expensive. On September 3, 1833, Day launched *The Sun* with a copy costing just one cent. The introduction of the "penny press," as cheap newspapers became known, was an important milestone in American journalism history.

Day's newspaper articles were different from those of other newspapers at the time. Instead of reporting on politics and reviews of books or the theater, *The Sun* focused on people's everyday lives. It was the first newspaper to report personal events and crimes. It led to a paradigm shift in American journalism, with newspapers becoming an important part of the community and the lives of the readers. Day also came up with another novel idea: newsboys selling the newspaper on street corners. People wouldn't even have to step into a shop to buy a paper.

The combination of a newspaper that was cheap as well as being easily available was successful, and soon Day was making a good living publishing *The Sun*. Within six months, *The Sun*'s circulation reached 5,000, and after a year, it had risen to 10,000. By 1835, sales of *The Sun* had reached 19,000, more than any of the other daily papers at that time. Over the next few years, about a dozen new penny papers were established, beginning a new era of newspaper competition. The success of *The Sun* encouraged other journalists to publish newspapers at a lower price. By the time of the Civil War, the standard price of a New York City newspaper had fallen to just two cents.

Despite his success, after about five years of operating *The Sun*, Day lost interest in the daily work of publishing a newspaper. In 1838, he sold *The Sun* to his brother-in-law, Moses Yale Beach, for $40,000, and the newspaper continued to publish for many years. After selling the paper, Day moved into other business areas, including the publication of magazines, but by the 1860s he was basically retired. He lived quietly until his death on December 21, 1889. Although he had been involved in the American newspaper business for a relatively short time, Day is remembered as a revolutionary figure who showed that newspapers could appeal to a mass audience.

The Person Who Revolutionized American Journalism

■ The Life of Benjamin Day

Period	Events
1810s	Day spent his childhood in Springfield
1820s	27
1830s and beyond	28 ↓ 29 ↓ 30 ↓ 31

Benjamin Day

■ About *The Sun*

▶ Day launched *The Sun* on September 3, 1833.
▶ This newspaper was highly successful for the following reasons: 32

■ A Shift in U.S. Journalism: A New Model

▶ The motto of *The Sun* was " 33 ."
▶ *The Sun* changed American journalism and society in a number of ways: 34

問 1　Members of your group listed important events in Day's life.　Put the events into the boxes 　27　～　31　in the order that they happened.

① Day created other publications

② Day established a printing company

③ Day gained experience as a printer in his local area

④ Day started a newspaper business

⑤ Day's business was threatened by a deadly disease

問 2　Choose the best statement(s) to complete the poster.　(<u>You may choose more than one option.</u>)　32

① Day focused on improving the literacy levels of the working class.

② Day introduced a new way of distributing newspapers.

③ Day realized the potential demand for an affordable newspaper.

④ Day reported political affairs in a way that was easy to understand.

⑤ Day supplied a large number of newspapers to every household.

⑥ Day understood what kind of articles would attract readers.

問 3　Which of the following was most likely to have been *The Sun*'s motto? 　33

① Nothing is more valuable than politics

② The daily diary of the American Dream

③ *The Sun*: It shines for all

④ Top people take *The Sun*

問 4　Choose the best statement(s) to complete the poster.　<u>(You may choose more than one option.)</u>　34

① Information became widely available to ordinary people.

② Journalists became more conscious of political concerns.

③ Journalists started to write more on topics of interest to the community.

④ Newspapers became less popular with middle-class readers.

⑤ Newspapers replaced schools in providing literacy education.

⑥ The role of newspapers became much more important than before.

第6問 （配点 24）

A You are preparing for a group presentation on gender and career development for your class. You have found the article below.

Can Female Pilots Solve Asia's Pilot Crisis?

[1] With the rapid growth of airline travel in Asia, the shortage of airline pilots is becoming an issue of serious concern. Statistics show that the number of passengers flying in Asia is currently increasing by about 100,000,000 a year. If this trend continues, 226,000 new pilots will be required in this region over the next two decades. To fill all of these jobs, airlines will need to hire more women, who currently account for 3% of all pilots worldwide, and only 1% in Asian countries such as Japan and Singapore. To find so many new pilots, factors that explain such a low number of female pilots must be examined, and possible solutions have to be sought.

[2] One potential obstacle for women to become pilots might be the stereotype that has long existed in many societies: women are not well-suited for this job. This seems to arise partly from the view that boys tend to excel in mechanics and are stronger physically than girls. A recent study showed that young women have a tendency to avoid professions in which they have little prospect of succeeding. Therefore, this gender stereotype might discourage women from even trying. It may explain why at the Malaysia Flying Academy, for instance, women often account for no more than 10% of all trainees enrolled.

[3] Yet another issue involves safety. People may be concerned about the safety of aircraft flown by female pilots, but their concerns are not supported by data. For example, a previous analysis of large pilot databases conducted in the United States showed no meaningful difference in accident rates between male and female pilots. Instead, the study found that other factors such as a

pilot's age and flight experience better predicted whether that person is likely to be involved in an accident.

[4]　Despite the expectation that male pilots have better flight skills, it may be that male and female pilots just have skills which give them different advantages in the job.　On the one hand, male pilots often have an easier time learning how to fly than do female pilots.　The controls in a cockpit are often easier to reach or use for a larger person.　Men tend to be larger, on average, than women.　In fact, females are less likely than men to meet the minimum height requirements that most countries have.　On the other hand, as noted by a Japanese female airline captain, female pilots appear to be better at facilitating communication among crew members.

[5]　When young passengers see a woman flying their plane, they come to accept female pilots as a natural phenomenon.　Today's female pilots are good role models for breaking down stereotypical views and traditional practices, such as the need to stay home with their families.　Offering flexible work arrangements, as has already been done by Vietnam Airlines, may help increase the number of female pilots and encourage them to stay in the profession.

[6]　It seems that men and women can work equally well as airline pilots. A strong message must be sent to younger generations about this point in order to eliminate the unfounded belief that airline pilots should be men.

問 1　According to the article, the author calls the current situation in Asia a crisis because 　35　.

① many more male airline pilots are quitting their jobs than before

② the accident rates are increasing among both male and female pilots

③ the number of female pilots has not changed much for the last few decades

④ the number of future pilots needed will be much larger than at present

問 2 According to the article, there is little difference between men and women in ┃ 36 ┃.

① how easily they learn to operate airplanes
② how likely they are to be involved in accidents
③ how much time they can spend on work
④ how people perceive their suitability for the job

問 3 In Paragraph [4], the author most likely mentions a Japanese female airline captain in order to give an example of ┃ 37 ┃.

① a contribution female pilots could make to the workplace
② a female pilot who has excellent skills to fly a plane
③ a problem in the current system for training airline pilots
④ an airline employee who has made rare achievements

問 4 Which of the following statements best summarizes the article? ┃ 38 ┃

① Despite negative views toward female pilots, they can be as successful as male pilots.
② Due to financial problems the percentage of female students in a pilot academy in Asia is too small.
③ In the future many countries worldwide may have to start hiring more female pilots like Asian countries.
④ There is little concern about increasing female pilots in the future because major obstacles for them have been removed.

B　You are studying about world ecological problems. You are going to read the following article to understand what has happened in Yellowstone National Park.

　　Yellowstone National Park, located in the northern United States, became the world's first national park in 1872. One of the major attractions of this 2.2-million-acre park is the large variety of animals. Some people say that Yellowstone is the best place in the world to see wolves. As of December 2016, there were at least 108 wolves and 11 packs (social families) in the park. By the 1940s, however, wolves had almost disappeared from Yellowstone National Park. Today, these wolves are back and doing well. Why have they returned?

　　The wolves' numbers had declined by the 1920s through hunting, which was not regulated by the government. Ranchers on large farms raising cattle, horses, and sheep did not like wolves because they killed their animals. When the wolves were on the point of being wiped out by hunting, another problem arose—the elk herds increased in number. Elk, a large species of deer, are the wolves' principal source of food in the winter. The elk populations grew so large that they upset the balance of the local ecosystem by eating many plants. People may like to see elk, but scientists were worried about the damage caused by the overly large population.

　　To solve this problem, the U.S. government announced their intention to release young wolves brought from Canada. It was hoped that the wolves would hunt the elk and help bring down the population. However, because many ranchers were against bringing back wolves, it took about 20 years for the government and the ranchers to agree on a plan. In 1974, a team was appointed to oversee the reintroduction of wolves. The government published official recovery plans in 1982, 1985, and finally in 1987. After a long period of research, an official environmental impact statement was issued and 31 wolves were released into Yellowstone from 1995 to 1996.

　　This project to reduce the number of elk was a great success. By 2006, the estimated wolf population in Yellowstone National Park was more than 100. Furthermore, observers believe that the wolves have been responsible for a decline in the elk population from nearly 20,000 to less than 10,000 during the first 10 years following their introduction. As a result, a lot of plants have started to grow back. The hunting of wolves is even allowed again because of the risk from wolves to ranchers' animals. While hunting wolves because they are perceived as a threat may seem like an obvious solution, it may cause new problems. As a study published in 2014 suggested, hunting wolves might increase the frequency of wolves killing ranchers' animals. If the leader of a wolf pack is killed, the pack may break up. Smaller packs or individual wolves may then attack ranchers' animals. Therefore, there is now a restriction on how many wolves can be hunted. Such measures are important for long-term management of wolf populations.

問 1 The decline of wolves in Yellowstone National Park in the early 1900s resulted in | 39 | .

① a decrease in the number of hunters, which was good for the wolves

② a decrease in the number of ranchers, which reduced the human population

③ an increase in the number of elk, which damaged the local ecosystem

④ an increase in the number of trees and plants, which helped elk to hide

問 2 Out of the following four graphs, which illustrates the situation the best?

40

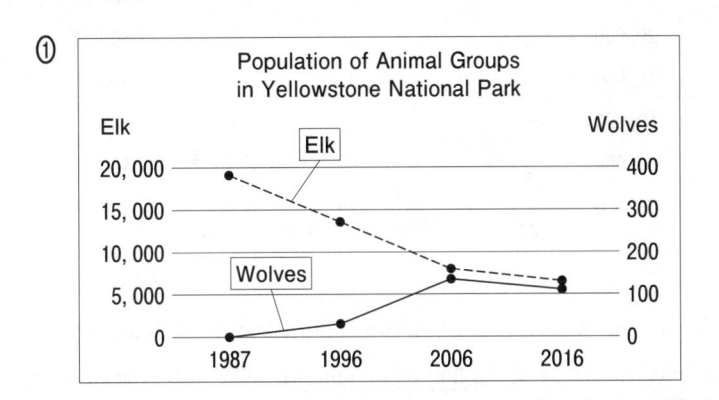

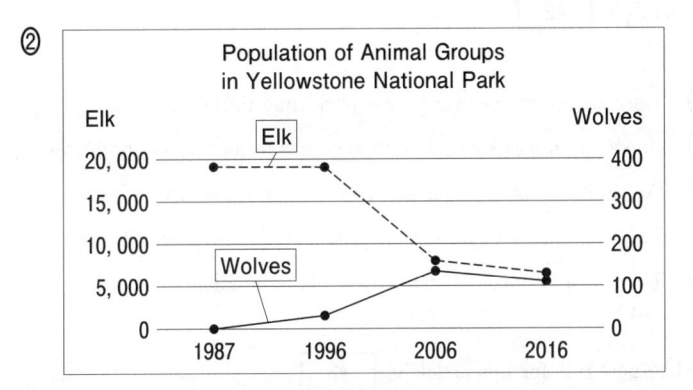

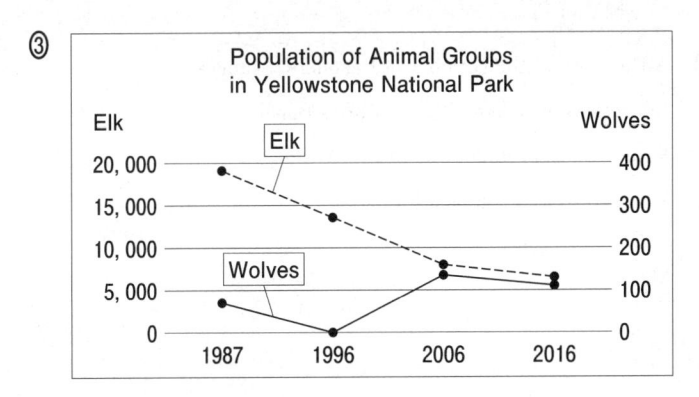

④

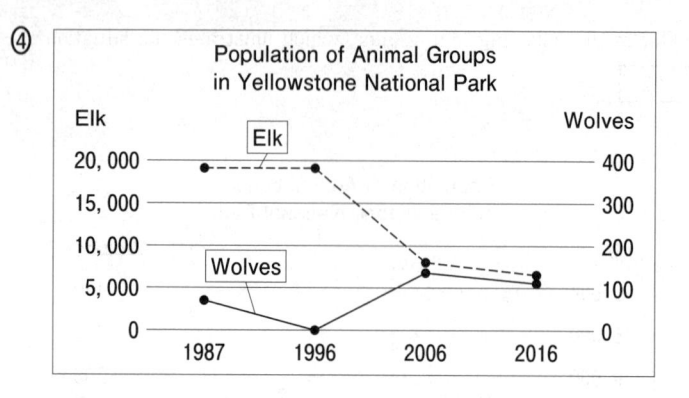

問 3 According to the article, which two of the following tell us about the current situation in the park? (**Choose two options.** The order does not matter.)

[41] · [42]

① More travelers are visiting the park than thirty years ago.

② One species was saved but another has become extinct instead.

③ People have started hunting wolves around this area again.

④ The park has both wolves and elk, as well as rich vegetation.

⑤ There is a new rule to reduce the elk population in the park.

問 4 The best title for this article is [43].

① A Decrease in the Number of Ranchers' Animals

② Addressing Problems With Nature's Balance

③ Nature Conservation Around the World

④ Releasing Elk in National Parks

リスニングテスト　第2回　共通テスト 試行調査

解答時間 30分　配点 100点

◎音声は下記の音声専用サイトで配信しています。使用している音声は，大学入試センターから公表されたものです。音声中のページ数は，問題編のそれぞれのページ下部を参照してください。

●音声専用サイトはこちら
akahon.net/kte/

第2回　試行調査

英　　語(リスニング)

$$\left(\text{解答番号}\boxed{\ 1\ }\sim\boxed{\ 37\ }\right)$$

第1問　(配点　24)

第1問はAとBの二つの部分に分かれています。

A　第1問Aは問1から問4までの4問です。それぞれの問いについて，聞こえてくる英文の内容に最も近い意味のものを，四つの選択肢(①～④)のうちから一つずつ選びなさい。<u>2回流します。</u>

問1　☐ 1

① The speaker does not want anything.

② The speaker wants both tea and cookies.

③ The speaker wants cookies.

④ The speaker wants tea.

問2　☐ 2

① The speaker cannot go to the party.

② The speaker does not have work tomorrow.

③ The speaker has another party to go to.

④ The speaker's birthday is tomorrow.

問 3　　3

① Junko got wet in the rain.

② Junko had an umbrella.

③ Junko ran to school in the rain.

④ Junko stayed at home.

問 4　　4

① The speaker is an English teacher.

② The speaker must study a lot.

③ The speaker needs to study outside of Japan.

④ The speaker teaches English abroad.

これで第 1 問 A は終わりです。

B 第1問Bは問1から問3までの3問です。それぞれの問いについて，聞こえ
てくる英文の内容に最も近い絵を，四つの選択肢（①～④）のうちから一つず
つ選びなさい。**2回流します。**

問1 ⬚5⬚

①

②

③

④

問 2 ⬚ 6 ⬚

①

②

③

④

問 3 ｜ 7 ｜

①

②

③

④

これで第1問Bは終わりです。

第2問　(配点　12)

　第2問は問1から問4までの4問です。それぞれの問いについて，対話の場面が日本語で書かれています。対話とそれについての問いを聞き，その答えとして最も適切なものを，四つの選択肢(①～④)のうちから一つずつ選びなさい。**2回流します**。

問1　居間でクリスマスツリーの置き場所について話をしています。　8

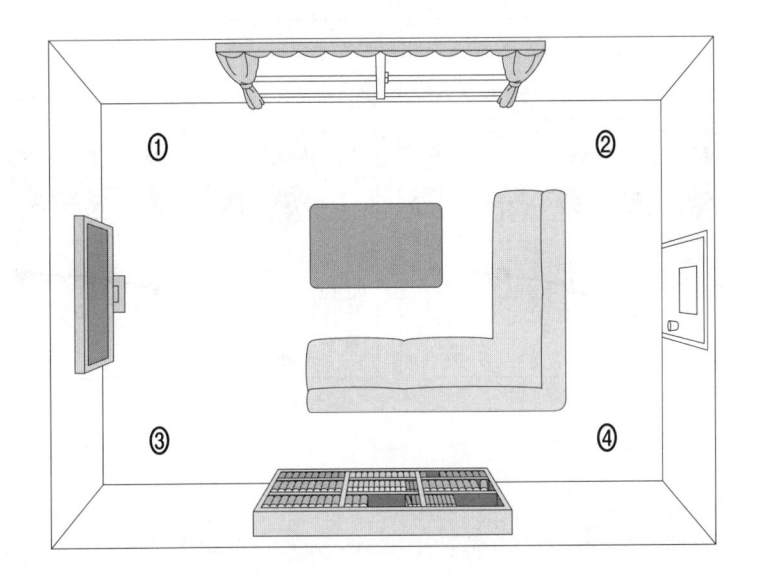

問 2 来週の天気について話をしています。 9

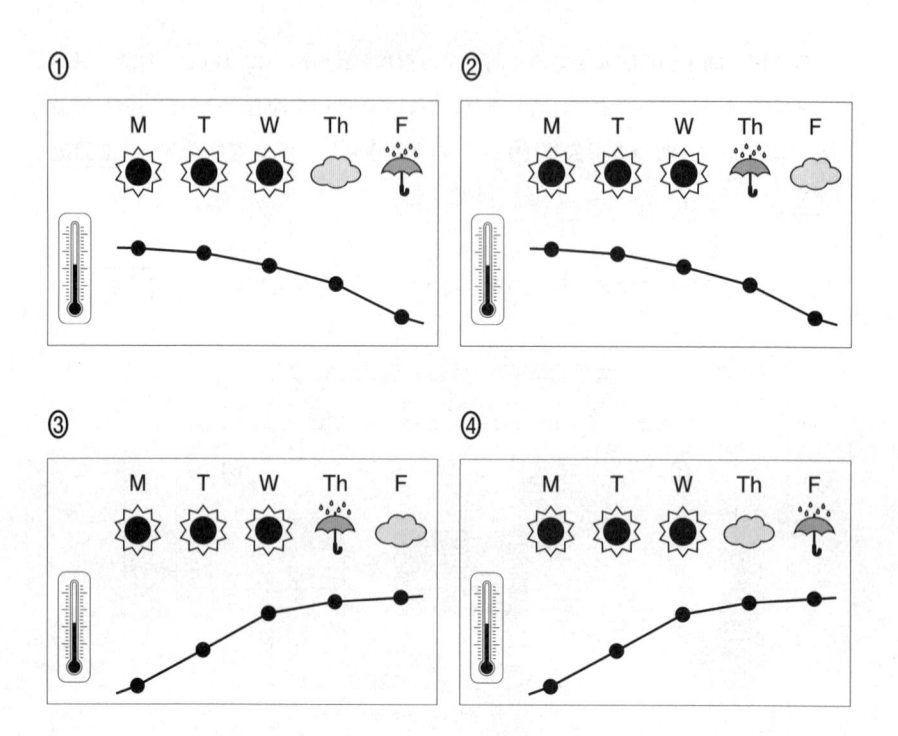

問 3　動物園で見てきた動物について話をしています。　10

問 4 遊園地で乗り物の話をしています。 | 11 |

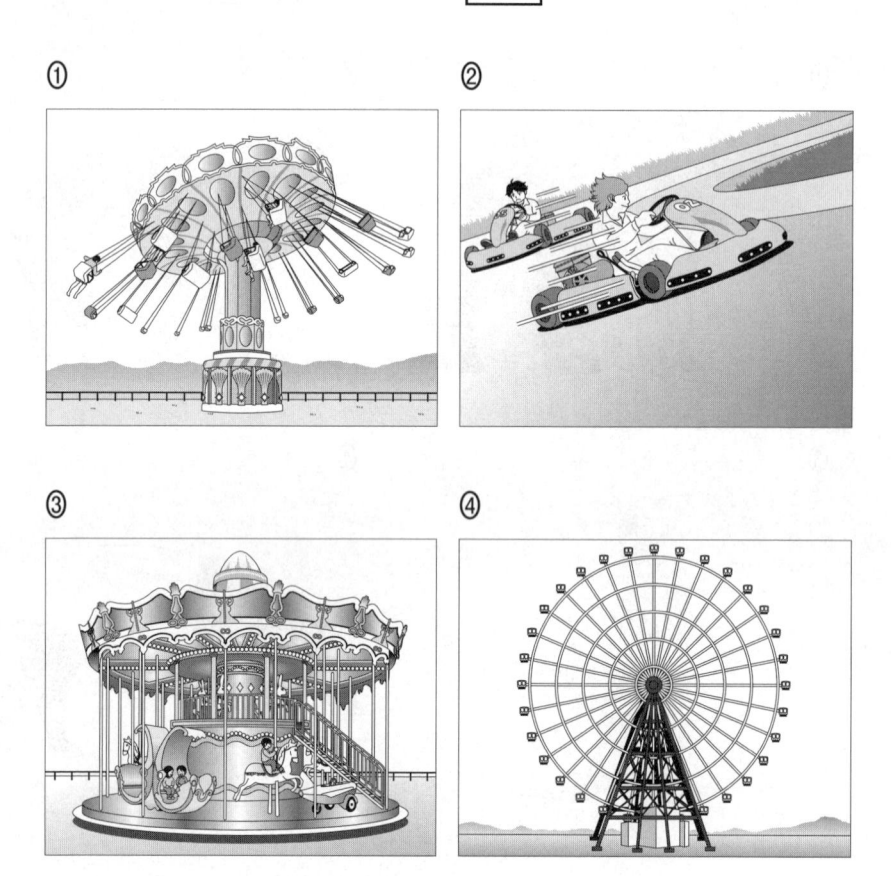

① ② ③ ④

これで第 2 問は終わりです。

第 3 問 （配点 16）

　第3問は問1から問4までの4問です。それぞれの問いについて，対話の場面が日本語で書かれています。対話を聞き，問いの答えとして最も適切なものを，四つの選択肢(①～④)のうちから一つずつ選びなさい。（問いの英文は書かれています。）<u>2回流します。</u>

問 1　夫婦が今夜の夕食について話をしています。

What is the couple going to eat for dinner?　　12

① Pasta and salad
② Pasta and soup
③ Pizza and salad
④ Pizza and soup

問 2　男性が通行人に話しかけています。

What will the man do?　　13

① Ask for a ride.
② Take a bus.
③ Take a taxi.
④ Walk to the hotel.

問 3 友達同士が服装について話をしています。

How does the man feel about the shirt? 14

① He likes it very much.

② He wants to buy it.

③ It doesn't look nice on him.

④ It isn't worth the price.

問 4 友達同士が今観た映画について話をしています。

What do the two people agree about? 15

① The movie follows the book.

② The movie has a great cast.

③ The movie is based on a true story.

④ The movie is better than the book.

これで第 3 問は終わりです。

第4問　（配点　12）

第4問はAとBの二つの部分に分かれています。

A　第4問Aは問1・問2の2問です。話を聞き，それぞれの問いの答えとして最も適切なものを，選択肢のうちから選びなさい。**1回流します。**

問1　女の子がペットの猫(サクラ)について話しています。話を聞き，その内容を表したイラスト(①〜④)を，聞こえてくる順番に並べなさい。

| 16 | → | 17 | → | 18 | → | 19 |

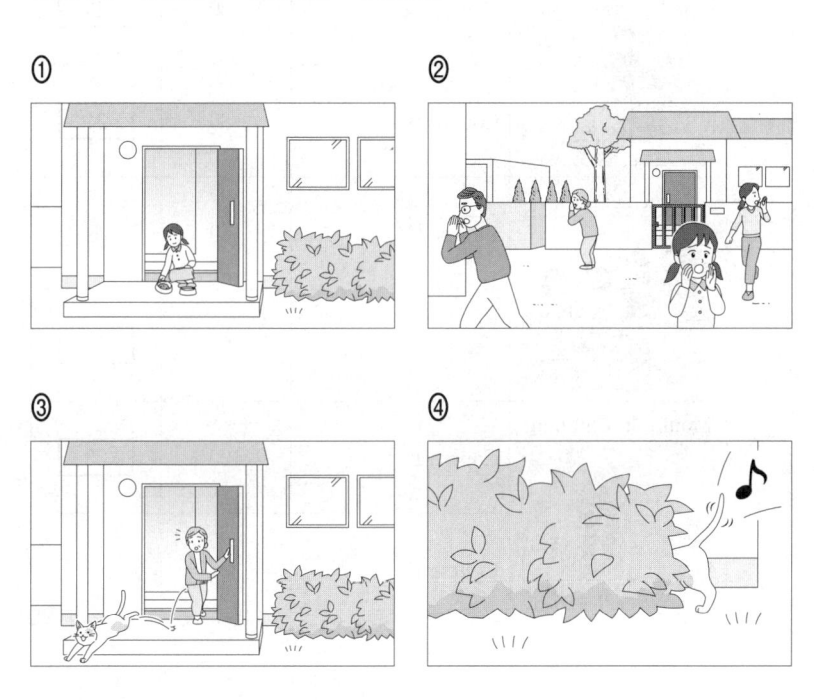

①　　　　　　　　　　　②

③　　　　　　　　　　　④

問2 あなたは海外インターンシップで旅行代理店の手伝いをしています。ツアーの料金についての説明を聞き，下の表の四つの空欄 20 ～ 23 にあてはめるのに最も適切なものを，五つの選択肢（①～⑤）のうちから一つずつ選びなさい。選択肢は2回以上使ってもかまいません。

① $50　　② $70　　③ $100　　④ $150　　⑤ $200

Tour		Time (minutes)	Price
Hiking	Course A	30	20
	Course B	80	21
Picnicking	Course C	60	
	Course D	90	22
Mountain Climbing	Course E	120	23
	Course F	300	

これで第4問Aは終わりです。

B　第4問Bは**問1**の1問です。四人の説明を聞き，問いの答えとして最も適切なものを，選択肢のうちから選びなさい。メモを取るのに下の表を使ってもかまいません。**1回流します。**

状況

　あなたは大学に入学した後に住むための寮を選んでいます。寮を選ぶにあたり，あなたが考えている条件は以下のとおりです。

条件

A．同じ寮の人たちと交流できる共用スペースがある。

B．各部屋にバスルームがある。

C．個室である。

	A. Common space	B. Private bathroom	C. Individual room
① Adams Hall			
② Kennedy Hall			
③ Nelson Hall			
④ Washington Hall			

問 1　先輩四人が自分の住んでいる寮について説明するのを聞き，上の条件に最も合う寮を，四つの選択肢（①〜④）のうちから一つ選びなさい。　24

① Adams Hall

② Kennedy Hall

③ Nelson Hall

④ Washington Hall

これで第4問Bは終わりです。

第5問 （配点 20）

第5問は問1 (a)～(c)と問2の2問です。講義を聞き，それぞれの問いの答えとして最も適切なものを，選択肢のうちから選びなさい。状況と問いを読む時間（約60秒）が与えられた後，音声が流れます。1回流します。

> 状況
>
> あなたはアメリカの大学で，技術革命と職業の関わりについて，ワークシートにメモを取りながら，講義を聞いています。

ワークシート

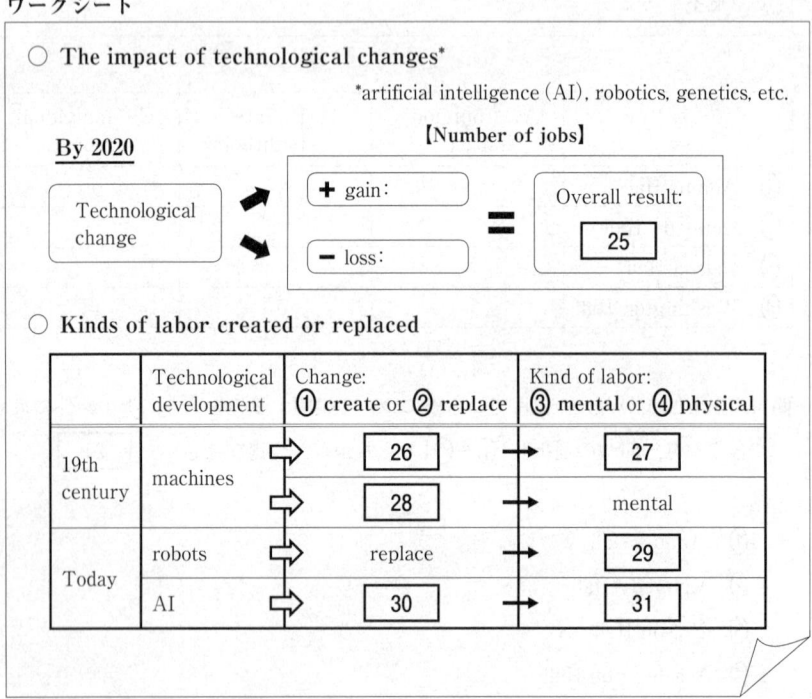

○ **The impact of technological changes***

*artificial intelligence (AI), robotics, genetics, etc.

By 2020 【Number of jobs】

Technological change

+ gain:

− loss:

= Overall result: 25

○ **Kinds of labor created or replaced**

	Technological development	Change: ① create or ② replace	Kind of labor: ③ mental or ④ physical
19th century	machines	⇒ 26	→ 27
		⇒ 28	→ mental
Today	robots	⇒ replace	→ 29
	AI	⇒ 30	→ 31

問 1 (a) ワークシートの空欄 | 25 | にあてはめるのに最も適切なものを，六つ
の選択肢 (①～⑥) のうちから一つ選びなさい。

① a gain of 2 million jobs   ② a loss of 2 million jobs

③ a gain of 5 million jobs   ④ a loss of 5 million jobs

⑤ a gain of 7 million jobs   ⑥ a loss of 7 million jobs

問 1 (b) ワークシートの表の空欄 | 26 | ～ | 31 | にあてはめるのに最も適切
なものを，四つの選択肢 (①～④) のうちから一つずつ選びなさい。選択肢は
2回以上使ってもかまいません。

① create   ② replace   ③ mental   ④ physical

問 1 (c) 講義の内容と一致するものはどれか。最も適切なものを，四つの選択肢
(①～④) のうちから一つ選びなさい。 | 32 |

① Machines are beginning to replace physical labor with the help of
robots.

② Mainly blue-collar workers will be affected by the coming technological
changes.

③ Two-thirds of the number of women working at an office will lose their
jobs.

④ White-collar workers may lose their present jobs because of AI
developments.

問 2 は次のページにあります。

問 2　講義の続きを聞き，下の図から読み取れる情報と講義全体の内容から，どのようなことが言えるか，最も適切なものを，四つの選択肢（①～④）のうちから一つ選びなさい。　[33]

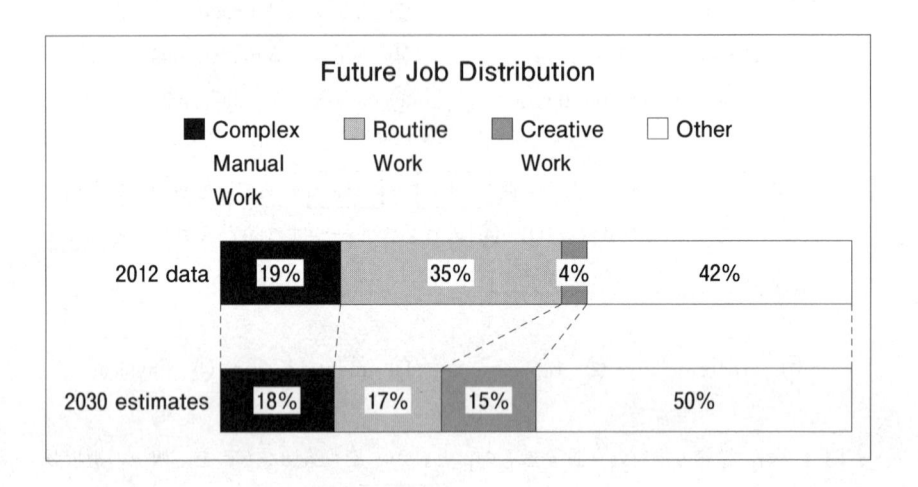

① Complex manual work will be automated thanks to the technological revolution.

② Jobs in the STEM fields will not increase even though they require creative work.

③ Mental work will have the greatest decrease in percentage.

④ Not all physical work will be replaced by robots and AI.

これで第5問は終わりです。

第6問　(配点　16)

第6問はAとBの二つの部分に分かれています。

A 　第6問Aは問1・問2の2問です。二人の対話を聞き，それぞれの問いの答えとして最も適切なものを，四つの選択肢(①〜④)のうちから一つずつ選びなさい。(問いの英文は書かれています。)<u>1回流します。</u>

> 状況
> 　二人の大学生が，ゲーム(video games)について話しています。

問 1　What is Fred's main point?　　34

① 　Video games do not improve upper body function.
② 　Video games do not represent the actual world.
③ 　Video games encourage a selfish lifestyle.
④ 　Video games help extend our imagination.

問 2　What is Yuki's main point?　　35

① 　It's necessary to distinguish right from wrong in video games.
② 　It's wrong to use smartphones to play video games.
③ 　Players can develop cooperative skills through video games.
④ 　Players get to act out their animal nature in video games.

> ## これで第6問Aは終わりです。

B 　第6問Bは**問1・問2**の2問です。英語を聞き，それぞれの問いの答えとして最も適切なものを，選択肢のうちから選びなさい。**1回流します。**

状況

　Professor Johnson がゲーム（video games）について講演した後，質疑応答の時間がとられています。司会（moderator）が聴衆からの質問を受け付けています。Bill と Karen が発言します。

問1　四人のうち，ゲームに反対の立場で意見を述べている人を，四つの選択肢（①〜④）のうちから**すべて**選びなさい。　　36

① Bill
② Karen
③ Moderator
④ Professor Johnson

問 2　Professor Johnson の意見を支持する図を，四つの選択肢（①〜④）のうちから一つ選びなさい。　37

①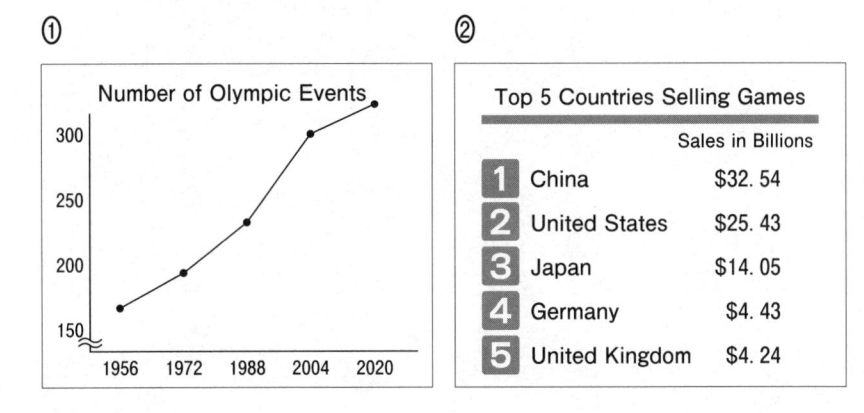

②

③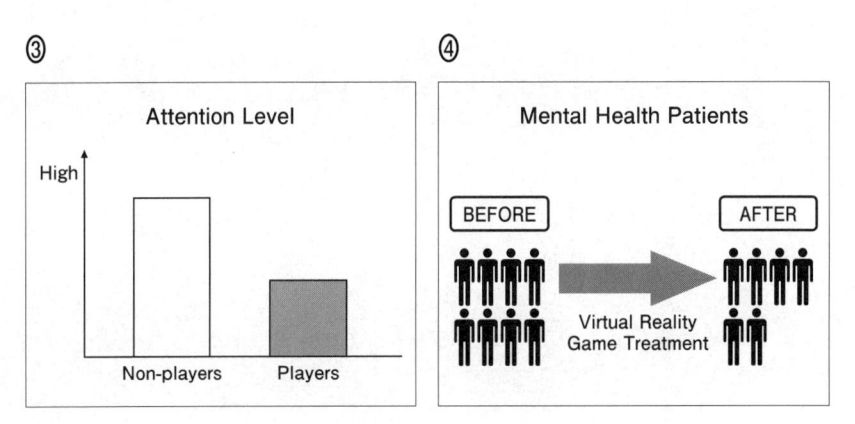

④

これで第 6 問 B は終わりです。

共通テスト
第1回 試行調査

筆記
[リーディング]

解答時間 80分
配点は非公表

英　　語(筆記[リーディング])

$$\left(\text{解答番号}\ \boxed{1}\ \sim\ \boxed{38}\ \right)$$

第1問

A You are planning to go to an amusement park in Hong Kong. You are looking at its webpage.

Blue Stone
Hong Kong

BLUE STONE AMUSEMENT PARK

TOP > Crowd Calendar　🔍 [　　　　　]　　English｜Chinese

This webpage will help you find the best dates to visit Blue Stone Amusement Park.

What's New

A new show titled "Pirates' Adventure" will start on November 13.

Crowd Calendar

On the following calendar, you can see the opening and closing times, and the crowd levels. The percentage in each box is an estimate of the number of people expected to be in the park. The maximum, 100%, is shown by the face icon. The percentage is calculated automatically based on advance ticket sales and past data.

On the days with the face icon, entrance to the park will be difficult. Visitors without an advance ticket may have to wait at the entrance gate for a long time. Advance tickets are only available online one week ahead.

By clicking each date on the calendar, you can see detailed information about the average waiting time for each attraction.

Crowd Calendar for November (information updated daily)

Monday	Tuesday	Wednesday	Thursday	Friday	Saturday	Sunday
5	**6**	**7**	**8**	**9**	**10**	**11**
55%	65%	70%	70%	85%	90%	😵
9:00–17:00	9:00–19:00	9:00–19:00	9:00–19:00	9:00–21:00	9:00–21:00	9:00–21:00
12	**13**	**14**	**15**	**16**	**17**	**18**
55%	😵	😵	90%	85%	😵	90%
9:00–16:00	9:00–21:00	9:00–21:00	9:00–21:00	9:00–21:00	9:00–21:00	9:00–21:00

問 1　If you go to the park on November 13 without an advance ticket, at the entrance gate you will probably ☐ 1 ☐.

① go straight in
② have to pay 55% more to enter
③ have to show your parking ticket
④ stand in a long line

問 2　When you click the dates on the calendar, you will find information about ☐ 2 ☐.

① how long visitors have to wait for the attractions
② the cost of the advance tickets for the attractions
③ the food and drinks at various park restaurants
④ where visitors can park their cars at Blue Stone

B You are visiting a Japanese university during its open campus day. You have found a poster about an interesting event.

Open Campus Event

The Holiday Planning Research Club **HPRC**

HPRC Meeting for High School Students

What is the HPRC?
One of the greatest parts of university life is the lovely long holiday breaks. The Holiday Planning Research Club (HPRC) is run by Japanese and international students. Our club welcomes students from all years and from every department. Our purpose is to help each other make interesting holiday plans.

Date: Saturday, October 27 from 2:00 until 3:30 p.m.
Place: The Independent Learning Center
Event: Four students will tell you about their own recent experiences during their vacations. See the table below for outlines of the presentations.

Speaker	Description	Location
1. **Mary MacDonald** Department of Agriculture	* Did hard work in rice and vegetable fields * No cost to live with a host family	A farm in Ishikawa Prefecture
2. **Fumihiro Shimazu** Department of Japanese Language and Culture	* Prepared teaching materials for a Japanese language teacher * Paid his own airfare and insurance	A primary school in Cambodia
3. **Risa Nishiura** Department of Tourism	* Assisted foreign chefs with cooking and translation * Good pay	A Spanish restaurant in Tokyo
4. **Hiroki Kobayashi** Department of Education	* Taught judo * Free airfare and room	A junior Olympic training camp in Bulgaria

---

Message for University Students

Join Us as a Speaker at the December HPRC Meeting!
You have a total of 12 minutes. Your talk, in English, should be about 8 minutes. Please prepare slides with photos. After each talk, there is a 4-minute question period and the audience usually asks lots of questions. You can get more information on our website (http://www.hprc-student.net/).

問 1 The HPRC is organized and led by 3 .

① NGO staff

② students

③ teachers

④ university staff

問 2 You can learn from each of the four speakers about 4 .

① interesting courses in different departments of the university

② low-cost trips to other countries in the world

③ outside-of-class experiences during university breaks

④ volunteer work with children in developing countries

問 3 At the December meeting, the HPRC speakers should 5 .

① be ready to answer questions

② put their speech scripts on the website

③ speak in English and Japanese

④ talk for about 20 minutes

第2問

A You are traveling abroad and trying to find places to eat on the Internet. The following are reviews of some restaurants written by people who have visited them.

Shiro's Ramen

★★★★☆ by Boots (3 weeks ago)
Best choice: *cha-shu* noodles. Cheap, crowded & lots of noise. Very casual. Felt rushed while eating. Open 5 p.m. ~ 6 a.m.

Annie's Kitchen

★★★☆☆ by Carrie (2 weeks ago)
Was in the mood for variety, and Annie's Kitchen did NOT disappoint. The menu is 13 wonderful pages long with food from around the world. Actually, I spent 25 minutes just reading the menu. Unfortunately, the service was very slow. The chef's meal-of-the-day was great, but prices are a little high for this casual style of restaurant.

Johnny's Hutt

★★★☆☆ by Mason (2 days ago)
The perfect choice when you want to eat a lot. But you might need to wait for a bit.

★★★★★ by Roosevelt (5 days ago)
For a steak fan, this is the best! The chef prepares steak dishes to suit any customer's taste. My favorite was the Cowboy Plate—perfect!

★☆☆☆☆ by Ken-chan (2 weeks ago)
Sadly, below average, so won't be going back again. The steak was cooked too long! The fish dishes were also disappointing.

問 1　You would most likely visit Shiro's Ramen when you ☐ 6 ☐ .

   ① are looking for a quiet place to have a conversation

   ② have an empty stomach at midnight

   ③ need to have a formal meal

   ④ want to have a casual lunch

問 2　You would most likely visit Annie's Kitchen when you ☐ 7 ☐ .

   ① feel like eating outdoors

   ② have lots of free time

   ③ must have a quick breakfast

   ④ want to have cheap dishes

問 3　The opinions about Johnny's Hutt were all ☐ 8 ☐ .

   ① different

   ② favorable

   ③ negative

   ④ neutral

問 4　Based on the reviews, which of the following are facts, not personal opinions?　(You may choose more than one option.)　| 9 |

① Annie's Kitchen offers dishes from many countries.

② Johnny's Hutt is less crowded than Shiro's Ramen.

③ Johnny's Hutt serves some fish dishes.

④ The chef at Johnny's Hutt is good at his job.

⑤ The chef's meal-of-the-day is the best at Annie's Kitchen.

⑥ The menu at Annie's Kitchen is wonderful.

B　You are going to have a debate about students working part-time.　In order to prepare for the debate, your group is reading the article below.

Students and Part-Time Jobs

According to a recent survey, about 70% of Japanese high school and university students have worked part-time.　The survey also reports that students have part-time jobs because they need money for going out with their friends, buying clothes, and helping their families financially.　Even with such common reasons, we should consider the following question: Is it good or bad for students to work part-time?

Some people believe that students learn several things from working part-time.　They come to understand the importance and difficulty of working as well as the value of money.　Moreover, they learn how to get along with people.　Students can improve their communication skills and gain confidence.

Others think that there are negative points about students working part-time.　First, it may harm their studies.　Students who work too hard are so tired during class that they might receive poor grades in school.　Second, it seems difficult for students to balance work and school.　This could cause stress.　Third, students may develop negative views of work itself by working too much.　They may become less motivated to work hard after graduation.

What do you think?　In my view, part-time work is not always bad for students.　My point is that students shouldn't do too much part-time work.　Research suggests that if students work part-time over 20 hours a week, they will probably have some of the negative experiences mentioned above.

問 1　In the survey mentioned in the article, the students were asked, "　10　"

① Have you ever worked part-time abroad?

② How much money per week do you make working part-time?

③ What kind of part-time jobs would be good for you?

④ Why do you work part-time?

問 2　Your group wants to collect opinions **supporting** students working part-time. One such opinion in the article is that students　11　.

① can become good communicators

② mostly have worked part-time

③ will have a better chance of getting a full-time job

④ will learn how to dress appropriately

問 3　Your group wants to collect opinions **opposing** students working part-time. One such opinion in the article is that students　12　.

① cannot be helpful in the workplace

② might perform poorly in class

③ should spend more time with their family

④ work part-time to buy what they want

問 4　If students work over 20 hours a week, they may　13　.

① begin to feel they need a well-paid job

② continue to work hard at part-time jobs

③ lose interest in working hard after leaving school

④ want to be independent of their families

問 5 The writer of this article ⎡ 14 ⎤ students working part-time.

    ① does not have any particular opinion about

    ② partly agrees with

    ③ strongly agrees with

    ④ strongly disagrees with

第3問

A You want to visit a country called Vegetonia and you found the following blog.

My Spring Holiday on Tomatly Island
Sunday, March 23

I went with my family to a country named Vegetonia to visit Tomatly Island, which is located to the southwest of the main island of Vegetonia. The fastest way to get to Tomatly is to take an airplane from Poteno, but we took a ferry because it was much cheaper. It started to rain when we got to the island, so we visited an art museum and a castle. Then, we enjoyed a hot spring bath. In the evening, our dinner was delicious. Everything was so fresh!

Luckily, the next morning was sunny. We rented bicycles and had fun cycling along the coast. After that, we went fishing on the beach but we didn't catch anything. Oh well, maybe next time! In the evening, we saw a beautiful sunset and later on, lots of stars.

On the last day, we took a private taxi tour and the driver took us to many interesting places around the island. She also told us a lot about the nature and culture of the island. We had a great holiday, and as a result, I've become more interested in the beauty and culture of small islands.

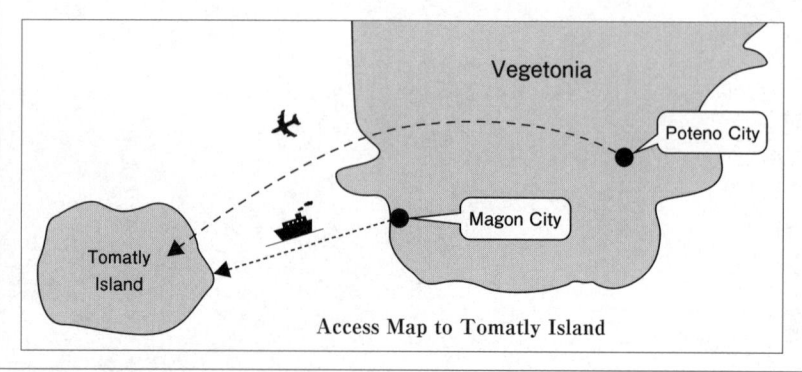

Access Map to Tomatly Island

問 1　The family went to Tomatly Island from ⬚ 15 ⬚.

① Magon by air

② Magon by sea

③ Poteno by air

④ Poteno by sea

問 2　From this blog, you learned that ⬚ 16 ⬚.

① the best month to visit Tomatly Island would be March because it is less crowded

② there are still some things you can enjoy on the island even if the weather is bad

③ you can enjoy various outdoor activities and local food at reasonable prices

④ you can join a bus tour around the island that explains the island's nature and culture

B You found the following story written by a salesperson in a newspaper.

March of the Machines

Nick Rightfield

After graduating from university in Toronto, I started working for a trading company. This means I have to live and work in various cities. My first post was in New York, a city famous for its office buildings, stores, and nightlife. In my free time, I loved to walk around and search for stores selling interesting items. Even into the night, I would wander from store to store.

Then after two years, I moved to Tokyo. My first impression of Tokyo was that it is a busy city very similar to New York. However, on the first day when I took a night-time walk down the streets of Shinjuku, I noticed a difference. Among the crowds of workers and shoppers, I found rows of brightly-lit vending machines giving off a candy-colored light. In New York, most vending machines are located in office buildings or subway stations. But I never imagined lines of vending machines—standing like soldiers on almost every street—selling coffee, juice, and even noodles 24 hours a day.

As I stood in Shinjuku, I thought about Vancouver, where I was born and raised. To me it was a great city, but having experienced city life in New York and Tokyo, I have to admit how little I knew back in Vancouver. As I was thinking about my life so far, it began to rain. I was about to run to a convenience store when I noticed an umbrella vending machine. Saved! Then I thought perhaps as technology improves, we will be able to buy everything from machines. Will vending machines replace convenience stores? Will machines replace salespeople like me? I didn't sleep well that night. Was it jet lag or something else?

問 1　The writer moved from place to place in the following order: 　17　.

　① 　Toronto → New York → Tokyo → Vancouver

　② 　Toronto → Vancouver → New York → Tokyo

　③ 　Vancouver → New York → Tokyo → Toronto

　④ 　Vancouver → Toronto → New York → Tokyo

問 2　The writer says that 　18　.

　① 　life in New York is more comfortable than life in Tokyo

　② 　life in Tokyo is less interesting than life in New York

　③ 　the location of vending machines in New York and Tokyo differs

　④ 　the same goods are sold in vending machines in New York and Tokyo

問 3　While the writer was in Tokyo, he 　19　.

　① 　began to think about selling vending machines

　② 　realized Vancouver was better because it was his hometown

　③ 　started to regret moving from city to city

　④ 　suddenly worried about the future of his job

第4問

In class, everyone wrote a report based on the two graphs below. You will now read the reports written by Ami and Greg.

A survey was given to people between the ages of 13 and 29. To answer the question in Graph 2, the participants were able to choose more than one reason.

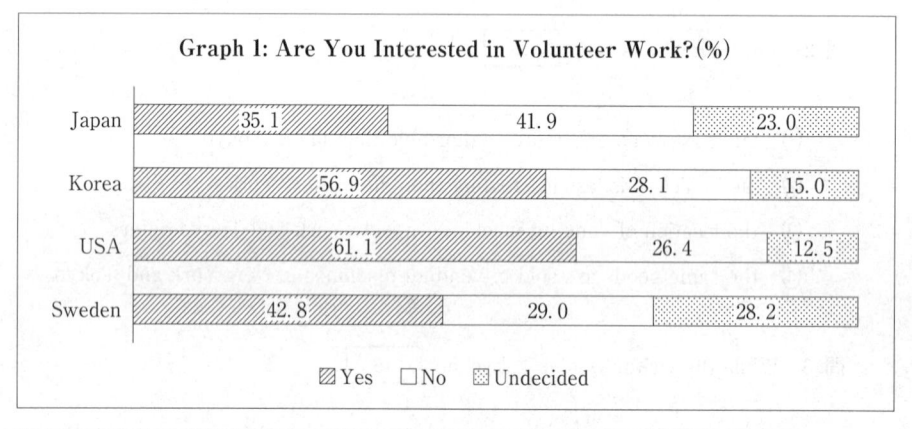

Graph 1: Are You Interested in Volunteer Work?(%)

	Yes	No	Undecided
Japan	35.1	41.9	23.0
Korea	56.9	28.1	15.0
USA	61.1	26.4	12.5
Sweden	42.8	29.0	28.2

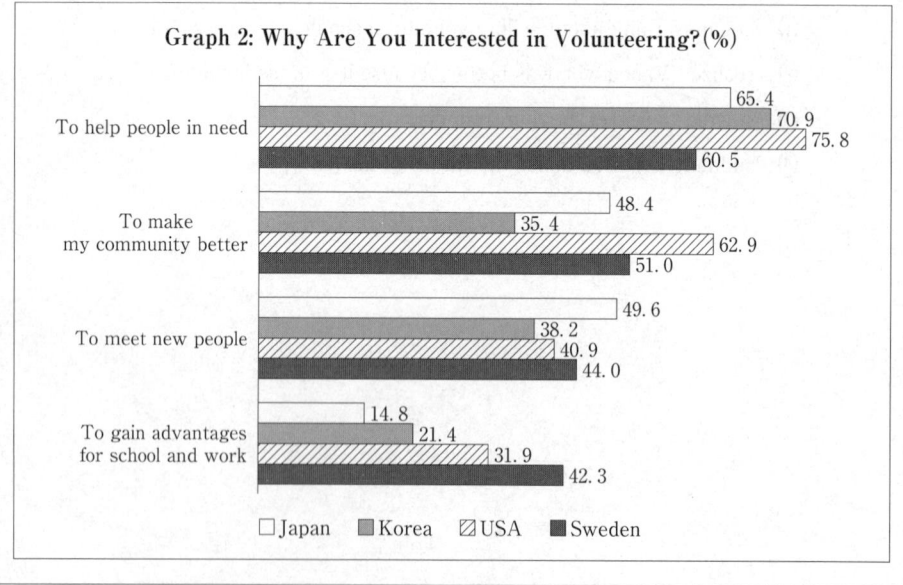

Graph 2: Why Are You Interested in Volunteering?(%)

	Japan	Korea	USA	Sweden
To help people in need	65.4	70.9	75.8	60.5
To make my community better	48.4	35.4	62.9	51.0
To meet new people	49.6	38.2	40.9	44.0
To gain advantages for school and work	14.8	21.4	31.9	42.3

Ami Kitamura

I was surprised when I saw Graph 1 because the percentage of Japanese participants who are interested in volunteering was higher than I had expected. As far as I know, none of my friends are doing any volunteer activities. So, I think we should motivate students in Japan to do more volunteering.

In order to do that, it's important to consider the merits of doing volunteer work. According to Graph 2, 65.4% of Japanese participants said they are interested in volunteering because they want to help people in need. Also, the percentage of Japanese participants who chose "To meet new people" was the highest among the four countries.

I think more Japanese students should learn about the benefits of volunteering. Thus, for the school festival I plan to make a poster that says, "You can help people in need and make new friends at the same time!" I hope many students will see it and become more interested in volunteer work.

Greg Taylor

In the USA, volunteering is common, so I was not surprised that it has the highest percentage of people who are interested in volunteer work. Graph 2 shows that a lot of American participants answered they are interested in volunteer work because they want to help people in need. I think this reason is important because students would feel a sense of achievement by helping people.

However, I was shocked to see that only 35.1% of Japanese participants are interested in volunteer work. I thought it would be more common in Japan. According to the information in Graph 2, only a few participants in Japan recognize the advantages for school and work. I recently heard Japanese universities and companies now put more value on volunteer experience than before. If more students understand these advantages, I think their interest in volunteering will increase.

Students should do volunteer work for the following two reasons. First, helping people in need will give students a feeling of accomplishment. Second, volunteering will also provide them with advantages for their future career. Therefore, I will compose a newsletter about these two benefits of doing volunteer work, and distribute it to students at school.

問 1 [20] felt that the percentage of Japanese participants who were interested in volunteer work was lower than expected.

① Ami

② Both Ami and Greg

③ Greg

④ Neither Ami nor Greg

問 2 Both Ami and Greg say that Japanese students should [21].

① discuss the benefits of volunteer work with students from other countries

② focus on studying and then consider doing volunteer work after graduating

③ know that doing volunteer work has good effects on those who do it

④ realize that volunteer work is becoming popular in other countries

問 3 Neither Ami nor Greg mentioned " [22] " in their reports.

① To gain advantages for school and work

② To help people in need

③ To make my community better

④ To meet new people

問 4 In their reports, Ami says she will [a] and Greg says he will
[b]. ☐ 23

① a．give a survey　　b．make a speech

② a．give a survey　　b．write a newsletter

③ a．make a poster　　b．make a speech

④ a．make a poster　　b．write a newsletter

問 5 You found four articles on the Internet. Based on the titles below, the
most useful article for both Ami's and Greg's plans would be " ☐ 24 ".

① Differences between Volunteer Work and Community Service

② How to Make Friends while Volunteering Abroad

③ Supporting People in Need through Volunteer Work

④ Volunteer Experiences and Your Future Career

第 5 問

A　You are the editor of your school newspaper.　You have been asked to provide comments on an article about origami written by an American student named Mary.

Origami

[1]　Many people in Japan have childhood memories of origami, where square sheets of paper are transformed into beautiful shapes such as animals and flowers.　Origami has been enjoyed widely by people of all ages for centuries.

[2]　A recent event reminded us that origami is viewed as a traditional Japanese art form overseas.　When President Barack Obama visited Hiroshima in 2016, he made four origami paper cranes neatly.　He then presented them to Hiroshima City.　This was seen as a symbol of his commitment to friendship between the two countries and to world peace.

[3]　Two positive influences of origami can be seen in care for the elderly and rehabilitation.　Origami requires the precise coordination of fingers as well as intense concentration to fold the paper into certain shapes.　It is thought to slow the progression of memory loss associated with such medical problems as Alzheimer's disease.　It is also believed that origami helps keep motor skills and increases brain activity, which aid a person recovering from injuries.　For these reasons, both inside and outside Japan, there are many elderly care and rehabilitation programs in which origami is used.

[4]　Children also benefit from origami.　It fosters creativity and artistic sense while allowing them to have fun.　This has resulted in a large number of associations—both domestic and international—regularly holding events for

young children such as origami competitions and exhibits. Isn't it surprising that many organizations that are active in these areas can be found overseas?

[5] | A | Furthermore, origami paper folding technology has promising applications in medicine. | B | In 2016, an international team of researchers developed a tiny paper-thin robot that can be used for medical treatment. The robot, made of material from pigs, is folded like origami paper and covered with a capsule made of ice. When the capsule is swallowed by a patient and reaches the patient's stomach, the capsule melts, and the robot unfolds as it absorbs water from the surrounding area. | C | After this, the robot is controlled from outside of the body to perform an operation. When the task is complete, the robot moves out of the body naturally. | D |

[6] As seen in the examples above, origami is no longer merely a traditional Japanese art form that many of us experienced as a leisure activity in childhood. In fact, it is a powerful agent that can bring positive change to the lives of all generations worldwide. While the appreciation of its beauty is likely to continue for generations to come, nowadays origami has come to influence various other aspects of our lives.

問 1 Mary's article mainly discusses | 25 | .

① the greater importance of origami in medicine than in other fields

② the invention of new types of origami in many foreign countries

③ the major role origami plays in promoting world peace and cooperation

④ the use of origami for cultural, medical, and educational purposes

問 2 Mary's intention in Paragraphs [3] and [4] is probably to ☐26☐ .

① describe the history of origami's development outside Japan

② discuss the difficulties of using origami for treating diseases

③ express concerns about using origami for rehabilitation, elderly care, and education

④ introduce some contributions of origami to the lives of people of different ages

問 3 You found additional information related to this topic and want to suggest that Mary add the sentence below to her article. Where would the sentence best fit among the four locations marked ☐A☐ , ☐B☐ , ☐C☐ , and ☐D☐ in Paragraph [5]? ☐27☐

The developers of the robot say that this technology can be used, for instance, to remove a small battery from the stomach of a child who has accidentally swallowed it.

① ☐A☐

② ☐B☐

③ ☐C☐

④ ☐D☐

B You are preparing for a presentation about the characteristics of spices. You have found an article about black and white pepper. You are going to read the article and take notes.

Black and White Pepper

[**Part 1**]　Some recent studies have increased our understanding of the role of spices in helping us live longer. There are a variety of spices in the world, but most likely you are familiar with two of them, black and white pepper. Black and white pepper both come from the fruit of the same pepper plant. However, they are processed differently. Black pepper is made from the unripe fruit of the pepper plant. Each piece of fruit looks like a small green ball, just 3 to 6 millimeters across. The harvested fruit turns black when it is dried under the sun. Each piece of dried fruit is called a *peppercorn*. The color of the powdered black pepper comes from the skin of the peppercorn. On the other hand, to get white pepper, the pepper fruit is harvested when it is cherry-red. The skin of the fruit is removed before sun-drying. The color of the seed inside the pepper fruit is white. This is how white peppercorns are processed. Because the skin is very thin, the size of black and white peppercorns is similar. White pepper is usually more expensive than black because there are more steps in processing it.

[**Part 2**]　Where does the flavor of pepper come from? The sharp spicy taste is caused by a natural compound called *piperine*. Not only the seed but also the outer layer of the peppercorn contains lots of piperine. Therefore, some people say black pepper tastes hotter than white. Black pepper also contains many other substances that make its taste more complex. The unique flavor of black pepper produced by the mixed substances goes well with many kinds of dishes. White pepper's flavor is often regarded as more refined than that of black pepper, but it is too weak to bring out the flavor of meat dishes such as steak. Thanks to its color, white pepper is often used in light-colored dishes. Mashed potatoes, white sauce, and white fish may look better when they are spiced with white pepper.

[**Part 3**]   Historically, people have used pepper as a folk medicine. For instance, it was a popular remedy for coughs and colds. The health effect of pepper is partly caused by piperine. Like vitamin C, piperine is a potent antioxidant. This means that, by eating foods including this compound, we may prevent harmful chemical reactions. Furthermore, recent studies have found that pepper reduces the impact of some types of illnesses. All spices that include piperine have this effect on a person's body. Both black and white pepper have the same health benefits.

Complete the notes by filling in ⬚28⬚ to ⬚33⬚ .

Notes

Outline:

Part 1: _____⬚28⬚_____

Part 2: _____⬚29⬚_____

Part 3: _____⬚30⬚_____

Table: Comparing Black and White Pepper

Common points	Differences
⬚31⬚	⬚32⬚

Main points: _____⬚33⬚_____

問 1　The best headings for Parts 1, 2, and 3 are ⎡ 28 ⎤, ⎡ 29 ⎤, and ⎡ 30 ⎤, respectively.　(You may use an option only once.)

① The characteristics of pepper as a spice

② The effects of pepper on health

③ The place of origin of black and white pepper

④ The production of black and white pepper

問 2　Among the following, the common points and differences described in the article are ⎡ 31 ⎤ and ⎡ 32 ⎤, respectively.　(You may choose more than one option for each box.)

① the amount of vitamin C

② the effect on illnesses

③ the flavor

④ the plant

⑤ the price

⑥ the removal of the skin

問 3　This article mainly discusses ⎡ 33 ⎤.

① the advantages and disadvantages of using black and white pepper compared to other spices

② the reason why people started to make black and white pepper, and why they have lost popularity

③ the reason why white pepper is better than black pepper, and why it is better for us

④ the similarities and differences between white and black pepper, and also the health benefits of both

第6問

You are writing a review of the story, "Oscar's Camp Canyon Experience," in class.

Oscar's Camp Canyon Experience

Twelve-year-old Oscar has just finished a wonderful week at Camp Canyon. He had the time of his life—making new friends, developing new skills, and discovering a love for science among many other things. And Oscar learned an important lesson: Sometimes, when faced with a difficult situation, it's best just to let it go. He learned, too, that things are not always what they seem.

Camp Canyon is a summer camp for boys and girls from eight to sixteen. In the U.S., there are many kinds of camps. Often, kids focus on particular skills or learn values from religious books and traditions. Camp Canyon, though, is different. Its main aim is for the kids to discover for themselves how to deal with difficult situations using ideas based on the importance of communication and mutual respect. During their week at the camp, the kids develop their powers of judgment and sense of right and wrong—all while having fun swimming, playing games, and doing hands-on science and nature projects.

This was Oscar's second summer at Camp Canyon, and he enjoyed showing newcomers around. On the first day, he introduced himself to Dylan, a boy of his age attending the camp for the first time. Oscar spent a lot of time helping Dylan get used to his new circumstances, and they quickly became close friends. They both enjoyed playing video games and climbing trees, and at the camp they discovered a shared love of Gaga Ball, a form of dodgeball. Oscar and Dylan played Gaga Ball until they were exhausted, throwing the ball at the other kids and screaming with laughter. Afterward, sitting on their bunk beds, they would talk for hours about their home and school lives, and how much they were enjoying Camp Canyon.

One of the other campers was a boy named Christopher. Initially, Christopher seemed like a well-behaved, fun-loving boy. Oscar couldn't wait to get to know him. However, it wasn't long before Christopher's behavior started to change. He didn't bother to make his bed. He left games and other belongings lying around on the floor. He was inconsiderate and self-centered. And he was mean, as Oscar and Dylan soon found out.

"Dylan didn't brush his teeth. And he's smelly! He didn't take a shower today," shouted Christopher at breakfast, making sure all the other kids could hear.

Oscar and Dylan were shocked to hear Christopher's comments. Oscar had always tried his hardest to make everyone feel welcome. Christopher seemed to take great delight in saying things that upset the other two boys. He even pushed in front of Oscar when they were lining up for lunch. He just laughed when Oscar angrily protested.

Oscar consulted the camp counselor about their problems with Christopher. She gave Christopher a strong warning, but, if anything, his behavior got worse. The other kids just kept out of his way, determined not to let anything spoil their fun activities at camp.

One of these activities was a discussion session with a science teacher. Although Oscar had shown little interest in science at school, this was something he really enjoyed at the camp. The kids talked with the teacher, growing increasingly excited with each new scientific fact they discovered. Oscar was particularly fascinated to learn about reflected light and how we see certain colors. A red object, for example, absorbs every color of the rainbow, but reflects only red light to our eyes.

"So," Oscar reported breathlessly to Dylan, "a red object is actually every color EXCEPT red—which is reflected! Isn't that amazing? I just love science!" Things, he had come to realize, are not always what they seem.

The campers also discussed ethics and the rules that would be best for the group as they experienced their week together. Whenever there was a disagreement, they stopped to consider what might be the right or wrong thing to do according to each situation. In this way, they learned to function together as a harmonious group.

Through these discussions, Oscar learned that there is not always an obvious solution to a problem. Sometimes, as with the case of Christopher's bad behavior, the answer might just be to let it go. Oscar realized that getting upset wasn't going to change anything, and that the best way to resolve the situation without drama would be to walk away from it. He and Dylan stayed calm, and stopped reacting to Christopher's insults. This seemed to work. Soon, Christopher lost interest in bothering the boys.

The end of the week came far too quickly for Oscar. His memories of the camp were still fresh when, a few days after returning home, he received a postcard from Christopher.

Dear Oscar,

　I'm really sorry for the way I behaved at camp. You and Dylan seemed to be having so much fun! I felt left out, because I'm not very good at sports. Later, when you stopped paying attention to my bad behavior, I realized how silly I was being. I wanted to apologize then, but was too embarrassed. Are you going to the camp again next year? I'll be there, and I hope we can be friends!

So long,
Christopher

Yes, thought Oscar, when he had recovered from his surprise, with Christopher, he had been right to let it go. Putting down the postcard, he remembered something else he had learned at camp: Sometimes, things are not what they seem.

Complete the review by filling in ┃ 34 ┃ to ┃ 38 ┃.

Story Review

Title:
Oscar's Camp Canyon Experience

Outline

Beginning		Middle		Ending
Oscar's second time at Camp Canyon started with him welcoming newcomers.	→	┃ 34 ┃ → ┃ 35 ┃	→	Oscar applied what he had learned at camp to find a solution to the problem.

Main characters

- Oscar was active and sociable.
- Christopher might have seemed unfriendly, but actually he was ┃ 36 ┃.

Your opinions

I don't think Oscar really knew how to deal with the problem. All he did was ┃ 37 ┃. He was lucky Christopher's behavior didn't get worse.

This story would most likely appeal to...

Readers who want to ┃ 38 ┃.

問 1 (a) ┃ 34 ┃

① All the camp participants quickly became good friends.
② Most campers stopped enjoying the fun activities.
③ One of the campers surprisingly changed his attitude.
④ The camp counselor managed to solve a serious problem.

問 1　(b)　　35

① Christopher continued to behave very badly.

② Dylan could understand how light is reflected.

③ Oscar played a leading role in group discussions.

④ The counselor reconsidered her viewpoint.

問 2　　36

① just unhappy because he was unable to take part in all the activities

② probably nervous as he was staying away from home for the first time

③ smarter than most campers since he tried to hide his honest opinions

④ thoughtful enough to have brought games to share with his friends

問 3　　37

① avoid a difficult situation

② discuss ethics and rules

③ embarrass the others

④ try to be even friendlier

問 4　　38

① get detailed information about summer outdoor activities

② read a moving story about kids' success in various sports

③ remember their own childhood experiences with friends

④ understand the relationship between children and adults

リスニングテスト 第1回 試行調査

共通テスト
バージョンB

解答時間 30分　配点は非公表

※リスニングの第1回試行調査には，放送回数がすべて2回のバージョンAと，1回と2回が混在しているバージョンBがあります。本書では，より問題数が多く放送回数にもバリエーションがあるバージョンBのみを取り上げます。

◎音声は下記の音声専用サイトで配信しています。使用している音声は，大学入試センターから公表されたものです。音声中のページ数は，問題編のそれぞれのページ下部を参照してください。

● 音声専用サイトはこちら
akahon.net/kte/

第1回　試行調査

英　語（リスニング）

$$\left(\text{解答番号}\boxed{1}\sim\boxed{30}\right)$$

第 1 問

第 1 問は A と B の二つの部分に分かれています。

A 　第 1 問 A は問 1 から問 5 までの 5 問です。それぞれの問いについて，聞こえてくる英文の内容に最も近い意味の英文を，四つの選択肢（**①**〜**④**）のうちから一つずつ選びなさい。**2 回流します。**

問 1 　　**1**

① I called the police.
② I have the bike key.
③ The police found the key.
④ The police lost the key.

問 2 　　**2**

① She is asking for the menu.
② She is cooking in the kitchen.
③ She is serving some dishes.
④ She is taking their order.

問 3　　3

① He did better on the science exam.

② He got poor scores on both tests.

③ He scored worse on the math exam.

④ He studied enough for the tests.

問 4　　4

① She is sorry we can't see the view.

② She regrets having missed the view.

③ She should have enjoyed the view.

④ She suggests that we enjoy the view.

問 5　　5

① He is asking her for a manual.

② He is asking her for some help.

③ He is asking her to help an Italian.

④ He is asking her to write in Italian.

これで第１問Ａは終わりです。

B　　第 1 問 B は問 6 から問 9 までの 4 問です。それぞれの問いについて，聞こえてくる英文の内容に最も近い絵を，四つの選択肢(①〜④)のうちから一つずつ選びなさい。2 回流します。

問 6　　6

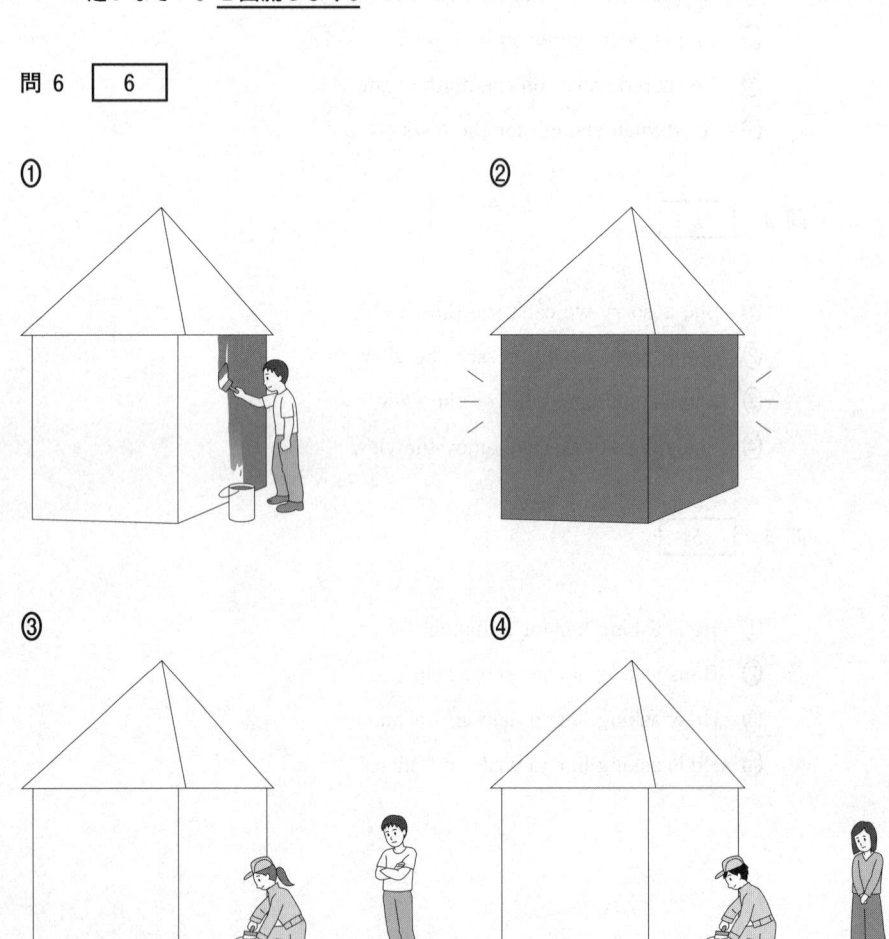

問 7

①

②

③

④

問 8　　8

①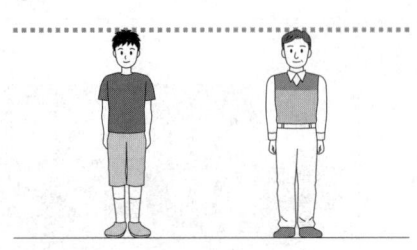

②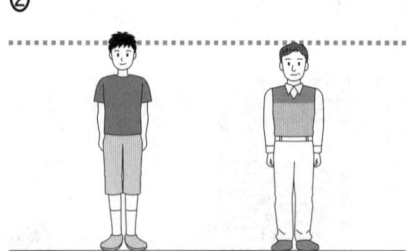

③

④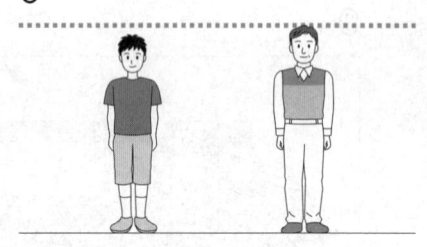

問9　9

①

②

③

④

これで第１問Ｂは終わりです。

第2問

第2問は問10から問14までの5問です。それぞれの問いについて，対話の場面が日本語で書かれています。対話とそれについての問いを聞き，その答えとして最も適切なものを，四つの選択肢(①〜④)のうちから一つずつ選びなさい。<u>2回流します。</u>

問10　友達同士で買い物の話をしています。　<u>10</u>

①

②

③

④

問11　観光中の二人が，高いタワーを見て話をしています。　11

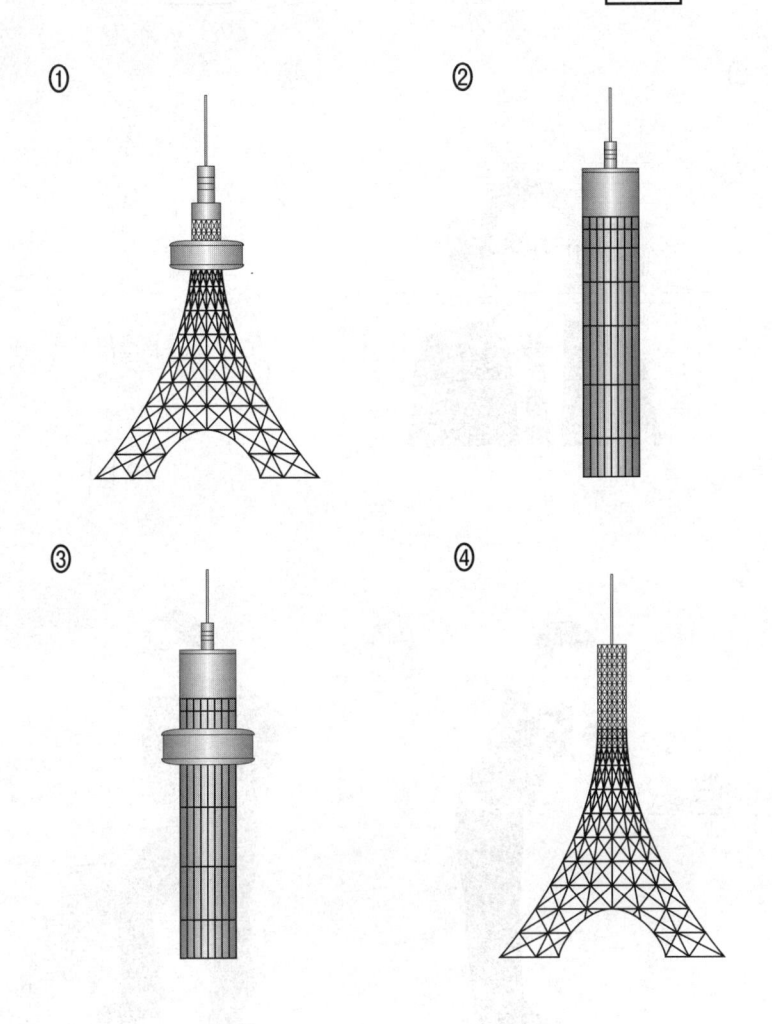

問12　男子大学生がアルバイトの面接を受けています。　12

①

②

③

④

問13 ケガをした患者と医者が話をしています。 <u>13</u>

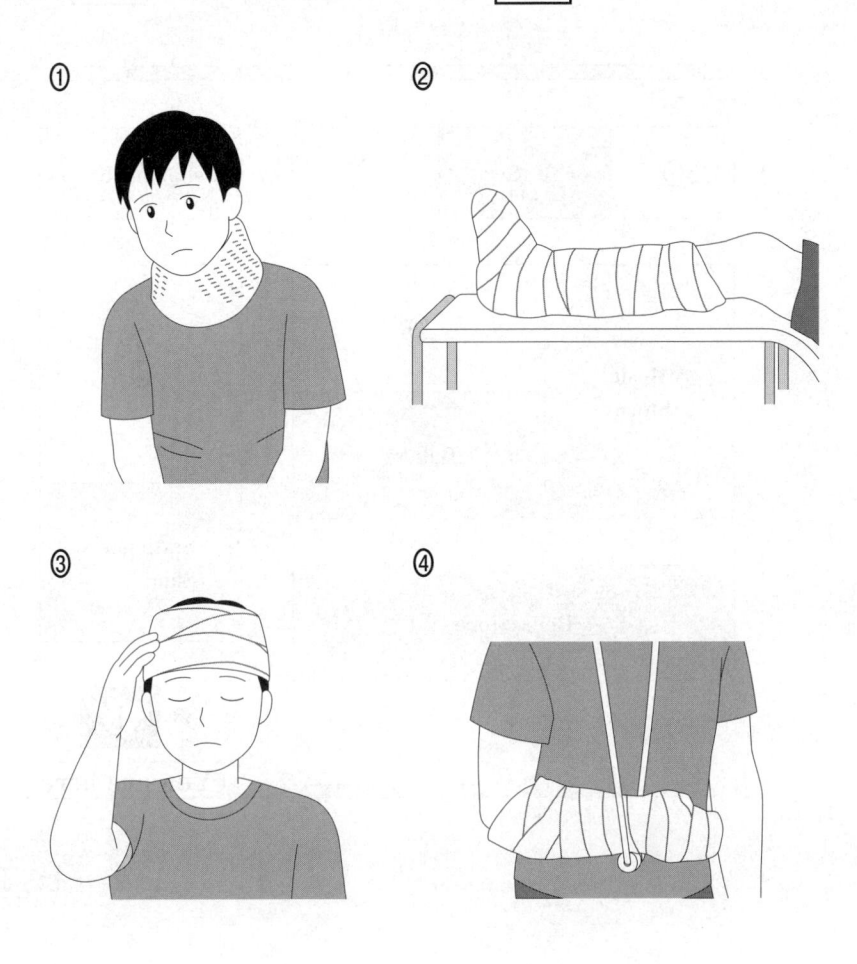

問14 買い物客がショッピングモールの案内所で尋ねています。 14

①	Café	②		Cellphone Shop

Music Store | ③ | | ④

Bakery

Stationery Shop

Book Store

●
↑
You are here.

これで第 2 問は終わりです。

第3問

　　第3問は問15から問19までの5問です。それぞれの問いについて，対話の場面が日本語で書かれています。対話を聞き，問いの答えとして最も適切なものを，四つの選択肢(①～④)のうちから一つずつ選びなさい。**1回流します。**（問いの英文は書かれています。）

問15　友達同士が，これから出かけようとしています。

Which bus are the two friends going to catch?　　15

①　11:05
②　11:15
③　11:20
④　11:40

問16　テレビで野球の試合(The Crabs 対 The Porters)を見ているお母さんに，息子が話しかけています。

What is happening in the game?　　16

①　The Crabs are behind.
②　The Crabs are leading.
③　The game is being delayed.
④　The game is just beginning.

問17 雨天の日に，高校生の男女が部活動について話をしています。

What can you guess from the conversation? $\boxed{17}$

① The boy and the girl agree not to go to the gym.
② The boy and the girl like working out.
③ The boy does not want to exercise today.
④ The boy has been gone since yesterday.

問18 男性がレストランで店員に話しかけています。

What is the man most likely to do? $\boxed{18}$

① Finish the food.
② Order again.
③ Start eating.
④ Wait for the food.

問19 語学学校に留学中の女子学生が，アドバイザーと話をしています。

What happened to the student? $\boxed{19}$

① Her question wasn't answered.
② Her request wasn't accepted.
③ She was told not to give advice.
④ She was unable to make a suggestion.

これで第3問は終わりです。

第4問

第4問はAとBの二つの部分に分かれています。

A　第4問Aは問20・問21の2問です。それぞれの問いについて，話を聞き，問いの答えとして最も適切なものを，四つの選択肢（①〜④）のうちから選びなさい。<u>1回流します。</u>

問20　授業でワークシートが配られました。グラフについて，先生の説明を聞き，以下の図の四つの空欄A〜Dにあてはめるのに最も適切なものを，四つの選択肢（①〜④）のうちから選びなさい。　| 20 |

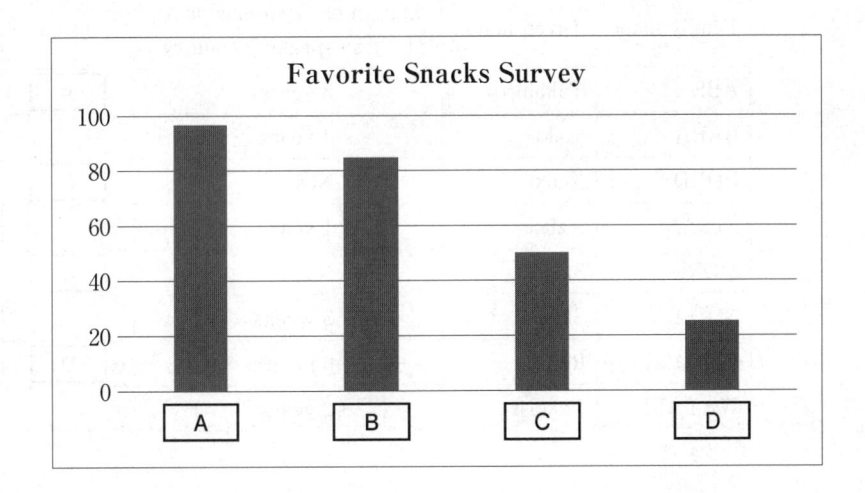

①　Chocolate

②　Fruit

③　Potato chips

④　Vegetables

問21 こども向けの英語キャンプを開催するにあたり，参加者をチームに分けます。リーダーの説明を聞き，以下の表の四つの空欄 **A〜D** にあてはめるのに最も適切なものを，四つの選択肢 (①〜④) のうちから選びなさい。ただし，選択肢は二回以上使ってもかまいません。 21

Teams

① Blue

② Green

③ Red

④ Yellow

Family name	Given name	Length of experience in an English-speaking country	Team
ABE	Takahiro	3 years	A
BABA	Maki	4 years	
HONDA	Naoki	None	B
KITANO	Azusa	1 year	
MORI	Saki	None	C
NODA	Sho	3 weeks	
UENO	Rei	6 months	D
WATARI	Takeru	2 years	

これで第4問Aは終わりです。

B　　第 4 問 B は問 22 の 1 問です。四人の英語を聞き，問いの答えとして最も適切
なものを，四つの選択肢 $\left(①～④\right)$ のうちから一つ選びなさい。下の表を使っ
てメモを取ってもかまいません。**1 回流します。**

状況

日本の観光案内所で外国人観光客を案内する高校生ボランティアスタッフ
を 1 名募集しました。その結果，複数の応募があったため，以下のような
条件に沿って選ぶことにしました。

条件

・観光案内や通訳をしたことのある人。

・外国人観光客に対応できる英語力（中級から上級）のある人。

・週末の午後 1 時から 5 時まで参加できる人。

メモ

Candidates	Experience	English level	Schedule
Akiko KONDO			
Hiroshi MIURA			
Keiko SATO			
Masato TANAKA			

問22　四人の応募者の録音された自己紹介を聞き，最も条件に合う人物を選びなさ
い。　22

① Akiko KONDO

② Hiroshi MIURA

③ Keiko SATO

④ Masato TANAKA

これで第 4 問 B は終わりです。

第5問

　第5問は問23から問26までの4問です。それぞれの問いの答えとして最も適切なものを，選択肢のうちから選びなさい。

⌈ 状況と問いを読む時間(約60秒)→問23〜問25リスニング(1回流します。)→
　解答→問26リスニング(1回流します。)→解答 ⌋

状況

　アメリカの大学で，服と環境の関わりについて，講義を聞いています。

ワークシート

○Today: 80 billion new pieces of clothing

　　↑　increased by 400%

20 years ago

○Why? →(　　　　23　　　　)

○The life of cheaply-produced clothing—avg. 2. 2 years

○The environmental impact: 24

Methods	Fibers	Impacts
burning	A	X
burying	non-natural	Y　→ earth
	B	methane during breakdown
	C	Z
		→ underground water

問23　ワークシートの空欄 | 23 | を埋めるのに最も適切なものを，四つの選択肢 ⓵〜④ のうちから一つ選びなさい。

① carefully produced and expensive clothes

② cheaply produced and inexpensive clothes

③ poorly produced and short-lasting clothes

④ reasonably produced and long-lasting clothes

問24　ワークシートの表 | 24 | の空欄 **A〜C** 及び **X〜Z** を埋めるのに最も適切な語句はどれか。Fibers の空欄 **A〜C** のそれぞれにあてはまるものを二つの選択肢 ①と② のうちから，Impacts の空欄 **X〜Z** のそれぞれにあてはまるものを三つの選択肢 ③〜⑤ のうちから選びなさい。①と②は二回以上使われることがあります。

空欄 **A〜C**：

① natural

② non-natural

空欄 **X〜Z**：

③ chemicals used in production

④ many years to break down

⑤ CO_2 in the air

問 25 は次のページにあります。

問25　講義で話されていると考えられる主張はどれか，四つの選択肢 $\left(\text{①}\sim\text{④}\right)$ の うちから一つ選びなさい。　 25

① Cotton clothes are better because they produce less CO_2 and are more easily broken down than polyester clothes.

② It is better to burn textile waste than to bury it underground because harmful chemicals can damage the earth.

③ Many clothes are not recycled or reused, so buying clothing wisely could contribute to protecting the environment.

④ We should avoid buying unnecessary clothing because chemicals are used during the production process.

問26 講義の続きを聞いて以下の図表から読み取れる情報と，先の講義の内容を総
合して，どのようなことが示唆されるか，四つの選択肢(**①**~**④**)のうちから
一つ選びなさい。 26

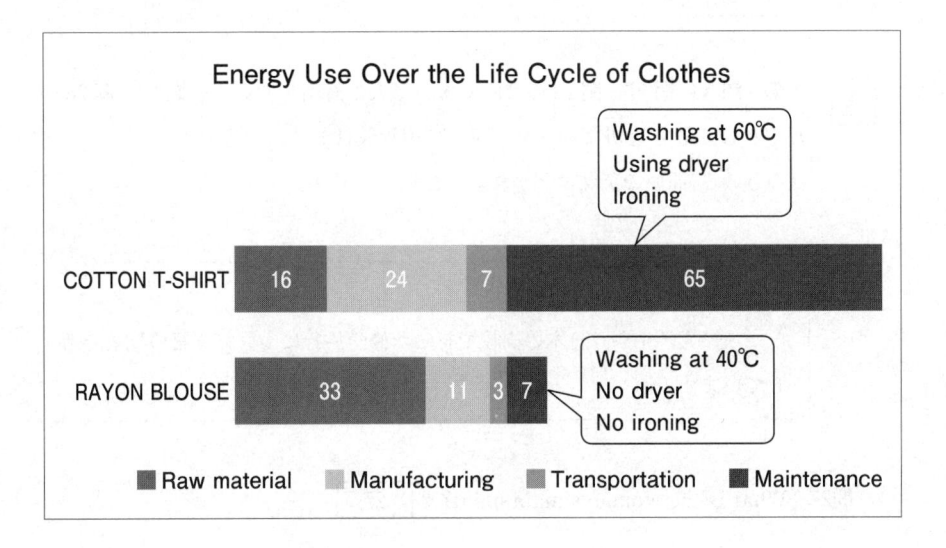

① Cotton T-shirts are better for the earth when they are made out of chemical-free fibers.

② It is important not only to think of what clothes to buy but how to take care of them.

③ Rayon blouses can be recycled and as a result, last longer than cotton T-shirts.

④ We should wear natural-fiber clothing as it is friendly to the environment.

これで第5問は終わりです。

第6問

第6問は A と B の二つの部分に分かれています。英文を聞き，二つの問いに答えなさい。 <u>1回流します。</u>

A 第6問 A は問27・問28の2問です。二人の対話を聞いて，問27・問28の答えとして最も適切なものを，四つの選択肢（①～④）のうちから一つずつ選びなさい。（問いの英文は書かれています。）

> 状況
>
> 　二人の大学生が，日本の高校で行った修学旅行について英語の授業で話しています。

問27　What is the woman's main point?　　27

① She found it difficult to use English in Australia.

② She thinks a school trip abroad is worthwhile.

③ She wanted more chances to travel outside Japan.

④ She wishes she had gone to Hiroshima instead.

問28　What is the man's main point?　　28

① He disliked being asked questions about Japan.

② He felt that domestic school trips should be longer.

③ He thought he wasn't able to appreciate his school trip.

④ He wanted to go to Australia instead of Nara.

これで第6問Aは終わりです。

B 第 6 問 B は問 29・問 30 の 2 問です。

状況

　学生たちが授業で，炭水化物（carbohydrates）を積極的に摂取すること
に対して賛成か反対かを述べています。

問29　四人の意見を聞き，賛成意見を述べている人を四つの選択肢(①～④)のうち
　　　からすべて選びなさい。正解となる選択肢は一つとは限りません。　29

　　① 学生 1
　　② 学生 2
　　③ 学生 3
　　④ 学生 4

問30　さらに別の学生の意見を聞き，その意見の内容と合う図を四つの選択肢 $\left(①～④\right)$ のうちから一つ選びなさい。　[30]

図 1

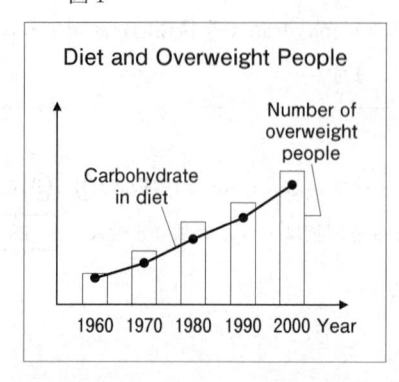

図 2

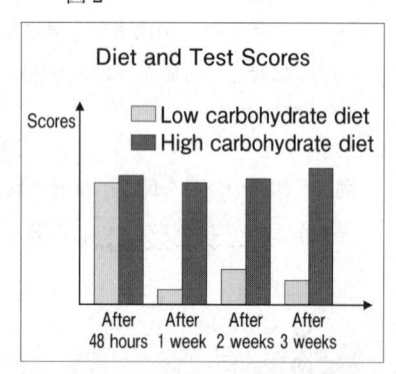

図 3

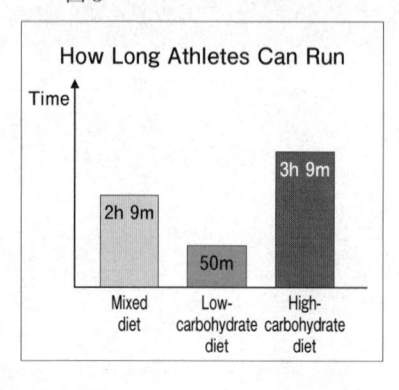

図 4

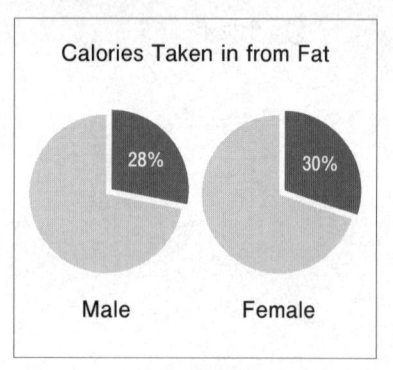

① 　図 1

② 　図 2

③ 　図 3

④ 　図 4

これで第 6 問 B は終わりです。

NOTE

 NOTE

外 国 語 解 答 用 紙

注意事項
1　訂正は，消しゴムできれいに消し，消しくずを残してはいけません。
2　所定欄以外にはマークしたり，記入したりしてはいけません。
3　汚したり，折りまげたりしてはいけません。

・解答科目欄が無マーク又は複数マークの場合は，0点となることがあります。

解答科目欄				
英語（リーディング）〇	ドイツ語〇	フランス語〇	中国語〇	韓国語〇

解答番号	解答欄 1 2 3 4 5 6 7 8 9
1	① ② ③ ④ ⑤ ⑥ ⑦ ⑧ ⑨
2	① ② ③ ④ ⑤ ⑥ ⑦ ⑧ ⑨
3	① ② ③ ④ ⑤ ⑥ ⑦ ⑧ ⑨
4	① ② ③ ④ ⑤ ⑥ ⑦ ⑧ ⑨
5	① ② ③ ④ ⑤ ⑥ ⑦ ⑧ ⑨
6	① ② ③ ④ ⑤ ⑥ ⑦ ⑧ ⑨
7	① ② ③ ④ ⑤ ⑥ ⑦ ⑧ ⑨
8	① ② ③ ④ ⑤ ⑥ ⑦ ⑧ ⑨
9	① ② ③ ④ ⑤ ⑥ ⑦ ⑧ ⑨
10	① ② ③ ④ ⑤ ⑥ ⑦ ⑧ ⑨
11	① ② ③ ④ ⑤ ⑥ ⑦ ⑧ ⑨
12	① ② ③ ④ ⑤ ⑥ ⑦ ⑧ ⑨
13	① ② ③ ④ ⑤ ⑥ ⑦ ⑧ ⑨
14	① ② ③ ④ ⑤ ⑥ ⑦ ⑧ ⑨
15	① ② ③ ④ ⑤ ⑥ ⑦ ⑧ ⑨
16	① ② ③ ④ ⑤ ⑥ ⑦ ⑧ ⑨
18	① ② ③ ④ ⑤ ⑥ ⑦ ⑧ ⑨
19	① ② ③ ④ ⑤ ⑥ ⑦ ⑧ ⑨
20	① ② ③ ④ ⑤ ⑥ ⑦ ⑧ ⑨
21	① ② ③ ④ ⑤ ⑥ ⑦ ⑧ ⑨
22	① ② ③ ④ ⑤ ⑥ ⑦ ⑧ ⑨
23	① ② ③ ④ ⑤ ⑥ ⑦ ⑧ ⑨
24	① ② ③ ④ ⑤ ⑥ ⑦ ⑧ ⑨
25	① ② ③ ④ ⑤ ⑥ ⑦ ⑧ ⑨

解答番号	解答欄 1 2 3 4 5 6 7 8 9
26	① ② ③ ④ ⑤ ⑥ ⑦ ⑧ ⑨
27	① ② ③ ④ ⑤ ⑥ ⑦ ⑧ ⑨
28	① ② ③ ④ ⑤ ⑥ ⑦ ⑧ ⑨
29	① ② ③ ④ ⑤ ⑥ ⑦ ⑧ ⑨
30	① ② ③ ④ ⑤ ⑥ ⑦ ⑧ ⑨
31	① ② ③ ④ ⑤ ⑥ ⑦ ⑧ ⑨
32	① ② ③ ④ ⑤ ⑥ ⑦ ⑧ ⑨
33	① ② ③ ④ ⑤ ⑥ ⑦ ⑧ ⑨
34	① ② ③ ④ ⑤ ⑥ ⑦ ⑧ ⑨
35	① ② ③ ④ ⑤ ⑥ ⑦ ⑧ ⑨
36	① ② ③ ④ ⑤ ⑥ ⑦ ⑧ ⑨
37	① ② ③ ④ ⑤ ⑥ ⑦ ⑧ ⑨
38	① ② ③ ④ ⑤ ⑥ ⑦ ⑧ ⑨
39	① ② ③ ④ ⑤ ⑥ ⑦ ⑧ ⑨
40	① ② ③ ④ ⑤ ⑥ ⑦ ⑧ ⑨
41	① ② ③ ④ ⑤ ⑥ ⑦ ⑧ ⑨
42	① ② ③ ④ ⑤ ⑥ ⑦ ⑧ ⑨
43	① ② ③ ④ ⑤ ⑥ ⑦ ⑧ ⑨
44	① ② ③ ④ ⑤ ⑥ ⑦ ⑧ ⑨
45	① ② ③ ④ ⑤ ⑥ ⑦ ⑧ ⑨
46	① ② ③ ④ ⑤ ⑥ ⑦ ⑧ ⑨
47	① ② ③ ④ ⑤ ⑥ ⑦ ⑧ ⑨
48	① ② ③ ④ ⑤ ⑥ ⑦ ⑧ ⑨
49	① ② ③ ④ ⑤ ⑥ ⑦ ⑧ ⑨
50	① ② ③ ④ ⑤ ⑥ ⑦ ⑧ ⑨

解答番号	解答欄 1 2 3 4 5 6 7 8 9
51	① ② ③ ④ ⑤ ⑥ ⑦ ⑧ ⑨
52	① ② ③ ④ ⑤ ⑥ ⑦ ⑧ ⑨
53	① ② ③ ④ ⑤ ⑥ ⑦ ⑧ ⑨
54	① ② ③ ④ ⑤ ⑥ ⑦ ⑧ ⑨
55	① ② ③ ④ ⑤ ⑥ ⑦ ⑧ ⑨
56	① ② ③ ④ ⑤ ⑥ ⑦ ⑧ ⑨
57	① ② ③ ④ ⑤ ⑥ ⑦ ⑧ ⑨
58	① ② ③ ④ ⑤ ⑥ ⑦ ⑧ ⑨
59	① ② ③ ④ ⑤ ⑥ ⑦ ⑧ ⑨
60	① ② ③ ④ ⑤ ⑥ ⑦ ⑧ ⑨
61	① ② ③ ④ ⑤ ⑥ ⑦ ⑧ ⑨
62	① ② ③ ④ ⑤ ⑥ ⑦ ⑧ ⑨
63	① ② ③ ④ ⑤ ⑥ ⑦ ⑧ ⑨
64	① ② ③ ④ ⑤ ⑥ ⑦ ⑧ ⑨
65	① ② ③ ④ ⑤ ⑥ ⑦ ⑧ ⑨
66	① ② ③ ④ ⑤ ⑥ ⑦ ⑧ ⑨
67	① ② ③ ④ ⑤ ⑥ ⑦ ⑧ ⑨
68	① ② ③ ④ ⑤ ⑥ ⑦ ⑧ ⑨
69	① ② ③ ④ ⑤ ⑥ ⑦ ⑧ ⑨
70	① ② ③ ④ ⑤ ⑥ ⑦ ⑧ ⑨
71	① ② ③ ④ ⑤ ⑥ ⑦ ⑧ ⑨
72	① ② ③ ④ ⑤ ⑥ ⑦ ⑧ ⑨
73	① ② ③ ④ ⑤ ⑥ ⑦ ⑧ ⑨
74	① ② ③ ④ ⑤ ⑥ ⑦ ⑧ ⑨
75	① ② ③ ④ ⑤ ⑥ ⑦ ⑧ ⑨

英語（リスニング）解答用紙

解答番号	解答欄 1 2 3 4 5 6		解答番号	解答欄 1 2 3 4 5 6
1	① ② ③ ④ ⑤ ⑥		21	① ② ③ ④ ⑤ ⑥
2	① ② ③ ④ ⑤ ⑥		22	① ② ③ ④ ⑤ ⑥
3	① ② ③ ④ ⑤ ⑥		23	① ② ③ ④ ⑤ ⑥
4	① ② ③ ④ ⑤ ⑥		24	① ② ③ ④ ⑤ ⑥
5	① ② ③ ④ ⑤ ⑥		25	① ② ③ ④ ⑤ ⑥
6	① ② ③ ④ ⑤ ⑥		26	① ② ③ ④ ⑤ ⑥
7	① ② ③ ④ ⑤ ⑥		27	① ② ③ ④ ⑤ ⑥
8	① ② ③ ④ ⑤ ⑥		28	① ② ③ ④ ⑤ ⑥
9	① ② ③ ④ ⑤ ⑥		29	① ② ③ ④ ⑤ ⑥
10	① ② ③ ④ ⑤ ⑥		30	① ② ③ ④ ⑤ ⑥
11	① ② ③ ④ ⑤ ⑥		31	① ② ③ ④ ⑤ ⑥
12	① ② ③ ④ ⑤ ⑥		32	① ② ③ ④ ⑤ ⑥
13	① ② ③ ④ ⑤ ⑥		33	① ② ③ ④ ⑤ ⑥
14	① ② ③ ④ ⑤ ⑥		34	① ② ③ ④ ⑤ ⑥
15	① ② ③ ④ ⑤ ⑥		35	① ② ③ ④ ⑤ ⑥
16	① ② ③ ④ ⑤ ⑥		36	① ② ③ ④ ⑤ ⑥
17	① ② ③ ④ ⑤ ⑥		37	① ② ③ ④ ⑤ ⑥
18	① ② ③ ④ ⑤ ⑥		38	① ② ③ ④ ⑤ ⑥
19	① ② ③ ④ ⑤ ⑥		39	① ② ③ ④ ⑤ ⑥
20	① ② ③ ④ ⑤ ⑥		40	① ② ③ ④ ⑤ ⑥

注意事項

1　訂正は，消しゴムできれいに消し，消しくずを残してはいけません。

2　所定欄以外にはマークしたり，記入したりしてはいけません。

3　汚したり，折りまげたりしてはいけません。

外 国 語 解 答 用 紙

注意事項
1 訂正は，消しゴムできれいに消し，消しくずを残してはいけません。
2 所定欄以外にはマークしたり，記入したりしてはいけません。
3 汚したり，折りまげたりしてはいけません。

解答科目欄				
英語（リーディング）	ドイツ語	フランス語	中国語	韓国語
◯	◯	◯	◯	◯

解答番号	解答欄 1 2 3 4 5 6 7 8 9
1	① ② ③ ④ ⑤ ⑥ ⑦ ⑧ ⑨
2	① ② ③ ④ ⑤ ⑥ ⑦ ⑧ ⑨
3	① ② ③ ④ ⑤ ⑥ ⑦ ⑧ ⑨
4	① ② ③ ④ ⑤ ⑥ ⑦ ⑧ ⑨
5	① ② ③ ④ ⑤ ⑥ ⑦ ⑧ ⑨
6	① ② ③ ④ ⑤ ⑥ ⑦ ⑧ ⑨
7	① ② ③ ④ ⑤ ⑥ ⑦ ⑧ ⑨
8	① ② ③ ④ ⑤ ⑥ ⑦ ⑧ ⑨
9	① ② ③ ④ ⑤ ⑥ ⑦ ⑧ ⑨
10	① ② ③ ④ ⑤ ⑥ ⑦ ⑧ ⑨
11	① ② ③ ④ ⑤ ⑥ ⑦ ⑧ ⑨
12	① ② ③ ④ ⑤ ⑥ ⑦ ⑧ ⑨
13	① ② ③ ④ ⑤ ⑥ ⑦ ⑧ ⑨
14	① ② ③ ④ ⑤ ⑥ ⑦ ⑧ ⑨
15	① ② ③ ④ ⑤ ⑥ ⑦ ⑧ ⑨
16	① ② ③ ④ ⑤ ⑥ ⑦ ⑧ ⑨
17	① ② ③ ④ ⑤ ⑥ ⑦ ⑧ ⑨
18	① ② ③ ④ ⑤ ⑥ ⑦ ⑧ ⑨
19	① ② ③ ④ ⑤ ⑥ ⑦ ⑧ ⑨
20	① ② ③ ④ ⑤ ⑥ ⑦ ⑧ ⑨
21	① ② ③ ④ ⑤ ⑥ ⑦ ⑧ ⑨
22	① ② ③ ④ ⑤ ⑥ ⑦ ⑧ ⑨
23	① ② ③ ④ ⑤ ⑥ ⑦ ⑧ ⑨
24	① ② ③ ④ ⑤ ⑥ ⑦ ⑧ ⑨
25	① ② ③ ④ ⑤ ⑥ ⑦ ⑧ ⑨

解答番号	解答欄 1 2 3 4 5 6 7 8 9
26	① ② ③ ④ ⑤ ⑥ ⑦ ⑧ ⑨
27	① ② ③ ④ ⑤ ⑥ ⑦ ⑧ ⑨
28	① ② ③ ④ ⑤ ⑥ ⑦ ⑧ ⑨
29	① ② ③ ④ ⑤ ⑥ ⑦ ⑧ ⑨
30	① ② ③ ④ ⑤ ⑥ ⑦ ⑧ ⑨
31	① ② ③ ④ ⑤ ⑥ ⑦ ⑧ ⑨
32	① ② ③ ④ ⑤ ⑥ ⑦ ⑧ ⑨
33	① ② ③ ④ ⑤ ⑥ ⑦ ⑧ ⑨
34	① ② ③ ④ ⑤ ⑥ ⑦ ⑧ ⑨
35	① ② ③ ④ ⑤ ⑥ ⑦ ⑧ ⑨
36	① ② ③ ④ ⑤ ⑥ ⑦ ⑧ ⑨
37	① ② ③ ④ ⑤ ⑥ ⑦ ⑧ ⑨
38	① ② ③ ④ ⑤ ⑥ ⑦ ⑧ ⑨
39	① ② ③ ④ ⑤ ⑥ ⑦ ⑧ ⑨
40	① ② ③ ④ ⑤ ⑥ ⑦ ⑧ ⑨
41	① ② ③ ④ ⑤ ⑥ ⑦ ⑧ ⑨
42	① ② ③ ④ ⑤ ⑥ ⑦ ⑧ ⑨
43	① ② ③ ④ ⑤ ⑥ ⑦ ⑧ ⑨
44	① ② ③ ④ ⑤ ⑥ ⑦ ⑧ ⑨
45	① ② ③ ④ ⑤ ⑥ ⑦ ⑧ ⑨
46	① ② ③ ④ ⑤ ⑥ ⑦ ⑧ ⑨
47	① ② ③ ④ ⑤ ⑥ ⑦ ⑧ ⑨
48	① ② ③ ④ ⑤ ⑥ ⑦ ⑧ ⑨
49	① ② ③ ④ ⑤ ⑥ ⑦ ⑧ ⑨
50	① ② ③ ④ ⑤ ⑥ ⑦ ⑧ ⑨

解答番号	解答欄 1 2 3 4 5 6 7 8 9
51	① ② ③ ④ ⑤ ⑥ ⑦ ⑧ ⑨
52	① ② ③ ④ ⑤ ⑥ ⑦ ⑧ ⑨
53	① ② ③ ④ ⑤ ⑥ ⑦ ⑧ ⑨
54	① ② ③ ④ ⑤ ⑥ ⑦ ⑧ ⑨
55	① ② ③ ④ ⑤ ⑥ ⑦ ⑧ ⑨
56	① ② ③ ④ ⑤ ⑥ ⑦ ⑧ ⑨
57	① ② ③ ④ ⑤ ⑥ ⑦ ⑧ ⑨
58	① ② ③ ④ ⑤ ⑥ ⑦ ⑧ ⑨
59	① ② ③ ④ ⑤ ⑥ ⑦ ⑧ ⑨
60	① ② ③ ④ ⑤ ⑥ ⑦ ⑧ ⑨
61	① ② ③ ④ ⑤ ⑥ ⑦ ⑧ ⑨
62	① ② ③ ④ ⑤ ⑥ ⑦ ⑧ ⑨
63	① ② ③ ④ ⑤ ⑥ ⑦ ⑧ ⑨
64	① ② ③ ④ ⑤ ⑥ ⑦ ⑧ ⑨
65	① ② ③ ④ ⑤ ⑥ ⑦ ⑧ ⑨
66	① ② ③ ④ ⑤ ⑥ ⑦ ⑧ ⑨
67	① ② ③ ④ ⑤ ⑥ ⑦ ⑧ ⑨
68	① ② ③ ④ ⑤ ⑥ ⑦ ⑧ ⑨
69	① ② ③ ④ ⑤ ⑥ ⑦ ⑧ ⑨
70	① ② ③ ④ ⑤ ⑥ ⑦ ⑧ ⑨
71	① ② ③ ④ ⑤ ⑥ ⑦ ⑧ ⑨
72	① ② ③ ④ ⑤ ⑥ ⑦ ⑧ ⑨
73	① ② ③ ④ ⑤ ⑥ ⑦ ⑧ ⑨
74	① ② ③ ④ ⑤ ⑥ ⑦ ⑧ ⑨
75	① ② ③ ④ ⑤ ⑥ ⑦ ⑧ ⑨

英語（リスニング）解答用紙

解答番号	解答欄 1 2 3 4 5 6		解答番号	解答欄 1 2 3 4 5 6
1	① ② ③ ④ ⑤ ⑥		21	① ② ③ ④ ⑤ ⑥
2	① ② ③ ④ ⑤ ⑥		22	① ② ③ ④ ⑤ ⑥
3	① ② ③ ④ ⑤ ⑥		23	① ② ③ ④ ⑤ ⑥
4	① ② ③ ④ ⑤ ⑥		24	① ② ③ ④ ⑤ ⑥
5	① ② ③ ④ ⑤ ⑥		25	① ② ③ ④ ⑤ ⑥
6	① ② ③ ④ ⑤ ⑥		26	① ② ③ ④ ⑤ ⑥
7	① ② ③ ④ ⑤ ⑥		27	① ② ③ ④ ⑤ ⑥
8	① ② ③ ④ ⑤ ⑥		28	① ② ③ ④ ⑤ ⑥
9	① ② ③ ④ ⑤ ⑥		29	① ② ③ ④ ⑤ ⑥
10	① ② ③ ④ ⑤ ⑥		30	① ② ③ ④ ⑤ ⑥
11	① ② ③ ④ ⑤ ⑥		31	① ② ③ ④ ⑤ ⑥
12	① ② ③ ④ ⑤ ⑥		32	① ② ③ ④ ⑤ ⑥
13	① ② ③ ④ ⑤ ⑥		33	① ② ③ ④ ⑤ ⑥
14	① ② ③ ④ ⑤ ⑥		34	① ② ③ ④ ⑤ ⑥
15	① ② ③ ④ ⑤ ⑥		35	① ② ③ ④ ⑤ ⑥
16	① ② ③ ④ ⑤ ⑥		36	① ② ③ ④ ⑤ ⑥
17	① ② ③ ④ ⑤ ⑥		37	① ② ③ ④ ⑤ ⑥
18	① ② ③ ④ ⑤ ⑥		38	① ② ③ ④ ⑤ ⑥
19	① ② ③ ④ ⑤ ⑥		39	① ② ③ ④ ⑤ ⑥
20	① ② ③ ④ ⑤ ⑥		40	① ② ③ ④ ⑤ ⑥

注意事項

1 訂正は，消しゴムできれいに消し，消しくずを残してはいけません。

2 所定欄以外にはマークしたり，記入したりしてはいけません。

3 汚したり，折りまげたりしてはいけません。